بسم الله الرحمن الرحيم

آليات العولمة الاقتصادية وآثارها
المستقبلية
في الاقتصاد العربي

المملكة الأردنية الهاشمية
رقم الإيداع لدى دائرة المكتبة الوطنية
(2009 / 5 / 1525)

338.956

التكريتي ، هيفاء عبد الرحمن التكريتي
آليات العولمة الاقتصادية وآثارها المستقبلية في الاقتصاد العربي / هيفاء عبد الرحيم ياسين التكريتي .
_ عمان : دار الحامد ، 2009 .
( ) ص .
ر. أ. : (1525 / 5 / 2009) .
الواصفات : /الاقتصاد العربي// النتيجة الاقتصاد// البلدان العربية/

❖ أعدت دائرة المكتبة الوطنية بيانات الفهرسة والتصنيف الأولية .

* (ردمك) ISBN 978-9957-32-446-9

دار الحامد للنشر والتوزيع

شفا بدران - شارع العرب مقابل جامعة العلوم التطبيقية

هاتف: 5231081 -00962 فاكس : 5235594 -00962

ص.ب . (366) الرمز البريدي : (11941) عمان – الأردن

Site : www.daralhamed.net
E-mail : info@daralhamed.net
E-mail : daralhamed@yahoo.com
E-mail : dar_alhamed@hotmail.com

آليات العولمة الاقتصادية
وآثارها المستقبلية
في الاقتصاد العربي

هيفاء عبدالرحمن ياسين التكريتي

الطبعة الأولى

1431هـ - 2010م

الحامد

بسم اللـه الرحمن الرحيم

﴿ وَإِذْ قَالَ رَبُّكَ لِلْمَلَائِكَةِ إِنِّي جَاعِلٌ فِي الْأَرْضِ خَلِيفَةً قَالُوا أَتَجْعَلُ فِيهَا مَنْ يُفْسِدُ فِيهَا

وَيَسْفِكُ الدِّمَاءَ وَنَحْنُ نُسَبِّحُ بِحَمْدِكَ وَنُقَدِّسُ لَكَ قَالَ إِنِّي أَعْلَمُ مَا لَا تَعْلَمُونَ﴾

صدق اللـه العظيم

[سورة البقرة، الآية:30]

شكر وتقدير

بعد ان انتهيت من كتابة هذا الكتاب فان واجب الوفاء يحتم علي ان اتقدم اليهم جميعاً بوافر الشكر والتقدير فلهم الفضل في تقديم العون ورفدي بالمصادر العديدة لانجاز الكتاب واظهاره بالشكل المطلوب.

والدي رحمه الله – صاحب الفضل الاول الذي ارشدني على مواصلة الدراسة.

وامي الحبيبة – ينبوع محبتي وفرحتي.

واخوتي – بطل القادسية ياسين، ثائر وياسر – سندي وعزتي.

واخواتي – منهل اقتداري – في مقدمتهم الدكتورة بثينة – معينتي في الكتاب عن المصادر واستاذي الفاضل الدكتور رسول راضي حربي – لبذله الجهود المخلصة في الاشراف على الكتاب وتوجيهاته القيمة ودقة ملاحظاته وتخصيصه الوقت الكثير لمراجعته ومتابعة مسيرتي وتشجيعي وخلقه العلمي الرفيع اثناء مناقشاته لمواضيع الكتاب الفضل الكبير للوصول بهذا الكتاب الى ما وصلت اليه.

واساتذتي الافاضل الذين وافقوا مشكورين على مناقشة الكتاب.

واساتذتي الافاضل الدكتور ضياء صافي المكوطر والدكتور خليل العزاوي والدكتور محمد طاقة والدكتور سعد عثمان والدكتورة آمال شلاش.

والدكتورة ليلى الحياني – التي كان لها الفضل في تقييم السلامة اللغوية للكتاب.

الاخوة في مكتب الخبراء السادة (أنور عبد الله المهدي ومحمد عبدالهادي المشهداني وصلاح عبدالهادي المشهداني) الذين كان لهم الفضل في اخراج الكتاب بشكل جميل ودقيق.

وزملائي المخلصين الدكتور محمود خالد المسافر المرشد الذي سبقني في الخطوة عن العولمة والاستاذ باسيل يوسف، والدكتور جميل حميد من اليمن واياد ملكاوي من الاردن، والدكتور صفاء عبد الجبار . و قحطان الجبوري – باسمة علوان القيسي وعبد الله الشاوي – والدكتور عدنان مناتي مدير مدرسة الاعداد الحزبي.

رفيقات دربي ومحباتي – الدكتورة منال يونس عبد الرزاق رئيسة الاتحاد العام لنساء العراق وعضوات المكتب التنفيذي.

صديقاتي العزيزات – ماجدة حسين من مصر ـ العربيـة، والـدكتورة لاهـاي عبدالحسـين وزينـة ياسـين، واسرار عبد الحسين من البنك المركزي. ورابحة مديرة مكتب رئيس قسم الاقتصاد في جامعة بغداد .

والاخوات الفاضلات، ذو الفقار مديرة مكتبة الاتحاد النسائي العربي العام. وانتصار مديرة مكتبة البنك المركزي والعاملات في المكتبة والاخوات مديرة وعاملات مكتبـة كليـة الادارة والاقتصـاد – جامعـة بغـداد والاخ نافع السامرائي مدير قسم المنظمات العربية في وزارة التجارة.

اليهم جميعاً -اتقدم بخالص شكري وامتناني وتقـديري داعيـة الـله ان يـوفقهم جميعـاً وان يحضى- جهدي المتواضع رضاهم وان يكون في خدمة البـاحثين بالدراسـات المسـتقبلية في الاقتصـاد الـدولي وان تشـكل خطواتي هذه اضافة للمكتبة العراقية والعربية .

و الـلـه من رواء القصد

هيفاء

المحتويات

قائمة الجداول

قائمة الملاحق

آليات العولمة الاقتصادية

واثارها المستقبلية في الاقتصاد العربي

المقدمة:

ان المبادئ والمنطلقات الفكرية التي تقوم عليها الرأسمالية، تعكس خصائص وسمات الليبرالية، والرأسمالية نمطاً انتاجياً تغيرت وتطورت ملامحها واساليبها في الاستغلال عبر الزمن. ومنذ القرن الخامس عشر- وحتى اواخر القرن الثامن عشر نمت الرأسمالية وترسخت عملياً ومنذ اواخر القرن الثامن عشر حتى 1914 تطورت الحركة الفكرية لليبرالية فسادت المدرسة الكلاسيكية التي اكدت على الحرية الاقتصادية هدفاً اساسياً وعدم تدخل الدولة في الحياة الاقتصادية وترك عملية تنفيذ النشاط الاقتصادي لجهاز السوق والفرد كيان اساس في المجتمع وان الربح هو افضل حافز للانتاج والتقدم الصناعي – تمكنت اوربا ان تحقق تقدمها في التطور وقد واجهت الرأسمالية اختراقاً كبيراً من ثورة اكتوبر 1917 لينتهي الاستعمار القديم بنهاية الحرب العالمية الثانية 1939-1945 م – ومنذ فترة الكساد الكبير 1919-1936 برزت الكينزية لتدعو الى اهمية تدخل الدولة في الحياة الاقتصادية بعد ان اعترفت الرأسمالية بتناقضاتها الداخلية والحفاظ على جوهر واهداف الرأسمالية، استمرت الكينزية او دولة الرفاه حتى اندلاع ازمة التضخم الركودي 1971-1973م وعجز الكينزية عن ايجاد حل للخروج من تلك الازمة فجاء الكلاسيك المحدثون وغيرهم، بعد الحرب العالمية الثانية تعرضت الاستثمارات الاجنبية الخاصة في العديد من دول الجنوب للتأميم او المشاركة في ملكيتها وبعد عصر التحرر من الاستعمار في القرن العشرين بدأت اشكال الاستعمار الجديدة بالظهور بأسم مناطق النفوذ والاحلاف العسكرية وعودة الغرب الى حدوده الطبيعية برغم بقاء اثار الهيمنة ثقافياً واقتصادياً وسياسياً.

وبدءاً من اوائل الثمانينات تبنت عدد من الدول الرأسمالية لما يسمى بتحويل ملكية القطاع العام الى الخاص كما تبنت العديد من بلدان العالم الثالث والبلدان الاشتراكية.

وشهد العالم في عقد التسعينات مجموعة من المتغيرات الدولية، من ابرزها انهيار الاتحاد السوفيتي وفشل تجربته الاشتراكية، وتفكك دول اوربا الشرقية وتحولها من نهج الاشتراكية الى رأسمالية السوق واصبح واضحاً لمن تكون الغلبة فقد وجدت الليبرالية نفسها وحيدة فاغتنمت الفرصة، فالليبرالية تغتنم كل فرصة تسنح لها عندما تسنح، حيث انفردت الولايات المتحدة الامريكية قائدة المنظومة الرأسمالية في العالم، فاصبحت الليبرالية القوة الوحيدة والفكر الوحيد

من غير منافس ولم تعد هناك تهديدات عسكرية بعد ازالة الحواجز الرادعة فانطلقت غرائز الادارة الامريكية التوسعية والعدوانية الوحشية فجاءت دعواتها المتتالية عالمياً للترويج لمفاهيم وافكار ومرجعيات ووضع اليات للعولمة لتنفرد على امتداد العالم غير مجبرة على اخذ مصالح دول الجنوب بعين الاعتبار ما دامت ساحاته وخيراته التي اصبحت مفتوحة امامها وعلى مصراعيها دون منافس ستراتيجي كما كان الحال في السابق. والتوجه نحو اقامة نظام اقتصادي عالمي جديد بلا حدود او ما يعبر عنه بعولمة الاقتصاد ولا يمكن ان يتحقق ذلك الا بعد أن تكون العلاقات الاقتصادية سواء على صعيد البلد الواحد او على الصعيد العالمي خاضعة لنظام السوق الحر الذي يعد المنظم الوحيد القادر على توزيع الموارد المتاحة بين مختلف فروع الاقتصاد والاقاليم او الدول بالشكل الذي يحقق الازدهار والسعادة والرخاء للانسانية لاقامة اقتصاد بلا حدود بتدمير الحدود الوطنية وتدمير الدولة والمؤسسات الضابطة بتبني تحويل ملكية القطاع العام الى القطاع الخاص وتبني اقتصاد السوق والتعددية السياسية وحقوق الانسان والمجتمع المدني وتصفيه الارهاب ومنع انتشار اسلحة الدمار الشامل هذه الشعارات طرحها مروجو ودعاة العولمة، ولاخلاف على الشعارات بكل ما يتعلق بحياة الشعوب والامم.

وقد ساهم التقدم العلمي والثورة المعلوماتية في مجال الاتصالات وشبكة الانترنيت والحاسبات والالكترونيات في التسريع لبلوغ العولمة وتسييد امريكا على العالم.

ان الخطاب الاقتصادي الرأسمالي يجعل من فكرة العولمة الاقتصادية حتمية تاريخية لا مفر من قبولها والتكيف معها لانها توصل الدول وخاصة دول الجنوب منها الى تحقيق تنميتها اذا ما ارادت ان يكون لها دور في الحياة الاقتصادية وعكس ذلك فان هذه الدول لن تتمكن من رفع مستوى شعوبها ورفاهيتهم وهذا ما تقدمه العولمة الاقتصادية لهذه الدول كاستراتيجية للتنمية. وجزء من هذه الاستراتيجية هو ادارة الازمة على المستوى العالمي وعلى هذا الاساس فان العولمة هي احد اهم مشاريع الرأسمالية لادارة ازمتها واحدى متطلبات التطور الرأسمالي لتوفير مجالات الاستثمار واستيعاب الفوائض لتتمكن الرأسمالية من التغلب على تناقضاتها والتكيف مع ازمتها. فالازمات التي يعاني منها النظام الرأسمالي هي نفسها التي تعاني منها العولمة باعتبارها الوجه الاخر للهيمنة الامبريالية واعلى مراحلها. ان دول بالجنوب ومنها الدول العربية التي عانت من النظام الدولي غير المتكافئ وناضلت من اجل تحقيق استقلالها فسوف تعاني من جديد من هيمنه الدول الرأسمالية من خلال العولمة والياتها الاقتصادية لتخترق الحدود عبر الشركات عابرة القوميات وراس مال معولم وشركات تسويق معولمة ومنظمات دولية كصندوق النقد الدولي والبنك الدولي ومنظمة التجارة العالمية، والتكتلات الاقتصادية التي اقامتها ولتحويل ملكية القطاع العام الى القطاع الخاص في دول الجنوب، والغاء

سيادة الدولة الوطنية، وبدأت الليبرالية تمارس هيمنتها، ولم يعد من يستطيع مقاومتها فالعقوبات الاقتصادية والحروب العسكرية وبأسم الشرعية الدولية والازمات المالية التي تفتعلها ومنع المساعدات ومنحها لمن تريد وتبديل الحكومات كل هذه الوسائل تستخدمها الرأسمالية العالمية بقيادة امريكا التي تنفق ملايين الدولارات على الاعلام والبحوث والدراسات بهدف اشاعة اهداف ومبادئ الليبرالية لتكوين اقتصاد عالمي واحد ونظام عولمي في ظل ورعاية الرأسمالية العالمية.

ان الموجه التي اجتاحت العالم بمفاهيم العولمة الجديدة ضمنت شيوع العولمة وفكرها الليبرالي، وصار الاهتمام كبيراً بالعولمة، واصبحت المفاهيم والمصطلحات الاخرى مثل التنمية والاعتماد على الذات في طي النسيان وبدلاً من ذلك فالحديث اليوم عن العولمة والياتها الاقتصادية - تحويل ملكية القطاع العام الى الخاص للهيمنة على الاقتصادات عبر الاستثمارات التي تقوم بها الشركات العابرة للقوميات، ومنظمة التجارة العالمية واتفاقياتها لتحرير التجارة العالمية واتفاقية حماية حقوق الملكية الفكرية، والتكتلات الاقتصادية والتجمعات الاقليمية القائمة والمستحدثه وغيرها من المشروعات لتكوين فضاءات اقتصادية وتشكيل قيادة عالمية واحدة لادارة تلك الفضاءات وغيرها من المصطلحات من هنا تأتي اهمية تناول موضوع الدراسة والتي يمكن حصر عناصرها في الاتي:

اهمية الدراسة:

تكمن من اهمية الموضوع الذي تتناوله الدراسة والذي حظي باهتمام الباحثين والدارسين وفي كل المستويات العربية والدولية ويعتبر موضوع الدراسة جديداً في الدراسات المستقبلية الاقتصادية الاكاديمية على المستوى الوطني بالرغم من قيام عدد من الباحثين يتناول موضوع العولمة ووجود عدد من البحوث والمقالات غير ان تلك الدراسات والبحوث لم تغر في الاعماق النظرية لتطور العولمة باعتبارها مرحلة من مراحل الرأسمالية ولم تتناول اليات العولمة الاقتصادية بشكل تفصيلي وبيان اثارها المستقبلية في الاقتصاد العربي وموضوع الدراسة هو اضافة جديدة للدراسات الاقتصادية الاكاديمية التي تناولت موضوع العولمة.

مشكلة الدراسة:

ان الولايات المتحدة الامريكية بعد ان تربعت على عرش القطبية الاحادية فانها لن تفرط بالمستوى الذي حققته من هيمنة على راس المال والسيطرة على وسائل الانتاج المختلفة المتطورة ووسائل الاتصالات المذهلة فانها تعتقد بانها ستتمكن من تحقيق اهدافها في السيطرة على العالم وانها مستعدة للدفاع عن هذه المكاسب حتى لو كلفها الامر تدمير الشعوب.

هدف الدراسة:

تناول اليات العولمة الاقتصادية وبشكل مفصل وبيان اثارها المستقبلية في الاقتصاد العربي من خلال. تحويل ملكية القطاع العام الى القطاع الخاص، والشركات عابرة القوميات ومنظمة التجارة العالمية واتفاقياتها الاقتصادية والتكتلات الاقتصادية والتجمعات الاقليمية السابقة والمستحدثه واثار الاليات في الاقتصاد العربي.

فرضية الدراسة:

لغرض تحقيق اهداف الدراسة تم الانطلاق من الفرضية التالية. ان العولمة واحدة من اهم مشاريع الرأسمالية واحدى متطلبات تطورها لتوفير مجالات الاستثمار واستيعاب الفوائض بما يمكن الرأسمالية من تجديد نفسها من خلال اليات متعددة مكنتها من التغلب على تناقضاتها.

منهجية الدراسة:

ان دراسة الموضوع اقتضت الاستعانة بمنهجين الاول - الوصفي- لمتابعة تطور العولمة باعتبارها مرحلة من مراحل تطور الرأسمالية والظواهر التي رافقتها والمرجعية التاريخية لها ولالياتها والتي كانت بحاجة الى وصفها. اما المنهج الثاني الذي اعتمدته الدراسة فهو - المنهج الاستقرائي - ذلك ان ظاهرة العولمة والياتها لم تكن عشوائية، بل تكمن وراءها دوافع واسباب مما يعني الحاجة الى وصفها وتحليلها في ان واحد، وفي اطار التوازن بين هذين المنهجين الذي استعانت به الباحثة تم الوصول الى اهداف الكتاب وتحقيق الفرضية التي اعتمدتها.

مصادر الدراسة:

المصادر التي اعتمدت في اعداد الكتاب عديدة ومتنوعة تضمنت كتباً وبحوثاً وتقارير ومحاضرات ووثائق ودوريات ونشرات اقتصادية متعلقة بنطاق دراسة هذا الموضوع وهي على ثلاث اقسام:

القسم الاول: الكتب العربية والأجنبية والبحوث والدراسات والتقارير الصادرة عن الهيئات والمنظمات والمؤسسات التي اهتمت بتناول الموضوع من خلال المؤتمرات والندوات والحلقات النقاشية التي عقدت في فترات متباينة.

القسم الثاني: الرسائل الجامعية ذات الصلة باحد طرفي موضوع الدراسة وعلى مختلف الدوريات المختصة بالبحوث الاقتصادية او التي تناولت في جانب منها دراسات اقتصادية والصادرة عن مراكز البحوث والمؤسسات. ومن اكثر البحوث والدراسات التي كان لها دور

كبير في كشف ابعاد العولمة ومخاطرها، تلك الصادرة عن مركز دراسات الوحدة العربية هـذا المركـز الـذي يشكل منبراً فكرياً لخدمة قضايا امتنا العربية والتحديات التي تواجهها واصدارات بيت الحكمة.

كما استفدت من الدراسات والبحوث الكثيرة التي اعانتني عـبر مـدار الدراسة، اضافة الى الاعتماد على البيانات الصادرة عن صندوق النقد العربي – التقرير الاقتصادي الموحد.

الدراسات السابقة:

استحوذ موضوع الدراسة اهتمام كثير من الباحثين والدارسـين في الجامعـات العراقيـة ومـن ابـرز الرسـائل التي تم الحصول عليها والتي تناولت الموضوع بدقة رسالة الدكتوراه المقدمة مـن قبل محمـود خالد المسافر الى كلية الادارة والاقتصاد / جامعة بغداد / تموز 2001 الموسومة العولمة الاقتصادية الابعاد والانعكاسـات على بلـدان الجنوب. فقد مثلت الرؤية الفكرية لفـك التناقضات الكبيرة والمتداخلة المرافقـة لظاهرة العولمة والرسالة مـن الدراسات الفكرية النقدية التي تعد من المراجع المهمة.

في حين وقف الكتاب المقدمة من قبل حسن لطيف كـاظم الزبيـدي الى كليـة الادارة والاقتصاد /جامعـة الكوفة/ عام 2000 / الموسومة العولمة ومستقبل الدور الاقتصادي للدولة في العالم الثالث عند نمط تحويـل الدولـة وما تكشفه العولمة من تراجع كبير لدورها وهي من المراجع الجيدة.

حدود الدراسة:

قسم الكتاب الى خمس فصول:

عنوان الفصل الاول: العولمة بين المفهوم والمقومات وقد تضمن اربع مباحث:

المبحث الاول: مفهوم العولمة.

وتناول **المبحث الثاني:** المرجعية الفكرية والتاريخية للعولمة.

اما **المبحث الثالث:** فقد استعرض الازمات الاقتصادية والعولمة والازمات المالية.

وجاء **المبحث الرابع:** ليهتم بالتطور العلمي والتقني في العالم.

اما **الفصل الثاني:** فقد عني بدوافع النظام الرأسمالي للتسريع في بلوغ المرحلـة الاخيرة للعولمة. وقد تضـمن اربـع مباحث تناولت:

المبحث الاول: اهتم بدافع الهيمنة والاستحواذ.

المبحث الثاني: فقد وقف على دافع الخلاص من التضخم الركودي.

اما المبحث الثالث: فتناول دافع ردع التطور الثقافي والاقتصادي والاعلامي.

في حين جاء المبحث الرابع بعنوان تمرير المشروعات الرأسمالية والصهيونية.

وجاء الفصل الثالث: بعنوان العولمة واليات الاستثمار ليستعرض مبحثين

المبحث الاول منه تحويل القطاع العام الى القطاع الخاص.

المبحث الثاني تنشيط فعل الشركات عابرة القوميات.

واستعرض الفصل الرابع العولمة والية تحرير التجارة عبر مبحثين

المبحث الاول: تحرير التجارة واحكام السيطرة على الملكية الفكرية.

في حين كان المبحث الثاني بعنوان – اعادة ترتيب العالم على اساس التكتلات الاقتصادية.

وانشغل الفصل الخامس: اثر العولمة على مستقبل الاقتصاد في الوطن العربي عبر خمس مباحث:

المبحث الاول: بين اثر العولمة في الواقع الاقتصادي العربي.

المبحث الثاني: حدد اثر العولمة على القطاع الزراعي.

المبحث الثالث: فقد وقف على اثر العولمة على القطاع الصناعي.

اما المبحث الرابع: فشخص اثر العولمة على التبادل التجاري.

في حين جاء المبحث الخامس: ليوضح اثر العولمة على التوظف والبطالة والتضخم.

وفي النهاية فقد وضعت خاتمة الكتاب مجموعة من الاستنتاجات تم استقاؤها من محتويات وخطوات الدراسة الطويلة عن العولمة والياتها مع اهم التوصيات لمواجهة تحديات العولمة لتكون في متناول الباحثين والدارسين في الدراسات المستقبلة الاقتصادية - العلوم الاقتصادية.

الفصل الأول

العولمة بين المفهوم والمقومات

مقدمة:

أن الافكار والنظريات الاقتصادية هي وليدة الواقع والظروف، التي تتفاعل معه وتعالجه، ولا يمكن فهمها بشكل سليم وصحيح بمعزل عن الاحداث المرتبطة بها ودرجة التطور المادي والاجتماعي العام. فالتطورات والمستجدات التي تحدث في العالم مستمرة، بما يستوجب الدراسة الموضوعية للظروف والاحداث التي سبقت ظهور تلك الافكار زمانياً ومكانياً.

ومنذ أن ظهر الانسان على البسيطة كان نزوعه الارتقاء دائماً وانشاء عالم متحد، ومنظم، تنظيماً غايته التعاون والاشتراك. فمن العشيرة الى القبيلة، الى دولة المدينة، الى الامبراطورية، الى الدولة المؤسسة على الرابطة القومية، الى الدولة الفدرالية، اضافة الى ظهور العقائد الامية الدينية المسيحية والاسلام التي لا ينكر احد اهدافها الانسانية العامة، والسياسية والاقتصادية والاجتماعية (الماركسية)، واثرها في توحيد العالم، فضلاً عن دور الحضارات في الربط بين الشعوب مثلاً-الحضارة العربية الاسلامية في ذروتها وربطها العالم ثقافياً واقتصادياً من الاندلس والمغرب وافريقيا الى اواسط وشرق آسيا والتأثر والتأثير المتبادلين بين الامة العربية والشعوب الاسلامية والشعوب الاخرى ... واثر الحضارة العربية الاسلامية باهدافها الانسانية على الحضارة الغربية حالياً.

لقد سعت امبراطوريات استعمارية نحو العولمة كما سعت نظريات وايديولوجيات ايضاً، وان كانت بمنهجيات ومفاهيم مختلفة بعضها عن البعض، غير أن هذه الاشكال والرغبات لم ترق الى مستوى العولمة لانها لم تملك الادوات والوسائل المادية لتحويل الرغبات الى فعل يمارس.

اذن فالعولمة قديمة قدم الشروط والظروف المهيأة عبر الحقب والازمان السابقة.

والعولمة مفهوم حديث من حيث المصطلح لكنها بالاساس نتاج تطور الرأسمالية بمراحلها واصولها تمتد الى خمسة قرون. وانها تعبير عن تغيير اكثر من كونها استمرارية. وان بدايتها ومستقبلها مرتبطان ارتباطاً وثيقاً بتقدم تكنولوجيا الاتصال والتجارة. فقد اسهمت الاكتشافات الجغرافية والتطورات التي رافقتها منذ اختراع البوصلة وحتى الاقمار الصناعية وعالم الاتصالات والمعلومات على انتشارها فتحولت الامية التي كانت شعار الحركة الشيوعية الى شعار القوى الرأسمالية التي تعمل على المبدأ الاممي لتنشر رأس المال على طول الكوكب وعرضه لربط العالم برغم تباعده وانفصاله جغرافياً وسياسياً وعرقياً بروابط عدة. لتشكل العولمة وتحت مسمى محايد، غير انها تشكل ستاراً تكمن خلفه الرأسمالية الامبريالية، لقد سعت

الرأسمالية ومنذ نشأتها لتحقق هدفين معتمدة على آليات لتدعيمها وحسب المتغيرات الداخلية والخارجية.

تركز **الهدف الاول**. تحقيق نمط نموذجي بالقوة الاقتصادية والعسكرية والسياسية والحضارية، يتميز بها عن أي نظم اخرى يمكن أن تنافسه. و**الهدف الثاني** الهيمنة الخارجية لتحقيق الهدف الاول، وقد ارتبط تراكم التقدم في النظام الرأسمالي بتراكم التخلف في دول الجنوب ومع التطورات في مجال التقنية والاتصالات والمعلومات - كانت المحصلة الركود الدوري في الانتاج الذي تزايد ملحقاً الرأسمالية بأزمات وتناقضات اقتصادية ومالية منها ازمة التضخم الركودي، والازمات المالية التي توالت وشملت دول الغرب الرأسمالي كلها والعالم بفعل نقل الازمة وتصديرها اليه لايجاد معالجات لاخراج الرأسمالية من ازماتها.

- لقد ساهمت عوامل عديدة في ظهور العولمة فالتقدم التكنولوجي والثورة المعلوماتية ومعها تطورت آليات الهيمنة الاقتصادية والسياسية والثقافية واتجهت آليات الهيمنة نحو تدويل رأس المال وقوة العمل والانتاج وتدويل انماط الاستهلاك وتدويل الثقافة ايضاً لربط العالم وعولمته. ومن العوامل الخارجية التي مهدت لبلورة العولمة بأبعادها المختلفة.

- انتهاء الحرب الباردة وفشل التجربة الاشتراكية في الاتحاد السوفيتي، واصبحت امريكا هي القطب الوحيد وكان ذلك ايذاناً ببروز نظام عالمي جديد (العولمة) الذي تم الاعلان عنه من قبل الرئيس الامريكي السابق (جورج بوش) في 1990/9/11 فما ظهر لم يكن نظاماً جديداً (العولمة) انما هو اقرب الى تيار جديد يستخدمها نظام عالمي يعيد فيها تأكيد دوره في ظروف متغيرة، ووفقاً لهذا التصور جاء الفصل الاول مستعرضاً المعطيات النظرية (الفكرية) والتاريخية للعولمة باعتبارها ترتيب او حدث كوني له بعده الوجودي كما أن العولمة كظاهرة - لتيار - حسب ما شاع استخدامها لم تنفصل عن التطورات والمتغيرات العلمية والتقنية والسياسية والاقتصادية التي رافقت الرأسمالية في تطبيقاتها، وآثار تلك التطورات التي كان من نتائجها الازمات الاقتصادية والمالية التي واجهت الرأسمالية ولننتهي الى بيان العلاقة بينهما في ابراز وتأطير مفهوم العولمة ويعتمد الفصل الاول على المنهجية التالية:

المبحث الاول: مفهوم العولمة.

المبحث الثاني: المرجعية الفكرية والتاريخية للعولمة.

المبحث الثالث: الازمات الاقتصادية والمالية.

المبحث الرابع: التطور العلمي والتقني.

المبحث الاول

مفهوم العولمة

مقدمة:

العولمة من التعابير التي تطورت عن المعنى اللغوي الى الدلالة الاصطلاحية بشكل سريع خلال العقدين الاخيرين وقد شقت طريقها للشيوع بأسلوب تهدف الى الاستقلال عن الدولية، الامية، العالمية التي انطوت في الغالب على معان سياسية وايديولوجية وقانونية وفكرية والاستقلال عن الكونية التي توحي بمفاهيم فكرية وكلية ومتعالية في خط استعمالاتها العام.

وقد حاولت اطراف متعددة أن تدفع بهذه المصطلحات بطرق مختلفة خاصة الامية. فقد اعطت الحضارة العربية الاسلامية منجزات المركز لصالح الاطراف في حين اعطت الحضارة الاوربية في العصر الحديث مكتسباتها لصالح المركز على حساب الاطراف.

حدث كوني له بعده الوجودي لكنها ظاهرة جديدة على مسرح التاريخ اصطلح على تسميتها بظاهرة العولمة وكثر الحديث عن هذه الظاهرة وأثارت جدلاً على مستوى المتخصصين للوصول الى تصور دقيق للمفهوم المستحدث وظهور فكرة القرية الكونية الصغيرة. باعتبار أن ظاهرة العولمة غير حيادية، مشبعة بمفاهيم ايديولوجية راسخة، وظهور مفاهيم جديدة على صعيد العلاقات الاقتصادية والتجارب الدولية، يروج لها البعض على انها تمثل عملية ايجابية بينما يرى البعض الآخر انها ستجلب الدمار الشامل للتقاليد والثقافات الوطنية وبغية التعرف على ماهية المصطلح والنشأة ومعناها اللغوي والعلمي والوقوف على دلالة مفهوم العولمة بشكل دقيق لنحقق من خلاله ما هي العولمة واهدافها الجوهرية وهذا ما يتناوله المبحث من خلال مطالبه.

المطلب الاول

ما هي العولمة - المصطلح - والنشأة

1- ما هي العولمة:

ظاهرة تأخذ اكثر من شكل وتأتي في اكثر من صيغة ولهذا فان تعبيرها يستخدم في الادبيات السياسية والاقتصادية والاجتماعية والثقافية، وهذا ما جعل الاهتمام بها متزايداً وخصباً للنقاش دراسة وتحليلاً. وتعددت الآراء ووجهات النظر حولها، وعليه فان تحديد ما هي الظاهرة، وتشخيصها، ليس امراً سهلاً، اذ ما زالت غير واضحة المعالم، من حيث تحديد المفهوم

واختبارها على ارض الواقع[1]. فهي بالنسبة للبعض (مثل وصف العميان للفيل، كل يصفها حسب المكان الذي يضع عليه يديه). مما يعني اولاً- انها قيد الوصف. والتفسير وتستحق المزيد من الدراسة للاحاطة بها من الناحيتين النظرية والعملية. وثانياً: لأن كل شيء عنها وحولها ما زال موضع نقاش وفرضيات واقتراحات وادنات وارشادات وضرورة التدقيق في امرها باعتبارها ما تزال في طور البلورة والتكوين لعدم استقرارها [2] اذن فمن المناسب أن نسلط الضوء بالدراسة على هذه الظاهرة والاحاطه بمعناها الاصطلاحي واللغوي وفكرة نشأته والمفهوم، ودلالة المضمون والاتجاه والابعاد للوقوف على خفايا الظاهرة وصولاً الى التعريف الذي سنتوصل اليه بالدراسة.

2- المصطلح والمعنى اللغوي والعلمي:

بهدف التعريف على مصطلح "العولمة" Globalization، سنتعرض لمرادفاته في القواميس والادبيات العلمية المعاصرة، لتوضيح الغموض الذي نشأ عن تعددية المرادفات والمفاهيم العلمية المختلفة والمتضاربة لظاهرة العولمة، والتي شاع استعمالها كمصطلح في عقد التسعينات، اثر انهيار الاتحاد السوفيتي عام 1991، فقبل هذا التاريخ لم يكن للمصطلح مكان في القواميس العربية والاجنبية، ونتيجة لانتشار ظاهرة العولمة فقد ظهر المصطلح في القواميس[3] والادبيات التي اهتمت بتحليل العولمة كظاهرة، واصبحت موضع نقاش وجدل لتباين الآراء حول تحديد مصطلح العولمة وماهية محتواها مما ادى الى تعدد المصطلحات المرادفة لها لغوياً وعلمياً. ولا زالة هذا الغموض سنتعرف على المصطلح والمعنى اللغوي للعولمة Globalization او الكوكبة [4] او التكوكب او الكونية؛ في عقد التسعينات بدأ مصطلح

---

(1) د.محمد الرميحي، العولمة وفخاخها: حتى لا تتحول الرأسمالية الى حيوان شره، المستقبل العربي، العدد (241)، آذار / مارس 1999، ص18.

(2) حسين معلوم - التسوية في زمن العولمة - التداعيات المستقبلية لخيار العرب الاستراتيجي، العولمة والتحولات المجتمعية في الوطن العربي (ندوة) مركز البحوث العربية والجمعية العربية لعلم الاجتماع، مكتبة مدبولي، ط1، 1999، ص 112.

(3) لم يكن لمصطلح العولمة أي حضور في القواميس الانكليزية حتى منتصف الثمانينات بل أن قاموس اكسفورد للكلمات الانكليزية الجديدة اشار لمصطلح العولمة للمرة الاولى عام 1991 واصفا اياها من الكلمات الجديدة التي برزت.

(4) يميل د.إسماعيل صبري عبدالله تسمية ظاهرة العولمة بـ "الكوكبة" انطلاقاً من تصحيحه ترجمة التعبير الانكليزي للظاهرة وهو Globalization المشتقة من Clobe بمعنى الكرة.

- والمقصود به هنا الكرة الارضية، الكوكب الذي نعيش على سطحه، ومقابل العالم هو World ومقابل "الكون" هو Universe وكلمة العالم تعني البشرية، والنسبة اليها توحي بمشاركة===

العولمة [1] في الانتشار والتداول ويسود التباس عام في مسألة دلالة مصطلح العولمة، وقامت محاولات بحثية دقيقة، للاحاطة به في مستوى منطوق الكلمة، او مستوى الاحداث التي ترتبط بالمنطوق. وتؤشر المرجعيات المختلفة التي اطرت عمليات تشكل موضوع التسمية، وهو الموضوع الذي يطرح قبول المفردة الانكليزية Globalization، او المفردة الفرنسية Mondialization. عند التعبير على دلالة مصطلح العولمة. الاكثر شيوعاً في الادبيات المعاصرة. ويفضل الكثير من الاقتصاديين العرب استخدام كلمتي الكوكبه او التكوكب، او الكونيه بدلاً من العولمة. وهذا الميل ارتبط بسياقات دلالية مختلفة، مقابل الاغلبية التي تستسيغ مصطلح العولمة، وتعمل على تعميمها، وترجمتها بصورة اقوى لتعيين المقابل المفترض للمصطلحين (الكوكبة او الكونية)، أن اعتماد المحبذين لكلمة كوكبة قائم على معطيات لغوية وتاريخية مؤكدة غير أن القوانين التاريخية الدلالية واللغوية رجحت استخدام مفردة على حساب مفردة اخرى، تتحدد ضمن سياق لا تكفي فيه معطيات التاريخ واللغة بقدر ما ترجحه وترسخه عوامل اخرى منها بساطة الكلمة وسهولة التعبير وارادة المستعملين لها.

...أن كلمة العولمة من التعابير التي تطورت عن المعنى اللغوي الى الدلالة الاصطلاحية بشكل سريع خاصة خلال العقدين الاخيرين.

اما ما يمكن تسميته بالكوكبه او بالتكوكب من وجهة نظر د.محمد محمود الامام فهو (العمل على انضواء مختلف المجتمعات البشرية تحت لواء الكوكبه سواء بدفع من جانب القوى

===الناس جميعاً في انتشار الظاهرة محل الدراسة، وبالعودة الى المعجم وجد د.عبدالله فعل "كوكب" بمعنى جمع احجاراً ووضع بعضها البعض في غير شكل محدد و يقال "كوم" في تجميع التراب.

- د. إسماعيل صبري عبدالله، الكوكبه -الرأسمالية العالمية في مرحلة ما بعد الامبريالية، المستقبل العربي، العدد (222)، آب / اغسطس 1997، ص5.

- ويؤيد د. إسماعيل صبري في هذا الميل د. محمد محمود الامام الى استعمال مصطلح الكوكبه ويدعوها بالتكوكب.

- د.محمد محمود الامام، تعقيب-ندوة العرب والعولمة، ط1، بيروت، حزيران، يونيو1998،ص253.

[1] كما يسميها السيد ياسين، في مفهوم العولمة، العرب والعولمة، مصدر سابق، ص 24 وفي هذا يقول د. سيار الجميل تعقيباً على المصطلح الذي اعتمده السيد ياسين عند تتبع النشأة التاريخية للعولمة واعتماده على النموذج الذي صاغه رولاند روبرتسون، مكتشفاً نقطة البداية في ظهور الدولة القومية الموحدة تاريخياً، فأن اشتقاق الكلمة مصطلحياً بالذات يضعها على طرفي نقيض من القومية ذلك انها "ظاهرة تاريخية" تبلورت عملياً مع نهايات القرن العشرين، مثلما كانت القومية ظاهرة تاريخية قد تبلورت عملياً مع نهايات القرن التاسع عشر...

- د. سيار الجميل، العولمة والمستقبل استراتيجية تفكير من اجل العرب والمسلمين في القرن الحادي والعشرين، الاهلية، عمان / الاردن، 2000، ص 77.

الموجهة لحركتها او باستكانة من جانب الكيانات التي تعتقد انها مسلوبة الارادة تجاهها. والثاني هو نتيجـة لـلاول). بمعنـى أن امريكا امتلكت من القدرات ما اعانها على صياغة مسار الكوكبه حتى الان مـما اكسبها وضعاً مميـزاً. أي انها تـؤثر في التكوكب من ناحيتين، التعامل مع الظاهرة الموضوعية واستحداث عوامل ذاتية لدى الاخرين الاقل قدرة، تـدفعهم الى تقبل ناتج هذا التعامل وهذا هو مفهوم القطب الاكبر مع الكوكبة[1].

أن لفظ العالم لم يرد في القرآن الكريم في حين ورد لفظ الكوكب عبر عنها نزوع الانسان للسياحة في كوكبنا الارضي - استجابة لدعوة الخالق أن يمشي في مناكب الارض وينتشر فيها[2]. وهذا مـا يؤكد اعـتماد المحبـذين علـى المعطيـات اللغويـة والتاريخية لمفردة الكوكبه. والعولمة في اللسان العربي من العالم ويتصل بمعنى فعل "عـولم" علـى صيغة "فوعل" وهـي مـن ابنية الموازين الصرفية العربية ودلالة الصيغة تفيد وجود "فاعل" يفعل وهذا ما يلاحظ على صيغة "Zation" في الانكليزيـة خلافاً لصيغة "Ism" في Globalism التي تعني العالمية[3].

ولفظ العولمة، يصف ما يجري على السطح دون أن يفصح عن محتواه الحقيقي... ودون اثارة السؤال عما تجري عولمته[4]. كما أن العولمة "Globalization" من اكثر الكلمات استخداماً في الادبيات المعاصرة وحسب قاموس وبستر فالعولمة تعني اكساب الشيء طابع العالمية وجعل نطاقه عالمياً[5]. اذن المعنى اللغوي للعولمة، الكلمة المشتقة مـن مدلول العالم[6]. تعني تعميم الشيء وتوسع دائرته ليشمل العالم كله[7] او الدعوة الى تبني نموذج معين وتعميمه كنمط حضاري[8] هو "النمط الامريكي" وتوسيع دائرته ليشمل العالم كله منظوراً

<hr>

(1) د. محمد محمود الامام، العرب والعولمة، مصدر سابق، ص255 - 256.

(2) د. حسن حنفي و د.صادق جلال العظيم، حوارات لقرن جديد - ما العولمة، دار الفكر بدمشق، ط1، 1999، ص21.

(3) د. أحمد صدقي الدجاني، تعقيب، العرب والعولمة، مصدر سابق، ص62.

(4) د. جلال امين، العولمة والدولة، العرب والعولمة، مصدر سابق، ص164.

(5) د. علي عقلة عرسان، العولمة والثقافة، مجلة الفكر السياسي، اتحاد الادباء العرب، العددان الرابع والخامس 1998-1999، ص216.

(6) راجع لمزيد منظمة العمل العربية، العولمة وآثارها الاجتماعية - الدورة الخامسـة والعشـرون، تقرير المـدير العـام لمكتب العمـل العربي، الاقصر، آذار / مارس 1998، ص17.

(7) د.محمد عابد الجابري، العولمة والهوية الثقافية، العرب والعولمة، مصدر سابق، ص 300.

(8) راجع د. علي حسين الجابري، اللاعقلانية في العولمة، العولمة والمستقبل العربي، بيت الحكمة، سلسلة المائدة المستديرة 37، بغـداد - 1999،ص9.

اليه من زاوية جغرافية[1] اذن فالمصطلح لا يلبث أن يكشف عن مخاطر كبيرة تقف وراءه قوى شرسة تأخذ في الاعتبار مصالحها بالدرجة الاولى وينبغي على العالم أن يكون مفتوحاً وحراً امامها لتمارس امريكا هيمنتها وسيطرتها العالمية الجديدة في ظل عمق نمط الانتاج الرأسمالي وليس على سطحه فقط واشاعة الفكر الليبرالي الجديدة وتطبيقاته على الارض. والتسليم بأن امريكا سيدة العالم التي لا يرد لها قول وانطلاقها من الثورة العلمية والتقنية لتحقيق العصر الحضاري لامريكا.

3 - نشأة مصطلح العولمة:

لقد دخلت العولمة او الكونيه كمصطلح جديد ومفهوم خاف عن التفكير واطلق معرفياً من قبل (مارشال ماك لوهان)[2]Marshall Mcluhan عندما صاغ في نهاية عقد الستينات مفهوم القرية الكونيه "Clobal Village" من استدلاله للحتمية التكنولوجية التي نشرها في كتابه (الاستكشافات في عوالم الاتصال) (زبيغنيو بريجنسكي Zebiaiew Brzezinski) فقد اكدا أن هذه الظاهرة هي عالم تتقارب اجزاؤه لتصبح كقرية عالمية بفضل الثورة العلمية والتكنولوجية او كما يسميها بريجنسكي (العصر التكنتروني) (Technetronic Era) [3]. سيتوجه العالم الى الاندماج وازالة الحدود وخصوصياته الثقافية وادخاله في آلية تمكن المالكين لتقنيات الاتصالات من فرض افكارهم والتأثير على هوية الاخرين [4]. ووفقاً لذلك فالعولمة لا تخرج عن كونها نتاجاً لحركة التقدم التقني وثورة المعلومات والاتصالات وظهور العقول الالكترونية كمتغيرات برزت في اعقاب الحرب العالمية الثانية والكتابات الغربية تؤكد بأن العولمة ما هي الا زيادة درجة الارتباط المتبادل بين المجتمعات الانسانيه من خلال عمليات انتقال السلع ورؤوس

---

[1] د. إسماعيل صبري عبدالله، الكوكبة:الرأسمالية العالمية في مرحلة ما بعد الامبريالية، مصدر سابق، ص5.

[2] مارشال ماك لوهان، استاذ الاعلاميات في جامعة تورنتو في كندا هو اول من استخدم مصطلح العولمة، وله الفخر باعتباره الاول من تنبأ بخسارة امريكا في الحرب الفيتنامية حتى وان لم تهزم عسكرياً لان هذه الحرب قد تحولت الى "حرب تلفزيونية" والتلفزيون هو اول من حول العالم الى قرية صغيرة مع المذياع.

- راجع للمزيد، د.جورج حجار، العولمة والثورة شعبي سيحكم، ط1 ميسان للنشر والتوزيع والاعلام، بيروت، كانون الثاني /2000، ص 15.

[3] زبيغنيو بريجنسكي، بين عصرين: امريكا والعصر التكنتروني، ترجمة محجوب عمر، دار الطليعة، بيروت، 1980، ص 50.

[4] للمزيد د. سيار الجميلي، العولمة والمستقبل ستراتيجية تفكير مصدر سابق، ص 80-81.

- كذلك تعقيب، العرب والعولمة -مصدر سابق، ص 39-40.

الاموال وتقنيات الانتاج والاشخاص والمعلومات [1]. مما يعني أن الاعلام قد انجز اول مفهوم عولمي بالمعنى الاستلالي عندما بشر منذ الستينات بولادة القريبه الكونيه التي تعبر عن اختصار العالم.

المطلب الثاني

العولمة ما بين المفهوم والمضمون

[*] **مفهوم العولمة:** المفهوم متعدد الدلالات، ومختلف المعاني بالرغم من استحواذ ظاهرة العولمة على اهتمام اهل الفكر والمهتمين بشؤون الاقتصاد والاجتماع والثقافة في العالم فقد تعددت تعريفات العولمة في العالم ولم تتفق وجهات النظر على صياغة تعريف محدد وثابت ودقيق للعولمة واصبح مسألة شاقة لتنوع تعريفاتها وتأثيرها اساساً بانحيازات الباحثين الايديولوجية واتجاهاتهم تجاه العولمة رفضاً او قبولاً: ولانها تكشف كل يوم عن وجه جديد من وجوهها المتعددة والمتنوعة [2] ولكون الظاهرة تأخذ اكثر من شكل وتأتي في اكثر من صيغة، غير انهم اجمعوا على أن العولمة ما زالت غير واضحة المعالم فهي قيد البلورة والتكوين وفي طور الحداثة من حيث اختبارها على ارض الواقع كما تمثل عملية مستمرة يمكن رصدها باستخدام مؤشرات كمية وكيفية في مجالات السياسة والاقتصاد والثقافة والاتصال فمن المناسب التمييز بين العولمة في هذه المجالات فلا توجد عولمة واحدة بل أن العولمة متعددة في معانيها ومضامينها والمواقف منها تعكس تعدداً في المصالح والاهداف والمواقع ومدى الاطلاع على خفايا الظاهرة ودقائقها [3]... فما هو اذن المفهوم (التعريف الدقيق للعولمة؟) وهل يتم الاكتفاء بتعريف محدد عن ظاهرة معقدة ومركبه لم تكشف بعد عن اسرارها؟ وما هي حقيقة العولمة وسماتها وابعادها...؟ لقد تعددت معاني مفهوم العولمة وكثرت استخداماته المتوافقة والمتعارضة واصبح

---

[1] مجدي حماد، تقرير عن ندوة العرب والعولمة، المستقبل العربي، العدد 226 كانون الاول / ديسمبر 1997، ص 129.

[*] فضلت الباحثة استخدام كلمة المفهوم بدلاً من التعريف، لشمولية الكلمة الاولى عن الثانية حيث يمكن من خلال المفهوم شرح العولمة دون التقيد بكلمات محددة ومعدودة.

[2] راجع للمزيد - حسين معلوم – التسوية في زمن العولمة التداعيات المستقبلية لخيار العرب الاستراتيجي بحث في ندوة العولمة والتحولات المجتمعية في الوطن العربي، مركز البحوث العربية والجمعية العربية لعلم الاجتماع، تحرير عبد الباسط عبد المعطي، مكتبة مدبولي، ط1، القاهرة،1999، ص 112-114.

[3] د.سيار الجميلي - العولمة والمستقبل استراتيجية تفكير من اجل العرب والمسلمين في القرن الحادي والعشرين - مصدر سابق، ص 77.

من الصعوبة حصرها مع بعضها البعض، وحول الانتشار العالمي السريع لمفهوم العولمة بالرغم من تناقضها وتوافقها فهي جزء من حركة وعي عالمية العالم وتأكيد أن البشرية تعيش فعلاً وليس قولاً عصر العولمة [(1)]. ينظر اليها في مفهومها العام على انها اتجاه متنام يصبح معه العالم دائرة اجتماعية وسياسية واقتصادية وثقافية واحدة تتلاشى في داخلها الحدود بين الدول [(2)]. وحول مضمون الخطاب الغربي للعولمة حيث يرى من المتحمسين لدعوة العولمة (Tomas L. Friedman). أن نظام العولمة يعتبر عملية ديناميكية مستمرة تنطوي على التكامل الصارم في الاسواق وفي الدول والامم، وفي التكنولوجيا لدرجة لم تحدث من قبل وبطريقة تمكن الافراد والشركات والدول والامم من التجول حول العالم والوصول الى مسافات بعيدة وبصورة سريعة وارخص من أي وقت مضى ومن شأنها أن تعزز ردة فعل قوية من جانب اولئك الذين تعرضوا لمعاملة وحشية او فاتهم ركب ذلك النظام الجديد، داعياً - الى فتح ابواب الاقتصاد امام التجارة الحرة والمنافسة لتصبح اكثر كفاءة وازدهاراً [(3)].

ويتفق (Dunning) مع توماس ل فريدمان، فيعرف العولمة بانها عبارة عن زيادة الروابط وتعميقها بين المجتمعات والدول بشكل ينظم ويرتب نظام الاقتصاد الحالي. كما انها تصف العمليات التي من خلالها تفرز القرارات والاحداث والانشطة التي تحدث في احد اجزاء العالم، نتائج مهمة للافراد والمجتمعات في بقية اجزاء العالم [(4)].

مما تقدم يتضح لنا أن مفهوم العولمة يعني اضفاء الطابع العالمي وجعله معولماً (الهيمنة على العالم) فما يمر به النظام الاقتصادي المعاصر يمثل مرحلة جديدة من مراحل الاقتصاد العالمي ليصبح فيها الاقتصاد الدولي اكثر تكاملاً واندماجاً. والاقرار بأن الرأسمالية نمط انتاج تتغير ملامحها واساليبها في الاستغلال عبر الزمن.

ويقول (بول هيرست)؛ هناك فرق شاسع بين اقتصاد كوكبي بالمعنى الدقيق واقتصاد بلغ درجة عالية من التدويل، وفيه تتاجر معظم الشركات من قواعدها في اقتصادات قومية متميزة. ففي الاقتصاد الكوكبي تكون السياسات القومية عقيمه لان النواتج الاقتصادية تتحد كليه بواسطة

---

(1) Ronald Robertson, Globalization-London, Sage 1992, P.2.

(2) السيد احمد عمر مصطفى، اعلام العولمة وتأثيره في المستهلك، المستقبل العربي العدد 256 حزيران/ يونيو 2000، ص 71.

(3) توماس ل. فريدمان. السيارة ليكساس وشجرة الزيتون محاولة لفهم العولمة ترجمة ليلى زيدان. مراجعة فايزة الحكيم، الدار الدولية للنشر والتوزيع والنشر،ط1، القاهرة-مصر، 2000، ص 30-31.

(4) د.عمر صقر، العولمة وقضايا اقتصادية معاصرة، الدار الجامعية للطبع والنشر والتوزيع، ط1، القاهرة 2000-2001، ص5.

قوى السوق العالمية وبواسطة القرارات الداخلية للشركات متعددة القومية ولكن في الاقتصاد الذي بلغ درجة عالية من التدويل - فان السياسات القومية تبقى نشطة بل هي في الحقيقة جوهرية للمحافظة على الاساليب المتميزة، وقوة الاقتصاد تتمثل في القاعدة الاقتصادية القومية والشركات التي تتاجر تنطلق منها[1].

ويتفق فتح الله ولعلو مع (بول هيرست) فيعتبر العولمة ظاهرة تعكس تعجيلاً وترسيخاً لظاهرة التدويل من خلال تغيير نوعي لهذه الاخيرة وارتفاع في وتيرة الحركة الدولية للموارد ضمن تصاعد وتكثيف المنافسة[2].

واستناداً لما تقدم فهناك فرق جوهري ما بين التدويل والعولمة فالتدويل يشير الى العمل الجماعي للدول تحافظ فيه على سيادتها في حين أن العولمة هي الغاء لكل العمليات التي تقلص او تلغي التدويل وتشمل كل العمليات على النطاق العالمي (الغاء للحواجز والسيادة وتهميش الدول).

- ويرى اخرون بأن التجارة والاستثمار يشكلان المدخل الاساس للعولمة وهذا ما يذهب اليه مفهوم العولمة عند منظمة التعاون الاقتصادي "اليونكتاد". الى زيادة تفاعل الدول في التجارة العالمية والاستثمار الاجنبي المباشر واسواق رأس المال، كما زاد من عمليات العولمة وحفزها التقدم في النقل والاتصالات وتحرير والغاء القيود على تدفقات رأس المال والتجارة على المستويين المحلي والدولي[3]. كما وتشير الاونكتاد الى أن العولمة هي المرحلة الثانية من مراحل التدويل حيث تتمثل اولى هذه المراحل في التجارة الدولية، اما المرحلة الثانية والتي بدأت في السبعينات، فتمثلت في الاندماج المالي والدولي، وفي بداية الثمانينات، بدأت المرحلة الثالثة، وهي العولمة، والتي اصبحت السائدة في العصر الحالي[4] وفي اعقاب اربع عقود تلت الحرب العالمية الثانية، تم التوسع بشكل رئيسي في النشاط الاقتصادي عالمياً، من خلال اتفاق الدول على النظام الاقتصادي الدولي للتجارة والمدفوعات، ونجاح الجولات المتعددة الاطراف لتحرير التجارة التي تمت في اطار الجات، وانتهت الحقبة من التدويل، وبدات حقبة جديدة وهي العولمة، والتي تعتبر المنشآت من خلالها وليس الدول، القوة الدافعة للاعتماد الاقتصادي

---

[1] بول هيرست وجراهام تومبسون، مساءلة العولمة، الاقتصاد الدولي وامكانات التحكم، ترجمة ابراهيم فتحي، المجلس الاعلى للثقافة والفنون الكويت 1999، ص 272.

[2] د.فتح الله ولعلو، تحديات عولمة الاقتصاد والتكنولوجيا في الدول العربية، ندوة اتجاهات عولمة الاقتصاد واثرها على المؤسسات والشركات العربية، جامعة الدول العربية، القاهرة 1996، ص 19.

[3] الاونكتاد، مؤتمر الامم المتحدة للتجارة والتنمية، 1996، ص1.

[4] المصدر السابق نفسه، 1991، ص 1: a.

المتبادل، ويتمثل المؤشر الرئيس للعولمة في التوسع السريع للاستثمار الاجنبي المباشر، والذي حقق معدلات اسرع من معدلات نمو التجارة والناتج العالمي[1].

اما صندوق النقد الدولي - فقد عرف العولمة بانها تزايد الاعتماد الاقتصادي المتبادل بين دول العالم بوسائل منها زيادة حجم وتنوع معاملات السلع والخدمات عبر الحدود، والتدفقات الرأسمالية الدولية وسرعة وانتشار التكنولوجيا[2].

ويرى السيد ياسين - أن الاقتراب من صياغة تعريف شامل للعولمة فلابد أن نضع في الاعتبار ثلاث عمليات تكشف عن جوهرها. العملية الاولى: تتعلق بانتشار المعلومات حتى تصبح مشاعة بين الناس، والعملية الثانية: تذويب الحدود بين الدول. والعملية الثالثة: زيادة معدلات التشابه بين الجماعات والمجتمعات والمؤسسات وكل هذه العمليات قد تؤدي الى نتائج سلبية بالنسبة لبعض المجتمعات، والى نتائج ايجابية بالنسبة لبعضها الاخر. وان المكونات الاساسية لفكرة العولمة تتركز على مبادئ اساسية هي سهولة حركة الناس والمعلومات والسلع بين الدول على نطاق كوني. ويتضمن ذلك انتقال الافكار والمعلومات التي تتم من خلال التفاعل الحواري ثنائي الاتجاه عن طريق تكنولوجيا الاتصال، وثورة الاتصال والمعلومات قادت الى تحولات مهمة في انماط اساليب الانتاج[3].

ويتلازم البعد الزماني (المدى) والبعد المكاني (العمق في مفهوم الكوكبه) عند الدكتور اسماعيل صبري عبدالله فيقول (بانها التداخل الواضح لامور الاقتصاد والاجتماع والسياسة والثقافة والسلوك دون اعتداد يذكر بالحدود السياسية للدول ذات السيادة او انتماء الى وطن محدد او لدولة معينة ودون حاجة الى اجراءات حكومية) ... وان لا جدوى في محاولة البحث عن اصول فكرية للكوكبه في العلوم الاجتماعية المختلفة لان الوقائع تثبت انها اساساً نتاج داخلي للرأسمالية المعاصرة تتجسد في الشركات عابرة القوميات. وان الشركات بدأت بالانتشار بعيداً عن اسواقها الوطنية تحت تأثير عاملين بالغي الاهمية.

العامل الاول - التخلي عن الحرب وسيلة لحسم التناقضات في المصالح بين شركات تنتمي الى دول مختلفة. وحتمية ذلك بعد تصنيع اسلحة الدمار الشامل.

---

[1] الاونكتاد، مؤتمر الامم المتحدة للتجارة والتنمية، 1996، ص 1.
[2] صندوق النقد الدولي، تقرير آفاق الاقتصاد العالمي: العولمة: الفرص والتحديات صندوق النقد الدولي. واشنطن 1997، ص 55.
[3] السيد ياسين - في مفهوم العولمة، العرب والعولمة. مصدر سابق، ص 27، نشر- كذلك في المستقبل العربي، العدد (228) شباط / 1998، ص 7.

العامل الثاني- حركة التحرر الوطني التي اسهمت اوضاع الامبراطوريات الاستعمارية التي كانت سائدة حتى نهاية الحرب العالمية الثانية ويؤكد ايضاً أن مفتاح التحليل هو ادراك أن الرأسمالية نمط انتاج تتغير ملامحها واساليبها في الاستغلال عبر الزمن، وقد تطورت الرأسمالية في الماضي تطورات لا تقل عما يحدث في الكوكبه [1] واستناداً لما تقدم فقد ربط د.اسماعيل بين العولمة ببعديها:

- البعد الزماني (المدى او النطاق) والتي تعني هيمنة نمط الانتاج الرأسمالي وانتشاره بعمق... ويربط بين نشأة الكوكبه بانتشار الشركات وعودة عقيدة السوق لتكون اساس التنمية في مختلف العالم.
- اما البعد المكاني - بزيادة الترابط بين الرأسمالية وانتشارها ودور الشركات في قيادة العولمة وعلى مستوى العمق وتغير القيم الحضارية ومحاكاة انماط الاستهلاك السائد في مجتمعات الغرب على وفق النموذج الامريكي.

ويرى البعض ضرورة التمييز بين العولمة والنظام الاقتصادي الدولي اذ يعرف د. محمد الاطرش العولمة بأنها تعني بشكل عام اندماج اسواق العالم في حقول التجارة والاستثمارات المباشرة وانتقال الاموال والقوى العاملة والثقافات والتقانة ضمن اطار من رأسمالية حرية الاسواق، ثم خضوع العالم لقوى السوق العالمية، مما يؤدي الى اختراق الحدود القومية والى الانحسار الكبير في سيادة الدولة، وان العنصر الاساس في هذه الظاهرة - هي الشركات الرأسمالية الضخمة متخطية القوميات [2].

- يلتقي د. الاطرش- في جانب من تعريفه مع الدكتور اسماعيل صبري عبدالله في تقديره لدور الشركات متعددة الجنسيات كما يدعوها الدكتور الاطرش الشركات الرأسمالية الضخمة متخطية القوميات.
- كما أن التعريف الذي قدمه الاطرش للعولمة هو تعريف شامل ومركز وذو دلالة ومعان كبيرة تؤكد عن استيعاب للمرحلة الاقتصادية التي يمر بها العالم وما يتمخض عنها؛ وشمولية التعريف تضمنت تركيزه على البعد الاقتصادي وبدرجة اقل السياسي دون أن ينسى الثقافي ويميز د.محمد الاطرش بين مفهوم العولمة ومفهوم الاقتصاد الدولي حيث يقول "فالاقتصاد

---

[1] د. إسماعيل صبري عبدالله؛ الكوكبه: الرأسمالية العالمية في مرحلة ما بعد الامبريالية، مصدر سابق، ص 5-6.

- كذلك راجع د.اسماعيل صبري عبدالله، العرب والعولمة، العولمة والاقتصاد والتنمية العربية (العرب والكوكبه) - العرب والعولمة - مصدر سابق ص 361-362.

[2] د. محمد الاطرش، العرب والعولمة: ما العمل ؟، العرب والعولمة، مصدر سابق، ص 412-413.

الدولي يركز على علاقات اقتصادية بين الـدول ذات سيادة، وقد تكـون هـذه العلاقـات منفتحـة جـداً في حقول التجارة والاستثمارات المباشرة وغير المباشرة، ولكن يبقى للدولة دور كبير في ادارتها وفي ادارة اقتصادها " [1].

مما يتضح أن الدولة تشكل عنصراً اساسياً في الاقتصاد الدولي في حين تشكل الشركات الرأسمالية متخطية القوميات العنصر الاساس في مفهوم العولمة. ويصل د.محمد الاطرش الى نتيجة هامة وهي أن ما هو قائم حالياً في الاقتصاد الرأسمالي العالمي يمثل مرحلة من مراحل تطوره، وقد يكون ممكناً تسمية هـذه المرحلة "بالعولمة" او اقتصاداً دولياً، اكثر تكامـلاً واندماجاً وان اهم سمة للنظام الرأسمالي العالمي الراهن هو ما يسمى " بالعولمة المالية " ويصل الى نتيجة اخرى وهي أن الدولة الرأسمالية المهيمنة او الدولة المهيمنة في النظام الرأسمالي العالمي تقوم بالعمل على تامين سلامة نظامها وتالياً توسعه، وذلك عبر تحقيق حرية التجارة الخارجية او درجة كبيرة من هذه الحرية وحرية انتقال الرساميل [2]. ويؤكد برهـان عليون على ذات المعنى التميز بين العولمة ومفهوم الاقتصاد الدولي اذ يقول في مفهوم العولمة بانها " ديناميـة جديـدة تبرز داخل دائرة العلاقات الدولية من خلال درجة عالية من الكثافة والسرعة في عمليـة انتشـار المعلومـات والمكتسبـات التقنيـة والعلمية للحضارة، يتزايد فيها دور العامل الخارجي في تحديد مصير الاطراف الوطنية المكونة لهذه الدائرة المندمجة وبالتالي هوامشها ايضاً " لتصبح العولمة حسب رأيه (الدخول بسبب تطور الثورة المعلوماتية والتقنية والاقتصادية معاً في طور مـن التطور الحضاري يصبح فيه مصير الانسانية موحداً او نازعاً في التوحيد) [3]. أي على درجة عالية من التفاعل بـين المجتمعـات في اطار الارتباط المتبادل.

ويقر اغلب الباحثين بأن محاولة د.صادق جلال العظم في التعريف العام للعولمة من المحاولات الرائـدة واعتبارهـا من اكثر التعاريف دقة وشمولية اذ يركز فيه على التغيرات في بنية النظام الرأسمالي العالمي ونزوعـه نحـو التوسـع والهيمنـة وينص تعريفه للعولمة " بانها وصول نمط الانتاج الرأسمالي عند منتصف هذا القرن تقريباً الى نقطة الانتقال من عالمية دائـرة التبادل والتوزيع والسوق والتجارة والتداول، الى عالمية دائرة الانتاج واعادة الانتاج ذاتها، أي ظاهرة العولمة التي نشهدها هي بداية عولمة الانتاج والرسمال الانتاجي وقوى الانتاج الرأسمالية، وبالتالي علاقات الانتاج الرسمالية ايضاً، ونشرها في كـل مكان مناسب وملائم خارج مجتمعات

---

[1] المصدر السابق، ص 413

[2] المصدر السابق، ص 414 - 417.

[3] نايف علي عبيد، العولمة والعرب، المستقبل العربي، العدد 221 تموز 1997، ص 26.

المركز الاصلي ودولة، والعولمة بهذا المعنى هي "رسملة العالم على مستوى العمق بعد أن كانت رسملية على مستوى سطح النمط ومظاهره". وبشكل عام فالعولمة اذاً هي " حقبة التحول الرأسمالي العميق للانسانية جمعاء في ظل هيمنة دول المركز وبقيادتها وتحت سيطرتها وفي ظل نظام عالمي للتبادل غير المتكافئ " [1].

المفهوم الذي اورده د. صادق جلال العظم - يتضمن بعداً مكانياً وتكثيفاً لمستويات التأثر والتأثير المتبادل والتداخل المترابط بين الدول والمجتمعات في العالم. أي نقل دائرة الانتاج الرأسمالي الى الاطراف (الجنوب) بعد حصرها في مجتمعات المركز ودولهِ (الشمال) لبلوغ عالمية دائرة التبادل والتوزيع والسوق حد الاشباع ووصولها الى اقصى حدود التوسع الافقي الممكنة وشمولها مجتمعات الكرة الارضية كلها وكان لابد لحركة نمط الانتاج الرأسمالي وديناميكيته من أن تفتح افقاً جديداً لنفسها، وان تتجاوز حدود بدت ثابته سابقاً، عن طريق نقله نوعية جديدة تأخذ بدورها الآن الشكل المزدوج لعولمة دائرة الانتاج ذاتها، ونشرها في كل مكان مناسب على سطح الكرة الارضية من ناحية. واعادة صياغة مجتمعات الاطراف مجدداً في عمقها الانتاجي هذه المرة، ليس على سطحها التبادلي التجاري الظاهر فقط من ناحية ثانية. أي بأعادة صياغتها وتشكيلها على وفق الصورة الملائمة لعمليات التراكم المستحدثة في المركز ذاته، وسيطرة دول المركز الرأسمالية ضمن عملية العولمة، وتحقيق الهيمنة لنمط معين في انتاج الثروة وتوزيعها، وبهدف تحويل كل شيء الى سلعة والاستفادة الكبيرة من الاسواق ووسائل الاتصال الحديثة لتحقيق المزيد من الارباح والاتجاه نحو التوسع والهيمنة والتبعية الحضارية من خلال الانقياد لمعطيات التطور التكنولوجي (التقني) واستخدامه لاغراضها السياسية والاقتصادية والثقافية.

وحول مخاطر العولمة وهيمنتها الشمولية على العالم يؤكد الدكتور باسل البستاني رؤيته فيرى بان العولمة هي عملية احتوائية شاملة لبلدان الجنوب في النظام الاقتصادي والسياسي الدولي قواعده غير متوازنة في توزيع المنافع [2].

مما يعني أن الهدف السياسي للنظام الرأسمالي الامريكي هو الغاء النسيج الحضاري والاجتماعي للشعوب لكي يسهل للشركات الامريكية للتسلل بسلعتها ونفوذها السياسي لتأخذ دوراً ريادياً في نهب ثروات الشعوب وشد ارادة النهضة فيها واي دور مستقل للدولة.. بل الغاء الدول

[1] د. حسن حنفي و د. صادق جلال العظم، حوارات لقرن جديد - ما العولمة، مصدر سابق، ص 125 وما بعدها.
[2] د. باسل البستاني، تمويل التنمية البشرية في الوطن العربي، سلسلة دراسات التنمية البشرية، الامم المتحدة. نيويورك 1996، ص 72.

وتحويل قادتها الى افراد يأتمرون بأوامر الشركات الخاضعة للشركات الكبرى الموجودة في المجتمع الرأسمالي الصناعي والتي يسيطر عليها الشركات الامريكية بصورة أو بأخرى.

- وعن قوة العامل الاقتصادي والتكنولوجي على العامل الايديولوجي والعقائدي واسبقية الرأسمالية في شق طريق العولمة قبل المعسكر الاشتراكي فيرى الاستاذ هشام البعاج العولمة بانها (ظاهرة موضوعية حيادية، وهي كالتقدم التكنولوجي كلاهما غير مرتبط عضوياً بنظام اقتصادي - اجتماعي معين، اما النظام الذي يسبق غيره في صنعها او التأقلم معها، فهو النظام الاكثر تفاعلاً مع حركة التاريخ وروح العصر، والاكثر قدرة على المرونة والتكيف، وبالتالي، الاوفر حظاً في جني الارباح والفوائد، واذا كانت الرأسمالية العالمية هي من تنسج العولمة وتخيط هياكلها فذلك لانها النظام العالمي الذي لم يزل يكتنز المزيد من الطاقات القادرة على التجديد والتغيير والتكيف.

- لقد ساهمت البيئة الاقتصادية والتكنولوجية في انطلاقة العولمة وفي هذا الصدد يقول ليستر ثرو "أن التحولات التكنولوجية والنقل والمواصلات اوجدت عالماً يمكن أن يصنع أي شيء ويبيع كل شيء في أي مكان على وجه الارض وتقلصت الاقتصادات الوطنية

ونشأ انفصال جوهري بين منشآت قطاع الاعمال ذات النظرة العولمية والحكومات الوطنية وتشتت البلدان ونمت الكتل التجارية الاقليمية واصبح الاقتصاد العالمي اكثر ترابطاً [1].

- اما مفهوم العولمة كما يراها د.جلال امين فقد حدد العناصر الاساسية التي اقتربت بفكرة العولمة والمتمثلة في ازدياد العلاقات المتبادلة بين الامم سواء في تبادل السلع والخدمات، او انتقال رؤوس الاموال والاشخاص وانتشار المعلومات والافكار والقيم، وتأثر امة بقيم وعادات غيرها من الامم ... فالظاهرة عمرها خمسة قرون وان بدايتها ومستقبلها مرتبطان ارتباطاً وثيقاً بتقدم التكنولوجيا الاتصال والتجارة منذ اختراع البوصلة وحتى الاقمار الصناعية، ويرى اهمية الاعتراف بالمتغيرات التي طرأت حيث برزت اشياء جديدة ومهمة على ظاهرة العولمة خلال الثلاثين سنة الاخيرة من تغيرات ملحوظة من ابرزها يقول جلال امين (أن التغير الذي يستدعي الانتباه يمثل في تراجع عام لدور الدولة وانحسار نفوذها وتخليها عن مكانها شيئاً فشيئاً لمؤسسات اخرى تتعاظم قوتها يوماً بعد يوم هي الشركات العملاقة متعدية الجنسيات)[2].

---

[1] ليستر ثرو. مستقبل الرأسمالية، ترجمة فالح عبدالقادر حلمي - رالمراجعة العلمية محمود خالد المسافر. بيت الحكمة، شركة السرمد للطباعة، ط1، بغداد 2000، ص 38.

[2] جلال امين، العولمة والدولة، العرب والعولمة، مصدر سابق، ص 153 -157، كذلك المستقبل العربي، العدد 228، شباط /1998، ص 23. ===

أن مضمون ظاهرة العولمة ليست امراً جديداً خاصة اذا نظرنا اليها مـن زاويـة العلاقـات الاقتصـادية الدوليـة مـن خلال الاتفاقيات التجارية والمعاملات المالية والتجارية وما يصاحبها من اتفاقات وتحالفات عسكرية وسياسية التي غالباً ما ترافق تلك العلاقات بل وتمهد لعقدها في تلك الاوقات غير أن الاهمية النسبية لهذه الظاهرة برزت بشكل واضح مع بداية العقود الثلاثة الماضية نتيجة قوة الدفع (ثورة الاتصالات وتكنولوجيا المعلومات) التي اخذت تسير عمليات الترابط والاعتماد واختزالها الوقت فضلاً على سهولة الحصول على المعرفة فاصبح الحديث عن اقتصاد عالمي. وقرية عالميـة واصـبحت العولمـة (عالم بلا حدود تنظمه قوى السوق) [1]. فالعولمة اذاً هي امتداد لما سبقها فكما حلت الدولـة محـل الاقطاعيـة منـذ خمسـة قرون تحل اليوم الشركات تدريجياً محل الدولة والسبب في الحالتين هو التقدم التقني وزيادة الانتاجية والحاجـة الى اسـواق كبيرة ولم تعد حدود الدولة القومية هي حدود السوق الحرة بل أن العالم كله مجالاً لتسويق السلع والخدمات والافكار [2].

وينظر د.سيار الجميل - الى العولمة بانها صيغة من صيغ الهيمنة ولكن باطار جديد - كما نلاحظ أن النطاق الدولي يتعاقب ولا يتشابه فقد هـيمن الاسـتعمار خـلال القـرن التاسـع عشر- عسـكرياً، واصـبحت في القـرت العشر-ين - امبرياليـة سياسية، ولا محالة أن تكون الهيمنة في القرن الحادي والعشرين اقتصادية. [3] وفي ذات الاتجاه واهمية تسليط الاضـواء عـلى مشروع العولمة الجديد واستراتيجيات تنفيذه ينظر د.سمير امين، الى ذلك من خلال تحليل خطط هذه السـتراتيجيات لتهيئـة المسرح الدولي للانتقال من آلية ومؤسسات الاقتصاد المستقل الى آلية ومؤسسات الاقتصـاد التـابع ولـن تكـون هنـاك عولمـة اقتصادية ليبرالية دون هيمنة سياسية وعسكرية بمعنى آخر هيمنـة المراكـز التقليديـة بقيـادة الادارة الامريكيـة. اضـافة الى وجود العديد من العناصر الجديدة بالعولمة كالثورة العلمية والتكنولوجية وخاصة المعلوماتية وما يترتب عنها من تغيرات في نماذج العمل والتكوين الطبقي والاجتماعي، ووجود عناصر اخرى جديدة في ما يخص تعميق عولمـة السـوق المرتبطـة بهـذه الثورة وتآكل المنظومات الانتاجية المندمجة المتمركزة على الذات

=== - د.جلال امين. العولمة والتنمية العربية، من حملة نابليون الى جولة اورغواي 1798-1998، مركز دراسات الوحـدة العربيـة، ط1، بيروت، ايلول /سبتمبر 1999، ص7.

[1] Bjarn Hott; The new Regionalism security and Development Regional integration and Multilateral cooperation in the Global Economy Formen Dabt and Development, London 1998. P6.

[2] د.جلال امين، العولمة والدولة، مصدر سابق، ص 156.

[3] د.سيار الجميل، تعقيب، العرب والعولمة، مصدر سابق، ص 38.

وتغليبها على الجوانب الاخرى في صنع القرار الاقتصادي ورسم السياسة الاقتصادية وفي مجال السياسة تآكل دور الدولة في ادارة الاقتصاد والسياسة بما يؤدي الى تفكك مشروعية الدول وتفكك مشروعية الممارسات السياسية [1].

- ويرى عمر محي الدين في العولمة ان التغير الذي طرأ في بينة النظام الاقتصادي الجديد لم ينشأ فجأة بل نما في احضان النظام القديم وخرج منه وبدأت بذوره الاولى في منتصف الستينات واتضحت توجهاته في السبعينات وتسارعت وتائره في الثمانينات وظهرت خطوطه وملامحه الرئيسية مع بداية التسعينات مؤكداً أن هيكل النظام الاقتصادي الدولي الجديد يتسم بعدد من الخصائص المهمة وهي:

انهيار نظام بريتون دودز (1971) باعلان الادارة الامريكية وقف تحويل الدولار الى ذهب.

عولمة النشاط الانتاجي.

عولمة النشاط المالي والاندماجي.

تغيير مراكز القوى العالمية.

تغيير هيكل الاقتصاد العالمي[2].

ويضيف أن العولمة ارتبطت بنشوء الرأسمالية الصناعية وانها نتيجة طبيعية لتطورها اتخذت اشكالاً وانماطاً حسب درجة تطور الرأسمالية العالمية اذن فالتطور الذي تحقق للرأسمالية الصناعية قائم على التغيرات الناجمة عن التطور والتغير التكنولوجي احد المحركات المهمة للعولمة مما يترتب عليها انتقال النظم الاقتصادية العالمية من مرحلة الى مرحلة اخرى. وفي ذات الاتجاه يشير "ميشيل سكبينيM. Sakbani" الى أن الموجات المتزايدة التي يشهدها الاقتصاد العالمي تجاه عولمة الاقتصادات الوطنية في مجالات التجارة والمال والاستخدام المتزايد للتقنية وتغيير مواقع الانتاج، انما هو نتيجة الثورة المتصاعدة في تقنيات الاتصالات والاتجاه المتزايد نحو تحرير الاقتصادات في حين كانت العولمة في القرن التاسع عشر تتضح ملامحها في التدفقات الهامشية للسلع ورؤوس الاموال وانتقال الاشخاص بين الحدود في ظل رقابة محدودة. اذن ما يميز العولمة في القرن التاسع عشر هو أن العولمة فيه كانت غير خاضعة لموافقة

---

[1] د.سمير امين، ثقافة العولمة وعولمة الثقافة، الوفاق العربي، تونس السنة الاولى، العدد 6، كانون الاول / ديسمبر 1999، ص 43.

[2] السيد ياسين، في مفهوم العولمة، العرب والعولمة، مصدر سابق، ص 29 نقلاً عن عمرو محي الدين - المحاور الاساسية لاقتصاديات التنمية وظاهرة العولمة كتاب قيد النشر 1997.

- راجع للمزيد عمرو محي الدين - تعقيب، العرب والعولمة، مصدر سابق، ص 35-38.

حكومية او تشريع قانوني وبالتالي فقد اختلفت العولمة في اطارها المؤسسي ذلك الذي تشهده العولمة[1].

- وعند عبدالاله بلقزيز يتلازم معنى العولمة في مضمار الانتاج والتبادل المادي والرمزي مع معنى الانتقال من المجال الوطني او القومي الى المجال الكوني (الشمولي في المفهوم تعيين مكاني جغرافي (الفضاء العالمي برمته) غير انه ينطوي على بعد زماني ايضاً (حقبه ما بعد الدولة القومية) الدولة التي انجبها العصر ـ الحديث اطار كيانياً لصناعة اهم وقائع التقدم الاقتصادي والاجتماعي والثقافي ويضيف أن منطق العولمة الاقتصادية والثقافية هو: الزحف المعمم للقيم المادية والرمزية، لا يحمل في ركابه تحللاً للنظام السياسي في دول المصدر (او المنبع) - المقصود به الغرب - بينما هو الاطاحة بحدود دول الجنوب (دول المصب) ويهدد سيادتها على نحو كامل.

فمن وجهة نظر د.عبدالاله بلقزيز فان دول الجنوب لا ينطبق عليها وصف الدولة الوطنية او الدولة القومية لانها نشأت وتطورت ومنذ استقلالها السياسي في انشداد كامل بعلاقات تبعية للغرب واقتصاداته. وهذه التبعية افقدتها صفة الدولة الوطنية ويستنتج من تحليله ما يلي:

- أن عصر الدولة القومية لم ينته بعد خلافاً للاعتقاد الدارج، والعولمة هي من ثمار تمدد الدولة القومية القوية.

- والعولمة هي الدرجة العليا في علاقات الهيمنة / التبعية الامبريالية ولحظة التتويج لانتصار النظام الرأسمالي العالمي كونياً. والذي هو نتيجة من نتائج الدولة الوطنية، وتعيد انتاجه، داخل حدودها وخارجها على السواء[2].

أن لمفهوم العولمة عند عبدالاله بلقزيز تعييناً مكانياً (جغرافي) الانتقال من المجال الوطني او القومي الى المجال الكوني الفضاء العالمي باكمله وتعييناً زمانياً حقبة ما بعد الدولة القومية ويقر د.عبدالاله بلقزيز بأن العولمة هي الدرجة العليا في علاقات التبعية الامبريالية ولها وظيفة داخلية وخارجية غايتها احكام السيطرة على الاقتصاد العالمي وتمكين المنظومة الرأسمالية من حتمية ظاهرة العولمة.

---

[1] M.Sakbani, Regonalization and Globalization, in UNDP. Cooperation South No.1. 1998, P.6.

[2] د.عبدالاله بلقزيز، العولمة والهوية الثقافية؛ عولمة الثقافة ام ثقافة العولمة، العرب والعولمة مصدر سابق، ص 310 وكذلك المستقبل العربي، العدد 229 آذار / مارس 1998، ص 91.

يؤكد عدد من الباحثين اهمية فهم العولمة على انها امركة [(1)] Americanisat العالم لاختفاء الحدود الفاصلة بين المفهومين، فهما متوافقان، وتعنيان الشيء نفسه. والعولمة في ما تزعم هي الاسم الحركي للامركة، وفي اطار توضيحه لمفهوم العولمة الثقافية يؤكد عبدالاله بلقزيز على " أن هذه السيطرة الثقافية الغربية العامة تنطوي - في داخلها - على علاقة اخرى من السيطرة تجعل ثقافات غربية عديدة في موقع تبعي لثقافة اقوى تمتد احكامها على سائر العالم وهذه السيطرة يمكننا التعبير عنها بعبارة الامركة"[(2)]. ويتفق "هانس بيتر مارتين وهارالد شومان". "الى أن العولمة في اسواق المال تعني حتى الان امركة العالم الى حد ما " [(3)]. ويدعو الاقتصاديون والسياسيون الليبراليون الجدد -العالم- للاقتداء بالنموذج الامريكي [(4)].

والامركة هي حقيقة مادية تعيشها اوربا وتحتج عليها وتقاومها وتعتبرها خطراً ستراتيجياً يهدد استقلالها الاقتصادي والسياسي وهويتها الثقافية [(5)]، والعولمة في المجال السياسي منظور اليها من زاوية الجغرافية الجيوبوليتيك كما يراها د.محمد عابد الجابري هي العمل على تعميم

---

(1) الامركة: مجموعة من القيم والافكار تروجها أوساط الفكر السياسي الامريكي بقصد سيادة هذا النهج سواء في داخل امريكا او خارجها سياسياً وعسكرياً والتحكم في اقتصادات العالم وتخصص لهذا الترويج اعتمادات ضخمة باستخدام اعلامها المهمين في مقدمة هذه القيم والافكار، حقوق الانسان والديمقراطية الفردية وتحويل القطاع العام الى الخاص والجانب السطحي والتافه واللا انساني في ثقافتها الشعبية على شعوب العالم اجمع وتهميش ثقافتها القومية التاريخية ومحاولة الادارة الامريكية أن تكون مركز الرأسمالية وقمة النظام الدولي الجديد وهي ايضاً مركز المافيا والجريمة. واعتبار الفرد الامريكي بأنه الافضل والاصلح والاقوى ومظاهر السياسة الامريكي. التفوق والغطرسة والهيمنة والاستثناء والانتقائية والتناقض ووصولها الى حدودها القصوى حيث تقوم بتوزيع التكلفة على المنتفعين من الهيمنة والحماية التي توفرها هذه الهيمنة.. والاعتقاد بأن النموذج الامريكي يجب تعميمه ايديولوجيا وحضارياً وهي بذلك مقولة امريكية ومشروع عالمي تسعى الادارة الامريكية المتعاقبة الى تحقيقه والدعوة لاقامة نظام عالمي جديد ما هو الاغطاء تسعى من خلاله امريكا اخفاء حقيقته كمشروع استعماري جديد.

- جميل مطر، وآخرون، العرب والعولمة - مصدر سابق، ص 265، 274، 276، 278.

- عبدالحق يحيى زلوم، نذر العولمة مركز الكتب الاردني 1999، ص 296.

(2) د.عبدالاله بلقزيز، العولمة والهوية الثقافية، عولمة النطاق ام ثقافة العولمة، العرب والعولمة، مصدر سابق، ص 319.

(3) هانس بيتر مارتين وهارالد شومان، فخ العولمة، الاعتداء على الديمقراطية والرفاهية ترجمة د.عدنان عباس، مراجعة د.رمزي زكي، عالم المعرفة 238، المجلس الوطني للثقافة والفنون والاداب، الكويت تشرين الاول / اكتوبر 1998، ص 115.

(4) هانس بيتر مارتين وهارالد شومان -فخ العولمة، الاعتداء على الديمقراطية والرفاهية - مصدر سابق، ص 35.

(5) د.عبدالاله بلقزيز: العولمة والهوية الثقافية، عولمة الثقافة ام ثقافة العولمة العرب والعولمة، مصدر سابق، ص 319. كذلك في - المستقبل العربي، العدد 229 آذار 1998، ص 99.

نمط حضاري يخص بلداً بعينه، هو الولايات المتحدة الامريكية بالذات، على بلدان العالم اجمع، وهي ليست مجرد آلية من آليات التطور التلقائي للنظام الرأسمالي بل هي ايضاً وبالدرجة الاولى دعوة الى تبني نموذج معين "والعولمة الى جانب" كونها تعكس مظهراً اساسياً من مظاهر التطور الحضاري الذي يشهده عصرنا، فهي ايديولوجية تعبر بشكل مباشر في ارادة الهيمنة على العالم وامركته [1].

بالمقابل يرى جميس روزناو انه من المبكر وضع تعريف كامل وجاهز يلائم النوع الضخم لعلاقات متعددة تتمحور حولها هذه الظاهرة فمفهوم العولمة يشمل مجالات متعددة ومتباينة يقتضي الوقوف عندها في الاقتصاد والسياسة والثقافة والايديولوجيا التي تشمل (اعادة تنظيمه الانتاج، تداخل الصناعات عبر الحدود، انتشار اسواق التمويل، تماثل السلع المستهلكة لمختلف الدول). ونتائج الصراع بين المجموعات المهاجرة والمقيمة في ظل كل هذا تصبح مهمة ايجاد صيغة مفردة تصف كل الانشطة تبدو عملية متعبة، حتى لو تم تطوير هذا المفهوم فمن المشكوك فيه أن يتم قبوله واستعماله. ذلك لان العولمة تحتاج للعديد من التساؤلات التي يفترض الاجابة عنها ومن ابرزها مثلاً- عوامل بروز العولمة، مضامينها، مستقبل الدولة في ظل العولمة. تأثيراتها وانعكاساتها الى آخره من التساؤلات.

المبحث الثاني

المرجعية الفكرية والتاريخية للعولمة

مقدمة:

جاءت العولمة تلبية لحاجات ومتطلبات تطور الرأسمالية التي ما أن ضربت جذورها في الارض واستقرت خلال القرون الثلاث (السادس عشر / السابع عشر/ الثامن عشر) حتى نمت وانتشرت وترسخت عمليا. والرأسمالية ترتكز الى المنطلقات الفكرية لليبرالية والتي تتفق وتنسجم مع الظروف والعلاقات الاقتصادية والاجتماعية والسياسية والمبادئ التي تقوم عليها الرأسمالية تعكس خصائص وسمات الليبرالية والرأسمالية كنمط أنتاج تتغير ملامحها وأساليبها في الاستغلال عبر الزمن وما حققته الرأسمالية من تطور لا يقل أهمية عما يحدث حاليا. ولكي نفهم العولمة الاقتصادية فلابد من العودة وبشكل منهجي الى الجذور الفكرية والتأريخية للرأسمالية منذ مرحلة

---

[1] د. محمد عابد الجابري، العولمة والهوية الثقافية تقييم نقدي لممارسات العولمة في المجال الثقافي، ص 300.

- كذلك في المستقبل العربي، العدد 228، شباط 1998، ص 16.

الرأسمالية التجارية التي برزت فيها الخطوات الاولى للعولمة الاقتصادية في الفكر الرأسمالي وحتى الليبرالية الجديدة في نهايات القرن العشرين لقد كانت أليه التبادل التجاري هي الاسلوب التطبيقي الاول للعولمة مما يعني أن العولمة ظهرت في التاريخ الرأسمالي من خلال نفس الشروط والظروف في عهد الرأسمالية التجارية (الميركنتالية) غير أنها ظلت ذات طابع أقليمي وبقيت في أغلب الحالات مجرد نزوع لم تصل الى الحقائق الملموسة على أرض الواقع كما هو الحال الان بالنسبة للعولمة الاقتصادية فالجديد فيها بأنها نتاج عوامل أقتصادية وسياسية وتكنولوجية وانفجار المعرفة أضافة الى الى التوظيف الشمولي لاليه التدفق الاعلامي والسيطرة على معطيات الحدث وتسويقه وقياس ردود الفعل حوله كلها أسهمت في ظهور العولمة.

وللوصول الى أصول وجذور العولمة لابد من العودة الى البدايات الاولى في الفكر الرأسمالي ومنذ الرأسمالية التجارية (الميركنتالية) وتتبع تطور الليبرالية والمتغيرات الفكرية التي مرت بها من ناحية والمستجدات التي حققتها عبر المراحل التأريخية. وهذا ما نتابعه من خلال المبحث في المطلبين:

المطلب الاول: المرجعية الفكرية للعولمة.

المطلب الثاني: المرجعية التاريخية للعولمة.

المطلب الاول

المرجعية الفكرية للعولمة

مقدمة:

تغير الفكر الرأسمالي كثيرا من حيث اشكاله وأساليب حركته، وقد أ فرز طوال تاريخه منجزات حسب حاجة النظام الرأسمالي ومشكلاته ومنذ البداية نقلت الرأسمالية أسلوبها للانتاج الى خارج حدودها محدثة عند قيامها ثورة هائلة في تنمية القوى الانتاجية تمثلت في (الثورة الصناعية 1870) حيث أنتقلت الثورة الصناعية الى كل من فرنسا وبلجيكا وأمريكا. وكانت تسعى دائما لادماج العالم في سوق عالمية واحدة وظل القانون الاساس الذي يحكمها هو قانون التطور غير المتكافئ في الخارج والعولمة في الرأسمالية حالة متكررة ومتجددة الاشكال خلال مراحل تطورها وهذا الواقع ليس بعيدا عن واقع الرأسمالية التي تشهد بين الحين والاخر تطورات تزيد النظام تداخلا وتشابكا ثم تظهر تناقصات النظام وتحاول الرأسمالية فك ذلك التشابك لتستمر، فالرأسمالية كيان أقتصادي يعيش على أجترار منجزاته التي أفرزها طوال التاريخ الفكري للرأسمالية برمته والمدارس العريقة هي ثلاث (المدرسة التجارية الميركنتالية)

و(المدرسة الطبيعة الفيزوقراط) و (المدرسة الكلاسيكية) وما جاء بعد هذه المدارس من فكر أقتصادي رأسمالي لا يزيد عن كونه محاولة لتطويع فكر المدارس الثلاث ليتلاءم مع متطلبات المراحل المختلفة لتطور النظام الرأسمالي ذاته وهي جميعا أدوات لتطويع الفكر العتيق ليلبس حلة جديدة.

يتناول المطلب مناقشة تلك الاراء وتقيمها حسب الظروف التي مرت بها.

1- الرأسمالية التجارية (الميركنتالية) - العولمة القسرية:

كانت التجارة هي القناة الاولى التي تمت من خلالها عولمة النشاط الانتاجي عبر التاريخ وشكلت التجارة اهم مصدر من مصادر تكوين الثروة لدى العرب في تاريخهم وسببا رئيسيا في ازدهارهم الاقتصادي وثرائهم وتفوقهم الثقافي وظلوا يلعبون دورا متميزا على صعيد التبادل التجاري الدولي وأسهموا أسهاما كبيرا في تطويره حتى قيام الحروب الصليبية(1096م-1199م) وسقوط بغداد، مقابل ذلك كانت تجارة الغرب مع الشرق تجارة استيراد يأخذون السلع من الاقمشة والتوابل وغيرها من ادوات الترف ويأخذ تجار الشرق مقابل ذلك ذهبا. فلم يكن لدى الغرب سلعاً أو منتجات يشتهرون بها باستثناء امتلاكهم مناجم الذهب.. في القرن السابع عشر اخذت كميات الذهب المخزون والمحتفظ به.. تقل تدريجيا في الغرب لانعدام أي منتجات للتبادل تصلح لتعديل الميزان التجاري دائم العجز وانعدام مناجم الذهب التي يمكن أن تغذي باستمرار التيار النقدي الذي يجري الى الشرق وقد ساد النظام الاقطاعي في اوربا الى اواخر القرن الثالث عشر- ومع بداية القرن الرابع عشر تفاعلت عوامل عدة غيرت الواقع الاقتصادي والاجتماعي والسياسي للنظام الإقطاعي، عوامل داخلية وعوامل خارجية كانت السبب في انهيار النظام الإقطاعي[1]، وقد ساهمت تطورات في بروز الرأسمالية التجارية (الميركنتالية) وفي تطور الفكر الاقتصادي وكانت هناك حاجة ماسة الى طبقة جديدة من الاقتصاديين لكي توفق ما بين مصلحة الدولة الناشئة من الناحيتين السياسية والاجتماعية وما تحتاج اليه من قوة ومصلحة من الناحية الاقتصادية[2] وقد دفعت الحاجة للنقود الفضية والذهبية التي عانى منها الاقتصاد الغربي وهو في طور التحول من نظام الإقطاع إلى الرأسمالية التجارية الى التوسع نحو العالم خلال القرن الخامس عشر والسنوات الأولى من القرن السادس عشر- من خلال الاكتشافات الجغرافية التي واكبتها. ففي عام 1498م نجح البرتغاليون بقيادة فاسكو دي كاما من الدوران حول أفريقيا

(1) د. رسول راضي حربي، النظم الاقتصادية، دار الحكمة، بغداد، 1991، ص76.

(2) د. عبد الرحمن يسري احمد، تطور الفكر الاقتصادي، ط2، دار الجامعات المصرية، الاسكندرية، شباط / فبراير 1987، ص146.

والوصول الى راس الرجاء الصالح ثم الهند بمساعدة الرحالة العربي احمد بن ماجد حيث تتركز تجارة التوابل. وخلال هذه الرحلات دخل البرتغاليون في معارك طاحنة مع العرب والمسلمين الذين كانوا يسيطرون على مسارات التجارة الدولية مع شرق افريقيا ومع الهند والشرق الأقصى. ومع تزايد حركة الكشوف الجغرافية رحلة ماجلان حول الكرة الأرضية (1522م) بانخراط إسبانيا وهولندا وفرنسا وبريطانيا فيها، استولت الإمبراطوريات الاستعمارية على كل طرق التجارة العالمية، ومع حلول القرن السابع عشر فقد العرب سيطرتهم الكلية على طرق التجارة العالمية، واصبح نصيبهم فيها يكاد لا يذكر[1].

لقد مهد التقدم التقني، ابتكار استعمال البارود، وظهور الطباعة، وتحسين البوصلة (الأبرة المغناطيسية)، التي جعلت القيام بالأسفار البحرية البعيدة أمراً ممكناً، وبناء السفن الكبيرة الحربية الاطلسية ذات الشراع المربع العابر للمحيطات المزود بالمدافع. كانت السيادة الاوربية تبسط سيطرتها على العالم. تقابلها اليوم حاملات الطائرات الامريكية، وهي تبسط هيمنتها وسيطرتها على العالم. لقد ساهمت التطورات [الاكتشافات الجغرافية والتقدم التقني]، في ربط الكرة الارضية شرقها بغربها، شمالها بجنوبها، وهي الخطوة الاولى نحو العولمة وتحويل الكرة الارضية الى قرية صغيرة[2]، وقد ساهمت هذه التطورات، في تعزيز دور الرأسمالية التجارية في الحياة الاقتصادية الاوربية، وانتشارها في اوربا نتيجة الدور الحاكم الذي لعبته التجارة، وطبقة التجار المشتغلين بالتجارة البعيدة. فقد لعب التجار دوراً فاعلاً في تشجيع وتبني الاكتشافات الجغرافية، وتراكم راس المال التجاري، نتيجة تجارتهم بالسلع الثمينة كالتوابل والمجوهرات والذهب مع شعوب البحر المتوسط والاراضي المنخفضة وافريقيا والهند والصين. فانتقلت خيرات المستعمرات الجديدة الى الدول الاستعمارية، فضلاً على اعتبارها اسواقاً جديدة لها، وقد استغلت هذا الطريق شركات مثل "شركة الهند الشرقية"، التي تولت نقل ذهب وثروات المستعمرات الى الدول الرأسمالية. وتزايدت المبادلات التجارية في هذه المرحلة، بهدف توفير المعادن النفيسه وجلبها الى البلاد، ومن مقولات كولمبس "الذهب شيء مدهش". من يملكه يملك كل ما يرغب فيه، وبه يستطيع المرء ادخال الارواح الى الجنة[3].

---

[1] د. رمزي زكي - تاريخ التخلف النقدي، دراسة في اثر نظام النقد الدولي على التكوين التاريخي للتخلف لدول العالم الثالث، سلسلة عالم المعرفة، المجلس الوطني للثقافة والفنون والاداب، الكويت 1987، ص39.

[2] راجع عبد الكريم محمود غرابه، مقدمة تاريخ العرب الحديث(1500-1918)، دمشق 1960،ص8-9.

[3] راجع للمزيد احمد حسن البرعي - الثورة الصناعية واثارها الاجتماعية والقانونية، القاهرة، دار الفكر العربي 1960، ص149،147،142،21.

لقد كان الغرب في امس الحاجة الى الثروة في ذلك الوقت لمواجهة التوسع الكولونيالي (الاستعمار) ومتطلباته الكبيرة، مما دفع الامراء والتجار، للبحث عن منافذ جديدة لاكتشاف الهند والعالم الجديد وايجاد اسواق جديدة ومواد اولية، اضافة الى تزايد الفعاليات التجارية بين المراكز والاطراف (المستعمرات). كما زادت المبادلات التجارية بين دول المركز ذاتها[1]. وظهر الى جنب تراكم راس المال، تراكم معرفي تجسد في الثورة الفكرية لعصر النهضة بظهور افكار لادم سميث في كتابه (ثروة الامم لعام 1776م) والمتضمن الخطوط العريضة لنظريته الميزة المطلقة، وديفيد ريكارد ونظريته الميزة النسبية Comparative Advantage[2].

وقد مثلث الطروحات النظرية المطلقة والنسبية تحولاً مهماً وقفزة الى امام مقارنة مع فكر القرون الوسطى. لقد كانت الراسمالية التجارية في تلك المرحلة مفترسة وتخريبيه واحتكارية[3].

حيث كون الاوربيون مستعمرات للبيض، في المناطق الساحلية للمستعمرات الجديدة، واقامة محطات تجارية، سيطر الاوربيون من خلالها على التجارة الدولية، وتحويل اتجاهاتها لصالحهم. وفرض نمط (كولونيالي) تعسفي باستيلاء ونهب بشع لشعوب العالم، واجبار السكان الاصليين لانتاج بعض المنتجات الزراعية، التي كان الطلب عليها متزايداً في اوربا، كالتبغ والبن والشاي والقطن والاصباغ والسكر. اضافة الى اجبارهم على العمل بالسخرة، في مناجم الذهب والفضة [4]، وتحويلهم الى عبيد، وهلك في مناجم الفضة في بوليفيا خلال السيطرة الاسبانية، ملايين الهنود، مما ادى الى استبدالهم بالافارقة السود. واقتيد 900.000 رقيق في القرن السادس عشر و 2.700.000 رقيق في القرن السابع عشر و 7.000.000 في القرن الثامن عشر، مقابل وصول رقيق الى امريكا كان يموت خمسة في الاقل في افريقيا أو في الطريق.

لقد كانت البرتغال واسبانيا اولى الامبراطوريات الاستعمارية في فجر التطور الرأسمالي ثم فرنسا وهولندا وبريطانيا حيث استولت معظم هذه الدول على مجمل طرق التجارة، وتوسع النهب الاستعماري في القرن السابع عشر بظهور هذه الدول، واصبحت كل منها امبراطورية كبيرة لها من المستعمرات والممتلكات وفي كل ارجاء المعمورة، واصبح بناء الاقتصاد الاستعماري عن طريق تراكم راس المال التجاري المنهوب من المستعمرات وحدثت تغيرات

---

(1) د. رمزي زكي، الصراع الفكري والاجتماعي حول عجز الموازنة العامة في العالم الثالث، دار سينا للنشر، القاهرة، 1985، ص23.

(2) د. اسماعيل صبري عبد الله، الكوكبة الرأسمالية ما بعد الامبريالية، مصدر سابق، ص7.

(3) نايف علي عبيد، العولمة والعرب، مصدر سابق، ص29.

(4) د. رمزي زكي، الصراع الفكري والاجتماعي حول عجز الموازنة العامة في العالم الثالث، مصدر سابق، ص23.

جذرية على المسالك التجارية في العالم، حيث اتجه مركز النشاط العالمي الحضاري الانساني غرباً، ادى بدوره الى زيادة كمية الذهب في اوربا لنهب كنوز "الانكا في بيرو". واستغلال مناجم المكسيك، ودول اخرى خلال الفترة من 1509-1660م حيث زاد كمية الذهب في اوربا من (180-2000 طن) مثلث هذه الكمية اضعاف الكمية الموجودة في اوربا بداية القرن الخامس عشر[1]. لقد بدأت في هذه المرحلة اولى محاولات تكييف الهيكل الاقتصادي لتلك البلاد (المستعمرات بفرض النمط الكولوبنالي العبودي)[2]. لقد سبق أن اشرنا أن المرحلة شهدت اولى خطوات العولمة، ويطلق على هذه العولمة حسب طبيعتها كظاهرة زمانية بدأت في الاكتشافات الجغرافية وما بعدها بالعولمة القصرية التي تكونت من المراحل التالية:

1-عولمة التصفية الجسدية (ما فعله الغزاة في امريكا من تصفية جسدية لاصحاب الارض المحتلة) تصفية الهنود الحمر.

2- عولمة الاستعباد باستيراد العبيد (الزنوج).

3- عولمة الاستعمار الاقتصادي – تتمثل في ضرورة التوسع وابقاء تلك البلاد المستعمرة مصدراً للموارد الاقتصادية وسوقاً مفتوحة للبضائع (بدء التوسع البرتغالي والاسباني والهولندي والبريطاني والايطالي وتكوين الامبراطوريات الواسعة لكل منها).

وعليه يمكن القول أن الرأسمالية منذ نشأتها كانت امبريالية النزعة. فظاهرة العولمة ليست جديدة.

وعلى صعيد الفكر الاقتصادي فقد ذهبت الرأسمالية التجارية، الى أن المعادن النفيسة (الذهب والفضة)، هي معيار ثروة الدولة وتقدمها وعظمتها، ولكي تزدهر هذه الثروة فان الميزان التجاري للدولة يجب أن يحقق فائضاً، وهذا الفائض يتعاظم كلما شجعت الدولة الانشطة الاقتصادية المشتغلة بالتصدير. واعتبر التجاريون أن الاعداد الكبيرة للسكان. تمثل مصدر قوة عسكرية فهي من ناحية تمد الجيوش بالجنود اللازمين لغزو المناطق المختلفة، وتكون الامبراطوريات الكبرى عبر البحار، وانها مصدر للعمالة الوفيرة للاشتغال بانتاج السلع القابلة للتصدير[3]. ومن ناحية ثانية. ولم تقتصر دعوة التجاريين على تدخل الدولة في التجارة الخارجية

---

[1] احمد حسن البرعي – الثورة الصناعية وآثارها الاجتماعية والقانونية، مصدر سابق، ص 9-11، 18.

[2] محمود خالد المسافر – العولمة الاقتصادية والابعاد والانعكاسات على بلدان الجنوب. رسالة دكتوراه، منشورة – كلية الادارة والاقتصاد – جامعة بغداد، مايس 2001، ص9.

[3] للمزيد راجع د. عبد الرحمن زكي ابراهيم. مذكرات في التطور الاقتصادي، دار الجامعات المصرية، الاسكندرية (د.ت)، ص47-48.
-كذلك محسن كاظم، تاريخ الفكر الاقتصادي ابتداءاً بنشأته وانتهاءاً بالماركسية، ذات السلاسل، ط1، الكويت، 1989، ص54.

باعتبارها المصدر الوحيد للحصول على الثروة، بل الى شمولية تدخل الدولة في الحياة الاقتصادية، ولم يكن دعم التجاريين للدولة ومخططاتها بدافع التعصب.بل كان للمصلحة الطبقية، دور رئيس في ذلك، واتباع سياسة التشغيل الكامل، ومحاربة البطالة والكسل، وتقليص الاستهلاك الى ادنى مستوى واستعمال حصيلة المدخرات، في توظيف عناصر الانتاج غير المستغلة، خاصة العمل والموارد الطبيعية، ورفع انتاجية العمل، عن طريق تطبيق مبدأ تقسيم العمل والتخصص، واستيراد العمال المهرة، وانشاء صناعات وطنية جديدة، وحمايتها من المنافسة الاجنبية، ومراقبة الاسعار والاجور وسعر الفائدة لضمان القدرة التنافسية للصناعة واعتبر التجار أن التجارة والصناعة اكثر اهمية للاقتصاد القومي من الزراعة[1]، وتأتي اهمية التجارة في المقدمة، تليها الصناعة باعتبارها عماد الصادرات وانها مصدر المعادن النفسية، ودعوا الى ترشيد سياسة التصنيع باستعمال الحواجز الكمركية وقرض قيود مباشرة وسن قوانين صارمة لغرض الرقابة المباشرة على عمليات التصدير والاستيراد[2].

لقد انتعشت خلال الفترة التي ساد فيها الفكر التجاري نزعة دعم الصادرات مقابل فرض القيود الحمائية الكمركية وغير الكمركية على الواردات. لان أصحاب المذهب التجاري وضعوا مصلحة الدولة الواحدة فوق مصالح باقي الدول الأخرى. وهدفهم من وراء ذلك هو حصول الدولة على المزيد من المعادن النفسية وليس تطوير التبادل التجاري الدولي الذي يجب أن ينظر اليه كعملية واحدة متكاملة بشقيها الصادرات والواردات وان منافعها يجب أن تشمل الدولة الواحدة وكل شركائها التجاريين الاخرين.

وفي المرحلة الثانية اكتفت بالرقابة غير المباشرة على كل المعاملات التجارية، مع كل دولة على حدة لتحقيق ميزان تجاري موافق، وفي المرحلة الثالثة تبنت الدولة مفهوم الميزان التجاري الحديث، وهي أن تكون قيمة الصادرات الإجمالية اكبر من مجموع الواردات بغض النظر عن التوزيع الجغرافي للتجارة الخارجية.

---

[1] د. عبد الرحمن يسري احمد، تطور الفكر الاقتصادي، مصدر سابق، 146.

- د. رمزي زكي، التاريخ النقدي للتخلف – مصدر سابق، ص45.

- د. محسن كاظم، تاريخ الفكر الاقتصادي، مصدر سابق، ص58-61.

[2] اهتمت انكلترا وهولندا بالنقل البحري والحصول على قيمة خدماتها من النقل البحري من الدول الأخرى ذهباً واصدرت قوانين لدعم تلك السياسة مثل قانون الملاحة عام 1659 والمعدل 1660 والمتضمن حصر السلع التجارية بين انكلترا ومستعمراتها المملوكة.

- د. عبد الرحمن زكي ابراهيم. مذكرات في التطور الاقتصادي، مصدر سابق، ص49-50، 51.

- كذلك فرضت بريطانيا واسبانيا والبرتغال وهولندا وفرنسا رقابة مباشرة على صادراتها واستيراداتها.

- عبد الرحمن يسرى احمد، تطور الفكر الاقتصادي، مصدر سابق، ص153-154.

واختلفت سياسة الحصول على المعادن النفيسة باختلاف الظروف في الدول الأوربية، فقد اتبعت اسبانيا السياسة المعدنية في القرن السادس عشر والسياسة الصناعية في فرنسا في القرن السابع عشر والسياسة التجارية في انكلترا وهولندا في القرن الثامن عشر.

واستناداً لما تقدم مع حلول القرن الثامن عشر فقد ارتفعت المدرسة التجارية "Mercantilist" الميركنتالية الى مستوى عقيدة راسخة، بعد ازدهارها بنمو التجارة البريطانية عبر البحار في القرنين السابع عشر والثامن عشر[1] معبرة عن مصالح رأس المال التجاري، ودوافع تدخل الدولة في الحياة الاقتصادية، وبررت تطبيق السياسات التجارية الحمائية لضمان تحقيق فائض مستمر في الميزان التجاري، وتجنب الصناعات المحلية للمنافسة الخارجية والتوسع الاستعماري لنهب ثروات الشعوب، وأهمية الفائض الاقتصادي الذي يشكل الاساس في تحقيق التراكم الرأسمالي في الدول الاستعمارية [2]. لقد غلب على فكر المدرسة التجارية (الميركنتالية) الطابع الديناميكي (البراغماتي) التجريبي، حيث ذهب الى تبرير كل الوسائل التي يمكن أن تلجأ اليها الدولة لفرض هيمنتها على الدولة الاقل قوة[3]. وعليه لابد من الاشارة الى حقيقة أن المذهب التجاري قد عمل على خدمة الدولة القومية الناشئة، وارسى قواعدها، ولم يعبر عن مصالح الطبقة الرأسمالية التجارية حسب، بل انه استعمل الدولة اداة لصيانة مصالحه وتعزيزها وانتهت سياسة التجاريين، بعد أن حققت اغراضها بقيام الدولة الحديثة غير أن هذه السياسة، شكلت عبأً ثقيلاً على النظام الاقتصادي للعقبات التي وضعتها في طريق المبادلات الدولية.

اما على صعيد الفكر السياسي. فقد استندت الرأسمالية على ما كان متاحاً لها في عصر النهضة والتنوير (Enlightenment) وقد عبرت كل من افكار ميكافيلي (Machiavelli 1469-1527 و(جان بودان، Jean Bodin (1530-1596)م عن تلك التحولات والتغيرات ومثلث عوامل حث وتحفيز لها، فقد ركزت افكار ميكافيلي على تحقيق العنصر بين السياسة والدين أو الاخلاق على قاعدة (الغاية تبرر الوسيلة). وبالمقابل ركزت افكار بودان، على مفهوم السيادة الذي يشير الى السلطة العليا التي تباشرها الدولة على رعاياها ولا يقيدها في ذلك أي قيد[4].

---

[1] جوان روبنسون وجون انبويل، مقدمة في علم الاقتصاد الحديث، ط2 ترجمة فاضل عباس مهدي، دار الطليعة، بيروت، 1980، ص27.

[2] طالب عبد صالح، دور الدولة الاقتصادي مع التركيز على التجربة المصرية 1952-1994، رسالة دكتوراه غير منشورة، جامعة بغداد، كلية الإدارة والاقتصاد 1998، ص14-15

[3] د. رمزي زكي، التأريخ النقدي للتخلف - مصدر سابق ص39

[4] طالب عبد صالح - دور الدول الاقتصادية مع التركيز على التجربة المصرية (1952-1994)، مصدر سابق، ص12.

حتى اواخر القرن الثامن عشر حققت الميركتيالية مهمتها التاريخية في تكوين السوق العالمية من خلال الدور الذي لعبه راس المال التجاري، باذابة مناطق الاكتفاء الذاتي والاقتصاد الطبيعي، في افريقيا واسيا وامريكا، في السوق العالمية، ودمجها بالعنف والقوة لمصلحة الرأسمالية التجارية. وفقدان هذه المناطق استقلالها وحريتها ومبادلاتها التجارية، التي اتسمت بطابع القرصنة والنهب التي كانت تتم في ضوئها حركة التبادل الدولي، وبروز ظاهرة الرأسمالية والاستعمار (الكولونيالية).

لقد اقترن الاستعمار بالرأسمالية التجارية التي سادت اوربا في القرنين السادس عشر والسابع عشر حيث كانت التجارة محور النشاط الاقتصادي، والرأسمالية الصناعية – التي نهبت دول افريقيا وامريكا اللاتينية وآسيا واعتبارها مصدراً للمواد الاولية، وسوقاً لتصريف فائض الانتاج للدول الاوربية. وقيام نوع من التخصص، حيث اصبحت الدول النامية، دولاً زراعية واستخراجية، في حين اصبحت دول اوربا صناعية، لقد نشأت الرأسمالية الصناعية، في ظل سيادة مذهب الحرية الاقتصادية، والنظر الى تدخل الدولة في النشاط الاقتصادي عقبة امام نموها وتحقيق مصالحها.

كما اقترن الاستعمار بالرأسمالية المالية – احتكار اسواق الدول التي استولت عليها الرأسمالية التجارية، واتسمت المرحلة الاستعمارية بالشمول، باشتراك كل دول العالم الصناعي، وبسط نفوذها على مناطق شاسعة في العالم. وكانت بريطانيا، اول دولة تفرض نفوذها على نصف عدد الدول التي كانت اوربا تستعمرها، وسياسة الاستعمار واحدة غايتها شمولية، الاستغلال والتحكم في اسعار المواد الاولية، والمنتجات تامة الصنع واحتكار التجارة الخارجية، وتسخير الالاف من سكان المستعمرات – لبناء المشروعات للاحتكارات الاجنبية، للحصول على ارباح تفوق رؤوس الاموال التي تستثمرها[1].

غير أن تراكم راس المال غير كاف ما لم يقترن بتوافر قوة العمل الصناعية وتحقيق ثورة زراعية لتوفر الغذاء لقوة العمل اضافة الى المواد الخام اللازمة للانتاج الصناعي[2].

واستناداً لما تقدم فان الرأسمالية التجارية تعد الاسلوب الاول للعولمة في الفكر الرأسمالي وقد تضافرت عوامل عدة في ابرازها واضفاء النمط الكولونيالي (الهيمنة والاستحواذ) عليها واستلاب حق الشعوب من اجل تحقيق اهدافها كما أن الجذور الاولى تفسر اسباب قيام التبادل السلعي التي تعود بالاصل الى ما يعرف بالمشكلة الاقتصادية (الندرة) محدودية الموارد (الذهب

---

(1) عبد الرحمن زكي ابراهيم، مذكرات في التطور الاقتصادي، مصدر سابق، ص52-54.

(2) المصدر السابق نفسه، ص 60-63.

والفضة) واعتبار أن الثروة هي مصدر قوة الرأسمالية وان تطور الفكر الاقتصادي يرتبط بتطور النظم الاجتماعية وقوى الانتاج والعلاقات الاقتصادية.

2-الطبيعيون (الفيزوقراط Physiocrats):

ومن الناحية التاريخية لتطور الفكر الاقتصادي الرأسمالي، انتشر فكر الطبيعيين وطروحاتهم النظرية في القرن الثامن عشر في فرنسا، وامتد الى باقي القارة الاوربية. وفي منتصف القرن الثامن عشر تمكن الفيزوقراط من صناعة بناء متماسك في التحليل الاقتصادي [1]، حيث اكد الفكر الطبيعي، بان هناك مبادئ اساسية تهيمن على سير الحياة الاقتصادية كقوانين طبيعية وهي:

1- يعتقد الطبيعيون – أن هناك قوانين طبيعية تحكم النشاط الاقتصادي وتسيره بانتظام بالغ، ويجب ترك النظام الاقتصادي حراً، حتى يمكن للقوانين الطبيعية أن تحركه، حركة منتظمة والفلسفة التي يعتمدها الفيزوقراط – هي الالتزام بمبدأ الحرية الاقتصادية داخلياً وخارجياً، ورفض تدخل الدولة في الحياة الاقتصادية، واقتصادها في حدود ضيقة، تتمثل في ضمان الحرية الفردية في التملك والعمل والتعاقد دون المساس بحرية الاخرين. وان وظيفة الدولة (حارسة) تنحصر في القيام بشؤون الدفاع والامن، والقيام بالمشروعات العامة التي لا يقوى الافراد على القيام بها، ودعوا الى حرية التجارة الداخلية والخارجية واتباع سياسة الاقتصاد الحر [2].

2- أن المنفعة الشخصية، تقود سلوك الاشخاص، وتحفز نشاطهم الاقتصادي.

3- كل فرد يسعى لتحقيق منافعه الشخصية يواجه منافسة الافراد الاخرين الذين يسعون في ذات الوقت الى تحقيق منافعهم الشخصية، الامر الذي يمثل محدد اساسي لكل الافراد في سعيهم لتحقيق منافعهم الشخصية [3].

أن سياسة الطبيعيين كانت قائمة على اساس شعار (دعه يعمل ... دعه يمر) فالعبارة الاولى تعني اطلاق حرية العمل، اما العبارة الثانية فتعني اطلاق حرية الاستبدال، داخل البلاد وخارجها. وهي دعوة واضحة للحرية، وعدم التدخل، وايمان واضح في النظام الطبيعي والقوانين الطبيعية.

---

[1] جوان روبنسون وجون اينويل، مقدمة في علم الاقتصاد الحديث، مصدر سابق، ص31.

[2] اتسمت افكار مروجي مدرسة الطبيعيين بالانسجام والتوافق، من الرافضين للفكر الميركنتالي، نجحوا في استبعاد الاعتقاد القائل – بان الثروة تتعلق بالتجارة والمعادن النفيسة.

- د. محسن كاظم – تاريخ الفكر الاقتصادي ابتداءاً بنشأته وانتهاءً بالماركسية، مصدر سابق،ص78-79.
- د. عبد الرحمن يسري احمد – تطور الفكر الاقتصادي، مصدر سابق، ص159.

[3] محسن كاظم، تاريخ الفكر الاقتصادي ابتداءاً بنشأته وانتهاءً بالماركسية، مصدر سابق، ص80.

أن الفيزوقراط وخاصة رائد المدرسة فرانسوا كيناي (1694-1774م) كانوا اول من طرح الليبرالية الاقتصادية، كمنطق للعمل الاقتصادي يعتمد على نظرية اخلاقية، غير أن آدم سميث (1723-1790م) في كتابه (تحقيق في طبيعة واسباب ثورة الامم) عام 1776م اكمل المفهوم الفكري المجرد لليبرالية الاقتصادية.

لقد الزم سميث الدولة بضمان حرية المنافسة، بين المصالح الخاصة التي تمارس في اطار السوق، والدولة لا تقوم بنشاط اقتصادي يعتمد على الظروف المواتية، انما تقوم بنشاط تنظيمي بقدر ما تدعوا له الظروف لضمان احترام الجميع للحرية الفعلية للاليات الاقتصادية الطبيعية [1].

ويرى البعض أن الفكر الطبيعي قد اسهم في وقت مبكر في تحديد ظاهرة العولمة بصورة اكبر كما اعطاها بعداً اقتصادياً ادق[2].

3- الليبرالية المطلقة (المفرطة).

الليبرالية الاقتصادية (الكلاسيك)[3]:

تستند الليبرالية الاقتصادية الكلاسيك[4]، الى نظام التحليل الاقتصادي، نشأت في بريطانيا وامريكا، ولم تلد النظرية الليبرالية الاقتصادية من فراغ، بل مثلت خلاصة لاكثر الطروحات

---

(1) عدنان عباس علي، تاريخ الفكر الاقتصادي، ج1، مطبعة عصام، بغداد، 1979 م، ص183.

(2) عبد الكريم عامر، العولمة واتجاهات الاصلاح الاقتصادي في اليمن، بحث مقدم الى المؤتمر الاقتصادي اليمني الثاني، وثائق مؤتمر، مجلة الثوابت، صنعاء، 1998 م، ص432.

(3) للاطلاع على مزيد من المعلومات راجع:

- ج اكلي، الاقتصاد الكلي، ترجمة د. عطيه مهدي، مطابع جامعه الموصل، الموصل 1980م.
- اريك رول، تاريخ الفكر الاقتصادي، ترجمة راشد البراوي، الكتاب العربي، القاهرة، 1968م.
- د. رمزي زكي – الليبرالية المتوحشة. ملاحظات حول التوجهات الجديدة للرأسمالية المعاصرة، ط1، دار المستقبل العربي، 1993م.
- د. صقر احمد صقر، النظرية الاقتصادية الكلية، ط2، وكالة المطبوعات، الكويت، 1983م.

(4) الليبرالية الاقتصادية لا تشير الى نظرية متكاملة بمعناها الدقيق. رغم وجود افكار كثيرة ومتفرقة في كتابات الاقتصاديين الكلاسيك تتعلق بالمستوى التوازني للناتج القومي وحجم التوظف غير انهم لم يناقشوا العوامل الاساسية التي تحدد هذه المتغيرات ولم تظهر لاي منهم نظرية متكاملة في هذا الموضوع.. وتاريخياً فالحديث عن النظريات الاقتصادية الكلية للاقتصاديين الكلاسيك غير دقيق. ويعود الفضل في الاهتمام بالنظرية الكلاسيكية الى نظرية كينز التي تضمنت نقداً لافكار الكلاسيك، حيث قام الاقتصاديون المعاصرون بجهود ومناقشات كثيرة لربط الاراء الكلاسيكية في كيان واحد واعطاء تفسير للكيفية التي يتحدد فيها مستوى الدخل والتواظف حسب النظرية.

- صقر احمد صقر – النظرية الاقتصادية الكلية، مصدر سابق، ص118.

الفكرية نضجاً في تلك المرحلة التاريخية وما قبلها، (المذهب التجاري) (والفكر الطبيعي)، وغيرها من المدارس والتيارات الفكرية الاقتصادية التي عرفت في ذلك الوقت. فقد توصل الاقتصاديون الكلاسيك، الى قناعة تامة بان العلاقات الاقتصادية والاجتماعية والسياسية السائدة في عصرهم، تؤخر وتعوق نمو قوى الانتاج.

لقد سادت المرحلة منذ ظهور كتاب (آدم سميث "ثروة الامم") ("والاعمال النظرية" لديفيد ريكاردو 1722-1823م) وحتى ازمة الكساد الكبير 1929-1933م.

لقد وضع آدم سميث، الخطوط العريضة والمبادئ الاساسية للاقتصاد الرأسمالي الحر الذي لا تعدو العولمة الاقتصادية المعاصرة، سوى احدى مراحل تطوره العليا.

أن الاقتصاديين الكلاسيك، وبغية الوصول الى بناء اقتصادي شامل ورصين، فقد اعتمدوا جملة من الفروض - وقد شكلت تلك الفروض بمجموعها الاطار الاساسي لليبرالية الاقتصادية، للانتقال بالمجتمع الرأسمالي الى مرحلة جديدة. والفروض هي:

- تستند الليبرالية الاقتصادية الى فلسفة وجود القانون الطبيعي وفعاليات الإنسان تتم على وفق قوانين موجودة في الطبيعة، ولا علاقة للانسان بها ولا يمكنه والدولة وضع قوانين وضعية تغير قوانين الطبيعة أو تتجاهلها، فالطبيعة ستقف بالمرصاد، وستولد من ذاتها قوى مضادة، تعيد تصحيح الاوضاع. وظل الاعتقاد سائداً بالرغم من تقدم الحياة الاقتصادية والسياسية والاجتماعية.

- كما نظروا للقوانين الاقتصادية، على انها تحدث مفعولها في النشاط الاقتصادي، بصورة مستقلة عن وعي الناس وارادتهم، وقد فسر الكلاسيك الطابع الموضوعي للقوانين الاقتصادية من وجهة نظر مثالية، وانها نتيجة لتأثير قوى اعظم هي قوانين الطبيعة الخالدة.

- نادوا بالفردية والحرية الاقتصادية واصبحت الحاجة الاساسية والحيوية لعمل النظام، فقد دافعوا عنها، وكانت اعظم سند للرأسمالية الصناعية، والايمان المطلق بالفردية تعتبر نتاجاً للملكية الخاصة، فالانسان وسلوكه تحفزه نزعات طبيعية، حب النفس والعطف والرغبة في الحرية وحب التملك. والميل للمبادلة وممارسة العمل ومصلحة الفرد لا تتقاطع مع مصلحة الجماعة. ويقول ادم سميث "أن المصلحة الخاصة هي التي تضمن عمل وتوازن النظام وممارسة البحث عن المصلحة الخاصة وبشكل متكامل تستوجب توفر الحرية كشرط اساس لكي يحقق الفرد ما يرغب من مصالح شخصية بالطريقة التي يرغب". واعتبر الليبراليون الكلاسيك – أن سيادة الملكية الفردية لادوات الانتاج وسلع الاستهلاك، هي روح النظام الرأسمالي وتكوين رأس المال، هي غاية النشاط الاقتصادي، وحق الفرد التمتع بالملكية المنقولة والعقارية، وقوة

الرأسمالية تكمن في حق الملكية الخاصة، والايمان المطلق بالفردية يعد الاساس الطبيعي للملكية الخاصة. وتوازن الميول الطبيعية، تؤدي الى تكوين وضع اجتماعي، يسوده تناسق طبيعي، فالنشاط الذي يمارسه الفرد، دون التدخل في شؤونه فلا يقتصر ذلك على تحقيق المنفعة الشخصية له حسب بل تحقيق المنفعة الاجتماعية.

- وكانت الليبرالية الاقتصادية مع الحرية الاقتصادية. وحرية التجارة وعدم تدخل الدولة في الحياة الاقتصادية، وترك عملية تنفيذ النشاط الاقتصادي لليد الخفية Invisible hand، لانها كفيلة بحل اية مشكلة تبرز، نتيجة أي اختلال في جهاز السوق، ومن خلالها يمكن تحقيق حالة الاستخدام الكامل ويسير النظام تلقائياً نحو حالة التوازن بحكم آليات الاجور والاسعار. ولم يواجه الرأسماليون في تلك المرحلة اية مشكلة اقتصادية، لايمانهم بفعل اليد الخفية ودورها في تحريك شؤون المجتمع الرأسمالي، وترتيب اوضاعه، وان الحاجة والضرورة تدعوان الى عدم تدخل الدولة في الحياة الاقتصادية، لان تدخلها سيؤدي الى الاخلال بمبدأ التوازن القائم على حقيقة الاستخدام الكامل "Full Employment". وعليه يجب تقليص دور الدولة في حدود تحقيق العدالة، وصيانة الامن ببعديه الداخلي والخارجي، واقامة المشروعات والانشطة التي يتجنبها النشاط الخاص (الفردي). ولم يكن للدولة في نظرهم أي دور سوى أن تتبنى دور "الحارسة".لنشاط الافراد، وبعيدة عن التدخل في شؤونهم، وتعارض الليبرالية وضع أي ترتيبات أو قيود أو تنظيمات تضعها الحكومة، بشأن الارباح والاجور وجودة المنتجات.

- لقد رفع الكلاسيك فكرة الحرية الاقتصادية، الى مستوى القانون الطبيعي، لاعتقادهم بانه يتماشى مع طبيعة الذات البشرية، الباحثة عن مصالحها الشخصية. لقد وجدت الرأسمالية أن الاهمية التي توصل اليها الليبراليون، حول الحرية الاقتصادية والسوق الحرة، غير المقيدة المبرر النظري الذي كانوا بحاجة اليه، والوقوف ضد المحاولات الحكومية وتدخلها لمعالجة الاحوال الاجتماعية المتدهورة (تدهور الاجور الحقيقية، زيادة ساعات العمل ظاهرة عمل الاطفال واستغلال النساء واشتغالهم ليلاً).

- لقد ذهب اصحاب هذا المذهب، لتعزيز ثقة النظام الرأسمالي بالمنافسة الكاملة بشروطها ومكوناتها التي هي نقيض الاحتكار، داعين الحكومة للتدخل من اجل القضاء على مظاهر الاحتكار في اسواق راس المال والسلع الأخرى. فالمنافسة التامة من وجهة نظرهم جهاز يتمتع بتنظيم نفسه بنفسه "Self regulated". دون الحاجة لتدخل الافراد أو الحكومة عند سيادتها على وفق شروطها المعروفة [1]. اذ يتحقق من خلالها التوزيع الامثل للموارد

---

[1] شروط المنافسة التامة - كثرة عدد المنتجين، وعدم الاتفاق بينهم، والمعرفة التامة باحوال السوق - وحق دخول وخروج المنتجين من الصناعة.

الاقتصادية، واسعار السوق الحرة ستعكس التكلفة الحقيقية للسلع وندرتها. كما تعكس انتاجية عوامل الانتاج على مختلف المجالات، بالشكل الذي يوفر للمجتمع السلع التي يحتاجها وبكمياتها الملائمة التي يرغب فيها وبالاسعار التي يكون مستعداً لدفعها، فجهاز السوق القائم على المنافسة التامة ينظم نفسه بنفسه، ومن خلال فاعلية هذا الجهاز، توزع وتخصص الموارد، وتتحدد الكميات المنتجة واسعارها التوازنية، ودخول العاملين فيها. واي اضطراب يحدث في النظام، فثمة قوى طبيعية يفرزها الجهاز لاعادة الامور الى نطاقها الطبيعي، وان شاء أن يفعل مالا ترضيه السوق فيدفع الثمن غالياً.

- انطلقوا في تحليلهم بان الرجل الاقتصادي هو رشيد وعاقل، ويتصرف عل وفق ما تمليه عليه قواعد الرشد والسوق التنافسي، والنقود التي يحصل عليها هي وسيلة للمبادلة، والسوق كفيلة بتصحيح أي وضع خاطئ منطلقين من فرضية عدم وجود فائض في الانتاج استناداً الى قانون ساي للاسواق (العرض يخلق الطلب الخاص به ويساويه).

- ويؤمن الليبراليون بالتوافق القائم بين مصلحة الفرد ومصلحة الجماعة الذي تحققه اليد الخفية، وقد وجدت البرجوازية الصناعية في هذه المقولة، المبرر النظري الذي كانوا بحاجة اليه، للوقوف ضد محاولات الحكومات والعمال، لتصحيح الاوضاع والتناقضات التي شهدتها المجتمعات الاوربية في مرحلة التحول الى الرأسمالية الصناعية والتناقضات والاوضاع وما هي الا امور عابرة. مؤكدين مقولة دعوا السوق وشأنها، فانها الكفيلة بايجاد التناسق بين مصلحة الفرد ومصلحة الجماعة، ويصحح أي وضع خاطئ، وستقود في النهاية الى تحقيق الاستخدام الشامل لجميع الموارد البشرية والمادية. وان أي تدخل نقابي أو حكومي يعرقل سريانها، ويحدث الاضطراب فيها، وهكذا رفعوا مصلحة راس المال الى مستوى مصلحة الجماعة.

- واستند اصحاب المذهب على المبدأ الذي يؤكد أن الربح هو افضل حافز للانتاج والتقدم الصناعي، فالافراد يسعون الى استثمار الاموال في النشاطات الاقتصادية، بقصد الحصول على الارباح، وتشغيل المشاريع الخاصة بكامل طاقتها الانتاجية، وتقليص الاهدار في مستلزمات الانتاج واستغلال الوقت بشكل جيد، واستثمار تطور الابتكارات والاختراعات، لتقليص التكاليف وتحقيق الزيادة المضطردة في الارباح.

- ويعتقد اصحاب المذهب وجود علاقة عكسية بين الارباح والاجور، وهذا ما يؤكده آدم سميث بقوله " أن دخل النشاط الصناعي يوزع على شكل اجور أو ارباح، وزيادة الاجور تقود الى انخفاض الايراد لاصحاب راس المال (الارباح)، فكلما زادت الاجور قلت الاباح " ويعطي سميث تفسيراً للعلاقة العكسية بين الارباح والاجور، فنمو راس المال في أي اقتصاد، يسبب

في حد ذاته تناقص الارباح، ومن الصعوبة تدريجياً أن يجد رجال الاعمال طرقاً جديدة لاستثمار اموالهم بصورة مريحة. وتلعب الاختراعات الجديدة دوراً مهماً ليس لحاجة المجتمع والاقتصاد القومي، بل لزيادة ربحية المستثمرين.

وينظر آدم سميث للعلاقة العكسية بين الاجور والارباح من زاوية العلاقة بين الريع والارباح والاجور حيث يقول - الارض من هبات الطبيعة الثابتة، في عرضها واصحابها لا يبذلون أي جهد في انتاجها، وعليه فان النمو الاقتصادي سيؤدي بالضرورة لزيادة اسعار السلع الزراعية فسيزداد طلب العمال على الغذاء مع زيادة عرض الغذاء وبمعدل بطيء نسبياً عن عرض الصناعة وهذا ما يدفع اصحاب راس المال لدفع اجور متزايدة على اعمالهم مما يستلزم ضغط ارباحهم التي كانوا يحصلون عليها، وهذا ما يدفع الرأسمالي للابتكار وتحمل المخاطر لتحقيق اقصى الارباح وجمع اكبر قدر من الثروات.

والادخار يساوي الاستثمار. بفعل سعر الفائدة، فارتفاع سعر الفائدة يقلص من الاستثمار ويحفز الادخار والعكس صحيح.

4- الليبرالية التدخلية / الكينزية[1]:

شهد الاقتصاد الرأسمالي اعنف ازمة الكساد الكبير للمدة (1929-1933م) وقد مثلت هذه الازمة واحدة من الحقائق، التي احرجت الاقتصاديين الكلاسيك، وعدم صحة نظرية التوظف الكلاسيكية، وهو تكرار حدوث فترات البطالة والتضخم الطويلة. لقد تم تبرير فترات الكساد البسيطة التي اجتاحت العالم للفترة من (1919-1939م) جراء الحروب والعوامل الخارجية والاضطرابات المشابهة ازمة الديون والتعويضات الالمانية اعقاب (معاهدة فرساي 1919م)، وثورة العمال في المانيا 1918، غير انه لم يكن ممكناً تبرير حدوث فترات الكساد الشديد مثل (ازمة الكساد الكبيرة Great Deprossion (1929-1933م). الناجمة جراء عدم الاتساق بين النظرية والواقع، فالبطالة حقيقية غير ممكنة، وبين ما يحدث فعلاً من بطالة شديدة مستمرة لمدة عشر سنوات. وقد قام عدد من الاقتصاديين المختلفين، بانتقاد المنطق والتفسير والفروض

---

[1] راجع د. سامي خليل - مبادئ الاقتصاد الكلي، مؤسسة الصباح، الكويت، 1980، ص366-367.

- د. عبد المنعم السيد علي، اقتصاديات النقود والمصارف في النظم الرأسمالية والاشتراكية للاقطار النامية مع اشارة خاصة للعراق، ج1، جامعة المستنصرية، بغداد 1984، ص235-243.
- السمة التي اتسمت بها النظرية تمثلت في موضوعها الرئيسي الاقتصاد الكلي وعدم اقتصارها على الجوانب والعلاقات الفنية القائمة من المتغيرات الاقتصادية في اسلوب الانتاج الرأسمالي.
- د. رمزي زكي، الازمة الاقتصادية العالمية الراهنة مساهمة نحو فهم افضل، كاظمة للنشر والترجمة والتوزيع، الكويت، 1985، ص51.

التي قامت عليها الليبرالية الاقتصادية في التوظف، واجمعوا على أن افضل تفسير واكثر واقعية للقوى التي تحدد مستوى التوظف في المجتمع. ولم يتمكن الاقتصاديون الليبراليون من تفسير نظريتهم للبطالة التي حدثت في الثلاثينات، غير أن البعض منهم قدموا تبريرات حول ذلك التردد في قبول خفض الاسعار والاجور من قبل اتحادات العمال والمنشآت الاحتكارية، والسياسة غير السليمة لمنع خفض الاسعار والاجور، سياسات الحكومة في مجال النقود والبنوك، وتدخلها في عملية سعر الفائدة، مما منح الاقتصاد القومي لاستعادة نشاطه بسرعة في مرحلة الكساد التي انتابته.

عام 1936 قدم الاقتصادي الانكليزي جون ماينارد كينز John MaynardKeynes تفسيره عن الكيفية التي يتحدد فيها مستوى التوظف في المجتمعات الرأسمالية في كتابه (النظرية العامة للتوظف والفائدة والنقود) General Theory of Employment. Interest and Money.

فقد اثبت بفلسفته الفكرية والتطبيقية عيوب الليبرالية الاقتصادية وفشلها وعدم ملاءمتها للواقع الجديد مع نمو الازمة وقد احدث بهذا العمل ثورة في الفكر الاقتصادي حيث ندد معظم مسلمات الفكر الليبرالي الاقتصادي ونظرياته وارسى القواعد الاساسية لنظرية التوظيف الحديثة التي تتعارض بشدة مع الليبرالية الاقتصادية في معالجة مشكلة البطالة والنمو المتوازي مشيراً الى أن النظام الاقتصادي لا يحوي أي ميكانيكية قادر على ضمان تحقيق التوظف – فالاقتصاد القومي قد يصل الى وضع توازن للناتج القومي مع وجود بطالة كبيرة أو تضخم شديد. والتوظف المصحوب باستقرار نسبي في المستوى العام للاسعار هي حالة عرضية وليست الحالة العادية فالاقتصاد الرأسمالي ليس بنظام تسيير ذاتي قادر على تحقيق الرخاء المستمر ولا يمكن الاعتماد عليه لتسيير نفسه بالاضافة الى ذلك فان الكساد لا يمكن ارجاعه فقط للعوامل الخارجية (الحروب، القحط وغيرها من العوامل غير العادية) بل أن اسباب البطالة والتضخم هي نتيجة للفشل في اتخاذ قرارات اقتصادية اساسية فيما يتعلق بقرارات الادخار والاستثمار – متزامنة – فالعوامل الداخلية والخارجية تسهم في تحقيق عدم الاستقرار الاقتصادي [1].

واعتمد في تفسير القوى التي تحدد مستوى الدخل – فقد قادته الادوات التحليلية التي اعتمد عليها الى...

أن الطلب الكلي الفعال (طلب متوقع) وهو الذي يحدد حجم العرض الكلي ومن ثم الناتج القومي..

---

[1] د. رمزي زكي، الازمة الاقتصادية العالمية الراهنة، مصدر سابق، ص49-54.

والطلب الكلي الفعال يساوي الطلب على سلع الاستهلاك زائداً طلب على سلع الاستثمار.

اما العوامل التي تحدد الطلب الكلي – فقد اعتمد كينـز على التحليل النفسي للمستهلكين والمنتجين لينتهي من تحليله الى النتيجة التالية:

عندما يزداد الدخل القومي ← يزداد الميل للادخار وينقص الميل للاستهلاك وتنخفض الكفاية الحدية لرأس المال وبالتالي ينقص الميل للاستثمار وتبرز في الافق مشكلة عدم التوازن بين الادخار والاستثمار فتظهر مشاكل البطالة والركود والكساد.

وللخروج من هذه الازمة (جراء عدم التناسب الذي يحدث بين قوى الطلب الكلي وقوى العرض الكلي) فقد نادى كينـز الى:

- اهمية تدخل الدولة فهي الجهاز الوحيد القادر على ان يلعب دور المعامل الموازن او التعويض في الطلب الكلي الفعال. من هذا المنطلق يكمن سر تمرده على مبدأ عدم تدخل الدولة في النشاط الاقتصادي.

- اقترح مجموعة من السياسات الحكومية في مجال المالية العامة والائتمان داعياً الى ضرورة خفض سعر الفائدة وزيادة الانفاق العام الحكومي في فترات الكساد – حتى يرتفع حجم الطلب الفعال ويزداد سعر الفائدة ويقل الانفاق العام الحكومي عندما يقترب النظام من مرحلة التشغيل (التوطن الكامل) وتلوح في الافق مخاطر التضخم وستناول بشكل تفصيلي الوصفة التي قدمها كينـز لمعالجة التضخم والانتقادات الموجهة لسياساته في مبحث لاحق.

ان الدافع الذي دعا كينـز لتدخل الدولة في الحياة الاقتصادية هو لايمانه بان الرأسمالية تعاني من تناقضات تعرضها للازمات العامة ولابد للدولة ان تقوم بدور حاسم في مساندة الاحتكارات بعد ان فقدت الرأسمالية قدرتها على النمو التلقائي والاستمرار وبهذا فان كينـز قد عبر عن مرحلة جديدة لتطوير الراسمالية هي مرحلة رأسمالية الدولة الاحتكارية التي يمتزج فيها راس المال الخاص بجهاز الدولة ويستخدم هذا الجهاز لمصلحته الخاصة.

دعا كينـز الى ما يعرف باقتصاديات جانب الطلب Demand side Economics لتفادي ازمات الكساد والبطالة بتدخل الحكومة التي تتمكن من تحقيق الاستخدام الكامل او شبه الكامل لوسائل الانتاج وذلك بزيادة انفاق الحكومة بهدف دعم "الطلب الداخلي الفعال "هذا في فترات الكساد او حين ظهور بوادره، اما حين يواجه الاقتصاد ضغوطاً تضخمية فعلى الحكومة ان تخفض من انفاقها او من نسبة تزايده[1].

---

[1] د. عبد المنعم السيد علي، مدخل في علم الاقتصاد مبادئ الاقتصاد الكلي، ج2، مطبعة جامعة الموصل، الموصل 1984، ص43-45.

قبلت كافة مراكز المنظومة الراسمالية، اضافة الى قبول البرجوازية مبدأ التدخل الحكومي والوصفة الكينزية، مجبرة غير انها ادركت في النهاية ان ذلك هو لمصلحتها بعد ادراكها ما استهدفه كينز واخلاصه الشديد لحماية النظام الرأسمالي من الاضطرابات الاجتماعية، وزحف الاشتراكية والاصلاحات التي قدمها كينز في طريقة عمل النظام الرأسمالي لاتمس جوهره، بل لحماية الليبرالية وليس للقضاء عليها او محاربتها[1] ولحماية رؤوس الاموال من شرور الافراط التي قد تطيح بها وبهم. ومن القوانين الاقتصادية التي سادت لفترة طويلة والتي كان لها ان تستمر مثل التوازن التلقائي والاستخدام الكامل وغيرها واثبت ان الليبرالية لا تتخذ خطأً واحداً في سيرها بل انها متغيرة حسب المشاكل التي تواجهها وما تبغيه من اهداف[2]. وقد حققت الليبرالية التدخلية في اعقاب 1945-1970م انتصارها الساحق حتى اصبحت الوصفة الكينزية بخصوص السياسات النقدية والمالية المضادة للدورات والتقلبات الاقتصادية اهم ما يميز اتجاهات وطابع السياسات الاقتصادية في امريكا ودول غرب اوربا واصبحت نظريات النمو الكينزية التي ابتكرها انصاره ومما تمخضت عليه من عوامل محددة للنمو وتفسير الانحرافات التي تحدث في مسار النمو الواقعي للنظام الراسمالي وبين المسار النموذجي ومن البديهيات التي تقوم عليها برامج رجال الحكم للتغلب على مشاكل نمو الرأسمالية في الامد الطويل مما يعني انتقال السياسة الاقتصادية الكينزية القائمة على توجيه الطلب الكبير الفعال بما يتناسب وحالة الدورة الاقتصادية الى سياسة التأثير الطويل الاجل لتحقيق معدلات اعلى للنمو وقد مثل ذلك مرحلة جديدة من مراحل تدخل الدولة وتوجهها لحركة النشاط الاقتصادي[3] فقد شهدت دول المنظومة الرأسمالية للفترة من 1945 – 1970 نمواً مزدهراً وكبيراً فقد وصلت معدلات النمو الاقتصادي الى 4% في ظل استقرار سعري واضح وانخفاض في معدلات البطالة ما بين 2-3% وزيادة الاجور الحقيقية للعمال والطبقات الوسطى وزادت الضمانات الاجتماعية ضد مخاطر البطالة والمرض والشيخوخة. وتحدث الاقتصاديون البرجوازيون عن ما يسمى بدولة الرفاه. لتكفل الحكومات مهمة تحصين مستوى المعيشة وزيادتها وبشكل واسع [4].

---

[1] **د. رمزي زكي – الليبرالية المتوحشة ملاحظات حول التوجهات الجديدة – مصدر سابق – ص48.**

[2] **محمود خالد المسافر – العولمة الاقتصادية الابعاد والانعكاسات على بلدان الجنوب، رسالة دكتوراه، مصدر سابق، ص22.**

[3] **د. رمزي زكي - الازمة الاقتصادية العالمية الراهنة، مصدر سابق، ص51.**

[4] **د. رمزي زكي - الليبرالية المتوحشة، ملاحظات حول التوجيهات الجديدة، مصدر سابق، ص49.**

5-**الليبرالية المتطرفة:** مدرسة شيكاغو او النقوديون[1] أو اقتصاديات جانب العرضSupply side Economics مع تزايد واستمرار الازمة الاقتصادية (التضخم الركودي) وفشل الكينزية في التغلب على الازمة تهيأت الاجواء لزواج الدعوة المعاصرة التي تبناها الفكر الكلاسيكي الحديث (النيوكلاسيك) اذ تمت صياغتها من قبل اتباع منهج شيكاغو او النقوديين او اقتصاديات العرض Supply Side Economics حيث ينقسم التيار الليبرالي الجديد المتطرف. الى فرعين رئيسين يصبان في منبع واحد (المناداة باطلاق الحرية الاقتصادية بمعناها الواسع).

التيار الاول: يمثل المدرسة النيوكلاسيكية او شيكاغو قاد لواءها ميلتون فريدمان[2] M. Friedman وكارل برونر ودم ملتزر وليدلر وفرانك تايت - سايمون ستيجلر - وكاجان) حيث تمكنوا من صياغة فكر النقوديين وجوهر فكر التيار يقوم بالاساس على:

1- المناداة بالحرية الاقتصادية باعتبارها الاساس في حياة الفرد والمجتمع والضوابط هي الاستثناء وعدم وجود تقاطع بين سعي الفرد للبحث عن مصلحته الحقيقية ومصلحة المجتمع.

2- الراسمالية كنظام لا تنطوي على عيوب خطيرة بل ان عيونها تكمن في العوائق التي تحول دون عمل قوانين اقتصاد السوق. والتدخل الحكومي في النشاط الاقتصادي وتزمت العمال واصرارهم على زيادة الاجور فلو توفرت حرية لحركة الاسعار واقتصرت مهمة الحكومات على حماية هذه الحركة من ضغوط النقابات والاحتكارات والدولة عندها يمكن للنظام ان يسير بسهولة والعودة الى ما دعا اليه (سميث) اليد الخفية فباستطاعتها ان تحقق التوازن العام وحلل التوازن الذي حدث عبر تاريخ الراسمالية في القرنين التاسع عشر والعشرين سببه عدم احترام قوانين السوق وتدخل الدولة وضغوط نقابات العمال[3].

3- السياسة الاجتماعية التي طبقتها الدولة (كالدعم السلعي والضمان الاجتماعي المجاني في الاسكان والتعليم) ادت الى البطالة والعجز في الموازنة العامة للدولة. وهذا العجز حول من

---

[1] تعود بدايتها الى الخمسينات واكتملت نضجها في الستينات غير انهم لم يتمكنوا من لفت انظار واضعي السياسة الاقتصادية لاستمرار الازدهار الكينزي الذي برز في السبعينات مع ظهور ازمة التضخم الركودي وفشل الكينزية في تفسير الكساد التضخمي ومواجهة على الصعيد المحلي والعالمي.

- د. رمزي زكي – فكر الازمة، دراسة في ازمة الاقتصاد والرأسمالي والفكر التنموي العربي، مكتبة مدبولي، ط1، اغسطس، 1987، مصدر سابق، ص49-50.

[2] د. رمزي زكي – الليبرالية المتوحشة، ملاحظات حول التوجهات الجديدة، مصدر سابق، ص88.

[3] د. رمزي زكي – فكر الازمة – مصدر سابق – ص49-50.

د. رمزي زكي -الليبرالية المتوحشة – مصدر سابق – ص89.

الائتمان المصرفي مما كان له علاقة وثيقة بزيادة عرض النقد وانفجار التضخم وتمويل العجز من خلال سياسة الدين العام الداخلي (الاقراض من القطاع الخاص – وزيادة الضرائب على الدخول والثروات المرتفعة) نجم عنه سحب المدخرات الحقيقية وهذه المدخرات كان ممكنا لها ان تتوجه للاستثمار المنتج وزيادة معدلات النمو كما ان زيادة الضرائب اثر على قرارات المدخرين والمستثمرين في القطاع الخاص.

4- التدخل الحكومي في الحياة الاقتصادية (وما عرف بدولة الرفاه) وهدف تحقيق التوظف الكامل هو المسؤول الاول عن البطالة وزيادة الاسعار وتدني الادخار وركود الاستثمار وتراجع معدل النمو وشل كفاءة الاسعار. فالسعي لتحقيق التوظف الكامل، تطلب زيادة الانفاق العام، وعجز الموازنة العامة وزيادة الاصدار النقدي كان له اثره الواضح في التضخم [1].

التيار الثاني: ظهر في الليبرالية المتطرفة انصار مدرسة اقتصاديات العرض Supply Side Economics من اعلام مدرسة لافر A- Laffer وجورج جيلدر G. Gleder تركزت تحليلات التيار بالدعوة الى اعادة توزيع الدخل والثروة لصالح البرجوازية والبحث عن مصادر جديدة للتراكم البدائي للاستعانة بها في مرحلة التوسع الراسمالي القادمة والمقصود بها العولمة وتبلور فكر هذا التيار في قضيتين اساسيتين:

- الاولى – الدعوة بخفض الضرائب على الدخول والثروات الكبيرة.

- الثانية – بيع مؤسسات الدولة ونقل ملكيتها الى القطاع الخاص.

وبصدد القضية الاولى ظهر تيار في الليبرالية الجديدة هاجم الضرائب المرتفعة المفروضة من الحكومة على دخول وارباح الافراد والشركات والمؤسسات الصناعية والتجارية والمالية والضرائب من وجهة نظر انصار التيار – هي المسؤولة عن تدهور حوافز العملة والادخار والاستثمار – بل انها المسؤولة عن ظاهرة التهرب الضريبي واتساع حجم ما يسمى بالاقتصاد السري Underground Economy كما تعانيه الرأسمالية من البطالة وطاقات عاطلة وانخفاض في معدلات النمو. فذلك لا يعكس ازمة في الطلب الكلي الفعال كما يعتقد كينز بل ازمة في العرض [2]. ولقد اهتم التيار باقتصاديات العرض والعرض يعني زيادة معدلات

———————————

[1] د. رمزي زكي، التضخم المستورد – دراسة في اثر التضخم بالبلاد الرأسمالية على الدول العربية، جامعة الدول العربية، الامانة العامة للشؤون الاقتصادية، دار المستقبل العربي، القاهرة، 1986، ص87-88.

[2] د. رمزي زكي – الليبرالية المتوحشة – مصدر سابق – ص92.

الاستثمار ومن ثم زيادة فرص العمل لان كل انتاج مصحوب بالضرورة بزيادة في الدخول تتحول الى زيادة في الطلب فينشط بذلك الاقتصاد كله.

ابرز ما انتهت اليه المدرسة هو ايجاد مخرج للازمة بالاعتماد على الية السوق الحرة بشرط عدم تدخل الدولة والتخلص من دورها في النشاط الاقتصادي الذي اعتبرته واحداً من الاسباب التي ادت الى الازمة نتيجة اعاقة تفاعل قوى السوق والياته[1].

وفكر التيار صياغة جديدة لقانون ساي للاسواق SAYS لعام 1830م ما زال صحيحاً وامكانية تحقيق التوازن. اذا خضع النشاط الاقتصادي لمبدأ الحرية الاقتصادية والاعتماد على آلية السوق الحرة، وحاجة الرأسماليين لزيادة الانتاج "العرض" تكمن بتوفر الحافز والامان والحرية المطلقة لتعظيم ارباحهم ودخولهم وأهم الوسائل في ذلك هو خفض الضرائب المفروضة على دخولهم وثرواتهم. واذا كانت الضرائب مرتفعة خاصة ضرائب الدخل والثروة بسبب تدخل الدولة في النشاط الاقتصادي وحاجتها المستمرة للايرادات فالادخار والاستثمار سيقل مما لو كانت لا تتدخل. وتفرض الضرائب المرتفعة فيدرك الافراد بعد وصول دخولهم وثرواتهم لمستوى معين واية زيادة فوق هذا المستوى فستخضع دخولهم لمصيدة الضرائب وسيعملون دون الوصول الى هذا المستوى ولكي يتحفز الافراد على العمل والادخار والاستثمار فلابد من خفض شديد في معدلات ما تقتطعه الدولة منهم من الضرائب. ولن يؤثر ذلك على عجز الموازنة العامة للدولة بل العكس.

ويزعم انصار التيار أن خفض معدل الضريبة سيجعل المحصلة الضريبية متزايداً لآثارها التوسعية في الدخل والناتج والتوصف الناجمة عن هذا الخفض واستندوا في تبرير ذلك على فكرة الاقتصادي الامريكي (آرثر لافر A. LAFFER) والمعروفة "بمنحنى لافر" الذي ينص اذا كان معدل الضريبة صفراً فالحصيلة ستكون صفر ايضاً واذا كان معدل الضريبة 100% فحصيلة الضرائب ستنعدم وبين هذين الحدين نقطة وحيدة على المنحنى يمكن عندها تعظيم الضريبة وعندما تبنت حكومات الدول الرأسمالية الصناعية الرئيس ريغان في مطلع الثمانينات بناء على توصية (لجنة كيمب روث) اجراء خفض كبير[2] في معدل الضرائب على الدخل والثورة وكذلك بريطانيا وفرنسا وغيرها من الدول يسرعان ما تحققت النتائج التالية:

---

(1) **علي نصار، دور الدولة في النشاط الاقتصادي في الوطن العربي، بحث في ندوة القطاع العام والقطاع الخاص في الوطن العربي، ندوة الكويت للفترة من 27-29 ايار 1987، دار الرازي، ط1، بيروت، 1991، ص484.**

(2) **رمزي زكي - الليبرالية المتوحشة -مصدر سابق، ص 93.**

- زيادة موارد القطاع الخاص وبذلك حدثت اعادة توزيع الدخل لصالح هذا القطاع.

- زيادة عجز الموازنة العامة للدولة للخسارة الكبيرة التي تحققت في حصيلة الضرائب.

اما القضية الثانية التي اهتم بها هذا التيار هي قضية نقل ملكية مشروعات ومؤسسات القطاع العام الى القطاع الخاص Privatization نجم عن تبني هذه القضية اعادة توزيع الثروة القومية لصالح البرجوازية بعد أن تمكنت من الاستيلاء على ملكية اصول المشروعات والمؤسسات وادارتها وفقاً لقواعد السوق.

لقد تجسدت اجراءات الليبرالية المتطرفة في تحجيم دور الدولة في النشاط الاقتصادي وخفض معدلات الضرائب على الدخول والثروات المرتفعة، وبيع القطاع العام الى الخاص واطلاق العنان لقوى السوق في بيئة غلب عليها طابع الاحتكار. تمخضت باعادة توزيع شبه جذرية في الثروة القومية والدخل القومي لصالح البرجوازية وضد العمال والموظفين ففي الولايات المتحدة وصلت الحصة المملوكة من الثروة التي يملكها اغنى 1% من السكان الامريكيين من 24.9% عام 1969 الى 34.3% على 1983. مقابل تدهور في اجور العمال وانخفاض مستوى معيشتهم خاصة بعد انخفاض الانفاق الحكومي للخدمات الاجتماعية فدخل اغنى 5% من السكان الامريكيين يفوق مجمل افقر 40% من الشعب الامريكي [1] بالرغم من أن هذا النوع من الليبرالية قد ساد منذ منتصف السبعينات والثمانينات فقد كان مؤملاً أن افكار المدرسة النقدية واقتصاديات جانب العرض كفيلة باعادة الليبرالية المفرطه للهيمنة على الاقتصاد الرأسمالي من جديد فالمتتبع للاقتصاد الامريكي سيتمكن من ادراك حقيقة بالرغم من أن السياسات التي تبدو ليبرالية كلاسيكية فان سياسة العجز الكينزيه لامريكا استمرت وبشكل متصاعد فقد ارتفع عجز الموازنة الفدرالية من (- 55.260) مليار دولار عام 1975 الفترة التي سبقت تسلم الرئيس ريغان للسلطة الى -72.715 عام 1980 سنة تسلمه السلطة ثم الى -221.698 عام 1985 [2].

---

[1] **د.رمزي زكي - الليبرالية المتوحشة - مصدر سابق، ص 94-96.**

[2] **محمود خالد المسافر - العولمة الاقتصادية - الابعاد والانعكاسات على بلدان الجنوب، مصدر سابق، ص 23.**

المطلب الثاني

المرجعية التاريخية للعولمة

1- نموذج رونالد روبرتسون لمراحل نشوء وتطور العولمة:

وبخلاف الآراء المذكورة سابقاً وفي صياغة متكاملة لنشوء وتطور ظاهرة العولمة فقد اعتمد رونالد روبرتسون في دراسته المهمة " العولمة، النظرية الاجتماعية والثقافة الكونية " نموذجاً تاريخياً لرصد المراحل المتابعة لتطور العولمة وامتدادها المكاني والزماني واثر العوامل الاجتماعية واحياناً العوامل السياسية والاقتصادية في ذلك. فقد انطلق رونالد روبرتسون من فرضية اساسية مفادها ارتباط ظاهرة العولمة بظهور (الدولة القومية الموحدة "باعتبارها نقطة البداية الفاصلة في تاريخ المجتمعات المعاصرة، فظهور المجتمع القومي منذ حوالي منتصف القرن الثامن عشر يمثل بنية تاريخية فريدة، والدولة القومية المتجانسة في ثقافة مواطنيها وخضوعهم لارادتها تمثل تشكيلاً محدوداً لنمط محمد من الحياة، وشيوع المجتمعات القومية في القرن العشرين يمثل جانب من جوانب العولمة، كما أن انتشار فكرة المجتمع القومي - يعد احد اشكال النزعة المجتمعية. وشرطاً اساسياً لتسريع العولمة التي برزت منذ المائة عام الماضية. وتنحصر مكونات العولمة في:

الانظمة القومية ونظام العلاقات - الدولية، الافراد والبشرية وكان هذا اساساً ضرورياً في تطور مفهوم العولمة والعالمية لدى روبرتسون خلال مراحل تطورها الخمس والمراحل التي اشار اليها روبرتسون هي [1]:

المرحلة الاولى: مرحلة الجنينية: 1400 -1750

استمرت في اوربا منذ بداية القرن الخامس عشر حتى منتصف القرن الثامن عشر، وشهدت المرحلة نمو المجتمعات القومية، وتخفيف حدة النظام "المتعدي للقوميات" السائد في العصور الوسطى، وقد اتسع مجال الكنيسه الكاثوليكية، وتعمقت خلالها الافكار الخاصة بالفرد وبالانسانية، وسادت نظرية مركزية للعالم، وبدأت الجغرافية الحديثة، وذاع التقويم الجريجوري [2]

---

[1] رونالد روبرتسون، العولمة، النظرية الاجتماعية والثقافة الكونية، ترجمة احمد محمود ومنور امين، مراجعة وتقديم محمد حافظ ذياب، المجلس الوطني الاعلى للثقافة والفنون والاداب، الكويت، 1998، ص 131-135.

[2] عهد بابا الفاتيكان جريجوري الثالث عشر عام 1582 الى الراهب كريستوفر كلافيوس بتعديل التقويم السائد آنذاك تلافيا للاخطاء فيه، وتم العمل بالتقويم المعدل الذي سمي بأسم البابا وعملت كل الجماعات المسيحية به آنذاك ثم انتشر الى باقي اطراف العالم، وما زال يعمل به حتى الوقت الحاضر. ويعتبر التقويم الجويجوري او محاولة لتطبيق معيار عالمي. وليس وطني او قومي.

يتضح مما تقدم أن رونالد روبرتسون ربط اولى مراحل نموذجه هذا بالنهضة العلمية التي شهدتها اوربا في بداية العصور الحديثة وولادة الفكر الليبرالي، وقيام النظام الرأسمالي الذي ازدهر في اوربا الغربية. وقد ساهمت الاكتشافات الجغرافية في تحويل اتجاهات التجارة الدولية لصالح الدول الاوربية انعكست نتائجها في ازدهار الرأسمالية، وسيادة الرأسمالية التجارية والدولة القومية هي الهدف القومي، وتدخلها في التجارة الخارجية وامتداد هذا التدخل في الحياة الاقتصادية [1]. اذن فان ولادة الرأسمالية التجارية بفعل عامل الاكتشافات الجغرافية وما تمخض في نمو التجارة وانهيار الاقطاع. وتحويل الاقتصاد الساكن الى اقتصاد حركي هي العولمة بحد ذاتها. او كما يسميها روبرتسون المرحلة الجنينية لها.

المرحلة الثانية - مرحلة النشوء:

استمرت في اوربا اساساً منذ منتصف القرن الثامن عشر حتى سبعينات القرن التاسع عشر (1870). فقد حدث تحول كبير في فكرة الدولة الموحدة المتجانسة، واخذت تتبلور المفاهيم الخاصة بالعلاقات الدولية الرسمية، ونشأ مفهوم اكثر تحديداً للانسانية وزادت الى حد كبير الاتفاقات الدولية، ونشأت المؤسسات المتعلقة الخاصة بتنظيم العلاقات والاتصالات بين الدول. وبدأت مشكلة قبول المجتمعات غير الاوربية في المجتمع الدولي، وبدأ الاهتمام بموضوع القومية والعالمية. من الواضح أن المرحلة ترتبط بعهد التنوير الذي استمر من منتصف القرن الثامن عشر حتى منتصف القرن التاسع عشر وان روبنسون لم يدع عكس ذلك من خلال اشارته الى تبلور مفاهيم جديدة لم تكن قائمة قبل ذلك. ويعتقد علماء الاجتماع الرأسماليون أن عهد التنوير جاء ليقضي على مفاهيم مغلقة سادت في اوربا نتيجة سيادة الكنيسة لفترة من الزمن. ويشير روبرتسون ايضاً اهمية تبلور الفكر القومي الذي تزامن مع الانفتاح الى العالمية وقبول المجتمعات الاخرى غير الاوربية.

ومن الجدير ذكره أن المرحلة شملت عام 1823 م حيث بدأ في هذا العام بمبدأ الانعزالية لمونرو في الولايات المتحدة الامريكية واستمر المبدأ لما يقارب قرن من الزمان. مما يوضح عدم رغبة الولايات المتحدة في الولوج الى العالمية عكس اوربا التي كانت في المرحلة الاولى من توجهها نحو العالمية.

المرحلة الثالثة - مرحلة الانطلاق:

استمرت في اوربا من منتصف القرن الثامن عشر حتى منتصف العشرينات من القرن العشرين. ظهرت في هذه المرحلة مفاهيم كونية مثل "خط التطور الصحيح"، للمجتمع القومي

---

[1] راجع محسن كاظم،تاريخ الفكر الاقتصادي ابتداء بنشأته وانتهاء بالماركسية،مصدر سابق،ص58-59.

المقبول ومفاهيم تتعلق بالهويات القومية والفردية، وتم ادماج عدد من المجتمعات غير الاوربية في "المجتمع الدولي"، وبدأت عملية الصياغة الدولية للافكار الخاصة بالانسانية ومحاولة تطبيقها وحدث تطور هائل في عدد وسرعة الاشكال الكونية للاتصال، وظهرت لاول مرة حكايات عالمية، والالعاب الاولمبية وجوائز نوبل، وطبقت فكرة الزمن العالمي، والتبني شبه الكوني للتقويم الجريجوري. وقامت في هذه المرحلة الحرب العالمية الاولى ونشأت عصبة الامم.

اضافة لما تقدم فان المرحلة شهدت اهم مراحل الرأسمالية العالمية وهي مرحلة الكولونيالية والتي تمتد من بداية القرن التاسع عشر وحتى بداية القرن العشرين. وكان لاحداث المرحلة الفضل الكبير على الرأسمالية العالمية حيث ساهمت وبفاعلية من خلال نهب المستعمرات على تطورها وتقدمها من خلال النقل العكس للموارد جراء عمليات الهيمنة على المستعمرات.

واهمية المرحلة عند روبرتسون حيث انها مثلث بداية الثورة الصناعية الاولى ولهذا سماها بمرحلة الانطلاق وتحقيق اولى الامبراطوريات الاوربية البرتغالية والاسبانية ثم الايطالية والبريطانية، التي سيطرت على ثلاثة ارباع الكرة الارضية، وقيام الرأسمالية الصناعية وتحقيق الفائض المتراكم. وظهور الرأسمالية المالية.

المرحلة الرابعة - الصراع من اجل الهيمنة:

استمرت هذه المرحلة منذ منتصف العشرينات حتى اواخر الستينات من القرن العشرين وبدأت الخلافات والحروب الفكرية حول الشروط الهشة الخاصة بعملية "العولمة" التي بدأت في نهاية مرحلة الانطلاق وظهور الامم المتحدة، ونمت فيها محاولات لارساء مبدأ الاستقلال القومي ومفاهيم الحداثة المتضاربة (الحلفاء ضد المحور) تبعتها الحرب الباردة (الصراع داخل "المشروع الحديث") كما تم التركيز على الموضوعات الانسانية بحكم بعض الاحداث مثل القاء القنبلة النووية على اليابان والهولوكوست، كما تبلور في هذه المرحلة "العالم الثالث"[1].

---

[1] المصطلح نظير مصطلح "عالم الجنوب" صاغ هذا المفهوم عالم الاجتماع الفرنسي- جورج بالاندبيةG. Balandier عنوان الكتاب الذي صدر له عام 1956 مع اهتمامه بمشكلات التنمية في البلدان التي كانت واقعة تحت السيطرة الاستعمارية حتى انتهاء الحرب العالمية الثانية والمصطلح اكثر شفافية من الدول المتخلفة حيث لم يعد له وجود بعد انهيار الاتحاد السوفيتي التي كانت تمثل العالم الثاني. وقد استخدمت الباحثة مصطلح عالم الجنوب على العالم الثالث لكثرة استخدامه في الادبيات الاقتصادية لاشاعة استخدامه وتداوله في الامم المتحدة والمؤسسات والوكالات الدولية.

- رونالد روبرتسون، العولمة، النظرية الاجتماعية والثقافة الكونية، مصدر سابق، ص31.

لقد اعتمد روبرتسون في تصنيفه لهذه المرحلة من خلال واقع التحديات بين الفكرين الماركسي والرأسمالي الذي نما بشكل كبير في اعقاب الحرب العالمية الثانية واتجاهها نحو الصراع والتوسع الواحد على حساب الاخر بحثاً عن عولمة راس المال فيما يتعلق بالنظام الرأسمالي وانتشار وتوسع اممية البروليتارية وهيمنتها على الانتاج ونشر الفكر الماركسي (بالنسبة للفكر الماركسي). فضلاً عن ظهور افكار معادية للفكر الرأسمالي كالفاشية والنازية والتي كان تأثيرها واضحاً ولكنها اقل خطورة من الفكر الماركسي (لديمومته) والفكر الراسمالي وتطورة نمو العولمة. استمر الصراع حتى انتهاء الحرب الباردة عام 1989 وتفكك الاتحاد السوفيتي وتسليم مفاتيحه الى الاعداء دون حرب من قبل غورباتشوف اخر رئيس شيوعي (صاحب مشروع "البروسترويكا" او اعادة البناء والاصح هدم البناء التدريجي لمقومات تلك الدولة وفق مخطط مرسوم من غورباتشوف الذي انهى التجربة الاشتراكية السوفيتية.

المرحلة الخامسة - مرحلة عدم اليقين:

بدأت في اواخر الستينات وادت الى اتجاهات وازمات في التسعينات. وقد تم ادماج بلدان الجنوب في المجتمع العالمي، وتصاعد الوعي الكوني في الستينات، وحدث هبوط على القمر، وتعمقت القيم ما بعد المادية، وشهدت المرحلة نهاية الحرب الباردة، وشيوع الاسلحة الذرية، وزادت الى حد كبير المؤسسات الكونية والحركات العالمية، وتواجه المجتمعات الانسانية اليوم مشكلة تعدد الثقافات وتعدد السلالات داخل المجتمع نفسه، واصبحت المفاهيم الخاصة بالافراد اكثر تعقيداً من خلال الاعتبارات الخاصة بالجنس والسلالة، وظهرت حركة الحقوق المدنية، واصبح النظام الدولي اكثر سيولة ن وانتهى النظام ثنائي القطبية وزاد الاهتمام في هذه المرحلة بالمجتمع المدني العالمي، والمواطنة العالمية، وتدعيم نظام الاعلام الكوني. بما في ذلك المنافسة حول الامر، وخاصة ما يتصل بالاسلام كحركة مناقضة للعولمة.

مما تقدم يعتقد روبرتسون أن انهيار النظام ثنائي القطبية هو نهاية لصراع فكرين ونظامين ونظريتين متناقضتين مما ينتج لدعاة العولمة شرح مضامينها واهدافها النبيلة والفضائل التي تتمتع بها كالدفاع عن حقوق الانسان وحرية الفرد والعدالة وغيرها من الاهداف التي كذبتها حتى الان المقدمات والنتائج الملموسة.

كما ويربط روبرتسون بين القيم الروحية والمادية وان عملية تطورهما معاً هو بمثابة الحركة نحو عدم اليقين والتي حاول أن ينطلق منها ليؤكد أن الغلبة في النهاية لصالح الكونية والعالمية ويعتقد روبرتسون أن هذه المرحلة هي مرحلة اختبار للثقافات المتصارعة القومية والعالمية.

لقد بدا واضحاً من خلال تسلسل افكار روبرتسون انه على يقين، من أن المحصلة النهائية هي النصر لكل ما هو كوني وليس محلي ووطني. ولكن ليس على الاساس المادي الاقتصادي بل على اساس التداخل النظري الاجتماعي. وسيكون الاقتصاد متغيراً تابعاً للتطور الاجتماعي [1].

2- تقييم نموذج روبرتسون:

لو رجعنا الى نموذج روبرتسون وطريقة تقسيمه الى مراحل فان هناك عدداً من المآخذ على النموذج والتي يمكن حصرها بالاتي:

1- بالرغم من التكامل الواضح للنموذج غير أن الملاحظ عليه التجريد الى حد التطرف، لربطه تاريخ العالم والانسانية بالتاريخ الاوربي.

2- اذا ما اخذنا بنظر الاعتبار بان العولمة هي نتاج تطور الرأسمالية الاوربية الامر الذي ينطوي على نسبة كبيرة من الصحة فأنه من الصعوبة الاطلاق بان مفاهيم الانسانية والافراد والثقافة هي محض اكتشافات اوربية ويبدو لنا ذلك واضحاً من أن المنطلق الذي انطلق منه هو الرؤية المتمركزة حول الذات المركزية الاوربية.

3- يدعي النموذج ادماج عالم الجنوب في المجتمع العالمي – غير انه لم يبين ماهية وابعاد هذا الدمج. هل هي ثقافية ام اجتماعية ام اقتصادية ام سياسية؟ بعضها ام جميعها. بل هي جميعها التي تعبر عنها مقولتا الاستعمار والامبريالية واثارهما الواضحة وقد كتب عنها الكثير في كتب التاريخ الحديث.

4- النموذج اهمل حقيقة الصراع بين عالم الجنوب وعالم الشمال من اجل فك تبعية الاول والثاني لذلك لا يمكن الاعتماد عليه كنموذج عالمي اما اذا نظرنا اليه كنموذج غربي فالاعتماد عليه يبدو مقبولاً.

5- أن المحصلة النهائية للتسلسل التاريخي للعولمة الذي اعتمده النموذج هي مرحلة عدم اليقين.. والسؤال الذي يفرض نفسه هو: ثم ماذا بعد ذلك..؟ وما الذي سيأتي بعد مرحلة اللايقين..؟ فاذا كان روبرتسون غير قادر على التنبؤ لمرحلة اللايقين فحقيقة الامور تدعو الى القول أن الفكر والنظام العالمين لا يفترضان خضوع العالم وايمانه بذلك الفكر وتبذيه لقواعد النظام والياته. وان دخول وادماج العالم عنوة في النظام الرأسمالي نتيجة سطرة الات النظام وتدخلها على مجريات الامور لا تعكس حقيقة ما جرى بعد سقوط التجربة السوفيتية وتفتيت منظومة دول المعسكر الاشتراكي. لقد فشل علماء الاقتصاد بالتنبؤ بكارثة الكساد العالمي سنة 1929، والعولمة أو الكونية الاستعمارية هي حفار (قبر الرأسمالية) وما يؤكد ذلك استنكار الشعوب لها...

---

[1] **للمزيد راجع رونالد روبرتسون، النظرية الاجتماعية والثقافة الكونية، مصدر سابق، ص117-135.**

المبحث الثالث

الازمات الاقتصادية والمالية للرأسمالية

مقدمة:

الازمات الاقتصادية والمالية قديمة قدم الرأسمالية نفسها والازمة الاقتصادية التي يمر بها العالم منذ عقد السبعينات حتى الان هي ازمة عامة وعميقة وحادة، اطلق عليها ازمة التضخم الركودي وهي ظاهرة جديدة، لاختلافها عن الازمات السابقة التي عرفتها الرأسمالية في اية مرحلة من مراحل تطورها التاريخي، وقد عبرت الازمة عن نفسها في العديد من القضايا والمشاكل، ولم تقتصر الازمة على التناقض بين الانتاج والاستهلاك، بين العمل ورأس المال وبين القدرة على الانتاج والقدرة على التصريف بل أن الازمة او ظاهرة التضخم الركودي، بدأت داخلياً واتسعت عالمياً وشغلت الرأسماليين فكرياً بل امتدت لتشمل مجمل النظام الاجتماعي للرأسمالية. فالازمة بدأت داخلياً - لطغيان ركود واضح في الانتاج. وفائض في تراكم رؤوس الاموال. وتناقص واضح في معدلات الارباح. وتدهور شديد في معدلات النمو الاقتصادي، الركود لاول مرة اصبح مصحوباً بتضخم يزداد ارتفاعاً وبطاله متزايدة وباستمرار.. مما يعكس الفشل الذريع في فلسفة ادارة الدولة لنظام رأسمالية الدولية الاحتكارية رافق ذلك مشاكل اخرى مثل استفحال مشاكل الطاقة وتلوث البيئة وانتشار اعراض الانحلال الاجتماعي والعنف وتعاطي المخدرات وظاهرة الارهاب. فكرياً. مع بروز الازمة اشتعلت حرب فكرية ضاربة داخل صفوف الاقتصاديين في العالم الرأسمالي منها. الهجوم الشديد على الكينـزيه وبروز تيارات فكرية جديدة وصدامات بين المدارس وهجماتها الشرسة على بعضها البعض تكشف عن عمق الازمة التي تعاني منها تصوراتها تلك التيارات ونضب الاحتياطيات النظرية والاضطراب والحيرة تجاه الازمة المتعاظمة للنظام الرأسمالي.. عالمياً - الازمة تحدث في ظل استفحال علاقات الصراع والتنافس بين المراكز الرأسمالية الثلاث (امريكا - اوربا الغربية، اليابان) وانهيار النظام النقدي الدولي.. وتعاظم ظاهرة الحماية التجارية وزيادة التناقض بين الدول المصدرة والمستوردة للمواد الاولية (النفط) وتزايد خطورة الشركات المتعدية الجنسيات وتزايد العجز في موازين المدفوعات.

فالازمة ذات طبيعة مركبة وهي اخطر مما شهدته الرأسمالية لصعوبة التغلب عليها. فالتغلب على الظاهرة تمثل في البحث عن وسائل جديدة لاستئناف توسعها السريع في عمليات الانتاج والتراكم الرأسمالي وقد اهتمت الاتجاهات الرئيسية في الفكر الاقتصادي الرأسمالي بمعالجة الازمة وهي في مضمونها تعتبر عوامل مناسبة لطريقة عمل تلك الاتجاهات فالازمة لا

تشبه الازمات الدورية العادية التي عاشتها المنظومة الرأسمالية اعقاب الحرب العالمية الثانية فلم تكـن الازمة علـى صعيد الواقع حسب بل على صعيد الفكر ايضاً. لقد وقفت التيارات الفكرية حائره سواء بتفسير ما حـدث او تقـديم الحلـول المناسبة له ومع استمرار الازمة وتردي الاوضاع بدأ بترسيخ في وعي الاوساط الرأسمالية حقيقة الفشل الـذي لحـق بفلسفة ادارة الدولة الاحتكارية التي وضع اصولها كينز وعجز جهازها النظري والتحليلي فهم ما يحدث في الواقع الحالي للرأسمالية المعاصرة كما ترتب من ناحية اخرى عجز ادوات السياسة الاقتصادية المنبثقة عنها في مواجهة ازمـة التضخم الركودي، تمـت مهاجمة الكينزيه بشدة من قبل الجناح اليميني في الفكر الاقتصادي الرأسمالي داعياً الى تبني سياسـة جديـدة والـتخلي عـن الكينـزيه قاد لواء هذا التيار - الذي عرف بالنقد بـين او مدرسة شيكاغو "متيلون فريـدمان". والتيار ينتمي الى المدرسة النيوكلاسيكية داعياً العودة بالرأسمالية الى اصولها لتنشيط آليات النظام ... وقد اعتمـدت الاحـزاب التـي وصلـت للسـلطة افكار التيار في ستراتيجيتها لمواجهة ازمة التضخم الركودي على الصعيد الداخلي. هذا ما سيتعرض اليه المبحث من خلال.

المطلب الاول: الازمة الاقتصادية الرأسمالية - التضخم الركودي.

المطلب الثاني: المطروحات الفكرية لمواجهة الازمة الاقتصادية للتضخم الركودي محلياً.

المطلب الاول
ازمة التضخم الركودي

منذ مطلع السبعينات يواجه النظام الاقتصادي العالمي، (بمراكزه واطرافه) ازمة عميقة وبنيويـة طويلـة المـدى، اذ جاءت بعد فترة طويلة من الانتعاش لتدخل المنظومة الرأسمالية بعدها في فترة ركود طويلـة والازمـة هـي (ازمـة التضخم الركودي) وهذه الازمة تختلف عن الازمة السابقة التي عاصرها العالم خلال ازمة الكساد الكبير 1929-1933 مـن حيـث السمات، والنتائج، والبعد الزمني، وامكانات ووسائل تجاوزها غير أن اوجه التشابه بين ازمة التضخم الركودي، وازمة الكسـاد قوياً من حيث القواسم المشتركة بينهما، سواء في شدة تأثيرها اقتصادياً واجتماعياً وسياسياً وصعوبات المواجهة اضافة الى مـا رافق الازمتين من انهيار مواز في بعض تيارات الفكر الاقتصادي الرأسمالي وصعود تيارات اقتصاديه جديدة. فقـد رافـق ازمـه الكساد الكبير انهيار المدرسة الكلاسيكية وبـروز المدرسة الكينـزية (التداخلية) في حين تزامنت في السـبعينات مـع ازمـة التضخم الركودي، انهيار المدرسة الكينزية وصعود المدرسة النقدية (مدرسة شيكاغو) او الليبرالية الجديدة.

ومنذ نشأة الرأسمالية فانها تعاني من الازمات بسبب التناقض الرئيس الذي يحكم الانتاج السلعي الرأسمالي والتناقض قائم بين الطابع الاجتماعي للانتاج والطابع الفردي لملكية ادوات الانتاج ويعكس هذا التناقض تناقضاً آخر يتمثل في التفاوت الحاصل بين نمو القدرة على الانتاج ونمو القدرة على الاستهلاك. كما أن تطور الرأسمالية في الدول الرأسمالية الصناعية لم يتحقق في شكل خط مستقيم صاعد، بل في شكل حركات شبيهة بالمتموجات. وقد اهتمت النظرية الاقتصادية الرأسمالية بدراسته وفيما بعد النظرية الكلاسيكية وهي ما يعرف بالدورات الاقتصادية[1].

أن تعاقب فترات الانتعاش والركود في الانتاج في الاقتصاد الرأسمالي ما زالت قائمة، وتمثل معاً دورة كوندراتيف (Condratife cycle) تمتد مدتها 50 عاماً، تتخللها فترة انتعاش بسيطة في اطار دمج ما بين دورة كوندراتيف ودورة كجن "Kitchen" [2].

من خلال متابعة حركة الاقتصاد العالمي، نجد أن الرأسمالية الصناعية قد مرت بموجات طويلة منذ بدايتها وهي:

الدورة الاولى: حيث مثلث المدة فترة رواج امتدت للمدة 1848 - 1873 (الاتجاه الصعودي الاول) لدورة كوندرانيف في حين مثلث المرحلة اللاحقة الاتجاه النزولي الاول (ركود طويلة خلال السبعينات وحتى عام 1886 من القرن التاسع عشر لقد رافقت هذه الدورة تحولات هامة في النظام الرأسمالي من بينها تبلور توجهاته نحو التركز في راس المال (Concentration of Capital) والتركيز في الانتاج (Centralization ofProduction) [3]. في هذه المرحلة حدثت الازمة الدورية الاولى في بريطانيا عام 1825 في اعقاب حروب نابليون غير انها كانت ازمة بريطانية فقط. كما رفعت اول ازمة ذات طابع عالمي في عام 1847-1848 حيث اصابت اميركا وعدداً من بلدان اوربا. وكانت اعنف ازمة عرفتها الفترة تلك التي حدثت في عام 1873 وكانت اشارة لبداية انتقال الرأسمالية الحرة الى مرحلتها الاحتكارية.

---

(1) **د.رمزي زكي، الازمة الاقتصادية العالمية الراهنة، مساهمة نحو فهم افضل، مصدر سابق، ص13-14.**

(2) **د.عبد علي كاظم المعموري، العولمة: محاولة الرأسمالية التكيف مع ازمها، مجلة دراسات اقتصادية، بيت الحكمة، العدد الاول، السنة الثانية 2000 بغداد، ص20.**

(3) **بول أ - باران، الاقتصاد السياسي للتنمية، ترجمة احمد فؤاد بليغ، دار الكاتب العربي للطباعة والنشر، القاهرة، دون سنة طبع، دار القلم، ص231.**

اذن فالدورة تتشكل وتكون محكومة بحركة استثمار راس المال، وتتحدد الدورة بالامة اساساً. فكل ازمة تتفجر هي نقطة النهاية لدورة مضت ونقطة البداية لـدورة قادمـة. وتكـون الازمـة اداة تصـحيح تلقائيـة لمسـار الـدورة. والتصحيح لا يحدث في البداية انما يقع في النهاية فان يبدو مفاجئاً ويحدث هزه عنيفة في الاقتصاد كله اذ يؤدي الى تدمير كميـات هائلـة من الثروات والدخول، ثم يسود الركود بعدها يعود الاقتصاد نهوضه من خلال البـدء مـرة اخـرى في عمليـة شـاملة لتحديـد وتوسيع راس المال الثابت، وبحكم المنافسة يسعى الرأسماليون فيما بينهم لتحديد وتوسيع راسمالهم. وعندما تقترب عمليـة التجديد والتوسيع من نهايتها يتوقف الراسماليون عن التشييد والبنـاء لتقـوم الطاقـات الانتاجيـة الجديـدة بتزويـد السـوق بكميات اضافية من المنتجات وهكذا تبدأ مرحلة الانتعاش في الوصـول الى المرحلـة القصـوى وعندئـذ تتفجـر الازمـة بصـورة تلقائية. فتكون بمثابة التصحيح الدوري لظروف تكرار الانتاج الرأسمالي[1].

الدورة الثانية: تبدأ من 1896-1914 تمثلت الفترة بانتعـاش طويـل الامـد نتيجـة التوسـع الرأسـمالي عالميـاً وتبلـور ظـاهرة الامبريالية (Imperialism) والنهب المنظم للمستعمرات من قبل دول اوربا الغربية (بريطانيا - فرنسا - ايطاليا - اسـبانيا - البرتغال) للقارة الافريقية وجزء من اسيا كان من نتائجها اعظم كساد في تاريخ الرأسمالية الذي امتد 30 عاماً وحتـى الحـرب العالمية الثانية لبروز ظاهرة التنافس والتناقص الرأسمالي لقيادة المنظومة الرأسـمالية والخـروج مـن الازمـة[2]. وبـين الحـربين العالميتين كانت هناك ثلاث ازمات عالمية هي ازمات افراط في الانتاج ازمة 1920/1921م وازمة الكساد الكبير 1929/1933 م وازمة 1937/1938م[3].

الدورة الثالثة: تبدأ من 1945 – 1969م شهدت المرحلة فـترة رواج وانتعـاش اقتصـادي قادتـه الادارة الامريكيـة باعتبارهـا الرابح الوحيد فيها محققه هيمنتها التامة على المنظومة الرأسمالية وتمثل الفترة الاتجاه الصعودي الثالث امتدت حتى بدايـة السبعينات [4]. اذ شهدت المنظومة الراسمالية انتعاشاً وازدهاراً ملموساً في تراكم راس المال ونمـواً اقتصـادياً مرتفعـاً صـاحبت هذا النمو المرتفع درجة عالية من الاستقرار النقدي. وضآلة في معدلات البطالة فقد بلـغ معـدل النمـو السـنوي المتحقـق في دول اوربا الغربية حوالي 4.5% للفترة من 1955-1968م ولم يزد معدل

[1] د. فؤاد مرسي، الرأسمالية تحدد نفسها، سلسلة عالم المعرفة 147 المجلس الوطني للثقافة والفنون والاداب، الكويـت، اذار / مـارس 1990.

[2] راجع للمزيد د. رمزي زكي، التاريخ النقدي للتخلف، دراسة في اثر نظام النقد الدولي على التكوين التـاريخي للتخلـف بـدول العـالم الثالث. مصدر سابق، ص52-86.

[3] د. فؤاد مرسي - الرأسمالية تجدد نفسها - مصدر سابق، ص420.

[4] د. عبد علي كاظم المعموري، العولمة: محاولة الرأسمالية التكيف مع ازمتها، المصدر السابق، ص20.

التضخم عن 2-3% وانخفض معدل البطالة الى اقل من 3% خلال الفترة زادت مستويات الاجور الحقيقية للعمال والطبقة الوسطى كما زادت الضمانات الاجتماعية الموجهة ضد مخاطر البطالة والمرض والشيخوخة ونفس الوضع تحقق في امريكا، وعلى نحو افضل في اليابان خلال نفس الفترة.

الى الحد الذي دفع بالاقتصاديين الى الزعم بان عصر الازمات الكبرى للرأسمالية قد ذهب زمانه الى غير رجعة في ذات الوقت تحدث الاقتصاديون البرجوازيون عن ما يسمى بدولة الرفاه[1].

وعلى الصعيد العالمي. فقد شهدت الفترة نمواً واضحاً في حركة التجارة الدولية (زيادة التصدير السلعي والرأسمالي في ضل استقرار نسبي واضح لاسعار الصرف. امتدت حوالي 50 عاماً).

أن النمو المزدهر والانتعاش الذي مرت فيه المنظومة الرأسمالية خلال هذه الفترة يرجع في غالبية دول المنظومة الى جانب سياسة التدخل الحكومي التي لا ينكر دورها في هذا الانتعاش لتلك الفترة. غير أن هناك عوامل موضوعية لا تقل اهمية حيث كان تأثيرها قوياً في بروز الانتعاش وهي:

1- حصول الدول الرأسمالية الصناعية على مواد الطاقة (النفط) وكثير من مواد الخام من دول الجنوب وبأسعار رخيصة للغاية.

2- التقدم العلمي والتكنولوجي الهائل الذي حدث في طرق الانتاج.

3- استمرار نمط تقسيم العمل الدولي لصالح الدول الرأسمالية الصناعية.

4- نمو حركة التجارة الدولية (التصدير السلعي وتصدير رؤوس الاموال واستقرار اسعار الصرف (النظام بريتون وودز).

5- الزيادة الكبيرة في الانفاق العام التي حدثت في (الطلب الاستهلاكي والاستثماري) بسبب عمليات الاعمار ما بعد الحرب العالمية الثانية اضافة الى زيادة الانفاق في المجال العسكري[2].

[1] د. رمزي زكي، فكر الازمة، دراسة في ازمة علم الاقتصاد الرأسمالي والفكر التنموي العربي، مصدر سابق، ص32.
- راجع كذلك - د. رمزي زكي، الليبرالية المتوحشة ملاحظات حول التوجهات الجديدة للرأسمالية المعاصرة، مصدر سابق، ص49.
[2] د. رمزي زكي - الليبرالية المتوحشة. المصدر السابق، ص50-51.
- كذلك د. رمزي زكي، فكر الازمة - مصدر سابق، ص32-33.

الدورة الرابعة: 1970-1983 دخلت الرأسمالية فترة جزر طويلة، حيث انخفضت معدلات النمو السنوي للانتاج الصناعي في مجموعة الدول الصناعية المتقدمة من 6.2% في الستينات الى 3.2% في السبعينات وتدهور معدل الاستثمارات الانتاجية من 5.6% - 1.5% سنوياً بالنسبة لمجموعة (OCED) وزادت معدلات البطالة واستمر لهيب التضخم يزداد اشتغلاً وظهر ما يسمى بظاهرة "التضخم الركودي" التي لم تشهدها الرأسمالية من قبل في اية مرحلة من مراحل تطورها في السبعينات شهدت الرأسمالية انفجار ثلاث ازمات متلاحقة في الدول الرأسمالية المتقدمة شكلت عبئاً كبيراً على العالم عموماً ودول الجنوب خاصة والازمات هي:

الاولى: 1970-1971م.

الثانية: 1972-1975م.

الثالثة: 1980-1983م.

ولم تنحسر ـ الازمات الا في عام 1984 بالرغم من ظهور الاقتصاد الرأسمالي منتعشاً بعد هذا التاريخ غير أن الرأسمالية دخلت مرحلة جديدة وشاقة[1].

أن الازمات التي واجهها العالم منذ عام 1830 حتى الوقت الراهن وضمن اطار دورة كوندرانيف ارتبطت كل دورة بموجة من التحديدات تغير من تركيب راس المال الثابت والدورات هي:

- ارتباط الدورة الاولى بموجة النسيج والالات التجارية.

- ارتباط الدورة الثانية بموجة السكك الحديد والتعدين.

- ارتباط الدورة الثالثة بالسيارة والكهرباء والكيمياء.

- ارتباط الدورة الرابعة بظهور النفط والطائرة.

- ارتباط الدورة الخامسة بمعالجة المعلومات والالات المبرمجة التي تتصل ذاتياً وتكنولوجيا بلاحياء والوراثة والذرية[2].

اضافة الى تطور المعرفة الاقتصادية والقوانين الاقتصادية التي تعمقت في الاتجاه السياسي للدول. وتمكنت من تكييف السياسة الدولية حسب النتائج والتنبؤات الاقتصادية، وقد

---

[1] د. رسول راضي حربي، منطقة التجارة الحرة والامكانات الذاتية وتحديات العولمة، بحث في ندوة العولمة والمستقبل العربي، سلسلة المائدة الحرة، 37 بين الحكمة، نيسان 1999، بغداد، ص103.

[2] د. فؤاد مرسي - الراسمالية تجدد نفسها، ص456-457.

مرت تلك في المدرسة الكلاسيكية والكنزية والكلاسيكية الجديدة التي عبر عنها فريدمان بارائه ورده على الكينزية التي اعتبرها مصدر للازمات التي تفجرت في السبعينات والنصف الاول من عقد الثمانينات [1]، فالهجمات الشديدة والمتصاعدة بين المدارس الفكرية بعضها على البعض. تكشف عمق الازمة التي تعاني منها التصورات البرجوازية ونضب الاحتياطيات النظرية وعمق الاضطراب والحيرة تجاه الازمة المتعاظمة للنظام الرأسمالي[2].

2- مداخل ازمة لتضخم الركودي:

لقد انعكست الازمة العامة للاقتصاد الراسمالي على شكل ازمات هيكلية اصبحت مع التضخم تمثل صورة اساسية للاقتصاد الرأسمالي ويمكن اطلاق تسمية الازمات الهيكلية للازمة النوعية في الاقتصاد الراسمالي وسيتم التأكيد على مدخلين من هذا النوع من الازمات وكما يلي:

اولاً: اتجاه الفائض الاقتصادي نحو التزايد/ الركود الدوري للانتاج: يمثل السبب الرئيس في الميل المفرط في الانتاج والدافع الذي يدعو الرأسمالية لتحقيقه باستمرار، غير انها لم تنجح في تحقيق منافذ الاستهلاك والاستقرار اللازمة لامتصاص الفائض الزائد حتى تمضي حركة النظام في السير، وعدم القدرة على امتصاص الفائض يعني الركود في الاقتصاد، والسبب في ذلك يعود الى جعل العلاقات بين الدول الراسمالية ودول الجنوب تتميز بعدم الاستقرار لان فترات الانتعاش والتوسع الاقتصادي هي اقصر من فترات الركود التي تتسم بالمدة الزمنية الاطول والتي تنذر بمخاطر[3].

فالسمة البارزة التي ميزت التطور منذ السبعينات هي انتشار واستمرار عدم التوازن الاقتصادي. فالتناقض الذي تواجهه الرأسمالية هو تناقض جوهري يتمثل في نمو قدراتها الانتاجية الجديدة مما يضعها امام عقبات عميقة في طريق الاستخدام الكامل للموارد المتاحة لديها من مادية وبشرية وصار الوضع العادي للاقتصاد هو الركود طالما لا توجد قوى تعارضه واصبح الركود هو الاتجاه الغالب، وصار الصراع بينه وبين القوى التي تعارضه هو الذي يحكم مسار الاقتصاد الرأسمالي على النطاق العالمي.

فأزمة السبعينات هي في جوهرها ازمة افراط في الانتاج وعدم قدرة السوق على استيعابها واخذت الازمة شكل الركود الممتد وليس شكل دورة الانتعاش والركود. واتخذ الركود صفه الشمولية والبطالة التي شملت كافة المجالات في الاقتصاد الرأسمالي وبقية البلدان

---

[1] **د. رسول راضي حربي، العولمة والمستقبل العربي، مصدر سابق، ص103.**

[2] **د. رمزي زكي، العرب والازمة الاقتصادية العالمية الراهنة، مصدر سابق، ص18.**

[3] **د. رسول راضي حربي، العولمة والمستقبل العربي، مصدر سابق، ص103.**

الراسمالية. لقد اتخذت البطالة ابعاداً هائلة، فقد وصل عدد العاطلين عام 1975 الى 18.5 مليون وقد ارتفع معدل البطالة في امريكا من 3.9% في منتصف الستينات الى 6.1% في النصف الاول من السبعينات الى 6.8% في النصف الثاني منها والى 9% في النصف الاول من الثمانينات وقد تزايدت تلك الارقام بشكل مذهل وقد تم نقل اعداد كبيرة من العمال الى مواقع اخرى خلافاً لرغباتهم وبأجزاء من اليوم. واتسم الاقتصاد الاوربي بالبطالة والجمود الهيكلي واليابان بالفجوة الانكماشية، والركود في امريكا استمر في الثمانينات.

ولما كانت السياسة الانكماشية اقدر على الانتشار في العالم من السياسة الانتعاشية فقد كانت النتيجة اغراق العالم في موجة الركود خلال عقدي السبعينات والثمانينات وبدأت اعراض الازمة الدورية الجديدة سمتها في انخفاض الاستثمارات في عام 1986 في كل من امريكا واليابان افراط في انتاج السلع الاستهلاكية المعمرة، وتحول الاستثمار الى المضاربة المالية يحل محل الاستثمار المنتج واخذت معدلات نمو الاستثمار المالي تفوق معدلات النمو الحقيقي واخذ جوهر الازمة يتمثل في ظهور فائض في الادخار عن الاستثمار. وزاد تراكم راس المال الثابت في مجال وسائل الانتاج بشكل خاص. واصبحت الارباح المستمدة منه غير كافية لحماية وزيادة معدلات الربح الاقتصادي. وهذا ما دفع الاحتكارات لاستخدام سياسة رفع الاسعار بانتظام لرفع معدلات الربح. من هنا يلاحظ التضخم المتزايد في الائتمان. كما زاد الميل لتراكم راس المال النقدي مقارنة برأس المال الانتاجي في ظل صعود الاقتصاد الرمزي اتسعت حركة راس المال النقدي وتزايدت اهمية قطاع الخدمات في تكوين الدخل القومي. وازداد الميل للمضاربة الى حد المغامرة وانتشرت المضاربة في امريكا. وازداد خطر التقلبات الحادة في اسعار الاوراق المالية مع ادخال الكومبيوتر بشكل واسع في عمليات البورصة.

ومع تدويل راس المال اتسعت حركة راس المال بين الدول الصناعية وتذبذب اسعار الصرف مما ادى الى درجة عالية من عدم الاستقرار في اسواق راس المال والعملات. ومما ضاعف من حدة هذه التقلبات سعي الشركات عابرة القوميات لتمويل توسعها وكان انهيار البورصة في اكتوبر 1987 نتيجة سياسة التوسع المالي. وعقدت الجماعات المالية المحلية والدولية تحالفات دولية لادارة اسواق النقد لادارة الدورة الاقتصادية الجديدة[1].

ثانياً: مدخل ازمة التضخم الركودي: أن الأزمة الاقتصادية الشاملة والسبقة التي برزت في السبعينات كانت ازمة غريبة، واغرب ما سجلته الازمة من ظواهر هو مصاحبتها للتضخم. فالظاهرة الجديدة هي اتجاه الاسعار في الارتفاع مع ركود الانتاج والتجارة وانتشار البطالة ومنذ

---

[1] **د. فؤاد مرسي، الرأسمالية تجدد نفسها - مصدر سابق، ص425-428.**

نهاية عام 1973 ظلت الاسعار ترتفع بشكل تصاعدي بغض النظر عن الركود السائد وقد سجلت اوضاع الركود منذ بداية السبعينات معدلات متسارعة للتضخم وفيما بين عامي 1970 و 1973 فقد بلغ معدل الزيادة في الاسعار ضعف معدل الزيادة خلال عقد الستينات باكمله. وفي عام 1974 تصاعدت معدلات التضخم بشكل اكثر حدة. فقد تعرضت الدول الرأسمالية لازمات مالية نتيجة التوسع المفرط في منح الائتمان وكانت ازمات ائتمانية ولم تعد الازمة ذات طابع محلي بل اكتسبت طابعاً دولياً واصبح التضخم خطراً عالمياً مظهره ارتفاع سعر الفائدة الى مستويات عالية واصبح للتضخم سياسة فعلية في غالبية الدول الصناعية سعياً وراء زيادة الارباح وقد ادى تراكم الارباح الى اتاحه راس المال الجديد الضروري للتقدم التكنولوجي. وقد سمح بتوسع اقتصادي حافظ نسبياً على مستويات عالية للعمالة[1]، لقد تحكمت الاحتكارات في الاسعار بحجة أن الارتفاع العام في الاسعار يشجع على الانتاج ولم يعد التضخم حدثاً استثنائياً بل ظاهرة عادية فيما حل الركود وانتشرت البطالة كان الاحتفاظ بالتضخم امراً مطلوباً فقد سعت الاحتكارات الى استخدام سياسة رفع الاسعار بانتظام لزيادة في معدل الربح ويعكس ذلك فقد أن اليه الاسعار لفعلها التقليدي في مواجهة الازمة والقدرة على التحكم في رفع الاسعار بعيداً عن قوى السوق[2].

لقد رافق الركود الدوري في السبعينات ميلاً واضحاً نحو التضخم وساد بالتالي الركود التضخمي واصبح يشكل آليه جديدة لمجابهة وتصحيح ميل معدل الربح للانخفاض ونتيجة السباق بين الاسعار والاجور مع معطيات الثورة العلمية والتكنولوجيا التي ادت الى تغير التركيب العضوي لرأس المال في الاقتصاد الرأسمالي لصالح راس المال الثابت، فان زيادة معدل تمركز راس المال اخذ يشكل ارضية ملائمة للاتجاهات التضخمية وبهذا فان التضخم قد احتفظ بمستويات مرتفعة للارباح وبشكل دائمي وليس في حالات الركود[3].

3- العوامل المؤدية الى التضخم الركودي: يمكن تحديد العوامل التي سببت ارتفاع الاسعار وتزايد البطالة والميل المفرط في الانتاج (التضخم الركودي) الى:

أولاً:صدمات العرض (العشوائية) التي تعرضت لها بلدان اقتصاد السوق المتطورة خلال السبعينات والناجمة عن:

أ- رداءة الموسم الزراعي الذي لحق بلدان اسيوية فضلاً الى الاتحاد السوفيتي مما سبب في زيادة الطلب على المنتجات الزراعية الاوربية والامريكية والاسترالية ورفع اسعارها

---

[1] **د. فؤاد مرسي - الراسمالية تجدد نفسها - مصدر سابق، ص440-442.**

[2] **د. رسول راضي حربي - العولمة والمستقبل العربي - مصدر سابق، ص104.**

[3] **للمزيد راجع د. رمزي زكي - الازمة الاقتصادية العالمية الراهنة - مصدر سابق، ص44-45.**

داخل تلك البلدان جراء انخفاض العرض المحلي وزيادة الصادرات فارتفعت اسعار الاغذية المصنعة التي تعتمد على المواد الزراعية الاولية.

ب- التغيرات في التوقعات التضخمية. فعندما يتوقع العمال ورجال الاعمال تضخماً في المستقبل يتم ادخال التوقعات في مطاليبهم لرفع الاجور وسياستهم السعرية [1].

ثانياً: اسباب تتعلق بهيكل سوق العمل (العرض - الاجور) فالتغيرات التي حدثت في هيكل سوق العمل ادت في النهاية الى ارتفاع البطالة والاجور ومن ثم الاسعار وتتلخص تلك التغيرات في الاتي:

أ- زيادة الانفاق العام في مجالات الضمان الاجتماعي (تعويضات البطالة ومدفوعات الرفاهية والبحث عن فرص عمل على الاقل لفترات محددة) مما رفع من نسبة البطالة.

ب- النمو الطبيعي للسكان زاد من معدل المساهمة في قوة العمل.

جـ- دخول الاحداث والنساء في العمل، غير من قوة العمل فمعدل البطالة المرافق لهاتين الشريحتين هو اعلى بكثير من ذلك المرافق لقوة العمل ككل.

د- التغيرات الديموغرافية وتزايد انتقال الاشخاص بين الاماكن سبب عدم امكانية العاطلين عن العمل من الالتحاق بالوظائف الشاغرة[2].

ثالثاً: زيادة الانفاق العسكري اكثر من الانفاق على القطاعات الحقيقة مما تسبب في انخفاض الانتاج المادي (العرض) وزيادة الطلب على سلسلة كبيرة من الخدمات والوظائف كخدمات البحوث والتطوير واكبه نمو هائل في العماله المستغلة كخدمات العلماء والمهندسين ولحساب الصناعات العسكرية وقد ادى ذلك الى نمو مواز في خدمات النقل والتخزين والانشاءات وارتفاع القوة الشرائية حيث ادى ذلك الى ارتفاع الاسعار وبطاله متزايدة[3].

رابعاً: زيادة الحد الادنى للاجر نتيجة ضغوط نقابات العمال لتحسين المستوى المعاشي للعمال ساهم في رفع معدل الاجور بشكل عام من ناحية وخفض الطلب على الاحداث والعمال غير المهرة من ناحية ثانية فكان من نتائج زيادة الاجور على حساب حصص بقية عناصر الانتاج في

---

[1] **R Moconnoll Comphell; Economics principles problems and policies 8th ed New York Mc Grow Hill book company lnc 1983 P.p. 358-359.**

[2] **Roger Miller, Economic today the Macro view 3ed New York Hsrper and Row publisher 1979 p.289.**

[3] **د. رمزي زكي - الليبرالية المتوحشة - مصدر سابق، ص80.**

النظام الراسمالي واتسعت ظاهرة الزيادة في امريكا ودول اوربا الغربية حيث تصاعدت حصة الاجور في الدخل القومي مقابل تناقص معدل الربح. وانخفض النصيب النسبي للارباح في الدخل القومي. أن جوهر مأزق النظام الرأسمالي يتمثل في اتجاه معدل الربح نحو الهبوط والسبب الرئيس لازمة الرأسمالية المعاصرة [1] شكل هذا ضغطاً على اصحاب المشاريع الاستثمارية وبشكل كلف اضافية اسهمت في زيادة التضخم وقد دفع هذا الوضع المستثمرين للبحث عن صيغ استثمارية جديدة للتخلص من اعباء زيادة اجور العاملين خاصة اجور العاملين في مشاريع الدولة. وكانت عملية تحويل وبيع القطاع العام الى الخاص (Privitization التخصصية) واحدة من اسباب اختلال العلاقة بين الاجور والدخل تزامن هذا الواقع مع تحسن معدلات النمو في دول الجنوب خاصة دول جنوب شرق اسيا اذ اصبحت هذه الدول مستقبلة للموجودات الرأسمالية في مجال استثمار افضل لتدني نصيب الاجور من الدخل القومي فمثلاً بدلاً من أن تكون اجور الساعة الواحدة للعامل في صناعة السيارات في امبركا تعادل (22 دولاراً امريكياً) فان قطار محملاً بالعمال في هونك كونك يقبل العمل باجر من (2-5 سنت) في الساعة وقد شجع هذا الوضع الشركات عابرة القوميات للاستثمار في البلدان التي تتوفر فيها عوامل تحقق زيادة في ربحيتها [2].

خامساً: **فقدان الاسعار لفاعليتها في مواجهة الازمة** وتحولها الى اتجاه تضخمي طويل المدى جراء سيطرة الاحتكارات خاصة الشركات المتعدية الجنسية والعجز المتواصل في ميزانية الدولة.

سادساً: بدأت الازمة مع سقوط نظام النقد الدولي في عام 1971 فالمؤشر الاول هو ازمة الدولار حيث اعلنت امبركا عدم التزامها بقبول تحويل الدولار الى ذهب بالغاء تغطيته ذهباً[3]. بعد تراجع الوزن النسبي لها داخل الاقتصاد الراسمالي العالمي في النصف الثاني من الستينات اثر العامل الخارجي (دخولها في حرب مع الشعب الفيتنامي)، فقد نما العجز في الاقتصاد الامريكي من ابرزها ازمة العجز في ميزان مدفوعاته الذي كان يغطي من خلال طبع الدولار واغراق العالم به ومع نمو هذا العجز تبعه اغراق في عرض الدولار في مختلف العالم. ونتيجة شك الدول من قوة الدولار ومستقبله باعتباره عملة دولية انهالت البنوك المركزية في العالم على

---

[1] **د. رمزي زكي - الليبرالية المتوحشة - مصدر سابق، ص58-59.**

[2] **د. رسول راضي حربي - العولمة والمستقبل العربي- مصدر سابق، ص104-106.**

- راجع لذلك د. رمزي زكي - مصدر سابق، ص41-44.

[3] **د. سمير امين، موقع الوطن العربي من النظام العالمي، المستقبل العربي، العدد (201)، تشرين الثاني، 1995، ص22.**

بنك الاحتياط الفيدرالي الامريكي تطالبه بتحويل الدولار الى ذهب صمد بنك الاحتياط الفيدرالي الامريكي في مواجهة الطلبات حتى آب 1971، وكان قرار الادارة الامريكية بان تحويل الدولار الى ذهب كفيل بخروج كل ما تملكه امريكا من ارصدة ذهبية. فقد كان مجموع الاوراق الدولارية التي بحوزة البنوك المركزية (68 مليار) في حين أن حجم الاحتياط الذهبي في امريكا خلال السنة لم يتجاوز (11 مليار) أي بنسبة 6/1. ومع ايقاف تحويل الدولار الى ذهب انهار نظام بريتون وودز[1] بعد أن ضاقت السوق الراسمالية من استمرار تحمله، فدبت الفوضى في المعاملات النقدية وقيام الدول بتعويم اسعار الصرف بعملاتها. وازداد حجم المضاربات على الذهب والعملات المختلفة من قبل الاحتكارات الدولية الشركات عابرة القوميات التي تملك احجاماً كبيرة جداً من الاموال حيث تقوم بتحريكها من سوق لاخر يومياً محققه ارباحاً هائلة. أن سقوط نظام النقد الدولي وعدم النجاح في العثور على مخرج لنظام جديد ادى الى تعميق الازمة الاقتصادية. كما ساعدت الفوضى في اسعار الصرف الى تأزم العلاقات بين الدول الراسمالية وتعمق الصراع بينها وقد انعكس ذلك على تفاقم الازمة داخلياً.

سابعاً: اثرت ازمة التضخم الركودي الى ضعف الطلب العالمي على المواد الاولية والمواد المصنعة المنتجة من دول الجنوب بعد التفوق النسبي في معدلات التنمية الاقتصادية فيها والتقليص التدريجي للفجوة بين مستوياتها التنموية شكلاً سبباً مضافاً في تفاقم مشكلة التضخم وضيق السوق المستقبلة للسلع والخدمات الاكثر نمواً [2] في ذات الوقت زادت حاجة دول الجنوب للاستيراد وباسعار مرتفعة نتيجة موجه التضخم التي تسود السوق الرأسمالية وقد اثر ذلك على جهود التنمية ووضعها في منطقة حصار شديد جراء النتائج الوخيمة لنمو العجز في

---

[1] غاية نظام النقد الدولي الذي اقرته اتفاقية بريتون وودز 1945، تحقيق اسعار لصرف وتوفير السيولة الدولية وايجاد نظام متعدد الاطراف للمدفوعات اخذةً بنظر الاعتبار مصلحة امريكا في السيطرة على النظام اثر خروجها من الحرب العالمية الثانية كأقوى دولة راسمالية اقتصادياً وسياسياً وعسكرياً، اصبح الدولار العملة الدولية التي تتمتع بالقبول العام في تسوية الحقوق والالتزامات وقياس المعاملات النقدية في السوق الرأسمالية العالمية بالدولار الذي كان قابلاً للصرف بالذهب على اساس ثابت 35 دولار للاوقية، احتفظت البنوك المركزية في العالم الرأسمالي به كاحتياطي دولي. حقق ميزان مدفوعات امريكا فائضاً مقابل عجز موازين مدفوعات الدول الاوربية لتدفق احجام كبيرة من الدولار الى اوربا بعد اعمارها بعد الحرب وبعد أن استردت اوربا قوتها بتبلور السوق الاوربية 1958 وظهور اليابان كقوة ثالثة داخل السوق الراسمالية حدث تغير في مواقع القوى النسبية في السوق الراسمالية العالمية، في مجال العلاقات النقدية بظهور الفرنك الفرنسي والمارك الالماني.

- د. رمزي زكي، الازمة الاقتصادية العالمية الراهنة - مصدر سابق، ص34-36.

[2] د. رسول راضي حربي - العولمة والمستقبل العربي - مصدر سابق، ص107

موازين مدفوعاتها. فقد قفز عجز ميزان مدفوعات دول الجنوب غير المنتجة للنفط من 7 مليار دولار عام 1973 الى 70 مليار دولار عام 1980 وزاد اقراض دول الجنوب وبشكل مستمر والجديد في الامر بعد أن كانت دول الجنوب تعتمد في الماضي على الاستيراد من الدول الرأسمالية المتقدمة من خلال مواردها الذاتية (حصيلة الصادرات) فقد اصبحت قدرة هذه الدول على الاستيراد متوقفة على الاستدانة. لقد ارتبطت صادرات الدول الراسمالية لدول الجنوب بزيادة اقراضها [1]. مما يعني أن استمرار ازمة الكساد بالدول الرأسمالية قد اثر على التنمية الاقتصادية وترديها في دول الجنوب اضافة الى تأثير ذلك في تعميق ازمة الكساد في الدول المتقدمة والاستراتيجية الجديدة للدول الرأسمالية حاولت اجتياز هذا التناقض من خلال زيادة اختراقها وتشديد استغلالها ونهبها من خلال العولمة والياتها الاقتصادية.

ثامناً: التغيرات الهيكلية التي طرأت على الاقتصاد العالمي محلياً وعالمياً:

محلياً: لم تتمكن الرأسمالية التكيف مع الازمة نتيجة الاثار العميقة للثورة العلمية والتكنولوجية في هيكل اقتصاديات الدول الرأسمالية فالتطور التقاني. جعل الاسواق الوطنية اضيق من أن تستوعب كل ما تسمح به القدرات التقانية الجديدة بانتاجه وزادت الاسواق ضيقاً[2]. اذ قلت اهمية بعض الفروع الانتاجية في الاقتصاد القومي مثل السلع الغذائية المصنعة والصناعات البتروكيمياوية أن تتسم هذه الصناعات بكثافة عنصر العمل وحاجتها لموارد الطاقة وزيادة تكلفتها الاجتماعية من حيث اعبائها التي يتحملها المجتمع لمعالجة تلوث البيئة المتسببة عن هذه الصناعات فانخفضت معدلات الربح والاستثمار غير المرغوب فيها. في حين زادت الاهمية النسبية لبعض الفروع الانتاجية مثل الصناعات الالكترونية والاجهزة الدقيقة وصناعة الالات والسلع الاستهلاكية المعمرة اذ تتميز هذه الصناعات بارتفاع مستوى الفن الانتاجي وراس المال ومعدل الربح، كما ادت الثورة العلمية الى تقدم فنون الانتاج والاصول الرأسمالية وتعرض المؤسسات للمنافسة من جانب الاحتكارات التي سارعت بتطبيق منجزات البحوث والتطوير.

اما عالمياً: فقد حدثت تغيرات في هيكل علاقات القوى النسبية في الاقتصاد الرأسمالي. بصعود قوة اليابان وتراجع وزن امیركا واوربا نسبياً. ونشوء حرب في مجال المنافسة والصراع على الاسواق لوجود الخلافات والتناقضات الثانوية بين المراكز الراسمالية الثلاث، لتعاون اوربا مع الدول الاشتراكية حول خط غاز سيبيريا اوربا وعالمياً حول تقسيم العمل الدولي بين الدول الرأسمالية ودول الجنوب في محاولة لخروج الدول الرأسمالية من الازمة الهيكلية عن طريق

---

[1] د. رمزي زكي - الازمة الاقتصادية العالمية الراهنة - مصدر سابق، ص38-39.

[2] د. جلال امين، العرب والعولمة - مصدر سابق، ص159.

رسم ستراتيجية جديدة للتخصص وتقسيم العمل الدولي تقوم الاستراتيجية على تخلي الدول الرأسمالية المتقدمة عن بعض فروع الصناعة التقليدية لتتخصص فيها دول الجنوب منها الصناعات الاستهلاكية والبتروكيمياوية والتجميعية التي تحتاج الى عمل كثيف مقابل تخصص الدول الراسمالية المتقدمة على الصناعات الدقيقة وصناعة الالات والسلع الاستهلاكية المعمرة لقد اختلفت الاستراتيجية في معالمها عن الاستراتيجية التقليدية لتقسيم العمل الدولي السائدة في الماضي غير انها من حيث الجوهر لم تختلف عن الاستراتيجية السابقة حيث ما يزال استغلال دول الجنوب هو الهدف الرئيس والمحافظة على المواقع غير المتكافئة بين الدول الرأسمالية المتقدمة ودول الجنوب هو الغالب[1].

تاسعاً: وتؤكد رؤية "J-E-Mead" بان العوامل التي سببت التضخم الركودي في تفسير الكينـزية الحديثة هي [2]:

أ- التبني العام للسياسة الكينـزية لتوسيع الطلب الكلي من خلال السياسات النقدية والمالية التي استهدفت تحقيق الاستخدام التام (معالجة البطالة).

ب- انخفاض نمو الانتاجية فضلاً على عوامل اخرى منها عدم التنظيم الجيد للادارة الاقتصادية والنقص في التدريب الفني والتعليم المناسب وممارسة العمل المقيد ونقص الاستثمار الكافي في المتطلبات الراسمالية المناسبة. اثر ارتفاع الاسعار الناجم عن ارتفاع التكاليف فقد اتبعت حكومات الدول الرأسمالية السياسات المقيدة لارتفاع الاسعار ومعدل الاجر غير أن هذه السياسة لم يكتب لها النجاح لصعوبة التوفيق بين الحاجة الى توسيع الطلب الكلي والاستفادة من الموارد العاطلة، وتحقيق اقصى المنافع بينها وبين تقليص الطلب الكلي ذاته تفادياً للتضخم المطلق. فما زالت الادارة الاقتصادية تعاني من الفشل والخروج من هذه الورطة بل انها في الحقيقة تندفع اكثر في مواجهة تضخم ركودي اشد وطأة ومضاعفات.

جـ- زيادة ضغوط نقابات العمال ومجموعة القوى الاحتكارية النظيرة ورغبتها في تحقيق زيادات في المستوى الحقيقي للمعيشة حتى لو تجاوزت تلك الزيادات الناتج الحقيقي.

عاشراً: زيادة البطالة وتحولها الى مشكلة هيكلية وليست دورية واصبحت صفه ملازمة لخصائص الهيكل الاقتصادي المعاصر للدول الراسمالية المتقدمة والتغلب عليها يرتبط بتغير هذا

---

[1] د. رمزي زكي، الازمة الاقتصادية العالمية الراهنة، مصدر سابق، ص40-41.

[2] James E-meade stagfiation wage fixing ; vo;., London Gorge Allen and unwin. pubtishers Ltd 1983 pp. 2-5.

الهيكل حيث كان مجموع العاطلين حوالي 35 مليون في دول غرب اوربا واميركا واليابان ونسبة العاطلين الى مجموع قوة العمل تصل الى 12% من مجموعة دول غرب اوربا و10% في اميركا. وقد وصل معدل البطالة في الدول المتقدمة 7.1% عام 1995 وانخفض الى 5.9% في حين بلغ في (الدول الصناعية الرئيسية Crop.7) 6.7% عام 1995 مقابل 5% عام 2000 وما زالت النسبة عالية في ايطاليا وفرنسا والمانيا حيث بلغت عام 2000 10.6% و 9.7% و 7.8% على التوالي مقابل 11.6% و 11.7% و 7.9% لعام 1995 ولنفس الدول. وفي اميركا لم تتغير النسبة الا قليلاً حيث كانت 5.6% عام 1995 ووصلت الى 4% عام 2000[1]. هناك مجموعة من العوامل ساهمت في تحول مشكلة البطالة الى مشكلة هيكلية في هذه الدول منها:

أ- الثورة العلمية والتكنولوجية والتطبيق العلمي لها في مجال الفنون الانتاجية ادى الى ارتفاع درجة (الاتمتة) في العمليات الانتاجية فقد حل العمل الالي محل العمل الانساني واصبحت خطوط الانتاج في كثير من الصناعات لاتحتاج الا تدخلاً بسيطاً من جانب الانسان كما تم ابتكار الانسان الالي المبرمج (الرابوت) اثر التطور الهائل الذي تحقق في صناعة الكومبيوتر وتكنولوجيا الالات الدقيقة. والطلب على الانسان الالي في نمو مستمر بسبب ما يوفره من العمالة ذات الاجور العالية وما يحققه من مزايا نسبية في تقليص التكاليف وتحسين الموقع التنافسي للمؤسسة رغم ارتفاع سعره ويتركز استخدامه في صناعة السيارات والمنتجات الهندسية الكهربائية والمعدنية وصناعة البلاستك والمنتجات المطاطية.

لقد ادى دخول العمل الالي الى زيادة البطالة في كثير من الصناعات وازدات البطالة عندما دخل هذا النوع من العمل قطاع الخدمات.

ب- تدهور معدل الربح: أسهم في تحويل مشكلة البطالة الى مشكلة هيكلية، فقد دفع تدهور الربح رجال الاعمال الى تخفيض برامج الانتاج وخفض او ايقاف خطط التوسع في الانتاج كان له الاثر الواضح في تقليل الطلب على العمالة وزيادة عدد العاطلين خاصة في الصناعات الهامة مثل صناعة السيارات والتشييد والسلع المنزلية المعمرة مع ضعف الانتاج والاستثمار في القطاعات الانتاجية اتجهت احجام كبيرة من رؤوس الاموال للاستثمار في القطاعات الخدمية مثل شراء الاراضي والذهب والمضاربة عليها وشراء السندات والاوراق المالية الصادرة عن وزارة الخزانه والمؤسسات الدولية (صندوق النقد والبنك الدولي) حيث تتسم عموماً بارتفاع

---

[1] **صندوق النقد العربي واخرون، التقرير الاقتصادي العربي الموحد، تموز 2001، ص250.**

معدلات الربح مقارنة بالمعدلات التي تتحقق في قطاع الانتاج المادي والتي لا تحتاج الى عماله كبيرة. فلم يعد الاستثمار مؤدي الى زيادة حجم التوظف.

جـ- تقليص الانفاق العام: الجاري والاستثماري في مختلف المجالات (باستثناء الانفاق العسكري). وقد ادى ذلك الخفض الواضح في طلب الحكومة على العمالة المحلية للعمل في قطاع الخدمات المدنية العامة وقد ترتب عن تخفيض الانفاق العام اثار انكماشية على التوظف والتوسع في القطاعات الاخرى[1].

يتضح مما تقدم أن الازمات الاقتصادية معضلات تعمقت في جسد الرأسمالية واصبحت عنواناً من عناوينها الاقتصادية كالتضخم الركودي وانخفاض معدل الربح واستمرار العجز المالي والتجاري وتفاقم الديون العامة وزيادتها وفائض في تراكم رؤوس الاموال والفشل الذريع في فلسفة ادارة الدولة لنظام راسمالية الدولة الاحتكارية فالازمات الحادة والمستعصية ومارافقها يؤكد على عمق الفوضى التي ظهرت في تطبيقات الفكر الليبرالي واعلان الراسمالية الانتقال الى مرحلة جديدة فكرياً هي محاولة لاخراج النظام الراسمالي من ازماته التي يعاني منها والبحث عن وسائل جديدة لم تسمح باستئناف التوسع السريع في عمليات الانتاج والتراكم الراسمالي ولكي توفر للنظام الراسمالي دعائم القوة والاستمرار فمحاولة النظام الراسمالي بتجديد نفسه سيكون على حساب شعوب ودول العالم بخلق ازمات اقتصادية وسياسية وحروب اقليمية لغرض تسهيل مهمة السيطرة على العالم. وهذا هو جوهر الراسمالية.

المطلب الثاني

الطروحات الفكرية لمواجهة الازمة الاقتصادية "للتضخم الركودي" محلياً

اتسم الفكر الاقتصادي الليبرالي بالصراع بين التيارات الاقتصادية لمواجهة ازمة التضخم الركودي التي مر بها الاقتصاد الرأسمالي في عقد السبعينات فقد حاولت هذه التيارات تقديم رؤيتها الخاصة لمواجهة الازمة وفرض منطقها على واضعي السياسة الاقتصادية وقبل التعرض لاهم محاور الجدل الدائر بين هذه التيارات فالضرورات النظرية الدراسة تقتضي التعرض الى موقف المدرسة الكلاسيكية من التضخم وموقف كينز من قضية التضخم كما وردت في كتابه النظرية العامة للتوظيف والنقود والفائدة عام 1936.

---

[1] د. رمزي زكي، الازمة الاقتصادية العالمية الراهنة، مصدر سابق، ص43-44.

لقد دفعت الازمة وظروفها الهجوم على الكينـزية وبرزت اتجاهات ومدارس اقتصـادية جديـدة تخـالف الكينـزية فيما ذهبت اليه تحليلاً وفكراً وتطبيقاً قاده عدد كبير من الاقتصاديين من مختلف المـدارس والاتجاهـات ومـن بينهـا الفكـر الاقتصادي الراسمالي المعاصر. فما هي اذن المقترحات المطروحة على ساحة الفكـر الاقتصـادي للخـروج مـن الازمـة وهـل أن هذه المقترحات كفيلة بتقديم الحل اللازم للازمة في المرحلة الراهنة. لقد واجهت الليبرالية كمـنهج والراسـمالية كنظـام ازمـة التضخم الركودي من خلال المقترحات المقدمة من الفكر الاقتصادي لمواجهة ازمة التضخم الركودي محلياً.

1- موقف الكلاسيك من التضخم:

لم يهتم الكلاسيك بتحليل التضخم لانه لم يكن من المشاكل الاساسية في تلك الفترة التي ساد فيهـا الفكـر الكلاسـيكي اواخر القرن الثامن عشر واوائل القرن العشرين فقد كانت الفترة بداية انطلاق الاقتصادات الرأسـمالية ولم تعـان مـن ارتفـاع محسوس في الاسعار ولم تواجه اقتصادياتها مشكلة التضخم وقد فسروا التضخم بانه نتيجة زيادة عرض النقد فيزداد الطلـب عليها وتنخفض قيمتها فترتفع الاسعار في حين اذا زاد الطلب على النقود بالنسبة لعرضها ارتفعـت قيمتهـا (أي الانخفـاض في المستوى العام للاسعار) والنقود عند الكلاسيك تتكون اساساً من الذهب وان سعره يتحدد كأي سـلعة أخـرى بسـعر انتاجهـا والعرض والطلب عليها، فاذا انخفض سعر الذهب (النقود) فسيتطلب ذلـك كميـات اكـبر منـه للحصـول عـلى سـلعة اخـرى فترتفع الاسعار والعكس في حالة ارتفاع سعر الذهب (النقود) فسيؤدي ذلك الى انخفاض في المستوى العام للاسعار.

اذن أن تفسير الكلاسيك للتضـخم يسـتند الى التقلبـات التـي تحـدث في كميـة النقـود فالخاصـية الاساسـية للفكـر الكلاسيكي الاقتصادي تتجسد في انه يتوازن ذاتياً وطبيعياً دون الحاجة لتدخل الدولة فاذا مـا اختـل التـوازن لاي سـبب كـان فان (القوى الذاتية او الخفيفة) تعيد اليه توازنه تلقائياً لكن الواقع يؤكد ما يلي:

- أثبتت النظرية الاقتصادية الكلاسيكية عدم كفايتها في معالجة ازمة الكساد الكبير1929-1933. فالاهداف العامـة للسياسـة الاقتصادية واحدة وقد اختلفت الاهداف المباشرة لها باختلاف المدارس الفكرية الاقتصادية. فوسيلة السياسة الاقتصـادية لدى الكلاسيك - عرض النقد واثر السياسة النقدية في الاقتصاد ينصب من خلال التغير في عرض النقد مقابل طلب ثابـت على النقود. يتركز الاثر الاساس على المستوى العام للاسـعار دون اثـر عـلى الانتـاج والاسـعار النسـبية للسـلع والخـدمات عندها تكون السياسة النقدية فعالة في مواجهة التضخم والانكماش في الاسعار ودون اثر حقيقي على الاقتصـاد وهـو مـا يمثل مضمون النظرية الكلاسيكية في النقود.

- كان الانفاق الحربي في بريطانيا نهاية الثلاثينات هو الوسيلة الاساس في القضاء على مستوى البطالة والطاقة الانتاجية الفائضة والعاملة انذاك في فترة الكساد الكبير في الثلاثينات مما برهن صحة مقولة كينز أن الانفاق الحكومي يمكن أن يزيد الانتاج ويوسع من الاستخدام. وتؤكد الاقتصادية الانكليزية جوان رونسون أن الازمة الاولى في النظرية الاقتصادية تمثلت في حقبة الثلاثينات عندما عم الكساد الكبير 1929-1933 مختلف دول العالم حطمت افتراضات النظرية الكلاسيكية التحقق المستمر للتوظف الكامل وعدم حدوث ازمات افراط الانتاج في النظام الرأسمالي. فقد مهدت الازمة بظهور النظرية الكينزية التي بحثت في شروط تحقق التوظف الكامل بافتراضات مخالفة للمدرسة الكلاسيكية. اما الازمة الثانية في الفكر الراسمالي فتتمثل في الفشل الذي لحق بالكينزية بعد تطبيقها المتواصل مدة عشرين عاماً. وقد توقعت روبنسون بان صراعاً سيدب بين تيارات النظرية الاقتصادية الراسمالية حول تفسير وعلاج ما يجري في النظام الراسمالي من تغيرات وتطورات في الازمة الراهنة وعجز تلك القيادات عن رسم دورات السياسة الاقتصادية الملائمة لمواجهة الازمة [1].

2- المقترحات المقدمة من الفكر الاقتصادي المعاصر لمواجهة ازمة التضخم الركودي محلياً:

اثارت ازمة التضخم الركودي التي تزامن وقوعها بين التضخم والبطالة جدلاً فكرياً بين الاقتصاديين في الدول الراسمالية الصناعية وبالاساس بين الكينزين من ناحية والتيارات الجديدة التي افرزتها ازمة الرأسمالية المعاصرة والتي اختلفت عن الكينزية في الرؤية الاقتصادية والاجتماعية في تفسير واقع الازمة في الاقتصادات الرأسمالية ومقترحاتها الخاصة لمواجهة ازمة التضخم من خلال ما تبنته من مقترحات والرامية لفرض منطقها على واضعي السياسة الاقتصادية وهذه التيارات ترفض وتهاجم المفاهيم الكينزية للتضخم والاستقرار الاقتصادي وتعتبر هذه التيارات التي تتسم بالصراع العنيف فيما بينها، بانها تيارات اساسية افرزتها الرأسمالية عبر مراحل تطورها ما يناسب مصالحها ويعبر عن وعيها فالازمة الهيكلية افرزت اشد التيارات الليبرالية تطرفاً وهي:

1- التيار الليبرالي المتطرف: ينقسم التيار الى فرعين:

أ- المدرسة الينوكلاسيكية او مدرسة شيكاغو او النقوديين. فاد لوائها ميلتون فريدمانM. Friedman.

---

[1] د. رمزي زكي - فكر الازمة دراسة في ازمة علم الاقتصاد الراسمالي والفكر التنموي العربي، مصدر سابق، ص 45-47.

ب- مدرسة اقتصاديات العرض Supply side Economics وانصار المدرسة تتمثل في لافر Laffer.

2- مدرسة التوقعات الرشيدة.

3- التيار الاصلاحي – المدرسة الكلاسيكية المؤسسة او الكينـزية الجديدة.

4- التيار الراديكالي.

قبل التعرض لمحاور الجدل الدائر بين التيارات الفكرية المعاصرة حول ازمة التضخم الركودي واعتبار الكينـزية هـي فكر الازمة الناجم عن تدخل الدولة في النشاط الاقتصادي فلا بد من تناول الفشل الذي اصيبت فيه الكينـزية واستعراض الموقف الاصلي لكينـز من قضية التضخم كما جاء في كتابه (النظرية العامة للتوظف والنقود والفائدة، 1936).

أ- موقف الكينـزية من ازمة التضخم الركودي[1]:

سيطرت الفلسفة الكينـزية فكراً وتطبيقاً في الاقتصادات الرأسمالية خلال الفترة ما بين الحرب العالمية ونهاية الستينات، فقد عبرت وتجاوبت مع مرحلة راسمالية الدولة الاحتكارية واصبحت تمثل الاتجاه الرسمي للسياسة الاقتصادية في دول اوربا الغربية واليابان واميركا ومنذ السبعينات اصيبت الكينـزية بفشل ذريع تمثل ذلك في امرين جوهريين:

الامر الاول – عجز النظرية الكينـزية في فهم ما جرى في واقع الراسمالية المعاصرة.

الامر الثاني – عدم فاعلية ادوات السياسة الكينـزية في مواجهة ازمة التضخم الركودي واثر هذا الامر على الامر الاول.

مما يعني عدم قدرة النظرية العامة لكينـز معالجة المشاكل المركزية في سياسات الاقتصادات المتقدمة، وعدم كفاية النظرية في السبعينات والثمانينات من معالجة الكساد، والتضخم الركودي رغم قبولها مع معظم الاقتصاديين وتحليل كينـز للتضخم يقوم على:

1- التقلبات التي تحدث في العرض الكلي من ناحية ومن الطلب الكلي المكون من (الاستهلاك، الاستثمار، الانفاق الحكومي) من ناحية اخرى وقد ميز كينـز بين حالتين عند كلامه عن اثر التفاعل بين العرض الكلي والطلب الكلي على المستوى العام للاسعار.

---

[1] **د. رمزي زكي، فكر الازمة - دراسة في ازمة علم الاقتصاد والرأسمالي والفكر التنموي العربي، مصدر سابق، ص34.**

- ل ج – اكلي، الاقتصاد الكلي – النظرية والسياسات، ترجمة د. عطية مهدي، ج2، ص631-664.

- د. رمزي زكي – ازمة الاقتصاد الراسمالي العالمي وانعكاساتها على الاقتصاد العربي، مجلة الوحدة الاقتصادية العربية، العدد 6 – السنة 1987، ص20 وما بعدها.

الحالة الاولى: عندما لا يصل الاقتصاد القومي الى مستوى التوظف (الاستخدام الكامل) بافتراض زيادة في الطلب الكلي. فهذه الزيادة سوف تحدث زيادة في عرض السلع والخدمات حيث ان زيادة الطلب الفعال ← الى ↑ زيادة المبيعات ← ↑ زيادة ارباح المنتجين ← ↑ زيادة استغلال الطاقة الفائضة او العاطلة عن العمل. وبالتالي لا ينتج عن زيادة الطلب الفعال زيادة ملموسة في الاسعار. ولم يستبعد كينز من ظهور اتجاهات تضخمه حتى وان لم يصل الاقتصاد الى مستوى الاستخدام الكامل وقد اطلق عليه (التضخم الجزئي) واعتبره حافز على زيادة الانتاج.

الحالة الثانية: الوصول الى مستوى الاستخدام الكامل (عدم وجود طاقات انتاجية فائضة) بافتراض زيادة في الطلب الكلي فهذه الزيادة لن تنجح في احداث زيادة مناظرة في العرض الكلي ينجم عن هذه الزيادة ارتفاعات تضخمية في الاسعار.

النتيجة التي توصل اليها كينز هي بزيادة الدخل، سيزداد الميل للادخار وينقص الميل للاستهلاك وسيؤدي في نفس الوقت الى انخفاض الكفاية الحدية لراس المال وينقص الميل للاستثمار وبالتالي ستكون هناك مشاكل عدم التوازن بين الادخار والاستثمار وتبرز مشاكل البطالة والركود والكساد.

وللخروج من هذه الحالة. نادى كينز بضرورة التدخل للتأثير في حجم الطلب الكلي الفعال، والدولة هي الجهاز الوحيد القادر على تحقيق هذه التأثير.

ودعا كينز من خلال وصفته المعروفة مؤكداً على ضرورة خفض سعر الفائدة وزيادة الانفاق الحكومي الاستهلاكي والاستثماري وتخفيض الضرائب في فترة الازمة حتى يرتفع حجم الطلب الفعال ونادى عكس ذلك عندما يصل النظام الاقتصادي الى مرحلة الاستخدام الكامل وظهور مخاطر التضخم.

كما اثبت كينز امكانية تعرض النظام الرأسمالي لازمة التضخم والرأسمالية فقدت قدرتها على التوازن التلقائي. وان اليد الخفية (السوق) التي تحدث عنها الكلاسيك (قانون مساي - العرض يخلق الطلب) لا وجود لها. وان انقاذ الرأسمالية من الازمات وتدمير الروح الاشتراكية المناوئه للرأسمالية بين صفوف العمال. فان المطلوب، أن تقوم الدولة بدورها الحاسم على سير النشاط الاقتصادي، وان تستخدم جانب من مصروفاتها لمنع وقوع البطالة وعلى نطاق واسع كثمن لاستمرار الراسمالية.

اصبحت التوصيات الكينـزية اهم ما يميز طابع السياسات المالية والنقدية في امريكا واليابان ودول غربي اوربا خلال النصف الثاني من الاربعينيات حتى مطلع السبعينات وهي الفترة التي شهدت معدلات نمو عالية ومعدلات بطالة وتضخم منخفضة.

خلال السبعينات انهارت العلاقة الكينـزية (بين التضخم ومعدل البطالة) فقد اتجه المستوى العام للاسعار في الارتفاع في الوقت الذي عم فيه الكساد واستمر هذا الاتجاه الطردي بينهما من عام لاخر. فوقعت الكينـزية في ورطة فكرية ولم يعد ممكناً حسب منطقها التحليلي تفسير ذلك الوضع الذي يتعايش فيه تضخم كبير مع بطالة مرتفعة. ولم تعد السياسات المتعلقة بالتأثير في اتجاهات الطلب الكلي الفعال قادرة على مواجهة الازمة.

جـ- الاتجاهات الرئيسية للتيارات الليبرالية لردع التضخم محلياً:

قدمت التيارات الليبرالية التي برزت في ساحة الفكر الاقتصادي الراسمالي في السبعينات رؤيتها لردع التضخم محلياً بعد فشل الادوات الكينـزية والتيارات هي:

1- سياسة الليبرالية المتطرفة:مدرسة النقوديين او مدرسة شيكاغو لازمة التضخم الركودي:

أ- يعتقد اصحاب هذه التيارات التضخم الركودي – ظاهرة نقدية نتيجة الافراط النقدي الذي مارسته الحكومات (البنوك المركزية باصدار النقود) لتمويل عجز موازنتها العامة، ولمكافحة التضخم يقتضي من الحكومة خفض انفاقها العام وتحجيم عجز الموازنة، والابتعاد عن النشاط الاقتصادي وممارسة وظائفها التقليدية (الدولة حارسة).

ب-عدم وجود علاقة عكسية بين متوسط معدل البطالة ومتوسط معدل التضخم على المدى الطويل مما يعني سقوط فكرة منحنى فيليبس فالتضخم ظاهرة مستقلة عن ظاهرة ارتفاع الاجور.

جـ- معالجة البطالة من وجهة نظرهم تكون بالاعتماد على المراحل الاولى للراسمالية بخفض معدلات الاجور عند زيادة عرض العمل عن الطلب عليه. وازعجتهم الاعانة الممنوحة من الحكومة الرأسمالية للعمال اذ جعلتهم غير مهتمين بالبحث عن فرص العمل ومقترحهم – أن تلغي الدولة كل اشكال الدعم العيني او تقلل الى ادنى مستوى ممكن اعانات البطالة واعادة الحياة لقوى العرض والطلب في سوق العمل لاجبار العمال على العمل بمستويات الاجور التي تحددها قوى العرض فالحظا الذي وقع فيه كينز اهماله لفكرة معدل البطالة Natural Rate of Unemployment حيث يلعب دور المنظم في تحديد معدل الاجور وحل مشكلة البطالة يجب أن يكون من خلال زيادة معدل البطالة الطبيعي الذي يتعين أن يقبله ليصل هذا المعدل الى 9% من مجموع القوى العاملة. لان

ارتفاع هذا المعدل سيدفع الاجور الى الانخفاض فتنخفض كلف الانتاج وتزداد رغبة الرأسمالية باستئجار العمال وتشغيلهم وتكسر قوة نقابات العمال في نضالهم من اجل ارتفاع الاجور وبذلك تعالج مشكلة البطالة والتضخم معاً على المدى الطويل بالرغم من اعتقادهم بقساوة هذه السياسة وعدم خلوها من الالام ولكن لامحال الا من قبولها، المهم توفر الارادة السياسة التي تقبل هذا التحدي[1].

د- اعطاء التطورات النقدية والعوامل النقدية اهمية كبيرة لتحقيق الاستقرار الاقتصادي في اعتماد السياسة النقدية المتشددة، فالكتلة النقدية (زيادة عرض النقد) لها اهميتها الاساسية في سير النظام الرأسمالي، فهي المتغير الرئيس المتحكم في كافة المتغيرات الاقتصادية والاجتماعية، وحجمها لابد ان يتناسب مع حجم الدخل او الناتج وعدد السكان [2] يرافق ذلك زيادة الضرائب في الاجل القصير افضل من زيادتها في الاجل المتوسط والطويل فريادة الضرائب تقلل حوافز الادخار والاستثمار والعمل، وزيادة اعباء الدين العام والاضرار التي ستلحق بالمستهلكين [3].

هـ- التضخم من وجهة نظرهم ظاهرة نقدية بحتة وليست لها علاقة بطريقة اداء النظام الاقتصادي تترجم في النهاية زيادة كمية النقود المتداولة واساسها يكمن في افراط البنوك المركزية في اصدار النقد وعلاجها يتم - باتباع سياسة نقدية صارمة بضبط معدلات نمو النقود من مصادرها.

- المصدر الاول: ان تتولى البنوك ضبط كمية النقود بما يتناسب وحجم الانتاج وان يجري تعديلها حسب المتغيرات الاقتصادية فالبنك المركزي يعد الرقيب والسلطة العليا للشؤون النقدية وينسب النقوديون المشاكل الرئيسية كافة للنظام الرأسمالي سواء في فترة الكساد - قلة النقود وفي المتداول ام مشاكل النظام الراسمالي (تضخم، بطالة، ازمة موازين المدفوعات) الى مجرد اخطاء في السياسة النقدية، ولهذا يركزون على السياسة النقدية ويضعونها في مقدمة اهداف السياسة الاقتصادية.

- اما المصدر الثاني لنمو النقود فهو نتيجة العجز في الموازنة العامة للدولة الناجم عن تدخل الحكومات الرأسمالية في النشاط الاقتصادي وتأثير الوصفة الكينزية خاصة في مجال

---

(1) **د. رمزي زكي، الازمة الاقتصادية العالمية الراهنة، مصدر سابق، ص83.**

(2) **د. رمزي زكي، مشكلة التضخم في مصر - اسبابها ونتائجها مع برنامج مقترح لمكافحة الغلاء، الهيئة المصرية العامة لكتاب، القاهرة، 1980، ص67-80.**

(3) **د. رموزي زكي، الليبرالية المتوحشة، مصدر سابق، ص91-92.**

الرعاية الاجتماعية. فيدعون ضبط الانفاق العام في هذا المجال في حين نراهم يتجاهلون النمو الواسع للانفاق العام الحربي العسكري نتيجة تدخل اميركا في الحياة الداخلية للدول والذي يعد سبباً من اسباب العجز بالنسبة لها [1].

د- تفسير تيار اقتصاديات جانب العرض ومقترحاتهم للخروج من ازمة التضخم الركودي محلياً:

1- لم يتفقوا مع النقديين تماماً فيما ذهبوا اليه من ان التضخم ما هو الا افراط في عرض النقد بصورة لا تتناسب مع النمو الاقتصادي غير انهم يتفقون مع النقوديين من ان التضخم ما هو الا ظاهرة نقدية كما انهم يوجهون نقدهم للنقوديين لاعطاء اهمية مبالغ فيها للعامل النقدي واهمالهم الجانب الحقيقي في الاقتصاد القومي (جانب العرض) فزيادته ستحبط من ازمة التضخم الركودي.

2- يشيرون الى ان ارتفاع الضرائب المفروضة على دخول وارباح الافراد او المؤسسات والشركات الصناعية والتجارية والمالية تعد سبباً جوهرياً من اسباب التضخم ويجب النظر الى الضرائب على انها تكاليف وعند ارتفاع هذه التكاليف ستنخفض الارباح ويهبط الانتاج ويصاب الموردون بالفشل. غير ان الطلب سيستمر فترتفع اسعار بقية السلع اضافة الى بروز ظاهرة التهرب من الضريبة واتساع حجم ما يسمى بالاقتصاد السري **Under ground economic** ويقترحون اهمية تخفيض الضرائب لاثارها في زيادة العرض وخير وسيلة لدرء التضخم هي بزيادة الانتاج والعرض الحقيقي من السلع والخدمات حيث ان الائتمان الميسر ذي الكلفة المنخفضة سيؤدي الى زيادة الحوافز الدافعة لزيادة الانتاج والانتاجية في القطاع الخاص.

3- يعتقدون ان وجود البطالة والطاقات العاطلة وانخفاض معدلات النمو لا يعكس ازمة الطلب الكلي الفعال كما يعتقد كينز بل ازمة العرض فالحل يكون بالعمال على زيادة الانتاج وسيزداد الدخل ويخلق طلباً مساوياً للزيادة في العرض ومن ثم يتحقق التوازن بين العرض الكلي والطلب[2]. ولا خوف من عدم تحقيق التوازن بين العرض والطلب الكلي اذا خضع النشاط الاقتصادي لمبدأ الحرية الاقتصادية واعتماد آليات السوق الحرة. لقد اجهضوا بمناداتهم كل تقدم حققته الكينزية في النظرية الاقتصادية[3].

---

[1] **د. رموزي زكي – فكر الازمة – مصدر سابق، ص51-53.**

[2] **د. رمزي زكي – الليبرالية المتوحشة – مصدر سابق، ص92-93.**

[3] **د. رمزي زكي – فكر الازمة – مصدر سابق، ص55.**

4- ايلاؤهم اهمية كبيرة للسياسة المالية خاصة السياسة الضريبية لمكافحة التضخم ولاثارها الكبيرة على حوافز العمل والانتاج والميل الى الادخار والاستثمار في الاقتصاد القومي.

5- ويعطون للحوافز اهمية اساسية في تحليلهم لاعتقادهم بتأثيرها الكبير لحل مشكلات الرأسمالية (البطالة، تحقيق التوظف، تقليل الانفاق الحكومي وتوازن الموازنة العامة). وتقليص الضغوط التضخمية الناجمة عن عجز الموازنة[1] وفي طريقة التوزيع فيما بين الاستهلاك الجاري والادخار من ناحية اخرى.

6- وينسب التيار ازمة التضخم الى التدخل الحكومي ونمو قطاع الاستثمارات وقد ازعجتهم الزيادة في حجم الاستثمارات الحكومية والحد من حرية القطاع الخاص الاكثر كفاءة في تخصيص الموارد من القطاع العام والحل لانفراج ازمة النظام هو تخلي الدولة عن ملكيتها لهذه المشروعات وقد تمخض التبني الواسع لهذه القضية اعادة توزيع الثروة القومية لصالح البرجوازية بعد تمكنها من الاستيلاء على ملكية اصول هذه المشروعات والمؤسسات وادائها على اساس قواعد السوق لحسابهم كانت بداية النقل في بريطانيا (شركة بريتش تليكوم وشركات اخرى ايام حكم ماركريت تاتشر- ثم نهجت فرنسا ذات النهج وايطاليا وكندا وسنغافورة ولم يقتصر البيع على الرأسمالية المحلية بل شاركت فيه بنوك ومؤسسات مالية اجنبية ومستثمرون من بلاد اخرى وكان محصلة هذه السياسة تقليص دور الدولة في النشاط الاقتصادي وخفض الضرائب وبيع شركات القطاع العام الى الخاص واطلاق العنان لقوى السوق ذات الطابع الاحتكاري توزيع شبه جذري من الثروة القومية والدخل القومي في البلاد الرأسمالية لصالح البرجوازية وضد اصحاب الاجور المنخفضة من العمال والموظفين. فقد قفزت الحصة المملوكة من الثروة في امريكا المملوكة من اغنى 1% من سكان امريكا الى 24.8% عام 1969م والى 34.3% عام 1989م وحدث التركيز في بلاد اخرى وبدرجات متفاوته فقد تضاعف اصحاب البلايين عام 1986 في امريكا – الى 26 بليونيراً مقابل 14 بليونيراً وان دخل اغنى 5% من سكان امريكا اصبح يفوق مجمل دخول افقر 4% من الشعب الامريكي وبالمقابل فقد انخفض مستوى معيشة العمال.

ان تفاقم حدة التفاوت في توزيع الدخل والثروه الذي حدث في العقدين الاخيرين ينذر في المستقبل بتفاقم ازمة التصريف بعد ان ظهر التأثير التراكمي لهذا التفاوت والاخطار التي ستتولد من ازمة التصريف القادمة ستتخذ طابعاً مختلفاً عن الازمات الدورية التي عرفها الرأسمالية في عالم ما بعد الحرب خاصة اذا ما اخذ بعين الاعتبار قضية البطالة والتحول من عملية الافقار

---

[1] د. رمزي زكي – الليبرالية المتوحشة – مصدر سابق، ص94-96.

النسبي الى الافقار المطلق داخل الدول الرأسمالية الصناعية ولم تهتم الليبرالية بحل هذه القضية وان القبول الضمني لحل ازمة الرأسمالية خاصة ازمة التضخم لن تتم الا في ضوء القبول الواسع بالبطالة بعد التخلي الواضح عن التوظف الكامل[1].

هـ- مدرسة التوقعات الرشيدة:

ينتمي تيار هذه المدرسة فكرياً لاراء المدرسة الكلاسيكية لهذا فانها تعرف بالمدرسة الكلاسيكية الجديدة ومن ابرز مفكريها روبرت لكس وتوماس ساراجنت. ويعتقد انصار التيار ان الرأسمالية كنظام اجتماعي لا تنطوي على عيوب خطيرة وانما العيوب ترجع الى العوائق التي تحول دون عمل قوانين الاقتصاد الحر. والى تدخل الدولة في النشاط الاقتصادي والى تزمت نقابات العمال واصرارها المستمر على زيادة الاجور. تنطلق مدرسة التوقعات من افتراض. ان امام كل وحدة اقتصادية كم معين من المعلومات وانه عند اجراء التوقعات التي تبنى عليها قرارات تلك الوحدة في المستقبل. فلابد من ان تستخدم هذه المعلومات افضل استخدام ممكن لكي تكون التوقعات رشيدة والقرارات حكيمة فالمدرسة تعطي اهمية كبيرة للتوقعات الرشيدة وتستند الى دور هذه التوقعات في تحقيق الاستقرار الاقتصادي.

فالتوقعات الرشيدة تعني تلك التوقعات التي تقوم على الاستخدام الكافي لكل المعلومات المتاحة ذات الصلة الوثيقة بالموضوع [2] بهذا المعنى هي في الحقيقة اقرب الى قضايا السلوك.

وفي مجال دراسة التضخم دخل عنصر التوقعات بشكل واضح في التحليل – حيث تفترض المدرسة كفاءة توقعات الوحدات الاقتصادية المختلفة بحيث نجعل استخدام السياسات المالية والنقدية غير فعالة في تحقيق الاستقرار الاقتصادي.

اما اذا كانت السياسات غير متوقعة من قبل الوحدات الاقتصادية فان ذلك سيؤدي الى تغيرات في الانتاج والتوطن وبالتالي لطلبات في النشاط الاقتصادي وزيادة عدم الاستقرار الاقتصادي.

ولمعالجة التضخم يرى مؤيدو هذه المدرسة ان السياسة المالية والنقدية ينبغي ان تصمم للتعامل ما امكن من عدم التاكد. وهم يؤيدون مثلاً – زيادة عرض النقود بمعدل ثابت [3].

---

[1] د. رمزي زكي، الليبرالية المتوحشة – مصدر سابق – ص96-98.

[2] مايكل ايدجمان – الاقتصاد الكلي النظرية والسياسية، ترجمة محمد ابراهيم منصور، دار المريخ، 1990، ص 338.

[3] مايكل ايدجمان – المرجع السابق، ص242-343.

و- التيار الاصلاحي المدرسة المؤسسية او الكينـزية الجديدة:

تعد المدرسة المؤسسية احد روافد الفكر الاقتصادي الرأسمالي المعاصر الناقد لواقع الرأسمالية الحالية ينـادي التيـار القيام بمجموعة من الاصلاحات لعلاج التصدعات في الاقتصاد الرأسمالي وبشكل عام فالتيار يؤمن بأفضلية الرأسـمالية نظاماً اجتماعياً وقدرتها على النمو والتقدم شرط التغلب على العقبات والمشكلات التـي تواجهها. والتيـار هـو امتـداد للكينــزية تحليلاً وفكراً ومضموناً ويعتقد انصار التيار بان مقترحاتهم يمكن ان تؤدي الى خلق "طراز جديد من الراسمالية" او نـوع مـن الاشتراكية الجديدة" ويستند التيار على افكار الاقتصادي الامريكي جون كينت جالبريت[1] فهو خير ممثل لهذه المدرسة واهم ما يميز هذه المدرسة، هو اذا كانـت الاتجاهـات الرئيسـة في علـم الاقتصـاد البرجـوازي، قـد افترضـت ضـمناً ثبـات واسـتقرار مؤسسات الدولة الرأسمالية، فان هذه المدرسة لا تفترض ثبات هذه المؤسسات، ويعطي مفكـرو المدرسـة للدولـة والشركات الكبرى والنقابات العمالية اهمية محورية في تحليل واقع الرأسمالية ومشكلاتها الراهنة.

- وفيما يتعلق بجوهر تفكير المدرسة من قضية التضخم الركودي من حيث تفسيرها ووسائل علاجها فانها تستند على افكـار جالبريت. الذي يعطي رؤيتـه لمشـكلة التضـخم في الراسـمالية اهميـة خاصـة لقـوتين او مؤسسـتين يعتـبرهما مسـؤولتين مسؤولية كبيرة في احداث التضخم وهما قوة الاحتكارات وقوة النقابات العمالية. ويعتقد ان المؤسسات الاحتكارية هـي الرابحة في السباق التراكمي بين الاجور والاسعار.

- فمشكلة التضخم لدى المؤسستين ليست ناجمة عن نمو مفرط في كمية النقود بشكل لا يتناسب مع الكمية الصحيحة التي يطلبها وضع التوازن وانما هي نتاج لطبيعة المؤسسات التي تميز الان المتجمع الرأسمالي الصناعي، وهي ترجع في التحليل الاخير الى قوة المؤسسات الاحتكارية وسيطرتها على الاسواق وعـلى عمليـة تكـوين الاسـعار بعيـداً عـن قواعـد اللعبـة في السوق. كما ترجع لردود افعال مؤسسات نقابات العمال للدفاع عن مصالح اعضائها.

- ومن هنا يصبح العلاج ليس في مجال التداول النقدي من خلال سياسات نقدية صارمة كـما يقـول النقوديـون بـل في دعـم الدولة الاقتصادي عن طريق تطبيق نظام ملائم للرقابـة عـلى الاجـور والاسـعار والاخـذ باسـلوب التخطـيط الاقتصـادي" لاحداث نوع من التزاوج بين قطاع الدولة والقطاع الخاص. ويعتبر ذلـك امـراً ضرورياً بـين القطـاعين. وبـدون التخطـيط لايمكن لاقتصاديات القطاع الخاص تحقيق النمو الاقتصادي والتكنولوجي فضلاً عن تنفيذ يعطي

---

[1] د. رمزي زكي، فكر الازمة – مصدر سابق، ص58.

المقترحات الاخرى ويطلق على تلك المقترحات بالاشتراكية الجديدة ويطالب بتأميم بعض القطاعات اضافة الى الصناعات الحربية. واهمية الابقاء على اعانات الضمان الاجتماعي شرط ان تكون اجور العمال العاطلين اقل من مستوى الاجور المحددة في السوق حفاظاً على فاعلية سوق العمالة مع الاخذ باسلوب التخطيط الاقتصادي والتعاون الدولي بين الدول الرأسمالي خاصة ودول العالم عموماً خصوصاً بعد تطور ظاهرة الشركات المتعددة الجنسية وتدهور اوضاع النقد الدولي [1].

ز- التيار الراديكالي:

يسمى التيار "باليسار الجديد" بضم فئات وشرائح اجتماعية ناقدة للمجتمع الرسمالي المعاصر ونمط الحياة فيه. يدعو الى ازالة عدم العدل الاجتماعي ومعارضتهم للتمييز العنصري ضد السود والتمييز ضد المرأة والطريقة غير الرشيدة في توزيع وتخصيص الموارد معلناً تضحيته وصولاً لتحقيق الاهداف يتفق التيار مع افكار جالبريت ويتجاوزه في بعض المقترحات والمواقف المميزة. فهو يبني المقولات والنظريات الماركسية (مفهوم الدولة – ونظرية القيمة والاستعمار ... الخ).

مقترحاتهم لمواجهة ازمة التضخم – يكون بتطبيق التخطيط المركزي الشبيه بالتخطيط في الدول الاشتراكية اصحاب الحل يمثلون اقلية خاصة وان عدد من الراديكالين ينتقدون بشدة تجارب الدول الاشتراكية في التخطيط والادارة والبعض الاخر – يرى ان الحل يكمن في اتباع ما يسمى باشتراكية السوق [2].

واستناداً الى ما تقدم فمن الصعب الوصول الى خطوط مشتركة حول رؤيتهم للخروج من الازمة برغم اتفاقهم على المآخذ التي يقوم عليها النظام الرأسمالي اقتصادياً واجتماعياً. ومن الصعوبة العثور على رؤية محددة او طريق ثالث لهم. فالاشارات المواقف التي عبرت عنها التيارات الفكرية الاقتصادية. للخروج من ازمة التضخم الركودي والمشكلات التي تواجه الرأسمالية فقد تبدو في ملامحها ان هناك خلافاً جوهرياً واضحاً بينهم وبين الكينزية فيما يذهبان اليه من معالجات للاخفاقات والمآخذ التي لحقت بالرأسمالية ... واذا ما امعنا النظر في تلك الخلافات التي ينطلق منها كل تيار باستثناء التيار الراديكالي.. والتي تعبر عن مواقف مبدئية ثابتة غير ان هناك حقيقة تبقى قائمة امامنا. وهي ايمانهم بالرأسمالية كنظام امثل يفضل على غيره من النظم وان محور الخلاف بينهم ينحصر في الوسائل المقترحة والتي يعتقدونها مناسبة

[1] د. رمزي زكي – فكر الازمة – مصدر سابق، ص58-62.

[2] المصدر السابق نفسه، ص62-63.

لانقاذ الرأسمالية من مشكلاتها القائمة والحتمية والمتمثلة بالركود والتضخم والبطالة وما يقترحونه هو توفير شروط افضل من تلك التي كانت سائدة. فكل التيارات تشكل روافد تنبع وتلتقي في الجوهر مهما امتدت خلافاتهما في ايديولوجية واحدة هي ايديولوجية الفكر الاقتصادي الرأسمالي والخلاف الوحيد بينهما يتمثل في الحل الامثل من وجهة نظرهم هو تدخل الدولة في الحياة الاقتصادية وبالرغم من اختلاف التيار الليبرالي ممثلاً بالمدارس التي اشرنا اليها.. غير ان هذا التدخل ... يبقى مقبولاً عندهم.. ولكن بالحدود التي يعتقدونها مناسبة.

المبحث الرابع

التطور العلمي والتقني في العالم

مقدمة:

للعولمة ادواتها التي تعتمد عليها في الممارسة والتطبيق وفي بلورتها كظاهرة، ويعتبر التطور العلمي والتقني المحرك الاساس للعولمة ومن الصعوبة فهم ظواهر التنمية والتصنيع والعولمة من دون الاعتراف بالعلوم والثقافة اولاً كمنبت لكل تلك الانشطة.

فالتطور العلمي التقني - هو تسارع خطى الثورة التقانيه والعلمية، أي (اندماج العلم مع التكنولوجيا). وما ينجم عنها من الاكتشافات والاختراعات التي يتحقق في عدد من الميادين في مجال المعرفة والتكنولوجيا[1].

ولما كانت العولمة هي نتاج التقدم العلمي والتقني، غير أن هذه الثورة لم تأت من فراغ بل انها محصلة للتطورات التكنولوجية التي مر بها العلم، ولكن الثورة التقنية الثالثة هي نتاج العلم في تطور الثورة العلمية والتكنولوجيا التي لم تأت من فراغ بل هي الحل المتقدم الذي حدث في تطوير قوى الانتاج الرأسمالي، وقد مر بمراحل طويلة وصولاً الى صورته الحديثة. تحقيق الثورة العلمية الثالثة او ثورة المعلوماتية وابراز المتغيرات التي احدثها على الصعيد العالمي هذا ما تناوله المبحث من خلال:

المطلب الاول:

1- العولمة والتطور العلمي والتقني.

2- مسيرة الثورة العلمية والتكنولوجية.

المطلب الثاني:

1- التغيرات التي احدثتها الثورة العلمية التقنية في العالم.

2- مواجهة تحديات العولمة في المجال العلمي والتقني.

---

[1] **انطوان زحلان، العولمة والتطور الثقافي، العرب والعولمة، مصدر سابق، ص79.**

المطلب الاول

العولمة ... والتطور العلمي والتقني

العولمة ثمرة من ثمرات العلم والثقافة. البداية الحقيقية لولادة العولمة وانطلاقتها الاساسية ارتبطت ارتباطاً كبيراً بمعطيات الثورة العلمية والتكنولوجية واندماجاتها. بدأت بوادر العولمة بالظهور في حقبة التسعينات، والثورة العلمية والتقنية هي احدى معالم العولمة والقوة الاساسية لها، لكنها ليست الوحيدة المسؤولة عن ظهورها[1].

لقد اصبحت العولمة ممكنة بسبب ما احدثته وستحدثه الثورة التقنية من تغيرات متسارعة لم يشهدها المجتمع الانساني من قبل وفي كافة المجالات فالثورة العلمية وتكنولوجيا المعلومات والاتصالات هي الادوات والطاقة المحركة للعولمة مما يعني أن العلاقة مترابطة بينهما ولا يمكن فصلهما ولسياق تاريخي وحضاري واحد. وهي التي نقلت العالم من مرحلة الحداثة الى مرحلة ما بعد الحداثة والدخول في عصر العولمة ولاحقاً الى عصر ما بعد العولمة. واكدت ولادة العولمة أن هذا العصر هو اكثر من أي وقت آخر، عصر العلم والثورات العلمية وقد اثر العلم في هذا العصر كما لم يؤثر فيه أي عامل آخر.

والعولمة كالثورة العلمية تتضمن ايضاً توصيل المعلومات والخدمات الفورية الى ارجاء المعمورة وبسرعة - عبر التجارة الالكترونية والتعليم والطب، كما انها تقدم السلع والمعلومات والخدمات بأقل الاسعار ومن دون أي ثمن مشيرة الى كل التطورات التي تربط العالم وتوحده زمانياً ومكانياً (كالانترنيت) التي تحولت الى عملاق الكتروني يوحد العالم ويجعل التواصل بين الافراد يتم بالصورة والصوت وبسرعة الزمن الحقيقي كل التغيرات التي تحدث لاول مرة في التاريخ مرتبطة ببروز العولمة. أن العولمة كما هي الحال بالنسبة للثورة العلمية هي اليوم في بدايتها وليس في وسع احد التنبؤ بمضاعفاتها او تحليل نهاياتها[2].

---

(1) هشام البعاج، سيناريو أبستمولوجي حول العولمة (اطروحات اساسية)، المستقبل العربي العدد 247 ايلول 1999، مركز دراسات الوحدة العربية، بيروت، ص44.

(2) د. عبد الخالق عبد الله، العولمة جذورها وفروعها وكيفية التعامل معها، عالم الفكر، المجلس الوطني للثقافة والفنون والاداب، المجلد الثامن والعشرون، العدد الثاني، اكتوبر/ ديسمبر 1999، ص60-61.

أن العولمة تروج للثورة العلمية الثالثة او ما بعد الثالثة اضافة الى الثورات الاخرى، الثورة الديمقراطية وثورة التكتلات الاقتصادية وثورة اقتصاد السوق وحرية التبادل التجاري بعد قيام منظمة التجارة العالمية التي حلت محل الجات [1] وتعتبر هذه الثورات اساسية للعولمة وما يترتب عليها من آثار يتم بناء النظام العالمي (العولمة) ويعتمد فيه الاقتصاد استثمار الوقت وبأقل تكلفة وعن طريق استخدام المعرفة الجديدة وتحويلها الى سلعة او خدمة جديدة او التحسن المستمر والسريع في المنتجات وطرق التصنيع. والدخول بها الى الاسواق بطريقة فعالة. ولم تعد التنمية الاقتصادية تعني التغير من وضع سيء الى وضع افضل بل المهم هو الوقت الذي يستغرقه هذا التغير[2].

لقد اصبحت المعلومات اهم مصادر القوة للمعرفة السياسية والاقتصادية والعسكرية فالقوة هي المعرفة[3] والبلدان المتمتعة باقتصاد صناعي مدعوم بتقدم علمي وتقاني متين هي المستفيدة من الفرص التي تقدمها العولمة [4] والمجتمعات غير الواعية للتقدم العلمي في العالم محكوم عليها أن تظل واقعة في فجوة تقانة دائمة التوسع. فموارد المعلومات عكس الموارد المادية لا تنقص بل تزيد مع زيادة استهلاكها[5].

وهذا ما دعا البعض للاعتقاد بان (التقنية التكنولوجيا) تعد جوهر العولمة او من اهم عواملها او ملامحها ومظاهرها أي ارتباط العولمة اشد الارتباط بالثورات العلمية[6]. وعمق تأثير هذه الثورة في وسائل وطرق الانتاج وعلى تدفق الموارد والمعلومات من خلال اندماج العلم مع التكنولوجيا الجديدة والتي عمت العالم منذ بداية عقد التسعينات وهذا ما تروج له الليبرالية الجديدة من خلال الاوساط الاكاديمية ووسائل الاعلام. بان العالم يعيش ثورة علمية تقنية وما تحدثه من تغيير في الميادين المهمة في مجال المعرفة والتكنولوجيا والتفاعلات الاجتماعية بين الشعوب[7].

---

(1) عبد الكريم كامل ابو هات، الشركات المتعدية الجنسيات والعولمة (دراسة في التحولات الاساسية)، بحث مقدم الى ندوة بيت الحكمة (العولمة والمستقبل العربي)، بغداد / 1999، ص80-91.

(2) د. مصطفى محمد العبدالله الكفري، عولمة الاقتصاد والاقتصادات العربية، الفكر السياسي، العددان الرابع والخامس، السنة الثانية، اتحاد الكتاب العرب، دمشق، ص311-312.

(3) انطوان زحلان – العولمة والتطور الثقافي، العرب والعولمة، مصدر سابق، ص77.

(4) انطوان زحلان – العولمة والتطور الثقافي، العرب والعولمة، مصدر سابق، ص83.

(5) نبيل علي، ثورة المعلومات الجوانب التقانية (التكنولوجيا)، العرب والعولمة، مصدر سابق، ص116

(6) طلال عتريس، تعقيب، العرب والعولمة، مصدر سابق، ص47.

(7) نيلسون ارووجودي سوزا، انهيار الليبرالية الجديدة، ترجمة جعفر علي السوداني، سلسلة الكتاب المترجم، بيت الحكمة، ط1، بغداد 1999، ص60.

وانعكاس هذه النتائج في التغيير الذي يحدث لوظيفة الانسان في عملية الانتاج من جانب وما تقدمه للاتصال الانساني من فرص ووعود من جانب آخر[1].

وما يميز العولمة عن الماضي هو كثافة العمليات المعلوماتية وانتقال تقنيات العصر وسرعة انتشارها الى ارجاء المعمورة اضافة الى العمليات الثقافية والمعادلات بين البلدان والمناطق وكذلك الاسواق[2].

فالنجاحات والانجازات التي تحققت للبشرية. وكل التقدم المادي والمعنوي الذي تحقق خلال الـ 100 سنة الاخيرة خاصة خلال العقد الاخير من القرن الماضي لم يكن له أن يتحقق لولا العلم الذي اصبح اليوم الحقيقة الاساسية في الحياة والمحور الذي تدور حوله كل الحقائق الحياتية الاخرى. فالعلم ينقل البشرية من طور الى آخر، وهو الذي يقوم حالياً بخلق عالم جديد وحضارة جديدة، وتحول العلم الى قوة لصنع احداث المستقبل. واعادة ترتيب اولويات الدول والمجتمعات والافراد فمن يمتلك هذه القوة ويحسن توظيف نتائجها. يمتلك اساس مصيره، وكيفية ادارة شؤونه ومن يحسن توظيف نتائج العلم الباهرة يمتلك مصيره وتأثيره في الاخرين بما في ذلك القدرة على ادارة شؤون العالم سياسياً واقتصادياً. وكل المعطيات تشير الى ازدهار العلم يوماً بعد آخر. وانتشاره الواسع سيزداد خلال عصر العولمة، وتتضاعف المعرفة العلمية كماً ونوعاً. ولا توجد نهاية للاختراعات العلمية او الاضافات التكنولوجية التي تتم حالياً بمعدل اختراع او اكتشاف كل دقيقتين في الساعة الواحدة خلال السنة ومن دون توقف. ورغم كل التطورات العلمية مازال العالم في بداية الاكتشافات العلمية، وما هو آت من اضافات سيفوق الكثير من المتحقق من حيث عدد العلماء وعدد الاختراعات وحجم المعرفة العلمية ونوعيتها وتأثيراتها على الحياة والانسان. ومازالت البشرية في البداية. ولا وسيلة لمعرفة النهايات وسيزداد احترام العالم للعلم وللثورات العلمية والتكنولوجية وفي عصر العولمة وقد حددت العولمة بان سر التفوق والتقدم والتحضر يقاس بمقياس وحيد هو الاندماج في الحضارة العلمية والاخذ بمعطيات الثورة العلمية والتكنولوجية[3].

من خلال ما تقدم يتضح لنا العلاقة المتبادلة بين العولمة والثورة العلمية التقنية. وان معطيات التقدم العلمي كانت واحد من ابرز اسباب بروز العولمة.

---

(1) السيد ياسين، في مفهوم العولمة، العرب والعولمة، مصدر سابق، ص30.

(2) د. حسين علوان حسين، العولمة والثقافة العربية، العولمة والهوية الثقافية، وثائق المؤتمر العلمي الرابع، كلية الاداب، جامعة فيلادلفيا، الاردن / عمان، 1998، ص113-114.

(3) د. عبد الخالق عبد الله، العولمة، جذورها وفروعها وكيفية التعامل معها، مصدر سابق، ص62-63.

2- مسيرة الثورة العلمية والتكنولوجية:

الثورة العلمية والتكنولوجية الحالية تختلف عن الثورة الصناعية لانها لم تنبثق من اختراع وانتشار الالات وانما من العلم. لقد وفرت الاكتشافات في علوم الرياضيات والفيزياء الاساس للانشطار النووي وخلق الصناعة الذرية، واختراع الحاسبات الالكترونية، كما وضعت الاكتشافات في الكيمياء الاساس لتغير جوهري في تكنولوجيا العمليات الانتاجية. واقامة صناعات جديدة، اما الاكتشافات في علم الاحياء فقد كانت العامل الكامن وراء التغيرات العميقة في مجال الزراعة والطب وتفجر كل اشكال المعلومات. فالثورة التكنولوجية - هي ربط العلم بالانتاج مباشرة، وقد زادت انتاجية العمل الى مستويات متقدمة، وانتجت للانسان قدرة هائلة على السيطرة على مصادر الطاقة، واتسعت السيطرة ليصبح الانسان قادراً من السيطرة على ظواهر كثيرة. وبالعقول الالكترونية تمكن من اثبات او نفي كثير من النظريات، وتحقق تقدم شامل في اربعين سنة يفوق التقدم الذي حدث خلال اربعين قرن مضت.

ثم نشأت علوم جديدة غير معروفة سابقاً كالبرمجة الالكترونية لاعداد برامج لآلات الحاسبة والعقول الالكترونية وتنويع طرق استخدامها، وادخلت الثورة العلمية والتكنولوجية تغييراً شاملاً على العمل البشري. فمثل ما قامت الثورة الصناعية باستبدال الالات بالجهد العضلي للانسان، قامت الثورة التكنولوجية باحلال اجهزة تحل محل العمل العضلي تلقائياً وذاتياً وأوتوماتيكياً، وتقوم بوظائف العقل البشري كما تطورت ادوات العمل، من ادوات بسيطة الى ادوات آلية، وآلات الاوتوميات وازداد دور الجانب غير الحي بالنسبة للجانب الحي في عمل الانسان.

وحلت الالة محل عقل الانسان بحيث يتمكن القيام بعدد كبير من العمليات الذهنية وقد يؤديها بكفاءة اكبر[1].

لم تنشأ الثورة العلمية والتكنولوجية الحالية من فراغ فقد مر العلم في صورته الحديثة بمرحلتين متميزتين غير أن العالم يشهد حالياً بدايات ثورة علمية ثالثة ستكون ذات دلالات مهمة وعميقة للبشرية وللحياة والمجتمعات عموماً.

1- الثورة العلمية والتكنولوجيا الاولى - او ثورة العصر الحجري الجديد او عهد الفحم والحديد.

بدأت في القرن السابع عشر، ارتبطت بموجة تطور صناعة النسيج بفضل الالات والسفن التجارية، وصارت الثورة تعني الانتقال التاريخي من الصناعة اليدوية الى الصناعة الالية

---

[1] د. فؤاد مرسي. الرأسمالية تجدد نفسها، سلسلة عالم المعرفة رقم 147، مصدر سابق، ص19-20.

بالاعتماد على الالات وتطور انتاج الصلب وظهور السكك الحديدية[1]. وكان مصدر الطاقة يستمد من البخار وقد تم احلال قوة البخار محل قوة العضلات. وتركزت الصناعة حول مناجم الفحم وتوطنت مصانع الحديد بالقرب من مناجم الفحم او حيث يكون الحصول عليه ممكناً من الناحية الاقتصادية. قامت خلال فترة الثورة اختراعات فنية عظيمة (اختراع نيوتن) اما الاختراعات المتحققة في صناعة الغزل والنسيج والحديد فقد تحققت من خلال مزاولة تلك الصناعات عن طريق التجارب[2]. برزت في اوربا وبالتحديد في بريطانيا التي تحولت اثر ذلك الى القوة العالمية الاولى والمهيمنة اقتصادياً وسياسياً لاكثر من قرن. وأسست تلك الثورة للحضارة الصناعية الحديثة، وساهمت مساهمة مباشرة في تطوير نوعية الحياة على الكرة الارضية والارتقاء بالانسان على سلم التطور في كل المجالات ومهدت لبروز تقنيات والات حديثة وبدأ عصر الصناعات الثقيلة، ساهمت الثورة في بروز المفاهيم والقناعات والمناهج الحياتية والسلوكية الحديثة التي اخذت تنتشر من اوربا الى سائر المعمورة[3].ومع اختراع وتطوير الية النقل (انتاج السيارة وبناء الطائرة) واكتشاف توليد الطاقة الكهربائية. وحلول منتجات الكيمياء محل الصناعات الطبيعية والغزول الطبيعية وتقدم العلوم الطبية وادخال سلسلة لا حصر لها من منتوجات الكيمياء الجديدة ويميل بعض الكتاب على اعتبار تطوير الكهرباء والكيمياء واكتشاف الالكترون ثورة صناعية ثانية 1870-1914 التي حدثت في المانيا، فالقوى الكهربائية تصبحت مصدر الطاقة الصناعية وتعدد استعمالات تلك القوى بشكل لم يسبق له مثيل - لاستعمالها في تسيير الالات ووسائل النقل والمواصلات السلكية واللاسلكية ونجاح الكهرباء ايضاً في تحسين بعض العمليات الكيميائية وفتحت افاقاً جديدة في الحقل الصناعي فكان من اهم الصناعات عمليات كهربة المعادن (صناعة الصلب عن طريق الكهرباء - صناعة الالمنيوم والنتروجين تنقية النحاس وغيره من المعادن) ولقي البحث العلمي عناية كبيرة نتيجة تعاون العلماء واقتضى نفقات باهضة من قبل هيئات علمية متخصصة[4] لقد حدثت الثورة الصناعية الثانية في المانيا بعد مرحلة قصيرة من الثورة الصناعية الاولى.

---

[1] د. فؤاد مرسي، الرأسمالية تجدد نفسها، مصدر سابق، ص22.

[2] د. محمد عبد العزيز عجمية، التطور الاقتصادي في اوربا والوطن العربي، دار النهضة العربية، بيروت 1980، ص118-119.

[3] د. عبد الخالق عبد الله، العولمة جذورها وفروعها وكيفية التعامل معها، مصدر سابق، ص62-63.

انطوان زحلان، العولمة والتطور الثقافي، العرب والعولمة، مصدر سابق، ص81.

[4] د. محمد عبد العزيز عجمية، التطور الاقتصادي في اوربا والوطن العربي، مصدر سابق، ص118-119.

أولاً- الثورة العلمية الثانية: برزت بعد الحرب العالمية الثانية وتركزت في اميركا بشكل اساس وبدرجة اقل في الاتحاد السوفيتي سابقاً، واصبحت اميركا مصدراً لاهم الاختراعات العلمية وموطناً لأهم الابتكارات والمستجدات التكنولوجية ودون منافس باستثناء المنافسة العسكرية والايديولوجية والسياسية السوفيتية التي تراجعت عام 1989.

لقد قامت الثورة العلمية التكنولوجية الثانية على اساس تطور الحاسب ودخوله السريع في الحياة، وتقنيات الفضاء وصولاً الى القمر واستندت الثورة العلمية والتكنولوجية على تطويع الذرة مدنياً وعسكرياً وسمي العصر بعصر الذرة للدلالة على اتساع استخدامها في الحياة المعاصرة وتحويلها في ذات الوقت الى سلاح فتاك قادر على فناء الوجود الانساني والبشرية على الكرة الارضية.

لقد كان للثورة العلمية التكنولوجية الثانية آثار بليغة على الحياة والنظام العالمي وكل ثقافات العالم ومن ابرز نتائجها بداية تقارب الشعوب والامم وتأثرها ببعضها البعض واصبحت اكثر تواصلاً ومهدت الى دخول البشرية عصر عالمية العالم واصبحت حقيقة قائمة حتى نهاية الثمانينات[1].

أن الثورة العلمية والتكنولوجية ليست ابنة الحرب العالمية الثانية فهي حصيلة المبادئ النظرية للاعمال العلمية والتكنولوجية الرئيسية التي صيغت قبل الحرب وشجعت ظروف الحرب على تطوير العلوم الطبيعية وعمليات الكشف والاختراع لمواصلة الانتاج من موارد تتوافر تحت ايدي الدول الرأسمالية التجارية، فكان تكاملها في ظل الحرب وبعدها. فقد تم تنمية الطاقة الذرية، بعد سيطرة الانسان على نواة الذرة وانتاج الطاقة الذرية وحدث ذات الشيء في مجال الطاقة الالكترونية والمضادات الحيوية والمواد التخليقية، والالية الذاتية في الصناعة والزراعة. واخذت الثورة العلمية والتكنولوجية تعبر عن نفسها في صورة ثورة في كل من العلم والانتاج اللذين اخذا بالاندماج اكثر فأكثر في صورة الاوتوماتية او الالية الذاتية التي هي في الواقع ليست الثورة العلمية والتكنولوجية. وكما أن الالة التجارية هي رمز للالة فان الحاسب الالكتروني هو رمز للاوتوماتية.

أن جوهر الثورة العلمية والتكنولوجية يتمثل في مبدأ الاتوماتية باشكالها الثلاث (البرناطيقي، والكيمياوي، والنووي) ويمثل هذا المبدأ بدوره اللقاء المباشر بين العلم والانتاج وتهميش عمل الانسان.

---

[1] **عبد الخالق عبد الله، العولمة جذورها وفروعها وكيفية التعامل معها، مصدر سابق، ص63.**

وجوهر الثورة العلمية والتكنولوجية التي تجري الان. هو أن العلم اصبح يندمج اندماجاً عضوياً في عملية الانتاج المادية ويوسع الانتاج بشدة من حيث محتواه. وصار هو نفسه عملية اقتصادية مباشرة. فقد اصبح العلم يعجل من معدل النمو ويزيد من كفاءة الانتاجية وادخال اساليب انتاج جديدة متقدمة اضافة الى زيادة عدد الكوادر الهندسية والفنية من هنا كان النصيب المتزايد للبحث والتصميم في مجموع العملية الانتاجية واصبح العنصر الاكثر ثورية في هذه العملية البحث والتطوير كوسيلة فعالة لزيادة الانتاج، وتصبح نتائج البحوث العملية هي الاساس في ادخال عمليات ومنتجات جديدة مما يعني.

لقد اعادت الثورة العلمية والتكنولوجية تنظيم هيكل الصناعة والزراعة كما أن راس المال من اجل مضاعفة قيمته يلجأ الى التكنولوجيا باستمرار وهذا واحد من الدوافع الاساسية وجود احتكار التجديد التكنولوجي بايدي العالم الرأسمالي وينبئ ذلك بتغيرات هيكلية كبرى في اقتصاد البلدان الرأسمالية. اذ يتكون نمط جديد لتقسيم العمل الدولي. الذي يؤدي الى تغيير كبير في العلاقات الاقتصادية الدولية[1].

ثانياً- الثورة العلمية والمعلوماتية الجديدة او (ثورة المعلوماتية - التقنية):

يشهد العالم ثورة علمية ثالثة ومعرفية جديدة، ومازالت هذه الثورة في مرحلة التشكيل بالرغم من معالمها الاساسية ونتائجها الحياتية والفكرية اصبحت اكثر وضوحاً[2] وستحدث تغيرات حادة بمعدلات متسارعة لم يشهدها المجتمع الانساني من قبل وذلك على جميع المستويات السياسية والاقتصادية والتربوية والثقافية والعسكرية[3] فما وفرته الثورة التكنولوجية والتي ترتب عنها انفجار معرفي ومعلوماتي ونمو في الاتصالات لتحقيق تقارب في اطراف كوكب الارض وجعله اكثر اندماجاً، اذ سهلت حركة الافراد وراس المال والسلع والمعلومات والخدمات وجعلت المسافات تتقلص والزمان والمكان ينكمش، والتحولات سريعة ومذهلة في سرعتها، وساهمت في انتقال المفاهيم والقناعات والمفردات والاذواق فيما بين الثقافات والحضارات[4]، وسعة معلومات الانسان واهتماماته لتشغله بقضايا اقوام لم يدرك وجودها في الماضي وما اتاحته تلك الثورة من تغيرات في امكانيات التخاطب الجماهيري واساليب اتخاذ القرارات الاقتصادية وغيرها من

---

(1) د. فؤاد مرسي، الرأسمالية تجدد نفسها، مصدر سابق، ص23-36.

(2) نيلسون اروجودي سوزا، انهيار الليبرالية الجديدة، ترجمة جعفر علي السوداني، مصدر سابق، ص60.

(3) نبيل علي، ثورة المعلومات الجوانب التقانية (التكنولوجيا) العرب والعولمة، مصدر سابق، ص104.

(4) د. عبد الخالق عبد الـله، العولمة جذورها وفروعها وكيفية التعامل معها، مصدر سابق، ص60.

القرارات حصيلة ما حققته شمل ميادين المعلوماتية، الالكترونات الكروية، التكنولوجيا الحيوية، وتقنيات الهندسة الوراثية، وتكنولوجيا هندسة الذرات والجزيئات الكيمياء الدقيقة، البحوث الذرية الطاقة النووية وهندسة الفضاء والمركبات الفضائية، الفيزياء الفلكية القاعدة الاساسية للخيارات العلمية والتكنولوجية التي تدخل فيما يسمى بالثورة العلمية التقنية وما جاءت به هذه الثورة والدور الحاسم للحاسبات الالكترونية السمة المميزة لثورة المعلوماتية الهائلة[1]. وتتركز التطورات العلمية في امريكا والتي جعلت منها الدولة العظمى الوحيدة في العالم القادرة على بسط هيمنتها السياسية وجعلت من اقتصادها الاول على الصعيد العالمي وان تتطلع لقيادة العالم خلال المستقبل المنظور وتحويل القرن الحادي والعشرين الى قرن امريكي وبأقل قدر من المنافسة.

وبرغم تركز التطورات العلمية الجديدة في امريكا التي هي مصدر اكبر عدد ممكن من الاختراعات والاكتشافات الواضحة كل الوضوح فانها تحاول احتكار المعدات النووية تقريباً. ولم تكتف بتجميد نشاط مشروعها الخاص بالبحث الاساس عن مادة مشروع (Supercollder) حسب بل تحاول من خلال الوكالة الدولية للطاقة منع الدول الاخرى من القيام باجراءات البحوث المتعلقة بتطوير التكنولوجيا النووية وبطبيعة الحال فان هذا التصرف يمنع التطور خاصة في ميدان الاندماج النووي الذي يحرر البشرية من الاعتماد على الطبيعة خاصة في مسألة الطاقة[2].

وبالرغم من التقدم الذي تحرزه امريكا في ميدان التكنولوجيا، الا أن اليابان هي الدولة الثانية في العالم التي تسعى للاستثمار والمشاركة الفاعلة في خلق الثورة العلمية والتكنولوجية الثالثة، والاستفادة من نتائجها في توظيف تقنياتها في الاقتصاد وربطها بالقطاعات الانتاجية والاجتماعية عموماً[3] ففي حقل المعلوماتية وبالتحديد في ميدان صناعة الانسان الالي. فما تملكه امريكا (41304) انساناً آلياً عام 1990 مقابل امتلاك (27410) انساناً آلياً صناعياً.

مما تقدم يؤكد تقدم اليابان في هذا المجال بسبعة اضعاف ما تمتلكه امريكا من (الروبوتات الصناعية) مما يبين درجة عدم المساواة في التقدم التكنولوجي المتحقق في كلا البلدين وقد انعكس هذا الانخفاض على معدل نمو انتاجية العمل في امريكا عما هو عليه في اليابان وانسحب التباين على ميدان الانتاج الذي شهد انخفاضاً في النمو وعدم المساواة في معدلاته[4].

---

[1] د. رسول راضي حربي، العولمة والمستقبل العربي، مصدر سابق، ص115.

[2] نيلسون اروجودي سوزا، انهيار الليبرالية الجديدة، مصدر سابق، ص66-67.

[3] عبد الخالق عبد الـلـه، العولمة، جذورها وفروعها وكيفية التعامل معها، مصدر سابق، ص64.

[4] نيلسون اروجودي سوزا، انهيار الليبرالية الجديدة، مصدر سابق، ص68.

وابرز مجال من مجالات الثورة العلمية والتكنولوجية الثالثة التي حققت تطوراً مهماً هو ميدان الاتصالات بحيث سمحت عملية تكامل المعلوماتية والالكترونات المايكروية، الالياف البصرية، اشعة الليزر، الاقمار الصناعية، التكنولوجيا الرقمية بنقل المعلومات بكمية وبسرعة لم يسبق تصورها اطلاقاً ومن وسائل تقانة المعلومات هو:

أ- الحاسب (الكومبيوتر) Computer Hard ware:

هو من منجزات القرن العشرين ظهر الجيل الاول عام 1948 واتخذ تطوره مساراً من نقلات نوعية عدة ويستقبل العالم اسبوعياً اضافة جديدة في مجال البرامج والاجهزة، وقد ضاعفت هذه الاضافات من كفاءة الحاسب بأكثر من بليون ضعف ما كان عليه اول حاسب آلي غاية في التواضع من حيث القدرات والامكانيات.

ساد القطب الامريكي على صناعة الحاسب عبر الاجيال الاربعة (الاول 1948، الثاني 1958، الثالث 1964، الرابع، 1982) وجاء الاعتداء الياباني في صورة مشروع طموح مدته عشر سنوات 1982 - 1992 اطلق عليه الجيل الخامس. حيث تبوأت فيه البرامجيات (Software) ليتوارى (Hardware) وقد حرص مصمموا الجيل الخامس على تطوير حاسب يتصف بدرجة عالية من (الذكاء) قادر على التحليل والتركيب والاستنتاج المنطقي، وحل المسائل، وبرهنة النظريات وفهم النصوص، وتأليف المقالات لتراهن اليابان على دورها في تقانة المعلومات على هندسة المعرفة واساليب الذكاء الصناعي[1] فبإمكان هذا الحاسب اجراء اكثر من ملياري عملية مختلفة في الثانية الواحدة والتي كان يستغرق في اجراءها الف عام في السابق (قبل عصر الجيل الخامس من الحاسب) ولا يتم بالسرعة حسب بل تخصصاً ورخصاً وصغراً وانتشاراً. فمن السريع الى الاسرع ومن الصوتي الى الرقمي ومن المغناطيسي الى الضوئي ومن الثابت الى المتحرك ومن الجامد الى الناعم ومن المادة الى الخلية العضوية. وبإمكان الحاسب القيام بغالبية النشاطات البشرية بمعدل اسرع وبشكل افضل واقل كلفة اضافة الى القيام بمهمات عديدة للبشر[2].

_____

[1] راجع للمزيد نبيل علي - ثورة المعلومات، الجوانب التقانية (التكنولوجية)، العرب والعولمة، مصدر سابق، ص103-108.

- كذلك هاني شحادة الخوري، تكنولوجيا المعلومات على اعتاب القرن الحادي والعشرين، ج1، مدخل تعريفي لتكنولوجيا المعلومات، مركز الرضا للمعلومات، دمشق 1998، ص57-63.

[2] راجع انطوان زحلان، العرب والتحدي التقاني، السلسلة الثالثة (1) نقل الحساب الى الالفية الجديدة، المستقبل العربي، العدد 254، نيسان 2000، ص20.

وهكذا تبرز ملامح الخريطة (الجيومعلوماتية) في صورة قطبين امريكي واسيوي. هادفاً كل منهما لاحتواء الاخر. فضلاً على الكيان الاوربي المشترك الذي يعتبر الامن المعلوماتي واحداً من اهدافه الرئيسية لتكتله الاقتصادي والسياسي.

لقد انعكس هذا الوضع الثلاثي او الثنائي في صورة ثلاث مشاريع اساسية قلصت مرحلة الجيل الخامس.

- المشروع الياباني لحوسبة العالم الواقعي: Real World Computing (RWC)

- المشروع الاوربي - تمثله المرحلة الثانية لبرنامج البحوث الاستراتيجي في مجال تقانة المعلومات: European Strategic Program for Researching Information Technology)(ESPRIT).

- المشروع الامريكي لتطوير نظم الكومبيوتر واتصالات عالية الاداء HPCC: High Performance Computing Communication program.

تهدف هذه المشاريع الثلاث لدمج الروافد المختلفة لتقانة المعلومات وحدة متكاملة تذوب فيها الحدود الفاصلة بين (العتاد Hardware) و(البرامجيات Software) وبين نظم الحاسبات ونظم الاتصالات اضافة الى سعيها لجعل العلاقة بين الانسان والالة اكثر مرونة وسلاسة[1].

وسيترتب على تعميم الحاسب في مجال اعادة تنظيم اليات الانتاج حيث سيقوم الحاسب بتوفير راس المال الامر الذي يجعل من الثورة التقانية المعاصرة ظاهرة مختلفة تماماً عن الثورات السابقة التي قامت على استثمارات عملاقة الحجم مما ترتب عليه من استثمارات ضخمة لانشاء شبكة السكك الحديدية. ويترتب على طابع ثورة الحاسب نتائج بالغة الاهمية منها التخصص النسبي في استخدام الطاقة وتحديد الخامات وتخفيض حجم المنشآت الانتاجية[2].

ب- تقانة الاتصال Communication:

عنصر مكمل لتقانة الحاسب والشريك الكامل، والعلاقة بينهما علاقة متبادلة المنافع، فتدين تقانة الاتصالات للحاسب والالكترونيات الدقيقة بارتقائها التقاني، ويدين الحاسب لتقانة الاتصالات بدوره الخطير الذي يلعبه حالياً على مستوى العالم وتعاظمه في المستقبل. فقد حررت الاتصالات

---

[1] نبيل علي، ثورة المعلومات: الجوانب التقانية (التكنولوجيا)، العرب والعولمة، مصدر سابق، ص106.

[2] د. سمير امين، تأملات حول النظام العالمي، المستقبل العربي، العدد 155، مايس /1990، ص79.

الحاسب من المعامل والصالات الى الشارع والورشة والمنزل. تنشر خدماته عبر القارات والفضاء الخارجي[1]. وتتلخص توجهات تقانة الاتصال بالاتي:

من الصوتي الى الرقمي ونحو الرخيص دوماً. ومن الثابت الى النقال ومن شفرة الانكليزية الى شفرة متعددة اللغات ومن اسلاك النحاس ذات السعة المحدودة لنقل البيانات الى الالياف الضوئية ذات السعة الفائقة لنقل البيانات ومن احادي الاتجاه الى ثنائي الاتجاه[2] فتكنولوجيا المعلومات والاتصالات والابتكارات في المواصلات والالياف الضوئية القادرة على معالجة المعلومات وتخزينها واسترجاعها بمعدلات وسرعات تتضاعف بشكل اسي وقد جاء انفجار المعلومات بفضل الرقمنة (Numerique) والتي تعني تحويل الشيء الى بنية رقمية. والرقمنة هي الاساس الحقيقي في ثورة الاتصالات اضافة الى تجريد المعلومات المنقولة بالوسيلة الرقمية من محتواها الثقافي والحضاري المتباين من مجتمع لآخر. لقد اصبحت المعلومات باشكالها التصويرية والصوتية متصلة بشبكات عالمية واسعة وسريعة تتيح المجال لجميع شرائح المجتمع والافراد وبكل اللغات الاطلاع على الموجود في المكتبات والجامعات ومراكز الابحاث العالمية امكانية الحصول على المعلومات فيها وبسرعة الضوء والتي لم يكن بالامكان الحصول عليها في الماضي كما اصبحت متاحة وموجودة في العمل والتجارة والتعليم والتدريب مقدمة حلولاً سريعة لمشكلات العمل كما تتيح تكنولوجيا المعلومات الفرصة للدول والمجتمعات والافراد الارتباط بعدد كبير من الوسائل التي تتراوح بين الكبلات الضوئية والفاكسات والهواتف المحمولة ومحطات الاذاعة والقنوات التلفزيونية الارضية والفضائية التي تبث برامجها المختلفة عبر حوالي 2000 مركبة فضائية[3] ومن خلال وسائل الاعلام التي تعمل على تعريض البشر وبانتظام لطائفة من المحفزات الثقافية التي تدفع بهم للانخراط في عالم العولمة الحتمية. وبالرغم من محاولة بعض الدول للحد من هذه المحفزات سواء بمنع امتلاك الاطباق (Dishes) او منع منحها تراخيص مقيدة او بإدخال نظام اعادة البث الا أن كل اشكال هذه القيود ستزول في المدى القريب، اذ تعرض خمسة عشرة شركة امريكية واوربية ويابانية عاملة في مجال الاتصالات مشاريع تنافسية ستؤدي الى تطويق الكرة الارضية بكوكبة من الاقمار الصناعية والتي ستعمل على تمكين الفرد من كل مكان من الاتصال الفوري بأي شخص والتقاط خدمات الاعلام الفضائي مباشرة دون الحاجة الى خدمات القطاعات الارضية للاقمار الصناعية، وبالتالي ستصبح الاطباق

---

(1) نسيم الخوري، تعقيب، العرب والعولمة، مصدر سابق، ص106.

(2) انطوان زحلان، العولمة وتقانة المعلومات، مصدر سابق، ص65.

(3) للمزيد راجع د.محمود شمال حسن، سايكولوجية الخطاب في برامج البث الوافد من الفضاء - الحكمة، بيت الحكمة، بغداد ، العدد 9، السنة الثانية، أيار / مايو 1999، ص 93-100.

وما هو على شاكلتها تكنولوجيا بائدة لا لزوم لها وستكون الشبكة الكونية للشبكات (Globl Network of Net works) كما تدعوها امريكا هي البيئة الاساسية (Clobal information infrastructure) للمعلومات في عصر العولمة، اذن أن مهمة هذه الشبكة هي السعي لضغط وصيرورة اعلام العولمة الذي هو اعلام بلا وطن فالفضاء اللامحدود هو الوطن الجديد للعولمة وهو ايضاً وطن لا علامها وهذا الوطن ترسمه وتبنيه شبكات اتصاليه الكترونية وتنسجه الالياف البصرية وتنقله الموجات الكهرومغناطيسية - على اسس سياسية واقتصادية وثقافية لاقامة عالم من دون دولة من دون امة من دون وطن هو عالم المؤسسات والشبكات التي تتمركز وتعمل بأمره منظمات ذات طبيعة خاصة، وشركات عابرة القوميات، يتسم مضمونه بالعالمية والتوحد رغم تنوع رسائله التي تبث عبر وسائل تتخطى حاجز الزمان والمكان واللغة، لتخاطب بواسطة الصور المتحركة على شاشات اكثر من مليار من اجهزة التلفاز لتحقيق الاثر المطلوب في مواقف الانسان وسلوكه على نحو يعزز عولمة العالم والسيطرة عليه[1].

ج- شبكة الانترنيت INTERNET[*]:

اكبر اداة للاتصالات المعلوماتية واكبر جزء في تقنية المعلومات في العالم، وهي الشبكة الاساسية والعملاقة على مجموعة من الحواسيب الدولية المتشابكة التي تعود معظم ملكيتها الى حكومات او مؤسسات او افراد.

تحتوي الشبكة كمية هائلة من المعلومات بعضها حكومي وبعضها شخصي وللشبكة القدرة الفائقة على نقل تلك المعلومات وحفظها وتحديثها وانتشار الشبكة على مستوى جميع مناطق العالم وتسمح لاي من كان وراء جهاز الحاسب أن يتصل مع أي آخر من المؤسسات الحكومية او التعليمية او الصناعية او التجارية او الوكالات او الافراد من مشتركين بها الاستفادة من المعلومات التي يعرضها المشتركين فيها والذين يقدر عددهم باكثر من 60 مليون مشترك[2]. وتعود بدايتها الى عام 1969 عندما قامت وكان المشاريع المتقدمة (ARPA) التابعة لوزارة الدفاع الامريكية شبكة اربانيت (ARPANET) وقد بدأت كشبكة لوكالات مشاريع الابحاث

---

[1] السيد احمد عمر مصطفى، اعلام العولمة وتأثيره في المستهلك، مصدر سابق، ص88، 76.

[*] كلمة الانترنيت بالانكليزية - مشتقة من Inter national Network وتعني الشبكة العالمية، عدد المشتركين فيها يقدر بأكثر من 60 مليون مشترك.

[2] هاني شحادة الخوري، تكنولوجيا المعلومات على اعتاب القرن الحادي والعشرين، مصدر سابق، ص105-106.

المتقدمة للربط بين الجامعات ومراكز الابحاث الامريكية لضمان التواصل بين العلماء ومتخذي القرار العسكري والسياسي في حالة حدوث هجوم ذري سوفيتي مفاجئ [1] مما يعني انها قد صممت بطريقة دفاعية عبر خاصية التوجه الديناميكي ثم جرى فصل الجزء العسكري من الشبكة عام 1983 ليطلق عليه اسم (MILNET) لخدمة المواقع العسكرية، اما الجزء المدني الخاص بالجامعات والمؤسسات البحثية الامريكية فقد اصبحت اربانيت واعتباراً من عام 1984 من مسؤولية مؤسسة العلوم الوطنية الامريكية فولدت شبكة NSFNET [*]، وتوسعت لتضم (5089) حاسوب عام 1986 [2]. حتى وصل عدد مستخدمي الشبكة اكثر من (60 مليون) شخص عام 1998 ومن المتوقع أن يصل عدد المستخدمين الى (700 مليون) بداية هذا القرن ويتعامل مع الانترنيت يومياً ما يزيد على 300 مليون شخص على مستوى العالم ومن المحتمل أن تضاعف العدد عام 2000 [3]، وفي التسعينات بدأت NSFNET بالضعف مع بقائها جزءاً مركزياً من انترنيت [4]، وقد ساهم الجانب التجاري في تحقيق تطورات اساسية للانترنيت بدخول الشركات الكبرى التي انتجت شبكاتها العالمية طيلة فترة التسعينات لتطوير الانترنيت لغة وتصفحاً ومعالجة واشتراكاً. فقد ابتكرت شركة نورتيل الكندية ابتكاراً يسمح بإيصال الشبكة الدولية للمعلومات (الانترنيت) الى بيوت المشتركين عبر اسلاك الشبكة الكهربائية بدلاً من اسلاك الهاتف المستخدم مما يقتضي من الشركات الطاقة الكهربائية القائمة من تحويل بنياتها الى شبكة للمعلومات والاشراف على الامداد الدائم بالخدمات المعلوماتية مقابل اسعار زهيدة مما يترتب على كل محطة كهربائية اقتناء محطة للمعلومات التي ستوصلها بشبكة الانترنيت وبهذا يتحقق الربط الدائم للمشترك بشبكة الانترنيت دون انقطاع وبسرعة فائقة لتدفق المعلومات. وبموجب ذلك يتمكن المشترك من امتلاك مفاتيح التجوال بحرية في اروقة الذاكرة المعلوماتية للانترنيت

---

[1] اقيمت نواة هذه الشبكة للربط بين المركز الدولي للبحوث التابع لجامعة ستانفورد وجامعة كاليفورنيا في لوس انجلوس وجامعة كاليفورنيا في مدينة سانتاباربارا وجامعة يوتا، من هذه النواة الرباعية نمت الشبكة بمعدلات هائلة حتى اصبحت الشبكة الام او شبكة الشبكات.

-نبيل علي، ثورة المعلومات، الجوانب التقنية (التكنولوجيا)، العرب والعولمة مصدر سابق، ص 116.

[*] فكرة تتحكم بالعالم توحد شبكات الاتصال.

[2] د.عامر ابراهيم قنديلجي، شبكة الانترنيت العالمية بين المتحمسين والمتحفظين، مسارات بيت الحكمة، العدد / الثالث، بغداد، حزيران / 1998، ص 1.

[3] د.محسن احمد الخضيري، العولمة مقدمة في فكر واقتصاد وادارة عصر اللادولة، مجموعة النيل العربية، ط1، القاهرة، 2000، ص 83.

[4] هاني شحاذه الخوري، تكنولوجيا المعلومات على اعتاب القرن الحادي والعشرين، مصدر سابق، ص106-118.

والوقوف على بوابة الدخول لتحديد المسموح والممنوع من الدخول والاطلاع والتعامل مع مستويات المعلومات المخزونة [1] ونتيجة لهذا فقد تمكنت الشركات والمؤسسات من غزو عالم الانترنيت، واقامة ونشر مواقع وصفحات لها بشكل مستمر. ومع زيادة حجم وتطور يضاف اليه الجديد واصبح بمقدور الشركات والدول ايضاً من اقامة معارض دائمة تعرض فيها منتجاتها وبشكل فعال وعن طريق هذه المواقع تتم عمليات البيع والشراء وعقد الصفقات واصبح بامكان أي انسان وفي أي وقت أن يجري معها معاملاته بيعاً وشراءاً، نقداً وآجلاً، وزيادة اعتماد رجال الاعمال والشركات والمؤسسات والاعلان عن منتجاتهم وبيعها لما تنتجه لهم من بيانات ومعلومات. لقد تزايد الاعتماد على الانترنيت واتسعت لتشمل:

مبيعات الاوراق المالية من الاسهم والسندات والصكوك والاوراق التجارية والمالية، والبحوث والدراسات والمعلومات من مراكز المعلومات المختلفة وعمليات البنوك والمصارف التي تقوم برفد الشبكة مثل دفع الالتزامات وتقديم الخدمات المصرفية المتنوعة للعملاء وقبول ودائعهم وبطاقات الدفع الخاصة بهم. لقد اسست الانترنيت اقتصاد خاصاً بها، يتسم بالنمو السريع الذي بلغ معدله 174.5% سنوياً لقد بدأ هذا الاقتصاد بحجم لا يزيد عن 5 مليارات عام 1995 ووصل الى ما يزيد عن 300 مليار دولار عام 1998.

ويتكون اقتصاد الانترنيت من اربع مستويات رئيسية وهي:

المستوى الاول: البنية الاساسية للشبكة ويصل دخلها الكلي سنوياً الى ما يزيد عن 115 مليار دولار.

المستوى الثاني: التطبيقات والبرامج المستخدمة في الشبكة ويصل اجمالي دخلها السنوي الى ما يزيد عن 56.3 مليار دولار.

المستوى الثالث: الوسائط وعمليات تقديم خدمات الشبكة ويصل الدخل المتولد منها سنوياً الى 58.2 مليار دولار.

المستوى الرابع: التجارة الالكترونية ويبلغ دخلها السنوي الى ما يزيد عن 10.9 مليار دولار[2].

أن شبكة الانترنيت التي تربط العالم بتكاليف اقل، وتحويل البيانات والمعلومات والمعارف الى سلع وخدمات مرغوبة. ودون قدرة الدولة على التدخل والرقابة الفاعلة كل هذه الدلائل تشير

---

[1] د. صباح ياسين، الاعلام والعولمة، العولمة والمستقبل العربي، مصدر سابق، ص 28.

[2] د. محسن احمد الحضيري، العولمة مقدمة في فكر واقتصاد وادارة عصر اللادولية، مصدر سابق، ص82-84.

الى أن اميركا تدرك بان خدمات المعلومات ستمثل واحداً من اهم موارد دخلها القومي، ستدر عليها ارباحاً تفوق ارباح كل القطاعات الانتاجية الاخرى بل واهم مصدر من مصادر الثروة، وقوة من القوى الاجتماعية والسياسية والثقافية ونتيجة لذلك فستحيل شبكة الانترنيت الى معقل اقتصادي حصين [1]. ففي كانون الاول 1998 كان 20% من كل التسوق في امريكا يتم الكترونياً عن طريق الانترنيت [2].

وتدافع اميركا عن القوانين التي تحكم المبادلات التجارية عبر الانترنيت ووجوب خضوعها لمبادئ واحدة، بغض النظر عن الدول ووجود الحدود الوطنية والدولية، من اجل الوصول الى نتائج يمكن التنبؤ بها مستقبلاً. بغض النظر عن التشريعات التي يخضع لها من المحتمل البائعون والمشترون واميركا تشجع على الدرجة القصوى لديمقراطية المعلومات وتبادل المعلومات عبر الحدود، ويشمل ذلك تبادل الجزء الاكبر من العدة المعلوماتية التي يمكن نقلها عبر الانترنيت بما فيها صفحات الشبكة، والخدمات المعلوماتية، ومراكز التجارة عبر المادة ومنتجات التسلية خاصة الفديو والراديو والفنون الاخرى، وينطبق المبدأ على المعلومات المنتجة من المؤسسات التجارية، والمؤسسات الاخرى ذات الهدف غير التجاري، المرتبطة بالحكومات والمدارس والكيانات الاخرى[3].

خلاصة ما تقدم ليعكس لنا التناقض الواضح، فالواقع غير ذلك فما تروج له امريكا من حرية لانتقال المعارف والتقانة يتناقض مع ما اقرته من اتفاقيات لتحرير التجارة وفرض نظام براءات الاختراع التي بقيت حتى جولة اورغواي خارج حدود نطاق الاحتكار التقاني الامر الذي يكشف دعوى حرية انتقال المعرفة في عصر العولمة ودعوى الانتقال الى رحاب الانسانية الواسعة وما فرضته اتفاقيات تحرير التجارة من التزام الدول الموقعة لحماية المعارف التقانية السرية حماية قانونية وارتفعت تكلفة الحصول على التقانة والمعلومات لبعض دول الجنوب المستوردة بكثافة لهذه المنتجات [4] اذن أن الحرية المطلقة الموعودة من دعاة العولمة ما هي الا وهم وخدعة فالعولمة التقنية هي محاولة قسرية للهيمنة على العالم، واحكام السيطرة عليه.

ويرى مروجو الانترنيت بانها حالياً بمثابة تحقيق فعلي لاستعارة القرية الالكترونية وخطوة عملية لاثبات مفهوم مجتمع المعلومات لما وفرته من وسيلة فعالة لسرعة نفاذ المعلومة

---

[1] نبيل علي، ثروة المعلومات، الجوانب التقنية (التكنولوجيا)، مصدر سابق، ص17.

[2] انطوان رحلان، تحديات الصناعة الناضجة، المستقبل العربي، العدد 246، آب 1999، ص42.

[3] د.برهان غليون و د.سمير امين، ثقافة العولمة او عولمة الثقافة، دار الفكر، دمشق1999، ص41-42.

[4] د. ابراهيم العيسوي، تعقيب، العرب والعولمة، مصدر سابق ص50.

وسرعة نشرها وتوظيفها وبالمقابل فقد شكك البعض في صحة ذلك ويرونها نوعاً من فوضى المعلومات او تلوثها وهذا ما يدعوا اليه اصحاب النظرة المتشائمة بل وينذرون بحرب معلومات عالمية وهذا ما اكده الفيلسوف الفرنسي (فرانسوا ليونارد من "أن ما نشهده حالياً ما هو الا مرحلة جديدة من مراحل الصراع العالمي") ومن غير المستبعد أن تدخل دول العالم في حرب من اجل السيطرة على المعلومات كما حاربت في الماضي من اجل السيطرة على المستعمرات ثم من اجل الحصول على المواد الخام والعمالة الرخيصة واستغلالها [1] ودوافع ذلك أن التنافسية في ظل عمليات العولمة لم تعد بمجرد الزيادة في الانتاجية بل اصبحت التنافسية تقاس بزيادة القدرة على الابداع والتجديد والابتكار وتأثير المستجدات التقنية وابعادها باتجاه عولمة المعلومات نفسها واحتكارها من قبل مالكي التقانات والخطورة المتزايدة من قبل من يحتكرها. فالمخاطر الاقتصادية المتصلة بالتقانات الجديدة كبيرة، وهي في موضوع تنافسي كبير بين الشركات في البلدان الصناعية [2].

فالثقافة القادمة عبر الانترنيت هي ثقافة سريعة الانتشار - تتعلق بالرغبات والمصالح، ثقافة تتعلق بطبيعة الحياة الامريكية، وما تريد من خلاله من اختراق الثقافات والخصوصيات وفرض ثقافة معينة واسساً فكرية غريبة لتستطيع من خلال هذه الثقافة والاسس الاقتصادية التي تثبتها احكام سيطرتها على اقتصاد الارض وطرق تفكير البشر ولتمكن من خلال وسائلها الاعلانية العالمية المتطورة تطويع الثقافات العريقة وجرها الى عالم الثقافة السريعة والسطحية[3].

غير أن امماً عريقة في اوربا تشعر باخطار ذلك وتبني خططاً وستراتيجيات على مستوى الدولة والمجتمع لمواجهة تأثيرات الثقافة القادمة عبر الانترنيت، حيث نجد فرنسا بالرغم مما تحمله من رموز الثقافة الفرنسية في العالم، تحاول جاهدة فرنسه التطبيقات الحاسوبية لديها، وترجمة المعلومات العامة الى الفرنسية والحفاظ على نسبة تواجد عالية للغة الفرنسية على شبكة الانترنيت العالمية للحفاظ على خصوصية الثقافة الفرنسية ودورها في الحضارة العالمية وارتباطها بالدول الفرانكفونية في العالم. ونفس الامر بالنسبة لالمانيا التي تحول مختلف التطبيقات والبرامج فيها الى اللغة الالمانية لتحافظ على خصوصية ثقافتها وتفوقها الاقتصادي[4] وفي هذا الاتجاه عربياً ولمواجهة العولمة بمضمونها الحضاري لابد من التأكيد على أن التحدي

---

[1] نبيل علي، ثورة المعلومات، الجوانب التقنية (التكنولوجيا)، العرب والعولمة، مصدر سابق، ص117.

[2] انطوان زحلان، تحديات الصناعة الناضحة، المستقبل العربي، العدد 246 آب / 1999، ص3.

[3] د.برهان غليون و د.سمير امين، ثقافة العولمة ام عولمة الثقافة، مصدر سابق، ص 41.

[4] هاني شحاذه الخوري، تكنولوجيا المعلومات على اعقاب القرن الحادي والعشرين، مصدر سابق، ص 167.

الحقيقي هو في مضمون المعلومات اولاً وضرورة الاصرار على استخدام اللغة العربية ثانياً وهو خيار مشروع خصوصاً مع ظهور الاتجاه العالمي لفرض لغة عالمية مجددة من خلال السعي لتطوير استخدام الشفرة الموحدة للغات[1].

أن شبكة الانترنيت التي تربط العالم بتكاليف اقل، ووضوح اكثر، وعلى مدار الساعة، وتحويل البيانات والمعلومات والمعارف الى سلع وخدمات مرغوبة، كل هذه الدلائل تشير الى أن ثورة الاتصالات بالرغم من ايجابياتها العملية وسهولة الاتصال بين ارجاء المعمورة، وبزمن قليل جداً، غير انها تظل بين ايدي الشركات الكبرى في المركز، التي تقوم على احتكار تكنولوجيا الاتصال، واحتكار المعلومات والاتجار فيها، فالمعلومات سلعة وليست خدمة، حق لمن يملكها وليست واجباً عليه تجاه الاخرين [2]، وان هذه التقنية اذا وجهت بالمسار السليم بدون مصالح مشبوهة لكانت افضل وسيلة للتواصل الانساني في خدمة وحدة النوع البشري وخدمة البشرية جمعاء غير أن تنافس الشركات والاستفادة من خدماتها الاقتصادية خاصة، سوف يجعلها تدور في حلقة المصالح التي تسيء الى سمو الاتصال الانساني والمخاوف تبرز عن قوة التقنية ذاتها في أن تتحول مجالاً للسيطرة من قوى اقتصادية عالمية قادرة على ابتلاع السوق لكي تحكم سيطرتها على اسواق العالم وهذا يعني أن المعركة الاقتصادية في عصر الانترنيت هي معركة - علمية ومعلوماتية [3] وهذا ما تراهن عليه الادارة الامريكية في الاحتفاظ بهيمنتها الدولية على تحويل شبكات الاتصال العالمية الجديدة، الى سوق تجارية رئيسية لا تفرض على احد، لا في امريكا ولا في غيرها، المشاركة في شبكة المعلوماتية، الانترنيت، ولكنها تقاتل بقوة وحزم كي تبقى على تفوقها التقني والعلمي، الذي يسمح لها بالسيطرة على هذه الشبكة سواء من خلال الحد من طموح الاطراف الاخرى لفرض قيود قانونية على استخدامها، او من خلال الاحتفاظ بحصة الاسد من المواد المعلوماتية التي تغذيها، ومن التجديدات التقنية التي تتحكم بمصيرها [4] لقد تبدل قانون الاستعمار الذي كان مباشراً في الثورة الصناعية الاولى الى استعمار غير مباشر في الثورة الصناعية الثانية اما في الثورة التكنولوجية الحالية فالاستعمار الجديد، تستدعيه الدول المتأثرة به والتي ترتضي الوقوف عند التذليل [5] وطريقة تفكير الادارة الامريكية قد انعكست بشكل او بآخر

---

[1] حسن الشريف، تعقيب، العرب والعولمة، مصدر سابق، ص136.

[2] د.حسن حنفي و د.صادق جلال العظم، ما العولمة، مصدر سابق، ص26.

[3] هاني شحادة الخوري، تكنولوجيا المعلومات على اعقاب القرن الحادي والعشرين، مصدر سابق، ص172-173.

[4] د.برهان غليون و د.سمير امين، ثقافة العولمة ام عولمة الثقافة، مصدر سابق، ص41.

[5] د.محمد محمود الامام، تعقيب، ندوة العرب والعولمة، مصدر سابق، ص145.

على المنجزات الحضارية في العالم لانها هي التي تقدم هذه الانجازات في العالم اليوم، وتطبعها بطابع التفكير الامريكي الذي تحرر في بنائه من الاسس المحافظة للمجتمعات والحضارات التقليدية التي تؤمن بالخصوصية والجذور الحضارية التاريخية لكل حضارة، وهي تريد نقل تجربتها الى العالم اجمع، لان التجربة الامريكية في الادارة تغلبت على تنوع الثقافات واللغات والاصول ولمواطنيها واستطاعت أن تصهرهم في بودقة المصالح الاقتصادية وابقت للخصوصية مجالها الضيق الذي يذوب مع الزمن[1]. وبدلاً من أن تكون شبكات الانترنيت مصدر لتعزيز الموارد العلمية والتقنية لمجتمعات الجنوب، أصبحت وسيلة بيد الشمال لتكمل به ما كانت قد بدأته في عهد الاستعمار، بالاجهاز على ثقافة الجنوب وهويته ومصادرتها. وهذه المرة تكون دون معارضة او رفض من الناس في الجنوب كما كان يحصل في عهد النهب الاستعماري، بسبب مخاطبة الانترنيت لعقول الناس ومخيلاتهم، ولما كان من غير المناسب رفض التعامل مع التطورات التقنية الكبيرة، كذلك لا ينبغي التعامل معها من دون وعي لدورها وحقيقتها وكيفية الاستفادة منها وابعاد الخسائر الناجمة عنها بل ينبغي التعامل معها كتحدي. فللعولمة تحدياتها التي لا تمثل في حد ذاتها فرصة او تهديداً. الا وفقاً لطبيعة تعامل الطرف الاخر (في الجنوب) معها، فاذا تم التفاعل معها قد تصبح فرصة واذا تم الاستسلام لها قد تتحول الى تهديد، واهم هذه التحديات هي شبكة المعلومات (الانترنيت) فهي احدث منجزات الثورة التكنولوجية والاتصالية في العالم اليوم، والناس الذين يستخدمونها ينشؤون في الواقع مجتمعاً كونياً متكاملاً، يقوم على اساس الاتصال وله عاداته وتقاليده بل وله لغته الخاصة ايضاً [2].

اما المظاهر السلبية للانترنيت أن هذه الثورة قد تصيب المستخدم بالتقلص في معدل الذكاء الطبيعي لكثرة الاعتماد على الآلات والشاشات الضوئية شبه الكلي. فكل سؤال لدى الانسان لديه اجابة على الشاشة حتى يتعود الذهن على الكسل العقلي فيهبط مستوى ذكائه، كما أن كثرة الاعتماد على تنظيم المعلومات تؤدي الى الخلط بين المعلومات والعلم، المعلومات مختزنة، لكن العلم هو ما يمكن استنباطه من المعلومات عن طريق الذكاء الطبيعي وفي الوقت نفسه الذي تهدف فيه شبكة المعلومات الى تحقيق اكبر قدر من الاتصال، فانها تؤدي الى تحقيق اكبر قدر ممكن من العزلة، فالانسان امام الشاشة وظهره او جنبه للانسان الاخر، فتغيب العلاقات وجهاً لوجه، ويتحول الكلام الى صمت، واللغة الى أشارة، والتخاطب الى شفرة، فتزيد درجة الوحدة،

---

(1) هاني شحادة الخوري، تكنولوجيا المعلومات على اعقاب القرن الحادي والعشرين، مصدر سابق، ص166.

(2) السيد ياسين، العولمة وانعكاساتها على الوطن العربي، قضايا استراتيجية، سلسلة دراسات شهرية، المركز العربي للدراسات الاستراتيجية، دمشق، 1998، ص 35.

اتصال بالذهن وعزلة بالوجدان. كما أن المعلومات وقدرتها - مرتبطة بمقدار ما يغـذيها الانسـان - فالمخرجـات مشروطة بالمدخلات. وبقدر ما تكون صحة المدخلات تكون صحة المخرجات [1] اضافة الى العديد من المشكلات على الانترنيت التي تواجه العالم، فمن مشاكل الاباحيه والصور الخلاعية الى أمن المعلومات وامن التجارة على الانترنيت الى السرقات الالكترونيـة والرسائل المزعجة الى البعض والازدحام الشديد على خطوط الانترنيت وستتحمل الدول زوال او ضعف مكاسبها المالية مـن خلال صعوبة الرقابة الكمركية على التجارة الالكترونية عبر الانترنيت حيث تنقل الاموال بسرعة الضوء الى أي مكان في العـالم، كما انها تأسر الشباب والمراهقين من خلال الالعاب الالكترونية والافلام الفاضحة وعروض الفيديو والصور المتحركة وهـذا مـا يجعل الانترنيت متعه بحد ذاته لما تحتويه الانترنيت من امكانات العروض المتعددة - كل ذلك يبعـد الشـباب عـن الفوائـد الحقيقية للانترنيت. كما انها تتحول الى خطر على الاطفال والناشئين الذين يحصرون اهتمامهم على مواقع تحمل لهم المتعـة والتسلية وليس بالجانب الثقافي او العلمي مما يشكل خطراً على تطورهم ويجد مـن تجـاربهم واطلاعهـم العلمـي والثقـافي كلها مشاكل تدل على أن عالم الحرية الالكترونية بحاجة الى قوانين وضوابط وجهـات رقابيـة مسـؤولة تسـتطيع أن تفـرض سلطاتها، وهذه الرقابة والقوانين ليست موجودة على الشبكة العالمية، وتأخير هذه القوانين وتوصيفها هو لغاية فـرض هـذه التقنية وسهولة انتشارها في العالم اجمع [2].

اذن الصراع الحضاري الثقافي عبر الانترنيت لا يفسـح المجـال لبنـاء ثقافـة عالميـة مدروسـة وعريقـة، ووضـع اسـس اقتصادية عادلة على مستوى الكوكب الارضي.

ان التطورات التي حدثت في شبكات الحاسبات والانترنيت والتي يمكن حصرها:

1- خلال العقدين الاخيرين ازدادت القـدرة الاجماليـة لشبكة الحاسبات (الكومبيوترات) واجهـزة الهـاتف والتلفـاز مليون ضعف، كما ازداد عدد مستخدمي الانترنيت حيث يضاف (50) مليون شخص الى شبكة الاتصال كل سنة.

2- ازدادت قدرة المعلوماتية ضعفين كل (18) شهراً استناداً الى قانون جوردن مور (مؤسس شركة اينتل INTEL).

---

[1] د.حسن حنفي و د.صادق جلال العظم، ما العولمة، مصدر سابق، ص26-27.

[2] هاني شحادة الخوري، تكنولوجيا المعلومات على اعقاب القرن الحادي والعشرين ، مصدر سابـق، ص174 و 176.

3- لا يتجاوز ثمن الحاسب الشخصي المحمول هذه الايام عن (2000) دولار وقوته تتجاوز باضعاف كثيرة من الحاسب المركزي الضخم الذي وصلت كلفته (10) ملايين دولار في اوائل السبعينات.

4- قبل ثلاثة عقود لم يكن هناك اكثر من 50 ألف حاسب في العالم اجمع، في حين ارتفع عددها بشكل هائل الى اكثر من (200) مليون حاسب، كما تم وضع (18) مليون حاسب في المنازل والمؤسسات التعليمية في انحاء العالم كافة في حين كان عددها (35) ألف حاسب عام 1992 وكل شخص يحمل حاسب شخصي يمكنه التسوق والقيام بمعاملات مصرفية بواسطة الحاسب على مدار الساعة.

5- تحتوي السيارة النموذجية اليوم على قوة معالجة بيانات تعمل على الحاسب اكبر من تلك التي احتوت عليها اول آلية حطت على سطح القمر عام 1969م.

6- كان الكابل الهاتفي عام 1960 يتمكن أن يحمل (138) محادثة فقط في آن واحد اما اليوم فيتمكن الكابل النسيجي الضوئي أن يحمل مليون ونصف مليون محادثة في آن واحد.

7- اكثر من 60% من العمال في امريكا اليوم يعملون في انجاز اعمالهم بمساعدة الحاسب.

8- اكثر من 70% من مداخيل شركات الحاسب تأتي من منتجات لم يكن لها وجود قبل سنتين.

9- كان الانفاق على تقنيات الحاسب والمعلومات عام 1997 اكثر من نسبة 40% من قيمته في عام 1992 وقد ازداد بشكل اسرع من الناتج المحلي الاجمالي بنسبة 27% حتى عندما ازداد الناتج المحلي الاجمالي بمعدل 5.55 % سنوياً خلال المدة نفسها.

10- زاد الانفاق على تقنيات الحاسب والمعلومات اكثر من (1.8) ترليون دولار عام 1997 وشكل هذا الانفاق 6% من مجموع الناتج الاجمالي العالمي.

11-خلال الاعوام 1992 - 1997 شهد كل اقتصاد من بلدان العالم زيادة في الانفاق على تقنيات الحاسب بغض النظر عن زيادة ناتجها المحلي الاجمالي أو تزايدها السكاني.

12- دفعت الاستثمارات في تقنيات الحاسب والمعلومات عدداً كبيراً من الشركات في الاقتصاديات المتطورة وقد تحقق هذا الارتفاع في 90 شركة في امريكا واستراليا وكندا والمملكة المتحدة وهولندا وفرنسا واليابان والسويد بين عامي 1992 - 1997. وقد انشأت امريكا وحدها شركات جديدة لتقنيات الحاسب والمعلومات بمعدل 7200 شركة سنوياً خلال الفترة[1].

---

[1] **عاطف عبد الله قبرصي، التنمية البشرية المستدامة في ظل العولمة، التحدي العربي، اللجنة الاقتصادية والاجتماعية لغربي آسيا / الاسكوا، سلسلة التنمية البشرية رقم 10، الامم المتحدة، نيويورك، 2000، ص11-12.**

والسؤال الذي يبرز ... هل سيبقى الانترنيت حراً طليقاً من غير ضوابط وقوانين تشكل جدراناً تعيد تقسيم الارض عبر تقسيم شبكاتها وخدماتها.

الملاحظ – انه لا مجال أن يبقى الانترنيت طليقاً فلابد من الضوابط والقوانين والحماية في المدى الطويل أو القريب لان البشر ـ مختلفون جداً في مستوى تفكيرهم ورقيهم والتزامهم ولان المصالح غير الموضوعية (الرخيصة) والعوامل الاقتصادية تفسح المجال لمفسدي الارض في اضعاف المعنى السامي للتواصل الانساني من خلال تقنيات الشبكة العنكبوتية.

اما عن تأثير سبل المعلومات الجديدة على الواقع العربي وكيفية مواجهته ... فسيتم عرض ذلك لاحقاً.

د- الهندسة الوراثية: حققت الثورة العلمية الثالثة انجازات مثيرة في حقل الهندسة الوراثية لم يشهد لها التاريخ مثيلاً. حيث تم التركيز على المادة الحية (الجينات) التي تلعب فيها الوراثة دوراً رئيسياً لاستعمالاتها في الطب والصيدلة والزراعة والامن الغذائي وتلوث البيئة. وقد تمكن العلماء من استخدام تقنيات الوراثة اقتصادياً في مجالات عدة منها. تفكيك الجينات الوراثية للكائنات الحية والدخول الى عالم الخلق الصناعي والمختبري لجميع الكائنات النباتية والحيوانية بما في ذلك الانسان واصبحت الامكانيات متوفرة لنسخ الانسان مختبرياً قبل نهاية القرن العشرين. فالاكتشافات المتحققة في مجال الهندسة الوراثية تضع البشرية امام احتمالات غير معقولة وغير مألوفة والتي تتراوح بين احتمالات القضاء النهائي على كل الامراض المزمنة كالايدز والسرطان واحتمالات تعزيز القدرات الجسمانية والعقلانية للانسان وربما خلق افراد وبمواصفات خارقة لخدمة اغراض سياسية وعسكرية لبناء جيش مكون من جنود لا يخشون الموت ولا ينتسبون لاباء او امهات على الاطلاق. فلم تعد هذه الامور ضرباً من خيال علمي بل اصبحت كل الاحتمالات ممكنه ومعقولة وقابلة للتطبيق بفضل التطورات السريعة في تكنولوجيا الهندسة الوراثية [1] وقد اعلن في كانون الاول 1999 عن نجاح اجراء معالجة جينية لاطفال يعانون مرضاً جينياً مميتاً (نقص مناعة مشترك حاد) وفي عام 1990 تم البدء بمشروع الجينوم البشري الذي يهدف الى كشف الاربع والعشرين جينية يحملها البشر في عام 1996 وضعت خريطة الكروموزومات البشرية الاربع والعشرين وكان من المتوقع اكتمال مشروع الجينوم البشري عام 2003 في حين تم الاعلان عن اكمال ترسيم 90% من الخريطة عام 2000 [2].

---
[1] عبد الخالق عبد الله، العولمة فروعها جذورها معالمها، مصدر سابق، ص65-66.
[2] انطوان زحلان، نقل الحساب من الالفية الجديدة، المستقبل العربي، العدد 254، نيسان،2000، ص14-16.

المطلب الثاني

المتغيرات التي احدثتها الثورة العلمية التقنية

على العالم

1- لقد كان للانجازات العلمية المتحققة في المجالات الثقافية والاقتصادية وما تمخضت عنه من ميزات اقتصادية اثرها البالغ في اوساط القوى الاقتصادية في العالم من خلال المجالات المعلوماتية والتقنيات الحيوية واحلال الموارد والمعارف محل المال من حيث القدرة على تحريك الاقتصاد ومفاصلة بالاعتماد على تدفق المعلومات الهائلة وقد احدث هذا التدفق المتسارع والمتجدد للمعلومات تغيراً كبير في التركيب العضوي لرأس المال. فاصبحت التركيبة الجديدة لا تعتمد على الاستخدام المكثف للعمل وراس المال بل الاعتماد على المعرفة العلمية التي طبقت حصيلها في مجالات الفضاء والتسلح والالكترونيات الدقيقة والهندسة الوراثية والطاقات المتجددة وتخليق مواد جديدة والاتصال البشري والتحكم في الانتاج المادي والادارة العلمية[1].

2- من الاثار المباشرة للتطورات التقنية هو احداث التغيرات في الاقتصاد العالمي وكما يلي:

أ- واستمرار التفاقم في اعداد البطالة في العالم فقد بلغ مجموع العاطلين 120 مليون عام 1995 واكثر من هذا العدد يعملون بصفة مؤقتة وتقدر منظمة العمل الدولية بان هذا العدد قد وصل الى 820 مليوناً عام 2000 بما فيهم العاملين بصفة مؤقتة.

- وفي الدول المتقدمة استمرت البطالة في التفاقم وهذا ما يوضح الجدول رقم (1).

بلغت نسبة البطالة في اليابان التي يعتبر معدل البطالة فيها مستقراً تاريخياً حيث لا يتجاوز (1%) من قوة العمل اصبح (4.7%) عام 2000 مقابل (3.1%) عام 1995 والواقع اكثر بكثير بوجود قسم كبير من العاملين لم يتمكنوا من الحصول على اية وظيفة في الشركات، وتؤكد الدراسات اليابانية لو تم تسريح كل اولئك الذين لديهم وظائف ثانية في الشركات فان معدل البطالة سيصل الى 7% او اكثر.

ب- وفي التوظف فلم يحدث نمواً واضحاً في ذلك. فقد حافظت الدول المتقدمة على ذلك، حيث بلغت النسبة في اميركا (1.3%) عام 2000 مقابل (1.5%) عام 1995 مقابل

---

[1] د. رسول راضي حربي، العولمة والمستقبل العربي، مصدر سابق، ص112.

تناقص النسب في كل من اليابان والمملكة المتحدة حيث بلغت النسبة (2%) و (1%) عام 2000 مقابل (1.0%) و (1.4%) عام 1995 وعلى التوالي.

جدول رقم (1)

يبين البطالة والتوظف في الدول المتقدمة 1995 –2000

2000	1999	1998	1997	1996	1995	معدل البطالة
5.9	6.4	6.8	6.9	7.1	7.1	الدول المتقدمة
5.0	6.1	6.3	6.6	6.8	6.7	الدول الصناعية الرئيسة
4.0	4.2	4.5	5.0	5.4	5.6	الولايات المتحدة الامريكية
4.7	4.7	4.1	3.4	3.3	3.1	اليابان
7.8	8.3	9.0	9.5	8.6	7.9	المانيا
9.7	11.3	11.6	12.5	12.4	11.7	فرنسا
10.6	11.4	11.8	11.7	11.6	11.6	ايطاليا
5.6	6.0	6.3	7.1	8.2	8.7	المملكة المتحدة
6.8	7.6	8.3	9.1	9.6	9.4	كندا
6.3	7.3	8.1	7.8	8.1	8.2	دول متقدمة اخرى
8.0	9.1	9.8	10.6	10.8	10.7	الاتحاد الاوربي
2000	1999	1998	1997	1996	1995	نمو التوظف
1.0	1.3	1.0	1.5	1.0	1.2	الدول المتقدمة
1.2	1.1	1.0	1.5	0.8	0.8	الدول الصناعية الرئيسية
1.3	1.5	1.5	2.3	1.5	1.5	الولايات المتحدة الامريكية
0.2	0.8	0.7	1.1	0.5	0.1	اليابان
1.5	1.1	0.9	0.2	0.3	0.1	المانيا
2.2	2.2	1.8	1.0	-	0.7	فرنسا
1.0	1.3	1.1	0.4	0.5	0.6	ايطاليا
1.0	1.3	1.1	2.0	1.1	1.4	المملكة المتحدة
2.6	2.8	2.6	2.3	0.8	1.9	كندا
2.0	2.1	1.0	1.6	1.7	2.2	دول متقدمة اخرى
1.9	1.8	1.9	1.0	0.6	0.8	الاتحاد الاوربي

المصدر: صندوق النقد العربي-التقرير الاقتصادي العربي الموحد لعام 2001، ص251.

جـ- زيادة معدل التضخم في الدول المتقدمة والدول الاخرى في العالم خلال الفترة من 1995-2000 فالجدول رقم (2) يبين لنا الاتي: زيادة التضخم في اليابان من (1%) ليصل الى (6%) وفي اميركا بلغت النسبة (2.8%) وازدادت لتصل الى (3.4%). اما في دول الجنوب فقد بلغ معدل التضخم 2.2% عام 1995 ليصل الى (6.1%) عام 2000 واذا ما اخذت نسب التضخم على الصعيد القاري نجد ان اعلى نسبة في التضخم لعام 2000 هو في اوربا والشرق الاوسط حيث وصلت النسبة (20.7%) لعام 2000 مقابل (20.1%) في الدول المتحولة (الاتحاد السوفيتي ودول اوربا الشرقية) تليها الدول الافريقية حيث بلغت النسبة (13.5%) لنفس السنة.

ودوافع ذلك يعود الى التغيرات الهيكلية العالمية خاصة بين العمل وراس المال الناجمة عن الثورة العلمية والمعلوماتية، فالعمليات الانتاجية للسلع الرئيسية اخذت اتجاهاً متزايداً في استخدام راس المال على حساب العمل في وحدة المنتج في الاقتصادات المتقدمة فالاهمية النسبية لعوائد العمل تكون اقل من راس المال وسيترتب عن ذلك اتجاه عوائد راس المال نحو التراكم في الاقتصادات المتقدمة حيث سادت في صناعتها التكنولوجيا ونسبة اكبر في العمل حيث حلت البرمجة والانسان الالي محل اليد العاملة واختفاء الوظائف للعمال غير المهرة، اضافة الى نقل البطالة وتصديرها الى البلدان ذات المستويات المنخفضة في الاستثمار والموارد البشرية وانخفاض التوظف في التصنيع وفي صناعات الخدمات وعدم اجتذاب الاستثمارات للعمالة الرخيص ففي دراسة عن الاستثمارات لامريكا ظهر ان 76% من اجمالي الاستثمارات الخارجية خلال عام 1996 كانت في بلدان مرتفعة الاجور اضافة الى عدم كفاءة النظام الرأسمالي في امتصاص قوة العمل، وانتشار البطالة هو نتيجة منطقية لانتشار نظام الأتمتة وازدياد اغتراب الانسان وتدهور بيئة عملة امام زيادة منظومة الالة وتعقيداتها [1].

---

[1] **انطوان زحلان، نقل الحساب الى الالفية الجديدة، مصدر سابق، ص14-21.**

جدول رقم (2)

يبين معدلات التضخم في العالم / نسب مئوية 1989 - 1999

2000	1999	1998 (2)	1997	1996	1995	1994	1993	1992	1991 (1)	1990	1989	1985	
2.3	1.4	1.6	2.1	2.4	2.6	2.9	3.1	3.5	4.7	5.2	4.4		الدول الصناعية
3.4	2.2	1.5	2.3	2.9	2.8	2.6	3.0	3.0	4.2	5.4	4.8		الولايات المتحدة الامريكية
2.3	1.4	1.5	1.9	2.5	2.9	3.0	3.8	4.5	5.1	5.3	4.7		الاتحاد الاوربي
0.6	0.3	0.6	1.7	0.1	0.1	0.7	1.2	1.7	3.3	2.8	2.3		اليابان
2.2	1.0	2.7	2.6	3.3	3.6	3.3	3.5	4.1	5.2	5.6	4.9		بلدان صناعية اخرى
6.1	6.7	10.4	9.4	14.3	22.2	58.8	47.2	38.9	33.3	62.5	59.7		دول الجنوب
13.5	11.5	9.1	11.4	30.1	35.1	37.2	30.6	32.5	24.4	20.1	19.3		افريقيا
1.9	2.5	7.7	4.8	8.3	13.8	15.9	10.7	7.6	7.8	6.6	11.0		اسيا
20.7	23.2	27.6	27.7	29.6	36.1	31.9	24.7	25.5	25.1	21.9	21.4		الشرق الاوسط واوربا
8.1	8.8	9.8	12.9	21.2	36.0	208.9	209.0	151.0	128.8	438.6	340.0		نصف الكرة الغربي
20.1	43.9	21.8	27.4	42.4	123.5	266.9	604.0	646.4	94.2	34.6	27.0		الدول المتحولة الاتحاد السوفيتي + دول اوربا الشرقية

المصدر: (1) صندوق النقد العربي وآخرون، التقرير الاقتصادي العربي الموحد للاعوام 1996، 1997، ص220، ص224.

(2) صندوق النقد العربي وآخرون – التقرير الاقتصادي العربي الموحد لعام 1999، ص204.

(3) صندوق النقد العربي وآخرون – التقرير الاقتصادي العربي الموحد لعام 2001، ص250.

اما في دول الجنوب فان الاهمية النسبية لعوائد العمل في الفائض الاقتصادي ستكون اكبر من عوائد راس المال نتيجة لاتساع الفجوة التكنولوجية بينها وبين دول المركز الى درجة التصدع الكامل لبنية المجتمع الانساني[1]. فالتغير الجوهري الذي تحقق في التقنيات الفائقة القدرة في الاقتصاد الرأسمالي ادخل العالم في مرحلة التطور المثير في القوى المنتجة لدول المركز

---

[1] د. سالم توفيق النجفي، مطارحات اقتصادية حول الرأسمالية "رؤية للقرن الحادي والعشرين" بحث في العولمة والمستقبل العربي، مصدر سابق، ص75.

(الشمال) فيما لم يحدث تطور مناظر في دول الاطراف (الجنوب) حيث يتطلب استخدام التقنيات تركيزاً عالياً في التمويل وهذا ما تفتقر له دول الجنوب مما يقتضى منها احتكار الموارد من المواد الاولية لاغراض المنافسة ولضمان الموارد المالية لاستثمارها في الصناعات الجديدة[1]. اما دوافع التضخم في الدول المتحولة فيعود الى تدمير الهياكل الانتاجية في البلدان التابعة التي تبنت السياسات الليبرالية او في البلدان الاشتراكية التي اخذت الطريق الرأسمالي[2].

3- عمق التطور التكنولوجي داخل تقانه المعلومات قوة الربط بين الشركات عابرة القوميات بمصادر انتاجها، وربط المنتجين بباعة الجملة والمفرد اضافة الى خزن المعلومات عن المبيعات والمعاملات المالية الى المصارف والشركات وتحقيق وفرة كبيرة في راس المال والموارد واجراء تغيرات في النظام التقني والتنظيمي في مجال العمل وتخفيض الكلف نتيجة زيادة الكفاءة الانتاجية، كما ان التقدم العالمي المتحقق في النظام الرأسمالي مكن الشركات من تدويل نشاطها الانتاجي والتسويقي والتمويلي لتعظيم الارباح وتحقيق عالمية السوق، وفرض سياسات اقتصادية منسجمة مع توجهاتها من خلال المؤسسات الدولية لزيادة درجة التبعية والفاصل التقاني بين بلدان العالم المختلفة.

4- التطور السريع في انظمة المعلومات عزز من مهارات الانسان وعظم مستوى ادائه الذهني وازدادت قدرة الانسان على الابداع والتجديد. وسهولة اعادة تصميم المنتجات والعمليات في انواع عديدة من السلع والالات مما اتاح تحقيق الاقتصاد في الموارد الاولية والطاقة.

5- لقد مثل السبق الغربي في مجال الثورة العلمية عاملاً حاسماً في تحديد قوة الدولة وموقعها في النظام الدولي وبنيته الجديدة وان قصور الاتحاد السوفيتي السابق في مواكبة مجريات الثورة الثالثة كان السبب الرئيس في ركودة صناعياً وتدهوراً في الهياكل الانتاجية لبنيته القطاعية وعجز مكونات نشاطه الاقتصادي من تمويل القطاع العسكري وقطاعات الخدمات بما تحتاجه من التكنولوجيا الحديثة لمواصلة التطورات العالمية والثقافية والمتحققة في الثورة العلمية التي تفردت بها كل من امريكا واليابان مما ساهم في هيمنة الايديولوجية الرأسمالية وتدويلها على حساب التفكك والانكسار العقائدي الذي لحق في الاتحاد السوفيتي.

6- ان العوامل الاقتصادية والسياسية والعالمية التي استغلتها امريكا للتفرد بالمركز القيادي عالمياً وقد حفزها ذلك للهيمنة على المنظمات الدولية. وتكوين بلى اقتصاديه جديدة في العالم توجه

(1) د. رسول راضي حربي، العولمة والمستقبل العربي، مصدر سابق، ص112.

(2) نيسلون ارود وجودي، انهيار الليبرالية الجديدة، مصدر سابق، 1999، ص72-73.

مركزياً وتنشط ميدانياً في ظل قواعد وشروط المنظمات التي تفرضها الادارة الامريكية على تلك المنظمات بفعل هيمنتها عليها.

ولتحقيق التواصل مع نتائج الثورة العلمية والتقانية فقد سعت الدول الاوربية من خلال تكتلها واندماجها والاستفادة من توسيع قاعدة البحث بما يمكنها من المنافسة والبقاء داخل الحلبة والصراع اقتصادياً بدل الصراع عسكرياً[1]. اضافة الى اتجاه الادارة الامريكية للضغط بكل ثقلها العلمي والتقني والاقتصادي والعسكري والسياسي للمحافظة على تفوقها امام الهجمة اليابانية الجريئة وتهديد مستقبل دول الجنوب التي لا تجد لها مكاناً في هذا التنافس الشرس[2].

7- المعلوماتية وثورة الاتصالات هي نتاج الاهتمام بالتكنولوجية والبحث والتطوير وستستمر التغيرات العلمية والتقنية لان دفق التغيرات التقانية راسخ ومستمر وانفاق نحو اربعمائة مليار دولار سنوياً على البحث والتطوير يجعل هذا التغير والتدفق في مجال التقنية غير قابل للتوقف. وتصبح الصناعة اكثر تقدماً بفعل التطور التكنولوجي الهائل[3]. وقد دفعت سرعة التقدم التقني في البلدان المتقدمة الى اعادة سياستها الصناعية على اساس مغادرة الانماط السابقة في الانتاج خاصة وان التنافس اصبح في ارتفاع المكون العلمي للسلعة والتحقق من استخدام تكنولوجيا متقدمة نتيجة الارتكاز على البحث والتطوير. وبموجب ذلك اصبحت دورة المنتج تعد بالاشهر مما يؤشر سرعة التقدم في التكنولوجية المستخدمة وينطبق هذا على المشروعات الكبيرة والمتوسطة والصغيرة بشكل عام. وهذا الامر يتجاوز اراء بعض الاقتصاديين (اراء شومبيتر) والتي ترى في قدرة وقابلية المشروعات الكبيرة على تخصص المزيد من الاموال لاغراض البحث والتطوير (R & D) غير ان الملفت للنظر حالياً هو الدور الذي تلعبه المشروعات الصغيرة والمتوسطة بالنسبة للابتكار والبحث والتطوير[4]. حيث تمكنت تلك المشروعات من استغلال الفجوات التي تتركها المشروعات الكبيرة والمتمثلة في الاتي:

---

(1) د. رسول راضي حربي، العولمة والمستقبل العربي، مصدر سابق، ص112-113.

(2) د. عبد الباري الدرة، العولمة ادارة التعدد الحضاري والثقافي في العالم وحماية الهوية العربية الاسلامية بحث في العولمة والهوية الثقافية، مصدر سابق، ص61.

(3) محمد المراياتي، عرض كتاب العرب وتحديات العلم والتقانة: تقدم من دون تغير لانطوان زحلان، المستقبل العربي، العدد 254، نيسان 2000، ص140.

(4) د. سمير امين، حول نظرية التضبط، بحوث اقتصادية عربية، العدد الاول، خريف 1992، ص8.

-قدرة المشروعات الصغيرة والمتوسطة الاستثمار في المجالات التي لا توليها المشروعات الكبيرة الاهتمام اللازم في حقل البحث والتطوير العلمي، ولمحدودية كلفة المخاطر لقلة كمية الانتاج فيها، وقابلية المشروعات الصغيرة والمتوسطة على تطوير وتحسين المكتشفات والمخترعات للاجهزة، والتكييف السريع تجاه التقلبات نظراً لضيق دائرة اتخاذ القرار الامر الذي يؤدي الى تقليص الوقت في الوصول للاسواق. ويتضح هذا لنا من خلال الجدول رقم (3):

1- الابداع التكنولوجي الجذري - على مستوى الدول الصناعية الاربع فقد وصلت حصة المشروعات الصغيرة 38.8% وفي امريكا بنسبة 39.8% وفي بريطانيا 38.1% في حين كانت نسبتها في فرنسا والمانيا 33.3%.

2- التحول الاساسي نحو التكنولوجيا اكثر حداثه فقد بلغت حصة المشروعات الصناعية الصغيرة في هذا المجال على مستوى الدول الصناعية الاربعة بنسبة (31.3%)، ما تحقق منها في امريكا بنسبة (38.1%) وفي المانيا (22.2%) وفي فرنسا (27.2%).

3- اما التحسين التكنولوجي فقد بلغت حصة المشروعات الصناعية الصغيرة على مستوى الدول الصناعية الاربعة بنسبة 32.7% ما تحقق منها في المشروعات الصغيرة في الامريكية بنسبة 35.1% مقابل 33.3% في المانيا و 50% في فرنسا.

من خلال ما تقدم يتضح لنا الدور الكبير الذي تقوم به المشروعات الصغيرة في درء المخاطر ومنح المرونة الكافية للمشروعات في المناورة بوحداتها الانتاجية بالرغم من ظروف عدم اليقين.

جدول رقم (3)

الابداع التكنولوجي في الدول المتقدمة في الوحدات الانتاجية

الدولة	حجم الوحدة الانتاجية	نوع الابداع التكنولوجي					
		ابداع جذري	النسبة	تحول اساس نحو تكنولوجيا اخرى	النسبة	تحسين تكنولوجي	النسبة
امريكا	صغير	25	39.8	27	38.1	34	35.1
	متوسط	8	12.6	11	15.4	15	15.4
	كبير	30	47.6	33	46.5	48	49.4
	المجموع	63	100	71	100	97	100
بريطانيا	صغير	8	38.1	-	-	-	-
	متوسط	-	-	3	27.2	8	100
	كبير	13	61.9	8	72.7	8	100
	المجموع	21	100	11	100	8	100
المانيا	صغير	1	33.3	2	22.2	2	33.3
	متوسط	-	-	1	11.1	1	16.6
	كبير	2	66.6	6	66.6	3	50
	المجموع	3	100	9	100	6	100
فرنسا	صغير	1	33.3	3	27.2	1	50
	متوسط	1	33.3	3	27.2	-	-
	كبير	1	33.3	5	45.4	1	50
	المجموع	3	100	11	100	2	100
المجموع	صغير	35	38.8	32	31.3	37	32.7
	متوسط	9	10	18	17.6	16	14.1
	كبير	46	51.1	52	50.9	60	53
	المجموع	90	100	102	100	113	100

المصدر:

Rustam La Kaka Technical entrepreneurs ship under condition of Global change cited in ESCWA – FES- ERF: Industrial strategies and polices N.Y 1996. P.436.

نقلاً عن عبد علي كاظم المعموري – محاولة الرأسمالية التكيف مع ازمتها، مصدر سابق، ص24.

ان التحول الجوهري الذي حققته الثورة العلمية والتقنية في الدول الراسمالية وفر لها المجال الواسع للتحكم في النشاط الاقتصادي بما يؤدي الى تبديل هيكل التقسيم الدولي للعمل واعادة تصنيف الانظمة الاقتصادية والاجتماعية على وفق مقاييس يضعها المشترطون والمتحكمون وبالمقابل لم يحدث ذلك التطور الماثل في دول الجنوب مما يهدد ويعمق الفجوة مع الشمال ويزيد من تدهور موقع الجنوب في الاقتصاد العالمي مع زيادة الدور المهيمن للشمال على حركة وادارة الاقتصاد العالمي. وبما يؤكد هيكل العلاقات الاقتصادية سيستمر لصالح الشمال على حساب الجنوب ويشكل هذا مصدر عدم استقرار الاقتصاد العالمي نتيجة لارساء قواعد السلوك التكنولوجي انطلاقاً من أن الازدهار الاقتصادي المتحقق لدولة الشمال يعتمد على مخزون المعارف والتقنية مما يضع دول الجنوب في موقع الشريك الضعيف في القسمة الدولية العالمية للعمل وتثبيت اوضاعها كاقتصادات غير مصنعه. أن ما وفرته الثورة العلمية والتقنية من تحقيق التقارب بين اطراف كوكب الارض وما اتاحته من تغيرات في امكانيات التخاطب الجماهيري واساليب اتخاذ القرارات اصبحت سمة بارزة في العصر الحالي ستترك اثارها على مستقبل اقتصادات الجنوب ومنها الاقطار العربية[1]. وتكشف الثورة التقنية في ذات الوقت الرغبة في التوسع والهيمنة من دول المركز مستغلة تقدمها العلمي والتكنولوجي اذن فالثورة العلمية هي القوة الرئيسية التي اسست للعولمة وهي المسؤولة عن كل المخاطر الامنية والبيئية والثقافية والسياسية التي تواجه الامم والشعوب الرامية من اجل تحريرها وتحقيق نموها وسيطرتها على مصيرها واللحاق بعصر العلم والتكنولوجيا.

من المناسب أن تشير الى أن التطور العلمي والتكنولوجي الذي حدث هو في حقيقته نتاج موضوعي لطبيعة التطورات التاريخية التي مرت بها البشرية وهي ملك لها وليس لفئة معينة أو شعوب بذاتها وهي بهذا تشكل عنصراً مهماً لعملية التطور الانساني، وان يوظف لخدمة الانسانية وتحقيق رفاهيتها وتحقيق المساواة والعدالة ورفع مستوى التطور الحضاري لها. ويقع على الانسانية جمعاء الحفاظ على التطور العلمي والعمل على تطور ودعمه لانه لخدمتها. الا أن الاستخدام الامبريالي لهذا التطور يجب محاربته والتصدي له لاستخدامه المنحرف والهادف الى تحقيق اعلى معدلات الارباح من خلال تحقيق فائض القيمة نتيجة استغلال دول الشمال للامكانيات المادية والبشرية لدول الجنوب، لقد اصبح الاستغلال كونياً ويحدث ذلك من خلال عولمة الاقتصاد والتقانة والمال وغيرها. مما يسلب بالنتيجة ارادة الشعوب بذريعة أن العالم

---

[1] راجع عبد الكريم كامل ابو هات، الشركات المتعددة الجنسيات والعولمة، العولمة والمستقبل العربي، مصدر سابق، ص92، 91.

اصبح قرية صغيرة واحدة. وما الحدود سوى عائق امام تركز رؤوس الاموال والنصائح والخدمات. ولعل الانعكاسات الاكثر خطورة على النظام العربي والمخاطر التي واجهت الوطن العربي في مرحلة معينة كانت من ذات المصدر [1].

وسيترتب عن ذلك اثار خطيرة لابد من اتباع ستراتيجية محددة لمواكبة التطور التقني والمحافظة على خصوصية المجتمع العربي.

4- مواجهة تحديات العولمة في المجال العلمي والتقني عربياً[2]:

بالرغم من سعي الدول العربية منذ استقلالها للتخلص من علاقات التبعية مع مستعمريها. غير أنها اخفقت في تطوير انظمتها الوطنية للعالم والتقانة وما زالت الفجوة التقانية في الدول العربية اخذة بالازدياد برغم ما تملكه من موارد طبيعية هائلة في مقدمتها (النفط) ولم تبدأ الدول العربية بعد التجارب مع مضامين ثورة تقانة المعلوماتية وقد دخلت القرن الحادي والعشرين. وفي ظل العولمة لم تعد التنافسية تقاس بمجرد الزيادة في الانتاجية بل انها تقاس اليوم بالقدرة على الابداع والتجديد والابتكار ولا يمكن مواجهة عصر تكنولوجيا المعلومات الا بالتخطيط ففي كل يوم تولد الاف التقنيات وتموت الاف البرامج والتقنيات بعد اعوام محدودة على ولادتها. تتطور مفاهيم وتتبدل.. حضارات وامم تعاني من تلاحق تطورات تكنولوجيا المعلومات ومن ضعف مرونتها في مواجهة التحولات مقارنة بالاسلوب الامريكي الذي يراهن على سرعة التغير والتطوير في تكنولوجيا المعلومات والاتصالات والتي تتقدم بسرعة كبيرة غير أن انعكاساتها الاجتماعية غير مرتبطة بخصوصيات كل مجتمع ومستوى تطوره وتقبله. ولما كان الفارق الحضاري مع دول الجنوب كبير تصبح هذه التكنولوجيا غريبة على هذه المجتمعات مما يؤثر على مستوى الاستثمار والتواصل وفاعلية الحلول والبرامج المقدمة مع هذه التكنولوجيا تجعل دول الجنوب والاقطار العربية مكمل تجاري لاستثمارات الشركات الامريكية التي لا تحترم خصوصية مجتمعنا وحاجاته. فضلاً عن قيامها بتعريف هذه البرامجيات كما هي دون تغيير لتكسب السوق العربية والمجتمع العربي هذا كله يؤكد أن الحل يكمن بمواجهة عربية لبناء صناعة برامجيات عربية تتفاعل مع خصوصية واحتياجات الشركات والمؤسسات العربية

---

[1] د. محمد طاقة، مازق العولمة، مجلة كلية بغداد للعلوم الاقتصادية الجامعة، العدد الاول، نيسان 2000، ص11.

[2] هاني شحادة الخوري، تكنولوجيا المعلومات على اعقاب القرن الحادي والعشرين - مدخل تعريفي لتكنولوجيا المعلومات، مصدر سابق، ص184-191.

- كذلك امين الخولي واخرون - تعقيب / العرب والعولمة، مصدر سابق، ص118-151.

ومجتمعنا العربي وتفعيل واستثمار اقتصادي فاعل لتكنولوجيا المعلومات والخروج من المأزق التكنولوجي ولمواكبة التقانة عالمياً وليكون تأثيره في العولمة اكثر ايجابية مما يستوجب اتباع الاتي:

1- اقامة منظومة علوم تقانة وطنية وكفوءة فاعلة من قبل كل قطر عربي لتحريك وتفعيل القدرات لتطبيق العلوم والتقانة وتوفير ادوات التعليم والتمويل والانتاج ومتطلبات تصميم مثل هذه المنظومات واحكام السيطرة والمتابعة والتغذية العكسية يحتاج الى قطاع تقني متطور والغرض من هذه المنظومة هو خلق مثل هذا القطاع لتمكينه من اقتراح البرامج والصناعات لمواكبة التطور التقني عالمياً واعتبار المنظومة الجهة المسؤولة عن وضع سياسات العلم والتقانة واعتبار تقانة المواد من اهم عناصر منظومة التقانة الحديثة.

2- انشاء منظومة علوم وتقانة قومية شاملة ترتبط بها المنظومات القطرية لاغراض التنسيق فيما بين المنظومات واستثمار المقومات الموضوعية في الوطن العربي سواء في حجم سوق التقانة ورأسمال البشري التقني للخروج من دائرة الركود التقاني وفتح خطوط التقدم والتعمق التقاني المتوفرة في الوطن العربي والتي فيها ميزة نسبية. اما فيما يتعلق بالبنية التحتية لتقانة المعلومات والاتصالات فان الضرورة الحتمية تقضي بتكامل شبكات الاتصالات العربية وانشاء هياكل ارتكازية جديدة لشبكة معلومات متعددة واعادة هيكلة القطاعات الخاصة بها لان التحدي الحقيقي لمواجهة العولمة بمضمونها الحضاري هو في مضمون المعلومات وكيفية نشر المعرفة عن ثورة المعلومات خصوصاً في وسائل الاعلام الجماهيري.

3- تطوير النظام التعليمي العربي باعتباره ركناً اساسياً في زيادة القدرة على الابداع والتجديد والابتكار العلمي، واحداث ثورة في مناهجة واساليبه لتحسين نوعية النظام التعليمي الفني والجامعي وما بعد الجامعي لتنمية القوى البشرية القادرة على مواجهة تحدي التقانة وتأهيل خريجي الجامعات للانتقال الى نوع جديد من التعليم يرتكز على البحث العلمي وتحفيز الابداع وبكفاءة عالية. واعادة النظرة الشاملة في البرامج التعليمية ولمضامين هذه البرامج خاصة اللغة العربية ولمفهوم المعلومات أي ما يطلب من الطالب اكتسابه من مهارات في برامج التعليم ليتملك مهارة الغوص في دفق المعلومات وانتقاء الانسب منها.

4- ضرورة تطوير النظم التي تستوعب البحث العلمي وربطه مع حركة المجتمع التنموية واستيعاب العقول في المؤسسات البحثية والحركة العلمية والا استمر نزيف العقول في وطننا العربي الى بلاد اخرى تستوعب نظمها العلمية هذه العقول في الة الحرة العلمية.

5-زيادة الانفاق على البحث والتطوير (R & D) باعتباره جزءاً حيوياً في تطوير التقانة وفي النشاطين (العام والخاص) وبما يؤدي الى انتزاع المزيد من هامش التنافسية وعلى مستويين

- تخفيض تكاليف وحدة المنتج النهائي.

- تطوير تقنية واداء المنتج ذاته وتحسينها.

ولا يكفي الانفاق على البحث والتطوير وحده بل لابد من تحفيز وتنشيط جانب الطلب على مخرجات نشاط البحث والتطوير من خلال الصناعات وفروع النشاط الاقتصادي الأخرى وعلى الصعيد الاقليمي -قيام اطار منظومي متشابك ومتكامل الحلقات بين اجهزة ومؤسسات البحوث والتطوير التقاني وبين الصناعة والتبادل التجاري اضافة الى احداث التغيرات التنظيمية والادارية اللازمة على صعيد المنشأة والوحدة الانتاجية والخدمية لمواجهة التطورات الحديثة في مجال تقانة المعلومات وربط المجهودات القطرية بين الدول العربية في مجال البحوث والتطوير التقاني.

6- اقامة شبكة داخلية (للانترنيت) ملائمة لحاجات المعلومات بين مؤسسات الاقطار العربية وملبية لمتطلبات المجتمع العربي تستخدم لتحقيق الارتباط الداخلي وتبادل وخزن المعلومات فيما بين المؤسسات العربية وربط هذه الشبكة، بشبكة الانترنيت وستساعد هذه الشبكة على تعميق فرص التبادل التجاري وتسهيلها في اطار السوق العربية وعلى صعيد البنية التحتية لتقانة المعلومات والاتصالات تطوير حركة البحث العلمي وتوفير الموارد الباهضة فهناك انواع كثيرة من المعرفة والعلوم محظور تصديرها الى الدول العربية وهناك مواد مصنعة تمنع الشركات التي صنعتها من تصديرها الى اقطارنا..

7- التكامل العربي ضرورة حتمية واساسية لخلق حركة علمية بحثية ولابد من توفير الامكانيات المادية الباهضة التي لا يمكن لدولة عربية واحدة من تأمينها لتوسيع دائرة التواصل والتكامل في مجتمع البحث العلمي العربي.

8- التعجيل بدخول ميدان التقانة الحيوية والهندسة الوراثية وتطبيقاتها الزراعية والطبيعية والبيئية حيث يشكل هذا الميدان احد ملامح العصر القادم وتطبيقاته اقل تكلفة واعلى عائد من صور التقانة الأخرى التي ارهقت الموازنات العربية بنمط توفير قاعدة معرفية كافية من الموارد المهنية والخبرات البشرية العربية، ونقل هذا النوع من التقانة لا يصادف العقبات نفسها التي تصادف نقل التقانة الصناعية كما أن تحديات الزراعة والامن الغذائي في الوطن العربي لن تجد حلاً ناجحاً الا من خلال هذه التقانة.

9- تطوير وتطويع اللغة العربية التي تعاني الازمة الاشد في اساليب تعليمها وفي قدرة العلماء على تطويرها وتطويعها وتحريرها من القيود التي تمنعها من مسايرة متطلبات التطوير.

10- السعي لتطوير الالة الذكية القادرة على التعامل مع اللغة الطبيعية والحية تحليلاً وفهماً ثم توليداً وتخليقاً. لان تطوير تقانات قادرة على التعامل مع اللغات الحية التي يتم تداولها في هذه التقانات هو خيار مشروع خصوصاً مع ظهور الاتجاه العالمي لفرض لغة عالمية محددة من خلال السعي لتطوير استخدام الشفرة الموحدة للغات والتحدي الحقيقي هو بضرورة الاصرار على استخدام اللغة العربية ومن اجل ذلك لابد من تحقيق الاتي:

11- السعي الجاد لاعادة النظر في تدريس اللغة العربية وفي تطوير وسائل حديثة بذلك ونشرها بشكل واسع ومواجهة التدهور الملحوظ من الاهتمام باللغة العربية كأداة حضارية في المدرسة.

12- الحد من هجرة العقول العربية الى الخارج واستثمار قدراتهم العلمية في تحقيق التنمية الاقتصادية وسن التشريعات وتقديم المنح المادية لتجاوز السبب الاقتصادي الذي يعد الرئيس في هجرة تلك العقول. وتكوين كيان علمي مؤسسي- يتخذ شكل السلطة العلمية المستقلة الحرة في قراراتها والتي يمكن من خلالها رفد السلطات السياسية والتشريعية فيما هو ضروري لعملها وبدون ذلك فان جميع الاجراءات التي تتخذها الاقطار العربية لوقف نزيف الهجرة لن يكتب له النجاح.

الفصل الثاني

دوافع النظام الرأسمالي للتسريع
في بلوغ المرحلة الاخيرة للعولمة

مقدمة:

ان التطور الذي مر به النظام الرأسمالي العالمي مهد لنشوء ظاهرة العولمة للهيمنة على العالم. فقد تمكنت بريطانيا من اواخر القرن الثامن عشر الى عام 1914 من انشاء نظام معولم على الطريقة البريطانية بعد ان هيمنت وبالوسائل العسكرية المباشرة وغير المباشرة على 85% من سطح الكرة الارضية وقد كان هذا النظام المعولم البريطاني هو المرحلة الثانية من العولمة القسرية الاولى التي امتدت من القرن السادس عشر الى اواخر القرن الثامن عشر- وبالمقابل فان امريكا تمارس كل اشكال الهيمنة مجتمعه في ظل نظرية عولمة العالم وتوحيده بالقوة واجبار دول العالم وشعوبه الاعتراف بزعامتها وقد استخدمت امريكا في اعقاب الحرب العالمية الثانية مداخل اخرى تختلف عن النزعة الاوربية وهذه المداخل اتسمت بتبني حقوق الانسان ومقولات العدالة والحرية والاخاء والمساواة وحق تقرير المصير ونشرة في كل الامم والشعوب والدفاع بحماس عن حق الشعوب الخاضعة للاحتلال لنيل استقلالها والدعوة الى بناء نظام عالمي كوني جديد متحرر من الاستعمار القديم لان افقار الشعوب ونهب المستعمرات على وفق الطريقة القديمة سيضع الحواجز مستقبلاً امام تطور الرأسمالية وانتشارها وغلق الاسواق سيؤدي الى كساد آخر على غرار كساد 1929 – 1933. ودعوة امريكا لنيل الشعوب استقلالها من اجل التنمية ورفع المستوى المعاشي غير ان الهدف الاساسي من دعوتها ليس بدافع تحرير الشعوب من الاستعمار بل لاعادة صياغة النظام الرأسمالي العالمي بتفكيك القوى الاستعمارية القديمة (فرنسا وبريطانيا) لتكون السيادة للاقتصاد الامريكي في تلك المرحلة وحرصها على ايجاد اسواق في المناطق التي هيمنت عليها تلك القوى. وعدم ابقائها مصدراً للمواد الاولية كما اتجهت للصراع مع الاتحاد السوفيتي ابان الحرب الباردة التي انتهت بانتهائه وما ان انهار الاتحاد السوفيتي فانطلقت غرائز الرأسمالية فبلورت صيغاً واشكالاً جديدة للهيمنة الراسمالية عن طريق خلق مفاهيم وزرعها خارج حدودها مثل نهاية التاريخ وصراع الحضارات والثورة المعلوماتية والعالم قرية كونية هذه المفاهيم تكشف عن سيطرة دول المركز على دول الجنوب وفق صيغة جديدة اكتسبت مصطلح العولمة التي تدعو الى تدمير الحدود وانهاء تدخل الدولة في الشؤون الاقتصادية وتدمير المؤسسات الضابطة باتجاه هيمنة السوق الكونية وتكوين حكومة عالمية من موقع المركز الاعلى للعولمة. امريكا كمحور للعالم لفرض هيمنتها بقوة السلاح حيناً وبقوة السوق حيناً اخر والمناداة

بامريكا السلطة التي لا غنى عنها لضبط العالم وتصفية الارهاب ومنع اثار اسلحة الدمار الشامل واسقاط الدول الشريرة الخارجة عن امريكا وقانونها وفرض العدوان والحصار عليها وهذا ما تمارسه لاجبار العالم وشعوبه والاذعان لها. لقد امتلكت امريكا من القدرات الاقتصادية والعسكرية والتقنية ما اعانها على صياغة مسار العولمة ولمواجهة الازمات فقد طورت المنظومة الرأسمالية آليات هيمنة واحتكار جديدة لادارة الاقتصاد العالمي ادارة شديدة المركزية وما زالت مستمرة في تطوير هذه الاليات الجديدة كلما اشتدت ازمتها الداخلية والخارجية، وتدعو امريكا العالم الراسمالي بتبني نظرة شمولية لمعالجة الازمات بنقلها وتصديرها للخارج للخروج من ازمات الراسمالية واتاح الانتقال الالكتروني لرؤوس الاموال باشاعة المضاربة المالية في الاسواق فكانت الازمات المالية واحداً من نتائج العولمة فضلاً على مساهمة لتقدم التقني باشاعة العولمة الاقتصادية والثقافية على العالم بطغيان الثقافة الامريكية على ثقافات العالم الاخرى وطمس خصوصياتها واشاعة النمط والاستهلاك والذوق الامريكي وفرضه على العالم فبرنامج المنظومة الراسمالية الامريكية يعني احكام السيطرة على دول الجنوب ومنعه من تحقيق التنمية واحتكار المراكز المسيطرة على التحولات المالية عالمياً بفضل عولمة نشاط المؤسسات المالية لسيطرة امريكا على قوة السلطات المالية العظمى وقد مهد لها ذلك في قيادة عولمة مالية وقد ساهمت الاجراءات التي اعدتها الراسمالية لتحرر حركة رؤوس الاموال من القيود المفروضة وقد ساهمت الثورة التقنية دوراً في جعل الاسواق المالية اكثر ترابطاً واقدر على ايجاد فرص الاستثمار وقد احدث هذا التطور انتشار المضاربة المالية لاضعاف كيانات الدول وتمزيق شعوبها ومجتمعاتها وارساء عدم الاستقرار الاقتصادي والسياسي والنزاعات القومية والاقليمية ونشر العولمة المسلحة وعدم الاكتفاء بنشر مفاهيم الامركة وفرضها على العالم بهدف احتراق الاسواق ومصادرة سيادتها الاقتصادية بل فرض نمط التنمية والحاقها بالاقتصاد العالمي لتؤدي وظائف مجددة اضافة الى تكريس مبدأ حق التدخل في الشؤون الداخلية وتحت ذرائع مختلفة لتسريع العولمة المطلقة واستمرار سيادة التفرد والهيمنة لاطول مدة ممكنه من غير شراكة احد حتى حلفاؤها ومنع ظهور نظام دولي متعدد الاقطاب للسيطرة على الموارد الاقتصادية في عالم الجنوب وتعبئة موارده لتكريس نمط الحياة الامريكية والحفاظ على رفاهية الشعب الامريكي. وتكريس التجزئة باقامة الترتيبات الرأسمالية والصهيونية وطمس هوية الوجود العربي حفاظاً على امن الكيان الصهيوني ومصالح الرأسمالية في الوطن العربي ومن هذا المنطلق يتناول الفصل الثاني عبر المباحث الاربع التالية:

المبحث الاول: دافع الهيمنة والاستحواذ.

المبحث الثاني: دافع الخلاص من التضخم الركودي.

المبحث الثالث: دافع ردع التطور الاقتصادي والثقافي.

المبحث الرابع: تمرير المشروعات الراسمالية الصهيونية.

المبحث الاول

دافع الهيمنة والاستحواذ

مقدمة:

ان العولمة ليست سوى الوجه الاخر للهيمنة الامبريالية على العالم تحت الزعامة المنفردة لامريكا. ومن خلال متابعة ايديولوجية التاريخ الكوني او الشمولي في القرنين الماضيين التي انطلقت من الادبيات المركزية الاوربية في مرحلة صعودها. فقد اعتبرت الولايات المتحدة جزءاً لا يتجزأ من مسيرة التاريخ الكوني لانها الوريث الطبيعي والبديل الشرعي للمركزية الاوربية بالدرجة الاولى، وهذا ما نفسر النزعة العسكرية الامريكية الحالية للسيطرة على العالم. كامتداد للنزعة المركزية الاوربية لاقتسام العالم بالقوة من القرن التاسع عشر - قرن الاستعمار المباشر بكل اشكاله. وممارسة الولايات المتحدة مجتمعه في ظل نظرية عولمة العالم لتوحيده بالقوة الامريكية واجبار دولة وشعوبه على الاعتراف لها بالزعامة في قيادة العالم وصولاً الى التاريخ الكوني الشمولي. واذا كانت النزعة العسكرية الاوربية قد رافقتها مداخل ثقافية واقتصادية وسياسية وحضارية لتوحيد العالم وتبني حقوق الانسان، والعدالة والحرية والاخاء والمساواة والافكار الليبرالية والديمقراطية، وبناء الدولة القومية والوطنية والحفاظ على التراث الانساني فقد افتقدت النزعة الامريكية هذه المداخل الاخرى ببناء علاقات ذات اشكال اخرى غير عسكرية مع العالم غير الاوربي. وان كانوا قد تاثروا في الحرب العالمية الاولى الى حد بعيد بالسلوك الثقافي الاوربي مثلاً في مبدأ ويلسون: حق الشعوب في تقرير مصيرها، فدافعت بحماس عن حق الشعوب الخاضعة للاحتلال من اجل نيل استقلالها السياسي كما دعت الى بناء نظام كوني او عالمي جديد متحرر من مقولات الاستعمار القديم. وبالفعل اتجهت الى الصراع ضد النظام الاشتراكي (الشيوعي) ابان الحرب الباردة التي انتهت بهزيمة الاتحاد السوفيتي والكتلة الاشتراكية عام 1989 فان هذه النظرية والشعارات الامريكية، لم تعمر طويلاً نزعان ما تبنت امريكا - نزعة عسكرية واضحة للسيطرة على العالم بالقوة عرفت بالعولمة الامريكية التي تمثل استمراراً للنظام العالمي القديم وان كان بدون ركائز ثقافية على المستوى الكوني.ومن هذا المنطلق يستعرض المبحث مايلي:

المطلب الاول: تطور الهيمنة والاستحواذ.

المطلب الثاني: العولمة والامركة.

المطلب الثالث: الامركة والعولمة المسلحة.

المطلب الاول

تطور الهيمنة والاستحواذ

مرت العولمة بمرحلتين تاريخيتين عبرت الاولى "العولمة القسرية" عن نفسها مع بداية تكون الرأسمالية الحديثة في اوربا، فسادت اواخر القرن السادس الى اواخر القرن الثامن عشر، برزت فيها ظاهرة الكولونيالية (مرحلة الاستغمار التجاري) وسيادة الطابع التجاري للتوسع الراسمالي الاوربي وقيام السوق الرأسمالية (اممية راس المال) فقد ادت الى فقدان المناطق التي تم استغلالها لحريتها واستقلالها في مبادلاتها التجارية واستمرار طابع النهب والقرصنة حيث شكلت الثروات التي تملكها الدول في اسيا وافريقيا واميركا الشرط الضروري غير المتكافئ لانتقال بريطانيا اولاً ودول اوربية اخرى فيما بعد الى مرحلة الرأسمالية الصناعية والمالية. اذن الرأسمالية التجارية في تلك المرحلة أو العولمة كانت مفترسة تخريبية وقسرية في ذات الوقت[1]. حيث اصبح للدول الاوربية امبراطوريات استعمارية لها مستعمراتها وممتلكاتها في جميع انحاء العالم، تغلبت بريطانيا على الدول الاوربية في السيطرة على المسارات البحرية والطرق الرئيسة وتقلت ثروات الشرق لمتطلباتها في التنمية الاقتصادية معتمدة على توسيع اسواقها الخارجية للسلع الصناعية البريطانية ودعم صناعات التصدير وحماية الصناعة المحلية والملاحة البحرية وتاريخ شركة الهند الشرقية وسرقتها ثروة الهند ونقلها الى بريطانيا[2]. طيلة ثلاث قرون مثلاً واضحاً على بناء الاقتصاد الاستعماري، لغاية اواخر القرن الثامن عشر تمكنت بريطانيا من فرض نفوذها وسيطرتها الاقتصادية على نصف الدول التي استعمرتها الدول الاوربية[3].

وطيلة الفترة الممتدة من اواخر القرن الثامن عشر الى سبعينات القرن التاسع عشر بدأت الدول الرأسمالية في تطويع وتكييف المناطق المسيطر عليها وبما يتماشى مع الحاجات المتغيرة الجديدة لتطور الرأسمالية الصناعية حيث اتسعت الحاجة للموارد الخام اللازمة للصناعة وارسيت دعائم التخصص وتقسيم العمل الدولي غير المتكافئ وحدث تطور جذري في طبيعة العلاقات القائمة بين الدول الرأسمالية ودول الجنوب المستعمرة، اصبحت الرأسمالية بائعة لمنتجاتها وباحثة بشكل مستمر عن اسواق لتصريف فائض انتاجها السلعي لضيق اسواقها المحلية عن استيعابه. جراء هذا التناقض القائم بين قدرة نمط الانتاج الرأسمالي المتسعة للانتاج وقدرته المحدودة على

---

[1] **محمد الاطرش، تطور النظام الدولي، المستقبل العربي، ايار /1993، ص23-25.**

[2] **نايف علي عبيد، العولمة والعرب، مصدر سابق، ص24.**

[3] **علي كاشف الغطاء، دور الدبلوماسية البريطانية في تغلغل النفوذ البريطاني في العراق، آفاق تجريبية، ايلول / تشرين الاول 1997، السنة 22 بغداد، ص30.**

الاستهلاك ونتيجة العلاقات الملكية والتوزيع- جاءت ضرورات غزو الجنوب واستعمارة وانطلقت بريطانيا لبناء "نظام معولم" واعادة تشكيل بنيتها الانتاجية والاجتماعية ليتجاوب ذلك مع متطلبات تراكم راس المال واستمرار ديمومته.

برز صراع جديد بين القوى الاستعمارية للتسابق على تقسيم المستعمرات لبروز قوى استعمارية جديدة (المانيا، بلجيكا، ايطاليا، امريكا، اليابان، روسيا) وحتى الحرب العالمية الاولى 1914 كانت مساحة المستعمرات في مناطق العالم المختلفة تقدر بحوالي 65 مليون كلم مربع موزعة بين الدول الاستعمارية الست الكبرى تعادل 50% من مساحة المعمورة وباضافة مساحة المستعمرات التي تخص الدول الرأسمالية الصغرى البرتغال وهولندا – فالنسبة ترتفع الى 67%[1].

ما تقدم يؤكد لنا أن سياسة الاستعمار واحدة وغايتها شمولية الاستغلال والتحكم في اسعار المواد الاولية والمنتجات تامة الصنع واحتكار التجارة الخارجية وتسخير الالاف من سكان المستعمرات لبناء المشروعات الاحتكارية للحصول على الارباح التي تفوق رؤوس الاموال التي تستعمرها. كما أن التوحيد والدمج الذي حصل بفعل السيطرة العسكرية والسياسية باستخدام القوة التي تركت اثارها الواضحة على الدول المستعمرة.

لقد ربط (مالشس) بين الظاهرة الاستعمارية والموارد البشرية والموارد المادية مؤكداً لما كانت الموارد المادية مرتبطة بهبات الطبيعة فلا بد من توسيع قاعدتها فكانت وسيلة الدولة التي تتقدم فيها الصناعة، هو التعدي على هبات الاخرين وانشاء الجيش القوي اللازم لفتح المستعمرات الجديدة مما يتعين على الدولة القيام به وهكذا اضيفت الى وظيفة الحراسة للدولة وظيفة عدوانية لتامين مصادر الموارد الاولية لدى المجتمعات التي تصل الى مرحلة الصناعة. اما ريكاردو ومزاياه النسبية فقد برر تخصص المجتمعات غير الصناعية في انتاج المواد الاولية وحتى اذا استطاعت اتقان النشاط الصناعي. فان الفرصة ستتاح لها اكبر في مجال التخصص.

اذن فان التطور الذي مر به النظام الاقتصادي العالمي مهد لنشأة الظاهرة الاستعمارية الرأسمالية في حين تبقى دول الجنوب سوقاً للمنتجات الصناعية لدول المركز حسب المواصفات التي تحددها كما عليها أن يكون سلوكها وفقاً لذلك استهلاكاً واستثماراً أو انتاجاً وهكذا كان الاستعمار يمثل استحواذاً وهيمنة من دول المركز على الموارد الاقتصادية للمستعمرات بقوة الاحتكار وحجب منتجاتها واسواقها من باقي القوى الاستعمارية والسعي لحماية مصالحها باستخدام القوة المسلحة لو اقتضى الامر.

---

[1] **د. رمزي زكي، التاريخ النقدي للتخلف، مصدر سابق، ص52-53.**

لقد استمر حرص دول المركز على عدم دخول المستعمرات في مجال التصنيع كي لا تستفيد من وفورات الحجم وانخفاض تكاليف الانتاج[1] وهذا ما دفع بريطانيا لبناء النظام المعولم بعد أن ظهرت كاقوى امبراطورية في العالم، بعد أن سيطرت على الامبراطورية البرتغالية واستيلاؤها على المستعمرات الفرنسية وقسم كبير من الامبراطورية الهولندية وانهيار الامبراطورية الاسبانية في حين انفصلت المستعمرات الامريكية الثلاث عشر عن انكلترا سنة 1776 حيث استقلال اميركا [2] وبذلك اصبحت هيمنة بريطانيا على ملكية 55% من سطح الكرة الارضية عام 1800 ارتفع الى 67% عام 1878 وفي عام 1914 وصل الى 85% من مستعمرات ومحميات [3] وبهذه الطريقة اخذت المرحلة الثانية من العولمة تتبلور في سباق تحول الراسمالية باتجاه الاستعمار (الكولونيالية) والامبريالية على امتداد القرن التاسع عشر وما بعده من القرن العشرين. فقد كان لتراكم راس المال المستمر دوراً في توسع بريطانيا ونتيجة لتفوقها عسكرياً وزراعياً وتجارياً وخلق اسواق لها ومصادر للمواد الخام.

كما ساهمت الثورة الصناعية الاولى ونتائجها المهمة في تحويل بريطانيا الى الدولة الرأسمالية الصناعية الاولى في العالم والدولة الاستعمارية الاولى واستمرت حاجتها للمواد الاساسية والاسواق الجديدة لصناعتها، كما مهدت الثورة الصناعية الطريق لتصبح الكرة الارضية قرية صغيرة ومعولمة على وفق الطريقة البريطانية [4] واستمر الغرب في هيمنته السياسية والاقتصادية والثقافية على دول الجنوب ومنها الوطن العربي وعزل دول الجنوب عن بعضه وربطه منفرداً بدول المركز فضلاً عن عرقلة أي مجهود تصنيعي جاد تقوم به. فارسيت دعائم التخصص وتقسيم العمل الدولي غير المتكافئ بين دول المركز ودول الجنوب[5] كما اتسمت المرحلة بالصراع الجديد للتسابق على اقتسام المستعمرات بين دول المركز بعد فقدان بريطانيا لتفوقها البحري وبروز قوى استعمارية ذات قدرات صناعية لبناء قوة منافسة يمكنها من تحدي هيمنة انكلترا (مثل المانيا، بلجيكا، ايطاليا، اميركا، اليابان، روسيا) المهم أن اوربا

---

(1) محمد محمود الامام، العولمة والتحولات المجتمعية في الوطن العربي، مصدر سابق، ص77-78.
كذلك جلال امين، العرب والعولمة، مصدر سابق، ص85.

(2) J.M. Reberts History of the world p.112

(3) ادوارد سعيد – الثقافة والامبريالية، ترجمة كمال ابو ديب، د ار الاداب، بيروت، 1997، ص78-79.

(4) د. عدنان مسلم-العولمة والمشرق العربي قراءة تاريخية، بحث في العولمة والهوية الثقافية، مصدر سابق، ص143-149.

(5) د. رمزي زكي – تاريخ التخلف النقدي، مصدر سابق، ص53.

الاستعمارية طوال القرون ومنذ القرن الخامس عشر مارست التخريب المتعمد والفوضى منذ البداية ثم المنظم بعد ذلك لمجمل اقتصاديات ومجتمعات المناطق المستعمرة[1].

لقد حصلت عملية التخريب لدول الجنوب في التخلف النقيض المباشر للتقدم الاوربي وحتى انتهاء الحرب العالمية الاولى (1914-1917) استطاعت اوربا أن تحقق تقدمها في التطور الاقتصادي والاجتماعي من جهة اخرى تم اقتسام العالم (افريقيا، اسيا) بين الدول الاوربية الاستعمارية[2]. لقد واجهت الرأسمالية الامبريالية خلال الفترة اختراقاً كبيراً من موقع ثورة اكتوبر 1917 وحركات التحرر العالمية ثم المنظومة الاشتراكية وحركات التحرر الجديدة في اسيا وافريقيا واميركا اللاتينية لقد انتهى الاستعمار القديم بنهاية الحرب العالمية الثانية وحدث انهيار واسع المدى للنظام الاستعماري وتعرضت الاستثمارات الاجنبية الخاصة في العديد منها للتاميم أو المشاركة في ملكيتها وارباحها ووضع القيود والضوابط التي اصبحت تحد من حركة هذه الاستثمارات مقابل ذلك ورثت انظمة الحكم الوطنية في الدول المستقلة حالة من التخلف الاقتصادي والاجتماعي بفعل الاستنزاف الشديد لمواردها ابان فترة الكولونيالية والخضوع للتقسيم غير المتكافئ في العمل الدولي فكان الديون الخارجية للدول المستقلة ضئيلة جداً ولا تشكل وزناً محسوماً من حيث ثقل اعباء خدمتها غير أن الدول المستقلة من الناحية الواقعية كانت في حالة مديونية شديدة لضخامة حجم الاستثمارات الخاصة المباشرة المتواجدة في اراضيها[3].

وبعد عصر التحرر من الاستعمار في القرن العشرين بدأت اشكال الاستعمار الجديدة بالظهور بأسم مناطق النفوذ والاحلاف العسكرية مما يعني عودة الغرب الى حدوده الطبيعية برغم بقاء اثار الهيمنة اقتصادياً وسياسياً وثقافياً وفي نهاية الثمانينات اخذت تتبلور صيغ وباشكال جديدة للهيمنة عن طريق خلق مفاهيم وزرعها خارج حدوده قبل نهاية التاريخ، ثورة الاتصالات، العالم قرية كونية واحدة، صراع الحضارات الادارة العليا كلها مفاهيم تكشف عن سيطرة المركز على الجنوب في تاريخ العالم الحديث في صيغة جديدة اكتسبت مصطلح العولمة[4] لكل ما تقدم فان ما يجمع بين المرحلتين المذكورتين للعولمة (القسرية) الاولى التي برزت مع نشأة الرأسمالية والعولمة الجديدة التي شاعت في عقد التسعينات فان كلتيهما تنطلقان من مبدأ مركزي هو محاولة

---

[1] ماهر الطاهر، النظام الاقليمي العربي في مواجهة الاستراتيجيات المضادة، بحث في العولمة والتحولات المجتمعية في الوطن العربي، مصدر سابق، ص160.

[2] راجع للمزيد د. محمد عبد الشفيع عيسى، رؤية المستقبل العربي من التحديث الى استبساق التطور الحضاري، بحث في العولمة والتحولات المجتمعية في الوطن العربي، مصدر سابق، ص159-164.

[3] د. رمزي زكي، بحوث في ديون مصر الخارجية، مكتبة مدبولي، القاهرة 1985، ص215.

[4] د. حسن حنفي، د. صادق جلال العظم، حوارات لقرن جديد، ما العولمة، مصدر سابق، ص30-31.

توحيد العالم تحت هيمنة السوق الرأسمالية. والياتها واهدافها الاستراتيجية غير أن ما يميز بينهما يقوم على التالي.

العولمة القديمة الاولى (القرية) التي سادت من اواخر القرن السادس عشر- الى 1914 في ظل النظام الرأسمالي بوجود الدولة والمؤسسات السياسية التي تتدخل لصالح ضبط السوق في حين أن العولمة الجديدة تدعو الى تدمير الحدود الوطنية والقومية ومعها الى تدمير الدولة والمؤسسات الضابطة باتجاه هيمنة رأسمالية السوق الكونية وعلى هذا الاساس كان سقوط الكينزية التي هيمنت منذ مرحلة ما بعد الحرب العالمية الثانية الى الثمانينات. فقد اكدت الكينزية على ضرورة التدخل من قبل الدولة لضبط العلاقة بين العمل ورأس المال وضرورة الحفاظ على الدولة الوطنية. كما تدعو العولمة الجديدة الى تكوين حكومة عالمية من موقع المركز الاعلى للعولمة أي من موقع امريكا كمحور للعالم لغرض هيمنتها بقوة السلاح حيناً وبقوة السوق حيناً اخر والاشتراط على العالم ودول الجنوب ضمناً الى تبني تحويل الملكية من القطاع العام الى الخاص وتبني اقتصاد السوق والتعددية السياسية تحت غطاء حقوق الإنسان والمناداة بامريكا السلطة التي لا غنى عنها لضبط العالم وتصفية الارهاب ومنع انتشار اسلحة الدمار الشامل واسقاط الدول الشريرة الخارجة عن امريكا وقانونها وفرض الحصارات عليها مثل العراق – كوريا الشمالية - كوبا – ليبيا – السودان لقيام عالم من صنع امريكا على شكلها ومثالها فالعولمة هي محاولة لامركة العالم.

امريكا والعناصر الاقتصادية لقيادة المنظومة الراسمالية العالمية:

ظلت بريطانيا حتى الحرب العالمية الاولى الدولة النواة التي تربعت في المنظومة الراسمالية للسيطرة والهيمنة حيث كانت الاقوى عسكرياً لسيطرتها على القسم الاكبر من المستعمرات واقتصادياً فمن خلال بنوكها ونظامها المصرفي كانت تتم معظم عمليات التجارة الدولية وتمكنت من صياغة نظام النقد الدولي وفقاً لنظامها النقدي المحلي (قاعدة الذهب) Cold Standard. وان تجعل من الجنيه الاسترليني عملة الاحتياط الدولية وبه تتم تسوية المدفوعات الدولية.

أن الدولة النواة التي تقود المنظومة الرأسمالية للسيطرة والهيمنة يجب أن تتمتع بقوة اقتصادية وعسكرية بين دول المنظومة ومن المستبعد وجود منظومة وتشغيلها دون وجود دولة النواة التي تلعب دور القيادة وبمقدار ما ينتاب الضعف قوة تلك الدولة النواة أو تنازعها في السيطرة دولة أو دول اخرى فالمنظومة بكاملها تتعرض للازمات والاضطرابات خلال فترة ما بين الحربين العالميتين الاولى والثانية تنازعت بريطانيا وامريكا على قيادة المنظومة، وقد شهدت

الفترة صراعات حادة بين الدول القوية في المنظومة انتهت بقيام الحرب العالمية الثانية⁽¹⁾. وفشل النازية في الحرب العالمية الثانية، لم تدخل امريكا الحرب وبرزت امريكا في الساحة العالمية، في النصف الثاني من القرن العشرين.

فقد ادت دوراً رئيساً في دعمها للرأسمالية، حيث كانت اكبر سوق واكبر دولة مصدرة في العالم وجعلت من بناء اقتصاد عالمي رأسمالي حجر اساس في توجهها على الصعيدين السياسي والاقتصادي الدولي لتصبح اقوى دولة اقتصادياً وعسكرياً ومالياً من دون منافس وقد مكنها ذلك من أن تتولى قيادة المنظومة الرأسمالية وفرض مقترحاتها الكيفية قيادتها عالمياً وقد حددت آليات عملها خلال الحرب العالمية الثانية وبعدها يحث حقق لها الموقع القيادي في المنظومة من خلال:

1- قيامها بتشغيل كل طاقاتها الانتاجية خلال فترة الحرب ومد المجموعة الاوربية بالاسلحة والمواد الاستهلاكية نتيجة الضعف الذي لحق بالمجموعة الاوربية جراء الحرب حيث قامت بتشغيل كل طاقاتها وتغلبها على مشكلة البطالة وفتح الاسواق امام منتوجاتها واستثماراتها المستندة على تطبيق منجزات العلم والثقافة.

2- جعلت من النمو الاقتصادي منطلقاً في توجهها على الصعيد الاقتصادي الدولي فمصلحتها في النمو الاقتصادي يقوم على امرين الاول أن النمو العالمي يغذي نموها الاقتصادي، اما الثاني فيمكنها من المحافظة على انظمتها ومؤسساتها الرأسمالية ضد التهديدات الشيوعية السوفيتية.

3- انفقت الكثير لنشر اقتصادات رأسمالية في بلدان اخرى، خاصة عدويها السابقين المانيا واليابان وفي بلدان اوربا وفي شرق وجنوب اسيا اضافة الى اعادة اعمار اوربا الغربية التي دمرتها الحرب من خلال مشروع مارشال ومساهمتها مالياً بتخصيص (13-15 مليار دولار) كما قدمت مساعدات ضخمة في شرق اسيا وجنوب شرق اسيا واستعملت امريكا مساعداتها الخارجية لمناطق اخرى في عالم الجنوب تعزيزاً للمؤسسات والاقتصادات الرأسمالية حيثما امكنها ذلك.

4- وتحقيقاً لاستراتيجيتها الدولية فقد وظفت سوقها الداخلية الواسعة وفتحها امام حلفائها حدود المانيا واليابان ودول جنوب اسيا (تايوان، دوريا الجنوبية) لمعاونتها في تحقيق النهوض والتنمية في اقتصادياتها يكون التصدير قوتها الدافعة فقد كان من اثار ذلك خلق عجز في

_____

⁽¹⁾ د. رمزي زكي، الاقتصاد العربي تحت الحصار، دراسات في الازمة الاقتصادية العالمية وتأثيرها في الاقتصاد العربي مع اشارة خاصة على الدائنية والمديونين العربية، مركز دراسات الوحدة العربية، بيروت 1989، ص62.
- راجع كذلك نيلسون اروجودي سوزا، انهيار الليبرالية الجديدة، مصدر سابق، ص41.

ميزان امريكا التجاري فقد كان الهدف من معاونتها هو لخدمة مصالحها وخلق دول رأسمالية حليفة وقوية لها في انحاء العالم وجعل اقتصاديات تلك البلدان مرتبطة وتابعة للاقتصاد الامريكي، وبالرغم من الطابع العالمي للاستراتيجية الامريكية فقد عجزت عن شمول جزءاً من العالم لوجود انظمة اشتراكية وشيوعية فيها[1].

5- تعاظم حجم فائضها الاقتصادي واصبحت مصدراً لرؤوس الاموال في العالم فارتفعت استثماراتها في اوربا ودول الجنوب.

6- جعلت من نفسها الممول لحلف شمال الاطلسي والقواعد العسكرية المختلفة التي احاطت بها منظومة الدول الاشتراكية وتوزيعها على مختلف انحاء العالم بانتهاء الحرب العالمية الثانية قامت امريكا بفرض مقترحاتها لكيفية تشغيل المنظومة عالمياً واعادة صياغة نظام النقد الدولي[2] يعد انتصار المشروع الامريكي (مشروع وايت) على المشروع البريطاني (مشروع كينز) وبموجب ذلك تمكنت من فرض الدولار الامريكي ليمثل العملة الدولية وعجلة الاحتياط الاساسية فضلاً عن تحديد وصياغة اهداف بريتون وودز صندوق النقد الدولي والبنك الدولي والجات Catt وغيرها من المؤسسات الاقتصادية العالمية التي تسيطر عليها امريكا حسب مصالحها مستثمرة وعشرات الاتفاقات التجارية الثنائية أو متعددة الاطراف مع مختلف دول العالم فضلاً عن ادارة وتوجيه تلك المؤسسات لضخامة رأسمالها والوصول عبر تلك الاليات الجديدة (مؤسسات بريتون وودز) لالغاء القيود والعوائق على المدفوعات الخارجية وصولاً الى نظام تجاري متعدد الاطراف ومما ساعدها في تحقيق ذلك:

1- خشيتها من مرحلة ما بعد الحرب لان تتعرض صادراتها للقيود أو المنافسة بسبب ضوابط النقد والاستيراد والاتفاقيات الثقافية وحروب تخفيض العملة لتوسيع هذه السياسات في معظم دول العالم خلال الحرب.

2- الضعف الذي لحق بالمجموعة الاوربية خلال الحرب.

3- ابتعاد الاتحاد السوفيتي ومجموعة الدول الاشتراكية من المشاركة في مؤسسات بريتون وودز لاعتبارها ادوات لغرض الهيمنة الامريكية وانفراد عملها (الدولار) للقيام بدور العملة الدولية "قابلية تحويل الدولار الى ذهب على اساس سعر ثابت (35 دولار للاونص)" حسب ما جاء بميثاق بريتون وودز.

---

[1] بول سالم، الولايات المتحدة والعولمة - معالم الهيمنة في مطلع القرن الحادي والعشرين - العرب والعولمة، مصدر سابق، ص216-217.

[2] د. رمزي زكي، التاريخ النقدي للتخلف، مصدر سابق، ص104.

4- تمكنت الادارة الامريكية من خلال تحكمها بالسيولة الدولية والانفراد بميزة فريدة لا تنافسها فيها أي دولة وهي امكانية تمويل عجزها الخارجي بطبع الدولار دون أن تضطر الى اجراء سياسة انكماشية تضر بمستويات الاستهلاك والاستثمار منها، كما تمكنت من خلال ثقتها العالية بالدولار امتلاك العديد من المشروعات الاستثمارية الكبيرة في الخارج[1].

5- في محاولة من اميركا لاحداث نمو سريع في اوربا ودول جنوب شرق اسيا لمواجهة التهديدات السوفيتية والصين فقد حققت مستويات عالية من النمو فيها في عقد الخمسينات مقابل تحقيق مستويات عالية من النمو في الاتحاد السوفيتي ومع تراجع الاداء الاقتصادي في الاقتصاد السوفيتي في اواخر الخمسينات برز تحد جديد يواجه امريكا في شرق وجنوب شرق اسيا بشكل سلع تصديرية رخيصة الثمن ورفيعة الجودة اغرقت السوق الامريكية وهددت بعجزها ميزاتها التجاري فضلاً عن ارتفاع اسعار النفط 1973-1974 وبروز ازمة التضخم الركودي[2]. بالمقابل تراجع اداء الاقتصاد السوفيتي في اواخر الستينات.

اتسم الاقتصاد الامريكي بالعصر الذهبي خلال الفترة (1945-1971) بعدها تعرض للاهتزاز والضعف نتيجة التغيرات التي طرأت على خريطة القوى في العالم جراء السياسات الاقتصادية التي سارت عليها الادارة الامريكية وتفاعل الكثير من العوامل التي ساهمت في اضعاف المكانة القيادية التي احتلها في المنظومة الرأسمالية مما ادى الى أن الوزن النسبي لها في المنظومة اخذ يتطور بشكل عادي مقارنة مع الاقطاب الجدد الذين برزوا داخل المنظومة الراسمالية (اليابان، اوربا) وزيادة اختلالاتها الداخلية والخارجية وبات الاقتصاد الامريكي يعاني من اختلاف رئيسية في مقدمتها العجز المزمن في ميزان مدفوعاتها ويعود ذلك للعوامل التالية[3]:

1- بعد اعادة اعمار اوربا الغربية (1945-1958) استردت الدول الاوربية واليابان قدرتها الاقتصادية فتسارعت معدلات نموها الاقتصادي بسبب نمو التراكم والانتاجية ولم تعد امريكا تنفرد بجودة المنتوجات جراء تطبيق احدث منجزات التقانة فقد سبقتها في ذلك اليابان والمانيا الاتحادية وارتفعت مستويات المعيشة في هذه الدول الى مستوى يقترب من مثيلتها في امريكا مقابل ذلك نلاحظ.

---

(1) د. رمزي زكي، التاريخ النقدي للتخلف، مصدر سابق، ص104.

(2) بول سالم، العرب والعولمة، مصدر سابق، ص157.

(3) د. رمزي زكي، هل انتهت قيادة امريكا للمنظومة الرأسمالية العالمية المستقبل العربي، 138 آب، اغسطس 1990، ص5-6.

- كذلك نيلسون ارو وجودي – انهيار الليبرالية الجديدة، مصدر سابق، ص48.

2- تدهور الوضع النسبي للاقتصاد الامريكي من اجمالي الناتج العالمي من 27% عام 1950 الى 18%عام 1984[1]. انعكس ذلك لمصلحة المجموعة الاوربية واليابان والدول الاشتراكية.

3- تدهور الوضع التنافسي للصادرات الامريكية في السوق العالمية لظهور سلع صناعية وزراعية بديلة للمنتوجات الامريكية من حيث الجودة وانخفاض الاجور مقارنة بالاجور في اميركا حيث تدهورت الصادرات الامريكية من 19% من اجمالي الصادرات العالمية عام 1956 الى 9% [2] عام 1986 كما أن التدهور في القوة النسبية للاقتصاد الامريكي يجري في اهم قطاعات الاقتصادات وهو القطاع الصناعي سواء في مجال الصناعة المكتملة النمو كالانسجة والملابس والصلب وفي مجال المعلوماتية والثقافة الحيوية والمواد الجديدة فقد خسرت اميركا في المجال الاول الكثير من الاسواق الخارجية وقسماً من اسواقها الداخلية لعدم مواكبتها التقدم الثقافي بينما تمكنت اليابان واوربا من تطوير صناعاتها وتكوين فائض من الانتاج فيها مما يلاحظ تواصل التقدم الياباني وتقلص التفوق الامريكي[3].

4- انتهاء عصر بويتون وودز الذي قادته اميركا. يوقف قابلية تحويل الدولار الى ذهب لان استمرار التعهد بهذه القابلية سيؤدي الى فقدان اميركا رصيدها الذهبي وعدم تناسب حجم الرصيد وحجم الدولار الورقي وتهافت البنوك المركزية في العالم على التحويل وبهذا انتهى عصر الثبات النسبي لاسعار الصرف ودخول العالم عصر التعويم ووجود كمية هائلة من السيولة الدولية بعيدة عن رقابة وتدخل صندوق النقد الدولي، وانتهاء شرعية الصندوق التي كانت تهدف الى تحقيق الاستقرار في اسعار الصرف وتنظيم احوال السيولة فلم يعد للصندوق باعتباره بنك البنوك دور فاعل في التأثير على الدول الرأسمالية والصناعة واختفاء وظائفه الحقيقية التي قام على اساسها ومع ضعفه ضعفت سلطة الادارة الامريكية في مجال النقد ولم تعد تنفرد بحجم السيولة الدولية خلال عجز ميزان المدفوعات الامريكي وسلطتها الضخمة في توجيه الصندوق فاصبحت قضايا النقد الدولي والسيولة الدولية تحدد وتنسق من خلال التشاور الجماعي بين ما يسمى مجموعة الدول العشر الصناعية.

---

[1] **Barry P. Boswirth and Robertz. Lawrnce "America in the world economy" Economic impact no.3 1989. P.37.**

[2] **د. رمزي زكي – هل انتهت قيادة اميركا للمنظومة الراسمالية العالمية، مصدر سابق، ص6.**

[3] **د. حميد الجميلي، اليات الهيمنة والاحتكار الجديدة في الاستراتيجيات والاهداف، بحوث الندوة الفكرية السياسية الدولية، من اجل عالم عادل وتقدم دائم، بيت الحكمة، بغداد 5/7/اذار 2000، ص86.**

5- تعرض الدولار الامريكي لضغوط شديدة في تقلب قيمته خلال الفترة من 1980-1985 ارتفع المعدل الفعلي لسعر صرف الدولار بما لايقل عن 60% كما تعرض للهبوط والارتفاع حسب العجز الخارجي الامريكي وتطور اسعار الفائدة الامريكية فضلاً عن مرور عملات اخرى قوية تنافسه باعتبارها ادوات مقبولة للوفاء بالمدفوعات الدولية. وقد تغير هيكل الاحتياطات الدولية من النقد الاجنبي حيث لم يعد الدولار العملة الوحيدة في تكوين الاحتياطات بل شاركته عملات اخرى تزايد وزنها النسبي عبر الزمن. وبروز محاولات عالمية واقليمية للوصول الى بديل.

فخروج العالم من ورطة الدولار كعملة دولية سيتطلب العودة الى اقتراح بضرورة استحداث عملة دولية جديدة لا تنتمي لاي بلد بل يتم انشاء بنك مركزي عالمي يتولى مهمة اصدارها وتغطيتها وتوزيعها واذا ما حدث هذا مستقبلاً فان امريكا ستفقد اهم آلية من آليات فرض الهيمنة على المنظومة الراسمالية[1].

بالرغم من الصعوبات التي رافقت التحول من الاقتصاد الصناعي الى اقتصاد قائم على الخدمات والتقنية في مجال الاعلام والمعلومات فقد تمكنت امريكا بالرغم من الازمات التي واجهت اقتصادها في السبعينات والثمانينات من اجراء اعادة بنيان لاقتصادها بتصدير الازمات ونقلها الى العالم واستعادت في مطلع التسعينات المبادرة في القوة الاقتصادية في حين ظلت اوربا تقاوم ارتفاع تكلفة الانتاج فيها وارتفاع البطالة فضلاً عن مشاكل اخرى فيما ظلت اليابان تتخبط في ركود اقتصادي منذ عام 1990 لقد تمكنت امريكا من تحقيق نهوضها واعادة تفوقها في الاسواق في صناعيتي السيارات والحاسب وتأكيد موقعها كأكثر سوق واكبر دولة مصدرة في العالم بانفاقها وتفوقها في الابحاث في جعل التقنية الرفيعة والتطوير مكنها ذلك من أن تضع نفسها في موقع جيد يخولها للاستمرار في السيطرة على الاسواق العالمية لبرامج الحاسبات وشبكة الاتصالات فقد سعت امريكا بشكل حازم لفرض هيمنتها على الاقتصاد العالمي من خلال:

1- استخدام الامم المتحدة خاصة مجلس الامن التابع لها كوسيلة لاجبار الامم والدول على الانصياع لرغبات الشمال من خلال اصدار القرارات حول المصطلحات التي تروج لها والجذابة مثل حقوق الإنسان ومكافحة الفقر، ونزع اسلحة الدمار الشامل ومعاقبة مجرمي الحرب ومكافحة المخدرات والديمقراطية الفردية.

2- استخدام المؤسسات الدولية التي تسيطر عليها امريكا بحكم مساهمتها الكبيرة فيها المادية والبشرية من بينها صندوق النقد الدولي والبنك الدولي.

---

[1] د. رمزي زكي، هل انتهت قيادة امريكا للمنظومة الرأسمالية العالمية، مصدر سابق، ص106.

3- استخدام التجارة الدولية وسيلة عبر قناتها منظمة التجارة العالمية التي تعتبر امريكا العضو النشط منها للسيطرة على التجارة الدولية وخلق نواة القانون الدولي وادوات تطبيق هذا القانون أو العنف المشروع – أي القوة العسكرية استخدام راس المال الامريكي (وما فعله رجل الاعمال والمال الاشهر في امريكا جورد سوروس مع رئيس وزراء ماليزيا خاصة التصريحات الاستعلامية التي اولى بها سوروس.

4- استغلال المحاكاة والطابع الاستهلاكي الذي يميز شعوب عالم الجنوب لتقليد الشخصية الامريكية من خلال وسائل الاتصالات والاقمار الصناعية وغيرها[1]. وتسعى الشركات للمساهمة في تصعديها فضلاً عن استخدام اعلامها المسيطر لتعميم الجانب السطحي والتافه وغير الانساني في ثقافتها الشعبية على شعوب العالم اجمع وتهميش ثقافاتها القومية والتاريخية[2].

5- اعتبار السوق الموقع الفعلي للمنافسة بحيث تكون هذه السوق مناسبة للكسب الفردي الاناني وان تقوم السوق بدور المصفاة لابعاد الضعفاء منها. عملاً بالمبدأ القائل البقاء للاصلح والاقوى واعتبار الاقوى والافضل هو الاقل كلفة والاكثر ربحية وسيؤدي ذلك بالشركات الى استخدام احداث الاختراعات والتي تهيمن على المواد الاولية الاقل كلفة في عالم الجنوب وهذه المواصفات تنطبق على الشركات المتعددة الجنسية الامريكية بالاعتماد على تصور الحياة الراسمالية ابتلاع السمك الكبير للصغير فالشركات عابرة القوميات ستبتلع الشركات الصغيرة ذات الصفة القومية وتكبر على حسابها حتى تصبح اخطبوطاً مالياً ضخماً تفوق قدرتها قدرة عدة دول وطنية مجتمعة فتصب كل مواردها وارباحها في خدمة الدولة المركز الراعية لها وهي امريكا[3].

وعليه فان صياغة القواعد الاقتصادية ستؤدي الى العديد من النتائج العكسية على التنمية في عالم الجنوب اذ ستسلبها سيادتها على مصادرها الطبيعة وتخرق حقوقها الاقتصادية والاجتماعية والثقافية لمواطنيها بشكل خاص حق المواطنين في تحقيق التنمية.

---

[1] محمود خالد المسافر، العولمة الاقتصادية، الابعاد والانعكاسات على بلدية الجنوب، اطروحة دكتوراه، مصدر سابق، 69.

[2] عوني فرسخ تعقيب العرب والعولمة، مصدر سابق، ص275.

[3] منظمة العمل العربية، العولمة واثارها الاجتماعية، الدورة الخامسة والعشرون / تقرير المدير العام لمكتب العمل العربي، الاقصرـ اذار مارس 1998، ص19

- محمود خالد المسافر – العولمة الاقتصادية الابعاد والانعكاسات على دول الجنوب - رسالة دكتوراه، مصدر سابق، ص70-71.

اذن فالعولمة على وفق هذه المعايير ليست سوى الوجه الاخر للهيمنة الامبريالية على العالم تحت الزعامة المنفردة لامريكا. وبدلاً من عولمة المعايير العالمية ذات الصفة الشمولية المشتركة تتم اليوم عولمة المعايير الامريكية أو الامركة على العالم هذا ما تمارسة امريكا بالقوة لاجبار العالم وشعوبه بالزعامة المنفردة لامريكا على العالم وصولاً الى التاريخ الكوني الشمولي، فالعولمة تخفي في طياتها مشروع امركة العالم وهذا ما يعتقده الكثيرون ويؤيده التطور الحاصل من الثنائية الى الاحادية العالمية والانترنيت [1] وتفوقها العسكري الشامل فقد بدت امريكا غير قلقة لتفوقها العلمي والاقتصادي والعسكري. ولعدم وجود خطر رئيس منظور يهدد امنها أو سيطرتها اثر انهيار الاتحاد السوفيتي وتهديد العراق لها يبقى ذا طبيعة اقليمية وغياب المواجهات النشيطة في المناطق الأخرى لقد ظهر تفوق امريكا عسكرياً بشكل واضح خلال العدوان الاطلسي-الصهيوني الذي قادته امريكا ضد العراق عام 1991. حيث اجرت امريكا اول تجاربها وعرضت الاساليب القتالية بالتقنية الرفيعة بالفيديو فاصبح الحاسوب والفيديو والمكننة والقنابل الذكية واشعة ليزر وتقنية الإنسان والاتصالات العالمية جعلت اكثرية الجيوش الكبرى في العالم جيوشاً عتيقة الطراز. وقد عزز هذا من اقتناع امريكا بزيادة انفاقها على تقنية قواتها العسكرية أو احتكارها الاولويتها في الابحاث التقنية العسكرية وانفاق المبالغ الطائلة عليها وعدم اشراك أي من حلفائها ومنع دول اخرى من تطوير اسلحة مماثلة وفرض العدوان والحصار عليهم عند تجاوز الحد الذي اختطته للعالم وهذا ما فعلته مع العراق[2].

وهكذا بدت امريكا بعد انهيار التجربة الاشتراكية في الاتحاد السوفيتي وكانها نظام التعامل الاقتصادي من دون منافس وكان ذلك مدعاة الى اعلان فرنسيس فوكوياما في اطروحة "نهاية التاريخ" اذ يشير فيها الى "أن البشرية توصلت اخيراً الى نموذجها الاقتصادي المثالي المتمثل بالليبرالية الاقتصادية" لقد فات فوكوياما أن التاريخ مازال مستمراً وبنهايته العد من هذا القرن ومثلما انتهت اطروحة الدكتاتورية البروليتارية التي نادى بها ماركس ولينين لنهاية التاريخ فقد تنتهي اطروحة فوكوياما نهاية التاريخ اثر رؤى ايديولوجية جديدة ضمن المنظومة الراسمالية كالرؤى الاوربية أو اليابانية الى جانب الرؤية الامريكية وليس بعيداً أن تعود الرؤية الاشتراكية في الاتحاد السوفيتي لتصحيح مسار التجربة الاشتراكية السابقة وباطار جديد وهكذا تبقى قضية صراع الايديولوجيات قائمة الى مالانهاية.

---

[1] بول سالم، العرب والعولمة، مصدر سابق، ص218.

[2] المصدر السابق نفسه، ص215-216.

المطلب الثاني

العولمة والامركة [1]

بانتهاء الحرب الباردة التي استمرت نصف قرن تفكك الاتحاد السوفيتي وانهارت تجربته الاشتراكية والقطبية الثنائية ليصبح العالم احادي القطبية خرجت امريكا مبشرة بانتصارها الايديولوجي لتربع الرأسمالية على عرش العالم دون منازع.. مؤكدة أن اساس قوة هذا الطريق الانتصار الذي حققته على الشيوعية، مع بدء حقبة الاحادية القطبية بدأت امريكا بتحديد معالم الطريق كقوة عظمى وحيدة في العالم، مصممة على فرض ارادتها على دول العالم كافة، أن تمكنت من الامساك بزمام المبادرة. ويشير د. محمد محمود الامام "أن التغير حينما تتوفر مقوماته الموضوعية، يتولى الطرف الرائد توجيهه لصالحة. ومن ثم بقاء امريكا في موقع القطبية مرهون بقدرتها على الاستمرار في توجيه الظاهرة الموضوعية لصالحها "أي امركة العالم" وليس لان الكوكبة هي ظاهرة امريكية وهذا الاستمرار مشكوك فيه [2] لان موقع امريكا في الاقتصاد العالمي ليس مطلقاً لتعددية الاقطاب فيه غير أن الاطار السياسي والامني الدولي ذو قطب واحد. فالمؤشرات الاقتصادية والسياسية تشير الى امكانية بروز دول اخرى لتحتل موقعاً متميزاً في ظل نظام متعدد الاقطاب مثل اليابان واوربا الموحدة أو المانيا وفرنسا كدولتين منفردتين وبعض دول امريكا اللاتينية ودول اسيوية الصين[3]. وبالتالي يتعين علينا الفصل بين ظاهرتي الكوكبه والقطبية، والنظر الى القطبية على انها محاولة من جانب امريكا ومن جانب غيرها ايضاً - للتأثير في الظاهرة الموضوعية المسماة بالكوكبة. فامريكا امتلكت من القدرات ما اعانها على صياغة مسار الكوكبة حتى الان بما كسبها وضعاً مميزاً أي انها تؤثر في التكوكب من ناحيتين:

التعامل مع الظاهرة الموضوعية، واستحداث عوامل ذاتية لدى الاخرين الاقل قدرة تدفعهم الى تقبل ناتج هذا التعامل وهذا هو المفهوم لتعامل القطب الاكبر مع الكوكبة أو العولمة[4].

---

(1) الامركة Americanization - اول من اطلق هذا المصطلح هو الرئيس الامريكي الاسبق فرانكلين روزفلت، اذ قال في اعقاب انتهاء الحرب العالمية الثانية "أن قدرنا هو امركة العالم، تكلموا بهدوء، واحملوا عصا غليظة، عندئذ يمكن أن تتوغلوا بعيدا".

- حسن قطامش، عولمة ام امركة، مكتبة الطيب، القاهرة 1999، ص8.

(2) محمد محمود الامام - تعقيب في العرب والعولمة، مصدر سابق، ص255.

(3) رسلان خضور ود. سمير ابراهيم حسن، مستقبل العولمة، المركز العربي للدراسات الاستراتيجية، قضايا راهنة، دمشق 1999، ص10-11.

(4) د. محمد محمود الامام - تعقيب، العرب والعولمة - مصدر سابق، ص255.

وبالرغم من وجود امريكا كقوة عظمى وحيدة في العالم فانها تدرك بان هيمنتها على القطب الواحد لمن يستمر طويلاً فالمؤشرات الاقتصادية والسياسية التي جعلت من امريكا قوة عظمى وحيدة في العالم، هي في تغير مستمر ايضاً بالرغم من أن عملتها ما زالت هي المهيمنة غير أن اليورو والين الياباني والين الصيني قد يكونون بديلاً عن الدولار في المبادلات التجارية الدولية حيث أن نسبة تجارة امريكا مع دول العالم تمثل نسبة كبيرة في التجارة العالمية هي في تغير مستمر ايضاً، فلا يعلم الى متى ستطول هيمنة الاقتصاد الامريكي على التجارة العالمية. خاصة في ظل حشيد اوربا الغربية واليابان الذين يخشون العولمة ويعدون العدة للتعامل مع امريكا والتمرد عليها[1]. كما أن انخفاض معدل الربح في الاقتصاد الامريكي وارتفاعه في دول اخرى من العالم (معدل الفائدة) سيؤدي الى هروب رؤوس الاموال الامريكية الى تلك الدول مستغلة الاندماجات والعولمة المالية التي تتيح المجال لرؤوس الاموال بالانتقال الالكتروني السريع من غير تكاليف كبيرة.. وتؤمن امريكا أن عهد القطبية لن يستمر طويلاً وما يمكن أن يتضمنه المستقبل من مخاطر على امريكا وعليها أن تستغل الوقت الراهن لتقود الاقتصاد الرأسمالي بما يحقق لها الصدارة حتى عند ظهور قطبية متعددة كما يتوقع فالطريق الافضل لتحقيق الفائدة العامة لصالح امريكا هي في قيادة موجه العولمة وتوجيهها لمصلحة اقتصادها وضمان تفوقها فكيف يتحقق ذلك؟ وما هي قرائن أو معايير الاستقطاب الاحادي بجمع العالم حولها وضمان تعامله معها وفرض تلك المعايير التي اعلنت عنها في فلسفتها العولمية وحددت ذلك من خلال العديد من الوسائل وكما يلي:

1- الاستمرار في سيادة التفرد والهيمنة على العالم كقطب احادي لاطول مدة ممكنة من غير شراكة احد حتى حلفاؤها، ومنع ظهور نظام دولي متعدد الاقطاب والبقاء على الهرم الذي تقف في قمته.

2- نستخدم امريكا كل ما تمتلكه من قوة لتؤكد تفردها في الهيمنة على العالم، فحقائق الوضع الدولي واتجاهاته تؤشر أن امريكا ماضية في سياسة التعدد والهيمنة من غير شراكة احد حتى حلفاؤها.

3- تقويض الصراع بين القوى الاقتصادية الكبرى واحكام السيطرة في مواجهة تلك الاقطاب المحتمل ظهورها كاقطاب جديدة لالحاق الضرر بها اقتصادياً وسياسياً[2].

4- السيطرة على الموارد الاقتصادية في عالم الجنوب، واعادة ترتيبه على الخارطة الاقتصادية العالمية وربطة في دورة الحركة الاقتصادية والسياسية الامريكية وصولاً الى الحد الذي يصعب الفصل بينهما ومنعه من احتلال مكانة مرموقة في كل المجالات.

---

(1) د. رسلان خضور و د.سمير ابراهيم حسن، مستقبل العولمة، مصدر سابق، ص11.

(2) راجع للمزيد بول سالم، العرب والعولمة، مصدر سابق، ص287.

5-عدم تخليها عن قوتها العسكرية وزيادة هذه القوة واستمرار انتشارها العسكري الاستراتيجي حتى في غياب الصراع مع أي تكتل وتلوح بالقوة غ في مكان واشهارها في مكان اخر[1] وتعتقد امريكا أن عدم بروز قطب دولي معاد له سببان:

أ- قناعة امريكا بان التحدي الرئيس لهيمنتها في دول الجنوب عموماً والمنطقة العربية خصوصاً هو الحركات القومية الراديكالية والاسلامية. وهذا التطور يستوجب فيها انتشاراً عسكرياً فاعلاً غرضه مباشرة سياسة احتواء انشطة مع استعداد لمواجهة اذا اقتضت ظروف الصراع ذلك.

ب- تحقيق تطور في اسلحة الدمار الشامل وغيرها ادى ذلك الى صناعة اسلحة فردية في هذا المجال أو تجهيزات يمكن استعمالها بقوة من طرف دولة. كل ذلك حمل امريكا الى تطوير خطط احتوائية ورادعة تعزز دورها [2] باحتكار هذه الاسلحة والمشكلة الحقيقة تجسد نفسها عندما لا يكون الحل لايقاف هذا الاحتكار من خلال انتشار هذه الاسلحة عالمياً بالرغم من المخاطر المحيطة بها على البشرية[3].

6- أن الهدف من تطوير العالم وتعبئة موارده المالية هدفه تكريس نمط الحياة الامريكية والحفاظ على رفاهية المجتمع الامريكي وعلى حساب العالم باسره[4]. حتى على حساب شركاؤها الذين شهدت معهم نزاعات اقتصادية حامية وهذا ما يشير اليه واقع التسعينات النزاع الاول بين امريكا والاتحاد الاوربي واليابان حول دعم الانتاج الزراعي وصادراته اذ حققت دول الاتحاد اكتفاءاً ذاتياً في مجال الغذاء. ثم اتجهت بعد ذلك للتصدير فقد وقفت وراء هذا النجاح سياسة (فك الارتباط) بين الاسعار الزراعية المعمول بها داخل سوق الاتحاد الاوربي وبين الاسعار خارج اسواقها. فضلاً عن نجاح اليابان وكوريا الجنوبية في حماية زراعة الرز من خلال سياسة مشابهة وقد طالبت امريكا من الاتحاد الاوربي واليابان رفع الدعم في الوقت الذي ما زال المزارعون الامريكيون يستفيدون من الدعم [5]. كما تدعو امريكا حليفاتها التخلي عن علاقاتها التجارية التقليدية الوثيقة – لخدمة مصالحها التجارية وتشديد اجراءات

---

[1] د. حميد الجميلي، اليات الهيمنة والاحتكار الجديدة في الاستراتيجيات والاهداف بحث في الندوة الفكرية والسياسية الدولية من اجل عالم عادل وتقدم دائم، مصدر سابق، ص87.

[2] عصام نعمان – تعقيب العرب والعولمة مصدر سابق، ص264.

[3] د. سمير امين، في مواجهة ازمة عصرنا، دار سينا للنشر،ط1، القاهرة، 1997، ص17-21.

[4] د. حميد الجميلي – اليات الهيمنة والاحتكار الجديدة في الاستراتيجيات والاهداف بحث في الندوة الفكرية والسياسية الدولية من اجل عالم عادل وتقدم دائم، مصدر سابق، ص86.

[5] د. سمير امين، مؤسسات بريتون وودز خمسون عاماً بعد انشائها، بحوث اقتصادية عربية، العدد الرابع، ربيع / خريف 1995 الجمعية العربية للبحوث الاقتصادية، القاهرة، ص27-28.

الحماية في حال عدم تخليها وهذا ما حصل اثر النزاع التجاري الذي نشب بين امريكا ودول الاتحاد الاوربي حول تجارة الموز في نيسان /1998 فمعظم دول الاتحاد وخصوصاً انكلتر تعتمد على استيراد الموز من مستعمراتها القديمة. اثار ذلك امريكا لدرجة التهديد في 14 كانون الاول 1998 وفرض رسوم كمركية تعادل 100% على وارداتها من الدول الاوربية التي لا تستورد الموز الامريكي. وقد انعكس ذلك سلباً على التجارة مع امريكا التي قامت بتشديد اجراءات الحمائية للمحافظة على مستوى العمالة الذي شهد تدهوراً كبيراً. اذن أن الانفتاح في ظل العولمة لا يعني التخلي مباشرة عن العلاقات التجارية التقليدية ما دمت تخدم المصالح الوطنية للدول المعنية. وفي نفس الاتجاه فقد فشلت جنوب افريقيا من اقناع بريطانيا عام 1997، بفتح اسواقها لصادرات هذا القطر الافريقي من الموز [1].

ولم يقتصر النزاع بين امريكا وحلفائها للدعم المقدم للقطاع الزراعي بل تجاوزه الى بقية القطاعات الأخرى غير الزراعية التي تحظى بالدعم مثل صناعة الطيران فقد ركزت امريكا هجومها في هذا المجال على الدعم المباشر للانتاج المدني. دون أن تشير الى الدعم الكبير غير المباشر الذي تقدمه للطيران الامريكي من خلال الانفاق العسكري.

وفي المجال التكنولوجي احتفظت امريكا بحرية قرار مطلقة بأسم حماية الامن القومي مقابل رفضها استخدام المبدأ من قبل الدول الأخرى وتعتبر ذلك دوماً مسألة اختراق اسرار المعرفة التكنولوجية الامريكية (جاسوسية) في حين ترفض حماية الدول الأخرى لاسرارها. وتهددها باستمرار باستخدام المادة 301 من لائحة الكمارك الامريكية المشهورة[2].

وتدعو امريكا العالم الرأسمالي بتبني نظرة شمولية متكاملة لمعالجة الازمات والتعاون محل المشكلات العالمية في حين تتبنى امريكا نظرة منفردة لمواجهة مشاكلها وازماتها. وما يؤكد ذلك قيامها بتخفيض بسيط في معدلات الفائدة عام 1990-1992 لمواجهة الانكماش في الاقتصاد الامريكي. وقد حقق هذا الاجراء تحسيناً بسيطاً في مؤشرات الاقتصاد الامريكي. في حين ادى الى تفشي الانكماش في المنظومة الرأسمالية وتأخر انعاشها. مما يغني أن امريكا لا ترغب من الاخرين ما تقوم بتطبيقه هي بنفسها في حين تفرض على الاخرين ما تريده مما يكشف ازدواجية في سياستها الاقتصادية اضافة الى التناقض بين الفكر الحر الذي يقف وراء عولمتها (الليبرالية الجديدة) وبين الفكر التدخلي الذي تتبناه لتفرض على الاخرين ما يؤمن اقتصادها ويحميه من

[1] **د. عبد الله عثمان التوم و د.عبد الرؤوف محمد ادم، العولمة. دراسة تحليلية نقدية، 1999، ط1، دار الورق، لندن، ص156.**

[2] **د. سمير امين في مواجهة ازمة عصرنا، مصدر سابق، ص68-70.**

المنافسة الخارجية. فهي تفرض ارادة العولمة وفق الصيغة الامريكية على دول العالم المتقدم منه والنامي بشكل عام باستخدام ادوات مركزية تدخلية (عسكرية واقتصادية وسياسية) في ذات الوقت فانها تطالب دول الجنوب بفتح الاسواق والغاء القيود والتوجه نحو الديمقراطية واتباع نهج الليبرالية الجديدة، والاندماج داخل الاقتصاد الامريكي لدعم الشركات عابرة القوميات ودعم التركيز والاندماج بين الشركات الامريكية في العالم وفق شروطها بالمقابل فانها تقف بالضد من أي تكامل واندماج يحدث في العالم المتقدم وبلدان الجنوب. فالسياسة الامريكية قائمة في الخارج على اساس تكريس التجزئة وتعميقها في الدول والاقتصادات وفق اسس طائفية ودينية وقومية[1].

فالسياسة الامريكية في كل المجالات وبدون استثناء انتقائية متناقضة وما يبرهن ذلك محاولة امريكا أن تكون الرأسمالية وقمة النظام العالمي فهي ايضاً مركز المافيات والجريمة وموقف امريكا من الالغام.. تقتل مئات البشر يومياً وتمتنع من توقيع المعاهدة الخاصة بنزع الالعام، وموقفها ضد الشعوب في وجه أي اصلاح للبيئة وايقاف التلوث فهي تعرقل تنفيذ فرارات قمة الارض. وتعرقل أي حلول جدية لمسألة التلوث لان صحة المناخ ومصلحة البيئة تتعارض مع مصالح الاقتصاد الامريكي[2].

والسؤال يدعونا الى هل أن نزعة امريكا نتيجة لانهيار الاتحاد السوفيتي وانتهاء الحرب الباردة؟ ام انها نزعة متأصلة في التقاليد والقيم الاقتصادية والسياسية الامريكية؟ وتمثل رغبتها لاستمرار تقدمها وهيمنتها الاقتصادية والسياسية على العالم؟

تعد امريكا جزءاً لا يتجزأ من مسيرة التاريخ الكوني، لانها الوريث الطبيعي والبديل الشرعي للمركزية الاوربية بالدرجة الاولى وهذا ما يفسر النزعة العسكرية الحالية لامريكا للسيطرة على العالم، وامتداد للنزعة الاوربية لاقتسام العالم بالقوة في القرن التاسع عشر، قرن الاستعمار المباشر بكل اشكاله. وممارسة امريكا لكل هذه الاشكال مجتمعة في ظل نظرية عولمة العالم أي توحيده بالقوة الامريكية واجبار الدول والشعوب على الاعتراف لها بالزعامة في قيادة العالم وصولاً الى التاريخ الكوني الشمولي[3].

لقد رافقت النزعة العسكرية الاوربية مداخل اخرى ذات سمات ثقافية واقتصادية وسياسية وحضارية وتربوية لتوحيد العالم مثلاً تبني شرعية حقوق الإنسان، ومقولات العدالة والحرية

---

(1) محمود خالد المسافر – رسالة دكتوراه 2001، مصدر سابق، ص75.

(2) منير الخمس – تعقيب في العرب والعولمة مصدر سابق، ص278.

(3) د. مسعود ظاهر، حول صراع الحضارات ام حوار الثقافات، مجلة قضايا دولية، العدد 277، السنة الثالثة، اذار /مارس 1997، ص31.

والاخاء والمساواة وافكار الليبرالية والديمقراطية وبناء الدول القومية والوطنية، والحفاظ على التراث الانساني، فقد افتقدت النزعة الامريكية تلك المراحل لبناء علاقات ذات اشكال اخرى غير عسكرية مع عالم الجنوب لقد تأثروا في الحرب العالمية الاولى بالسلوك الثقافي الاوربي فمثلاً مبدأ ويلسون بحق الشعوب في تقرير مصيرها، والحرية والمساواة ونشرتها في كل الامم والشعوب، ودافعت بحماس عن حق الشعوب الخاضعة للاحتلال من نيل استقلالها السياسي. كما دعت الى بناء نظام عالمي / كوني جديد بتحرر من الاستعمار القديم لان افقار الشعوب ونهب المستعمرات وفق الطريقة القديمة سيضع حواجز مستقبلاً امام تطور الرأسمالية وانتشارها بغلق الاسواق امام منتجات السلع الغربية التي لا تجد منفذاً فسيؤدي هذا الى كساد اخر على غرار الكساد العظيم الذي حدث للفترة 1929-1933 لذلك اقترنت دعوتها لنيل الشعوب استقلالها من اجل تنمية اقتصاداتها ورفع المستوى المعاشي والهدف الاساس من دعوتها، ليس بدافع تحرير الشعوب من العبودية الاستعمارية بل لأعادة صياغة النظام الراسمالي العالمي في مرحلة الامبريالية بتفكيك القوى الاستعمارية القديمة بريطانيا وفرنسا لتكون السيادة للاقتصاد الامريكي في تلك المرحلة وحرصها على ايجاد اسواق في المناطق التي هيمنت عليها تلك القوى لتصريف السلع والمنتجات وأن لا تبقى مصدراً لتصدير المواد الاولية. كما اتجهت الى الصراع ضد الاتحاد السوفيتي ابان الحرب الباردة التي انتهت بانهياره. وسرعان ماتبنت نزعة عسكرية واضحة للسيطرة على العالم بالقوة بعولمته وامركته [1].

اذن فالرأسمالية ترتبط ارتباطاً وثيقاً بالهيمنة والاستحواذ لدعم مركزها وتوسيع نطاق نفوذها وثرواتها ومع الهيمنة على المستوى الدولي يبرز التنافس الذي يحمل بذور الصراع الذي ادى الى اندلاع الحربين العالميتين الاولى والثانية وزوال الحواجز الرادعة (الاتحاد السوفيتي) لتطلق الراسمالية غرائرها ودوافعها حتى اصبحت طليقه في ظل العولمة الامريكية.

واستناداً لما تقدم فقد عملت امريكا بموجب فلسفتها الهادفة لايجاد اساس ايديولوجي ومبررات معينة للقطبية الاحادية الامريكية للهيمنة على العالم من خلال الاتي:

1- اعتماد السوق العالمية كوسيلة للاخلال بالتوازن الاجتماعي في الدول القومية في برمجها ونظمها المتعلقة بالحماية الاجتماعية أي شل قدرة الدولة وترك الساحة لهيمنة الشركات عابرة القومية التي تعمل حسب رغبتها الخ زيادة ارباحها وعلى حساب رفاهية الشعوب، حيث ستؤول الى الشركات المشاريع الرابحة في تلك الدول وباسعار زهيدة جداً وما ستحققه الشركات من ارباح سيتم تحويله بموجب التشريعات الدستورية الجديدة التي اجبرت الدول

---

[1] د. سعود الظاهر – حول صراع الحضارات ام حوار الثقافات، مصدر سابق، ص31.

الوطنية على تبنيها الى الدول الام في مراكز تلك الشركات وسيتعرض المواطن والدولة الوطنية بشكل عام الى خسائر كبيرة. وهنا سؤال يفرض نفسه:

اذ ما هو الدور الذي لعبته امريكا في الاقتصاد العالمي وصولاً الى العولمة ؟ ويكمن الجواب على السؤال في الاتي:

- يرى السياسيون والاقتصاديون الامريكان أن العولمة ما هي الا مرحلة من مراحل تطور الرأسمالية في ظل قيادة امريكا وانهم يؤمنون بان ظاهرة التدويل هي التي مهدت للعولمة عندما بدأت بالاساس بعد اكتشاف القارة الامريكية قبل خمسة قرون وليس بعد نشوء الراسمالية الذي يعود الى افكار المؤسسين الاوائل للرأسمالية في اوربا.

2- ويعتقدون أن لامريكا الحق في ذلك فقد ادت الى ازدهار وانتعاش الاقتصاد العالمي ووصول اسواقه الى مرحلة الاسواق الممتلئة سواء من حيث تصريف السلع من الدول الاستعمارية الفائضة فالسوق الامريكية هي من اكبر الاسواق العالمية التي برزت في التاريخ الكوني. أو من خلال استيعاب هذه السوق لالاف بل الملايين من العاطلين عن العمل في دول العالم. وما زالت امريكا تستقبل اعداد كبيرة من المهاجرين اضعاف ما تستقبل دول العالم اجمع[1].

وقد كان تدفق الاستثمارات الاجنبية الخارجة منها يفوق عشرات مرات تدفق الاستثمارات الداخلة لها وقد وصلت تدفقات الاستثمارات الداخلة 24.5 مليار دولار عام 1967 مقابل 2.1 مليار دولار عام 1963. وقد ازداد التدفق الداخل زيادة كبيرة في نهاية السبعينات والثمانينات، بحيث أن تدفق الاستثمارات الداخلة في السبعينات بلغ (198.3 مليار دولار وتدفق الاستثمارات الخارجة 168.9 مليار دولار) ووفقاً لهذه الاعتبارات فانهم يعتقدون أن لامريكا الحق في الحصول على اولى مكاسب العولمة رداً لدينها على المجتمع الرأسمالي الذي استمر انتظار تسديده طويلاً[2].

3- توفر السمات التي يجب أن تتسم بها القوة العالمية التي تقود المجتمع الدولي الى العالمية وهذه السمات هي اربع كما حددها زيجينو بريجنسكي لا تتوفر اليوم الا في امريكا والخواص هي:

أ- قوة عسكرية عالمية – لا تنافسها فيه قوة ناشئة اخرى.

---

[1] صاومويل هينتجتون، صدام الحضارات – اعادة صيغ النظام العالمي، ترجمة طلعت الشايب، كتاب السطور، القاهرة، 1998، ص37-53.

[2] محمود خالد المسافر – رسالة دكتوراه، ص71.

ب- دور اقتصادي عالمي كبير.

جـ- جذب ثقافي وفكري عالمي.

د- قوة وارادة سياسية عالمية[1].

القوة الدافعة الرئيسية للتطور العلمي والتقاني واحتفاظها بالدور الريادي والقيادي المطلق في المجالات المتطورة للعلم والتقانة.

قوة الجذب للنموذج الامريكي خصوصاً بين شباب مختلف بقاع العالم هذه العناصر اعطت لامريكا تأثيراً سياسياً لا تضاهية اية دولة في العالم ومحصلتها اعطت امريكا موقعاً فريداً ووحيداً.

4- مساهمة الاقتصاد الامريكي الفعالة في نمو بعض الاقتصادات الأخرى في العالم، اضافة الى تحقيق فائض تجاري معها منع انهيار اقتصادها وتدهوره مثال ذلك اليابان التي لم تحقق أي معدل للنمو مهما كان بسيطاً لست سنوات متتالية. حتى عام 2000 ورغم ذلك فانها حققت فائضاً تجارياً سنوياً (لعقد التسعينات) مع امريكا مقداره 66 مليار[2]. ما تقدم يأتي في طور البان الهيمنة والاحتكار الجديد لادارة ازمة الاقتصاد الامريكي والاستمرار بآلية انعاش اقتصاد الشمال ويشير الى درجة المركزية العالمية في ادارة الاقتصاد العالمي والهيمنة عليه.

5- للخروج من ازمتها فقد طورت المنظومة الرأسمالية العالمية اليات هيمنة واحتكار جديدة لادارة الاقتصاد العالمي ادارة شديدة مركزية ومازالت مستمرة في تطوير هذه الاليات الجديدة كلما اشتدت ازمتها الداخلية والخارجية وبرنامج المنظومة يعني باختصار مضي دول الشمال لاحكام السيطرة على الجنوب، ومنعه من تحقيق التنمية والدخول في عصر التصنع لاحتلال مكانه في حركة العلم والتكنولوجيا والدخول في ثروات العصر فاعلاً فيها منتجاً لا مستهلكاً[3].

6- عانت اقتصادات المنظومة الرأسمالية من تقادم الصناعات الثقيلة كالحديد والسفن وغيرها وكان التقرير لها اخراجها من دائرة التنافس مع دول اخرى في العالم ازاء تلك المشكلة فان

---

[1] زبيغنيو بريجنسكي، الفوضى، الاضطراب العالمي عند مشارف القرن الحادي والعشرين، ترجمة مالك فاضل، الاهلية للنشر والتوزيع، نيويورك، 1998، ص75.

[2] محمود خالد المسافر - الادارات الامريكية المتعاقبة وفائض الميزانية الفدرالية، مجلة الحكمة العدد 14 السنة الثالثة - بيت الحكمة بغداد 2000، ص30.

[3] حميد الجميلي، آليات الهيمنة والاحتكار الجديدة في الاستراتيجيات والاهداف بحث في الندوة الفكرية والسياسية الدولية من اجل عالم عادل وتقدم دائم، مصدر سابق، ص90.

اقتصاديو الازمة في امريكا اعطوا وصفة من انجح الوصفات بنقل هـذه الصـناعات الى اقتصادات الجنوب الحديثة العهد بالصناعة والتصنيع للتخلص من العوامل الملوثة للبيئة والحصول على منتجات هذه الصناعة بكلفة اقل مـن الـسابق ولـربط الصناعات الفرعية بالبلدان الرأسمالية الام[1].

7- تصدى الاقتصاد الامريكي الذي يقود المنظومة الرأسمالية للتجربة السوفيتية وقدم الكثير من الموارد المادية الكبيرة وتحول الاقتصاد الامريكي الى اقتصاد حرب في سبيل دفع هـذه التجربـة الى الانهيـار وانسـحاب الفكر الاشـتراكي مـن الـساحة العالمية.

8- احتكار المراكز المسيطرة على التحولات المالية عالمياً واخذ الجزء الاكبر من الادخار الـوطني يـدخل في سـوق ماليـة عالميـة مندمجة بفضل عولمة نشاط المؤسسات المالية العملاقة لسيطرة امريكا على قوة السلطات المالية العظمى وقد مهد لهـا ذلك في قيادة عولمة مالية منذ مدة ليست قصيرة بموجب نظام نقدي يقوم على مبدأ التعويم الحر لقيمـة العمـلات - (وكأنما العملات سلعاً عادية مثل غيرها من السلع) – وهذا المبدأ يقوم على مرجعية الدولار باعتباره معياراً نقدياً عالميـاً وحيداً، والنظام النقدي الذي اوجدته امريكا مازال قائماً لغياب وجود أي عملة اخرى يمكن أن تقوم بممارسة وظيفـة العملة الدولية[2]. وبالمقابل فان امريكا بتنفيذها مجموعة من العجوزات الامريكية (عجز في ميزان المدفوعات، عجز في الموازنة الفدرالية وعجز في الميزان التجاري) قد ساعدها على فرض السيطرة الاقتصادية والسياسية على العالم الرأسمالي الاحادي القطبية والقصد من ذلك زيادة ارتباط الاقتصاد العالمي بالاقتصاد الامريكي بجعل العالم مـدين لهـا. أي أن الدولار الخارج منها اكثر من الدولار الداخل اليها. بمعنى أن الدولة التي تحقق فائضاً تجارياً تجاه امريكا فهي في حقيقة الامر تكون مدينة لامريكا بنفس حجم الفائض المقدم بالدولار[3].

أن العولمة وفق المفهوم الامريكي كما روج لها ليست اقتصادية حسب بـل أن المنطق الاسـاس فيهـا هـو المصـلحة القومية الامريكية وقد تم تحديدها من قبل لجنة المصالح القومية الامريكية التي تـم تشكيلها عـام 1996 بخمـس مصـالح قومية هي.

ردع أي هجوم على امريكا باسلحة الدمار الشامل، والحيلولة دون ظهور قوى معادية لامريكا سواء في اوربا أو آسيا أو اية قوة معادية محاذية لحدود امريكا. وضمان سلامة حلفاء

---

[1] محمود خالد المسافر - الادارات الامريكية المتعاقبة وفائض الميزانية الفدرالية، مصدر سابق، ص30.

[2] د. سمير امين، في مواجهة ازمة عصرنا، مصدر سابق، 1997، ص18-20.

[3] محمود خالد المسافر - اطروحة دكتوراه، مصدر سابق، ص73.

امريكا[1] وتمثل المصالح الاقتصادية ركناً اساسياً في المصالح القومية الامريكية اضافة الى أن المصالح السياسية تحتوي في جوهرها مصالح ومقومات اقتصادية ومنطلقات لا يمكن التخلي عنها وقد وضعت امريكا برنامجاً لتنفيذ تلك المصالح بما يمكنها من السيطرة على اقتصادات العالم وخاصة اقتصادات دول الجنوب. وقد تضمن البرنامج ثلاث فقرات هي:

1- السيطرة على الاسواق العالمية: اشار "بنجامين سوارتز" استاذ السياسة الدولية. منذ خمسين عاماً الى ان الستراتيجية الاقتصادية الامريكية اقتضت أن تكون اسواق العالم مفتوحة لامريكا للسيطرة عليها، وليس غريباً أن تأخذ من هذا وتعطي للاخر[2]. لقد اتجهت امريكا في سياستها الى ابقاء اسواق دول الجنوب قائمة لخدمة اقتصادها بشكل اساس ولصالح الدول الرأسمالية عموماً - مع ضمان بقاء تلك الاسواق تابعة في توجهاتها العامة للمنظومة الرأسمالية.

2- القروض والمساعدات الاقتصادية: اتسمت الستراتيجية الاقتصادية الامريكية بالطابع العالمي منذ الحرب العالمية الثانية واستعملت قوتها المالية لخدمة هذه الاستراتيجية فقدمت وانفقت الكثير لمساعدة المانيا واليابان ونشر اقتصاد رأسمالية في دول اوربا الغربية وجنوب شرق آسيا - تايوان وكوريا للنهوض باقتصاداتها اضافة الى مشروع مارشال لاعادة اعمار اوربا الغربية ليصبحوا جزء من سوق مفتوحة وخشية انغلاقها على ذاتها. ولم يقتصر ذلك فقد تجاوزها لتقترن المساعدات الاقتصادية بحقيقة التحالف الاستراتيجي بين امريكا والكيان الصهيوني الذي يحتل فلسطين بهدف الاستحواذ على الوطن العربي فقد وصلت المساعدات السنوية للكيان الصهيوني الى 3.2 مليار دولار. وبالمقابل فما تقدم امريكا ولاهداف سياسية ايضاً الى افريقيا فقد قدرت المساعدات الاجمالية لـ 47 بلد 630 مليون دولار فقط[3].

3- العقوبات الاقتصادية بعد تفكك الاتحاد السوفيتي استخدمت امريكا هذه الوسيلة مباشرة وبشكل واسع بعد تفردها في العالم وكان من آثار هذا التفرد فرض مبادئها واهدافها السياسية والاقتصادية على الجميع وفي حال مخالفة ذلك من الدول فانها ستتعرض الى عقوبات فردية من طرف واحد أي من امريكا أو باستخدام قوتها التصويتية وضغوطها الاقتصادية والسياسية للتأثير في المنظمات والمؤسسات العالمية والتي تهيمن عليها كالامم المتحدة وصندوق النقد الدولي والبنك الدولي ومنظمة التجارة العالمية بفرض عقوبات اقتصادية أو سياسية كما هو

---

[1] صاموئيل هينتجتون، صدام الحضارات، اعادة صنع النظام العالمي، مصدر سابق، ص37-53.

[2] حسن قطامش - عولمة ام امركة، مصدر سابق، ص66.

[3] المصدر السابق نفسه، ص70.

الحال في فرض العقوبات الاقتصادية (الحصار الشامل) على العراق منذ 1990/8/6 وما زال مستمراً الى يومنا هـذا اضافة الى الحصار على ليبيا والسودان وفرض عقوبات على يوغسلافيا[1] وقد بلغ مجموع القـوانين والمراسيم الصـادرة عـن الادارة الامريكية (61) خلال الفترة من 1993-1996 منحت بموجبها الادارة الامريكية سلطة فرض عقوبـات مـن جانـب واحـد لخدمة اغراض سياسيـة. وقد استهدفـت هذه الاجراءات (35) دولـة يبلـغ مجمـوع سـكانها (2.3) مليـار نسـمة أي مـا يعادل 42% من مجموع سكان العالم[2] ويـؤمن القـائمون عـلى الادارة الامريكيـة أن العولمـة لا يمكـن أن تفـرض نفسـها تلقائياً، بل ينبغي أن تكون هناك قوة تفرضها.

أن الادارة الامريكية باستخدامها وسيلة العقوبات الاقتصادية لا يعني انها لم تتكبد خسائر نتيجة فرضـها العقوبـات الاقتصادية الشاملة على العراق. فالارقام تشير الى حجم الخسائر التي تكبدتها عام 1995م فقط تـتراوح بـين (15-19) مليـار دولار وتضرر منها اكثر من (200000) عامل نتيجـة لسياسـة فـرض العقوبـات، ويعتقـد القـائمون عـلى الادارة الامريكيـة أن الفوائد الاقتصادية والسياسية بعيدة المدى ستكون اكبر بكثـير مـن الخسـائر قصيرة المـدى التـي تكبـدتها وتتكبـدها الادارة الامريكية جراء سياسة العقوبات الاقتصادية[3].

خلاصة ما تقدم أن مفهوم المصلحة القومية الامريكية التي حـددتها لجنـة المصـالح القوميـة الامريكيـة عـلى وفـق مقولاتهم لا تعني الا لبوساً زائفاً لحقيقة التوسعية العدوانية الامريكية وترسخيها التي اتسمت عـلى مـدار التـاريخ الامـريكي بالقسرية والاستلاب على حساب شعوب العالم وتلوح امريكا بقوتها العسكرية في كل مكان في عروض لتخويف العالم ونهـب خيراته وثرواته بعد فشل الاقتصاد الامريكي من تحقيق القدرة التنافسية التي تمكنه من منافسة القوى الاقتصادية الصـاعدة. وقد شهدت نهايات القرن العشرين ومطلع القرن الحادي والعشرـين تطـورات اقتصـادية متلاحقـة اخـذت شـكل التغـيرات الجذرية لتشكل الملامح الرئيسة لاقتصاد تسود فيه عناصر الهيمنة الكونيـة والادارة الاقتصـادية الشـديدة المركزيـة وفي هـذا الاقتصاد تحاول امريكا تحجيم عناصر قوة اوربا الموحدة واليابان والصين لابعادها عن دائرة الهيمنة الكونية.

---

(1) د. قيس محمد نوري، الابعاد السياسية والاستراتيجية للعدوان الامريكي الاطلسي على يوغسلافيا، مجلة الحكمة، بغـداد، العـدد 10، حزيران، 1999، ص 20.

(2) حسن قطامش - عولمة ام امركة، مصدر سابق، ص71.

(3) راجع محمود خالد المسافر، وجهة نظر في الحصار، مجلة دراسـات اقتصـادية، العـدد الثـاني، السـنة الثانيـة، بيـت الحكمـة، بغـداد 2000، ص121-125.

المطلب الثالث

الامركة والعولمة المسلحة

يبقى الوطن العربي ومنطقة الخليج، موقعاً متقدماً في مخططات العولمة الاقتصادية بعد تفرد امريكا في الساحة الدولية وبدأ الطريق مفتوحاً امام امريكا للسيطرة على الاقتصاد العالمي وبرزت ضرورة واهمية السيطرة على منابع النفط خاصة في منطقة الخليج العربي لاهمية النفط البالغة بالنسبة لاقتصاديات اليابان ودول اوربا الموحدة القوتين المرشحتين لدور اعادة التوازن الدولي، فكلما هو معروف فان نفط الخليج بعد سلعة استراتيجية له اهمية خاصة في الصراع السياسي والاقتصادي الدائر على الساحة الدولية لذا اكتسبت المنطقة العربية هذه الاهمية الاستراتيجية لما تمتلكه من احتياطي تغطي مثل 62.1% من الاحتياطي العالمي المؤكد لعام 2000 ويسهم نفط الخليج في سد احتياجات كل من اوربا واليابان بحيث اصبحت اقتصاديات هذه البلدان مرتبطة به وهذا ما يبرز اندفاع امريكا للسيطرة على منابع النفط للهيمنة على مقدرات العالم الاقتصادية من هذه الاهمية جاء استهداف العراق وثروته من امريكا لما يملكه اعلى احتياطي نفطي في العالم وتليه السعودية حيث بلغ الاحتياطي النفطي للعراق المؤكد 10.6% لعام 1997 عالمياً ويأتي في المرتبة بعد السعودية حيث تبلغ الاحتياطي المؤكد من النفط فيها 25% عالمياً لعام 1997[1] في حين يبلغ الاحتياطي النفطي العربي 71% من الاحتياطي العالمي. ويسهم نفط الخليج نسبة كبيرة منه. لهذه الاسباب مجتمعه عملت امريكا على ربط الامن القومي الامريكي بمدى ضمان تدفق النفط العربي لامريكا وبالكميات والاسعار التي تحددها والتي يضمن رفاه الشعب الامريكي دون النظر الى مستوى رفاه وتطور الشعوب المالكة للنفط، وهكذا اوضحت امريكا خطتها للعدوان على العراق لتحكم سيطرتها على الاقتصاد القومي العربي من خلال السيطرة على موارده النفطية وتسخيرها بما يحقق مصالحها الاقتصادية واستخدام ورقة النفط للتأثير في المغيرات الدولية وبشكل خاص اليابان واوربا ومن ثم تسهيل مهمة السيطرة على الاقتصاد العالمي وادارته بما يحقق مصلحة امريكا وهيمنتها[2].

---

[1] اخذت الارقام - التقرير الاقتصادي العربي الموحد لعام 2001 النشرة الاحصائية السنوية للاوبك لعام 1997.

[2] محمد طاقه، حول الابعاد الاقتصادية للمشروع الصهيوني الجديد، بيت الحكمة، سلسلة المائدة المستدبرة، حزيران 1998، بغداد، ص77.

1- العدوان الامريكي الاطلسي على العراق واثاره على الاقتصاد العالمي:

الحرب هي نهج اميركا لتحقيق اهدافها التوسعية ومن اجل ذلك خاضت امريكا جميع الحروب السابقة وقد اشار "ريتشارد نيكسون" حقيقة الدوافع الامريكية في المشاركة بالحروب "بالمصالح الحيوية" كانت وراء دخول امريكا الحرب العالمية الاولى والثانية والحرب الباردة لقد اتخذ الامريكان المصالح الحيوية والمصالح الامريكية ذريعة زائفة لحقيقة امريكا التوسعية والعدوانية الا على حساب شعوب العالم من هذه الاعتداء[1].

أن الرغبة القوية لامريكا للهيمنة على النفط في منطقة الخليج العربي فضلاً عن ردع المشروع النهضوي الحضاري الذي كان العراق يرمي لتحقيقه، ومنع نهوض العراق في الصناعة العسكرية وكان مطلب امريكا ضرورة اسباغ الشرعية الدولية لتولي القيادة العالمية منفردة واستقبال المستقبل بمواصفات معينة ومنظومة قيم مختلفة ومفاهيم جديدة. ومؤسسات دولية مصنوعة خصيصاً أو مطورة لخدمة هذا المستقبل، شن العدوان على العراق بقيادة الادارة الامريكية مع 33 دولة بمشاركة 28 جيشاً منها، لتدميره وتغيير النظام السياسي فيه والهيمنة عليه، لم تحقق امريكا اهدافها، وبانتهاء العدوان على العراق رسم الامريكيون اشكالاً عديدة تتعلق بهم لوحدهم. رؤيتهم لانفسهم ولمكانتهم، وبعضها الاخر، يتعلق بمستقبل العلاقات بين الحضارات والثقافات والاديان ليس في الوطن العربي بل العالم اجمع اضافة الشكل المتعلق بالشرق الاوسط ككل.

وقد حدد العسكريون الامريكان اشكال الحروب القادمة، كما رسم الاقتصاديون شكلاً جديداً لمستقبل النفط ورجاله وعائد أن كيفية توزيع الحصص الواجب دفعها للدولة القائد (امريكا) كما رسموا لروسيا ومستقبلها شكلاً مختلفاً عن كل ماعرفته في تاريخها، حتى اكتمل مشروع خطة توسيع حلف الاطلس أو كاد يكتمل، لقد طورت امريكا اليات الهيمنة الخارجية وتغير اساليب الاستغلال والبحث عن اليات جديدة[2].

---

(1) د. قيس نوري، الابعاد السياسية والاستراتيجية للعدوان الامريكي الاطلسي على يوغسلافيا - مصدر سابق، ص21.

(2) جميل مطر، المسألة العربية بين قرنين، المستقبل العربي، العدد 230، نيسان، 1998، ص10-11.

العدوان الثلاثيني على العراق واثاره على اقتصادات العالم [1]:

ترتب على العدوان الثلاثيني على العراق اثار اقتصادية عالمية وخاصة على دول الجنوب، واثار سلبية على النمو العالمي، والنمو الاقتصادي لدول الجنوب خاصة وسيظل اثر الدمار المادي في العراق محسوساً لاجيال عدة، اضافة الى ما يتطلبه اعمار دول الخليج من جهود متضافرة من جميع البلدان في المنطقة داخل اطار التعاون الاقتصادي لتنمية التجارة والروابط الاقتصادية الأخرى. بما فيها مشاريع متعددة الاطراف في قطاعات النقل والمياه والطاقة والبيئة. وقد تضررت عدد من بلدان الجنوب جراء الحرب والتأثيرات الناجمة عن ارتفاع تكاليف اسعار الطاقة وانخفاض تحويلات العاملين وفقدان اسواق التصدير وتقدير الاضرار عن الحرب حوالي 22 مليار دولار للمدة من 1990-1991 وستظل الاثار الضارة للحرب قائمة على بلدان الخليج كافة ولعدة سنوات، لقد ادت الحرب الى وقف النمو الاقتصادي في العالم بشكل عام، وعلى مصالح دول الجنوب المصدرة لسلع المواد الاولية بضمنها المصدرة للنفط خاصة.

وقد كانت الدول الرأسمالية المستفيدة من هذه الحرب حيث تمكنت بعد ارتفاع اسعار النفط لمدة قصيرة التعويض عن ذلك بتدني اسعار النفط في السنوات اللاحقة، كما تمكنت خلال الحرب للتخلص من ترسانتها العسكرية النافذة المفعول بتسديد قوائمها من قبل بلدان الخليج وشركائها الاخرين ساهمت السعودية والكويت في افشال حوار الشمال والجنوب من اجل اعادة التوازن في العلاقات الاقتصادية الدولية واقامة نظام اقتصادي دولي جديد والدولتان هي التي مولت وتحملت تكاليف الحرب وتدمير شعب العراق وحصاره اقتصادياً بدعوى تنفيذ قرارات مجلس الامن الدولي. كما وصلت الحالة متردية للانقسام العربي الى مد يدها للتعاون امنياً واقتصادياً مع الكيان الصهيوني والانحراف نحو مشاريع الشرق اوسطية والنظام الاقتصادي الجديد الذي بشر به كيسنجر بعد حرب تشرين 1973، ويقول ريتشارد نيكسون في كتابه ما وراء السلام الصادر عام 1995 (ليس من حرب انطوت على اكبر مصالح حيوية امريكية اكثر من حرب الخليج 1991) [2].

لقد بلغت هيمنة امريكا على مقدرات دول الخليج فحولتها الى مخزن لسلاح الخردة الفائض. تدفع اقيامها باسعار مضاعفة كما وصل الحد في تعامل امريكا مع الامم المتحدة

---

[1] الامم المتحدة، الاونكتاد الثامن، تقرير تحليلي مقدم من امانة الاونكتاد الى المؤتمر – مؤتمر الامم المتحدة للتجارة والتنمية، نيويورك 1992، ص44.

[2] د. قيس محمد نوري، الابعاد السياسية والاستراتيجية للعدوان الامريكي الاطلسي على يوغسلافيا، مصدر سابق ، ص21.

بتحويلها الى موطن لتشغيل العاطلين المتقاعدين من الفائضين لديها بدعوى تشغيلهم كخبراء في اتفاق النفط مقابل الغذاء وعلى حساب شعب العراق الذي يعاني من النقص في الغذاء والدواء[1].

لقد لعبت امريكا دورين لقيادة العالم. دور قيادي امبراطوري، فهي التي تشرع القوانين في الداخل. وتفوضها كقانون دولي امريكي، اما النوع الاخر، قيام امريكا باقتراح واصدار القوانين أو المعاهدات أو القرارات الدولية الخاصة ونصبت نفسها شرطياً على العالم بشن العدوان والحصار على دول العالم.

واقع المكانه الراهنة لامريكا هي قيادة العالم. فهي تجميع بين سمات الامبراطورية وسمات القطب الاحادي في نظام دولي ذات سيادة[2]. لقد عمدت امريكا الى انهاء دور الامم المتحدة كمنظمة دولية تعنى بحل النزاعات الاقليمية واستخدمتها بما ينسجم والنظام العالمي الذي دعت اليه والدعوة الى تنشيط دور الامم المتحدة باستخدامها لتحقيق اهدافها في اطار ما يسمى بالشرعية الدولية تجسدت هذه الممارسة في اول تطبيقاتها ضد العراق. بفرض الحصار وشن الحرب عليه والاستمرار في العقوبات ونزع لسلاحه. وقد عملت امريكا على توفير البيئة السياسية اللازمة لاصدار قرارات من مجلس الامن. وتبرير عدوانها العسكري وعندما حاولت المنظمة أن تمارس دورها وحققت نجاحاً واضحاً في تطويق نوايا العدوان على العراق. فيما عرف بازمة المقرات الرئاسية. ادركت امريكا أن تهميش وتعطيل دور الامم المتحدة اصبح ضرورياً للمضي في فرض سياستها الكونية فسعت نهاية عام 1998 الى شن عدوان عسكري (امريكي - بريطاني) على العراق خارج اطار المنظمة ودون الرجوع اليها[3] اذن فالعدوان الاخير الذي وقع على العراق بالشكل الذي حصل، بشكل السابقة الاولى لشكل التدخل في يوغسلافيا والفرق بينهما هو المكان. فالممارسة الاولى للعدوان جرى على دولة في الجنوب (العراق) في حين أن الممارسة الثانية، تم تطبيقها على دولة متوسطة في الشمال يوغسلافيا وجرت الممارسة الثالثة على دولة في الجنوب افغانستان. وهذا ما سيتم تناوله لاحقاً، فان امريكا تكرس حق التدخل في الشؤون الداخلية تحت مختلف الذرائع فآلة الحرب الامريكية اليوم هي التي تقرر مصير الشعوب. اذن فما تسعى اليه العولمة هي ادخال دول العالم في اتون الحرب، فضلاً عن اشاعة امريكا لتقسيم الدولة الواحدة الى عدة دويلات لتكريس الحروب الاهلية من اجل أن تبقى عجلة الانتاج العسكري فيها مستمراً فضلاً عن اختبارها لتلك الاسلحة.

---

(1) برهان محمد نوري، افاق التطورات الدولية المعاصرة، العولمة وتحرير التجارة، بيت الحكمة، بغداد 1999، ص209-210.

(2) جميل مطر، المسألة العربية بين فرنين، مصدر سابق، ص11.

(3) د. قيس محمد نوري، الابعاد السياسية والاستراتيجية للعدوان الامريكي على يوغسلافيا، مصدر سابق، ص21.

2- العدوان الامريكي الاطلسي على يوغسلافيا:

ظلت الصراعات العرفية والدينية مجالاً حيوياً امام التدخل الخارجي لاضعاف كيانات الدول وتمزيق شعوبها ومجتمعاتها لاجيال عديدة وهذه الصراعات كانت وما تزال تستهوي الغرب الاستعماري الذي يمتلك الخبرة الطويلة في هذا المنهج في الاقل بلدان العرب وفي بلدان آسيا وافريقيا، وقد ظلت الصراعات القومية في اوربا الشرقية مثلاً مدفونة خلال الهيمنة الروسية، عام 1986 شكلت وكالة المخابرات المركزية الاميركية فريق عمل بدراسة شملت 330 أقلية عرقيه ودينية في العالم.

ومن اهم الصراعات العرقية والدينية التي دفنت خلال المدة من الحرب العالمية الثانية حتى عام 1991 صراعات منطقة البلقان.. وقد شكل قيام الاتحاد اليوغسلافي حلاً عملياً لها، وقد عرض الرئيس تيتو على جوزيف ستالين رئيس الاتحاد السوفيتي توسيع الاتحاد اليوغسلافي ليشمل بلغاريا والبانيا غير أن طلبه رفض خشية المزاحمة على زعامة المعسكر الاشتراكي. وكان ذلك من اسباب الخلاف والقطيعة بين الاتحاد السوفيتي ويوغسلافيا بالرغم من أن الزعيم تيتو كان كرواتيا، وان بلغاريا والبانيا سلافيتان اما اليونان فكانت تحارب التوسع الشيوعي في اراضيها انذاك.. رغم ضغوط الشرق والغرب تمكن الاتحاد اليوغسلافي من تحقيق نجاح باهر بتحويل يوغسلافيا من بلد ضعيف متخلف الى قوة اقتصادية، واصبحت قطباً سياسياً مؤثراً وقدمت نموذجاً للتعايش بين القوميات والاديان [1] كان الاتحاد اليوغسلافي يضم صربياً. والجبل الاسود (مونتروغو) وكرواتيا سلوفينا، مقدونيا، البوسنة والهرسك.

- عام 1981 اثر وفاة تيتو قام الغرب بتحريض البان كوسوفو للمطالبة باقامة جمهوريتهم المستقلة وليس بالانضمام الى البانيا أثر انهيار الاتحاد السوفيتي استقلت جمهوريات الاتحاد اليوغسلافي باستثناء (صربيا والجبل الاسود أي يوغسلافيا الحالية ويمثل اقليم كوسوفو جزءاً من صربيا وغالبية سكان صربيا من السلافين في حين أن سكان كوسوفو هم من الالبان وكاداة لمواجهة التهديدات المحتملة من الاتحاد السوفيتي والكتلة الشرقية انشئ في عام 1949 حلف شمال الاطلسي- للمحافظة على سلام منطقة شمال الاطلسي وصمودها ضد أي عمل عسكري من الاتحاد السوفيتي والكتلة الشرقية من قبل اوربا التي كان الغرب يحذرها من الاصطدام بالروس لمخاطر النتائج التي ستسفر عن مثل هذا الاصطدام، وطيلة الحرب الباردة كانت مهمة الحلف دفاعية مقابل حلف وارشو الذي يضم الكتلة الاشتراكية اثر انتهاء الحرب الباردة وانتفاء حالة العداء واقدام الروس على حل حلف وارشو كان المتوقع أن تتضاءل اهمية حلف شمال الاطلسي

---

[1] حامد يوسف حمادي، العدوان الامريكي الاطلسي على يوغسلافيا وتداعياته الدولية، مجلة الحكمة العدد 10 حزيران / يونيو، بيت الحكمة، بغداد،1999، ص 14.

بعد زوال الدوافع التي دعت الى اقامته [1]. وقد عمدت اميركا لجعل اوربا تقبل باستمرارية الحلف كمنظمة سياسية وعسكرية لحماية اوربا ودعت لتوسعه ليشمل شرف اوربا وتغير اهدافه التي اصبحت من وجهة نظر اميركا غير ملائمة للقبول بهيكليته لفقدان مبرراتها.. وفي قمة الحلف في تشرين الثاني 1991 اقرت استراتيجية الحلف الجديدة لتشمل مديات وتوسعها من حيث حجم الحلف، والمساحة الجغرافية والتوسع في الادوار المحتملة فيه [2]، وقد نصت الاستراتيجية الجديدة على (أن من حق الحلف التدخل عسكرياً من اجل ارساء الاستقرار والسلام ذلك لان وسط اوربا وشرقها قد تشهد حالات عدم الاستقرار السياسي والاقتصادي والنزاعات القومية والاقليمية ثم أن هذه الدول ما تزال تمتلك اسلحة تدمير شامل واسلحة تقليدية). وهكذا اعتبر الحلف اوربا الشرقية والوسطى مجالاً حيوياً لمصالح اوربا الغربية وخاصة مصالح المانيا [3]. وبموجب هذا الاساس، تم التحرك وفق الاهداف الامريكية المتعددة من حيث الاتجاه والتوسع مما يعني أن مهمة الحلف الجديدة هي لعدوان على أي دولة. اما من حيث التوسع فقد جرى التحرك وضمن خطة طموحة وضعها رئيس بنك المانيا (الفريد هيرهاوزن) فتم اجتذاب كل من بولندا وتشيكيا والمجر الى عضوية الحلف والتي تشكل القوس الشرقي نحو تحقيق التماس الجغرافي للحلف بالارض الروسية وفي مرحلة لاحقة يستكمل التوسع بانضمام كل من بلغاريا، رومانيا، اوكرانيا - فلندا والتي لم يوافق الغرب على انضمامهم للحلف والى المجموعة الاوربية وفي حال انضمامهم فحدود الحلف ووجوده سوف يلاصق مباشرة الاراضي الروسية، بحجة اضطراب اقتصاداتها او حاجتها للمزيد من المساعدات المالية وعدم استقرار ما يسمى (بالتحول الديمقراطي) فيها اضافة الى غلبة العنصر السلافي فيها والذي يرى في روسيا ولاسباب تاريخية وايديولوجية بمثابة الاب الروحي لسلاف اوربا[4].

---

(1) حامد يوسف حمادي - نفس المصدر السابق، ص 11-12.

(2) د.قيس محمد نوري - نفس المصدر السابق، ص 20.

(3) حامد يوسف حمادي - نفس المصدر السابق، ص 12.

(4) دار في اوربا واميركا جدل واسع - اذا كان الهدف الاساس من الحلف واستمراره هو الحفاظ على اوربا فان الامر من اختصاص الاوربيين خاصة بعد نجاح تجربة الاتحاد وانتهاء الحرب الباردة ؟ واذا كان الامر كذلك فلماذا تحشر اميركا نفسها لقيادة الحلف. وهذه المهمة ترهقها مالياً وعسكرياً يقول انصار بقاء الحلف – وبقاء اميركا قائدة له – يعتقدون أن اوربا بدون الحلف ستتصاعد الخلافات فيما بين دولها من ناحية وكذلك بين اوربا واميركا كما أن روسيا ستظل غير مستقرة وغير متعاونه وتأثير اميركا في روسيا غير قوي. وهذا الاستنتاج غير دقيق وحقيقي فقد تغيرت اوربا منذ الاربعينات حتى الوقت الحاضر. وقامت فيها دولتان نوويتان (فرنسا وبريطانيا) وتشابكت المصالح بينهما وبين اميركا في كل النواحي.

- حامد يوسف حمادي - نفس المصدر السابق، ص 12.

اما يوغسلافيا، فان انضمامها الى الحلف يقتضي المعالجة وفقاً للطروحات الامريكية اذ تضم اكبر كتلة سلافية وهذه الكتلة تتقارب عرفياً واثنياً مع روسيا فمن الخطأ الاستراتيجي تركها متجانسة وسط القارة الاوربية باعتبارها بؤرة تقارب محتملة مع روسيا [1] ووفقاً لما جاء في عام 1991 اوعز الانكلو - اميركان بتشكيل جبهة تحرير كوسوفو الاقليم الواقع جنوب صربيا. لم يتم تزويد الجبهة بالاسلحة المهمة لانهم على يقين من أن هذه القوة الصغيرة غير قادرة على ملاقاة الجيش اليوغسلافي وان اهل كوسوفو - قد يواجهون تطهيراً عرقياً، ويعلمون ايضاً أن اليوغسلاف رغم مواقفهم في محادثات راسبوبيه في فرنسا على منح كوسوفو حكماً ذاتياً. فلن يقبلوا بانزال قوات اطلسية في كوسوفو لحماية اهلها بسبب اصرار اميركا وحلفائها على وجود قوات اطلسية على حدود الاقليم ورفض الصرب الوجود العسكري سيؤدي الى انفصال الاقليم او استقلاله وهكذا وضعت يوغسلافيا امام خيارين اما الموافقة على انزال القوات واما القصف الجوي الاطلسي- [2]. تطورت الازمة رغم وجود اتفاق معلن بضرورة حل الازمة سلمياً ورفض انفصال كوسوفو من صربيا فقد اختلفت مواقف الاطراف الدولية الفاعلة لتسوية المشكلة. وسبل تحقيقها، اجهضت جميع الجهود المبذولة لتسويتها لاصرار اميركا والاتحاد الاوربي بضرورة انسحاب القوات الصربية (اليوغسلافية) من اقليم كوسوفو. والعودة الى المفاوضات كسبيل وحيد لحل الازمة ومراعاة منح الاقليم وضعاً متميزاً - يرضي الطموحات القومية للالبان. بمعنى ابقاء كوسوفو خارج اطار السلطة المركزية لصربيا (يوغسلافيا) بضوء ما جاء فرضت عقوبات اقتصادية على يوغسلافيا شملت ايقاف الاستثمارات فيها وتجميد ارصدتها المالية في الخارج رافقها تهديدات اطلسية بتوجيه ضربات جوية ضد القوات الصربية (اليوغسلافية في حزيران 1998 نظم حلف الاطلسي مناورات جوية بأسم (الصقر العنيد) بمشاركة مجموعة من منشآة البحرية الامريكية (المارينز) لتأكيد نوايا الاستعداد للتدخل).

رفضت روسيا والصين استخدام القوة ضد يوغسلافيا اضافة الى اعلان روسيا في حزيران 1998 رفضها لانسحاب القوات الصربية من اقليم كوسوفو، وبسبب اصرار اميركا وحلفائها على وجود قوات اطلسية على حدود اقليم كوسوفو ولتعقيدات الوضع على الارض بكل خلفياته التاريخية ولرفض الصرب الوجود العسكري الاجنبي قامت اميركا باستغلال الفرصة فشنت عدوانها بواسطة قوات حلف الناتو على يوغسلافيا [3] صمود يوغسلافيا وفق النموذج الذي

---

[1] د. قيس محمد نوري - نفس المصدر السابق، ص 20.

[2] حامد يوسف حمادي - نفس المصدر السابق، ص 16.

[3] د. قيس محمد نوري - نفس المصدر السابق، ص 19.

اوجده العراق.. وفشل العدوان لم يحقق اهدافه وظل جيش تحرير كوسوفو تسانده اميركا (K4) والاقليم حالياً خارج السلطة المركزية.

النتائج والابعاد المترتبة على العدوان الامريكي الاطلسي على يوغسلافيا:

جاء العدوان الامريكي الاطلسي الذي وقع على يوغسلافيا ضمن اطار استمرار وتسريع العولمة الامريكية على العالم وتحقيق الاتي:

1- تهديد مستقبل الوحدة الاوربية واعادة ترتيب البيت الاوربي على وفق دواعي الافن الاميركي والذي هو بصدد اعادة صياغة معادلة الامن الجديدة وفق الابعاد الاستراتيجية الامريكية على صعيد القارة الاوربية أن حققت وحدتها نجاحاً متميزاً. كقطب منافس لاميركا.

2- تحقيق الهدف الاستراتيجي بتقسيم العالم الى مناطق نفوذ بين الدول الرأسمالية الغربية (اميركا، بريطانيا، المانيا). بالضد من فرنسا وايطاليا لعرقلة بروز اوربا الموحدة، وبالرغم من تفكك الاتحاد السوفيتي فما زال الخوف قائماً بالنسبة لاميركا والغرب، من عودة تقارب روسيا والمانيا.

3- توسيع الهيمنة والنفوذ الاميركي في اوربا وتأكيده وتجديده والعمل على ابراز الزعامة الالمانية لاوربا فسوف يهدد ذلك مستقبل الوحدة الاوربية على وفق تصور دول اوربية عديدة في مقدمتها فرنسا ولصالح دول اوربية اخرى تسعى لتقوية نفوذها ودورها الاوربي مثل المانيا.

4- التمهيد للبدء بمشروع كبير يستهدف اضعاف وتفتيت روسيا. فروسيا بامكاناتها الكبيرة وموقعها الجغرافي واتجاهاتها نحو التقدم التكنولوجي قد تعود قطباً منافساً لاميركا والغرب اللذان لا يروق لهما قيام روسيا مستقرة وقوية سواء كانت شيوعية او رأسمالية او حتى قيصرية وبضوء ذلك تعمل اميركا والصهيونية على تقسيمها الى ثلاث كيانات وان تنضم تلك الكيانات الى حلف شمال الاطلسي للاحاطة بالصين واليابان وجنوب شرق آسيا على أن يتم تحقيق ذلك في مراحل لاحقة بعد انتهاء حلف الاطلسي من اعادة ترتيب اوربا ومنطقة البلغان[1].

5- تعرض العملة الاوربية الموحدة (اليورو) لضغوط عالية لوقوع العدوان العسكري على ارض اوربية فضلاً على مشاركة دول اوربية المنظمة لليورو في العدوان -المانيا- فرنسا -ايطاليا.

---

[1] **د. قيس محمد نوري - الابعاد السياسية الاستراتيجية للعدوان الامريكي الاطلسي على يوغسلافيا - مصدر سابق، ص 20-23.**

6- انعكست آثار العدوان بشكل مباشر على السوق المالية الاوربية فقد:

أ- تعرض اليورو لازمة وسوف يؤثر ذلك في مستقبله وهيكليته وسمعته وهذا ما تريده امريكا لابعاد منافسته المحتملة للدولار في المستقبل.

ب-تراجع اليورو بشكل ملحوظ منذ اندلاع العدوان فقد انخفضت قيمته امام الدولار بمعدل 10% فضلاً عن تعرضه الى خسائر كبيرة مقابل تحقيق الدولار والجنيه الاسترليني مكاسب كبيرة.

7- طرح العدوان على يوغسلافيا قضية العولمة المسلحة او ما يطلق عليه استعمار ما بعد الحداثة فالعدوان الامريكي على شعوب العالم ونهب ثرواته وخيراته كلها نصب في نطاق مشروع واحد وتكامل لتسليح العولمة وفرض سلطة كونية واحدة بالقوة العسكرية.

8- نشر العولمة المسلحة وعدم الاكتفاء بنشر مفاهيم الامركة وفرضها على العالم بهدف اختراق الاسواق ومصادره لسيادته الاقتصادية وفرض نمط التنمية عليها والحاقها بالاقتصاد العالمي لتؤدي وظائف محددة بل راحت تشهر العصا الحربية لترهيب العالم وفرض سيطرتها الكونية على الشعوب المستقلة التي لا ترى في المنهج الاميركي سوى التبعية المذلة.

9- ترهيب الدول الصناعية المتقدمة بالعولمة المسلحة، واقتحام العالم كله وتحويله الى ساحة مفتوحة للصراع الاقتصادي والسياسي والعسكري وفقاً لنزعات امريكا وتفوقها العسكري.

10- أن محاولة امريكا نشر العولمة المسلحة تجئ لدعم موقعها بشبكة من اشكال الوجود العسكري لتطويق اوربا ودول المنطقة الاقتصادية الاوربية وروسيا كما أن استخدام امريكا للعولمة المسلحة يأتي ضمن اطار خططها لاحداث تغيرات في موازين القوى المختلفة ولصالح هيمنتها [1].

ومن خلال رصد التحركات الاميركية لمعرفة الابعاد الاقتصادية للعدوان يمكن ملاحظة الاتي:

1- الاستمرار في ابتزاز اوربا وتوريطها في المخطط الاميركي الهادف للسيطرة على الثعبان. والسيطرة التامة على دول المنطقة وفرض نظام اتفاق عسكري معين عليها لتحجيم ظاهرة استقلال اوربا.

2- تطويق وروسيا عسكرياً والتربص لهما وصولاً لمرحلة الصراع معهما في المستقبل بعد انتهاء مرحلة المغازلة الحالية.

---

[1] **د.حميد الجميلي، يوغسلافيا، الابعاد الاقتصادية للعدوان الامريكي الاطلسي، مجلة الحكمة، العدد 10 السنة الثانية حزيران / يونيو، بيت الحكمة، بغداد، 1999، ص 27-29.**

3- انهاء اطروحة المنهاج المستقل ليوغسلافيا وادخال دول اوربا في منظومة الدفاع الكونيه الاميركية وتسويق المنتجات العسكرية الاميركية اليها وفرض الصفقات العسكرية على دول المنطقة بهدف السيطرة العسكرية على العالم.

4- فرض سلطة القوة الاميركية على كل الانظمة التي لا ترى في المنهج الاميركي نموذجاً متقدماً وناجحاً للبشرية[1].

خلاصة ما تقدم فان الحرب الاميركية الاطلسي على يوغسلافيا لم تكن حرباً للدفاع عن مسلمي كوسوفو واقرار حقوق الانسان المنتهكة والديمقراطية.. ولم تكن حرب المصالح والدفاع عنها وفقاً لمقولات الاميركان سوى ثوباً زائفاً تستظل به اميركا لتكريس حقيقتها العدوانية التوسعية الكونية من خلال اداتها العولمة المسلحة لاقتحام العالم وفرض السلطة الاميركية عليه وتسريع العولمة.. وبالرغم من قوة اميركا وحلفائها الاطلسيين فقد تمكن شعب يوغسلافيا الصمود بوجه القوة العسكرية لاميركا. التي لم تحقق اهدافها في يوغسلافيا.. صحيح أن الحرب هي حرب توازن القوى ولكن تبقى ارادة الشعوب اقوى من العولمة المسلحة لاميركا.

3- احداث 11 أيلول / سبتمبر 2002 ومفاهيم الهيمنة الجديدة:

تستخدم اميركا كل ما تملكه من قوة لتؤكد تفردها ورغماً عن العالم - وتكرس مبدأ حق التدخل في الشؤون الداخلية للدول كافة تحت ذريعة حماية حقوق الانسان ودرء الاخطار التي تهدد الانسانية، فالحرب والاخطار هي من نصيب الاخرين وتجري بعيداً عن اميركا، وبعد احداث 11 أيلول / سبتمبر 2001 هزت الطمأنينة ولامن والسلامة الكلية للشعب الامريكي واحدثت انقلاباً جذرياً اهتزت معه كل مصداقيات اميركا وخرجت حاجز الامن المزيف، التي اكتشفها شعب اميركا فرضت اميركا على العالم اعلان الحرب ومن نمط جديد لتحقيق العدالة المطلقة - حرب على الارهاب " ومفهوم الارهاب في منظور اميركا - هو كل من يخالف سياستها، حرب على الدول التي تؤدي الى الارهاب - وحددتها بأكثر من 60 دولة في العالم وحرب على محور الشر " العراق وايران وكوريا الشمالية.

والعمل بعقيدة مكافحة الارهاب من قبل اميركا - فقد قسمت العالم بموجب ذلك الى معسكرين:

المعسكر الاول - ضد الارهاب (كل من يقف مع اميركا).

المعسكر الثاني - مع الارهاب (كل من يخالف اميركا).

---

[1] د. حميد الجميلي، يوغسلافيا، الابعاد الاقتصادية للعدوان الامريكي الاطلسي، مصدر سابق، ص 30.

افرزت احداث 11 أيلول 2001 مجموعة من المفاهيم والمصطلحات الجديدة التي اطلقتها امريكا، وعلى العالم أن يتبناها ويحارب ويخوض معارك من نمط جديد - بدأت الحرب في افغانستان وفق النمط التقليدي تمكنت امريكا من الحصول على اسرع قرار في تاريخ مجلس الامن اتخذ بالاجماع والقرار "لا يسمح فقط بالحرب الشاملة على الارهاب والارهابيين بل تبني هذه الحرب وعقيدتها".

وقف العالم وراء امريكا باستثناء العراق، ليبيا، والى حد ما سوريا والسودان وكوريا وكوريا الشمالية [1] واستطاعت اكبر قوة عسكرية في العالم من تدمير اضعف وافقر دولة في العالم غير انها لم تتمكن من تحقيق اهدافها المستمرة. لذلك فان الحرب مستمرة..

4- نهاية العولمة والامركة:

ويبقى السؤال مفروضاً ... الى متى ستبقى الامركة والعولمة وهيمنتها ...؟ وهل ستنحسر...؟ وما هي عوامل الانحسار المستقبلية لامريكا...؟

أن حرص امريكا ومحافظتها على مركز التفوق الكوني سيترتب عنه ثمن فادح فستؤدي الى انهيارها كما انهارت الامبراطوريات الكبرى عبر التاريخ فالدفاع المكلف عن قوة امريكا وعولمتها وهيمنتها سيؤدي بها الى الانهيار [2] وفي هذا الصدد فقد ابرز بول كيندي في كتابه "ولادة وانحطاط القوى العظمى" أن كل قوة عظمى تستمر في النمو ما دامت قدراتها الاقتصادية تفوق قدراتها العسكرية، وتتراجع حين تكون قدراتها العسكرية اكبر من قدراتها الاقتصادية [3]، ولما كانت حاجة امريكا لقوتها العسكرية للمحافظة على تفوقها العالمي والانفاق على ذلك باستمرار وبمعدلات تتزايد مع تزايد المنافسة الاقتصادية العالمية وسيمثل ذلك مثلما مثل للاتحاد السوفيتي نزيفاً اقتصادياً قاتلاً [4]، ومما يزيد هذا التحدي أن القوى الاقتصادية الجديدة (اليابان والمانيا) متحررة من كلفة تنمية قدرتها العسكرية الاستراتيجية وكلفتها (جراء احكام المعاهدات المجحفة بحقها) وسوف يعزز ذلك من قدرتهما على منافسة امريكا في التفوق الاقتصادي مستقبلاً[5].

---

[1] د.كامل حيدر، المنطق الفكري للعولمة ومعالم الهيمنة، بحث مقدم لندوة العولمة واثرها في الاقتصاد العربي - نظمت في بيت الحكمة، بغداد من 4/14 لغاية 2002/4/15، ص1-2.

[2] عبدالاله بلقزيز - تعقيب في العرب والعولمة، مصدر سابق، ص 265.

[3] كريم بقرادوني -تعقيب في العرب والعولمة، مصدر سابق، ص 266.

[4] عبدالاله بلقزيز - تعقيب في العرب والعولمة، مصدر سابق، ص 265.

[5] كريم بقرادوني -تعقيب في العرب والعولمة، مصدر سابق، ص 266.

واذا ما اضيف الى هذا الانفاق الكبير على العولمة والهيمنة بصيغتها الامريكية الحرص على معدلات الاستهلاك العالية للمواطن الامريكي والاستجابه لمطالب الرفاه والقوة المتزايدة منها، فان امريكا ستكون امام مخاطر فقدان اقتصادها القدرة على تحقيق ذلك[1].

ومن الجدير ذكره أن العولمة الامريكية بدأت تتآكل مع الوقت وما يبرهن على ذلك فان قوة امريكا خلال الحرب العالمية الثانية اقوى منه خلال عدوانها على العراق. فقد تحمل الاقتصاد الامريكي اعباء الحرب، وكلفة اعادة اعمار اوربا الغربية (مشروع مارشال) في حين أن الاقتصاد الامريكي لم يتحمل تكاليف الحرب ضد العراق ولم تساهم في اعادة اعمار ما دمرته الاعمال العسكرية في الخليج، بل استثمرت آثار الحرب وحولتها الى صفقات لانعاش اقتصادها الذي كان بحاجة الى ذلك لتجاوز مشاكله التي يعاني منها الاقتصاد الامريكي (مشاكل اقتصادية داخلية، عجز في الموازنة وازمة النظام الصحي وانتشار المخدرات وارتفاع معدلات الجريمة[2]. وما سيؤدي الى انهيار امريكا هو:

1- عدم قدرتها على تحمل تكلفة الهيمنة فقد لا تتحمل امريكا طويلاً التكلفة المادية المترتبة عن الهيمنة وبالفعل فانها تشكو منها فعدوانها على العراق كان التجربة الاولى في توزيع تكلفة المنتفعين من الهيمنة والحماية التي توفرها لهذه الهيمنة على دول الخليج، أو المحاولات مستمرة من جانب حكام الخليج لاستدعاء وتثبيت هذه الهيمنة، متجاهلين المعارضة المتزايدة من الشباب العربي في دول الخليج للهيمنة الامريكية وهذا ما اكدته الدراسة الميدانية التي اجراها د. عبد الخالق عبد الله واكدته ايضاً مواقف الرأي العام العربي والاسلامي[3].

2- صعوبات النمو السريع والعجز الامريكي في تمويل النمو نتيجة عوامل داخلية وخارجية وتفاقم هذا العجز مستقبلاً خاصة عوامل العجز في الميزان التجاري مع 160 مليار وتراكم الديون الاجنبية الدولية التي تبلغ الف مليار وتدني مستويات الادخار المحلي الذي يترتب عليه عجز في الاستثمار في البنية التحتية والتنمية والعجز في اتخاذ الاجراءات المناسبة للمستقبل.

3- تضاعف استثمارات اليابان في امريكا يستنزف الكثير من موارد التنمية الامريكية واعتبارها دائن، فضلاً عن دور الصين ومضاعفتها لحجم صادراتها الى امريكا واسواقها التقليدية في جنوب شرق اسيا.

أن التناقض الواضح بين تصاعد القوة العسكرية وهبوط القدرات الاقتصادية لامريكا اخذ في التزايد مما سترتب عنه مخاطر حقيقية تتحدى هيمنة القطبية الاحادية والعولمة بصيغتها الامريكية.

---

[1] عبدالاله بلقزيز - تعقيب في العرب والعولمة، مصدر سابق، ص 265.

[2] كريم بقرادوني -تعقيب في العرب والعولمة، مصدر سابق، ص 266.

[3] جميل مطر، تعقيب في العرب والعولمة، مصدر سابق، ص274.

وتتزايد خطورة ذلك اذا وضعنا في الاعتبار أن لاستقرار النظام المالي والاقتصادي العالمي الذي يحفظ لامريكا مركز مهيمناً في الوقت ذاته يعتمد اعتماداً كبيراً على استمرار العجز التجاري وتراكم مديونية امريكا[1].

4- تنامي القدرة العسكرية للصين وما خصصته من موارد مالية لبناء ذلك اضافة الى اتخاذ فرنسا ذات الاتجاه فضلاً الى محاولات المانيا واليابان لتحقيق التناسب بين القوة الاقتصادية والقوة العسكرية والمتوقع أن تفرض روسيا نفسها مستقبلاً في هذا المجال.

5- التدخل والعدوان العسكري لامريكا في العالم اعتمد بالدرجة الاساس على التمويل العربي الالماني الياباني كما هو الحال في عدوانها على العراق. كما أن تدخلها العسكري الفاشل في كل من لبنان والصومال والبوسنة اضافة الى المعركة السياسية العسكرية الدائرة في العديد من دول القارة الافريقية لم تحسم لصالح امريكا فقد كانت الغلبة لفرنسا والمانيا التي لم تظهر كثيراً على السطح[2].

6- الضغوط الداخلية الشديدة التي تواجه امريكا فما زالت امريكا تشهد فوارق اجتماعية كبيرة كالعنصرية التي تفعل في ارهاق المجتمع الامريكي اذ كشف مشروع الجين الوراثي مدى تغلغل الافكار العنصرية ممثلة بفكرة "اليوجينيا".

7- الموقف الرافض من فرنسا وعدد من دول الاتحاد الاوربي الرافض لمحاولات امريكا بفرض ثقافتها عليهم والتحكم في اقتصادهم اضافة الى موقف كندا الرافض لقانون "داماتو" الخاص بمقاطعة الدول التي تتعامل مع ايران.

8- شكل النفط واحداً من الاسباب الرئيسية التي خاضت من اجلها امريكا الحروب في العالم ومنذ الحرب العالمية الثانية لقلة ومحدودية المصادر الطبيعية غير القابلة للتجديد خاصة النفط في امريكا. اذ تمتلك امريكا اقل من 40% من مجموع السكان العالم مقابل امتلاكها اقل من 10% من احتياجها من الموارد الطبيعية غير القابلة للتجديد اهمها النفط وتمتلك اقل من 5 % من احتياط النفط العالمي وتستهلك 30% من النفط المنتج في العالم وسينضب احتياطها منه في حال عدم استيرادها وسوف تواجه خطورة حقيقية جراء ذلك ولتجنب ذلك فقد ابتدعت امريكا الحروب تجسيداً لمقولة هنري كيسنجر عام 1977 على الدول المتقدمة ايجاد نظام قسري معقد للحفاظ على النفط على كوكبنا وبسعر التكلفة اذا ما رغبت بالبقاء[3].

---

[1] مجدي حمادي، تعقب العرب والعولمة، مصدر سابق، ص270.

[2] مجدي حمادي، تعقيب في العرب والعولمة، مصدر سابق، ص268-270.

[3] فيرناندو سيكبيرا العولمة: المصدر والعواقب، ندوة العولمة واثرها في الاقتصاد العربي، التي نظمها بين الحكمة في بغداد للمدة من 14 - 2002/4/15، ص2.

المبحث الثاني
دافع الخلاص من التضخم الركودي

مقدمة:

تفاوتت حدة الازمة الاقتصادية التي يمر بها العالم، ففي المراكز الرأسمالية اتسمت الازمة بالركود التضخمي منذ السبعينات وحتى الوقت الراهن والازمة هي من نوع خاص، والهدف الرئيس للرأسمالية الذي يحرك اسلوب الانتاج هو السعي لتعظيم الارباح وهذا ما يدفعها للبحث عن مصادر جديدة للخروج من ازمتها. فقد هيأت الرأسمالية داخلياً وخارجياً اليات لنقل وتصدير الازمة الى العالم ودول الجنوب خاصة اذ شكلت تلك الازمات عبئاً كبيراً نجم عنها صعوبات ومشاكل كثيرة لاثارها الواضحة على حركة النمو والتنمية بحكم الروابط التجارية والصلات الوثيقة التي تربط دول الجنوب بالاقتصاد الرأسمالي العالمي.

لقد اصبحت سياسة نقل وتصدير الازمات سمة من سمات النظام الرأسمالي ونتيجة لذلك ظلت دول الجنوب في موقعها غير المتكافئ في نظام التخصص وتقسيم العمل الدولي. ولمواجهة الازمة (التضخم الركودي) اتخذت الدول الصناعية المتقدمة مجموعة من السياسات الاقتصادية والمالية الى جانب التقسيم الدولي غير المتكافئ كان من نتائجها تفاقم مشكلة المديونية الخارجية لدول الجنوب وعدم قدرتها على السداد، وصارت تهدد نظام الائتمان الدولي وحركات رؤوس الاموال القصيرة والطويلة الاجل وحدوث اضطراب في علاقات الشمال والجنوب، وقد ادركت الرأسمالية التي تتعلم دوماً من ازماتها بان ضبط وتنظيم علاقاتها مع دول الجنوب في المراحل القادمة ويجنبها من تكرار الوقوع في ازمة المديونية وبالشكل الذي يؤهلها لاستمرار نقل ونزح الفائض الاقتصادي (الافراط في الانتاج) يتطلب وجود اليات جديدة من اجل تقليص حدة العرض السلعي لها والسيطرة على الاوضاع الاقتصادية والاجتماعية في دول الجنوب ولما كانت العولمة واحدة من اهم مشاريع الرأسمالية لادارة ازمتها واحدى متطلبات التطور الرأسمالي لتوفير مجالات الاستثمار واستيعاب النوائض بحيث تستطيع الرأسمالية تجديد نفسها والتغلب على تناقضاتها والتكيف مع ازمتها واعادة صياغة علاقات الهيمنة على دول الجنوب. لقد ساهمت الاجراءات التي اعدتها الرأسمالية لتحرير حركة رؤوس الاموال من القيود المفروضة عليها والثورة المعلوماتية دوراً في جعل الاسواق المالية اكثر ترابطاً واقدر على ايجاد فرص الاستثمار وقد احدث هذا التطور رواجاً كبيراً في مجال الاستمارات المالية الدولية وتهيأت الفرص امام حركة رؤوس الاموال للانتقال بين الاسواق وفقاً لمعاملات الفائدة فانتشرت المضاربة المالية في

اسواق الاسهم والسندات والعملات وصارت المضاربة نشاطاً اساسياً لرأس المال الذي طغي على الاقتصاد العالمي في المرحلة الراهنة فانتشرت الازمات المالية نتيجة لعدم الاستقرار المالي وبدأت في اضعف حلقات النظام المالي العالمي وانتشرت تلك الازمات الى دول الجنوب الأخرى. وادت الى انهيار عملاتها الوطنية وزعزعة اقتصادياتها على وفق هذا التصور تناول المبحث دافع الخلاص من التضخم الركودي من خلال:

المطلب الاول: قنوات نقل الازمة عالمياً وتصديرها.

المطلب الثاني: الازمات الاقتصادية:

1- ازمة المديونية في دول الجنوب منها الاقطار العربية.

2- الازمة الاقتصادية (السوفيتية - الروسية).

المطلب الثالث: العولمة والازمات المالية.

1- ازمة المكسيك.

2- الازمة الاسيوية.

المطلب الاول

قنوات نقل الازمة عالمياً وتصديرها

في اطار تدويل الحياة الاقتصادية وهيمنة الاحتكارات العابرة للقوميات واستمرار تدويل راس المال فقد حددت الرأسمالية المعاصرة مجموعة من المصادر والاشكال والمجالات لنقل اعباء الازمة الاقتصادية (التضخم الركودي) الدول الجنوب كافة ومنها الدول العربية للحفاظ على مستويات نمو ثابتة في مناطق متعددة بالكرة الارضية وتطويقها بحلقات من التبعية[1].

بعد أن حاولت مواجهة الازمة داخلياً بالتراجع عن الكينزية والاتجاه نحو النيوكلاسيكة لتأمين الفاعلية المطلقة لقوى السوق والحرية الفردية[2]. وشكلت اليات جديدة لادارة الازمة دولياً تقوم على التكامل بين وحداتها القومية وبذلك تشكل موقعاً عالمياً موحداً دون الغاء التنافس القائم فيما بينها فهي عند الازمة تتوصل الى حلول تؤمن المصلحة العليا للراسمالية العالمية ثم التعاون فيما بينها لادارة الازمة الدورية انطلاقاً من ضرورات التكيف مع الاوضاع الجديدة في العالم. ومن الاشكال والمجالات التي حددتها الرأسمالية المعاصرة لنقل وتصدير الازمة تتمثل في الاتي:

---

(1) د. رسول راضي حربي، النظم الاقتصادية، مصدر سابق، ص160.

(2) د. رمزي زكي - الليبرالية المتوحشة، مصدر سابق، ص184.

1- الالية الاساسية لنقل الازمة الى دول الجنوب منها الاقطار العربية هي التجارة الخارجية مع الدول الرأسمالية. فقد ظلت التجارة الخارجية قيد على نموها، فالثورة العلمية والتكنولوجية والتدويل المتزايد للانتاج وراس المال وما رافقه اسعار السلع المصنعة والسلع الغذائية الرئيسية وخفض الاسعار والطاقة والسلع الاساسية هما العاملات اللذان ساعدا البلدان الراسمالية الحفاظ على سيطرتها للاسواق الدولية وادارة ازمة التضخم الركودي[1].

2- ابقاء تقسيم العمل الدولي. ابقاء دول الجنوب متخصصة في انتاج وتصدير المواد الاولية وعدم تغير موقعها غير المتكافئ في نظام التخصص وتقسيم العمل الدولي مقابل تخصص البلدان الرأسمالية في انتاج وتصدير المنتجات المصنعة.

وهو احد الخصائص الهامة في سير العلاقات الاقتصادية بين هاتين المجموعتين من الدول لبقاء اقتصاديات الجنوب جزءاً تابعاً بمراكز السيطرة المتقدمة وخاضعة لطريقة عمل قوانين الاقتصاد الرأسمالي، مما يعني أن التخصيص الدولي المبرر نظرياً على اساس نظرية النفقات النسبية ما زال سارياً لصالح عمليات تراكم راس المال للدول الراسمالية وعلى حساب دون الجنوب، ودون تغير ومن خلال روابط التبعية النقدية والتجارية والتكنولوجية والعسكرية احياناً للسيطرة على قطاع انتاج المواد الخام بدول الجنوب بدءاً بمرحلة الانتاج ومروراً بمراحل التمويل والتسويق واحتكارها للاسواق الخارجية وشبكات النقل البحري لتتمكن الدول الراسمالية من استمرار حصولها على المواد الخام الزراعية والمعدنية ومواد الطاقة باسعار رخيصة من دول الجنوب وقد كان ذلك دور مهم في ازدهار ونمو الدول الرأسمالية.

3- اعادة احتواء دول الجنوب – وفتحها من جديد من خلال خلق مناخ ملائم فيها يكون قادراً على جذب نشاط الاستثمارات المباشرة عند مستويات عالية للربح وخدمة تحويلات عوائدها للخارج[2].

4- ارتفاع سعر الفائدة في الدول الرأسمالية المتقدمة ونجاحه في امريكا لنقل اعباء الازمة الى دول الجنوب منها الدول العربية، فقد ادى ارتفاع سعر الفائدة الى اخفاء اعباء كبيرة على اقتصادات دول الجنوب وفي ظل استمرار تدويل راس المال استمرت عملية امتصاص ثروات الجنوب بواسطة اليات تدفق الاموال عبر البنوك والديون[3] لان معدلات الفائدة العالية

---

(1) برهان محمد نوري، افاق التطورات الاقتصادية الدولية المعاصرة، العولمة وتحرير التجارة، مصدر سابق، ص130.

(2) د. رمزي زكي – اممية راس المال وشروطه، وتوسع الراسمالية العالمية في الاطراف، قضايا فكرية، الفكر العربي على مشارف القرن الحادي والعشرين، يونيو، حزيران 1995، القاهرة، ص318.

(3) د. رسول راضي حربي – النظم الاقتصادية، مصدر سابق، ص163.

هي الاداة الوحيدة التي تستعين بها الحكومات في الامد القصير للحيلولة دون هروب رؤوس الاموال الا انها احدى المحصلات في عالم يمكن فيه للمبالغ الكبيرة من رؤوس الاموال الانتقال من بلد لاخر بسرعة بدلاً من التمركز في توليد معدلات فائدة واطئة لتحقيق استخدام كامل ونمو سريع[1].

5- تدهور التدفقات المالية الى دول الجنوب بشكل عام والاقطار العربية خاصة. وانخفاض المساعدات الرسمية مقابل ارتفاع التدفقات غير التفضيلية مما يعني أن دول الجنوب اصبحت مصدراً صافياً لراسمال واستنزاف مواردها يعكس ذلك في صورة العجز والتضخم النقدي.

6- قناة التضخم النقدي بينها ينتقل التضخم من بلد رأسمالي متقدم الى بلد رأسمالي متقدم آخر من خلال دورة الاعمال الدولية والدول الرأسمالية المسيطرة على 75% من التجارة العالمية تقوم بتصدير التضخم الى دول الجنوب التي تتعامل في اكثر من 80% من تجارتها الخارجية. ويتم ذلك من خلال قنوات التجارة الخارجية خاصة عن طريق الاستيراد. فهي تستورد التضخم مثلما تستورد الركود ويتمثل تأثير التضخم على شروط التبادل بين المنتجات الاولية والسلع المصنوعة أي أن التضخم مصحوب دائماً بهبوط مشروط التبادل بالخامات والمنتجات الاولية.

فاستمرار التضخم مع استمرار تصاعد الفائدة على الديون الخارجية يزيد من عجز موازين المدفوعات لدى دول الجنوب غير النفطية اما فيما يخص الدول النفطية فالتضخم يقتطع من عوائدها التي تتأكل بتزايد[2].

7- الاعتماد على صناعات طليعية جديدة مثل الطاقة الذرية والتعدين وغزو الفضاء واستغلال قاع المحيطات وصناعة المعلومات والتكنولوجيا الوراثية والبحوث. فالتدويل الذي كان يتركز في الماضي في مجال التبادل التجاري وتصدير راس المال في العلاقات السعرية فقد امتد الان الى هذه الصناعات بما يساعد على اعادة تنظيم هياكل الانتاج وفتح المجال امام الجماعات المالية والدولية خاصة المرتبطة بالتسليح[3].

8- امتصاص الفائض الاقتصادي من خلال الانفاق العسكري داخلياً وخارجياً (الاحلاف والمساعدات العسكرية). ساهمت الالة العسكرية في امريكا وغيرها من مراكز المنظومة في امتصاص الفائض الاقتصادي من خلال زيادة الاستهلاك والاستثمار، وكانت دوافع ذلك

---

[1] ليستر ثرو – مستقبل الراسمالية، مصدر سابق، ص513.

[2] د. رسول راضي حربي – النظم الاقتصادية، مصدر سابق، ص164-165.

[3] برهان محمد نوري – آفاق التطورات المعاصرة العولمة وتحرير التجارة - مصدر سابق، ص135.

الصراع الايديولوجي بين المعسكر الرأسمالي والمعسكر الاشتراكي خلال فترة ما بعد الحرب وفترة الحرب الباردة واصبح الانفاق جزءاً رئيسياً في بنية الاقتصاد الرأسمالي الصناعي. وله تأثيره المضاعف في حركة الناتج والدخل والتوزيع اضافة الى الابحاث العلمية في القطاع العسكري وانعكست ايجابياتها على الصناعات المدنية واصبح السلاح من اهم الصناعات التصديرية الى عالم الجنوب ونهب فائضة الاقتصادي اضافة الى جعله وسيلة اقتصادية لرفع معدل الاستثمار والتصدير والربح جراء فاعلية الانفاق العسكري في امتصاص الفائض الاقتصادي المتزايد واعادة تدويره[1] فقد اسهمت الالة العسكرية في امريكا ومراكز المنظومة الراسمالية في امتصاص نسبة كبيرة من الفائض من خلال زيادة الاستهلاك أو الاستثمار ففي امريكا بلغت المبالغ المنفقة على التسليح من 77.8 مليار دولار عام 1974 بنسبة 27% من اجمالي الانفاق الحكومي الى 130.4 مليار دولار عام 1980 بنسبة 22% من اجمالي الانفاق ارتفعت النسبة الى 24.8% عام 1988 وفي بريطانيا وصلت النسبة الى 12.6% وفي المانيا الى 8.9% عام 1988. واصبح الانفاق العسكري جزءاً عضوياً في بينة الاقتصادات الرأسمالية الصناعية. واصبح المركب الصناعي / العسكري مكوناً رئيسياً وحيوياً لها تأثيراتها المضاعفة في حركة الناتج والدخل والتوزيع. كما أن الابحاث العلمية في القطاع العسكري اصبح لها ايجابياتها على الصناعات المدنية.

وبالرغم من انتهاء المبرر الايديولوجي الانفاق المتزايد وفقدان الفاعلية الاقتصادية في مراكز المنظومة اثر انهيار الاتحاد السوفيتي. لم تكتف الراسمالية الاحتكارية عن استخدام هذا الشكل كوسيلة لامتصاص الفائض المتزايد وان من مصلحتها تأمين سوق لانتاجهم للسنوات المقبلة بالرغم من تغير ساحة الصراع بعد انهيار المنظومة الاشتراكية غير أن الخريطة الجديدة قد اعيد تشكيلها لبروز عناصر جديدة مزعومة او تفتعلها المنظومة الرأسمالية فنقاط التوتر والصراعات الاقليمية والازمات الاقتصادية والاجتماعية والعرقية تفجرها الرأسمالية وخاصة امريكا في مناطق الجنوب اصبحت ساحة الصراع في المستقبل [2] فغاية الرأسمالية هي باحتواء الجنوب والتشديد على استغلاله اقتصادياً وعسكرياً كان من نتائج ذلك:

أولاً- الازمة بين العراق والكويت بدءاً من عام 1991 لغاية هذا اليوم فالمنظومة الرأسمالية تصدر الاسلحة الى دول الخليج لغرض نهب ثرواته تحت مظلة درء العدوان عن الكويت والسعودية وهذا ما يدعونا للتأكيد فان المنظومة الرأسمالية خاصة امريكا لن تضحي بفقدان

---

[1] **د. رمزي زكي - الليبرالية المتوحشة - مصدر سابق، ص63-67، 67-69.**

[2] **المصدر السابق نفسه.**

فاعلية هذه الوسيلة لامتصاص الفائض المتزايد في المنظومة الرأسمالية المعاصرة اضافة الى عوامل اخرى.

ثانياً- اصبحت وسيلة تصدير الاسلحة واحداً من اعمدة استراتيجية امريكا والمنظومة الرأسمالية ضمن دوافع اخرى منها زيادة عائداته ا من تجارة الاسلحة، اشعال فتائل الحروب، وتشير الاحصاءات الى انه منذ الحرب العالمية الثانية وحتى مطلع الثمانينات نشبت ما يقرب من (130) حرباً (50) منها خلال السبعينات ماعدا عقد الثمانينات والتسعينات ومطلع الالفية الثالثة حيث شهد العالم اطول الحروب واعنفها.

ثالثاً- صاعدت المنظومة الرأسمالية خاصة لامتصاص الفائض وخاصة اميركا من خلال سباق التسلح مع المنظومة الاشتراكية وقد شكل ذلك عبئاً لاقتصاديتهما حتى بات يعتبر تهديداً خطير لكليهما. فقد بلغت النفقات العالمية على السلاح خلال مرحلة سباق التسلح حوالي 30 ترليون دولاً حصة اميركا منها 10 ترليون دولار ما يوازي متوسط ناتجها القومي لخمس سنوات كاملة ادرك الستراتيجيون الاميركان أن السياسة الامريكية هي استجابة للتحديات الخارجية بزيادة النفقات الدفاعية والرد على الازمة بقطع النفقات على الاغراض الاجتماعية فيه مجازفة كبيرة سياسياً واقتصادياً. وقد ادرك الاتحاد السوفيتي بعد فوات الاوان أن السياسة الامريكية تبغي استنزافه اقتصادياً من خلال الانجرار في سباق التسلح وانه لايتمكن من مواصلة المنافسة الدولية بتكريس الاسلحة الى ما لانهاية وما عليه الا الكف عن ذلك وتوجيه تلك المبالغ نحو تطوير وتغيير نظم الانتاج والنقل ووسائل التكنولوجيا. اذن فمعدل التغيير السريع هذا هو الذي ساعد على تفكك الاتحاد السوفيتي [1] اذ لقد كانت الازمة السوفيتية - الروسية. التي بدأت نهاية الثمانينات وحالة الانهيار، التي شهدتها في المجال الاقتصادي والتي كانت احدى نتائج نقل وتصدير الازمة. ومنذ عام 1990 اساساً في سبب تفكك الاتحاد السوفيتي. وهذا ما سيتم مناقشته.

9- تصدير رأس المال[2]:

اعتمدت الرأسمالية المعاصرة هذه الظاهرة (تصدير رأس المال) من خلال الاستثمار الاجنبي في دول الجنوب واعتباره وسيلة لاستنزاف الفائض فيها وليس كمنفذ يوجه خلاله الفائض اليها. لقد استخدمت الرأسمالية العالية تصدير رأس المال بشكل واسع وفعاليته من اجل احتواء الفائض المتزايد على صعيد المنظومة الرأسمالية عالمياً. وقد حرص مركز المنظومة (اميركا)

---

[1] د. باسل البستاني، النظام الدولي الجديد، آراء ومواقف، مصدر سابق، ص 279-280.

[2] رمزي زكي، الليبرالية المتوحشة، مصدر سابق، ص 69 -74.

على اعادة ضخ المدخرات والفوائض للمناطق التي كانت تعاني في المقابل عجزاً ومنها مجموعة الدول التي كانت اشتراكية وقد نجم عن ذلك الامور التالية:

أولاً- لقد ادى تصدير رأس المال الى دول الجنوب والدول التي كانت اشتراكية عبر شبكة المصارف دولية النشاط والقروض الحكومية والمتعددة الاطراف دوراً مهماً للتخفيف من حدة الكساد التضخمي بمراكز المنظومة الرأسمالية في السبعينات وقد ارتبط تصدير المدخرات والفوائض بزيادة حجم التصدير السلعي من الدول المقرضة الى الدول المقترضة وقد باعد على التخفيف من حدوث ارتفاع في مستوى البطالة وحجم الطاقات الانتاجية المعطلة وفي مستوى التضخم في دول المجموعة الاوربية واميركا وفي دول الجنوب فقد خلق تصدير رأس المال ازمة مديونية عالمية ضخمة غير قابلة للسداد خاصة بعد وصول تلك الازمة الى النقطة الحرجة لها، وهي (ظاهرة النقل المعاكس للظاهرة التي يكون منها البلد المدين مصدراً صافياً وليس مستورداً لرأس المال.. فبدلاً من أن يكون تصدير رأس المال وسيلة لامتصاص الفائض المتزايد من مراكز المنظومة الرأسمالية اصبح وسيلة لزيادته غير أن الانظمة التي حكمت دول الجنوب وعجزها عن مواجهة تلك الازمة.. فقد استثمرت الرأسمالية العالمية هذه الازمة واحكام حصارها على هذه الدول تمهيداً لاعادة تكيفها ففي مرحلة توسع الرأسمالية فقد كان ممكناً أن تكون القروض التي حصلت عليها مجموعة الدول الاشتراكية عاملاً مساعد لدعم الاشتراكية وتطويرها واجراء الاصلاحات الاقتصادية لطريقة اداء الاقتصادات الاشتراكية غير أن التباطؤ البيروقراطي في تحقيق الاصلاحات قد عمق من الاثار السلبية للقروض، وزاد من انفتاح هذه الدول على المنظومة الرأسمالية العالمية وقد استثمرته الرأسمالية في المرحلة اللاحقة خاصة بعد انهيار الانظمة الاشتراكية.

ثانياً- كما ادى تصدير رأس المال الى دول الجنوب الى بروز ازمة المديونية نتيجة فشل وتراجع التنمية فيها وقد قاد ذلك الى تزايد العجز في موازين مدفوعاتها وتراكم ضخم في ديونها الخارجية وتفاقم خدمتها وعدم قدرتها على الوفاء لعبء هذه الديون وزيادة حاجتها الى الاستدانه نتيجة احتلال الهيكل الانتاجي فيها الذي ادى الى تراكم ازمة الديون وتفاقم اثارها في دول الجنوب وتفجر شديد في ازمة ديونها الخارجية وهذا ما حدث عندما توقفت المكسيك والارجنتين وشيلي وغيرها من دفع اعباء ديونها فسرعان ما استثمرت الرأسمالية العالمة هذه الازمة لتحكم حصارها على دول الجنوب وقد افرز هذا الحصار نظاماً صارماً من الادارة المركزية الخارجية عبر فخ عمليات اعادة جدولة الديون والضغط من قبل صندوق النقد الدولي وفرض نمط ليبرالي في ادارة شؤونها الاقتصادية تمهيد لاعادة احتوائها واعادة السيطرة عليها.

ثالثاً- تصدير جزء من الفوائض المالية الى المجموعة الاشتراكية مكن الرأسمالية العالمية من اختراقها لهذه الدول بسبب المشكلات المالية والاقتصادية الناجمة عن التصدير وقد اقترنت القروض التي حصلت عليها هذه المجموعة بزيادة العلاقات التجارية مع دول الغرب وزيادات المصاعب. كما ازداد انفتاح هذه الدول على الدلول الرأسمالية، وفي ظل الاليات التي سار عليها الاقتصاد الاشتراكي فقد برزت صعوبات عانت منها هذه الدول مع نمو هذه العلاقات (عجز واضح في الميزان التجاري.. تضخم مستورد تردي اسعار الصرف اشاعة نمط استهلاكي ترفي نشوء ازمة مديونية حادة في البعض منها مثل بولندا عام 1982 / 1983 ومصاعب اخرى تفاقمت في عقد الثمانينات مع عوامل اخرى عززت من ازمة النظام الاشتراكي ومهدت للقضاء على المنظومة الاشتراكية عندما استثمرتها القوى المضادة للثورة في الداخل والخارج.

10- زيادة الاعتماد على قطاع الخدمات:

زادت المنظومة الرأسمالية اواخر السبعينات من اعتمادها على قطاع الخدمات واستخدمته كشكل لامتصاص الفائض الاقتصادي المتزايد لسعة هذا القطاع وما حققه للمنظومة في الخمسينات والستينات من نمو هائل في الاقتصاد وما احدثه من اثر بالغ في زيادة العمالة زيادة سريعة الامر الذي عوض وبشكل كبير انخفاض العمالة في قطاعي الزراعة والصناعة. الى الحد الذي اصبح عاملاً حاسماً في تحديد طريقة اداء النظام الرأسمالي، اذ بلغت دور المنشط الاساس للطلبة الكلي والمستوعب الرئيس للفائض في اقتصاديات الدول الصناعية، وتعاظمت اهمية قطاع الخدمات اثر التطور العلمي والتكنولوجي وامكانية الحصول على الخدمة من خلال التطبيق الواسع النطاق لتكنولوجيا المعلومات في انتاج الخدمات. (التخزين المبرمج تدفق المعلومات والبيانات) واهمية الخدمات في تطبيق القدرة على المنافسة في القطاعين الزراعي والصناعي - فلم يعد النظر للخدمات على اساس انها سلعة وانما كنشاط منتج وشموله صفاً طويلاً وعريضاً من الانشطة.

وقد احدث هذا القطاع قفزة ضخمة باعتباره شكلاً من اشكال امتصاص الفائض الاقتصادي المتزايد جراء التوسع الذي حدث في العمالة المستخدمة في هذا القطاع. فزيادة الخدمات دالة على زيادة الدخل، كما أن الانتاجية في الخدمات تتجه نحو الزيادة بمعدل اقل منه في السلع مما يؤدي الى نمو سريع في العمالة وزيادة في التكاليف والاسعار بشكل لا يتناسب مع ما يحدث في مجال الانتاج الصناعي. غير أن هذا القطاع يتسم بالقدرة على التغلب في الاتجاه نحو زيادة التكاليف بالاستعانة بالمدخلات الخدمية الخارجية في عملية الانتاج واستخدام نهج ادارية جديدة وتحقيق وفورات الحجم الكبير من خلال تركز الوظائف وتقديم الخدمات عبر منافذ

تباعده بفعل الثورة التكنولوجية والمعلوماتية التي انعكست على تطوير قوى الانتاج داخل قطاعات الانتاج المادي [1] لقد احدث هذا القطاع تغيراً نوعياً.

لقد حقق هذا القطاع تغيراً نوعياً في بنية الانتاج عكس معه تقسيماً جديداً للعمل الاجتماعي وجر معه مشكلات لم تعرفها الرأسمالية من قبل لنمو المتسارع لهذا القطاع ولدوره الحيوي سواء في استيعابه للقوى العاملة وارتفاع نسبة هذا القطاع في الناتج المحلي الاجمالي اضافة الى اسهامه في الجزء الاكبر من الناتج المحلي العالم. فقد وصلت نسبة العمالة المستخدمة في هذا القطاع في الدول الرأسمالية المتقدمة 71.8% في اميركا عام 1973 ارتفعت الى 76.9% عام 1984 وفي اليابان ارتفعت النسبة من 57.7 الى 66.1 وفي المانيا الاتحادية من 53.8 الى 61.0% وفي فرنسا زادت النسبة من 61.3% الى 67.8% لنفس الفترة. وواكب ذلك ارتفاع مناظر في نصيب القطاع من الناتج المحلي الاجمالي وفي اميركا فقد ارتفعت نسبة مساهمته من 59% عام 1965 الى 65% عام 1998 وفي المانيا الاتحادية من 43% الى 47% وفرنسا من 54% الى 59% وبريطانيا من 51% الى 56% وايطاليا من 53% الى 56% وعلى الصعيد العالمي فقد قدر حجم الناتج المحلي من العالم حوالي 9.2 ترليون دولار كانت مساهمة الخدمات فيه حوالي 5.6 ترليون دولار. وقد انعكس التطور المتحقق في بنية اقتصادات الدول الرأسمالية الصناعة على بنية التجارة العالمية بنمو نصيب قطاع الخدمات في اجمالي هذه التجارة. فقد نما نصيب هذا القطاع من 7% الى 11% بين بداية ونهاية عقد السبعينات وفي عام 1986 وصلت النسبة الى 13% وقد استفادت من هذا النمو اميركا واليابان قادته بضعة شركات دولية النشاط لدخولها بثقل كبير في مجال تجارة الخدمات على الصعيد العالمي. وقد ادى هذا النشاط الى تدويل قطاع الخدمات والقضاء على الشركات المتوسطة. وقد شهد هذا القطاع عملية دمج وتمركز لرؤوس اموال الشركات الكبرى العاملة في هذا القطاع بشكل يفوق كثيراً عمليات الدمج والتمركز التي حدثت في القطاعات الاخرى خاصة في نشاط البنوك والسياحة والدعاية.

أن العوامل التي قادت الى هذا التغير وتحقيق النمو الواسع في قطاع الخدمات الى الحد الذي اصبح فيه هذا القطاع الوسيلة لامتصاص الفائض الاقتصاد وتحول الاقتصاد من اقتصاد يقوم على الانتاج المادي الى اقتصاد يقوم بالاساس على الخدمات. وهناك عدة عوامل كانت وراء التقدم الكبير الذي حققه قطاع الخدمات تتلخص في الاتي:

أولاً- أثر العلاقة بين ارتفاع مستوى الدخل وزيادة الطلب على الخدمات خاصة ما يسمى بالخدمات المتصاعدة المرتبطة بالرفاهة والتي تلعب فيها التكنولوجيا دوراً مهماً فيها.

---

[1] الامم المتحدة، الاونكتاد الثامن - مصدر سابق، ص 270-271.

ثانياً- تطبيق فلسفة كينـز - التي نادت بزيادة الانفاق الحكومي كعامل موازن للنقليات في الطلبة الكلي الفعال، وقد زاد الانفاق الموجه للخدمات الاجتماعية (الصحة، التعليم، النقل، الاسكان، الضمان الاجتماعي) وقد خلقت هذه المجالات طلباً على المشتغلين لهذا النوع من الخدمات وقارب الى زيـادة نصيب الخدمات العامـة في الناتج الاجمـالي لتشكيل ما عرف بدولة الرفاه.

ثالثاً- زيادة الانفاق العسكري واثره في خلق الطلب على مجموعة كبيرة من الخدمات كخدمات البحوث والتطوير وخدمات العلماء والمهندسين والفنيين للعمل في وزارة الدفاع والمصانع الحربية المملوكة للدولة او في الجامعات والمعاهد التي تعمل لحساب الصناعات العسكرية فضلاً عن النمو المناظر في خدمات النقل والتخزين والانشاءات.

رابعاً- النمو والتنوع الذي حدث في الصناعات المعمرة رافقه نمو متزايد في الطلب على الخدمات الاستهلاكية وبروز ظاهرة التكامل بين الخدمات الاستهلاكية نفسها كخدمات السفر والتمتع بخدمات الفندق والسياحة والترفيه.

خامساً- النمو الحضري والتركيز السكاني في المدن الرئيسية في مختلف انحاء العالم. خلق طلباً كبيراً على الكثير من الخدمات (تدفئة، انارة. مواصلات - علاج والكي والتنظيف - وخدمات الاصلاح والحراسة..الخ ونمو القطاع غير الرسمي واثره في مراكز المدن خلقاً طلباً كبيراً على الكثير من الوظائف.

سادساً- بروز ظاهرة تصنيع الخدمات من قبل الشركات العملاقة المتخصصة حيث تتولى تقديم الخدمات نيابة عن المؤسسات الصناعية الكبيرة لقاء تكاليف اقل مما كانت تتحمله تلك المؤسسات التي كانت تقوم بذات الخدمات، وتحقيق وفورات في الحجم مما يعني استبدال الخدمات الداخلية بالخدمات المؤجرة من الخارج.

سابعاً- اشتداد المنافسة العالمية بين كبريات الشركات الدولية ادى الى نمو اهمية قطاع تكنولوجيا المعلومات والاتصالات والتمويل والنقل وابحاث السوق والدعاية والاعلان التي اصبحت تعتمد عليها الشركات في اختراق اسواق العالم.

ثامناً- النمو الهائل الذي تحقق في هذا القطاع يرجع الى ارتفاع معدل الربح حيث اصبح الاستثمار في هذا القطاع اكثر جاذبيه بعد تراجع معدل الربح في قطاع الصناعات التحويلية.

تاسعاً- ارتفاع الاجور في احلال الكثير من الفنون التكنولوجية الحديثة داخل الشركات والمصانع ادى الى ادخال تلك الفنون الى خفض كبير في تخفيضات الاجور التي يتقاضاه العمال والموظفين والمهنيين الذين كانوا يعملون في الامور الكتابية والاعمال اليدوية وبالمقابل تم استحداث انواع

جديدة من الوظائف الخدمية المرتبطة بالفنون التكنولوجية من الخبراء والفنيين والمستشارين ومصممي البرامج الجاهزة للحاسب الآلي[1].

من خلال ما تقدم تبرز اهمية قطاع الخدمات على امتصاص الفائض الاقتصادي واعادة انتاجه مرة اخرى. غير أن ما ينطبق على الاقتصادات المتقدمة يسري في كثير من دول العالم حيث اصبحت الدول تهتم بدعم تجارة الخدمات على الصعيد الدولي وتسعى الى تذليل العقبات امام ازدهار هذه التجارة. في عام 1989 اصبحت اميركا وفرنسا والمملكة المتحدة تمثل اكبر ثلاث بلدان مصدرة للخدمات مما يعكس الاتجاهات الملحوظة في تجارة الخدمات[2] من خلال:

أ- توسيع قطاع الخدمات لامتصاص الفائض:

اتخذ قطاع الخدمات عدة اشكال لامتصاص الفائض الاقتصادي من ابرزها:

1- فرع المال (البنوك واسواق النقد) - شهد هذا الفرع قفزة هائلة في عقد السبعينات والثمانينات اذ تجمعت فيه اموالاً هائلة سواء عن طريق اعادة تدوير الفوائض النفطية. او من خلال النمو الهائل الذي حدث في السوق الاوربية للدولار وقدرته الفائضة على خلق السيولة، وقد انسابت هذه الاموال الى دول الجنوب التي تعاني عجزاً مالياً وبشروط باهضة تمثلت في قصر مدة الائتمان وارتفاع اسعار الفائدة التي وصلت في مطلع الثمانينات الى حوالي 21% سنوياً ونتيجة لذلك نشأت ازمة المديونية العالمية الضخمة غير قابلة للسداد (تقدر بحوالي 1450 مليار دولار)، وحققت البنوك الدولية واسواق النقد العالمية المختلفة ارباحاً هائلة من جراء ذلك. واصبح القسم الاعظم من ارباح البنوك والمؤسسات المالية في الدول الرأسمالية الصناعية ينساب من الخارج.

2- سوق الاوراق المالية - نشأت من اجل المضاربة على الاسهم والسندات والعملات الاجنبية وشراء الشركات واعادة بيعها واصبحت حركة المؤشرات على لوحات اسعار البورصات اهم بكثير من دوران عجلات الانتاج.

ونشأ ما يمكن تسميته "بالاقتصاد الرمزي" [3] حيث اصبحت رموز الثروة (الاسهم والسندات والاوراق المالية المختلفة) اهم بكثير من الاصول المادية التي تمثلها، وقد جرف هذا

---

[1] د.رمزي زكي، الليبرالية المتوحشه، مصدر سابق، ص 74-84.

- كذلك راجع. الامم المتحدة، الاونكتاد الثامن، مصدر سابق، ص 271.

[2] الامم المتحدة الاونكتاد الثامن، مصدر سابق، ص 275 وما بعدها.

[3] الاقتصاد الرمزي، يعني حركة رؤوس الاموال بما في ذلك تقلبات اسعار الفائدة وتدفقات الائتمان في حين يعني الاقتصاد الحقيقي حركة السلع والخدمات.

- د. فؤاد مرسي، الرأسمالية تجدد نفسها، مصدر سابق، ص 242.

التيار معظم استثمارات الشركات الصناعية التي اصبحت مضطرة تحت ضغط تراجع معدلات ربحها أن توظف فوائضـها في الاستثمارات المالية بعد أن اصبح معدل ربح رأس المال المستثمر في الصناعة يساوي نصف معـدل ربـح رأس المـال المسـتثمر فتعمقت ظاهرة جديدة في تاريخ الرأسمالية هي فصل النقود عن الانتاج، واصبحت مهمة اسواق المال - فصل الموارد الماليـة في اسواق رأس المال (داخلياً وخارجياً) وهذه الظاهرة تعبر عن نمو النشـاط الطفـيلي للرأسـمالية المعـاصرة لقـد شـهد قطـاع البنوك - احد قطاعات فروع المال نمواً متزايداً خلال السبعينات وبداية الثمانينات وتعرض لنكسه شديدة ابتداءاً من خريـف عام 1982 اثر اندلاع ازمة القروض الدولية لتوقف المكسيك وشيلي والارجنتين عن دفـع ديونهـا، ومنـذ ذلـك الوقـت حـدث انحسار واضح في حركة الاقراض الدولي وحدثت افلاسات وازمات لعدد من البنوك منها ازمة البورصـات الماليـة التـي حـدثت في نيويورك في 19/تشرين الاول / أكتوبر 1987 وامتدت الى بورصات لنـدن وهونـك كونـك وطوكيـو وفرانكفـورت وتورنتـو - وهذه البورصات التي كان التدويل قد احدث فيها ترابطاً وتكاملاً كبيراً لم تكن من قبل موجودة فحجم الخسائر التي تعـرض لها المضاربين والسماسرة كبير وصلت في بورصة نيويورك حوالي ترليون دولار وفقدت الشركات نسبة كبـيرة مـن قـيم اسـهمها المتداولة حدث ذلك رغم التقدم الكبير في تكنولوجيات البورصات التي تؤمن المعلومات الضرورية لسوق الاوراق المالية.

وعليه فان الاقتصاد الذي يتوزع فيه اكبر عدد من الايدي العاملة في قطاع التجارة والخدمات وتنحسر فيه الشروط الضرورية للازدهار في عدد قليل من الصناعات يكون اكثر تأثراً في فترة الازمات لان التوزيع المختلف في الدخول يقلل فاعليـة التأثر واصبح واضحاً أن الثمن الذي سيدفعه المجتمع عندما يتحول من اقتصاد قائم على الانتاج المادي الى اقتصاد يقوم على الخدمات سيكون صعباً فسينخفض مستوى معيشة الكثير من الناس [1].

وباختصار فان الرأسمالية المعاصرة التي ابتكرت اشكالاً لامتصاص الفائض الاقتصادي وكل شكل من هذه الاشكال له حتماً فاعلية في عملية الامتصاص وتنشيط الطلب غير أن كل شكل من هذه الاشكال سرعان ما سيفقد فاعليته امام الامكانات الهائلة لنمو هذا الفائض الذي يوفره التقدم التقني الهائل في قوى الانتاج والنتيجة الحتمية لذلك هي انتشار الفوضى في بنية الاقتصاد المتقدم وآلياته.

---

[1] **د. رمزي زكي - الليبرالية المتوحشة، مصدر سابق، ص 84-86.**

المطلب الثاني

الأزمات الاقتصادية

1- أزمة المديونية في دول الجنوب:

من ابرز مظاهر التضخم على المستوى الدولي هو تفاقم الديون الخارجية لدول العالم كافة ودول الجنوب خاصة، والمديونية من الآليات الجديدة التي تديرها الرأسمالية من اجل التمويل العكسي للموارد من دول الجنوب وقد تزامنت مشكلة المديونيه الخارجية مع ازمة التضخم الركودي واحتل موضوع الديون باهتمام كبير من قبل الحكومات والهيئات الدولية لتفاقم حدة المشكلة وتضاعف المديونيه مرات عديدة خلال الفترة من 1970 - 1989 [1]. تمخض عنها توقف عمليات التنمية في الكثير من الدول وتردي مستوى المعيشة وتعرض النظم الاقتصادية لاخطار حقيقية. وتعود ازمة المديونيه الى سنوات الازدهار التي ارتبطت بعمليات اعادة اعمار ما دمرته الحرب العالمية الثانية وما جاء بعدها من تراخي الطلب العالمي على الموارد الاولية التي تنتجها دول الجنوب وتدهور شروط التبادل التجاري وتزايد العجز في موازين مدفوعاتها وتفاقمت الازمة مع حصول دول الجنوب على استقلالها والبدء بعمليات التنمية والتصنيع، ومع امكانية الاقتراض خلال النصف الثاني من عقد السبعينات واواخر عقد الثمانينات. حيث قامت الرأسمالية لمواجهة ازمة التضخم الركودي عالمياً[2] بتطبيق نوع من الكينزيه 1973-1983 بضخ كميات هائلة من القروض الى دول الجنوب من خلال تدوير فوائض النفط الدورية والسيولة المتراكمة في السوق الاوربية للدولار لتمويل عجز موازين مدفوعات دول الجنوب وتمكنها من تحويل وارداتها من الدول الصناعية مستهدفة زيادة حجم الطلب الكلي الفعال من خلال الائتمان الدولي المفرط [3] مع امكانيات الاقتراض حصلت الكثير من دول الجنوب على قروض سخية من البنوك والمؤسسات المالية النقدية الدولية [4]. فقد رأت دول الجنوب في القروض مخرجاً لتجاوز العجز في ميزان مدفوعاتها والازمة الاقتصادية واوهام التنمية واستيراد السلاح[5] وينطبق الحال على جميع دول الجنوب منها المديونية العربية باعتبارها جزء من

---

[1] د.علي توفيق الصادق، سياسة ادارة الدين العام في البلدان العربية، معهد السياسات الاقتصادية ابو ظبي، 1998، ص 87.

[2] د.رمزي زكي، التاريخ النقدي للتخلف، مصدر سابق، ص 305 و 310.

[3] د.رمزي زكي - الليبرالية المتوحشة، مصدر سابق، ص 184-186.

[4] د.رمزي زكي - التاريخ النقدي للتخلف، مصدر سابق، ص 311.

[5] بلغ استيراد السلاح للفترة من 1950-1990 حوالي 1.219 ترليون دولار اما المديونية خلال الفترة فقد وصلت الى 1.250 ترليون دولار، مما يعني أن معظم المديونيه قد ذهبت الى الانفاق العسكري وما استثمر لاغراض التنمية هو الفرق بين الرقمين.

- عبد علي كاظم المعموري، مصدر سابق، ص 133.

مديونية دول الجنوب، وقد حصلت تغيرات عديدة على هيكل المديونية وشروط الاقتراض المرافقة لها. ادت الى اندلاع ازمة مديونية عالمية صارت تهدد نظام الائتمان الدولي وحركات رؤوس الاموال القصيرة والطويلة الاجل ثم حدوث اضطراب كبير في علاقات الشمال والجنوب[1] تفاقمت المشكلة وعرفت كأزمة عميقة وشامله عند انفجارها في خريف عام 1982[*] ووصولها الى درجة من الاحترام لحسامة اعباء الديون وعدم توفر القدرة على الدفع والوفاء بالتزاماتها الخارجية وظهور صعوبات لدى غالبية دول الجنوب على خدمة مدفوعاتها الخارجية ومطاليبها لاعادة جدولة ديونها مع الجهات المقرضة راضخة للشروط التي تفرضها عليها تلك الجهات [2] لقد وقفت اعباء الديون عقبة امام متطلبات التنمية ويكمن الاثر السلبي لتضخم الديون في تخفيض واردات بعض السلع الضرورية، واجبار الدولة وبشكل مباشر على تطبيق بعض الاجراءات التي تقضي تخفيض ما تقدمه الدولة لحماية محدودي الدخل وما تنفقه على بعض الخدمات الاجتماعية الاساسية وهذا التخفيض في دور الدولة يجري منذ سنوات وبمعدل كبير في عدد من دول الجنوب ويعتبر هذا الاثر من آثار العولمة باعتبار أن تضم الديون يشكل مبرراً اضافياً لتخفيض دور الدولة اكثر من كونه سبباً اصيلاً لهذا التخفيض [3].

أولاً- ازمة التنمية والمديونية - وصلت الجهود الانمائية في دول الجنوب مطلع الثمانينات الى طريق مسدود للحصار الشديد المفروض على آفاق نموها نتيجة موقعها الخاص وغير المتكافئ داخل الاقتصاد الرأسمالي فالنهب المستمر المباشر وغير المباشر للفائض الاقتصادي في دول الجنوب أسهم بشكل مباشر في التخفيف من الازمات الدورية التي شهدتها الدول الرأسمالية في الماضي. كما ساهمت في رفع مستويات الاجور والمعيشة فيها فقد لعب تصدير رؤوس الاموال العامة والخاصة دوراً في احداث التخلف في دول الجنوب تمخض عن اجبارها على التخصص الضيق في استخراج وانتاج المواد الخام وانهيار الهياكل الانتاجية التقليدية التي كانت معتمدة على ذلك وحدث تشويه واضح في التقسيم الاجتماعي للعمل وانحرفت مسارات النمو واصبحت في حالة تبعية كاملة للاقتصاد الرأسمالي تخضع له وتتأثر به دون أن تكون لها القدرة في التأثير

---

[1] د.رمزي زكي، الليبرالية المتوحشة، مصدر سابق، ص 186.

[*] اعلنت المكسيك الدولة المدينة بحوالي 85 مليون دولار عام 1982 ومعها 22 دولة مدينة عن عدم القدرة على الوفاء باعباء الديون الخارجية مطالبة الدخول في مفاوضات لاعادة جدولة ديونها مع الدائنين بعد وصول اعباء ديونها الخارجية الى الحد الذي يهدد مستوى المعيشة وانتظام دوران الانتاج والتوظيف والاستثمار عند المستويات الدنيا.

[2] د.رمزي زكي، فكر الازمة، مصدر سابق، ص 145-146.

[3] جلال امين - العولمة والتنمية البشرية، مصدر سابق، ص 58-95.

عليه بهذه الكيفية ادمجت دول الجنوب داخل المنظومة الرأسمالية العالمية. لتكون جزء متكاملاً وتابعاً فيها. وتخضع من ثم للقوانين الموضوعية التي تحكم سيرها[1].

وتاريخياً فان ظاهرة الاقتراض الخارجي كانت معروفة بين الدول الرأسمالية ودول الجنوب خلال القرنين الثامن عشر والتاسع عشر وحتى النصف الاول الى الخمسينات حيث قامت بعض الدول الرأسمالية بمنح قروض ضئيلة ومختلفة وبشرط قاسية للدول التابعة لها لتمويل بعض مشروعات البنية الاساسية او لمواجهة بعض الازمات والمشاكل وكان الميزان التجاري لدول الجنوب في الظروف الاعتيادية يحقق فائضاً كافياً يسمح لتقديم الوسائل اللازمة لخدمة اعباء الديون الخارجية ودفع تحويلات ارباح ودخول الاستثمارات الاجنبية الخاصة[2]. وتمويل عملية النقل العكس المستمر للموارد من المستعمرات الى الدول الاستعمارية. فقد كان تصدير دخول وعوائد وفوائد رؤوس الاموال الخاصة المستثمرة في المستعمرات والبلاد التابعة يزيد عما يرد الى تلك دول من موارد اجنبية. وفي الحالات الاستثنائية فالميزان التجاري لدول الجنوب يحقق عجزاً (خلال فترة الكساد الكبير مثلاً) وفوائد وارباح ودخول رؤوس الاموال الاجنبية يتم تمويلها عن طريق خفض وانقاص الواردات كما أن النظم النقدية لدول الجنوب فقد كانت تابعة للنظام النقدي الرأسمالي العالمي وترتبط بسعر صرف ثابت للعملة والدخول معها في مناطق نقدية معينة مما يترتب على دول الجنوب الاحتفاظ بالارصدة الاجنبية للعملة في البنوك المركزية للدول الاستعمارية والتي تعرف حينذاك (بمجمعات العملة) للمنطقة النقدية. وقد مثلت الارصدة النقدية الخارجية في الواقع تدفقاً لموارد أي (اقراض بلا عائد من المستعمرات للدول الرأسمالية الاستعمارية وتستخدمها كغطاء واحتياطي للنقود المتداولة داخل المستعمرات[3]. وقد كانت الديون المستحقة على دول الجنوب - لا تشكل وزناً محسوساً من حيث ثقل اعباء خدمتها غير انه من الناحية الواقعية فقد كانت دول الجنوب في حالة مديونية شديدة لجسامة حجم الاستثمار المباشرة المتواجد في اراضيها وبالرغم من حصول دول الجنوب على استقلالها السياسي وظهورها على المسرح الدولي كدولة وطنية مستقلة وفرض سيطرتها على كثير من مواقع راس المال الاجنبي فيها. فقد ظل الهيكل الانتاجي فيها مشوهاً بتخصص في انتاج المواد الخام الموجه للتصدير مقابل استيراد السلع الاستهلاكية والمصنعة من الدول الرأسمالية واستمرت عمليات نهب الفائض

[1] د. رمزي زكي، فكر الازمة، دراسة في ازمة علم الاقتصاد الرأسمالي والفكر التنموي العربي، مصدر سابق، ص149.

[2] د. رمزي زكي - الازمة الاقتصادية العالمية الراهنة مساهمة نحو فهم افضل، كاظمة للنشر، ط1، الكويت، تشرين الثاني 1985، ص36.

[3] د. رمزي زكي، فكر الازمة. مصدر سابق، ص150-151.

الاقتصادي بأساليب جديدة وبارعة، نجم عن ذلك بقاء الاسس الموضوعية لعلاقات الاستغلال والتبعية للاقتصاد الرأسمالي تلك العلاقات التي ظلت تفرز باستمرار ظاهرة التبادل اللامتكافئ (التدهور المستمر في شروط التبادل التجاري Terms of Trade) وكان تأثير ذلك في زيادة عجز موازين مدفوعاتها وضعف قدرتها الذاتية على الاستيراد لتردي القوى الشرائية لصادراتها مما دفعها في فترات لاحقة الى مزيد من الاستدانة وما ترتب على ذلاك من تبعات نقدية وتجارية وتكنولوجية [1].

فعند ظهور الازمات الاقتصادية في الدول الرأسمالية المسيطرة فسرعان ما تنعكس الى دول الجنوب عبر قنوات التجارة الخارجية، حيث يقترن ظهور الازمة الاقتصادية حدوث هبوط واضح في الطلب العالمي على صادرات دول الجنوب فتنهار حصيلتها من الصادرات وتؤدي معها هبوطاً شديداً في مستوى الدخل والتوظيف والاستثمار والاستهلاك. وعندما تبدأ موجات الانتعاش في الدول الرأسمالية المتقدمة فان الامور تتغير في الاتجاه المعاكس ولصالح دول الجنوب. ولم تنجح جهود التنمية التي بذلتها دول الجنوب في عقدي الخمسينات والستينات من تدمير الاساس المادي (الهيكل الاقتصادي المشوه) مما جعلها فريسة تتلقى صدمات الازمات الدورية التي تواجه الرأسمالية العالمية باستمرار [2].

لقد كان موقع دول الجنوب ووزنها النسبي في النظام النقدي والتجاري الرأسمالي العالمي القائم على نظام بريتون دورز ومؤسساته (صندوق النقد والبنك الدولي ومنظمة ابحاث) ضعيفاً ولا يتجاوز مجرد العضوية الرمزية غير أن انضمام دول الجنوب لتلك المؤسسات حقق للدول الرأسمالية بقاء السياسات النقدية والمالية والتجارية لدول الجنوب خاضعة لشروط وعمل ذلك النظام ولوائح مؤسساته تلك الشروط واللوائح التي تمت صياغتها بعناية ودقة فائقة ومحكمة لحماية مصالح الدول الرأسمالية المهيمنة على الاقتصاد العالمي فالموقع الضعيف وغير المتكافئ لدول الجنوب في النظام النقدي والتجاري للاقتصاد العالمي لم يمكنها من الحصول على المعونات الاقتصادية والقروض الميسرة وبما يتناسب مع طموحاتها لتحقيق التصنيع والتنمية ورفع مستوى المعيشة [3] لقد اقترنت القروض بالشروط السياسية والاقتصادية في محاولة من الدول الرأسمالية لاستعادة هيمنتها المباشرة على دول الجنوب والحيلولة دون حصولها على تقارير كافية من السيولة الدولية لمواجهة عجز موازين مدفوعاتها، الا في حالة المثول والاذعان لشروط الصناديق

---

(1) د. رمزي زكي، بحوث في دسون مصر الخارجية، مصدر سابق، ص 215.

(2) د. رمزي زكي، الازمة الاقتصادية العالمية الراهنة مساهمة نحو فهم افضل، مصدر سابق، ص 37.

(3) د. رمزي زكي، بحوث في ديون مصر الخارجية، مصدر سابق، ص 215.

الدولية مما دفع عدد من دول الجنوب لعدم التعامل مع تلك الصناديق والحصول على موارد السيولة الخارجية من جهات اخرى.

مما يؤكد لنا أن مشكلة الديون الخارجية لم تكن اقتصادية حسب بل تعدت لتصبح سياسة تستغلها الدول الرأسمالية كوسيلة للضغط لاستمرار السيطرة الخارجية وبالوسائل التي تحبذها لضمان تطبيق واستمرار صيغ تقسيم العمل الدولي غير المتكافئ والسائد.. الى جانب استغلال الفوائض المالية كوسيلة للصراع الدولي في العالم.. لقد تمكنت دول الجنوب من الحصول على مقادير من القروض من دول الكتلة الاشتراكية او من الكتلة الرأسمالية وبشروط لابأس بها وسهولة الحصول عليها كان مشجعاً وزاد من اعتمادها على العالم الخارجي مقابل معاداتها للاستثمارات الاجنبية، وبدلاً من النظرة الى التحويل الخارجي كعنصر ثانوي ومكمل لجهد الادخار الوطني فقد اعتبرت هذا التمويل بل هو الاساس لحل مشكلات التصنيع والتنمية [1].

لقد كان لنمط التصنيع الذي اختارته دول الجنوب دور هام في زيادة الاعتماد على التمويل الخارجي وتبلورت مشكلة المديونيه نهاية الستينات في دول الجنوب ولم يتجاوز مجموعها 62 بليون دولار ولم تسبب حرجاً للدول المدينه لخدمة اعبائها [2]. ومما ساعد على ذلك قدرة مجموعة من دول الجنوب في تلك الفترة مواجهة اعباء خدمة هذه الديون وعجز موازين مدفوعاتها بتطبيق حزمة من السياسات منها فرض الرقابة على الصرف الاجنبي، والتحكم في قطاع التجارة الخارجية وتشجيع ودعم الصادرات والتوسع في عقد الاتفاقيات التجارية واستخدام احتياطاتها من الذهب والعملات الاجنبية واستخدام الارصدة المتراكمة لها في الخارج شكلت تلك السياسات خطوطاً دفاعية لدرء الصدمات الخارجية كما جنبتها من الخضوع للضغوط الخارجية وتدخلات الدائنين في شؤونها. غير أن تلك الاساليب ومحدودية العجز في موازين المدفوعات كانت تتم في اطار عالمي غير مضطرب. فالاقتصاد الرأسمالي العالمي كان يشهد فترة ازدهار (فترة العصر الكينزي) وقد نالت دول الجنوب جانباً من ذلك الازدهار مما انعكس في عدم حدة عجز موازين المدفوعات والقدرة على تمويل العجز وتواضع حجم الديون الخارجية. نظراً لتبعية دول الجنوب للاقتصاد الرأسمالي وتأثيرها بعمل ذلك الاقتصاد، غير أن الامور انقلبت مع مطلع السبعينات فقد تعرض الاقتصاد العالمي لازمة هيكلية (التضخم الركودي) [3].

---

[1] د. رمزي زكي، بحوث في ديون مصر الخارجية، مصدر سابق، ص 216.

[2] د. رمزي زكي، ازمة الديون الخارجية رؤية من العالم الثالث، الاسباب والحلول، دار المستقبل العربي، القاهرة، 1987، ص 142-144.

[3] د. رمزي زكي، فكر الازمة... مصدر سابق، ص 157-158.

ثانياً- العلاقة بين أزمة التضخم الركودي وازمة المديونية:

لقد انعكست اثار ازمة التضخم ودفعت بالمديونية الخارجية لدول الجنوب ومنها الاقطار العربية نحو تطور مخيف لا مثيل له في تاريخ العلاقات النقدية الدولية فضلاً عن آثارها الاخرى والمتمثلة في[1]:

أ- اتخذت الدول الرأسمالية الصناعية لمواجهة حالة التضخم مجموعة من السياسات الاقتصادية والمالية، وقد ادت تلك السياسات الى زيادة معدلات سعر الفائدة بشكل لم يسبق له مثيل فضلاً عن التقسيم الدولي للعمل والتبادل غير المتكافئ والقوانين السياسية والاقتصادية المرتبطة بها كلها ادت الى ظهور الازمة الاقتصادية الواسعة وتفاقم ازمة المديونية [2].

ب- حدوث هبوط واضح في الطلب العالمي على المواد الخام التي تصدرها دول الجنوب فقد ادى الى هبوط شديد في مستوى الدخل والتوظيف والاستثمار والاستهلاك وانخفاض اسعار الصادرات واحجامها.

أن وضع مثل هذه القيود امام صادرات دول الجنوب ادى الى خفض ايراداتها من العملات الاجنبية والتي هي بحاجة ماسة لخدمة ديونها فضلاً عن توقف بعض الدول كلياً عن السداد مما يعرض الدائنين والمؤسسات المصرفية في العالم الرأسمالي الى اخطار جسيمة.

ج- ارتفاع سعر المواد الغذائية والسلع الوسيطة ومواد الوقود والسلع الصناعية، لقد ادى ارتفاع اسعار المواد الغذائية وغيرها الى زيادة عجز موازين المدفوعات فيها وحدوث ازمات حادة في السيولة النقدية الخارجية - ويزداد العجز مع زيادة الاستيرادات الناجمة عن زيادة معدلات نمو السكان بصورة سريعة في دول الجنوب وهذه الزيادة تفوق الزيادة في الانتاج الزراعي وهذا يجبر دول الجنوب ومنها الدول العربية الى زيادة استيراداتها من الاغذية مما يؤدي الى وضع قيود على التنمية وفتح الباب واسعاً اما الاستدانه [3].

د- تزايد نزعة الحماية في التجارة الدولية وارتفاع سعر الفائدة. لقد ادى هذا الى تدهور كبير في معدلات التبادل التجاري واثرت في قدرة الدول المدينة خاصة الدول التي دخلت التصنيع حديثاً والتي تم التصنيع فيها على حساب الديون الضخمة كما هو الحال في كل من البرازيل التي بلغت ديونها (115 مليار دولار) والارجنتين التي بلغت ديونها (50 مليار دولار) عام 1984

---

[1] د. رمزي زكي، الازمة الاقتصادية العالمية الراهنة-مساهمة نحو فهم افضل، مصدر سابق، ص 37.

[2] رؤية جديدة لتنمية عشرية عالمية، تقرير التنمية البشرية لعام 1989، مركز دراسات الوحدة العربية، بيروت 1989، ص41.

[3] د. رمزي زكي، فكر الازمة ... مصدر سابق، ص 159.

والدول الافريقية الاكثر فقراص حيث بلغت ديونها (257 مليار دولار) عام 1987 ولا يمكن سداد ديونها حتى لو فتحت امام صادراتها كل الاسواق الغربية [1].

الموقف المتأزم للمدفوعات الخارجية في النصف الاول من السبعينات دفع دول الجنوب مواجهتها من خلال:

1- استخدام احتياطياتها من العملات الاجنبية والذهب وقد استنفذت بسبب ضالتها وضخامة حجم العجز.

2- الضغط على الواردات لتقليص حاجتها من النقد الاجنبي لوجود علاقة وثيقة من جهة ومستويات الاستهلاك والانتاج والاستثمار المحلي من جهة ثانية. وهناك حدود تقضي بعدم تجاوز الضغط على الواردات والا تعرض النظام الداخلي لضغوط انكماشه واضطرابات اجتماعية. هذا الوضع دفع دول الجنوب للاقتراض الخارجي وبشكل متزايد.

3-خلال النصف الثاني توفرت ظروف للاقتراض الخارجي بالرغم من صعوبتها حيث قامت الاسواق النقدية العالمية (القصيرة الاجل خاصة) بتلبية حاجة الدول نحو الاقتراض المتزايد. لوجود حجم هائل من السيولة في الاسواق الدولية جراء ما تركته الشركات المتعددة الجنسية من حجم كبير من رؤوس الاموال 0في سوق الدولار ونجاح تلك الاسواق في اعادة تدوير الفوائض البترولية بالمقابل فقد انخفض الطلب على الاموال المتراكمة من الدول الرأسمالية الصناعية بسبب موجة التضخم منها. وقد سعت البنوك والمؤسسات المالية والنقدية لاقراض دول الجنوب بشكل كبير وتمويل عجز موازين مدفوعات ومن غير ضوابط ومراعاة قواعد الاحتراس والضمانات التقليدية فقد كان الدافع وراء عملية الاقراض من قبل البنوك والمؤسسات هو الاقراض المرتفع (خاصة بعد تعويم سعر الفائدة) وتحقيق ارباح كبيرة دون النظر الى قدرة تلك الدول على الدفع مستقبلاً هذا من ناحية ومن ناحية ثانية. هو رغبة التشكيلات الاقتصادية الاجتماعية في دول الجنوب لايجاد مخرج رئيس لمواجهة العجز في موازين المدفوعات وسهولة الحصول على الموارد المقترضة وبكميات كبيرة.

4- وهناك علاقة وثيقة بين الافراط الذي حدث في القروض الدولية وبين مساهمتها الجزئية في حل ازمة تصريف السلع والدول الرأسمالية الصناعية فالقروض التي حصلت عليها دول الجنوب هي قروض مقيدة أي في شكل تمويل واردات سلعية. وليس في شكل نقدي مما يعني أن منح القروض ارتبط بزيادة التصدير الى البلد الذي يقترض. لقد ارتبطت زيادة المديونية

---

[1] د. خزعل مهدي الجاسم، سياسة الحماية الجديدة وآثارها السياسية، مجلة آفاق عربية، العدد 40 السنة الرابعة عشر- نيسان 1989، ص 78.

لدول الجنوب بزيادة حجم الصادرات من الدول الرأسمالية الدائنة وقد خفف هذا الوضع بشكل كبير من ازمة التضخم الاقتصادي للدول الرأسمالية.

اما من ناحية دول الجنوب فقد وقعت في وهم كبير - حيث اعزى سهولة الاقتراض وبكميات كبيرة المسؤولين فيها لشراء الواردات بالتقسيط والتراضي في تعبئة الموارد المحلية وتشجيع الاستهلاك الترفي وعدم الاهتمام بتطبيق السياسات النقدية والمالية والتجارية لمواجهة ازمة العجز المستمر في موازين المدفوعات والوقوع في وهم استمرار هذا الوضع دون حدوث مشكلات في الاجل المتوسط والطويل. أن الاثار التي افرزها الافراط في الاستدانه - استغلتها الدول الرأسمالية العالمية بذكاء شديد لرسم معالم امبرياليتها الجديدة ولتشديد استغلال دول الجنوب وتحميلها كلفة الازمة [1].

ثالثاً: الآثار الناجمة عن نمو الديون الخارجية:

شكلت المديونية مصيدة للدول الرأسمالية لاصطياد الدول المدينة لاستعادة الهيمنة المباشرة عليها واخضاعها بالقوة لمتطلبات التكيف لخروج الرأسمالية العالية من ازمتها المعاصرة على الصعيد العالي [2]. وخلق آليات جديدة للسيطرة على كل الاوضاع الاقتصادية والاجتماعية في دول الجنوب وهذه الآليات هي ما اصطلح على اطلاقه برامج التثبيت والتكيف الهيكلي والتي تشكل اول مشروع اممي محكم لرأس المال الدولي لاخضاع دول الجنوب لشروط التراكم والتوسع الرأسمالي في الشمال. وايجاد الاليات المناسبة لاستمرار نهب الفائض الاقتصادي من دول الجنوب وتمكين الرأسمالية الصناعية من تجاوز ازمتها الهيكلية بالعمل على احتواء دول الجنوب واعادة فتحها من جديد بخلق مناخ ملائم فيها.. يكون قادراً على جذب الاستثمارات الاجنبية المثابرة لتحقيق مستويات عالية من الربحية وخدمة تحويلات عوائدها للخارج تمخض عن ازمة المديونية مجموعة من الاثار.

أ- تزايد العجز في موازين المدفوعات لنمو اعباء الديون بمعدل اسرع من نمو حجم الديون. حيث تزايدت الفوائد والاقساط على الديون الخارجية عما تقرضه الدول فضلاً على حجم تحويلات الارباح ودخول الاستثمارات الاجنبية المباشرة من دول الجنوب الى دول الشمال.

ب- الانخفاض الشديد في معدلات الادخار والاستثمار بدلاً من زيادتها نتيجة لاستمرا نهج ونمط الاستهلاك المستورد من الدول الصناعية والرأسمالية.

---

[1] د.رمزي زكي، فكر الازمة، مصدر سابق، ص 161-162.

[2] المصدر السابق، ص 164-166.

جـ- تدهور قدرة البلاد المدينة من تمويل وارداتها ذاتياً من حصيلة صادراتها فاعباء الديون اصبحت قلتهم نسبة كبيرة من اجمالي صادرات السلع والخدمات والمتبقي لتمويل الواردات الضرورية قليلاً. فقد اصبحت حصيلة الصادرات غير كافية لدفع اعباء الفوائد والاقساط. مما يعني تدهور معدلات النمو الاقتصادي سنة بعد اخرى [1].

د- ارتفاع معدل التضخم ادى الى اضعاف قدرة دول الجنوب على مواجهة اعباء المديونية ويخلق صعوبات اقتصادية واجتماعية وسياسية غير مرغوبة من هذه الامور. فالتضخم يؤدي الى اضعاف قدرة دول الجنوب على التصدير واضعاف ثقة المواطنين بالعملة الوطنية وحدوث اختلال واضح في العلاقات الاجتماعية بين الطبقات، وتوجيه رؤوس الاموال الوطنية الى فروع النشاط الاقتصادي الاقل انتاجية والتي لا تقيد التنمية الاقتصادية في اول مراحلها.

هـ- تدهور وضع دول الجنوب في التجارة الدولية - أن التجارة تلعب دوراً حاسماً في تحديد مستوى النشاط الاقتصادي. ويتسم الهيكل الاقتصادي فيها بالاعتماد الى حد كبير على السلع التصديرية غالباً ما تكون (مواد اولية او مواد غذائية) وان نسبة كبيرة من الناتج المحلي فتحقق عبر عملية التبادل الدولي لهذه السلع [2].

و- تفاقم مشكلة السيولة الدولية وتزامنها مع تفاقم مشكلة الديون الخارجية وصعوبات الافتراض ولجوء الدول للضغط على الواردات الضرورية لمواجهة ازمة السيولة الدولية مما عرض هذه الدول التي اجرت خفضاً جذرياً في وارداتها بحيث حققت فائضاً تجارياً كبيراً مثال ذلك البرازيل والمكسيك غير أن النتيجة فتحقيق ذلك ادت الى افقار البلدين باستنزاف ما لديها وتقليص اسواقها الداخلية وتضاعفت البطالة وتحول حوالي 40% من الطاقة الصناعية الى طاقة عاطلة [3].

ز- تزايد المديونية الخارجية والتمويل الخارجي بصفة عامة لمجموعة دول الجنوب عبر عن تزايد اعتمادها على العالم الخارجي ادى الى احكام طوق التبعية لخارج وبشكل كبير ومؤشرات التي تدل على اثر تزايد الاعتماد على التمويل الخارجي وزيادة اتجاه دول الجنوب على الخارج هي[4]:

---

(1) **د. رمزي زكي، فكر الازمة، مصدر سابق، ص 164-166.**

(2) **د. رمزي زكي، ازمة الديون الخارجية الاسباب والحلول،دار المستقبل العربي،القاهرة1987،ص398.**

(3) **د. فؤاد مرسي، الرأسمالية تجدد نفسها، مصدر سابق، ص 305.**

(4) **علي حسين رشيد العبيدي، السيولة الدولية ودور صندوق النقد الدولي في دعمها، رسالة ماجستير / كلية الادارة والاقتصاد - جامعة بغداد 1988، ص119.**

- ارتفاع نسبة الديون الخارجية الى الناتج المحلي.

- زيادة التعامل التجاري مع دول ومناطق معينة.

- الخضوع لتوجيهات المنظمات الدولية.

ح- تعثر عدد من الدول المدينة عن سداد ديونها في اوقاتها المحددة ادى الى اهتزاز الثقة الدولية فيها داخل اروقة اسواق الأقراض الدولي. وبدأ الدائنون يتحوطون ويتشددون في شروط الاقراض الجديدة ورفع اسعار الفائدة والمطالبة بوجود ضمانات عديدة ومتنوعة.

رغبة الصفوة الحاكمة في التركيز على الاستدانه لاشباع الطلب المحلي المتنامي والاسراع بالتصنيع القائم على الاستيراد صاحبته زيادة في التسليح والقوات المسلحة وتهريب الاموال للخارج - شكلت قاعدة للرأسمالية الطفيلية وهناك دول مدينة يلاحظ فيها أن حجم الاموال المهربة للخارج او التي هربت منها للخارج وقسم كبير من القروض الخارجية يزيد على حجم مديونيتها الخارجية.

استمرار زيادة العجز الخارجي وتزايد صعوبات الاقتراض الجديدة وزيادة حجم المشكلات الداخلية بدأ عدد من الدول المدينة اللجوء الى الدائنين لطلب اعادة جدولة الديون الخارجية [1].

يتضح لنا أن فخ الامبريالية الجديدة مهيئاً بشكل محكم لاصطياد الفرائس واخضاعها بالقوة لحظيرة الهيمنة المباشرة للدائنين ولضمان تسديد الديون واملاء الشروط والضوابط التي تكفل مصالحهم حالياً ومستقبلاً.

رابعاً: إعادة جدولة الديون والهيمنة الامبريالية الجديدة:

البلد الذي يطلب عملية اعادة الجدولة لديونه الخارجية غالباً ما يكون في ازمة او وضع اقتصادي طاحن، واهم سمات هذه الازمة او هذا الوضع هو أن البلد المدين. اذا ما استمر في الوفاء بدفع اعباء ديونه المستحقة في مواعيدها، فانه لن يستطيع أن يمول وارداته الضرورية الاستهلاكية والوسيطة والاستثمارية وفي ذات الوقت يجد صعوبات شديدة في الحصول على قروض جديدة بسبب اهتزاز الثقة في قدرته على الدفع وحينما تستمر هذه الازمة او هذا الوضع الاقتصادي الطاحن فترة من الزمن، فان البلد يتدهور فيه مستوى الاستهلاك الجاري، وينقص فيه عرض السلع، وترتفع الاسعار، وتتوقف الطاقات الانتاجية، وتتزايد البطالة، ويتدهور وضع الحساب الجاري لميزان المدفوعات ويتعرض سعر الصرف للعملة الوطنية لتدهور مستمر.

---

[1] **د. رمزي زكي، فكر الازمة، مصدر سابق، ص 167.**

وعند حدوث ذلك، يتعرض النظام الاجتماعي السائد لاضطرابات وضغوط داخلية مختلفة غير انه اذ كان النظام السائد عاجزاً عن التصدي لحسم هذا المازق من خلال وضع برنامج صارم الترشيد الاداء في الاقتصاد القومي وزيادة المدخرات المحلية وتعبئة الموارد الممكنة، وضبط عمليات التجارة الخارجية، فان يقع لا محاله في حالة حصار شديد المراس وينتهي الامر به في النهاية الى طلب اعادة جدولة ديونه ويبدي استعداده لتنفيذ ما يطلبه منه الدائنون[1].

فالبلد الذي يطلب اعادة جدولة ديونه الخارجية يكون فيه معدل خدمة الدين (أي نسبة ما تمتصه مدفوعات الفوائد والاقساط من حصيلة الصادرات) قد تجاوز حدود الامان. ووصل الى مستوى حرج بحيث لا يستطيع البلد أن يحافظ على المستوى الضروري لوارداته.

2- الازمة الاقتصادية (السوفيتية - الروسية):

أن الازمة الاقتصادية الاشتراكية -السوفيتية لم تكن عبارة عن ازمة النظام الاشتراكي او ازمة افراط الدولة في تدخلها في شؤون المجتمع أو ازمة افراط العمل المخطط الذي يقوم به الافراد من اجل استخدام القدرات الاقتصادية بل هي عبارة عن ازمة عدم كفاءة النظام الاشتراكي (التجربة الاشتراكية) بسبب التراجع عن اقامة الشيوعية وبسبب اعادة احياء العناصر الرأسمالية سواء كانت داخل تلك الاقتصادات او في علاقات هذه الاقتصادات مع بقية دول العالم.. لذلك فالازمة تعد احدى ازمات النظام الرأسمالي[2] ومن الدوافع التي ساهمت في بروز الازمة هي استمرار الاتحاد السوفيتي في حرصه على سيادة الدولة المسيطرة في كل اقطاره والتخلف عن مواكبة مواصلة تدويل العملية الانتاجية لان اساليب المشروعات المشتركة عجزت عن مجارات الوفورات التي تمكنت العابرات الرأسمالية عن تحقيقها كانت السبب الموضوعي لانهيار الاتحاد السوفيتي[3] - تفكيكه وسقوط نظامه الاقتصادي والاجتماعي والتدهور الكبير الناتج من ذلك في وضعه السياسي والاقتصادي والاجتماعي فآثار ذلك ما تزال مستمرة وانعكس انهياره بدرجة كبيرة على خليفته روسيا الاتحادية اضافة الى انعكاس ذلك على بقية الجمهوريات السوفيتية التي اصبحت رسمياً مستقلة في نهاية عام 1991 والجدول رقم (4) يظهر آثار الانهيار في الناتج المحلي الحقيقي وفي اسعار السلع الاستهلاكية في عدد من الجمهوريات السوفياتية سابقاً. وتمثل الانهيار في آثار بالغة الخطورة على شعوب الاتحاد السوفيتي السابق، اذ تدهورت بشكل كبير ظروف معيشتها وانتشر فيها الفقر والبطالة وعلى نطاق واسع، وبرزت وبحدة ظاهرة سوء

---

[1] **د. رمزي زكي، فكرة الازمة، مصدر سابق، ص 168-169.**

[2] **نيسلون اروو حودي سوزا، انهيار الليبرالية الجديدة، مصدر سابق ، ص 41.**

[3] **محمد محمود الامام، العرب والعولمة، مصدر سابق، ص 260.**

التوزيع في الثروات والدخول وانتشار فئات المافيا الاقتصادية وهذه الوقائع يمكن استخلاص معظمها من ارقام الجـدول رقـم (4) خاصة المتعلقة بنسب التضخم الهائل، كما عانت هذه الشعوب وبدرجات مختلفة اقتتالاً فيما بينها.

جدول رقم (4)

التطور في الناتج المحلي الاجمالي الحقيقي

وفي اسعار السلع الاستهلاكية في بعض جمهوريات الاتحاد

السوفيتي السابق التغير كنسبة سنوية مئوية

1998 *	1997	1996	1995	1994	1993	1992	1991	
								روسيا الاتحادية
6.0-	0.9	5.0-	4.8-	11.6-	10.4-	19.4-	5.4-	الناتج الحقيقي
48.0	15.0	48.0	190.1	302.0	895.9	1353.0	92.7	الاسعار
								اوكرانيا
0.1-	3.2-	10.0-	12.2-	22.9-	14.2-	17.0-	10.6-	الناتج الحقيقي
14.0	16.0	80.0	376.4	891.2	4734.9	1210.0	91.2	الاسعار
								بيلاروسيا
7.0	10.4	3.8	10.4-	12.6-	7.6-	9.7-	1.2-	الناتج الحقيقي
53.0	64.0	53.0	709.0	222.0	1190.0	969.0	83.5	الاسعار
								جورجيا
10.0	11.0	10.5	2.4	11.4-	25.4-	44.8-	20.6-	الناتج الحقيقي
6.0	7.0	39.0	162.7	15606.5	3125.4	887.4	78.5	الاسعار

* تقديري.

المصدر- محمد الاطرش حول الازمة الاقتصادية الدولية الراهنة، المستقبل العربي العدد 244، حزيران / يونيو 1999، ص 14.

لقد نجم عن الانهيار على المستوى العالمي نتائج خطيرة سياسية واقتصادية وثقافية وعسكرية على الصعيدين السياسي والعسكري تمثلت في انهيار القطبية الثنائية ليحل محله نظام دولي تنفرد منه امريكا للهيمنة على العالم. وتعد دول الجنوب والاقطار العربية الاكثر ضرراً نتيجة هذا التغيير [1].

لقد اعطى انهيار الاتحاد السوفيتي دفعة قوية لقوى العولمة الرأسمالية وظهور قناعات بالانتصار النهائي للرأسمالية وبأن الاشتراكية قد انتهت كفكر وكنظام وممارسة [2]. وهذا الاعتقاد فيه خطأ كبير فالاشتراكية كفكر ونظام لم تنته بل أن منهج التطبيق العلمي لبناء الدولة الاشتراكية في الاتحاد السوفيتي قد فشل. كما أن انهيار الاتحاد السوفيتي لا يعني نهاية التاريخ، فالتاريخ لم يبدأ مع الاتحاد السوفيتي، وانه لم ينته مع سقوطه، كما يشير الى ذلك فرانسيس فوكوياما [3].

لقد حقق السقوط الهيمنة الواضحة للادارة الامريكية في توجيه وقيادة العولمة وهيمنتها على العالم اجمع غير انها من الناحية الاقتصادية لن تكون وحدها فيل موقع الصدارة حيث سيرتكز نظام العولمة في جانبيه على هرم ثلاثي قاعدته امريكا وضلعيه المتقابلين اوربا واليابان [4]. لقد مثل سقوط الاتحاد السوفيتي اغرب حدث في التاريخ لدولة امتلكت من مقومات القوة بما يضمن استمرارها بتأثيرها الدولي الواسع باعتبارها احدى القوتين الاعظم في العالم، وبشرت بالمبادئ الاشتراكية التي تحاول الغاء النظام الرأسمالي بوصفها البديل الحتمي له.

لقد مثل انهيار الاتحاد السوفيتي انتحاراً ذاتياً قام به قادة تلك الدولة بصورة تدريجية.. وما اطلق عليه البرويسترويكا (اعادة البناء) لم تعن الا الهدم التدريجي لمقومات تلك الدولة وفق مخطط مرسوم من قبل القائمين عليها في مقدمتهم (ميخائيل غورباتشوف) الذي اثبت عدم ايمانه بالماركسية اللينية- وسعيه لانهاء اول تجربة اشتراكية في العالم استمرت73 عاماً، وتسليم الدولة

---

(1) انتهاء الدعم المقدم لكوبا، سقوط جدار برلين والموافقة على تحقيق الوحدة الالمانية والانسياق وراء السياسة الامريكية حيال العراق في ام المعارك.

-عدي صدام حسين، عالم ما بعد الحرب الباردة دراسة مستقبلية، رسالة دكتوراه فلسفة في العلوم السياسية، كلية العلوم السياسية / بغداد 1998، ص 82.

(2) محمد الاطرش، حول الازمة الاقتصادية الدولية الراهنة، المستقبل العربي، العدد 244، حزيران / يونيو 1999، ص 14.

(3) فرانسيس فوكوياما - نهاية التاريخ، ترجمة وتعليق د.حسين الشيخ، بيروت، دار العلوم العربية 1993، ص9.

(4) د.باسل البستاني، النظام الدولي الجديد آراء ومواقف، وزارة الثقافة والاعلام - دار الشؤون الثقافية، بغداد 1992، ص 267.

التي يقودها الى اعدائها من دون حرب. لقد اكدت تجربة الاتحاد السوفيتي أن دور القائد السياسي في صناعة تاريخ بـلاده سلبياً او ايجابياً ويمكن أن يكون حاسماً، لقد كان للتجربة السوفيتية تأثيرها الـدولي الواسـع ايجابيـاً والمتمثلـة في النجاحـات الواسعة التي حققتها هذه التجربة[1].

لقد كانت وراء انهيار الاتحاد السوفيتي مجموعة من العوامل (الداخلية والخارجية) التي تفاعل بعضها مـع بعـض والتي اقترن بها عهد غورباتشوف منذ وصوله في آذار 1985 الى قمـة الهـرم السياسي في بـلاده لتـولي قيـادة القوة العظمـى الثانية في العالم آنذاك والعوامل هي:

أولاً- العوامل الداخلية التي اسهمت في انهيار الاتحاد السوفيتي:

لقد اثرت هذه العوامل في انهيار التجربة الاشتراكية السوفيتية من الداخل واتاحت الفرصة لتأثير العوامل الخارجية وخلق الارضية الواسعة بتغلغل الفعل السلبي في سقوط امبراطورية متامية الاطراف في اغرب واسرع سقوط عرفه التاريخ لدولة ملكت من القوة ما جعلتها أن تكون احدى القوتين الاعظم في العالم لمـدة اكثر مـن 70 عامـاً.. ومـن ابـرز العوامـل الداخلية[2].

أ- **العامل السياسي:** طرح غورباتشوف فلسفته معبراً عن مضامينها في كتابه اعادة البناء والتفكير السياسي الجديد لنا وللعالم. ويراه البعض فريداً من الآثار التي فرزها. وتقوم هذه الفلسفة على ركيزتين، داخلية وخارجية وتتمثل مضامينها في الاتي: اعادة البناء (البروستريكا) والمكاشفة - او العلنية والمزيد من الديمقراطيـة (الغلاسنوست) وبهما تطلع غورباتشوف الى تحقيق هدف نهائي حدده بقوله ((..يكمن جوهر اعادة البناء في دمج الاشتراكية بالديمقراطية وفي احيـاء المفهـوم للبنـاء الاشتراكي نظرياً وعملياً ومن هنا تستمد العملية عمقها وروحها الحقيقية وطابعها الكامل))[3].

- استهدفت ستراتيجية اعادة البناء عدم التخلي عن النظام الاشتراكي في بادئ الامر بل التغير في اسلوب ادارته أي التخفيف من التخطيط المركزي الشديد ومنح دور اكبر للاسواق في ادارة الاقتصاد الاشتراكي. واهـم مـا تضمنته (الغلاسنوست) السماح بحرية الفكر والانتقـال وحرية التنـافس للوصول الى السـلطة وهـذه الحريـات مرغوبة لـذاتها وتعمـق مـن الاشتراكية، وانتشار الديمقراطية السياسية والفكرية ستؤمن دعماً شعبياً للتغيرات الاقتصادية واضعاف معارضـة الاجهـزة البيروقراطية غير أن ما حدث واقعياً ومنذ عام 1987 كان مختلفاً مع

[1] د. باسل البستاني، النظام الدولي الجديد - آراء ومواقف، مصدر سابق، ص 254-256.

[2] المصدر السابق، ص 256.

[3] عدي صدام حسين - عالم ما بعد الحرب الباردة، دراسة مستقبلية، مصدر سابق، ص 83.

الاهداف المرسومة ومما مهد التفكك لنظام الاتحاد السوفيتي وانهيار اقتصاده. وقد ساهمت الفئات المسيطرة في الحزب والدولة في ذلك.

- اما عن التحولات الاقتصادية والسياسية من عام 1987-1999 فقد تم تطبيق التحولات الديمقراطية العلنية وبشكل سريع قبل التحولات الاقتصادية. في حين كان يتعين البدء بالتحولات الاقتصادية والانتقال بعدها الى التحولات المرغوبة ديمقراطياً حفاظاً على النظام الاشتراكي وقد ساهم تعيين الاعلاميين وفنانين وكتاب من معادي الاشتراكية في مواقع حساسة فضلاً على تشجيع وسائل الاعلام انتقاد الاشتراكية لدرجة تمتع المسيطرون على وسائل الاعلام بالحرية تفوق ما يتمتع به ام ثالهم في امريكا، وكان من نتائج ذلك تحول وسائل الاعلام الواسعة الى مراكز دعاية للنظام الرأسمالي ودعم التحالف الرأسمالي وقد هيأ ذلك المناخ المؤيد للرأسمالية وعرقلة التغيرات الاقتصادية ضمن اطار الاشتراكية مما خلق عدم الثقة حول مستقبل النظام واثر سلباً على الاستثمارات في الاقتصاد عموماً وقد شكلت المصلحة الخاصة رقابة فعالة على حرية الفكر ومما ساهم في تحقيق ذلك القيود المفروضة على الحرية والانبهار بالجانب المشرق للرأسمالية واعتبار الجانب السلبي في الرأسمالية دعاية سوفيتية فضلاً على رغبتهم في الحصول على مستوى معيشة جيد[1].

ب- **العامل القومي** - مهد تطبيق التحولات الديمقراطية الى تنمية العامل القومي لدى القوميات غير الروسية وانتشار الانفصال ففي عام 1989 تمكنت جمهوريات البلطيق وجورجيا وارمينا من التعبير عن تطلعاتها والمطالبة باستقلالها الذي تحقق عام 1990 بعد أن تم استعمارها من قبل القياصرة الروس وقد مهد ضعف القيادة السوفيتية وعدم استعمالها القوة للحيلولة دون انفصالها، فضلاً عن فشلها من فرض تسوية سريعة للحرب التي نشبت في ارمينيا واذربيجان حول اقليم ناغور نوكارباخ الذي كان جزء من اذربيجان رغم غالبية سكان الاقليم من الارمن. وقاد ضعف القيادة السوفيتية نهاية عام 1989 [2] الى بروز تحليلات في اوربا تؤكد أن الشيوعية مجرد وعود لا يمكن تطبيقها مما دفع الاحزاب الشيوعية الاوربية لتغيير اسمائها من الشيوعية الى الاشتراكية. لقد انتشر مطلب الانفصال وخلال عام 1990 اصبحت جميع الجمهوريات السوفيتية قد اعلنت سيادتها وهكذا بدأ التفكك والانهيار رسمياً نهاية عام 1991[3].

_____

[1] محمد الاطرش -حول الازمات الاقتصادية الراهنة، مصدر سابق، ص 16-17.

[2] المصدر السابق، ص 17.

[3] د. باسل البستاني - النظام الدولي الجديد - أراء ومواقف، المصدر سابق، ص 260.

ما تقدم يتضح لنا أن العامل القومي ظل قوياً وتأثيره واضح في انهيار الدولة السوفيتية رغم 73 عام من البناء المعارض للقومية والنظرة للفكرة القومية على انها نوع من التعصب وحاولت بكل الوسائل طمس والغاء الفكر القومي نهائياً غير أن ما حصل أن القومية لم تنصهر كما اراد لها مفكرو الماركسية اللينية فقد ظل الانتماء القومي ابدياً وحقيقة حية في تفكير ووجود الانسان ولم يلغ الايمان الايديولوجي العامل القومي الذي انتصر في النهاية. لقد كان ظهور العامل القومي مجرد حصول الفرصة المتاحة الامر الذي ادى الى تفكك الاتحاد السوفيتي بمجرد غياب السلطة المركزية وحل الحزب الشيوعي مباشرة اثر انقلاب 18.آب 1991 [1].

ج- العامل الاقتصادي:

بشرت ثورة اكتوبر 1917 منذ قيامها وما اعقبها بالرفاه الاجتماعي غير أن ما حدث هو عدم تحسن المستوى المعاشي ونقل المجتمع السوفيتي الى مجتمع الرفاه في الدول المتقدمة. اذ كرست الدولة اهتمامها بالصناعة الثقيلة - الصناعة العسكرية وعدم اهتمامها بالصناعة الاستهلاكية والزراعة.. مما اضعف قدرة الدولة على تلبية متطلبات الاستهلاك الاجتماعي المتنامي. وفضلاً عن تعثر النمو الاقتصادي وانخفاضه.. ومنذ خطة 1966 -1970 وحتى اخر خطة 1980-1985 زاد الانحراف ولم يتم تصحيحه بل زاد تعقيد وارباك الاقتصاد القومي فانخفضت نسب من 39% في خطة 1966-1970 ثم الى 37% خلال خطة 1971-1975 والى 24% حسب خطة 1976-1980 ووصلت نسب الانخفاض سنوياً خلال الفترة من 1980-1987 ما بين 2% و 3% وتعتبر النسبة منخفضة وتعني الركود الاقتصادي غير أن النسبة كانت مقبولة مقارنة بما تحقق خلال الفترة في بعض الدول الرأسمالية المتقدمة مثل امريكا وبريطانيا اذ بلغ متوسط معدل النمو خلال الاعوام (1980-1987) 2.4% و 2% سنوياً على التوالي.. كما تخلفت معدلات الانتاجية في القطاع الصناعي والزراعي عن مثيلاتها في الدول الرأسمالية [2] ومن اهم الاسباب والاكثر انتشاراً في انهيار الاتحاد السوفيتي ونظامه هو سباق التسلح مع امريكا وتوظيفه موارد مالية ضخمة على انتاج الاسلحة العسكرية. وهذا التفسير حسب ما يعتقده الكثيرون غير مقنع، فقد كانت بداية الاتحاد السوفيتي بعد الحرب العالمية الثانية في سباق التسلح مع امريكا من موقع ادنى مما هو عليه قبل السقوط وقامت الحرب على ارضه وخسر حوالي 20 مليون قبل اضافة الى تعرض نصف وارداته المادية للدمار مقابل عدم اشتراك امريكا في الحرب وقد مكنها ذلك التخلص من الكساد والبطالة التي اتسم بها اقتصادها خلال الثلاثينات وتطوير

---

[1] د. باسل البستاني - النظام الدولي الجديد - أراء ومواقف، المصدر سابق، ص258-259.

[2] محمد الاطرش، حول الازمة الاقتصادية الدولية الراهنة، م صدر سابق، ص 16-18.

وتنمية طاقاتها الانتاجية الضخمة، فقد تمكن الاتحاد السوفيتي رغم الظروف التي مر بها الانطلاق من مركز ادنى بكثير من اللحاق بامريكا في سباق التسلح والوصول الى مركز الندية الاستراتيجية معها في اوائل السبعينات. فهل يعجز في الفترة الاخيرة وهو في مركز اقوى بكثير عن مجاراتها في هذا السباق [1]. كما ساهم انفصال جميع الجمهوريات الاتحاد السوفيتي الى انخفاض الانتاج لعرقلة صلات الانتاج بين الوحدات الانتاجية في الاتحاد السوفيتي - حيث كانت تشكل وحدات اقتصادية متكاملة وقد حرم التفكك او الاستقلال الفعلي الوحدات الاقتصادية من مستلزمات الانتاج كما حرمها من اسلاواق التصريف النهائي للسلع.. سواء الاستثمارية منها او الاستهلاكية كما ساهم انهيار الاشتراكية في دول اوربا الشرقية المندمجة اقتصادياً مع الاتحاد السوفيتي عبر (الكوميكون او السيف) الاثر السلبي على روسيا الاتحادية ودول اوربا الشرقية [2] عدم مواكبة الغاء نظام التخطيط المركزي تدريجياً منذ عام 1988 منح المنشآت الاقتصادية استقلالاً ذاتياً (الحرية في تجديد الاجور واستعمال فوائضها الاقتصادية وبناء مؤسسات لضبط وتنسيق اقتصاد السوق الاشتراكية واحداث التغيرات اللازمة في دور المؤسسات القائمة كالجهاز المصرفي وموازنة الدولة بما فيها احداث ضرائب جديدة من قبل الدول، كما أن عدم انشاء مؤسسات السوق الاشتراكية او احداث التغيرات الضرورية في عمل المؤسسات القائمة. فجر الازمة لفقدان السلع الاستهلاكية فن المخازن عام 1988 و 1989 لاستعمال منشآت الدولة الاقتصادية حريتها في زيادة الاجور النقدية بنسبة عالية تفوق نسبة الزيادة في عرض السلع الاستهلاكية كما قامت المنشآت بتمويل التزايد في الاجور النقدية وبدرجة كبيرة في استعمال فرائضها الاقتصادية والتي كان يقتطع جزء كبير منها في السابق لتمويل موازنة الدولة مما ادى الى زيادة عجز الموازنة نسبة الى الناتج المحلي.كما ادت ازمة فقدان السلع الاستهلاكية الى اضراب عمال مناجم الفحم في غرب سيبيريا عام 1989 وانتشاره الى مناطق اخرى من الاتحاد السوفيتي لعدم تمكن المناجم من زيادة اجور عمالها لخسارتها. فضلاً عن الاساءة الى برنامج التغيرات الاقتصادية ضمن اطار اشتراكية السوق لدرجة كبيرة وتوسع السوق السوداء في السلع الاستهلاكية وانتشار نطاق الفعاليات الرأسمالية الطفيلية، واستغلال يلتسين للازمة للحصول على دعم عمال المناجم مقدماً وعده لهم بنقل جهة الوصاية على المناجم من حكومة الاتحاد الى الحكومة الروسية، بالرغم من عدم الاعلان في ذلك العام عن الاتجاهات الرأسمالية. هذه النتائج

---

[1] محمد الاطرش، حول الازمة الاقتصادية الدولية الراهنة، م صدر سابق، ص 14-15.

- نيلسون اروجودي سوزا -انهيار الليبرالية الجديدة، مصدر سابق، ص42.

[2] د.باسل البستاني، النظام العالمي الجديد - آراء ومواقف، المصدر السابق، ص260.

ادت الى عدم اقامة مؤسسات ضبط وتنسيق السوق الاشتراكي لمصلحة الاتجاه الرأسمالي الـذي استغلها ببراعة واثرت سلباً على الاقتصاد السوفيتي واضعاف غورباتشوف [1].

التحول من الاشتراكية الى الرأسمالية:

1- السماح للافراد بشراء منتوجات منشآت الدولة الاقتصادية، المعادن والمواد الأولية المحددة اسعارها داخلياً بعيداً عـن الاسعار العالمية بدرجة كبيرة وتصديرها مباشرة بالاسعار العالمية فحقق ارباحاً طائلة نتيجة ذلك [2]. في حين كانت التجارة الخارجية محتكرة من قبل الدولة ويتم استخدام ارباحها لتمويل الاستثمارات وجزئياً لتمويل الزيادة المسموح بها في الاجور. وهذا التسرب الفائض الاقتصادي المتحقق في حقل التجارة الخارجيـة للافراد الـذين حققوا ارباحاً كبيرة دون جهد انتاجي.

2- استعمال الارباح الناجمة عن التجارة الخارجية التي يقوم بها الافراد في تمويل نزوح الرساميل وقد ساهم ذلك في انخفاض سعر صرف الروبل وبدرجة كبيرة.

3- قبول خطة الـ 500 يوم في ايلول / سبتمبر 1990 والرامية الى احداث تحول جذري في النظام السوفيتي خلال مدة الـ 500 يوم وتخويل 70% من منشآت بين الدولة الصناعية الى القطاع الخاص. وتحرير الاسعار والاستيراد وحركة الرسـاميل والانفتاح على الاستثمارات الاجنبية وانشاء سوق مالية والسماح بالافلاسات.

وضع الخطة اقتصاديون اختارهم رئيس مجلس السوفيت الروسي. وبالرغم من قبول الخطة وظهورها فعليـاً مـدة شهر فقد تم التراجع عنها بالخطة البديلة. حيث تضمنت الخطة البديلة عناصر خطة الـ 500 يوم وتحويل القطاع العـام الى الخاص وفي تموز 1991 تم القبول جوهرياً للخطة الموضوعة مـن قبـل مجموعـة مـن الاقتصاديين الـروس بالاشتراك مـع اقتصاديين من جامعة هارفرد ترمي الخطة الى الاسراع بالتحول الى نظـام حريـة السـوق وتحويل القطاع العـام الى الخـاص. وتقديم دعم اقتصادي من الغرب بمبلغ مائة مليار دولار عند تبني الخطة. تقـدم الاتحـاد السـوفيتي بطلب الانضمـام الى المصرف الدولي وصندوق النقد الدولي [3].

عملية التحول الى الرأسمالية او الاصلاحات الاقتصادية ثم قبولها ودعمها من قبل غالبية النخب في الحزب والدولـة بمنح الاستقلال للشركات الحكومية أو السماح بممارسة النشاط الخاص

---

[1] محمد الاطرش، حول الازمة الاقتصادية الدولية الراهنة ، مصدر سابق، ص18-19.

[2] اقترن ذلك باصدار مرسوم من مجلس الوزراء السوفيتي نهاية عام 1988 يسمح للافراد القيام مباشرة بالتصدير.

[3] محمد الاطرش، حول الازمة الاقتصادية الدولية الراهنة، مصدر سابق، ص19.

وقد كادت أن تصبح عملية تحويل القطاع العام الى الخاص سياسة رسمية للدولة عـام 1990 مـن منطلـق انهـم الاحـق في امتلاك وحدات الدول الاقتصادية التي ستتحول الى القطاع الخاص والاقدر نتيجة خبراتهم ومواقعهم وصلاتهم مـا رأت هـذه النخب أن من مصلحتها التحول نحو الرأسمالية فاشتراك السوق ستضعف من قوتها ثم من امتيازاتها دون منفعة مقبلة، فضلاً عن ادراكهم بأن الرأسمالية مقبلة خاصة في ضوء رسوم التعاونات الصادر في مايو / 1988 الـذي ادى الى قيـام منشآت رأسمالية اضافة الى مرسوم السماح للافراد للقيام بعمليات التصدير مباشرة الى الخارج. ما أن السوق ستحل محلها في توزيع الموارد وتحقيق التنسيق الاقتصادي اضافة الى رغبة المدراء العامون والمثقفون في الحصول على وضع امثالهم في الغرب مـن ناحية ارتفاع دخلهم الشهري الذي يساوي 150 مرة اكثر من معدل دخل متوسط العامل في اميركا ونتيجة لما تقدم فقد:

- تحقق التراكم الرأسمالي لدى النخب الحاكمة ولفئات اخرى وبدرجة كبيرة نتيجة استيلائهم مباشرة على املاك الدولة بثمن رخيص أو من غير ثمن.

- بروز فعاليات طفيلية ضمن نطاق تطبيق مرسوم السماح للقطاع الخاص بالتصدير وازمة فقدان السلع الاستهلاكية عامي 1988 و 1989.

3- انتشار الفساد – بدفع الرشوة من القطاع الخاص للحصول علـى اجـازات التصدير المرغوب فيهـا وشراء منشآت الدولـة الاقتصادية وبأسعار رخيصة وبيعها في السوق الداخلية باسعار عالية.

4- بروز المافيا الاقتصادية التي فرضت رشاوي عالية على منشآت الدولة الاقتصادية الخاصة واستعمال القـوة للاستيلاء علـى بعضها [1].

نتيجة الانهيار الذي لحق بالاتحاد السوفيتي قام بعض المسؤولين الكبـار في الحـزب والدولـة مـن الحـرس القـديم بانقلاب في 18 آب / 1991 ضد غورباتشوف باعتباره المسؤول عن الانهيار الذي حدث للاتحاد السوفيتي حتى ذلك الوقت. قدمت غالبية النخب مع اطراف اخرى دعماً كبيراً ليتسنى لمواجهة الانقلاب وافشاله ... بـرز يلتسـين بعد الانقلاب كـأقوى شخصية سياسية في روسيا. واتخذ المبادرة بعقد اجتماع في بيلاروسيا في كانون الاول / 1991 بينه وبـين رئيس جمهوريـة اوكرانيا وبيلاروسيا لتفكيك الاتحاد السوفيتي رسمياً. وقد رأى هذا التحالف الرأسمالي الـروسي أن مـن السـهولة الانتقال الى رأسمالية الحرية الاقتصادية في روسيا كدولة مستقلة ذات سيادة. وقد دعـم هـذا الـرأي مـن قبـل الاقتصاديين الغربيين المتوافدين الى موسكو بعد الانقلاب متبرعين بتقديم خدماتهم [2].

---

[1] David Mondel, "Actually Existing privatization: An inter view with Yuri Marenich," Monthly Review March 1992, P.22.

[2] محمد الاطرش، حول الازمة الاقتصادية الدولية الراهنة، مصدر سابق، ص 20.

اسباب الازمة الاقتصادية في روسيا الاتحادية 1992 – 1998:

بعد أن تفكك الاتحاد السوفيتي رسمياً عام 1991 استمرت عوامل الانهيار في روسيا الاتحادية حتى عام 1998 كما يوضح ذلك الجدول رقم (   ) وقد كان لتأثير اسباب الانهيار التي لحقت بالاتحاد السوفيتي كبيراً على استمرار الازمة الاقتصادية فيروسيا الاتحادية ومن ابرز الاسباب الاقتصادية هو تطبيق ما يسمى "باستراتيجية العلاج بالصدمة" سميت بهذا الاسم اذ تضمنت "العمل على تحقيق تحول سريع ومفاجئ الى الرأسمالية الحرية الاقتصادية لدرجة كبيرة في روسيا" وهذا شبيه في تأثيره بالصدمة بحيث يقطع هذا التحول الطريق تجاه القوى المعارضة والراغبة في العودة الى النظام الاشتراكي السابق أو نظام اشتراكية السوق أو نظام الديمقراطية الاجتماعية.

تم تطبيق هذه الاستراتيجية عام 1992 ومن ابرز عناصرها ما يلي:

1- تحرير الاسعار من القيود.

2- تخفيض الانفاق الحكومي بهدف تحقيق التوازن في الموازنة.

3- وضع القيود الصارمة على تزايد التسليف والكتلة النقدية.

4- تحويل ملكية منشآت الدولة الاقتصادية الى القطاع الخاص.

ازالة القيود على حرية التجارة الخارجية وانتقال الرساميل من والى روسيا [1] وفيما يتعلق بالنتائج المترتبة عن استراتيجية العلاج بالصدمة من خلال مناقشة عناصرها يتضح لنا الاتي:

1- تحرير الاسعار من القيود: أن الافتراض الاساس وراء تحرير الاسعار والسماح بارتفاعها الكبير اعتباراً من عام 1992 هو أن هذا الارتفاع سيؤدي خلال فترة قصيرة الى زيادة الانتاج – وسيدفع ارتفاع اسعار المنتوجات والخدمات المنتجين الى زيادة الانتاج [2] لم تتحق الزيادة في الانتاج فقد استمر الانهيار بنسب عالية – فقد استمرت الاسعار بالارتفاع وبنسب كبيرة جداً كما يتضح من نفس الجدول (رقم 4).

---

(1) للاطلاع على المزيد من هذه الاستراتيجية ونتائجها من منظورين متباينين راجع: Kotz and Weir, Revolution from above: The Demise of the Soviet system. Chaps 9-10.

- محمد الاطرش ، حول الازمة الاقتصادية الدولية الراهنة، مصدر سابق، ص 21.

(2) لتهيأة الاذهان لتطبيق العلاج بالصدمة فقد اشار الرئيس يلتسين في خطاب القاه امام الكونكرس الروسي في 28 / تشرين الاول / 1991 – أن الانتقال دفعة واحدة الى تحرير الاسعار اجراء قاسي – لكنه ضروري وسيشعر كل واحد منا خلال ستة الاشهر القادمة بأن الحياة ستصبح اكثر قساوة لكن الاسعار ستنخفض بعد ذلك وستمتلئ الاسواق بالسلع بحلول خريف 1992 وكما وعدتمك قبل الانتخابات لرئاسة جمهورية روسيا في حزيران / 1991 سيستقر الاقتصاد وستبدأ حياة الناس في التحسن تدريجياً Kotz and Weir, Ibid P.167.

ومن اهم الاسباب التي ادت الى استمرار الانخفاض في الانتاج وعدم ارتفاعه ما يلي:

1- لقد ادى الارتفاع العالي في الاسعار الى انخفاض الدخول الحقيقية لان نسبة الارتفاع في الدخول النقدية كان اقل بكثير من نسب ارتفاع الاسعار، وفي حال انخفاض الدخول الحقيقية فسينخفض الطلب الفعال وليس هذا صحيح نظرياً توقع زيادة في الانتاج بل توقع في انخفاضه وهذا ما حدث فعلاً وادى الى انتشار البطالة وزيادة الفقر والبؤس بين غالبية الناس. وبفرضية زيادة الدخول النقدية نسبة اعلى من نسبة ارتفاع الاسعار أي أن زيادة الدخول الحقيقية، ستؤدي الى زيادة الطلب الفعال فلم يكن متوقع ارتفاع الانتاج بنسبة كبيرة نظراً لبنية الاقتصاد الروسي - المؤلفة من منشآت اقتصادية ضخمة متكاملة لدرجة كبيرة فيما بينها وغير متنافسة وهذه البنية كانت منسجمة مع مقتضيات التخطيط المركزي وغير منسجمة مع متطلبات رأسمالية السوق - وجود درجة عالية من المنافسة في اقتصاد السوق بين الوحدات الانتاجية فان الطلب الفعال سيؤدي الى زيادة الانتاج والطلب على العمالة وسيتوازن السعر - وهذا سيؤدي الى تحديد السعر.. وهذه المنافسة كانت غائبة في الاقتصاد الروسي.

أن الزيادة في الانتاج تفترض وجود طبقه رأسمالية منتجة. غير أن الطبقة الرأسمالية التي ظهرت كانت رأسمالية طفيلية رأسمالية نهب حيث تركزت الثروات بأيدي قلة من الناس.

اما عن نتائج بقية عناصر استراتيجية العلاج بالصدمة. فقد افرزت آثاراً اكثر سلبية سواء على الانتاج والعمالة ووضع القوات المسلحة الروسية، ونظام الرعاية الاجتماعية ومؤسسات البحث العلمي الروسية فقد انخفضت التجهيزات القتالية للقوات الروسية لدرجة كبيرة وانتشرت الامراض التي لم تعرفها روسيا من قبل وهاجر عدد كبير من العلماء الروس الى الخارج واضطر الكثيرون الذين لم يهاجروا الى التحول من البحث العلمي وتحقيق الانجازات العلمية التي كانت مفخرة للاتحاد السوفيتي سابقاً الى قبول العمل في وظائف كمحامين في المصارف ومترجمين أو خضوعهم للاستغلال من قبل مؤسسات ومنشآت اجنبية.

ومن نتائج تطبيق حرية التجارة الخارجية - فقد تفاقمت اثارها السلبية في الانتاج والعمالة - فقد زادت المنافسة على السلع المستوردة للانتاج المحلي واتسعت درجه الانفتاح على الاستيراد من الخارج.. ومعروف تاريخياً بأن ظروف الكساد تدفع الدول الى فرض درجة عالية من الحماية لتحويل جزء كبير من الانفاق على الاستيراد الى الانفاق الداخلي للحيلولة دون تدهور الاقتصاد ومستوى العمالة.

كما ادى تحرير حركة - الرساميل والسماح بحرية تحويل الروبل الى عملات أجنبية من اهمها الدولار لتمويل نزوح الرساميل الروسية التي تزايد نزوحها. فقد بلغت مجموع الرساميل

الروسية النازحة خلال الفترة من 1993 و 1994 الى حوالي مائة مليار دولار في حين بلغ حجم الاستثمارات الاجنبية المباشرة في روسيا وحجم المساعدات الرسمية الغربية بمقدار 19.4 مليار دولار خلال نفس الفترة [1] وقد ساهم نزوح الرساميل الروسية الكبير الى ارتفاع اعتماد روسيا على التمويل الخارجي وبروز تبعيتها للغرب. وبشكل متزايد [2].

وعن الاثار الناجمة عن نزوح الرساميل الروسية اضافة الى التضخم الداخلي الكبير فقد انخفض سعر صرف الروبل الروسي مقابل الدولار بنسبة كبيرة اكبر من نسبة ارتفاع الاسعار الداخلية اضافة الى انخفاض القيمة الحقيقية لسعر صرف الروبل الروسي انعكس ذلك على التدهور الكبير في شروط التبادل الروسي للعملات مع الغرب خاصة شكل هذا التدهور احد آليات استغلال روسيا من قبل الغرب خاصة والاجانب عموماً حيث تم شراء ممتلكات وسلعاً وخدمات روسية باسعار رخيصة بالعملات الاجنبية. لقد ادى انهيار الروبل الى افلاس غالبية المصارف التجارية في موسكو ووضع السيطرة على النظام المالي لروسيا بأيدي قلة من المصارف والسماسرة الغربيين. وقد ولدت الازمة خوفاً من عجز البلد كله من الايفاء بديونه الى الدائنين الغربيين عما فيهما مصرف دونج Deutsche ودريزنر Dresdner وقد تمت مصادرة حوالي 500 مليار دولار تمثل قيمة الموجودات الروسية – شملت منشآت الصناعة العسكرية التنبه التحتية والموارد الطبيعية (وذلك عن طريق برامج تحويل الملكية العامة الى القطاع الخاص وبرامج اشهار الافلاس القسري) وقد تم تحويلها الى ايدي الرأسماليين الغربيين [3] حتى العلماء الذين يعتبرون من ابرز العلماء في العالم فقد تحولوا الى قوة عمل رخيصة ففي أيار 1992 استأجرت شركة مختبرات بين الامريكية قوة عمل عالمين روسيين رائدين في الفيزياء ليقدموا ابحاث علمية لها بمعاش شهري قدره 5 آلاف روبل بما يساوي حسب سعر صرف الروبل آنذاك احد عشر دولاراً. في حين استأجرت شركات امريكية اخرى وباقل الرواتب. قوة عمل العديدين من العلماء الروس للقيام باتجاهات علمية لها [4].

---

[1] Kotz and weir, Ibid P.182.

[2] محمد الاطرش، حول الازمة الاقتصادية الدولية الراهنة، مصدر سابق، ص 23.

[3] ميشيل شوسودوفسكي، عولمة الفقر تأثير اصلاحات صندوق النقد والبنك الدوليين، ترجمة - جعفر علي حسين السوداني - مراجعة أ محمود خالد المسافر و د.عماد عبداللطيف سالم. بيت الحكمة، بغداد /2002، ص 416.

[4] Kotz and Weir, Ibid, P.184.

- محمد الاطرش، حول الازمة الاقتصادية الدولية الراهنة، مصدر سابق، ص 23.

اما فيما يخص تحويل ملكية القطاع العام الى الخاص - فقد تصاعدت بشكل كبير في الدولة الروسية وقد تم تطبيقها من خلال اصدار بطاقات للافراد لتمكنهم من شراء ممتلكات الدولة الاقتصادية، ولانتشار البطالة والفقر بين غالبية الناس مما اضطر مالكي البطاقات بيع بطاقاتهم بأثمان رخيصة جداً- فضلاً عن اجبارهم على بيعها من قبل الاثرياء الجدد والمافيات الاقتصادية فبدلاً من أن تتوسع قاعدة ملكية القطاع الخاص لوسائل الانتاج التي كانت وهماً في المقام الاول تركزت وسائل الانتاج في ايدي القلة[1].

لقد ادى اندماج روسيا في النظام الرأسمالي العالمي - في الجانب المالي الى انخفاض ناتجها المحلي الاجمالي للسنوات 1991 -1996 الى 60% بالرغم من انخفاض هذا الانهيار عام 1997 غير انه استمر عام 1998 فقد انخفض الناتج الحقيقي في هذا العام بنسبة 6%.

لقد تجسدت هذه النتائج القاسية في تدمير النظام الاقتصادي والاجتماعي باكمله [2].

يتضح مما تقدم أن استراتيجية العلاج بالصرفة كانت بمثابة اقوى عدو لروسيا لتدمير قوة الدولة والمجتمع لقد ادت هذه الاستراتيجية الى عولمة الاقتصاد الروسي مالياً - وتعد الازمة الروسية فريدة من نوعها لانها تضمنت تفكك وانهيار دولة عظمى في اوج قوتها. اما ازمة العولمة المالية فهي ظاهرة متكررة تاريخياً.

وكان انهيار الاتحاد السوفيتي من ابرز احداث القرن العشرين الذي عبرت عنه سياسات اعادة البناء والمكاشفة، وقد ساهم السلوك السياسي الخارجي للاتحاد السوفيتي تجاه الولايات المتحدة الامريكية كان هو الاخر سبباً مهماً في هذا الانهيار.

ثانياً- العوامل الخارجية التي أسهمت في انهيار الاتحاد السوفيتي:

كان لهذه العوامل اثرها السلبي على التجربة السوفيتية والاسراع في انهيارها بالرغم من اختلاف دوافعها. ومن هذه العوامل:

أ- ارتكاز فلسفة غورباتشوف الخارجية في التطبيق في الدعوة الى اعادة هيكلة السياسة الدولية وفق انماط جديدة من التفكير والفعل - تؤسس كما يقول غورباتشوف في ... ارساء مبادئ للسياسة الدولية وفق المعايير الانسانية والاخلاقية وتحسين العلاقات بين الدول.

واستناداً الى ذلك. فقد دعا غورباتشوف الى تبني التعاون الدولي وتوازن المصالح والمفاوضة والواقعية بديلاً عن الصراع وتوازن القوى والحرب وتعزيز العلاقات الدولية[3]. والتطبيق العملي لهذه السياسة عكست تصرف غورباتشوف تجاه امريكا وكانه صار حليفاً لها

---

(1) محمد الاطرس، حول الازمة الاقتصادية الدولية الراهنة، مصدر سابق، ص 24.

(2) المصدر سابق، ص 8.

(3) عدي صدام حسين، عالم ما بعد الحرب الباردة دراسة مستقبلية، مصدر سابق، ص 81.

فقط، بل حليفاً مطيعاً ومنصاعاً ايضاً. فقد عمد الى انهاء دعم بلاده الى كوبا، والانسحاب من افغانستان وتخفيض الانفاق العسكري، والمضي في عملية اموافقة على عدد من الانفاقيات لنزع السلاح النووي وغض النظر عن انهيار منطقة النفوذ السوفيتي في اوربا الشرقية وتحولها عن الاشتراكية باتجاه الرأسمالية اضافة الى تساقط رموز الحرب الباردة، كسقوط جدار برلين والموافقة على تحقيق الوحدة الالمانية والانسياق وراء السياسة الامريكية تجاه العراق في ام المعارك[1].

ب- التآمر الرأسمالي الخارجي منذ البداية اعلنت الثورة الروسية 1917 معاداتها للرأسمالية واستهدفت انهاء النظام الرأسمالي باعتباره النقيض للاشتراكية ودخلت الدول الرأسمالية المتحالفة مع بعضها البعض في صراع مع الدولة السوفيتية واتخذ هذا الصراع عدة اشكال سواء بالتدخل المباشر والتدخل الاستخباري والخفي والتدخل الاعلامي في شكل حرب اعلامية مستمرة مركزة على اخطاء النظام الاشتراكي وعملية البناء الاشتراكية التي يقوم بها وقد كان لهذا تأثيره على الفرد السوفيتي وتقليل حماسه المؤيد للاشتراكية بهدف خلق فجوة بين المواطنين والنظام الاشتراكي خاصة بين فئات الشباب كما فرضت الدول الرأسمالية حصارها الاقتصادي على الاتحاد السوفيتي ومنع تصدير التكنولوجيا المتقدمة اليه مما سبب في تخلف الاقتصاد السوفيتي.

أمر طبيعي أن يكون الصراع مريراً بين عقدتين متناقضتين - عقيدة تهدف الى الهيمنة على العالم وهذا ما سعت اليه الرأسمالية منذ نشأتها مقابل عقيدة فكرية سعت منذ البداية لنصرة الشعوب وتقديم العون لها.

ج- بالرغم من دعم الاتحاد السوفيتي لدول الجنوب والحصول على استقلالها من السيطرة الاستعمارية المباشرة وبالمقابل فقد كان اهتمام دول الجنوب بدعم الاتحاد السوفيتي ضعيفاً لتأثير الثقافة الغربية على قادة وحكام تلك الدول اذ ظلوا مرتبطين بالدول الاستعمارية وسياستها الهادفة لتدمير الاتحاد السوفيتي باعتباره خطر كبير على تلك النظم وقادتها مما تسبب في عدم توثيق العلاقات مع الاتحاد السوفيتي الا القليل منها الذي وثق علاقاته بشكل جيد وارتكزت في اغلبية جوانبها على علاقات التسليح العسكري ولم تدرك دول الجنوب مخاطر غياب الاتحاد السوفيتي كقوة عظمى وقطب دولي الا عندما انهارت الدولة السوفيتية وانفردت اميركا في السيطرة على العالم وفرض السياسات التي تتلائم مع مصالحها على دول الجنوب ويمكن أن نشير الى بعض الملاحظات التي أسهمت في تفكك الاتحاد السوفيتي[2].

---

[1] عدي صدام حسين، عالم ما بعد الحرب الباردة دراسة مستقبلية، مصدر سابق، ص 82.

[2] د. باسل البستاني، النظام الدولي الجديد، آراء ومواقف، مصدر سابق، ص 259-260.

أ- أن عامل القوة والعظمة لا يمكن أن يرتكز على الجانب العسكري فقط بل يجب أن يتوافق ذلك مع تعزيز الاقتصاد الوطني الذي يؤدي الدور الاساس في بناء القوة العسكرية واستمرارها.

ب- لم تتمكن الدولة السوفيتية طوال 73 عاماً الفترة التي عاشتها، من تحصين الفرد السوفيتي بل فرضت عليه طوقاً من التعتيم، وغيبت عنه الحقائق ولم تنفذ المطلوب من الوعود التي اطلقتها مما اتاح الفرصة للاعلام المعادي اختراق نفسية المواطن الروسي وتحويل ولاءه المحسوم للثورة الاشتراكي الى عداء واضح مطالباً بالتغيير غير مهتم بالنتائج التي ستلحق بنتيجة ذلك[1] الضغط الخارجي الذي تعرض له النظام السوفيتي الضعيف رغم امكانياته الهائلة وتفككت احدى القوة العظمى بقيادة احد المدراء السابقين للجهاز السري من غير أن يمنعه احد. وفي اوربا الشرقية فقد كان سقوط الانظمة الشيوعية فيها عن طريق الهاتف حيث كانت تلك الانظمة تتلقى اوامرها من موسكو تباعاً. ولاتفصلها سوى ايام معدودة بين نظام وآخر وقد حدث في روسيا والدول الأخرى المرتبطة بالاتحاد السوفيتي انهيار سريع في الاقتصاد وتمزق النسيج الاجتماعي بعد خضوعه لشروط صندوق النقد الدولي مما ادى الى زيادة حالات الفقر والفوضى في تلك البلدان التي وقعت في يتلك الشراكة المدمرة[2].

خلاصة ما تقدم فالازمة السوفيتية – الروسية هي من اعمق واشمل الازمات وذات تأثيرات ابعد من كونها ازمة عولمة مالية بالرغم من أن ستراتيجية العلاج بالصدمة قد ادت الى عولمة الاقتصاد الروسي مالياً.

ثالثاً - اثر الأزمة السوفيتية على دول العالم:

أ- أثرها على مستقبل أوربا:

كان للازمة السوفيتية اثرها المباشر في صعود اوربا من جديد لتحتل موقع الصدارة من حيث تأثيرها السياسي والاقتصادي حيث اصبحت مركزاً للاستقطاب الدولي لما تتمتع به اوربا والسوق الاوربية المشتركة بميزات اقتصادية تؤهلها لاحتلال موقع المؤثر في السياسة الدولية من حيث المساحة والسكان ويبلغ الناتج المحلي الاجمالي فيها عام 1999، 5471 مليار دولار اذ تحتل المرتبة الثانية بعد امريكا على مستوى العالم اجمع وتحتل المانيا المرتبة الاولى اذ يبلغ الناتج القومي الاجمالي لعام 1999، (999) مليار دولار [3] ومعدل النمو الحقيقي في الاتحاد

---

[1] د.باسل البستاني، النظام الدولي الجديد، آراء ومواقف، مصدر سابق، ص 260-261.

[2] ادريانو بينايون، العولمة نقيض التنمية، ترجمة جعفر علي حسين السوداني، مراجعة د.عماد عبداللطيف سالم، بيت الحكمة، بغداد 2002، ص 180.

[3] INTERNATIONAL MONFTARY FUND, (IMF), 2000, P.4.

الاوربي 3.4% لعام 2000 ليحتل المرتبة الثانية بعد اميركا التي يبلغ معدل النمو الحقيقي فيها 5.0%.

فأوربا تطمح بهذه القوة الاقتصادية الخاصة بها متأثرة بتاريخها الاستعماري اذ كانت مركزاً للاستقطاب الدولي في القرنين الثامن عشر والتاسع عشر حتى بداية القرن العشرين وتسعى جاهدة لاعادة هذا المركز مستقبلاً وان تكون طرفاً اساسياً في العولمة. وتحقيقاً لاهدافها اتجهت لاحتضان اقطار اوربا الشرقية بعد انهيار انظمتها السابقة المرتبطة بالاتحاد السوفيتي من خلال الاتي:

- انشاء مصرف للمعونة الاقتصادية لهذه الدول عام 1989 مقره باريس وبرأسمال قدره 13 مليار فرنك فرنسي، وتخصيص 2.5 مليار دولار لتقديم المساعدات لهذه الدول خلال عامي 1990 -1991. والموافقة على اقتراض تلك الدول بمبلغ 25 مليار دولار خلال سنتين، وتوجيه جزء كبير من استثماراتها الى اوربا الشرقية.

- أن الدوافع الاساسية وراء هذا الاتجاه هو خلق اوربا موحدة سيكون لها تأثيرها الدولي في المستقبل، وتكوين اوربا بكاملها واجزاء من روسيا الاسيوية. في اطار هذا الاتجاه سيكون لتوجه المانيا تأثيره الواضح في ذلك فسكان المانيا اكثر من اية دولة اوربية كما أن قوتها الاقتصادية كبيرة من حيث ناتجها المحلي الاجمالي الذي هو اعلى بكثير من بقية دول اوربا اضافة الى أن موقع المانيا في وسط اوربا وسيمكنها ذلك من التأثير المباشر على دول اوربا المحيطة بها كما أن شكوك الاوربيين من موقف بريطانيا المؤيد لاميركا يدفعهم للتقارب مع المانيا هذه العوامل ستجعل من المانيا مركز للاستقطاب داخل اوربا وتعطيها تأثيراً عالمياً في المستقبل ويمكن أن يتعدى اوربا الى بقاع اخرى من العالم مما سيجعلها مركز استقطاب دولي جديد.

ب- آثار الازمة السوفيتية على اليابان:

خلال عقد الثمانينات نما الاقتصاد الياباني بشكل كبير مبيناً قدرته الفائقة على التطور التقني والعلمي وقد توسعت المصالح الاقتصادية ونجم عنه نمو الدخل القومي ليصل الى 2724 مليار دولار عام 1988.

واهتمت السياسة الاقتصادية اليابانية بالتوسع وتشجيع التعاون الاقتصادي تجاه البلدان الاسيوية القريبة كوريا الجنوبية، تايوان، هونك كونك، تايلند، الفلبين، ماليزيا، سنغافورة، اندنوسيا، الصين لتحقيق هدفين في آن واحد - الاول - التأثير في مراكز القوى الاقتصادية في العالم الرأسمالي. (اميركا، ودول المجموعة الاوربية) اما الهدف الثاني - هو خلق تكتل اقتصادي

كبير بينها وبين هذه البلدان للحصول على حصة كبيرة في هذه الاسواق على حساب حصة اميركا بشكل اساسي مستفيدة من غياب الاتحاد السوفيتي المؤثر سابقاً في فيتنام الشمالية ولاوس وكمبوديا ونسبياً في الصين بعد التفاهم على الحدود عام 1990 ولتحقيق ذلك استثمرت اليابان اموالاً كبيرة لنقل استثماراتها خلال عام 1987 (5836) مليون دولار وبنسبة 27.4% من استثماراتها الخارجية في اوربا والولايات المتحدة الامريكية. وبلغت استثمارات اليابان في اميركا 14.704 مليار دولار أن محاولة اليابان في توجيه استثماراتها الى داخل اميركا بشكل اساس مع تركيزها على نوعية الاستثمار خاصة في قطاع الصناعة هو للتأثير في السياسة الاقتصادية للمصالح الامريكية. وشراء تلك المصالح من الداخل وضمان عدم تقاطعها مع مصلحة اليابان الاقتصادية وفي المقابل فقد فشلت الصناعة الامريكية من التغلغل داخل السوق اليابانية. وحققت اليابان تفوقها في هذا الجانب.

كما استهدفت السياسة الاقتصادية اليابانية الاهتمام بموضوع وحدة اوربا اقتصادياً واحتمالات تأثيرها في مستقبل صادراتها فقد عمدت الى تشجيع وتوسيع استماراتها الخارجية داخل دول المجموعة الاوربية وبذات الطريقة التي اعتمدتها مع المصالح والشركات الامريكية، وقد بلغت استثمارات اليابان في دول السوق 25 مليار دولار عام 1989 واحتلت بريطانيا المرتبة الاولى من تلك الاستثمارات.

الى تغلغل اليابان كقوة اقتصادية في الاسواق الغربية عن طريق الاستثمارات بالدرجة الاساس لم يقابله اتجاه مماثل من قبل اميركا ودول السوق الاوربية المشتركة وسيؤدي هذا الى احداث التناقض حيث اثبتت اليابان اقتصادياً نجاحها بوجه اميركا ويشكل هذا مصدر قلق لها وقد بدأ هذا التناقض مستمراً غير انه اصبح واضحاً نهاية عام 1991 اثر فشل زيارة بوش لليابان وعدم قدرته من اقناع اليابان من دعم حرية التجارة امام الصادرات الامريكية[1].

مما تقدم يتضح لنا أن لتفاعل العوامل الداخلية والتآمر الخارجي تأثيراتها المتداخلة في انهيار الاتحاد السوفيتي وتفرد اميركا على العالم مستفيدة من قوتها الاقتصادية والعسكرية وقد ادت الثورة التقنية المتحققة في اميركا واليابان واوربا الغربية خاصة المانيا الى الاسراع في تحقيقي الانهيار السوفيتي وتمكنت اميركا من الهيمنة على العالم غير أن هذا لا يعني عدم ظهور قوى اقتصادية جديدة مستقبلاً سواء من اوربا أو اليابان المتقدمتين تكنولوجيا ومن المحتمل أن يكون لالمانيا دور متميز في قيادة اوربا لقوتها الاقتصادية فضلاً عما تمتلكه من قدرات تكنولوجية تؤهلها لان تكون قوة عسكرية مستقبلاً، كذلك الحال بالنسبة لليابان التي تمكنت من

---

[1] د. باسل البستاني – النظام الدولي الجديد، آراء ومواقف، مصدر سابق، ص 264-267.

بناء اقتصاد متطور واحتلال موقع متقدم في العديد من حقول الصناعة المتطورة خاصة الالكترونية التي تمنحها تفوقاً على دول العالم بما في ذلك امريكا التي تعتمد على الصناعات الالكترونية اليابانية في العديد من اسلحتها العسكرية المتطورة - مما يعني وجود فرصاً واسعة لتعدد الاقطاب وظهور محاولات متعددة لامتلاك القوة العسكرية من قبل هذه الاقطاب حيث ستكون القوة الاقتصادية مدخلاً للقوة العسكرية ومطورة لها خاصة في المانيا واليابان وسيؤدي ذلك الى عودة العالم الى سياسة المصالح الاستعمارية وبأسلوب جديد.

المطلب الثالث

العولمة والازمات المالية

مقدمة:

بانتهاء الحرب الباردة تعرض العالم الى ازمات اقتصادية لم يسبق لها مثيل لاثارها المباشرة على سكان العالم ووقوع بلدانها في حالة الفقر الشديد لأثر الازمة المباشر على مستوى المعيشة وتدهوره بشكل مخيف.

أن اتساع الازمات وشمولها المعالم والدمار الذي الحقته تلك الازمات اكثر مما خلفته ازمة الكساد العظيم في الثلاثينات وقد صاحب التدهور الاقتصادي تفكك في المجتمعات ونشوب نزاعات اقليمية وانهيار دول بأكملها كما هو الحال في الاتحاد السوفيتي والازمات الاقتصادية والمالية هي من اقسى واخطر الازمات في التاريخ المعاصر.

وقد شكلت الازمات الاقتصادية والمالية التي تعرضت لها اقتصادات دول جنوب شرق آسيا نموذجاً لهذه الازمات التي هي نتاج مظاهر العولمة والاقتصادات المفتوحة على العالم الخارجي والاسواق الحرة خاصة في مجال تأثير عولمة راس المال وحركة الاستثمارات غير المباشرة وظاهرة المضاربات في الاوراق المالية والبورصات هي من هذه الازمات التي قادت الى الاضطراب الاقتصادي والدمار الاجتماعي فالغرض الاساس من هذا التصعيد العالمي غير المنظم للاستيلاء على الثروة القوة الدافعة وراء هذه الازمة وقد كون التلاعب بقوى السوق عنصراً قوياً في هذه الازمات فلم تعد هناك حاجة لاستعمار اراضي جديدة او ارسال قوة غازية اليها فالسيطرة على الثروات الانتاجية والموارد الطبيعية والمؤسسات والعمل يمكن انجازها في الوقت الحاضر دون الحاجة الى ارسال افراد. فمراكز القيادة في الشركات تعطي الاوامر عبر جهاز الكومبيوتر او من الهاتف النقال فالمعلومات المهمة ترسل الى الاسواق المالية والتي عادة ما تتمخض عن توقفات مباشرة في اداء الاقتصادات الوطنية كما تستخدم وسائل معقدة للمضاربة

منها سلسلة كاملة من التجارة المشتقة Chain of Derived Commerce صفقات تحويل خارجي بالاجل، اختبار عجلة معينة لاغراض المضاربة اموال تعويضية مؤشرات الاسعار في الاسواق المالية فالغرض النهائي من استخدام وسائل المضاربة هو الاستيلاء على الثروة المالية وتحقيق السيطرة على الثروات الانتاجية فالاستيلاء على الثروة العالمية وبهذا التلاعب من قوى السوق يتم من خلال التدخلات الاقتصادية القاتلة على المستوى الكلي لصندوق النقد الدولي الذي يعمل بشكل متزاحم مع قزى السوق على تدمير الاقتصادات الوطنية في العالم والقضاء على سيادة البنوك المركزي بمعنى الغاء السيادة على الاقتصاد الوطني وتجريد كل دولة بشكل منفصل من امكانياتها في الاشراف على اصدار عملة باسم المجتمع. ومن اجل الا تنقلب الازمات الاقتصادية والمالية وبالاً على دول المركز فقد اناطت المهمة الى صندوق النقد الدولي الذي يمارس دوراً في حماية مؤسساتها المالية والمصرفية من الافلاسات فقد تم ذلك عبر اقراضه بعض دول الازمة الاسيوية وروسيا لتمكينها من تسديد ديونها لمؤسسات المراكز. فلولا تدخل الصندوق لافلست في الغالب العديد من المؤسسات المالية في المراكز ولانتشرت الازمة الى الدول الصناعية المتقدمة اذن فتصرف صندوق النقد الدولي بضغط من الدول المهيمنة عليه اساساً للحفاظ على مصالحها وليس على مصالح الدول المستقرضة. والواقع هو ما يؤكد ذلك وليس خلاف ذلك. وهذا ما سيتم التعرض له من خلال دراستنا للازمات التالية:

1- الازمة المكسيكية.

2- الازمة الاسيوية.

أ- تايلاند.

ب- كوريا الجنوبية.

جـ- اندنوسيا.

د - المخاطر والاثار.

1- الازمة المكسكة:

الازمة المكسيكية هي واحدة من مشاكل عدم الاستقرار المالي ولغاية عام 1994 كانت المكسيك محط انظار المستثمرين فقد استثمروا فيها مليارات من الدولارات. فحققوا فوائد وايرادات ضخمة لارتباط عملة المكسيك (البيزو) بالدولار الامريكي.. والتطور المتحقق فيها هو الطريق الصحيح لتنظم الى دول جنوب شرق آسيا من حيث قدرتها في التغلب على ازمة المديونية. سرعان مت تغيرت الظروف لتظهر حاجة المكسيك الى مليار دولار لضمان قدرة الدولة الائتمانية، معلنة الاف الشركات عن افلاسها وتحول مئات الالوف الى عاطلين عن العمل.

اندلعت الازمة في كانون الاول 1994 عند بدء العمل في منطقة التجارة الحرة لشمال الاطلسي- (النافتا NAFTA) التي ضمت امريكا وكندا والمكسيك البلد النامي حيث ارادت امريكا بانضمامه الى المنطقة تقديم نموذج بوضع يسمح لبلدان الجنوب من اللحاق واختزال الزمن من خلال التجارة الحرة. وقد كان اقتصاد المكسيك عند تطبيق "النافتا" قريباً من اعلان العجز المالي[1]. وقد كان للديون الحكومية للمكسيك تأثيرها في حدوث الازمة المالية كما هو الحال في العديد من دول الجنوب بالرغم من ان ديون دول الجنوب هي اقل كثيراً من الديون الدولية لايطاليا وبلجيكا واليونان بثلاث مرات نسبة الى الناتج المحلي الاجمالي وحتى وقوع الازمة اتسم اقتصاد المكسيك بالاستقرار من حيث ادائه (توازن الميزانية)[2].

ساهمت مجموعة من العوامل في بروز الازمة المالية في المكسيك غير ان السبب الجوهري يكمن في[3] انخفاض معدلات الفائدة المصرفية في امريكا وقد تم تصميم ذلك لمحاربة الانكماش الاقتصادي لعام 1990-1991 بسحب المئات من مليارات الدولارات من حساب الادخار الامريكي وادخالها في الصناديق المشتركة ذات العوائد العالية. ومن اجل كسب العوائد العالية فقد اضطر مدراء المصارف بارسال بعض اموالهم الى المكسيك وعند عودة معدلات الفائدة الامريكية في الصعود ثانية اراد مدراء الصناديق المشتركة اعادة توازن استثماراتهم وبداوا بجلب اموالهم الى اميركا مع خروج الاموال ووجود عجز في الحساب الجاري. كانت مسألة وقت مقطر حتى ينفذ احتياطي العملة الاجنبية في المكسيك ففي شباط كانت المكسيك تمتلك 30 مليار دولار كاحتياطي من العملة الاجنبية، مع ارتفاع قيمة العملة الوطنية البيزو. ونتيجة لارتفاع الاستيراد فقد اضطر لتمويل العجز من ميزان المدفوعات وبحلول كانون الاول انخفض الاحتياطي من العملات الاجنبية الى مستويات متدنية (6 مليارات) وعلى اثرها بادرت الحكومة المكسيكية بخفض قيمة العملة الوطنية المفرطة. ولتلافي التدهور الكبير الذي ستتعرض له العملة الوطنية مستقبلاً وبعدما توفرت معلومات للمواطنين المكسيكيون ما يحدث لاحتياطهم المتناقص من العملة الاجنبية قاموا بعملية فرار جماعي لاموالهم نحو المنافذ المالية العالية الفائدة وبالمقابل سارع اصحاب رؤوس الاموال الاجنبية القصيرة الاجل الذين تدفقت اموالهم الى المكسيك بدلاً من الاستثمارات الطويلة بتهريب عملاتهم الى ذات المنافذ المالية العالية الفائدة للحيلولة دون تدهورها.

---

(1) جيرالد بوكسبرغر وهارالد كليمنتا، الكذبا العشر للعولمة بدائل دكتاتورية السوق، ترجمة د.عدنان سليمان، ط1، سلسلة دار الرضا، ايلول 1999، دمشق، ص51-52.

(2) ليستر ثرو، مستقبل الرأسمالية، مصدر سابق، ص502-503.

(3) المصدر السابق نفسه، ص508 و ص503-504.

اما العوامل الاخرى التي أسهمت في تصعيد الازمة فهي:

1- التأثير المتنامي للرأسمالية المركزية اميركا والمؤسسات الدولية (صندوق النقد الدولي) على المؤسسات الاقتصادية المكسيكية وقيادتها وفرض الكيفية التي ستدير فيها المكسيك سياستها النقدية.

2- قيام اميركا وصندوق النقد الدولي بزيادة الازمة سوءاً برفع معدل الفائدة وفرض معدل فائدة على القروض الممنوحة بالبيزو بلغت 60% للحكومة المكسيكية ولمدة 28 يوم ومعدل فائدة 100% على ائتمانات المستهلكين عام 1995 نجم عنه حدوث انكماش في المكسيك عامي 1995 و 196 وخسارة سندات الدين المكسيكية وهبوط الانفاقات الممولة بأئتمانات المستهلكين والاستثمارات الممولة بقروض مصرفية. مقابل الجاذبية الامريكية كاشارة واضحة لازمة البيزو حيث بدأ راس المال المرتبط باستثمارات قصيرة الاجل بالانسحاب نحو اميركا لفقان (البيزو) خلال اسبوع واحد 40% من قيمته لانخفاض الطلب عليها مما اضطر الرئيس المكسيكي ساليناس التشديد على الاصلاح الفوري لموازنة الدولة.

3- عدم الاستقرار السياسي وتدهور الاوضاع الداخلية في ذات الوقت لتطبيق النافتا بدأ التمرد في احدى دول الاتحاد المكسيكية (ثياباتي) بدعم من جيش التحرير الانفصالي (EZLN) فقد اعلنت جبهة (EZLN) التي حظيت بالتأييد الشعبي الكبير من السكان رفضها القاطع (للنافتا) ولليبرالية الجديدة لانها من حيث الشكل المتفق عليه تهدد الوجود الاساس لملايين الفلاحين وبهذا اخذوا يهددون الاركان الاساسية لسياسة المجدد ساليناس.

وللحيلولة دون انتشار الازمة واتساعها فقد طالب المجتمع الدولي باتخاذ الاجراءات المطلوبة لاعادة "ثقة المستثمر" فقد فرضت اميركا وصندوق النقد

1- برنامج التقشف المالي، بخفض الانفاقات الحاد في ميزانية متوازنة اصلاً.

2- دفع عوائد للمكسيك من النفط مباشرة الى حساب في مصرف الاحتياطي الاتحادي في نيويورك. على ان تتحكم فيه اميركا لضمان دفع حملة السندات من غير المكسيكيين وما تبقى تتسلمه المكسيك.

كان من نتائج ذلك.. خلال شهر واحد – تذبذب العجز التجاري الشهري بين اميركا والمكسيك من عجز بقيمة مليار دولار الى فائض طفيف. وراحت موارد الاشخاص الموجودين خارج المكسيك الذين كانوا يبيعون منتجاتهم او خدماتهم للمكسيكيين ان اسواقهم تلاشت فجأة[1].

---

[1] **لستر ثرو – مستقبل الرأسمالية – مصدر سابق، ص504-506.**

ان العقاب الذي تعرضت له المكسيك لصالح المستثمرين كان كبيراً مقارنة باخفائها الاقتصادية الطفيفة جداً. وقبل ستة اشهر من وقوع الازمة (صيف 1994) كان يستشهد بالمكسيك بشكل واسع باعتبارها البلد الذي يفعل كل شيء صحيح. فقد انهت العجز المالي في موازنتها المالية في اوائل الثمانينات وباعت اكثر من الف شركة مملوكة للدولة ورفعت القيود بشكل واسع وتخلت عن دوافعها القديمة وانضمت الى اتفاقية التجارة الحرة (النافتا NAFTA) والتضخم يسير بمعدل 7% سنوياً عام 1994 واعتبر الرئيس ساليناس بطلاً وبعد مرور سنة انتهى كل شيء بنفيه واتهامه بكل جريمة يمكن ان تنسب الى البشر.

كانت المكسيك تعاني عجزاً تجارياً وسبب ذلك العجز هو قرارات القطاع الخاص ولم يكن القطاع العام مقترضاً للمال سواء من الداخل او الخارج. وعندما حصل الاقتراض، فالعجز التجاري كان معقولاً في حساباتها بأموال متدفقة قصيرة الاجل لانها كانت تعكس قرارات خاصة للاقراض او الاقتراض في كلا جانبي السوق. وعجزها التجاري لم يكن الاسواق في العالم ومشاكلها كان يمكن ان تكون اقل من لو اعتمدت معدلات ادخار اعلى، وقروضها لدى منشآتها ومصارفها قليلة وبنسبة 16% مقوماً بالدولار، مما يعني ان معدل ادخار المكسيك يتجاوز مما لدى امريكا.

ولو رفض المكسيك اعتماد برنامج التقشف بموجب شروط صندوق النقد الدولي واميركا لما اجبر على تحمل انكماش داخلي قاسي فضلاً عن خفضه الضروري في الاستيراد غير ان ذلك حدث وفق خطة اميركا وصندوق النقد الدولي. ونتيجة الانكماش فقد تضاعفت البطالة من (3.7%) عام 1994 الى (6.5%) في نيسان 1995 وتقلص عمل (4 ملايين) عامل اخر الى اقل من (15) ساعة اسبوعياً[1]. وفقد البيرو نصف قيمته وتقلصت الميزانية الحكومية واعلنت (60) الف شركة بناء افلاسها وانخفض الناتج المحلي بنسبة 10% وارتفع معدل التضخم الى (35%) وتقلص الاستهلاك الخاص حوالي (12%)[2].

لقد تطلبت صفقة الضمان المالي للمكسيك اموالاً اكثر من المسموح لصندوق النقد الدولي باقراضه لها بموجب قواعده. فقد كان مطلوباً جمع (52 مليار) دولار من مجموع المساهمة الكلية للصندوق من القروض الممنوحة لكل بلدان الجنوب. نهاية عام 1994 لانقاذ المكسيك من الافلاس واعادة تحويل المبالغ المستحقة عليها فقط عام 1995 ولعدم قدرة الصندوق لوحده على

---

(1) لستر ثرو – مستقبل الرأسمالية – مصدر سابق، 509.

(2) جيرالد بوكسبرغر وهارالد كليمنتا – الكذبات العشر للعولمة بدائل دكتاتورية السوق، مصدر سابق، ص52.

جمع المبلغ وموارد الصندوق الحالية غير كافية لكبح الازمات من هذا النوع مما يتناقض والتزامه المساواة في المعاملة المطلوبة منه تجاه اعضائه لتشابه الازمات وتكرارها في ظروف العولمة المالية الراهنة وقيام اسواق جديدة خلافاً لازمات المديونية المصرفية. هناك اشكال مختلفة من التراكيب المالية لتأجيل اعباء تسديد اصول القروض وفوائدها او تخفيض هذه الاعباء، لازمات التمويل المباشر تأثير مباشر وعميق يؤدي الى الاختلالات بمقدارها يمنع عملية منع الهروب الكثيف لرؤوس الاموالحالة انعطاف اسعار الصرف. واذا كان النظام المصرفي الدولي بعيداً من هذا النوع من الازمات فالانظمة المصرفية الوطنية عموماً. الاقتصادات الوطنية تكون معرضة للانهيار ما لم يتوفر لها تمويل كثيف من الارباح[1].

في ازمة المكسيك لعبت اميركا دور المقرض الرئيس وحفاظاً على الثقة المالية للحكومة وفر الرئيس الامريكي بفضل المساعدة السخية ضمانات قروض للمكسيك بقيمته (52 مليار دولار) تمكنت من خلالها وللمرة الاولى ان تضمن قدرتها الائتمانية مما يعني عدم خروج المكسيك عن الدولار ونهج الليبرالية الجديدة او فرض الرقابة على العملات الاجنبية[2]. ودوافع نجدة الحكومة المكسيكية من قبل اميركا، ليس لانها كانت ملزمة بفعل قواعد اتفاقية التجارة الحرة لاميركا الشمالية (النافتا) بل لان مئات المليارات من الدولارات صناديق تقاعدها كانت في خطر. ولو لم يعرض الضمان المالي لاضطرت الصناديق المشتركة اعادة اموالها الى البلد بمعدل سعر صرف اسوأ بكثير من البيزو والدولار. فالصفقة البالغة 52 مليار دولار حمت الصناديق المشتركة اكثر مما فعلته للمكسيك لكن المكسيكيون تركوا لتسديد القروض[3] من عوائد النفط المودعة في حساب مصرف الاحتياط الاتحادي في نيويورك وتحكم اميركا فيه.

ونتيجة لسياسة الانكماش وما تمخض عنها فأمر بديهي ان تهدا اجواء التوتر في الاسواق المالية فقد كان ممكناً حدوث كارثة حقيقية عالمية لو تم تطبيق الرقابة على العملات الاجنبية من قبل المكسيك لايقاف هروب الرساميل. ويعزى هذا الى نجاح مصداقية التطور الموجه عبر السوق بعد ان كان موضع رهان بالسقوط وعلى صعيد السكان في المكسيك فالوضع كان مختلفاً كما اشرنا.. ان تخفيض سعر صرف عمالة ما سوف يؤدي الى ارتفاع قيمة النقد الاجنبي بشكل كبير وزيادة التضخم من خلال الارتفاع المستمر في الاسعار فالصناعة والشركات التجارية

---

[1] جاك ادا، عولمة الاقتصاد من التشكل الى المشكلات، ترجمة وتعليق د.مطانيوس حبيب، دار طلاس، دمشق 1997، ص24.

[2] جيرالد بوكسبرغر وهارالد كليمنتا – الكذبات العشر للعولمة بدائل دكتاتورية السوق، مصدر سابق، ص52-3.

[3] لستر ثرو –مستقبل الرأسمالية، مصدر سابق، ص511.

المعتمدة على السلع الاجنبية ستواجه افلاساً هذا من ناحية ومن ناحية ثانية في بلد كالمكسيك فهذا يعني للمستثمرين الاجانب والمضاربين الخسارة حيث لن يقدموا على الاستثمار ثانية الا عند ارتفاع معدل الفائدة بشكل كبير. وفي النهاية فان حالة كهذه تدفع بالدولة نحو الشلل الاقتصادي[1].

آثار الازمة المكسيكية:

1- تأثر راس المال لفترة قصيرة بالاحداث اليومية وبشكل سريع فلو منحت المكسيك قروضاً حكومية طويلة الاجل لامكن تفادي وقوع الازمة وتبعاتها مما هي عليه لو تعرضت عشرات الالاف من الشركات للافلاس وتعرض ملايين العاملين للبطالة. وقد اصابت الازمة جميع الفئات الاجتماعية فمن اصل 25 مليونيراً كانوا قبل وقوع الازمة لم يبق بعدها الا عشرة مليونير.

2- موجات المضاربة دفعت بالازمة للتفاقم - ونقلها الى اسواق اخرى فسببها تم تخفيض العملة الاندنوسية والهنكارية وخوف المضاربين هناك فقد اظهرت الازمة عدم مصداقية اسواق راس المال وخطأ الارتهان لاشتغالها بدون رقابة شديدة اذ توجب على الارجنتين مضاعفة اسعار الفائدة لوقف نزوح الرساميل المستثمرة هناك.

3- لمواجهة منطق السوق، فالعصيان في شيلباس يعتبر تمرداً مضاداً لليبرالية الجديدة والرد الذي فرضته منطقة الازمة وقد دفع ذلك راس المال من الهروب فزادت الاحوال في المكسيك سوءاً وباستمرار مما هي عليه قبل الازمة.

4- العقوبات الاقتصادية التي تعرضت لها المكسيك كانت قاسية في بلد كان يفعل كل شيء صحيحاً - قبل ستة اشهر فقط وبسبب انخفاض قيمة البيزو ارتفع التضخم بمعدل سنوي وصل الى 60% تقريباً ونتيجة ذلك انخفض مستوى المعيشة للمواطن المكسيكي طيلة الفترة من 1982-1995 من اجل تنفيذ اصلاحات السوق الحر. ونتيجة لذلك بدأ واضحاً للمواطن المكسيكي ان اسياد اجانب اغنياء يريدون كسب مالهم ونهبه منهم مما دفعهم لفرض سياسات على المكسيك كان يتوقع منها خفض القدرة الشرائية للعائلة بنسبة اضافية بمقدار 33%[2] وبرزت طبقة متوسطة انخفض دخلها الى 50% واطلقت على نفسها حركة البارسون

---

[1] **جيرالد بوكسبرغر وهارالد كليمنتا - الكذبات العشر للعولمة بدائل دكتاتورية السوق، مصدر سابق، ص53.**

[2] **لستر ثرو، مستقبل الرأسمالية، مصدر سابق، ص506.**

EL BARZON استنكار على برنامج التقشف وما نجم عنه من خفض حاد في مستوى المعيشة جاعلاً من المكسيك تعيش بواقع احيائها الفقيرة[1].

5- عالمياً - كانت الوصفة المكسيكية ناجحة - فقد اعادت تثبيت اركان الاقتصاد المكسيكي بشكل سريع مع حلول اواخر صيف 1995 غير ان الواقع الاقتصادي للشعب المكسيكي كا مترديا. ولم يتحسن - فقد تضاعفت البطالة بشكل كبير وانخفضت مبيعات التجزئة بنسبة 40% وقد اطبقت الازمة على المكسيك ولم تلوح في الافق ملامح لنمو النشاط الاقتصادي في خريف عام 1995.

6- اختلاف الازمة المكسيكية عن الازمات السابقة لها اذ فقدت الدولة قدرتها التفاوضية امام القوة المالية لاصحاب الرساميل، فقد استفاد المضاربون من قرض المليارات.

- نتيجة الازمة المكسيكية زادت قروض صندوق النقد الدولي القصيرة من منطلق الحيطة حيث تخدم هذه الحيطة من حيث المبدأ البلدان المعرضة للازمات. فيما لو سحب المضاربون اموالهم وهددوا الثقة المالية للدولة فالمضاربون تدفعهم مصلحتهم الشخصية للحفاظ على اموالهم، والازمة يتأثر بها السكان اكثر من المستثمرين والمضاربين الذين غالباً ما يسحبون اموالهم لاي سبب كان - ارباح اكثر في مكان آخر. عدم الاستقرار السياسي. او مزاجية احد المستثمرين الكبار. ويتحمل السكان الاثار الخطيرة فهم ضحية المضاربين، ولم يتم اتخاذ اية اجراءات بعد الازمة المكسيكية فصندوق النقد الدولي والبنك الدولي لم يتمكنا من وقف موجات المضاربة في سوق الرأسمالية الكونية[2].

2- الازمة الاسيوية في دول جنوب شرق اسيا:

تعد الازمة التي تعرضت لها بلدان دول جنوب شرق آسيا (النمور الاسيوية) نموذجاً لمظاهر ونتائج "العولمة" والاقتصادات المفتوحة على العالم الخارجي والاسواق الحرة في مجال تأثير عولمة راس المال وحركة الاستثمارات غير المباشرة وظاهرة المضاربات على الاوراق المالية والبورصات.

حققت تجربة دول جنوب شرق آسيا خلال الحرب الباردة مزايا اقتصادية وقدمت كنموذج يجب الاخذ به في دول الجنوب في معرض الضغوط على هذه البلدان لتطبيق نصائح وتوصيات صندوق النقد الدولي والبنك الدولي فيما يتعلق ببرامج التكيف والاصلاح الهيكلي وتحرير

---

(1) **لستر ثرو، مستقبل الرأسمالية، مصدر سابق، ص507.**

(2) **جيرالدبوكسبرغر وهارالد كليمنتا - الكذبات العشر للعولمة بدائل دكتاتورية السوق، مصدر سابق، ص53-54.**

الاسواق وتدفق الاستثمارات الاجنبية غير ان النهايات المأساوية لهذه التجربة وبشكل خاص في مجال امتداد تأثير الازمة في عمق الجانبين الاقتصادي والاجتماعي وانعكاساتها السياسية وامتداداتها الجغرافية اثبتت عمق الخداع الذي تمت ممارسته على تلك البلدان من قبل دعاة الليبرالية الجديدة ومروجي العولمة[1].

لقد وقفت عوامل حقيقية وعوامل مالية وراء الازمة في دول جنوب شرق آسيا، فالعوامل الحقيقية - تتضمن علاقة المال بالانتاج[2]. بمعنى عملية انتزاع كميات مالية كبيرة في ميدان الانتاج لغرض توظيفها في ميدان المضاربة ساهمت هذه العملية في خفض القدرة الانتاجية لاضعاف الاقتصاد كما ان التنقل السريع للاموال السائلة بطريقة التمويل من دولة الى اخرى التي يتم المضاربة بها في العالم عملت على خلق ازمات وتهيئة المجال لازمة اكبر في المستقبل[3] اما العوامل المالية فتتضمن العلاقة بين الديون المالية لتحويل عملة محلية او دين بعملة محلية الى عملة اجنبية او تحويل دين بعملة محلية الى عملة محلية[4].

لقد مهدت العوامل الحقيقية للازمة في تايلاند وكوريا الجنوبية وأسهمت في تفجيرها العوامل المالية وحالت دون احتوائها باقل تكاليف اقتصادية واجتماعية ممكنة ونشرها من تايلاند اضعف حلقات دول جنوب شرق آسيا عندما وقعت فيها الازمة في تموز 1997 وانتقلت الازمة فيما بعد الى اندونوسيا وماليزيا والفلبين والازمة المالية التي حدثت في دول جنوب شرق آسيا هي نتيجة لاثر العامل الخارجي. المتمثل في المضاربة في اسواق البورصات للعملات المحلية تجاه الدولار، وقد كان التدخل الخارجي مقصوداً لايقاف عملية النمو التي شهدتها المنطقة واستمرار الازدهار في الاقتصاد الياباني. لقد تمتعت دول المنطقة بمزايا اقتصادية لاسبابا تتعلق بحالة الاستقطاب الدولي منها تغاضي الادارة الامريكية عن تجاوز شركات جنوب شرق آسيا على حقوق الملكية الفكرية العائدة للشركات الامريكية وفتح السوق الامريكية الواسعة امام صادرات بلدان جنوب شرق آسيا وعند انتهاء نظام القطبية الثنائية تصاعدت الصراعات الاقتصادية بين امريكا ودول جنوب شرق آسيا وبرزت الصراعات التجارية في الحرب التجارية مع اليابان

---

(1) منير الحمش، العولمة ليست الخيار الوحيد، مطبعة الاهالي للطباعة والتوزيع والنشر، ط1، دمشق، 1998، ص114.

(2) محمد الاطرش، حول الازمة الاقتصادية الدولية الراهنة - المستقبل العربي، العدد 244، حزيران 1999، ص8.

(3) نيلسون اروجودي سوزا، انهيار الليبرالية الجديدة، مصدر سابق، ص56.

(4) محمد الاطرش، حول الازمة الاقتصادية الدولية الراهنة - مصدر سابق، ص8.

والصين. وقد دار الصراع الاقتصادي بين دول آسيا والمستثمرين والمضاربين الامريكان من خلال اليات السوق[1].

لقد كان للعامل الخارجي الاثر البالغ في تفاقم الازمة بهدف تحجيم اقتصاديات دول جنوب شرق آسيا مستقبلاً، حيث ان النمو الذي حققته تلك المجموعة لا يتوافق مع المنظور الامريكي بعد انتهاء مبررات ذلك فدفع بأمريكا الى خلق الازمة وبعوامل داخلية لتؤثر بشكل مباشر على الاقتصاديات الاجمالية للمنطقة.

أسباب الأزمة المالية في دول جنوب شرق آسيا:

تعود البداية الحقيقية للازمة المالية في دول جنوب شرق آسيا الى منتصف عام 1996 حيث ارتفعت قيمة الدولار وبشكل كبير مقابل عملات الدول الصناعية وارتفعت اسعار منتجاتها في الاسواق العالمية لارتباط عملات دول الجنوب بعلاقة ثابتة بالدولار فقد ادى ذلك الى انخفاض مبيعاتها لارتفاع اسعار منتجاتها , في اطار المنافسة مع بلدان اخرى في المنطقة الصين واليابان فانخفضت الارباح خاصة في قطاع التصدير بالاضافة الى ذلك فمعدل التضخم في هذه الدول ولمدة طويلة يصل بين 2-4 درجة بالمتوسط وهو اعلى من مثيله في اميركا وقد ارتفعت تكلفة العمل في هذه الدول ارتفاعاً كبيراً وبسبب ارتفاع نسبة الصادرات في دول جنوب شرق آسيا من الناتج الاجمالي في ماليزيا 79% تايلند 29% كوريا الجنوبية 27% الفلبين 25% ولارتفاع وارداتها بشكل كبير لاستيراد مستلزمات التوسع الداخلي من سلع وخدمات لستثمارية واستهلاكية، مما يعني ان البلاد تنتج سلعاً وخدمات وتصدر اقل مما تستهلك وتستورد وقد ادى هذا الى وضع الدول في حرج وصل الى حد العجز عن الايفاء بالتزاماتها الخارجية[2]. كان من نتائج ذلك:

1- العجز في موازين المدفوعات، لتدفق رؤوس الاموال المقترضة. وارتفاع اسعار صرف عملاتها جراء المضاربات تجاه الدولار رغم ارتباط عملاتها بعلاقة ثابتة بالدولار.

2- ضعف العلاقة بين زيادة حجوم الادخارات في الجهاز المصرفي والاستثمارات المطلوبة لهذه الادخارات نجم عنها سيولة نقدية فائضة لدى هذا الجهاز ولد خللاً كبيراً بين الادخار والاستثمار.

3- قيام القطاع المصرفي بمنح تسهيلات ائتمانية وقروض لقطاعات غير منتجة وبشكل خاص للقطاع التجاري وبشروط سهلة بحيث تم توظيف اموال كبيرة من هذا القطاع ادى الى فائض

[1] منير الحمش – العولمة ليست الخيار الوحيد - مصدر سابق، ص114-125.
[2] راجع جير الدبوكمسبرغر وهارالد كليمنتا، الكذبات العشر للعولمة بدائل دكتاتورية السوق. مصدر سابق، ص55-57.

في العرض ثم الهبوط الحاد في اسعار العقارات وقد اثقل هذا الشركات العاملة في هذا القطاع وحد من قدرتها في تسديد ديونها مما أثر سلباً على الجهاز المصرفي وزاد من القروض.

4- مساهمة المصارف الاجنبية العاملة في دول جنوب شرق اسيا من التوسع ومنح تسهيلات ائتمانية وقروض [1]. عبر قروض اجنبية كبيرة لم تتمكن الدول من تسديدها بعد تخفيض قيمة عملاتها وتضاعف الدين عشرات المرات. المرات مما دفع المستثمرين لسحب اموالهم لخروج العملات عن الثقة حقق المضاربون ارباحاً خيالية جراء جراء تخفيض العملات حيث تطلب من مصارف الاصدار استخدام معظم احتياطاتها النقدية لرد موجات المضاربين ولم ينفع ذلك لفقدان العملات نسبة كبيرة من قيمتها وصلت الى حوالي 80% وحتى شباط 1998 وصلت القروض الى 100 مليار دولار في ظل ظروف متفاقمة مما تطلب من المؤسسات الدولية صندوق النقد الدولي والبنك الدولي مساعدة الدول الصناعية الغربية للبدء بمحاصرة الاضرار والخسائر وحمايتها من الافلاسات فلولا تدخله لأفلست العديد من المؤسسات المالية في المراكز وانتشرت عدوى الازمة الى الدول الصناعية المتقدمة تصرف صندوق النقد الدولي بضغط من الدول المهيمنة عليه اساساً للحفاظ على مصالحها وليس مصالح الدول المستقرضة.

كان منح القروض من الصندوق مشروطاً بالالتزام بتوجيهات الليبرالية مما زاد من ضعف اقتصادات الاقليم تنفيذ توجهات المراكز المالية في الغرب عدم رفع معدل الفائدة من قبل حكومات دول جنوب شرق اسيا والغاء استثمارات عديدة وعدم حماية الشركات المدينة لحماية مستثمري الدول الصناعية واستمرار عمل الاسواق العالمية غير المراقبة [2].

لقد اسهم برنامج الخروج من الازمة او استثمار الافلاس القسري الذي تبناه صندوق النقد الدولي، وبشكل متعمد الى تحطيم وتدمير الاقتصادات الوطنية لدول جنوب شرق اسيا كانت قد سجلت خلال فترة ما بعد الحرب العالمية الثانية تقدماً اقتصادياً واجتماعياً مهماً الى حالة واسعة من الفقر [3].

[1] د. فالح عبد الكريم الشيخلي، تأثيرات الحصار الاقتصادي في ظل التطورات الدولية والاقليمية، مجلة الاقتصادي - عدد خاص، نيسان 1999، بغداد، ص130-132.

[2] جيرالدنوكسير وهارولدكليمنتا - الكذبات العشر للعولمة بدائل دكتاتورية السوق، مصدر سابق، ص57-58.

[3] راجع للمزيد،ميشيل شوسودوفسكي، عولمة الفقر - تأثير اصلاحات صندوق النقد والبنك الدوليين،مصدر سابق، ص417-419.

خلاصة ما تقدم لقد مارست العوامل المالية دوراً مستقلاً في الازمة وتم اساساً عبرهما نشر الازمة من تايلند الى بقية الدول الاسيوية ولابراز العوامل الحقيقية سنركز في ذلك على دراسة واقع الازمات في عدد من هذه الدول.

أولاً- الازمة الاقتصادية والمالية في تايلاند:

تتمثل العوامل الحقيقية للازمة في تايلاند الى التوسع الكبير في قطاع العقارات والانشاءات خلال الاعوام السابقة للازمة. اذ تم تمويل التوسع في هذا القطاع عبر الاقتراض من المصارف، فقد كانت حركة البناء في تايلاند ذات وتيرة عالية[1]. والراسمال غالباً ما يتجه الى المشروعات الكبيرة للبنية التحتية حيث يمكن تحقيق اعلى الايرادات وعندما يتم التقليل من احتمال حدوث احدى الكوارث،عملية البناء الواسعة شجعت مؤسسات الاستثمار غير المباشرة للاستثمار في تايلاند. وقد نتج عن هذا التوسع تحقيق فائض في هذا القطاع لم يكن من الممكن تصريفه بربح استناداً الى القوة الشرائية المتاحة وقد زاد من ازمة التصريف المضاربات في هذا القطاع والتي تم تمويلها من قبل المصارف مما ادى الى انهيار في اسعار العقارات والعجز عن تسديد قروض المصارف وافلاسات وديون كبيرة لهذه المصارف وغيرها ... وقد ساهم هذا التوسع الى زيادة وتيرة الاستيراد في تفاقم عجز ميزان المدفوعات بالنسبة للناتج المحلي الاجمالي حيث زادت النسبة من 5.7% عام 1993 الى 6.4% عام 1994 والى 8.3% و 8.5% عامي 1995، 1996 على التوالي.

ارتفاع نسبة العجز خلال عامي 1995، 1996 اثارت مخاوف حول قدرة السلطات التايلندية المحافظة على ثبات سعر صرف العملة المحلية تجاه الدولار. اذن فالإفلاسات الكبيرة في تايلاند وزيادة العجز في البات Bath[2]. الى جانب ذلك كان فائض الانتاج في اسواق العقارات وصناعة السيارات وانتاج الحديد. كانت الازمة قد بدأت منذ وقت طويل في الانتاج المنخفض الاجور للصناعات النسيجية والاحذية والالعاب حتى تطور فروع الحاسب (الكومبيوتر) قد اصيب بالشلل. كان ارتباط البات بالدولار قد خرج عن الثقة به حيث حقق المضاربون ارباحاً خيالية جراء تخفيض العملة التايلندية[3]. فخرجت رساميل اجنبية موظفة بالعملة المحلية سواء في شكل السندات او اسهم او ودائع او ديون اخرى اضافة الى نزوح الرساميل الوطنية حيث معدلات الفائدة الاعلى.

---

(1) **محمد الاطرش، حول الازمة الاقتصادية الدولية الراهنة، مصدر سابق، ص11.**

(2) **محمد الاطرش، الازمة الدولية الراهنة، مصدر سابق، ص11.**

(3) **جيرالدبولسبرغر وهارالد كليمنتا، الكذبات العشر للعولمة بدائل دكتاتورية السوق، مصدر سابق، ص56.**

هذا الوضع استوجب من مصارف الاصدار استخدام معظم احتياطياتها النقدية لرد موجة المضاربين حيث تدخل مصرف تايلاند المركزي في سوق العملات بائعاً حوالي ثلاثين مليار دولار في محاولة للمحافظة على ثبات سعر صرف العملة الوطنية "البات Bath" بالنسبة للدولار غير ان ذلك لم ينفع كثيراً. ونتيجة للضغوط الكبيرة على سعر صرف العملة فقد اضطر في 2 تموز 1997 السماح بتخفيض العملة بنسبة 20% واستمر الانخفاض وصولاً الى 55% حتى كانون الثاني 1998 وحتى آب / اغسطس 1998 فقد البات التايلندي 70% من قيمته [1] نتيجة لنضوب الاحتياطيات من العملة الصعبة وهجمات المضاربين الماليين المتكررة ولتطويق الازمة وجدت السلطة النقدية نفسها مضطرة لعقد اتفاقات مع صندوق النقد الدولي الذي نظم بالاتفاق مع اليابان حزمة من المساعدات لتايلاند وصلت الى 17 مليار دولار وتبرعت الصين بمليار دولار واقترحت اليابان اقامة صندوق الانقاذ الاسيوي Asi atische Rettungs Founds بقيمة 100 مليار دولار [2] وقد جرى اتباع نفس الخطة في الازمة المكسيكية لسنة 1994-1995 فالاموال التي اقترضتها تايلاند لم تدخل اليها اطلاقاً لانها لم تكن مخصصة لانقاذها انما لغرض تسديد المستحقات لمؤسسات المرابين ولضمان تمكن هذه المؤسسات من استحصال قيمة ما تنهبه من صندوق المليارات بعملة الدولار [3]. اضافة الى الشروط التي فرضها صندوق النقد الدولي على تايلاند في منحه القروض – والشروط هي – تقليص الانفاق الحكومي ورفع الضرائب واغلاق (56) مصرفاً ومؤسسة مالية وطنية من قبل الحكومة. لاعادة اكتساب ثقة المودعين والسكان بالنظام المالي التايلندي وبعكس ما توقع صندوق النقد الدولي – فالحسابات المصرفية للبنوك المستقرة تم نهبها ايضاً وانتشرت الازمة في تايلاند الى جميع دول جنوب شرق آسيا. فالتطورات في كوريا الجنوبية واندنوسيا كانت مشابهة لما في تايلاند فقد امكن المضاربة بعملات هذه البلدان بدون أي اخطار اذ فقدت من قيمتها حوالي 80% وهذا ما سنتعرض اليه [4].

[1] محمد الاطرش، الازمة الدولية الراهنة، مصدر سابق، ص11.

[2] جيرالدبوكسبرغر وهارالدكليمنيا، الكذبات العشر للعولمة بدائل دكتاتورية السوق، مصدر سابق، ص 57-58.

[3] ميشيل شومودوفسكي، عولمة الفقر تأثير اصلاحات صندوق النقد والبنك الدولي، مصدر سابق، ص421.

[4] جيرالدبوكسبرغر وهارالدكليمنيا، الكذبات العشر للعولمة بدائل دكتاتورية السوق، مصدر سابق، ص 58.

ثانياً- الازمة الاقتصادية والمالية في كوريا الجنوبية:

حقق اقتصاد كوريا الجنوبية نسبة عالية من النمو في السنوات السابقة للازمة وقد انعكست الازمة على اقتصاد كوريا الجنوبية عام 1998 أثر انتقالها من تايلاند. التوسع الذي تحقق في اقتصاد كوريا الجنوبية قد تم تمويله من خلال - تدفق الاستثمارات الاجنبية والقروض الكبيرة خاصة القروض قصيرة الاجل بالدولار لانخفاض نسب فائدته مقابل ارتفاع الفائدة المحلية - فقد ادى التوسع الكبير في الدين الخارجي الى زيادة استيراد مستلزمات التوسع الداخلي من سلع وخدمات استهلاكية واستثمارية وقد تم توجيه جزء كبير من الاستثمارات والقروض الاجنبية مع جزء من الاستثمارات الممولة من الادخارات الوطنية لتوسيع الطاقة الانتاجية في قطاع التصدير وزيادة الصادرات لتأمين العملات الاجنبية لتسديد اصول الاستثمارات والتوظيفات الاجنبية مع الارباح والفوائد. وقد وصل التوسع في قطاع التصدير الى حد الاشباع بالنسبة للطلب الخارجي - وبرزت طاقة انتاجية فائضة في هذا القطاع ساهمت في انخفاض اسعار الصادرات في اطار المنافسة مع بلدان اخرى في المنطقة فقد ساهم انخفاض سعر صرف الين الياباني مقابل الدولار الامريكي، وانخفاض سعر صرف الين الصيني عام 1994 تجاه الدولار. وقد ادى هذا الى ظهور صعوبة منافسة صادرات كوريا الجنوبية في اسواق الصين واليابان واسواق دولة ثالثة تتنافس فيها مع هاتين الدولتين نجم عن ذلك انخفاض نسبة الارباح الكورية خاصة في قطاع التصدير وظهور افلاسات عديدة وزيادة البطالة وزيادة عجز ميزان المدفوعات وارتفاعه كنسبة للناتج المحلي من (1.9%) عام 1995 الى (4.6%) عام 1996 وهذه النسبة كانت مقبولة عام 1996 ولم تكن كافية لتفجير الازمة المالية غير ان الازمة انفجرت اثر انتقالها من الازمة في تايلاند[1].

لقد اسهمت عملية انقاذ صندوق النقد الدولي في احداث سلسلة من عمليات اشهار الافلاس والتصفية الشاملة للمصارف التجارية لتدخل الصندوق الذي وضع موضع التطبيق في كانون الاول 1997 وباستشارة من اعلى المستويات في المصارف العالمية الكبيرة اذ تم غلق (200) شركة في اليوم الواحد ووصل عدد العاطلين (4) الاف عاطل ونتيجة تجميد منح القروض والغلق المفاجئ للمصارف فقد اعلنت (15) الف حالة اشهار افلاسها عام 1998 تخص (90%) من شركات البناء المدني في كوريا الجنوبية التي بلغت ديونها مجتمعة بحدود (20) مليار دولار للمؤسسات المالية المحلية وتحول برلمان كوريا الجنوبية الى مجرد هيئة تشريعية للمصادقة ودون اعتراض (هيئة للمصادقة التلقائية على القوانين النافذة) عن طريق الابتزاز المالي. فأي

---

[1] **محمد الاطرش، الازمة الدولية الراهنة، مصدر سابق، ص8-9.**

قانون اذا لم يدخل بسرعة خير التطبيق وفق المدة المحددة من صندوق النقد الدولي. فان اطلاق القروض الطارئة سيتم تعليقها مع المخاطرة بتعريض العملة لنوع جديد من المضاربة[1].

لقد انهارت كبرى شركات الحديد والصلب هانبو (Hanbo) وهددت شركة كيا (Kai) وتضاعف معدل البطالة لعام 1997 وحتى ايلول 1997 اغلقت كوريا الجنوبية (19 مصرفاً) وقد تضاعف الدين الخارجي لكوريا الجنوبية نحو احد عشرـ دولة صناعية في العالم عشر مرات خلال شهر واحد ووصل الى (200 مليار) دولار في شهر كانون الثاني 1997، وقدرت ديونها باكثر من 40 مليار دولار[2].

لقد اسهم برنامج الخروج من الازمة أي (اعلان الافلاس القسري) الذي تبناه صندوق النقد الدولي بشكل متعمد في تحطيم الشركات الضخمة في كوريا الجنوبية التي دعيت حالياً لتكوين تحالف ستراتيجي مع الشركات الاجنبية (بهدف ان تكون تحت سيطرة راس المال الغربي) ونتيجة لتخفيض قيمة العملة فقد انخفضت كلفة العمل الكوري بشكل سريع واصبح الان ممكناً شراء احدى الشركات ذات التقنية المتقدمة ارخص كثيراً من شراء احد المصانع[3].

ثالثاً- الازمة الاقتصادية والمالية لاندنوسيا:

ان الاسباب الحقيقية للازمة الاقتصادية في اندنوسيا تكمن في:

1- اتجاه السياسة الاقتصادية لاندنوسيا نحو اليات السوق والاقتصاد الحر والاستعانة برأس المال الاجنبي الى جانب الاجراءات الاخرى التي اعتمدتها على الصعيد السياسي والتي تمحورت حول تفعيل دور مؤسسات الدولة بما فيها المؤسسة العسكرية، فأحدثت انفتاحاً باتجاه الغرب بتدعيم علاقاتها مع الادارة الامريكية واوربا، مستفيدة من مرحلة ارتفاع اسعار النفط والثروات الطبيعية تمكنت اندنوسيا من تطوير اقتصادها بتخفيض معدل التضخم واعادة جدولة ديونها وارتفع معدل النمو الاقتصادي نهاية السبعينات الى 7% وانخفض في الثمانينات واوائل التسعينات الى 5.6% بسبب انخفاض اسعار النفط[4]. بدأت بوادر نتائج السياسة الاقتصادية والمالية التي اتبعها بالاعتماد على سياسة تنموية القائمة على:

---

[1] ميشيل شوسودوفسكي - عولمة الفقر تأثير اصلاحات صندوق النقد والبنك الدوليين، مصدر سابق، ص418.

[2] جيرالدبوكسبرغر وهارالدكليمنيا، الكذبات العشر للعولمة بدائل دكتاتورية السوق، مصدر سابق، ص57.

[3] ميشيل شوسودوفسكي - عولمة الفقر -تأثير صندوق النقد والبنك الدوليين، مصدر سابق، ص419.

[4] منير الحمش، العولمة ليست الخيار الوحيد، مصدر سابق، ص121.

أ- اقامة صناعات تصديرية.

ب- تشجيع الاستثمارات المباشرة وغير المباشرة.

ج- تشجيع الاقتراض الخارجي والداخلي [1].

هذه السياسة ادت الى تفاقم الاوضاع الاجتماعية فانخفض متوسط الدخل للفرد عام 1987 الى 440 دولار بعد ان وصل الى 550 دولار. بالرغم من ارتفاع متوسط الدخل للفرد بعد ذلك الى 620 دولار عام 1991 ثم الى 880 دولار عام 1994 غير ان الصعوبات الاجتماعية بدأت تظهر من خلال تزايد درجة الحرمان النسبي خاصة ان متوسط دخل الفرد يخفي في الغالب حقيقة التفاوت في الدخول والثروات فاكثر من 50% من السكان يعدون من ادنى مستوى الانفاق الاستهلاكي مما يعني طغيان الاقلية الغنية وتزايد الشعور لدى الغالبية (العمال والطبقات الفقيرة بدرجات اعلى من الحرمان).

وتنامى دور الشركات العملاقة فعشر شركات منها تسيطر على ثلث الاقتصاد الاندنوسي وتزايدت الديون الخارجية ووصولها الى مستويات عالية خاصة بعد انخفاض العائدات النفطية [2].

كما ادت السياسة الاقتصادية التي اعتمدتها الى اختلالات في عجز ميزان المدفوعات مما يعني ان الخدمات والسلع المنتجة للتصدير هي اقل مما يتم استهلاكه واستيراده، وقد ادى ذلك الى زيادة الديون الخارجية التي وصلت عام 1994 الى 96500 مليون دولار تصاعدت عام 197 لتصل الى 119 مليار دولار منها 54 مليار دولار ديون الحكومة و65 مليار دولار ديون القطاع الخاص.

وقد جعل هذا اندنوسيا في وضع حرج وصل الى حد العجز عن الايفاء بالتزاماتها الخارجية، كما أظهرت الازمة المالية الخلل من النمو المالي اكثر من النمو الاقتصادي الفعلي في قطاعات انتاج السلع والخدمات، كما ساهمت الاستثمارات الاجنبية غير المباشرة في البورصات واسواق العملات بدور كبير في تسريع النمو المالي. فالضخامة التي تمتعت بها قيمتها من القوة والقدرة على تحديد اتجاه حركة الاسهم والعملات بوسائل مشروعة وغير مشروعة بما يحقق مصالح اكبر للمستثمرين الاجانب [3].

---

[1] د. فالح عبد الكريم الشيخلي، تأثيرات الحصار الاقتصادي في ظل التطورات الدولية والاقليمية، مصدر سابق، بغداد، ص132.

[2] منير الحمش، العولمة ليست الخيار الوحيد، مصدر سابق، ص122-123.

[3] المصدر السابق نفسه، ص125.

لقد انتقلت الازمة الى اندونوسيا من مصدر الازمة تايلاند وبشراسة بالرغم من ان مؤشراتها الاقتصادية الكلية لاندونوسيا كانت سليمة بشكل عام فنسبة العجز في ميزان مدفوعاتها كان معتدلاً حيث بلغ (3.2-3.3%) عامي 1995 و 1996 على التوالي ونسبة النمو الاقتصادي كانت مرتفعة لنفس الفترة ووضع موازنتها الحكومية تتسم بالفائض ودينها العام قصير الاجل كان ضئيلاً بالرغم من كل هذه المؤشرات فقد انتقلت الازمة المالية الى اندونوسيا فانخفض ناتجها المحلي الاجمالي الحقيقي عام 1998 بنسبة 15%[1] وتضاعفت اسعار المواد الغذائية اربع مرات مع ارتفاع في البطالة وانخفاض الاجور، ورافق ذلك خلافات حادة ونهب المحلات التجارية للصينيين في اندونوسيا لتحميلهم مسؤولية الكارثة الاقتصادية اضافة الى طرد 1.1 مليون عامل اجنبي وحتى ايلول 1991اغلقت الحكومة الاندونوسية (16) مصرفاً وقبل كل ذلك هبطت اسعار الصرف في اندونوسيا الى مستويات متدنية لم يستطيع لا صندوق النقد ولا الحكومة تحريك الاسواق المالية لاعادة اكتساب الثقة. لقد تجسد الحجم الكبير لنظام الفساد بشكل واضح في اندونوسيا فمعظم الديون غير حكومية وتقدر باكثر من 40 مليار دولار[2].

مخاطر الازمة المالية على دول جنوب شرق آسيا والعالم[3]:

من خلال متابعة الازمات التي وقعت في دول جنوب شرق آسيا (النمور الاسيوية) والانهيارات المروعة التي اصابت تلك الدول تحمل الكثير من المخاطر على اقتصاديات تلك الدول وعلى الاقتصاد العالمي واهم ما يمكن تشخيصه من هذه المخاطر الآتي:

1- ان اعتماد السياسة الاقتصادية والمالية على اليات السوق والانفتاح على الاسواق الخارجية وتحرحر التجارة يزيد من عمق الفروقات الاجتماعية والخلل في توزيع الدخل والثروة بين فئات الشعب ويكرس الفروقات الطبقية والاضطرابات الاجتماعية.

2- الاعتماد على انفتاح الاسواق الخارجية وتوجيه الجهود باتجاه انتاج سلع التصدير على حساب تأمين الحاجات الاساسية للسكان يؤدي الى صعوبات اقتصادية واجتماعية اضافة الى خلق ظروف التبعية للاسواق الخارجية وعدم القدرة على الاحتفاظ بالقرار الاقتصادي.

3- تطبيق الليبرالية الاقتصادية في المجتمعات المختلفة سيقود حتماً الى تشوهات في الاقتصاد وعدم تحقيق التنمية الاقتصادية المطلوبة اضافة الى اثارة العديد من المتاعب الاجتماعية وزيادة غنى الاغنياء مقابل زيادة فقر الفقراء فضلاً عن قضاءه على الطبقة الاجتماعية المتوسطة.

---

(1) محمد الاطرش، الازمة الدولية الراهنة، مصدر سابق، ص13.

(2) جيرالدبوكسبرغ وهارالدكليمنتا، الكذبات العشر للعولمة بدائل دكتاتورية السوق، مصدر سابق،ص57.

(3) د. منير الحمش - العولمة ليست الخيار الوحيد للازمة، مصدر سابق، ص128-129.

4- عجز موازين المدفوعات في أي اقتصاد لا يمكن استمراره دون ان يؤدي الى احداث ازمات مالية واقتصادية فالدولة التي تعاني من عجز ستجد نفسها مضطرة الى الاستدانة بشكل متواصل مما يفرض عليها العمل على تحقيق التوازن في موازين معاملاتها الخارجية.

5- الازمات المالية والاقتصادية الحادة تتطلب تدخلاً حاسماً من قبل كل دولة وتقوية دورها في الحياة الاقتصادية وزيادة تفعيل الاليات التي تستطيع التحكم في ادارة الاقتصاد[1].

6- انتقال الازمة الاقتصادية الى اقتصاديات دول العالم وبدرجات مختلفة فأزمات اقتصاديات جنب شرق آسيا نقلت آثارها السلبية على اقتصاديات اليابان تجارياً ومالياً حيث تشكل صادرات اليابان 25% للاقليم فضلاً عن منحها قروض وبعد انخفاض العملة اصبح من المتعذر سداد هذه القروض فضلاً عن تأثير الازمة على دول اوربا وامريكا.

7- تحويل مهام التنمية الى القطاع الخاص واطلاق حرية الاقتراض من الخارج يدفع الاقتصاد الوطني في مشكلات مديونية خارجية والخضوع لشروط صندوق النقد والبنك الدوليين والقبول برامج لتثبيت والتكيف الهيكلي.

8- ان انفتاح اسواق المال وغياب الرقابة الحكومية على انتقال الاموال فيما بينها يحول سوق الاوراق المالية (البورصة) الى سلاح قوي يستخدم لقطع الطريق امام التنمية لصالح كبار المتضاربين.

9- اتاحة المجال للقطاع الخاص للحصول على القروض من الخارج وزيادة الاعتماد على اسواق المال فيها من المخاطر الكبيرة في الاعتماد على الخارج خاصة مع المغريات المقدمة الى افراد القطاع الخاص في السعي للحصول على قروض خارجية من غير رقابة حكومية سيعمق من المشكلات الناجمة من زيادة حجم المديونية وخضوع البلاد للقروض الخارجية.

10- ان الازمات الاقتصادية والمالية لدول جنوب شرق اسيا تؤكد مخاطر العولمة بالنسبة للاقتصادات النامية مما يقودنا لنؤكد على الصعيد العربي ان مواجهة تحديات التنمية والانفتاح على النظام الاقتصادي العالمي لا يمكن ان يحقق نجاحه الا من خلال تكتل اقتصادي قوي يدافع عن المصالح الاقتصادية المشتركة وتطبق ذلك عملياً هو في تنشيط العمل الاقتصادي العربي المشترك وصولاً الى التكامل الاقتصادي العربي المنشود.

---

[1] جيرالدبوكسبرغ وهارالدكليمنتا - الكذبات العشرة للعولمة بدائل دكتاتورية السوق، مصدر سابق، ص58.

11- النمو السريع في اسواق المال اكثر من النمو في قطاعات الانتاج وعدم وجود ضوابط تحويل الاموال الساخنة في تلك الاسواق الى استثمارات يجعل من تأثير المضاربات مدمراً في هذه الاسواق ويساعد على انتقال هذا التأثير الى القطاعات الانتاجية ايضاً[1]. مما يعني ضرورة التحكم بجدية من ناحية الجدوى الاقتصادية والفنية لمنح القروض والتسهيلات الائتمانية - لتنمية كافة القطاعات الاقتصادية والخدمية وضمن اولويات يحددها الجهاز المصرفي انسجاماً مع متطلبات التنمية وضمن اولويات تحدد لهذا الغرض.

12- الزام القطاع المصرفي منح القروض والتسهيلات الائتمانية لمختلف الاغراض واللجوء الى الضمانات الكافية التي تضمن حصوله واسترجاعه لامواله من ناحية وتقليص الحد الادنى المطلوب للديون المعدومة.

13- اهمية وجود الية محكمة في اية دولة من دول الجنوب للتحكم بادارة الدين الخارجي وخاصة بين النشاط الخاص مع العالم الخارجي ومع فروع المصارف الاجنبية في أي بلد من بلدان الجنوب.

14- ان عولمة الاقتصاد العالمي فيها آثار سلبية على اقتصادات دول الجنوب اذ تقتضي متطلباتها فتح اسواق دول الجنوب امام تدفق رؤوس الاموال الاجنبية بحرية تامة يرافق ذلك المضاربة بالعملة الوطنية تجاه العملات الصعبة مما ينجم عنه من ضغوط كبيرة في موازين المدفوعات لدول الجنوب[2].

وهكذا تكشف نتائج الازمة في دول جنوب شرق اسيا الادلة العملية للاسواق المالية غير المراقبة احدى اليات العولمة ونتائجها المباشرة السلبية وما يوفره صندوق النقد الدولي للمضاربة المالية من ظروف مناسبة للاستيلاء على الثروات التابعة للبلدان الاسيوية ولعب دور مباشر في تكوين الهياكل المالية وفقاً لمصلحته الرأسمالية وتسهيل عملية مراقبة الاصلاحات الاقتصادية في دول الجنوب للهيمنة عليها وهكذا اصبح واضحاً ان مشكلة النظام الرأسمالي يمكن تجاوزها بتصدير الازمة الى الاطراف.

---

[1] د. منير الحمش، العولمة ليست الخيار الوحيد، مصدر سابق، ص129-130.

[2] د. فالح عبد الكريم الشيخلي - تأثيرات الحصار الاقتصادي في ظل التطورات الدولية والاقليمية، مصدر سابق، ص132-133.

المبحث الثالث

دافع ردع التطور الاقتصادي والثقافي

والاعلامي لدول الجنوب

اذا كان وصف العولمة يفضي الى التضاؤل السريع في المسافات الفاصلة بين المجتمعات الانسانية فيما يتعلق بانتقال السلع او الاشخاص او رؤوس الاموال او المعلومات او الافكار او القيم فالعولمة تصبح وكأنها تعادل في القدم نشأة الحضارة الانسانية [1] غير أن العولمة الحالية تيار لايديولوجية معينة وظاهرة خطيرة متعددة المفاهيم والابعاد (اقتصادية، ثقافية، سياسية، اجتماعية) لتعكس شمولية الظاهرة وتكاملها، وبالرغم من طابعها الديناميكي (الحركي) اذ انها في حقيقتها معقدة. تتفاوت في مضامينها وجوانبها وتجلياتها على ارض الواقع والعولمة في حقيقتها مفهوم اقتصادي قبل أن تكون مفهوماً سياسياً واجتماعياً وثقافياً، ويعود الارتباط العميق والعضوي بين العولمة بمفهومها العام وبين العولمة الاقتصادية الى وضوح المظاهر والتصورات الاقتصادية من مراحل وبروز وتطور العولمة، فالمؤشرات الموضوعية تشير الى أن العولمة الاقتصادية هي الاكثر اكتمالاً وتحقيقاً على ارض الواقع بابعادها الاخرى من هنا جاء الترابط بين العولمة بمفهومها العام والعولمة الاقتصادية. وبالرغم من هيمنة الفهم الاقتصادي للعولمة، فهي تتضمن ابعاداً مختلفة متداخلة ومتفاعله مع بعضها لتشكل عالماً بلا حدود اقتصادية او سياسية تسوده حضارة من نمط معين والتي هي قيد التشكيل [2] وهذا ما يقودها بحث الجانب الاقتصادي والثقافي والاعلامي وقد اثبتت العولمة في مفهومها الاقتصادي أن التغيرات في العلاقات والنظم السياسية ما هي الا دالة لتغيرات من النمط الاقتصادي للانتاج. أي أن التركيز نصب على البعد الاقتصادي باعتباره المحرك الرئيس لعمليات العولمة، ومن ثم فان التقليل من هذه الابعاد واعتبارها من توابع وآثار العولمة الاقتصادية.

من هنا تأتي محاولة **المطلب الاول** للاقتراب من العولمة الاقتصادية بدراستها وفهمها فهماً صحيحاً، عبر مجموعة من التساؤلات التي تفرض نفسها ما هو مفهوم العولمة الاقتصادية وما هي مظاهرها ومدخلاتها، وابعادها وتجلياتها ؟ وما هي مخاطر تلك التجليات ؟ وكيف يمكن تجنبها والتعامل معها كواقع حياتي من الواضح انه سيستمر في المستقبل القريب.

---

[1] د.جلال امين، العولمة والتنمية العربية من حملة نابليون الى جولة الاوروغواي 1798-1998م، مصدر سابق، ص7.

[2] د.عبدالخالق عبدالله، العولمة جذورها وفروعها وكيفية التعامل معها، مصدر سابق، ص 67.

اما **المطلب الثاني:** فيتناول العولمة الثقافية حيث اسهم التطور التكنولوجي وثورة المعلومات في ابراز العولمة التي لم تتبلور بعد كما هي في البعد الاقتصادي للعولمة.. غير أن اثر العولمة الثقافية هو أعمق من العولمة الاقتصادية ويعد هذا الهدف الاساس للعولمة.

اما **المطلب الثالث:** الذي له علاقة وطيدة مع المطلب الثاني فيتناول عولمة الاعلام.

المطلب الاول

العولمة الاقتصادية

أولاً- مفهوم العولمة الاقتصادية: هي في حقيقتها نظام اقتصادي رأسمالي عالمي جديد، تحكمه اسس عالمية مشتركة، وتديره مؤسسات وشركات عالمية ذات تأثير في الاقتصادات المحلية. اما الاسواق التجارية والمالية العالمية فانها وحسب ما يقول "Malcolm Waters" لم تعد موحدة اكثر من أي وقت آخر حسب، بل خارجة عن تحكم كل دول العالم بما فيها اكبرها واكثرها عنىً[1]. وبروز تقسيم عمل جديد للاقتصاد العالمي غير خاضع للرقابة التقليدية، بعيداً عن تدخل الدول في نشاطاته فيما تتعلق بانتقال السلع والخدمات ورأس المال على الصعيد العالمي. وبروز الشركات عابرة القوميات المعولمة. التي تدير عملياتها الاستثمارية والانتاجية كقوة مستقلة عن الدول [2] كما انها تعني بشكل عام اندماج اسواق العالم في حقول التجارة، والاستثمارات المباشرة، وانتقال الاموال، وانتقال القوى العاملة، وانتقال الثقافات والتقانه، ضمن اطار رأسمالية حرية الاسواق، وتالياً خضوع العالم لقوى السوق العالمية بما يؤدي الى اختراق الحدود القومية والانحسار الكبير في سيادة الدولة. وتشكل الشركات الرأسمالية العابرة للقوميات العنصر الاساس في هذا المفهوم - فهي سلسلة من الظواهر الاقتصادية المتصلة في جوهرها، وتشمل تحرير الاسواق ورفع القيود عنها، وتحويل الاصول من القطاع العام الى القطاع الخاص، وتراجع وظائف الدولة (خاصة ما يتعلق منها بالرفاهية الاجتماعية، وانتشار التقنية، وتوزيع الانتاج التصنيعي (زراعي صناعي وغيره) عبر الحدود (الاستثمار الاجنبي المباشر) وتكامل اسواق رأس المال، وانتشار المبيعات، ومنشآت الانتاج، وعمليات التصنيع على مستوى العالم [3] مما يعني تحول العالم الى منظومة من العلاقات الاقتصادية المتشابكة التي تزداد تعقيداً لتحقيق سيادة

---

[1] **Malcolm waters 1995, Globalization, London Reotledge P.66.**

[2] **د.إسماعيل صبري عبد الـلـه، الكوكبة: الرأسمالية العالمية ما بعد الامبريالية. مصدر سابق، ص 8.**

[3] **ريتشارد هيجورت، العولمة والاقلمة، اتجاهات جديدات في السياسات العالمية، سلسلة محاضرات، مركز الامارات للدراسات والبحوث الاستراتيجية، ط1، 1998 م، ص 28.**

نظام اقتصادي عالمي يتبادل فيه العالم الاعتماد على بعضه البعض الاخر الخامات والسلع والمنتجات والاسواق ورؤوس الاموال والعمالة والخبرة حيث لاقيمة لرؤوس الاموال من دون استثمارات ولاقيمة للسلع من دون اسواق مستهلكين [1] فتحول العالم الى منظومة من العلاقات قمن المفترض أن يكون الشمال راغباً في تحقيق ذلك وان تعيش في ظل تشابك واستقرار. وان تقدم التسهيلات لدول العالم الاخرى حتى يمكن أن تندمج في الاقتصاد الدولي، لا أن يتم ذلك بدفع وضغط من قوة دولية واحدة لتحقيق سيادتها على العالم.

ويعتبر "Ingomar Hauchler and Paul Kennedy" جوهر العولمة الاقتصادية - بانتقال مركز الثقل الاقتصادي العالمي من الوطني الى العالمي ومن الدولة الى الشركات والمؤسسات والتكتلات الاقتصادية. وان نمو وسلامة الاقتصاد العالمي هي محور الاهتمام العالمي وليست الاقتصادات المحلية، والاولوية الاقتصادية في ظل العولمة هي لحركة رأس المال والاستثمارات والموارد والسياسات والقرارات على الصعيد العالمي وليس على الصعيد المحلي، والاستجابة لقرارات المؤسسات العالمية واحتياجات التكتلات التجارية ومتطلبات الشركات العابرة للقارات اكثر من استجابتها للاقتصادات الوطنية التي اخذت تذوب في الاقتصاد العالمي ويقران بأن العولمة الاقتصادية تشكل نقلة نوعية جديدة في التاريخ الاقتصادي العالمي لاعادة تأسيس قواعد ومؤسسات بنية النظام الاقتصادي العالمي ويحددان الاتجاهات التي شهدها الاقتصاد العالمي والتي تشكل في مجملها العولمة الاقتصادية والتي تفترض أن العالم اصبح وحدة اقتصادية واحدة، تحركه - قوى السوق والتي لم تعد محكومة بحدود الدولة، بل ترتبط بمجموعة من المؤسسات المالية والتجارية والصناعية العابرة للجنسيات [2]. وجوهر العولمة، لايكمن في مظهرها، بقدر ما هو كامن في مضمونها اذ تمثل العولمة الاقتصادية مشروعاً ايديولوجياً لليبرالية الجديدة، التي ترتكز على قوانين السوق والحرية المطلقة في انتقال البضائع والاموال والاشخاص والمعلومات عبر الحدود، دون أية قيود، الى جانب تعويم اسعار الصرف، وازالة القيود عن النظام المصرفي. وانهاء تدخل الدولة في الشؤون الاقتصادية، وتصفية القطاع العام، وتبني كل ما هو في مصلحة رأس المال وينطوي على ذلك المكتسبات الاجتماعية للعمال والطبقة الوسطى [3].

[1] السيد أحمد مصطفى عمر، اعلام العولمة وتأثيره في المستهلك، ملف، مصدر سابق، ص 74.

[2] Ingomar Hauchler and Paul Kennedy 1994, Global trands. New York. Continuum, P. 201-271.

[3] د.منير الحمش، العولمة ليست الخيار الوحيد، مصدر سابق، ص 48.

اذن أن ما تهدف اليه العولمة الاقتصادية هو تهميش دول العالم وجعل الدول المتقدمة في موقع المقرر والمصدر للاوامر والمحتكرة لكل شيء وحسب حاجة النظام الرأسمالي وفكره الليبرالي الجديد، اذ تضع دول الجنوب في موقع المتلقي الضعيف لاوامر الدول الرأسمالية.

وتهدف العولمة الاقتصادية - الى التحول نحو اقتصاد السوق ومنع الدولة من التدخل في النشاط الاقتصادي، ورفع الحواجز والحدود امام حركة رأس المال وانتقاله، من مفاهيم وآليات النظام الرأسمالي. وتعتبر الشركات متعددة الجنسيات من ابرز مؤسسات الرأسمال العالمي الى جانب المؤسسات المالية والدولية مثل البنك الدولي، وصندوق النقد الدولي. وهي مؤسسات ترعى هذا الاتجاه وتدعم التحول العالمي باتجاهه عن طريق شروط المساعدات [1] والعولمة الاقتصادية - تهدد سياسة الدول فالشركات عابرة القوميات تقوم بدمج الاسواق الوطنية لخلق فضاء اقتصادي يندرج في سياق فضاء معولم اكثر رحابة ولم تعد لتدخل الدولة المحتكر الوطني الوحيد لممارسة سلطتها الشرعية داخل سيادتها او اراضيها حيث تقوم الشركات العابرة للقوميات منطقاً تنظيمياً يختلف عن الدولة التي تعتمد سيادتها على مدى قدرتها في الحفاظ على حدودها الاقليمية. كما أن قوى العولمة الاقتصادية في الوقت الذي تدفع نحو دمج الاسواق [2] ففي السوق الاقتصادية يتحول كل شيء الى سلعة، كما تعمل في ذات الوقت على تجزئة السياسة.

ويرى "جيرالد بوكسبرغر وهارالد كليمنتا" أن العولمة لا تختلف عن أي تطور سابق عليها، اصاب الاسواق والتجارة. انها مشروع سياسي. ذلك أن العوائق والحواجز التي وقفت وتقف (والتي اريد لها سياسياً أن تكون) في وجه التجارة العالمية: عملات مختلفة، رسوماً كمركية على السلع وتقييدات انتقال الرأسمال يترتب على هذه العوائق تكاليف للشركات في التجارة العابرة للحدود. فتعيق حرية التجارة العالمية اما ازالة هذه التقييدات والعوائق فستظل مرهونة بقرارات سياسية. فالتوسع المتزايد للفضاءات المتقابلة والمتصلة في سياق المنافسة الاقتصادية، منافسة السلع ورأس المال والعمالة والمجالات الاقتصادية لهذا النظام الكبير لم تكن موجودة في السابق بهذا الاتساع، فالدول تنفصل عن بعضها البعض عبر الحدود وتقرر بنفسها، حرية التجارة او عدمها. لكن سياسة كهذه يتم التخلي عنها تدريجياً حيث يأمل المرء من جراء التجارة الحرة مزايا ومكاسب للجميع، والنتيجة، أن العولمة ليست الا تطوراً اريد له وتقرر سياسياً، وفي كل الاحوال، فهي ليست قدراً مصيرياً [3].

---

[1] راجع د.حميد الجميلي، اوهام التنمية العربية، صورة الاختلالات في هياكل الانتاج وتركيب التجارة الخارجية، مجلة شؤون سياسية، العدد الاول - السنة الاولى، كانون الثاني 1994م، ص 80.

[2] Wolfgang H. Reinicke, "Global Public Policy". Foreign Affairs, Vol. 76 No. 1997, P.130.

[3] جيرالد بوكسبرغر وهارالد كلينمتا، الكذبات العشر للعولمة بدائل دكتاتورية السوق، ص18.

كما أن العولمة الاقتصادية - كمشروع ايديولوجي لليبرالية الجديدة، وثيقة الصلة بمنطق الرأسمالية المالية التي لا تتطور ولا تتجدد آلياتها او تتقدم الا بفعل التناقض القائم بينها وبين تقدمها وتطورها من جهة وما بين التهميش الحاصل سواء على مستوى الدولة الواحدة على مستوى العالم، والذي نجم اصلاً عن الاستقطاب الصارخ للثروات والدخول، مع تلازم هذه الظاهرة مع اتساع حالات الفقر والبطالة سواء في المراكز الرأسمالية الاساسية ام في دول الاطراف. والعولمة لا تتخذ شكل "فضاء اقتصادي عالمي يقوم على الاعتماد المتبادل" كما يروج لها، انما تبرز بوصفها صراعاً تجارياً ومالياً قاسياً يزيد من ذلك الاستقطاب الذي يؤدي بدوره الى تعميق الهوة في مستوى التطور بين الشمال والجنوب ويفاقم المشكلات الاجتماعية في بلدان العالم اجمع [1].

اذن فان ما سينجم عنه هو فوضى على الصعيدين المحلي والعالمي ومزيد من الاضطرابات في الاسواق العالمية والبورصات ومزيد من الاضطرابات الاجتماعية لتفاوت حدة الفروق في الدخول والثروات، بطالة، وارتفاع اسعار، وسيقود الاقتصادات المحلية والعالمية الى الركود والكساد وسوف لن تتمكن الرأسمالية من الاستفادة من حركة الاموال الهائلة عن ايجاد حل ما دام رأس المال يسعى الى ادارة تلك الازمات لا حلها ... وهو ما يحدث فعلاً ؟ وبرغم التوجه نحو الاندماج وفتح الحدود لجعل العالم قرية كونية غير أن ذلك لا يعني أن العالم اخذاً في الاندماج.. حسب شروط ورغبات دول العالم كافة. فان ما يحدث هو بدفع وضغط من قوة دولية مهيمنة كما كانت الامبراطوريات الاستعمارية السابقة تتوسع على حساب دول الجنوب.

هذه الحقائق لم تعد خافية على احد وما يدل على ذلك هو ما جاء في تقرير التنمية البشرية لعام 1999 م " أن انهيار الزمان والمكان ربما كان يخلق قرية عالمية غير انه لا يمكن لكل مرء أن يصبح مواطناً فيها فالصفوة المهيمنة العالمية تواجه حدوداً منخفضة، وهناك بلايين اخرين يجدون أن الحدود ليست اقل ارتفاعاً مما كانت عليه من أي وقت مضى- والصفوة المتعاملون هم الماليون والعمال وفائقوا المهارة والمبدعون والمخترعون واصحاب رؤوس الاموال الضخمة وغيرهم " [2].

---

[1] د.منير الحمش، العولمة ليست الخيار الوحيد، مصدر سابق، ص 47.

[2] **Undp; (1999), Human Development Report Oxford University Press, New York P.31.**

United Nation (2000); A/SS/ L.2, 5-Sep. 2000.

كما ورد في اعلان الامم المتحدة بشأن الالفية الثالثة في ايلول / 2000 م في اولاً (القيم والمبادئ) - الفقرة الخامسة منه. "اننا نعلم أن التحدي الاساس الذي نواجهه اليوم هو ضمان "جعل العولمة" قوة ايجابية تعمل لصالح جميع شعوب العالم، ذلك لان "العولمة"، في حين انها توفر فرصاً عظيمة، فان تقاسم فوائدها يجري حالياً على نحو يتسم الى حد بعيد بعدم التكافؤ وتوزيع تكاليفها بشكل غير متساو.

ونحن ندرك أن بلدان الجنوب والبلدان الاخرى التي تمر اقتصاداتها بمرحلة انتقالية تواجه صعوبات خاصة في مجابهة هذا التحدي الاساسي. ولذا فان العولمة لا يمكن أن تكون شاملة ومنصفة تماماً للجميع الا اذا بذلت جهود واسعة النطاق ومستمرة لضمان مستقبل مشترك يرتكز على انسانيتنا بكل ما تتسم به من تنوع. ويجب أن تشمل هـذه الجهـود سياسات وتدابير على الصعيد العالمي تستجيب لاحتياجات بلدان الجنوب والبلدان التي تمر اقتصاداتها بمرحلة انتقالية وتصالح وتنفذ بمشاركة فعلية في تلك البلدان.

ثانياً- المدخلات التي أسهمت في بروز العولمة الاقتصادية:

تعتبر العولمة الاقتصادية مرحلة تاريخية من مراحل تحول العالم، كـما انهـا عمليـة مركبـة لهـا ابعادهـا ومظاهرهـا الاقتصاديـة والاجتماعيـة والاعلاميـة والتكنولوجيـة والثقافيـة والسياسيـة، وقـد اسهمت مظاهر العولمـة في ترسيـخ العولمـة الاقتصادية وكما يلي:

1- زيادة معدلات التجارة العالمية، وحركة انتقال التكنولوجيا ورأس المال والعمالة عبر حدود الدول.

2- الاتجاه نحو اقامة التكتلات الاقتصادية الاقليمية وزيادة دورها في تحرير الاسواق.

3- احدث مرحلة وصل اليها قـانون اسـاسي مـن قوانين الرأسمالية وهـو الاتجـاه الثابـت نحـو المزيـد مـن تركـز رأس المـال والسيطرة والقوة الاقتصادية [1].

4- اتساع آفاق الثورة المالية العالمية وما يرتبط بها من زيادة في التدفقات المالية عبر الحدود.

5- زيادة الترابط والتداخل بين الاسواق والبورصات المالية العالمية ونمو دور مؤسسات التمويل الدولية مثل صندوق النقـد والبنك الدولي.

6- تسارع عمليات تحرير التجارة العالمية، وتوسيع نطاقها خاصة في ظل اتفاقية ابحاث وما طرأ عليها مـن تطـورات في السنوات الاخيرة.

---

[1] د. اسماعيل صبري عبدالله، الكوكبة الرأسمالية العالمية في مرحلة ما بعد الامبريالية، مصدر سابق، ص 8.

7- تراجع دور الحدود كحواجز بين الدول حيث أن الظواهر المعولمة تتخذ من العالم مجالاً لها[1].

هذه المظاهر - تعمل في اتجاه اعادة تشكيل النظام العالمي. غير أن القوة الدافعة لهذه العملية تتمثل في الثورة الصناعية والتكنولوجية التي تراكمت خلال العقود الثلاث الماضية تطبيقات الثورة في التقدم الهائل في تكنولوجيا المعلومات والاتصالات والفضاء... الخ كما أن الدول الصناعية المتقدمة وما يرتبط بها من كيانات اقتصادية واعلامية هي التي تتحكم في مفاتيح هذه الثورة ومساراتها كما انها الاكثر تأثيراً في مجريات عملية العولمة وتلقي هذه المظاهر بتأثيراتها السلبية على العديد من دول العالم. والمتمثلة بصفة اساسية في القضايا والتحديات ذات الطابع العالمي منها مشكلة المخدرات، الامراض الفتاكة، الجريمة المنظمة وتلوث البيئة وانتشار اسلحة الدمار الشامل. والهجرة غير المشروعة ولتعقد هذه المشكلات من حيث مدخلاتها واسبابها واتساع نطاقها من حيث الجغرافية وتأثيراتها ولمواجهة هذا التحدي فان الاتجاه هو نحو مزيد من التنسيق على الاصعدة الاقليمية او على الصعيد العالمي لمجابهة تلك المخاطر والتحديات[2].

8- انهيار النظام الدولي - وانهاء القطبية الثنائية بتفكك الاتحاد السوفيتي وبروز قطبية متعددة في الاقتصاد. وقطبية احادية على المستوى الاستراتيجي والعسكري - فقد تعزز مركز امريكا كقوة وحيدة في عالم ما بعد الحرب الباردة وتفردها المطلق على السياسة الدولية وقد افرز هذا التحول في هيكل النظام الدولي تطورات عدة من منظور عملية العولمة الاقتصادية.

9- هيمنة امريكا على الصعيد العالمي. وسعيها لاعادة صياغة النظام العالمي وفقاً لمصالحها وتوجهاتها وانماط القيم السائدة فيها[3].

10- حدوث موجه ذات طابع عالمي - الاتجاه نحو الاقتصاد الحر، وقد بدأت الموجه منتصف السبعينات واتسعت في الثمانينات والتسعينات لتشمل العديد من بلدان امريكا اللاتينية وافريقيا وآسيا ووسط اوربا وشرقها فخلال الفترة من 1974-1994 تحولت (60) ستون دولة من الانظمة الشمولية واشتراط مؤسسات التمويل على قيام الدول بتحرير الاقتصاد والاتجاه نحو تحويل ملكية القطاع العام الى الخاص (التخصصية) والانفتاح السياسي حتى تتمكن من

---

[1] د.ابراهيم العيسوي، الجات واخواتها، النظام الجديد للتجارة العالمية ومستقبل التجارة العربية، بيروت، مركز دراسات الوحدة العربية، ط3، 2000.

[2] د.حسنين توفيق ابراهيم، العولمة، الابعاد والانعكاسات السياسية، رؤية اولية من منظور علم السياسة - مجلة عالم الفكر، المجلد (28)، العدد (2) اكتوبر / ديسمبر 1999، ص 189.

[3] نايف علي عبيد، العولمة والعرب -مصدر سابق، ص24.

الحصول على قروض وتسهيلات اخرى تتعلق بجدولة الديون [1] لتعميق اندماج الجنوب باقتصادات السوق العالمية. بتنظيم علاقات جديدة بين المراكز الرأسمالية المتقدمة ومجتمعات الاطراف بتوجيه امكانات المجتمعات الطرفية لتحقيق اهداف التنمية الرأسمالية.

11- الزيادة الكبيرة في عدد الشركات عابرة القوميات واتساع نطاق انشطتها واتجاهها نحو الاندماج والتركيز لخلق كيانات اكبر (الشركات العابرة للقوميات، للعمل خارج الحدود الوطنية وزيادة دورها في عمليتي الاستثمار المباشر محلياً ودولياً مما ادى الى عولمة عمليات الانتاج والتسويق وتزايد نسبتها بالنسبة للعديد من الصناعات الحديثة).

ثالثاً - أبعاد العولمة وتأثيراتها المستقبلية:

أن الاحداث والمتغيرات النوعية الكبيرة والخطيرة التي رافقت العولمة الاقتصادية احدثت تبدلات كبيرة في تاريخ البشرية وقد تمخض عنها نتائج ذات ابعاد واسعة والتي اثرت وما زالت تؤثر على دول الجنوب بشكل خاص والعالم اجمع وعبر الاتي:

- ارتباطها بحركة تداول رأس المال الاقتصادي بالعمل على توحيد اسواق الانتاج والاستهلاك، اذ تمت عولمة النشاط الانتاجي من خلال آليتين مهمتين، هما التجارة الدولية والاستثمار الاجنبي المباشر [2].

اضافة الى دعم اواصر العلاقة بين مصالح الفئات الاكثر قوة (اهتماماً ونشاطاً) على ادارة العملية الاقتصادية وتداخلها. وفي هذا الاطار نجد على المستوى الفعلي فان المصالح بين الفئات القادرة على قيادة العمليات الاقتصادية والموجهة للانشطة الانتاجية في الدول المختلفة شكل حركة اجتماعية اثرت على البنى التقليدية في المجتمعات التابعة الاقل تطوراً فالمنافسة في ظل العولمة اصبحت "تطحن الناس طحناً وتدمر التماسك الاجتماعي وتعمل على تعميق التفاوت في توزيع الدخل والثروة بين الناس [3].

- اعتبرت العمليات الاقتصادية المحور الاساسي للتدويل، ولقدرتها على توجيه في مسارات الانتاج والمال والتجارة والاستثمار - فقد قامت بدور مؤثر في ازاحة العملية السياسية في دول الجنوب وتحويل النمط الذي يعتمد على العمليات السياسية في الحكم الى نمط تتحكم فيه

---

[1] د. حسنين توفيق ابراهيم، العولمة والابعاد والانعكاسات السياسية، رؤية اولية من منظور علم السياسية - مصدر سابق، ص 191- 192.

[2] د. عمرو محي الدين، تعقيب، العرب والعولمة، مصدر سابق، ص 35.

[3] بيتر مارتن هانس، هارالد شومان، فخ العولمة - الاعتداء على الديمقراطية والرفاهية، مصدر سابق، ص15.

مسارات العملية الاقتصادية الموجهة من الخارج بمعنى البقاء في ظل النظام العالمي الجديد هـو للاكفـأ اقتصـادياً والهياكـل الاقتصادية في دول الجنوب ومنها الدول العربية بكافة آلياتها هي في وضع الاقل كفاءة ... مما يعني تكريس التبعية للنظـام الرأسمالي.

- لما كانت دول الجنوب اقل نمواً وتطوراً ولا تشكل قوة انتاجيـة حقيقيـة الا بارتباطهـا بالـدول الرأسـمالية المسـيطرة عليهـا. فسوف تظل بعيدة عن المشاركة في اتخاذ القرار الاقتصادي وخاضعة لشروط الشركات عابرة القوميات القادرة على نسج شبكة اقتصادية - مالية استثمارية - تجارية واحدة ذات اهداف مشـتركة تقـوم عـلى تبـادل الخـدمات والمصـالح، والتـي تتجاوز مصالحها او تطلعاتها كل الدول والعقائد والحواجز الاجتماعية لزيادة ثرواتها وتحقيق اقصى الارباح[1].
- نشر حضـارة السـوق المعـولم Clobal Commodation وهـي بـذلك تعبـر عـن تحويـل كـل شيء الى سـلعة متداولـة في السوق لصالح قوة حرة جديدة عابرة القوميات [2] فاقتصاد السوق يقوم في جـوهره عـلى تقلـيص دور الدولـة في الحيـاة الاقتصادية وتاريخياً فقـد قامـت الدولـة بـدور مركـزي في توسـيع نطـاق النظـام الرأسـمالي العـالمي وترسـيخه ولم يكـن للرأسمالية أن تنتشر الا في اطار الدولة القومية.

ونشر حضارة السوق ارتبط بعوامل عديدة داخليـة وخارجيـة فتزايـد دور الـدول الرأسـمالية ومؤسسـات التمويـل الدولية كالبنك الدولي وصندوق النقد الدوليين خاصة في اعقاب انهيار الاتحاد السوفيتي قـد اسـهم في انتشـار نظـام اقتصـاد السوق، وسنتناول آثار هذا البعد في مبحث لاحق [3].

- فاحلال آليات السوق والاختراق والتبادل وتكييف مختلف السياسات ادت الى تعميـق الانـدماج بالسـوق العـالمي في اطـار الرأسمالية المعولمه التي لا تقيدها حدود او ضوابط.
- من نتائج العولمة الاقتصادية ظهور امبريالية اقتصادية واحـدة التـي تـتحكم بـادارة الاقتصـاد العـالمي عـبر آليـات العولمـة الجديدة وتقليص القرارات الاقتصـادية الوطنيـة وانتقـال مقومـات السـيادة الاقتصـادية الوطنيـة الى مؤسسـات العولمـة الاقتصادية. وغياب السيادة الوطنية عن اتجاه وآليات التنمية وفقدان السيطرة الوطنية على التراكم ... وخضـوع المـوارد والثروات الطبيعية التي تمتلكها دول الجنوب التي يعيش اربعة اخماس سكان الكوكب لمنطق التوسع الرأسمالي.

---

[1] د. أحمد مجدي الحجازي، العولمة وتهميش الثقافة الوطنية رؤية نقدية من العالم الثالث، مجلة عالم الفكر، مصدر سابق، ص 131.

[2] د. احمد مجدي حجازي العولمة وتهميش الثقافة العربية، مجلة عالم الفكر، مصدر سابق، ص 130.

[3] راجع المزيد، د.حسنين توفيق ابراهيم، العولمة الابعاد والانعكاسات، مصدر سابق، ص 205-211.

- اعتماد العولمة الاقتصادية على آلية السوق الرأسمالية كسوق عالمية والتي ادت الى مزيد من الاضطراب والانفجار والفوضى.

- تفكك هياكل الانتاج الوطنية واحلال هيكل انتاجي رأسمالي معولم محلها.

- أن آيديولوجية العولمة الاقتصادية هي ايديولوجية الدفاع عن مصالح الرأسمالية وتكريس التخلف في الاطراف وبقاء المراكز متحكمة بالتطور الاقتصادي.

- ومن آثار العولمة الاقتصادية التي تظهر اساساً في نمو وتعميق عملية الاعتماد المتبادل بين الدول والاقتصاديات القومية وفي وحدة الاسواق المالية وزيادة المبادلات التجارية في اطار نزعت عنه القواعد الحمائية التجارية حسب تطبيقات اتفاقيات التجارة الحرة [1].

- فقدان الاستقلال والاستقرار الاقتصادي وخضوع المؤشرات الاقتصادية الرئيسية للتقلبات والتأثيرات الخارجية المتمثلة في تدفقات الاموال والمضاربات والاستثمارات الاجنبية وفي تدخلات حكومات الدول المتقدمة لضمان استثمارات رعاياها في البلدان المضيفة لهذه الاستثمارات.

- ما تفرضه العولمة الاقتصادية هو اعادة هيكلة الاقتصاد الوطني ورفع الحماية عن الصناعات المحلية ضمن فترة زمنية محددة لصالح المنتج الاجنبي وينجم عنه زيادة البطالة في الامد القصير وتراجع في المتراكم من الاستثمارات المحلية وضمور الصناعات المحلية والصغيرة لصالح الشركات عابرة القوميات وسيؤدي هذا بدوره الى عدم الاستقرار الاقتصادي والاجتماعي.

- تعرض الدول المتجهة نحو العولمة لضغوط وتأثيرات سياسية من الدول الرأسمالية الرئيسية بما يضمن مصالح الشركات عابرة القوميات وتقليص سيطرة الدولة المضيفة للاستثمارات ودورها في تسيير اقتصادها الوطني وتقديم دعمها للقطاعات غير المواكبة للنمو والفئات المتضررة من اعتماد سياسة لانفتاح على الخارج والسير وفق آلية السوق في الداخل.

- تحويل نسبة كبيرة من نتائج النمو الاقتصادي في البلدان المتجهة نحو العولمة الى دول الرأسمالية المتقدمة من خلال الارباح التي تحققها شركاتها عبر الوجبة نتيجة عملياتها الاستثمارية والانتاجية والسوقية في دول الجنوب [2].

---

[1] د. احمد مجدي حجازي، العولمة وتهميش الثقافة الوطنية -رؤية نقدية عن العالم الثالث، مصدر سابق، ص127، 126.

[2] د.فائق عبدالرسول، نحو اطار عام لستراتيجية التعامل مع العولمة الاقتصادية، مجلة الاقتصادي، عدد خاص، بحوث المؤتمر العلمي الثالث لجمعية الاقتصاديين العراقيين من 14-15 / نيسان 1999 بغداد، ص120.

- التحكم بتصريف منتوجات دول (المركز الرأسمالي المعولم) وبما يسهم في تطوير قوى الانتاج بالداخل يرصد مظاهر التطلعات الاستهلاكية في دول العالم وتحديداً الوطن العربي.

- دعم السياسات الاقتصادية والاجتماعية التي تقدمها المؤسسات الدولية (البنك الدولي وصندوق النقد الدولي) للدول الاقل نمواً وكم من قرارات محلية تتعثر بسبب توحد مصالح المراكز الرأسمالية والوقوف ضد هذه القرارات لانها لا تحقق ما تصبوا اليه من خدمة للنظام الرأسمالي المعولم.

- نقل الصناعات التقليدية من المراكز الرأسمالية الى اجزاء اخرى من العالم. لدوافع - استغلال الايدي العاملة الرخيصة في الدول المتلقية او لتجاوز تلوث البيئة في المراكز وتدخل هذه العملية في عملية تدويل الاقتصاد.

- العولمة الاقتصادية لا تختلف من حيث تحقيق اهداف الامبريالية بل أن العولمة هي اعلى مراحل الرأسمالية وانها السبيل الوحيد للمحافظة على قدرة النظام الرأسمالي في تطوير ذاته. وتوزيع منتجاته، وتأمين استقراره وصناعته وصولاً الى مراحل الرفاهية داخل نطاق حدوده ومن المحتمل أن لا تستمر الاوضاع دائماً على هذا النحو بسبب طبيعة الدورة الاقتصادية في النظم الليبرالية الحرة التي تقوم على مبدا الازمات كما اشارت الى ذلك المدرسة الكينزية. اذ تمر المجتمعات الرأسمالية بازمات متلاحقة التي تكون القوة الدافعة للتطوير والانتاج وتحسين الاداء وتنمية القدرات كل تلك الازمات التي تواجه دورة الانتاج وتعمل على تكاملها. ولتجاوز هذه الازمات فقد تطورت اليات الهيمنة الخارجية نحو تغيير اساليب الاستغلال. واذا كان الهدف واحد. فالعولمة باعتبارها ترتيب اقتصادي. وانها اعلى مراحل الامبريالية فانها تبحث عن اليات جديدة للهيمنة.

ففي مرحلة تقارب القطبين الرأسمالي وقبل انهيار الاتحاد السوفيتي انصب الاهتمام على دعم وجود واستمرار تفوق النظم الرأسمالية لمواجهة النظم الشمولية وبعد نجاح النظام الليبرالي الحر. وتفرده عالمياً- تغير اسلوب الهيمنة الخارجية فاصبحت رأسمالية العلم والتقنية بحاجة لتوحيد النخب المدعمة للنظام فظهرت قوى رأسمالية متعددة القوميات Musltinational وقد أسهمت تطبيقاتها في مجال تقنية المعلومات والاتصال والتقنية الحيوية الى تحديد القوى المنتجة واعادة هيكلية الانتاج الرأسمالي كماً وكيفاً[1].

---

[1] احمد مجدي حجازي – العولمة وتهميش الثقافة الوطنية رؤية نقدية من العالم الثالث، مصدر سابق، ص134-136.

رابعاً - العولمة الاقتصادية ودول الجنوب:

سعت الرأسمالية الى تعميق اندماج دول الجنوب باقتصاديات السوق العالمية وتنظيم علاقات جديدة بين المراكز الرأسمالية المتقدمة ومجتمعات الاطراف من خلال توجيه كل امكانيات المجتمعات الطرفية لتحقيق اهداف التنمية الرأسمالية. بتكريس تراكم رأس المال وانماط الانتاج في مجتمعات الاطراف لمقتضيات التوسع الرأسمالي العالمي، لتطبيق مبدأ الادارة المركزية لاقتصاديات الجنوب. فقد سعت عملية عولمة اقتصاديات الجنوب ايجاد تنظيم جديد للعلاقة بين المراكز المتقدمة ومجتمعات الاطراف [1] وفقاً لمصالح الرأسمالية، بتصفية اشكال الانتاج غير الرأسمالية وتصفية شروطها لصالح الشكل الرأسمالي وشروطه، واعادة الترتيب تمركزت بتوجيه امكانات الجنوب وفقاً لمتطلبات التوسع الرأسمالي العالمي ودون التخلي بأي شكل من الاشكال عن الاستثمار في المرافئ والمناجم والتعدين والمواصلات والعقارات والموارد الاولية والمواد الخام وانواع معينة من المنتوجات الزراعية والتجارة فيها وبشروط تفصيلية للطرف الاقوى، والانتقال بعد ذلك الى الاستثمار في الصناعة وما تحتاجه من تنظيمات تابعة ومؤسسات مالية ومصرفية ودعائية واتصالاتية مما يعني هذا ميل ليس الى التبادل التجاري التفضيلي واللامتكافئ مع دول الاطراف فقط بل للانتاج فيها ايضاً والاستفادة القصوى من الاسواق الواسعة والعميقة في نفس الوقت والاخذة في التشكيل في بلدان الاطراف خاصة مراكز الاستثمار الانتاجي الجديد ومواقعه وعدم الاكتفاء بالحصول على المواد الخام والطاقة الرخيصة من الاطراف حسب الطريقة التقليدية بل الحصول على مصادر جديدة ورخيصة لقوة العمل مدعومة بجيش العمل الاحتياطي المتوفر والمتشكل عولمياً اضافة الى عدم السماح بحدوث تنمية حقيقية في الجنوب ومعالجة مشكلات التخلف المعروفة فيها الا ضمن حدود معينة وفي بلدان محدودة ومناطق يتم اختيارها لهذا الغرض على سطح الكرة الارضية [2]. مما يعني أن آليات المركز ونظامه (العولمي) هي التي تقرر في اية بلدان ستجري تنمية حقيقية في الاطراف. وضمن اية حدود ووفقاً لاعتبارات وشروط المركز ذاته.

أن التنظيم الجديد للعلاقة ما بين المراكز الرأسمالية المتقدمة ومجتمعات الاطراف والذي تهدف اليه العولمة الاقتصادية يتم عبر.

---

[1] **راجع. د. سمير امين، البديل الوطني الشعبي الديمقراطي في الوطن العربي، دراسة مقدمة الى المؤتمر العربي الرابع - المستقبل العربي - العدد 172 حزيران / يونيو 1993، ص100.**

[2] **د. حسن حنفي و د.صادق جلال العظم، ما العولمة، دار الفكر المعاصر، لبنان، بيروت / دار الفكر، دمشق، ط1، 1999، ص91-93.**

تطبيق تقسيم عمل جديد لمجتمعات الاطراف قائم على اساس قياس درجة العولمة والاندماج في السوق العالمية وقابلية القطاعات الانتاجية المعتمدة على التصنيع الحديث والتكنولوجية المتطورة والقدرة على المنافسة العالمية وذلك بتقسيم دول الجنوب الى مجموعتين:

أ‌- المجموعة الاولى - يطلق عليها دول جنوب مصنع ونضم (دول العالم الثالث المصنع) وتشمل دول امريكا الجنوبية وآسيا الشرقية وآسيا الرأسمالية واوربا الشرقية وروسيا.

ب‌- المجموعة الثانية - يطلق عليها دول الجنوب غير المصنع وتضم (دول العالم الرابع غير المصنع) وتشمل دول افريقيا والاقطار العربية كافة والعالم الاسلامي وجنوب الصحراء والتقسيم الفاصل بين المجموعتين هو تقسيم نسبي وتشكل المجموعتين ما يسمى بالرأسمالية الطرفية او مجتمعات الرأسمالية الاطراف، وتتكون المجتمعات الرأسمالية الطرفيه المعاصرة من عالم ثالث مصنع بتكنولوجيا وله القدرة على المنافسة ودرجة عولمة اكبر من المجموعة الثانية (العالم الرابع غير المصنع) الذي لم يدخل في مرحلة العولمة بعد.

ويتم دمج المجموعتين بالسوق الرأسمالية العالمية عن طريق آليات ونمط التنمية القائم على التكامل الدولي. وبالنسبة للمجموعة الاولى يتم دمجها بالسوق العالمية عبر الية الانتاج التصنيعي الحديث القادر على المنافسة وارتباطها بالرأسمالية المعولمة عبر قطاعات منظومة الانتاج التصنيعي مع بقاء ارتباط المجموعة الثانية بالسوق العالمية كمجهز للرأسمالية المتقدمة بالسلع الاساسية والمواد الخام اضافة الى بقائها سوقاً استهلاكية للمنتجات المصنعة في المراكز الرأسمالية. مقابل اخضاع المجموعة الاولى - العالم الثالث المصنع - الى تقسيم العمل الجديد في حين تبقى المجموعة الثانية - العالم الرابع غير المصنع - خاضعاً الى تقسيم العمل القديم - مما يعني عدم تمكنه من الخروج منه لعدم قدرته على تحقيق قدرة انتاجية وطنية تؤهله للتعامل مع السوق رالعالمية من موقع التكافؤ، والقدرة الذاتية لاعادة الانتاج في حين يعني تصنيع (المجموعة الاولى) - دول العالم الثالث المصنع - يعني الاستجابة لنمط تصنيع المنظومة الرأسمالية ومنحه وظيفة فاعلة في الترتيب الجديد بتمثيل نسبة مهمة من المنتجات المصنعة في السوق العالمية وحسب متطلبات التوسع الرأسمالي العالمي في الصناعة اضافة الى هيمنة المنظومة الرأسمالية على التكنولوجيا وتوظيف الاطراف لتأمين متطلبات مراكز الرأسمالية المتقدمة وتوجيهاتها الصناعية والتكنولوجية [1].

---

[1] د. سمير امين - البديل الوطني الشعبي الديمقراطي في الوطن العربي، مصدر سابق، ص100-104.

من خلال ما تقدم تتضح لنا الابعاد الناجمة عن العولمة الاقتصادية على مستقبل الجنوب وكما يلي:

1- شق وحدة الجنوب وخلق التناقضات بين دولها ومنع قيام تكتلات تجارية فيها والحيلولة دون مشاركتها في صنع القرار الاقتصادي الدولي وتوسيع قاعدة ادارة وتسيير الاقتصاد العالمي لخلق جنوب غني واخر فقير ومستنزف. بما يحقق مصالح الشمال عبر آلية الرأسمالية المعولمة [1] وبهذا تتضح مرحلة الاستعمار الجديد لدول الجنوب واحكام السيطرة عليه بتقسيمه وتوجيه ثرواته وامكاناته لخدمة المرحلة الاقتصادية الجديدة للرأسمالية وتعظيم امكانات الانتاج والتسويق والارباح لتحقيق رفاهية المراكز الرأسمالية وعلى حساب افقار الجنوب [2].

2- وضع العراقيل وخلق الصعوبات والقيود المشددة لعدم اكتساب التكنولوجية وتطوير حلقاتها ومنعه من بناء القدرة العلمية التكنولوجية الذاتية وابعاده عن حركة التصنيع وامتلاك القدرات كي لا يكون العامل التكنولوجي اداة لتغيير اقتصادياته لتعميق الفجوة بين الشمال والجنوب لاستمرار تحكم الدول الرأسمالية والشركات في مسارات عملية العولمة.

3- التوجه لتهيئة المسرح الدولي للانتقال من الية ومؤسسات الاقتصاد المستقل الى آلية ومؤسسات الاقتصاد التابع لدول الجنوب والتسابق للارتباط بالعولمة الجديدة دون ادراك مخاطرها وآثارها السلبية على واقع اقتصادياتها ووضع نظريات اقتصادية متناقضة مع نظريات التنمية المستقلة والاعتماد على الذات ونهج التنمية المستقلة بايجاد فكر تنموي كوني ونظرياته الجديدة، ومناصرة الاتجاهات الجديدة للعولمة ودفع الجنوب لتأييدها وجعلها تتسابق لتطوير قطاعات الانتاج التصديرية التي لها القدرة على المنافسة في السوق العالمية وانهاء ايديولوجية التنمية المستقلة للاعتماد على الذات التي هي هدف الجنوب وانهاء مصطلح التبعية وعرقلة التصنيع وتعميق العولمة والتكيف معها كضرورة حتمية لاقتصاديات الجنوب[3].

4- تذويب الخصائص الوطنية ومنع دول الجنوب من بناء وحدتها الوطنية لصالح الاقتصاد العالمي. وذوبان الاستقلالية الوطنية لصالح العولمة بمعنى أن بروز نظام انتاجي معولم يحل محل النظم الانتاجية الوطنية مما يكشف عن التناقض بين العولمة والاستقلالية الوطنية[4].

---

[1] **د. سمير امين - موقع الوطن العربي في النظام العالمي، المستقبل العربي، العدد 201، تشرين الثاني/ نوفمبر 1995، ص 13-16.**

[2] **د. سمير امين - البديل الوطني الديمقراطي، مصدر سابق، ص 104.**

[3] **د. سمير امين، موقع الوطن العربي في النظام العالمي، مصدر سابق، ص 13-14.**

[4] **د. سمير امين - البديل الوطني الديمقراطي، مصدر سابق، ص 114.**

اذن أن الاهداف الحقيقية للعولمة الاقتصادية تكمن في:

1- تهديم الجنوب وتنميته المستقلة واستراتيجية الاعتماد على الذات، وابقاء التوسع الامبريالي للمركز توسعاً افقياً وتجارياً واستخراجياً وجعل الاطراف رأسمالية تماماً. بسيادة رأسمالية الانتاج في المركز واستمرار سيادة النظام العالمي للتبادل غير المتكافئ.

2- تراجع سلطة الدولة وانحسار نفوذها. من ابرز ملامح العولمة الاقتصادية انحسار قوة الدولة خاصة في دول الجنوب تاركه مكانها اكثر فأكثر لسلطة منتجي السلع والخدمات. لابد اذن أن نتوقع انحسار قدرة الدولة على التأثير في مستوى وانماط الاستهلاك بما في ذلك استهلاك السلع والخدمات الضرورية. أن التحول الذي طرأ على سياسة الدولة من سياسة التوجه الداخلي "الى التوجه نحو العالم الخارجي" كان اثراً من آثار عوامل وضغوط خارجية اكثر من كونه نتيجة تحول سياسي او ايديولوجي داخلي.

واياً كانت الاسباب الحاسمة لهذا التحول. فقد بدأت الدولة تنسحب تدريجياً من التأثير في مستويات الاستهلاك - استهلاك السلع والخدمات الضرورية كالمواد الغذائية. والمساكن والتعليم والخدمات الصحية. لقد ساهمت العولمة في اضعاف سلطة الدولة وتحويلها اكثر فأكثر الى دولة رخوة The Soft state [1].

اشار غونار ميردال Gunnar Myrdal "عالم الاجتماع السويدي المعروف منذ ثلاثين عاماً الى أن كثير من الدول النامية هي في الواقع "دول رخوة" ومن عناصر تعريفه لظاهرة الدولة الرخوة - هو الميل بين اتحاد المصالح بين الموظفين العموميين، على مختلف المستويات مع الافراد والجماعات من اصحاب القوة والنفوذ والذين كان من المفترض قيام الموظفون بوضع الحدود والقيود على تصرفاتهم [2] كما أن دور المصالح الاقتصادية في الدول الغربية وشركاتها المتنافسة على الاسواق او للاستثمار في مشروعات صناعية فضلاً عن دور المصالح الاقتصادية المحلية في خلق مختلف صور التسيب الاجتماعي. وقد اصبح التظافر واتحاد المصالح بين المصالح الاقتصادية الدولية والمصالح المحلية سمة من سمات عصر العولمة.. والتضامن بين المصالح - مثل خروجاً على القانون في كثير من الدول النامية الاخرى مما كان عليه سابقاً قبل ثلاثين عاماً حيث كانت الدول تتمتع بقدرة كبيرة على المناورة والصمود امام مطالب وضغوط

---

[1] د.جلال امين، العولمة والتنمية العربية من حملة نابليون الى جولة ارغواي 1798-1998. مصدر سابق، ص 122-125.

[2] د.جلال امين، العولمة والتنمية العربية من حملة نابليون الى جولة ارغواي 1798-1998، مصدر سابق، ص 124.

الشركات بما فيها ممارسة الشركات للرشوة وغيرها من انواع الفساد [1] أن ما تم من تراجع لسلطة الدولة في دول الجنوب هو نتيجة لمقومات وسمات العولمة الاقتصادية وشروط الليبرالية الجديدة بنقل مقومات السيادة الاقتصادية من سلطة الدولة الوطنية المحلية الى سلطة عالمية الاقتصاد أي خضوع شروط التراكم المحلية لشروط التراكم المعولم من خلال قوانين عالمية الاقتصاد المعولم وبذلك يفقد الجنوب سيطرته على التراكم المحلية لشروط التراكم العالمي. وتفكك المنظومة المحلية وربط اقسامها مباشرة بالعولمة [2] فتأثير العولمة على سيادة الدولة وقدراته ا تتناقص تدريجياً فيما يخص ممارستها لسيادتها وضبط تدفق المعلومات والافكار والسلع والاموال والبشر عبر حدودها واخذت قدرة الدول تتراجع وقد تنعدم في المستقبل - فتوظيف التكنولوجيا الحديثة في عمليات التبادل التجاري والمعاملات المالية يحد من قدرة الدول على ضبط هذه الامور وسيكون له تأثيره على سياسات الدول المالية والضريبية وقدرتها على محاربة الجرائم المالية والاقتصادية. كما أن القوة الاقتصادية والمالية للشركات عابرة القوميات ستمارس هي الاخرى ضغوطها على حكومات دول الجنوب والتأثير في قراراتها وسياساتها السيادية وعليه فقدرة الدولة على ممارسة دورها بدأت تتغير في ظل تحولات عملية العولمة التي يسهدها العالم فقد فرضت هذه التحولات قيوداً ومحددات على قرارات الدول وسياساتها من ناحية وقدرة الدول على الحكم في عمليات التدفق الاعلامي والمعلوماتي والمالي عبر حدودها تتآكل وبشكل سريع من ناحية ثانية ودول العالم الثالث هي الاكثر تأثيراً بهذه التحولات لاعتبارات عدة منها ضعف اجهزة الدولة وعدم رسوخ مؤسساتها في العديد من الحالات وتفاقم المشكلات الاقتصادية والاجتماعية مع تناقض قدرات الدولة في التصدي لها فضلاً عن تدني القدرات التكنولوجية للعديد من الدول.

أن القيود التي تفرضها عملية العولمة الاقتصادية على الدولة التي تحد من قدرتها على ممارسة سيادتها فالدولة لم تعد هي الفاعل الوحيد او الاقوى في النظام. ولا يوجد ما يدل على أن التحولات ستؤدي الى الغاء دور الدولة او خلق بديل لها ولكن سيبقى للدولة دور مهم في بعض المجلات خاصة في دول الجنوب غير أن تغيير قد حدث ويحدث في طبيعة دور الدولة واساليب ممارستها لهذا الدور [3].

---

[1] د.جلال امين، العولمة والتنمية العربية من حملة نابليون الى جولة ارغواي 1798-1998. مركز دراسات الوحدة العربية،ط1، بيروت، ايلول/ سبتمبر 1999، ص 122-125.

[2] ناصيف حتي، العرب وثورة التناقضات في المفاهيم القومية والاقليمية والعالمية الحلقة النقاشية في العرب والقومية والاقليمية والعالمية-المستقبل العربي،العدد 200 تشرين الاول/اكتوبر 1995، ص 508.

[3] د. حسنين توفيق ابراهيم، العولمة: الابعاد والانعكاسات السياسية -رؤية اولية في منظور علم السياسة، مصدر سابق، ص 194-195.

لقد تراجعت مهمات الدولة في دول الجنوب ومنها الوطن العربي واصبحت محصورة على التسيير الاداري اليومي لسياسات وبرامج مفروضة من مؤسسات العولمة الدولية مثل صندوق النقد الدولي والبك الدولي ومنظمة التجارة العالمية ومؤسسات مالية دولية اخرى مثل هيئة المعون الامريكية طبقاً لشروط ومتطلبات الشركات عابرة القوميات.

فمهمة الدولة في الأقطار العربية اصبحت مجرد ادارة للازمة او سياسة ادارة الازمات، فادارة الازمة الاقتصادية تشير من وجهة نظر الرأسمالية الى اهمية تجنب تصاعد تراكم الفائض الهائل والمتنامي لرأسمال غير المستثمر او الذي يمكن استثماره، في عملية توسيع النظام الانتاجي مما يعني أن سياسات تحرير التبادل التجاري والتدفقات العالمية لرأس المال والنسب العالية للفوائد وتنامي الديون الخارجية. ما هي الا اساليب ابتكرها النظام الرأسمالي العالمي للحيلولة دون فشل هذا النظام.

والنتائج التي تترتب عن العولمة الاقتصادية في الوطن العربي تنحصر في الاتي:

- تصفية انماط الانتاج غير الرأسمالية وتصفية شروطها لصالح سيادة نمط الانتاج الرأسمالي وحده وشروطه.

- يجب أن يظل هذا الحجم المتزايد والسريع لعدد السكان في الوطن العربي ليعمل وينتج ويستهلك في ظل شروط الرأسمالية.

- تحويل كل المنتجين المباشرين في الأقطار العربية الى العمل بأجور وجعل دخولهم تعتمد على السوق فقط مع التراجع السريع للترتيبات الاجتماعية والقانونية التي كانت تضمن للفرد في دخله ما بمعزل عن اعتبارات السوق.

- ستؤدي العولمة الاقتصادية في الوطن العربي الى زيادة البطالة بكل اشكالها لان التحول في شكل ملكية وسائل الانتاج لصالح الملكية الخاصة سيؤدي الى أن الطلب على قوة العمل في ظل العولمة سيكون اقل بكثير من عرض قوة العمل.

- ستؤدي العولمة الى تعميق التخلف الاقتصادي لفقدان الترابط بين قطاعات الاقتصاد الوطني مثلاً (يصبح ارتباط قطاع الفوسفات في بلدنا بالمركز اقوى بكثير من ارتباطه بقطاع النفط الذي يرتبط بدوره بالسوق العالمية للنفط بالمراكز اكثر من ارتباطه بقطاع الزراعة المحلي وفي البلد نفسه).

- تصدير الصناعات الاكثر تلوثاً للبيئة من المركز الى الأقطار العربية ودول الجنوب وتصدير الصناعات التي تحتاج الى كثافة عالية في اليد العاملة بدلاً من الكثافة العالية لرأس المال.

- ارتفاع قائمة استيراد المواد الغذائية المستوردة للأقطار العربية بسبب تحرير التجارة في المواد الغذائية والغاء سياسات الدعم للصادرات في دول المركز.

- تراجع الصناعات التحويلية في الوطن العربي لعدم قدرتها على المنافسة واعتمادها على سياسات الحمائية لمدة طويلة من الزمن[1].

المطلب الثاني

العولمة الثقافية

أولاً- مفهوم العولمة الثقافية:

ما زالت ظاهرة جديدة تمر بمراحلها التأسيسية ولم تبرز حقيقة حياتية الا خلال التسعينات اذ ما زالت تطبيقاتها وتصوراتها الحياتية والسلوكية على ارض الواقع غير واضحة نتيجة الغموض الذي يحيط بها. وقد تناولتها احدى المؤسسات الدولية المعنية بالجوانب الثقافية وعدد من الباحثين العرب وسيتم استعراض رؤيتهم للعولمة الثقافية وفق الاتي:

1- مفهوم لجنة اليونسكو [*] ارتبط المفهوم الثقافي للعولمة بفكرة التنميط "Uniformalisation" او التوحيد (Unification) الثقافي للعالم - على حد التعبيرات التي استخدمتها اللجنة، فقد رأت اللجنة أن التنميط الثقافي او التوحيد يتم باستغلال ثورة وشبكة الاتصالات العالمية وهيكلها الاقتصادي الانتاجي المتمثل في شبكات نقل المعلومات والسلع وتحريك رؤوس الاموال.

لقد عني التعبير للمفهوم الثقافي للعولمة بالتوحيد، كانما الثقافات ذات ملامح متجانسة ومتماثلة مما يعني الغاء للخصوصيات الثقافية فكان اتجاه المفهوم نحو رؤية موحدة للكون. وربطها بالبعد الاقتصادي والاعلامي معتبراً أن هناك عولمة اتصالية، والعولمة الثقافية ضمن هذا التعبير ثقافة غير مكتوبة تبث قيمها الاقمار الصناعية والقنوات الفضائية عبر اساليب الحياة اليومية في الطعام والملبس والشراب. أي شيوع انماط الاستهلاك الغربية وقيمه والترويج للصناعات والمنتجات الصناعية فهي ثقافة التدويل.

---

[1] د. مصطفى محمد العبد الله الكفري. عولمة الاقتصاد والاقتصادات العربية. مصدر سابق، ص 315 -316.

[*] استخدم التعبير من قبل لجنة اليونسكو العالمية للاعداد لمؤتمر السياسات الثقافية من اجل التنمية التي عقدت اجتماعاتها في مدينة ستوكهولم عام 1998 برئاسة خافيير بيريز دي كويلار، الامين العام السابق للامم المتحدة.

- السيد احمد مصطفى عمر، اعلام العولمة وتأثير في سلوك المستهلك، مصدر سابق، ص 74.

2- وفي الجانب الاخر - يقف المعارضون للعولمة الثقافية باعتبارها تهدف الى طغيان ثقافة عالمية واحدة على الثقافات القومية والمحلية المتعددة ومخاطرها على اختراق الخصوصية والهوية القومية بما يؤدي الى طمسها والحلول محلها، فجاءت الدعوة الى مقاومتها والتصدي لها وتندرج ضمن هذا الجانب الافكار التالية:

يقول د. عبد الاله بلقريز - ليس صحيحاً أن العولمة الثقافية هي الانتقال من حقبة ومن ظاهرة - الثقافات الوطنية والقومية الى ثقافة عليا جديدة هي الثقافة العالمية او الثقافة الكونية بل انها - بالتعريف - فعل اغتصاب ثقافي وعدوان رمزي على سائر الثقافات. انها رديف الاختراق الذي يجري بالعنف المسلح بالتقانة.

فيهدر سيادة الثقافة في سائر المجتمعات التي تبلغها عملية العولمة ويؤكد بان العولمة الثقافية هي سيطرة الثقافة الغربية على سائر الثقافات بواسطة استثمار مكتسبات العلوم والتقانة في ميدان الاتصال وهي التتويج التاريخي لتجربة طويلة من السيطرة تعود الى انطلاقه عمليات الغزو الاستعماري منذ قرون وحققت نجاحاتها الكبيرة بتصفية ومسخ ثقافات جنوبية عديدة خاصة في افريقيا وامريكا الشمالية والوسطى والجنوبية، والعولمة لا تؤرخ لنهاية عصر الدولة القومية، بل تعلن عن ميلاد حقبة جديدة من تمددها المستمر. والعولمة الثقافية، اليوم، ما هي الا مظهر من مظاهر ذلك التمدد خارج الحدود، الذي هو الية طبيعية في نظام اشتغال الدولة القومية الحديثة.

وهذه السيطرة الغربية العامة تنطوي - في داخلها - على علاقة اخرى من السيطرة تجعل ثقافات غربية عديدة في موقع تابع لثقافة اقوى تتمدد احكامها على امتداد سائر العالم. وهذه السيطرة يمكن التعبير عنه بالامركة Americanization والعولمة هي الاسم الحركي لها[1]. ولما كانت الكتابة من الادوات الاساسية للثقافة فانها في العولمة الثقافية تتراجع بشكل حاد وبهذا الصدد يشير د. عبد الاله بلقريز في تعريف ثقافة العولمة سلباً. انها ليست الثقافة المكتوبة، فالكتابة ليست من ادواتها الوظيفية ووسائط انتشارها، فالعولمة الثقافية تجري، وتتسع في مناخ من التراجع الحاد للثقافة المكتوبة على صعيد الانتاج والتداول، فطبيعة العولمة ومنطق اشتغالها هي ثقافة ما بعد المكتوب، وليست ثقافة ما بعد المكتوب تلك سوى "ثقافة الصورة"[2] السائدة اليوم لانتاج وعي الانسان على اوسع نطاق، والصورة في اطار العولمة الثقافية تلعب دوراً محورياً. الدور لعبته الكلمة في تاريخ الثقافات السابقة. فالصورة لغة خطاب متكاملة تمتلك كل مقومات

---

[1] د. عبد الاله بلقزيز، العولمة والهوية الثقافية، عولمة الثقافة ام ثقافة العولمة، ندوة العرب والعولمة، مصدر سابق، ص318.

[2] د. عبد الاله بلقزيز، العولمة والهوية الثقافية، العرب والعولمة، مصدر سابق، ص314.

التأثير الفعال تكتفي بذاتها وتستغني عن الحاجة الى غيرها. وهو اساس شعبيتها وتداولها الواسع. وفي نفس الوقت اساس خطورتها، فقد اصبحت الصورة قادرة على تحطيم الحاجز اللغوي، كما تستطيع العولمة الاقتصادية تحطيم الحاجز الوطني والكمركي للوصول الى أي انسان في مكانه[1].

فالصورة - هي مفتاح النظام الثقافي الجديد... ولما كانت العولمة الثقافية نظام ثقافي جديد فما هي بنيته ومضامينه ؟ وما هي غاياته ؟ وآثاره التي يرمي اليها ؟ هذا ما يحدده د.بلقزيز. النظام الثقافي المسيطر (الجديد) في حقيقة العولمة الثقافية بنيته النظام السمعي والبصري الذي يزج ملايين الصور يومياً بواسطة امبراطوريات اعلامية واسعة عن ثقافة السوق والاستهلاك (مسلسلات وافلام، وصناعة ازياء وعطور وعنف وجريمة وحبس وثراء سريع) فيستقبلها المتلقين من البشر في الكون ويتم استهلاكها كمادة استعمالية ذات تلوينات جمالية، فتتكدس منظومة جديدة من المعايير التي ترفع من قيمة النفعية والفردية والانانية والمادية المجردة من أي محتوى انساني.

ومضمون النظام - هو أن للصورة سلطة رمزية على صعيد الادراك الثقافي العام اضافة الى النظام السمعي - وقد اصبح النظام الثقافي للعولمة المصدر الجديد والاقوى لانتاج القيم والرموز وصناعتها وتشكيل الوعي والوجدان والذوق وللنظام اثاره الخطيرة، على مستوى التنمية الثقافية والقيمية التي تقترحها العولمة الثقافية على البشرية تتسم بالسطحية والفقر، متضمنه مواد سوقية جاهزة للاستهلاك. وتتنافس الشركات الاعلامية والاعلانية لتقديم السلعة للمستهلك في اخراج مثير تحت وطأة اغراء لا يقاوم ولا وقت للتفكير والتمحيص والتردد النقدي. وتنهار ملكة التحوط وكل ما يمكن أن يحمي الوعي من السقوط ويتحول الوعي الى مجال مباح لكل انواع الاختراق. والعلاقة بين هجوم ثقافة الصورة على الوعي مع استمرار التراجع عن القراءة في العالم ينتج عنه.

ضمور متزايد في المعرفة، وان التفتيت الذي سيصيب نظام القيم سيؤدي الى تكوين منظومة من المعايير تزيد من قيمة الفردية والنفعية والانانية وستقتل الروح والمحتوى الاخلاقي والانساني وسيصبح التلفاز المدرسة التربوية والتعليمية الجديدة التي تقوم وظيفياً مقام الاسرة والمدرسة.

على الصعيد الثقافي والاجتماعي مستقبلاً. ستنشأ ثقافة العولمة، في وعي الناس قيما ثقافية بعيدة عن النظام الاجتماعي الذي ينتمون اليه وسينجم عن ذلك خللاً في البنى الاجتماعية

---

[1] د. عبدالاله بلقزيز، العولمة والهوية الثقافية، نفس المصدر السابق، ص 315.

يعرضها لتشويه مضاعف. وتتغذى قوة الدفع التي تتمتع بها العولمة الثقافية من الزخم الكثيف في ميدان الاتصالاتيه وآليات العولمة الاقتصادية دخول الثقافة باعتبارها منتوجاً اجتماعياً في العولمة ميدان العملة الاقتصادية كغيرها نم المنتوجات (كسلعة) تنطبق عليها الاحكام والاجراءات التي تنطبق على السلع المادية. والمهم هو أن مجال المنافسة في تسويق السلعة الثقافية اصبح ضعيفاً ولا يتسع الا للقوى التي تمتلك ثقافة متقدمة وكبيرة[1].

وما يهدف اليه النظام الثقافي للعولمة - تعميق القبول الطوعي لقناعات الغرب من خلال شبكات الاتصال والمعلوماتية بواسطة الامبراطوريات الاعلامية وتحويل وطن الانسان الى الفضاء المعلوماتي الذي تصنعه الشبكات والمؤسسات الاعلامية.

ولما كانت العولمة تعني اشاعة مبادئ ومعايير وقيم الثقافة الامريكية وجعلها نموذجاً كونياً يقضي بتبنيه وتقليده، لخلق وصياغة مكون ثقافي عالمي جديد بهدف سيطرة الثقافة الامريكية على سائر الثقافات وفي هذا الصدد ينفي د.محمد عابد الجابري ذلك مؤكداً. عدم وجود ثقافة عالمية واحدة، بل ثقافات متعددة متنوعة تعمل كل منها بصورة تلقائية، او بتدخل ارادي من اهلها، للحفاظ على كيانها ومقوماتها الخاصة. من هذه الثقافات ما يميل الى الانغلاق والانكماش، ومنها ما يسعى الى الانتشار والتوسع، ومنها ما ينعزل حيناً وينتشر حيناً آخر. ولا تكتمل الهوية الثقافية ولا تبرز خصوصيتها الحضارية الا اذا كانت مرجعيتها الوطن والامة والدولة عندها تبرز خصوصيتها الحضارية. وكل مس بالهوية الثقافية لمجتمع هو مس للوطن والامة وتجسيدها التاريخي الدولة، والعولمة ليست مجرد آلية من آليات التطور الرأسمالي، بل هي ايضاً، وبالدرجة الاولى، ارادة الهيمنة على العالم وامركته من خلال اعطاء الاهمية والاولوية للاعلام لاحداث التغيرات المطلوبة على الصعيدين المحلي والعالمي، ترسمها وسائل الاتصال الاكترونية المتطورة فبدلاً من الحدود الثقافية، الوطنية والقومية، تطرح العولمة الثقافية، حدوداً اخرى، غير مرئية بهدف الهيمنة على الاقتصاد والاذواق والفكر والسلوك.

ويميز بين العالمية والعولمة، فالعولمة شيء والعالمية شيء آخر. العالمية تفتح على ما هو عالمي وكوني، اما العولمة فهي نفي للآخر واحلال الاختراق الثقافي محل الصراع الايديولوجي ويتم الاختراق الثقافي عن طريق السيطرة على الادراك الهدف النهائي للعولمة التي تحل محل الوعي وبالسيطرة على الادراك يتم اخضاع النفوس، "بتعطيل فاعلية العقل وتكيف المنطق، والتشويش على نظام القيم، (وتوجيه الخيال، وتنميط الذوق، وقولبة السلوك، وبالتالي فهي تكريس لنوع معين من الاستهلاك ولنوع من المعارف والسلع والبضائع)، وهي جميعاً تشكل

---

[1] د. عبدالاله بلقزيز، العولمة والهوية الثقافية، مصدر سابق، ص 316-317.

ما يطلق عليه (ثقافة الاختراق) التي تقوم على جملة من الاوهام وتهدف ثقافة الاختراق "التطبيع مع الهيمنة وتكريس الاستتباع الحضاري" ومن نتائج ثقافة الاختراق تسطيح الوعي، واختراق الهوية (حصول ازدواجية وانشطار داخل الهوية الثقافية العربية للافراد والجماعة والوطني أو القومي وهي ثقافة جديدة والوسائل السمعية والبصرية المرئية واللامرئية تحمل هذا الاختراق وتكرسه، لتصنع الذوق الاستهلاكي اقتصادياً والرأي العام سياسياً وتشيد رؤية خاصة للانسان والمجتمع والتاريخ [1].

ويتفق د. حسن حنفي[2]، د. منير الحمش في مفهوم العولمة الثقافية مع د. عبد الاله بلقزيز، و د.محمد عابد الجابري[3].

ويرى د. جلال امين – أن العولمة تؤدي الى تغيير اذواق المستهلكين بالاضافة الى تغير مكونات "سلة السلع" المتاحة للاستهلاك والذوق في منظورة هو احد المكونات الاساسية لثقافة مجتمع ما "استخدام لفظ الذوق للاشارة الى المجتمع ككل" وليس الفرد أو مجموعة من الافراد. فألذواق يصبح مجرد اسم اخر لثقافة المجتمع والعولمة الثقافية هي بالاساس عولمة لثقافة بعينها، فالذواق الناس في عموم الكرة الارضية، يخضعون الان لمؤثرات تعمل على تغيير اذواقهم وقيمهم وانماط سلوكهم في اتجاه الاذواق والقيم وانماط السلوك التابعة من "الغرب"، كما أن ظاهرة عولمة الثقافة هي بالاساس عملية "تغريب". فالناس كثيراً ما يميلون الى الاعتقاد بان كثيراً من عادات الاستهلاك الغربية "حيازة جهاز تلفاز" تمثل مستوى اعلى أو ارقى في تطور الإنسان في حين يفضل غيرهم اعتبار هذه العادات ما هي الا صورة للعديد من الصور الممكنة للحياة والاستمتاع بها ومن الصعوبة اعتباره اعلى أو اكثر انخفاضاً في انماط اخرى من السلوك تنتهجها ثقافات اخرى، أو اعتبارها بالضرورة مصدراً لدرجة اكبر من الاستمتاع بالحياة.

وفي الجانب الاخر هناك من يرى ليس هناك ما يدل على أن العولمة تهدف بالضرورة الى محو الهويات الثقافية المتعددة والعولمة تفرض نفسها وليست بحاجة الى فرض نظام ثقافي معين على كل انحاء العالم، ومن المستحيل محو التعددية والخصوصية الثقافية فالثقافات تنشأ وتتطور وتزداد فاعليتها في مراحل المد التاريخي فتضعف في عهود الانحسار والتراجع، غير

---

[1] د. محمد عابد الجابري، العرب والعولمة: العولمة والهوية الثقافية، تقييم نقدي لممارسة العولمة في المجال الثقافي – العولمة والهوية الثقافية: عشر اطروحات، العرب والعولمة، مصدر سابق، ص279-308.

[2] د. حسن حنفي، العولمة بين الحقيقية والوهم – ما العولمة، ط1، دار الفكر، دمشق، 1999م، ص27-28. و د. منير الحمش - العولمة ليست الخيار الوحيد، مصدر سابق، ص48.

[3] لاستخدام لفظ الذوق للاشارة الى المجتمع ككل.

انها تبقى مستمرة ولن تتغير مع الزمن كما يوحي هذا الاتجاه بان العولمة الثقافية هي حدث من احداث الطبيعة وليس لنا القدرة على ردها والوقوف بوجهها فهي نتيجة حتمية وليس امامنا الا الاذعان لها، فالعولمة لن تتمكن من الغاء تميز الثقافات لاي شعب له حضارة وثقافة به وبامكانه انتقاء ما يمكن من الاستفادة من الثقافات الأخرى فالذي يأخذ ثقافة الاخر فليس له اصلاً ثقافة أو حضارة أو قيم. فالعولمة الثقافية من وجهة النظر هذه ظاهرة جديدة تستمد خصوصيتها من عدة تطورات فكرية وقيمية وسلوكية برزت بوضوح في التسعينات منها انفتاح الثقافات العالمية المختلفة مع بعضها البعض الذي يحدث للمرة الاولى في التاريخ ولا يتضمن ذلك بالضرورة ذوبان الثقافات والحضارات والعولمة الثقافية تحافظ على الخصوصيات والثقافات وتنتعش بالتنوع الثقافي لنقلها الثقافات والقناعات والايديولوجيات والارتقاء بالثقافات سيسمح ببروز مفاهيم وقناعات وقيم ومواقف وسلوكيات انسانية مشتركة ومعبرة لكل المناطق الحضارية والثقافية. فالهدف النهائي للعولمة الثقافية هو ليس خلق ثقافة عالمية واحدة بل خلق عالم بلا حدود ثقافية وهذا الهدف لم يتحقق بعد ولا يتوقع له أن يتحقق قريباً.

وفي ظل العولمة الثقافية سيزداد الوعي بعالمية العالم ووحدة البشرية وتبرز بوضوح الهوية والمواطنة العالمية التي ربما ستحل تدريجاً. أو على المدى البعيد محل الولاء والانتماءات الوطنية. وستتعود الانسانية النظر الى ذاتها كتلة واحدة ذات قيم عميقة تتخطى كل الخصوصيات الحضارية والثقافية ويكتشف الإنسان بعده العالمي وهويته الانسانية، لكن بروز الهوية العالمية لا يعني تراجع أو تهميش أو نفي الهوية وبجانب الهوية الوطنية ستنمو الهوية الانسانية والمواطنة العالمية، فقد كانت الهوية العالمية قائمة في المراحل التاريخية غير انها اصبحت اكثر وضوحاً وسيبرز جيل جديد من المواطنين العالميين المنتسبين للعالم بقدر انتسابهم للوطن والوعي بالبعد العالمي في الوجود الانساني وعدم الولاء للوطن والولاء للانسانية لا يعني سقوط الولاء للاسرة أو الجماعة والوطن.

والعولمة ارتقاء لمخيلة الافراد ووجودهم وستشعر البشرية وكانها وحدها سكانية واحدة متلاحمة وتعيش في قمر صناعي واحد.

أن السعي لتقارب الحضارات وربط الثقافات وتعزيز الهوية وخلق عالم بلا حدود ثقافية مجرد جانب من جوانب العولمة الثقافية وبقدر هذا التوجه فالعولمة يمكن أن تتجه نحو صراع الحضارات والهيمنة الثقافية لثقافة واحدة على سائر الثقافات[1].

---

(1) راجع د. عبد الخالق عبد الله، العولمة جذورها وفروعها وكيفية التعامل معها، مصدر سابق، ص74-80.

فالمشكلة الاولى المثارة بشان العولمة والهوية الثقافية، والعالم لم يكن منعزلاً عن الاخرين في أي وقت من الاوقات فالمشكلةظلت هي الالحاح عليها باستمرار للارتباط بالنموذج الغربي اولاً وتحديداً النموذج الامريكي دون باقي النماذج الغربية فالنموذج الامريكي قد يصلح لاهله وهذا النموذج يريد فرض سطوته وهيمنته على العالم كله بما في ذلك النماذج الأخرى في اوربا. فهذا التحدي لا يواجه العرب ودول الجنوب حسب بل دول الشمال. وبالرغم من معظم دول اوربا متحالفة مع اميركا عسكرياً وكلها من اجزاء الحضارة الغربية مع ذلك فاحد القوانين المعمول بها في دول الاتحاد الاوربي هو أن يكون 51% من المواد الدرامية المعروضة تلفازياً من انتاج اوربي وقد فتح هذا معركة كبرى ما زالت جارية خلال مفاوضات الجات.

فبأسم حرية التجارة تصر اميركا على ازالة اية قيود تميزية في دول الاتحاد الاوربي لصالح الانتاج التلفازي المحلي وضد الانتاج الامريكي ودوافع اصرار دول الاتحاد الاوربي[*] كجزء من اصرارها على أن تكون لها هويتها الثقافية الخاصة المحصنة ضد الذوبان في الهوية الامريكية التي تروج بدورها للنموذج الراسمالي[1].

خلاصة ما تقدم لقد اصبحت السيطرة الامريكية حقيقة مادية تعيشها اوربا ذاتها وتحتج عليها وتنظم مقاومتها ضدها، وتعتبرها خطراً يهدد استقلالها الاقتصادي والسياسي وهويتها الثقافية وهذا خير دليل على وجودها ومخاطرها والثقافة الحقيقة هي ثقافة سائر المجتمعات دون استثناء.

وعن علاقة العولمة بالهوية فقد اشارت فكرة صدام الحضارات التي اطلقها صومئيل هنتجنون في كتابة الذي يحمل نفس الاسم جدلاً واسعاً حيث اثارت اطروحة هنتجنون عدداً من الاشكالات عن علاقة العولمة بالهوية لانها تنطلق من الصراع، وهذا في جوهره يتناقض مع فكرة العولمة التي يفترض أن تقدم على فكرة التوحيد الثقافي، يعرف الكاتب في البداية موضوعة - بان الثقافة والهويات الثقافية التي هي على المستوى العام هويات حضارية فهي التي تشكل نمط التماسك والنفخ والصراع في عالم ما بعد الحرب الباردة[2] وبشر بعالم تكون فيه الهويات الثقافية والعرقية والقومية والدينية والحضارية - واضحة وتصبح هي المركز وتتشكل فيه العدوان والتحالفات وسياسات الدول حسب عوامل التقارب أو التباين الثقافي [3]. ويرى هنتجتون

---

[*] **لقد قاومت فرنسا هذا الجانب في مفاوضات الجات واصبح دفاعها يعرف باسم الاستثناء الثقافي.**

[1] **محمود عوض - تعقيب في العرب والعولمة، مصدر سابق، ص328-329.**

[2] **صاموئيل هينتجتون، صدام الحضارات، اعادة صنع النظام العالمي، ترجمة طلعت الشايب، القاهرة، كتاب سطور 1998، ص37.**

[3] **صاموئيل هينتجتون- المصدر السابق، ص498.**

أن الحضارات هي القبائل الانسانية وصدام الحضارات هو صراع قبلي على نطاق كوني [1] وتحمل نظرية صراع الحضارات في داخلها احتمالات ظهور اصوليات ترمي الى اثارة الشعور بالانتماء ومواجهة الاخر. وكانما استمرار حضارة ما لا يمكن أن يتم الا بالتهام الحضارات المنافسة ومن المحتمل في المستقبل نشوب حرب كونية تشارك فيها دول المركز في حضارات العالم الرئيسية بالرغم من أن همنتجتون لا يؤكد حتمية نشوب الحرب الكونية حسب قوله ولكن ليس مستحيلاً والمهم في نظرية صراع الحضارات انها تضل في النهاية الى تقارب وتداخل الحضارات، كما انها تتبنى فكرة العوامل المشتركة في الحضارة وينطلق همنتجتون في القول بوجود بعض الامريكيين المؤمنين بالتعددية في الداخل والعالمية في الخارج فهناك من يريدون أن يجعلوا العالم مثل اميركا - واخرون - دعاة التعددية يريدون أن يجعلوا اميركا مثل العالم [2] لقد جاءت نظرية صراع الحضارات عكس نظرية فوكوياما - نهاية التاريخ بانتصار الحضارة الغربية أو الليبرالية الاقتصادية والسياسية حيث يقول مع انتهاء القرن العشرين يمكن الحديث مجدد عن تاريخ للبشرية واضح المعالم والاهداف حيث تتجه البشرية الى الديمقراطية الليبرالية وحدوث ذلك يعود لسببين، الاول يتصل بالاقتصاد، اما الثاني فيتصل بما يسمى الصراع من اجل نيل التقدير والاحترام، ويرى فوكوياما بانه قد تحدث صراعات صغرى في بعض اقطار العالم الثالث غير أن العالم من يشهد أي صراعات كبرى لان حرب الافكار قد انتهت وستتركز الصراعات أن وجدت حول حل المشكلات الاقتصادية والتكنولوجية [3].

ويدعم مثل هذا الطرح فكرة أن العولمة تميل الى تشكيل ثقافة عالمية لها خصائص مشتركة وليس بالضرورة أن يسيطر عليها مركز واحد. فقد تنهض الثقافات غير الغربية دون أن تدخل في صراع مع الحضارة الغربية أي أن تكون العلاقة تكاملية وجدلية تتبادل التأثير والتأثر خاصة عندما يتسابق الناس نحو الارتقاء بالجوانب الاخلاقية للشخصية الانسانية. وفي تلك الحالة تخوض البشرية ما يسميه فوكوياما الحروب الكبرى للروح [4]. أن فكرة نهاية التاريخ هي تعبير عن نشوة النصر في اعقاب انهيار الاتحاد السوفيتي. وقد تراجعت الفكرة لتحل محلها فكرة صدام الحضارات والتي هي في جوهرها تعبير من أن الانتصار الكامل ما يزال بعيد المنال ويتطلب حالة جديدة من التعبئة الشاملة التي يلزمها عدو بديل.

وهناك الاتجاه الثالث الذي يؤكد على التفاعل بين الثقافات ويرى في التفاعل صمام الامان الذي يضمن للعولمة أن تتخلص اثارها وجوانبها السلبية فالتفاعل الايجابي يرسخ قيما ثقافة

---

[1] صاموئيل هينتجتون- المصدر السابق، ص335.

[2] المصدر السابق، ص515.

[3] فرنسيس فوكوياما. نهاية التاريخ، ترجمة وتعليق د.حسين الشيخ، مصدر سابق، ص9.

[4] المصدر السابق نفسه، ص285.

رئيسية مشتركة تجمع الثقافات في جوهر واحد بحيث تكون الثقافات الوطنية مزيجاً من ثقافة دولية تحترم المعاصرة، وثقافة محلية تحافظ على الاصول والمنابع ويستند اصحاب هذا الرأي الى فكرة الخصوصية الثقافية للثقافات الفرعية التي تتميز بطابع خاص في اطار الثقافة التي تنتمي اليها مثلاً الثقافة الاسيوية لها قواسمها المشتركة. عبر أن لها خصوصياتها التي تميز الثقافة اليابانية عن الثقافة الصينية وعن الثقافة الكورية.

فالعولمة الثقافية من وجهة النظر هذه - لا تمثل ثقافة انسانية جديده انما هي مجموع ثقافات ذات ملامح متشابهة وتتجه جمعياً نحو رؤية موحدة للكون، فهي تسعى لالغاء الفوارق واعلاء التشابهات والتماثلات بين الثقافات والتي تدعم وجود مسار بشري واحد للتاريخ رغم الجزئيات التي تتناقض مع زيادة التعايش والتفاعل والتعاون، فالدول التي تكون عملية العولمة الراهنة. هي دول راسمالية صناعية وتبشر بايديولوجية الليبرالية الجديدة في الاقتصاد والثقافة والسياسة. كما يرى أن من ابرز خصائص العولمة الثقافية فتتمثل في العقلانية والعلمانية والفردية والنسبية [1].

ثانياً- ابعاد وتأثيرات العولمة الثقافية ومواجهتها:

أن تأثير العولمة الثقافية غير محدود لما تفرضه من حقائق متباينة واتجاهات مختلفة ومن خلال تحليل مفهوم العولمة الثقافية يمكن استخلاص تأثيراتها في التالي:

أ. لما كان الهدف الاساس من العولمة الثقافية هو بلورة ثقافة عالمية تتسم بسمات خاصة تستفيد منها الفئات المسيطرة على العمليات الاقتصادية والسياسية والاعلامية باحتكارها التقنية والانتاج الاعلامي عالمياً وقد ادى ذلك الى تشكيل نمط معين من الوعي الثقافي وفرض النموذج الكوني من خلال الانتاج والتوزيع واستهلاك المواد الاعلانية والاتصالية كان من نتائجه تغير اتجاهات الافراد سواء داخل المجتمع الغربي نفسه أو خارجه فالتأثير الكبير كان على الفئات الشعبية في المجتمعات التقليدية التي تتغلغل فيها الثقافات الغربية الموجهة.

ب. تراجع دور العملية الثقافية في المجتمعات التقليدية النامية، التي كان لها تأثير في تطور وادارة هذه المجتمعات بسبب الاختراق والغزو الثقافي للعمليات الاقتصادية والاعلامية والثقافية وهذا الاختراق يقضي الى[2].

---

[1] **د. حيدر ابراهيم، العولمة وجدل الهوية الثقافية، مصدر سابق، ص104-106.**

[2] **د. احمد مجدي حجازي، العولمة وتهميش الثقافة الوطنية - رؤية نقدية من العالم الثالث - مصدر سابق، ص132.**

- أن تفقد الدول ثقافتها تحت ضغط الاختراق وتبدأ بالتخلي التدريجي عن خصوصياتها الثقافية اضافة الى استلاب الثقافات المتعددة لصالح الثقافة العالمية الواحدة.

- تهديد منظومة القيم الاصلية – وتشكيل نوع من الازدواجية الثقافية التي تجتمع فيها تناقضات الاصالة والمعاصرة.

- الانقسام والتفكك الداخلي وظهور التشتت الثقافي والحضري وظهور الثقافة الوطنية في صورة باهته عاجزة عن تقديم تصوراتها وشخصيتها الراقية مقابل ظهور ثقافة العولمة الزاهية الالوان بصورة راقية.

ج. ظهور روابط وجسور وادوات تحليلية مهمتها الرئيسية ايجاد معايير قيم العبور عليها الى الثقافة العالمية وصولاً بالفكر الثقافي العالمي الى ارجاء الكون واحداث نوع من التوحد الثقافي[1] والبدء في بلورة ثقافة عالمية كل ذلك على حساب الثقافات الوطنية، سواء كان في الدول المتقدمة أو في دول الجنوب , فالثقافات الوطنية عموماً اصبحت تعاني من الضعف والعجز عن حماية مواقعها التقليدية وقد نتج عن ذلك وجود ثقافتين، ثقافة الصفوة (الثقافة العالمية) وثقافة الجماهير الشعبية (الثقافة المحلية) بتياراتها واتجاهاتها المختلفة ومنها من يحاول كرد فعل على هذه الهجمات الكاسحة احياء – السلفية والحفاظ على التراث وخصوصيته العرقية أو الدينية أو التاريخية أو القبلية، فحركات التطرف بكل اشكالها وهو ما تجده في اجزاء كثيرة من العالم هو نتاج لاليات الهيمنة الرأسمالية وتشجيعها للثقافات المحلية المتعارضة، فالعولمة الثقافية هي النقيض الحقيقي لوجود عوالم اخرى.

د. من المفروض أن تؤدي العولمة الى التوحد لا الى التفكك غير أن الشواهد التاريخية تؤكد دلالات تشير عكس ذلك تماماً. فالتوحيد الذي تدعو له العولمة زائف ومصطنع حيث برزت النزعات القومية والتيارات السلفية كرد فعل لعملية العولمة الثقافية، ودفاعاً عن الهوية والانماء الوطني، أو دفاعاً عن مصالح قومية، أو دفاعاً عن انتماء ديني نتيجة صناعة فكرية فتوجهات كوكبية ثقافية بتشجيعها للثقافات المحلية المتعارضة[2]. نتيجة لارتباط تراكم التقدم في النظام الرأسمالي (المركز) بتراكم التخلف في التوابع والمحيطات بلغة اصحاب مدرسة التبعية[3].

---

[1] د. محسن احمد الخضيري، العولمة "مقدمة في فكر واقتصاد وادارة عصر اللادولة، مصدر سابق، ص26.

[2] د. احمد مجدي الحجازي، العولمة وتهميش الثقافة الوطنية رؤية نقدية من العالم الثالث، مصدر سابق، ص132-133.

[3] عبد الباسد عبد المعطي، التبعية الثقافية في الوطن العربي، في الاليات والمجالات والتفسير، ندوة الثقافة العربية، الواقع وافاق المستقبل 12-15 نيسان 1993، قطر، ص211 و 231-232.

هـ فتحولت الثقافة الاستهلاكية الى آلية فاعلة لتشويه البنى التقليدية وتغريب الإنسان وعزله عن قضاياه، وادخال الضعف لديه والتشكيك في جميع قناعاته الوطنية والقومية والايديولوجية والدينية لاخضاعه نهائياً للقوى والنخب المسيطرة على القرية الكونية فضلاً عن اضعاف روح النقد والمقاومة عند الإنسان ليستلم نهائياً الى واقع الاحباط فيقبل بالخضوع لهذه القوى.

و. تشكل العولمة الثقافية تحد امام بناء المجتمعات التقليدية لانها تحطم قدرات الإنسان وتجعله انساناً مستهلكاً غير منتج يتطلع الى ما يجود به الغرب من سلع جاهزة الصنع، بل تجعله متباهي بما لا ينتجه فهو القادر على استهلاك مالا يصنعه مما تشكل لديه قيم الاتكالية والتطلع باستمرار الى اقتناء السلع الاستهلاكية التي تتغير يومياً لا من اجل التطور فقط بل في سبيل زيادة حدة الاستهلاك على المستوى العالمي كما أن النظام العالمي الجديد المزمع تشكيله هدفه الاساس تحقيق الهيمنة الخارجية السبيل لتطوير قدرة النظام الرأسمالي.

ز. لعبت آلية تعميم ثقافة الاستهلاك دوراً مؤثراً بتعميق التطلع الاستهلاكي لدى الفئات والشرائح المختلفة في دول الجنوب منها الوطن العربي في البحث عن الجديد في الاسواق بعيداً عن حاجة المجتمع ولم يقتصر الامر على الفئات العليا في هذه المجتمعات التي كانت هدفاً في النظام الاستعماري القديم. حيث كانت الاستراتيجية تقوم على خلق شرائح قادرة على الاستهلاك. وقد اصبح الاستهلاك الجديد معمماً على الفئات العمرية المختلفة فانتشار لعب الاطفال انتقل من المرحلة التقليدية المعروفة الى المرحلة الحديثة لدفعهم بصورة مبهرة نحوها.

ح. طمس الهوية الثقافية للشعوب بتوظيف العالم للاختراق الثقافي وتعدد آليات الهيمنة كما وكيفاً بين ثقافة قومية واخرى. فالبرامج التي تبنتها الاذاعات المختلفة حتى العربية يلاحظ بوضوح اظهار تفوق الحضارة الغربية وتغلغل قيم الرأسمالية الوطنية ذات الصلة بالثقافة كلها نصب في ترشيح تفوق العرب على غيره من الجنسيات الاخر.

بالرغم من أن عملية نقل الصناعات تدخل في عملية تدويل الاقتصاد غير أن ابعادها الثقافية اكثر من ابعادها الاقتصادية فهي تعمق ثقافة تخليص المجتمعات التقليدية من دائرة التخلف.

أن التبادل الثقافي غير المتكافئ لن يساعد الدول في الجنوب على تخطي مرحلة التخلف، ففي كل حالات التبادل الثقافي غير المتكافئ (الاختراق) فالثقافات الادنى تفقد تدريجياً مقومات استمراريتها، وبذلك تتفكك وتنهار مما يشكل اشكالية على صعيد الهوية ونمط الحياة الاجتماعية وفقدان الاستقرار يشكل مصدراً لضياع المجتمع وتجزئته[1].

---

[1] د.احمد مجدي الحجازي، العولمة وتهميش الثقافة الوطنية رؤية نقدية من العالم الثالث، مصدر سابق، ص 135-137.

العولمة الثقافية دعوة لنفي الحضارات الأخرى غير الغربية واهم آلياتها تقويض السيادة الوطنية في دول العالم الاقل تطوراً وتسيير مهمة الهيمنة الرأسمالية المعولمة وتوجيه الطابع القومي لشعوب عالم الجنوب لتتوائم مع الحضارة الاورو- امريكية [1].

تذويب الثقافات في اطار الثقافة العالمية التي وصفت بانها كونية مما يعني أن الاطار المكون للثقافة لن يكون اكثر من منظومة فكرية ايديولوجية لاستيعاب الثقافات القومية، واذابتها في هذا المكون الثقافي العالمي، اذاً فالساحة الثقافية العربية تشهد محاولات عبر وسائل الاعلام.. المتطورة ترويجاً للنموذج الغربي وتقديمه للاوساط الثقافية العربية كنموذج عالمي للثقافة والعولمة الثقافية بقدر ما تعني هيمنة الثقافة الامريكية وفرضها على الامم والقوميات منها الامة العربية فذلك يعني اجتثاث الثقافة العربية وتغيبها واحلال الثقافة الامريكية محلها بغض النظر عن اساسها ومرجعياتها التي ليس لها علاقة بالهوية القومية للامة العربية ولتاريخ الصراع العربي الاسلامي مع العالم الغربي [2].

وعندما يعارض النموذج الثقافي القومي التبعية المهيمنة الامريكية ويرفض مبادئها ومفاهيمها - التي ينطوي عليها النموذج الثقافي العالمي وما يترتب عليه من السلاح عن الهوية القومية العربية تبني موقف المواجهة للعولمة الثقافية ومقاومة مبادئها التي تستند على الهيمنة وعدم الاستقلال في اطار عملية قسرية مضللة للتوحيد الثقافي الانساني وعلى هذا الاساس فالصراع والمقاومة مع العولمة الثقافية هو تعبير حقيقي عن مشاعر القلق على الهوية القومية وادراك مخاطر الظاهرة على خصوصية الثقافة العربية وان الكشف عن حقائق الواقع الذي تعيشه الثقافة العربية في ظل تحديات العولمة والانطلاق من ضرورات حماية الثقافة العربية من مخاطر هذه الظاهرة يساعد كثيراً على تشخيص هذه التحديات واساليبها ومسالكها[3].

خلاصة ما تقدم فان العولمة الثقافية تهدف الى تجريد الشعوب من ثقافاتها من عناصرها الاصلية وخصائصها المتميزة وتشويه طابعها العام واحداث الخروق فيها وتهميشها وتشكيل قوة للنيل من خصوصيتها المعروفة للمجتمع وسلخه من نسيجه الثقافي والتاريخي والحضاري.

---

(1) السيد ياسين، في مفهوم العولمة، العرب والعولمة، مصدر سابق، ص 23-24.

(2) مؤيد عزيز، رؤى نهاية القرن - تحديات الثقافة العربية، مجلة الموقف الثقافي العدد 7 السنة الاولى 1997 م، ص 26-47.

(3) د.محمد عابد الجابري، قضايا في الفكر المعاصر، العولمة - صراع الحضارات - العودة الى الاخلاق التسامح - الديمقراطية ونظام القيم - الفلسفة المدنية، مركز دراسات الوحدة العربية، بيروت، حزيران، يونيو 1997، ص 143.

- هل هناك امكانية لمقاومة زحف العولمة الثقافية كتحد يتعلق بالمستقبل ؟ وكيف يمكن ذلك خاصة وان خطر هذا الزحف موجود في الافق عملياً؟

أن الحقيقة الجوهرية – التي لا يمكن اغفالها هي عمق المخاطر التي تواجه الثقافة العربية من ظاهرة العولمة الثقافية تخجل من مسألة مواجهة الظاهرة بقدر ما تمثل عملية لربط الناس ثقافياً بالرغم من تباين انتماءاتهم واصولهم القومية وخصوصياتهم الثقافية في اولوية مهمات المرحلة الحالية. فالعولمة الثقافية تمثل تحد للثقافة العربية ولا يقتضي التعامل معها بنفس المستوى من التعامل مع الظواهر الأخرى. التي تواجه الامة العربية وثقافتها القومية حسب انما يقتضي التحسب الدقيق مع آثارها ببعديها الحالي والمستقبلي ودوافع هذا التحسب يعود بالاساس الى طبيعة القوى التي تقف وراء معاداتها الصريحة والعلنية للامة العربية كما أن الاهداف المعلنة والخفية لهذه العولمة التي يوظف لخدماتها جهاز اعلامي ضخم ومتطور وتقنيات ثقافية واعلامية متنوعة ومتقدمة لها من القدرة على مخاطبة العقل العربي والتأثير فيه وبوسائط متعددة. تجعل معها امكانية الحصانة الذاتية غير قادرة على مقاومتها ومواجهة مغرياتها والانبهار بها.

وتأتي ضرورة المواجهة العربية للعولمة الثقافية في جوهرها من الحاجة لحماية هوية القومية العربية والمحافظة على خصوصيتها الذاتية للثقافة العربية تعبيراً روحياً عن شخصية القومية العربية في عصر يشهد هجوماً كاسحاً على خصوصياتها الوطنية القومية عبر هذه الظاهرة لغرض ثقافة واحدة على العالم بديلاً عن الخصوصية الثقافية الوطنية القومية، حيث تتأكد الرغبة لتعزيز هذه الخصوصيات وتنمية الحوار الثقافي بدل الهجوم.

أن الصراع الحقيقي للعولمة الثقافية مع الثقافة العربية وهويتها القومية دافعة، النيل من شخصية القومية العربية والوجود الحضاري للامة العربية وعلى هذا الاساس فالدفاع عن شخصية القومية يستوجب وضع الهوية القومية والخصوصية العربية للثقافة العربية في المرتبة الاولى مما يتطلب اعطاء الثقافة العربية بعدها الشمولي لتتحول من خط دفاعي قوي من جانبين هما[1]:

1. الدفاع عن وجود الامة وحمايتها من موقع الثقافة من خلال استنفار مقومات الهوية التي تجسد شخصيتها واصالتها ووجودها الحضاري من الغزو الهادف الى تشتتها وتهميشها واحداث الخلل في كيانها العام الذي يؤكد تماسكها، بمعنى مقاومة ومواجهة من يريد استلابها وفرض التبعية عليها من أي نوع. وايا كانت المواقع التي يتسلل منها والوسائل التي يعتمدها.

---

[1] **خلف محمد الجراد، العلاقة الاشكالية بين الثقافة والغزو الثقافي في الخطاب العربي المعاصر، المستقبل العربي العدد 176، تشرين الاول، 1993 م، ص76.**

2. الدفاع عن حيوية الامة من موقع الوعي بالذات والتحذير من اتخاذ موقف الانغلاق الكلي كرد فعل من العولمة الثقافية لتحقيق تفاعل ايجابي بناء ومؤثر بما يتوافق مع معطيات الحياة والعلم ومع ما يقدمه تفاعل الثقافات، فالثقافات تنشط وتزدهر بقبول الاخر والثقافة العربية ازدهرت في بعض عصورها لانها قبلت ثقافات جميع الامم في تلك العصور وتصاهرت معها فكرياً وعلمياً. فضلاً على مقاومة حالة الانغلاق والجمود والاستعلاء التي قد تحدث من ناحية وحالة الانبهار والانهيار والتقليد الاعمى والاستلاب من ناحية اخرى. أن حماية الثقافة العربية، من تحد العولمة الثقافية ودعاتها وقواها – هي مهمة "أساسية، وجانب مهم في تطور الحضارة الانسانية ودعم التواصل والتفاعل الحضاري والثقافي بين الشعوب والامم فانها تطرح المواجهة مع العولمة الثقافية من خلال المهمة الاساسية والمتمثلة في:

1- ضرورة اهمية فهم وادراك التناقضات في مضمون العولمة الثقافية لكشف زيفها الذي تتستر قواها خلفه[1] والمهمة التي تقع امام المثقفين العرب – هي مهمة انسانية يمكن تأديتها من خلال التفاعل والحوار مع مثقفي الامم الأخرى خاصة تلك الامم والحضارات التي وضعتها العولمة في صراع مباشر معها والتي اشار صومئيل هانتغتون في مؤلفه صدام الحضارات الى أن العالم سيشهد صراع الحضارات في القرن القادم مشيراً اننا نشهد سبع ثقافات متصارعة وغير متساوية وهي: الغربية، والسلفية – الارثوذكسية، والاسلامية، واليابانية، والهندوسية، والكونفوشيوسية، واللاتينو – امريكية. ويزغم أن اخطر هذه الثقافات على الغرب هما الصين الكونفوشيوسية، والاصولية الاسلامية ويقدمها على انهما العدوان اللدودان. صحيح انه ينصح الغرب الا يطمح الى قيادة العالم وان يتبع ستراتيجية الانعزال، غير أن الصحيح انه يحرضه لشن حرباً وقائية ضد هاتين الثقافتين الاكثر خطورة عليه، الصينية والاسلامية [2].

2- تأكيد وتنمية الهوية القومية للثقافة العربية لان ما ترمي اليه قوى العولمة هو لاحكام السيطرة على المشروع الثقافي العالمي بحيث لا يبقى للقوميات الجديدة مجالاً لتثبيت بعض الشيء من خصوصياتها حول هوياتها التاريخية [3] مما يعني سيطرة النموذج الثقافي الكوني – الثقافة الامريكية واحلاله محل الثقافة القومية – وسيؤدي ذلك الى طمس الهوية القومية وفرض هوية كونية جديدة غريبة مشوهة الملامح والسمات عليها. مما يتطلب تأكيد الهوية القومية وذلك

---

[1] د. علي حسين الجابري، العرب وسياسة الاحتواء والحرب الدائمة، مجلة افاق عربية، العدد 9-10 ايلول / تشرين الاول 1996 م، ص16.

[2] كريم بقرادوني – تعقيب العرب والعولمة، مصدر سابق، ص258.

[3] مطاع صفدي، ميتافيزيقية الشبه والهوية، مجلة الفكر المعاصر، العدد 17، كانون الاول 1981 م وكانون الثاني 1982 م، ص11.

باعادة الامم والقوميات على انتاج خصوصيات الذات عبر ثقافتها القومية وعلى هذا الاساس فالثقافة القومية هي امام اختبار جدي. واجتياز هذا الاختبار يكون عن طريق نتاجات وابداعات متجددة ومستقلة نعيد من خلالها انتاج خصوصيتها العربية التي تتجسد من خلالها هويتنا القومية.

3- تطوير وتعزيز الخصوصية الذاتية للثقافة العربية وابراز تميزها عن الثقافات القومية الأخرى وتحقيق هذا الهدف لن يكون ممكناً الا من خلال تجاوز الهوة العميقة بين الواقع العربي الحالي ودون الاستسلام للشعارات الزائفة التي تنال من اصالته وتميزه الحضاري فالتحدي المفروض من العولمة الثقافية على الثقافة العربية لايمكن تجاوزه بالانغلاق ولا يمكن التغلب عليه بالقبول به والتغرب أو التعولم، بل بمواصلة الثقافة وانتاج الحياة من داخلها من خلال الابداعات الثقافية المتميزة بخصوصية الانتماء القومي[1]. فضلاً عن ايجاد قنوات متجددة للابداع الثقافي العربي. فالخصوصية تتجسد في القدرة على مواجهة العولمة الثقافية.

4- تفعيل الحوار الثقافي العربي مع ثقافات الامم الأخرى، فمنطق الحوار المتفاعل هو المنطق الوحيد الذي يتيح ويؤكد استمرارية الوجود مع الحفاظ على التمايز (2) ومنطق التفاعل والحوار هو الوسيلة الاساسية التي تساعد على تكثيف الجهود الثقافية المختلفة لمواجهة تحديات الصراع الحضاري والثقافي القائم على العولمة الثقافية.

5- استخدام العطاء الفكري والقيمي المتميز للثقافة العربية لخدمة قضية التقدم والتطور الحضاري والثقافي الانساني وابراز مكانة الثقافة العربية بين الثقافات الأخرى وهذا الدور يتقاطع كلياً مع منطق العولمة القائم على هيمنة النمط الثقافي الامريكي وعولمته كنموذج مسيطر على الثقافات [3] والذي اعتمد على استخدام كل التقنيات ووسائل الاعلام مما يستدعي تقييم التقنيات الاعلامية المستوردة في ضوء حاجة المجتمع ووضع ضوابط لانسياب البرامج والمواد الاعلامية والثقافية التي يكون لها اثر سلبي في مجتمعاتنا والسعي لايجاد انتاج ثقافي اعلامي عربي مشترك ذو نوعية جيدة بتقوية المقومات الاساسية للانتاج الاعلامي والثقافي بدعم المناهج والبرامج في معاهد التدريس ومراكز التدريب الاعلامي[4] اضافة الى اهمية

---

[1] ثناء فؤاد عبد الله - اشكالية التفاعل والحوار الحضاري بين العرب والحضائر الغربية في اطار تغيرات العالم الجديد، المستقبل العربي، العدد 167، كانون الثاني، 1992 م، ص45.

[2] خلف محمد الجراد - العلاقة الاشكالية بين الثقافة والغزو والثقافي في الخطاب العربي، مصدر سابق - ص73.

[3] مطاع صفدي - ميتافيزيقية الشبه والهوية، مصدر سابق، ص8.

[4] نبيل الدجاني، العرب والعولمة، مصدر سابق، ص339.

الحفاظ على اللغة كقضية اساسية في موضوع الهوية القومية فالخليط غير المتجانس في اميركا لم يوحدهم الا وسيلة واحدة ابرزها التوحد في استعمال اللغة الانكليزية وعلينا الاهتمام بلغتنا فعلماء اللغة ينبهون أن الصراع القادم هو صراع لغوي[1] من الواضح أن هيمنة اللغة الانكليزية يعد عاملاً مساعداً كبيراً في تحقيق العولمة كما هو واقع الحال.

تنشيط الثقافة والعلم في حياتنا العربية فدور الجامعات والمؤسسات الثقافية والحكومات والمنظمات غير الحكومية هو عامل اساسي في الحد من العولمة الثقافية باعتبارها (انتقائية منحازة) [2] عليه فان هناك ضرورة موضوعية تتطلب من الحكومات والشركات الثقافية والاعلانية الخاصة ومؤسسات المجتمع المدني العاملة في مجال الثقافة والاعلام للقيام بمراجعة دورها والتخلي عن امتيازاتها وتطوير ادواتها بما يتماشى وتحديات العولمة الثقافية ويقتضي- هذا بالضرورة مراجعة الكثير من التشريعات والنظم المعمول بها في بعض الدول العربية[3]. اضافة الى الفهم العميق لقوانين العالم المعاصر وقواة ومعارفه وادواته وسبل ادائه الناجح في ميادينه والاستجابة لتحدياته، فالامكانية متوفرة لبلوغ مستوى افضل من الاداء مستقبلاً على ايدي مثقفينا اذا ما توفر لهم المناخ الملائم لاداء علمي في ظل حرية واحترام وافق مفتوح على المستقبل وعدم الابتعاد عن معطيات العصر وتجنب تحدياته لان العصر يقتحم الباب علينا بقوة ولن تكون فيه مالم نشارك في بناء حضارته وتحمل المسؤولية فيه بايجابية تامة وما لم نتعامل مع معطياته باقتدار ونجاح وسبيلنا الى ذلك هو العلم والابداع والعمل على اتخاذ الاجراءات والتدابير لدعم المضامين الثقافية والاعلامية والترفيهية المنتجة في الأقطار العربية فضلاً على تطوير وتفعيل منظمات العمل العربي المشترك وادماج الشركات العربية الخاصة في الاطر والمنظمات التابعة للجامعة العربية واعطاء اولوية لتشجيع ودعم المنظمات وقوى ومؤسسات المجتمع المدني ذات العلاقة بالعمل الثقافي والاعلامي وفي كافة مستوياته لتطوير نوع من المشاركة والرقابة الشعبية في النظام الثقافي والاعلامي.

وبالرغم من كثافة الضخ الاعلامي والثقافي الموجه والنجاح الذي تحققه الهيمنة الامريكية، فالتطورات المحتملة الى جانب عدم حسم قوى العولمة الصراع مع القوى المناهضة لها داخل الوطن العربي ستعزز محاولات التصدي للتغلب على العولمة وهذا الاستنتاج تدعمه الحقائق التالية:

---

[1] سهام الفريح، تعقيب العرب والعولمة، ص342.

[2] منح الصلح – تعقيب العولمة والعرب، ص342-344.

[3] د. محمد شومان، عولمة الاعلام ومستقبل النظام الاعلامي العربي، مجلة عالم الفكر، مصدر سابق، ص181.

1- سينتهي الانبهار الذي اصاب بعض المثقفين العرب لفكرة العولمة الثقافية باكتشافهم الزيف والخداع الذي تنطوي عليها العولمة الثقافية.

2- ان موقف المتعولم الذي يدافع عنه البعض بدعوى المعاصرة والتفاعل بين الحضارات يعبر عن اهتزاز فكري لديهم، كما يعبر عن الخطأ الكبير الذي يرتكب بحق الهوية الثقافية العربية.

3- الموقف المناهض للعولمة الثقافية داخل الوطن العربي يزداد قوة بين اوساط المثقفين نتيجة لتفهمهم المخاطر التي سينجم عنها القبول بالعولمة على الثقافة الوطنية والقومية.

4- أن النموذج الامريكي لا يصلح للعولمة فأمريكا لا تملك نموذجاً ثقافياً ذا خصوصية متميزة. فليس بإمكان مجتمع هجين قصير الجذور (نفعي) التكوين به حاجة الى قيم ومعايير حضارية عريقة حاول أن يتملص منها في سعيه لاي هوية فكرية - براجماتية طوال قرن ويزيد من السنين غير قادر على تحقيق هيمنة نموذجه الكوني على العالم. غير أن ما يجري عولمته هو ترتيب ليبرالي يستند الى مقومات الوعي الزائف.

5- ستتضح تناقضات النموذج الثقافي الكوني امام الكثيرين وظهور عيوبه ومغالطاته الفاضحة التي ساهم فيها الجهاز الاعلامي المستخدم لاغراض العولمة.

6- أن انتشار تقنيات الاعلام والثقافة والمعرفة الحديثة مكنت القوى المناهضة للعولمة من استخدامها في الرد عليها والتصدي لها من داخل الوطن العربي ومن خارجه. فقد تمكن العراق الاستفادة من الفضائيات في واشنطن بخصوص فرق التفتيش مما ادهش الجميع أن السلاح الاكثر فاعلية الذي استخدمه العراق في تلك الازمة هو شبكة الاخبار بالكوابل CNN حيث ادرك العراق تأثير تلك الشبكة الاخبارية على الرأي العام الدولي وعلى صناع القرار في امريكا فعندما لم يسمح للعراق بطرح قضيته امام مجلس الامن. توجه على الفور الى برنامج (Larry king live) الذي تبثه شبكة CNN تحدث فيه عما يعاني منه شعب العراق من اثار بليغه جراء الحصار. وازدواجية المعايير التي تتعامل بها اميركا وما يتعرض له المجتمع الدولي من تعسف جراء الهيمنة الاميكية على المؤسسات الدولية فضلاً عن التكلفة التي يدفعها العراقيون بعد سنوات الحصار الطويلة. سمع الاف الامريكين وغيرهم رسالة العراق.

كما استطاعت الفضائيات العربية من متابعة العدوان الصهيوني المستمر على شعب فلسطين ومقاومته للكيان الصهيوني واستمرار ثورة الحجارة الباسلة واثار ابعاد تلك المقاومة على الشعب العربي وتصديه للسلطات الحاكمة التي فرضت عليه حصاراً يمنعه من التظاهر والتعبير عن موقفه القومي تجاه قضية فلسطين العربية.

7- بالرغم من حجم التحديات التي تفرضها العولمة الثقافية على الثقافة العربية فلن تلجأ الى الانعزال والتوقع بـل ستواصل التفاعل والحوار والابداع وستزداد قوتها وفاعليتها وتأثيرها بما تحققه الاقطار العربية مـن تقدم يـدعم شخصيتها وثقافتها من خلال المحافظة على سماتها البارزة وخصوصيتها التي تمتاز بها بـين الامم ويضـمن لابنائها عـدم الانـدماج واذابتها في العولمة الثقافية.

8- أن البعد العلمي وتنمية العمل التجريبي وتطويره بالتعاون المشترك بين المؤسسات العلمية والثقافية والاعلامية في الـدول العربية وفي كل المجالات الفكرية والبحثية وفي سائر فروع المعرفة الاقتصادية والاجتماعية والسياسية والثقافية سيؤدي الى احداث نقلة ابداعية ونوعية في الافكار والتصورات لما تمثله أسس الثقافة العربية مـن اهميـة في تحديد الطبيعة البشرية بعيداً عن الطرح الغربي المهيمن والعمل في مضمار التقدم العلمـي في المجالات العلمية واستثمار القـدرات العلمية لخدمة اهداف الامة والاعتزاز بالذات ذلك لان الفرق بين وحدة التخلف والتبعية انما هو فرق يتمثل فقط في مجالات البحث العلمي.

المطلب الثالث

الاعلام والعولمة

ظل الاعلام عبر تاريخه الطويل بالرغم من تطور وسائله وتقنياته محدوداً ضـمن اطر ومرتكزات معينـة وقد زاد تأثيره لاتساع دوره في هذا العصر. وقد اصبحت سلطة الاعلام في العالم وسيلة فعالة للتأثير في تكوين الـرأي العـام قطريـاً وعالمياً[1]. فالقوى التكنولوجية الهائلة المسخرة من اجله قادرة على اختراق المحدود مـن الامور والممنوع والمحضور منهـا فالحالة التي يوصف فيها المجتمع الحالي بانه مجتمع اعلامي قياساً إلى المجتمع الصناعي الـذي سبقه[2] وتسود الوضع الاعلامي الدولي انماط من العمليات التي تقوم على الاحتكار أو اللاتوازن، اذ أن دول غربية محدودة واحتكارات قليلة العدد من الاعلام والاتصال، والبث الفضائي تمتلك الامكانات الهائلة لصناعة وتطوير ادارة عصر المعلومـات والقـدرة عـلى صياغة واعادة تشكيل السياسات الخاصة بالتدفق الاعلامي وتشكيل الصور والرموز، وبالمقابـل تفتقر دول الجنوب لمثل هـذه الامكانيات الضخمة، وتجد نفسها في اوضاع لا يمكن فيها الافلات من قضية الاعلام

---

[1] السيد احمد عمر مصطفى، اعلام العولمة وتأثيره على المستهلك، مصدر سابق، ص75.

[2] على حرب حديث النهايات، فتوحات العولمة ومازق الهوية، المركز الثقافي العربي، الدار البيضاء، 2000 م، ص21.

الغربي، اذ تقوم باستيراد المواد الاعلامية والترفيهية والثقافية من الدول والشركات الغربية للضعف الذاتي الذي تشعر به امام التدفق الغربي[1]. وما يؤكد ذلك ما ذهب اليه العالم الامريكي شيلر عن النظرية الامبريالية أو نظرية التبعية في تدفق المعلومات، وخلاصتها أن القوى الغربية وفي مقدمتها اميركا بمساندة ودعم الاحتكارات الشركات عابرة القوميات تقوم باختراق مجتمعات عالم الجنوب واخضاع شعوبها لانماط المعيشة الغربية،فمن خلال المواد الاعلامية الغربية مثل الاخبار والافلام والبرامج التلفازية يتم التأثير عقول ابناء عالم الجنوب وصبها في قالب الفكر الغربي مما يسهل الشركات عابرة القوميات بزيادة مبيعاتها. اضافة الى تطور قطاع الاتصالات الثقافية للنظام العالمي حسي مستلزمات النظام العام كما أن تدفق المعلومات من منطقة (المركز) الى الاطراف يمثل في الحقيقة اوضاع القوة "فضلاً عن حقيقة انتشار لغة بمفردها كلغة عالمية هي اللغة الانكليزية[2]. وهكذا فالمعلومات تسري في اتجاه واحد، من الدول المتقدمة الد ولة الجنوب فهناك (2000) مركبة فضائية تدور حول الارض مرسلة اشارات لاسلكية تدعو الى العولمة بواسطة الصور المتحركة على شاشات (1.28) مليار من اجهزة التلفاز، تتشابه الصور وتتوحد الاحلام وتتحرر الافعال.

فقد اقتلعت الاطباق (Dishes) ملايين الناس من حياتهم التي اعتادوا أن يعيشوها[3] بالرغم من اعتراض الحكومات على كل ما تبثه وسائل الاتصال والاعلام والثقافة من الصور والمعلومات والايحاءات ولم تعد الدولة قادرة على السيادة على فضائها الجوي أو التحكم فيه فالمراقبة اصبحت مستحيلة عملياً، ولم يعد للدولة من خيار في هذا المجال سوى خيار واحد هو تسهيل الاتصال وسريان الاعلام لفائدة الشبكات العالمية [4]. اذ يتولى مديروها احكام السيطرة عليها بوضع اسس التحكم في الصور والمعلومات وتداولها والاشراف على معالجتها وتخزينها وتنقيحها وتوظيفها لتحقيق الاثر المطلوب في مواقف الإنسان وسلوكه[5].

---

(1) احمد ثابت، العولمة والخيارات المستقلة، المستقبل العربي العدد 240، شباط 1999، ص16-17.

(2) هربوت شيلر، المتلاعبون بالعقول، ترجمة عبد السلام رضوان، سلسلة عالم المعرفة 343، ط2، المجلس الوطني لثقافة والفنون والاداب،الكويت، 1999 م، ص7.

(3) السيد احمد عمر مصطفى، اعلام العولمة وتأثيره على المستهلك، مصدر سابق، ص75-76.

(4) د. محمد عابد الجابري، قضايا في الفكر المعاصر، العولمة - صراع الحضارات العودة الى الاخلاق - التسامح - الديمقراطية ونظام القيم - الفلسفة المدنية، مركز دراسات الوحدة العربية، مصدر سابق، ص151.

(5) هربرت أ. شيلر، المتلاعبون بالعقول، مصدر سابق، ص7.

واذا كان الاعلام في الماضي مرتبط بالارض، فاعلام العولمة. هو اعلام بلا وطن فالفضاء اللامحدود هو الوطن الجديد للعولمة، وهو في ذات الوقت وطن لاعلامها، وهذا الوطن هو الذي تبنيه شبكات الاتصال الالكترونية وتنسجه الالياف البصرية وتنقله الموجات الكهرومغناطيسية [1].

اذن أن العولمة غير منفصلة عن الاعلام والذي يعمم خصائص ومزايا العولمة وغزوها الفكري الذي يرمي لنشر المنظور الفكري لليبرالية وتغيب المنظور الفكري المناقض له. ومن بين الركائز الايديولوجية للعولمة توظيف الاعلام ووسائل الاتصال الحديثة في عملية الاختراق الثقافي واستعمار العقول وفي المجال الذي تتضح فيه نزوع الهيمنية في ايديولوجية العولمة. نزوعاً للهيمنة على الطريقة الامبراطورية ويمكن الاشارة الى مقال كتبه احد المسؤولين الكبار - سابقاً- من وزارة الدفاع الامريكية في مجلة "شؤون خارجية" الامريكية الصادرة في اذار / مارس - نيسان / ابريل 1996م يشرح فيه كيف أن اميركا ستتمكن في المستقبل القريب من تعزيز سيطرتها السياسية على العالم، بفضل ما تتمتع به من قدرة لا مثيل لها في مجال ادماج منظومات الاعلام المعقدة بعضها مع البعض، وهو يرى أن السياسة منظوراً اليها من زاوية الجغرافية وبالتالي الهيمنة العالمية، اصبحت تعني مراقبة (السلطة اللامادية) سلطة تكنولوجية الاعلام التي ترسم اليوم حدود المجال الاقتصادي السياسي التي ترسمها وسائل الاتصال الالكترونية المتطورة[2].

وقد عبرت دول متقدمة مثل فرنسا وكندا عن الخوف الشديد من المخاطر الناجمة عن الهيمنة الامريكية على الاعلام والثقافة ضمن اطار العولمة، فوسائل الاعلام الامريكية تهيمن على 65% من مجمل المواد والمنتجات الاعلامية والاعلانية والثقافية والترفيهية وبهذا الصدد يقول الكاتب الفرنسي "دوكورنوا" أن الطريق الجديد نحو الديمقراطية قد تم رسمه، وعليه يتدافع الجميع أو سوف يتدافعون، وهذا الطريق "السوق الاقتصادية". كما أن العولمة تصر على ان السوق تشكل قيم وحاجات الإنسان في حين أن حاجات الإنسان ليست فقط حاجات اقتصادية وتقنية كما يقول المفكر ادغار موران في كتابه (السياسة الحضارية) انما هي روحية وعاطفية ايضاً[3].

---

(1) السيد احمد عمر مصطفى، اعلام العولمة وتأثيره على المستهلك - مصدر سابق، ص76.

(2) د. محمد الجابري، قضايا في الفكر المعاصر، مصدر سابق، العولمة - صراع الحضارات - العودة الى الاخلاق التسامح الديمقراطية ونظام القيم - الفلسفة المدنية، ص145-146.

(3) د. عبد الله عبد الدائم، العالم ومستقبل الثقافة العربية، المستقبل العربي، العدد 222، آب، اغسطس 1997م، ص28-30.

لقد بلغت الهيمنة الامريكية في مجال تدفق البرامج الاعلامية والتلفاز في الدول الصناعية المتقدمة حداً كبيراً ففي (كندا) فقد اصبح الاطفال الكنديين من كثرة ما يشاهدونه من برامج اميركية لا يدركون انهم كنديين هذا ما اشار اليه احد الخبراء، وقد عبر وزير الخارجية الكندي السابق فولكنر عن ذلك الواقع قائلاً "لئن كان الاحتكار أمر سيئاً في صناعة استهلاكية، فانه اسوأ الى اقصى درجة في صناعة الثقافة حيث لا يقتصر الامر على تثبيت الاسعار وانما تثبيت الافكار ايضاً"[1].

اذن بالرغم من أن النظام الكوني الجديد (العولمة) هو قوة مسيطرة مهيمنة من اميركا - فهي مرفوضة الى حد كبير، فالبرغم من أن العولمة تدعو الى توحيد المجتمعات ولكنها في جوهرها عامل صراع وهذا ما يكشفه الرفض المتزايد للعولمة والثقافة الامريكية حتى من الداعين لها. فضلاً عما تحدثه وسائل الاعلام خاصة قنوات التلفزة الفضائية حيث يفرض التلفاز نفسه على المشاهدين محدثاً واقعاً جديداً داخل كل مجتمع من خلال البرامج التي يتلقاها، ويؤدي هذا الى سحق هوية المجتمعات وتحطم كيانها. من هنا فقد حرصت دول اوربا الموحدة على مواجهة التحديات الثقافية التي تفرضها صناعة الاتصال والترفيه والمعلومات الامريكية. وفي اطار سياسة مواجهة الهيمنة الثقافية والاعلامية للدول الغربية. فقد اصدرت الحكومة الفرنسية تشريعاً ينص بان لا تزيد نسبة البرامج الاجنبية في محاطات الكوابل عن 30% من مجموع البرامج، فضلاً عن تشجيع الحكومة لاتحاداتها الاعلامية وصناعاتها الثقافية على بناء تكتلات اعلامية بما يمكنها من مواجهة الانتاج الضخم للاحتكارات الامريكية[2].

أولاً- عولمة الاعلام: ظهرت محاولات قليلة لتحديد المفهوم اتسمت بالاستقطاب الحاد بين تيارين، التيار الاول، المؤيد لعولمة الاعلام المبرر لايجابياتها - باعتبارها تدعم التدفق الحر للمعلومات وحق الاتصال، وتوفر للجمهور فرصاً غير محدودة لحرية الاختيار بين وسائل الاعلام والمعلومات ضمن هذا التيار ظهرت ثلاث مجموعات اختلفت في الرؤى العامة والمداخل منها:

1- **المجموعة الاولى:** اصحاب المدخل التكنولوجي - الذين يركزون على أن التقدم التكنولوجي المتسارع والمستمر في مجال الاعلام والاتصال يحدث نقلات ثورية في بعدي الزمان والمكان وما يرتبط بهما من خبرات اجتماعية فضلاً عن التمهيد الى وعي جديد، والفصل بين الحدود الجغرافية والهوية.

---

[1] **راسم محمد الجمال، الانباء الخارجية في الصحف العربية، المستقبل العربي العدد 244، ايار / مايو 1999 م، ص121-122.**

[2] **د. احمد ثابت، العولمة والخيارات المستقلة، مصدر سابق، ص19-20.**

2- **المجموعة الثانية:** اصحاب المدخل ما بعد الحداثة من ابرزهم انطوني جيدنز حيث يرى أن ما بعد الحداثة هي نسخه راديكالية من الحداثة كما بينها وبين العولمة، فالعولمة هي توسيع للحداثة من نطاق المجتمع الى نطاق العالم، ويعرف العولمة، بانها تكثيف للعلاقات الاجتماعية على مستوى العالم بطرق تجعل الاحداث المحلية تتشكل بفعل الاحداث التي تقع على مسافة بعيدة والعكس صحيح. ويتعرض الى عولمة وسائل الاعلام Media Gbbalization بانها ضغط للزمان والمكان، السمة الرئيسية في العالم المعاصر، وان عولمة الاعلام هي التوسع في مناطق جغرافية مع تقديم مضمون متشابه كمقدمة لنوع التوسع الثقافي. وان وسائل الاتصال التكنولوجية الجديدة جعلت من الممكن فصل المكان عن الهوية وتجاوز الحدود الثقافية والسياسية وتقليل مشاعر الانتساب أو الانتماء الى مكان محدد. واهمية دور الاعلام في خلق وتضخيم الحقائق اعتماداً على الصور والرموز.

3- **المجموعة الثالثة:** اصحاب مدخل الليبرالية الجديدة - الذين يركزون على أن العولمة هي مزيد من التركيز في ملكية وسائل الاعلام والتكامل الرأسي، والتكنولوجيا الجديدة، فسيؤدي ذلك الى خلق فرص جديدة امام المستهلكين وتخفيض كلفة التكنولوجيا وخلق فرص جديدة للعمل فالمنافسة ستصبح من مصلحة المستهلك (جمهور المتلقين) في ظل استمرار الصراع بين الراسمالية العالمية، الشركات الكبرى والدولة القومية في مجال الثقافة والاعلام [1].

اما التيار الثاني - المعارض بشدة ما يقال عن ايجابيات عولمة الاعلام ويعتبرها نفياً للتعددية الثقافية وسيادة قيم الربح والخسارة واليات السوق في مجال الاعلام والاتصال والمعلومات فضلاً على الاعتداء على حرية وسائل الاعلام والحق في الاتصال وتقويض سلطة الدولة لصالح الشركات الاحتكارية المتعددة الجنسيات.

ويقف في هذا التيار ممثلون لمواقف واتجاهات عديدة ومن ابرز ممثلي النموذج واشهرهم "هربوت أ. شيلر" المعروف بمساهمته المتميزة عن الامبريالية والثقافة اذ يعرف عولمة الاعلام - بانها تركيز وسائل الاعلام في عدد من التكتلات الراسمالية (عابرة الجنسيات) التي تستخدم وسائل الاعلام حافزاً للمستهلك عالمياً، مؤكداً أن اسلوب الاعلان الغربي ومضمون الاعلام - تهدف الى التوسع العالمي لثقافة المستهلك عبر ادخال قيم اجنبية تزيل الهويات القومية أو الوطنية وفي ذات السياق يرى تشومسكي بان عولمة الاعلام هي الزيادة الضخمة في الاعلان عن السلع الاجنبية خاصة والتركيز على ملكية وسائل الاعلام الدولية ثم انخفاض التنوع والمعلومات مقابل

---

[1] **د. محمد شومان، عولمة الاعلام ومستقبل النظام الاعلامي العربي، عالم الفكر، مصدر سابق، ص159-160.**

زيادة التوجه للمعلن والعولمة هي التوسع في التعدي على القوميات من خلال شركات عملاقة شاملة ومستبدة يحركها:

أولاً- الربح وتشكيل الجمهور على وفق نمط خاص، حيث يدمن الجمهور اسلوب حياة قائمة على حاجات مصطنعة مع تجزئة الجمهور، وفصل كل فرد عن الاخر وعدم دخول الجمهور الساحة السياسية. ويهدد نظام القوى أو السيطرة على المجتمع[1] واستناداً لما تقدم - يقترح د. محمد شومان - مفهوماً لعولمة الاعلام - بانه عملية تهدف الى التعظيم المتسارع والمستمر في قدرات وسائل الاعلام والمعلومات على تجاوز الحدود السياسية والثقافية بين المجتمعات بفضل ما توفره التكنولوجيا الحديثة والتكامل والاندماج بين وسائل الاعلام والاتصال والمعلومات، لدعم عملية توجيه ودمج اسواق العالم من ناحية، وتحقيق مكاسب لشركات الاعلام والاتصالات والمعلومات العملاقة متعددة الجنسية على حساب تقليص سلطة ودور الدولة في المجالين الاعلامي والثقافي من ناحية ثانية.

في حين جاءت المحاولة الثانية لتحديد مفهوم اعلام العولمة، بانها سلطة تكنولوجية ذات منظومات معقدة، لا تلتزم بالحدود الوطنية للدول حدودها فضائية غير مرئية، ترسمها شبكات اتصالية معلوماتية على اسس سياسية واقتصادية وثقافية وفكرية، لتقيم عالماً من دون وطن، وامة، ودولة، عالم من المؤسسات والشبكات تتمركز وتعمل بامرة منظمات خاصة وشركات متعددة الجنسيات، يتسم مضمونة بالعالمية والتوحد. رغم تنوع وسائله التي تبث عبر وسائل تتخطى حواجز الزمان والمكان واللغة لتخاطب مستهلكين متعددي العقائد والرغبات والاهواء.

لم يعد هناك من شك بما يفرضه اعلام العولمة والمدى الذي يبلغه في نقل رسائله وتاثيرها فقد تخطى كل الحدود وعمل على تحويل المجتمعات والبيئات نحو وسائله خاصة التلفزيون[2]. حيث تزايدت اعداد الناس الذين يشاهدونه في امريكا اللاتينية وافريقيا واسيا وخلال المدة من 1985 - 1995 فقد كان الناس في جنوب اسيا وافريقيا جنوب الصحراء منفصلين عن العالم فأقل من (10) فقط من كل (6000) شخص يشاهدون التلفاز في بلدان تلك المجموعة عام 1985 زاد عددهم ليكونوا (50) لكل (6000) شخص عام 1995 فبالرغم من تواضع العدد فان نسبة التغيير لعقد من الزمن يشير الى زيادة بنسبة (400%) وهذا التزايد اذا ما استمر خلال عقد أو عقدين من الزمن ستكون النسبة عالية وسيدخل جهاز التلفاز الى كل بيت في هذه المنطقة من العالم. ويتباين التغيير من منطقة الى اخرى فهناك ارتفاع نسبي في اجهزة التلفاز في الدول

---

[1] **د. محمد شومان - عولمة الاعلام ومستقبل النظام العربي، مصدر سابق، ص160-161.**

[2] **السيد احمد مصطفى عمر، اعلام العولمة وتأثيره على المستهلك، المصدر نفسه، ص76-77.**

العربية كانت بدايتها نسبة مقبولة عام 1985 حيث بلغ العدد (100) شخص يملكون التلفاز مقابل (6000) شخص وتشكل النسبة اقل من (40%) خلال عقد كامل وبالمقابل فقد تطور هذا المقياس بشكل واضح في شرق اسيا من (50) شخصاً الى (250) شخصاً لكل (6000) لنفس المدة. مما يشير أن عقد اخر كفيل بجعل كل الناس في بلدان هذه المنطقة يتواصلون مع العالم من خلال هذا الجهاز [1]. مما يعني قدره اعلام العولمة لاعادة تشكيل العالم لسيطرة وسائله زمانياً ومكانياً.

أن تأثيرات اعلام العولمة ووسائله تجاوزت من الكم الى النوع فالكم الكبير من الفضائيات وشركات الاعلام تدفع الإنسان خطوات واسعة في طريق السلوك الاستهلاكي فالاستخدام الواسع للاعلان والدعاية في مجال تسويق السلع والخدمات لا تسمح للمشاهد ان بفكر ويختار بل يجد نفسه مضطراً للقبول بما يقوم الاعلان بتسويقه له ومن اجل ذلك تنفق اليوم اموالاً هائلة على الاعلان [2].لخلق طلب واسع على السلع والخدمات حتى في بلاد لا تسمح مستويات الدخل فيها بتبني انماط الثقافة الاستهلاكية والنتيجة الطبيعية انخفاض معدل الادخار في هذه الدول ومن ثم امتصاص جزء كبير من فائضها الاقتصادي[3].اضافة الى أن البرامج التلفازية الوافدة من الفضاء تتمتع بقدر من الجاذبية فمن المتوقع أن تصرف النظر عن متابعة البرامج الوطنية وستتخذ من غياب التخطيط الاتصالي وافتقار البرامج الوطنية الى الجاذبية الفرصة لاشباع نموذج الحياة الغربية الذي تصوره على انه المدينة الفاضلة وتشكيل نسقاً قيمياً للافراد مخالفاً للنسق القيمياً السائد.وينسجم مع أيديولوجية القائمين على برامج البث الوافد والهادفه الى احداث تغير في بنية المجتمعات وتكوين اتجاهات ايجابية تنطوي على تفضيل الحياة الاميركية واحداث عملية صراع بين الافكار التي يتعرض لها الفرد وبين الواقع الذي يعيش فيه ومعتقداته الدينية والوصول بالفرد في مختلف المجتمعات الى حالة المقارنة، فبدء الفرد بعملية المقارنة بين واقعة واحوال الافراد الاخرين في العالم الغربي، سيجد الفرد نفسه تجاه هذه المقارنة وسط عالم من الرحمة والرأفة[4].

واستناداً لما تقدم فان ايجاد بدائل منافسة للبث الوافد من الفضاء فان ذلك يقتضي تهيئة البرامج التي تتمتع بقدر من الجاذبية لجعل المشاهد يتابعها دون البحث عن بديل آخر من البرامج التي تشيع التسلية والمتعة، وتحديد الفئات الاجتماعية المستهدفة هي الاطفال المراهقون الشباب

---

(1) **United Nation Development program 1999; Human Development Report University press New York P.26.**

(2) **هانس بيتر مارتن وهارالد شومان، فخ العولمة، مصدر سابق، ص45.**

(3) **السيد احمد مصطفى عمر، اعلام العولمة وتأثيره على المستهلك، مصدر سابق، ص77-78.**

(4) **د. يحيى شمال حسن، سايكولوجية الخطاب في برامج البث الوافد من الفضاء، مجلة الحكمة، العدد 9، السنة الثانية، ايار/ مايو 1999 م، بيت الحكمة، بغداد، ص93-100.**

وجعل هذه الفئات متابعة للبرامج الوطنية والتعرف على خصائصها النفسية والاجتماعية وتشخيص حاجاتها غير المشبعة لديها والضغوط التي تعاني منها وتحديد نوع البرامج التي تتناسب وتفضيلاتها والاوقات المناسبة عند بثها. واهمية تحديث البرامج وتنوعها، لاشباع الحاجات للصغار والكبار وان تأخذ البرامج الوطنية من الان فصاعداً التحديث والتنوع بما يتناسب ورغبات الجمهور وتفضيلاتهم لابعاده عن مشاهدة البرامج الوافدة وجعل البرامج الوطنية الاكثر تفضيلاً. وتقويم تلك البرامج برصد الجوانب الايجابية والسلبية التي تبث في فترة محددة باستطلاع اراء الجمهور المشاهد. فالبرامج التي تنال استحسان الجمهور تعطي مؤشراً ايجابي والعكس صحيح. مما يتطلب من القائمين على البرامج التلفازية أن يعدلو فيها أو أن يعمدوا الى الغائها في الفترة التلفازية المفضلة وهكذا يتمكن التلفاز الوطني من جذب الانتباه.

واعلام العولمة يجعل العلاقات الدولية متوترة، فالواقع يؤكد أن عمليات التوظيف والتعتيم والتضليل والتحريف والتشهير لخدمة اغراض قوى عظمى. اصبحت مسائل واضحة للعيان واثرت بدورها على العلاقات بين الدول. كما تمكن اعلام العولمة بفضل قدراته التكنولوجية الهائلة الى اضعاف نظم الاعلام الوطنية وزيادة تبعيتها له لنقل ما يجود به عليها من الصور والمعلومات والاعلانات والاخبار[1].

ويهدف اعلام العولمة الى نشر ثقافة جديدة تجعل من قبول الافكار السياسية والاقتصادية للعولمة مسألة مقبولة وممكنه، وهذا لن يتحقق الا اذا عمل الاعلام على ما يعتقده دعاة العولمة بانها عقبات تعترض الطريق لتحقيق الاهداف المتمثلة في:

1- تحرير ارادة الشعوب من القيود الاجتماعية والسياسية والاقتصادية والثقافية والفكرية عن طريق الاستخدام الموجه للكلمات والصور فالسيطرة على البشر والمجتمعات تتطلب قبل أي شيء الاستخدام الموجه للاعلام. فمهما كانت القوة المستخدمة ضد شعب ما فانها غير مفيدة في المدى البعيد الا اذا تمكن المجتمع المسيطر من أن يجعل اهدافه تبدو مقبولة وجذابة بالنسبة للذين يسعى لاخضاعهم.

2- تعويد العقول على مشاهدة ومعايشة الانماط المغرية للثقافة الجديدة واحكام السيطرة على المعلومات وتوظيفها وتعميمها وفقاً لمواصفات محددة وبمقومات تم اختبارها عملياً لتعتاد الشعوب عليها وعلى مشاهدتها عن طريق التكرار.

---

[1] السيد احمد مصطفى عمر، اعلام العولمة وتأثيره في المستهلك، مصدر سابق، ص78.

3- اعادة تشكيل الحياة الاجتماعية للشعوب وفق نمط الحياة الغربية بما يحقق قولبة الإنسان حسب النموذج الاجتماعي الغربي بزرع مفاهيم الاختيار الشخصي والنزعة الفردية وتغيب الصراع الاجتماعي والتركيز على اسطورة التعددية الاعلامية.

4- تعزيز فكرة الانخراط النشط للثقافة الجديدة بابراز مظهرها الخارجي والمديح على من يتبناها ويعمل بموجبها وتشجيع الانتماء لها باعتبار اسلوب الحياة المهيمنة باخر التقليعات والاشكال الجديدة للمأكولات والملبوسات والمتعة والتأكيد على قيم المجتمع الغربي[1]. وتنمو في هذا الشان تقنية الاتصالات وصناعة الثقافة أو ما يسمى بالبنية التحتية للاعلام الشامل وتتضمن هذه البنية التي تخترق جميع مجالات النشاط الاقتصادي والاجتماعي والثقافي ثلاث قطاعات رئيسية للمواصلات ووسائل الاعلام والحاسبات الالكترونية فحسب احصائية جرت عام 1997 في ايطاليا. يوجد في العالم (1.28) مليار من اجهزة التلفزة و (690) مليون مشترك في شبكات الهاتف منهم (80) مليوناً في الهاتف النقال أو الخلوي وحوالي (200) مليون حاسب منها 30 مليوناً مرتبطة بشبكات الانترنيت وتتجاوز شبكة الانترنيت عام 2001 اشتراكات الهاتف لتحل محلها في العديد من الوظائف وسوف يرتفع عدد المتواصلين عبرها بين (600) مليون ومليار مشترك [2].

بالرغم من هذا التطور المتحقق في دول الشمال غير أن دول الجنوب لم تشهد ذات التطور ونلاحظ ايضاً في هذا المجال كما في غيره فروقات كبيرة بين الدول المتقدمة ودول الجنوب فمدينة طوكيو تملك عدداً من اجهزة الهاتف (26) مليون في عام 1988م يعادل ما يتوفر في مجموع القارة الافريقية والمواصلات الهاتفية بين زائير وشاطئ العاج وكينيا وتنزانيا وبوليفيا والباراغواي تنتقل بالتوالي عبر باريس ولندن ونيويورك [3].

وقد حصل تطور متواضع من خطوط الهاتف في دول الجنوب 1985م-1995م وبأستخدام مؤشر عدد خطوط الهاتف لكل (1000) شخص ففي دول امريكا اللاتينية واسيا وافريقيا.

---

(1) هربرت اشيلر، المتلاعبون بالعقول، مصدر سابق، ص11و13و17و26و28.

(2) مهيوب غالب احمد، العرب والعولمة مشكلات الحاضر وتحديات المستقبل، المستقبل العربي، العدد 256، حزيران / يونيو 2000 م، ص65.

(3) راجع للمزيد / مي العبد الله شنو، العرب مواجهة تطور تكنولوجيا الاعلام والاتصال، المستقبل العربي، العدد 230، نيسان / ابريل 1998 م، ص36-37.

فقد تطور هذا المؤشر في جنوب شرقي اسيا وجنوب منطقة الكاريبي واميركا اللاتينية والدول العربية بما لا يزيد عن 100% لم يتغير هذا المؤشر في افريقيا وجنوب الصحراء. وقد وصل في احسن احواله الى (90) خط هاتف لكل (1000) شخص في اميركا اللاتينية [1] وان واحد لكل (300) شخص افريقي يمتلكون خط هاتف، وهناك ايضاً اكثر من ثلث الرجال في ثمانية بلدان غنية ممن هم في العشرينات من عمرهم يمتلكون هواتف نقالة (خلوية) وترتفع النسبة لتصل الى (100%) في الدول الاسكندنافية و (5/4) مالكي الهواتف الخلوية على الارض هم من الدول الغنية في حين نجد في دولة كبنغلادش مثلاً فهي تمثل صحراء هاتفية وهناك خط واحد لكل (275) شخصاً و (90%) من قرى البلد البالغ عددها (86000) قرية ليس لديها أي وسيلة على الاطلاق للوصول الى خدمة الهاتف [2].

لقد شكلت ثورة الاتصالات ركناً اساسياً في العولمة واداتها المهمة والمتغيرات المستمرة التي شهدتها لم تحدث تحولاً في العالم، بل انها خلقت عالماً خاصاً تبنيه شبكات الاتصال غير المحدودة والتي جسدتها وسائل الاعلام من خلالها الى تعريض البشر وبانتظام لمجموعة من المحفزات الثقافية التي تؤدي بهم للانخراط في هذا العالم الذي اوجدته (العولمة). فان المتغيرات التي يشهدها العالم اليوم بفعل التشكيلات الرقمية والاتصالاتية الهائلة والتي تحاول بعض الدول الحد من محفزاتها سواء بمنع امتلاك الاطباق أو عن طريق منحها تراخيص مقيدة أو بادخال نظام البث فكل اشكال القيود ستزول قريباً خاصة اذا ما علمنا بان هناك خمس عشرة شركة اميركية واوربية ويابانية تعمل في مجال الاتصالات من بينها شركة موتورولا (Motorola) وشركة لورال سبيس مع كوميو نيكيشنز (Loral space and Communications) وتيليديسك (Teledisc) مشروع مشترك بين شركة ميكروسوفت (Microsoft) وغريغ مكاو رائد صناعة الهواتف المحمولة (الخلوية) مشاريع تنافسية ستؤدي الى تطويق الكرة الارضية بكوكبه من الاقمار الصناعية التي ستعمل على تمكين كل فرد في أي مكان من الاتصال الفوري باي شخص والتقاط خدمات الاعلام الفضائي مباشرة من غير الحاجة الى خدمات القطاعات الارضية للاقمار الصناعية والمرجح أن تصبح الاطباق وما هو على شاكلتها بائدة لا لزوم لها، هذه الشبكة الكونية للشبكات (Global Network of Networks) كما اسمتها الادارة الامريكية هي البنية الاساسية الكونية (Global Information infrastructure) للمعلومات في عصر العولمة والمتوقع أن يتحول الاعلام الى سلطة قوية من خلال الكم الهائل من الصور والمعلومات التي تصب في

[1] UNDP Ibid 1999 , p.26.

[2] محمود خالد المسافر - رسالة دكتوراه، مصدر سابق، ص113.

المخزون الثقافي للشعوب بما فيها شعب امیركا، ومن المحتمل أن تصل الى ما قاله دافيد روث كويف (Daivd Rothkopf) "اذا تعولمت اميركا قلت قدرتها على أن تكون قوة كبرى"[1].

وقد بنى روث كويف رؤيته على أن القوة الحقيقية للدول في المستقبل القريب لا يكون بقدرتها العسكرية والاقتصادية وانما بقدرة ثقافاتها على التأقلم مع القيم التي تدعو اليها ثقافة العولمة[2].

أذن مخاطر عولمة الاعلام هي مقدمة لمخاطر اعظم على الدولة الوطنية والاستقلال والادارة الوطنية والثقافة الوطنية ولمواجهة هذا الخطر لابد من تكتل اقتصادي عربي بدلاً من تكريس السياسات القطرية الضيقة واغتنام الفرصة لوضع اسس التعاون لمواجهة اعلام العولمة الذي اصبح في منطق العولمة الاقتصادية "البضاعة ذات القيمة المضافة الاعلى فالعولمة الاعلامية تخضع وسائط الاعلام للهيمنة الامريكية التي تتعاظم سلطتها وفق ايقاع ربط كل شبكات الاتصال الالكترونية لانشاء الفضاء العمومي الذي تنطلق نحوه وفيه كل المعارف والمعلومات والاراء في مكونات وقوالب جاهزة مسبقة التعميم. وعند الفضاء تقف النشره المتصلة التي تعيد عكس كل ذلك الى الكوكب الارضي لتعيد تنظيمه وفق مصالح وغابات محكومة بالرغبة الدائمة للهيمنة والسيطرة.

المبحث الرابع

تمرير المشروعات الرأسمالية والصهيونية

مقدمة:

المشروعان الشرق اوسطي والمتوسطي هما احد آليات العولمة التكميلية حيث يهدف المشروعين الى فصل الوطن العربي مشرقة عن مغربه والهيمنة على موارد وثرواته ومصادرة هويته ودمجه في الاقتصاد العالمي غايتها الاساسية تحقيق مصالح الرأسمالية عموماً والكيان الصهيوني خصوصاً وكل مشروع من المشروعين هو واحد من الفضاءات الاقتصادية الاقليمية المرتبطة بالفضاءات الاقتصادية القارية.

---

[1] دافيد روث (Daivd Roth koph) استاذ العلاقات الدولية في جامعة كولومبيا، شغل منصباً كبيراً في وزارة الداخلية في الفترة الاولى لادارة كلنتون.

[2] السيد احمد مصطفى عمر – اعلام العولمة وتأثيره في المستهلك، مصدر سابق، ص79.

أن الخريطة الاقليمية الاقتصادية الجديدة التي ترسم في اطار هندسة الجيو اقتصادية الجديدة للفضاء الاقتصادي الشرق اوسطي والمتوسطي ستكون اكثر خطورة من خريطة سايكس بيكو 1916 التي بموجبها تم توزيع الوطن العربي الى اجزاء والخريطة الجديدة تعيد صياغة العلاقات الاقتصادية العربية - العربية والعربية - الخارجية بشكل عام والعربية الاقليمية خاصة من خلال عمليات التفكيك واعادة التركيب والترتيب والفرز واعادة الضم بعد عملية الفرز واعادة هيكلية اقتصادية جديدة وتقسيم الوطن العربي من جديد بعيداً عن الحساب الاقتصادي المجرد للمكاسب أو الخسائر. والمشروعان هما بنيان من صرح اقتصاد هذا القرن والقائمة على الادارة الاقتصادية المركزية للعولمة الاقتصادية.

واهداف الشرق اوسطية معروفة عندما نادى بها مؤسس الحركة الصهيونية وقادتها المعاصرون - حيث اقرت الحركة الصهيونية في مؤتمرها الصهيوني الذي انعقد عام 1942 في فندق باتموز في نيويورك "القيادة الصهيونية لكل الشرق الاوسط في حقلي التنمية والسيطرة ثم اصدرته (إسرائيل) وتحت عنوان الشرق الاوسط في عام 2000 لشمعون بيريز حيث طالب فيه بهندسة تاريخية معمارية لبناء شرق اوسط جديدة واقامة نظام قائم على مبررات تنمية شبكة واسعة من المصالح بين الدول المشاركة. فالمشروع اذن هو لتحقيق امن الكيان الصهيوني بالطرق الاقتصادية بعد أن عجزت عن تحقيقها بالطرق العسكرية وفرض تفوقه عسكرياً.

والمشروع هو صياغة (إسرائيلية) بدعم امريكي تلعب فيه (إسرائيل) دوراً قيادياً ورئيسياً تكون فيه بمثابة الوسيط بين المراكز الرأسمالية في الغرب واسيا من ناحية بلدان المشرق والخليج العربي من ناحية اخرى لتحقيق جملة من المكاسب الاقتصادية والستراتيجية المحتملة للكيان الصهيوني.

اما المشروع المتوسطي أو الشراكة الاوربية المتوسطة فهو ترتيب اقتصادي وسياسي تسعى من خلاله اوربا أن يكون لها دوراً مؤثراً في النظام الدولي الاقليمي وقد تعزز هذا الاتجاه بعد قيام اوربا الموحدة عام 1993 م ومؤتمرات الشراكة تعكس في حقيقتها تفعيل عمليات السلام بين السلطة الفلسطينية والكيان الصهيوني وتنشيط العلاقات الاوربية العربية. كما أن المشروع يمثل وجهة النظر الاوربية مقابل مشروع الشرق اوسطي والتغلغل في اقطار المحيط المتوسطي وعدم الاكتفاء بدول المغرب العربي بل في اقطاره الوطن العربي ودول الجوار غير العربية لتخفيف الضغط الامريكي من وجهة وتحقيق التوازن من جهة اخرى بتشكيل اكبر تجمع اقتصادي في العالم.

والمشروعان يهدفان الى تجزئة الوطن العربي وطمس الوجود العربي باعادة اتفاقية سايكس بيكو وثوب اقتصادي جديد فالمشروعان غربيان في المنهج والتطور ولخدمة مصالح الغرب والصهيونية. ويتطابق المشروعين فيما بينهما ويتناول المبحث المطالب التالية:

المطلب الاول: السمات المشتركة بين المشروعين الشرق اوسطية والمتوسطي.

المطلب الثاني: المشروع الشرق اوسطي.

المطلب الثالث: المشروع المتوسطي (الشراكة الاوربية المتوسطية).

المطلب الاول

السمات المشتركة بين المشروعين

الشرق اوسطي – المتوسطي الاوربي (الشراكة الاوربية)

أولاً- يعمل المشروعين الشرق اوسطي – والمتوسطي الاوربي على اعادة ترتيب وصياغة الخريطة السياسية والاقتصادية الجديدة للوطن العربي فقد يبدو المشروع المتوسطي في ظاهرة مشروعاً مغايراً عن المشروع الشرق اوسطي – وانه عنوان صراع اوربي – امريكي على السوق العربية التي تعد من اوسع الاسواق العالمية في ظروف فوائض الانتاج الكبيرة نتيجة ثورة المعلومات وصراع الاحتكارات العالمية على الاسواق بدلاً من تنافسها على مصادر المواد الاولية كما أن الامر في مرحلة الاستعمار الكولونيالي – غير أن حقيقة المشروعين متلازمين لخدمة اهداف معينة اضافة الى الاهداف الجوهرية لكل منهما. فالمشروعان غربيان وصنعا وينفذا حالياً كبدائل للتكامل الاقتصادي العربي والوحدة الاقتصادية العربية بعد أن صار التكامل العربي ووحدته حلماً بعيد المنال في المدى القريب لضعف الارادة السياسية والخلافات القائمة بين النظم العربية وقبولهم بالحلول والبدائل الجاهزة واعتمادهم على السياسات القطرية فكراً وتطبيقاً باستثناء (العراق وليبيا وسورية)[1].

ثانياً- اهداف المشروعين تتمثل في الاستفادة من كون السوق العربية مستوردة اكثر منها مصدرة – مستوردة للمنتجات الصناعية التي تحتوي قيمة مضافة عالية ومصدرة للخامات والمواد الاولية ذات المحتوى المتدني من القيمة المضافه التي تعاني كثيراً من تدهور شروط التجارة فالاقتصادات العربية بحالتها الراهنة هي الهدف الجوهري للهيمنة عليها من قبل

---

(1) **عامر لطفي، العلاقات العربية الاوربية في اطار برشلونه، مجلة الرسالة، المركز العربي للدرسات الاستراتيجية، العدد 9، السنة الثانية، مايس /1997، ص9.**

المشروعين. وان التباين الوحيد بين الدخول في هذا المشروع أو ذاك هو الاختلاف في اتجاه الطريق[1] فمضمون التوافق والتلازم بين المشروعين الشرق اوسطي والمشروع المتوسطي بدى اكثر وضوحاً بعد مؤتمر برشلونه الذي عقد عام 1995[2].

ثالثاً- في اطار العولمة الاقتصادية وتحرير التجارة العالمية - فكلا المشروعين يقودان الى تحرير التجارة بين الدول الاعضاء تحريراً كاملاً - ففي مؤتمر برشلونه حدد عام 2010 لبلوغ الهدف في المشروع المتوسطي أو الشراكة الاوربية المتوسطية بينما بقى التاريخ مفتوحاً في طروحات المشروع اوسطي [وانشاء مناطق تجارة حرة في قطاع غزة و(إسرائيل) مفتوحة امام الجانبين [3]. فضلاً على تاكيد مؤتمر برشلونه اهمية اعطاء دعم لعملية السلام الجارية في المنطقة لخدمة (إسرائيل) بالرغم من الهدف المعلن للشراكة المتوسطية يشير في عدم التمييز في التعامل بين اوربا والدول المتوسطية، مما يعني أن (إسرائيل) لا تختلف عن اية دولة في تعامل الاتحاد الاوربي معها، غير أن ما اشار اليه مؤتمر برشلونه [إن المبادرة الاوربية المتوسطية لم تات لتحل محل المبادرة التي يقوم بها الفرقاء المعنيون بها من اجل تحقيق السلام في منطقة الشرق الاوسط وانما جاءت لتدعمها على تحقيق الاستقرار والتنمية فيها] [4].

رابعاً- كلا المشروعين يعد مرحلة من مراحل التكامل الاقتصادي بين اقتصادات المركز واقتصادات الاطراف بين اقتصادات متطورة واخرى متخلفة يستحيل معها تحقيق التكافؤ بين الاطراف المتكاملة[5].

خامساً- أن الهدف الجوهري في كلا المشروعين هو تمزيق وتجزئه الوطن العربي فهناك عدة سيناريوهات لـ "الفك" و "اعادة التركيب للوطن العربي لكي تتلائم مع متطلبات كلا المشروعين - الاوسطي والمتوسطي -" ولكل سيناريو من هذه السيناريوهات ابعاده وتداعياته الاقتصادية وتشكل عام فان الهندسة الجيو اقتصادية الجديدة تقوم على عدد من المقومات والدعائم الاساسية.

---

(1) د. مطانبوس حبيب، بعض مسائل الاقتصاد اللاسياسي (العولمة وتداعياتها في الوطن العربي)، ط1، دار الرضا للنشر / بيروت، ايلول 1999، ص75.

(2) عامر لطفي - العلاقات العربية الاوربية في اطار برشلونه، مصدر سابق، ص9.

(3) د. مطانبوس حبيب، بعض مسائل الاقتصاد اللاسياسي (العولمة وتداعياتها في الوطن العربي، مصدر سابق، ص76.

(4) عامر لطفي - العلاقات العربية الاوربية في اطار برشلونه، مصدر سابق، ص9.

(5) د. مطانبوس حبيب، بعض مسائل الاقتصاد اللاسياسي (العولمة وتداعياتها في الوطن العربي، مصدر سابق، ص76.

- فصل المشرق العربي ودمج إسرائيل فيه في منظومة تعاون اقتصادي وامني. واعادة تعريف المشرق ليشمل دول اخرى، ودمج اقطار المغرب العربي في الفضاء الاقتصادي والامني لبلدان البحر الابيض المتوسط واحداث قدر من الربط والاندماج التدريجي عن باقتصادات المغرب العربي في الفضاء الاقتصادي الجديد "هو الفضاء المتوسطي". فالمشروعان الاوسطي والمتوسطي تمثل اضعافاً واضحاً للبنية التكاملية "تحت التأسيس" للاقتصاد العربي وتكريس "فضاءات اقتصادية مجزأة ومخترمة في المشرق والمغرب مما يجعل الحديث عن اقتصاد عربي موحد نوعاً من الوهم والذي هو هدف العولمة[1].

سادساً- في كلا المشروعين (إسرائيل) شريك مركزي في اقتصاد المركز منه الى اقتصاد المحيط وستكون (إسرائيل) في كلا المشروعين قادرة على تحقيق المكاسب بسبب تقدمها التكنولوجي والاقتصادي المدعوم من قبل امريكا وعليه المواد المصنوعة على صادراتها والمواد الاولية في وارداتها اضافة الى ارتفاع انتاجية العمل فيها مقارنة بالاقتصادات العربية.

سابعاً- كلا المشروعين سيكون نافذة لدخول الشركات العالمية عابرة القوميات بغض النظر عن مراكزها الرئيسية في اوربا أو في امريكا وعن جنسية المساهمين في رؤوس اموالها، وسيلة لادماج اقتصادات في الاقتصاد العالمي وابقاء الاقتصادات العربية في اطار اقتصاد الاطراف أو التخوم التابع اذا لم تتحقق تنمية الاقتصادات العربية، قطرياً أو قومياً. فالتنمية القطرية العربية تصبح مستحيلة اذ ستواجهها صعوبات متعددة مع دخول أي من المشروعين. واذا ما توفرت الارادة السياسية يمكن تحقيق التنمية القومية ضمن اطار من التكامل الاقتصادي العربي باعادة هيكلة الاقتصاد العربي وتحويلة من اقتصاد الريع والتخصص في المواد الاولية الى اقتصاد متنوع الانشطة صناعي زراعي وعلى اساس التخصص القطري والتكامل القومي عندها يمكن للاقتصاد العربي أن يواجه تحديات العولمة الممثلة بمنطقة التجارة العالمية. واستثمار ما تعطيه من امتيازات خاصة للتكتلات الاقتصادية الاقليمية والحصول على الاستثناءات المحدودة والمزايا لحماية الصناعات الناشئة. والاشتراط على الشركات متعددة الجنسيات الراغبة في الاستثمار في الوطن العربي موزانة نشاطها بين الدول الاعضاء في التكامل حسب معايير السكان والناتج القومي في كل منها (وضع نظام للشراكة يحقق مثل هذه الشروط) أو تحديد قواعد اقتسام المكاسب التي تتحقق نتيجة التعاون بين الدول الاعضاء في التكامل [2].

---

[1] **د. محمود عبد الفضيل، مشاريع الترتيبات الاقتصادية (الشرق اوسطية: التصورات المحاذير - اشكال المواجهة بحث مقدم في الندوة الفكرية التي نظمها مركز دراسات الوحدة العربية حول التحديات (الشرق اوسطية الجديدة والوطن العربي)، ط1، بيروت 1994، ص148.**

[2] **د. مطانيوس حبيب، بعض مسائل الاقتصاد اللاسياسي، العولمة وتداعياتها في الوطن العربي، مصدر سابق، ص 76-77.**

يمثل كلا المشروعين خطراً على الاقتصادات العربية لاثارهما السلبية والدعوات القائمة لتحقيق المشروعين مستقبلاً اذا ما تحققت ستكون على حساب الاقتصادات العربية لكل المعايير ولصالح اقتصاد الكيان الصهيوني خصوصاً والرأسمالي عموماً[1].

انهاء المحددات القومية وطمس هوية الوجود العربي تاريخياً وثقافياً من ناحية. ومن ناحية ثانية فالمشروع الشرق اوسطي ينهي النظام العربي والغاء المؤسسات والهيئات القومية وفي كل المجالات تدريجياً وصولاً الى استبدالها باتفاقيات ثنائية عربية صهيونية تركية، وانضمام الاقطار العربية الى المشروع المتوسطي في عضويته يعني أن يكون هذا الانظمام فردياً وليس عربياً وان يتعهد البلد المنظم عدم مقاومة وظائف ومهام العضوية الجديدة[2].

وبالرغم من اشتراك المشروعين بالسمات العامة الكبيرة فهناك بعض الاختلافات البسيطة بينهما:

أ- يقسم المشروع المتوسطي أو الشركة الاوربية المتوسطية الوطن العربي الى قسمين بلدان متوسطية اعضاء في الشراكة، وقسم داخلي خارج الشراكة يمكن للاتحاد الاوربي توقيع اتفاقيات شراكة بصفة فردية مع أي من هذه البلدان في حين أن مشروع الشرق اوسطية يبدأ حسب مقترح رؤية (إسرائيل) من تعاون وتكامل ثلاثي (إسرائيلي) - فلسطيني - اردني. يتوسع تدريجياً حسب حاجة الاقتصاد (الإسرائيلي) وبما يخدم ويتفق مع المخططات الامريكية الموضوعة للمنطقة الذي لاينفي اقتراح ضم كل الاقطار العربية مجتمعة في أي من المشروعين.

ب- في مشروع الشرق اوسطي المركز واحد - هو امريكا - تمثلها (إسرائيل) وباقي الاطراف ستكون تخوماً تابعة مما يسهل سيطرة المركز عليها كثيراً في حين أن الشراكة الاوربية المتوسطية وقبل اتمام عملية الاتحاد الاوربي 1999 متعددة المراكز (في اوربا ذاتها) والكيان الصهيوني هو احد هذه المراكز وليس الاكثر تقدماً ولا اقواها تأثيراً مما يتيح للشركاء من الاقطار العربية حرية المناورة اكثر.

جـ- أن العلاقات الاقتصادية الاوربية مع الاقطار العربية يمكن أن تكون مباشرة واكثر توازناً للاسباب الآتية:

---

(1) منظمة العمل العربية، مكتب العمل العربي، الاسس النظرية للتجارة الدولية والتكامل العربي، 1996، ص59.

(2) محمد الاطرش، المشروعان الاوسطي والمتوسطي في الوطن العربي، المستقبل العربي، العدد 210، آب / اغسطس، 1996، ص924.

1- القرب الجغرافي وعدم حاجة اوربا كثيراً للاعتماد على تمثيل محلي (فروع شركات أو شراكه ثنائية مع احد الاطراف مثلاً).

2- العلاقات التاريخية مع الاقطار العربية فالاتحاد الاوربي يعد الشريك الاقتصادي الاول للاقتصادات العربية مما يجعل العلاقات المستقبلية في اطار الشراكة اكثر توازناً مع الكيان الصهيوني والاقطار العربية.

3- توازن الموقف السياسي الاوربي من مسألة السلام في الشرق الاوسط (بالرغم من عدم انحياز اوربا للحق العربي بشكل كامل - لكنها في الاقل غير منحازة للعدوان الصهيوني) ومن ثم يمكن مناقشة مسالة الشراكة بموضوعية بدلاً من الرضوخ للشروط الامريكية – الصهيونية باعتبارهما يعدان المنطقة منطقة نفوذ خاضعة لسيطرة الاحتلال الصهيوني وسيطرة النفوذ الامريكي.

د- السيطرة التامة للرأسمال الصهيوني في السوق الشرق اوسطية بشكل مباشر أو من خلال الرأسمال الامريكي في حين يقتصر دوره في الشراكة الاوربية المتوسطية على مشاركة رؤوس الاموال الاوربية كمركز فقط من المراكز ويمكن موازنة هذا الدور من جانب رؤوس الاموال العربية اذا احسن استخدامها لهذا الغرض.

وتعتقد الباحثة بالرغم من هذا التباين الواضح بين المشروعين من حيث طريق الوصول الى جوهر الهدف. تجزئة وتقسيم الوطن العربي فان الرد الدفاعي على كلا المشروعين هو قيام التكامل الاقتصادي العربي لانه الخيار الامثل في اطار منظمة التجارة العالمية وهذا الخيار هو الوحيد لتحقيق التنمية العربية المستقبلية. وذلك لان نظرة اوربا للوطن العربي تنطلق من منظور مصالحها المنتشرة فيه من الناحية الاقتصادية والسياسية والاستراتيجية في المصالح النفطية بالدرجة الاولى بسبب الانتاج والاحتياطي النفطي الكبير اللذين يمثلان لاوربا وبقية دول العالم الشيء الكثير. فضلاً على الاستثمارات الاوربية في الاقطار العربية والسوق العربية الواسعة وما تشكله هذه السوق من اهمية كبيرة لاوربا سواء في حصولها على النفط أو باعتبارها سوق لتصريف سلعها ولا يعني ذلك عدم التفاعل مع الاتحاد الاوربي وفق منطق التفاهم والنفع المتبادل في العلاقات الاقتصادية والسياسية وعدم اغفال عنصر الموازنة في العلاقات بما يحقق حالة الانسجام والتفاعل الانساني بين الشعوب وبشكل يتفق ومقومات رسالة الامة العربية الانسانية.

اما الموقف من المشروع الشرق اوسطي – فهو مشروع معبر عن الخطر الصهيوني ومحاولته التوسعية وان الصراع معه صراع لا يقبل المساومة أو التجزئة وبغية تجاوز التحديات التي تواجه الوطن العربي فمن المناسب أن يتم تفعيل مؤسسات العمل الاقتصادي العربي المشترك، واعتماد المشاركة الشعبية في صنع القرار العربي واعتبارها من اهم متطلبات العمل العربي المشترك.

المطلب الثاني

المشروع الشرق اوسطي والسوق الشرق اوسطية

لقد كانت البداية لاشاعة المصطلح في 1993/9/13 مع استمرار عملية تسوية الصراع العربي الصهيوني في اطار المؤتمر الذي عقد في مدريد يوم 1991/10/30 بأسم مؤتمر سلام الشرق الاوسط ومن الناحية العملية ارتبط مع مؤتمر الدار البيضاء للتنمية في الشرق الاوسط وشمال افريقيا عام 1994 ومؤتمر عمان 1995 ومؤتمر القاهرة 1996 ثم مؤتمر الدوحة عام 1997 الذي فشل فشلاً ذريعاً المصطلحان يشيران الى مشروع طرح ويجري فرضة على وطننا العربي والمفهوم هو واحد يستخدم مصطلح النظام للدالة على المشروع بكل جوانبه في حين يستخدم مصطلح السوق للدلالة على الجانب الاقتصادي من المشروع ويبرزه[1] ولا يشير مفهوم الشرق الاوسط الى منطقة جغرافية محددة ولا يعتبر اقليماً وفق المفهوم الجغرافي المتعارف عليه. فحدود الاقليم غير واضحة وغير مستقرة اذ أن حدود الاقليم الشرق اوسطي ثبتت حسب مصالح الدول الغربية والصهيونية العالمية – وتمكن صعوبة تحديد الشرق الاوسط الى انه اقليم هلامي فاضيق تحديد لم يشمل اقطار الوطن العربي في الشرق والمناطق المحيطة بها واوسع تحديد له يشمل اضافة ما ذكر قبرص واثيوبيا وباكستان وافغانستان واسيا الوسطى وجمهوريات اسيا الوسطى التي اضيفت مؤخراً بعد استقلالها عن الاتحاد السوفيتي. فحدود الاقليم مطاطية لحالية تتسع وتضيق حسب مصالح العالمية وخاصة الحركة الصهيونية [2]. وعليه فمفهوم الشرق الاوسط لا يعبر عن مصطلح محايد بل أن المصطلح ذو مضامين شاملة جغرافية وسياسية واقتصادية وامنية وذو ابعاد خطيرة فالقصد منه تقسيم الشرق الى اقسام يتسع ويضيق عن خارطة العالم حسب التطبيق والهدف.

والشرق الاوسط تعبير اطلقه الغرب على المنطقة العربية في اعقاب الحرب العالمية الثانية، تعبير متنحر في دلالته لمن وضعه والمصطلح هو نتاج للفكر الانكليزي واقترن التعبير

---

(1) احمد صدقي الدجاني – التحديات، الشرق اوسطية الجديدة والوطن العربي، مناقشات الندوة الفكرية، مركز دراسات الوحدة العربية، ط1، بيروت، اذار / مارس 1994، ص60-61.

(2) الشرق الادنى – اطلق على الاقليم الا بعد اوربا وضم مناطق شرقي اسيا – لقد وردت اولاً في القرن التاسع عشر في مراسلات الكولونيل هنل Hennel القنصل العام البريطاني في مسقط واستخدم المعهد الملكي للشؤون الدولية في لندن اول مؤسسة عربية اهتمت بالكتابة عن الشرق الاوسط وانتشر مفهوم الشرق الاوسط ليشمل كل الشرق الادنى (الوطن العربي) مضافاً اليه افغانستان وايران وما قرب العربي.

بالدراسات الامريكية عن المنطقة في حين أن الدراسات البريطانية عن المنطقة خلال فترة هيمنة بريطانيا استخدمت تعبير الشرق الادنى أو المشرق وروج المفهوم للشرق الاوسط في الفكر الاستراتيجي الانكليزي عندما استخدم الكابتن الفريد ماهان صاحب نظرية القوة البحرية في التاريخ. ثم (فالنتاين شيرول) مراسل التايمز اللندنية الذي نشر سلسلة مقالات بعنوان أن المسألة الشرق اوسطية ثم كتاب هاملتون. مشاكل الشرق الاوسط. الصادر في لندن عام 1909 م وفي عام 1921م انشأ ونستون تشرشل وزير المستعمرات البريطاني ادارة الشرق الاوسط لتشرف على شؤون فلسطين. وشرق الاردن والعراق التي وضعت تحت الانتداب. وفي عام 1940 انشأت بريطانيا مركز تموين الشرق الاوسط وامتدت حدوده من ايران شرقاً حتى مالطا غرباً ومن العراق وسوريا شمالاً حتى الحبشة والصومال جنوباً فهكذا تم توسيع الحدود الجغرافية للشرق الاوسط في محاولة من الغرب لرسم خريطة سياسية شرق اوسيطة غير عربية كهدف اساس[1].

اذن فالتعبير يدعونا الى ضرورة التمسك بتعبير اننا التابعة منا عند الحديث عن منطقتنا التي تشمل الوطن العربي والتمسك بالمصطلح الذي يعبر عن انتمائنا وهويتنا القومية وحقوقنا وتوجهاتنا ومتطلبات بلوغنا وانتصارنا في الصراع الطويل على الصهيونية العنصرية وقوى الهيمنة.

أن المصالح المشتركة بين الحركة الصهيونية والقوى الاستعمارية - بريطانيا - فرنسا - وامريكا دفعت الجميع لدعم وتنفيذ مشروع الدولة الحلم التي ترمي الحركة الصهيونية لنشأتها وحددت مساحتها من النيل الى الفرات كأحد المطالب الصهيونية منذ عام 1886م التي تحدث عنها ثيودور هرتزل في روايته السياسية (اليوتوبية) واهمية قيام كومنولث - عربي يهودي بين الكيان الصهيوني والاقتصادات العربية حيث يتم خلق مصالح اقتصادية متبادلة تسمح بدخول الكيان الصهيوني في النسيج الاقتصادي العربي ليصبح الكيان الصهيوني بمثابة سنغافورة الشرق الاوسط في عام 1896 كان التعاون بين الحركة الصهيونية والقوى الاستعمارية لتحقيق المشروع الصهيوني وفي بازل 1897 وضعت الاسس العامة للحركة الصهيونية ووضع المشروع قيد التنفيذ القائم بالاساس على هدف مركزي هو تفتيت الوطن العربي والسيطرة عليه عام 1904 اكد هرتزل أن ما يلزمنا ليس الجزيرة العربية الموحدة - انما الجزيرة العربية الضعيفة المشتتة الى

---

[1] د. زكي حنوش - ملامح المشروع العربي البديل للشرق اوسطية والشراكة المتوسطية، الاقتصادي العربي - عدد خاص، المؤتمر الثاني عشر لاتحاد الاقتصاديين العرب، 1999م، ص97-100.

العديد من الامارات الصغيرة الواقعة تحت سيادتها المحرومة من امكانيات الاتحاد ضدنا بفعل قوى محيطة بها لايمكن التجانس معها[1].

اذن فالمشروع الشرق اوسطي – مشروع صهيوني في جذوره ودوافعه واهدافه يستهدف الامة العربية وكيانها وعليه تبنى الدولة الصهيونية.

اهداف المشروع الشرق اوسطي:

يمثل المشروع تحدياً بالغ الخطورة على الوطن العربي حاضراً ومستقبلاً. يقوم على مجموعة من الاهداف الراقية لتحقيق الاهداف غير المنظورة للمشروع من خلال الاتي:

1- تمزيق الوطن العربي وطمس هوية القومية العربية والاقليم العربي وربطة ضمن منطقة جغرافية متعددة القوميات والاعراف والطوائف تصبح فيها القومية العربية اقلية بين القوميات الأخرى لا تربطه معها صلات قومية مشتركة ولا لغة أو ثقافة وتاريخ مشترك والاطار العام الذي يجمع الاقليم الجغرافي مصالح اقتصادية ومنافع متبادلة.

2- تعزيز مكان الكيان الصهيوني في الكيان الاقليمي الجديد وتاكيد وجوده كحقيقة ثابتة ومبرراً لبقائه في الاقليم بدلاً من بقائه كياناً غريباً ومرفوضاً في المحيط العربي. وكسر عزلته عن الوطن العربي ولينال الشرعية الاقليمية التي طالما مثلت حلم الكيان الصهيوني منذ نشاته والمنطلق الاساس في تحقيق ذلك يتم من خلال خلق مصالح اقتصادية متبادلة تسمح بدخول الكيان الصهيوني في النسيج الاقتصادي العربي[2]. واعتبار ذلك مقوماً اساسياً من مقومات العقيدة الصهيونية التي تبنت عام 1942 الفقرة الثالثة من برنامج بلتيمور القاضية بتحقيق القيادة اليهودية لكل الشرق الاوسط في حقل التنمية الاقتصادية والسيطرة.

3- حسم الصراع العربي الصهيوني واخماد النزاعات الداخلية الاقليمية وفق المخطط الامريكي والرؤية الصهيونية عبر مدخل التعاون الاقتصادي ببناء منظومة اقتصادية وامنية تستوعب دول المنطقة كافة[3].

---

[1] د. محمود عبد الفضيل، مشاريع الترتيبات الاقتصادية الشرق اوسطية، التصورات المحاذير، اشكال المواجهة، التحديات الشرق اوسطية والوطن العربي، مصدر سابق، ص128.

[2] د. محمد طاقة، حول الابعاد الاقتصادية للمشروع الصهيوني الجديد، بيت الحكمة، سلسلة المائدة المستديرة 17، حزيران 1997، ص75-76.

[3] د. محمد الاطرش، المشروعان الاوسطي والمتوسطي والوطن العربي - المستقبل العربي - العدد 210 آب / اغسطس 1996، ص7-8.

5- اعادة الدور الحيوي للكيان الصهيوني وانتقاله من رديف استراتيجي لامريكا خلال الحرب الباردة الى وكيل تجاري وحضاري وقوة ردع ضد العرب [1].

6- تحقيق اهداف الكيان الصهيوني اقتصادياً وعسكرياً بضمان هيمنته الاقتصادية اضافة الى هيمنته وتفوقه العسكري ضد العرب في هذا القرن[2].

وعليه فالبعد الاقتصادي للمشروع من اهم ابعاد التسوية في ترتيبات السلام فالاتفاقات والمعاهدات السياسية بما فيها (التبادل الدبلوماسي) والترتيبات الامنية (تخفيض القوات، مراقبة التسلح، تحديد مناطق منزوعة السلاح) غير كافية من وجهة النظر الصهيونية لتحقيق السلام وتجاوز عقدة الحجم والعزلة في محيطه كونه كياناً غريباً مزروعاً من جسم الامة العربية. والمصلحة الاولى للمشروع - هو فتح ابواب التعامل الاقتصادي[3] وتوفير حدود جغرافية امنه له على المدى البعيد على اساس مفهوم جديد للامن الصهيوني فقد ورد هذا المفهوم "لشمعون بيريز" المنظم والمهندس الرئيس للاوسطية ضمن كتاب نشره في القاهرة بعنوان ما بعد حرب الخليج الذي تضمن واحداً من مقالاته بعنوان عصر ليس فيه مكان للمغفلين والجهلة حيث اشار فيه على عبارة تعبر عن الخطر الاستراتيجي (للكيان الصهيوني) خلال السنوات القادمة قائلاً (لم تعد بحاجة الى حدود جغرافية امنة مع الجيران لان هناك صاروخاً قد ياتيك من مكان مثل بغداد يهدد امن إسرائيل وعلينا أن نبني اعماقاً امنه في بلاد الجوار) فقد دكت صواريخ العراق في النزاع العسكري بين العراق وامريكا عام 1991 الكيان الصهيوني في العمق.

والاعماق الامنة تمثل جوهر المشروع الشرق اوسطي الجديد فالمطلوب هو بناء عمق اقتصادي وسياسي ثقافي يحقق امن الكيان الصهيوني من خلال هندسة معمارية وتاريخية جديدة لبناء شرق اوسطية وفق اسس اقتصادية لتحقيق السلام الذي يسعى له الكيان الصهيوني على المدى البعيد فالسلام القائم من وجهة نظر الكيان الصهيوني على المعاهدات والترتيبات الامنية هي من نوع السلام البارد. وان ارساء سلام على قاعدة عريضة من الترتيبات الاقتصادية مما فيها اعادة هيكلة العلاقات والتشابكات مع الكيان الصهيوني واقطار الوطن العربي يؤدي الى السلام الحي والدنامكي[4].

---

[1] اسامة عبد الرحمن - تنمية التخلف وادارة التنمية في الوطن العربي والنظام العالمي الجديد مركز دراسات الوحدة العربية، 1997، ص184.

[2] د. يوسف صايغ - منظور الشرق الاوسط ودلالته بالنسبة للعرب، المستقبل العربي، العدد 1992 شباط / فبراير 1995، ص8.

[3] د. محمد طاقة، حول الابعاد الاقتصادية للمشروع الجديد، مصدر سابق، ص78.

[4] د. محمود عبد الفضيل - مشاريع الترتيبات - الاقتصادية الشرق اوسطية، التصورات المحاذير، اشكال المواجهة في التحديات الشرق اوسطية الجديدة والوطن العربي، مصدر سابق، ص128.

اذن فالمنطلق الاساسي لتحقيق ما يهدف اليه الكيان الصهيوني هو خلق مصالح اقتصادية متبادلة تتيح للكيان الصهيوني الدخول في النسيج العربي.

لقد تضمنت اعلانات المؤتمرات الثلاث (الدار البيضاء، عمان، القاهرة) على ارساء مناخ جديد يسمح بحرية التعامل الاقتصادي والتبادل التجاري من غير حواجز واطلاق مبادرات الاستثمار في المنطقة وبذل الجهود لدمج الكيان الصهيوني مع الاقطار العربية ويكون للقطاع الخاص الدور الفاعل ضمنه ومن ابرز ما نصت عليه اعلانات المؤتمرات الثلاث هو[1]:

1- تحويل اجتماعات القمة السنوية الى آلية للتعاون من خلال انشاء الامانة العامة الدائمة لقمة التعاون الاقتصادي لدول الشرق الاوسط وشمال افريقيا يكون مقرها الرباط.

2- اقامة مؤسسة تمويل اقليمية رئيسية تضم دولاً من الشرق الاوسط وشمال افريقيا مهمتها التمويل وتنسيق السياسات النقدية والمالية والاقتصادية ويقوم بهذه المهمة بنك التعاون الاقتصادي والتنمية ومقره القاهرة ترضيه لها ولميل الادارة الامريكية لها بدلاً من الاردن الذي كان يأمل أن يكون مقراً للمصرف.سيقوم البنك بدور مشابه لدور البنك الدولي وصندوق النقد الدولي ليتحكم في اقتصادات دول المشروع[2] اقره مؤتمر قمة عمان 1995 استناداً الى توصية مؤتمر الدار البيضاء 1994 كانت الادارة الامريكية متحفظة على انشاءه حيث سيلزمها برصد مبالغ كبيرة لتمويله وعدم استعدادها وهذا ما دفعها للتوضيح بوجود البنك الدولي الذي يعد كافياً لتمويل المشروعات [3].

3- تشجيع التنمية الاقتصادية الاقليمية بتعزيز دور الشركات من القطاعين العام والخاص داخل الشرق الاوسط وشمال افريقيا وخارجها.

السوق الشرق اوسطية: هي الوسيلة لتحقيق الاهداف الاقتصادية المتعلقة بالاقتصاد الصهيوني ويأتي جزءاً من مخططات العولمة الاقتصادية ويتم تحقيق السوق وفق ثلاث مراحل – وكل مرحلة تحمل الكثير من الاخطار على مستقبل الاقتصاد العربي والمراحل هي[4]:

---

[1] د. زكي حنوش، ملامح المشروع العربي البديل للشرق اوسطية والشراكة المتوسطية، مصدر سابق، ص48-51.

[2] منظمة العمل العربية، الاسس النظرية للتجارة الدولية والتكامل الاقتصادي العربي، 1996، ص97-100.

[3] للمزيد راجع د. محمود عبد الفضيل – مشاريع الترتيبات – مصدر سابق، ص134.

- كذلك د. حميد الجميلي قضايا استراتيجية بطرحها المشروع الصهيوني للنظام الاقليمي الجديد، الندوة الفكرية، بيت الحكمة حول الابعاد الاقتصادية للمشروع الصهيوني الجديد، سلسلة المائدة المستديرة 17 اذار 1997، ص12-16.

[4] د. محمود عبد الفضيل – مشاريع الترتيبات الاقتصادية والشرق اوسطية – التصورات، المحاذير، اشكال المواجهة – مصدر سابق، ص130-131.

المرحلة الاولى: يتم في هذه المرحلة قيام تجمع اقتصادي (منطقة تجارة حرة ثلاثية) - بين الاردن، الكيان الفلسطيني الوليد والكيان الصهيوني) على غرار (اتحاد البنلوكس الاوربي) وهو من اكثر الخيارات المطروحة للوصول الى تسوية مع الفلسطينيين وستكون هناك حرية كاملة لانتقال السلع والعمالة ورؤوس الاموال بين البلدان الثلاث مع امكانية انشاء اتحاد نقدي وان قيام منطقة التجارة الحرة سيعزز من خلق السوق في منطقة التبادل الحر وسيتحول الكيان الفلسطيني الوليد. في اطار هذا التصور والمخطط الى جسر العبور الاقتصادي للكيان الصهيوني الى بقية اقطار الوطن العربي حيث ستصبح الحدود مفتوحه مع الحكم الذاتي في الاراضي الفلسطينية والاردن ومناطق اخرى عربية حيث يمكن للسلع الحاملة لعلامة الكيان الصهيوني أو التي يتم تسويقها من خلال تغليف اسم شركة فلسطينية أو اردنية الانتشار الى كافة ارجاء الوطن العربي[1].

- اضافة الى تكوين مجموعات دولية لتنفيذ المشاريع الضخمة مثل (قناة البحر الابيض المتوسط والبحر الميت والمشاريع السياحية العملاقة مثل مشروع الميناء الموحد بين الكيان الصهيوني - السعودية - الاردن - والمشروعات المشتركة ومشروعات النقل والمواصلات). ويكمن مصدر الخطر في المرحلة فقد لا تحقق فوائد للاطراف الثلاثة في توزيع الفوائد التي لن تكون متساوية وسيحكمها التطور غير المتكافئ. فالتطور الاقتصادي للكيان الصهيوني ومتوسط دخل الفرد والناتج القومي يفوق الاقتصادين الاردني والفلسطيني المنهك ، أن دوافع منطقة التجارة الحرة الكونفدرالية (الثلاثية) هي محاولة لتأجيل الحديث عن الحل النهائي لمستقبل الاراضي الفلسطينية عند نهاية مرحلة الحكم الذاتي ولارغام السلطة الفلسطينية على أن الخيار الوحيد امامها هو الكونفدرالية الثلاثية دون المرور بمرحلة الدولة الفلسطينية المستقلة المرتبطة بالعمل الاستراتيجي العربي. كما أن خيار الدولة الفلسطينية المستقلة هو تهديد لامن الكيان الصهيوني في عرف ومنطق الصهيونية التي قامت على اغتصاب ارض فلسطين[2].

المرحلة الثانية: تقام في هذه المرحلة منطقة للتبادل الحر Free Trade تضم مصر- والاردن والكيان الفلسطيني وسورية ولبنان والكيان الصهيوني على أن تنتهي الترتيبات الخاصة بها في عام 2010 واعتبرت الوثائق الامريكية والاوربية اهمية التركيز على قيام هذه المنطقة بين الكيان الصهيوني والاقطار العربية باعتبارها المرتكز الرئيس للترتيبات الاقتصادية الشرق اوسطية

---

(1) نيفين عبد الخالق مصطفى - المشروع الشرق اوسطي والمستقبل العربي، المستقبل العربي، العدد 196 اذار/مارس 1995 مركز دراسات الوحدة العربية، بيروت، ص15-26.

(2) د. حميد الجميلي - قضايا استراتيجية بطرحها المشروع الصهيوني للنظام الاقليمي الجديد بحث مقدم لندوة الابعاد الاقتصادية للمشروع الصهيوني الجديد، بيت الحكمة المائدة المستديرة رقم 17 - حزيران 1998، ص18.

فالمبادلات التجارية توحد الشعوب وتحقق انماطاً من الاعتماد المتبادل ونسيجاً من المصالح المشتركة[1].

المرحلة الثالثة. تتضمن المرحلة اقامة منطقة واسعة للتعاون الاقتصادي فما يطمح به الكيان الصهيوني هو اقامة علاقات اقتصادية واسعة مع الاقطار العربية من بينها اقطار مجلس التعاون الخليجي للحصول على احتياجاته من النفط الخام والغاز الطبيعي منها وبأسعار مخفظة والمساهمة في تطوير صناعتها النفطية والبتروكيمياوية.

فهذه المراحل الثلاثة للتعاون الاقتصادي هي مستويات متداخلة ومترابطة يؤدي الواحد منها للاخر واهم مشاريع الربط الاقليمي التي تم تسويقها اقليمياً ودولياً هي:

أ- في مجال الطاقة: ستتمكن من خلاله سد احتياجاتها من النفط الذي تستورد 98% من دول خارج المنطقة وبعد التطبيع ستتمكن من الحصول على النفط الخام من دول المنطقة وتصفية واعادة تصديره وستتمكن من جرائه:

- الحصول على النفط الخام باسعار منخفضة بسبب قلة تكاليف النقل.

- تحقيق زيادة في الطاقة الانتاجية لمصافيها النفطية وزيادة صادراتها منه الى الخارج والمساهمة في تطوير صناعتها النفطية والبتروكيمياوية. كما تركز على ربط شبكت الكهرباء وربط تلك الشبكات مع الاردن وسوريا ومصر سيوفر لها 60 مليار دولار سنوياً[2].

ب- في مجال السياحة: تمهد تلك المشروعات فتح الحدود وقيام تعاون رباعي اقليمي سياحي مشترك - اطرافه (مصر والاردن والسعودية والكيان الصهيوني) وستحقق تلك المشروعات ارباحاً هائلة في هذا المجال - مشروع ريفيرا البحر الاحمر.

واعدت وزارة السياحة وثيقة – تضمنت مقترحات تعاون اقليمي سياحي مشترك تضمنت التسويق السياحي المشترك في المنطقة وتسيير خطوط ملاحية، واهمية الحركة السياحية لعلاج مرض الدول العربية[3] في الكيان الصهيوني بدلاً من ذهابهم الى اوربا وقد خصصت مبلغ 1.041 مليار من مجموع المبلغ الاجمالي للمشاريع المقدمة في مؤتمر قمة عمان 1995 والبالغة 15.3 مليار دولار وهذا ما يؤكد اهتمامها في مجال السياحة وما سيدر عليها من موارد طائلة

---

[1] د. محمود عبد الفضيل، مشاريع الترتيبات الاقتصادية الشرق اوسطية التصورات المحاذير اشكال المواجهة – مصدر سابق، ص130-131.

[2] د. محمد طاقة، الابعاد الاقتصادية للمشروع الصهيوني الجديد، مصدر سابق، ص81.

[3] د. محمود عبد الفضيل – مشاريع الترتيبات الاقتصادية – الشرق اوسطية – التصورات المحاذير – اشكال المواجهة - مصدر سابق، ص132-133.

اضافة الى كسر عزلتها ووضع مشاريع بيئة وبين الدول العربية يحقق منها ارباحاً حوالي 3 مليار دولار سنوياً والمتوقع قيام من 2-3 مليون سائح عربي بزيادة الكيان الصهيوني [1] .

جـ- **في مجال الزراعة.** يعتبر الكيان الصهيوني الزراعة من الوسائل المهمة للتعاون فيما بينه وبين الاقطار العربية، وبامكانه ربط دول المنطقة بمشاريع وبرامج زراعية مشتركة لتطوير الزراعة ووسائلها وطرق الري فيها وسيتمكن من خلال المشاريع المشتركة – التي يستخدم فيها الخبرات العلمية وراس المال والتقنية عالية المستوى من التغلغل والهيمنة على الوطن العربي ويعتبر الكيان الصهيوني – نموذج التعاون المشترك المصري معه في المجال الزراعي قابلاً لتعميمه على الاقطار العربية في مرحلة ما بعد التسوية.

د- **في مجال البنية التحتية (المواصلات):** يعلق الكيان الصهيوني اهمية كبيرة على موقعة الجغرافي الذي يؤهله ليكون مركزاً لشبكة المواصلات الاقليمية البرية والبحرية والجوية في المنطقة والعالم ومن مشروعات الربط الاقليمي (شبكات الطرق السريعة ومد الخطوط الحديدية للربط بين الدول المنطقة المختلفة وسيلعب الكيان الصهيوني دور القابض من خلال سيطرته على طرق المواصلات ومسارات التجارة العربية بحكم الموقع الجغرافي لارض فلسطين التي احتلها [2] .

هـ- **مشاريع المياه:** اطماع الكيان الصهيوني في المياه العربية قديمة فقد طرح مشاريع لاستغلال المياه العربية من ابرزها مشروع (صندوق ماهير) عام 1989 اذ قدم مخططاً للسيطرة على المياه العربية من خلال:

1- سحب مياه النيل الى صحراء النقب.

2- انشاء سد نهر اليرموك بالتعاون مع الاردن وسورية وضمان الحصة الكبيرة للكيان الصهيوني على حساب سورية والاردن.

3- مشروع نهر الليطاني واستغلال مياه الحصباني في لبنان.

وفي اطار قائمة مشروعات الربط الاقليمي فقد احتل اقتسام وادارة الموارد المائية موقعاً متميزاً لما لها من طبيعة ستراتيجية وسياسية ولتعلقها بالسيادة والسيطرة على شرايين الحياة.

---

[1] د. محمد طاقة الابعاد الاقتصادية للمشروع الصهيوني الجديد، مصدر سابق، ص82.

[2] د. محمود عبد الفضيل – مشاريع الترتيبات الاقتصادية – الشرق اوسطية – التصورات المحاذير – اشكال المواجهة – مصدر سابق، ص133.

- كذلك د. محمد طاقة – الابعاد الاقتصادية للمشروع الصهيوني الجديد مصدر سابق، ص82.

وهذا الدافع الرئيس لاهتمامه بالموارد المائية فهي لاقتصاده تساوي اهمية النفط واكثر فالانتاج الزراعي ونموه سيتوقفان على المياه بالدرجة الاولى مما يعني أن الطلب على المياه يفوق العرض فمحدودية المياه من المشاكل الحادة التي يعاني منها الاقتصاد الصهيوني ومشاريعه في هذا المجال سيكونان كفيلين بحل المشكلة ومن المشروعات المطروحة – المشروع التركي المسمى انابيب السلام. حيث يتم سحب المياه من نهري سيحون وصيحون جنوب تركيا في انابيب عبر سوريا والاردن الى السعودية ثم الى الكيان الصهيوني وتسعى تركيا لتحقيق مكاسب مالية ضخمة مقابل بيع المياه دون تحمل النفقات الاستثمارية الضخمة للمشروع – دون الاشارة الى من يتولى مشروع انابيب السلام وهناك مشروع لاحياء مشروع جونسون لتوزيع مياه نهر الاردن بين الكيان الصهيوني والاقطار العربية المجاورة بهيمنة صهيونية.

و- قناة بين البحرين: مشروع بين الكيان الصهيوني والاردن – يعتبر من ابرز مشروعات الربط الثنائي – لربط قناة بين البحر الميت وخليج العقبة يساعد المشروع على توليد الطاقة الكهربائية لمشروعات صناعية وزراعية في المنطقة بالاستفادة من فارق الارتفاع من سطح البحر بين المتوسط والبحر الميت وسيتم استغلال الطاقة الكهربائية لانشاء مجمع صناعي كبير لاستغلال الثروات المعدنية في البحر الميت.

ز- تحويل الجولان الى منطقة صناعية: لتعميق الاتفاق مع سورية من وجهة نظر الكيان الصهيوني تحويل هضبة الجولان الى منطقة صناعية تضم صناعات تصديرية ذات تقانة (تكنولوجية متقدمة)، وتأجير اراضي الجولان لشركات استثمارية دولية بدلاً من تأجيرها من قبل الكيان الصهيوني بما يضمن تحقيق موارد مالية له ولسورية وفق نسب متفق عليها مقدماً – حيث يعتقد الكيان الصهيوني بهذا الصدد. عندما يكون هناك مصلحة اقتصادية مربحه، يكون السلام واقعياً ولا تكون للملكية الرسمية للارض أي معنى [1].

جامعة الشرق الاوسط [2]: ما زالت قيد التنفيذ في القاهرة غايتها تكوين نخبة مهنية جديدة تتناسب والتطورات للرؤية الشرق اوسطية تتكون الجامعة من ثلاث كليات هي (القانون – ادارة الاعمال – الزراعة) واختيار هذه الفروع التخصصية المؤلفة لنواة الجامعة له دلالة هامة لتشغيل الترتيبات والجامعة لها علاقة بجامعات اوربية وامريكية حسب فروع التخصص.

---

[1] د. محمود عبد الفضيل – مشاريع الترتيبات الاقتصادية – الشرق اوسطية – التصورات المحاذير – اشكال المواجهة – مصدر سابق، ص133-134.

- كذلك د. محمد طاقة – الابعاد الاقتصادية للمشروع الصهيوني الجديد مصدر سابق، ص79-80.

[2] د. محمود عبد الفضيل – مشاريع الترتيبات الاقتصادية – الشرق اوسطية – التصورات المحاذير – اشكال المواجهة – مصدر سابق، ص135.

يتضح مما تقدم أن تحقيق هذه الجامعة له دلالة سياسية لاستمرار الصهيونية في الوطن العربي وتعميق الهيمنة والسلام بالنسبة للكيان الصهيوني هو مواصلة الحرب مع العرب وباشكال مختلفة وجبهات متعددة وتشكل جزءاً من استراتيجية متكاملة.

التجارة: وضع الكيان الصهيوني مجموعة من المشاريع اللازمة لاقامة علاقات تجارية واسعة مع الاقطار العربية وعند اقامة علاقات اقتصادية في اطار السوق الشرق اوسطية فعملية التبادل التجاري ستكون في صالح الكيان الصهيوني لقدرته التصديرية الناجمة عن التطور الصناعي واستخدام التقنية الحديثة المتطورة مقابل محدودية الصادرات العربية بسبب التخلف التقني فقد بنى الكيان الصهيوني تصوراته في مجال التجارة مع الاقطار العربية من اعتبارين الاول كونه بلد صناعي متطور، الثاني دراسة وضع الاسواق التجارية العربية والطاقة الاستهلاكية لها.

فقد تم تقدير ذلك من قبل خبراء صهاينة وبشكل خاص اسواق الأقطار النفطية حيث سيكون الكيان الصهيوني مصدراً ما بين 10% -15% من واردات الأقطار النفطية وسيحقق فتح الاسواق العربية امام الكيان الصهيوني عائدات سنوية بمقدار (5-7) مليار دولار. فضلاً عن حل مشاكله الهيكلية التي يعاني منها الاقتصاد الصهيوني الناجمة عن قلة موارده المادية وسيحقق مكاسب اقتصادية منها حصول الكيان الصهيوني على المواد الخام وبأقل التكاليف فضلاً على الاستغلال الامثل لموارده الاقتصادية والتقنية فاستيراد المواد الخام والسلع الوسيطة التي يعتمد عليها الكيان الصهيوني تمثل نصف وارداته وتصدير السلع الصناعية تمثل نصف صادراته.

وبالطبع فالكيان الصهيوني يتطلع من خلال ذلك الى تحقيق التخصص وتقسيم العمل بين بلدان المنطقة، ابقاء البلدان العربية بلداناً مصدره للخامات لتغذية الصناعة الصهيونية من خلال تعاقدات التبادل التجاري في ما بين الصناعات يتخصص الكيان الصهيوني في الانشطة المتقدمة وسيعمق ذلك النمو غير المتكافئ مع الاقطار العربية. كما أن فتح الاسواق العربية امام الصادرات الصناعية سيساعد على جذب الاستثمارات العربية والاجنبية لها للاستفاده من موقعها لتصدير السلع الصناعية العالمية والتقنية لتكون مركزاً تجارياً ومالياً لكل الفعاليات الاقتصادية[*].

---

[*] ما يؤكد ذلك قيام مؤسسة (CRB) باستطلاع مع عديد من الشركات الدولية العاملة في اوربا واليابان وامريكا وكانت نتائج الاستطلاع قيام تلك الشركات بتوجيه استثماراتها في صناعة الاغذية والمنظفات والمنتجات الخفيفة نحو مصر، في حين اتجهت استثمارات الشركات الدولية العاملة في مجال الصناعات الثقيلة والباحثة عن يد عمالة عالية المهارة وتسهيلات لتطوير البحوث نحو (اسرائيل)، وبخصوص العمليات المستقبلية بعد اقرار السلام فقد كانت نتائج الاستطلاع توسيع حجم السوق للمنتجات (الاسرائيلية) بنسبة 63% من مجموع الشركات مما يشكل عنصراً مشجعاً وراء عملياتها الاستثمارية أو التوزيعية في المنطقة.

- للمزيد راجع د. محمود عبد الفضيل، مشاريع الترتيبات الاقتصادية، الشرق اوسطية - التصورات المحاذير - اشكال المواجهة، مصدر سابق، ص137.

ما تقدم - يؤكد لنا أن منافع السوق الشرق اوسطية ستكون لصالح الكيان الصهيوني وتفوقها النـوعي وفتح الاسواق العربية ذات القوة الشرائية العالية سيمنح الاقتصاد الصهيوني دفعه قوية لتعميق هيمنته على الاقتصادات العربية.

التكنولوجيا: أن الهدف الامريكي - الصهيوني هو اقامة تجمع اقليمي بديل للتجمع الاقليمي العربي ليندمج الكيان الصهيوني في هذا التجمع لا كدولة عادية بل كدولة متميزة ومنتصره وان يكون لها موقع متفوق وان تحضى بمعاملـة غـير عادية قبل احلال السلام وانتهاء المحادثات المتعلقة بالتسوية السياسية مع باقي الاطراف العربية. اذ تم الاتفاق على اقامة مؤسسة للعلم والتكنولوجيا بين امريكا (وإسرائيل) لضمان تفوقها النوعي التكنولوجي في المنطقة وخلق مجال حيـوي واسـع للصناعات التي تتمتع فيها بالتفوق كالصناعات الثقيلة حاضراً ومستقبلاً وسيزداد مجال (إسرائيل) لاختراق الاسواق العربية بتخصصها في الانتاج الصناعي ذي التقانة العالية والمرتفعة الـثمن والمـردود الانمـائي الكبـير مقابـل تخصص البلـدان العربية بالصناعات الخفيفة والبديلة عن الاستيراد وانتاج المواد الاولية ذات الاسعار المنخفضـة فـي الاجـل الطويـل لتكريس تخلف العرب في مجال التقانة الحديثة.

الآثار المستقبلية للمشروع الشرق اوسطي على الاقتصادات العربية:

1- سيؤدي النظام الشرق اوسطي الى مخاطر الهيمنـة الاقتصادية والتكنولوجيـة (لأسرائيل) علـى الاقتصادات العربيـة فـي اختراقها وخسارتها الى درجة كبيرة. فإقامة علاقات تجارية من قبل البلدان العربية مع (اسرائيل) مساوية لعلاقتها مـع البلدان العربية الاخرى سيقود الى اضعاف النظام العربي وانحسـار هويتـه العربيـة حيـث تتسـابق بـين بعـض الانظمـة العربية على الاستسلام مع العدو (الاسرائيلي) في ذات الوقت نجد معارضة شديدة من قبل تلك الانظمة للمصالحة مـع العراق ورفع الحصار غير الانساني المفروض عليه.

2- اتجاه غالبية الاقطار العربية نحو رأسمالية الحرية الاقتصادية (اقتصاد السوق) بتحويل القطاع العـام الى القطـاع الخـاص وتحريره من القيود على استيراداته ومنحه الاعفاءات مـن الضرائـب والرسـوم لفـترة طويلـة هـو تشجيع للاستثمارات الاجنبية لمنحها اعفاءات مماثلة مما يهيئ البنية الاقتصادية العربية لتكريـس وتعزيـز الهيمنـة الغربيـة وخلـق الظـروف للهيمنة (الاسرائيلية). مع تطبيع العلاقات العربية معها وسيشكل ذلك المدخل الضروري والمناسب لاقامة السوق الشرق اوسطية وتوسيع مجالات التصدير (لاسرائيل) الى الاقطار العربية عند تطبيع العلاقات معها وسيفتح البـاب واسـعاً امـام استثماراتها او استثمارات الصهيونية العالمية وستتمتع تلك الاستثمارات بامتيازات واعفـاءات شـأنها شـأن استثمارات الدول الغربية وسينجم عن ذلك اختلالاً كبيراً في موازين القوى لصالح "اسرائيل".

3- تفوق "اسرائيل" التقني على العرب في مجال الصناعات الثقيلة ذات التقانة العالية المدعومة من الادارة الامريكية. فسيؤدي هذا التفوق عند الانفتاح على "اسرائيل" القضاء على الصناعة العربية الثقيلة وسيحرم العرب من مصدر مهم من اسباب القوة [1].

4- اصرار (اسرائيل) على انتزاع عائد اقتصادي للتسوية السياسية مقدماً في صورة ارتباطات تعاقدية ومشروعات للتعاون الاقتصادي طويل المدى فالغرض الاساس من ذلك ليس الحصول على عربون في صورة تعبير الاقطار العربية على حسن النيات وتعهدها بالتعاون في ذات الوقت فانها (اسرائيل) لا تقدم بادرة واحدة على حسن نيتها بشأن العلاقات المستقبلية مع العرب بل وتصر على احتلالها موقع الطرف الاقوى في المعادلة وان تكون القوة النووية الوحيدة في المنطقة وتمسكها بقوتها العسكرية اكبر من مجموع القوة العسكرية للعرب جميعاً ومخالفتها الصريحة للاتفاقات حول المستوطنات والقدس.

"اسرائيل" التي يجمعها عامل الدين، تؤكد وتتمسك به، وبالمقابل فان مشاركة بعض الانظمة العربية في المباحثات والمؤتمرات حول التعاون الاقليمي في الشرق الاوسط لا يكشف عن اية مقاومة حقيقية للتوجه الصهيوني الامريكي بقدر ما يكشف عن استعدادها للتنازل عن ورقة الضغط الوحيدة المتبقية لديهم للوصول الى تسويات سياسية وهي ورقة التطبيع والتعاون الاقتصادي مع "اسرائيل" فضلاً عن تنكرهم لعاملهم الموحد العروبة ومضمونها الحضاري الاسلام الذي يشكل عامل موحد ضمن الدائرة العربية فالهدف التاريخي الرئيس والثابت للمشروع الشرق اوسطي هو تجزئة وتمزيق الوطن العربي كوحدة متميزة.

سيؤدي الى اخضاع المشاريع العربية لمنافسة غير متكافئة مع المشاريع الصهيونية والاجنبية اضافة الى تكريس النزعة القطرية والغاء المحددات القومية وصفات هوية المنطقة تاريخياً وثقافياً والغاء المؤسسات القومية العربية والمشروعات والهيئات العربية السياسية والاقتصادية وانهائها واستبدالها باتفاقيات ثنائية عربية صهيونية تركية ... الخ وتكريس الوجود الصهيوني وتجديد المشروع الصهيوني باعتماد طريق الاقتصاد بدلاً من طريق الحرب. قيام الشرق اوسطية ودخول العرب في عضويتها يعني أن يكون الانضمام فردياً وليس عربياً وان يتعهد البلد المنظم أن لا يقاوم وظائف ومهام العضوية الجديدة بما يعزز هيمنة (اسرائيل) على الكيان العربي [2].

---

[1] محمد الاطرش، تعقيب – التحديات الشرق اوسطية الجديدة والوطن العربي، مصدر سابق، ص201-203.

[2] محمد الاطرش - المشروعان الاوسطى والمتوسطي والوطن العربي، آب / اغسطس، ص 4-9.

ما يرمي له المشروع هو لخدمة ورجحان الكفة الاقتصادية لصالح (اسرائيل) وعلى حساب الاقتصادات العربية وهذا نابع من مستوى التطور التقني وارتفاع تراكم رأس المال والعمالة الفنية الماهرة وارتفاع مستوى البحث العلمي في الاقتصاد (الاسرائيلي) اضافة الى المزايا المقدمة من الشركات عابرة القوميات الامريكية لها وتمتع الاقتصاد (الاسرائيلي) بنسيج مؤسساتي وقانوني واداري يفوق عما تتمتع به الاقطار العربية.

ومما يزيد من صعوبة المشكلة هو أن المشروع جاء في وقت تعاني فيه الاقطار العربية من حالة التفكك لضعف النخب الحاكمة واستسلامها للضغوط الامبريالية مما ادى الى غياب التكامل العربي واضعاف القدرة التساومية تجاه (اسرائيل) فضلاً عن ضعف القاعدة الانتاجية وانخفاض معدلات النمو الاقتصادي [1]. نتيجة تبعية النخب الحاكمة واعتمادها المتزايد على الدول الصناعية المتقدمة وعدم استثمارها للقدرات والطاقات والاموال العربية في تنمية الاقتصاد العربي وسد احتياجاته من السلع والخدمات المختلفة.

المطلب الثالث

المشروع المتوسطي الاوربي (الشراكة الاوربية المتوسطية)

المنظور التاريخي ومضمون البعدين السياسي والاقتصادي للمشروع المتوسطي الاوربي:

من المعروف تاريخ ونهج اوربا على الزطن العربي سياسيا واقتصاديا وثقافيا الذي اتسم بالهيمنة والسيطرة على اقطاره ونهب ثرواته مع بداية القرن العشرين في "اتفاقية سايكس بيكو 1916" اذ بموجبها قسمت الوطن العربي على دول اوربا، فكان العراق والخليج العربي من حصة انكلترا، والجزائر وتونس من حصة فرنسا، وليبيا من حصة ايطاليا.

وبعد تحقيق استقلال الاقطار العربية ادركت دول اوربا اثر المتغيرات السياسية والاقتصادية التي يشهدها الوطن العربي وامكانية استثمار ذلك تنفيذاً للبند الذي نصت عليه معاهدة روما عام 1957 الذي اكد على اهمية زيادة وتيرة التبادلات التجارية والعمل على تحسين العلاقات الاقتصادية مع دول البحر المتوسط [2] فعقدت اتفاقيات مع عدد من الدول[*]. من بينها

---

[1] حسين ابو النمل - الاقتصاد الاسرائيلي - مركز دراسات الوحدة العربية- بيروت، 1998، ص 119.

- صندوق النقد الدولي - التقرير الاقتصادي العربي الموحد لعام 1996، ص 39.

[2] عامر لطفي، العلاقات العربية - الاوربية في ظل اطار برشلونة، مجلة الرسالة - المركز العربي للدراسات الاستراتيجية السنة الثانية العدد (9) مايس 1997، ص7.

[*] اتفاقية مع اليونان 1962، تركيا 1964، تونس والمغرب 1969، اسرائيل 1970.

- د. محمد الامام، اتفاقيات الشراكة وموقعها في الفكر التكاملي، مجلة بحوث اقتصادية عربية، العدد (7) لسنة 1997، ص 18-19.

اتفاقية مع تونس والمغرب عام 1969 وكانت اول الاتفاقيات العربية ولمدة خمس سنوات شكلت تلك الاتفاقيات تنظيم العلاقة العربية الاوربية وتطورها بابعادها المتعددة اقتصادياً وثقافياً واجتماعياً وسياسياً وامنياً والتعبير عن رغبتها، واستعدادها للقيام بدور سياسي واقتصادي جديد والمساعدة في البحث عن حل سياسي معقول للصراع العربي الصهيوني مما شجع الدول العربية للدخول في حوار مع الجانب الاوربي رغبة منها في تطوير وتنمية العلاقات القائمة خاصة بعد تصحيح اسعار النفط عام 1973 منطلقة من التعاون والمصالح المشتركة فعقدت دول الاتحاد الاوربي اتفاقيات مع المغرب وتونس والجزائر عام 1976 ثم مع سورية والاردن ومصر عام 1977 ثم مع لبنان ودول مجلس التعاون الخليجي في عقد الثمانينات. وقد تضمنت تلك الاتفاقيات التعاون في العديد من الجوانب اضافة الى التبادل التجاري حتى اطلق عليها باتفاقيات التعاون وقد تم تحديد هدف الاتفاقية بين الاتحاد الاوربي واية دولة. لتعزيز التعاون الشامل بين الطرفين المتعاقدين للمساهمة في التنمية الاقتصادية وتطوير العلاقات التجارية بين الطرفين والتزام الجانب الاوربي بتقديم التسهيلات فيما يتعلق بالغاء الرسوم الكمركية وتخفيضها بنسبة 80% عند عقد الاتفاقية وازالتها بالكامل بعد السنة الاولى وازالة القيود الكمية على جميع السلع باستثناء ما يتعلق بالمنتجات الزراعية وتخفيض التعريفة الكمركية على المنتجات الزراعية ولفترات محدودة من السنة وبكميات يتم تحديدها سنوياً واختلافها من دولة الى اخرى لمراعاة التفاوت الاقتصادي في الصادرات [1]، اما الطرف الثاني في الاتفاقية (الطرف المتوسطي) وامعنية بالشراكة الاوربية فهي تونس، المغرب، الجزائر، مصر، سوريا، الاردن، لبنان، فلسطين (اسرائيل)، تركيا، مالطا وقبرص - فتلتزم بالشروط التي تنص عليها الاتفاقية ولم تتمكن دول المغرب العربي من اكتساب ميزة النفاذ الى اسواق الجماعة الاوربية بالرغم من اعادة هيكلية اقتصادها على اساس الانتاج للسوق الاوربية [2]. ويعود السبب في ذلك الى عدم التكافؤ اقتصادياً بين الطرفين فأوربا كتكتل اقتصادي مهم في حين أن الدول المتوسطية العربية الضعيفة اقتصادياً - كما انها دخلت بصفة فردية وليس بصفة جماعية، ومن ثم لن تتمتع بموقف تفاوضي قوي تجاه العديد من القضايا المهمة منها قضية استثناء ليبيا من الشراكة الاوربية المتوسطية [3] لذلك لا يمكن أن تقوم شراكة على اساس التكافؤ بين اطراف طالما أن هناك طرفاً متفوقاً على جميع الصعد وآخر ضعيف[4] والدخول والدخول في هذه الشراكة يتطلب بناء اقتصاد وطني متطور يستند

---

(1) د.محمد محمود الامام، اتفاقيات الشراكة وموقعها في الفكر التكاملي، مصدر سابق، ص 19.

(2) عامر لطفي، العلاقات العربية - الاوربية في ظل اطار برشلونة، مصدر سابق، ص17-18.

(3) اسامه المجدوب، العولمة والاقليمية – مستقبل الوطن العربي في التجارة الدولية، مصدر سابق، ص70-71.

(4) محمد محمود الامام - اتفاقيات الشراكة وموقعها في الفكر التكاملي، مصدر سابق، ص19.

الى اقامة تعاون ثابت يقوم على مبدأ المصالح المشتركة واذا غاب هذا المبدأ يصبح التعاون عبارة عن مساعدة من طرف ما للطرف الاخر[1].

ومع بداية عقد التسعينات برزت السياسة الاوربية الجديدة تجاه دول البحر المتوسط لتعزيز الشراكة معها، اثر المتغيرات الاقليمية والدولية ولم تكتف اوربا بدول المغرب العربي بل تغلغلت في اقطار الوطن العربي ودول الجوار غير العربية لزيادة عدد الدول المتوسطية كأطراف مشاركة في اتفاقياتها وتحقيق تطور في الانتقال من اتفاقيات التعاون الاقتصادي الى اتفاقيات شراكة بين الاطراف المتعاقدة بتوسيع العلاقات وفي كل المجالات ويأتي هذا التحول النوعي تجسيداً لقرار الاتحاد الاوربي في 1990/12/19 بادخال تعديلات على جميع الاتفاقيات بهدف تعزيز صادراتها ضمن اطار سياسة متوسطية جديدة لاقامة قدر من التوازن مع امريكا وعقد مؤتمر القمة الاوربي 1994 ليضع السياسة المتوسطية الجديدة لاوربا الهادفة الى تقوية سياسة الاتحاد الاوربي في المتوسط ومكونات هذه السياسة (البيئة والطاقة والاستثمار والهجرة والتعاون الاقتصادي والسياسي والامني وتحرير التجارة والتعاون الصناعي) لتحقيق هدف الشراكة الاوربية [2].

أن الدوافع الاساسية التي تقف وراء ذلك هي:

1- انهيار الاتحاد السوفيتي وتفرد امريكا وزيادة تواجدها في المنطقة العربية سيمكنها ذلك من الاستحواذ سياسياً واقتصادياً على اقطارها والهيمنة على منابع النفط فيها اضافة الى سيطرتها من خلال ما اطلقت عليه ترتيب الشرق الاوسط الذي يمثل التصور الامريكي لتجعل الكيان الصهيوني يلعب دوراً مهماً من اجل تسوية الصراع العربي الصهيوني وخدمته وتعزيز دوره وثقله السياسي والاقتصادي في الوطن العربي وكمحاولة جديدة للهيمنة الامريكية ليس فقط زيادة تواجدها في الوطن العربي من خلال صنيعتها "اسرائيل" في قلب الوطن العربي [3]. وهيمنتها على مسارات التسوية بعيداً عن الاوربيين الاوربيين الذين يعتبروا انفسهم في خط المواجهة للشرق الاوسطي اكثر من الامريكيين ولان اوربا تعاني من الاصولية والهجرة غير المشروعة والتأثيرات السلبية للصراع العربي - الصهيوني على استقرارها الاقتصادي

---

[1] د.مهدي الحافظ - الشراكة الاقتصادية العربية - الاوربية - نشرة الرباط الجمعية العربية للبحوث الاقتصادية، العدد 17 نيسان 1999،ص1.

[2] د.مهدي الحافظ - الشراكة الاقتصادية العربية الاوربية، مصدر سابق، ص2 -3.

[3] عبدالرحمن مطر، اسئلة برشلونة، قراءة اولى لمؤتمر برشلونة للشراكة والتعاون الاوربي المتوسطي - المستقبل العربي العدد 215 كانون الثاني 1997، ص60.

والسياسي والامني [1]. ولهذا تحركت اوربا لاقامة قدر من التوازن مع امريكا المنحازة للكيان الصهيوني في المفاوضات، اذ تلقى اوربا ترحيباً في اكثر من بلد عربي من اجل التوازن المطلوب في عملية المفاوضات التي ما زالت حكراً على امريكا كما تعتبر اوربا أن الوطن العربي خصوصاً الضفة الجنوبية لحوض المتوسط مجالها الحيوي والذي لا يمكن تجاهله او التنازل عنه وانها المؤهلة لمساعدة الدول العربية المتوسطية في تنمية اقتصاداتها وتوفير شروط اندماجها الاقتصادي بحكم عوامل الجغرافية والتاريخ والمصالح الاقتصادية والتجارية الكبيرة التي تربط الطرفين الى بعضهما والتي تجعل منها عمقاً استراتيجياً للاخر [2].

2- ترفض اوربا أن تكون بدور ضعيف في النظام الدولي القائم والذي ينذر بتعدد مطالبه حيث أن هيمنة قطب واحد (امريكا) لا يمكن أن يستمر الى ما لانهاية ومحاولة اوربا تهيئة نفسها كقوة اقتصادية وسياسية وعسكرية لامتلاكها الوسائل والقدرات التي تؤهلها لتصبح احد اقطاب العولمة التي ما زالت في طور التشكيل والقيام بدور مؤشر دولياً من هذا المنطلق عملت اوربا هذا المشروع لاعادة ترتيب وصياغة جديدة للوطن العربي [3].

3- مواجهة الهيمنة الامريكية والخروج من تحت مظلتها واخذ المبادرة منها في اعادة تشكيل النظام الاقليمي وصياغة مستقبل المنطقة المتوسطية والشرق اوسطية وخارطتها السياسية والاقتصادية لمصلحة اوربا الموحدة ومن ثم الاستفادة من المناخ السياسي العام الذي لا يميل علناً أو ضمناً للمشروع الامريكي الذي لا يقوم على اساس توازن المصالح بل تسريع الاندماج الاقتصادي لمصلحة الكيان الصهيوني وامريكا، ورفض تهميش المشاركة الاوربية في المجتمع الدولي في اطار صياغة المستقبل تحقيقاً لطموح اوربا الشامل بعد تهميش واستبعاد الادارة الامريكية لأي دور ومساهمة اوربا في عملية السلام وتوقيع اتفاقيات أوسلو. وواشنطن عام 1993 واتفاق القاهرة ووادي عربه عام 1994 واتفاق طابا عام 1995 حيث لم تتمكن اوربا من القيام بأي دور بشأن الصراع العربي الصهيوني او التدخل في تقريب وجهات النظر العربية - (الاسرائيلية) [4]. بالرغم من عدم معارضة اوربا من حيث المبدأ قيام نظام شرق

---

[1] معين محمد رجب، الواقع الاقتصادي العربي الراهن في مواجهة النظام الاقتصادي العالمي الجديد بالتركيز على الاتحاد الاوربي، مؤتمر الاقتصاديين العرب الثالث عشر، المغرب-جديدة 2000،ص3.

[2] ابراهيم بدران، ملاحظات حول الشراكة الاوربية العربية، مؤتمر الاقتصاديين العرب الثالث عشر - المغرب - الجديدة 2000،ص10.

[3] عبدالرحمن مطر - اسئلة برشلونة، قراءة اولى لمؤتمر برشلونة والتعاون الاوربي المتوسطي - مصدر سابق، ص 60.

[4] عبدالرحمن مطر - اسئلة برشلونة، قراءة اولى لمؤتمر برشلونة للشراكة والتعاون الاوربي المتوسطي - مصدر سابق، ص 60.

اوسطي بمنطق امريكا للمنطقة غير انها تريد أن يكون لها موقع القوة او الشراكة فيه بدلاً من هيمنة امريكا. بمعنى انها لا تريد ابعاد امريكا بل اقتسام الشراكة معها في السيطرة على المنطقة خاصة بعد مؤتمرات الدار البيضاء 1994 وعمان 1995 والقاهرة 1996 اذ تجاوزتها امريكا وعززت مصالحها في الشرق الاوسط بمشاركة الكيان الصهيوني[1].

4- عدم اكتفاء الادارة الامريكية بتهميش روسيا. بل بتهمش اوربا واقتصار دورها على المتابعة عن بعد لمجريات عملية السلام وحضور المؤتمرات واللقاءات دون أن يكون لها دور يذكر ويأتي هذا الموقف المتعنت من الادارة الامريكية لتأكيد هيمنتها على العالم. كقطب احادي وتفردها في السياسة الدولية من غير منازع او منافس رغم مطالبة الاطراف العربية بمشاركة الجانب الاوربي لعلاقاته التاريخية وعلاقات التقارب المتميزة ولفترة من الزمن[2].

رغبة اوربا تحقيق مشاركة متوسطية جديدة تهدف اساساً الى بلورة اطار شامل من الدول والقضايا في اطار صياغة المستقبل ومنفذاً لتحقيق طموح اوربا في توسيع منطقة لنفوذ اوربا لتشمل حوض البحر المتوسط والشرق الاوسط [3].

5- خلق فضاء اقتصادي قادر على استيعاب فائض الانتاج الاوربي والزامه بمعاهدات واتفاقيات تفرض عليه أن يكون مرتبطاً بالحوض الشمالي للبحر المتوسط بحيث تصبح المنافسة الامريكية او الاسيوية ضعيفة جداً بشكل يجعل دخولها الى الاسواق المتوسطية يتم من البوابة الاوربية [4] ورغبة اوربا بعد تكاملها وقيام السوق الاوربية 1993 أن تلعب دوراً مؤثراً في النظام الاقليمي لذلك جاء المشروع المتوسطي ليمثل وجهة النظر الاوربية مقابل الشرق اوسطي [5]. حيث يؤكد الاوربيون الى أن الاتحاد الاوربي هو الممول الرئيس لحوض جنوب المتوسط وان حضوره السياسي لا يتوافق مع حجم التمويلات في الدور الذي تلعبه في تنمية اقتصادات هذه المنطقة وان حجم هذه التمويلات كبيرة فمن حقهم أن يتناسب ذلك وحضورهم السياسي.

---

[1] الشاذي العباري - آفاق التكامل في البحر الابيض المتوسط، الخيار الاوربي الوطن العربي ومشروعات التكامل البديلة - بيروت 1997، ص 575.

[2] عامر لطفي - العلاقات العربية الاوربية في اطار برشلونة - مصدر سابق، ص90.

[3] عبدالرحمن مطر - اسئلة برشلونة، قراءة اولى، مصدر سابق،ص 60.

[4] الشاذلي العباري - آفاق التكامل في البحر الابيض المتوسط، الخيار الاوربي الوطن العربي ومشروعات التكامل البديلة،مصدر سابق، ص575.

[5] راجع اسامة المجدوب، العولمة والاقليمية - مستقبل العالم العربي في التجارة الدولية، مصدر سابق، ص69-71.

ولتحقيق هدف الشراكة الاوربية المتوسطية وابراز دور وفاعلية اوربا في المنطقة المتوسطية فقد عقدت لهذا الغرض ثلاث مؤتمرات:

1- مؤتمر برشلونة[1]:

للفترة من 27-28 تشرين الثاني 1995 عقد المؤتمر بمشاركة وفود دول الاتحاد الاوربي كافة الـ 15 دولة و (12) دولة متوسطية المشاركة [2] بالاضافة الى موريتانيا كمراقب اضافة الى حضور دول عدة [3]. تناول المؤتمر ثلاث اجزاء رئيسية – المشاركة السياسية والامنية، المشاركة الاقتصادية والمالية – المشاركة الاجتماعية والثقافية والانسانية صدر عن المؤتمر اعلان سياسي بعد تعديله وفقاً لملاحظات الدول المتوسطية – مع برنامج عمل. تضمن تحديد كيفية تنفيذ ومتابعة ما جاء في الاعلان تضمن الجانب الخاص بالمشاركة الاقتصادية والمالية البنود التالية:

- تعزيز التعاون من اجل تحقيق منطقة رخاء تعم فوائدها كل الشركاء وتقوم دعائم التعاون في هذا المجال على انشاء منطقة تجارة حرة بين الدول المتوسطية المشاركة بحلول عام 2010، تعاون اقتصادي، تعاون مالي.
- تعزيز التعاون وتنميته في القطاعات الاقتصادية كافة وضرورة زيادة الاستثمارات الاجنبية المباشرة، ودعم المدخرات لرفع كفاءة الانتاجية وزيادة الصادرات.
- التأكيد على التعاون الاقليمي على اساس اختياري.
- تشجيع التعاون بين الشركات والمؤسسات وتوفير البيئة والاطار القانوني.
- الحفاظ على البيئة والالتزام بخطة عمل المتوسط.
- تنشيط الحوار فيما يتعلق بسياسات الطاقة.

تخصيص موارد مالية اضافية للفترة 1995-1999 تبلغ 4.685 مليار وحدة نقدية اوربية لتنفيذ ما اتفق عليه في كافة مجالات التعاون.

---

[1] اسامة المجدوب، العولمة والاقليمية مستقبل العالم العربي، مصدر سابق، ص 69-71.

[2] مصر، الجزائر، المغرب، تونس، الاردن - سورية - لبنان، ماطا، تركيا، قبرص، اسرائيل، السلطة الفلسطينية.

[3] الولايات المتحدة وروسيا ودول شرق ووسط اوربا ودول البلطيق والبانيا بصفة ضيف في الجلسة الاخيرة فقط.

2-مؤتمر فاليتا / مالطا:

انعقد المؤتمر للفترة من 15-16 نيسان 1997 بحضور وفود الدول السبع والعشرين الاطراف في المشاركة الاوربية المتوسطية لتقييم ماتم تحقيقه من المحاور التي تناولها مؤتمر برشلونة 1995 وتحديد الصعوبات التي تواجه برامج المساعدات الاوربية اضافة الى خطة تأهيل المؤسسات الصناعية في دول جنوب المتوسط.

اعدت الدول العربية المشاركة بياناً من اربعة محاور اساسية في مقدمتها – عملية السلام في الشرق الاوسط والتعاون الاقليمي والمشاركة الاقتصادية والثقافية وقضية المهاجرين العرب في اوربا صدرت عن المؤتمر الوثيقة الختامية بصورة متوازنة وتم الاتفاق على احالة المسائل الخلافية التي تضمنها البيان الختامي الى اجتماعات كبار المسؤولين من بينها في المجال الاقتصادي مسألة التجارة في السلع الزراعية والمديونية والمخصصات المالية لدول البحر المتوسط[1] ورغم التقدم المتحقق بشكل ملموس فقد اقتصر على الاتفاقيات المشاركة الثنائية المعقودة بين الاتحاد الاوربي مع عدد من الدول المتوسطية.

أن مشروع التكامل الاوربي المتوسطي كما ورد في اعلان برشلونة هو مشروع طموح ذو ابعاد ايجابية للاطراف المشاركة اذ اخذ بشكل مجرد عن الاهداف السياسية بعيدة المدى ويبقى اطار برشلونة قابلاً للتطبيق غير انه مازال يواجه العديد من التحديات من بينها ذات المسائل التي لم يتم الاتفاق بصددها في مفاوضات المشاركة الثنائية مع الدول المختلفة، والتي توضح اولويات هذه الدول ومقتضيات مصالحها الوطنية كما أن الوصول الى منطقة التجارة الحرة عام 2010 لابد أن يأخذ في الاعتبار تشابه العديد من المنتجات التي تصدرها منطقة جنوب المتوسط الى السوق الاوربي مما يعني وجود حالة من التنافس الحاد الذي قد يؤدي بالنفع على البعض الاخر. مما يتطلب ضرورة تنظيم العلاقات التجارية بشكل يضمن توزيع المكاسب بشكل عادل ومتوازن للجميع وعدم هيمنة اطراف على مكاسب اخرى[2].

---

[1] اسامة المجدوب، العولمة والاقليمية مستقبل الوطن العربي في التجارة الدولية، مصدر سابق ص71-72.
- راجع المنظمة العربية للتنمية الزراعية التقرير السنوي للتنمية الزراعية في الوطن العربي لعام 1997، ص231-232.
[2] راجع المنظمة العربية للتنمية الزراعية في الوطن العربي عام 1997، ص 231-232.

3- مؤتمر شتوتغارت:

في نيسان 1999 عقد المؤتمر بحضور الاطراف المشاركة الـ (27) دولة. وقد تضمن البيان الختامي الصادر عن المؤتمر تعهداً بمواصلة مشاريع التنمية والاستعداد لانشاء منطقة تجارة حرة وتشجيع العلاقات الاقتصادية والثقافية والاتفاق على نقاط تهدف الى تعزيز الشراكة فيما بين الاطراف من ابرزها ما اطلق عليه (عملية برشلونة) لا تهدف الى التعويض عن المبادرات من اجل السلام في منطقة البحر المتوسط داعياً الى استئناف مفاوضات السلام في الشرق الاوسط وتطبيق القرار 425 الذي ينص على انسحاب (اسرائيل) فوراً من غير شرط من جنوب لبنان وتعزيز الحوار السياسي في الشراكة السياسية والامنية شاركت ليبيا لاول مرة بدعوى من المانيا مما تعني اشارة الى امكانية ضمها للشراكة مستقبلاً[1].

أن عقد مؤتمرات الشراكة تعكس في حقيقتها تفعيل عمليات السلام بين السلطة الفلسطينية و (اسرائيل) وتنشيط العلاقات الاوربية العربية من خلال تفعيل اتفاقيات الشراكة افقياً وعمودياً ومن نتائج ذلك توقيع اول شراكة اوربية – متوسطية مع تونس في مايس 1995 تم التوقيع مع تركيا و (اسرائيل) والمغرب. كما أن المفاوضات مستمرة مع الاردن ومصر ومع سوريا ولبنان وليبيا وعند اكتمال المفاوضات فان هذا يعني أن المنطقة ستشهد اكبر تجمع اقتصادي في العالم[2].

الاثار المستقبلية للمشروع المتوسطي (الشراكة الاوربية المتوسطية) على الاقتصادات العربية:

أن المشروع المتوسطي أو الشراكة الاوربية المتوسطية لا يعبر عن جدية التعاون الحقيقي بين المجموعة الاوربية وبقية دول المتوسط، لان ابعاد الدعوة لشراكة اوربية متوسطية غير قائمة على مبدأ المساواة في العلاقات الدولية. لان تحقيق مشاركة كاملة وواسعة لاطراف المتوسط يتطلب قناعة مبدئية لمفهوم الشراكة والتعاون والسؤال الذي يفرض نفسه اذا كانت العلاقات الاقتصادية والسياسية والثقافية قائمة بين دول المتوسط على مستوى ثنائي ؟ فما هي ابعاد الدعوة للشراكة الاوربية المتوسطية غير القائمة على مبدأ المساواة في العلاقات الدولية وهذا ما توضحه الحقائق التي تكشف عن ذلك:

---

(1) د. ناظم عبدالواحد جاسور، مستقبل الشراكة الاوربية المتوسطية – احياء السلام والتنمية المؤجلة، مركز الدراسات الدولية العدد 10 السنة الاولى، آب 1999، ص1-4.

(2) المنظمة العربية للتنمية الزراعية – خطة عمل السياسات الزراعية حول الامن الغذائي العربي في ظل محددات الموارد المائية والتجارة الدولية، القاهرة، 4-10 مايس 1996، ص55.

1- لم تعط الشراكة اولوية لجوانب ومقومات التعاون والشراكة (الثقافي والحضاري) واتخذ البعد السياسي مفهوماً امنياً في حين احتل الجانب الاقتصادي اهمية خاصة في اتفاقيات الشراكة المتوسطية فالاساس الذي استندت عليه في المرحلة الاولى كان بهدف التعاون الاقتصادي تطور ليشمل جوانب اخرى غير اقتصادية وقد انحصر الهدف الاقتصادي على الاسهام في التنمية من خلال تفضيلات وتسهيلات تقدم لكلا الطرفين ويمكن أن نستدل على اهمية الجانب الاقتصادي من خلال:

أ- الجانب المالي: تلقت الدول المتوسطية من الاتحاد الاوربي نوعين من المساعدات المالية النوع الاول مساعدات مالية مباشرة من ميزانية الجماعة الاوربية اما النوع الثاني من المساعدات المالية فكانت على شكل قروض من بنك الاستثمار الاوربي اقرتها البروتوكولات المرافقة للاتفاقيات والتي انتهى العمل بهذه البروتوكولات عام 1996. وقد كانت المساعدات المالية كقروض اكبر من المساعدات المالية الممنوحة من ميزانية الجماعة الاوربية والمساعدات المالية لم تقدم للدول المتوسطية لغرض التنمية الاقتصادية والاجتماعية حسب بل لغرض الاندماج في الاقتصاد الاوربي وزيادة ارتباط هذه الدول فيه.

ب- الجانب التجاري: لقد شكلت الصادرات العربية الى اوربا نسبة مهمة على حساب الوارد منها ويحسب هذا لصالح الدول العربية، ومع زيادة صادرات الدول العربية ازدادت وارداته ولكن بنسبة اقل من الصادرات. ويتأثر التبادل التجاري بطبيعة الظروف السياسية والاقتصادية الخاصة بكل قطر عربي[1].

2- أن المفهوم المطروح للشراكة والتعاون هو مفهوم اوربي وليس مفهوماً متوسطياً لاتجاهه الى اعادة تنميط العلاقات الاقتصادية والتجارية لاوربا مع دول الجوار المتوسط حسب المتطلبات السياسية والامنية لاوربا وليس على مبدأ الطبيعة المتميزة لعلاقات الجوار والتاريخ[2].

3- عدم وجود تكافؤ بين اعضاء الشراكة الاوربية المتوسطية سياسياً أو عسكرياً أو اقتصادياً أو تقنياً مما يعني أن مستقبل تحالف لا يتمتع اعضاؤه بتقارب أو توازن نسبياً في الامكانيات السياسية والاقتصادية والتقنية فالنتائج التي ستترتب عن ذلك أن الدول الاقوى في التحالف ستحقق مكاسب سياسية واقتصادية وتقنية وتعمل على تقييد وتوجيه سياسات الاطراف

---

[1] راجع للمزيد – محمد محمود الامام – اتفاقيات الشراكة الاوربية وموقعها في الفكر التكاملي، مصدر سابق، ص25-26.

[2] عبدالرحمن مطر، اسئلة برشلونة – قراءة اولى في مؤتمر برشلونة للشراكة والتعاون الاوربي المتوسطي – المستقبل العربي – كانون الثاني / يناير 1997، ص63-65.

الاضعف في التحالف من ناحية اخرى. فعدم تكافؤ القاعدة الصناعية في الأقطار العربية والتسهيلات التي اعطيت من قبل الطرف الاوربي للاقطار في المجال الصناعي لم تتمكن من الاستفادة منها فضلاً على ما حصلت عليه اقتصادياً باقامة منطقة للتجارة الحرة عام 2010 والمساعدات المالية والقروض التي قدمتها اوربا من بنك الاستثمار قد تجاوز حجم المساعدات الأخرى اذ يجب تسديد القروض مع الفوائد مستقبلاً [1].

4- استبعد الجانب الاوربي الملف الزراعي في حين أن الأقطار العربية تتمتع بميزة في الزراعة وحاجتها لتحقيق منافع في هذا المجال في حال تحرير التجارة في السلع الزراعية بالرغم من أن اوربا تعتمد على اتفاقيات منظمة التجارة العالمية في حين أن اتفاقية الشراكة تتضمن تعريفة ثابتة على المكون الزراعي في المنتجات الزراعية لمعادلة اسعار المدخلات الزراعية الوطنية مع مثيلاتها الاوربية التي تستخدم في التصنيع الزراعي مما يؤثر على هيكل الانتاج والتجارة والصناعات الوطنية [2] وفيما يتعلق باعتبار الجودة والمواصفات السلعية ومعايير الصحة والسلامة النباتية والحيوانية واعتبارات البيئة فقد اصبحت بمثابة ابواب خلفية للحماية في التجارة الدولية وخاصة في المنتجات الزراعية والغذائية [3].

5- أكد المشاركون في ندوة باريس للفترة من 17-18 آذار 1999 على أن المشروع المتوسطي يفرض مجموعة من الشروط يجب توفرها لتحقيق منافع الاتفاقيات للأقطار العربية منها المحلي ومنها الاقليمي فعلى صعيد كل قطر عربي منفردة لابد من استكمال الاصلاح الهيكلي والقانوني والمؤسس واعادة النظر في سياستها التنموية باكملها واعطاء المجال الواسع لالية السوق والقطاع الخاص وتراجع دور الدولة ووفقاً لهذا قامت بتقديم الدعم المالي لعدد من دول الجنوب المتوسطي. في مجالات محددة خاصة التنمية الزراعية ولدعم عمليات تحويل القطاع العام الى القطاع الخاص والانفتاح الاقتصادي فقد تم تخصيص (6) مليون دولار للمدة من 1995-1999 ولدعم التنمية الاقتصادية اضافة الى (5) مليون دولار من بنك الاستثمار الاوربي بشرط استثمار هذه الاموال بانهاء سيطرة الدولة على السوق ونقل التقانة والمساعدة في القضاء على ظاهرة التطرف الاصولي الاسلامي. وعلى مستوى المنطقة العربية ككل

---

[1] مصطفى عبدالله خشيم، علاقات التأثر التأثير في اطار مؤتمر مالطا لعام 1997، دراسة تحليلية مقارنة، المستقبل العربي، العدد 240، شباط / فبراير 1999، ص61-62.

[2] المنظمة العربية للتنمية الزراعية – حلقة عمل السياسات الزراعية حول الامن الغذائي العربي في ظل محددات الموارد المائية والتجارة الدولية – القاهرة، 4-10 مايس 1996، ص54.

[3] المنظمة العربية للتنمية الزراعية – آثار تحرير التجارة الدولية في اطار منظمة التجارة العالمية على الزراعة العربية، 1998، ص120.

اهمية تعظيم الاستفادة من اتفاقية الشراكة ولن يتم هذا الا باقامة منطقة للتجارة الحرة العربية عام 2010 [(1)].

6- ان اتساع الهوة بين الامكانيات والقدرات السياسية والاقتصادية والستراتيجية لاطراف الشراكة فقـد امتـد ذلـك الى وجـود فجوة في مستوى التلاحم والتأثير الذي يتمتع به الطرف الاوربي مقارنة بالطرف العربي في هذه الشراكة الى:

أ- افتقار الدول العربية الى التنسيق والتعاون مقارنة بالتنسيق والتعاون بـين دول الاتحـاد الاوربي في اطار مـؤتمرات الاتحـاد الاوربي ويمكن ان نستدل على ذلك من خلال الاتي:

- ان الدول العربية المتوسطيه لم تقدم مشروعاً متكاملاً على غرار مشروع دول الاتحاد الاوربي في المـؤتمرات التـي عقـدت في برشلونه 1995 ومالطا 1997 وشتوتغارت نيسان 1999 مما يتضح لنا مدى تلاحم وتأثير هذه الدول.

- الدول العربية دخلت الشراكة الاوربية المتوسطية بصفة فردية وليس بصفته جماعية بتالي لم تتمتع بموقف تفاوض تجـاه العديد من القضايا المهمة من بينها قضية استثناء ليبيا من الشراكة الاوربية المتوسطية مما يشير الى تدني مستوى تلاحـم المجموعة العربية في هذه الشراكة.

- ان خلق شراكة اوربية – متوسطية جاءت مبادرة اولى مـن الطرف الاوربي وليس مـن الطرف العربي في اطـار الترتيبـات المتعلقة بالنظام العالمي الجديد الذي تطمح دول الاتحاد الاوربي ان تكون احد اقطابه الفاعله [(2)].

ب- ان الاتحاد الاوربي ينطلق في تكامله من مفهوم اقليمي ويعطي للتقارب الثقافي والاندماج الاجتماعي وزناً بين اعضائه في حين ان ما تطرحه من خلال الشراكة الاوربية المتوسطية ينفي تحقيق ذلك ويترتب عـن ذلك خللاً في المنـافع والاعبـاء وينحصر عند قيام المنطقة الحرة والسماح لحرية انتقال راس المال دون انتقال الاشخاص [(3)]. وفي مجال الصناعة فقـد ركزت اوربا معوناتها على اعادة تأهيل الصناعة تحت ذريعة تمكينها على مواجهة المنافسة الاوربية

[(1)] سعاد كامل مرزوق – ندوة اية شراكة اقتصادية اوربية – عربية، الجمعية العربية للبحوث الاقتصادية، العـدد 17 نيسـان 1999، ص12.

[(2)] مصطفى عبد الله خشيم، علاقات التأثر والتأثير في اطار مؤتمر مالطا لعام 1997، دراسة تحليلية مقارنة – مصدر سابق، ص64.

[(3)] معين محمد رجب "الواقع الاقتصادي العربي الراهن في مواجهة النظام الاقتصادي العـالمي الجديد بـالتركيز على الاتحـاد الاوربي" مؤتمر الاقتصاد بين العرب الثالث عشر، المغرب، الجديدة 2000، ص15.

وسيؤدي هذا الى احتواء الاقتصادات المتوسطية وتأكيد الروابط بينها وبين المنشآت في دول المركز وهذا ما دعا له بشكل صريح اعلان مؤتمر برشلونه 1995.

مما يعني ان الاتحاد الاوربي سيكون قادراً على تنفيذ اتفاقية للشراكة التي تمت صياغتها من قبل الاجهزة وفق المفاهيم اوربية الهادفة الى خضوع دول المتوسط لسيطرة الاتحاد وصولاً الى حالة الادماج[1]. واصراره على اقامة منطقة للتجارة الحرة بشكلها المتكامل عام 2010 تحقيقاً لمصلحته بشمول السلع الزراعية او منتوجات الصناعة الاستخراجية والتي قد تكون اقل ضرراً في منظور الاقطار العربية المتوسطية في حين ان ما نصت عليه الاتفاقية التي عقدت مع تونس استثناء المكون الزراعي الذي يدخل في انتاج السلع المصنعة من منطقة التجارة الحرة وهذا يعني ان المنتوجات الصناعية الغذائية والنسيجية التي يتم تصديرها من تونس الى الاتحاد الاوربي عند قيام منطقة التجارة الحرة بينهما ستفرض عليها الرسوم الكمركية [2] أن المعاملة التفضيلية التي يمنحها الاتحاد الاوربي لاعضائه لا تسري على الدول غير الأعضاء ويعتبر هذا من ابرز مخاطر المشروع المتوسطي على الاطلاق.

جـ- أن مقترح اقامة منطقة للتجارة الحرة في السلع المصنعة عام 2010، سيترتب عنه اثار سلبية على الصناعات التحويلية العربية وقد يؤدي الى القضاء على الكثير منها لتقدم الصناعات التحويلية في الاتحاد الاوربي ولاتساع السوق الاوربية واستفادتها من الانتاج الواسع. اما فيما يتعلق باقامة الصناعات المتقدمة مستقبلاً وغير الموجودة عربياً في الوقت الراهن فان الشراكة ستحول دون قيامها وسينعكس ذلك على زيادة البطالة لانعدام فرص العمل التي تتيحها اقامة صناعات جديدة فضلاً على عدم قدرة تلك العمالة من الانتقال الى الطرف الاخر جراء شروط الشراكة التي تتيح انتقال رؤوس الاموال دون العمالة وسيكون الامر اكثر خطورة عندما تنتقل رؤوس الاماول الاوربية عبر الشراكة المتوسطية الى الاقطار العربية ليس بهدف اقامة مشروعات جديدة بل بهدف شراء صناعات قائمة جراء سياسات تحويل القطاع العام الى القطاع الخاص – مما يعني انتقال الملكية الى الشركات الاوربية [3].

---

[1] محمد الشيكاد، المقترح الامريكي للشراكة بين الولايات المتحدة الامريكية والدول المغاربية هل هي بديل ام مكمل للشراكة بين المغرب والاتحاد الاوربي، مؤتمر اتحاد الاقتصاديين العرب الثالث عشر – المغرب / جديدة 2000، ص13.

[2] غرام محجوب، مشروع تكوين منطقة تبادل حر بين بلدان المغرب العربي والاتحاد الاوربي، ندوة الوطن العربي ومشروعات التكامل البديلة اعمال المؤتمر العلمي الثالث للجمعية العربية للبحوث الاقتصادية 1997، ص69.

[3] ابراهيم بدران، ملاحظات حول الشراكة الاوربية العربية، مصدر سابق، ص20.

مما يعني عدم قدرة العرب على اثبات ت وجودهم على الساحة الدولية اقتصادياً وسياسياً لعدم قدرتهم على امتلاك خياراتهم المستقلة طالما سلبت قراراتهم واراداتهم وصاروا مجرد منفذين وخاضعين للقرارات والمقترحات الاجنبية البعيدة التي لا تمت بصلة لاي عربي. فما يسعى له المشروع هو جعل الوطن العربي مجرد سوقاً لتصريف المنتجات الاوربية الصناعية والزراعية وابقائه مصدراً للطاقة والمواد الاولية وبالتالي اضعاف الاقتصاد وتهميشه في كل المجالات ومحاصرته بالقواعد العسكرية الاجنبية واثقاله بالديون وتفريغه من الكفاءات واستنزاف ثرواته وتكريس التجزئة فيه وفك ارتباطاته الداخلية وتبعيته للقوى المهيمنة بقوتها السياسية والاقتصادية والاعلامية لقد وضعت الشراكة الاوربية نفسها راعية لحقوق الانسان ومطالبته بالديمقراطية واحياء وتحقيق سلام شامل وعادل في المنطقة وهذا ما دعا له المشاركون في مؤتمر برشلونه باعتماد الاسس التي قام عليها مؤتمر مدريد للسلام الذي عقد في اول عام 1991 والمتضمن مبدأ الارض مقابل السلام[1].مما يعني اتساع نطاق تبادل الادوار يوماً بعد الاخر من قبل القوى الغربية على الوطن العربي ولن ينتهي الامر الان او في المستقبل مالم يغير العرب حالهم حالياً او في المستقبل.

ان المشروع المتوسطي او الشراكة الاوربية ما هو الا تكريس للتجزئة ومساهمة جديدة لاستمرار مابدأته اتفاقية سايكس بيكو عام 1916 ولتفتيت العرب يصعب على اثرها تحقيق نهضتهم وتطورهم مستقبلاً أن المشروع الشرق اوسطي ثم الذي تبعته الشراكة الامريكية المغاربية وقد ساهم الاختلال الهيكلي في الاقتصادات الغربية الى جانب العامل السياسي الذي يعتبر من اخطر العوامل بشكل مطلق الى مواصلة التعامل المتزايد مع الاقتصاد الغربي وتفاقم تبعية الاقتصادات العربية للخارج.

وستكون الاثار السلبية العولمة اقل بكثير على القطار العربية الموحدة اقتصادياً والمتكاملة في برامج اقتصادية مقارنة باقتصاد مجزأ ومواقف قطرية متباينة ويبقى العامل السياسي، عامل الحسم في تقرير واقع ومستقبل التكامل الاقتصادي لانه الاكثر تحديداً وفعالية حالياً ومستقبلاً.

لقد لعب العامل السياسي والذي يعتبر من اخطر العوامل على الاطلاق دوراً مهماً وبارزاً كعقبة في عدم ايفاء بعض الدول عندما يكون هناك اتفاق على انشاء مشروع مشترك يستهدف تحسين الوضع العربي حيث نرى بعض النخب الحاكمة تبدأ بالتخلي عن التزاماتها القانونية

---

(1) **سعاد كامل مرزوق، ندوة أية شراكة اقتصادية اوربية عربية، مصدر سابق، ص12،19.**

والمالية او تخفيف الحماية ومنع الافضلية للمشروعات العربية المشتركة، وعدم الايفاء بتلك الوعود والالتزامات وبما يعرقل العمل العربي المشترك. وقد ساهمت المتغيرات الدولية والاقليمية المتمثلة بالعولمة والمشروعان الشرق اوسطي والمتوسطي على شق صف الاقطار العربية من خلال تكتل عدد من الاقطار العربية تحت مظلة اما المشروع الاوسطي او المتوسطي ويمثل هذا الهدف الرئيس للعولمة بالنسبة للاقطار العربية من اجل القضاء على ان مشروع وحدوي.

الفصل الثالث

العولمة وآليات الاستثمار

مقدمة:

الرأسمالية في جوهرها نظام هيمنة يتم فيه فرض القوة والسيطرة من خلال السعي لتراكم راس المال. وان هدف النظام الرأسمالي يحكمه قانون تعظيم الارباح الخاصة الى التوسع عبر استثمار ارباحه فاذا لم يتوسع يتعرض للازمات الدورية والركود. وفي عمليات التوسع تتراكم فوائض مالية لاتجد احياناً مجالات مربحة في استثمارات حقيقية تؤدي الى زيادة الانتاج والتجارة. كما أن هذه الفوائض تضغط لتأمين حرية انتقالها من دولة الى اخرى عبر ازالة القيود على حركة الرساميل وقضية انتقال رؤوس الاموال لاغراض الاستثمار كانت سمة القرن التاسع عشر تراجعت في بداية القرن العشرين الى الانتقال عن طريق الاقراض ودول الجنوب في منظور الرأسماليين لها اهميتها باعتبارها خزانات كبرى للرأسمالية وقامت الشركات وبعنف الضغط على النظم الرأسمالية بالعودة الى اسلوب التوسع في الجنوب على النحو الذي يؤهلها للاستمرار في نقل ونزح الفائض الاقتصادي من تلك الدول والرأسمالية في بحثها عن الفائض الاقتصادي المتزايد ابتكرت اشكال عديدة. والتطلع لزيادة معدلات الربح وخاصة من عالم الجنوب فهو ركيزة اساسية للرأسمالية للخروج من ازماتها الاقتصادية وبحكم خبرتها التاريخية فقد ادركت المراكز الرأسمالية أن السبيل لتحقيق ذلك يتطلب اعادة احتواء عالم الجنوب من خلال خلق مناخ موات فيه يكون قادراً على جذب الاستثمارات الاجنبية المباشرة وعند مستويات عالية للربح وان ذلك يتطلب خلق مشروع امني محكم وصياغته بدقة بما يمكنها من فرض الهيمنة على مجمل الاوضاع الاقتصادية والاجتماعية في العالم بشكل عام ودول الجنوب بشكل خاص لاخضاعه لشروط التراكم والتوسع في الشمال وهيأت البيئة السياسية والاقتصادية لاحداث التغيير وتطبيق سياستها وفق ما املته عليها الشركات عابرة القوميات. وعملت على ايجاد المبررات اللازمة وتقديم المقترحات الكفيلة واسندت المهمة لصندوق النقد والبنك الدولي من خلال اعداد حزمة من المشروطية. بهدف التغلب على اختلالاتها الهيكلية. أن عملية تحويل ملكية القطاع العام الى الخاص هي التمهيد والخطوة الضرورية لتطبيق العولمة الاقتصادية واصبحت الدولة ضمن هذا المفهوم في دول الجنوب هي المستهدفة في المقام الاول وخاصة كبيرة الحجم التي تتمتع بقطاع كبير ذي وظيفة اجتماعية مهمة. في حين أن الرأسمالية لا تعني على الاطلاق غياب دور الدولة فالدولة في النظام الرأسمالي جهاز لخدمة التطور الرأسمالي الذي تهيمن عليه الطبقة

الرأسمالية. وتسعى الرأسمالية العالمية بكل طاقاتها الى امتلاك الاصول الثابتة وغير الثابتة في بلدان الجنوب وتبني دول الجنوب لعملية تحويل الملكية من القطاع العام الى الخاص سيصطدم بحقيقة اساسية هي عدم قدرة القطاع الخاص لاستيعاب تحول ملكية الدولة اليه لما يتطلبه من رؤوس اموال كبيرة وفي حال حصول ذلك فان الدول ستلجأ الى رؤوس الاموال الاجنبية وسيؤدي ذلك الى فتح المجال امام الشركات عابرة القوميات للدخول والسيطرة على اقتصاديات الجنوب واستغلال امكانيات هذه الدول فيها لتحقيق اقصى الارباح. فالشركات هي شكل من اشكال الامبريالية. وهي احد الاعمدة الاساسية التي ترتكز عليها العولمة الاقتصادية ولا تقتصر الشركات على هذا الجانب بل انها تساهم في تحقيق شمولية مفهوم العولمة. فالعولمة هي الوجه الاخر للامبريالية.

يتناول الفصل مبحثين:

الاول: تحويل القطاع العام الى القطاع الخاص.

الثاني: الشركات عابرة القوميات.

المبحث الاول

تحويل القطاع العام الى القطاع الخاص

تعد عملية تحويل القطاع العام الى القطاع الخاص الاولى من بين الاليات الضرورية والبارزة للاسراع في تطبيق العولمة الاقتصادية واختراقها لدول العالم كافة ودول الجنوب خاصة التي عانت من مشاكل التمويل لمحدودية ايراداتها وتضخم مصروفاتها خلال فترة ما بعد استقلالها منذ انتهاء الحرب العالمية الثانية ولغاية لجوئها المؤسسات التمويل الدولية والدول الرأسمالية الغربية ومصارفها للاستدانة منها لسد العجز الذي عانت منه والناجم عن وقوعها في مصيدة الديون الخارجية. أن عملية تحويل القطاع العام الى القطاع الخاص كمفهوم وكسياسة اقتصادية لم تكن موجودة حتى بداية الثمانينات من القرن العشرين غير انها برزت عام 1984 عندما بدأت بريطانيا في عملية التحويل من القطاع العام الى القطاع الخاص وعلى نطاق واسع شملت الكثير من القطاعات الاقتصادية تبعتها امريكا في تحقيق ذلك لتنتشر فيما بعد الى سائر الدول الرأسمالية الصناعية في عقد التسعينات. شغلت عملية تحويل القطاع العام الى القطاع الخاص اهتمام الفكر الاقتصادي والسياسي حيث استحوذت هذه القضية وما يتعلق بها من اراء حول القطاعين العام والخاص على قدر كبير من الاهتمام فهي بالاساس تستهدف دور الدولة في النشاط الاقتصادي وما يتعلق بالتنمية وقد مهدت البيئة السياسية والاقتصادية العالمية في التهيأة لاحداث التغيرات الاقتصادية الجذرية لعل من ابرزها انهيار وتفكك الاتحاد السوفيتي فاندفعت الدول الرأسمالية للانخراط في تطبيق السياسة الاقتصادية الجديدة وحتى الدول التي كأنت تعتنق نظام التخطيط المركزي وحاول الخطاب السياسي للتخصصية اقناع دول الجنوب بان التكييف الايجابي مع الدعوة للتخصصية واعادة هيكلة الاقتصادات وفقاً لبرامج التخصصية عملية لابد من المرور بها اذا اريد سلوك طريق التقدم والنمو.

وقد لعب صندوق النقد والبنك الدوليين دوراً في هذا المجال من خلال اعداد حزمة من السياسات الخاصة بالاصلاح الاقتصادي لمعالجة مشاكل الديون وتشوه السياسات وغيرها. وكان من ضمن هذه الحزمة تطبيق سياسة تحويل القطاع العام الى القطاع الخاص. وهيأت لعملية الاقناع مئات المؤتمرات والندوات والمحاضرات التي عقدتها الادارة الامريكية وبريطانيا والمخابرات المركزية لامريكا "CIA" والمؤسسات الدولية بعقد اربعين مؤتمراً حول العالم للدعوة للتخصصية[1].

---

[1] **ندوة المستقبل العربي – حول الدعوة الى النقل من القطاع العام الى القطاع الخاص في الوطن العربي، المستقبل العربي – العدد 126، آب / اغسطس 1989، ص146.**

أن تطبيق سياسة اقتصادية جديدة ترتبط بالكثير من التساؤلات حول المصطلح والمفهوم بداتيه واهدافه والجوانب التطبيقية فيه واثاره. وهذا ما سيتناوله المبحث بالدراسة عبر المطالب التالية:

المطلب الاول: المفهوم والجذوزر والاهداف لتحويل القطاع العام الى القطاع الخاص.

المطلب الثاني: تطور آلية المؤسسات المالية والدولية وبرنامج سياسة التكييف الهيكلي والاصلاح.

المطلب الثالث: واقع القطاعين العام والخاص والعوامل المؤثرة.

المطلب الاول

المفهوم والجذور والاهداف

لتحويل القطاع العام الى القطاع الخاص

1- تحويل القطاع العام الى القطاع الخاص noPrivatizati [1]:

اصبح مصطلح تحويل القطاع العام الى القطاع الخاص في الثمانينات من القرن العشرين من اكثر المصطلحات تردداً واثار نقاشاً واسعاً بين الاقتصاديين، فالبعض اطلق عليها الخصصة[*] أو التخصيصية والبعض الاخر دعاها بالخوصصة وبعيداً عن المفردة المستخدمة لهذا المصطلح في اللغة العربية فان الكلمة المترجمة قد اغفلت الجوانب الفكرية والعلمية. واصبح لفظ الخصخصة الاكثر تداولاً في الاوساط الاقتصادية والسياسية والاجتماعية في دول العالم كافة فالمصطلح هو عملية Process تحويل الملكية أو الادارة من القطاع العام الى القطاع الخاص وما يرافق هذه العملية من تغيرات هيكلية على مستوى الاقتصاد والفكر وعلاقتها الوطيدة بمستقبل القطاع العام وعملية التنمية في دول الجنوب بشكل عام والوطن العربي خاصة [2].

---

[1] ظهر المصطلح لاول مرة في كتابات عالم الادارة الامريكي بيتر داركر عام 1968م غير أن ما اكسب المصطلح اهميته ولفت الانظار اليه هو تبني الحكومة البريطانية عام 1979م هذه السياسة عندما قامت باكبر عملية خصخصة معروفة لحد الان.

- حسن لطيف كاظم الزبيدي، العولمة ومستقبل الدور الاقتصادي للدولة في العالم الثالث – رسالة ماجستير، كلية الادارة والاقتصاد، جامعة الكوفة، لعام 2000، ص135.

[*] الخصخصة Privatization مشتقة من كلمة Private.

[2] راجع للمزيد المعني اللغوي والعلمي واشكالية المفاهيم. هناء عبد الغفار السامرائي، التخصصية والتنمية الاقتصادية تجارب عالمية مع اشارة خاصة الى تجربة العراق. رسالة ماجستير، كلية الادارة والاقتصاد، جامعة بغداد، 1994، ص2-5.

- كذلك راجع احمد عبدالرحمن السماوي، الخصخصة ام التخصصية، مجلة الثوابت اليمنية، العدد الثاني يوليو/ سبتمبر 1993م، ص55.

طرح الاقتصاديون تعاريف عديدة ومتنوعة لمفهوم تحويل القطاع العام الى القطاع الخاص والبعض فسرها على اساس انها عملية تقليل دور الدولة أو زيادة دور القطاع الخاص في ادارة وامتلاك المشروعات العامة في حين قصد بها البعض ادارة المؤسسة على اساس تجاري من خلال نقل ملكيتها جزئياً للقطاع الخاص، أو تاجير خدمات ادارة محترفة تضطلع بمهمة تسير المؤسسة على طريق معين[1]. وينظر اليها البعض بان يدار القطاع العام ادارة كالقطاع الخاص في حين يرى البعض الاخر، أن النقل من القطاع العام الى القطاع الخاص يتم عن طريق دفع ما يحققه القطاع العام من فائض لاقامة مشروعات مشتركة وخاصة[2].

ويراها البعض الاخر على انها "تنشيط وتنمية دور القطاع الخاص عبر ادارة أو امتلاك الاصول المملوكة للدولة أو عبر المنافسة بين القطاعين العام والخاص" أو قد يراد بها "انتاج أو تقديم الخدمات العامة كالتعليم والصحة والنقل عن طريق المشروع الخاص"[3]. في حين نظر اليها اخرون – بانها مجموعة من السياسات المتكاملة الهادفة الى الاعتماد على اليات السوق ومبادرات القطاع الخاص والمنافسة من اجل تحقيق التنمية والعدالة الاجتماعية وعدم اقتصار بيع وحدات القطاع العام الخاسرة أو الرابحة من القطاع العام الى الخاص بل هي اوسع نطاقاً من ذلك واعمق مضموناً. ويذهب اخرون الى المعنى الواسع "بانها تحويل الاصول من الدولة الى القطاع الخاص يقترن بعملية جذرية لاعادة تخصيص الموارد الانتاجية المتاحة واعادة هيكلة الاطار المؤسسي القائم الذي تتم فيه عملية الانتاج والاخذ بأساليب جديدة لادارة الشركات متحررة من اشد انواع التدخل السياسي ضرراً، كما ويعتبرها البعض "أن نقل الملكية العامة الى الملكية الخاصة في الدول المتقدمة أو دول الجنوب تعتبر من اكثر المستجدات ثورية في التاريخ الحديث للسياسات الاقتصادية وان عملية النقل تؤدي الى زيادة الكفاءة حيث تعتبر هذه العملية احدى الوسائل لزيادة الانتاج وتحسين الجودة وخفض التكلفة للوحدة المنتجة"[4].

كما ويعني تحويل القطاع العام الى الخاص – نقل ملكية وادارة المنشآت العامة أو الحكومية الى القطاع الخاص تحقيق النمو والتنمية الاقتصادية أي زيادة حصة القطاع الخاص.

---

[1] حسن لطيف كاظم الزبيدي، رسالة ماجستير، مصدر سابق، ص135.

[2] ندوة المستقبل العربي، حول الدعوة الى النقل من القطاع العام الى القطاع الخاص في الوطن العربي، مصدر سابق، ص146.

[3] طالب عبد صالح - دور الدولة الاقتصادية مع التركيز على التجربة المصرية 1952-1994، رسالة دكتوراه، مصدر سابق، ص54.

[4] د. محمد طاقة، الخصخصة بين القبول الفكري والتبني الذرائعي، جمعية الاقتصاديين العراقيين وبرنامج الامم المتحدة الانمائي، ص1.

وتراجع حصة الحكومة في النشاط الاقتصادي النامي. والذريعة الكامنة وراء هـذا الاتجاه هـي "أن كفـاءة وانجاز القطاع الخاص اعلى من كفاءة ما يستطيع القطاع العام انجازه وتستند هذه الذريعة على المنطق الذي يؤكد مـن أن اليـات السـوق سوف تحقق التخصص الامثل للموارد الاقتصادية وانها الاداة الافضل من اية سياسة اخرى [1]. ويشير "Brom" مـن المهم أن ندرك أن الانتقال يكـون لادارة المنشـأة Corporate covernance. مضيفاً بـان الخصخصـة وسيلة وليست هـدفاً، والهـدف العام للخصخصة هو خلق بنيان اقتصادي تتسم المشروعات فيه بالكفـاءة وانتـاج سـلعاً ذات جـودة عاليـة وخـدمات عند مستوى سعري حقيقي اقل، والمستفيدين من الخصخصة الناجحة هم الافراد في المجتمع [2]. ويوضح (Reed) في دراسـة لـه عن ثورة الخصخصة، أن المفهوم الشائع والواسع للخصخصـة هـو تحويـل الاصول أو الخـدمات مـن القطـاع العـام المدعوم ضرائبياً وسياسياً الى القطاع الخاص ذي الاسواق التنافسية والمبادرات الخاصة بالاعمال. واذا كانت سرعة الانتقال والاتصـال قد جعلت العالم صغيراً فان أي مجتمع من البشر لا يتمكن من المنافسة دون التحرر من التكلفة المرتفعة من القطاع العـام والتحرر من خوف المخاطرة والخصخصة تعد قوى السوق للمنافسة والمسؤولية والحوافز والقرارات تؤخذ بمرونه ودون تردد بدلاً من الانواع المختلفة من البيروقراطية في ظل القطاع العام [3].

كما أن المفهوم يعني بيع الملكية العامة للقطاع الخاص – هو تعريف ضيق ولا يتعدى عـن كونـه صـفقة بيـع مـن القطاع العام الى المستثمرين الافراد فتحويل ملكية القطاع العام الى الخاص مفهوم اشمل واوسع. لانه يعني التخلي التدريجي للقطاع العام عن مركزيته وتدخله في التسعير وفي اقامة المشروعات وغيرها فهي اذن عملية اصلاح جذرية والاعتراضات عليها في الاساس لانها تخدم بالدرجة الاساسية الشركات متعدية الجنسيـات Trans Nationals وسيضع تحويل القطاع العام الى الخاص المرافق العامة والشركات الانتاجية الكبرى في ايدي فئة محدودة (قليلة) وفي هـذا مخـاوف وحصر ـ الملكية العامة في القطاع العام دفع الكثير من المخاوف فمعظم

[1] د. محمد صالح القريشي، التحول من القطاع العام الى القطاع الخاص بين الاداء التنموي ومنطق صندوق النقد الـدولي. دراسة في الاقتصاد السياسي للخصخصة في الاقتصادات النامية، مجلة الاقتصادي – عـدد خـاص – بحـوث المـؤتمر العلمـي الثالـث لجمعيـة الاقتصاديين العراقيين 14-15 نيسان 1999، ص38.

[2] Karla Borm ; Issues of post – privatisation corporate Governance publisged by the organization for Economic Cooperation and Development (OECD) www oced. Org sge/ccnm/programs/tomsh/corporate htm.

[3] Iawrence W. Reed: the privatization Revolution, www.mack.org/speehes privaize htm.

مشتريات القطاع العام في الوطن العربي تأتي من الشركات المتعدية الجنسية سواء كانت المشتريات سلاح ام اغذية اساسية ام تقانة ووسائلها، فما ينطبق على القطاع العام ينطبق عليه من هذه الزاوية على القطاع الخاص[1]. وهي ظاهرة طبيعية وتطور طبيعي في الاقتصاد الرأسمالي المعاصر. وتعتبر الدعوة في دول الجنوب ظاهرة غير طبيعية وتطور غير طبيعي لقد انتقلت الراسمالية الاحتكارية من مرحلة الرأسمالية القومية الى مرحلة الرأسمالية المتخطية للقوميات وصار القطاع العام القائم عقبة في سبيل توسع الرأسمالية المعاصرة[2].

فدعوة تحويل ملكية القطاع العام الى الخاص والغاء التنظيمات وتمجيد اليات السوق ظهرت في الدول الرأسمالية الغربية نتيجة لتطور بنيوي في الراسمالية المعاصرة وانها تشكل استجابة لرغبات الشركات المتعدية الجنسية. كما أن دعوة تحويل ملكية القطاع العام الى الخاص والغاء التنظيمات القانونية وتمجيد اقتصاديات السوق يعني تحقيق جزء هام من اهداف الراسمالية العالمية الا وهو دعم وتركز الشركات المتعدية الجنسية في اطار اقتصادي يتميز بوفرة المدخرات للطبقة الوسطى ومؤسسات مصرفية كبرى واسواق عالية عالمية[3].

اذن فان الجهات التي تصدرت الدعوة لهذه القضية والتي هي دعوة مرتبطة بايديولوجية معينة. فهذه الدعوة قادمة من الغرب عامة ومن امريكا خاصة[4]. ويعتبر د. محمد طاقة عملية تحويل القطاع العام الى القطاع الخاص بانها تعني تحويل الاصول من الدولة الى القطاع الخاص واقترانها بعملية جذرية لاعادة تخصص الموارد الانتاجية المتاحة واعادة هيكلة الاطار المؤسسي القائم الذي تجري فيه عملية الانتاج واتباع اساليب جديدة لادارة الوحدات (الشركات) وتحررها من انواع التدخل السياسي ونقل الملكية العامة الى الملكية الخاصة في الدول المتقدمة أو النامية يعتبر من المستجدات في التاريخ الحديث للسياسة الاقتصادية حيث ستؤدي الى زيادة الكفاءة

---

(1) محمد سعيد النابلسي، تعقيب – القطاع العام والقطاع الخاص في الوطن العربي، بحوث ومناقشات الندوة الفكرية التي نظمها مركز دراسات الوحدة العربية بالتعاون مع الصندوق العربي للانماء الاقتصادي والاجتماعي، ص196.

(2) د. فؤاد مرسي – تعقيب – في القطاع العام والقطاع الخاص في الوطن العربي – المصدر السابق، ص201.

(3) د. اسماعيل صبري عبد اللـه، الدعوة المعاصرة الى التحول من القطاع العام الى القطاع الخاص في القطاع العام والقطاع الخاص في الوطن العربي، بحوث ومناقشات الندوة الفكرية، مركز دراسات الوحدة العربية، الصندوق العربي للاتحاد الاقتصادي والاجتماعي، ط1، بيروت، كانون الاول ديسمبر 1990، ص178.

(4) د. فؤاد مرسي – تعقيب في الندوة الفكرية – القطاع العام والقطاع الخاص في الوطن العربي، مصدر سابق، ص205.

وتعتبر احدى الوسائل لزيادة الانتاج وتحسين الجودة وخفض تكلفة الوحدة المنتجة اضافة الى ما يتضمنه التحويل بشكل عام على المبادرة الخاصة والاسواق الخاصة باعتبارها انجح طريق للنمو الاقتصادي والتنمية البشرية، ووسيلة لتوسيع قاعدة الملكية والمشاركة في المجتمع. فالتحويل من القطاع العام الى القطاع الخاص لا يمكن فهمة على اساس انه عبارة عن مجموعة من السياسات والاجراءات التي تتخذ لنقل الملكية الى الخاص من العام أو كونها تحويل للاصول من الدولة الى القطاع الخاص فحسب، وليس على اساس الميكانيكية المطروحة من قبل مروجي دعاة (التخصيصية) بل هي موقف فكري بالدرجة الاساس - لانها تقود الى تغيير بنيوي يؤثر بشكل مباشر على طريقة الانتاج في المجتمع.

ومعروف أن طريقة الانتاج في مجتمع ما هي الا انعكاس لطبيعة العلاقة ذات التأثير المتبادل بين قوى الانتاج وعلاقات الانتاج - وانها تعبير عن مستوى تطورهما كما أن علاقات الانتاج تمثل انعكاس حقيقي لطبيعة علاقات الملكية المستخدمة داخل المجتمع نفسه، فاذا كانت علاقات الملكية في المجتمع ملكية فردية لوسائل الانتاج فهذا يعني أن علاقات الانتاج - هي علاقات انتاج راسمالية وستكون طريقة الانتاج في المجتمع راسمالية. اما اذا كانت علاقات الملكية هي ملكية اجتماعية لوسائل الانتاج فستكون علاقات الانتاج وطريقة الانتاج القائمة هما علاقات وطريقة انتاج اشتراكية.

أن الموقف من الملكية اساسي وجوهري في تحديد طريقة الانتاج وينعكس على طبيعة ونمط الحياة في المجتمع كما وينعكس بشكل مباشر على طريقة التفكير والتعامل في كل نواحي الحياة الاجتماعية والسياسية والاقتصادية والفكرية وعليه فموضوع الملكية والموقف منها هو موقف فكري وجوهري يحدد طبيعة وجوهر الحياة وسيرها في المجتمع.

فعملية تحويل القطاع العام الى الخاص هو عبارة عن ردة فكرية وعملية رجوع الى الوراء اطلقتها بريطانيا في مطلع الثمانينات من القرن العشرين فهي الموجه الثانية من الليبرالية التي تقول بامتناع الدولة عن التأثير والتدخل في الحياة الاقتصادية داخلياً وخارجياً. كما انها تتقاطع مع منطق التطور التاريخي والاجتماعي والاقتصادي للمجتمعات واهمية الحذر الى عدم اخذ عملية تحويل الملكية من العام الى الخاص في اطارها الضيق لمجرد تغيير طريقة ادارة المؤسسات الحكومية أو تحويل الملكية الانتاجية الى القطاع الخاص - حسب ما يروج له الضرب الامبريالي - صاحب المصلحة الحقيقية في ذلك[1].

---

[1] د. محمد طاقة - الخصصة بين القبول الفكري والبنى الذرائعي، مصدر سابق، ص4-6.

وهناك من ينظر الى تحويل ملكية القطاع العام الى الخاص على انها "تنشيط وتنمية دور القطاع الخاص عـبر ادارة أو تملك الاصول المملوكة للدولة أو عبر التنافس بين القطاعين العام والخاص" أو قـد يـراد بهـا "انتـاج أو تقـديم الخـدمات العامة كالتعليم والصحة والنقل عن طريق الشروع الخاص"[1].

وعلى الرغم مما تقدم – فتحويل ملكية القطاع العام الى الخاص تعتبر عملية شمولية تشمل سلسلة من الفعاليات والانشطة المتكاملة والمتداخلة بعضها مع البعض وتتمحور حـول قبـول الدولـة بـالتراجع والتنـازل مـن سـيطرتها وهيمنتهـا ورقابتها ومتابعتها للنشاط الاقتصادي من خلال تحويل ملكية المؤسسات العامة كليـاً أو جزئيـاً الى القطـاع الخـاص أو الافراد العاملين فيها ن ومن خلال تطوير السياسات والادوات الحكومية وترشيد استخدامها وخلـق البيئـة المناسـبة للعمـل والاداء بكفاءة على مستوى الاقتصاد الوطني أو على مستوى الوحدات[2].

لقد اصبحت عملية تحويل القطاع العام الى القطاع الخاص لها اهمية وضرورة تبنتها للاخذ لها مـما تطلـب ايجـاد الدافع الفكري لاقناع دول الجنوب للعمل بموجبها من خلال الاتي:

أولاً.اقناع دول الجنوب بان تحويل الملكية من القطاع العام الى الخـاص يعمـل علـى رفـع كفـاءة الاداء الاقتصـادي وتحقيـق النمو والتنمية الاقتصادية وقد قدمت التبريرات ودعمت بالعديد من الذرائع واعتبـار تـدخل الدولـة فـي النشـاط الاقتصـادي عاملاً مهماً في عرقلة التنمية وانخفاض الانتاجية[3].

أن فكرة أن يكون القطاع الخاص اكثر كفاءة من القطاع العام وارتباط عملية التحويل بالكفاءة. فليس هناك دليـل واضح على أن النظام الذي يسيطر عليه القطاع الخاص اكثر كفاءة من اداء الاقتصاد الذي يسيطر عليه القطاع العام[4]. ومن الناحية النظرية ليس لشكل الملكية علاقة تأثير مباشر في كفاءة الاداء لارتباط ذلك بكفـاءة الادارة بغـض النظـر عـن شـكل الملكية كما أن مشكلة الكفاءة هي مشكلة عامة وموجودة في جميع قطاعات المجتمع في دول الجنوب. وهناك

---

[1] طالب عبد صالح – دور الدولة الاقتصادي مع التركيز على التجربة المصرية (1952-1994)، رسالة دكتوراه، مصدر سابق، ص54.

[2] محمد هشام خواجكية، التجربة السعودية مع القطاعين العام والخاص ومستقبل الثروة، نـدوة القطـاع العـام والقطـاع الخـاص فـي الوطن العربي – مصدر سابق، ص503.

[3] د. فؤاد مرسي – تعقيب، في ندوة القطاع العام والقطاع الخاص في الوطن العربي، مصدر سابق، ص201-207.

[4] عبد الرزاق فارس – تعقيب في ندوة القطاع العام والقطاع الخاص في الوطن العربي – مصدر سابق، ص210.

العديد من شركات القطاع الخاص قد اعلنت افلاسها واغلقت ابوابها بسبب ضعف كفاءة ادارتها فضلاً عن اسباب اخرى وهناك العديد من مؤسسات القطاع العام لم يتم تحويلها الى القطاع الخاص لنجاح ادارتها فمثلاً شركة رينو ومصانعها في فرنسا كما في الحالة الثانية وافلاس حوالي 1000 شركة في اليابان كما في الحالة الاولى وهناك نوعين متميزين من الكفاءة اولها كفاءة تخصص الموارد Allocative Efficiency وهذه متصلة بالسوق الذي يعمل فيه المشروع وتعتمد على مستويات مختلفة من الانتاج والتكاليف المرتبطة بها والكفاءة الداخلية Internal Efficiency وتعتمد على تكلفة المشروع لكمية معينة من الانتاج مما يعني أن التمليك Privatization قد يزيد من الكفاءة الداخلية وقد ينقص من (Allocative Efficiency) اعتماداً على درجة الاحتكارية التي يملكها المشروع المملك ولتجنب ذلك لابد من توفر شرطان:

1. وجود منافسة في السوق - وهذا الشرط غير متوفر في اقتصادات معظم دول الجنوب ومنها الدول العربية.
2. وجود اليات حكومية للرقابة والضبط لمنع ظهور النزعات الاحتكارية في السوق.

اذن فالملكية هي عامل واحد من ثلاث عوامل تؤثر في الكفاءة والعاملان الاخران هما:

1. رقابة الحكومة.
2. درجة المنافسة.

أولاً: العلاقة بين التكلفة الاجتماعية الحدية والاسعار:

فالقطاع الخاص تغطي اسعارة الكلفة الاجتماعية للانتاج فلو قام القطاعان العام والخاص بتطبيق سياسة التسعير بنفسها - أي أن السعر يجب أن يغطي الكلفة الاجتماعية. فمقارنات الربحية ستفقد معناها فكرة الكفاءة الانتاجية. أن هدف أي نظام اقتصادي هو تحقيق الرفاهية أو اعادة توزيع الثروة والدخل وليس الربح فهذا لا يعني أن عوامل الانتاج لن تخصص بصورة كفوءة. بل العكس فالملكية لن تؤدي الى توزيع كفوء للموارد فقط بل أن الملكية العامة ستفوق الملكية الخاصة في حسناتها وستتولى الدولة من خلال الياتها وادواتها تصحيح انحرافات الاقتصاد في اسواق السلع وعوامل الانتاج.

اذن فالملكية العامة لها منافع ومزايا عديدة منها:

أ. اعادة توزيع الثروة والدخل.

ب. عدم تبذير الموارد المنفقة في نشاطات اسواق الاسهم والسندات والاندماجات التي تؤدي الى تشويه انماط الاستثمار.

جـ اعطاء صانعي القرار آليات اضافية للسياسة الاقتصادية[1].

---

[1] **عباس نصراوي - تعقيب - في ندوة القطاع العام والقطاع الخاص في الوطن العربي، مصدر سابق، ص213-214.**

ثانياً: تحويل القطاع العام الى الخاص يؤدي الى زيادة الانتاج وتحقيق معدلات عالية من الربح:

أن ما يحققه القطاع الخاص من ارباح هي اكثر من ارباح القطاع العام فوجهة النظر هذه تأخذ بنظر الاعتبار عند احتساب الارباح على اساس الفرق بين سعر البيع وتكاليف الانتاج بشكل مجرد فامر طبيعي أن يكون القطاع الخاص اكثر ربحاً من القطاع العام اذا تجاوزنا الربح الاجتماعي الذي يحقق القطاع العام الذي يهدف الى تحقيق الرفاهية للمجتمع من خلال الربط بين ما هو مادي واجتماعي ضروري وشرط موضوعي لعملية التنمية في المجتمعات والعكس من ذلك فالقطاع الخاص يسعى الى تحقيق اعلى معدلات من الارباح وباساليب متعددة منها رفع الاسعار وبشكل مستمر ويؤدي هذا الى التضخم في حين يقوم القطاع العام بدعم الاسعار وعلى حساب هامش الربحية لتحقيق رفاهية المجتمع فالربح الاجتماعي يحققه القطاع العام ويعجز عن تحقيقه القطاع الخاص لطبيعة الاستغلالية.

أن الدعوة تحويل القطاع العام الى الخاص هي ظاهرة وتطور طبيعي للاقتصاد في دول الشمال وظاهرة وتطور غير طبيعي في دول الجنوب وما يربط دول الشمال بدول الجنوب هو اعتماد التبادل غير المتكافئ والغرض من تحويل القطاع العام الى الخاص هو استنزاف الفائض الاقتصادي وتعبئة مدخرات الجنوب ونقلها الى الخارج مع تهيئة الساحة الداخلية لحرية حركة المشروعات المتخطية للقوميات بتفكيك القطاع العام وتقليص حجم ودورة والتمهيد لبيعه للقطاع الخاص المحلي غير القادر في دول الجنوب على استيعاب ملكية القطاع العام لمحدودية موارده وخبرته اذ كرس نشاطه على الصناعات الاستهلاكية البديلة عن الاستيراد بدلاً من الصناعات الاستراتيجية وسيتيح هذا عدم قدرة القطاع الخاص على شراء ملكية القطاع العام اتاحة الفرص للشركات عابرة القوميات. لتكوين قاعدة اجتماعية داخلية للرأسمالية في الوطن العربي. ولردع ذلك فان مهمة الحفاظ على القطاع الخاص وتعزيز دوره وتكاملة مع القطاع العام لتحقيق التنمية المستقلة.فوجود القطاعين معاً ضرورة موضوعية في الوطن العربي للتغلب على التخلف والتحرر من التبعية.

ثالثاً: بدايات واهداف التحويل من القطاع العام الى القطاع الخاص (التخصيصية)[1]:

تعود البدايات الاولى لتحويل القطاع العام الى الخاص الى عام 1968 حيث بدأت اول عملية تحويل الملكية العامة الى ملكية القطاع الخاص من اقتصاد امريكا تبعتها في هذا النهج فيما

---

(1) ظهر المصطلح الخصخصة للمرة الاولى عام 1968م في كتابات بيتر داركر عالم الادارة الامريكي اعطاها اهميتها غير أن ما اكسب ولفت الانظار اليها هو تبني حكومة بريطانية عام 1979 هذه السياسة قيامها باكبر عملية خصخصة معروفة لحد الان.

-حسن لطيف كاظم الزبيدي، العولمة ومستقبل الدور الاقتصادي للدولة في العالم الثالث - رسالة ماجستير، كلية الادارة والاقتصاد، جامعة الكرمة، لعام 2000، ص135.

بعد بريطانيا [1]. وانتشرت في الدول الراسمالية الصناعية في منتصف السبعينات في اطار المصانع الحكومية وانتقلت عملية التحويل فيما بعد الى المستوى العالمي وبخطى متسارعة، وتحت ذريعة أن الشركات الحكومية لا تستطيع استغلال قوى السوق لتعظيم ارباحها وبالتالي تبدو غير فعالة. ومع هذا الزعم فعملية تحويل القطاع العام الى الخاص في حقيقتها ليست من مصلحة المستهلك [2].

لقد كان التوجه نحو عملية تحويل القطاع العام الى القطاع الخاص هو نتيجة لما عانته الدول الرأسمالية الصناعية من ركود عام 1982 البداية لترويج الفكرة التي تتماشى مع نظرية اقتصاديات العرض، باضعاف تدخل الدولة في النشاط الاقتصادي وتغيير اشكال علاقتها بالقطاع الخاص، اضافة الى ادراك الرأسمالية بان ضبط وتنظيم علاقتها مع الجنوب في مرحلة التوسع القادمة، بالشكل الذي يجبنها تكرار الوقوع في ازمة المديونية ويؤهلها لاستمرار نقل الفائض الاقتصادي من هذه البلاد فان ذلك يتطلب منها خلق اليات جديدة للسيطرة على مجمل الاوضاع الاقتصادية والاجتماعية في تلك البلاد (نمط التخصص وتقسيم العمل، توزيع الدخل - دور الدولة، العلاقات الاقتصادية الخارجية، ضبط قوة العمل عند مستويات اجور منخفضة وتعرف هذه الاليات تحت مصطلح المشروطية **Conditionality** تنطوي عليها برامج التثبيت والتكييف الهيكلي وقد شكلت في حقيقتها ومن خلال دقة صياغتها وشروطها ما يمكن أن يسمى باول مشروع اممي محكم لرأس المال الدولي بهدف اخضاع الجنوب لشروط التراكم والتوسع الرأسمالي في الشمال. وقد روجت للمشروع المنظمات الدولية (صندوق النقد الدولي والبنك الدولي) والشركات دولية النشاط والمستثمرين الاجانب على انه يمكن دول الجنوب من التغلب على اختلالاتها الهيكلية والصعوبات التي تعيق النمو الاقتصادي وعلاج مشكلات الفقر والبطالة والمشروع هو عملية لا مفر منها ويجب قبوله كما هو والا فان الاحوال الاقتصادية والاجتماعية لدول الجنوب ستستمر في التدهور وستفرض عليها عزلة دولية. وستستبعد من التعامل وهذا المشروع يعتمد في خطاب الايديولوجي والاعلامي على الليبرالية المطلقة التي تستند الى اضعاف قوة الدولة وابعادها عن التدخل في النشاط الاقتصادي والاعتماد على اليات السوق والمراهنة

---

(1) د. محمد صالح القريشي - التحول من القطاع العام الى الخاص - بين الاداء التنموي ومنطق صندوق النقد الدولي - دراسة في الاقتصاد السياسي للخصخصة في الاقتصادات النامية مجلة الاقتصادي - مصدر سابق، ص38.

(2) جبرالد نوكسبرغر وهارالد كليمنتا - الكذبات العشر للعولمة بدائل دكتاتورية السوق، مصدر سابق، ص35.

على الدور القائد الذي سيلعبه القطاع الخاص مع تصفية القطاع العام والانفتاح بقوة على الاقتصاد والراسمالي العالمي [1].

هذه الاوضاع هي التي دفعت الدول الغربية في مقدمتها امريكا وبريطانيا بدعوة دول الجنوب لسياسة تحويل القطاع العام الى الخاص من خلال المؤسسات الدولية مثل البنك الدولي وصندوق النقد الدولي، في حين سبق لمعظم الدول الراسمالية الغربية العمل على أن تنسحب الدولة من نسبة عالية من النشاطات الاقتصادية وتحويلها الى القطاع الخاص وبغض النظر عن نتائج ذلك التراجع والتي كان من اهمها تحمل الفئات الفقيرة لاعباء الركود نتيجة لالغاء الاعانات الاجتماعية.

وتختلف اهداف التخصيصية من دولة الى اخرى فالدول التي اختارت نوعاً ملائماً من التخصيصية دون وصاية من صندوق النقد الدولي فقد استهدفت الى تقليص الاعباء المالية على حكوماتها والاستفادة من الامكانيات المادية والبشرية للقطاع الخاص للمشاركة في عملية لتنمية الاقتصادية اخذة في الاعتبار اهمية دور الحكومة من خلال القطاع في توفير البيئة الملائمة لاستثمارات القطاع الخاص والتفاعل معه خدمة لمسيرة التنمية الاقتصادية بمؤشراتها المختلفة.

اما في الدول التي تفرض عليها تحويل القطاع العام الى الخاص من قبل صندوق النقد الدولي والبنك الدولي والتي هي من برامج التثبيت والتكييف الهيكلي، احدى سياسات التصحيح واعادة الهيكلة فانها في الحقيقة ترمي الى تحقيق الاتي:

أ. تطبيق ما يسمى بالليبرالية الاقتصادية فاجراءات التخصصية وفقاً للبرامج والمناهج الجاهزة التي تنادي بها المؤسسات الدولية تهدف الى تسهيل عملية دمج اقتصادات البلدان المنفذة لهذا النوع من (التخصيصية) بعجلة الاقتصاد الرأسمالي العالمي وربطها تبعياً وفقاً لايديولوجية المؤسسات الدولية وتحقيقاً لمصالح الاقتصاد الراسمالي وبعيداً عن أي اعتبار يتعلق بالمنهج التنموي للبلد المعني.

ب. عدم الاهتمام بالاوضاع المتردية لاقتصادات الجنوب "فالتخصصية" التي تدفع بها المؤسسات الدولية لا لمعالجة مشاكل التنمية والتخلف التي تعاني منها دول الجنوب واجتثاث التخلف والتبعية بل لمعالجة الاختلالات والازمات المالية والنقدية قصيرة الاجل لكي لا تكون تلك الاختلالات عقبة امام (العولمة) الاقتصادية والمالية والنقدية.

---

[1] د. رمزي زكي، الليبرالية المتوحشة، مصدر سابق، ص185-186.

جـ يتم تحقيق تحويل القطاع العام الى الخاص - أو الربط بالاقتصاد العالمي - من خلال التقليص والعمل على تراجع دور القطاع العام في الحياة الاقتصادية لدول الجنوب تمهيداً للتخلص منه وتفكيك وحداته وتصفيته ببيع اجزائه الى القطاع الخاص المحلي أو القطاع الاجنبي اذ حرصت الراسمالية العالمية بكل امكانياتها على تحقيق اهداف اقتصادها بامتلاك اصول ثابتة وغير ثابتة في دول الجنوب من خلال عملية تحويل القطاع العام الى الخاص ذلك لان تبني هذا المنهج سيصطدم بحقيقة كون القطاع الخاص في هذه البلدان لا يمتلك رؤوس اموال كبيرة لاستيعاب تحول ملكية الدولة اليه.

د. سيؤدي تحويل القطاع العام الى الخاص الى افساح المجال امام الشركات متعدية الجنسيات للدخول من الباب المفتوح والسيطرة على اقتصاديات الجنوب واستغلال امكانياتها المادية والبشرية لتحقيق معدلات عالية من الارباح والاستثمارات في تلك الدول[1].

هـ اجراء تغيرات لتطبيق سياسة اقتصادية في دول الجنوب تقفز فوق مصالح مجتمعاتها حيث مارست امريكا مختلف الضغوط لتبني فكرة تحويل القطاع العام الى الخاص بالايعاز لمؤسسات المال الدولية (صندوق النقد الدولي والبنك الدولي بوضع شروط محددة لتسهيل عملية القروض وجدولتها وربط ذلك بمدى التقدم المتحقق في مجال تحويل القطاع العام الى الخاص وبالعكس سوف لن يكون من السهل على دول الجنوب التعامل مع هذه المؤسسات فالدافع الاساسي هو تحقيق[2] اهداف الاقتصاد الراسمالي العالمي وليس طبقاً لاعتبارات الكفاءة الاقتصادية خاصة ما يتعلق بنقل مقومات السيادة الاقتصادية من سلطة الدولة الى سلطة قرارات المؤسسات الدولية وبذلك تستلب من هذه الدول التي تطبق وتذعن (للتخصيصية) طبقاً لسياسات المؤسسات الدولية سلطة اتخاذ القرار الاقتصادي السيادي. وهذا سيؤدي الى:

1- ازالة كل التشريعات والقوانين في دول الجنوب التي تعيق تطبيق الليبرالية الاقتصادية الجديدة سواء كانت في المجال الاستثماري أم النقدي أو المالي أو التجاري. واعطاء فرصة كبيرة للقطاع الخاص وحرية اكبر لمؤسسات الانتاج والحد من التخطيط المركزي والاعتماد على السوق والدوافع الاقتصادية للنشاط الاقتصادي[3].

---

[1](2) د. محمد طاقة، الخصخصة بين القول الفكري والتبني الذرائعي - مصدر سابق، ص11-12.

- للمزيد راجع هناء عبد الغفار السامرائي، التخصصية والتنمية الاقتصادية تجارب عالمية مختارة مع اشارة خاصة الى تجربة العراق - رسالة ماجستير، مصدر سابق، ص11-12.

[3] د. يوسف صايغ، دلالات التحولات الجذرية في مجموعة البلدان الاشتراكية الاوربية بالنسبة الى الوطن العربي وقضية فلسطين المستقبل العربي العدد 150، آب / اغسطس 1990، مصدر سابق، ص11.

2- تحديد قواعد السلوك واساليب الادارة الاقتصادية التي يجب أن تتبعها دول الجنوب من خلال راسمي السياسة الاقتصادية فيها دون اية مرونة او تحريف.

3- اعادة هيكلة الديون الاجنبية واعتبار تحويل القطاع العام الى الخاص هو الحل لازمة الديون لتخفيف عبء الدين وتقليص العجز في ميزان المدفوعات واستبدال عملية الدين باصل انتاجي سيقلل من حجم المدفوعات الخارجية في الاجل القصير الا انها ستنمي من هذه المدفوعات في الاجل الطويل على شكل تحويلات الارباح وعوائد رؤوس الاموال الاجنبية التي ستستمر وسيؤدي هذا الى زيادة التبعية الاقتصادية علماً بان اداة المديونية الحكومية تعد الاداة الاساسية المستخدمة من قبل الشركات متعدية الجنسية لتسريب جزء من الفائض الاقتصادي لدول الجنوب الى دول الشمال الراسمالية [1].

4- كان من نتائج انصياع دول الكتلة الاشتراكية لضغوط الدول الرأسمالية وتنفيذها لوصفات مؤسسات المال الدولية لتحرير النشاط الاقتصادي وتطبيق تحويل القطاع العام الى الخاص لاصلاح المنشات الحكومية اشارة السلبية عالمياً لعدم جدوى القطاع العام وفشله ومن ثم فلا جدوى للقطاعات العام وفشله ومن ثم فلا جدوى من التمسك بالمشاريع العامة وضرورة الانفتاح على الدول الراسمالية[2].

د. اعتبار تحويل القطاع العام الى الخاص التمهيد والخطوة الضرورية لتطبيق العولمة الاقتصادية فلا عولمة اقتصادية من غير (التخصيصية) وعليه (فالتخصيصية) هي خطوة سابقة وضرورية لتطبيق العولمة الاقتصادية.

وعليه يمكن القول بان برامج (التخصيصية) بلا قيود وفقاً لليبرالية الجديدة ومؤسساتها الدولية هي تجريد اقتصادي الذي يخلو من الاعتبارات الاقتصادية للبلد المعني وان الذين يتسارعون وراء تحويل القطاع العام الى الخاص كطريق لحل مشاكل التنمية ما هي في حقيقتها الا نوع من الخيال. فطريق تحويل القطاع العام الى الخاص بلا قيود كطريق للتنمية هي في نهاية المطاف طريق مغلق ومشروع يهدف الى تعميق هوة التخلف وزيادة فقر دول الجنوب ومنها.

---

(1) **هناء عبد الغفار – التخصصية والتنمية الاقتصادية تجارب عالمية مختارة، مصدر سابق، ص12-14.**

(2) **د. يوسف الصايغ – دلالات التحولات الجذرية من مجموعة البلدان الاشتراكية الاوربية بالنسبة الى الوطن العربي وقضية فلسطين، المستقبل العربي، العدد 150 آب/ اغسطس 1991، ص4.**

رابعاً: اساليب واشكال تحويل القطاع العام الى القطاع الخاص[1]:

انتشر تحويل القطاع العام الى القطاع الخاص في دول العالم المتقدمة والنامي ولاختلاف الظروف الموضوعية للدول زمانياً ومكانياً ولاختلاف وجهات نظر الدول والحكومات حول عملية التحول نحو القطاع الخاص وما هو مؤمل فيها ولما كانت عملية تحويل القطاع العام الى الخاص تعد مكوناً في برامج الاصلاح الاقتصادي. والتحول الى اقتصاد السوق وفي هذا الاطار فقد يتم التحول بسرعة وبنظام الصدمة Shock Therapy approach كما جرى تطبيقها بشكل سريع في البانيا - وجمهوريات البلطيق (استونيا - ولاتفيا - وليتوانيا)، وجمهورية التشيك، وبولندا، وسلوفاكيا. وقد يتم التحول تدريجياً (Gradualist Approach). كما هو الحال في بلغاريا وسلوفينيا اضافة الى بعض الاقطار العربية مثل مصر والمغرب. وبصفة عامة يمكن أن تنجز عملية التحويل عدداً من الاساليب حسب مفهوم التحويل والاهداف المطلوبة منها. فبالنسبة لنقل الملكية أو بيع اصول المشروعات المملوكة للدولة ((Puplic owned Enterpries (Poec) فقد يتم البيع المباشر المستثمر استراتيجي، أو بطرح اسهم المنشأة العامة (كاملة أو جزء منها) في بورصة الاوراق المالية (Stock Market) أو البيع بالمزاد العلني، أو بيع اسهم المنشأة (جزئياً أو كلياً) الى العاملين فيها وايا كانت الطريقة المستخدمة فان النسبة التي يمكن بيعها من اصول المنشأة حتى يمكن اعتبارها خصخصة وهي أن المتفق على ذلك بيع 51% من اصول المشروعات المملوكة للدولة بعد خصخصة. وهناك عدة اشكال يمكن من خلالها انجاز التخصيصية:

أ- خصخصة الملكية (الصريحة) يتم فيها بيع الملكية العامة للمشاريع كلياً أو جزيئاً الى القطاع الخاص وتصفية المشروعات الحكومية غير الكفوءة ويؤدي استخدامها الى جذب الاستثمارات الخارجية، تستخدم على نطاق واسع في خصخصة مشروعات البنية الاساسية.

ب- خصخصة التحويل (الجزئية) يتسم هذا النوع ببقاء الملكية الحكومية للمشروعات العامة وتأجير عدد من المشروعات العامة الى القطاع الخاص لمدة طويلة، بموجب عقد يتعهد فيه القطاع الخاص بتطوير المشروع أو توسيعه والمحافظة عليه من خلال الاصلاحات

---

[1] الامم المتحدة، اللجنة الاقتصادية والاجتماعية لغرب اسيا، تقييم برامج الخصصة في منطقة الاسكوا، 1999، ص7-8.

- محمد هشام خواجكية، تجربة السعودية مع القطاعين العام والخاص مستقبل التجربة، الندوة الفكرية، مركز دراسات الوحدة العربية والصندوق العربي للانماء الاقتصادي والاجتماعي، القطاع العام والقطاع الخاص في الوطن العربي، مصدر سابق، ص504.

والصيانة الدورية. هذا النوع يسمح للقطاع الخاص القيام بمشروعات جديدة لوحدة سواء كان قطاعاً خاصاً محلياً أو اجنبياً. مقابل حصول القطاع الخاص على المنافع من المشروعات لمدة معينة وتصبح فيما بعد تلك المشروعات ملكا للدولة. كما يمكن للقطاع الخاص القيام بتنفيذ بعض النشاطات التي تمثل اجزاء من المشروعات العامة. مثل نشاطات النقل والصيانة كما يسمح هذا النوع للقطاع الخاص الدخول في انتاج سلع وخدمات كان تنتج حصراً من قبل القطاع العام.

جـ-خصخصة الانتاج (عقود الادارة Management Contacts) فيه تبقى المشروعات ملكاً للدولة مع التغير في ادارة المنشأة عن طريق التأجير أو تسليم ادارة المشروعات العامة للقطاع الخاص بموجب عقود الادارة والعمل، حيث تحتفظ الحكومة بملكية المشروع مع تقديم الاموال الضرورية للادارة (قطاع الخاص) الذي يقوم بدورة بتقديم المهارات الادارية الضرورية لتطوير وتشغيل واعادة تأهيل المشروع العام واحياناً يمتلك (ادارة المشروع) نسبة من اسهم المشروع كحافز للادارة الجيدة.

د- التحرير الاقتصادي. يتم بالغاء القيود القانونية والادارية المعرقلة لعمل وفعالية السوق والمنافسة والياتها أي تحرير الاجراءات والادوات الحكومية مثلاً - المشروعات المشتركة (Joint ventures) بين اثنين أو اكثر من المنشأت في مجال الانتاج وتقسيم الارباح والخسائر. يمكن أن تكون المشروعات دولية بين شريك محلي وشريك اجنبي وهي من الوسائل التي يمكن من خلالها جذب الاستثمارات الاجنبية للحصول على التكنولوجيا المتقدمة من الخارج - وهناك اسلوب الامتياز (Franchising) بمنح الحكومة امتيازاً احتكارياً خاصاً لمنشأة أو منشأت خاصة لانتاج وتوريد جزء من خدمة معينة، وهناك نظام التأجير (Leasing) فيه تبقى الدولة مالكة للمشروع، ويتولى القطاع الخاص التشغيل مقابل دفع مبلغ سنوي للدولة وهناك نظام ازالة التنظيم والرقابة (Deregulation and decontrol) فالاولى فتعني ازالة كل انواع التنظيمات العامة (Puplic Regulation) داخل قطاعات أو صناعات متعددة. وفي الثانية فتعني ازالة كل انواع التحكم أو الرقابة العامة (Puplic control) وتوضح التنظيمات والرقابة مدى التدخل المباشر للحكومة في الانشطة الاقتصادية، فهذين الاسلوبين من الوسائل المهمة في الخصخصة - حيث تعمل على تقوية اقتصاد السوق وهناك اسلوب آخر هو نظام المستندات (Voucher system) يستخدم في حالة الخصخصة الضخمة (Mass privatization) بالاعتماد على توزيع عدد من الكوبونات أو المستندات للمواطنين أو العاملين بالمنشأت العامة، وقيمة الكوبونات تعطيهم نسبة من اسهم هذه المنشأت استخدم هذا النظام بشكل واسع في خصخصة العديد من دول اوربا الشرقية.

المطلب الثاني

تطور آلية المؤسسات المالية الدولية

وبرنامج سياسة التكييف الهيكلي والاصلاح - والعولمة

1- تطور آلية المؤسسات المالية الدولية:

اتخذ صندوق النقد الدولي International Monetary Fund والبنك الدولي World Pank نظرياً وتطبيقاً الدعوة الى سياسة التثبيت الاقتصادي وبرامج التكييف الهيكلي Structural Adjustment programs في الدول الاقل نمواً منذ ازمة الديون لدول الجنوب فمع حلول الثمانينات ارتفعت مديونية دول الجنوب بنسب عالية ليس فقط من المصارف التجارية بل من الوكالات الدولية منها صندوق النقد والبنك الدوليين ووكالات التنمية والاقراض الدولي ونتيجة لظهور ازمة الدين العالمية عام 1982 فقد اتخذت المؤسسين الماليين موقفاً ويعكس نهج الدول المتقدمة الاعضاء فيه. ومن الناحية العملية فقد سيطر صندوق النقد الدولي على السياسات المتعلقة بمنح القروض وتطبيق الشروط[1] ويرتبط مصطلح التكييف الهيكلي بحزمة السياسات التي يوصي بها الصندوق لدول الجنوب بصفة اساسية لغرض اجراء جملة تعديلات في الهيكل الاقتصادي يكون من شأنها تحقيق الاستقرار الاقتصادي[2]. "أو ما يسمى بالتثبيت" كهدف اول يعبر عنه بالاصلاح الاقتصادي في المرحلة الانتقالية وصولاً الى الهدف الاخير هو النمو على مستوى المتغيرات الاقتصادية الاجمالية.

ومنطلق لسياسات التكييف الهيكلي والتثبيت والاصلاح هو ضرورة تعويم اقتصاديات دول الجنوب والمتخلفة اقتصادياً وانقاذها من المديونية والاخذ بيدها لتطفو على ساحة المعاملات الاقتصادية الدولية، شريكاً وان يكن غير متكافئ للعالم الصناعي المتقدم وتخفيف عبء المسؤولية الواجبة على الشمال تجاه دول الجنوب،كمسؤولية تاريخية تمتد جذورها الى المرحلة الاستعمارية الطويلة[3].

---

(1) د. جلال امين، العولمة والتنمية من حملة نابليون الى جولة اورغواي، مصدر سابق، ص113.

(2) د. رمزي زكي، الليبرالية المتوحشة، مصدر سابق، ص192.

(3) محمد عبد الشفيع عيسى، مصر الابعاد الاجتماعية للتكييف الهيكلي والخوصصة في مصر- بحوث الندوة الفكرية في الاصلاحات الاقتصادية وسياسات الخوصصة في البلدان العربية، مركز دراسات الوحدة العربية،ط1، بيروت، شباط، فبراير 1999، ص275-276.

أن الخطوط العامة التي طورها صندوق النقد والبنك الدولي في العقدين الاخيرين بخصوص تعاملهما مع دول الجنوب هي (صورة) مجسمة للفكر الليبرالي المتطرف واصبحت من الاسلحة الفعالة التي اعتمدت عليها المراكز الراسمالية العالمية لتامين عملية اختراقها لدول الجنوب وتشديد استغلالها ضمن الاطار العام للاستراتيجية التي رسمتها تلك المراكز للخروج من ازمتها (التضخم الركودي)[1].

اولاً: صندوق النقد الدولي وبرنامجه[2]:

تم تأسيسه في المؤتمر الذي عقدته الامم المتحدة للمال والنقد في بريتون وودز في مقاطعة بنوها مشير في امريكا عام 1944 بمشاركة 44 دولة وبموجب اتفاقية بريتون وودز اصبح نافذ المفعول في كانون الاول 1945 وفي عام 1946 عقدت الجلسة الافتتاحية لمجلس محافظي الصندوق، وفي نهاية عام 1988 انضمت لعضويته كل دول العالم المستقلة تقريباً، سمي الصندوق بالمنظمة الكونية مع نهاية عام 1991 بانضمام جمهوريات الاتحاد السوفيتي السابق ودول اوربا الشرقية. ومن الدول المؤسسة للصندوق العراق، مصر، ايران، الهند، الصين، الخ.

وبرغم اشتراك دول الجنوب في اعمال المؤتمر التحضيري للصندوق فانه لم يضع ضمن اهدافه قضية التنمية والاستقرار الاقتصادي لدول الجنوب بل نظر اليها كأنها غير موجودة حيث لم تكن في وضع يمكنها من بلورة وجهة نظرها واهدافها ومشاكلها الخاصة لان معظمها كان مستعمراً وتسيطر على غالبيتها نظم عميلة للاستعمار فالصندوق بموجب ميثاقه واهدافه كان متحيزاً للعمل على زيادة الارتباط بين دول العالم الراسمالي وتعمييق تشابك المصالح الاقتصادية بينها وضمان بقاء الحرب خامدة لاطول مدة ممكنه فاسندت المهمة لصندوق النقد الدولي - دور الحفاظ على نظام مدفوعات دولي مستقر من خلال التحكم والسيطرة على الائتمان النقدي وباسعار الصرف العالمية ووقف معارضاً ضد كل تدخل حكومي في الشؤون الاقتصادية، خاصة المتعلق بالمعاملات الخارجية والوقوف ضد القيود على النقد الاجنبي والرقابة على الصرف

---

(1) د. رمزي زكي، الليبرالية المتوحشة، مصدر سابق، ص192.

(2) راجع - د. محسن احمد الخضيري، مقدمة فكر واقتصاد وادارة عصر اللادولية، ط1، مجموعة النيل العربية، القاهرة، 2000، ص75-76.

- كذلك د. محمد الافندي - العلاقات الاقتصادية الدولية، مكتبة التاج، 1995، ص38-40.

- راجع د. سعد محمد عثمان، سياسات الاصلاح والتكيف الهيكلي بين القروض النظرية لصندوق النقد الدولي والنتائج الواقعية، (دراسة نظرية تطبيقية على تجارب الاردن، مصر، اليمن، مجلة كلية بغداد للعلوم الاقتصادية، الجامعة المستنصرية، العدد الاول، نيسان 2000، ص97-99.

والاتفاقيات الثنائية والسياسات الحمائية واي نوع من الحلول كوسائل لتصحيح العجز في موازين المدفوعات.

الاهداف المعلنة التي تضمنها ميثاق الصندوق هي:

1- تشجيع التعاون النقدي الدولي.

2- تحقيق النمو المتوازن في التجارة الدولية.

3- منع فرض القيود على المدفوعات الخارجية والوصول الى نظام متعدد الاطراف والمدفوعات.

4- العمل على ثبات سعر وتبادل العملات بين الدول الاعضاء.

5- نشر الثقة بين الدول الاعضاء لصحيح الاختلالات في موازين المدفوعات بجعل موارد الصندوق ميسورة لها بضمانات ملائمة ودون اللجوء الى التدابير التي تقضي على الرخاء القومي أو الدولي.

وتحقيقاً لاهداف الصندوق فقد تم مد الدول الاعضاء بقروض قصيرة الاجل لمساعدتها في مواجهة العجز المؤقت في موازين المدفوعات كي لا تضطر هذه الدول لمعالجة العجز عن طريق فرض القيود والاجراءات الضارة بحرية التجارة الدولية، حيث يمكن للدولة العضو أن تسحب موارد نقدية من الصندوق في حدود شريحتها الذهبية عن حصتها في الصندوق بلا اية شروط أو اعتراضات طالما أن السحب لا يتجاوز حدود شرعيتها الذهبية وباسعار فائدة بسيطة للغاية واذا رغبت الدولة العضو سحب اكثر مما مسموح به حدود شريحتها الذهبية فعليها أن تبرر طلبها للصندوق والتعاون معه على تطبيق سياسات اقتصادية ونقدية ومالية معينة يراها الصندوق مطلوبة للقضاء على العجز بميزان المدفوعات لقد كانت مشكلة دول الجنوب هي امتلاكها شرائح ذهبية قليلة بالصندوق بحكم فقرها ومحدودية مواردها. والسحب في حدود شريحتها الذهبية كان غير كاف لتمويل عجز موازين مدفوعاتها حيث كان العجز فيها كبير ومتزايداً عبر الزمن[1].

وبعيداً عن نجاح مهمة الصندوق فقد تعرض للعديد من الاخفاقات فالتغير الذي حصل في اوائل السبعينات بسبب ازمة الديون والغاء اتفاقية بريتون وودز التي انشئ بموجبها الصندوق وانهيار النظام النقدي - خاصة بعد ايقاف تحويل الدولار الى ذهب وتعويم سعر الصرف، وقد

---

[1] د. رمزي زكي، الليبرالية المتوحشة، مصدر سابق، ص193.

نزع ذلك الصفة النقدية عن الذهب[1]. ادى هذا الى فقدان صندوق النقد الدولي شرعية وجوده غير انه باعتباره مؤسسة عالمية للنظام الراسمالي فقد بادر موظفيه الى اثبات اهمية وجوده كشرطي للرأسمالية، وتجاه الصندوق من الموت فاخترعت له وظيفة جديدة في ادارة التكييف الهيكلي الخاص بدول الجنوب خلال الازمة التي تصاعدت في السبعينات وليفرض على دول الجنوب مالا يجوز لدولة واحدة أن تفرضه على اخرى بحجة انه دولي وبما يمكنه من تصاعد نفوذه وتحويله الى مؤسسة نقدية عالمية تهتم بتحقيق قضايا الانضباط النقدي والمالي للرأسمالية العالمية[2] منع تزايد طلب التمويل من دول الجنوب فقد واحة الصندوق في بداية السبعينات مشكلة نقص موارد التمويل والتي ساهمت بدورها على زيادة نسبة التمويل من خلال المصارف التجارية الى التحويل الكلي لدول الجنوب وفي عام 1982 عندما اندلعت ازمة المديونية لعب الصندوق دوراً اساسياً في مواجهتها وقد ادى هذا الى ضعف ثقة الصندوق بامكانية استعادة امواله مما دفع القائمين عليه الى تحديد منح الائتمان بالرغم من زيادة موارده بنسبة تزيد على النصف[3]، وقد استمر هذا الوضع الى النصف الثاني من عقد الثمانينات وعند امتناع البنوك من اقراص دول الجنوب بسبب تجربة افلاس بعضها اثناء ازمة المديونية وزيادة طلبات الاقتراض من الصندوق في ذات الوقت واجه الصندوق مهمة اخرى في اعادة ادماج دول الشرق الاشتراكي سابقاً الى المنظومة الراسمالية العالمية[4]. لقد توفرت للصندوق الفرصة التاريخية مع عجز النظم الاقتصادية والاجتماعية لدول الجنوب من اتخاذ مواقف حاسمة لمواجهة ازمة المديونية وقد استفاد الصندوق من هذا الموقف واستغله كمدخل هام للضغط عليها في اتجاه تحرير تجارتها الخارجية ومدفوعاتها الدولية والتاثير في اتجاهات نموها ووضعها في الاقتصاد الراسمالي العالمي بما يتناسب والاستراتيجية العالمية للمراكز الراسمالية. وقد لعب الصندوق دوراً فاعلاً في اعادة تدوير الاموال الناجمة عن الثورة النفطية مقابل قيام الصندوق باستثمارها في سندات الخزينة للحكومة البريطانية والامريكية فارتفعت مديونية الدول ذات الدخل المحدود وارتفعت نسبة الفائدة وتمت اعادة جدولة الديون للعديد من الدول المقترضة وزادت المستحقات المترتبة

---

(1) راجع للمزيد محمد الاطرش – تعقيب في ندوة القطاع العام والقطاع الخاص في الوطن العربي، مصدر سابق، ص211-212.

(2) د. اسماعيل صبري عبد الله – الدعوة المعاصرة الى التحول من القطاع العام الى القطاع الخاص ندوة القطاع العام والقطاع الخاص في الوطن العربي – مصدر سابق، ص179.

(3) د. باسل البستاني، المديونية الخارجية لدول منطقة الاسكوا، اللجنة الاقتصادية والاجتماعية لغرب اسيا، الامم المتحدة – عمان 1993، ص47.

(4) د. سمير امين، مؤسسات بريتون وودز، خمسون عاماً بعد انشائها، بحوث اقتصادية عربية، مصدر سابق، ص14.

عنها واصبحت الدول مهددة بالعجز عن دفع الديون[1]. والموقف الثابت الذي اتخذه الصندوق في مثل هذه الحالات هو أن دول الجنوب ذات الموقف الحرج تحتاج لاصلاحات هيكلية وفي مسارها واوضاعها الداخلية وانها ليست في حاجة الى كل هذا القدر الذي تطلبه من القروض العامة وان ما تحتاج اليه هو راس المال الخاص وليس العام وان السبب في نقص راس المال الاجنبي الخاص الى تلك الدول يعود الى اتباع حكومات هذه الدول سياسات غير مرغوب منها. مما يقتضي اعادة النظر في سياساتها وتوفير المناخ الملائم وما يقتضيه من عدم المغالاة في التشريعات المالية والاجتماعية التي تؤثر على حرية عمل جهاز السوق. والتخفيف من القيود المفروضة على النقد الاجنبي خاصة المتعلق منها بتصدير الارباح للخارج واعفاء تلك الارباح من الضرائب وحماية المشروعات الاجنبية من التاميم أو المصادرة وقد طور صندوق النقد الدولي في عقد الثمانينات والتسعينات مجموعة المبادئ والشروط جسدت الفكر الليبرالي المتطرف واصبحت من الوسائل المهمة التي تعتمد عليها مراكز الراسمالية العالمية لتسهيل اختراق دول الجنوب وزيادة استغلالها وفق الاطار العام للاستراتيجية التي حددتها المراكز الرأسمالية للخروج من ازماتها.

وخطورة هذه الشروط والمبادئ هي انها اصبحت تعطي لصندوق النقد الدولي حرية التدخل في الشؤون الداخلية لدول الجنوب التي تضطر للتعامل معه ولم يقتصر ذلك على الجوانب المتعلقة بميزان المدفوعات وضمانات حركات رؤوس الاموال الطويلة الاجل بل أن التدخل شمل في رسم الكثير من السياسات الاقتصادية والاجتماعية كالسياسات المالية وسياسات التوظف والاستثمار وسياسات التجارة وسعر الصرف والسياسات النقدية والائتمانية وسياسات التسعير والاجور والاعانات[2] ... الخ.

وصفه صندوق النقد الدولي وبرنامج التكييف الهيكلي تحويل القطاع العام الى الخاص:

في الوقت الذي يقدم صندوق النقد تشخيصاً لعدم الاستقرار الاقتصادي في دول الجنوب فانه في ذات الوقت يقدم وصفه لتلك الدول التي تعاني من عدم الاستقرار الاقتصادي بعض النظر عن اختلاف الظروف الاقتصادية والاجتماعية والسياسة وقد طور صندوق النقد الدولي برنامج التكييف الهيكلي الذي يمثل صلب عمله حيث يتكون البرنامج ضمن مرحلتين مختلفتين.

---

[1] عبد الحي يحيى زلوم، نذر العولمة، مصدر سابق، ص130.

[2] د. رمزي زكي، الليبرالية المتوحشة - مصدر سابق، ص 194-195.

المرحلة الاولى - تتعلق بالاستقرار الاقتصادي على المستوى الكلي على المدى القصير حيث يتطلب الاتي [1]:

1- تخفيض قيمة العملة الخارجية للبلد، وتقليص أو الغاء الرقابة على الصرف الاجنبي وتحرير الاستيراد من القيود خاصة بالنسبة للقطاع الخاص والغاء الاتفاقيات التجارية الثنائية والسعي لعمل سوق تجارية للنقد الاجنبي.

2- خفض العجز بالموازنة العامة للدولة واتخاذ مجموعة من السياسات الهادفة الى تقليل نمو الانفاق العام (تخفيض الانفاق الحكومي على التعليم والصحة والاسكان والضمانات الاجتماعية والغاء دعم المواد التموينية وتخفيض الاستثمار العام وزيادة موارد الدولة (بزيادة الضرائب غير المباشرة واسعار الخدمات العامة وزيادة اسعار الطاقة والنقل والاتصال ورفع اسعار المنتجات للقطاع العام).

3- حلق مرونة في سعر الصرف أو تعويم العملة المحلية في ظل معدلات سعر صرف ثابتة واعتماد سياسة تعويم (زيادة) سعر الفائدة المدينة والدائنة ووضع حدود عليا للائتمان المصرف المسموح به للقطاعات الاقتصادية.

4- رفع معدل سعر الفائدة داخل الدول المنفذة للوصفة لجذب تدفقات راس المال من الخارج اليها ورفع الادخارات المحلية وتعديل وتطوير القوانين المتعلقة بالبورصات (السوق النقدي والمالي) وان تستهدف السلطات النقدية تكوين احتياطي نقدي دولي International Reserves مناسب لمواجهة اعباء ما بعد اعادة جدولة الديون.

5- تخفيض عرض النقد وتنمية السوق النقدي والمالي واجراء تغيرات في المدى القصير والمتوسط في الهياكل الاقتصادية غير الكفوءة لدول الجنوب المنفذة للوصفة من خلال تفضيل سلع التصدير على انتاج السلع الغذائية والمصنعة محلياً وتفضيل النشاطات الاقتصادية للقطاع الخاص على نشاطات القطاع العام والتأكيد على قيام قوى السوق بتخصص الموارد وليس من قبل الحكومة بشكل مباشر.

ويعتقد صندوق النقد الدولي (IMF) أن السبب الرئيس لحالة عدم التوازن الخارجي لبلد من البلدان هو التوسع النقدي والسياسة الخاطئة لسعر الصرف أو لمعدلات سعر الفائدة والتي تؤثر على حالة عدم التوازن الخارجي لذلك البلد. وان التوسع النقدي يؤدي الى تغير الاسعار النسبية ويشجع هذا على الاستيراد مقابل تراجع الصادرات أو زيادتها اضافة الى خلق حالة غير

---

[1] د. رمزي زكي، الليبرالية المتوحشة - مصدر سابق، ص 196.

مرغوبة في راس المال ز والتوسع النقدي يعود الى عناصر ترجع اصولها الى القطاع الخاص من الاقتصاد القومي والعجز المالي الذي حدث في عقد الثمانينات في القطاع العام في دول الجنوب سببه الرئيس التوسع المالي المتواصل في عدة اقطار من الجنوب.

وتجدر الاشارة الى أن الصندوق يشرط تعهد البلد لتنفيذ وصفته ضمن برنامج زمني محدد على أن يكون ذلك مرهوناً بدفع الموارد الميسرة التي سيوفرها الصندوق للبلد ويرتبط ذلك ايضاً بمدى التقدم في تنفيذ خطوات هذا البرنامج.

واللجوء للصندوق يكون عند وصول اقتصاد دولة ما الى حالة من نضوب الموارد حيث تعرضت دول الجنوب لنفاذ تلك الموارد في ظل الحكومات التي حكمت غالبية دول الجنوب في اعقاب الاستقلال الذي حققته بعد الحرب العالمية الثانية، ومع تفاقم العجز في موازين مدفوعاتها ونفاذ كل الطرق لمواجهة العجز المتنامي ومما ضاعف من حراجة موقفها ضياع جهود التنمية الاقتصادية بالداخل لاعتبارات مختلفة وتورط الكثير من هذه الدول اللجوء الى مصادر التمويل الخارجي قصيرة الاجل مثل التسهيلات المصرفية وتسهيلات الموردين ذات التكلفة العالية [1]. ولمواجهة الموقف المتازم لم يكن امام دول الجنوب الا أن تختار ما بين اللجوء مباشرة الى الصندوق للاقتراض والحصول على المعونة من الدول أو اللجوء للمؤسسات الدولية فالمعونة والاقتراض من الدول والمؤسسات المالية الخاصة شروطاً سياسية واقتصادية قاسية وليس غريباً أن تقوم وكالة المعونة الدولية الامريكية بتقديم ذات الشروط الواردة في وصفه صندوق النقد الدولي حيث يتطلب من الدول المستفيدة من القرض أو المعونة اتخاذ الاجراءات اللازمة والتي تقضي بزيادة مكانة القطاع الخاص واهميته النسبية ورفع اسعار منتجات السلع الاساسية والغاء الدعم ...والخ. ولن تمنح الدولة أي قرض من قبل اية دولة راسمالية أو مؤسسة مالية خاصة (الصندوق لم يكن لديه من الاموال ما يمكنه من الاقراض وعلى نطاق واسع بل تسعى اليه دول الجنوب ليصدر لها شهادة حسن سير وسلوك تمكنها من اللجوء الى الحكومات والبنوك الغربية والشركات متعدية الجنسية لتقيد نفسها بمزيد من القروض. لقد وجدت الدولة في الجنوب نفسها مباشرة امام صندوق النقد الدولي ليغتنم الصندوق فرصته التاريخية بتحويل اقتصاد الدولة في الجنوب الى منطقة تابعة بالنظام الراسمالي. تتحرك فيها السياسات حسب حاجة المركز وليس حاجة دول الجنوب وقضاياها التنموية فقد اقتصر عمل الصندوق في الاجل القصير (سنة الى ثلاث سنوات) وهذه الفترة غير كافية لاحداث تغيير جدي في بنية اقتصاد دول الجنوب [2]. مما

---

[1] د. رمزي زكي، الليبرالية المتوحشة، مصدر سابق ص194-195.

[2] د. اسماعيل صبري عبد الله، الدعوة المعاصرة الى التحول من القطاع العام الى القطاع الخاص - بحوث ومناقشات الندوة الفكرية، مصدر سابق، ص178-179.

يعني أن وصفه برامج التكييف الهيكلي (SAP) المفروضة من الصندوق قد تجاوزت ظروف دول الجنوب وواقعها المتردي وغير الملائم الذي تمر به تلك الدول. لقد اعتبر الصندوق الوصفة بانها العلاج الواقي لمعاناة دول الجنوب مقترحاً تطبيقها بعيداً عن الظروف الموضوعية لهياكل اقتصادات تلك الدول ومواردها. والمرحلة التنموية التي تمر بها. ذلك لأن فلسفة الصندوق تستند على المنطق المالي والتقاني غير اخذ بنظر الاعتبار الواقع الاجتماعي والتنموي والمؤدي الى الركود الاقتصادي في الدول التي تنفذ منها هذه البرامج والحد من عمليات التغيير الهيكلي في اقتصاداتها - والاثار الاجتماعية التي تنتج عن انتشار الفقر وتحول الطبقة الوسطى الى طبقة فقيرة، يحصل ذلك من خلال قيام برامج التكييف الهيكلي بالغاء نموذج راسمالية الدولة والتراكم الراسمالي له مفضلين عليه التراكم الراسمالي للبرجوازية المحلية بالتعاون مع الشركات متعدية الجنسيات أو الاستثمار الاجنبي[1].

المرحلة الثانية[2] من عمل الصندوق فتتضمن تطبيق مختلف الاصلاحات الهيكلية اذ يتم تطبيق الاستقرار الاقتصادي على المستوى الكلي الذي يعد شرطاً لضمان القرض - السريع من صندوق النقد الدولي - بعد اجراء الاصلاحات الهيكلية الضرورية المتفق عليها - وتكون المهمة مقسمة بين صندوق النقد الدولي والبنك الدولي فالاصلاحات الاقتصادية الضرورية تكون باشراف البنك الدولي عن طريق قروض التكييف الهيكلي وقروض التكييف القطاعي وتشتمل خطة الاصلاحات الهيكلية على الاجراءات الملائمة التي تنحصر في الاتي:

أولاً - تطبيق مبدأ الاقتصاد الحر "الاقتصاد السوق" وادماجه دمجاً عضوياً في النظام الرأسمالي العالمي وعليه فالسير في اتجاه نظام اقتصاد السوق يقتضي من حكومات دول الجنوب تطبيق السياسات التالية:

1- تحرير التجارة الخارجية من كافة اشكال السياسات التقييدية الكمية أو النوعية والغاء احتكار الدولة للتجارة الخارجية.

2- ازالة القيود على النظام المصرفي.

3- تحجيم دور القطاع العام الى اضيق الحدود ببيع مؤسسات القطاع الخاسرة الى القطاع الخاص أو اشراك راس المال الاجنبي في ملكيتها باعتبار أن "الخصخصة" هي السبيل لعلاج ضعف الكفاءة الاقتصادية المرتبطة بالملكية العامة للمنشآت.

---

[1] د. محمد صالح القريش، التحول من القطاع العام الى القطاع الخاص بين الاداء التنموي ومنطق صندوق النقد الدولي - دراسة الاقتصاد السياسي للخصخصة في الاقتصادات النامية، مجلة الاقتصادي - عدد خاص 14-15 نيسان 1999، ص41-44.

[2] راجع للمزيد ميشيل شوسو دوفسكي، عولمة الفقر تأثير اصلاحات، صندوق النقد والبنك الدوليين مصدر سابق، ص75-82.

4- تحويل الاراضي الصالحة للزراعة الى القطاع الخاص.

5- الاصلاح المالي - بخفض القيمة الخارجية للعملة أي الهبوط بسعر الصرف الرسمي الى المستوى الذي يقترب من سعر السوق السوداء والغاء التعدد في اسعار الصرف من خلال تعويم السعر واقامة ما يسمى بالسوق التجارية للنقد الاجنبي وعلى حرية الحركة للعملة الصعبة الاجنبية داخل وخارج البلد (عن طريق عمليات التحويل الالكترونية حيث تسمح هذه العملية للشركات الاجنبية بتحويل ارباحها بالعملة الصعبة الى اوطانها وبحرية تامة.

6- ازالة الفقر.

7- حسن الادارة.

ويتم تطبيق المرحلتين الاولى والثانية في عملية الموازنة الاقتصادية، اما تطبيق موازنة صندوق النقد الدولي والبنك الدولي فانها تستهدف العجز في الميزانية وميزان المدفوعات ووفقاً للبنك فان هذا يتطلب تقويم السياسة الاقتصادية على المستوى الكلي – المحافظة على بقاء العجز في الميزانيات بادنى المستويات مما يساعد في السيطرة على التضخم وتجاوز المشكلات في ميزان المدفوعات، سعر صرف واقعي يؤدي الى منافسة دولية كبيرة والى ادارة الاحتياطيات القابلة للتحويل بالعملة الصعبة[1].

ولا تقتصر وصفات صندوق النقد الدولي وشروطه على بيع مشاريع القطاع العام حسب بل تتجاوز الى تقييد دور الدولة وازالة القيود وخفض قيمة العملة ولا تنفصل هذه الوصفات الواحدة عن الأخرى لانها تشكل حزمة واحدة اضافة الى تداخل وتشابك اثارها.

ثانياً- سياسة البنك الدولي[2]. طور البنك الدولي سياسة تعامله مع دول الجنوب والتي لا تقل تطرفاً فيما يحمله من فكر ليبرالي عن سياسات صندوق النقد الدولي. ويتكون البنك الدولي من ثلاث تشكيلات هي. البنك الدولي للانشاء والتعمير IBRD - ووكالة التنمية الدولية IDA، ومؤسسة التمويل الدولية IFC انشأ البنك لتلبية الحاجة الى رأس المال لتمويل اعمال اعادة اعمار ما دمرته الحرب العالمية الثانية وتنمية اقتصاديات دول الجنوب حيث اعطى البنك حق منح القروض او ضمان القروض التي تقدم لمشروعات تحقق اهدافه ولا يعتمد البنك على منح القروض وضمانها على رأسماله المدفوع فقط لكنه يعتمد بصفة رئيسية على ما يستطيع جذبه من

---

[1] World Bank , Adjustment in Africa, oxford University press, Washington 1994 P.9.

[2] **هو احد مؤسسات بريتون دودز - التي تم توقيعها عام 1944 ثم انشاؤه عام 1945 مارس نشاطه في حزيران 1946.**

رؤوس الاموال الخارجية وتمثل قمة التعاون بين رأس المال الخاص ورأس المال الحكومي في مجال الاستثمار الدولي فهم مجمع عالمي لرؤوس الاموال الفائضة بالدول الرأسمالية التي تبحث من خلال البنك عن فرص للربح المضمون وبهدف حسب ميثاقه الى:

1- تشجيع الاستثمارات الاجنبية الخاصة الطويلة الاجل، فالاموال المتجمعة لدى البنك من خلال رأسماله المدفوع او عن طريق السندات التي يطرحها للاكتتاب لدى الحكومات او في الاسواق المالية. اتجهت بشكل رئيسي للاستثمار في الدول الاوربية خلال الاربعينات والخمسينات والستينات اذ كشف البنك نشاطه لمساعدتها في مواجهة مشكلاتها في اعادة اعمارها وكانت دول الجنوب بعيدة عن اهتمامه بالرغم من اشتراك العديد منها في رأسماله وبحصص قليلة ولسيطرة امريكا على البنك فقد منح البنك خلال الفترة فروضاً لبعض دول الجنوب متوسطة الدخل التي تتزايد فيها المصالح الاستراتيجية والاقتصادية لامريكا.

رفضت عدد من دول الجنوب التعامل مع البنك والاذعان لشروطه مفضلة الحصول على ما تحتاجه من قروض من مصادر اخرى مثل ذلك مصر والهند وتوجهت قروض البنك الى الدول التي تساهم في تقسيم العمل الدولي وتتبع سياسة ليبرالية لتمويل مشروعات الطاقة او النقل او الاتصالات ولم يقدم البنك على تمويل تلك المشروعات الا بعد التأكد من قدرة البلد المدين على السداد والموافق على شروطه. في السبعينات غير البنك نهجه من تمويل المشروعات الى تقديم القروض المخصصة وزيادتها للمشروعات في دول الجنوب التي بلغت مراحل متقدمه من النمو الاقتصادي والاجتماعي واحتساب اسعار الفائدة على القروض وفقاً للتكلفة التي يتحملها البنك من اقتراضه من سوق رأس المال [1]. ومنذ منتصف السبعينات ومع صعود فكر الليبرالية الجديدة وتغلغلها في المنظمات الاقتصادية الدولية بدأ باحثوا البنك الدولي بنشر الدراسات التي تدور حول التجارة وعلاقتها بالنمو ولفت الانظار تدريجياً للتحديات التي تفرضها تراكمات الديون وضرورة التكييف مع البيئة الاقتصادية العالمية المتغيرة، كما زادت الاعمال التي نشرها البنك عن مشكلات القطاع العام والمشروعات الحكومية والدعم وعجز الموازنة وتشوهات جهاز الاسعار وضرورة تنمية القطاع الخاص. المحلي والاجنبي.

مع تفاقم الازمات الاقتصادية والاجتماعية وانفجار ازمة المديونية في مطلع الثمانينات في دول الجنوب تولى البنك ادارة الازمة مع صندوق النقد حيث تحولت ازمة المديونية الى مشكلة حادة ولم يعد بامكان دول الجنوب من الحصول على قروض جديدة او مساعدات اقتصادية الا اذا

---

[1] د.محسن احمد الخضيري، العولمة مقدمة في فكر واقتصاد وادارة عصر اللادولة، مصدر سابق، ص77-78.

رضخت للمشروطية الصارمة التي تفرضها برامج التثبيت الاقتصادي التي صممها صندوق النقد الدولي.

سارع البنك بالدخول الى الساحة وقرر انشاء ما يسمى بالاقراض الخاص بالتكييف الهيكلي حيث يرى البنك بأن القروض المتعلقة بتمويل المشروعات والبرامج القطاعية لن يكتب لها النجاح وضمان تسديد تمويلها الا بتحقيق تعديلات جوهرية في السياسية الاقتصادية الكلية للبلد المدين واصلاح النظام المؤسسي- لادارة الاقتصاد المحلي والانفتاح بقوة نحو الخارج ومشكلة المديونية لدول الجنوب لا يمكن حلها الا بتغيرات اساسية في سياساتها وهياكلها الاقتصادية والتكييف مع التغيرات الطارئة على الاقتصاد الرأسمالي العالمي. والبلاد المنفتحة ستكون اكثر قدرة على مواجهة مشكلاتها ومواجهة الصدمات الخارجية وادائها الاقتصادي سيكون الافضل.

لقد ادرك البنك أن كل ذلك يتحقق اذا استطاع البلد تنفيذ برامج التثبيت قصيرة الاجل التي يضعها الصندوق كضرورة لتحقيق الاصلاح الجذري والشامل للاقتصاد القومي واذا كانت برامج التثبيت الاقتصادي التي وضعها صندوق النقد الدولي قصيرة الاجل فان القروض الخاصة بالتكييف الهيكلي التي يمولها البنك يتم تسويتها من خمس الى عشر سنوات، وتمتد من اصغر المسائل الى اكبر المسائل شمولاً ويهدف البنك من وراء ذلك وضع مجموعة من الانشطة والاعمال التي ينبغي على الحكومة المعنية اتخاذها، اما زيادة الايرادات من النقد الاجنبي او للمحافظة عليها ولضمان توفير العملات الاجنبية التي يمكن الدولة من استعادة قدرتها على الوفاء بديونها الخارجية واستعادة قدرتها على التعامل مع اسواق الاقتراض الدولية وجذب الاستثمارات الاجنبية الخاصة وخدمة تحويلات ارباحها للخارج.

فقروض التكييف الهيكلي وسيلة اساسية لتطويع وتكييف البلاد المدينة ذات الاوضاع الحرجة لضمان انفتاحها على الاقتصاد الرأسمالي العالمي وخلق بيئة استثمارية مناسبة تؤدي الى زيادة معدل الربح للاستثمارات الاجنبية المباشرة بالشروط التي يضعها رأس المال العالمي.

وتتكامل بشكل عضوي سياسات التثبيت القصيرة الاجل للصندوق مع سياسات التكييف الهيكلي متوسطة وطويلة الاجل التي يضعها البنك الدولي. وتعمل المؤسستين بشكل منسق فيما بينهما وعلى كافة الاصعدة والمجالات حتى لا يحدث تضارب او تعارض تجاه مواقفهما مع دول الجنوب، وتحولها الى قوة موحدة قوية في تعاملهما مع دول الجنوب وقد زاد التداخل بين نطاق البرامج اقراض كل من المؤسستين. والتقسيم العملي لمجالات المسؤولية ينطمس اكثر فاكثر. فهناك عمل وتنسيق تام بين المؤسستين وعادة ما يشترط البنك موافقة البلد على ما يراه الصندوق بخصوص مسألة ما قبل أن يوافق على اعطاء قروضه والعكس صحيح. مما يعني أن هناك

مسائل تدخل في صميم اهتمام البنك ولكنها ترد ايضاً في شروط قروض برامج التثبيت للصندوق (الموازنة العامة للدولة مثلاً) وهنا يشترط الصندوق ضرورة أن يوافق البلد على ما يراه البنك بشأن هذه المسألة قبل أن يوافق على اعطاء تسهيلاته من هنا نشأ مصطلح المشروطية المتقاطعة Cross conditionality في ادبيات البنك والصندوق والذي يعني الترابط والتداخل بين شروط كلا المؤسستين لقد اتبع البنك نفس النهج الذي يعتمده الصندوق فيما يتعلق بشروط سحب القروض حيث يقسمها في شكل شرائح معينة ويرتبط اعطاء كل شريحة بمدى تقدم البلد في تنفيذ ما تعهد به من تطبيق سياسات واجراءات محددة وبمتابعة تنفيذ ذلك فالبنك يرسل من حين لآخر بعثاته للتفتيش والرقابة للتأكد من تنفيذ تلك السياسات والاجراءات تماماً مثل ما يفعل ذلك صندوق النقد الدولي[1].

وقد طور البنك مؤسساته فقد انشأ - ادارة الخدمات الاستشارية للاستثمار الاجنبي لتقديم المشورة والنصح لدول الجنوب في مجال القوانين والسياسات واللوائح والاجراءات التي تمكنها من جذب الاستثمارات الاجنبية الخاصة وتمارس هذه الادارة نشاطها في اكثر من 40 دولة في الجنوب بما فيها بعض الدول التي كانت اشتراكية وقد تمكن جي فير فان " Guy Preffer mann " مدير ادارة الشؤون الاقتصادية وكبير مستشاري المالية الدولية IFC التابعة لمجموعة البنك من بلورة "جوانب المشورة والنصح" التي تقدمها هذه الادارة في صور ينبغيان [2] وما مطلوب من دول اجنوب وما لا ينبغي القيام به ليتمكن بالاضافة الى وصفه برامج التثبيت والتكييف الهيكلي من جذب رؤوس الاموال الاجنبية الخاصة.

ولم يكتف البنك في انشاء هذه الادارة التي يدور عملها في مجموعة من الينبغيات التي تضمن حقوق الملكية للاستثمارات الاجنبية دون الاشارة في ذلك الى أي بند يكفل حماية حقوق البلدان المستضيفة لتلك الاستثمارات. فقد انشأ في نيسان عام 1988 الوكالة المتعددة الاطراف لضمان الاستثمار لتأمين الاستثمارات الاجنبية ضد المخاطر غير التجارية (السياسية) وتأمين خدمات ترويجية واستثمارية لمساعدة الأعضاء في خلق مناخ استثماري جذاب حيث تقوم هذه المؤسسة في حماية المستثمرين من المخاطر[3].

---

[1] د. رمزي زكي - الليبرالية المتوحشة، المصدر السابق، ص197-204.

[2] راجع في ذلك د. رمزي زكي - الليبرالية المتوحشة، المصدر السابق، ص 204-206.

[3] المصدر السابق، ص 207.

اذن يتضح لنا مما تقدم كيف تم بلورة اول مشروع اممي محدد وواضح المعالم لرأس المال الدولي وتنبع اممية المشروع من خلال صياغته العامة ودقته في كل الامور وكيف تم ربط المركز بالمحيط وعدم التميز بين كل دول العالم.

واصبح جوهر المأزق الذي تواجهه دول المحيط الراضخة للمشروع هي أن قضايا صنع السياسات الاقتصادية والاجتماعية الداخلية واختيار طريق النمو، وعملية صنع القرار لم يعد بيدها بعد أن وضعت اقتصادها تحت الادارة المركزية الخارجية. وانتقال صنع القرار من المحلي الوطني الى المستوى الدولي. المنظمات الدولية وما نحي القروض والمستثمرين الاجانب[1].

خلاصة ما تقدم لقد تجسد اهتمام البنك الدولي بتقويم السياسات الاقتصادية الكلية والمحافظة على العجز في الميزانيات بادنى المستويات مما يساعد في السيطرة على التضخم وتجنب المشاكل في ميزان المدفوعات والابقاء على سعر صرف واقعي.

أن الهدف النهائي من برامج التكييف الهيكلي (SAP) في وصفه صندوق النقد الدولي والبنك هو خلق اقتصادات نامية تكون فيها الاجور منخفضة جداً لتسهيل عملية جعل تلك الاقتصادات جزءاً مهماً من العملية المتسارع لعولمة التراكم الرأسمالي في ظل حماية الشركات المتعددة الجنسيات والقوى الرأسمالية الاخرى واخطر ما ينجم عن فرض سياسات التكييف والاصلاح الهيكلي في دول الجنوب هو ما يسمى سيادة الدولة ودمج الاقتصاد المحلي لتلك البلدان في السوق الرأسمالي العالمي [2] اذ أن الهدف الاساس لبرامج التثبيت الاقتصادي لصندوق الدولي والتكييف الهيكلي للبنك الدولي على دول الجنوب وخاصة المدينه منها هو اخضاع تلك الدول ستراتيجياً وتنموياً لسياسات الشركات المتعددة الجنسية، واضعاف دور الحكومات في تنظيم الحياة الاقتصادية في دول الجنوب وتصفية المشروعات التي ترمز للارادة المستقلة في التنمية [3] من هنا تظهر اهمية التخلص من القطاع العام لتتمكن الشركات متعددة الجنسيات من تحقيق اغراضها ولكي لا يتدخل احد في نشاطها في الخارج والداخل والحصول على مواقع انتاجية باقل الكلف.

---

(1) د. رمزي زكي - الليبرالية المتوحشة، المصدر السابق، ص 208.

(2) د. رمزي زكي - الليبرالية المستبدة - ودراسة في الاثار الاجتماعية والسياسية لبرامج التكييف في الدول النامية، سينا للنشر ط1، القاهرة 1993، ص152-153.

(3) د. اسماعيل صبري عبدالله - الدعوة المعاصرة الى التحول من القطاع العام الى القطاع الخاص، ندوة القطاع العام والقطاع الخاص في الوطن العربي، مصدر سابق، ص 181-182.

ثالثاً- آلية التكييف الهيكلي والعولمة:

استهدفت نظرياً مساعدة الدول في اعادة هيكلها الاقتصادي لتوفير فائض في موازينها التجارية لتمكنها من تسديد دينها والبدء بعملية اعادة قدرتها الاقتصادية ولكن الذي حدث هو العكس فاغلب الدول التي تبنت وصفات الصندوق عانت من تجارب وازمات قاسية غير أن الصندوق يصر على أن العيب ليس في وصفته بل في الطريقة التي تدير بها الدولة شؤونها الاقتصادية والسياسية غير أن الحقيقة عكس ذلك مما فرضه الصندوق وتخليه عن مسؤوليته اتجاه الازمات والمشاكل التي واجهت الدول المستفيدة من موارد الصندوق كانت هي العائق امام البلدان في استعادة قوتها الاقتصادية وقدرتها في التخلص من ديونها[1].

وبالرغم من أن ذلك يصر الصندوق على تنفيذ وصاياه رغم فشلها وايصال الكثير من دول الجنوب الى مرحلة النمو التلقائي المتسارع حسب فكرة النيوكلاسيكية، فالصندوق استخدم وصفته في دول الجنوب ليس لزيادة الاعتماد المتبادل كما تدعي ادبيات الفكر الرأسمالي الحر بل لتكريس الاعتماد المتزايد عن طريق اعتماد تلك الوصفات كآلية لتهيئة الظروف وانشاء بيئة مناسبة لنشر العولمة في بلدان الجنوب من خلال الاتي:

1- يقترح الصندوق والبنك الدوليين في وصفتيهما الى ترك تحديد سعر الصرف لعوامل العرض والطلب وهذه الوصفة تعكس حقيقة مهمة اذ سيؤدي هذا1 الفعل الى تخفيض سعر صرف العملة المحلية تجاه العملات الدولية الدولار، الين، اليورو ... الخ مما يعني:

أ- ارتفاع قيمة ديون دول الجنوب لصالح الدول الدائنة.

ب- انخفاض قيمة الدين العام الخارجي للدول الرأسمالية تجاه الدول الدائنة في الجنوب خاصة تلك التي تمتلك وفرة الموارد التي تستخدم فائضها المالي في سندات الخزين والاسهم وغيرها.

ج- انخفاض قيمة الدين الخارجي للعملة المهيمنة (الدولار) لان الدولار المنتشر عالمياً يعتبر ديناً للدول على امريكا تسترد تلك الدول دينها مجرد بيع الدولار.

2- أن كميم القطاع العام في اية دولة من دول الجنوب ادى الى حرية رأس المال ومكن الشركات المتعددة الجنسية للعمل في اقتصاد تلك الدولة وتعتبر هذه المسألة خطوة اساسية باتجاه العولمة التي جاءت لمعالجة الازمات المتفاقمة للنظام الرأسمالي[2].

---

[1] ميشيل شوسودوفسكي، عولمة الفقر تأثير اصلاحات صندوق النقد والبنك الدوليين، ترجمة جعفر علي حسين السوداني، مراجعة، محمود خالد المسافر و د.عماد عبداللطيف سالم، بيت الحكمة، ط1، بغداد 2001، ص 82.

[2] محمود خالد المسافر - رسالة دكتوراه، مصدر سابق، ص 89.

3- ادت سياسة بيع القطاع العام الى القطاع الخاص الاجنبي قبل المحلي الى ربط الاقتصاد المحلي بالعالمي. لقدرة القطاع الخاص الاجنبي على المنافسة وشراء مشاريع القطاع العام لتأثيره على قرارات الحكام وميلها لصالحه وقد ادى ذلك الى بروز شكلين من القطاع الخاص المحلي الاول. قطاع خاص محلي تابع للقطاع الخاص الاجنبي. وثانياً - قطاع خاص محلي بعيد عن القطاع الاجنبي يعاني من ضعف القدرة التنافسية وبعيد عن دعم الدولة. مهمشاً وجباناً لخروجه من العملية الانتاجية تاركاً المساحة للقطاع الخاص الاجنبي.

4- يوصي دعاة ليبرالية التكييف - أن اتاحة المجال امام القطاع الخاص الاجنبي سوف يمكن دول الجنوب من اجراء الاصلاحات الاقتصادية التي تعالج اختلالاتها الهيكلية وسوف تتمكن من استقبال الاستثمارات الاجنبية كبديل للاقتراض الخارجي وان تلك لاستثمارات ستؤدي الى التصنيع ونقل التكنولوجيا وزيادة الانتاج المحلي وعلاج المشكلات الاجتماعية - البطالة وانخفاض مستوى المعيشة في ضوء المزايا النسبية التي تملكها البلاد في مقدمتها عنصر العمل الرخيص[1].

5- ساهمت سياسات مؤسستا صندوق النقد والبنك الدولي الى تعطيل الصناعات التي تنتج للسوق المحلية فادى ذلك الى خلق جيش احتياطي من البطالة وخفض معدلات الاجور الحقيقية في دول الجنوب التي تطبق تلك السياسات وسيؤدي هذا الى بناء اساس متين ومربح لانتقال الصناعات الغربية المتقدمة حيث العمل الرخيص امام الشركات متعددة الجنسيات والتخلص من الارتفاع المستمر لمعدل الاجور في بلدانها الام وقد مهد على ذلك الانتقال تحول الدول الاشتراكية الاوربية السابقة الى النظام الرأسمالي وهي محملة بمكاسب التجربة الاشتراكية الطويلة انتاجية عالمية، اجور منخفضة تعليم عال اضافة الى الاستهلاك الكبير نتيجة الضغط الاجتماعي الاستهلاكي التي كان من مهمات الدولة المركزية خلال الحقبة الاشتراكية السوفيتية وافلاس الدولة وحاجتها الى شريك غيرها.

6- ادماج دول الجنوب في تقسيم العمل الدولي الجديد - عند تطبيق وصفات مؤسستي بريتون وودز، فان رأس المال سينتقل بسهولة من الدول المتقدمة الى المتخلفة ولم تعد مشكلة عدم امتلاك رأس المال من قبل دول الجنوب فالاستثمار الاجنبي المباشر وانتقال الشركات العابرة القوميات لبناء فروع منها والشركة كلها تؤدي الى توفير رأس المال الذي لم يعد مشكلة غير أن المشكلة اليوم تكمن في حصول دول الجنوب على التكنولوجيا للصناعة فائقة الذكاء كالاتصالات والحاسبات والمعلوماتية وصناعة الطائرات وهذه التكنولوجيا لا يمكن الحصول

---

[1] د. رمزي زكي، الليبرالية المتوحشة، مصدر سابق، ص 201.

عليها مطلقاً من قبل دول الجنوب واذا ما تم الحصول عليها فانها غالباً ما تخضع لعمليات تطوير متسارعة ولا تملك دول الجنوب القدرة على الخوض فيها لا نها تحتاج الى تخصيصات مالية كبيرة جداً لدعم البحث والتطوير الذي تنفق دول الشمال المتقدمه مبالغ ضخمة منه سنوياً للحفاظ على مستواها التنافسي فيه فهذه المعالم الجديدة في مجال تقسيم العمل الدولي الجديد غيرت كثير من المفاهيم النظرية التي كانت سائدة قديماً التي كانت قائمة على اساس المزايا النسبية فمع تزايد التدويل لم يعد من الممكن قبول الافتراض السابق فالسلعة يتم تجزئة مراحل انتاجها المختلفة - فالتقسيم الجديد تقوده الشركات عابرة القوميات لتعبد تجديد علاقة المركز بالمحيط، فالتقسيم الدولي الجديد ينطلق من الشركات عابرة القوميات.

7- أن تطبيق وصفات التثبيت والتكييف الهيكلي للصندوق والبنك الدوليين والتحول الى الرأسمالية ادى الى تكوين مجموعة دولية كبيرة من الاقتصادات كثيفة العمل مما يعني زيادة المنافسة فيما بينها لتحضى كل واحدة منها بمكانة متميزة ضمن المجموعة تاركة الطريق للدول الرأسمالية الغربية في مجال السلع الرأسمالية مبعدة عنها شبح المنافسة التي عانت منه في عقد السبعينات من القرن العشرين.

8- أن ليبرالية التكيف الهيكلي التي تطبقها دول الجنوب بضغط من مؤسسات بريتون وودز سيؤدي الى تكييف شامل للاقتصاد الدولي تمهيداً لمرحلة العولمة وصولاً الى التكييف الاقتصادي العالمي.

9- اتباع الدول اسلوب التكييف الهيكلي واعتمادها عل تشجيع الصادرات السلعية التي تعتمد على الايدي العاملة والموارد الاولية الرخيصة فان هذا يعني زيادة هذا النوع من السلع كثير مما يؤدي الى خفض اسعارها بشكل كبير وبهذا فستتمكن الدول المتقدمة من الحصول على هذا النوع من السلع وباسعار زهيدة فان ذلك لا يلغي استمرار دول الجنوب في انتاج وتصدير مواد الخام الرئيسية التي ما زالت تعتمد عليها البلاد الصناعية كما هو الحال في السابق من العلاقة بين الشمال والجنوب[1].

10- أن خطة الاستقرار الاقتصادي تدمر عملية التنمية الاقتصادية الوطنية التي تجري في دول الجنوب تعمل على تحطيم القطاعات الاجتماعية فيها بصورة قاسية. وتدمير نسيجها الاقتصادي المحلي. من خلال الغاء الجهود وشطب التقدم الذي توصل اليه. كما تمثل خطة الاصلاحات للصندوق والبنك احدى البرامج الملاصقة للانهيار الاقتصادي والاجتماعي. وتؤدي اجراءات التقشف الى زعزعة الدولة واعادة صياغة نموذج الاقتصاد الوطني وتحطيم

---

[1] محمود خالد المسافر -رسالة دكتوراه ن مصدر سابق، ص 90-91.

الانتاج المخصص للسوق المحلية بسبب ضعف الاجور الحقيقة واعادة تغيير الانتاج الوطني نحو السوق العالمية.

لقد شكلت سياسات الليبرالية الجديدة التي روجت لها المؤسسات المالية الدولية الارضية الملائمة للتمهيد ونشر العولمة الاقتصادية وتشكل هذه الالية مع آلية الشركات عابرة القوميات وتحرير التجارة الاساس لنقل افكار الليبرالية الجديدة الى كل دول العالم وخاصة دول الجنوب والدخول من باب مفتوح للسيطرة على اقتصاديات الجنوب واستغلال امكانياتها المادية والبشرية لتحقيق اعلى معدلات الارباح مما تملكه الشركات من رؤوس اموال ضخمة لابد من استثمارها عالمياً.

المطلب الثالث

واقع القطاعين العام والخاص والعوامل المؤثره

وتطبيقات التحول بين القطاع العام الى القطاع الخاص

في دول الجنوب ومؤشراتها

1- واقع وطبيعة القطاع العام والقطاع الخاص وخصائصهما:

هناك اختلاف كبير في طبيعة وخصائص القطاع العام والخاص في دول الجنوب مقارنة بالدول الرأسمالية المتقدمة[1].

ولدراسة تحويل القطاع العام الى الخاص في دول الجنوب لابد من الانطلاق من الواقع الذي تعمل فيه هذه القطاعات. وطبيعة العلاقة بينهما والتعرف على العوامل المؤثرة في تطورهما والمحددة لطبيعتهما وخصائصهما المميزة والسياسة الاقتصادية، وفي الواقع فان طبيعة العلاقة بين القطاعين يمكن حصرها ضمن مرحلتين مميزتين:

المرحلة الاولى - ارتبط نشوء القطاع العام في دول الجنوب بضرورة تنموية اقتصادية واجتماعية اكثر منها سياسة ايديولوجية وقد لعب القطاع العام دوراً اساسياً وطليعياً في التنمية الاقتصادية حيث ساهمت الدولة في نشوء القطاع العام وقيادة عملية التنمية نتيجة حصول هذه الدول على استقلالها السياسي بعد الحرب العالمية الثانية وحاجتها لتحقيق تنمية سريعة ولا يمكن أن يتم ذلك دون قيادة القطاع العام الذي حقق انجازات في التراكم الرأسمالي والتقدم الاقتصادي

---

[1] د.سعد محمد عثمان، سياسات الاصلاح والتكييف الهيكلي بين الفروض النظرية لصندوق النقد الدولي والنتائج الواقعية دراسة نظرية تطبيقية على تجارب الاردن ومصر واليمن، مجلة كلية بغداد للعلوم الاقتصادية الجامعة، العدد الاول، نيسان 2000، ص102-103.

والاجتماعي اضافة الى دعم الصمود السياسي والعسكري. كما أن تحسن وتطور القطاع العام في دول الجنوب ومنها الاقطار العربية خاصة لم يكن خياراً فكرياً بقدر ما كان ضرورة موضوعية لتنمية هذه الدول فضلاً عن وجود القطاع الخاص الذي كان يمد القطاع العام بالمستلزمات التي يتطلبها في عملية التنمية رغم اختلاف هذا القطاع من بلد لآخر. ودوافع ذلك وجود بعض العوامل الموضوعية والذاتية، التي تحد من توسيع القطاع الخاص من ناحية اخرى حيث ما كان بامكان القطاع الخاص القيام بها وفي مجتمعات متخلفة بسبب محدودية الامكانات المادية والمالية ومدخرات القطاع الخاص وحجم استثماراته فالاستثمارات المطلوبة للتنمية هي اكبر بكثير من امكانيات هذا القطاع وطبيعته الباحثة عن الاستثمارات سريعة الربحية وتجنبه المجازفة وافتقاره لروح المبادرة وقد كان هذا الاساس في انشاء.

المشاريع الصناعية الاستراتيجية من قبل القطاع العام اضافة الى البنى التحتية والتوسع بها حتى لو كان النظام السياسي وفلسفته ضد القطاع العام لقد كان لنشأة وتطور القطاع العام وحجمه تعويضاً عن عجز القطاع الخاص في تحقيق تقدم حقيقي في تصنيع دول الجنوب في اتجاه بناء قاعدة اقتصادية وانجاز نمو اقتصادي. لقد اقترن تطور القطاع الخاص بظروف التخلف والتبعية والخضوع والهيمنة ازاء هذا لا يمكن مقارنة الظروف التاريخية التي تطور فيها القطاع الخاص في الدول المتقدمة مع نظيره في دول الجنوب فالاختلاف بينهما ليس عالياً أو سطحياً بل جوهرياً، فهو لا يمتلك القوة الاقتصادية فتخصص في المشاريع الصغيرة المحدودة المساهمة في الدخل القومي [1]. ولم يقتصر الوضع على وجود نوع من تقسيم العمل بين القطاعين وانما تحمل القطاع العام مسؤولية تمهيد الطريق امام القطاع الخاص. ومن الخصائص المهمة للقطاع الخاص في دول الجنوب استخدامه تقنية متخلفة. ومن النادر وجود مؤسسات احتكارية لهذا القطاع بسبب طبيعة النشاطات التي يعمل فيها فضلاً الى عدم قدرته على امتلاك القوة السياسية. مما يجعله محدود القدرة في تولي اعباء قيادة التنمية خاصة في مراحلها الاولى وهذا يعني أن القطاع الخاص بحاجة الى من يأخذ بيده ولا يوجد ضرر من ذلك اذا كان القصد هو حفز القطاع الخاص على المشاركة في التنمية وليس احلاله محل القطاع العام في جميع فروع النشاط مما يعني أن العلاقة الاساسية بين القطاعين هي علاقة تكاملية وليس تنافسية. وقد اكتفت الدول في هذه المرحلة دعم نشاط القطاع الخاص في مجالات الانشطة الرأسمالية الوطنية وانشطة الانتاج السلعي الصغير.

---

[1] هناء عبد الغفار السامرائي، التخصصية والتنمية الاقتصادية تجارب عالمية مختارة مع اشارة خاصة الى تجربة العراق، رسالة ماجستير، مصدر سابق، ص114-115.

ولعجز القطاع الخاص من تحقيق الاهداف السياسية والاجتماعية فقد اتخذت الدول منه موقفاً سياسياً فقامت بالتاميم باعتباره افضل طريقة لتحقيق النمو الاقتصادي وتطوره فقد كان القطاع العام وحده الذي يمتلك قدرة التاثير في صنع القرار في هذه الدول.

أن المبررات الاساسية الاقتصادية التي ادت الى تعظيم دور القطاع العام في هذه المرحلة:

1- قدرة القطاع العام على انتاج وعرض السلع والخدمات العامة والاجتماعية والتي يعجز القطاع الخاص عن تقديمها لاسباب تتعلق بالكلفة المرتفعة والعوائد المتدنية حيث تكون اسعار عرضها موحدة وغير قابلة للتجزئة باعتبار التكلفة الجديدة للفرد الاخير المستفيد منها تكون منخفضة.

2- امكانية القطاع العام في تحقيق اهداف التنمية الاجتماعية – كالعدالة واعادة توزيع الدخل والثروة وتوفير فرص العمل واهداف اخرى ممثلة في الاستثمار ومشاريع التقانة الضخمة المتميزة بارتفاع حجم التراكم الرأسمالي[1].

المرحلة الثانية - فقد اتسمت بظهور مشاكل رئيسية في ادارة المنشآت المملوكة للدولة، مشاكل تتعلق بالكفاءة وتغير التكنولوجيا والتي ادت الى ازمات مالية رئيسية واصبحت معظم دول الجنوب تعاني من مشاكل قاسية تستوجب وضع الحلول والمعالجات بصددها فبرزت موجة الاصلاح والتكييف الهيكلي لاصلاح منشآت القطاع العام تبعتها موجة جديدة من "التخصصية" التي اعتمدتها الدول على اختلاف مواقفها السياسية. وفي الثمانينات جرى تحول كبير من تفكير النخب الحاكمة في دول الجنوب من التركيز على القطاع العام كقائد لعملية التنمية الى القطاع الخاص ويقف وراء هذا التحول مجموعة من الدوافع والمبررات منها داخلية واخرى خارجية.

أ. **العوامل الداخلية:** تنحصر بالدافع الايديولوجي السياسي والدافع التنموي فقصور القطاع العام وخسائره المتراكمة قادت الى ازمة مالية ونقص موارد التمويل ادت الى ضغط على اقتصادات هذه الدول والمتمثل في اعباء المديونية الخارجية وتسديد الدين الخارجي ويمثل هذا الاتجاه احد المبررات الاساسية ويتضمن هذا الدافع الاتي:

1- الدافع الايديولوجي – السياسي: لا يمكن فصل التخصصية عن الموقف الفكري السائد في البلد ازاء القطاع الخاص وفي دول الجنوب برز الموقف من القطاع الخاص كمحصلة لتفاعل معطيات سياسية البلد مع معطيات الرأسمالية الغربية ومعطيات التجارب الاشتراكية المختلفة وهناك ثلاث نماذج لمواقف الجنوب تجاه القطاع الخاص:

---

[1] هناء عبد الغفار السامرائي – التخصصية والتنمية الاقتصادية تجارب عالمية مختارة مع اشارة خاصة الى تجربة العراق، رسالة ماجستير، مصدر سابق، ص115.

النموذج الاول: الذي اعتمد اسلوب التنمية الرأسمالية حيث تفاعلت القوى السياسية مع توجهات الرأسمالية الغربية وبموجبها صاغت سياستها الاقتصادية المعتمدة على استثمارات القطاع الخاص بشكل رئيس في عملية التنمية.

النموذج الثاني: المتبني لاسلوب التخطيط المركزي الموجه والفكر الاشتراكي الشيوعي الرافض للقطاع باعتباره استغلالياً اينما وجد وينطبق هذا الوقف على معظم التجارب الاشتراكية في دول الجنوب.

النموذج الثالث: الذي اتخذ طريقاً خاصاً به حسب ظروفه الموضوعية والذاتية متبنياً موقفاً اشتراكياً الا أن موقفه ايجابي من القطاع الخاص وهناك اتجاهين ضمن الموقف الاول - اعتمد على التجربة والخطأ لمنهج ثابت ويفتقر هذا الموقف الى الموقف الواضح والمحدد والثابت تجاه القطاع الخاص اتسم هذا الموقف بالغموض والاضطراب والتغير حيث تأتي صياغة النظرية كموقف لاحق لسياسات نافذة من الامثلة على تلك التجربة "التجربة المصرية" اما الموقف الثاني - فلا يعتمد الموقف على معطيات نظرية جاهزة تجاه القطاع الخاص كما لايعتمد التجربة والخطأ لمنهج ثابت للتحول الاشتراكي بل يستند الى النظرية المستوحاة من الظروف الموضوعية في وضع السياسات الاقتصادية وتجنب المظاهر التي يمكن أن تترتب على النزعة التجريبية مثال ذلك تجربة العراق[1].

ومن البديهي أن تتبع دول النموذج الاول والثالث سياسة التخصصية لموقفها الايجابي من القطاع الخاص اما دول النموذج الثاني فلم تجد الى ما يدعو لرفض القطاع الخاص ما دامت الدول الاشتراكية الام قد تخلت عن هذا المنهج الى اليه السوق الحرة.

2- الدافع التنموي – لقد سعت النخب الحاكمة – في دول الجنوب بعد استقلالها السياسي الى قيادة الدولة للقيام بوظائفها الاقتصادية والاجتماعية وتحقيق التنمية الاقتصادية الشاملة اضافة الى وظائفها التقليدية المحافظة على الامن وتحقيق العدالة، ولم تحقق الدولة التوازن المطلوب بين وظائفها، لبروز الوظيفة الاقتصادية على سائر الوظائف الأخرى بل أن الوظائف الأخرى السياسية والقانونية والايديولوجية كرست لخدمتها فاتجهت التشريعات والايديولوجية لخلق مبررات التغيرات الاقتصادية التي تقوم بها الدولة ومنها اعادة النظر في جدوى البقاء على القطاع العام وتنميته.

---

[1] **د. نوفل قاسم علي المشهداني – دور القطاع العام والقطاع الخاص في التنمية الاقتصادية – تجربة العراق – مجلة الاقتصادي، عدد خاص 14-15 نيسان 1999، ص57-85.**

3- ضعف اداء القطاع العام. لقد كان الدافع وراء جهود التخصصية الجارية في دول الجنوب يكمن في استيائها من اداء منشآت القطاع العام حيث تم تأسيس الالاف منها للفترة من اواسط الستينات حتى بداية الثمانينات مع بداية عقد الثمانينات فقد بلغت مساهمة هذا القطاع في تكوين ربع اجمالي راس المال الثابت في دول الجنوب واعتبر اداؤه غير مناسب بالرغم من وجود استثناءات مهمة لاداء وربحية منشآت القطاع العام في بعض الدول غير أن معظم هذه المنشآت كانت تخسر، وفشل القطاع العام في توليد فائض للاستثمار وخلق بدلاً من ذلك عبئاً على الميزانية العامة بسبب الخسائر المتلاحقة للقطاع العام التي تعود لاسباب عديدة منها سياسة الاسعار التي لم تتم على اساس الندرة بل على اساس الاهداف الاجتماعية للدولة. وفي اواسط السبعينات تم تمويل 25% من منشآت الدولة في دول الجنوب من قروض اجنبية مباشرة ووصلت هذه القروض للفترة من 1976 – 1978 الى ثلث الاقتراض الدولي لتلك الدول. وتم تمويل 60% من العجز في الميزانية العامة من المصارف المحلية وتغطية نسبة 15% المتبقية من قروض محلية اخرى.

وقد كانت الحماية من المنافسة المحلية والاجنبية وتقديم الاعانات للقطاع العام من اسباب خسائر هذا القطاع اضافة الى عدم وضوح الاهداف والتدخل البيروقراطي ومركزية القرارات المفروضة وعدم كفاءة الادارة. وعندما ساءت الظروف الاقتصادية واصبحت الازمة الاقتصادية مزمنة في دول الجنوب حاولت حكوماتها منذ البداية اصلاح المنشآت العامة لتحسين ادائها. وتقليص كلفتها بدون نقل للملكية العامة وبالرغم من نجاح محاولات الاصلاح في عدة حالات فان تاثيره على اداء المنشآت لم يدم لفترة طويلة ونتيجة لهذه التجارب سارعت حكومات دول الجنوب بسياسة بتحويل القطاع العام الى الخاص كعلاج لهذه الازمات[1].

ب- اما العوامل الخارجية: فتتمثل في دور المؤسسات المالية الدولية ومنظمات التنمية والمساعدة الدولية من خلال سياسة الاصلاح والتكييف الهيكلي ومحاولة حل ازمة المدينون العالمية اضافة الى اوضاع البيئة الاقتصادية العالمية واثارها السلبية على الاوضاع الاقتصادية الداخلية على دول الجنوب واضطرار حكوماتها للرضوخ الى ضغوط الدول الغربية المتقدمة ومؤسساتها لتبني سياسة "التخصصية"[2].

---

[1] **هناء عبد الغفور السامرائي، التخصصية والتنمية الاقتصادية تجارب عالمية مختارة مع اشارة خاصة الى تجربة العراق، رسالة ماجستير، مصدر سابق، ص118-119.**

[2] **د. هناء عبد الغفور السامرائي، التخصصية والتنمية الاقتصادية تجارب عالمية مختارة مع اشارة خاصة الى تجربة العراق، رسالة ماجستير، ص116.**

وتتضمن هذه العوامل المبررات التالية:

1- الاثار السلبية للبيئة الاقتصادية العالمية: أن احد جذور الازمة المالية والاقتصادية التي عانت منها دول الجنوب يعود للبيئة الاقتصادية العالمية واثارها السلبية والمتمثلة في التقلبات الجديدة في اسعار النفط واسعار الفائد الدولية. وركود التدفقات المالية وتباطؤ النمو في الدول الصناعية واشتداد النزعة الحمائية فيها والانخفاض الشديد في اسعار سلع التصدير الرخيصة وتدهور معدل التبادل التجاري في دول الجنوب ترتب عن ذلك اختلالات تتمثل في عجوزات كبيرة في موازين المدفوعات واختلالات داخلية تتمثل في ارتفاع معدل التضخم والبطالة وتباطؤ واضح في النمو. وتدخل تحويل القطاع العام الى الخاص في باب السياسات التصحيحية الهادفة الى ازالة هذه الاختلالات ودفع عملية النمو والتنمية[1].

2- دور المؤسسات المالية الدولية: مع حلول عقد الثمانينات ارتفعت مديونية دول الجنوب بنسب عالية ليس فقط من المصارف التجارية بل من الوكالات الدولية منها صندوق النقد الدولي والبنك الدولي ووكالات التنمية والاقراض الدولي[2]. ونتيجة لظهور ازمة الدين العالمية عام 1982، اتخذ صندوق النقد الدولي موقف يعكس نهج الدول المتقدمة الأعضاء فيه باعتماده خطة بيكر المقدمة في 1985/10/8 المتضمنة ما ينبغي على دول الجنوب ذات الدخل المتوسط اتخاذه.

ثانياً: تطبيقات ومؤشرات لتجارب التثبيت الاقتصادي والتكييف الهيكلي:

أن السياسة التي اقترحها صندوق النقد الدولي لتطبيقها في العديد من دول الجنوب قادت الى فشل ذريع في حل الازمات الاقتصادية فقد سبب برنامج التثبيت الاقتصادي والتكييف الهيكلي (SAP) حدوث الكساد وزيادة البطالة وتفاقم حدة الفقر والتفسخ الاجتماعي في دول الجنوب والدول التي كانت اشتراكية وحتى في دول النحور الاسيوية بعد أن ضربتها الازمة اخيراً حيث عوملت بنفس المعاملة التي عاملت بها منظمات بريتون وودز افقر واقل البلاد تقدماً في افريقيا. والامر الاكثر خطورة، حينما تفشل سياسات هذه المنظمات وما تحدثه من كوارث اقتصادية

---

[1] د. هناء عبد الغفور السامرائي، التخصصية والتنمية الاقتصادية تجارب عالمية مختارة مع اشارة خاصة الى تجربة العراق، رسالة ماجستير، ص119-120.

[2] حيث قفزت الديون الخارجية للدول النامية من 19 بليون دولار عام 1960 الى 60 بليون دولار عام 1971 والى 151.3 بليون دولار عام 1974 والى 450 مليار دولار عام 1980. وبلغ اجمالي خدمة الديون الخارجية لعام 1980 الى حوالي 88 مليار دولار.
- انظر د. رمزي زكي الليبرالية المتوحشة، ص185.

واجتماعية وحتى السياسية فان تلك المنظمات لا تكون موضع مسائلة[1] رغم الفشل الذريع الذي تحدثه هذه المنظمات عند تطبيق برامجها الاقتصادية الرامية للاصلاح الاقتصادي. والاكثر خطورة هو تعزيز دورها وانشطتها الاقتصادية من قبل الدول الرأسمالية والشركات المتعددة الجنسية وبالمقابل يتم فيه اضعاف منظمات الامم المتحدة مما يحدث هو في الواقع هو تحويل للموارد والسلطة من الامم المتحدة ووكالاتها ونقلها الى البنك الدولي وصندوق النقد الدولي ومنظمة التجارة العالمية [2]. وقدر تعلق الامر بدراستنا لبيان اثار اليات العولمة الاقتصادية على الاقتصادات العربية فسيتم اعتماد ما تحقق من نتائج في بعض الاقطار العربية خاصة التي اعتمدت وصفة صندوق النقد الدولي. وسنعتمد في تقيمنا هذا على كل من تجربة مصر العربية والاردن.

النتائج المتحققة من تطبيق برامج التثبيت الهيكلي والتكييف الاقتصادي [3]:

1- انخفاض معدل النمو في الناتج المحلي، وتفاقم مشكلة البطالة، حيث يلاحظ ارتفاع معدل نمو الناتج المحلي في عام 1991 من 3.3% الى 4.3% واستمر في الارتفاع الى حوالي ليصل عام 1992 الى 22.5% ولكنه اخذ في الانخفاض ليصل عام 1995 الى 10.5% وانخفض ثانية عام 1996 الى 19.3 %.

2-ارتفاع عجز الميزان التجاري من (1236.9) عام 1990 الى (1898.9) عام 1993 وانخفض الى (1588.2) عام 1995% وعاد الى الارتفاع حتى وصل الى 2001.1 عام 1996.

3- زيادة المديونية: وارتفاع اعباء خدمة الدين في الدول التي تطبق برامج الاصلاح والتكيف الاقتصادي.

ففي الاردن ارتفع اجمالي مبلغ خدمة الدين العام الخارجي في عام 1990 من (550) مليون دولار الى (655) مليون دولار عام 1992 ثم انخفض في عام 1993 ليصل الى (484) مليون دولار ثم يعود للارتفاع الى (549) مليون دولار دولار عام 1995م.

4- انخفاض الدخول الحقيقي لذوي الدخل المحدود نتيجة زيادة الضغوط التضخمية على الاسعار بسبب خفض قيمة العملة وارتفاع اسعار الفائدة.

---

[1] د. رمزي زكي، اليات الفوضى في الاقتصاد العالمي الراهن، مقال، مجلة العربي، الكويت العدد 482، كانون الثاني 1999، ص 114.

[2] د. رمزي زكي - اليات الفوضى في الاقتصاد العالمي الراهن، مصدر سابق، ص114.

[3] صندوق النقد الدولي. الدول العربية، مؤشرات اقتصادية 1986، 1996، ص3، 43، 55.

تجربة مصر العربية:اما النتائج التي ترتبت على جمهورية مصر العربية والتي تطبق برنامج الاصلاح الاقتصادي منذ عام 1991 فيلاحظ الاتي:

1- التذبذب وعدم الاستقرار في نمو الناتج المحلي حيث وصل في عام 1992 الى (22%) وبدأ في الانخفاض ليصل في عام 1994 م الى 10% وارتفع الى (17%) عام 1995 وعاد بالانخفاض عام 1996 ليصل الى (12%).

2- تدهور وضع ميزان المدفوعات واستمرار العجز فيه وبمعدلات مرتفعة ومن ملاحظة وضع الميزان التجاري في مصر- فقد تذبذب الارتفاع والانخفاض في العجز في عام 1990م (6699) ليصل الى (5953) عام 1994 وارتفع في عام 1995 حتى وصل الى 7596 وفي عام 1996 م ارتفع الى (83911).

3- انخفاض الدخول الحقيقية لذوي الدخل المحدود نتيجة زيادة الضغوط التضخمية على الاسعار بسبب خفض قيمة العملة الوطنية ورفع اسعار الفائدة.

4- ارتفع اجمالي مبلغ خدمة الدين الخارجي من (2271) مليون دولار عام 1989 م الى 2489 مليون دولار عام 1990 ثم انخفض بعد ذلك ليصل الى (1856) مليون دولار عام 1994 ويرجع سبب الانخفاض هذا ليس لنجاح تطبيق برامج الاصلاح الاقتصادي ولكنه يعود في المقام الاول الى اعفاء مصر من نسبة كبيرة من ديونها كمكافاة لها مقابل موقفها ضد العراق في أم المعارك 1991م. غير أن اجمالي المبلغ."خدمة الدين العام" لم يلبث أن ارتفع في عام 1995 م ليصل الى (2.73) مليون دولار[1].

وهكذا يتضح لدينا النتائج السلبية الناجمة عن تطبيق برامج التثبيت والتكييف الهيكلي ودعوة تحويل القطاع العام الى الخاص تعتبر بلورة واضحة لاول مشروع اممي محدد وواضح المعالم لربط المركز بالمحيط وعدم التميز بين دولة واخرى عند تطبيقه بين قطر من الوطن العربي واخر في افريقيا او امريكا اللاتينية والاتحاد السوفيتي السابق واصبح جوهر المأزق الذي تواجهه الدول التي رضخت للمشروع هو أن قضايا صنع السياسات الاقتصادية والاجتماعية الداخلية واختيار طريق النمو الاقتصادي والاجتماعي لم يعد بيدها بعد أن وضعت اقتصاداتها تحت الادارة المركزية الحالية فعملية صنع القرار الاقتصادي والسياسات الاجتماعية انتقلت من المستوى المحلي الوطني الى المستوى الدولي الى المنظمات الدولية مانحة القروض والمستثمرين الاجانب.

---

[1] صندوق النقد العربي، الدول العربية، مؤشرات اقتصادية، 199601986، ص3،43،55.

ثالثاً- مستقبل طبيعة العلاقة بين القطاعين العام والخاص والسياسة الاقتصادية:

أن العلاقة الايجابية بين القطاعين يمكن أن تؤثر بشكل فاعل في تحقيق التنمية خاصة في دول الجنوب عندما تكون العلاقة الاساسية بين القطاعين علاقة تكاملية وليست تنافسية وهناك مسألتين الاولى - يمكن أن يكون هناك مجال المشاركة بين القطاعين حيث لا يستبعد احدهما وجود الاخر والثانية - استمرار العلاقة الايجابية بوجود نوع من تقسيم العمل بـين القطاعين العام والخاص واتباع السياسة الاقتصادية الرامية لتحقيق التفاعل والترابط بين القطاعين من خلال الاتي:

1- استخدام الموارد في الاقتصاد الوطني بشكل كامل سيؤدي الى الزيادة في الاستثمار العام والى زيادة الـدخل بشكل مباشر وغير مباشر وسيشجع ذلك القطاع الخاص للاستثمار بشكل كبير حيث ستزداد ربحيته مع زيادة الطلب المتوقع على الانتاج النهائي.

2- تتركز نسبة كبيرة من الاستثمارات الحكومية في معظم دول الجنوب في مشروعات البنى الارتكازية وستساهم هـذه المشروعات في تخفيض تكاليف الاستثمار والانتاج للقطاع الخاص، وسيزداد حجم ايرادات المشروعات مع زيادة الربحيـة للقطاع الخاص.

3- عند قيام الحكومات بالاستثمارات في صناعات معينة. وبناء المصانع الجديدة سيؤدي الى زيادة الطلب علـى المنتوجـات الخاصة بتلك المصانع اضافة الى زيادة استثمارات القطاع الخاص.

4- أن التحول من القطاع العام الى الخاص لا يعني الغاء القطاع العام فمن الحقائق الاساسية في الحياة هي أن القطاع العـام يبقى قائماً بعيداً عن الايديولوجيا والنظم الاجتماعية السائدة[1] وان خلق البيئة الملائمة للقطاعين العـام والخـاص تعتبـر ضرورة حيوية في دول الجنوب وهذه السياسة ذات علاقة بجهود اعادة هيكلة الاقتصاد الوطني.

5- يمكن للدولة أن تزيد من حصة القطاع الخاص في الاعمال مستقبلاً دون الحاجة الى بيع وحدات من القطاع العام. وهذه السياسة ستتيح الفرصة للقطاع الخاص من بناء قدرته واكتساب الخبرة الضرورية لادارة نسبة مـن النشـاط الاقتصـادي وقد تكتسب الحكومة خبرة تدريجية وتتكيف مع الوضع الذي يقلل من حصتها في الملكية وادارة المشروعات الانتاجية.

---

[1] د. محمد محمود الامام، محددات الاداء الاقتصادي لكل من القطاعين العام والخاص في الوطن العربي ندوة القطاع العام والقطاع الخاص في الوطن العربي، مصدر سابق، ص 142-143.

6- هناك اقطار رفضت شرط صندوق النقد الدولي والبنك الدولي وتحويل القطاع العام الى الخاص اذ وضعت البديل باتباع طريق خاص في ذلك باعتماد فلسفة شاملة للحياة على اساس منطلقات نظرية تحدد خصوصية الظروف الموضوعية لدول الجنوب وامكانية تعايش القطاع العام مع الخاص في الامد الطويل لخدمة التنمية باعتبارها عملية شاملة للحياة وهدفها الانسان وهناك تجارب للقطاع الخاص في الوطن العربي قدمت اداء جيداً قام بها القطاع الخاص. دون رعاية من احد بالاعتماد على الذات مثل تجربة العراق، حيث اعتمدت على الامكانات الذاتية للشعب الذي عززها ورعاها منذ البداية.

7- أن عملية التحول من القطاع العام الى الخاص لابد أن تكون مستقلة وغير مفروضة وخاضعة لوصاية صندوق النقد والبنك الدولي وغيرها من المؤسسات الدولية وان تستوعب الظروف الموضوعية التي يمر بها أي بلد من بلدان الجنوب والاعتماد على القدرات المحلية ولا تأخذ في الاعتبار اغراض اية جهة عدا مصلحة البلد بالدرجة الاساسية. وخير دليل على ذلك تجربة العراق حيث يعمل النشاط الخاص واستثماراته تحت الشرط المفروض أن يكون النشاط الخاص في خدمة النظام الاشتراكي وتحت مظلته وان لا يشكل قيداً او عائقاً له[1].

8- اهمية توفر المؤسسات المالية المحلية كالاسواق المالية واسواق البورصات لضمان نجاح التحويل عند عرض عمليات التحول من القطاع العام الى القطاع الخاص.

9- أن نظام آلية السوق القائم على الحرية الاقتصادية وحرية الملكية الخاصة لوسائل الانتاج لتحقيق الربح والذي يتكفل للاقتصاد الكلي. بتوزيع وتخصيص الموارد تخصيصاً امثل واستخدامها استخداماً متكاملاً وهذا النظام في واقعه هو مزيج من الاحتكار والمنافسة الاحتكارية أي احتكار القلة مما يعني أن آلية الاسعار مشوهة لسيادة احتكار القلة، والمنافسة التامة التي يعتمدها نظام السوق غير متحققة عملياً في اسواق دول الجنوب بسبب وجود الاحتكارات القلة.

10-عدم اتاحة الفرصة للمستثمرين الاجانب لشراء الشركات الحكومية لتقاطع مصالحهم مع الاهداف والمصالح القومية في الاستقلال والتنمية الاقتصادية والاجتماعية.

11- مراعاة البعد الزمني في عملية التحويل من القطاع العام الى الخاص وان تكون العملية بشكل متدرج حسب المرحلة التنموية التي يمر بها الاقتصاد النامي فمن المناسب أن تقترن

---

[1] د. محمد طاقة، الخصصه بين القبول الفكري والتبني الذرائعي - ورقة مقدمة الى برنامج الامم المتحدة الانمائي في بغداد بالتعاون مع جمعية الاقتصاديين العراقيين 1991، ص 20.

البداية باجراءات بسيطة لخلق المنافسة ورفع الكفاءة للمشروعات العامة تمهيداً لابقاء عدد منها وبيع الاخرى للقطاع الخاص.

12- أن الغرض من تدخل المنظمات الدولية ووضع برامج التكييف والتغيير الهيكلي في دول الجنوب ليس لمصلحة دول الجنوب. بل لاستغلال تلك الدول ودمجها في الاقتصاد الرأسمالي العالمي دمجاً تبعياً لتحقيق مصالح الشركات والمركز الرأسمالية على حساب مصالح دول الجنوب.

13- لقد اثبتت برامج التكييف والتغيير الهيكلي "SAP" عند تطبيقها في عدد من دول الجنوب والدول التي كانت تتبع النظام الاشتراكي أن برامج "SAP" قد ادت الى التضخم والبطالة وقد انعكست آثارها على تردي معيشة الفئات الفقيرة ذات الدخل المحدود.

14- اهمية أن تحذر دول الجنوب وخاصة الاقطار العربية من ابتزاز اخر من قبل الصندوق والبنك الدولي ومحاولة المنظمات الدولية لاقناع عدد كبير من دول الجنوب المدينه ببيع المشروعات والاصول التي تمتلكها الحكومات الى الاستثمارات الاجنبية او الدول وبعملات محلية وبقيم منخفضة مقابل شطب جزء من ديونها وهو ما يسمى مشروعات تحويل نسبة من الديون الخارجية الى الاستثمارات الاجنبية حيث اخذت دول عربية تلتحق بدول امريكا اللاتينية في مثل هذا النوع من (التخصيصية).

15- اهمية تبني فلسفة التنمية المستقلة في دول الجنوب وخاصة في الدول العربية القائمة على اعتماد الطاقات البشرية والاستثمار العقلاني للامكانات والموارد الاقتصادية المتوفرة فيها للحيلولة دون استغلال جشع الشركات الاستثمارية التي تسعى الاستغلال والهيمنة على اقتصادات دول الجنوب من خلال البرامج التي تقترحها المنظمات او المؤسسات الدولية مثل صندوق النقد الدولي الذي يؤدي بالنتيجة النهائية الى ارتماء اقتصادات دول الجنوب في احضان الشركات الاستثمارية الاجنبية او الشركات متعدية الجنسيات [1] وضرورة تحديد صلاحيات القطاع العام ضمن حدود واضحة وصريحة ومنع نموه على حساب القطاع الخاص.

---

[1] د. محمد صالح القريشي، التحول من القطاع العام الى القطاع الخاص بين الاداء التموين ومنطق صندوق النقد الدولي "دراسة في الاقتصاد السياسي للخصصة في الاقتصادات النامية " مجلة الاقتصادي، عدد خاص بحوث.

المبحث الثاني

تنشيط الشركات عابرة القوميات

مقدمة:

الشركات عابرة القارات من اقوى الاليات في قيادة الاقتصاد الدولي لتحقيق العولمة اهميتها تفوق المجال الاقتصادي وتتجاوزه بمراحل الى الجوانب الحضارية والثقافية من الوجود البشري والتي يملكها الشركات المتعددة الجنسية استراتيجية قائمة على تدويل الاقتصاد العالمي وعولمته وتحديد اتجاهاته لاحتواء اقتصاديات دول الجنوب في الاقتصاد الرأسمالي فالشركات هي الجسر الذي بواسطته تغير الحركة الاندماجية ومن خلاله يتم فرض السلوكية المطلوبة وصولا الى تحقيق الهدف (تحويل العالم الى قرته كونية صغيرة) والحقيقة التي تبرز في هذا المجال هو الدور الخطير والاساسي الذي تقوم الشركات في عملية الاندماج لتحقيق العولمة بكل ابعادها الاقتصادية والسياسية والثقافية.

تلك الشركات المتنوعة الاختصاص الاحتكارية العملاقة فقد شكلت فعالياتها شبكة كثيفة ومترابطة من المصالح التي توحدت مع قاعدة انطلاقها اقتصاديات الدول الصناعية وفي مصلحة اهدافها تحقيق الربح في اقصاه فاصبحت ماكنة النظام الرأسمالي لايصاله الى مداه.. لقد نمت الشركات وتطورت وتضخمت وتحكمت بالاقتصاد العالمي والمحصلة (تطور العولمة الاقتصادية والمعلوماتية) وفرصة الشركات في تعظيم ارباحها الاستغلالية، تأتي بالاساس من قدراتها الهائلة وميزاتها على الصعيدين المالي والتكنولوجي تعززها قدرات مرافقة في ضخامتها على الاصعدة التسويقية والتنظيمية والادارية. فعلى الصعيد المالي والتمويلي فالنتائج تؤشر ما حققه قدراتها. فقد حولت السيولة الدولية من رسمية قومية الى خاصة دولية واصبحت الرساميل في ضخامة تدفقها وحركتها الدولية تنتج ذاتياً دون ارتباط نجم المعاملات التجارية المتداولة بين الدول، وحجم هذه التدفقات الرأسمالية يسري دون رقيب بشكل يفوق حجم السلع المتبادلة في موازين المدفوعات. فما يخلق من اموال في السوق النقدي والمالي حصيلته تضخم عالمي وارتفاع معدلات الفائدة والمضاربة في اوسع مداها.

وعلى الصعيد التكنولوجي. فقد حققت الشركات المتعددة الجنسيات ذروة ميزاتها تجسيداً لقدراتها الاحتكارية فهي اعظم ادوات خلق التكنولوجيا من خلال امكانات البحث والتطوير. فهي اهم ناقليها دولياً من خلال ضخامة شبكاتها المنتشرة في كل ارجاء المعمورة فالشركات هي بالفعل وقود العولمة لتجعل من العالم سوقاً كونية كبرى. تحركها من خلال ورقتها الرابحة

التكنولوجيا وتحكمها في الانتاج وتبادله وتسعيره وسهولة الحصول عليه أو منعه وتحكمها في انتقال راس المال. وخلق الازمات، وتحقيقها فوائد كثيرة من خلال الاستفادة من فروق الاسعار أو نسبة الضرائب أو مستوى الاجور. وهذا يتطابق مع العولمة وجوهرها في صناعة الاسواق لضمان عالمية التصدير والاستيراد والسيطرة على الاقتصاد العالمي تحقيقاً لمصالحها ومصالح الاحتكارات الرأسمالية فاصبحت بالتالي الحكومة العالمية في واقع الامر وهذا الواقع سنتناوله بالدراسة في هذا المبحث من خلال مطلبين:

المطلب الاول: المصطلح والمفهوم والاتجاهات التاريخية لنشأة وتطور الشركات عابرة القوميات والتفسير النظري للشركات.

المطلب الثاني: سمات الشركات عابرة القوميات وتنشيط العولمة واتجاهات المستقبل.

المطلب الاول
المصطلح والمفهوم والاتجاهات التاريخية لنشأة وتطور
الشركات عابرة القوميات والتفسير النظري لها

مقدمة:

أن الاساس في نمو وتطور وتجدد الرأسمالية، هو ارتكازها وخضوعها لسيطرة عدد محدود من الشركات العملاقة، وتحقيقها النمو المتزايد، في الانتاج والسيطرة على المواد الاولية وثبات الاسعار واحتكار الاسواق، وقد مكن ذلك الرأسمالية من ابراز الطابع العالمي في عملياتها[1]. والتحكم بالعالم واخضاعه لسيطرتها، وقد لعبت الشركات الاحتكارية دوراً رئيساً في عولمة النشاط الانتاجي من خلال آليتين الاستثمار المباشر والتجارة الدولية، وعلى هذا الاساس فالشركات عابرة القوميات غير منقطعة عن الشركات الاحتكارية التي سبقتها بل انها المرجعية الاساسية في تطورها.

لقد تضخمت الشركات عابرة القوميات بشكل واسع ومختلف عما كانت عليه الشركات الاحتكارية، غير أن تكوين رؤية موضوعية، عن موقفها الراهن، ومكانتها وتأثيرها الخطير في تحقيق وقيادة العولمة مما يقتضي ـ التعرف على الجوانب التالية

أولاً: مصطلح ومفهوم الشركات عابرة القومية.

---

[1] عبد الكريم كامل ابو هات، الشركات المتعددة الجنسيات، دراسة التحولات الاساسية، العولمة والمستقبل العربي، سلسلة المائدة الحرة 37 ـ بيت الحكمة، بغداد 1999 م، ص84.

ثانياً: الاتجاهات التاريخية لتطور ونمو الشركات عابرة القارات، والتحولات البنيوية التي حدثت على مستوى المشروع الاستثماري والسوق، وممارسة الشركات لدورها في الاقتصاد العالمي، ومعرفة الفرق في حجمها وتأثيرها فما هي عليه الان وما كانت عليه في السابق.

ثالثاً: التفسير النظري لها.

1- مصطلح ومفهوم الشركات عابرة القومية:

أولاً- المصطلح: استخدم مصطلح أو تعبير الشركات المتعددة الجنسيات Multinationals في الادبيات الاقتصادية وانتشرـ بشكل واسع عام 1963 اثر نشر تقرير في مجلة "Business Week" في ملحق خاص بعنوان الشركات متعددة الجنسية [1]. وفي الستينات والسبعينات تزايد الاهتمام بالشركات المتعددة الجنسية واستخدام المصطلحات المرتبطة بها لتؤدي الى ذات المعنى من وجهة نظر التحليل الاقتصادي الغربي بالرغم مما تتضمنه من اختلاف في الجوانب القانونية.

تستخدم كلمة العابرة للحدود القومية أو متخطية للحدود القومية "Transnational" والعالمية والدولية "International" وهناك مسميات للشركات الفرعية "Subsidiaries" و "Branches" والشركات المرتبطة أو الشركات التابعة Affiliates و Associates.

ثانياً- المفهوم: ثار جدل ونقاش واسع في عقدي الستينات والسبعينات لتحديد المفهوم جراء غموض المضمون وصولاً الى تعريف واضح ومحدد وقد تعددت المفاهيم الخاصة بتعريف [2]. وتحديد ماهية الشركات المتعددة الجنسيات سواء في الادب الاقتصادي الغربي أو في الادبيات الاقتصادية الاشتراكية [3]. ولا نريد التعرض لها، ما يهمنا هو استخدام مفهوم الشركات عابرة القومية لاغراض هذه الدراسة لعدم انطباق صفة "التعدد الجنسيات" على شكل الملكية في اغلب المصطلحات البرجوازية المستخدمة وانصرافها الى مجالات النشاطات والعمليات المختلفة في العديد من البلدان من خلال اقامة الفروع والشركات التابعة والفرعية، اذ تظل الملكية في ايدي الشركة الرئيسة (الشركة الام)، لدولة رأسمالية فتكون الملكية لرأسمال امريكي أو راس المال البريطاني أو الياباني ... الخ.

---

[1] مايكل تانز واخرون، من الاقتصاد القومي الى الاقتصاد الكوني: دور الشركات المتعددة الجنسيات، ترجمة عفيف الرزاز، ط1 1981 م، مؤسسة الابحاث العربية، بيروت، ص124.

[2] Vernon R. and T. Wells, Managen in the International Economy, 3ed Edition, prentice Holl USA 1979, P.42.

[3] للمزيد راجع محمد صبحي الاتربي - مدخل الى دراسة الشركات الاحتكارية المتعددة الجنسيات، اصدارات النفط والتنمية، بغداد 1978 م، ص24-33.

وفي هذه الحالة فصفة تخطي الحدود القومية Transnational تكون اكثر دقة في التعبير عـن ظـاهرة النشـاط والتوسع الخارجي لهذه الشركات، ولكن ذلك لا يمنع أن تجمع الشركة الاحتكارية بين هاتين الصفتين أي تكون عابرة القوميـة من حيث انتشار المصانع والوحدات التابعة لها في كل ارجاء الكون وفي ذات الوقت تكون متعددة الجنسيات مـن حيـث ملكية راس المال التي تتوزع بين مجموعات الرأسمالية في اكثر من دولة مثلاً شركة يونيلفر – المتكونة من راس المال البريطاني وراس المال الهولندي. ويلاحظ أن الفروع والوحدات التابعة تكون مملوكة ملكية مشتركة للشركة الام.

اذن المعيار الاساس هو عدد الاقطار التي تمارس فيها الشركة نشاطاتها الخارجية وهذا ما دفعنا لتفضيـل اسـتخدام مصطلح عابرة القومية والتعريف الوارد لاغراض هذه الدراسة.

فالشركة الاحتكارية عابرة القومية. هي الشركة التي يكون مركزها الرئيس في دولة رأسـمالية متقدمـة. تعـود اليهـا ملكية راس المال – وتمتلك اصولاً عاملة سواء في مجال الصناعة أو التجارة والخدمات في عدد من الدول الأخرى – عن طريق الفروع والوحدات التابعة لها سواء كانت ملكية هذه الفروع ملكية كاملة أو ملكية جزئيـة، فتتكون المجموعـة الاحتكاريـة من "الشركة الام" ويكون مقرها دولة رأسمالية متقدمة اذ تتركز فيها عملية اتخاذ القرارات وتحدد السياسات والاستراتيجيات المختلفة للمجموعة كوحدة كاملة. ومن الفروع والشركات والوحدات التابعة لها في مختلف الاقطار [1].

ومن الجدير ذكره – أن الفروع والشركات التابعة يمكن أن تقوم بدورها في انشاء فروع تابعة اخرى هذا من ناحية. ومن ناحية ثانية يمكن للفروع والوحدات التابعة أن تكون ملكيتها ملكية مشتركة بين مجموعتين احتكاريتين أو اكثر.

لقد شاع استخدام مفهوم الشركات المتعددة الجنسيات في الادبيات الاقتصادية والسياسية المعاصرة.

ولعدم وجود فارق من حيث المضمون والشكل بين الشركات عابرة القوميات والشركات متعددة الجنسيات الا مـن حيث التسمية فقد تلجأ لاستخدامه بالبناءات بالتبادل.

وقد بقيت ظاهرة العابرات القومية قدراً كبيراً من المعارض من الـدول المتقدمـة ودول الجنـوب، كـان ذلـك دافعـاً لانشاء جهاز خاص بها في اطار الامم المتحدة حيث اقر المجلس

---

[1] محمد صبحي الاتربي، مدخل الى دراسة الشركات الاحتكارية المتعددة الجنسيات، مصدر سابـق، ص33-34.

الاقتصادي والاجتماعي التعريف الذي يعطي للشركة المتعددة الجنسية مفهوماً ينص على أن الشركة المتعددة الجنسية تلك الشركة التي تسيطر على موجودات واصول ومصانع ومناجم ومكاتب بيع.. الخ. وتزاول نشاطاً انتاجياً في دولتين أو اكثر شريطة أن توضع استراتيجية الانتاج في المركز الرئيس للشركة الذي عادة ما يقع في الدولة الام[1].

لقد كانت الغلبة للشركات وبات العالم يعيد ترتيب صفوفه ليس على اساس مجرد التعايش معها بل باعتبارها القاعدة وما عداها لا يحق له أن يبقى مستقلاً عنها، بل لابد من تنظيم قواعد تبعية لها وعدم اقتصار الامر على المنشآت الصغيرة والتي تبقى وطنية بالاساس بل تمتد الى جوانب مختلفة في الحياة تشمل الدولة والافراد والمجتمع مما يقتضي دراسة انعكاساتها على الظاهرة الاستعمارية الجديدة (العولمة) وادواتها[2].

لقد دخلت الشركات العابرة القومية بدءاً من الثمانينات والتسعينات مرحلة جديدة وزادت اهميتها الخارجية بشكل واسع وخطير باعتبارها الالية الرئيسة للعولمة فمعالم ظاهرة الشركات ناجم عن تطورها وقوتها المالية وعدم خضوع نشاطاتها للرقابة الحدودية التقليدية وتدير عملياتها الانتاجية بعيداً عن الدول.. كما أن قوتها المالية تفوق قدرة الدولة وشمولية نشاطها في جميع الميادين.

وبالنظر لسيطرة الشركات عابرة القومية من خلال فروعها وشركاتها التابعة فانها لم تعد مجرد شركات. بل كيانات اقتصادية دولية جديدة تقوم بتوزيع العمليات الانتاجية جغرافياً على العالم. على اساس ميزات الموقع كما تعمل على تحقيق قدر من اللامركزية في الانتاج مع قدر عال آخر من المركزية في التخطيط والتمويل والتسويق والتجديد التكنولوجي.

ثالثاً- انواع الشركات عابرة القومية:

هناك نوعان من الشركات عابرة القوميات يمكن التمييز بينهما:

النوع الاول: تغلغل الشركات عابرة القومية في المناطق المتطورة وقد حصل هذا النوع بشكل واسع منذ الحرب العالمية الثانية عندما انطلقت شركات امريكا باتجاه اوربا واليابان واتخذ هذا النوع شكلاً معاكساً فيما بعد من اليابان واوربا باتجاه امريكا لقد تجنبت هذه الدول وضع

---

(1) **UN, Multinational corporation in World Development , New York, 1973, ST/ECA/190, P.7**

(2) **راجع د. محمد محمود الامام، الظاهرة الاستعمارية الجديدة ومغزاها بالنسبة للوطن العربي، بحث في ندوة العولمة والتحولات المجتمعية في الوطن العربي، مركز البحوث العربية والجمعية العربية لعلم الاجتماع، مكتبة مدبولي، ط1999/1 ، ص83-85.**

العراقيل امام هذا النوع من حركة رأس المال. خشية التهديد الجدي بالمعاملة بالمثل كما أن الدولة ذات العلاقة لم تجد مبرراً ضرورياً لتبني سياسات أو تطبيق اجراءات خاصة برأسمال الاجنبي تختلف كثيراً عن المعمول بها.

النوع الثاني: وهذا النوع يختلف كثيراً حيث يحصل اتفاق بين الدول الرأسمالية المتقدمة ودول الجنوب بهدف توسيع راس المال داخل دول الجنوب عن طريق الشركات الاحتكارية عابرة القومية يكون هذا الاستخدام أمر مستحيل كلياً من دون الاستخدام المكثف والمتواصل لقوة دول الشركات فردياً أو جماعياً لايجاد اطار مؤسساتي يعرف (بـ جو الاستثمار) الملائم لعمل الشركات الرأسمالية من اجل تحقيق الارباح، واستخدام القوة يكون اما مباشر أو غير مباشر. لضمان تدفق الاستثمار الاجنبي المباشر وغير المباشر باعتباره صيغة الشركات واعتباره مؤشراً رئيساً على تزايد أهمية اثر هذه الشركات واتساع نطاقها. وقد تمكنت الشركات من الظهور بكثافة في دول الجنوب ومنها الوطن العربي منذ السبعينات واتخذت اساليب واشكال متنوعة منها شكل الملكية الكاملة. حيث تنفرد الشركة وفروعها بصناعة معينة أو استخراج مادة اولية معينة تقتصر على حلقة أو اكثر من حلقات السلسلة التكنولوجية والشكل الاخر – شكل المشاركة – بين راس المال المحلي وراس المال الاجنبي اما الشكل الثالث – فهو المقاولة. حيث تقوم الشركة بتنفيذ عمليات انشاء التكنولوجيا وتقديمها وتمتد لتشمل الادارة اللاحقة للمشروع وتسويق منتجاته[1]. واتخذت الشركات الاحتكارية شكلاً مستحدثاً للاستثمار المباشر تختلف عن صيغته التقليدية يتمثل (بعقود الادارة والخدمات، التراخيص، وعقود تسليم المفتاح)[2]. ودوافع لجوء الشركات الى الشكل المستحدث للاستثمار لزيادة المنافسة بين الشركات، وانتشار ظاهرة التأميمات ثم فقدان عنصر اليقين في هذه الشركات ودعوة الشركات المستمرة بضرورة اقتسام المخاطر عن طريق زيادة عدد الشركات الداخلة في المشروع الواحد.

2- الاتجاهات التاريخية لنمو وتطور الشركات:

اولاً- الاتجاهات التاريخية لنمو وتطور الشركات:

اتسمت المشروعات الصناعية بصغر الحجم حيث كان الفرد مالكاً ومديراً للمشروع. وقد سعت المشروعات منذ ظهور طريقة الانتاج الرأسمالي الى اكتساب الاسواق واحكام السيطرة

---

[1] د. فؤاد مرسي. تحركات الشركات متعددة الجنسيات في الوطن العربي، دراسات عربية العدد 10، 1979، ص8.

[2] انطوان زحلان، البعد التكنولوجي للوحدة العربية، السوق العربي للتكنولوجيا، المستقبل العربي،1980، ص46.

عليها، اذ يعبر السوق عن جانب التداول وتوزيع المنتجات، وكلما اتسع السوق والسيطرة عليه ازدادت ارباح المشروعات الرأسمالية وقدرتها على زيادة رؤوس الاموال.

في البداية اقترن التطور من خلال زيادة نطاق التسويق للمشروع داخل الحدود الوطنية، مع التطور في الطاقة الشرائية لمجموعات القوى الاجتماعية الوطنية وقد تمثل ذلك من خلال الوحدات الاقتصادية والاجتماعية الاحتكارية التي هي محصلة للتركيز المالي والفني بين المشروعات ففي هذه المرحلة ساد النظام الحرفي، وتقدم الانتاج الحرفي وتطورات الفنون الانتاجية، وكفاءة العمل اليدوي من خلال نظام التلمذة الصناعة والتدريب. غير أن الطبيعة الاحتكارية للطائفة الحرفية وما فرضته من قيود على مزاولة الانتاج الحرفي وقفت عائقاً امام متطلبات زيادة الانتاج الحرفي[1]. وقد كان للنظام اثره في المبادلة حيث بدأت تنشط نتيجة التخصص المهين، وفي الغالب كانت المبادلة مباشرة [2]. ومع تقدم المبادلة واشتداد المنافسة واتساع السوق تحولت الوحدات الحرفية باستخدام عدد كبير من الصناعة الى وحدات استثمارية وتحقيق اكبر قدر من الربح واصبح ظهور الصناعة الحرفية، بدعم من راس المال التجاري. واستجابة لمتطلبات طبقة التجار وتأثيرها البالغ في مجال التداول والانتاج، ودخل نمط الانتاج الرأسمالي هيمنته الفعلية كنمط للانتاج. قاعدته مشروع صناعي، يعمل بطريقة الدفعة الواحدة والمنظومة الصغيرة وقد عبر هذا التحول في نمط تنظيم الانتاج عن المميزات التقنية وانتقل النشاط الاقتصادي من الرأسمال السلعي الى رأسمال صناعي وانتاجي في اطار سوق تنافسية.

وبضوء ذلك تم تحديد اهداف الانتاج، تغطية الطلب الداخلي وتصدير الفائض غير أن المنظومة الصناعية لم تتمكن من تلبية الاحتياجات بشكل منفرد. لان عملية التداول والتصريف كانت مستقلة. وقد تضاعف فن الانتاج عن طريق الفعل الجوهري للتبادل. لقد سعى راس المال التجاري من السيطرة على عملية التداول وتحقيق اقصى الارباح، غير انه فقد السيطرة على الانتاج الصناعي، ولاستكمال سيطرته الحقيقة على المجالين وتوحيدهما فقد تحول من راس المال التجاري الى راس المال الصناعي بغية تمكين صاحب المشروع الرأسمالي من انجاز مهمات التخطيط والتنسيق للوحدة الصناعية واستخدام تقسيم العمل المناسب داخل المشروع وبهذه الطريقة تمكن الرأسمالي من توفير شروط التراكم الرأسمالي واخضاع المشروع لمصلحة راس المال الصناعي[3].

---

[1] د. رمزي زكي، التاريخ النقدي للتخلف، عالم المعرفة، سلسلة 118، الكويت، 1981، ص38-41.

- انظر كذلك د. اسماعيل صبري عبد الله، الكوكبة: الرأسمالية العالمية مرحلة ما بعد الامبريالية المستقبل العربي 222، اغسطس / آب 1997، ص8.

[2] عبد الكريم كامل ابو هات، النظم الاقتصادية المقارنة، جامعة الموصل، 1988، ص36.

[3] عبد الكريم كامل ابو هات، الشركات متعدية الجنسية والعولمة، دراسة في التحولات الاساسية للعولمة، مصدر سابق، ص82.

ظهرت العديد من المشروعات الضخمة التي تحتاج لرؤوس اموال كبيرة لتمويلها. ومع ظهورها برزت مشكلة تمويل تلك المشروعات ولتجاوز ذلك تم الاخذ بنظام الشركات المساهمة[1]، وتحول التنظيم الصناعي من ملكية الافراد الى الملكية المساهمة. مما اقتضى تحويل مبادلة النقود بكمية من السلع. وقد كان ذلك البداية لدخول البنوك كطرف في المعادلة للحصول على جزء من قيمة الفائض المتحقق، وقد لعبت البنوك دوراً في التمويل والقيام بالوظائف الرئيسية للبنوك - بادارة الحياة الاقتصادية وتحويل المشروعات الصناعية، وسيطرتها في اغلب الاحيان على مجريات الامور الاقتصادية وقد عرفت هذه المرحلة بالرأسمالية المالية والتي تنصرف الى ظاهرة سيطرة المصارف على المشروعات الصناعية وانتشار الشركات المساهمة[2].

واتخذت الحركة شكلاً - من ثلاث عمليات مستقلة نسبياً وهي عملية الانتاج - وعملية التداول - وعملية تصريف الانتاج يقابل كل عملية من العمليات الرأسمالية - راس مال تجاري ورأسمال صناعي ورأسمال مصرفي لتنتهي عملية التحول لتحالف راس المال التجاري مع راس المال المصرفي. وتقليص راس المال الصناعي من الحصول على النسبة الاكبر من الفائض (الارباح) وتكونت المجالات الثلاث في نموذج عمل حديد قاعدته الوحدة واستخدام السوق كمنسق للتنظيم الذاتي للادوات الانتاجية. فتحققت أول عملية تمكن فيها النظام الرأسمالي من قلب البنية ما قبل الرأسمالية الى بنية رأسمالية جديدة تتكون البنية من الاول نسق كلي (الدولة). ونسق جزئي على صعيد الصناعات الصغيرة وحددت وظائف البنيتين (النسق) بتأمين التراكم الرأسمالي والحفاظ على النظام بالنسبة للدولة. اما النسق الثاني. فمهمته تخطيط الانتاج والاشراف المباشر عليه وقد مثلت البنية الحرفية مركز اساسياً في نمط الانتاج باعتبارها البنية التي يتم فيها صنع الناتج من قوة العمل وتداول المعلومات عن سوق السلع ورؤوس الاموال والتقنيات واتخاذ القرارات المتعلقة بالانتاج وتكوين راس المال[3].

---

(1) **في انكلترا ارتفع عدد الشركات المساهمة من 994 عام 1844 الى 113327 عام 1930 وارتفع رأسمالها من 345 مليون الى 3300 مليون جنية استرليني، وفيما يتعلق بعام 1930 فقد بلغ رأسمال 10% من الشركات المساهمة حوالي ثلثي راس المال الكلي، وفي المرحلة التي سبقت الحرب العالمية الاولى فقد شكلت 1500 شركة سنوياً في فرنسا وعم ذات الاتجاه غالبية الدول الرأسمالية.**

(2) **راجع فؤاد مرسي، الرأسمالية تحدد نفسها، مصدر سابق، ص110.**

(3) **عبد الكريم كامل ابو هات، الشركات متعدية الجنسيات والعولمة، دراسة في التحولات الاساسية، العولمة والمستقبل العربي، مصدر سابق، ص82.**

اما المرحلة الثانية وهي نوع من الستراتيجية التي تضمن انتقال السلعة الى المستهلك خارج الحدود الوطنية وتمثلت باهتمام المشروعات بأنشاء قطاعات مخصصة للتصدير بهدف السيطرة على الاسواق الخارجية عن طريق التجارة غير المتكافئة. فقد ظهرت الاحتكارات في الصناعة من مختلف المشروعات الاقتصادية ولم تأخذ التكتلات الاحتكارية شكلاً واحد بل تعددت اشكالها بتعدد احكامها ونظمها وهناك نوعين منها (الكارتل، الترست)[1] وكما برزت الاحتكارات المالية جراء ظواهر عديدة. ابرزها التركز والتمركز في الانتاج وراس المال وتحققت قفزات واسعة تمثلت في حدوث موجتين. من الاندماج الاحتكاري في بنية نمط الانتاج الرأسمالي[2]. وقد عزز ذلك ظهور الامبريالية الاقتصادية مما ساهم في دمج المؤسسات الصغيرة مع بعضها وقد مهد ذلك الانطلاق للتنظير الاقتصادي لتحليل الاثار الايجابية للاحتكارات ودعمها والولوج في عصر المندمجات للحصول على السيطرة الاقتصادية وتعظيم الارباح وما يتحقق في ظل المنافسة التامة التي تخضع لقانون تساوي الارباح [3] وقد حققت امريكا نحو مراكز راس المال الاحتكارية واصبح يهدد تفوق انكلترا التقني والاقتصادي والعسكري، وقد عانت انكلترا من هذه الضغوط بخفض هيمنتها الستراتيجية [4] ونتيجة الثورة الصناعية تكون وضع جديد اتسم بالمظاهر التالية:

---

[1] الكارتل والترست: الكارتل: اتفاق تجاري بين مشروعات تنتمي لنوع معين من فروع الانتاج لتحقيق اتفاق على الاسعار التي تباع فيها المشروعات منتجاتها لتحقيق درجة من الاحتكار والحد من المنافسة ويحتفظ المشروع باستقلاله القانوني والاقتصادي انتشر في المانيا عام 1860 م ويشترط الكارتل أن يكون عدد المنتجين قليلاً. الترست: انتشر في امريكا عام 1880م، تركز تجاري وصناعي ومالي ولا يعتبر الاحتكار هدفه الوحيد. تفقد فيه المشروعات استقلالها وتصبح تحت ادارة واحدة بقصد احتكار السوق وتحقيق مزايا الانتاج الواسع للمشروعات وقد ينشأ الترست في صورة شركة قابضة Holding Company حيث بموجبها يتم شراء كل اسهم الشركة.

- راجع للمزيد عبد الرحمن ابراهيم زكي، مذكرات في التطور الاقتصادي، مصدر سابق، ص55-60.

[2] الموجة الاولى تمثلت في تكوين الشركات والمؤسسات الكبرى التي خضعت لسيطرتها United Steel Corporation في صناعة الفولاذ Standard Oil في الصناعة النفطية (General Motors) في صناعة السيارات.

- الموجة الثانية تمثلت في تكوين احتكارات صناعة الالمنيوم منها الشركة الامريكية للالمنيوم (AICO)واحتكار الحاويات الزجاجية.

-عبد الكريم كامل ابو هات، الشركات متعدية الجنسيات، دراسة في التحولات الاساسية، العولمة والمستقبل العربي، مصدر سابق، ص94.

[3] سمير امين، التطور الامتكافئ، ترجمة برهان غليون، دار الطليعة، ط4، بيروت، 1985، ص121.

[4] عبد الكريم كامل ابو هات، الشركات متعدية الجنسية والعولمة، دراسة في التحولات الاساسية، العولمة والمستقبل العربي، مصدر سابق، ص84-85.

1- اصبحت الكهرباء والكيمياء التركيبة وماكنة الاحتراق الداخلي الاساس المادي للثورة الصناعية الثانية.

2- حاجة التقنيات الحديثة لنفقات باهضة من التمويل.

3- مساهمتها في تغيير البنية السياسية في الاتجاه نمو رجال الاعمال والصناعات الجديدة بدلاً من الرأسماليين المرتبطين بمنتجات الثورة الصناعية الاولى.

4- التطور في حجم المشروع وتنظيمه كنتيجة لتطور وسائل الانتاج والمنتجات.

5- زيادة الاهمية النسبية لاحتكار المواد من المواد الخام واستخدامها كسلاح للمنافسة وضمان رؤوس الاموال المستثمرة في الصناعات الجديدة.

6- لقد ادى التقدم التقني تطوراً في وسائل الاتصال العالمية وخلق الشبكة الدولية للتجارة والمال التي ساهمت في اعادة انتاج تقسيم العمل الدولي لصالح ستراتيجيات المراكز الصناعية والمالية.

7- فقدان انكلترا لتفوقها البحري نتيجة ظهور دول اخرى في اوربا ذات قدرات صناعية كافية لبناء قوة منافسة يمكنها تحدي هيمنة انكلترا فضلاً على قدرة الولايات المتحدة بعد الحرب العالمية الثانية بوضع حد لتفوق بريطانيا لما تملكه من قدرات وطاقات عالية في الانتاج السلعي الواسع.

اما المرحلة الثالثة حيث اتسمت باقامة المنشآت الانتاجية والتجارية في الخارج، رغبة في التامين المستمر لمصادر المواد الاولية كي يتمكن المشروع ومن خلال هذا التوطن – تحقيق العديد من المميزات الاقتصادية والمالية والاجتماعية[1]. فقد اتاحت هذه المرحلة فترة ما بين الحربين العالميتين انتقال نشاط المشروع (الاحتكار) من الاطار القومي الى الاطار العالمي (الكوني). فالهدف الذي يسعى له المشروع ليس لتنمية التجارة وتحقيق المنافسة. وانما الرقابة الاحتكارية على مصادر المواد الاولية والاسواق وزيادة نفوذها والسيطرة على القوى الاجتماعية المحلية. وتكوين احتكارات مالية واقتصادية ونشر نمط انتاجها وتوسيع قاعدتها وبرعاية من الدولة الرأسمالية لقدرة هذه المشروعات على حمل الرأسمالية في اية بقعة واصبحت معظم منتجات (المواد الاولية) لدول الجنوب خاضعة لسيطرة تلك المشروعات سواء في مرحلة الانتاج

---

(1) راجع للمزيد، د. محمد عبد العزيز عجمية، التطور الاقتصادي في اوربا والوطن العرعبي، دار النهضة، بيروت، 1980، ص118-127.

والتجارة العالمية[1] فضلاً عن دور هذه الاحتكارات في عمليات الاندماج التي احدثتها وما نجم عنها من اندماج راس المال الصناعي والمالي والتجاري لغرض التوحيد النسبي لمجالي الانتاج والتداول اضافة لامكانيتها الواسعة لخلق سوق متكاملة في اطار الشركات المتعدية الجنسيات وبتوافق ذلك مع الاتجاه النظري للرأسمالية في توسيع اسواقها الخارجية وباستمراره. مما يعني انه لم تظهر منشأة اقتصادية تعقدت ونمت عملياتها كما حدث للشركات متعدية الجنسيات وبهذا المعنى فسر ظهور الشركات المتعدية الجنسيات من اكبر الانجازات الاقتصادية بعد الحرب العالمية الثانية[2].

لقد حدث التطور التاريخي للمؤسسة الرأسمالية انتقاله من مستوى المشروع الى مستوى الشركات المتعدية الجنسية، وتنظيماً جديداً يتعلق في جوهره من علاقة السوق بالمشروع فبعد أن كانت قوى السوق هي الموجه الرئيس للمشروع في المرحلة التنافسية فان العلاقة اصبحت عكسية مع دور وتعزيز اثر الشركات المتعدية الجنسية في الوقت الحاضر للاحتكارات التنافسية الدولية.

لقد مرت الرأسمالية الاحتكارية فتطورت من الرأسمالية الاحتكارية الصناعية الخاصة، الى الرأسمالية الاحتكارية للدولة الوطنية تم التنافس الدولي للاحتكارات، ومع وجود اثر للشركات المتعددة الجنسيات وتعزيزه، يمكن الحديث عن بنية جديدة لنمط الانتاج الرأسمالي من حيث الجوهر لاتتقاطع مع اهداف الرأسمالية. ولها القدرة على التطور المتجانس، تتسم بادماج مجالات الانتاج الرأسمالي التي كانت معروفة في المرحلة التنافسية والتي يمثلها راس المال المتعلق بكل مجال (راس المال الصناعي – راس المال المصرفي – راس المال التجاري) كما أن راس المال التجاري والمصرفي يحصل على جزء من فائض القيمة التي ينتجها راس المال الصناعي، مما يترتب على ذلك انخفاض معدل ربح المنتج الوحيد (راس المال الصناعي) فالشركة تميل الى ازالة استغلال المجالات الثلاث. بمعنى أن الشركة المتعددة الجنسية لها القدرة على تحقيق اندماج راس المال الصناعي والمصرفي في راس المال المالي. والغاء احتفاظ راس المال التجاري لجزء من الارباح المتحققة. فضلاً على امكانياتها الواسعة لخلق سوق متكامل.

اذن أن الشركات المتعددة الجنسيات، بداية تكوينها تجمع من راس المال المحلي وصراع مستمر لزيادة الارباح (ففي ظل الرأسمالية اما أن تنمو الشركة أو تركد فتواجه احتمالات الفناء) فينمو الرابحون ويكبرون باستمرار وتبدأ الشركات في نموها بالوصول الى خارج البلاد بحثاً عن

---

[1] عبد الكريم كامل ابو هات، النظم الاقتصادية المقارنة ـ جامعة الموصل، ط1، 1988، ص79.

[2] عبد المنعم سعيد، النظام الدولي بين الفوضى والاستقرار. التقرير الستراتيجي العربي، 1993، مركز الدراسات السياسية والاستراتيجية للاهرام، القاهرة، 1994، ص24.

ربح اكبر من المتحقق لها في الداخل. لقد حققت الشركات نموها المتزايد بعد الحرب العالمية الثانية وتوافق ذلك مع السيطرة الاقتصادية والسياسية لهذا العصر [1].

3- التفسير النظري لنشأة وتطور الشركات عابرة القومية:

أن التفسير النظري لنشوء وتطور الشركات عابرة القومية يساعدنا على الاقتراب خطوة متقدمة لمعرفة جوانب القوة لهذه الشركات وجوانب ضعفها، وتقدير ديناميكيتها. وفي واقع الامر فان مسألة التفسير هذه اثارت مشكلة اساسها أن التفسير النظري لظاهرة الشركات عابرة القومية مازال غير واضح. فالنظرية الاقتصادية التقليدية لم تشهد اتفاقاً حول تشخيص طبيعة هذه الاسباب. وفي جوانب النظرية يجد المرء افكاراً كثيرة وشديدة التناقض ولم يزل على الاقتصاد السياسي أن يخطو الى صهر الواقع والنظرية في رؤية ديناميكية اجتماعية شاملة.

لقد تفاوتت وجهات نظر الاقتصاديين فيما يتعلق بالعوامل المحددة لطبيعة العمليات الدولية التي تختارها هذه الشركات خاصة بعد فشل الاطار التقليدي للنظرية الاقتصادية في تفسير سلوك الشركات عابرة القومية الذي اعتمد على تفسير حركة راس المال للاستثمار المباشر قياساً على حركة التجارة الدولية وراس المال الذي واجهته صعوبات كامنة في طبيعة النظرية ذاتها، فنظرية التجارة الدولية لم تقدم تفسيراً مجدداً للاستثمار المباشر غير انها افترضت افتراضين

الافتراض الاول – عدم قابلية عوامل الانتاج للانتقال من بلد الى آخر.

الافتراض الثاني – السوق التنافسية التي ينفصل فيها البائع والمشتري [2].

أن فشل النظرية الاقتصادية التقليدية في تقديم التفسير المقنع لظاهرة نشأة الشركات عابرة القومية قد حفز الى تطور ثلاث نظريات فرعية.

النظرية الاولى: نظرية دورة المنتج: سعت النظرية بالكشف عن العوامل الموضوعية التي جعلت من قيام الشركات بالاستثمار خارج بلادها الام عملاً ضرورياً وليس مجرد اختيار بدائل. والاستثمار الاجنبي يعتبر عملاً دفاعياً، يقصد منه حماية اسواق التصدير من المنافسين المحتملين، ويفسر هذا العمل "الدورة التكنولوجيا للمنتجات". فكل منتج له دورة حياة، في البداية تتمتع الشركات باكتشاف المنتج الجديد وتنميته (بميزة احتكارية). تستغل الشركات هذه الميزة عن

---

[1] مايكل تانزر واخرون، الشركات المتعددة الجنسيات، من الاقتصاد القومي الى الاقتصاد الكوني، مصدر سابق، ص15.

[2] د. محمد السيد سعيد، الشركات عابرة القومية ومستقبل الظاهرة القومية، عالم المعرفة، المجلس الوطني للثقافة والفنون والاداب، الكويت، 1986، ص25-26.

طريق التصدير الى الاسواق الخارجية. ومع نمو هذه الاسواق وتطور المنتج يصبح هذا المنتج نمطياً تصبح المزايا التكنولوجية اقل اهمية في حين تزداد اهمية الاقتراب من الاسواق لاختصار تكاليف النقل وتخفيض تكاليف العمل. تذهب الشركات للانتاج بالقرب من الاسواق التي قد يسيطر عليها منتجون محليون أو اجانب.

وعندما يصبح المنتج قديماً فان المزايا المقارنة تتحول للاقتصاديات كثيفة العمل ومنخفضة الاجور وفي هـذه الحـال يتم الانتاج في المجتمعات في هذه الفترة مـن اجـل اعـادة التصدير الى البـلاد الام للشركات المنتجة وتستخدم النظرية في الصناعة التحويلية نتيجة امكانيات التحديد التكنولوجي.

النظرية الثانية: نظرية سوق احتكار القلة: وتذهب الى تحديد دوافع الاستثمار الاجنبي التي تكمن في طبيعة اسواق احتكار القلة Oligopoly. اذا تقسم الاسواق ما بين قلة من الشركات المنتجة الكبيرة فالمنافسة الاحتكارية تجعل مـن الصعب عـلى أي شركة أن تنمو عن طريق المضاربة السعرية.

فالشركات عابرة القومية تسعى لتعزيز فرصها للنمو عن طريق الاستيلاء على اسواق خارجية للانتاج فيها مما يعـزز المستوى العام لربحيتها. وبهذا المعنى فان الاستثمار الاجنبي المبـاشر ليس سـلوكاً دفاعيـاً يستهدف المحافظة عـلى اسـواق تصدير قائمة بل سلوك هجومي يرتبط بضغوط السوق الاحتكارية. فعند قيام شركة بالاستثمار في الخارج يختل التـوازن في سوق احتكار القلة القومي، ويـدفع ذلـك بقيـة الشركات لتقليد الشركة الفائدة والا اتجه نصيبها في السوق القوميـة الى الانخفاض بمعنى أن سوق احتكار القلة قانونـاً يجيز للشركات العملاقة الانتقال الى السوق العالمية عـن طريق نقل جـزء متزايد من استثماراتها الجديدة للخارج. وهذا ما يحقق صحة مقولة أن الشركات عابرة القومية لم تعد تسعى لمجرد الربح بل أن النمو المستمر والسيطرة ايضاً. والشرط الاساس للبقاء والنمو في سوق المنافسة الاحتكارية، واحتكار القلة هـو زيـادة نصيب الشركة في السوق، فاذا كان ذلك متعذراً في اطار السوق القومية فان الشركات تبحث عـن هـذا النمو وعـن مجـالات جديدة للسيطرة في الخارج والا اصابها الشلل وهددها الفناء[1].

لقد ركزت النظرية على الضغوط المتولـدة في السوق القومية وتجاهلت الاغراءات المتاحة في الاسواق الاجنبيـة واهملت واقع لجوء الشركات الصغرى والعاملة في سوق تنافسية للاستثمار في الخارج مثل الشركات الاحتكارية العملاقة كما يمكن للشركات أن تنمو وتتحرر من ضغوط

---

[1] للمزيد راجع د. محمد السيد السعيد، الشركات عابرة القومية والظاهرة القوميـة، مصدر سابق، ص29-30.

السوق الاحتكارية عن طريق التصدير السلعي لا الاستثمار المباشر. وممكن نظرياً أن يختل توازن سوق احتكار القلة للشركة التي تلجأ الى التجديد التكنولوجي. دون أن تضطر للمضارية السعرية لتعظيم نصيبها في السوق القومية. كما أن النظرية تفترض سوقاً قومية مغلقة على احتكار القلة واهمال جانب المنافسة الدولية والتركيز على العوامل المرتبطة بالسلوك الاحتكاري اكثر من العوامل الناجمة من المنافسة في سوق احتكار القلة. لقد برهنت المنافسة في الدول المتقدمة اهمية صياغة سياسات الانتاج والاستثمار الدولي لهذه الشركات.

النظرية الثالثة. نظرية السياسة العامة: ترى هذه النظرية أن الاقتصاد يخضع للسياسات الحكومية، والشركات هي ادوات السياسة الخارجية الحكومية وحسب هذه النظرية فالاستثمار الخارجي للشركات لم ينشأ ويتطور نتيجة ضرورات اقتصادية انما لسياسة اختارتها الشركات للاستفادة من الحوافز التي قدمتها الحكومات الام. لاغراء شركاتها بالاستثمار الخارجي ومضمون هذه النظرية. يشدد على اهمية المعاملة الضريبية للعوائد المتولدة من المشروعات في الخارج، اذ أن هذه الشركات تحصل على مزايا ضريبية كبيرة من انشطتها الاجنبية[1].

من خلال تقديم التفسير الشامل لنشأة الشركات عابرة القومية وانتشارها نجد في اطار هذه النظريات عناصر اساسية صحيحة وجوهرية، واذا ما اخذنا كلاً منها على حدة، يبرز جانباً واحداً من القضية اضافة الى ميزة معينة في البحوث التجريبية هي انها تدخل عناصر عديدة في تفسير تكوين ظاهرة الشركات عابرة القومية. غير أن مكونات هذه الظاهرة بعيدة من أن تكون احادية لانها لا تقف على ارضية الاقتصاد حسب بل هي ظاهرة شمولية. اجتماعية وسياسية ايضاً. واخيراً، وفي مجال التفسير النظري لظاهرة الشركات عابرة القومية يمكن القول أن نمو تطور المجموعات الاحتكارية عابرة القومية قد اتخذ في الواقع ثلاثة اتجاهات اساسية.

1- أن الشركات عابرة القومية ليست وليدة الدول والقوى الاستعمارية الرئيسية خلال مرحلة التوسع الاستعماري بل هي حالياً نتاج غالبية الدول الرأسمالية المتقدمة وبصفة خاصة المراكز الاساسية الولايات المتحدة الامريكية الدولة القائدة للمنظومة الرأسمالية ودول السوق الاوربية واليابان.

2- لم تتخذ عملية النمو والتطور شكل تجميع رؤوس الاموال للمجموعات الاحتكارية القائدة والضخمة في مختلف الدول الرأسمالية المتقدمة، بل اتخذت شكل تدعيم المجموعات الاحتكارية القومية وتقويتها في كل دولة عن طريق ظاهرة التركز والاندماج وبشكل واسع،

---

[1] Robert Gllpin U.S power and the Multinational Corporation, New York, Basic Books, 1975, P.174

وامتداد النشاطات المختلفة لكل مجموعة احتكارية خارج الحدود القومية لها لتخلق بذلك شبكة ضخمة وواسعة من المصانع والوحدات التابعة تغطي العالم كله [1].

3- الشركات عابرة القومية ما هي الا صيغة متقدمة في البحث عن اقصى الارباح خارج الحدود واسلوباً جديداً في استمرار حالة اللاتكافؤ في العلاقات واستمرار الهيمنة الاقتصادية على العالم [2]، من خلال الدور الاساسي الذي تلعبه الشركات في تدويل الاستثمار والانتاج والخدمات والتجارة وسيادة انماط عالمية في الانتاج من حيث علاقات الانتاج وشكل ملكية وسائل الانتاج والتسويق والاستهلاك والاستثمار والاعلان والدعاية.

4- أن الشركات هي القائد للعولمة ووقودها والمروج لها، وهي تعبير تنظيمي للقوانين الاساسية للتطور الرأسمالي في المرحلة الراهنة. فقد استدعت هذه القوانين جعل العمليات الاساسية للانتاج واعادة الانتاج. التراكم وتنظيم عمليات العمل والتسويق والتوزيع أن تتم على صعيد عالمي (التدويل) [3].

المطلب الثاني
سمات الشركات عابرة القومية
وتنشيط العولمة واتجاهات المستقبل

1- سمات الشركات:

الشركات عابرة القومية او متخطية الحدود القومية او فوق القومية او متعددة الجنسيات او كونية ليست ظاهرة جديدة بل هي امتداد، للشركات الاحتكارية التي اتسمت بها مرحلة الامبريالية، والتعرف على السمات العامة لهذه الشركات ودورها في تنشيط العولمة. القصد منه التعرف على مركزها او اهميتها النسبية لعملياتها الخارجية في الاقتصاد العالمي. باعتبارها الوليد الشرعي للعولمة. لما احدثته من تغيرات هائلة من اجل العولمة اكسبتها سمات تعبر عن نهج وسياسات الرأسمالية لانها من ذات النبع والهدف.

---

[1] محمد صبحي الاتربي، مدخل لدراسة الشركات الاحتكارية متعددة الجنسيات اصدارات النفط والتنمية، 1978، ص46-47.

[2] د. نجم عبود، الشركات المتعددة الجنسيات، مصادر القوة والضعف، النفط والتنمية، 1984، العدد 3، ص13.

[3] د. عبد الخالق عبد الله، العولمة جذورها وفروعها وكيفية التعامل معها، مصدر سابق، ص69-70.

أن الوحدة الاقتصادية تتمثل بحق الشركات عابرة القوميات التي تسيطر على حصة كبيرة من الانتاج في فرع صناعي محدد او عدة فروع صناعية مع قدرتها في السيطرة على الاسعار، فضلاً على حجم الانتاج وقيمة ونوعية الاستثمارات والتي يطلق عليها في الادب الاقتصادي (احتكار القلة) والسمات التي تتصف بها الوحدة الاقتصادية للشركات عابرة القومية في المرحلة الراهنة هي ذات السمات التي اتصفت بها الاحتكارات.

أن الستراتيجية الجوهرية التي تستند عليها الشركات تقوم على التقسيم الدولي للعمل والنظرة الى العالم كوحدة اقتصادية من منطلق أن العالم كله مساحتها وتعمل تنظيماً متكاملاً عضوياً كل جزء فيه يخدم المجموع وتوزيع الانشطة وتنويع المنتجات قائم على اعتبارات الكفاءة الاقتصادية مع التميز بين الدول ذات التكلفة القصيرة والطويلة الاجل في نشاط متجانس المنتجات وتحت فروض معينة في الاسواق وقواعد تحديد الاسعار فيها وعلاقة اسواق المنتجات بالاسواق الاخرى محلياً وعالمياً والهدف الاساس من التقسيم - تنظيم وادماج النشاط الاقتصادي عالميا وتنظيم ربحه الكوني (عالميا) [1]. هذه الستراتيجية الاساسية للشركات تحقق نجاحها مع توفر سمات مهمة لها والتي من ابرزها:

أولاً- الانتشار الواسع: تدعو الشركات عابرة القوميات الى رأسمالية بلا حدود ولا قيود وبما يمكنها من الدخول في عصر العولمة[2] ونشر حضارة السوق المعولمة Clobale commodation وهي بذلك تعبر عن سيادة نمط الشيء حيث العمل على تحويل كل شيء الى سلعة متداولة في السوق لصالح قوة الشركات [3]. الحاملة للعولمة فكراً وتطبيقاً التي تنتقل بحرية كاملة مفترضة أن ا لعالم بالنسبة لها هو عالم بلا حدود سياسية واقتصادية او جغرافية حيث تعمل هذه الشركات من منطلق أن العالم. كله مساحتها ومجالاً لنشاطاتها، فلا حدود تقف امام نشاطاتها وعملياتها الموزعة على الدول في العالم [4]. ولا حكومات ولا قوانين محلية تعيق

---

[1] فرناندو فاجنزوليد - الشركات عبر الوطنية والاعتماد الجماعي على الذات: الاعتماد الجماعي على الذات كأستيراتيجية بديلة للتنمية، ترجمة احمد فؤاد بليع، القاهرة 1985، ص 125.

[2] راجع المزيد. د.اسماعيل صبري عبدالله، الدعوة المعاصرة الى التحول من القطاع العام الى القطاع الخاص - مصدر سابق، ص36-37.

[3] د.احمد مجدي حجازي، العولمة وتهميش الثقافة الوطنية رؤية نقدية من العالم الثالث، مصدر سابق، ص103.

[4] ليس لها هوية او جنسية محددة ولا تنتمي لدولة ولا تعترف بموطن واحد ولا تؤمن بالولاء لاية قومية او منطقة جغرافية وليس لها مقر واحد،.

- د. عبدالخالق، العولمة جذورها وفروعها وكيفية التعامل معها، مصدر سابق، ص 69-70.

عملياتها بل تعمل على وضع قوانين مصير الاطراف المندمجة خاصة (دول الجنوب) [1] ولا تتأثر بسياسة دولة من الدول. ولا تجد صعوبة في نقل سلعها وخدماتها واصولها وادارتها ومراكز بحوثها مستخدمة آخر التقنيات التي تقلص الزمان والمكان [2]. وهذه الشركات موجودة بنشاطاتها وعملياتها وسلعها واستثماراتها في كل ارجاء المعمورة [3]. للاستفادة من مزايا التكلفة حيث يكون الانتاج اقل كلفة دون افضلية لبلد المقر القانوني وفلسفة الشركات الانتاجية تخضع لتغيير مستمر من جراء انتقال السلع ورأس المال فالشركات تملك نشاطات واسعة في دول عديدة. وعندما يكون انتاجها غير مريح او مكلف لا تلبث الشركات من نقل نشاطها الانتاجي الى بلد آخر للاستمرار في عملية الانتاج ويصبح توزيع مراحل عملية الانتاج على دول عديدة اكثر ملائمة لها والانتاج الذي يتم انتاجه حيث التكلفة الاقل. ويستفاد من الدول ذات مزايا التكلفة من خلال بناء علاقات منتجين وموردين عالميين. فالشركات تستفيد من جميع مصادر الانتاج المتاحة على المستوى العالمي Clobal sourcing وهذه المصادر تميز عملية الانتاج التي تديرها الشركات العابرة حتى يصبح شراء المواد العالمية متاحاً لها (الخامات، قوى العمل، المنتجات الاولية ويكتمل ذلك مع مزايا الموقع في الدول الصناعية) (بنية تحتية جيدة، قوى عمل مؤهلة بشكل جيد والامن الاجتماعي) الى مزايا التكلفة المناسبة للدول المنخفضة الاجور. كما أن ميل اقسام من الانتاج الى مصانع اخرى مستقلة قد تزايد بقوة واصبح دولياً حيث تصنع شركة سيارات (فوكس واكن VW) وشركة (اوبل Opel) مكونات هامة اجزاء منها في البرتغال او اسبانيا واعادة نقلها الى المصانع الرئيسة في فولسبورتج Wolfsburg وروزلهايم Russlsheim فالامر لا يتعلق باغلاق مواقع بل في نقل وتوطين اجزاء من الانتاج في الخارج والشركات لا تنتج في اسبانيا او البرتغال من اجل تزويد الاسواق بالسيارات بل من اجل استغلال مزايا التكلفة في هذه الدول منخفضة الاجور فالمنتجات الاولية يتم توريدها الى المانيا حيث يتم اعادة تجميعها ثانية كمنتجات نهائية [4].

---

(1) نايف علي عبيد، العولمة والعرب، مصدر سابق، ص 28.

(2) John Allen 1995, "Crossing Borders ; Foot loose Multinationals in John Allen and chris Hammett ed. A Shrinking world PP. 53-62.

(3) فقد يكون مقرها الاداري في دولة، ومقرها التسويقي في دولة ثانية ومقرها الهندسي والفني في دولة ثالثة، ومقرها الانتاجي في دولة رابعة، ومقرها الاقليمي في دولة خامسة ومقرها الاعلامي في دولة سادسة ومقرها التنفيذي في دولة سابعة ...الخ.

- د. عبد الخالق عبد الله، العولمة: جذورها وفروعها وكيفية التعامل معها، مصدر سابق، ص70.

(4) راجع المزيد. جيرالد بوكسبرغر وهارالدكليمنتا؛ الكذبات العشر للعولمة بدائل دكتاتورية السوق، مصدر سابق، ص21-22.

ما تقدم قائم على فلسفة الشركات التي تخضع الى تغيير مستمر من جراء حرية انتقال السلع ورأس المال فعندما يكون داخل البلد غير مربح او مكلف تمد نشاطها الى بلد آخر حيث الكلفة الاقل وتنتقي الشركات كوادرها على اساس الكفاءة والاداء بغض النظر عن الجنسية وتحصل على تمويل محلي من كل بلد يمتد فيه نشاطها، قد يكون فرعاً او شركة مملوكة بالكامل او شركة مساهمة نشأت في ظل القانون المحلي، وتبيع اسهمها لمواطنيه وتقترض من بنوك او من الجمهور مباشرة، وتجذب مدخرات من دول الجنوب والبوصات العالمية.

ويقتضي الانتاج المعولم التخصص والتعاون بين فروع الشركات في ظل ادارة موحدة مستقلة ذاتياً تعمل على تجاوز كل الظروف التي تعثر الانتاج وتمحو اية صلة بين الشركة وحكومة واقتصاد بلد المقر. وتنتمي تسمية الشركة الى جنسية معينة ويقتصر على تعبير دولة المقر كأجراء قانوني ليس له بالضرورة معنى الانتماء ولا يقتضي وجود نشاط الشركة الاساس فيه.

ويبرز ضعف الرابطة بين الشركة ودولة المقر من خلال حجم المبيعات فمثلاً ان حجم مبيعات الشركة في المقر يشكل نسبة قليلة مقارنة بالحجم الكلي للمبيعات. فمبيعات شركة شل في امريكا يبلغ 24.4% من اجمالي مبيعات الشركة الام، ومبيعات شركة هوندا في امريكا يبلغ 42% من اجمالي مبيعات الشركة الام في حين تصل مبيعات شركة سيجرام في الولايات المتحدة الى 80% من مبيعات الشركة الام الكندية[1].

ان غياب الصفة الوطنية عن الشركات لا يجعلها ملك للبشرية جمعاء فهي ملك للاغنياء في دول الشمال، حيث تغزو بنشاطاتها المتنوعة عشرات الدول وتنتج في عشرات البلدان الاخر مصنعات وفق نظام الانتاج عن بعد (Tele Production) والسلع التي تنتجها الشركات عابرات القومية تلعب فيها وسائل الاعلام دوراً محورياً في تشكيل طموحات المستهلك لثقافة العولمة والتي يختفي فيها دور المصمم او المبدع ليحل محله مروج السلعة وبائعها.

وتستهدف الشركات الشرائح القادرة على الاستهلاك في كل مكان ولا مكان للفقراء في حسابها، وهي تنظر الى كوكب الارض وقد جعلته سوقاً واحدة مفتوحة امام بضائعها [2] وان

---

[1] د. اسماعيل صبري عبد الله، الكوكبة: الرأسمالية العالمية في مرحلة ما بعد الامبريالية، مصدر سابق، ص12-13.

- راجع كذلك جيرالدبوكسبرغر وهارالدكليمنتا، الكذبات العشرة للعولمة بدائل دكتاتورية السوق، مصدر سابق، ص22.

[2] د. عبد الخالق عبد الله، العولمة: جذورها وفروعها وكيفية التعامل معها، مصدر سابق، ص88.

العالم قد بلغ مرحلة الانتقال الحر للرأسمال والسلع والخدمات التي تتدفق فيها وبأقل قدر من التدخل الحكومي الذي فقد السيطرة على اتجاهات الاوراق المالية والتجارية.

ثانياً- التنوع والتعدد في الانشطة:

تتنوع وتتعدد انشطة الشركات بغض النظر عن وجود رابط فني بين منتجاتها المختلفة فالدوافع الكامنة وراء ذلك هو لاعتبارات اقتصادية مهمة، لتعويض الخسارة المحتملة في نشاط معين بارباح تحققها انشطة اخرى للشركة لها اسواقها المتميزة لتحقيق الربح سنوياً وبانتظام رغم كل التقلبات التي تحدث في الاسواق مثلاً شركة التلفون والتلغراف الدولية I.T.T تملك العديد من الشركات منها شركة فنادق شيراتون وشركة "تايم وارنر" لديها العديد من شركات النشر والاعلام والملاهي من ستوديوهات هوليود الى "شبكة CNN" مروراً بالتلفزيون بالكابل. وقد يصل الامر الى مجموعة مالية تفصل فضلاً كاملاً بين شركات تحمل اسم الشركة الام مضاف اليه مجال نشاط خاص - فقد تدخل في هذه المجموعة كشخص اعتباري مستقل في قوائم ترتيب الشركات مثلاً - هناك سبع شركات ميتسوبيشي متفاوتة المكانة ميتسيوبيشي للسيارات، والكهرباء، والصناعات الثقيلة، والكيمياويات والمصرفية، والمواد.

وهكذا يتضح لنا ان من يقتحم الاسواق العالمية لا يرغب ان تعيقه حدود اقتصادية حتى مع بقاء الحدود السياسية تساندها في التخطيط للوضع الكوني المؤسسات الدولية من خلال برامج التكيف والتثبيت الهيكلي الخصخصة ومنظمة التجارة العالمية وهي جميعاً اليات لها خبرتها[1] غايتها تعميق الهيمنة على الاقتصاد العالمي من خلال الشركات عابرة القارات.

يتضح مما تقدم ان الشركات عابرة القوميات قد تجاوزت الخط التقليدي للتركز الرأسمالي الذي كان يدور حول التكامل (بنوعيه الرأسي والافقي) والذي يدور محوره في سلعة رئيسية محددة لتمد اعمالها الى انشطة اقتصادية لا علاقة فنية بينها من الاعمال الصناعية الى الاعمال المصرفية الى الفنادق الى الانتاج الحربي الى المؤسسات الاعلامية وشركات ومبان وتجارة وعقارات ... الخ. انشطة متنافرة وتحت ادارة واحدة للشركة، ان التوجه الذي ذهبت اليه الشركات (تعدد لانشطة وتنوعها) يحقق بالاضافة الى توزيع المخاطر وتحقيق الارباح هو للسيطرة الرأسمالية اقتصادياً على العالم لتطبيق فكر العولمة.

---

[1] د. اسماعيل صبري عبد اللـه - الكوكبة: الرأسمالية العالمية في مرحلة ما بعد الامبريالية، مصدر سابق، ص12-13.

ثالثاً- التقدم التقني – اليتها الستراتيجية:

يعد التطور العلمي والتكنولوجي (الثورة الصناعية الثالثة) المرتكز الاساس للشركات المتعددة الجنسيات فالمعلوماتية وثورة الاتصالات هي نتاج للاهتمام بالتكنولوجيا او البحث والتطوير. والشركات ادارياً بأشد الحاجة الى ثورة المعلومات والاتصالات والممول الاساس لها بعد الدولة وتتقدم عليها في احيان كثيرة[1] فدوافع الربح بالنسبة للشركات متعددة الجنسية تشكل حافزاً لتوحيد وتدويل سوق التكنولوجيا العالمية من ناحية ودفع التطور الصناعي لخلق ثورة بأقل تبعية لزمن العمل ولكمية الجهد المبذول من ناحية ثانية، فالصناعات تصبح اكثر تقدماً نتيجة استخدام التكنولوجيا المتطورة[2]. ومن هذا المنطلق فان الشركات تسعى للمحافظة على وضعها المتميز عالمياً وانفاقها اموالاً هائلة لتنفرد بالبحث والتطوير وبراءات العمل والشهادات كما تستخدم الشركات مواردها في وضع الطاقة البحثية للجامعات ومراكز البحوث في خدمة مصالحها عن طريق عقود البحث. ويحاول باستمرار العلماء والمخترعين والوسطاء تطوير منتوجات جديدة وخدمات جديدة وهذا ما تقوم به مثلاً شركات التقانة العالمية الرئيسية مثل أي بي ام (IBM) واكزبروكس (Xerox) وابل (Apple) واي بي بي (ABB) [3]. وتلعب الشركات دوراً هاماً في ظاهرة هجرة العقول من دول الجنوب - كما وتحتل التقنيات الحديثة والتكنولوجيا شديدة التعقيد موقعاً محدداً في حسم التنافس بين الشركات متعددة الجنسيات، اضافة الى خفض كلف الانتاج بالتقنية، وتقليص العديد من العاملين، لذلك فما ينفق من الاموال على البحوث من قبل الشركات والنظم السياسية الملحقة بها، لا يخفض من تكلفة المنتج حسب بل لاستنباط تكنولوجيا اكثر تقدماً، تخلق بدورها حاجات جديدة، انتاج سلع جديدة. ثم تعمل على جعل استهلاك هذه السلع نمطاً يعم السوق (المكوكية المعولمة) في كل مكان، تملك فيه البشرية القدرة على الشراء، ويتساوى في ذلك كل ما هو ضروري، وكل ما هو كمالي في حياة الناس، من مأكل وملبس وغناء وغيرها[4].

والمؤشرات التالية توضح ما تنفقه الشركات متعددة الجنسية على البحث والتطوير (R & D) وقد تجاوز ما تنفقه الدول الرأسمالية، حيث بلغ مخصص الانفاق على البحث والتطوير حسب ما ورد في احصاءات (OECD) في المانيا 2.8% من GNP أي (37.2)

---

[1] د. اسماعيل صبري عبدالله، الكوكبة: الرأسمالية العالمية ما بعد الامبريالية، مصدر سابق، ص13.

[2] د. عبد علي كاظم المعموري، العولمة: محاولة الرأسمالية للتكيف مع ازمتها، مصدر سابق، ص24.

[3] انطوان زحلان، العولمة والتطور التقاني، العرب والعولمة، مصدر سابق، ص68.

[4] د. احمد مجدي حجازي، العولمة وتهميش الثقافة الوطنية، مصدر سابق، ص129.

مليار دولار عام 1995 مساهمة المال العام فيه بنسبة (37%) والقطاع الخاص بنسبة 60.2% وفي اليابان (21.8%) و (68.2%) وفي الولايات المتحدة 39.2% و 58.7%[1].

ودوافع ارتفاع الانفاق العام في امريكا، هو اهتمامها ببحوث الفضاء والسلاح عموماً فالمعرفة عامل مهم وحاسم في الحياة الاقتصادية[2].

وعليه فامتلاك التقدم التقني هو الالية الستراتيجية والسلاح الاساس للشركات عابرة القارات في فرض سيطرتها وتعاملها مع مختلف دول العالم وخاصة دول الجنوب (من خلال فروعها المنتشرة او من خلال الشركات الاصلية). ومن اجل ذلك اعتمدت الشركات عابرة القوميات ستراتيجية للتعاون فيما بينها خاصة في ميدان البحث العلمي بعيداً عـن جنسية الشركات (يابانية او امريكية او اوربية) غايتها من ذلك تحقيق هدفين – الهدف الاول اقتصاد فرص المنافسة الاحتكارية التي تؤثر سلبياً على الكل. والهدف الثاني – لتأمين اقصى الارباح على العوائد المتحققة لها عالمياً. وقد قامت الشركات الاوربية بعقد تحالفات دفاعية مع الشركات الامريكية لضمان التقنيات والدخول للاسواق الامريكية، مقابل ذلك عقد تحالف بين الشركات الاوربية الفرنسية – الالمانية عام 1994 لشراء 20% من البرنامج السـتراتيجي الاوربي للبحث والتطوير في تقنية المعلومات والاتصالات التلفونية. وفي اطار السياسات العلمية والتقنية في المراكز المتقدمة. فقد برزت عام 1994 ظـاهرة بنـاء مختبرات البحث والتطوير للشركات عابرة القوميات خارج الحدود الوطنية مثلاً. فقد بلغ مجموع المختبرات البحثية لليابان في دول الاتحاد الاوربي (70) سبعون مختبراً عام 1990 مقابل (250) مختبراً عـام 1994 في حين بلغـت المختبرات الاوربية المستوطنة في الولايات المتحدة الامريكية نسبة 96% وقد اصبحت هذه المختبرات قناة اساسية للعوائد المالية الكبيرة التي تستخدمها لتغطية الجزء الاكبر من نفقات البحث والتطوير[3].

ولم تكتف الشركات عابرة القارات بعقد التحالفات فيما بينها لثورة البحث والتطوير التي تـدعو لهـا بـل دفعـت الشركات لتوفير الحماية القانونية والشاملة للمعرفة في باب كامل في منظمة التجارة العالمية (الجـات) 1994 باسم حقـوق الملكية الفكرية للمطالبة بثمن براءات الاختراع التقليدية والعلامـات التجاريـة التـي كانـت متاحة قبل ذلك في السـنوات السابقة، في حين اصبحت

―――――――――――――

[1] د. اسماعيل صبري عبدالله، الكوكبة: الرأسمالية العالمية ما بعد الامبريالية، مصدر سابق، ص14.

[2] المصدر السابق نفسه، ص14.

[3] عبد الكريم كامل او هات، الشركات المتعدية الجنسيات والعولمة – دراسة في التحولات الاساسية، العولمة والمستقبل العربي، مصدر سابق، ص91-92.

سنداً للمطالبة بثمنها حتى بعد نشرها في الكتب والدوريات عند استخدامها في انتاج سلعة باسم متميز وعلامة تجارية خاصة بالمنتج وبعيداً عن التقليد او التزييف في التعامل التجاري. ومبررات ذلك ناجم عن – لقد بلغت الشركات المتعددة الجنسية في حقل التكنولوجيا المعاصرة ذروة ميزاتها وتجسيداً لقدرتها الاحتكارية. فهي اعظم ادوات خلق التكنولوجيا من خلال سيطرتها الحاسمة على امكانات البحث والتطوير، وانها في ذات الوقت اهم ناقليها دولياً من خلال ضخامة شبكتها المنتشرة في كل ارجاء المعمورة. انها بالفعل تريد ان تجعل من العالم (سوقاً كونية كبرى) تحركها من خلال (ورقتها الرابحة) التكنولوجيا فاصبحت بالتالي الحكومة العالمية في واقع امرها[1]. اذن أن الشركات اصبحت وسيلة رئيسية في العالم لتامين التقدم التقني لانها تقوم بأكثر الابحاث والتطوير والذي لا يتمكن البلد الواحد من تحمل نفقاته لارتفاع تلك النفقات.

مما تقدم يتضح لنا جانبين مهمين:

الاول: ان التخطيط لنشاط الشركات عابرة القوميات لتوسيع النمو الاقتصادي وبناء شكل جديد للتنظيم الاقتصادي الموجه نحو الابتكار سيكون اكثر اعتماداً على مخزون المعارف العلمية والتقنية لتحديد المواضيع في الاقتصاد العالمي. وان منطلق الازدهار الاقتصادي للبلدان المتقدمة بأن أقل اعتماداً على الثروات الوطنية، فالمعرفة العلمية والتقنية ستضع البلدان الطرفية (دول الجنوب) في موقع الشريك الضعيف في قسمة العمل الدولية وستثبت اوضاعها كاقتصادات غير مصنعة. ودوافع ذلك هو لمحدودية التمويل المخصص للبحث والتطوير. ان الدول الصناعية المتقدمة غير معنية بطرح مشاكل دول الجنوب الا بالقدر الذي يتفق مع مصالحها وستراتيجية عمل الشركات المتعددة الجنسية، وان نظرتها الى العالم وتكونه من مجموعتين اقتصاديتين – البلدان الصناعية المتقدمة ودول الجنوب سيبقى قائماً لان الرأسمالية تقوم على منظومة تناقضات فهي تنقلب على هذه التناقضات لكنها لا تلغيها وللتغلب عليها تنشيء انماطاً واليات ومؤسسات تمكنها من التكيف مع ازماتها في الوقت ذاته فانها تتوسع وترغب في الهيمنة لفرض نموذجها الحضاري من مسلمة انها تمثل وتعبر عن الارث الحضاري للعالم.

الثاني: الحماية الجديدة المفروضة من الدول الصناعية المتقدمة وشركاتها عابرة القوميات على استيرادات الدول النامية والموقف يكمن في التناقض الواضح لتوجه الرأسمالية في التعامل الاقتصادي الدولي مع دول الجنوب وتحد ذلك في اجراءات الحماية ترافقها ضغوط شاملة لتعزيز مصالحها وهذا ما يبدو واضحاً في سعيها مباشرة او من خلال المنظمات الاقتصادية الدولية[2].

---

[1] د. اسماعيل صبري عبدالله، الكوكبة: الرأسمالية العالمية ما بعد الامبريالية، مصدر سابق، ص14.

[2] عبدالكريم كامل ابو هات، الشركات المتعدية الجنسيات، والعولمة – دراسة في التحولات الاساسية، العولمة والمستقبل العربي، مصدر سابق، ص92.

رابعاً- الاندماج والتركز[1]:

تلجأ الشركات عابرة القوميات الى عمليات الاندماج (بالتراضي او الاستيلاء) بعرض شراء اسهم الشركة في البورصة وبسعر مغر غايتها من ذلك ان عمليات الاندماج التي تتم بين العديد من الشركات والتي تشهدها اقتصاديات الدول الرأسمالية المتقدمة هي:

أ- لقتل المنافسة بين الشركات وتدعيم مركزها بما يتماشى مع الاوضاع الاقتصادية الجديدة في السوق الرأسمالية العالمية ومجالات المنافسة الدولية تحت تأثير تزايد القوة الاقتصادية والسياسية للشركات عابرة القوميات الاوربية واليابانية وتحقيق مجموعة ضخمة تتمكن بما يتوافر لديها من موارد اقتصادية وبشرية ومادية من مواجهة الظروف الجديدة والذي يتناسب مصالح الرأسمالية الكبيرة والشركات عابرة القوميات والتي هي من اهم مؤسساتها.

ب- لتعديل الاوضاع الاقتصادية للشركات، فارتفاع اسهم الشركة وقيمتها في السوق وتوفير ارباح هائلة جراء عملية الدمج[2] ويصبح بمقدور الشركة ايجاد وسائل التمويل الضرورية لابحاث الانتاج والتطوير والوصول الى نتائج سريعة، ونتيجة عملية الدمج ستتمكن الشركات من تحقيق مواقع ريادية في السوق الدولية من بين معظم الشركات وحتى الارباح وبشكل مستمر. فالبنى والهياكل المسيطرة في الاقتصاد تفرض على الشركات السرعة في تطوير المنتجات الجديدة وبشكل مستمر. والشركة التي تحقق ذلك ستمتلك الفرصة للتحكم بتكلفة التطوير والتسابق باستمرار لتطوير المنتجات للمحافظة على موقعها المتميز والمتقدم. والحصول على المزايا المتاحة جراء المنافسة[3].

يتأكد لنا إن الاندماج والتركز مظهر من مظاهر التناقض التي تدعو لها العولمة بين فتح الاسواق وازالة القيود والحواجز وبين الاتجاهات الاحتكارية المتنامية فالاندفاع نحو التركز والاندماجات الكبرى ينطوي على طابع جدلي وتناقض واضح في الفلسفة الاساسية لنظام الاقتصاد الحر القائم على اطلاق المنافسة فما يحدث في عملية الاندماج خاصة بين شركات

---

[1] التركز: ظاهرة قديمة، تعتمد التزايد المستمر في نصيب الشركة من الانتاج وقد تنبأ بحجمها المتزايد، كارل ماركس منذ اكثر من مائة عام بقانونه المشهور "المنافسة تقتل المنافسة".

- راجع فايز محمد علي، الشركات الرأسمالية الاحتكارية والسيطرة على اقتصاديات البلدان النامية، وزارة الثقافة والفنون – دار الرشيد للنشر – سلسلة دراسات 173، سنة 1979، ص53-55.

[2] د. اسماعيل صبري عبدالله الكوكبة: الرأسمالية العالمية ما بعد الامبريالية، مصدر سابق، ص14.

[3] جيرالد بوكسبرغر وهارلد كليمنتا، الكذبات العشر للعولمة بدائل دكتاتورية السوق، مصدر سابق، ص30.

مسيطرة على صناعة معينة هو خلق حالة اشبه بالاحتكار لا يملك امامها المنافسون سوى الخروج من السوق. وتبدو العملية وكأنها عودة الى حالة الاحتكار[1].

إن وضع الشركات غير مستقر فقد تحقق ارباحاً في احيان وتتكبد خسائر في احيان اخرى مما يعني ان سياسة الشركات خاضعة للتغير المستمر دافعها الاساس الصراع التنافسي لتحقيق الارباح. كما ان ظروف النمو البطيء (الانكماش) ستدفع الشركات للحذر من الاستثمار الانتاجي وتفضيل استخدام فائض السيولة لديها من عمليات المضاربة في اسواق الصرف واسواق الاوراق المالية كدليل على غلبة الطابع المالي[2]. كما ان حرية انتقال الرساميل تعود الى قدرة الرساميل ذاتها على الانتقال والاندماج، فالشركات عابرة القوميات لديها المقدرة على نقل مصالحها ومؤسساتها عالمياً والتطور بشكل مستمر ومثال ذلك اندماج الشركة الالمانية ايردسبيس (Aerospace AG DASA) واستيلاءها على المصانع الهولندية "فوكر (Fokker) وشراء شركة BMW مع شركة (Rover) اخر منتجي السيارات الانكليز المستقلين وانتقال الشركة السويدية Volve الى الشركة الفرنسية Renault. ولم يقتصر الامر على اندماج الشركات عابرة القوميات الصناعية الاوربية بل شمل قطاع البنوك ايضاً منها اندماج بنك هيبوبانك "Hypobank" مع البنك المتحد (Vereins bank)[3] ليصبحا من اكبر بنوك التمويل العقاري من حيث الحجم فانه يماثل حجم البنك الالماني "Deutche Bank" ومن خلال اندماج البنك السويسري Kgesells Chall bank والبنك المتحد (Vereins bank) نشأ اكبر ثاني بنك في العالم United bank of Switzerland ان الاثار التي سترتب على عملية الاندماج سلبية او ايجابية، سلباً تسريح الاف من العمال. نتيجة اعادة هيكلة الشركات وايجابياً تحقيق ارباح هائلة للمشتغلين بعمليات الدمج والاستيلاء ومن يعاونهم من محامين ومراقبي حسابات اضافة الى تحقيق ارباحاً كبيرة نتيجة لارتفاع الاسهم في ظل الاندماج، وغالباً ما تنظم الشركات عابرة القوميات في اطار الشركات المساهمة وتعتبر شركة ميتسوبيشي (Mitsubishi) مثالاً على ذلك حيث بلغ حجم مبيعاتها 350 مليار دولار[4].

---

(1) د. محمود مرتضى، ظاهرة العولمة وتحديات المستقبل. الثوابت، العدد العاشر - يوليو - سبتمبر 1997 المؤتمر الشعبي العام / اليمن، ص15.

(2) د. اسماعيل صبري عبدالله الكوكبة: الرأسمالية العالمية ما بعد الامبريالية، مصدر سابق، ص14.

(3) جيرالد بولسبرغر وهارالد كليمنتا، الكذبات العشر للعولمة بدائل دكتاتورية السوق - مصدر سابق - ص28.

(4) جيرالد بولسبرغر وهارالد كليمنتا، الكذبات العشر للعولمة بدائل دكتاتورية السوق - مصدر سابق - ص30-31.

ان عملية الاندماج والتركز المتحققة في اوربا اتخذت شكل تدعيم وتقوية الشركات الاحتكارية داخل الدول الاوربية، ولم تسر في اتجاه اندماج رؤوس الاموال للشركات عابرة القارات القائدة بين مختلف الدول الرأسمالية المتقدمة. ذلك لان التغلب على المنافسة هو لتوسيع نطاق النشاط والعمليات والاستيلاء على قوة اضافية تتيح للشركة التي قامت بالاستيلاء والدمج - امكانية تغيير علاقات القوى غير المواتية لها عالمياً. كما ان التوسع في المجال الخارجي لشراء الفروع والوحدات الاجنبية المماثلة كما حصل لشراء شركة BMW مع شركة Rover لمنتجي السيارات الانكليز هو تجميع للقوى مع الشركة المنافسة المذكورة لتدعيم المركز ووضعها في مواجهة منافسين آخرين. اضافة الى ان محاولة الوصول الى تحقيق منافسة فعالة ومن ثم وقف او منع الاستمرار في المنافسة واحداث تشويه في السوق العالمية[1]. ان امتداد عملية الاندماج للشركات عابرة القوميات الاوربية هو لتمكنها من مواجهة الشركات الامريكية العملاقة التي حققت مواقع متقدمة في بعض القطاعات الاقتصادية الهادفة في العديد من الدول داخل السوق الاوربية المشتركة.

لقد تزايد تركيز راس المال عالمياً باندماج الشركات العملاقة عابرة القوميات مثلاً اندماج (كرايزلر ودفلر) و (هوكسن ورون - بولنك) واكسون وموبيل. وخلال المدة 1990-1997 فقد زادت عمليات الاندماج والتملك باكثر من الضعف اذا ارتفعت من (11300-24600) عملية وبلغت قيمة اصول الشركات عابرة القوميات (236) مليار في عام 1997 واصبحت الشركات تتفوق اقتصاديا على بعض الحكومات وقد ادت عمليات الدمج والتمليك الى التركيز للقوة الصناعية في الشركات العملاقة عابرة القوميات مما سيترتب على خطورة حدوث تآكل في المنافسة[2]. ويأتي سياق العولمة ليعطي هذه التطورات (الاندماج والتركز) بين الشركات دفعاً قوياً لان الفضاءات الاقتصادية الواسعة تعني المزيد من المنافسة بين الشركات ولتبقى قلة من الشركات عابرة القوميات العملاقة المنتصرة في هذا الصراع تتقاسم الاسواق فيما بينها فتعود اليها تركة الشركات الخاسرة في هذا السباق التنافسي. وتؤكد هذه الحقائق احكام الشركات عابرة القوميات طوقها على السوق العالمية وتفاعلها مع اليات التدخل والاختراق الاخرى (صندوق النقد الدولي ومنظمة التجارة العالمية). اذن ان ما تسعى اليه الشركات عابرة القوميات هو الانتقال من

---

[1] جيرالد بولسبرغ وهارالد كليمنتا، الكذبات العشر للعولمة بدائل دكتاتورية السوق - مصدر سابق - ص31-32.

[2] د. آمال شلاش، سياسات ووسائل الهيمنة والاحتكار قراءات لاليات الاختراق والتدخل الاقتصادي، مصدر سابق، ص135.

الاقتصاد الدولي الى الاقتصاد العالمي (الكوني) اقتصاد متميز معولم انتاجاً وتكنولوجيا وخدمياً وعالمياً.

خامساً- الحجم الكبير - يتمثل الحجم الكبير للشركات مقارنة ببقية الشركات للبلد الام التي يوجد فيه مركزها الرئيس فضلاً الى حجم مبيعاتها السنوية عند النظر اليها من زاوية الناتج المحلي والتي تبين قدرة اكبر من دول عديدة [1].

وتهيمن الشركات عابرة القومية على الاقتصاد العالمي لتكرس المنطلق الاساس الذي تستند عليه العولمة الاقتصادية من خلال تزايد دورها في الاقتصاد العالمي[2]. فهي الاداة الرئيسية في تدويل الانتاج وراس المال لما تتمتع به من قوة اقتصادية. وهذه القوة ناجمة عن قدرتها على تعبئة الموارد المالية والطبيعية والبشرية فضلاً على قدرتها على تطوير التكنولوجيا والكفاءات الانتاجية والادارية والتسويقية على مستوى العالم كله وتركيزها على انتاج وتطوير انماط معينة من المنتجات والخدمات من الصناعات ذات التكنولوجيا العالية كثيفة العلم فالشركات هي كيان اقتصادي جديد تسيطر على العالم من خلال فروعها وشركاتها المنتشرة في كل ارجاء المعمورة [3].

بالرغم من أن البيانات المتعلقة بعدد الشركات لا تعطي الا فكرة قليلة عن حجم الشركات الام ولكن في ذات الوقت يمكن أن تكون مؤشراً مفيداً لبيان انتشار هذه الشركات وزيادة عددها بالرغم من اندماج وتركز الشركات وتكشف البيانات الدولية لعام 1998 أن هناك (59000) شركة متعددة الجنسية لها فروعاً في الخارج (450000) تسيطر على الاقتصاد العالمي وتحتل امريكا الاولوية في السيطرة على هذه الشركات من بين الدول المتقدمة (اليابان، بريطانيا، فرنسا، ايطاليا) حيث تقتسم هذه الدول فيما بينها 172 شركة من اكبر 200 شركة وتسيطر امريكا على النسبة الاكبر من الـ 200 شركة كبرى - مما يدل على درجة المركزية الاقتصادية لها في ادارة الاقتصاد العالمي. وقد بلغت قيمة المبيعات التي حققتها هذه الشركات بـ (7000) مليار دولار عام 1998 زادت نسبتها من حصة الناتج الاجمالي العالمي حوالي 25% عام 1998 ويبلغ عدد الشركات الامريكية من بين الـ (200) شركة الاولى في العالم (80) شركة وقد حققت

---

(1) فرناندر فاجنزوليد، الشركات عابرة الوطنية والاعتماد الجماعي على الذات، والاعتماد الجماعي على الذات كاستراتيجية بديلة للتنمية. ترجمة احمد فؤاد بليع، القاهرة، 1985، ص125.

(2) راجع د.حميد الجميلي، اليات الهيمنة والاحتكار الجديدة: الاستراتيجيات والاهداف / الندوة الفكرية السياسية الدولية من اجل عالم عادل وتقدم داعم - مصدر سابق، ص105-107.

(3) برهان محمد نوري، آفاق التطورات الاقتصادية الدولية المعاصرة. العولمة وتحرير التجارة، مصدر سابق، ص150.

الشركات العشر الاولى من بين الـ (200) شركة ارباحاً تقدر بـ (34.8) مليار دولار سنوياً ويعادل تقريباً مجموع الـ 190 شركة المتبقية والتي بلغ ربحها السنوي 38.6 مليار دولار ويبين الجدول رقم (5) حجم مبيعات اكبر شركات العالم الصناعية.

جدول رقم (5)

يبين حجم مبيعات اكبر شركات العالم الصناعية حسب تسلسلها

ت	الشركة	الدولة	حجم التعامل مليار دولار	ما يعادل الناتج الاجمالي لدولة	النسبة % الى مجموع المبيعات	الدولة والشركة الام التابعى لها	ما حققته الشركات % من اجمالي المبيعات
1	جنرات موتورز	الولايات المتحدة الامريكية	164069	اندنوسيا	13.3	الولايات المتحدة الشركات حسب التسلسل 1،2،4،6،7	48.7
2	فورد	الولايات المتحدة الامريكية	146991	الدنمارك	11.9		
3	رويال دش/شل	هولندا / بريطانيا	139083	تايلاند	11.2		
4	اكسون	الولايات المتحدة الامريكية	134249	افريقيا الجنوبية	10.8	المانيا الشركات حسب التسلسل 11،12،13	15.7
5	موبيل اويل	بريطانيا	81503	اسرائيل/ البرتغال	6.6		
6	جنرال الكتريك	الولايات المتحدة الامريكية	79179	اليونان	6.4		
7	أي بي ام IBM	الولايات المتحدة الامريكية	75947	-	6.1	بريطانيا الشركات حسب التسلسل 5،8	12.7
8	بريتش بتروليوم BP	بريطانيا	75797	-	6.1		

ت	الشركة	الدولة	حجم التعامل مليار دولار	ما يعادل الناتج الاجمالي لدولة	النسبة % الى مجموع المبيعات	الدولة والشركة الام التابعى لها	ما حققته الشركات % من اجمالي المبيعات
9	هيتاشي	اليابان	70677	ماليزيا	5.7	اليابان الشركات حسب التسلسل 9،10	11.4
10	تويوتا موتورز	اليابان	70653	سنغافورة	5.7		
11	ديملربنز	المانيا	69310	الفلبين	5.6	هولندا / بريطانيا الشركات حسب التسلسل 3	11.2
12	فوكس واكن	المانيا	64409	كولومبيا	5.2		
13	سيمنس	المانيا	60586	فنزويلا	4.9		
	المجموع		1232453		100		100

المصدر / FAZ ملحق في 8 تموز 1997 فيشر تقديم عالمي.

المصدر نقلاً عن جيرالدبوكسبرغر وهارالد كليمنتا، الكذبات العشرة للعولمة بدائل دكتاتورية السوق، ص29

النسب المئوية من اعداد الباحثة.

وقد عملت هذه الشركات على تدمير الاقتصادات الاشتراكية في اوربا الشرقية اضافة الى تدميرها توجهات التصنيع في كثير من دول الجنوب وامريكا اللاتينية وتعمل على غزو الصين اذ جذبت القفزة الاقتصادية في الصين (1600) فرع من الشركات متعددة الجنسية.

ونتيجة موجات الخصخصة في دول العالم المتقدم والنامي فقد وجدت هذه الشركات حقلاً لنشاطها خاصة في مجالات الكهرباء والغاز والمناجم والسياحة والخطوط الجوية والخطوط الحديدية والاتصالات اللاسلكية والمصارف والتأمين ومن نتائج هذه الموجة فقد زاد توظيف

الـ 200 شركة الكبرى اربعة اضعاف في مجال الانتاج وثلاث اضعاف في التجارة العالمية للفترة من 1982-1992[1].

من تحليل الجدول رقم (5) الذي يظهر لنا حجم مبيعات الشركات الام (بالمليار) دولار يتضح لنا الاتي:

1- بلغ مجموع مبيعات شركات العالم الصناعية (1232453) مليار دولار وقد بلغت مبيعات شركات امريكا الـ 5 نسبة 48.7% من اجمالي المبيعات للشركات الـ 13 الكبرى في حين بلغ حجم مبيعات شركة فورد ما يعادل الناتج الاجمالي لدولة الدنمارك. واحتلت شركة جنرال موتورز المرتبة الاولبين الشركات العالمية الكبرى.

2- بلغ مجموع مبيعات الشركات الالمانية الثلاث (194305) مليار بنسبة 15.7% من اجمالي المبيعات للشركات الـ 13 الكبرى. وقد احتلت شركة "ديملر بنز" الاولوية بين الشركات الالمانية الثلاثة وقد بلغ حجم مبيعاتها (69310) مليار ما يعادل الناتج الاجمالي لدولة الفلبين.

3- بلغ مجموع مبيعات الشركات البريطانية (موبيل - اويل - وبريتش بتروليوم)(157300) بنسبة 12.7% من اجمالي المبيعات للشركات الـ 13 الكبرى. تليها اليابان حيث بلغت مجموع مبيعات شركتي هيتاشي وتويوتا موتورز (141330) مليار بنسبة 11.4% من اجمالي المبيعات للشركات الـ 13 الكبرى. وقد بلغت مبيعات شركة هيتاشي (70677) مليار دولار تعادل الناتج الاجمالي لدولة ماليزيا.

مما تقدم يتضح لنا هيمنة امريكا على الاقتصاد العالمي من خلال شركاتها المنتشرة في العالم.

سادساً- تحكم الشركات على الانتاج:

أن الشركات عابرة القومية تمارس عملها من خلال شبكة معقدة من الهياكل التنظيمية للمساهمة في عمليات الانتاج حسب تقسيمات حديثة العمل وبالنسبة لكل وظيفة من وظائف الشركة[2]. وفي هذا الاطار تقوم الشركة باختيار الظروف المناسبة لعملها، والاستفادة من تباين كل اقليم من قوة عمل وموارد اقتصادية ونظم قانونية وبذلك تتحدد ستراتيجية الشركة على مستوى السوق الدولية كلها وتقوم الشركة بتقسيم العمل على النطاق الكوني. فضلاً على استفادتها من النمط الرأسمالي القائم على التقسيم الدولي للعمل وبذلك يتنوع النشاط الاقتصادي الذي تقوم

---

(1) د. حميد الجميلي - اليات الهيمنة والاحتكار الجديدة االاستراتيجيات والاهداف بحث في من اجل عالم عادل وتقدم دائم، مصدر سابق، ص105-107.

(2) المصدر السابق نفسه، ص118.

به الشركة فضلاً على الربح الذي تحصل عليه كما أن المرونة الاقتصادية التي تتيحها طبيعتها الدولية هـي التـي تسـمح لهـا بتعظيم ارباحها من خلال استخدام ادوات جديدة مثل تحويل الاسعار والمـوارد والسـيطرة علـى نظـم النقـد والائتمـان والاستثمار العالمي[1]. أن النتائج المترتبة عن انشاء هذا النظام العالمـي المتكامـل للانتـاج سـيحقق للشركات أن تضع تحت ادارتها ما يقارب ثلث الانتاج العالمي للقطاع الخاص[2] لاعادة تنظيم السوق والمحافظة على جوهره والسيطرة المطلقة علـى معظم الانتاج العالمي وتسيطر المائة شركة من اكبر الشركات في العالم علـى 0.3% مـن معظـم الانتـاج العـالمي يعـود لهـا مـا يقارب 3/1 الرصيد التراكمي للاستثمار الاجنبي المباشر وتبلغ مبيعاتها 4/1 اجمالي مبيعات الشركات المتعددة الجنسية. وقد بلغت مساهمتها في صناعة الالكترونيات 80% من اجمالي المبيعات واحتلت 32 شركة امريكية على المرتبة الاولى بين (المائة) شركة. كما ويتسع نشاطها الى كافة فروع الانتاج والخدمات ويعمل فيها حوالي 73 مليون عامل ويقـدر أن كـل فرصـة عمـل تربط 2/1 فرصة عمل من خلال العقود من الباطن. كما حققت الشركات المائة زيادة انتاجية العمل تقدر 30% فهي بالرغم من نشاطها الخارجي تحتفظ بثقلها ودورها الاساس في موطنها الاصلي وتحقـق 70-75% مـن القيمـة المضافة الناشـئة عـن نشاط بلدانها[3].

سابعاً- السيطرة على الاسواق العالمية:

لقد بلغت قيمة مبيعات الفروع الاجنبية للشركات المائة الكبيرة (9.5) ترليـون دولار عـام 1997 وارتفعـت القيمـة المضافة الى 7% من الناتج المحلي الاجمالي العالمي لعام 1997 بعد أن كان 5% في منتصف الثمانينات. كما زادت حصتها مـن التجارة العالمية من 4/1 في الثمانينات الى 3/1 في عام 1995. وتصل حصة الشركات التي مقرها امريكا (2) ترليون دولار مـن الناتج المحلي الاجمالي امريكامن (7.3) ترليون دولار[4]. وعلى صعيد الاستثمار الاجنبي المباشر..

أن الحجم الكبير للشركات وامتداد نشاطها خارج الحدود يتطلب استثمارات ضخمة. وفـي مطلـع عـام 2000 هنـاك (60000) شركة عابرة القومية في العالم لها من الفروع ذات اهمية

---

[1] مايكل تانز وآخرون، من الاقتصاد القومي الى الاقتصاد الكوني: دور الشركات متعددة الجنسيات، مصدر سابق، ص49.

[2] د. حميد الجميلي - اليات الهيمنة والاحتكارات الجديدة الاستراتيجية والاهداف،بحث في من اجل عالم عادل وتقدم دائم، مصدر سابق، ص118

[3] د. آمال شلاش، سياسات ووسائل الهيمنة والاحتكار قراءة لاليات الاختراق والتدخل الاقتصادي، بحث في من اجل عالم عادل وتقدم دائم، مصدر سابق، ص134.

[4] المصدر السابق نفسه، ص134-135.

كبيرة في الخارج تصل الى (500000) وهذه الارقام قد لا تعكس عن عدد الشركات عابرة القومية لسببين - الاول صعوبة تطبيق المقاييس..

الثاني - لان بعض الشركات تمارس هيمنتها على الاصول الانتاجية الخارجية من خلال مجموعة من الترتيبات لا تتعلق بحقوق الملكية - مثل التعاقد في الباطن او منح الامتيازات او التراخيص او عن طريق تحالفات ستراتيجية واكثر من 90% من الشركات توجد مقراتها في الدول الرأسمالية حيث تسيطر هذه الشركات على الاتجاهات الدولية للاستثمار الاجنبي المباشر (الوافد والصادر) اذ تهيمن الدول المتقدمة على اكثر من ثلثي رصيد الاستثمار الاجنبي المباشر الوارد الى العالم وعلى 90% من رصيد الاستثمار الاجنبي المباشر الصادر من العالم[1]. اذ تعد الاستثمارات الخارجية فرصة كبيرة للقفز فوق القيود التجارية كالرسوم الكمركية وتقلبات اسعار الصرف. فالتغيرات الحادة في اسعار الصرف تعد من المخاطر بالنسبة للشركات. فالدول عادة تفرض رسوماً عالية على المنتجات المستوردة لتصل الى نتيجة اساسية أن السلع يجب أن تنتج محلياً - اذ يساعد ذلك على خلق فرص عمل داخل البلد[2]. وتعود هيمنة الشركات الى عولمة الانتاج وتكامل الاقتصاد الاوربي والاتجاه نحو تشكيل مناطق التجارة الحرة والفضاءات الاقتصادية والى تحرير الاجراءات المنظمة للاستثمار الاجنبي واجراءات تحرير الاستثمار المتعلق بالتجارة في اطار منظمة التجارة العالمية.

اضافة الى اتساع نطاق الاندماج والتملك بين الشركات ... والرغبة في مواصلة النمو الاقتصادي بين الدول الصناعية والسلع الرئيسية[3].

أن التوسع الدولي لانشطة الشركات يعني زيادة مثيرة في التفاعلات الاقتصادية على نطاق العالم، وتحولاً تصاعدياً تسيطر فيه الشركات في اطار ما يسمى باستراتيجية الشركات الهادفة الى تنظيم الانتاج على المستوى العالمي. وتحقيق ظاهرة العولمة الاقتصادية الرامية لازالة الحواجز والحدود الاقتصادية مقابل الانفتاح الاقتصادي وتعميق السيادة الاقتصادية العالمية والزام عالم الجنوب بالخضوع للتشريع العالمي.

---

[1] د. حميد الجميلي - اليات الهيمنة والاحتكار الجديدة - الاستراتيجيات والاهداف في من اجل عالم عادل وتقدم دائم - مصدر سابق، ص19.

[2] جيرالد بوكسبرغر وهارالد كليمنتا، الكذبات العشر للعولمة بدائل دكتاتورية السوق، مصدر سابق، ص122.

[3] د. حميد الجميلي - اليات الهيمنة والاحتكار الجديدة - الاستراتيجيات والاهداف في من اجل عالم عادل وتقدم دائم - مصدر سابق، ص119.

ثامناً- وعلى الصعيد المالي والتمويلي:

فالنتائج تؤشر ما افرزته قدرات الشركات عابرة القومية. اذ حولت السيولة الدولية من رسمية قومية الى خاصة دولية، والرساميل اصبحت من الضخامة بتدفقها وحركتها الدولية تنتج ذاتياً دون الارتباط بحجم المعاملات التجارية المتداولة بين الدولة، فحجم هذه التدفقات الرأسمالية تسري دون رقيب وقد بلغت من الحجم يفوق حجوم السلع المتبادلة في موازين المدفوعات فالنتائج كانت مزيداً من التضخم العالمي وارتفاع هياكل معدلات الفوائد والمضاربة في الاسواق المالية وظهور الاختلالات فيها [1] فالشركات تتداول كل عام اموالاً تقدر باكثر من اجمالي حركة المدفوعات الدولية وتتجاوز احتياطياتها كل ما تملكه مصادر الثروة في الخارج من النقد الاجنبي[2] اذن فالنواة الصلبة التي تتركز عليها الاممية المالية تتمثل في الشركات العابرة الحدود فالقوة المالية لشركة من الشركات المشار اليها في الجدول (5) مثلاً يفوق رقم معاملات جنرال موتورز الدخل الوطني لاندنوسيا ويفوق رقم معاملات شركة فورد الدخل الوطني للدانمارك ويفوق رقم معاملات شركة تيوتا الدخل الوطني لسنغافورا.. ويشمل نشاطها كل الميادين الاقتصادية والمالية وليس غريباً أن يتحول قادة بعض الدول الى تابعين في بلاط اممية رأس المال[3].

وبعد أن اخذت العولمة الاقتصادية وآلياتها تبسط ذراعيها على عناصر الاقتصاد العالمي عبر الشركات عابرة القارات التي لا يخضع نشاطها للرقابة الحدودية التقليدية وتدير كل عملياتها الانتاجية بعيداً عن الدول[4] بعد أن حازت على ثلث التوظيفات المنتجة على المستوى الكوني وهذه هي القوة الدافعة للعولمة[5].

ومنذ عام 1995 يتم التفاوض بقيادة ادارة العمل في منظمة التعاون الاقتصادي (OECD) لحماية الاستثمارات الاجنبية في اطار الاتفاقية المتعددة الاطراف حول الاستثمارات MAI والاتفاقية تلزم الحكومات بحماية الاستثمارات الاجنبية [6] وفي كل حقل من الحقول هناك

---

(1) د.باسل البستاني - تطورات حيوية على صعيد الاقتصاد الدولي، بحث في ندوة النظام الدولي الجديد آراء ومواقف، مصدر سابق، ص250.

(2) أ.ديمتروريف، دامبراطورية الاحتكارات متعددة الجنسية، تأثيرات الشركات متعددة الجنسية على التنمية الاقتصادية، النفط والتنمية، السنة السادسة 1980، العدد 1، ص 75.

(3) راجع عبدالحبيب الجنحاني - ظاهرة العولمة - الواقع والافاق - عالم الفكر، مصدر سابق، س 28.

(4) د.عبدالخالق عبدالله، العولمة جذورها وفروعها وكيفية التعامل معها،عالم الفكر-مصدر سابق، ص55.

(5) جيرالد بولسبرغر وهارالد كليمنتا، الكذبات العشرة للعولمة بدائل دكتاتورية السوق - مصدر سابق، ص124.

(6) للتعرف على مضمون الاتفاقية، راجع للمزيد، المصدر اعلاه، ص70-72.

مجموعة من الشركات التي تهيمن على السوق العالمية اذ تسيطر 5 أكبر شركات في مجال السلع الاستهلاكية على حوالي 70% من السوق العالمية. كما أن ما يزيد على 50% من السوق العالمية في حقل صناعة السيارات وخطوط الطيران والفضاء والاليكترونيات والحديد والصلب تقع في قبضة 5 شركات متعولمة كبرى.

اما في مجال الاعلام فان خمس عشر من الشركات ايضاً تستحوذ على 40% من مجموع المبيعات في الصناعة الاعلامية [1]، وبالنظر الى الارباح الكبيرة التي يؤمنها قطاع الاتصالات المعلوماتي الترفيهي فقد وجهت الشركات عابرة القومية استثماراتها الى هذا القطاع، كما شجعت تكنولوجيا البث الفضائي عبر الاقمار الصناعية العديد من شركات الاتصال المعلوماتي الترفيهي للعمل عبر الحدود وتنويع انشطتها، وقد تم دمج شركات الاعلام والاتصال في امريكا، وفي مطلع التسعينات كانت سبع عشرة شركة اعلام ضخمة تحصل على نصف اجمالي العائدات من كل وسائل الاعلام[2] بما فيها التسجيلات الصوتية والكيبل والفليديو كاسيت [3] مما يعني أن النظام الاعلامي يتحول من الدول كأطرات فاعله بشكل رئيس الى الشركات الاعلامية المتعددة الجنسية، اذن أن تراجع دور الدولة عموماً ودورها الاعلامي خصوصاً هو لصالح دور ومكانة الشركات المتعددة الجنسيات أي أن عولمة الاعلام تؤكد دخول الشركات بقوة كفاعل في النظام الاعلامي العالمي ويثير هذا مخاوف وتحديات مستقبلية تتعلق بمدى استقلالية النظام الاعلامي العربي، وتطوير ادواته ليتماشى مع تحديات عولمة الاعلام مما يتطلب تطوير ومراجعة الكثير من التشريعات والنظم المعمول بها في بعض الاقطار العربية واتخاذ اجراءات وتدابير لدعم المضامين الاعلامية والترفيهية المنتجة في الاقطار العربية.

لقد اكدت لنا المؤشرات تعاظم دور الشركات واتساعه مما يعني أن الاقتصاد العالمي ستتم ادارته من قبل عدد محدود من الشركات العملاقة وستوفر كل اسباب الحماية لهذه الشركات من قبل المنظومة الرأسمالية التي وفرت للمنظمات الدولية (صندوق النقد الدولي والبنك الدولي ومنظمة التجارة العالمية والوكالات المتخصصة) لتكون منفصلة عن الامم بشكلها الحالي. ولن يبقى في هذه الحال وجود للحدود الاقتصادية والحواجز الكمركية وتهميش اقتصادات مجتمعات

---

[1] عبدالحق يحيى زلوم-نذر العولمة هل بوسع العالم أن يقول لا للرأسمالية المعلوماتية، مصدر سابق، ص353.

[2] راجع للمزيد د.محمد شومان - عولمة الاعلام ومستقبل النظام الاعلامي العربي، مجلة عالم الفكر، مصدر سابق، ص 164-168.

[3] د. محمد شومان-عولمة الاعلام ومستقبل النظام الاعلامي العربي، مجلة عالم الفكر، مصدر سابق، ص164.

دول الجنوب ومحاصرتها من خلال سيطرة هذه الشركات وتعاظم دورها وسيتم انتقال سلطة القرار الاقتصادي العالمي الى الشركات واتاحة الفرص امام الاستثمارات الاجنبية والاحتكارات التي ستكون العنصر- الرئيس في المسرح الاقتصادي العالمي لعولمة العالم.

أن اتجاهات المستقبل يقتضي التوقف عند تناقضات هذا الوضع فالتعاون مع الشركات عابرة القوميات تثير اشكالية التبعية بكل ابعادها ومطلوب وضع تصور جنوبي عربي. وتفعيل الهياكل التمويلية لوضع ضمانات عدم هيمنة الشركات المتعددة الجنسية مما يقتضي بالضرورة مراجعة التشريعات والنظم المعمول بها في بعض الدول العربية لتطوير وتشجيع الاستثمار العربي.

2- الشركات عابرة القومية وتنشيط العولمة.. واتجاهات المستقبل:

ما سبق أكد لنا أن العنصر والمحرك الاساس في مجال اعادة بناء الكرة الارضية هي الشركات عابرة القارات، التي تمارس دورها الكامل في تحقيق العولمة من خلال نظام الشركات، الذي يمثل ماكنة النظام الرأسمالي.

فالشركات هي المستفيد الرئيس من العولمة والمتمتع بخيراتها لسيطرتها على الانتاج العالمي للبضائع، انتاج مصادر الطاقة وسوق التكنيك الجديد. وسيطرتها على الاسواق المالية وسيولة الاموال والاستثمار [1] فالشركات تعيد تنظيم السوق لكنها تحافظ على جوهره منطلقة من أن العالم كله مساحتها لممارسة نشاطها الاقتصادي متجاوزة القيود والحدود - اصبحت تغير المسرح الاقتصادي بطريقة جوهرية باندفاعها الواسع نحو تحرير التجارة واسواق رأس المال وزيادة الانتاج والتوزيع والتغيير التقني الذي يزيل الحواجز التي تعترض امكانيات التجارة الدولية والسلع والخدمات ورؤوس الاموال وكانت خطوات الاندماج والتركيز واسعة وضاغطة على صانعي السياسة والاتجاه باستمرار لفتح الاسواق سواء في البلدان المتقدمة ام في دول الجنوب [2] وزيادة الاعتماد المتبادل داخلياً وخارجياً بين الشركات والسوق الدولية ومعاملات التصدير والاستيراد من والى تلك الاسواق وزيادة استقطاب المشروعات المستقبلية الابتكارية ليس من اجل الاسواق المحلية بل للاسواق العالمية بشكل رئيس واساسي وزيادة انفتاح المشروعات على الاسواق العالمية سواء في الحصول على مستلزمات الانتاج او التصدير وامتداد ذلك في الحصول على الكوادر البشرية ورؤوس الاموال وحقوق المعرفة والتقنيات في اسواق العالم المختلفة.

[1] محسن احمد الخضيري، مقدمة في فكر واقتصاد وادارة عصر اللادولة، مصدر سابق، ص 78.

[2] حميد الجميلي، استشراف مستقبل الاقتصاد العربي في ظل المتغيرات الدولية، حلقة نقاشية، بيت الحكمة، سلسلة المائدة الحرة، تموز 1997، ص88.

ويكفي أن نشير بهذا الصدد - أن مبيعات الشركات في فروعها الهائلة تفوق حالياً مجموع الصادرات العالمية، وقد اصبح معتاداً ومألوفاً أن يعمل في الشركة عمال من مختلف الجنسيات والثقافة ومختلف الاصول العرقية والجنس والدين واللغة ضمن عمل جماعي متكامل [1]. بعد أن اتجهت نحو تدويل الاقتصاد وتدويل رأس المال وقوة العمل والانتاج وتدويل انماط الاستهلاك وتدويل الثقافة ذاتها [2]. وتكوين التكتلات الاقليمية الاقتصادية وتضيق الحدود والقيود بتطبيق اهداف منظمة التجارة العالمية وحتى التخصيصية التي طبقتها الدول المتقدمة اولاً ثم اخذتها دول الجنوب، وزيادة الاندماج والتمركز في العالم كل ذلك [3] يمثل استجابة ضرورية وجوهرية لنشاط الشركات ولتثبيت أن العولمة حقيقة وواقع فعلي قائم في الحاضر وانها تتجه الى الازدياد في المستقبل تقوده وترسم خطوطه العامة الشركات عابرة القومية.

أن اعطاء دور متزايد للشركات عابرة القومية في ادارة شؤون العولمة يعود لقدرة الشركات للتأثير على الاداء والرخاء الاقتصادي لكافة دول العالم المختلفة فقد حل استعمار الشركات المتعولمة محل الاستعمار القديم المباشر دون اللجوء الى الاحتلال العسكري وذلك باتباع عمليات في غاية الذكاء ولكنها اكثر مكراً وغدراً. وقد سهلت المصادر التي اتاحها عصر المعلومات لجعل هذا الشكل الجديد من الاستعمار ممكناً مع وجود الشركات التي عهد لها امتصاص ثروات الشعوب، كما أن المتطلبات الاساسية لحسن اداء هذه الشركات لمهامها في هذا النظام الاستعماري الجديد من خلال الشركات التي يجري فرضها بالقوة في كافة انحاء العالم تحت غطاء العولمة حيث تعتمد العولمة على:

- التجارة الحرة تمكن الشركات المتعولمة ضمان اسواق عالمية مما يجعل الفرص غير متكافئة للشركات الوطنية.

- الوصول الحر للمواد الخام للشعوب الاخرى مهما كانت كمياتها او ثمن الحصول عليها تحددها الشركات حسب ما تراه مناسباً وكافياً لها لا للدول المنتجة مثلاً (التراجع في اسعار النفط على نحو دراماتيكي الى ما دون مستويات الاسعار عام 1973 (حسب الاسعار الثابته) الا واحداً من الامثلة الحية الحديثه على هذه السياسة.

---

[1] د. محسن احمد الخضيري، العولمة مقدمة في فكر واقتصاد وادارة عصر اللادولة، مصدر سابق، ص 78-80.

[2] د. احمد مجدي حجازي، العولمة وتهميش الثقافة الوطنية، رؤية نقدية من العالم الثالث، مجلة عالم الفكر، مصدر سابق، ص 131.

[3] د. حميد الجميلي، استشراف مستقبل الاقتصاد العربي في ظل المتغيرات الدولية، مصدر سابق، ص89-90.

اطلاق يد المؤسسات المالية المتعولمة للمضاربة او الاستثمار في اقتصاديات الشعوب الانتاجية وان تكون لديها حرية الحركة من حيث تحويلات الاموال لتتمكن من تنفيذ عملياتها. وتعتبر العولمة هي الوسيلة القادرة على تحقيق هذه الاهداف.

اطلاق يد الشركات المالية (المؤسسات المالية) المتعولمة للمضاربة في اقتصاديات الشعوب الانتاجية وان تكون لديها الحركة لتحويل الاموال بما يمكنها من تنفيذ عملياتها[1].

وكشفت النتائج حسب ما نشرته في محلة بيزنس ويك في 1994/9/12 أن الظلمة والكآبة تسود انحاء العالم الصناعي - فقد باتت اليابان مهددة ومشلولة وبلغت البطالة 11% في القارة الاوربية وما زالت الشركات تخفض ما تدفعه من رواتب في الاقتصاد الامريكي النشط نسبياً وكوريا صاحبة اعظم اقتصاديات في العالم والتي تحتل المرتبة الحادية عشر بين اقتصادات العالم. قد سلمت قيادة وزمام اقتصادها الى صندوق النقد الدولي واصحاب الرساميل.

ودول جنوب شرق آسيا. تعاني الان من المشكلات المتزايدة بفضل الاموال التي احضرها المضاربون العالميون.

وفي روسيا تواصل رأسمالية المافيا ايجاد طبقة 1% التي تقوم باختلاس الموجودات العامة تحت مسميات وألاعيب مختلفة. وبالرغم من ازدهار الاقتصاد الامريكي الذي لم يكن مزدهراً في اية حقبة من حقبه. كما هو الان فان الشعب الامريكي ما زال يعاني القلق وعدم الاحساس بالسعادة[2].

ومع بداية عام 2000 اصدر البنك الدولي تقريراً حذر فيه من اثر تدهور الوضع الاقتصادي لدول الجنوب لتزايد معدلات الفقر وانحدار مستويات المعيشة للطيفات المتوسطة. وتوقع بروز حيل من الفقراء الجدد في دول جنوب شرق آسيا التي لم تشف بعد من الازمة المالية الحادة التي تعرضت لها عام 1998 واجبرتها على اتباع سياسة تقشفية حادة الحقت ضرراً بالغاً في قدرتها على انجاز اهدافها والقضاء على الفقر. وبين التقرير توضيح الانعكاسات السلبية للعولمة ونتائجها السلبية على دول العالم الاكثر فقراً[3].

ما تقدم يوضح لنا الآثار السلبية لنتائج العولمة التي تقودها الشركات عابرة القارات خلال حقبة التسعينات التي اتسمت بفترة التمرير الهادئة لآليات وادوات العولمة الجديدة والمستقبل يكشف مخاطر اكثر حدة على العالم جراء العولمة والامركة.

---

[1] عبدالحق يحيى زلوم - نذر العولمة، مصدر سابق، ص 354.

[2] المصدر السابق نفسه، ص 355.

[3] راجع ثناء فؤاد عبدالله، قضايا العولمة بين القبول والرفض، مصدر سابق، ص 91.

الفصل الرابع

العولمة وآلية تحرير التجارة الدولية

مقدمة:

لقد هيأت الظروف والمتغيرات الدولية وظروف الانتاج لظهور سياسات التحررية الاقتصادية وتطبيق هذه السياسات في اقامة نظام اقتصادي جديد ومؤسساته منها الاتفاقية العامة للتعريفات والتجارة التي تشكلت عام 1947 ونظمت الامانة العامة للجات عدة جولات من المفاوضات بين الدول الاعضاء للعمل على تخفيض التعريفات الكمركية وتسهيل عمليات التبادل التجاري بالسلع واختلفت هذه الجولات في طولها الزمني والموضوعات الرئيسية التي عالجتها وبلغ عدد الجولات ثماني بدأت بجولة جنيف 1947 وانتهت بجولة اورغواي التي بدأت عام 1987 واختتمت في عام 1993 وتحولت الاتفاقية الى منظمة التجارة العالمية. وقد تم الاعلان عن ذلك في مراكش في 15 نيسان 1994 حيث تم الاعلان عن انتهاء لجولة اورغواي وقيام منظمة التجارة العالمية بعد 46 عاماً والبدء بتطبيقها في كانون الثاني 1995.

وقد استهدفت الجولات متعددة الاطراف تحرير التجارة العالمية من الرسوم الكمركية والقيود، وتعد منظمة التجارة العالمية المرجعية الوحيدة التي تحكم قواعد واجراءات تحرير التجارة الدولية اذ تم انشاؤها كمنظمة دولية تتمتع بالشخصية الاعتبارية للمنظمات الدولية اسوة بصندوق النقد الدولي والبنك الدولي. وانيط لمنظمة التجارة العالمية الاشراف على تنفيذ كافة الاتفاقيات والبروتوكولات والقرارات المتعلقة بشؤون التجارة الدولية التي صدرت من خلال الجات منذ عام 1947 والتي بلغ عددها 28 اتفاقية وبروتوكول وقرار وزاري حتى يطلق على المنظمة الجديدة الجات واخواتها فما تهدف اليه المنظمة هو تحرير التجارة العالمية اعتماداً على المبادئ الاساسية لمنظمة الجات 1947 وتنظيم المفاوضات الدولية كما تختص بفض المنازعات، لتحرير التجارة العالمية ووضع الترتيبات اللازمة لتوسيع التبادل التجاري للسلع والخدمات وادارة ومراقبة السياسات التجارية للدول الاعضاء وعقد الاتفاقيات الجديدة اذا اقتضى الامر والتعاون مع صندوق النقد الدولي والبنك الدولي لتحقيق التنسيق الفاعل في وضع السياسات الاقتصادية للنظام الاقتصادي العالمي الجديد (العولمة).

ويعتبر قيام منظمة التجارة العالمية من اهم احداث عصر ما بعد الحرب الباردة ومن ابرز الاليات لتحقيق العولمة الاقتصادية وقد وصف رئيس الادارة الامريكية كلنتون انشاء هذه المنظمة (بانه خطوة ستعزز وضع امريكا في زعامة العالم وارساء اسس النظام العالمي الجديد). لقد

عملت قوى العولمة على فرض جدار من الحماية المدمرة لتطويق دول الجنوب واعادتها الى ما كانت عليه مصدرة للمواد الاولية واسواقاً لتصريف منتجاتها. وقد اتاحت المادة (24) من اتفاقية الجات 1947 واستمرت اتفاقية الجات 1994 باعتماد المادة 24 مع تعزيزها بمذكرة التفاهم الخاصة بتفسير المادة 24 من الاتفاقية العامة للتعريفات والتجارة حيث تضمنت تعريفاً اكثر دقة للمتعلق منها بهذه الترتيبات الاقليمية مؤكدة اهمية أن تكون الاتفاقيات التي تنشئ الاتحادات الكمركية أو مناطق التجارة الحرة منسجمة مع المادة (24) اذ ستسهم هذه التكتلات الى تعزيز النظام التجاري الدولي وتحريره من خلال تطبيق مبدأ الدولة الاولى بالرعاية بين هذه التكتلات وتعميم الافضليات الممنوحة لاعضاء التكتل على اساس اعضاء المنظمة التجارة العالمية – هذا من ناحية اما الهدف الاساس من تعزيز هذه المادة في اتفاقية الجات 1995 لاعادة ترتيب العالم على اساس تكون فضاءات اقتصادية قارية بما يسهل قيادة العالم لخلق سلطة فوق القومية – سلطة اقتصادية كونية بزعامة امريكا لقيادة العالم وتجسيداً لما اقرته باعتبار أن القرن الحادي والعشرين هو القرن الامريكي. واستناداً لما تقدم يبحث الفصل ذلك عبر مبحثين

المبحث الاول: تحرير التجارة الدولية واحكام السيطرة على الملكية الفكرية.

المبحث الثاني: اعادة ترتيب العالم على اساس التكتلات الاقتصادية وخلق سلطات فوق القومية.

المبحث الاول

تحرير التجارة الدولية

واحكام السيطرة على الملكية الفكرية

مقدمة:

مع قيام منظمة التجارة العالمية تغيرت ملامح الاقتصاد العالمي من خلال ربط وتشابك العلاقات والمصالح التجارية بين عدد من البلدان. كما اكتملت مؤسسات النظام الاقتصادي العالمي الجديد الذي يتسم بهيمنة النظام الرأسمالي بمبادئة وآلياته. وتسعى الدول المنتمية الى المنظمة الاستفادة من تحرير التجارة وحركة رؤوس الاموال الدولية وتضم المنظمة 144 دولة حتى عام 2002 وقد سبق اعلان قيام المنظمة عقد ثمان جولات للتفاوض اكدت على التناقضات القائمة بين الدول الصناعية الكبرى للبحث عن اسواق لتصريف السلع والخدمات التي تنتجها. اما دول الجنوب فانها تسعى لحماية اقتصاداتها من المنافسة الحادة ورفد خزينتها بعائدات الضرائب والرسوم الكمركية على السلع الواردة واعتبار المنظمة جهازاً جديداً لتمرير سياسات القوى العظمى المهيمنة كرست المنظمة حدة العلاقة غير المتكافئة بين الدول المتقدمة صناعياً حيث تنتج الدول المتقدمة (امريكا واليابان واوربا) النسبة الكبيرة من الصادرات العالمية من المواد والسلع المصنعة. في حين تعاني دول الجنوب من مشاكل الفقر والمديونية الخارجية والبطالة. ما تدعو له منظمة التجارة العالمية يتوافق مع العولمة واهدافها في هيمنة النظام الرأسمالي بمبادئه وقواعده على الاقتصاد العالمي. وبقيام منظمة التجارة العالمية تكامل المثلث الذي تشكل اضلاعه مؤسسات النظام الاقتصادي العالمي (صندوق النقد IFM والبنك الدولي WB ومنظمة التجارة العالمية) وتتولى المنظمة ادارة كل الاتفاقيات.

ان التحديات الحقيقية التي تواجه دول الجنوب هو ان آثار النظام الجديد للتجارة العالمية لن يكون محصوراً على الدول الاعضاء في المنظمة بل سيشمل جميع بلدان العالم وستبقى دول الجنوب تحت رحمة الدول الصناعية المتقدمة وشركاتها عابرة القوميات التي ستحتكر كل شيء ووفقاً لذلك سيتناول المبحث من خلال تحرير التجارة الدولية واحكام السيطرة على الملكية الفكرية من خلال المطاليب الاربعة التالي:

المطلب الاول: الاتفاقية العامة للتعريفات الكمركية والتجارة - الجات ومراحل التطور.

المطلب الثاني: منظمة التجارة العالمية.

المطلب الثالث: آثار تطبيق النظام الجديد للتجارة العالمية في الاقتصاد العربي.

المطلب الرابع: احكام السيطرة على الملكية الفكرية.

المطلب الاول

الاتفاقية العامة للتعريفات الكمركية

والتجارة الجات ومراحل التطور

The General Agreement for Tarrifs and Trade

لعبت التجارة الدولية دوراً رئيسياً في تحريك احداث التاريخ الاقتصادي والمسلمة الاساسية جوهرها ان خط السير الطبيعي للتاريخ الاقتصادي للعالم هو الاتجاه نحو تطوير وتوسيع نطاق التبادل التجاري الدولي فالاستنتاج الجوهري بهذا الصدد هو انتعاش التجارة الدولية وازدهارها يصلح لان يكون وفي أي حقبه من الحقب مؤشراً على حيوية ونمو واستقرار الاقتصادي العالمي وبالعكس.

وقد اهتمت الدول والحكومات بالتجارة الحرة وتحريرها من كافة القيود التي تعترضها عبر اسواق الدول المختلفة مع حمايتها وقد بذلت جهود كبيرة من قبل الاقتصاديين وغيرهم لتحقيق ذلك حسب الظروف الاقتصادية والسياسية التي مرت بها تلك الدول وبموجب النظرية الاقتصادية ذلك لان أي اقتصاد مهماً بلغت قوته وامكاناته لا يمكنه ان يؤمن لبلاده ما يحتاجه من السلع والخدمات حيث تبقى الحاجة ماسة لتوفير ما ينقصه من سلع وخدمات عبر قناة الاستيراد. كما تفرض عليه مسألة اختلاف التكاليف على اساس اختلاف المزايا النسبية من بلد لاخر ويقوم بتصدير فائض الانتاج المتولد داخله عبر نشاط التصدير والجذور الاولى التي تعبر عن قيام التجارة الدولية تعود بالاصل الى ما يعرف بالمشكلة الاقتصادية وخلاصتها المحدودية والندرة النسبية للموارد الاقتصادية من ناحية واستخدامات هذه الموارد لاشباع الحاجات الانسانية المتنامية من ناحية ثانية لذلك نهجت الدول اسلوب انتاج اقصى مايمكن انتاجه من السلع والخدمات وباقل قدر من التكاليف ومشكلة الندرة النسبية. وفي ظل انقسام العالم الى دول متعددة تعاني منها كل دول العالم وبدرجات متفاوته من هنا كان النزوع المتنامي الى التخصص في الانتاج في ظل الميزة النسبية لكل بلد من البلدان فهو الطريق الامثل لزيادة مستوى الفن الانتاجي والاتقان ومن ثم تخفيض التكاليف على اساس قاعده تعظيم الكميات المنتجة من السلع والخدمات (وفورات الحجم) مع التخفيض المستمر للموارد المستخدمة في الانتاج. وهذا التخصص في ظل الحاجات المتعددة والمتنوعة لايمكن الوصول اليه الا في ظل حرية التجارة بين الدول.

اذن فالعلاقة عضوية بين التخصص الكفوء لاستخدام الموارد المتاحة وبين حرية التجارة فحرية التجارة تخلق الشروط الملائمة لتتخصص كل دولة في انتاج السلع والخدمات التي تمتلك

الميزة النسبية في انتاجه عند حصوله سيدفع بعملية التخصص داخل كل بلد على حده وبتقسيم العمل بين دول العالم المختلفة الى المستوى الامثل.

فالسعي لتحقيق هدف تحرير التجارة الدولية لم يكن عبر مراحل التاريخ الاقتصادي امراً سهلاً. فقد شهد العالم مجموعة من الصراعات العنيفة الظاهر منها والمستتر نتيجة خدمة المصالح التجارية لدولة ما او مجموعة الدول على حساب المصالح التجارية لدولة او مجموعة من الدول.

وقد شهدت فترة ما بين الحربين العالميتين الاولى والثانية اضطراباً شديداً في العلاقات الاقتصادية الدولية وبروز متغيرات جوهرية في علاقات القوى الاقتصادية على الساحة الدولية من ابرزها سيطرة امريكا على العالم الرأسمالي باعتبارها القوة الاقتصادية والعسكرية الاولى في العالم واتخذت زمام المبادرة لتحديد اتجاهات وصياغة ملامح النظام الاقتصادي العالمي مرحلة ما بعد الحرب العالمية الثانية.

وقد كان ذلك ايذاناً ببدء المفاوضات الدولية المتعددة الاطراف بهدف الوصول الى التنظيمات الرأسمالية الدولية لتحقيق التعاون الدولي لنشر المعاملات المالية والتجارية والنقدية والاستقرار للفكر والنظام الرأسمالي العالمي من ناحية واعادة اعمار ما دمرته الحرب والاتجاه نحو تحقيق التقدم في التعاون الدولي في تلك المجالات من ناحية ثانية بحيث لا تترتب على الاجراءات التي تتخذها دولة ما الاضرار بمصالح الدول الاخرى مما يتطلب اهمية التوصل الى اتفاقات دولية في المجالات المالية والنقدية والتجارية بهدف تحقيق المصالح المشتركة للدول كافة. اجرت امريكا وحليفاتها الدول الاوربية مباحثات اولية حول ايجاد اليه لتنظيم التجارة استضافت امريكا في تموز عام 1944 ممثلون من 44 دولة في مدينة بريتون وودز بولايه نيوهاميشير اهم واشهر مؤتمر اقتصادي دولي في القرن العشرين لرسم المستقبل الاقتصادي للعالم مازالت بصماته شاخصة الى يومنا هذا لخطورة القرارات التي اتخذها المؤتمر[1]. فقد وضع هاري وايت (Harry D. White) وكيل وزارة المالية، في امريكا لهذا اللقاء خطه عرفت باسمه (خطة وايت) فقد تضمنت الخطة التي عرفت بأسم نظام بريتون وودز على:

أولاً: تنظيم قيمة العملات في العالم يجعل الدولار الامريكي عملة عالمية.

ثانياً: انشاء صندوق النقد الدولي والبنك الدولي.

---

[1] د. عبد الواحد العفوري، العولمة وابحاث التحديات والفرص - مكتبة مدبولي،ط1، القاهرة، 2000، ص26-28.

ثالثاً: انشاء المنظمة الدولية للتجارة (ITO) كوكالة تابعة للامم المتحدة وهي في طور التأسيس[1]. استثمرت امريكا فرصة عقد دورة المجلس الاجتماعي والاقتصادي للامم المتحدة في جنيف عام 1946 لتنتزع توصية بدعوة العالم على انشاء نظام دولي للتجارة يختص بتنظيم التجارة الدولية، ودخلت امريكا بمفاوضات عقدت في جنيف مع خمس عشرة دولة. بهدف تخفيض الرسوم الكمركية وازالة الحواجز الاخرى التي تعيق تدفق السلع الامريكية وتبادلها مع هذه الدول. وقد تمخضت المفاوضات توقيع عدد من الاتفاقيات الثنائية بلغ عددها 122 اتفاقية تم فعلاً في جنيف في 30 تشرين الاول / لاكتوبر عام 1947 موافقة ممثلوا 23 دولة على جميع الاتفاقيات الثنائية في اطار اتفاقية عامة تطبق على الدول المشاركة فيها وقد دعيت بالاتفاقية العامة للتعريفات والتجارة GATT دخلت مرحلة التطبيق في كانون الثاني / يناير عام 1948، كرس الاتفاق في مؤتمر التجارة والعمالة في هافانا / كوبا في تشرين الثاني / نوفمبر بحضور 23 دولة لمناقشة الشؤون الاقتصادية والتجارة الدولية وبعد نقاش استمر 4 اشهر صدر عن المؤتمر ميثاق هافانا في 24 اذار/ مارس 1948 مطالباً بانشاء منظمة التجارة الدولية ITO كالية ثانية تتخصص بتنظيم التجارة الدولية ورفع القيود التي تعيق حرية التجارة بين دول العالم كافه. فتقدمت الادارة الامريكية بمسودة مشروع لتأسيس منظمة التجارة الدولية. غير أن محاولتها فشلت لعدم مصادقة الكونكرس الامريكي عليها[2]. تحت ذريعة. أن انشاء هذه المنظمة بهذه الصورة سيؤدي الى مصادره قرارته بخصوص التجارة الخارجية التي هي من اختصاصه والى الانتقاص منها - غير أن الحقيقة عكس ذلك. فاعتراض الكونكرس هو على صيغة التصويت التي نص عليها بيان التأسيس للمنظمة الذي نص على منح كل الدول الأعضاء صوت واحد فقط في حين كانت رغبة امريكا اخذ الثقل الاقتصادي للدولة العضو بنظر الاعتبار عند احتساب الوزن النسبي للاصوات [3] كما هو الحال في صندوق النقد الدولي حيث تملك امريكا 25% من راسمال الصندوق وبالتالي لها 23% من اجمالي الاصوات في مجلس ادارة الصندوق. فهو الذي يحقق مصالحها الاقتصادية والسياسية وهذا امر بديهي لانها هي التي اوجدته ولعدم موافقة الكونكرس الامريكي على انشاء المنظمة المقترحة فقد اكتفى المجتمع الدولي باتفاقية الجات كجهاز مؤقت للاشراف على التجارة الدولية[4].

---

(1) **ملف منظمة التجارة العالمية Kobayat**

http/www.angelfire Com/ar2/ed win 161/j- abdllal mondialisation/ mond2 / ocm3. Htm. 12/05/2002. P.1.

(2) **د. عبد الواحد العفوري - العولمة وابحاث التحديات والفرص، مصدر سابق، ص28.**

(3) **ابراهيم العيسوي، الجات واخواتها، مصدر سابق، ص60.**

(4) **د.عدنان شوكت شومان، منظمة التجارة العالمية والتحررية الاقتصادية في الوطن العربي، بحوث المؤتمر العلمي الثالث عشر- لاتحاد الاقتصاديين العرب، المغرب، ص13.**

- راجع للمزيد – محسن هلال، الاتفاقيات التجارية، ندوة القدرة التنافسية للمؤسسات الاقتصادية العربية، المستقبل العربي، العدد 254، نيسان، 2000.

أولاً: اهداف الجات:

اختارت الجات اهدافاً عامة تضمنت كما وضعها مؤسسوها مزايا والتزامات تبادلية في اطار سياسات التجارة الخارجية للاطراف المتعاقدة بهدف الوصول اليها وهي:

1- تحرير التجارة الدولية وتنظيمها، بازالة الحواجز التجارية الكمركية والقيود التي تعيق التبادل التجاري الحر والتي تضعها الدول امام حركة السلع عبر الحدود الدولية.

2- سهولة الوصول الى الاسواق وضمان مناخ دولي ملائم للمنافسة الدولية لتوسيع التجارة الدولية.

3- تشجيع حركة الانتاج ورؤوس الاموال وما ترتبط بها من زيادة في الاستثمارات العالمية وتنشيط التبادل التجاري بين الاطراف المتعاقدة.

4- الاستخدام الامثل للموارد الاقتصادية العالمية والتوسع في الانتاج والمبادلات التجارية السلعية[1].

5- العمل على رفع مستوى المعيشه في الدول المتعاقدة والسعي نحو تحقيق مستويات التوظف الكامل فيها ورفع مستويات الدخل الحقيقي وتنشيط الطلب الفعال بالاطراف المتعاقدة.

6- اعتماد المفاوضات كاساس لحل المنازعات والخلافات التجارية وتحت رعاية ادارة الكات[2].

أن الهدف الرئيس تحرير التجارة الدولية سيدفع كل دولة تمتلك ميزة نسبة في الانتاج الى التخصص بالانتاج بشكل افضل وارخص عن غيرها من الدول فالكفاءة في تخصص الموارد في كل بلد وتقسيم العمل ما بين دول العالم سيؤديان الى المستوى الامثل - فيزداد الانتاج وترتفع مستويات المعيشة في كل الدول، وعلى هذا الاساس فان الهدف الذي دارت حوله جولات المفاوضات التجارية المتعددة الاطراف والتي اشرفت عليها سكرتارية الجات على تنظيمها هو اجراء تخفيضات متتابعة في الرسوم الكمركية والغائها عن بعض السلع لتشجيع نمو التجارة العالمية.

---

[1] د. عدنان شوكت شومان، منظمة التجارة العالمية والتحررية الاقتصادية في الوطن العربي، مصدر سابق، ص14.

[2] علاء كامل، الجات ونهب الجنوب، مركز المحروسة، ط2، كانون الثاني، القاهرة، 1996، ص24.

ثانياً: مبادئ الجات:

بدأت جولات مفاوضات الجات من مبادئ محددة شملت الاتي:

1- مبدأ الدولة الاكثر رعاية Most Favored Nation (MFN) :

تقضي المادة الاولى من الاتفاقية على هذا المبدأ العام الذي يعني يجب أن يقوم على اساس عدم التمييز بالمعاملة وان يلتزم بموجبه البلد العضو بمنح بقية الدول المتعاقدة نفس المعاملة التفضيلية فيما يتعلق بالرسوم وحقوق الاستيراد والتصدير التي يمنحها لاية دولة اخرى من دول الاتفاقية دون تمييز. فمثلاً عندما تفتح دولة متعاقدة سوقها لمنتج وارد من دولة اخرى متعاقد او غير متعاقدة فان سوق المنتج يعتبر مفتوحاً في ذات الوقت من دون شروط امام كل الدول المتعاقد الاخرى[1] وللمبدأ استثناءات لدول الجنوب نصت عليها الاتفاقية وكما يلي:

أ- منح دول الجنوب بعض الافضليات والمزايا لصناعتها الوليدة لمساعدتها في الدخول الى اسواق الدول الصناعية المتقدمة حتى تقوى على المنافسة العالمية.

ب- في حال وجود اتفاقية تجارية اقليمية كالاتحاد الكمركي الاقليمي او عند دخول الدولة في منطقة التبادل الحر مع مجموع من الدول يكون شرط العضوية فيها الغاء الحواجز الكمركية.

وفي مثل هذه الحالات يتم استثناء الدولة العضو في اتفاقية الجات من منح الاعفاءات والميزات التي التزمت بمنحها دول الاتحاد الكمركي الاقليمي او منطقة التبادل الحر للدول الاعضاء في الجات وفق مبدأ الدولة الاكثر رعاية [2].

2- مبدأ المعاملة الوطنية National Treatment:

نصت المادة الثالثة من الاتفاقية الى عدم اللجوء الى القيود غير التعريفية (ضرائب او الرسوم او القوانين والقرارات والاجراءات التنظيمية الاخرى) لحماية المنتج المحلي والتمييز ضد المنتج المستورد فالدول المتعاقدة في الجات لا تفرض اية شروط تمييزية لصالح المنتج المحلي على حساب المنتوج الاجنبي[3]. فمثلاً منح الدول المتعاقدة تقديم اعانة للمنتج المحلي لتفضيل استخدامه على المنتج المثل المستورد او فرض رسوم على المنتج المستورد تفوق ما يفرض

---

(1) د. ابراهيم العيسوي، الجات واخواتها النظام الجديد للتجارة العالمية ومستقبل التنمية العربية، مركز دراسات الوحدة العربية، بيروت، ط3، كانون الثاني / يناير 2001، ص23.

(2) د. عدنان شكوت شومان، منظمة التجارة العالمية والتحررية الاقتصادية في الوطن العربي، مصدر سابق، ص14.

(3) حسن لطيف كاظم الزبيدي، العولمة ومستقبل الدور الاقتصادي للدولة في العالم الثالث، مصدر سابق، ص107.

على المنتج المحلي المثيل[1]. هذا المبدأ يساعد من الناحية النظرية على مساواة البضائع في المعاملة غير انه نصير في المدى القصير دول الجنوب، لان السلع المنتجة فيها لايمكنها أن تتساوى في المعاملة مع نفس السلع المنتجة في الدول المتقدمة بسبب تباين مستوى التكنولوجيا بالرغم من أن اجور العمل في دول الجنوب اقل منها في الدول المتقدمة، فالوسائل التقنية الاخرى المستخدمة في الدول المتقدمة تؤدي الى انتاج السلع بتكلفة اقل وبمواصفات افضل فعند دخول هذه السلع سوق دول الجنوب فانه يتطلب على تلك الدول أن تعامل هذه السلع وفق مبدأ "المعاملة الوطنية" بنفس المعاملة للسلع الوطنية المماثلة وفي هذه الحالة يتم بيع السلع المستوردة في السوق وتبقى السلع الوطنية المماثلة كاسدة لعدم قدرتها على المنافسة وفي المدى الطويل فقد تشجع هذه الحالة الصناعات الوطنية من تحسين ادائها ومواصفاتها لتتساوى مع السلع الاجنبية المماثلة، حيث ستدخل معها في المنافسة في السوق الوطنية غير أن ذلك يتطلب تطوير اسلوب الانتاج والرقابة واتباع التقنية الحديثة لتحقيق كفاءة الاداء فضلاً على احداث اصلاحات مهمة في نظام الادارة والتدريب والتعليم واكتساب المهارات وتوفر الاستثمارات اللازمة. فامكانية توفر المتطلبات تواجه صعوبات كثيرة لدرجة تجعلها مستحيلة الحدوث وبهذا فان النتائج في المدى القصير والطويل تكون متساوية ويبقى تطبيق هذا المبدأ لصالح دول الشمال ومضراً لدول الجنوب[2].

3- مبدأ عدم التمييز Non discrimination:

نصت المادة الاولى من الاتفاقية بانه لا يجوز لاي طرف متعاقد في الجات أن يستخدم التعريفة الكمركية او أي قيد آخر بطريقة تمييزيه بين الاطراف المتعاقدة في الجات التي تعامل معها تجارياً بمعنى أن تعامل الدول المتعاقدة في الجات بنفس الطريقة بدون تمييز فيما يتعلق باستيراد سلعة معينة. فالمبدأ يؤكد على عدم التمييز بين الأعضاء او منح رعاية خاصة لاحدى الدول على حساب الدول الاخرى بحيث تتساوى كل الدول الأعضاء في الجات في ظروف المنافسة في الاسواق الدولية[3]. مثلاً. معاملة المنتج المستورد من اية دولة متعاقدة بنفس المعاملة التي يعامل بها المنتج المستورد من اية دولة اخرى متعاقدة[4].

---

(1) د. ابراهيم العيسوي، الجات واخواتها النظام الجديد للتجارة العالمية ومستقبل التنمية العربية، مصدر سابق، ص23.

(2) د. عدنان شوكت شومان، منظمة التجارة العالمية والتحررية الاقتصادية في الوطن العربي، مصدر سابق، ص18.

(3) عبد الناصر نزال العبادي، منظمة التجارة العالمية WTO واقتصاديات الدول النامية، دار صفاء للنشر والتوزيع، ط1، 1999، عمان، ص30.

(4) د. ابراهيم العيسوي، الجات واخواتها النظام الجديد للتجارة العالمية مستقبل التنمية، مصدر سابق، ص22.

4- الحماية التجارية من خلال التعريفه الكمركية (NTB) Non Tariff Barriers:

ينص المبدأ على أن الحماية للسلع الوطنية يجب أن يتم عن طريق التعريفة الكمركية دون غيرها من الاجراءات الحمائية مثل تحديد التعريفة الكمركية بالتفاوض من خلال الية عمل الجات، وعلى الدولة الراغبة في رفع التعرفة لاية سلعة عليها أن تتقدم ببعض التنازلات الكمركية المحددة من قبلها عند التقدم بطلب للانظمام الى الجات [1]، ونصت المادة 12 من الاتفاقية تخويل الدول المتعاقدة تقييم تجارتها لاغراض العجز في ميزان المدفوعات ويطلق على الالتزام به (مبدأ الشفافية Transparency) ويتم ادراج التعريفات الكمركية في جداول التزامات كل الدول لتعريف الدول بها وهذه الشفافية تساعد على تحقيق الاستقرار والامان في التجارة وقابلية التنبؤ Predictability بالسلوك التجاري للدول [2] ينطوي المبدأ على استثناءات وهي:

- حالة الدول التي تواجه عجزاً في ميزان المدفوعات.
- السماح في حالات خاصة استخدم حصص الواردات للسلع الزراعية.
- حالة الزيادة الطارئة في سلعة معينة مما يهدد الانتاج المحلي بخطر كبير خاصة الصناعة الوليدة (الشرط الوقائي)[*][3].

---

[1] عبد الناصر نزال العبادي - منظمة التجارة العالمية WTO واقتصاديات الدول النامية، مصدر سابق، ص32-34.

[2] د. ابراهيم العيسوي، الجات واخواتها والنظام الجديد للتجارة العالمية ومستقبل التنمية العربية، مصدر سابق، ص22.

- راجع كذلك احمد عبد الرحمن لطيف الجبوري مستقبل العلاقات الاقتصادية العربية في ظل المتغيرات الدولية - رسالة ماجستير - كلية الادارة والاقتصاد، جامعة بغداد، 2001، ص155.

[*] الشرط الوقائي يعتبر واحد من الثغرات الذي يساء استغلاله من الدول المتقدمة وفيما بينها او مع دول الجنوب. ويجيز الشرط للدول الأعضاء تقييد المنافسة الاجنبية عند زيادة الواردات زيادة كبيرة ومفاجئة. مما تلحق ضرراً للصناعة الوطنية فالتطورات الاخيرة بين امريكا واليابان تبين استعداد امريكا التوسع في التمسك بالشرط الوقائي في حالات ذلك مع الهدف الذي وضع من اجله. فقد اصبح اللجوء الى الشرط. وسيلة لمنع المنافسة الاجنبية وليس لمنع ضرر كبير كما تنص عليه الاتفاقية وهو السبب الذي سمي من اجله هذا الشرط بالقيود الرمادية. وهو ما يتوقع أن تلجأ اليه الدول الصناعية المتقدمة تجاه البترول العربي عند نجاح الضغوط العربية في ادخال صناعة البترول في اتفاقية الجات واتفاق الوقائية - الوارد في الاتفاقية ينص بأن تتخذ اجراءات الوقائية اما بشكل فرض حصص على السلع المستوردة او فرض رسوم اضافية عليه او سحب التزام بتنازلات كمركية على هذه السلع. وتطبق اجراءات الوقاية لمدة (4) سنوات يمكن تحديدها الى (8) سنوات في حالة استمرار ثبوت الضرر على الصناعة المحلية.

- منظمة العمل العربية، مكتب العمل العربي – الاتفاقية العامة للتحريفات الكمركية والتجارة (الجات) وانعكاساتها على مستقبل الاقتصادات العربية بوجه عام ومسائل العمل العربية بوجه خاص ، ط2، 1995، ص 16.

[3] احمد عبدالرحمن لطيف الجبوري - مستقبل العلاقات العربية في ظل المتغيرات الدولية المعاصرة - مصدر سابق، ص 155.

وقد نصت الفقرة الاولى من المادة 11 على ما يلي:

من حيث المبدأ - لا يجوز فرض القيود الكمية على الواردات الصادرات (2) من خلال هذه المادة نجد أن الاتفاقية تمنع فرض القيود الكمية بشكل عام واشترطت عدم جواز أي طرف في الاتفاقية أن يفرض على منتجات الاطراف المتعاقدة اية قيود سواء في التصدير او الاستيراد لمنتج معين يوجه لطرف متعاقد آخر او فرض أي قيود اخرى غير الرسوم الكمركية. والضرائب الاخرى.

5- تجنب ممارسة سياسة الانحراف (Anti Dumping):

المقصود بالاغراق - بيع السلعة في سوق التصدير بسعر اقل من السعر الذي تباع به في البلد الذي ينتجها وغالباً ما يتم اتباع هذا الاسلوب للتغلب على المنافسة في السوق الدولية. وقد نصت الاتفاقية تجنب او تحريم هذه الممارسة وذلك لتحقيق المنافسة المتكافئة[1] والمبدأ يتضمن في جوهره ما نصت عليه المادة 6 من الاتفاقية بالزام الاطراف المتعاقدة عدم تصدير منتجاتهم بسعر اقل من السعر الطبيعي لهذه المنتجات في بلادهم لايقاع الضرر الكبير في مصالح المنتجين المحليين في الدول المتعاقدة المستوردة او التهديد بوقوع مثل هذا الضرر، وفي حالة مخالفة هذا الخطر فقد اجازت المادة الحق للبلد المتضرر فرض رسم تعويضي ضد الاغراق يعادل الفرق بين السعر الذي تباع فيه السلع في سوق التصدير السعر الذي تباع به في موطن انتاجها مع اضافة التكاليف الاخرى المرافقة لعملية التصدير من رسوم ونقل وتأمين وغيرها لالغاء اثر الاغراق او منع حدوثه من طرف اية دولة اخرى[2].

6- تجنب دعم الصادرات:

نصت المادة 16 الزام الاطراف المتعاقدة - بالامتناع عن تقديم الدعم للصادرات خصوصاً الصادرات من المصنوعات لان قيام الطرف متعاقد بمنح اعانة للصادرات من أي منتج سيؤدي الى ايقاع الضرر بالطرف المتعاقد الاخر - سواء كان مستورداً ام مصدراً.

---

[1] د.عدنان شوكت شومان،منظمة التجارة العالمية والتحررية الاقتصادية في الوطن العربي، مصدر سابق، ص 16.

[2] د. ابراهيم العيسوي - الجات واخواتها النظام الجديد للتجارة العالمية ومستقبل التنمية العربية، مصدر سابق، ص 23-24.

- راجع ايضاً عبدالناصر نزال العبادي - منظمة التجارة العالمية WTO واقتصاديات الدول النامية، مصدر سابق، ص 37-38.

7- التخلي عن الحماية وتحرير التجارة الدولية على المدى الطويل:

يقضي المبدأ ضرورة اللجوء المفاوضات للخفض المتبادل للتعريفات الكمركية وربط التعريفات (Binding) أي تثبيتها والالتزام بعدم رفعها حسب الاجراءات المحددة. وقد تؤدي الى تقديم تعويضات للاطراف المتضررة من زيادة التعريفه حتى تكون خطوات تخفيف الحماية غير قابلة للارتداد[1] واعتبار الجات الاطار التفاوضي المناسب لتنفيذ الاحكام وتسوية المنازعات ودوافع اقرار هذا المبدأ هو عدم امتلاك الجات سلطة الاجبار في التنفيذ، رغم أن الاتفاقية ملزمة لاعضائها. واعتبار الاتفاقية هي القاعدة التي يتم في اطارها توسيع دائرة المفاوضات الثنائية في العلاقات التجارية الدولية[2].

8- امكانية اللجوء الى الاجراءات الوقائية Safeguards في حالات الطوارئ:

اجازت المادة 19 من الاتفاقية الحق لأي عضو في الجات عندما تضطره ظروفه الاقتصادية او التجارية أن يطلب اعفاءه من بعض الالتزامات الخاصة الواردة في الاتفاقية كما يمكن لأي عضو اذ وجد نفسه مضطراً لحماية صناعات محلية معينة من دون تمييز بين الدول المتعاقدة، أي السلعة او السلع المعينة اياً كان مصدرها، أن يطلب ذلك ولفترة زمنية مؤقتة يقصد بها اعطاء الصناعة المحلية غير القادرة على المنافسة فرصة للتكييف واعادة اكتساب القدرة التنافسية[3].

9- امكانية تعليق تطبيق احكام الاتفاقية في حالة وقوع ازمة في ميزان المدفوعات:

اجازت المادة 12 من الاتفاقية الحق للطرف المعرض لخلل جسيم في ميزان مدفوعاته أن يفرض حصصاً كمية. وان يوقف العمل بمبدأ الدولة الاكثر رعاية والتعهد بتخفيف هذه القيود تدريجياً والغائها تماماً عند زوال الظروف التي دعت لفرضها من خلال اتخاذ السياسات الاقتصادية الكلية اللازمة باعادة التوازن في ميزان المدفوعات[4].

---

[1] د. ابراهيم العيسوي، الجات واخواتها، المصدر السابق، ص 16-17.

[2] علاء كامل، الجات ونهب الجنوب، مصدر سابق، ص25.

- كذلك - منظمة العمل العربية، انعكاسات اتفاقية الجات، مصدر سابق، ص 22.

- راجع ايضاً، احمد عبدالرحمن الجبوري، مستقبل العلاقات الاقتصادية العربية في ظل التغيرات الاقتصادية الدولية، مصدر سابق، ص 155.

[3] د.ابراهيم العيسوي - الجات واخواتها، المصدر السابق، ص 24.

- كذلك عبدالناصر نزال العبادي، المصدر السابق، ص 35-37.

- منظمة العمل العربية، مكتب العمل العربي، انعكاسات اتفاقية الجات، مصدر سابق، ص 22-23.

[4] د. ابراهيم العيسوي، الجات واخواتها، المصدر السابق، ص 24.

10- المعاملة التفضيلية في العلاقات التجارية بين دول الشمال ودول الجنوب او قاعدة التمكين:

يستند هذا المبدأ على المادة 18 من اتفاقية الجات وتتعلق بمسألة الدعم الحكومي للتنمية الاقتصادية في دول الجنوب لحماية صناعتها الناشئة من خلال تمتعها باجراءات اضافية تتيح لها المرونة الكامنة في:

أ- تعديل هيكل التعريفه الكمركية لتوفير الحماية المطلوبة لقيام صناعة ما.

ب- تطبيق قيود كمية لاحتواء الخلل في ميزان مدفوعاتها الناتج عن الزيادة الكبيرة في الطلب على الواردات المترتبة على برامج التنمية الاقتصادية واتخاذ الاجراءات الحمائية وفق اجراءات محددة تتضمن اشعار الجات بنية الطرف المتعاقد لاتخاذ هذه الاجراءات والدخول في مفاوضات تجارية مع الاطراف الاخرى التي قد تتأثر بهذه الاجراءات ورغبة من الجات في تشجيع الدول الاخذة في النمو وتحرير تجارتها فقد تبنت الجات عام 1965 الجزء الرابع من الاتفاقية المتضمن المادة (36، 38) الذي يتناول قضية التجارة والتنمية الاقتصادية والاستثناءات التي تتمتع بها دول الجنوب ضمن اطار المعاملة المتميزة والاكثر تفضيلاً، ويتضمن هذا الجزء من الاتفاقية اعفاء دول الجنوب من تقديم مقابل كامل لكل ما تقدمه دول الشمال من تنازلات او تخفيضات كمركية. اضافة الى ما اقرته جولة طوكيو للمفاوضات التجارية متعددة الاطراف 1973-1979 ما يعرف بقاعدة التمكين (The Enabling clause) التي تعني أن الدول المتقدمة الأعضاء تعمل على تمكن دول الجنوب من استخدام اجراءات خاصة لتحقيقي التنمية الاقتصادية فيها وزيادة مساهمتها في التجارة الدولية، وبموجبها تحصل دول الجنوب على مزايا تجارية من الدول المتقدمة لا يتم تعميقها على بقية الاطراف المتعاقدة بمعنى الاعفاء من الالتزام بمبدأ تعميم معاملة الدولة الاكثر رعاية وتقنين النظام العام للتفضلات GSP "Generalized System of Preferences" [*]. بعدما كان يطبق كأستثناء حسب المادة 25، ويمكن لدول الجنوب. الاستفادة من قاعدة التمكين في تبادل المزايا فيما بينها دون تعميمها استثناء من المادة 24 المتعلقة بالاتحادات الكمركية والمناطق الحرة [1] كما تنص القاعدة على سعي الدول المتقدمة

---

[*] بقصد "GSP" المعاملة التفضيلية المقدمة من دول الشمال لصالح صادرات دول الجنوب من دون مقابل على اساس غير تمييزي وقد تم التوصل اليه في مؤتمر الامم المتحدة للتجارة والتنمية عام 1968.

[1] د. ابراهيم العيسوي - الجات واخواتها، مصدر سابق، ص 24-25.

الى تقديم المساعدات المالية والقروض لمشروعاتها الانمائية دون تقديم أي تنازل مقابل ذلك ويعتبر هذا المبدأ من الامور المستحدثة مقابل ذلك فقد استهدفت هذه المعاملة فتح اسواق الدول الصناعه المتقدمة، امام منتجات دول الجنوب ومن ثم زيادة حصيلتها من النقد الاجنبي اللازم لتمويل برامج التنمية الاقتصادية بها. وقد جاء هذا المبدأ نتيجة لعدم تمييز الجات بين اوضاع دول الشمال واوضاع دول الجنوب عندما سعت الى خفض التعريفات الكمركية وغيرها من القيود التي تحد من حرية التجارة وما ينطوي عليه مبدأ الدولة الاولى بالرعاية من خطأ فادح. حيث تم النظر الى المعاملات التجارية بين هاتين المجموعتين من الدول على نظرة الند للند. وهذا امر غير صحيح، أن الدوافع التي دعت لتبني هذا المبدأ من قبل الجات ينحصر - في ظهور تنافس في منتصف الستينات بين الدول الاوربية الراغبة في استعادة نفوذها على مستعمراتها السابقة وبين امريكا التي كانت ترمي لبسط هيمنتها الكاملة حول استثناء بعض دول الجنوب من بعض احكام الجات ومنحها تخفيضات لا تسري على الدول الاخرى. وقد رأت امريكا بأن الطريقة المثلى للالتفاف على الاوربيين تكمن في منح الافضليات لدول الجنوب كافة.

في ذات الوقت كانت دول الجنوب تضغط وبمساعدة دول الكتلة الاشتراكية من اجل الحصول على تنازلات. هذه العوامل ادت الى الموافقة على مجموعة الاصلاحات المتضمنة التزام الاطراف المتعاقدة في الجات بعدم وضع العراقيل امام صادرات دول الجنوب وتقديم الافضليات لها. والسماح باقامة ترتيبات سلعية معها [1].

نستخلص مما تقدم على الرغم من المنطق السليم للمبادئ والقواعد المعتمدة في الجات والتي جسدت اهدافها ضمن اطار تنظيم العلاقات التجارية بين الاطراف المتعاقدة، لتحقيق التوازن بين حقوق والتزامات الاطراف وتحقيق عملية تحرير التجارة وفض المنازعات بين الاطراف. الا أن جوهر هذه المبادئ هي تعبير حقيقي عن المصالح التجارية للدول الصناعية، وقد تمت صياغة تلك الاهداف والمبادئ لممارسة الهيمنة على دول الجنوب عموماً والوطن العربي بشكل خاص.

فالجات هي ثمرة تخطيط وتدبير الدول الصناعية الكبرى. ومحصلة علاقات قوى دولية لم يكن لدول الجنوب

---

[1] علاء كامل - الجات ونهب الجنوب، مصدر سابق، ص 27-28.

دور مذكور فيها. وليس غريباً أن تركز الجات على المصالح التجارية للدول الصناعية والسلع التي تنتجها وتتداولها فيما بينها. والا تولي المصالح التجارية لدول الجنوب اهتماماً يذكر.. فهي قضية نفوذ اقتصادي وسياسي ومن يملك هذا النفوذ يملك السيطرة على توجهات وموضوعات وصياغة نتائج بما يخدم مصالح اصحاب القضية.

ثالثاً: مراحل مفاوضات الاتفاقية العامة للتعريفات والتجارة - الجات - والنتائج:

The Results - round stage General Agreement on Tairffs & Trade (G. A. T. T)

وقد نظمت الامانة العامة للجات عدة جولات من المفاوضات بين الدول الاعضاء للعمل على تخفيض التعريفات الكمركية وتسهيل عمليات التبادل التجاري بالسلع واختلفت الجولات في طولها الزمني في الموضوعات الرئيسية التي عالجتها وبلغ عدد جولات المفاوضات ثمان جولات وكما يلي:

الجولة وتاريخ ومكان الانعقاد	النتائـج
الاولى - جولة جنيف **General Round** **نيسان - تشرين الاول** **1947 - 1946**	تأسيس الجات - بمبادرة من امريكا التي لم تكن تشجع المنظمة الدولية للتجارة، اجتمع 23 دولة في 30/ تشرين الاول في قصر الامم في جنيف. ووقعوا على انشاء الاتفاقية العامة للتعريفات الكمركية والتجارة وبنودها الاولى General Agreement on Tairffs & Trade ركزت المباحثات على بحث الامتيازات الخاصة بالتعريفة الكمركية وتخفيضها والالتزام بعدم زيادة الموجود منها اصلاً فقد شملت الاتفاقية 45 الف امتياز كمركي بقيمة 10 مليار دولار من التجارة أي ما يعادل خمس اجمالي انتاج العالم حينذاك.
مؤتمر هافانا **1948**	في تموز / يوليو 1948 اصبحت سارية المفعول - بعد تطبيق الجات والمصادقة من 33 دولة (الاطراف المتعاقدة) باشرت الجات اعمالها - عقب الاجتماع الاول للاعضاء (الاطراف المتعاقدة في هافانا) كما تم المصادقة على ميثاق المنظمة الدولية للتجارة في مؤتمر للامم المتحدة حول التجارة والعمالة - في هافانا كوبا.
الثانية - جولة انيسي - فرنسا **Annecy round** **نيسان - آب 1949**	شارك في المفاوضات 13 دولة وانضمت اليها عشر دول جديدة بعد أن ظهرت لها الفرص التي تتاح من خلال تحرير التجارة خاصة بعد استقرار الاوضاع فترة ما بعد الحرب العالمية الثانية. تم الاتفاق على تخفيضات للتعريفة الكمركية شملت (5000 سلعة).
الثالثة - جولة توركي - انكلترا **Torguay round** **1950**	- انضمت المانيا وثلاث دول اخرى للاتفاقية. - حققت الاتفاقية 80% من التجارة العالمية. - بلغت نسبة التخفيض الكمركي 25% عما كانت عليه عام 1948. - تبادل الاطراف المتعاقدون 8700 أمتياز تجاري

	- بدأت الصعوبات تظهر بشكل واضح منذ هذه الجولة لسعي مجموعة الدول لتزويد نفسها بحماية مصطنعة ضد المنافسة الخارجية خصوصاً امريكا وتميزت دول الكومنولث البريطانية باتخاذ تلك السياسات. شاركت في الدورة 38 دولة.
الرابعة - جولة جنيف سويسرا **Geneva - round** **18 كانون الثاني / يناير 1951 لغاية آيار/ مايو 1956**	- تمخضت عن المفاوضات 160 اتفاقية ثنائية. - تم اقرار تخفيضات للتعريفة الكمركية بقيمة 1.3 ترليون دولار من التبادل التجاري باسعار 1955. - بلغت قيمة التجارة 2 بليون دولار. شاركت في الجولة 26 دولة.
الخامسة - جولة ديلون - جنيف **1960-1961**	- اقترح عقد المفاوضات نسبة الى (دوغلاس ديلون) نائب السكرتير العام الامريكي.. - تضمنت المباحثات مع الاتحاد الاوربي لتحقيق اعادة تنظيم التعريفات، كما تضمنت اقرار اعفاءات للمجموعات الاقتصادية الاقليمية. - حققت الجولة المزيد من التخفيضات شملت (4000 سلعة) - بلغت قيمة التجارة 4.9 بليون دولار. - شاركت في الجولة 26 دولة. لقد تركزت في الجولات الاربع على التعريفة الكمركية ورفع حواجز الحدود، وكانت تدور بين البلدان الصناعية بشكل خاص.
السادسة - جولة كيندي **Kennedy round** **1964-1967**	نسبت المفاوضات الى الرئيس الامريكي آنذاك جون كيندي - التخفيض على مدى خمس سنوات الضرائب المحلية على السلع الصناعية بنسبة 35% واختلف التخفيض من دولة لاخرى تراوح بين 24%-50% - الاتفاق على تدابير مكافحة الانحراف والمسائل الزراعية لتعارضه مع المنافسة المشروع - ولم يوافق الكونكرس الامريكي على تشريع هذه المسائل. - تخفيض الضرائب الكمركية على المنتجات الزراعية بنسبة 25%. - تخفيض الضرائب الكمركية على المنتجات الكيمياوية بنسبة 50% في امريكا ونسبة 20% لدول السوق الاوربية المشتركة وبريطانيا لتعويض طريقه تقدير الفيمه للاعراض الكمركية الذي يجعل الضريبة الاصلية اعلى في امريكا منها في باقي الدول الاطراف في الاتفاقية. - منح بعض المزايا للمنتجات التي تشكل اهمية خاصة بين صادرات دول الجنوب. شارك في الجولة 62 دولة.

السابعة - جولة طوكيو Tokyo round ايلول 1973 - نيسان 1979	اعتبرت من اهم الجولات حينها لتوسيع نظام الجات، فيها طرحت مسائل لا علاقة لها بالقضايا الكمركية - وكما موضحة في الاعلان- 1- اصدار وثيقة اعلان طوكيو تضمنت قواعد ومجالات التعاون في: أ- مجال تخفيض أو ازالة القيود الكمركية وغير الكمركية المفروضة على التجارة العالمية يتم تطبيقها اعتباراً من 1979/11/1. ب- الاتفاقيات المنظمة للقواعد الكمركية والمساعدات والحواجز الفنية للتجارة وتراخيص الاستيراد ومراجعة نظم الانحراف السلعي والترتيبات الخاصة باللحوم ومنتجات الالبان والطيران المدني - فتسري ابتداء من 1980/1/1. جـ- الاتفاقيات الخاصة بتقييم الرسوم الكمركية فتسري اعتباراً من 1980/1/1. - خفض التعريفات الكمركية على السلع الصناعية بنسبة 30% مع زيادة نسب التخفيض كلما زادت درجة التصنيع تؤثر التخفيضات على ما قيمته 110 مليون دولار من المنتجات الصناعية باسعار 1976، وتبين استخدام العوائق التجارية الأخرى. - خفض التعريفات وبنسبة اقل على المنتجات الزراعية تعطي ما قيمته 12 بليون دولار من المنتجات الزراعية والتي بلغت حوالي 48 بليون دولار لاسعار 1976 بالنسبة للدول المتعاقدة. 2- وضع مبادئ لتقنين استخدام العوائق التجارية غير الكمركية: أ- الاعانات والرسوم الموازية أو التعويضية Subsidies and counter vailing Duties تقديم اعانات حكومية لبعض السلع في حالة عدم تأثيرها على التجارة الخارجية للدول الأخرى.. وعدم شمول هذه الاعانات منتجات الصناعات التمويلية والمعادن. وتقديم اعانات محدودة للمنتجات الزراعية والاسماك والمنتجات الاستوائية (productstFores). - تخفيض اجراءات الاستيراد Import licensing procedures تعهدت الحكومات بادارة الترخيصات بطريقة محايدة وعادلة اتجاه اعضاء الجات. - التقييم الكمركي Customs Valuation - استخدام نظام موحد لتقييم اسعار السلع لاغراض الكمارك ومنع التقديرات الجزائية التي تقدر في بعض الدول. العوائق الفنية (التكنيكية) Technical Barriers - الاتفاق على استخدام معايير دولية بدلاً من المعايير الوطنية (الامنية أو

	الصحية أو البيئية) التي تختلف بين الدول مما قد يتسبب في اعاقة التجارة الدولية. - المشتريات الحكومية (Government procurements) حددت القواعد التفضيلية لطرح المناقصات الحكومية دولياً - بتقدير قيمة المشتريات الحكومية التي تغطيها القواعد المتفق عليها حوالي 35 مليون دولار - لضمان تحقيق منافسة دولية قوية في سوق المشتريات الحكومية. - وضع اسس قانونية ثابتة ضمن الجات بالنسبة لتجارة دول الجنوب (منح دول الجنوب معاملة تفضيلية في تجارتها الدولية) وتتمثل المعاملة التفضيلية في منح الدول المتقدمة معدلات تعريفية كمركية افضل لدول الجنوب في اطار النظام العام للتفضيلات (Generalised system of preferences) واعطاء الدول المتقدمة معاملة تفضيلية لدول الجنوب فيما يتعلق بالعوائق التجارية المختلفة والسماح لدول الجنوب بعقد اتفاقيات فيما بينها على المستويين الاقليمي والعالمي Global Regional and ومنح امتيازات اكبر لدول الجنوب منخفضة الدخل. منح امتيازات تعريفية - وغير تعريفية للمنتجات الاستوائية. - تخفيض متوسط التعريفة على السلع المصنعة في الاسواق السبع الكبرى من 7% - 4.7% شارك في الجولة 102 دولة.

الثامنة - جولة اورغواي Uruguay round المتغيرات الدولية - المفاوضات 1982-1986 في ايلول وفي بلدة بونتا دل ايست etPunta del Es في الاورغواي:

- عقدت الجولة التي تعد الثامنة بين الجولات واكثرها اهمية وتعقيداً وتأزماً لتأخر انعقادها ثمان سنوات من عام 1979[1] الى ايلول/ سبتمبر 1986 وآخر الجولات واهمها على الاطلاق للتفاوض في اطار الجات. - ففي تشرين الثاني/ نوفمبر 1982 بادرت امريكا عقد الاجتماع الوزاري للاطراف المتعاقدة في اطار الجات ولم يسفر الاجتماع الوزاري والدورة الاربعين التي عقدت عام 1984 عن تحقيق أي تقدم سواء في تضمين الخدمات ضمن المجالات التجارية التي تشملها مفاوضات التحرير أو على صعيد تعديل السياسات الزراعية للجماعة الاقتصادية الاوربية وازالة الدعم الذي تمنحه دولها للصادرات الزراعية وقد جاء الفشل نتيجة: - رفض دول الجنوب فكرة ادراج المسائل الجديدة (كالخدمات وحقوق الملكية الفكرية). - رفض المجموعة الاوربية تقديم اية تنازلات على صعيد سياستها الزراعية المعروفة بالسياسة الزراعية المشتركة Common Agricultral policy[1].

---

[1] علاء كامل، الجات ونهب الجنوب - مصدر سابق، ص54.

- عدم استعداد الدول للتصدي للمشكلات التجارية المعلقة.

- الصراع بين البلدان المتقدمة بعضها ضد البعض الاخر – كان وراء صعوبة انعقادها وتعقيدها ايضاً.

وقد دعت مجموعة من العوامل الى عقد الجولة من قبل امريكا والدول الرأسمالية الصناعية والتي تنحصر في الاتي:

- اعادة رسم الخريطة الاقتصادية الدولية، ووضع قوانين حركة التجارة العالمية وفق منظور النظام العالمي الجديد الذي اخذ يتشكل في منتصف الثمانينات وحرص امريكا والدول الصناعية مواصلة سيطرتها على النظام الاقتصادي العالمي ورغبتها في:

احتواء النزاعات الاقتصادية فيما بين الدول الصناعية خاصة في مجال الصراع والدخول الى الاسواق الخارجية وحماية اسواقها من المنافسين الجدد اليابان – والدول الاسيوية حديثة التصنيع ذات المصلحة في فتح اسواق العالم امام صادراتها من السلع الصناعية ودعم السياسة الليبرالية.

2- ايقاف التدهور الذي اصاب النظام التجاري لانتشار السياسات الحمائية وازالة القيود الحمائية – التمييزية.

- وظهور ما يعرف باجراءات المنطقة الرمادية مثل القيود التصديرية الطوعية والتهديد باستخدام اجراءات فردية لتحقيق اهداف التجارة الوطنية[2].

- التجاوز على قواعد الجات أو التحايل عليها بالاتفاقات الثنائية.

- ضعف الية فض المنازعات في الجات وعرقلة هذه الالية من بعض الدول وقد اشتدت الحاجة لتقوية قدرة الجات على فض المنازعات التجارية بين الدول.

3- رغبة امريكا في تحسين وضعها وهيمنتها الاقتصادية وحماية مصالح وتوسيع نشاط الشركات متعددة الجنسية في الداخل. وفي شتى ارجاء العالم وازالة العوائق التي تقف اما ذلك.

- سياسات الدعم الزراعي في اوربا خاصة سياسة دعم صادرات السلع الاوربية.

- تنامي تجارة الخدمات التي اصبحت تشكل 20% من التجارة العالمية[3] وفتح الاسواق على ما تملكه في هذا المجال من مزايا نسبية ضخمة منها التجارة في حقوق الملكية الفكرية وضعف القوانين السائدة لحمايتها والحاجة الى فرض الضوابط في هذا المجال لحماية مصالح الشركات المتعددة الجنسية.

4- تراجع النشاط الاقتصادي العالمي وظهور كساد عالمي 1986-1993 والسعي لتفادي الكساد الاقتصادي بالدعوة لتحرير التجارة وانعاش الاقتصاد العالمي وزيادة التدويل في النشاط الاقتصادي.

- اعادة تشكيل هياكل على النطاق العالمي من خلال تمتع راس المال الاجنبي بمزايا كبيرة في مجالات الاستثمار والملكية الفكرية والخدمات.

---

[1] **اسامة المجدوب – الجات ومصر والبلدان العربية، من هافانا الى مراكش، ط1، الدار المصرية اللبنانية، القاهرة، 1996، ص53-54.**

[2] **John Sloman & Mark Sutclift, Economics for Business. Prentice Hall Europe. 1998. P.402.**

[3] **Evans and J. Walsh. The EIU (Economic Intelligence unit) Guide to the new CATT. London: EIU. 1994. P.2.**

وتعديل تقسيم العمل على النطاق الكوني بالشكل الذي يعزز قدرة الاقوياء وفرص استغلالهم من خلال مد مظلة الجات لتشمل الملكية الفكرية، لابقاء دول الجنوب تابعة للدول الصناعية في المجال التقاني، والحيلولة دون ظهور منافسين من دول الجنوب ودوافع اعتماد الجات للاستثمار الاجنبي هو الافساح المجال للشركات المتعددة الجنسية لتوسيع نطاق عملها في دول الجنوب واقامة عمليات متكاملة مع عملياتها الانتاجية والتوزيعية في العالم. مما يتطلب ازالة القيود التي تضعها دول الجنوب ولتحقيق قوة الربط للشركات بين عملياتها في داخل دول الجنوب مع القطاعات المحلية لتلك الدولة. حتى تتولد قوة دفع اكبر للتنمية فيها. وقد عارضت دول الجنوب بشدة ادراج قضايا الاستثمار والملكية الفكرية والخدمات في مفاوضات جولة اورغواي.

5- انهيار النظام الاشتراكي في الاتحاد السوفيتي ودول شرق اوربا مما يعني اعادة النظر في قواعد النظام التجاري الدولي.

لقد تضافرت هذه العوامل لعقد الجولة كما استحدثت عوامل وظروف اخرى سياسية واقتصادية كانت جميعها بمثابة دوافع اساسية للاسراع بحسم المفاوضات التي طالت اكثر مما ينبغي وقد كان لهذه الدوافع تأثير واضح في صياغة ما تم الوصول اليه في الجولة من اهداف واتفاقات[1].

تنامي القوى الاقتصادية الاسيوية اليابان ومجموعة دول اسيوية حديثة التصنيع وهي دول ذات مصلحة في فتح اسواق العالم امام صادراتها من السلع الصناعية ودعم السياسات الليبرالية للجات[2].

نتائج جولة اورغواي:

1- في ايلول / سبتمبر 1986 بادرت امريكا بالدعوة لعقد اجتماع وزاري للاطراف في الجات وللدوافع التي اشرنا اليها، وقد تمت المفاوضات بالفعل في بلدة بونت ديلا ايست في الاورغواي بمشاركة 123 دولة[3]. اتسمت الجولة بالطموح والشمولية حيث تجاوزت الجولة الهدف المعلن تحرير التجارة الدولية المنظورة وغير المنظورة من التعريفات الكمركية وغيرها من العوائق التي تعرقل تدفقها بشكل حر وفق المزايا النسبية ليؤدي هذا التحرر الى أن تصبح الجات اتفاقية عامة للتعريفات والتجارة فعلياً ولتمهد الطريق اما تكوين منظمة دولية جديدة لفصل المنازعات التجارية الدولية تتولى الاشراف والرقابة على التزام الدول الموقعة على الاتفاقية ونصوصها بل اتسعت للتجاوز التعريفة الكمركية - ففي اطار تحرير

---

(1) د. ابراهيم العيسوي - الجات واخواتها - مصدر سابق، ص50-53.

(2) ملف منظمة التجارة العالمية Kobayat.

-http/www.angelfire.com/ar2/ed win 161/J-abdllal mondialisation mond2 ocm3 Htm 12.05/2002. P.2

(3) قيس حسون الملا، الاثار المحتملة للعولمة على قطاع المصارف العربية، رسالة دبلوم عالي، كلية الادارة والاقتصاد - جامعة بغداد، 1998، ص35.

التجارة عرضت مجموعة من القضايا[1] من بينها الاجراءات المتعلقة بازالة الحواجز غير الكمركية. القوانين الداخلية والموارد الطبيعية والاستثمارات والخدمات العامة (المالية والمصرفية والثقافية) خاصة حقوق الملكية الفكرية وتحرير تجارة السلع الزراعية وتحرير تجارة السلع الصناعية وخاصة تجارة المنسوجات كما تطرقت المفاوضات الى الية النزاعات والى تأسيس منظمة عالمية مهمتها تنظيم ادارة هذه الاتفاقات[2].

- وايجاد الية دائمة لاستعراض السياسات التجارية بشكل منظم لرصد ومراقبة النظام التجاري متعدد الاطراف والسياسات العامة التي تؤثر في هذا النظام للتأكد من تطبيق الاتفاقيات الناتجة عن جولة اورغواي وعدم معارضة السياسات التجارية لها.

- ادماج الاتفاقات الجديدة التي لم تلغ الاتفاقات القديمة أو تعدلها ضمن اطار الترتيبات الجديدة لمنظمة التجارة العالمية[3].

2- في كانون الاول 1990 تم تعليق مفاوضات جولة الاورغواي نتيجة الخلاف بين امريكا والاتحاد الاوربي حول المسألة الزراعية واشتداد المنافسة بين المجموعة الاوربية التي تقدم دعماً كبيراً لحماية الزراعة والانتاج والتصدير الزراعي والذي يصعب على امريكا مواكبة ذلك في ضوء سياستها التي كانت تهدف الى ضغط النفقات وخفض العجز في ميزانيتها. لقد اتسمت نظرة المجموعة الاوربية للزراعة وتحت تأثير فرنسا الى جانب كبير من الاهمية لابعادها الاجتماعية والسياسية وللمكانة التي تتمتع بها الزراعة في الفكر الفرنسي (الفيزوقراط) باعتبار الزراعة هي النشاط الاقتصادي الوحيد المنتج[4].

في ضوء ما تقدم تعثرت المفاوضات وتعقدت كثيراً وقد دفع هذا مدير عام الجات آنذاك "ارثر دنكل" لتقديم مشروع في 15 كانون الاول / ديسمبر 1991 كنص كامل لاتفاقية جولة اورغواي وما تتضمنه من اتفاقيات، وقد تم الاتفاق على اتخاذ نص دنكل اساساً للاتفاق النهائي للجولة.حيث وضع دنكل اطار عام للمفاوضات شاملاً ما تضمنته 28 اتفاقية منها الاتفاقية الخاصة بانشاء منظمة التجارة الدولية.ونجح نص "دنكل" بدمج في دمج جميع الاتفاقيات في

---

(1) راجع ثناء فؤاد عبدالله – قضايا العولمة بين القبول والرفض، المستقبل العربي، العدد 256، حزيران / يونيو 2000، ص94.

(2) http:/www.angelfire.com/ar2/edwin 61/j-abdalla /mondialisation /mond2/ com3.htm 12/5/2002. P.2.

(3) راجع للمزيد – الامانة العامة لجامعة الدول العربية – صندوق النقد العربي وآخرون، التقرير الاقتصادي العربي الموحد لسنة 1995، ص126-127.

(4) علاء كامل – الجات ونهب الجنوب – مصدر سابق، ص65.

مشروع اتفاق واحد واعتباره كلاً لا يتجزأ مما يعني "قبول انضمام الدولة الى اتفاقية اورغواي مرهون بقبولها لجميع الاتفاقيات المبرمة في اطارها مع انتفاء حق أي دولة في اقامة تحفظ على اية اتفاقية أو حتى على مادة من موادها، فأما تقبل الدولة الاتفاقية ككل أو ترفضها بالكامل. ومنذ ذلك الوقت اخذت الدول تعرف حجم الاثار المحتملة من اجراء هذه الجولة على اقتصادياتها وعلى الاقتصاد العالمي ككل.

ويعتبر مشروع دنكل تحولاً جذرياً عما كان معمول به في اطار الجات بالنسبة للاتفاقيات السابقة التي عقدت في اطارها بموجب جولاتها السبع حيث كان انضمام الدولة الى جميع الاتفاقيات أو الى البعض منها فقط لا يؤثر على عضويتها في الجات وبموجب جولة اورغواي التي اعتمدت نص دنكل. فان تراجعت أو تحفظت دولة على اية اتفاقية من الثماني والعشرين فانها لن تصبح عضواً في الاتفاقية العامة للتعريفات الكمركية والتجارية وتبقى بالتالي خارج النظام الدولي الخاص بالتبادل التجاري(1).

وفي عام 1992 شخص دنكل الصعوبات واهم التعقيدات التي ادت الى تعثر المفاوضات من ابرزها – قيام المجموعة الاوربية بتقديم مقترحات رسمية الى سكرتارية جات لتحويلها الى منظمة دائمة للتجارة الدولية لتصبح منظمة مكملة لكل من صندوق النقد الدولي والبنك الدولي. وهو الامر الذي انتهت اليه المفاوضات فعلاً(2).

3- استمرت المفاوضات بين الاطراف المشاركة في الاتفاقية وتسارعت وتيرتها بشكل سريع في عامي 1992-1993 حتى انتهاء الجولة في 15 كانون الاول / ديسمبر 1993. وهذا التسارع في تقديرنا يعود اثر نص دنكل في حسم الخلافات والتعقيدات القائمة واعتماده كنص كامل.

4- في آذار 1993 تم حل الخلاف بموجب اتفاقية بلير – هاوس بين اوربا وامريكا وفي 12 كانون الاول 1993 تم توقيع اتفاقية الاورغواي بين الطرفين.

5- في 15 نيسان / ابريل 1994 اختتمت جولة اورغواي بتوقيع الاتفاقية في مراكش/المغرب خاصة ما جاء فيها حول تأسيس منظمة التجارة العالمية.

6- وفي كانون الثاني / يناير 1995 ظهرت الى الوجود منظمة التجارة العالمية بعد التصديق عليها بموجب احكام جولة الاورغواي لتكون الاطار المؤسسي لجميع الاتفاقيات التي عقدت بهدف تسهيل وتنفيذ الاتفاقيات المنبثقة عن الجولة ولادارة نظام التجارة الحرة في العالم(3).

---

(1) **علاء كامل، الجات ونهب الجنوب، مصدر سابق، ص48.**

(2) **المصدر السابق نفسه، ص49-50.**

(3) **Organisation de Mondiate, http: /www.angelfire.com /ar2/edwin16 /j-abdalla/ mondialisation /mond2/ com3.htm 12/5/2002. P.2**

لقد كان الهدف المعلن لجولة اورغواي هو تحرير التجارة الدولية المنظورة وغير المنظورة من العوائق التي تعرقل تدفقها بشكل حر وفق المزايا النسبية ليؤدي هذا التحرير الى أن تصبح (الجات) اتفاقية عامة للتعريفات والتجارة فعلياً ولتفتح الباب اما تكوين منظمة دولية جديدة وتحت مظلة تحرير التجارة الدولية فقد ركزت المفاوضات على المحاور التي كانت سبباً في تعثر المفاوضات (الزراعة – الخدمات – المنسوجات) والقضايا الجديدة التي ادخلتها جولة اورغواي (الملكية الفكرية – معايير الاستثمار).

وبعد ثماني سنوات من التفاوض من عمر دورة للاوروغواي مرت خلالها المفاوضات بفترات مد وجزر تم خلالها تبادل الاتهامات بين الاطراف الرئيسية في الاتفاقية (امريكا – اليابان – المجموعة الاوربية) والوجود الشكلي لدول الجنوب لعدم قدرتها على فرص تصوراتها ومطالبها لعجزها عن المساومة الجماعية الفعالة في المفاوضات تم توقيع الاتفاقية في الفترة المحددة بتاريخ 12 كانون الاول/ ديسمبر 1993 اسفرت الجولة على الاتفاقيات التالية[1].

اولاً: اتفاقية الزراعة: هدفها الاساس هو تحرير التجارة الدولية في السلع الزراعية عن طريق الاجراءات التالية:

1- تمويل للقيود الكمية المفروضة على الواردات من السلع الزراعية الى قيود سعرية. فقد نصت الاتفاقية على التزام البلاد الاعضاء لتحويل تلك القيود الى تعريفات كمركية ذات أثر حمائي معادل.

2- تخفيض كل التعريفات الكمركية خلال فترة معينة ومراعاة الظروف الخاصة لدول الجنوب التي لا تستطيع فتح اسواقها بنفس الدرجة أو السرعة التي تستطيعها الدول المتقدمة وتلتزم الدول بتخفيض تعريفاتها الكمركية على الواردات الزراعية بنسبة 36% خلال ست سنوات. اما دول الجنوب فان نسبة التخفيض 24% فقط ويتم ذلك خلال عشر سنوات.

3- تخفيض الدعم الذي تمنحه الحكومات للانتاج الزراعي ويتم تخفيضه بمقدار 20% خلال ست سنوات في حالة البلاد المتقدمة وبمقدار 13% خلال عشر سنوات في دول الجنوب.

4- تخفيض دعم الصادرات من السلع الزراعية بنسبة 36% من الدعم الذي كان مطبقاً خلال المدة من 1986-1990 وتخفيض حجم الصادرات المدعومة بمقدار 21% بالنسبة للدول المتقدمة اما دول الجنوب فالتخفيض يكون معادلاً لثلثي التخفيض الذي التزمت به الدول المتقدمة على أن يتم التنفيذ خلال عشر سنوات.

---

[1] GATT. The result of the Uruguay round of Multilateral Trade/Negotiation the legal Texts. Geneva: GATT secretariat 1994. PP.55-85.

5- الحق لكل دولة أن تضع ما تراه ضرورياً من معايير لحماية الصحة النباتيـة والحيوانيـة بشرط المساواة في المعاملـة بـين جميع البلاد والتزام المعايير المتفق عليها دولياً يتضح مـن خـلال عمليـة تحرير التجـارة الدوليـة في السـلع الزراعيـة أن عملية التحرير ليست كاملة بل انه تحرير جزئي يدور حول ثلث القيود القائمة أو اقل.

ثانياً: تجارة المنسوجات والملابس:

الهدف الاساس الذي عملت جولة اورغواي على تحقيقه في مجال المنسوجات هو انهاء نظام الحصص الـذي يطبـق على هذه السلعة بحيث تكون التجارة الدولية فيه على قدم المساواة مع السلع الصناعية. ويكون انهاؤهـا بصـورة تدريجيـة ضمن فترة انتقالية مدتها عشر سنوات تبدأ من اول كانون الثاني 1995 وتنتهي في آخر كـانون الاول 2004 وتنقسـم الفتـرة الانتقالية الى ثلاث مراحل:

المرحلة الاولى – مدتها 3 سنوات تمتد الى 1997/12/30 وخلال المرحلة تعمل الدول المستوردة للمنسوجات والملابس عـلى تحرير 16% من قيمة وارداتها الخاضعة للاتفاقية مما يعني انهاء نظام الحصص في هذا الجزء المحرر وتصبح التجارة الدوليـة فيه خاضعة للقواعد العامة للجات التي تحكم التجارة الدولية في سائر السلع الصناعية.

المرحلة الثانية – تمتد 4 سنوات تنتهي في 2001/12/30 يتم خلالها تحرير 17% اخرى من قيمة واردات المنتجات النسيجية الخاضعة للاتفاقية.

المرحلة الثالثة – تمتد الى 3 سنوات تنتهي في 2004/12/30 وفيها يتم تحرير 18% اخرى بحيث يكون مجموع ما تم تحريره في المراحل الثلاثة 51% من المنتجات الخاضعة للاتفاقية ويتم تحرير الباقي البالغ 49% في اول كـانون الثـاني / ينـاير سنة 2005 أي المرحلة الرابعة في السنة العاشرة وبهذا يتم اخضاع التجارة الدولية في المنسوجات للاتفاقية العامة للجات في نهايـة المرحلة الانتقالية.

وقد يشكل الاتفاق خطوة ايجابية بالنسبة لتجارة المنسوجات والملابس في منظور دول الجنوب منها العربيـة حيـث تشكل هذه المنتجات من اجمالي الصادرات الصناعية في كل من مصر، سـورية والمغـرب حـوالي 50% وحـوالي 40% بالنسبـة للمغرب الا أن ايجابية التحرر التي ستنجزها الاتفاقية قد لا تكون بالضخامة التي تم تصويرها[1]. ومن الجدير ذكره وقد اثار موضوع التجارة الدولية في المنسوجات والملابس جدلاً بين الدول الاطراف في الجات بين الدول

[1] راجع صندوق النقد العربي - التقرير الاقتصادي العربي الموحد 1995، ص134-135.

المتقدمة خاصة امريكا من ناحية ودول الجنوب منها الهند ومصدر الخلاف الى أن التجـارة الدولية في المنسوجات تخضع لنظام الحصص الثنائية التي يتم الاتفاق عليها بين الاطراف المعنية وذلك في اطار اتفاقيـة الاليـاف المتعـددة Multifiber arrangement وان 50% من التجارة خاضعة لهذه الاتفاقية[1].

ثالثاً: توسيع نطاق الجات:

وتناولت الجولة موضوعات جديدة تتعلق بالتجارة الدولية لم يسبق تناولها من قبل من بينها:

1- الاتفاقية العامة للتجارة في الخدمات:

General Agreement Trade Service (CATS)

لاول مرة تدخل تجارة الخدمات الى جانب تجارة السلع في عملية تحرير التبادل التجاري ويعتبر هذا الجانب مـن السمات الطموحة لجولة اوروغواي وقد اضيفت الى جانب الاتفاقيـة الاصلية الخاصـة بالسـلع GATT الاتفاقيـة الجديدة وهي الاتفاقية العامة للتجارة في الخدمات GATS[2] ولتعاظم اهمية الخدمات في الهيكل الانتاجي في الـدول المتقدمـة فقد سعت امريكا والمجموعة الاوربية ادراج الخدمات في المفاوضات تحت ذريعـة أن قطـاع الخدمات مـازال يعـاني مـن قيـود عديدة لم تمتد لها يد التحرير. وكان موضوع تحرير تجارة الخدمات محل خلاف بين امريكا ودول الجنوب. خصوصاً البرازيـل والهند - حيث ترى دول الجنوب أن تحرير تجارة الخدمات سيؤثر سلباً على قطاع الخدمات فيها لتفوق الـدول المتقدمـة في هذا الجانب ولقدرتها التنافسية العالية مقارنة بدول الجنوب، فمن الطبيعـي أن تطالـب دول الشـمال بتحرير التجـارة في الخدمات وهذا الاعتبار الرئيس الذي يفسر مقاومة دول الجنوب تحرير التجارة الدولية في الخدمات لادراكها عـدم امتلاكهـا مقومات المنافسة في السوق الدولية في مجال الخدمات. غير انها وافقت تحت ضغط الدول المتقدمة التي ربطت موافقتها على ادراج المنتجات الزراعية ومنتجات النسيج والتي ظلت لفترة طويلة مستثناة من اتفاقية الجـات مقابـل مـا تقدمـه دول الجنوب من التزامات في مجال الخدمات[3].

---

[1] علاء كامل - الجات ونهب الجنوب - مصدر سابق، ص79-81.

- راجع د. ابراهيم العيسوي - الجات واخواتها ط1 آذار 1995، ص61-63.

- عبدالناصر نزال العبادي منظمة التجارة العالمية WTO - مصدر سابق، ص68.

[2] د. جلال امين - العولمة والتنمية البشرية من حملة نابليون 1798 الى جولة اوروغواي 1998، مصدر سابق، ص169.

[3] علاء كامل - الجات ونهب الجنوب من هافانا الى مراكش، مصدر سابق، ص73-75.

ركزت المفاوضات في الجولة فيما يتعلق بتجارة الخدمات على اولاً تعريف تجارة الخدمات / حيث شملت على الخدمات المصرفية والمالية والتأمين والنقل البري والبحري والجوي والمقاولات والبناء والسياحة والاتصالات السلكية واللاسلكية (البريد والهاتف ووسائل الاتصال / الصحافة والاعلام السمعي) تضمن موضوع الخدمات في الجولة عدة قضايا - الاولى تعريف الخدمات وكان الاتفاق على شمولها للخدمات (المصرفية والمالية والتأمين والنقل والبصري والتعليم والصحة وكل اشكال الضمان والبناء والسياحة والخدمات المهنية والاستشارات الفنية). وكلها اصبحت محررة وخاضعة للاستثمار الاجنبي والتجارة والحصخصة وهذا ما حددته الاتفاقية من خلال نصوصها اثارت دول الجنوب موضوع انتقال العمالة لازالة العوائق التي تضعها الدول المتقدمة في مواجهة العمالة المهاجرة ونتيجة لاعتراض الدول المتقدمة التي اكدت على قضايا الحق في التشغيل والاقامة وتمت الموافقة على الحق في مراقبة تنفيذ الالتزامات التي ترتبط بها دول الاستقبال[1].

اما القضية الثانية - فقد حددت القواعد المناسبة لتجارة الخدمات بين الدول والمتضمن كيفية تعامل الدول مع تجارة الخدمات وازالة العوائق وفض المنازعات عند حدوث اختلاف مما يعني تحرير التجارة الدولية في الخدمات والقضية المطروحة هي النظام الداخلي في الدول المختلفة مما يعني امتداد ولاية المفاوضات (أو الهيمنة) الى القيود واللوائح الداخلية للدول بعد أن كانت محصورة على القيود التي تطبق في نقط العبور.

والتجارة في الخدمات تتطلب انتقال مقدمي الخدمة ومتلقيها واهمها تصدير الخدمات من دولة الى اخرى وتتم عبر اربعة وسائل، انتقال الخدمة عبر الحدود وانتقال العمالة وانتقال المستهلك وحق التأسيس في البلد الاخر.

القضية الثالثة - الاستثناءات العامة التي يتم اعتمادها عند تطبيق قواعد الحماية والاخلاق العامة او النظام العام - لحماية الامن القومي والبشر.

الرابعة - التعهد بالدخول في الجولات المتتابعة تبدأ خلال 5 سنوات من تاريخ قيام منظمة التجارة العالمية لتحقيق مستوى اعلى من تحرير التجارة في الخدمات. كما تتضمن الاتفاقية التي تعتبر من اكبر ثلاث اتفاقيات تشكل في مجملها جولة اوروغواي على ملاحق - الاول / اتفاق للمبادئ والاحكام العامة، اما الثاني / الملاحق التي تتضمن احكام خاصة ببعض قطاعات الخدمات التي لا تكفي الاحكام العامة معالجة سماتها وخصائصها المتميزة، وهي ملحق الخدمات المالية وملحق خدمات الاتصالات وملحق خدمات النقل الجوي وملحق انتقال الايدي

[1] Uruguay round. Find Act, Marrakesh 15 April 1994. P.384.

العاملة اللازمة لتوليد الخدمات [1] اما الثالث فيتضمن جداول الالتزام المحدودة المقدمة من كل دولة التي تلتزم بتحريرها من خلال فتح اسواقها امام موردي الخدمات الاجانب وتفرض الاتفاقية أن تعامل الخدمات الاجنبية دون تمييز مع الخدمات الوطنية واقرت اذا كانت القوانين الداخلية تميز في المعاملة بين الخدمات الاجنبية والوطنية فلا يجوز تعميق هذا التمييز وعندما يعطي أي بلد ميزة. ويقضي الاتفاق - التزام الدول المتقدمة بانشاء مراكز اتصال خلال عامين من بدء تنفيذ الاتفاقية لتسهيل حصول دول الجنوب على المعلومات عن اسواق الخدمات في الدول المتقدمة المتعلقة بالجوانب التجارية والفنية والتكنولوجية التي تحتاجها دول الجنوب لتطوير صادراتها [2].

2- القضايا المتعلقة بالاستثمارات الاجنبية المرتبطة TRIMS بالتجارة والجات:

اكدت الاتفاقية بان بعض شروط الاستثمار التي تطبقها الدول تؤدي الى تغيير وتشويه التجارة الدولية لذلك فالاتفاقية شملت على مبدأين - الاول مبدأ المعاملة الوطنية التي نصت عليها احكام المادة (3) من الاتفاقية وبمقتضاها - يمنح المستثمرون الاجانب ذات المعاملة التي تمنح للمستثمر الوطني.

الثاني- مبدأ الشفافية الذي نصت عليه المادة الخامسة من الاتفاق الذي ينص على الالتزام بالاعلان عن تزايد الاستثمار المتصلة بالتجارة بحيث تكون معروفة من قبل الدول الأعضاء في الجات [3].

اما المادة (11) فقد ركزت على عدم فرض قيود كمية على الواردات والشروط المخطور فرضها تتمثل في[4].

1- استعمال المستثمر الاجنبي لنسبة محددة من المكون المحلي في المنتج النهائي.

---

[1] **Urguay Round. Final Act., Ibid-P.384.**

[2] **اسامة المجدوب - الجات ومصر والدول العربية، مصدر سابق، ص 72.**

[3] **عبدالكريم المدرس، الاتفاقية العامة للتعريفات والتجارة، الجات وآثارها الاقتصادية، شؤون عربية، العدد 80، كانون الاول 1995، ص 73-75.**

- علاء كامل، الجات ونهب الجنوب - مصدر سابق، ص 82-83.

- قيس حسون الملا- الآثار المحتملة للعولمة على قطاع المصارف المالية، مصدر سابق، ص35.

[4] **منظمة العمل العربية، مكتب العمل العربي، الاتفاقية العامة للتعريفات الكمركية والتجارة (الجات) وانعكاساتها على مستقبل الاقتصادات العربية بوجه عام ومسائل العمل العربي بوجه خاص، مصدر سابق، ص 53-54.**

2- احداث توازن بين صادرات وواردات المستثمر الاجنبي.

3- بيع نسبة معينة من الانتاج في السوق المحلية.

4- الربط بين النقد الاجنبي الذي يتاح للاستيراد والنقد الاجنبي العائد من التصدير.

كما تسمح الاتفاقية العمل على توفير شروط المنافسة والمساواة بين المشروعات القائمة التي تطبق مثل هذه الاجراءات والاستثمارات الجديدة في مجال النشاط نفسه.

ويمنح الاتفاق دول الجنوب فترة انتقالية مدتها 5 سنوات، والدول الاقل نمواً مدة 7 سنوات قبل بدء تنفيذ احكامه بالنسبة لاجراءات الاستثمار المخطور استخدامها في حين يسمح للدول المتقدمة بفترة انتقالية مدتها 2 سنة فقط.

3- اتفاقية حماية (حقوق الملكية الفكرية) [*] Intellectual Property Rights (TRIPS):

وقد شملت الاتفاقية قواعد جديدة لحماية هذه الحقوق ضمن اتفاقية انشاء منظمة التجارة العالمية، تستهدف زيادة درجة الحماية التي تتمتع بها حقوق الملكية الفكرية وزيادة مدة سريانها، والزام الدول الموقعة على الاتفاقية تضمين تشريعاتها الوطنية للقواعد الجديدة للحماية وفرض العقوبات للخارجين عليها وبموجب بنود الاتفاق فالملكية الفكرية - تشمل حقوق المؤلف Copy Rights وبراءات الاختراع Pautents ومختلف انواع العلاقات التجارية Trade marks [1].

والنماذج الطباعية، والدوائر المتكاملة وحق النشر ـ والتأليف Copy Rights والحقوق المتصلة بها، والتصاميم الصناعية والمؤشرات الجغرافية وحماية المعلومات السرية.

رابعاً - آليات الجات: عملت الاطراف المتعاقدة في جولة اوروغواي الى تضمين بعض القواعد التي تتعلق بالموضوعات التالية:

1- مكافحة الاغراق [2] فقد نص الاتفاق على الزام الدول الأعضاء في منظمة التجارة العالمية على:

---

[*] هناك العديد من الاتفاقات السابقة بخصوصها - كاتفاقية روما لحماية فناني الاداء عام 1961 واتفاقية باريس المعدلة في ستوكهولم عام 1967 واتفاقية بيرن لحماية المصنفات الادبية والفنية في باريس عام 1971 واتفاقية واشنطن لحماية الدوائر المتكاملة عام 1989 اضافة الى وجود المنظمة العالمية للملكية الفكرية .World intellectual property Organization (WIPO)

[1] جلال امين، العولمة والتنمية البشرية من جملة نابليون الى جولة اوروغواي، مصدر سابق، ص181-184.

[2] جلال امين، العولمة والتنمية البشرية من حملة نابليون الى جولة اوروغواي، مصدر سابق، ص 90-91.

- وضع حدود متعلقة بالاغراق الحدي وهذا الحد هو اقل من 2% وتحديد حجم اغراق الواردات بنسبة اقل من 3%.

- فرض الرسوم لمكافحة الاغراق بمدة لا تزيد عن 5 سنوات.

- منح دول الجنوب معاملة تفضيلية.

2- الاجراءات الوقائية:

هي اجراءات يمكن للدولة أن تستخدمها لحماية صناعة او سلعة معينة من منافسة الواردات اذا كانت تلك المنافسة تسبب ضرراً جسيماً للسلعة الوطنية من خلال تعديل التزامات البلد كلياً او جزئياً فيما يخص بالتعريفات على المنتج بغض النظر عن المصدر.

3- اتفاقية قواعد منشأ السلع(1). وبخصوص هذا الاتفاق فقد تم التوصل الى:

- ضرورة تطبيق الانظمة الخاصة ببلد المنشأ بطريقة منسقة ومعقولة مع نشر انظمة التعديلات لبلد المنشأ خلال الفترة الانتقالية (ثلاث سنوات) قبل شهرين من التنفيذ.

- البت في طلبات المستوردين والمصدرين فيما يخص ببلد المنشأ خلال 15 يوماً من تقديم الطلب.

- الاستمرار بالاتجاهات الحمائية المترتبة على تطبيق قواعد المنشأ عند قيام التجمعات التجارية الاقليمية(2).

4- الدعم والاجراءات المضادة له(3). وقد تم الاتفاق على تحديد انواع الدعم المقدم وفق الاتي:

- الدعم المحضور - الدعم الذي يستدعي اتخاذ اجراءات مضادة مثل الدعم الانتقائي الموجه الى سلعة او خدمة او مشروع بذاته والدعم المرتبط بالاداء التصديري. والذي يقصد منه تفضيل استخدام المنتجات المحلية على المنتجات المستوردة.

- الدعم المسموح به. لا يتطلب اتخاذ اجراءات مضاده مثلاً الدعم العمومي غير مرتبط بسلعة او صناعة او مشروع يقدم الى برامج البحوث والتطوير تقوم به الشركات.

- والاجراء المضاد - يتمثل في حالة ثبوت قيام الدولة تقديم دعماً محضوراً او ضاراً في فرض رسوم تعويضية Countervailing Duties عند حصول ضرر مادي للمنتجين المحليين

(1) د. ابراهيم العيسوي، الجات واخواتها، مصدر سابق، ص72-73.

(2) Evans and Walsh The EIU Guide to the New CATT PP. 56-57.

(3) د. ابراهيم العيسوي الجات واخواتها، مصدر سابق، ص 74-76.

او اتخاذ اجراء علاجي Remedial Action بتقديم تعويض للطرف المتضرر. وغير ذلك من الاجراءات المضادة.

اذا كان الدعم المقدم يتسبب بالغاء منافع مترتبة على عضوية الجات (الان - المنظمة) او يعرقل صادرات الـدول الأعضاء - او يؤدي الى خفض في الاسعار ينبغي الغاء الرسوم التعويضية خلال 5 سنوات من تطبيقها.

- تقديم استثناءات لدول الجنوب فيما يخص الدعم المحظور بما للدعم من دور مهم في التنميـة الاقتصادية لـدول الجنوب الأعضاء والاستثناءات هي:

- دعم التصدير - يسري على الدول الاقل نمواً اما بقية دول الجنوب فيتم الغـاء دعـم الصادرات خلال 8 سنوات مـن قيـام منظمة التجارة العالمية ويمكن تمديد الفترة بالمشاورات في هذا الشأن ويوافقه لجنـة الـدعم في المنظمـة والـدول المشمولة بالمعاملة التفضيلية تضم المغرب، مصر وعدد من دول الجنوب الاخرى[1] .

- دعم تفضيل المنتج المحلي على المنتج المستورد.

لا يسري خطر الدعم على دول الجنوب لمدة 5 سنوات من تاريخ ممارسة منظمة التجارة العالميـة مهامهـا.. وتـزداد المدة الى 8 سنوات للدول الاقل نمواً.

- الدعم في اطار برامج الخصصة - يجوز لدول الجنوب الأعضاء تقديم هذا الدعم ضمن برامج للخصصه. او للمساعدة علـى تأهيل المشروعات العامة للبيع وزيادة جاذبيتها للقطاع الخاص.

- الدعم الذي يمكن التجاوز عنه[2] .

اتفاقات وتفهمات اخرى خاصة بالتجارة في السلع:

5- **الفحص قبل الشحن:** تضمنت الاتفاقية وضع قواعد محددة بخصوص ما مسموح لشركات الفحص قبل الشـحن وتصرفها تجاه المعلومات الخاصة بالمصدر. وتحديد الضوابط المتعلقة بخطوات وشروط عملها.

6- **التقييم الكمركي:** حسب القواعد الواردة في الاتفاقية فالمادة السابعة منحت السـلطات الاداريـة الحـق في تقييم الرسوم الكمركية والخطوات الواجب اتخاذها لتأمين الانضباط والشفافية للاجراءات التـي تسـير عليهـا الـدول في تجديد قيمـة السلع المستوردة للاجراءات التي تسير

[1] CATT , The Results of the Urguay Round of Multilateral Trade Negotiation: The legal Texts P. 314.

[2] د. ابراهيم العيسوي، الجات واخواتها ...، مصدر سابق، ص 76.

عليها الدول في تحديد قيمة السلع المستوردة وفض الرسوم الملائمة عليها وبما يحول دون استخدام القواعد للتهرب مـن اداء الرسوم الكمركية الصحيحة او تهريب رؤوس الاموال [1].

7- **تراخيص الاستيراد:** استهدفت الاتفاق اضفاء المزيد من الوضوح والشفافية على الاجراءات التي تطبقها الـدول عنـد فـتح اجازات الاستيراد ولكي لا تؤدي اجراءات الدول الى تقييد مصطنع للتجارة او حماية المنتجين المحليين من المنافسة.

8- **العوائق الفنية للتجارة :** وتوصية بموجب المعايير الخاصة بحماية البيئة والامن الـداخلي بـين الـدول الأعضاء تضمن الوسائل المتعلقة بالتعبئة والعلامات والبيانات التوضيحية على السلع ومطابقة المعايير والمواصفات الفنية واجراءات الفحص وشهادات الصلاحيات وقد استهدف الاتفاق بلورة المفاهيم والقواعد ذات الصلة وبالشكل الـذي لا يـؤدي الى استخدام المواصفات والمعايير بشكل متعسف كذريعة لعرقلة التجارة ويشجع الاتفاق الدول على مراعاة المعايير الدولية بحماية البيئة وضمان صحة وسلامة البشر والنباتات وحق الدول في توجيه المعايير الخاصة وعدم الزامها بتعديل المعايير الوطنية لتتوافق مع المعايير الدولية وشمل الاتفاق المواصفات والاشتراطات المتعلقة بعمليات وطرق الانتاج وتوفير ضمانات اكثر لحماية البيئة ومساعدة دول الجنوب بتقديم العون الفني لها لمساعدتها في تأسيس اجهزة محلية خاصة باعداد المعايير والمواصفات والاجراءات والقرارات المنظمة لتطبيقها ونشر المعلومات في هذا الصدد [2].

9- **انشاء منظمة التجارة العالمية** - والتي سيتم تناولها في اللاحق من البحث.

المطلب الثاني
منظمة التجارة العالمية
World Trade Organization

من ابرز النتائج الرئيسية لجولة اوروغواي Uruguay للمفاوضات التجارية متعددة الاطراف التـي عقدت للفـترة من 1986-1993 هو اعتماد الدول المشاركة فيها الاتفاقات والقرارات التي اسفرت عنها جولة اوروغواي في اجتماعها المنعقد في 15 نيسان / ابريل 1994 في مراكش / المغرب انشاء منظمة التجارة العالمية التي دخلت حيز التطبيق في 1 كانون الثاني

[1] ابراهيم العيسوي، الجات واخواتها، مصدر سابق، ص 77-78.

[2] عبد الناصر نزال العبادي، منظمة التجارة العالمية WTO واقتصاديات الدول النامية، مصدر سابق، ص91-93.

1995 بعد مصادقة 77 دولة على اعلان اوروغواي مع (22) اتفاقية دولية اضافة الى 7 تفاهمات ضمن اطار منظمة التجارة العالمية التي تتولى ادارة النظام التجاري في العالم باعتبارها المرجعية الوحيدة التي تحكم قواعد واجراءات تحرير التجارة الدولية. لقد تم التوصل اليها بالتراضي وليس عن طريق التصويت الديمقراطي والذي تشكل فيه دول الجنوب الغالبية التي ستكون ملزمة بموجب اتفاق مراكش بتنفيذ الاتفاقيات والتفاهمات والبروتكولات والقرارات الوزارية الصادرة عن المنظمة وتعتبر منظمة التجارة العالمية المظلة المؤسسية المسؤولة عن مراقبة وتنفيذ تلك الاتفاقيات بعد التوقيع عليها اثر الانضمام وبصيغتها المتكاملة الصادرة عن المنظمة عند انضمامها او بعد الانضمام اليها وتولي المنظمة التي تتمتع كشخصية اعتبارية مثل صندوق النقد والبنك ويترتب عليها الاشراف وادارة الاتي[*]:

- الجات والاتفاقيات المرتبطة بها والتي تسري على تجارة السلع.
- الاتفاقية العامة للتجارة في الخدمات GATS.
- اتفاقية الجوانب المتصلة بالتجارة في حقوق الملكية الفكرية (TRIPS) والصكوك القانونية (البروتوكولات والقرارات الوزارية وتنظم المنظمة المفاوضات المستمرة بين الدول الأعضاء حول الامور المعلقة الاخرى المتفق عليها من اجل تحقيق المزيد من تحرير التجارة في السلع والخدمات ومن اجل التفاوض على قضايا اخرى متصلة بالتجارة قد يقع عليها الاختيار من اجل تطوير القواعد والانظمة الخاصة بها.

كما أن المنظمة مسؤولة عن ادارة نظام شامل وهو حد لتسوية المنازعات التجارية التي تنشأ بين الدول الأعضاء وفقاً لنصوص وثائقها القانونية. كما تدير المنظمة آلية المراجعة والمراقبة الدورية للسياسات التجارية في الدول الأعضاء وفق الآلية المتفق عليها وبما يضمن اتفاق هذه السياسات مع القواعد والضوابط والالتزامات في اطار المنظمة والتعاون مع صندوق النقد الدولي والبنك الدولي والوكالات الملحق به لتأمين المزيد من التنسيق في عملية صنع السياسات الاقتصادية على الصعيد الدولي[1].

وعليه يعتبر انشاء منظمة التجارة العالمية من اهم احداث العقد الاخير من القرن العشرين وعصر ما بعد الحرب الباردة وتأتي اهمية هذه المنظمه باعتبارها تشكل اليه من اليات العولمة التي لها اهميتها لادارة وتنظيم النظام التجاري العالمي وعولمة الاقتصاد الى جانب صندوق النقد

(*) هناك اتفاقيتين غير الزامية وهما - اتفاقية المشتريات الحكومية واتفاقية التجارة في الطائرات المدنية اما اتفاقية اللحوم والالبان فقد تم الغاؤها.

(1) د. ابراهيم العيسوي، الجات واخواتها، مصدر سابق، ص 81.

والبنك الدولي لتسيير العالم مالياً وتنموياً وتجارياً. وفق اسس اقتصاد السوق الرأسمالية التي عمت العالم بقيادة امريكا، وقد اكد ذلك الرئيس كلينتون حيث وصف الاتفاق بانشاء المنظمة العالمية للتجارة بانه خطوة ستعزز وضع امريكا في زعامة العالم رغم انها لم تحقق كل ما يتمناه[1]. فما يتمناه كلينتون هو استمرار ظاهرة العولمة والهيمنة الامريكية على العالم وتصاعدهما مرهون بما تحققه اليات العولمة ومنها منظمة التجارة العالمية.

اذن أن منظمة التجارة العالمية هي آلية فاعلة لنشر العولمة والتفاعل معها لما تمتلكه هذه المؤسسة من صلاحية وقدرة على ادارة جوانب متعددة من الاقتصاد العالمي، وللمنظمة العديد من الاليات المناسبة للتعامل مع عولمة الاقتصاد والتي يترتب عليها التخلي عن جزء من السيادة الوطنية لصالح التكامل مع الاقتصاد العالمي، فضلاً على تمكن وقدرة المنظمة على ادارة التجارة الدولية باشكالها المختلفة بين الدول الأعضاء في المنظومة الدولية ضمن قواعد معروفة[2].

واستناداً لما تقدم يمكن القول أن العولمة لا يمكن تطبيقها الا من خلال ازالة الحدود والحواجز بين الدول من اجل تسهيل عملية انتقال رؤوس الاموال والعمالة والبضائع والمنتوجات وفق قوانين وقواعد منظمة التجارة العالمية مما يعني الغاء دور الدولة والتجاوز على سيادتها، وسيولد ذلك مقاومة قوية لدى الدول والشعوب للدفاع من اجل سيادتها.

أهداف منظمة التجارة العالمية وقواعدها:

1- الاهداف:

تهدف المنظمة العالمية للتجارة بصورة عامة الى تحرير التجارة العالمية اعتماداً على المبادئ الاساسية لاتفاقية الجات 1947 وتتطابق اهدافها مع اهداف الجات التي اصبحت جزء منها وقد تم توسيع الاهداف لمنح المنظمة صلاحية تنظيم تجارة الخدمات الى جانب تجارة السلع كما أن الاهداف توضح بأنه من اجل دفع التنمية الاقتصادية من خلال توسيع التجارة لابد من الاهتمام بحماية التنمية والحفاظ عليها. وقد اضيف هدف جديد الى الاهداف العامة للمنظمة والذي ينص على بذل الجهود الايجابية لتأمين حصول البلدان النامية وخاصة الاقل نمواً على نصيب اكبر في نمو التجارة العالمية يتماشى واحتياجات تنميتها الاقتصادية[3]. وتعمل المنظمة لتحقيق

[1] د.عدنان شوكت، منظمة التجارة العالمية والتحررية الاقتصادية في الوطن العربي، مصدر سابق، ص 18-27.

[2] تمام علي الغول، منظمة التجارة العالمية وعولمة الاقتصاد، مجلة الدبلوماسي الاردني، العدد 2، شباط، 1998، ص 10.

[3] مجلس الوحدة الاقتصادية العربية، الامانة العامة، التقرير السنوي للامين العام، مقدم الى الدورة الرابعة والسبعين للمجلس، كانون الاول 2001، ص 33-34.

اهدافها على تنظيم المفاوضات واتخاذ الاجراءات ووضع الترتيبات اللازمة بشأن حسن تنفيذ الاتفاقيات التجارية القائمة وعقد اتفاقيات جديدة اذا لزم الامر.

المؤتمرات الوزارية لمنظمة التجارة العالمية:

عقدت منظمة التجارة العالمية 4 مؤتمرات وزارية منذ تأسيسها لغاية هذا العام والمؤتمر الوزاري هو الجمعية العامة، ويتألف من ممثلي جميع اعضائها ويعتبر السلطة العليا فيها وما زالت هذه المؤتمرات تناقش موضوعات تم طرحها في جولة اورغواي وقد تصبح لمعظم دول العالم أن نوايا منظمة التجارة العالمية المعلنة تختلف جذرياً عن ممارساتها فما تزال مجموعة من القضايا الرئيسية معلقة سواء في سياق التناقض بين امريكا من جهة والاتحاد الاوربي من جهة ثانية او بين دول الجنوب وكل المراكز العالمية والشركات متعددة الجنسيات او جميعها [1]، وقد اخفقت الدول المتقدمة في الاستجابة للمطالب المشروعة لدول الجنوب التي تتعرض لغبن شديد خلال الجولات التفاوضية لعدم درايتها بكثير من جوانب الموضوعات محل التفاوض في حين نفذت دول الجنوب الالتزامات المطلوبة في حين تنفذ الدول المتقدمة الاتفاقيات حسب نصوصها وليس روحها.

والمؤتمرات الوزارية التي انعقدت هي:

1- المؤتمر الاول في سنغافورة من 9-13 كانون الاول 1996.

2- المؤتمر الثاني في جنيف / سويسرا من 18-20 أيار / مايو 1998.

3- المؤتمر الثالث في سياتل (امريكا) من 30 تشرين الثاني - 3 كانون الاول 1999.

4- المؤتمر الرابع في الدوحة / قطر من 9-13 تشرين الثاني 2001.

القواعد الجديدة لمنظمة التجارة العالمية:

اتبعت منظمة التجارة العالمية ذات القواعد التجارية التي اقرتها الجات 1947 للسلع والخدمات عند فرض الضرائب غير المباشرة ومن اهم هذه القواعد هي:

1- عدم التمييز في تطبيق السياسات التجارية واعتماد قواعد المعاملة بالمثل والدولة الاولى بالرعاية والمعاملة الوطنية للسلع المستوردة.

2- عدم استخدام القيود الكمية واية قيود اخرى تخص الاستيراد وغيرها.

---

[1] http:/www angelfire. Com/ ar2/ed. win161/j-abdalla mond2/ o Com3. Htm. 12/05/2002 p.4.

3- ايقاف تقديم الدعم والاعانات الحكومية للمصدرين.

4- عدم اتباع سياسة الاغراق.

5- اعتماد ثمن السعر الكمركي للبضائع "القائمة المقدمة من المستورد".

6- قيام الدول الأعضاء بوضع الترتيبات والبرامج الواضحة لضبط الجودة والغاء الاجراءات التي تتقاطع مع القواعد العالمية والمواصفات الدولية للسلامة الصحية والتي يمكن أن تعتبر بمثابة قيود تعيق تحرير تجارة السلع الغذائية.

7- اما قواعد المعاملات التجارية على الخدمات فانها تستند على مبدأ المعاملة الوطنية الواردة في الفقرة (1) اعلاه وفتح السوق المحلية في قطاعات تحددها الدول الأعضاء. وقد نصت اتفاقية تجارة الخدمات GATS على ستة انواع من القيود المسموح بها لحصر مجالات فتح السوق المحلية للموردين الاجانب للخدمات والقيود هي:

1- تحديد عدد موردي الخدمات الاجانب.

2- تحديد قيمة المعاملات في الخدمات الواردة.

3- الزام مورد الخدمات الاجنبي بالتواجد في السوق المحلية.

4- الزام مورد الخدمات الاجنبي بانتاج كميات وقيم محددة من الخدمات في الدول المستقبلة.

5- تقييد عدد منتسبي الشركات الاجنبية الموردة للخدمات.

6- مشاركة رأس المال الاجنبي بنسبة معينة في مشروعات الخدمات الوطنية.

اما اتفاقية حقوق الملكية الفكرية -فقد فرضت على كل الأعضاء توفير الحماية الكافية لحقوق الملكية والتكنولوجيا وتوفير الاجراءات القضائية لرصد مخالفاتها واللجوء الى تسوية المنازعات الدولية من خلال منظمة التجارة العالمية.

الانضمام لمنظمة التجارة العالمية والعضوية:

لقد حددت منظمة التجارة العالمية تحقيق عدد من الامور للدولة الراغبة في الانضمام كما جاءت في وثيقة بروتوكول الانضمام واهم هذه الامور هي:

1- أن تعيد النظر في سياساتها الاقتصادية والانمائية بصورة تنسجم واحكام اتفاقية الجات، ومن هيكلية مؤسساتها المصرفية والنقدية، وفي الخطر المفروض على الاستيراد والتصدير وجميع الانظمة التي تقف عائقاً امام التبادل التجاري وتحويلها الى تعرفه كمركيه يتم الاتفاق عليها من خلال المفاوضات.

2- اعتماد نظام الجودة والمواصفات العالمية والرقابة في عمليات الانتاج، وتحسين المناخ الاستثماري في البلد مع توفير الحماية اللازمة للملكية الفردية، وتطوير البنية الانتاجية الصناعية والزراعية بما يتلائم وتحرير التجارة والصناعة.

3- دعم وتشجيع القطاع الخاص وتقليص القطاع العام الا في امور الخدمات العامة الهامة والبنى التحتية التي تسهل عمليات الاستثمار[1].

4- أن تتعهد الدولة بخفض التعريفه الكمركية وان لا ترفعها مستقبلاً الا بعد التفاوض مع الدول الأعضاء وان تلتزم بسقوف تثبيت تعريفاتها الكمركية.

5- اختبار القطاعات الخدمية التي ترغب الدولة الالتزام بفتحها وعادة ما يكون الالتزام في حدود ما تسمح به القوانين الوطنية من حرية الاستثمار والتنقل والتملك للاجانب.

6- يحق للدولة أن تطلب استثناءات من مبدأ الدولة الاولى بالرعاية في حالة وجود اتفاقية ثنائية تعط امتيازات في مجال الاستثمار والعمل في الخدمات لرعايا بعض الدول[2].

7- اعلان استعداد الدولة بالالتزام بمبادئ الجات وسعيها لتطبيقها وفق الشروط التي سيتم التفاوض عليها.

8- تحرير الاقتصاد الوطني من القيود والاجراءات غير الملائمة للاستثمار وتنشيط التبادل التجاري الدولي، وتقديم مذكرة توضيحية حول سياسة التجارة الخارجية.

9- تسهيل دخول الاستثمارات الخارجية والوطنية ومنحها الامتيازات والاعفاءات اللازمة لمزاولة اعمالها[3].

وتكون كافة الدول المتعاقدة في اطار اتفاقية الجات ودول المجموعة الاوربية التي قبلت باتفاقية الجات واتفاقية منظمة التجارة العالمية اعضاء اصليين في المنظمة منذ اعلان قيام المنظمة وتكون عضوية المنظمة مفتوحة لجميع الدول بالانضمام للمنظمة عن طريق التفاوض على الانضمام وعليها خلال المفاوضات الموافقة على الامور التي حددتها المنظمة والواجب اتباعها واتخاذ الخطوات اللازمة لها وغالباً ما يشار على هذه الامور على انها ثمن تذكرة دخول

---

[1] د.عدنان شوكت شومان، منظمة التجارة العالمية والتحررية الاقتصادية في الوطن العربي، مصدر سابق، ص 20.

[2] تمام علي الغول - منظمة التجارة العالمية، م صدر سابق، ص 11.

[3] د.عدنان شوكت شومان، منظمة التجارة العالمية والتحررية الاقتصادية في الوطن العربي، مصدر سابق، ص20-21.

البلد الى المنظمة، كما يحق لاي اتحاد كمركي او اقتصادي اقليمي مستقبل الانضمام لعضوية المنظمة وتتطلب اتفاقية المنظمة العالمية للتجارة من الأعضاء قبول كافة الاتفاقيات التي تشرف عليها المنظمة، ويتطلب الانضمام الى المنظمة تقديم الطلب المرفق به الوثائق المطلوبة.

ويتخذ المؤتمر الوزاري قرارات الانضمام، ويوافق على شروط الانضمام بأغلبية ثلثي الأعضاء في المنظمة [1].

وبالرجوع الى شبكة الانترنيت تبين لنا أن عدد اعضاء منظمة التجارة العالمية حتى 12/مايس / مايو 2002 فقد بلغ 144 أثر انضمام الصين وتايلاند في تشرين الثاني 2001.

من بينهم 11 دولة عربية هي البحرين والكويت والمغرب في 1995/1/1 تونس في 1995/3/29 جيبوتي وموريتانيا في 1995/5/31 ومصر في 1995/6/30 قطر في 1996/1/13 الامارت 1996/4/10 الاردن 2000/4/11، سلطنة عمان 2000/11/9.ويبلغ عدد الدول المنظمة بصفة مراقب 32 دولة منها دول عربية هي الجزائر. المملكة العربية السعودية. لبنان. السودان، اليمن. وهذه الدول يجب أن تنتهي من المفاوضات للحصول على عضويتها في المنظمة خلال 5 سنوات من تاريخ انتسابها..

والملحق رقم (1) يبين الدول الأعضاء في المنظمة والمنتسبة التي في طريقها للعضوية[2].

خلاصة ما تقدم يتضح لنا من خلال شروط الانضمام للمنظمة الضغط الذي تمارسه المنظمة على الحكومات بفرض السياسات الاقتصادية والاجتماعية والتشريعية وبغض النظر عن العواقب المترتبة وغلبة المصالح التجارية على مستلزمات التنمية والتطور في دول العالم. وستقضي على فرص العمل وتزيد من حدة البطالة والفقر وزيادة ضعف الدولة وافقار دول الجنوب بشكل عام. فالمنظمة هي في حقيقتها مجرد اداة في يد الشركات عابرة القوميات فهي منظمة غير ديمقراطية وعليه فعملية انضمام الدول اليها هو طمس لحقزقها وسيادتها والانقياد الى النظام العالمي الجديد وان الطريق السليم للدول العربية هو الوصول الى اتفاقيات التجارة الحرة فيما بينها وصولاً الى السوق العربية المشتركة والوحدة الاقتصادية فما تمتلكه الاقطار العربية من مقومات وموارد اقتصادية كفيل بأن تكون قوة اقتصادية لمواجهة التحديات الخارجية ومنظمة التجارة العالمية هي واحد من ابرز هذه التحديات.

---

(1) مجلس الوحدة الاقتصادية - الامانة العامة، تقرير الامين العام، مصدر سابق، ص 40-41.

(2) البيانات مأخوذة من شبكة الانترنيت العالمية - الموقع الخاص بمنظمة التجارة العالمية بتاريخ 2002/5/12.

الهيكل التنظيمي لمنظمة التجارة العالمية:

يتألف الهيكل التنظيمي لمنظمة التجارة العالمية من المكونات الرئيسية التالية:

1- المجلس الوزاري - Ministerial Council (الجمعية العامة).

يعتبر اعلى اجهزة المنظمة المسؤولة عن اتخاذ القرارات. ويتألف من وزراء الاقتصاد والمالية. ممثلي جميع الأعضاء، ويجتمع على الاقل مرة كل سنتين يضطلع المؤتمر الوزاري بمهام المنظمة ويتخذ الاجراءات اللازمة لهذا الغرض وله سلطة اتخاذ القرارات المتعلقة في اطار الاتفاقيات متعددة الاطراف، وبناء على طلب الدول الأعضاء.

2- المجلس العام General Council:

يتألف من ممثلي الدول الأعضاء، ويجتمع عند الحاجة ويقوم المجلس بمهام المؤتمر فيل المدة المحصورة ما بين اجتماعات المجلس الوزاري اضافة الى مهمة الاشراف على التنفيذ اليومي لمهام المنظمة، كما يتولى مهام هيئة فض المنازعات ومراجعة السياسة التجارية للدول الأعضاء ويعتمد الانظمة المالية وتقديرات الميزانية السنوية للمنظمة باغلبية الثلثين على أن تتضمن هذه الاغلبية الاكثر من نصف اعضاء المنظمة. يتفرع عنه ثلاث مجالس فرعية متخصصة هي - مجلس تجارة السلع، ومجلس للتجارة في الخدمات ومجلس الجوانب التجارية لحماية حقوق الملكية الفكرية وتنبثق عن هذه المجالس ثلاث لجان فرعية وهي لجنة التجارة والتنمية ولجنة قيود ميزان المدفوعات ولحنة الميزانية ولجنة الشؤون الادارية والمالية ويرتبط بالمجلس سكرتارية يترأسها سكرتير عام يعينه المجلس الوزاري ويحدد صلاحياته وواجباته وشروط خدمته، وتتكون السكرتارية من موظفين يتم تعينهم من المدير العام ويحدد واجباتهم وصلاحياتهم وشروط خدمتهم وفق القواعد العامة التي يحددها المجلس الوزاري [1].

آلية اتخاذ القرارات في المنظمة العالمية للتجارة:

تتخذ قرارات المنظمة اساساً بالتراضي Consensus ويعتبر القرار المتخذ بالتراضي عندما لا يعترض عليه رسمياً أي من الأعضاء الحاضرين في الجلسة التي يناقش فيها القرار وعند عدم التمكن من اتخاذ القرار بالتراضي يلجأ الى التصويت بواقع صوت واحد لكل عضو في اجتماعات المجلس الوزاري. والمجلس العام. يتخذ القرارات باغلبية الاصوات ما لم تنص الاتفاقات على خلاف ذلك كما هو الحال عندما يجتمع المجلس العام كهيئة لفض المنازعات

---

(1) عبدالناصر نزال العبادي، منظمة التجارة العالمية واقتصاديات الدول النامية، مصدر سابق، ص93-94.

ويشترط باغلبية ثلاثة ارباع الاصوات على الاقل عند اتخاذ قرارات لتفسير اية اتفاقيـة ويشـترط تحقـق الاغلبيـة في الحـالات الاستثنائية التي يقرر المؤتمر الوزاري والمجلس العام اعفاء أي عضو من التزام مقرر في الاتفاقيات [1].

تابع الهيكل التنظيمي لمنظمة التجارة العالمية

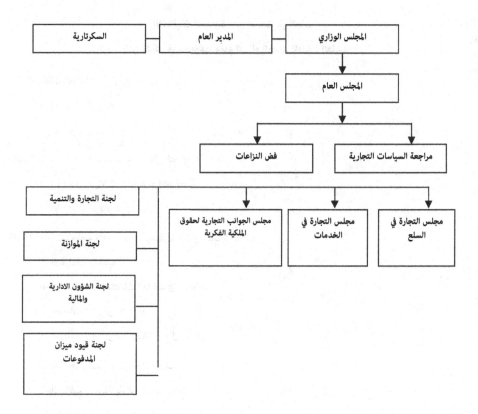

المصدر (1): د. ابراهيم العيسوي – الجات واخواتها، مصدر سابق، ص 88.

ما تقدم يتضح أن تشكيل مجالس المنظمة ولجانها وطريقة اتخاذ القرارات فيها فليس من الوارد اجبار دول الجنوب قبول قرارات معينة في حين أن عدد دول الجنوب كبير مقارنة بالدول المتقدمة التي لا تشكل اكثر من خمس الدول الأعضاء في المنظمة والواقع غير ذلك فالقضية لا تتعلق بعدد او نسبة ولكنها مسألة علاقات قوى ونفوذ. ومن البديهي فان ميزان القوى ليس في

---

[1] د. ابراهيم العيسوي، الجات واخواتها، مصدر سابق، ص 88.

صالح دول الجنوب ولكن هناك مجال لتحسين وضع دول الجنوب في المنظمة من خلال الحرص على عضوية اللجان والمجالس وحسن توزيع كوادرها الفنية المحدودة على مختلف اللجان والتنسيق فيما بينها بهذا الصدد والتعاون بدراسة القضايا المعروضة بشكل جيد وبلورة مواقفها المحددة منها والاستعداد للمفاوضات مستقبلاً والتي من المتوقع أن تثار فيها قضايا معقدة تخص دول الجنوب مثل قوانين العمل والهجرة الدولية والبيئة والتجارة وحقوق الانسان.

الاتفاقيات الجديدة التي اضيفت الى الجات

والتي تشكل في مجموعها معالم النظام الجديد للتجارة العالمية

اولاً- الاتفاقات الخاصة بالتجارة في:

1- المنتجات الزراعية.

2- المنسوجات والملابس.

ثانياً- الاتفاقات الخاصة بالقيود الفنية على التجارة.

3- الدعم والاجراءات المضادة او التعويضية.

4- الاجراءات الوقائية.

ثالثاً- الاتفاقات الخاصة بالاجراءات الصحية المؤثرة في التجارة العالمية.

5- الاجراءات الصحية.

6- قواعد المنشأ للمنتجات الداخلة في التجارة.

7- اجراءات تراخيص الاستيراد.

8- اجراءات التفتيش على البضائع قبل الشحن.

رابعاً- الاتفاقات حول تنفيذ بعض مواد الجات.

9- الاتفاقية المتعلقة بالاغراق ومواجهته.

10- الاتفاقية المتعلقة بقواعد التقييم الكمركي.

11- الاتفاقية العامة للتجارة في الخدمات.

خامساً- 12- الاتفاقية المتعلقة بالاستثمارات الاجنبية.

سادساً- 13- الاتفاقية حول قضايا التجارة المتعلقة بحماية حقوق الملكية الفكرية.

سابعاً- مذكرات التفاهم حول:

14- قواعد فض المنازعات واجراءاتها.

15- متابعة منظمة التجارة العالمية للسياسات التجارية للدول الأعضاء.

تاسعاً- الاتفاقات الجمعية حول:

16- تجارة الطائرات المدنية. 17- المشتريات الحكومية. 18- منتجات الالبان واللحوم	غير ملزمة لكل الدول الأعضاء في الجمعية بل ملزمة فقط لمن ينضم اليها.

المصدر: د. ابراهيم العيسوي، الجات واخواتها، ص 161.

المطلب الثالث

الآثار المستقبلية لتطبيق النظام الجديد للتجارة العالمية في الاقتصاد العربي

لبيان آثار تطبيق النظام الجديد (السياسات التجارية واتفاقيات منظمة التجارة العالمية) في الاقتصاد العربي فمن المناسب بيان واقع الاقطار العربية من العضوية في منظمة التجارة العالمية وكما يلي:

1- الاقطار العربية التي تتمتع بالعضوية الكاملة كأطراف متعاقدة في الجات بالرغم من محدودية عدد الاقطار العربية التي وقعت على الاتفاقية عام 1995، حيث ضمت كل من مصر، الكويت، المغرب، تونس، الامارات البحرين، قطر، موريتانيا، غير أن التطورات في الاوضاع والعلاقات الاقتصادية الدولية جعلت بعض الدول العربية تعيد النظر في موقفها من تحرير التجارة والانفتاح على الاسواق العالمية فقد انضمت الى المنظمة كل من جيبوتي. الاردن - سلطنة عمان.

2- الاقطار العربية التي تتمتع بصفة مشارك او منتسب في المنظمة هي الجزائر - السودان - اليمن.

3- الاقطار العربية التي تحضر اجتماعات المنظمة بصفة مراقب وهي:

السعودية - العراق - سورية - لبنان - ليبيا.

من المتوقع أن يترتب على تنفيذ اتفاقيات منظمة التجارة العالمية آثار ايجابية وسلبية على اقتصادات الاقطار العربية والمتوقع اختلاف هذه الاثار من قطر الى اخر تبعاً لاختلاف انظمته الاقتصادية وهياكله الانتاجية وتقدمه الاقتصادي وامكانياته المالية وموقفه تجاه هذه الاتفاقيات [1].

---

[1] جامعة الدول العربية، الامانة العامة، صندوق النقد العربي، التقرير الاقتصادي العربي الموحد لسنة 1995، ص 127.

غير أن الآثار السلبية مؤكد وقوعها في حين أن الاثار الايجابية اقرب الى الفرض فقد يتسنى للاقطار العربية الأعضاء في المنظمة الانتفاع منها او لن يتسنى لها ذلك حسب ظروفها وما تبذله من جهود لتوفير المتطلبات لتحويل المنافع المحتملة الى منافع فعلية وحسب السلوك العملي الذي ستتخذه الدول الصناعية المتقدمة بالنسبة الى تطبيق الاتفاقيات الجديدة [1].

4- تقليص قدرة الاقطار العربية على تصميم سياساتها التنموية بما يتفق واهدافها الوطنية والقومية وسيؤدي انشاء منظمة التجارة العالمية الى تحويل جزء من صلاحيات اتخاذ القرار الوطني في عدد من المجالات الى المنظمة الدولية الجديدة او تستوجب التشاور معها قبل اتخاذ القرارات المتعلقة بالتجارة مثلاً- تحديد انواع الدعم المسموح به والدعم المحظور والاشتراكات الجديدة المتعلقة بالاستثمارات الاجنبية التي تحول دون الزام المشروع الاجنبي باهداف متعلقة بالتصدير او الاستيراد او المكون المحلي وقوانين حماية الملكية الفكرية.

5- ارتباط وتثبيت نسبة كبيرة من التعريفات الكمركية في جداول التزامات دول الجنوب منها الاقطار العربية يعني صعوبة اعادة النظر فيها وفق مصالحها الوطنية فقد تتحمل بعض الاعباء اذا ما أصرت على سحب بعض التنازلات التي التزمتها في جولة اوروغواي مما يشكل قيداً على حركة دول الجنوب في تشكيل سياساتها الوطنية ومن ناحية ثانية فان تحويل عدد من اتفاقات الجمعية / الاختيارية الى اتفاقات متعددة الاطراف ملزمة لجميع الدول يعني زيادة الالتزامات الواقعة على هذه الدول وتقييد حريتها مستقبلاً.

6- أن الزيادة في مستوى الالتزامات والضوابط التي تضمنتها الاتفاقيات الجديدة سوف تحد كثيراً من حرية الحركة المتاحة للحكومات في رسم سياساتها التنموية واختيار الادوات المختلفة اللازمة لتطبيقها ومن ثم فلن يكون بمقدور الكثير من الدول الأعضاء في منظمة التجارة العالمية تطبيق السياسات والادوات التي تستخدمها الدول الصناعية في الماضي والحاضر ولتحقيق التنمية وسوف يقتضي عليها الاتجاه الى سياسات تقوم على حرية الاسواق والتجارة لتوليد الاندفاعية الكبيرة اللازمة للخروج من التخلف وتحقيق التنمية.

زيادة الضغوط على دول الجنوب منها الاقطار العربية في طريق الليبرالية الاقتصادية الجديدة للمنظمة بالتعاون مع صندوق النقد والبنك الدولي لتنسيق السياسات الاقتصادية عالمياً وقد تخفف من حدة الاثر بعض الاستثناءات المختلفة التي تضمنتها الاتفاقات والتي تجبر دول الجنوب فرض القيود على التجارة وتقديم الدعم للصناعات المحلية في حالات محددة. غير أن اللجوء للاستثناءات اصبح مقيداً باجراءات ومتطلبات ادارية وفنية اشد من ذي قبل اضافة لكون اغلب

---

[1] د. ابراهيم العيسوي، الجات واخواتها، مصدر سابق، ص134.

الاستثناءات اصبحت مربوطة بتوقيتات محددة بحيث تعود دول الجنوب للعمل بالقواعد العامة بعد انتهاء مدة الاستثناء الذي قد لا يكون طويلاً بالدرجة الكافية في المنظور التنموي [1].

7- الاثر السلبي في النشاط الاقتصادي بشكل عام، وفي الانتاج والتوظيف في بعض المجالات (كالخدمات وبعض المنتجات الصناعية) جراء المنافسة غير المتكافئة التي تستعرض لها من جانب المصادر الاجنبية مثلاً - حدوث بطالة في قطاع الصناعة العربية، وعدم استفادة الاقطار العربية من تحرير التجارة في الخدمات لانها مستورد صافي للخدمات [2] كما قد ينتج الاثر السلبي في النشاط الاقتصادي.

8- من المحتمل أن يؤدي الارتفاع الكبير في المتطلبات الفنية والقانونية والاجرائية والمعلوماتية للنظام الجديد للتجارة العالمية الى خسارة دول الجنوب منها الاقطار العربية نتيجة اضطرارها قبول التزامات اكثر او اشد مما ينبغي، او لضياع بعض الفرص التي تتيحها الاتفاقات الجديدة (فرص تصدير او فرص حماية ودعم للصناعة المحلية) ويعود السبب في ذلك الى ضعف القدرات الادارية والمؤسسية وندرة الكوادر الفنية المؤهلة ونظم المعلومات الجيدة في هذه الدول[3].

اذن أن توفر القدرات والكوادر الفنية المؤهلة يعتبر من الامور المهمة جداً لفهم ومعرفة ما تتضمنه الاتفاقات من التزامات ومزايا، ولمتابعة مدى التزام الشركاء التجاريين للدولة بالقواعد والاجراءات الجديدة ولتأمين تمثيل مناسب للدولة في المجالس واللجان والهيئات المتعددة التي ستكون في المنظمة وقد شجعت الاتفاقات الدول المتقدمة لتقديم الدعم الفني لتمكين دول الجنوب منها الاقطار العربية من تحسين اوضاعها الادارية والفنية والقانونية لمساعدتها في الاستجابة لمتطلبات النظام الجديد، وسيتوقف ذلك على مدى الاثر السلبي في مدى استجابة الدول المتقدمة وسرعة تحركها في مجال تقديم المساعدة المطلوبة لدول الجنوب.

اولاً- آثار الاتفاقية على القطاع الصناعي:

سيشهد القطاع الصناعي في عموم الاقطار العربية اثاراً سلبية خاصة بعد أن الغت الاتفاقية مبدأ الدولة الاولى بالرعاية حيث سيؤدي ذلك الى تآكل الهوامش التفضيلية للاقطار

---

[1] د. ابراهيم العيسوي - الجات واخواتها، مصدر سابق، ص 129-131.

[2] نبيل حشاد - الجات وانعكاساتها على اقتصاديات الدول العربية، سلسلة رسائل البنك الصناعي 43، الكويت 1994، ص 96-98.

Unctad, Trade and Development Report , New York Geneva. UN. 1994. P.168.

[3] د. ابراهيم العيسوي - الجات واخواتها، مصدر سابق، ص 129.

العربية، كما أن ادراج حقوق الملكية الفكرية سيؤدي الى زيادة تكاليف التصنيع. بالنظر لارتفاع اسعار براءات الاختراع.. وهناك حذر من أن يؤدي ذلك الى احتكار التكنولوجية مما سينعكس سلباً على الصناعات الغذائية بالدرجة الاولى بالنظر للتطورات المهمة في مجال تصنيع الغذاء، اضافة الى ارتفاع اسعار الصناعات الدوائية والالكترونية والبتروكيماوية. كما أن استثناء النفط والغاز من جولة المفاوضات [1]. يشكل ضعفاً في مجموع الفوائد التي كان من الممكن أن تحصل عليها الاقطار العربية باعتبارها من اهم الصادرات الصناعية العربية. ومن المحتمل أن تفرض ضرائب جديدة على هذه الصادرات كضريبة الكاربون وتحت ذريعة سلامة البيئة وغيرها من الذرائع الاخرى مستقبلاً[2].

ويمكن الاشارة الى بعض التوقعات المستقبلية على النشاط الصناعي:

1- أن خفض التعريفة الكمركية على السلع الصناعية في الدول المتقدمة سيجعله اتجاه الاقطار العربية للاستيراد اكثر من الدول المتقدمة الاخرى، بعيداً عن المواد الاولية والمنتجات الكثيفة لليد العاملة، التي يزداد انتاجها في الدول العربية فمن المتوقع أن تتراجع صادرات دول الجنوب منها العربية بشكل كبير يفوق عن هبوط صادرات الدول المتقدمة.

2- بالرغم من انخفاض التعريفة، فستبقى اهميتها عالية في صناعات كثيرة، مثل الالبسة والجلود والمطاط. على الرغم من توقع معدل هبوطها. فانها لن تلغى في حين المتوقع ارتفاع التعريفة على المواد (الزنك، الرصاص والتبغ)[3].

3- من المتوقع ملاحظة ترتيبات الالياف متعددة الاطراف والتباطؤ في مجال الالتزام بالقيود المتعلقة بها، حيث سيؤدي هذا الحد من المنافع التالية التي برزت لدول الجنوب من خلال النقاط الآتية:

---

[1] لقد تم استثناء النفط من اتفاقية الجات ليس لكونه سلعة غير هامة ولكن لغياب الدول النفطية في مفاوضات الجات لفترة زمنية طويلة وقد ثبت من خلال تعامل اتفاقية الجات مع سلع اخرى أن غياب او حضور الدول ذات المصلحة يحدد صيغة التعامل مع هذه السلع وليس مستبعداً أن نرى مسقبلاً ادراج النفط لما يشكل من اهمية في التجارة الدولية. وتحقيق ذلك يعتمد على القدرة التفاوضية وحضور الدولة النفطية في المفاوضات القادمة لتحرير التجارة الدولية.

- د. جاسم المناعي، اتفاقية الجات وانعكاساتها على اقتصاديات دول مجلس التعاون الخليجي، مصدر سابق، ص21.

[2] الامانة العامة للاتحاد العام لغرف التجارة والصناعة والزراعة للبلاد العربية، الانعكاسات المحتملة للجات على الاقتصادات العربية والدور العربي المشترك للتعامل معها، مجلة شؤون عربية العدد 80، 1994، ص 13-16.

[3] على وردة، الاتفاقية العامة للتعريفات الكمركية والتجارة - الجات، مجلة العمال العرب، العدد 346 أيلول/1997، ص 80-81.

أ- من المتوقع أن يتم رفع 49% فقط من القيود الكمية المتعلقة بها نهاية الفترة المقررة.

ب- الحق لكل دولة مستوردة التصرف حسب ما تراه مناسباً بالنسبة للسلع التي سيتم تضمينها في كل جولة من جولات التحرير القادمة، وبامكانها تحرير سلع اخرى قيدها السوق سابقاً.

ج- يحق للدولة المستوردة تضمين بنود اضافية تحت ذريعة السلامة (Safeguard) وبشرط اسهل.

وسيحد هذا من تحرير هذه السلع. ويعمل على بطء تنفيذ اتفاقية المنسوجات والملابس [1] مما يتطلب من الاقطار العربية المبادرة في جمع قواها والاستفادة من البعد العربي. ووضع سياسة اقتصادية صناعية عربية تتبنى التكنولوجيا كعنصر مهم في عملية التنمية - لضمان تقدم الصناعة وابعادها عن حالة الضعف والتردد اضافة الى تأكيد دور المؤسسات التقنية الصغيرة، والمتوسطة واقامة المؤسسات العربية المنتجة الكبرى، وزيادة التعاون الصناعي العربي من خلال زيادة الانتاج وتوسيعه ليغطي حاجة السوق العربية وباسعار تنافسية والتعاون في مجال بناء المقدرة التقنية العربية وتحسين استخدام الموارد الطبيعية المتاحة وزيادة التنسيق القائم فيما بينها.

ثانياً- آثار الاتفاقية على المنتجات الزراعية:

أن تخفيض التعريفة على السلع الزراعية وتخفيض الدعم الزراعي سيؤدي الى اثار سلبية لدول الجنوب من ضمنها الاقطار العربية في المقابل ستكون المستفيد الاكبر من هذه الترتيبات الدول المتقدمة ويعود ذلك للاعتبارات التالية:

1- مثلث المدة المستخدمة كأساس للتخفيض (1986-1988) فترة حماية الزراعة في الدول المتقدمة، والتخفيض الحقيقي للتعريفة في الدول المتقدمة سيكون اقل مما هو متوقع. وقد تم البدء بتطبيق تعريفات اكبر خلال السنوات اشار اليها على ست محاصيل زراعية رئيسية في دول السوق الاوربية وخمسة محاصيل في امريكا كما أن عبارة السلامة او safeguard تسمح بوضع تعريفات اضافية اذا تجاوز حجم الواردات الحد المرغوب او انخفضت اسعار الواردات.

2- أن بداية التوجه نحو تخفيض الدعم على الصادرات الزراعية في اتفاقية الجات اعتمد الفترة من (1986-1990 ومن 1990-1992) وقد مثلت هذه الفترة اعلى معدلات الدعم للقطاع

---

[1] د.امينه زكي شبانه، تأثير العولمة على الوضع التنافسي لصادرات الدول النامية، مصر المعاصرة، الجمعية المصرية للاقتصاد السياسي والاحصاء والتشريع، العدد 455، 456، القاهرة/1999، ص14-15.

الزراعي وقد ارتفع معدل دعم الصادرات الزراعية خلالها بشكل كبير مقابل ذلك المعونات الطارئة حيث بقيت مستثناة من تعريف دعم الصادرات [1]. من المؤكد أن يؤدي تخفيض الدعم الزراعي وتحرير تجارة المنتجات الزراعية في الدول المتقدمة الى ارتفاع اسعار المنتجات الزراعية (المواد الغذائية) ما عدا عدد قليل من المنتجات التي من الممكن أن نشهد اسعارها بعض الانخفاض كالرز والبن والكاكاو، وستركز الزيادة في المتوسط ما بين 3% -8% وسيكون اثر الزيادة كبيراً على الاقطار العربية لاعتمادها على الاستيراد الصافي للمنتجات الغذائية فقد يصل الارتفاع المتوقع في اسعار السلع الزراعية الى 25% وستواجه الدول العربية صعوبات في توفير امدادات كافية من السلع الغذائية الاساسية من المصادر الخارجية بشروط معقولة بما فيها الصعوبات قصيرة الاجل في تمويل المستويات الطبيعية للواردات التجارية من السلع الغذائية الاساسية [2]، كما سترتفع اسعار المنتجات الزراعية المحلية ومن المحتمل أن يؤدي هذا الى[3]:

أ- زيادة في اختلالات (عجز) الموازين التجارية والزراعية العربية لارتفاع قيمة المستوردات الغذائية العربية التي هي بالاساس مرتفعة. حيث تمثل المنتجات الزراعية حوالي 20% من اجمالي الواردات و 4% من اجمالي الصادرات في الدول العربية، فحصيلة الصادرات الزراعية سوى جزءاً من مبلغ الواردات الزراعية.

وتواجه الاقطار العربية عجزاً في السلع الزراعية الرئيسة الاساسية منها الحبوب والالبان والسكر والزيوت واللحوم والشاي والبن.

ب- بروز مشاكل اجتماعية كثيرة لان غالبية الاقطار العربية هي مستوردة للسلع الغذائية الرئيسية او سيؤثر ارتفاع اسعار المستوردات الغذائية على دخل ورفاه كل من المنتجين والمستهلكين والمستوردين والمصدرين والمتوقع أن تبلغ الخسارة الكلية لمجموع الاقطار العربية في مؤشر الرفاهية الاجتماعية بسبب تحرير التجارة الدولية في السلع الزراعية حوالي 900 مليون دولار سنوياً.

---

[1] أحمد مجدلاني وآخرون - انعكاسات العولمة السياسية والثقافة على الوطن العربي، ندوة 33 تحرير اسحاق الفرحان، مركز دراسات الشرق الاوسط،ط1، عمان، 2001، ص 199.

- منظمة العمل العربي - مكتب العمل العربي. الاتفاقية العامة للتعريفات الكمركية والتجارة (الجات) وانعكاساتها على مستقبل الاقتصادات العربية بوجه عام ومسائل العمل بوجه خاص، مصدر سابق، ص 27-28.

[2] د. ابراهيم العيسوي، الجات واخواتها، مصدر سابق، ص 128.

[3] الامانة العامة لجامعة الدول العربية - الامانة العامة - صندوق النقد العربي - التقرير الاقتصادي العربي الموحد 1995، ص 130.

ج- يمكن تحويلها الى آثار ايجابية على المدين المتوسط والبعيد وذلك اذا ما عزمت الاقطار العربية المستوردة الصافية للغذاء على تصميم وتنفيذ برامج انمائية تستهدف رفع معدلات الانتاج الغذائي. فيها وتعزيز قدراتها الذاتية في سد الفجوة من السلع الغذائية الاساسية في السابق لعبت الاسعار الرخيصة للمستوردات الغذائية التي كانت في معظم الحالات تتلقى الدعم من بلد التصدير ومن البلد المستورد دوراً رئيسياً سلبياً قوياً في انصراف المنتجين المحليين عن انتاج السلع الغذائية ما دام الاستيراد يوفر للمستهلكين باسعار اقل وربما بجودة افضل فمن المحتمل مع خفض الدعم التدريجي في بلدان التصدير ووقفة في الاقطار العربية وارتفاع اسعار هذه السلع. فسيشجع هذا الامر المزارعين المحليين على التوجه نحو زيادة انتاجهم من هذه السلع وان يصبح هو الطريق السليم لزيادة انتاج هذه السلع ويصبح هو الطريق الامثل للتحرر من التشوهات التجارية والسعرية التي خلقها الدعم الزراعي في الدول المتقدمة والذي كان سبباً رئيسياً في تحويل العديد من دول الجنوب منها العربية الى مستورد صافي للغذاء[1].

د- وفي المدى القريب فان تحرير المنتجات الزراعية الرز والحبوب الزيتية والقمح فمن المتوقع أن ترتفع اسعارها وسيحتل القمح المركز الاول بالنسبة للمنتجات الزراعية ومن المحتمل أن تتراوح تقديرات الزيادة المتوقعة في الاسعار العالمية للقمح بين 5% و 7.5% عن السعر السائد وهناك تقديرات اخرى هي اضعاف المشار اليها وستكون نسبة الخفض التي اجرتها امريكا بنسبة 16% وكندا بنسبة 47 والاتحاد الاوزربي بنسبة 17% مما يعني أن انخفض سيكون وهمياً بالنسبة لمنتجات الحبوب بل أن الارباح المتحققة نتيجة ارتفاع اسعار الحبوب سيكون اضعاف ما تم تخفيضه[2].

3- اشارت الاتفاقية الى وجوب تامين مساعدات غذائية ومالية ونقدية لتطوير القطاع الزراعي ولمنح الدول المستوردة للغذاء والدول الاقل نمواً. شيئاً من المرونة في تطبيق الاتفاقية اضافة الى أن الاعلان قد اكد على اهمية العمل على حل العديد من مشاكل دول الجنوب خاصة المديونية وتقديم المساعدات غير أن المعلومات الموثوقة تؤكد تراجع حجم المساعدات للتنمية عموماً وزيادة عبء المديونية الخارجية وعدم تنفيذ القرار المتعلق بتعويض دول الجنوب المستوردة الصافية للغذاء نتيجة الاثار السلبية لاتفاقية الزراعة على الاوضاع الداخلية.

وهكذا خلقت منظمة التجارة العالمية ازمة لدول الجنوب ومنها الاقطار العربية بسبب تحرير تجارة المنتجات الزراعية ولم تقدم جلاً مقبولاً وعلى هذا الاساس سوف يؤدي هذا التحرير الى تفاقم مشكلة المديونية الخارجية لتزايد القروض الممنوحة من قبل صندوق النقد

---

(1) **د. عبدالواحد العفوري - العولمة والجات - التحديات والفرص - مصدر سابق، ص 132-133.**

(2) **د. عبد الواحد العفوري - العولمة والجات، مصدر سابق، ص 133.**

الدولي والى زيادة التبعية للاعانات الغذائية الخارجية، وهذا الوضع يفرض على الاقطار العربية ضرورة التعاون العربي المشترك وايجاد صيغة مناسبة للعمل على اصلاح الاراضي القابلة للزراعة فيها وتحقيق الاكتفاء الذاتي.

4- منحت الاتفاقية الحق لاية دولة منع استيراد المواد الزراعية لاسباب صحية شريط أن يستند هذا المنع على معطيات علمية والا يطبق على سلعة دولة دون اخرى ولهذا التنظيم اثار ايجابية على الاقطار العربية المنتجة للمواد الزراعية كسوريا والسودان اذ أن انفتاح الاسواق يشجع الى زيادة الصادرات[1] الا أن الدول المصدرة للسلع الزراعية بعد تطبيق قواعد منظمة التجارة العالمية ستواجه الاجراءات الصحية التي تنص عليها القواعد لنفاذ السلع الزراعية في الاسواق العالمية، لذا يتوجب على الاقطار العربية المنتجة والمصدرة للسلع الزراعية اجراء عملية تكيف واسعة باهضة التكاليف من اجل تحسين نوعية الانتاج ونوعية خدمات التسويق بالاضافة الى ضرورة اعادة النظر في سياسات الانتاج الزراعي التي تقوم على تقديم اعانات رسمية او الانتاج على حساب الموارد المائية النادرة (مثل سياسة انتاج القمح في السعودية) لانه يزيد من تكاليف الانتاج في المدى القصير وربما في المدى المتوسط - مما يضعف من قدرة الاقطار العربية المصدرة على المنافسة امام المبادرات الزراعية في دول اوربا الشرقية وغيرها. ويتوقف ذلك على قدرة الدول العربية على اتباع التقنيات الجديدة في الزراعة والتسويق وعلى قدرتها على استيعاب وتطبيق نتائج البحوث العلمية في المجالات الزراعية والتسويقية التي ستؤدي الى زيادة الانتاجية كماً ونوعاً وتخفيض التكاليف[2]. من جهة اخرى تعتمد المصادرات لبعض الاقطار العربية على الاتفاقيات التفضيلية، لكنها تتأثر سلبياً من جانب آخر من اتساع رقعة المنافسة التي تتعرض لها بسبب انفتاح الاسواق امام المنتجات الزراعية للدول غير المنتمية لتلك الاتفاقيات وبالنتيجة ستتضرر صادرات الدول التي لا تملك منتجاتها قدرة تنافسية عالية.

- أن تقليص الدعم للصادرات المقرر للصادرات الزراعية يخل بشروط المنافسة التي يقوم عليها النظام التجاري العالمي وتقليص الاعانات يعني زيادة كلفة الانتاج ينجم عنها ارتفاع اسعار السلع الزراعية عند تصديرها فيتضرر المستهلكون اصحاب الدخول الضعيفة في الدول المستوردة وسيكون الوطن العربي في مقدمة المناطق المتأثرة من تحرير تجارة المنتجات

---

[1] د. صباح نعوش - العرب ومنظمة التجارة العالمية - شبكة الانترنيت، مكة المكرمة، تاريخ النشر 11 تشرين الثاني 2001م، ص3-4.

[2] د. عدنان شوكت شومان، المصدر السابق، ص 34و33.

الزراعية لكونه مستورداً صافياً للمواد الغذائية وقد بلغت نسبة الصادرات الزراعية العربية 1% فقط من الصادرات الزراعية العالمية لعام 1998 اما وارداته فقد بلغت نسبتها 6% من الواردات الزراعية العالمية وهناك دول عربية تعتمد اساساً على الصادرات الزراعية ومن غير المحتمل أن تحقق مكاسب مهمة لضعف قدرتها الانتاجية وندرة استخدام التكنولوجيا الحديثة[1].

كما أن اتفاقية الجوانب التجارية المتعلقة بحقوق الملكية الفكرية تحد الكثير من امكانية تطوير الاساليب الانتاجية الزراعية، خاصة في مجال استخدام البذور والشتول المحسنة بالهندسة الوراثية، وستكون آثار ذلك بالغ الخطورة على الزراعة بشكل عام، وعلى الصادرات الزراعية بشكل خاص وتتمثل الاثار المباشرة في ارتفاع تكاليف المدخلات الزراعية خاصة البذور الزراعية. وسيؤثر منع التبادل غير التجاري مواد البذور على المجالات التي تتيح للمزارعين لتحسين محاصيلهم، كما أن خضوع عمليات زرع البذور من الحصاد لقوانين حقوق الملكية الفكرية لا يترك مجالاً للتنمية الزراعية في دول الجنوب، خاصة وان غالبية المزارعين في دول الجنوب بما فيها الاقطار العربية هم من مزارعي الكفاف [2].

ثالثاً- آثار اتفاقية تجارة المنسوجات والملابس في الاقتصاد العربي:

من المحتمل أن يؤدي الغاء الترتيبات الدولية لتجارة المنسوجات والملابس المعروفة بأسم (Multi Fiber Arrangement-MFA) وادخال المواد والسلع التي تتضمنها ضمن هيكل المواد والسلع التي تنظم تجارتها القواعد والترتيبات العامة المعمول بها وفقاً للاتفاقية العامة للتعريفة الكمركية والتجارة المتفق عليها الى زيادة واردات امريكا من المنسوجات حوالي 20% والالبسة 36% كما سيؤدي الالغاء الى زيادة صادرات الاقطار العربية من المنسوجات حوالي 82% ومن الالبسة حوالي 93% الى دول منظمة التنمية والتعاون الاقتصادي[3].

أن الاثار المتوقعة على اقتصاديات الاقطار العربية نتيجة التحرير الكامل فسيؤدي الى تعزيز ودعم الترابط بين القطاعات الاقتصادية كالزراعة والصناعة والخدمات على مستوى الاقتصاد القومي نتيجة حرية التفاعل مع الاسواق العالمية. غير أن حدوث هذا الاثر الايجابي

---

[1] صباح نعوش - العرب ومنظمة التجارة العالمية - شبكة الانترنيت، مصدر سابق، ص2-3.

[2] الامانة العامة للاتحاد العام لغرف التجارة والصناعة والزراعة للبلاد العربية، الانعكاسات المحتملة للجات على الاقتصادات العربية والدور العربي المشترك للتعامل معها، مصدر سابق،ص24-25.

[3] أحمد مجدلاني وآخرون - انعكاسات العولمة السياسية والثقافية على الوطن العربي تحرير اسحق الفرحان، مصدر سابق، ص 209.

مرتبط بقدرة الاقطار العربية على زيادة وتعزيز طاقتها الانتاجية اضافة الى قدرة صادراتها على مواجهة المنافسة المتزايدة بين صادرات الدول الاخرى [1] الاقل كلفة في انتاجها مثل الهند، باكستان والصين وهونك كونك للحصول على نصيب كبير من الصادرات في اسواق الدول الصناعية امريكا والاتحاد الاوربي مثل المغرب، تونس، مصر- وتعتبر المغرب اكبر دولة عربية مصدرة للمنسوجات والملابس الى الاتحاد الاوربي، وتمثل المرتبة (العاشرة) عالمياً بين مصدري المنسوجات والملابس للاتحاد الاوربي في حين تحتل تونس المرتبة (12) والى الجانب الايجابي لاهميته التجارية مع الاتحاد الاوربي عموماً سيرتفع نصيب المنسوجات الى ما يتراوح بين 20 و 33% من اجمالي صادرات السلع المصنعة لكل من المغرب وتونس ومصر- وستتعرض الدول العربية المصدرة لمنافسة شديدة في حالة الغاء او تخفيف اجراءات الحماية التجارية التي تتمتع بها في الوقت الحاضر. حيث ساعدت اجراءات الحماية التجارية على زيادة الاستثمارات في صناعة المنسوجات والملابس في الدول العربية بشكل كبير خلال السنوات الاخيرة غير أن هذه الاجراءات ادت من ناحية ثانية الى ارتفاع تكاليف الانتاج وانخفاض انتاجية رأس المال وتخلف المواصفات القياسية [2].

رابعاً - آثار اتفاقية تحرير تجارة الخدمات في الاقتصاد العربي:

بشكل عام يكمن جوهر الاتفاقية GATS في الالتزامات بالبرامج التي تتعهد بها الدول الأعضاء للنفاذ بشأن تحرير قطاعات معينة من القطاعات الخدمية وجعلها مفتوحة امام المنافسة الاجنبية اضافة ال الالتزامات الاخرى التي تتعلق بتعديل القوانين والسياسات التي تحد من نشاط المستثمرين الاجانب في هذه القطاعات، بغض النظر عن القطاع المعني، وتوضح الاتفاقية ابتعادها الواضح عن تحقيق التجارة في الخدمات، وضالة حجم التحرير الذي تمخض عنها ومحدودية الاثر الفوري للاتفاقية اما الجانب الايجابي من الاتفاقية هو التزام الدول الأعضاء عدم استحداث قيود جديدة.

لقد تطور قطاع الخدمات الانتاجية في الاقطار العربية وازدادت اهميته باعتباره مصدر من مصادر الدخل وسوقاً لتشغيل وتوظيف العمالة المحلية فضلاً عن اهميته باعتباره مصدراً مهماً من موارد النقد الاجنبي في عدد من الاقطار العربية كقطاع السياحة في مصر والمغرب وتونس والاردن. والنقل والاتصالات في كل من السعودية والعراق ومصر والتمويل والمصارف

---

[1] راجع للمزيد صندوق النقد الدولي، التقرير الاقتصادي العربي الموحد 1995، مصدر سابق، ص139-140.
[2] عبدالناصر نزال العبادي، منظمة التجارة العالمية WTO، مصدر سابق، ص176-181.

في دول الخليج العربي وليبيا والاردن. ومما زاد من اهمية تجارة الخدمات وتوسعها التقدم التقني الواسع في وسائل الاتصال وتقنيات المعلومات وفي السنوات الماضية زادت اهمية قطاع الخدمات الانتاجية في الاقطار العربية حيث بلغت القيمـة المضافة نحو 1360 مليار دولار عام 1994 مقابل 109 مليار دولار عام 1990 و 62 مليار عام 1980 بمعدل نمـو سـنوي متوسط قدره حوالي 5.8% واستمرت الزيادة في السنوات 1995 - 1998 بمعدل زيادة اقل من السابق حيث وصلت النسبة 0.6 %[1].

أن آثار اتفاقية الـ GATS على الاقتصادات العربية تعتمد على التعهدات التي التزمت بها الاقطار العربية المشاركة والملاحظ أن البرامج التي تقدمت بها الاقطار العربية الأعضاء في اتفاقية الـ GATS هـو تبنيهـا مـنهج الحـد الادنى في مجـال التحرير الجزئي لبعض الخدمات.

فقد كانت اقل من متوسط دول الجنوب (الجزائر - البحرين - تونس) واكثر شمولاً مـن متوسط دول الجنـوب (مصر - الكويت - المغرب) وكانت التزامات الاقطار العربية ضئيلة فيما يتعلق بالشمولية القطاعيـة وتركـزت التزاماتها في انشطة تكتسب فيها ميزة نسبية كمجال الفنادق والمطاعم والخدمات المتصلة بالسياحة والخدمات المالية.

غير أن الالتزامات التي اخذتها الاقطار العربية على نفسها هـي فتح اسـواقها لتجـارة الخدمات رافقتهـا اجـراءات تقييدية شملت حقوق الملكية للاجانب لشراء العقارات اضافة الى حرية دخـول واقامـة منـدوبي هـذه الشركات في ضوء الالتزامات الواردة الذكر للاقطار العربية.

أن الاثار المباشرة لـ GATS على مقدمي الخدمات المحليين في الاقطار العربية ستكون محـدودة جـداً وقـد تكـون معدومة في اطار التعهدات السابقة الذكر. غير أن آثار تحريرها على الاقتصادات العربية سوف تعتمد على نتائج المفاوضـات المستقبلية ومدى استجابة الاقطار العربية للضغوط لتحرير هذه القطاعات والالتزامات التي ستقدمها في جداولها[2].

أن تحرير تجارة الخدمات ليس في مصلحة الاقطار العربية بشكل عام ربمـا قـد تسـتفيد بعـض الاقطار العربية في بعض الحالات غير أن المتوقع أن تكون الخسائر اكبر. لان فتح اسواق الاقطار العربية امام موردي الخدمات الاجنبيـة سـيؤدي خاصة في تجارة التوزيع والخدمات المصرفية والمالية والتأمين وخدمات السفر والسياحة والاتصالات الى اجبار المنتجين المحليين

---

[1] جامعة الدول العربية، الامانة العامة - صندوق النقد الدولي - التقرير الاقتصادي العربي الموحد لعام 1995، ص 143-144.

[2] جامعة الدول العربية - الامانة العامة - صندوق النقد العربي - التقرير الاقتصادي العربي الموحد لعام 1995، ص144-145.

في هذه الخدمات اجراء تحسينات على ادائهم من اجل منافسة الموردين الاجانب فضلاً عن الحصول على التقانة المتقدمة ذات التكاليف العالية[1].

ولابد من الاشارة الى أن اتفاقية تجارة الخدمات (GATS) تتضمن تحرير الخدمات المصرفية والمالية وقد منحت الدول العربية الأعضاء في منظمة التجارة العالمية حق التواجد التجاري لشركات الخدمات والبنوك التجارية الاجنبية التي هي في اغلب الاحوال شركات عملاقة متعددة الجنسيات أن تبث سيطرتها والهيمنة على السوق العربية واسواق دول الجنوب وسيعطي هذا البنوك العالمية التي تمتلكها تلك الشركات مجالات كبيرة للعمل والتوسع والامتداد وسيؤثر ذلك سلباً على اداء البنوك العربية واسواقها المالية ذات الرأسمال المحدود مقارنة بالبنوك العالمية ذات الاحجام الكبيرة وبالتالي ستصبح المنافسة شديدة ويتطلب هذا الامر اجراء تعديلات اساسية محلياً في هذا القطاع بتطوير قدرة البنوك العربية بزيادة رأسمالها بتشجيع عمليات الدمج وزيادة حجم رأسمالها لتصبح بنوك عربية كبيرة[2].

ولابد من تحقيق ذلك وبشكل منظم وسريع خاصة وان البنوك التجارية ذات الرأسمال الكبير والادوات الحديثة والادارة الكفوءة تعد اداة مهمة لحماية الاقتصادات المحلية العربية من الصعوبات والازمات الاقتصادية التي تشهدها العديد من الدول لتعظيم ارباحها وانتقال رؤوس اموالها من بلد لآخر[3].

ويتزايد اتجاه الاقطار العربية بزيادة حجم رؤوس اموال البنوك العربية القائمة، وربط اسواق راس المال العربية وفتح الحدود امام رؤوس الاموال وانتقالها من بلد عربي الى آخر.

أن العولمة الاقتصادية التي تعد اتفاقية تحرير تجارة الخدمات GATS احد مظاهرها تثير تحديات لا يمكن التقليل من شأنها بالنسبة لكثير من دول الجنوب بما فيها الاقطار العربية فالازمات المالية والمصرفية التي عرفتها مؤخراً دول كثيرة سواء في امريكا اللاتينية او جنوب شرق آسيا تثير التساؤل حول مدى قدرة الكثير من هذه الدول واستعدادها للتأقلم بشكل مريح مع مقتضيات العولمة. سواء تعلق الامر بتحرير القطاع المالي او باتاحة الفرصة لمزيد من المنافسة

---

[1] د. عدنان شوكت - منظمة التجارة العالمية والتحررية الاقتصادية في الوطن العربي - مصدر سابق، ص36.
- كذلك د. ابراهيم العيسوي - الجات واخواتها، مصدر سابق، ص139-140.

[2] معتصم سليمان - أثر الاتفاقية العامة لتجارة الخدمات (GATS) على الاسواق المالية العربية، اسواق راس المال العربية الفرص والتحديات، تحرير صندوق النقد العربي 1998، ص72.

[3] معتصم سليمان - المصدر اعلاه، ص74.

او بحرية انتقال رؤوس الاموال او في مجال تطوير اجراءات الاشراف والرقابة المالية والمصرفية فان كثير من دول الجنوب بما فيها الاقطار العربية ومنها دول الخليج تحتاج الى بذل مزيد من الجهد لوضع قطاعاتها المالية والمصرفية في مستوى التحديات التي تفرضها العولمة الاقتصادية[1].

وعليه فشمول اتفاقية الخدمات للجوانب المالية في كل فروعها من قروض وضمانات وتقديم استشارات استشارية وغيرها تشكل خطورة كبيرة على الاوضاع المالية الهشة لدول الجنوب منها الاقطار العربية التي يعاني فيها سوق المال من صعوبات واختلالات في موازين مدفوعاتها ولما كانت اتفاقية GATS احد مظاهر العولمة الاقتصادية فانها تشكل خطورة على السيادة الوطنية والامن القومي حيث تتطلب وجوداً على اراضي دول اخرى فقد طالبت الدول الصناعية والمؤسسات الدولية المالية صندوق النقد الدولي والنك الدولي دول اجنوب أن تعمل على تعديل اجراءات وتسهيلات واعفاءات وميزات خاصة مما يعني مطالبة دول الجنوب بالتنازل الجزئي عن سيادتها الوطنية لمنح الشركات ورؤوس اموالها تسهيلات وميزات فائقة... اضافة الى رفع القيود عن تنقل العاملين في هذه الشركات الاجنبية بعد دخولها في اسواق دول الجنوب منها العربية وذلك ضمن تأدية الخدمات المطلوبة[2] وفي ذلك مخاطر كبيرة على سيادة الدول ومنها الوطني والقومي.

أن الاثار السلبية لاتفاقية الخدمات على الاقطار العربية واضحة باعتبارها من الدول المستوردة الصافية للخدمات، فما زالت دول الجنوب منها الاقطار العربية تعاني من ضعف مؤسساتها العاملة في قطاع الخدمات لتقدم المزايا التكنولوجية في الدول المتقدمة. ففي عام 2000 بلغ حجم التجارة العالمية (1415) مليار دولار أي خمس التجارة العالمية الكلية وحجمها الحقيقي يفوق ذلك بكثير لان تجارة الخدمات تعتمد على انتقال الخدمات من دولة الى اخرى ولا تسجل العمليات الجارية داخل الدولة وتشكل تجارة الخدمات رقماً كبير ومصدر رئيسياً من مصادر الدخل في الدول المتقدمة ولتجارة السلع وتستحوذ الدول المتقدمة على الجزء الاكبر من تجارة الخدمات ففي عام 2000 فقد بلغت صادرات امريكا والاتحاد الاوربي واليابان وكندا (939) مليار دولار أي ثلثي صادرات العالم ولهذه الدول اهمية مماثلة في الاستيراد في حين لا تتجاوز صادرات الدول الافريقية (30) مليار دولار أي 2.1% فقط من صادرات الخدمات في العالم

---

(1) راجع للمزيد. د. جاسم المناعي، قوانين منظمة التجارة العالمية في مجال الخدمات المالية وتأثيراتها المحتملة على القطاع المصرفي الخليجي - الدوحة / قطر - 24-25 تشرين الاول / اكتوبر 1998، ص3-28.

(2) د. عدنان شوكت - منظمة التجارة العالمية والتحررية - مصدر سابق، ص37.

وتبلغ وارداتها 38 مليار دولار أي بنسبة 2.7% من الواردات العالمية ولا تتعدى صادرات وواردات هـذه الـدول ثلـث تجارة الخدمات اليابانية اما تجارة الخدمات لبلدان الشرق الاوسط فلا تزيد على تجارة الخدمات في افريقيا وتسجل السـعودية المرتبة العربية الاولى من حيث وارداتها البالغة (14) مليار دولار[1]. وعليه يتحتم علـى الاقطار العربية أن تعطي الاولويـة لتطوير هذا القطاع وتقويته ليواكب مراحل الاندماج في الاسواق الدولية بالشكل الذي يمكنها الاستفادة مـن الفـترة الزمنيـة المحددة لدول الجنوب للتكيف مع متطلبات الاتفاقية وذلك من خلال تعميق خطوات التكامل الاقتصادي العربي لاستثمار الموارد وتخصيصها والمساهمة في تطوير اداء القطاعات الاقتصادية الانتاجية والخدميـة لتحقيق خطـوات ايجابيـة في زيـادة قدرة الصادرات العربية من السلع والخدمات على المنافسة في الاسواق الدولية وتحجيم الاثار السـلبية التـي قـد تـنجم عـن تطبيق اتفاقية الـ GATS.

خامساً - اثار اجراءات الاستثمار المرتبطة بالتجارة والجات في الاقتصاد العربي:

لقد منحت الاتفاقية لنفسها سلطة ايقاف مفعول التشريعات الوطنية والقوانين الاستثمارية التي تتقاطع معها، كـما اباحت حرية الاستثمار وشراء المؤسسات الوطنية والتراث القومي والملكية العامة من قبل الرساميل الاجنبية.

ويمس هذا جانباً مهماً من ستراتيجيات دول الجنوب للتقدم صناعياً حيث يستدل من نصوص الاتفاقية بطلان ايـة تشريعات استثمارية وكمركية. تشترط للتمتع بالمزايا الضريبية والكمركية في أن تكون هناك نسبة من المكون المحلي للمنتج النهائي. والبطلان هنا مرجعه خروجها على اتفاقية الجات لما له من نفس اثر الحماية الكمركية الـذي يعيـق سـير وتـدفق التجارة الدولية الحرة والتفريق بين المنتج والمستورد الامر الذي يتقاطع مع مبدأ المعاملة الوطنية والاجبار لغير صالح المنتـج المستورد والذي قد يكون الافضل جودة وسعراً[2].

وتأثير اجراءات الاستثمار اكثر محدودية وتقييداً لدول الجنوب منها الاقطار العربية حيث لا تسمح بتطبيـق الامـور المتعلقة على المؤسسات المملوكة للاجانب مثل المحتوى المحلي ومتطلبات التوازن التجاري.

[1] د. صباح نعوش - العرب ومنظمة التجارة العالمية - شبكة الانترنيت، مصدر سابق، ص 4-5.
[2] منظمة العمل العربي، مكتب العمل العربي، الاتفاقيـة العامـة للتعريفـات الكمركيـة والتجارة (الجات وانعكاسـاتها علـى مسـتقبل الاقتصادات العربية بوجه عام ومسائل العمل العربي بوجه خاص)، مصدر سابق، ص26-27.

كما أن الاتفاقية رغم ما تضمنته من مبادئ قاسية ومجحفة بحق دول الجنوب حيث عاملت كل الدول، رغم تفاوتها الاقتصادي بمنطق واحد تقريباً كما انها سمحت باقامة تكتل عربي، وساهمت على تشجيع الاقطار العربية وغيرها من المجموعات لاقامة مثل هذا التكتل لمنح الاقطار العربية فرصة الحصول على امتيازات تتمتع هي بها من دون أن تمنحها لسواها خارج التكتل ومن ثم اقامة ودعم صناعاتها الكبيرة التي تلبي حاجة الاسواق العربية [1] كما أن للنص اثار سلبية على تشجيع اقامة صناعات جديدة لدول الجنوب وخاصة الصناعات التجميعية التي لها دور في اقامة سلسلة من الصناعات الصغيرة والمتوسطة.

سادساً - اثار اتفاقية الوقاية والدعم والاغراق في الاقتصاد العربي:

لقد استهدفت الجولات التجارية متعددة الاطراف تحرير المبادلات التجارية العالمية من الرسوم الكمركية والقيود الكمية لكن هذا التحرير غير كامل لانه يعاني من ممارسات تؤثر سلباً على اقتصاديات دول الجنوب منها العربية وتعد سياسات مكافحة الاغراق في مقدمة هذه الممارسات.ودول الجنوب منها الاقطار العربية هي الاكثر تعرضاً للاغراق بمنتجات دول الشمال أو بصادراتها المدعومة (مثلاً السلع الزراعية والمنسوجات والملابس) وسيكون لاتفاقيات الوقاية والدعم اثار ايجابية على هذه الدول التي تبقى الاكثر حاجة لاجراءات الوقاية بسبب ضعف وحداثه هياكلها الانتاجية وعدم امتلاكها لعناصر القدرة على المنافسة في كثير من قطاعات النشاط الاقتصادي الى جانب حاجة الاقطار العربية لهذه الاتفاقيات بصورة عامة فقد وردت الكثير من الاحكام والنصوص في هذه الاتفاقيات تضمنت المعاملة التفضيلية لدول الجنوب منها الاقطار العربية لاتاحة الفرصة امامها لحماية صناعاتها الوطنية وتمكينها من المنافسة وتنمية تجارتها الخارجية ودعم الهياكل الانتاجية الناشئة اضافة الى كونها قد وفرت خلفية دولية للتعامل الاكثر مرونة مع صادرات دول الجنوب.

أن الدول الصناعية المتقدمة هي المستخدم الرئيس لاجراءات الدعم والانحراف والحماية سواء فيما بينها أو بصورة اساسية تجاه صادرات دول الجنوب واذا ما اريد أن يصبح النشاط التجاري اكثر عدلاً وانصافاً لجميع الاطراف ممن المستحسن أن توضع هذه الادوات في ايدي من يحتاجونها [2] تصدر الاقطار العربية سلعاً كالملابس القابلة للخضوع في الدول الصناعية لسياسات مكافحة الاغراق، عندئذ تصبح هذه السياسات مضرة بالاقتصاديات العربية، وبالمقابل

---

[1] الامانة العامة للاتحاد العام تعرف التجارة والزراعة والصناعة في البلدان العربية الانعكاسات المحتملة للجات على الاقتصادات العربية والدور العربي المشترك للتعامل معها، شؤون عربية، ص100-103.

[2] د. عبد الواحد العفوري، العولمة والجات والتحديات والفرص، مصدر سابق، ص147.

فانها تستورد من كل دول العالم سلعاً مصنعه خاصة الدول الصناعية الالات والادوات الانتاجية غالباً ما تكون غير مصنعة في البلد العربي المستورد ويمثل هذا 29% من الواردات الكلية للاقطار العربية في هذه الحالة ينجم الاغراق أن وجد عن تنافس المصدرين لكسب اسواق الاقطار العربية في هذه الحالة لا يوجد مبرر لمحاربته بل العكس تماماً. فكلما هبطت اسعار الواردات تحسن المركز التجاري، اما اذا كانت الواردات الصناعية والزراعية منتجه محلياً في هذه الحالة تصبح سياسات الاغراق ضرورية أذا كان الضرر كبيراً.

ونادراً ما تعتمد الدول العربية على سياسات مكافحة الاغراق في حين انها تعاني من هذه السياسات المتبعة في الدول الصناعية لذلك تصبح سلبياتها اكثر بكثير من ايجابياتها. مما يتعين على الاقطار العربية وبقية دول الجنوب التنسيق فيما بينها في اطار منظمة التجارة العالمية للحد من تلك السياسات ومنح صلاحيات حقيقية لجهاز فض المنازعات تقدير درجة الضرر ودراسة مقارنة الضرر الاقتصادي والاجتماعي بدقة الذي يلحق بالدول المصدرة بسبب مكافحة الاغراق مع الضرر والمماثل الذي يلحق بالدول المستوردة بسبب الاغراق فليس من المنصف أن تقتصر قواعد منظمة التجارة العالمية على الضرر الذي تتحمله الدول الصناعية المتقدمة دون النظر الى الضرر الذي يلحق بدول الجنوب والعربية منها[1].

المطلب الرابع

احكام السيطرة على الملكية الفكرية

مقدمة:

كل الانجازات العلمية من ابتكارات واختراعات التكنولوجية تشترك في ملكيتها البشرية ومهمة التشريعات الدولية أن تساعد على حيازتها واشاعتها لتحقيق الغاية منها "سعادة البشرية" وليس احتكارها والتفرد في استغلالها ووضع العقبات في طريق استخدامها وهذا ما اقدمت عليه النظم الرأسمالية التي لم تتخل عما تتسم به هذه النظم من هيمنة واستغلال في اقحام الملكية الفكرية كموضوع في مفاوضات جولة أوروغواي وربطه بالحقوق والالتزامات التجارية واعتباره مكوناً من مكونات النظام التجاري الدولي لفرض جدار من الحماية المدمرة لتطويق دول الجنوب واعادتها من حيث بدأت دولاً مصدرة للمواد الاولية واسواقاً لتصريف منتجاتها حسب على الرغم من وجود منظمات متعددة الاطراف تنظم حقوق الملكية الفكرية.

---

[1] د. صباح نعوش – العرب ومنظمة التجارة العالمية – شبكة الانترنيت، مصدر سابق، ص5-6.

أن مناقشة الملكية الفكرية في اطار الجات ما هي الا محاولة جديدة من قبل الدول الصناعية لحماية التكنولوجيا الغربية لاطول مدة ممكنه والحيلولة دون استخدامها الا بالشروط التي تضعها لزيادة التدفقات المالية من عوائد حقوق الملكية لها من دول الجنوب ومنها الدول العربية وقد تم تبديل صلة حقوق الملكية الفكرية بالتجارة كل ذلك من اجل وضع قواعد بنيوية وهيكلية راسخة للعولمة وعملت قوى العولمة بايجاد حزمة من الشركات المتكاملة لحماية الحقوق وصيانتها، واختيار المجالات الحيوية التي تمتلك منها مزايا نسبية مطلقة والتحول الفاعل بها الى مزايا تنافسية تقود الى قيادة تيار العولمة ومن ثم توجيهه الى ما يحقق ويصون المصالح العليا لليبرالية واحكام سيطرتها على العالم ولكل المجالات من بينها الملكية الفكرية لقد صنع تيار العولمة قوى ضاغطة اخدت تغير العالم وتعيد تشكيله وهيكليته وتزداد عمقاً واندفاعاً الى الداخل الانساني وبالتالي اجراء التعديلات والتغيرات في هياكل الانتاج والتسويق والتمويل والكوادر البشرية بالشكل الذي يجعلها جميعاً قادرة على التكييف والتوافق مع ظاهرة العولمة المبحث يتناول اتفاقية حقوق الملكية الفكرية بكل ابعادها واثارها على مستقبل الاقتصادات العربية[1].

اتفاقية حماية حقوق الملكية الفكرية
Intellectual Property Rights

يعد موضوع حماية حقوق الملكية الفكرية من الموضوعات الجديدة الذي تم ادراجه في اطار مفاوضات جولة اوروغواي بناء على طلب الادارة الامريكية لحماية حقوق الملكية الفكرية المتعلقة بالنتاج الفكري والذهبي عن براءات الاختراعات التكنولوجية للشركات الامريكية[2] وتشمل حقوق الملكية الفكرية حسب بنود الاتفاق حقوق الطبع وما في حكمها، والعلامات التجارية والعلامات الجغرافية للسلع (اشارة الى مكان الصنع والجودة العالمية للمنتج كما في المشروبات الروحية والخمور) والتصميمات الصناعية وتصميمات الدوائر المتكاملة، والاسرار الصناعية. ويتم تطبيق مبادئ الجات الى هذه الحقوق خصوصاً مبدأ الدولة الاكثر رعاية ومبدأ المعاملة القومية.

هدف الاتفاقية – تعميم الحماية على كل ما يرتبط بالملكية الفكرية المتعلقة بالتجارة ووضع القواعد الجديدة لحماية هذه الحقوق، وتنظيم الاليات التي تتولى تطبيق الحماية لمنع حدوث المنازعات وتسويتها كما اهتمت بالتخطيط لحماية الصناعات ذات التقنية العالمية

---

[1] صباح نعوش، العرب ومنظمة التجارة العالمية، شبكة الانترنيت، مصدر سابق، ص6.

[2] عبد الناصر نزال العبادي، منظمة التجارة العالمية، مصدر سابق، ص189.

كالصناعات البيولوجية وما تشمله من هندسة جينية والمعروفة بأسم الثورة البيولوجية، وحماية صناعة الادوية وقد بررت الادارة الامريكية والدول الصناعية المتقدمة صلة حقوق الملكية الفكرية بالتجارة لادراجه في مفاوضات الجات وكما يلي:

1- ضغط اصحاب الشركات على الادارة الامريكية والدول المتقدمة لاتساع نطاق عمليات السطو والقرصنه على الملكية الفكرية من جانب الشركات الصينية واثاره السلبية على منتوجهم الاصلي لانخفاض جودة السلع المتقلدة عند استخدامها من قبل المستهلك وتأمين مستوى عال من الحماية للوصول الى اتفاف.

2- أن الاطار الواسع للمفاوضات الجارية في جولات الجات تمنح فرصة كبيرة للوصول الى اتفاق عام على أي مشروع ويشجع على اقصى مشاركة في المنافشات.

3- أن احكام الجات الخاصة بفض المنازعات تعتبر بشكل عام افضل من مثيلتها الواردة في اتفاقيات الويبو (WIPO) التي تتطلب نقل الخلافات الى محكمة العدل الدولية.

وقد حاولت الدول الصناعية المتقدمة تتقدمهم امريكا. ومن خلال ادماج الملكية الفكرية في مجال الجات معالجة عدة مشكلات منها الغش التجاري وسرقة الاعمال الفنية والادبية والعلمية وسرقة براءات الاختراع - وهذه السرقات منتشرة بشكل واسع في بعض دول شرق اسيا التي تقدم فيها صناعات باكملها على اساس تقليد العلامات التجارية العالمية في صناعة الملابس والساعات والافلام والاشرطة السينمائية والتلفزيونية.

4- عدم وجود حماية قانونية كافية للملكية الادبية في عدد كبير من الدول وعدم وجود وسائل فعاله متاحة في تلك الدول لتعويض صاحب الملكية الادبية أو حمايته عند وقوع اعتداء على مؤلفاته فضلاً على وجود بعض القيود على عرض بعض المصنفات الادبية والفنية الاجنبية كي لا تزاحم الاعمال المماثلة الوطنية[1].

وتوجهت الدول الصناعية المتقدمة لتحقيق طموحاتها الى الجات لطرح ومناقشة الملكية الفكرية في جولة طوكيو 1973-1979 والتركيز على ضرورة أن شن كل دولة تشريعات الوطنية بما يتماشى والمعايير الجديدة وعند عدم تحقيق ذلك ستفرض عقوبات اقتصادية على الدول لاجبارها على الالتزام[2].

---

[1] علاء كامل. الجات ونهب الجنوب - مصدر سابق، ص85.

[2] منظمة العمل العربية، مكتب العمل العربي، انعكاسات الجات، مصدر سابق، ص128-129.

غير أن ذلك لا يتفق ومصالح امريكا والدول الصناعية الرامية للهيمنة على العالم [1]. في اقامة ما يسمى بالنظام الدولي الجديد "العولمة" ومن اجل وضع قواعد بنيوية وهيكلية راسخة فقد عملت قوى العولمة على ايجاد حزمة من التشريعات المتكاملة في المجالات الحيوية التي تمتلك فيها مزايا نسبيه ومطلقة والتحول الفاعل بها الى امتلاك مزايا تنافسية واعادة هياكل الانتاج والتسويق والتمويل والكوادر البشرية والاندفاع عمقاً الى الداخل الانساني بالشكل الذي يجعلها قادرة على التكيف والتوافق مع ظاهرة العولمة.

فاتجهت للبحث عن القنوات الاكثر فاعلية عن "الويبو" لحماية الملكية الفكرية لقصور الاتفاقيات القائمة "ضمن الويبو" من وجهة نظرها وخلوها من العقاب لمن يخالف قواعد المنظمة وعدم صلاحية الويبو لايجاد رقابة فعاله على عملية حماية الملكية الفكرية وتلبيه طموحات الدول المتقدمة وان هناك اجراءات واحكام اقوى لحقوق الملكية الفكرية من السهل اعتمادها في اطار الجات عنها في اطار الويبو [2] ومن هذه الاسباب هي:

1- أن للجات آلية اسهل لاعتماد اجراءاتها واحكامها الجديدة اذ أن اعضاء الجات لم يشكلوا مجموعات تصويت لاختلاف مصالحهم الاقتصادية في مختلف المجالات التجارية التابعة لمفاوضات الجات بدلاً من اضافة ملحق لاتفاقية المنظمة العالمية للملكية الفكرية WIPO[3].

2- حماية التكنولوجية الغربية واستغلالها لاطول مدة ممكنة والحيلولة دون استخدامها من قبل الغير الا بشروط من منطلق تحقيق التوازن الاقتصادي بين ما تخصصه الحكومات والشركات لاغراض البحث والتطوير والعائد المتحقق من استغلال تلك الانجازات تجارياً[4].

3- معارضة امريكا والدول المتقدمة اتباع طريق المحاكاة للتطور التكنولوجي القائم على الهندسة العكسية وملائمة وتحسين الابتكارات القائمة من قبل دول الجنوب لتعارض ذلك مع مصالحها[5].

4- عدم مشروعية اعمال التقليد التي تتبعها بعض الدول للاستفادة من العلامات التجارية لمنتجات اجنبية مشهورة لتصنيعها محلياً وتصديرها للاسواق المحلية وممارسة ذلك في

---

(1) منظمة العمل العربية، مكتب العمل العربي، انعكاسات الجات، مصدر سابق، ص128.

(2) د.محسن احمد الخضيري - العولمة مقدمة في فكر واقتصاد وادارة عصر اللادولة، مصدر سابق، ص99.

(3) د. ابراهيم العيسوي - الجات واخواتها - مصدر سابق، ص85.

(4) منظمة العمل العربية، مكتب العمل العربي، انعكاسات اتفاقية الجات، مصدر سابق، ص127.

(5) الامم المتحدة، الاونكتاد - تقرير تحليلي مقدم لمؤتمر الاونكتاد، الثامن، ص133.

قطاعات متعددة (الملابس، اجهزة تسجيل، مستحضرات صيدلية، برامج الحاسبات وصناعة الكيمياويات)[1].

وبالرغم من وجود الاتفاقيات متعددة الاطراف التي تنظم حقوق الملكية الفكرية وحمايتها منذ ما يزيد على قرن من الزمان وهذه الاتفاقيات هي:

1- اتفاقية برن لحماية حقوق التأليف – للاعمال الادبية.

2- اتفاقية باريس لحماية الملكية الصناعية النافذة المفعول منذ ما يزيد على مائه عام.

3- اتفاقية واشنطن للدوائر المتكاملة.

فضلاً عن تأسيس المنظمة العالمية للملكية الفكرية (الويبو WIPO) منذ عام 1967 والتي تضم في عضويتها 132 دولة لتتولى مسؤولية وادارة الاتفاقيات الاربع السابق ذكرها وغيرها، مسؤولية النهوض بالنشاط الفكري والابداعي ودفع عملية التنمية الاقتصادية والاجتماعية لدول الجنوب من خلال تيسير نقل التكنولوجيا اليها لما تمثله التكنولوجيا من عامل حاسم ومهم في تطوير العلاقات الاقتصادية الدولية الى مساعدة وتبني وجهة نظر دول الجنوب في الدفاع عن مصالحها وامتداداً لما تقوم به "الاونكتاد مؤتمر الامم المتحدة للتجارة والتنمية" لدعم وتنمية مصالح دول الجنوب تجاه الدول الصناعية المتقدمة واقامة توازن بين مصالح دول الجنوب في مجال تنظيم التجارة والتنمية. وتعمل كل من الويبو والاونكتاد على دعم دول الجنوب وتنميتها والدفاع عن مصالحها سواء في مجال تنظيم التجارة الدولية (الاونكتاد) أو في مجال حماية الملكية الفكرية والتكنولوجيا (الويبو)[2].

وبالنسبة لدول الجنوب فان التقليد غير المشروع يعد عملية مربحة لما تحققه من عائد سريع مع انخفاض عنصري المخاطرة والتكلفة الى ادنى حد ممكن لتوفر العمالة باجور قليلة والاستفادة من الدعاية المجانية الناجمة عن مشاركة السلعة الاصلية في برامج الدعاية دون تحملها مخاطر الكساد لاستهداف سلع رائحة بالفعل.. ويتقاطع هذا مع مصالح الدول المتقدمة مما دفعها لممارسة ضغوطها على دول الجنوب ضمن جولات الجات واعتباراً من جولة طوكيو 1973 وحثها على الموافقة على الاطار المقترح للحماية واجرت العديد من المفاوضات المتعددة الاطراف والمشاورات الثنائية للوصول الى اتفاق دولي لمكافحة التجارة في السلع المقلدة واضافة حماية الاسرار التجارية كاحد انواع الملكيه الفكريه[3].

_____

[1] منظمة العمل العربية، مكتب العمل العربي، انعكاسات الجات، مصدر سابق، ص126.

[2] المصدر السابق نفسه، ص128.

[3] المصدر السابق نفسه، ص126-127.

واحتلت المناقشات الخاصة بجوانب حقوق الملكية الفكرية المتصلة بالتجارة مكاناً هاماً في جولة اورغواي 1986-1993. قدمت فيها المبادرات من اجل ربط حقوق الملكية الفكرية بالحقوق والالتزامات التجارية القائمة في اطار الجات بعبارة اخرى تم تبرير ربط هذه الاجراءات باعتبارها مكوناً من مكونات النظام التجاري الدولي[1].

وقد حاولت دول الجنوب منذ بدء المفاوضات في جولة اوروغواي عدم الوصول الى اتفاق وتأتي مواجهتها بهذا الخصوص من اجل الحفاظ على ثقافتها ورعاية متطلبات مواطنيها من خلال توفير المنتجات والسلع الرخيصة التي تكون في حدود قدراتها المالية هذا من ناحية[2] ولاعتقادها أن الملكية الفكرية هي من اختصاص منظمات اخرى. كما انها ملكية مشتركة مما يقتضي اشاعتها وحيازتها لتحقيق التنمية وان تساعد التشريعات الدولية تحقيق ذلك ولان معظم دول الجنوب تمتلك المواد الخام وتفتقر الى التكنولوجيا اللازمة لاستثمار مواردها. والتقليد يؤدي الى خلق انشطة اقتصادية مما ينبغي عدم تقييدها وان التوازن العالمي المطلوب توافره ينبغي الا يستند الى المنافسة الدواية بل يجب أن يستند الى الاعتبارات الاجتماعية ايضاً هذا من ناحية ثانية. ومن دول الجنوب المستفيدة والمعارضة معاً كل من تايوان وسنغافورة وتايلاند وماليزيا واندنوسيا وكوريا الجنوبية والفلبين والمكسيك والبرازيل.

امر بديهي أن تتقاطع مصالح دول الجنوب مع مصالح الدول الصناعية المتقدمة. مما دفعها لممارسة ضغوطها على دول الجنوب وحثها الموافقة على الاطار المقترح للحماية واجرت لهذا العديد من المفاوضات متعددة الاطراف والمشاورات الثنائية وصولاً لاتفاق دولي لمكافحة السلع المقلدة وحماية الاسرار التجارية كأحد انواع الملكية الفكرية[3] وقد احتلت المنافسات والمفاوضات بجوانب حقوق الملكية الفكرية المتصلة بالتجارة مكاناً هاماً في جولة اورغواي وبالرغم من معارضة معظم دول الجنوب فقد تم التوصل الى الاتفاق الشامل لموضوع حقوق الملكية الفكرية وموضوع التجارة على السلع المقلدة ضمن اطار اتفاقية حماية حقوق الملكية الفكرية وقد تم تحديد ذلك في المبادئ التي تضمنتها الاتفاقية.

---

[1] الامم المتحدة - الاونكتاد - تقرير تحليلي مقدم للمؤتمر الثامن للاونكتاد، مصدر سابق، ص132.

[2] عبد الناصر نزال العبادي - منظمة التجارة العالمية، مصدر سابق، ص190.

[3] منظمة العمل العربية، مكتب العمل العربي، انعكاسات الجات، مصدر سابق، ص126-127.

المبادئ العامة لاتفاقية حماية حقوق الملكية الفكرية "TRIPS" المتصلة بالتجارة وتطبيقاتها[1]:

1- تطبيق المعاملة الوطنية – أي المعاملة الموحدة أي أن تكون الحماية الممنوحة للمالك الوطني مساوية لصاحب الملكية الاجنبي.

2- تطبيق شرط الدولة الاولى بالرعاية – بمعنى اذا منحت احدى الدول ميزة للمالك الاجنبي من بلد معين فان ذات الميزة تنسحب تلقائياً على المالك من البلاد الأخرى من دون تميز وتستبعد المادة الخامسة من الاتفاقية المزايا والحصانات والتفضيلات التي تقررها احدى الدول بناء على معاهدات المساعدة القضائية أو المتعلقة بالمسائل القانونية بصفة عامة وليس لحماية الملكية الفكرية تحديداً. كما تستبعد المزايا والتفضيلات الناشئة من احكام معاهدة "برن" أو "روما" باعتبار أن هذه المعاملة ليست هي المعاملة الوطنية بل معاملة مقررة من دولة اخرى. ولا يرد هذا الالتزام على مالاتتضمنه الاتفاقية بخصوص حقوق منتجي التسجيلات الصوتية وهيئات الاذاعة وحقوق فناني الاداء اضافة الى المزايا الناشئة من معاهدات سابقة للملكية الفكرية قبل نشأة منظمة التجارة العالمية، الاتفاقيات الدولية المتعلقة بحماية الملكية الفكرية من احكام والتزامات اتفاقية برن، باريس، روما، واشنطن.

3- عدم التعمق في استخدام الحقوق من قبل اصحابها بشكل يؤدي الى تقييد التجارة أو يؤثر سلباً على نقل التكنولوجيا دولياً.

4- اعتبار ما تتضمنه الاتفاقية من مبادئ ومعايير ووسائل لحماية حقوق الملكية الفكرية حداً ادنى من الالتزام لا يمنع من تعديل التشريعات الداخلية بالشكل الذي يوفر حماية اعلى لاصحاب الملكية الادبية والفنية والصناعة بما في ذلك تقرير مبدأ التعويض واتلاف المنتجات المزيفة ووقف الاعتداء.

5- وتتعهد الدول الاعضاء في منظمة التجارة العالمية تنفيذ اجراءات حماية الملكية الفكرية من خلال تشريعاتها المحلية، وتطبيق الاجراءات الرادعة لانتهاك هذه الحقوق بما في ذلك الاجراءات المدنية والجنائية.

---

[1] منظمة العمل العربية، مكتب العمل العربي، انعكاسات الجات، مصدر سابق، ص129-136.

- د. ابراهيم العيسوي – الجات واخواتها، مصدر سابق، ص85.

- علاء كامل، الجات ونهب الجنوب، مصدر سابق، ص86.

- عبد الناصر نزال العبادي، منظمة التجارة العالمية، مصدر سابق، ص155-156.

وقد حددت اتفاقية حماية حقوق الملكية الفكرية تطبيق احكامها بعد مرور سنة من تاريخ تطبيق اتفاقية منظمة التجارة العالمية ومنحت الحق لاية دولة في الجنوب تاجيل سريان احكام اتفاقية حماية حقوق الملكية الخاصة عليها لمدة اضافية مدتها (5) سنوات وللدول الاقل نمواً (10) سنوات. وتكون فترات السماح الممنوحة لدول الجنوب الاقل نمواً في شكل فترات انتقالية تسري على كل الجوانب الخاصة بالاتفاقية ما عدا مبدأين، الاول -مبدأ المعاملة الوطنية، والثاني - مبدأ الدولة الاولى بالرعاية.

- وتلتزم الدول وبدون استثناء باحكام المبدأين بعد سنة من نفاذ اتفاقية منظمة التجارة العالمية مثلاً أن حقوق الملكية الفكرية في قطاع الدواء فقد حددت الفترة الانتقالية له كما يلي:

بالنسبة للدول المتقدمة – لجميع قطاعات الدواء- سنة واحدة من عام 1995.

وبالنسبة للدول النامية – لقطاع العقاقير الطبية والمنتجات الزراعية (10) سنوات وباقي قطاعات الادوية (4) سنوات.

- اختلفت فترة الحماية في اتفاقية حماية حقوق الملكية الفترة من حالة لاخرى

اولاً بالنسبة لحقوق التأليف: فقد حددت الاتفاقية مدة الحماية:

1- في حالة تحقق النشر تكون مدة الحماية (50) سنة من نهاية سنة النشر المصرح به.

2- في حالة عدم تحقق النشر يكون مدة الحماية (50) سنة فاكثر من تاريخ انتهاء سنة ابتكار المصنف [1].

3- بالنسبة لهيئات الاذاعة تكون مدة الحماية 20 سنة فاكثر من تاريخ الاذاعة.

كما وضعت الاتفاقية قيوداً على ما يستأثر به المؤلف من حقوق في اقتصار على الحالات الخاصة التي لا تمس الاستغلال المعتاد للمصنف والا يشكل ضرراً غير مبرر للمصالح المشروعة لاصحاب الحقوق.

ثانياً: حقوق العلامات التجارية:

لقد حددت الاتفاقية المقصود من العلامات التجارية، فهي امتداد الاتفاقية باريس لعام 1883 والمعدلة في ستوكهولم عام 1967 فقد اخذت اتفاقية حماية حقوق الملكية الفكرية كثيراً من احكامها وادخلت تعديلات على الاحكام الأخرى واقرت الاتفاقية حق صاحب العلامة التجارية المسجلة ومع الاخرين من استعمالها أو علاقة ماثلة أو مشابهة الا بشروط منها. كما وسعت

---

[1] علماً أن اتفاقية برن قد حددت فترة الحماية 50 سنة اخرى على وفاة المؤلف.

نطاق الحماية للعلامة التجارية للسلع فقط كما في اتفاقية باريس - لتشمل الخدمات ايضاً. ونصت على عدم حول تحول طبيعة السلعة والخدمات الخاصة بالعلامة دون تسجيلها ومدة حمايتها (7) سنوات مدة تسجيل العلامة كحد ادنى وتطبيق ذات المدة عند التجديد، وعند الغاء التسجيل فقد اكدت الاتفاقية عدم جواز الغاء تسجيل العلامة الا بعد مدة متصلة لا تقل عن 3 سنوات من عدم الاستعمال وعدم جواز فرض قيود من حكومات الدول يمنع عدم استعمالها.

ثالثاً: النماذج الصناعية:

اشترطت أن تكون النماذج جديدة ومبتكرة ومتميزة عن غيرها من احد أو بعض النماذج المعروضة، وفرضت على الدول حماية الابتكار الفردي للنماذج الصناعية الجديدة أو المبتكرة. ومدة الحماية لهذه النماذج (10 سنوات) يكون خلالها لصاحب النموذج حق منع الغير من استعمالها هذا النموذج من غير موافقة لاغراض تجارية أو للصنع أو البيع.

- حددت الاتفاقية فترات حماية اخرى لحالات خاصة منها مثلاً براءات الاختراع في مجال التكنولوجيا مدة الحماية 20 عام، وبرامج الحاسب 50 عام. وتمنح براءات الاختراع عادة كلا من الانتاج واسلوب وطريقة الانتاج ايضاً.

- سمحت الاتفاقية بعض الاستثناءات من ابرزها، براءات الاختراع اذا كان ضرورياً لحماية صحة الإنسان والنبات أو للحد من الاضرار المدمرة للبيئة، والوسائل التحليلية والعلاجية والجراحية لمعالجة الإنسان والحيوان والمعالجات البيولوجية غير المجهرية[1].

اثار اتفاقية حقوق الملكية الفكرية TRIPS في مستقبل الاقتصاد العربي:

أن مجمل اتفاقية حماية حقوق الملكية الفكرية التي صاغتها وما تزال تقف وراء صياغتها الدول الصناعية المتقدمة والمفروضه عليها على دول الجنوب والدول العربية ووضعها موضع التنفيذ العملي لانها صاحبة المصلحة الحقيقية في ذلك لانها تمثل مخزن المعرفة والتكنولوجية المتراكمة عبر الزمن فضلاً على امتلاكها لاسباب تطور تلك المعارف اكثر فاكثر سواء ما يتصل بالموارد البشرية والاقتصادية والمالية أو المؤسسية وغيرها بخلاف دول الجنوب وما تعانيه عموماً من ضعف في الموارد والبنى المؤسسة أن وجدت[2].

---

[1] **منظمة العمل العربية، مكتب العمل العربي، انعكاسات الجات، مصدر سابق، ص130 -132.**

[2] **د. عبد الواحد العفوري - العولمة والجات والتحديات والغرض، مكتبة مدبولي، ط1، القاهرة 2000، ص144.**

فالاتفاقية وسيلة جديدة لجأت اليها الدول الصناعية المتقدمة لفرضها على دول الجنوب. هذا الموقف يعبر عن التناقض الصارخ لتوجه الدول الصناعية في التعامل الاقتصادي الدولي مع دول الجنوب عموماً والدول العربية خاصة على الصعيدين المبدئي والنوعي - فمبدئياً فان الدول الصناعية التي تبشر بحرية التبادل التجاري فانها في الممارسة تجسدها في اجراءات حماية ترافقها ضغوطاً وشروطاً شاملة لتعزيز مصالحها ويبدو واضحاً في سعيها مباشرة أو من خلال المنظمات الاقتصادية الدولية "منظمة التجارة العالمية".

وعبء اتفاقية حماية حقوق الملكية الفكرية - يتعاظم من حيث الكثافة والشمولية لفرض جداراً من الحماية المدمرة لتطويق دول الجنوب لان الدول الصناعية تريد من دول الجنوب اعادتها الى ما كانت عليه مصدرة للمواد الاولية واسواقاً لتصريف منتجاتها، متأخرة ومتخلفة اما التغير النوعي في حماية الملكية الفكرية فينعكس في طبيعة اساليبها الجديدة وتنوعها اساليب معقدة ومتنوعة يصعب رصدها لوقوع معظمها خارج نطاق منظمة الجات في مراقبتها وتنظيمها فكل الاجراءات وان تبدو في الشكل اختيارية لكنها في واقع الامر في الممارسة اجبارية[1]. فالهدف منها الهيمنة والاستحواذ على دول الجنوب وعولمته وسيترتب على هذه الاتفاقية اثار عميقة على مستقبل الاقتصادات العربية والتي يمكن حصرها في الاتي[2]:

1- تؤثر الاتفاقية تاثيراً بالغاً للاضرار بمبدأ تحقيق الامن الغذائي للاقاطر العربية لعدم قدرة المزارعين من اعادة انتاج الشتلات وتنميتها وبيعها في ظل احتكار الشركات عابرة القوميات في الدول الصناعية المتقدمة لملكية براءات الاختراع وابحاثها ونتائجها الخاصة بها سواء في مجال الهندسة الوراثية للنبات والحيوان واضفاء الحماية على الاصناف الزراعية المنتجة بواسطتها ومنح منتجاتها حقوق البراءة خاصة في اصناف السلالات النباتية وطرق تهجين النبات. وعدم التعامل مع منتجات هذه الاصناف أو التعامل المحلي التجاري بها الا بشروط مالك البراءة وسيؤدي ذلك الى تقيد الانشطة الزراعية في اقتصادات العربية، وارتفاع اسعارها وزيادة اسعار العديد من السلع الغذائية وزيادة مشكلة البطالة لتقليص فرص العمل نتيجة

---

(1) د. باسل البستاني، تطورات حيوية على صعيد الاقتصاد الدولي، النظام الدولي الجديد، اراء ومواقف. تحرير د. باسل البستاني، مصدر سابق، ص243-244.

(2) د. عبد الواحد العفوري، اعولمة والجات والتحديات والفرص، مصدر سابق، ص143-146.

- كذلك منظمة العمل العربية، مكتب العمل العربي، انعكاسات الجات، مصدر سابق، ص136-140.

- علاء كامل - الجات ونهب الجنوب، مصدر سابق، ص108.

- منظمة الامم المتحدة، الاونكتاد - تقرير مقدم للمؤتمر الثامن 1993، مصدر سابق، ص133.

تحجيم انتاج الكثير من السلع مما يؤثر على حجم الدخل القومي. وبالمقابل ستحقق الدول الصناعية المتقدمة جراء ما حققته الاتفاقية من حماية للاساليب البيولوجية ومنتجاتها.

2- للاتفاقية اثار خطيرة على كل ما يتعلق بالامن الغذائي لارتباط صناعة الدواء بالملكية الفكرية خاصة بشأن المادة الفعالة ومستلزمات التصنيع سيترك اثار سلبية على الاقطار العربية لاستيرادها من المستلزمات والسلع الدوائية بنسبة 75% في حين أن نسبة الاكتفاء الذاتي من الادوية في الاقطار العربية تصل الى 25% ونسبة الاكتفاء الذاتي في الاقطار العربية المغرب 86% مصر 85% سورية 85% والاردن 60% السعودية 20% ونتيجة لاخضاع الدواء للاتفاقية فقد حققت الدول المتقدمة تدفقات نقدية هائلة من صناعة الدواء. كما أن اضافة هذه الاتفاقية المجموعة اتفاقيات الجات فقد حققت شركات الادوية والمستحضرات الصيدلية العالمية في الدول المتقدمة ومعظمها من الشركات العابرة للقوميات ارباحاً طائلة لاحتكارها براءة اختراع تلك السلع وسوف تتمكن هذه الشركات من الهيمنة على اسواق المنتجات والسلع في دول العالم منها الاقطار العربية وتتسم الملكية الفكرية بسمة هامة وهي أن معظم حقوقها ترتبط بالشركات العابرة للقوميات مما يجعل أن هناك ارتباط وثيق بين حقوق الملكية الفكرية واجراءات الاستثمار فمثلاً أن معظم صناعات الدواء يتم انتاجها عن طريق الشركات والتي تقوم بالاستثمار في صناعة الدواء عن طريق اقامة فروع لها في معظم دول العالم ورواج صناعة الدواء يتأثر بشدة بعوائق الاستثمار. وقد بلغ عدد الدول التي كانت تفرض قيوداً على نشاط شركات الادوية بنحو (100) دولة وبموجب اتفاقية الجات وتحرير كل عوائق الاستثمار فمن المتوقع حدوث فريد من الرواج والاستثمارات للشركات في مجال صناعة الدواء خاصة شركات الصيدلة الامريكية التي تتجاوز استثماراتها الخارجية نحو (400000) مليون دولار. وفي اطار تلك المزايا التي نستمتع بها تلك الشركات من حقوق احتكار وحماية لبراءات الاختراع، فمن المتوقع أن تتضاعف ارباحها وعلى حساب الدول المستوردة للدواء خاصة دول الجنوب. ومن المتوقع أن تحضى الاقطار العربية بكثير من هذه الاستثمارات الجديدة لما تتميز به الاقطار العربية من سعة اسواقها وامتدادها الجغرافي وتوافر مستلزمات التصنيع بها ورخص الايدي العاملة.

وعليه فان تحقيق الامن الغذائي والدوائي العربي يقتضي ايلاء موضوع الابحاث الزراعية والتصنيع الدوائي اهمية كبيرة لتوسيع انتاجهما في الاقطار العربية وزيادة نسبة الاكتفاء الذاتي لتجاوز الضغوط التي تفرضها الدول الصناعية المتقدمة والاتفاقيات التي تصوغها وتقودها الشركات عابرة القوميات.

3- وتمس الاتفاقية بصورة أو اخرى سيادة دول الجنوب منها الاقطار العربية وزيادة التكاليف والاعباء عليها من خلال فرض الشروط عليها منها:

أ- اجراء التعديلات في التشريعات الوطنية وتضمينها الالتزامات وما ينسجم مع الالتزامات المحددة بحماية حقوق الملكية الفكرية المتصلة بالتجارة برفع مستوى الحماية وتحديد الوسائل التي تضمن الحصول على هذه الحقوق في المجالات التي تنتجها. منها الاعمال الادبية والمؤلفات الفنية المسموعة والمرئية بما يحقق ميزة لهذه الاعمال شريطة أن تكون الاساليب والنظم التي تتضمن الحصول على حقوقها موضوعة في ضوء الاتفاقية بمعنى تكييف الاوضاع المحلية والتشريعات والبنى المؤسسية بما يتلائم واحكام الاتفاقية.

ب- الزام دول الجنوب والدول العربية البدء فوراً في اعداد الفنيين المحليين من القانونين والقادرين على متابعة الخصومات القضائية امام مستويات التحكيم في منظمة التجارة العالمية.

جـ- ستشكل الاوضاع الاقتصادية المتردية لدول الجنوب في ظل احكام اتفاقية حماية حقوق الملكية الفكرية بيئة مناسبة لفرض المزيد من هيمنة الدول الصناعية المتقدمة على دول الجنوب والعربية منها اقتصادياً وسياسياً وثقافياً كثمن للسماح بتدفق ما تريده من تقنيات.

د- ارتفاع تكاليف براءات الاختراع بشكل عام والمؤلفات والمصنفات الفنية والعلامات التجارية وغيرها لتقوية نفوذ الشركات عابرة القوميات في احتكار التقنية سيؤدي الى زيادة تكاليف التصنيع في الدول العربية في ظل سياسات استيراد التكنولوجيا وفرض المزيد من القيود والحماية الى تكريس التخلف التقني ومحاصرة المشروع الصناعي العربي وسيخلق ذلك اوضاعاً اقتصادية متردية للدول العربية وفرض المزيد من هيمنة الدول الصناعية اقتصادياً وسياسياً وثقافياً عليها.

4- بالرغم من أن حماية حقوق المؤلف مطلب عادل في ظل نظام سهل واجراءات مرنه تمكن دول الجنوب من الاستفادة من الكتب والاصدارات الجديدة في اقرب وقت وتكلفة مناسبة وهذا الوضع حالياً غير قائم للخطر الشديد المفروض من الاتفاقية على ترجمة المصادر حسب الرغبة والحاجة الا بموافقة الناشر الاجنبي اولاً مما يعني مزيداً من التكاليف والتاخير زمنياً لذلك فان الوضع القائم وبشروط سيلحق ضرراً كبيراً بحركة البحث العلمي وعمل المراكز البحثية والمؤسسات التعليمية في الدول العربية.

5- أن اتفاقية TRIPS مما هي عليه اليات تنفيذها ستؤدي الى خسائر تجارية كبيرة للدول العربية لعجزها عن شراء التقنيات المتطورة فضلاً عن عجزها على ممارسة الضغط تجاه الخطر الانتقائي السياسي الذي تمارسه عليها الدول الصناعية المتقدمة لانها الوحيدة التي تحدد

ما تعطيه من تقنية وما تمنعه عنها في الوقت الذي تفرض الخطر على دول الجنوب والدول العربية.

6- الاتفاقية تعرقل نمو وتوسيع التجارة العالمية مما يعني تناقضها مع اهداف اتفاقية الجات الرامية لتوسيع النشاط التجاري من خلال ازالة العوائق والحواجز الكمركية في حين أن الاتفاقية بمجملها تشكل قيداً على كل المجالات الاقتصادية.

7- من خلال الواقع الذي تعانيه الدول العربية فان موضوع حماية حقوق الملكية الفكرية غير جوهري فما تعانيه من مشاكل اساسية خاصة من الامن الغذائي والتقدم الصناعي والعجز في موازين المدفوعات وافتقارها للمؤسسات المؤهلة للتحقق من حماية حقوقها في الملكية الفكرية. ويشكل البعد الاجتماعي عاملاً جوهرياً في دول الجنوب لمعالجة الملكية الفكرية في حين يشكل بعداً ثانوياً لدى الدلو الصناعية المتقدمة المحتكرة لها.

مما يعني أن الاتفاقية ما هي الا وسيلة ابتزاز مباشرة وغير مباشرة وتهديد بكل انواعه ووقوع الدول العربية تحت رحمة الدول الصناعية المتقدمة ومشركاتها المحتكرة للتقنية المستخدمة في حين ينبغي أن تتمتع دول الجنوب والدول العربية بدرجة من الحرية التي تتيح لها تطبيق ذلك النوع من الحماية الذي يلائم اوضاعها وان تتخذ التدابير اللازمة للتخفيف من الاثار الاحتكارية المستهجنة لهذه الحماية كما أن خلق سوق للملكية الفكرية عالمياً سيؤدي الى زيادة التدفقات من عوائد الملكية الفكرية الى الدول المتقدمة وعلى حساب دول الجنوب والدول العربية الا أن تطور هذه السوق لابد وان يؤدي في المدى المتوسط والطويل لخلق سوق محلية وعربية في حقوق الملكية الفكرية ترسي اسساً صحيحة لتطوير وتوظيف ابتكارات وابداعات العقول والكفاءات العلمية العربية وفي الميادين المعنية التي حددتها الاتفاقية. لابد من استشراف المستقبل ووضع تصور عربي مستقل لموقع الوطن العربي في المحيط الاقليمي والدولي وتصور مفهوم محدد للامن القومي العربي وقيام السوق العربية المشتركة وما يرتبط بها من قضايا الحماية والدعم والمنافسة والحرية الاقتصادية، ووضع استراتيجية بناء القدرة التنافسية التي تعتبر من اهم عناصر الاستراتيجية للتنمية الشاملة في الوطن العربي والارتقاء بالقدرات البشرية في الوطن العربي.

المبحث الثاني

اعادة ترتيب العالم

على اساس التكتلات الاقتصادية وخلق سلطات فوق القومية

مُقدِّمة:

لقد شهد القرن العشرين متغيرين جوهريين - في النصف الاول منه قيام وانتهاء الحرب العالمية الثانية وبروز النظام الدولي ذي القطبين وقد ادت هذه التداعيات الى ماشهده العالم من نشاط متميز على صعيد العلاقات الاقتصادية الدولية بقيام التكتلات الاقتصادية التي عمت دول العالم البعض منها اتخذ شكلاً وظيفياً - تشكيل منطقة تجارة حرة والبعض الاخر اتخذ من التطور الاقتصادي والاساس الجغرافي - في تشكيل التكتل وقد كانت الدول الصناعية المتقدمة السباقة في تحقيق ذلك ونتيجة لتزايد ضغوط الدول الصناعية على دول الجنوب - الحديثة الاستقلال. والرامية لتحقيق تنمية بالاعتماد على الذات ولمحاكاة ما قامت به الدول الصناعية بانشاء التكتلات الاقتصادية فقد دفعتها مصالحها الاقتصادية والسياسية والامنية لتشكيل تكتلات اقتصادية. وفي النصف الثاني من القرن العشرين مطلع التسعينات فقد احدثت المتغيرات العالمية السريعة والتطورات المتلاحقة التي شهدها العالم سقوط الاتحاد السوفيتي والذي ادى الى انهيار النظام الدولي الذي كان قائماً في اعقاب الحرب العالمية الثانية وسقوط النظم الاشتراكية في اوربا الشرقية - فقد احدثت هذه المتغيرات ظهور مفاهيم جديدة على صعيد العلاقات الاقتصادية الدولية - نشوء نظام عالمي جديد (العولمة) والقائم على حرية التجارة وتدفق رؤوس الاموال والتخصص في مراحل الانتاج المختلفة والاستثمار وهيمنة الشركات عابرة القوميات. وتزايد ضغوط الدول الصناعية المتقدمة على دول الجنوب الرامية لاعادة هياكلها الانتاجية وحصولها على فرص اكبر للنفاد الى الاسواق الخارجية وتحسين قدرتها التنموية. وحدوث نشاط على مستوى الدول في مختلف مناطق العالم لاصلاح سياساتها الاقتصادية وتطبيق نظريات اقتصاد السوق الحر فضلاً الى تزايد الاتجاه نحو الاندماج في تكتلات اقتصادية وتجمعات اقليمية واعادة احياء التكتلات الاقتصادية القديمة التي كادت ان تتلاشى وظهورها بانماط جديدة مختلفة في ابعادها وتوجهاتها بعضها في اطار اقليمي والبعض الاخر شبه اقليمي اضافة الى ظهور ترتيبات اقتصادية كبيرة اطلق عليها مصطلح المجالات الاقتصادية الكبرى لتجاوزها حدود الاقليم اذ تضم عدداً من الدول من قارات مختلفة وبمساحة ضخمة للسوق الذي تنشؤه لمثل هذه الترتيبات وقد اقيمت هذه الترتيبات الاقتصادية على عكس ما تقضي به نظريات التكامل باعتبار التكامل عملية

تقوم بين عدد من الدول ذات طبيعة اقتصادية واجتماعية متقاربة هدفها ازالة الحواجز والعوائق الاقتصادية القائمة فيما بينها. وقد تسابقت الدول المتقدمة في انشاء مثل هذا النمط من العلاقات الاقتصادية اذ تمكنت من استيعاب التخلي عن سياستها وبرامجها القطرية وبشكل تدريجي مثل قيام الاتحاد الاوربي الذي استغرق قيامه 42 عاماً من معاهدة روما عام 1957-1999 وقد جاءت اغلب التكتلات في العالم لمحاكاة النموذج الاوربي في البداية غير ان الحال تغير فقد اكدت المتغيرات قبل انشاء منظمة التجارة العالمية ان الاندماج الحتمي في الاقتصاد العالمي يفترض الاندماج في اطار تكتل يكون الاندماج ايجابياً وفاعلا لتعظيم مكاسب تطبيق النمط الاقتصادي الحر وتلافي الاثار السلبية وقد تغير الحال بعد انشاء منظمة التجارة العالمية 1995 واصبح الاسلوب الجديد من التعامل بين الدول المتقدمة ودول الجنوب حيث تتجه فيه العلاقات من نوعية علاقة المانح بالمتلقي الى نوعية المشاركة القائمة على تبادل المزايا والمشاركة في الاعباء خاصة في مجال تحرير التجارة بهدف تقسيم العمل والتخصص على اساس القدرات التنافسية واقرار مبدأ التجارة بديلاً عن المساعدات وهذا النمط يظهر في اشكال التعاون القائمة في كل من الامريكتين وشرق وجنوب شرق اسيا وفي ظل تزايد النزعة للتكتل بين دول العالم وما تفرضه العولمة من تحديات وما ينجم عنها من اثار سلبية على الاقتصادات العربية فاذا لم تواجه هذه التحديات في اطار من التنسيق الفعال وتكامل مخطط وفاعل وعملي فيما بين الاقطار العربية كشرط لبقائها في عالم متغير يبيح تهميش الشعوب الفقيرة والدول الصغيرة حيث لامكان فيه لغير التكتلات الاقتصادية المؤثرة من هنا تاتي الضرورة الحتمية لاقامة تكامل عربي فعال لمواجهة التحديات التي تواجه الوطن العربي.

نستعرض في هذا المبحث المطالب التالية:

الاول – التكامل الاقتصادي – والتكتلات الاقتصادية والتجمعات الاقليمية والعولمة الدوافع والاهداف.

الثاني – نماذج التكتلات الاقتصادية والتجمعات الاقليمية.

الثالث- الفضاءات الاقتصادية وخلق سلطات فوق القوميات.

المطلب الاول

التكامل الاقتصادي

التكتلات الاقتصادية والتجمعات الاقليمية والعولمة

1- مراحل التكامل الاقتصادي:

اتاحت المادة (24) من اتفاقية الجات 1947 انشاء التكتلات او الترتيبات التجارية الاقليمية ويتيح هذا الاجراء الاستثناء من تطبيق مبدأ تعميم معاملة الدولة الاكثر رعاية. وقد ظل العالم لغاية 1994 يعتبر اتفاقية الجات 1947 بانها الاطار القانوني الوحيد لتحرير التجارة العالمية ولا يوازيها سوى تجربة الاتحاد الاوربي التي نجحت في تشكيل التكتل التجاري الفعال منذ عام 1957 وحتى الوقت الحاضر[1]. استمرت اتفاقية الجات 1995 باعتماد المادة 24 مع تعزيزها بمذكرة التفاهم الخاصة بتفسير المادة 24 من الاتفاقية العامة للتعريفات والتجارة اذ تضمنت تعريفاً اكثر دقه للمتعلق منها بهذه الترتيبات الاقليمية. وبينت اهم محدداتها كما شددت الوثيقة على ضرورة الفهم المشترك من الدول الاعضاء لالتزاماتهم المنصوص عليها في الفقرة 12 من المادة 24 وعلى اهمية ان تكون الاتفاقات التي تنشئ الاتحادات الكمركية او مناطق التجارة الحرة منسجمة مع المادة (24) والتي تفي من بين عدة امور باحكام الفقرات (5،6،7،8) من المادة المذكورة[2].وقد عرفت النظرية الاقتصادية خمسة مراحل من التكامل الاقتصادي حسب التقسيم الذي وضعه الاقتصادي "بلاسا" يمكن التفريق بين هذه المراحل وكما يلي:

أولاً- منطقة التجارة الحرة Free Trade Area[3]: يتم فيها الغاء كافة القيود الكمركية والكمية والادارية على حركة السلع والخدمات بين الدول الاعضاء في نطاقها حتى نزول بشكل نهائي وصولاً الى اقامة السوق الواحدة ولا تتضمن بالضرورة حرية انتقال الاموال والاشخاص وبموجبها تحتفظ كل دولة عضو بتعريفاتها الكمركية مع باقي دول العالم وتعتبر ابسط درجات التكامل واولى خطواته.

---

(1) د. عبد الواحد العفوري، العولمة والجات التحديات والفرص، مصدر سابق، ص225.

(2) تمثل هذه المادة استثناء رئيساً من اهم أحكام اتفاقية الجات والاساس القانوني الدولي للترتيبات التجارية الاقليمية.

- اسامة المحدوب، العولمة والاقليمية مستقبل العالم العربي في التجارة الدولية، مصدر سابق، ص185.

(3) اقتصرت حركة التكامل الاقتصادي في بداياتها (الفترة التي سبقت الحرب العالمية الثانية) على انشاء المناطق الحرة بهدف الغاء الرسوم الكمركية على المبادلات التجارية بين الدول الاعضاء في المنطقة واعتماد حرية التجارة مع العالم الخارجي.

ثانياً- الاتحاد الكمركي Custom Union: هو خطوة متقدمة للمنطقة الحرة فيه تصبح حركة السلع والبضائع بين الدول الاعضاء في الاتحاد متحررة من كل القيود الكمركية او الادارية. وتقوم الدول الاعضاء بتطبيق تعريفة كمركية موحدة تجاه باقي دول العالم وهو ما يعرف بالجدار الكمركي. لا تتضمن المرحلة بالضرورة حرية انتقال الاشخاص والاموال.

ثالثاً- السوق المشتركة Common Market: وهي درجة اعلى في سلم التكامل من المرحلتين السابقتين فبالاضافة الى حرية السلع بين الدول الاعضاء وانشاء جدار كمركي يتم في هذه المرحلة الغاء التعريفه الكمركية والقيود المفروضة على عناصر الانتاج كالعمل وراس المال والتكنولوجيا بين الدول الاعضاء في السوق واعادة توزيعها وتحقيق مبدأ الكفاية الاقتصادية القصوى في استغلال الموارد الاقتصادية في ظل الية السوق المرتبطة بطبيعة النظام كما تعتمد بلدان السوق تعريفة كمركية موحدة تجاه العالم الخارجي.

رابعاً- الاتحاد الاقتصادي Economic Union: يمتاز بنفس خصائص السوق المشتركة مضاف اليه اتخاذ مجموعة من الاجراءات التي تخدم تنسيق السياسات الاقتصادية والمالية والنقدية بين الدول القصد منها مواجهة الازمات الدورية الى جانب الغاء القيود والتعريفات الكمركية التي تخضع لها عمليات انتقال السلع والاموال والاشخاص بين الدول الاعضاء (أي توحيد هذه السياسات بشكل متماثل والتي تتجسد في تشريعات العمل والضرائب واعانات البطالة والفقر - القصد من ذلك الغاء التمييز الناشئ بين الدول وصولاً الى توحيدها.

خامساً- الاندماج الاقتصادي Economic Integration: تمثل المرحلة الاخيرة يتم فيها توحيد السياسات الاقتصادية والاجتماعية كافة تتطلب سلطة اقليمية عليا (فوق الدولة) لتحديد تلك السياسات، وعمله موحدة وجهاز اداري تنفيذي وتكون قراراته ملزمة للاعضاء وقد يكون الاندماج الاقتصادي جزءاً من عملية التوحيد السياسي حين تقرر دولتان او اكثر الاندماج السياسي حتى يتحول مثل هذا التكتل الاقتصادي الى وحدة سياسية[1].

---

[1] Bel Balassa, The Theory of Economic integration London George Allen 1961.Op. cit Pp. 2-3.

- Timborgen Jan, International Economic Integrate Elsevier publishing 1065, OP. Cit pp. 67-69.

- د. رسول راضي حربي - العولمة والمستقبل العربي، مصدر سابق، ص 139-140.

- د. عبدالواحد العفوري - العولمة والجات والتحديات والفرص - مصدر سابق، ص 225-226.

مما تقدم يظهر بالرغم من اختلاف مراحل التكامل الاقتصادي الدولي فهو اتفاق بين مجموعة من الدول سواء كانت متجاورة يضمها اقليم واحد او اقاليم مختلفة غايته تخفيف او تقليل او الغاء القيود فيما بينها دون غيرها بخصوص حركة السلع والمواد والعوامل الاخرى عبر حدودها الدولية والعمل بموجب الاتفاق على أي شكل من اشكال المرحلة وبهذا يصبح التكامل شكلاً من اشكال التكتلات الاقتصادية الدولية كما يشمل ذلك التكتلات التي تقوم على تفاهم او تعاون اقتصادي سياسي وامني سواء كانت قائمة فعلاً او من المحتمل قيامها مستقبلاً.

2- انواع التكتلات الاقتصادية الدولية[1]:

تستند التكتلات الاقتصادية والتجمعات الاقليمية الى واحد او اكثر من الاسس التالية:

أولاً- على الاساس الوظيفي - يتم اختيار واحدة من المراحل التي تم الاشارة اليها سواء منطقة تجارة حرة او اتحاد كمركي او سوق مشتركة او اتحاد اقتصادي مثل النافتا.

ثانياً- على اساس مستوى التطور الاقتصادي لاعضائها بين دول متقدمة اقتصادياً او بين دول من الجنوب - مثل الابيك.

ثالثاً- على اساسي جغرافي بين دول اقليم معين او بين دول جوار جغرافي - مثل السوق العربية او السوق الاوربية المشتركة.

3- دوافع التكتلات الاقتصادية واهميتها:

احدثت التطورات في العلاقات الاقتصادية بعد الحرب العالمية الثانية اتجاه الدول نحو التكتلات الاقتصادية وما يجب ان تكون عليه العلاقات الاقتصادية الدولية. وقد كان السبب المباشر لتكوين هذه التكتلات يتلخص في التغلب على العديد من الصعوبات التي واجهت دول العالم ورغبتها في حل هذه الصعوبات بشكل جماعي من خلال امكاناتها الاقتصادية المشتركة باعتبار ان التكامل او الترتيب الاقتصادي الاقليمي. الوسيلة الفاعلة للاستفادة القصوى من المزايا النسبية لكل بلد من البلدان المنضوية في التكتل وتوسيع حجم التبادل التجاري بما يحقق زيادة النواتج والدخول القومية في هذه البلدان وقد شهد العالم خلال تلك الفترة العديد من التكتلات[2]. من ابرزها الاتحاد الاوربي الذي حقق نجاحاً واضحاً منذ قيامه ومع تغير الواقع المستقر للعالم الذي ساد حوالي نصف قرن بانهيار ركن من اركان البناء الدولي ممثلاً بالاتحاد السوفيتي وبات

---

(1) د. عبدالمنعم السيد علي، التكتلات الاقتصادية الدولية وطبيعتها، انواعها، خصائصها آثارها الاقتصادية على الاقطار العربية، شؤون عربية آذار 1996، ص 106-108.

(2) د. عبد الواحد العفوري، العولمة والجات التحديات والفرص، مصدر سابق، ص226.

العبء ثقيلاً على القدرات الاستيرادية لدول الجنوب المتمثلة اساساً في صادراتها الامر الذي فرض قيداً ثقيلاً على فاعلية جهودها التنموية خاصة في تبنيها ستراتيجية التصدير وسيلة لتعزيزها [1]. فانهيار الاتحاد السوفيتي يعني لدول الجنوب انهيار سندها السياسي والعسكري فتحول وضعها من مجرد نمط اعتمادي اقتصادياً على النظام الرأسمالي الى آخر تهديدي شامل لوجودها وسيادتها. ومع تغير هذا الواقع برزت ظاهرة العولمة في بداية التسعينات التي هي بالنسبة للاقتصادات المتقدمة احد القواعد الرئيسية التي تترك اكبر الاثر في اقتصادياتها بشكل خاص وفي تجمعها بشكل عام، في الوقت ذاته فأن امتلاك هذه الاقتصاديات القوة والموارد اللازمة يدفعها دفعاً الى اعتناق منهج العولمة، والسعي الحثيث في تطويره[2] فقد ازداد في جميع انحاء العالم انشاء الترتيبات التجارية الاقليمية او لتعزيز القائم منها. وشهد العالم اكثر من أي وقت مضى نشاطاً واسع النطاق لتكوين التكتلات. سواء في اطار ثنائي اوشبه اقليمي او اقليمي وهو ما يعرف بالتكامل الاقتصادي لتخفيف الحماية ضد الدول خارج نطاق التكتل. او تجمعات لا تكتسب صفة الاقليمية المباشرة وانما تجمع بين مجموعة من الدول متقاربة فكرياً وضمن نطاق جغرافي واسع تحيطه المحيطات والتي تسمى بالمجالات الاقتصادية الكبرى فضلاً عن تشكيل تكتلات بين دول ذات مستويات مختلفة (دول متقدمة واخرى نامية) من حيث بعدها الاقتصادي او السياسي او العسكري وحتى التقني[3] ففي ظل الردع النووي المتبادل وخشية الشعوب من الحروب المدمرة وما اثبتته التجربة السوفيتية من فشل الاعتماد على القوة العسكرية وحدها دون القدرات الاقتصادية في ظل الصراع على الثروة اساس الحضارة المادية في طار هذه المعطيات وغيرها تحول ميدان الصراع بين القوى الكبرى الى الميدان الاقتصادي وبرزت التجمعات والتكتلات الاقليمية لتكون ظاهرة العصر[4] في الاقتصاد العالمي المعاصر المتجه نحو العولمة وتحرير التجارة. فخلال السنوات 1990-1995 زاد عدد مناطق التجارة الحرة والاتحادات الكمركية بصورة كبيرة حيث بلغت نحو (108) ترتيباً نهاية عام 1995[5] منها 29 تجمع ظهر

---

(1) د. باسل البستاني، تطورات حيوية على صعيد الاقتصاد الدولي، النظام الدولي الجديد، اراء ومواقف، تحرير د. باسل البستاني، مصدر سابق، ص322.

(2) د. محسن احمد الخضيري، العولمة مقدمة في فكر واقتصاد وادارة عصر اللادولة، مصدر سابق، ص14.

(3) اسامة المجدوب - العولمة والاقليمية مستقبل العالم العربي في التجارة الدولية، مصدر سابق، ص49.

(4) محي الدين حسين عبد الله الطائي، المتغيرات الاقتصادية الدولية وانعكاساتها على اقتصاد منطقة الشرق الاوسط - رسالة دكتوراه 1996 - كلية الادارة والاقتصاد، جامعة بغداد، 87.

(5) احمد مجدلاني واخرون، انعكاسات العولمة السياسية والثقافية في الوطن العربي، تحرير اسحاق الفرحان، مصدر سابق، ص190.

عام 1992 ⁽¹⁾ فقط في حين يلاحظ ان اعضاء منظمة التجارة العالمية قد وصل عام 2002 الى 144 عضواً مما يعني ان المنتمين لمنظمة التجارة العالمية ينتمون الى واحد او اكثر من التجمعات التي لا تقتصر ـ على الدول في حدود الاقليم بل تنطلق خارجه من خلال مبادرات طموحة تخدم مصالح الاطراف دون الاخذ بنظر الاعتبار لاي اطار جغرافي او ايديولوجي ⁽²⁾. لقد ساد اعتقاد بان الزيادة المتحققة سببها الاحباط الناشئ عن تباطؤ مفاوضات جولة اوروغواي غير ان الظاهرة استمرت حتى بعد ان حققت المفاوضات اهدافها المطلوبة "مما يعني ان هناك اسباب اخرى وراء تزايد نزعة الترتيبات الاقتصادية الاقليمية بالرغم من تباين دوافع انشاء هذه التكتلات من منطقة الى اخرى بل من دولة الى اخرى داخل التكتل نفسه وفي كل الاحوال يبقى البحث عن تحقيق المنافع الاقتصادية من خلال قيام هيكل انتاجي اكثر كفاءة وتحفيز وتأثر النمو الاقتصادي عن طريق زيادة الاستثمارات الاجنبية والتعلم من خلال اكتساب الخبرات وتوحيد جهود البحث والتطوير من ابرز الاهداف التي تقصدها الدول المنضوية في اطار التكتلات الاقليمية وبشكل عام نجد ان الدول الصناعية المتقدمة تلعب دوراً محورياً في هذا المسعى المستمر بالرغم من عدم توقفها سواء من خلال ممثليها في المؤسسات الاقتصادية والمالية الدولية او من خلال تصريحات اصحاب القرار السياسي والاقتصادي في الحديث حول ما يمثله انتشار مثل هذه التكتلات الاقتصادية من اضرار على حرية التجارة العالمية وما تمثله هذه الترتيبات من انحراف وخروج على المبدأ الاساس لاتفاقية الجات الخاص بمعاملة الدولة الاولى بالرعاية وعدم الرضا عندما يتعلق الامر بقيام نفس النوع من الترتيب من قبل دول الجنوب وخاصة ما يتعلق بالوطن العربي ⁽³⁾.

وفي اغلب الاحوال قد تقف وراء قيام التكتل دوافع ذات طابع غير اقتصادي مثل تقوية الروابط السياسية والتحكم في تدفقات الهجرة اضافة الى ما يعني هذا بالنسبة للبلدان الصغيرة من حصولها على فرص اكبر للنفاذ الى اسواق الدول الصناعية المتقدمة الاعضاء في الترتيب الاقليمي وقد يكون الدافع ابعد من هذا بالنسبة لهذه البلدان الصغيرة حيث تهيئ لها عضويتها في التكتل الاقليمي بيئة اكثر ملائمة للقيام بالاصلاحات السياسية المحلية وتحسين قدرتها ومركزها التفاوضي مع الاعضاء في التكتل فيما يتعلق بالمفاوضات التجارية مع الجات ⁽⁴⁾. لقد تباينت

⁽¹⁾ عبدالواحد العفوري ـ العولمة والجات والتحديات والفرص، مصدر سابق، ص 217.

⁽²⁾ اسامة المجدوب، العولمة والاقليمية مستقبل العالم العربي في التجارة الدولية، مصدر سابق، ص50.

⁽³⁾ د. عبد الواحد العفوري، العولمة والجات والتحديات والفرص، مصدر سابق، ص229.

⁽⁴⁾ المصدر السابق نفسه، ص117-228.

الدوافع في انشاء التكتلات بين الدول الرأسمالية ودول الجنوب غير ان بروز التكتلات بهذا الزخم الواضح على صعيد العلاقات الاقتصادية الدولية يؤكد قوة الدوافع التي قادت الى قيامها.

لقد تضافرت مجموعة من الدوافع للاتجاه نحو التكتلات الاقتصادية والتجمعات الاقليمية في مختلف انحاء العالم منها:

أولاً- اثر التطور التقني والتكنولوجي في التقدم والمنافسة الذي حدث في القرن العشرين كما ونوعاً وعاملاً مهماً لقدرته على التأثير، وشمولية التاثير في تحريك الاقتصاد بكل ابعاده على صعيد الانتاج او التجارة او التوزيع او الاستهلاك، او الاجتماعية والسياسية والثقافية[1]. وقد احدثت السرعة المتجددة للثورة التقنية تغييراً جذرياً في التركيب العضوي لرأس المال بالاستخدام المكشف للمعرفة العلمية التي طبقت نتائجها في مجال الفضاء والتسليح والالكترونيات الدقيقة والهندسة الوراثية، واثرها في تقليص البعدين الزماني والمكاني في سهولة نقل السلع وعناصر الانتاج المختلفة وتوثيق العلاقات التجارية وتذليل صعوباتها في كل العالم. وقد اصبح التطور التكنولوجي – التقني من الضغوط التنافسية[2] واتاحت الثورة العلمية والتقنية الفرصة للدول الصناعية المتقدمة لكي تخلق لنفسها ميزة نسبية في الصناعات المعتمدة على المهارة والعقل اكثر من اعتمادها على العمل والطاقة وبرزت اثارها على خريطة تقسيم العمل الدولي[3] وتكوين اختلال هيكلي في الاقتصاد العالمي تباين في البنى الاقتصادية مما عمق التفاوت الاقتصادي في العالم وبروز دول متقدمة واخرى تحت التطور[4] ويعد قصور الاتحاد السوفيتي في مواكبته لمجريات الثورة العلمية الثالثة واحد من العوامل الداخلية التي سببت ركوداً صناعياً وعجزاً لمكونات نشاطه الاقتصادي من امداد القطاع العسكري وقطاع الخدمات بما تحتاجه من تحديثات لمواكبة التطورات العلمية والتقنية المتحققة في حوزة (امريكا واليابان) مما ساهم في هيمنة الليبرالية وتدويلها على حساب التفكك والانهيار العقائدي الذي لحق بالاتحاد السوفيتي وبالمقابل فقد كثفت المجموعة الاوربية جهودها مع نتائج الثورة العلمية والتقنية من خلال تكتلها واندماجها للاستفادة من توسيع قاعدة البحث والعمل على التنافس والصراع الاقتصادي بدل العسكري

---

[1] د. باسل البستاني – تطورات حيوية على صعيد الاقتصاد الدولي، ندوة النظام الدولي الجديد – اراء ومواقف، تحرير د. باسل البستاني – مصدر سابق، ص244.

[2] د. رسول راضي حربي – العولمة والمستقبل العربي – مصدر سابق، ص112.

[3] د. سعد حقي توفيق – التطورات الدولية المعاصرة وانعكاساتها على الوطن العربي، بيت الحكمة، سلسلة المائدة الحرة، رقم 9 بغداد / شباط 1997، ص24.

[4] انطوان زحلان، العرب والتحدي التقاني – المستقبل العربي، العدد 236 – كانون الثاني/ يناير/2001، ص51.

اضافة الى استغلال امريكا العوامل العلمية والاقتصادية لتحقيق تفردها بالمركز القيادي على مستوى المنظومة الرأسمالية العالمية وعلى مستوى العالم مما سهل الهيمنة على المنظمات الدولية وتكوين اليات اقتصادية توجه مركزياً وتعمل ميدانياً في ظل شروط وقواعد المنظمات التي تنسجم وتتوافق مع الادارة الامريكية جراء هيمنتها على تلك المنظمات[1].كما مكن التقدم التقني في النظام الرأسمالي الشركات عابرة القوميات مـن تدويل نشاطها الانتاجي والتسويقي والتمويلي وتعظيم ارباحها وتحقيق عالمية السوق. وضمان هيمنة اسواق النقد والمال على حركة راس المال العالمي في الدول الصناعية المتقدمـة وفرض سياسات اقتصادية منسجمة مع توجهاتها من خلال المؤسسات الدولية لزيادة درجة التبعية والفاصل التقني في عالـم الجنوب لضمان تحقيق الاستثمار المباشر وغير المباشر فيها من قبل الشركات مـن ناحية وتعظيم مصادر الـدول الرأسمالية وتطوير قدراتها التساومية على صعيد العلاقات الاقتصادية الدولية من ناحية ثانية باستغلال مجحف وتبادل غير متكافئ وسيطرة الاحتكارات الرأسمالية على السوق التكنولوجية من قبل الشركات العابرة للقوميات من خلال اتفاقية حقوق الملكية الفكرية والميزات الهائلة والمتنوعة التي ستتمتع بها الشركات من جرائها اتفاقية حقوق الملكية[2]. كما مكن التطور التقنـي الدول الرأسمالية المتقدمة بالدعوة الى التخطيط لوضع قواعد واسس العمل الاقتصادي العالمي وفق ترتيبه بنيوية تتوافق مع مرتكزات الرأسمالية فضلاً عن مساهمة هذا التطور بتغيير انماط الانتاج والعلاقات الدولية والممارسات الاجتماعية والقيم الثقافية والاخلاقية واللغوية والمعنوية والتي تم تناولها مفصلاً – في مبحث سابق.

ثانياً- التغير في هيكل النظام العالمي في 1991/12/25 شهد العالم انهيار الاتحاد السوفيتي وتجربته الاشتراكية بعد 73 عامـاً بشكل سريع وقد كان وراء هذا الانهيار الهائل مجموعة متداخلة من العوامل الداخلية والخارجية[3]. وقد تم تنـاول ذلـك في الفصل الثاني، واصبحت الليبرالية الجديدة من الناحية العملية من غير منافس لافكارها. ولم تعد هناك تهديدات عسكرية حادة تجاه الراسمالية ولم يعد خطر الايديولوجية الشيوعية يشكل عائقاً امام مزاعم الفكر الرأسمالي وما واجهته الرأسمالية من تهديدين (الاشتراكية من الداخل والشيوعية من الخارج) طيلة النصف الثاني من القرن التاسع عشر والقرن العشرين[4].

---

[1] د. رسول راضي حربي – العولمة والمستقبل العربي – مصدر سابق، ص113.

[2] انطوان زحلان – العرب والتحدي التقاني – مصدر سابق، ص51.

[3] راجع – محمد شعبان، مركزات اخر رئيس، المستقبل العربي، العدد 260، تشرين الاول، 2000، ص167.

[4] راجع للمزيد د.محمد طاقة، العولمة الاقتصادية، السطور، ط1، بغداد 2001.

وقد ادت هذه التداعيات الى ظهور مفاهيم جديدة على صعيد العلاقات الاقتصادية الدولية وبروز ظاهرة (التدويل Internationalization) فقد تزايد اندماج وتكامل الاسواق المالية والنقدية والصناعية والتقانية وزادت درجة التشابك والترابط بين مختلف اقتصادات العالم.

ثالثاً- بروز ظاهرة العولمة وقد تعلق الامر بالتكتلات الاقتصادية والتجمعات الاقليمية فقد ادى ظهور العولمة الى حدوث نشاط على مستوى الدول في مختلف المناطق في اسيا وافريقيا وامريكا اللاتينية وفي شرق ووسط اوربا لاصلاح سياساتها الاقتصادية. بتطبيق نظرية الاقتصاد الحر وقد ادى هذا التطور على الصعيد الوطني الى تزايد الشعور بالحاجة لمزيد من التعاون والتكامل فيما بين هذه الدول لتعظيم مكاسب تطبيق النمط الاقتصادي الحر الجديد[1].

رابعاً- تفاقم الصراع لقيادة المنظومة الرأسمالية - ان التحولات الجوهرية التي طرأت على الوضع الدولي تفسر ابعاد الصراع بين القوى الرأسمالية اقتصادياً - لم تعد امريكا القائد للمنظومة الرأسمالية لتفاعل مجموعة من العوامل على الصعيدين المحلي والعالمي[2] خلال العقود الثلاث الاخيرة من القرن العشرين. ولتقوية مكانتها في المنظومة الرأسمالية كانت محاولتها في هيمنتها المطلقة على مقدرات العالم خاصة بعد نجاح اوربا في تكوين الاتحاد الاوربي كقوة قارية قادرة على منازعة امريكا في سطوتها على العالم، لنمو المجموعة الاوربية بشكل كبير ولسياستها الزراعية الموحدة وتحقيق اعلى مستويات الحماية وتوجهها نحو الداخل القائم على فكرة القلعة التجارية الحصينة التي تحققت فعلياً عام 1992 من خلال معاهدة ماستريخت لتحقيق الاتحاد الاوربي[3] الى التوصل لاتفاقات بشأنها في 27 نيسان 1998 فضلاً عن توسيعها نطاق الاتحاد الاوربي بضم الدول الاسكندنافية او من شرق ووسط اوربا والعمل تدريجياً لاحياء فكرة غورباتشوف للبيت الاوربي وبرؤية غربية، محورها الاتحاد الاوربي وتعزيز العلاقة مع آسيا من خلال القمة الاسيوية الاوربية حيث عقدت ثلاث اجتماعات الاول في بانكوك عام 1996 والثاني في لندن 1998 والثلث في سيؤول / كوريا عام 2000 وتوطيد الرابطة المتوسطية التي تتمتع بها اوربا بميزة نسبية من خلال مبادرات محددة تحت مظلة مؤتمر برشلونة والتي اسفرت عن الدخول في مفاوضات للتوصل للاتفاقيات المشاركة، والتجارة الحرة مع العديد من دول المتوسط

---

(1) اسامة المحدوب- العولمة والاقليمية مستقبل العالم العربي في التجارة الدولية، مصدر سابق، ص16.

(2) راجع للمزيد د. رمزي زكي، هل انتهت قيادة امريكا للمنظومة الرأسمالية العالمية، المستقبل العربي - العدد 138، آب / اغسطس 1990، ص6-22.

(3) اسامة المحدوب - العولمة والاقليمية مستقبل العالم العربي في التجارة الدولية، مصدر سابق، ص49-50.

لدمج المنطقتين في علاقات تكاملية شاملة[1] وظهور اليابان كقائدة لدول شرق آسيا حديثة التصنيع لتصبح قوة اقتصادية رئيسية تؤثر بشكل كبير على مقدرات الاقتصاد العالمي ومنافسة امريكا في اسواقها المحلية او التقليدية. لهذا حاولت امريكا تقوية مكانتها في المنظومة الرأسمالية من خلال هيمنتها على دول الجنوب وهي تدرك ذلك جيداً باعتباره "ساحة المعارك الاساسية" وهذا ما اكده الرئيس بوش في اذار 1990[2]. وتفسير ابعاد الصراع بين القوى الرأسمالية تؤكده الاوزان النسبية للقوى العالمية المتصارعة في تجارة العالم وفي الانتاج العالمي. ففي عام 1998 اصبح الاتحاد الاوربي يحتل قمة التجارة الخارجية العالمية بنسبة (19.7%) والنسبة لا تتضمن التجارة البينية بين الاتحاد الاوربي ودولة الخمس عشرة في حين انها تمثل (70%) من تجارة هذه الدول الخارجية وتأتي أمريكا في المرتبة الثانية لتستحوذ على (16.3%) من تجارة العالم تليها اليابان المتحالفة في المصالح مع الاتحاد الاوربي لتحتل المرتبة الثالثة وبنسبة (9.3%) ثم تأتي كندا في المرتبة الرابعة وبنسبة (5.1%) وفي المرتبة الخامسة تأتي الصين وهونك كونك وبنسبة (8.6%) منها (4.6%) لهونك كونك وهي قوى تتعارض مصالحها مع امريكا اما بقية دول العالم فقد بلغ نصيبها (21%) وغالبيتها تتعارض مصالحها مع الرؤية الامريكية (100%) في مستقبل النظام التجاري الدولي[3]. لقد اصبحت امريكا تعاني من عجز هائل في الحساب الجاري واحساس متزايد في عدم القدرة على السيطرة على مقدرات الاقتصاد العالمي كما كانت تفعل منذ عقود مضت، لانخفاض الانتاج فيها، وعدم حيازتها لحق الملكية على الاسواق وانخفاض معدل الربح من (11.1%) عام 1967 الى (2%) عام 1990 مع انخفاض معدلات الاجور. وارتفاع البطالة الى (6.2%) [4] وان (20%) من الامريكان يعملون دون خط الفقر لعام 1996[5].

---

[1] اسامة المحدوب – العولمة والاقليمية مستقبل العالم العربي في التجارة الدولية، مصدر سابق، ص51-52.

[2] د. رمزي زكي، هل انتهت قيادة امريكا للمنظومة الرأسمالية العالمية، المصدر السابق، ص23.

- كذلك اسامة المجدوب، العولمة والاقليمية مستقبل العالم العربي في التجارة الدولية، مصدر سابق، ص26-29.

[3] ثناء فؤاد عبد اللـه، قضايا العولمة بين الرفض والقبول – مصدر سابق، ص103.

[4] راجع لذلك محمود خالد المسافر، الادارات الامريكية المتعاقبة فائض الميزانية الفدرالية، بيت الحكمة بغداد، العدد 14 لعام 2000، ص28-39.

[5] جيرالد بوكسبرغر وهارالدكليمتنا، الكذبات العشر للعولمة بدائل دكتاتورية السوق، مصدر سابق، ص145.

ان اسباب تدهور منافسة الصدارات الامريكية في السوق العالمية يعود بالاساس الى ارتفاع اجر العمالة الامريكية مقابل انخفاضها في بقية دول العالم. وقد ادى ذلك الى ارتفاع اسعار الصادرات الامريكية وتدهور متوسط انتاجية العامل الامريكي في الساعة مقارنة مع العامل في الدول الصناعية الاخرى دول جنوب شرق اسيا فضلاً الى انخفاض اسعار صادرات تلك الدول في السوق العالمية وقدرة منتجاتها على منافسة المنتجات الامريكية، وقد اثر هذا التراجع للصادرات الامريكية على الاقتصاد الامريكي. ليتحول الى اقتصاد مدين حيث اصبحت الديون الخارجية والداخلية تهدده لارتفاع انفاقه اكثر من انتاجه في الداخل حتى اصبح اقتصاد يستهلك ويستثمر ويستورد بشكل يفوق حجم ما يدخر وينتج ويصدر ولارتفاع مستوى معيشة الامريكان بشكل يفوق قدرة الاقتصاد. اضافة الى اثر العامل الخارجي في عجز الميزانية الامريكية لتدخلها المباشر في شؤون العالم الداخلية وانفاقها اموالاً كبيرة لهذا الغرض. بالرغم من اتجاهها لتغطية تلك النفقات من دول اخرى كما حدث في العدوان على العراق 1991م.

استمرار عدم استقرار سعر صرف الدولار الامريكي حسب حالة العجز الخارجي الامريكي وبروز عملات قوية ومنافسة ومقبولة للايفاء على المستوى الدولي (اليورو، والين، والمارك الالماني) مما يعني ان الدولار لم يعد هو العملة الوحيدة المؤثرة في هيكل الاحتياطات الدولية من النقد الاجنبي.

اذن ان تدهور الاقتصاد الامريكي وارتفاع مديونيته الداخلية والخارجية اصبح يهدد بشكل خطير امنها القومي ووجودها مع قلقها الكبير من بروز اليابان واوربا كقوى اقتصادية وسياسية تهدد مصالح امريكا وامنها الاقتصادي[1].

ما تقدم يعطي امريكا مبرراً في تصدير ازمتها الى خارج حدودها وحقها في قيادة المنظومة الرأسمالية التي حددتها في رؤية العولمة الاقتصادية وتطورها من خلال "خطة المنطقة الكبرى" التي وضعتها اعقاب الحرب العالمية الثانية والمتضمنة لكيفية الهيمنة على العالم وعلى الدول الاوربية واليابان باعادة اعمارها بعد الحرب بشرط واحد "سيطرة امريكا على الامدادات النفطية واحتكارها حق النقض الفيتو"[2] حتى يكون في يدها زمام الامر في حالة قررتا الخروج

---

(1) د. محمد طاقة، العولمة الاقتصادية – مصدر سابق، ص114-115.

(2) حق النقض الفيتو اقترحه الاقتصادي جورج كيناي عند ترأسه فريق التخطيط في وزارة الخارجية الامريكية عام 1950 فضلاً على وجوب استغلال دول جنوب شرق اسيا وافريقيا لاعادة اعمار اوربا لتنفيذ خطة المنطقة الكبرى التي وضعتها امريكا عام 1949 التي افرزت رؤية العولمة الاقتصادية.

- د. عبد الحي يحيى زلوم، نذر العولمة – مصدر سابق، ص195.

عن الخط الذي رسمته لهما امريكا. وينحصر الهدف الذي حددته امريكا - هو ابقاء النظام الرأسمالي الجديد في اوربا واليابان يدور في فلكها عند قيام امريكا اخضاع منابع النفط لنفوذها وتوزيعه على مختلف دول العالم من قبلها، اذ كانت امريكا اكبر منتج للنفط في العالم بعد الحرب العالمية الثانية وقد مرت عملية سيطرة امريكا على النفط بمراحل تضمنت النفط الايراني. الابار المتكشفة حديثاً في ليبيا ونفط بحر الشمال ونفط الاسكا وهيمنتها على نقط دول الخليج العربي اصبحت امريكا تتمتع بوضع فريد اذ اصبحت القوة العظمى الوحيدة في العالم بعد انهيار الاتحاد السوفيتي وبات الوقت مناسباً لايجاد نظام العولمة وتوسيع نطاق خطة المنطقة الكبرى لتشمل العالم باسره فاما ان تحقق ذلك او قد لا يتم تحقيق ذلك خاصة وان العامل الاقتصادي اصبح ضروريا والسيطرة على النفط اصبح اكثر الحاحاً بعدما اصبحت امريكا القوة الوحيدة في العالم وانها استوردت عام 1989 ما يعادل 45% من النفط من الخارج وقد اضطرت لاستيراد نسبة 65% من النفط بحلول عام 1990 وان 40% من العجز التجاري الامريكي لعام 1989 ناجم عن الواردات النفطية فضلاً عن مساهمة النفط بنسبة 44.9% من مصادر الطاقة لتوقف اعتبار الطاقة النووية عملياً مصدراً للطاقة في امريكا وتراجع الاعتماد عليها ليصل الى 7% تقريباً.

وترى امريكا ان النفط يمثل مصدراً اساسياً يمكنها من الوصول لموقع القيادة العالمي، فضلاً على ضرورته لمستلزمات الامن القومي الامريكي وذات الأهمية الستراتيجية لها ولم يكن امامها فرصة افضل من عام 1990 اثر التصدع الداخلي في الاتحاد الوسفيتي فرتبت المشاهد المسرحية والسيناريوهات لخلق الظروف المواتية ونيابه عن الرأسماليين المتعولمين لفرض عمليات السيطرة على نفط الخليج العربي وباتت وحدة المصالح في دول العالم ثانوية في نظر امريكا حيث يعتبر مخطط السياسة الامريكية الموقع الجغرافي الذي تقع فيه المخزونات النفطية صدفه جيولوجية خاصة نفط الخليج ومن حقهم تصويب هذه الصدفه لصالحهم وان جيولوجيا النفط الحديثة هي بالاساس اختراعاً امريكياً فالتكنولوجيا والاموال والشركات هي التي حددت موقع النفط لاستخراجه من باطن الارض كما ان امريكا اكثر حاجة واستعمالاً للنفط. وسياسة امريكا المعلنة سواء المتعلقة بالحصول على الكميات المطلوبة وسعره والوصول الى منابع النفط هي جزء من متطلبات الامن القومي الامريكي وتقوم هذه السياسة على "مبدأ كارترCARTER". "تعتبر امريكا النفط وسهولة الوصول اليه خاصة نفط الخليج العربي مادة من مواد الامن القومي ومن اجله فانها مستعدة لاستعمال كافة الوسائل والسبل لحمايته بما في ذلك اللجوء الى استعمال القوة". ومنذ السبعينات فقد هيأت امريكا الخطط العسكرية والمعدات الحربية وتشكيل قيادة مركزية في فلوريدا للمواجهة وهي ذات القيادة التي قادت العدوان على العراق للهيمنة على نفط الخليج - فان مخطط العدوان على العراق وضعت مسوداته في البنتاغون (وزارة الدفاع

الامريكية) ونشرت في مجلة فورتشن في 1979/5/7 تضمنت لكيفية رد الفعل العسكري والخطط التي ستضيفها امريكا عند تحرير العراق للكويت الذي سيقوم على نزاع الحدود او حصول امور اخرى ونشرت المجلة في الصفحة 158 كيفية العدوان والاسلحة والمعدات الجوية والارضية التي سيتم استخدامها في العدوان على العراق [1]. لقد كانت خطط التدخل الامريكي في منطقة الخليج العربي جاهزة للتطبيق والتنفيذ بدايتها العدوان على العراق واستخدمت الامم المتحدة مظلة لتأمين القرارات اللازمة للتدخل بالرغم من ان امريكا اغنى دولة في العالم غير انها اكثر دولة في العالم ايضاً مدينة بالتزامات مالية لم تسددها للامم المتحدة.

لقد كان لوقوف دول الخليج مع امريكا في العدوان على العراق فرصة لامريكا لقبض اثمان مخزوناتها الفائضة في مخزون الاسلحة في مستودعات حلف شمال الاطلسي الذي لم يعد قائماً لتدهور الاتحاد السوفيتي كما وفرت فرصة لاختبار انظمة التسليح الجديدة والتي لم تتح لها الفرصة للاختبار فضلاً عن استنزاف اموال دول الخليج النفطية المدخرة ومن هنا تظهر اهمية محاولة امريكا للسيطرة على نفط الخليج العربي لتزايد احتياجاتها باستمرار حيث يقدر الاحتياطي النفطي في هذه المنطقة 63.4% من احتياطي العالم ومن خلال سيطرتها ستتمكن من التحكم باقتصاد العالم وخاصة اوربا واليابان اللتان يستهلكان 85% من مصادر الطاقة من نفط الخليج والذي يعد بالنسبة لها استمرار لديمومة اقتصادها. ويصل استيراد امريكا من النفط الى 5/1 استيراد العالم، ووصلت استيراداتها عام 1997 22.5% من الاستيرادات العالمية والجزء الاكبر من هذه الاستيراد من الوطن العربي وتبقى حاجتها مستمرة للنفط لتزايد استهلاكها وعجز انتاجها المحلي على تلبيه حاجتها النفطية وتراجع احتياطها النفطي وقرب نفاذه وسيبقى النفط في الخليج العربي مصدراً رئيسياً لانتاج النفط في العالم لهذه الاسباب كان العدوان على العراق امتداد لسياسة تأمين الامدادات النفطية لمدة طويلة [2]. اضافه لتاكيد موقعها القيادي في المنظومة الرأسمالية. لقد وعى العراق منذ البداية للمخطط الامريكي في هيمنته على منابع النفط ووظف خططه وبرامجه لمواجهة المخطط الذي يستهدف العراق الذي يقود المشروع النهضوي القومي- والدفاع عن الانسانية جمعاء.

[1] عبد الحي يحيى زلوم، نذر العولمة، مصدر سابق، ص196.

[2] د. محمد طاقة، العولمة الاقتصادية - مصدر سابق، ص116-117.

جدول رقم (6) يبين العرض والطلب على النفط لغاية عام 2010

السنة	1997	2000	2005	2010
الطلب العالمي	73.3	76.2	84.0	93.0
الانتاج خارج الاوبك	43.5	45.7	49.0	49.5
انتاج دول الاوبك	29.8	30.5	35.0	43.5
مكثفات الاوبك	2.8	3.0	3.3	3.6
نفط خام اوبك	27.5	27.5	31.7	39.9

المصدر: مجلة الحكمة بغداد، العدد 18 لعام 2001، ص59.

خامساً: الموقف المتشدد من قبل المجموعة الاوربية في مفاوضات جولة الاورغواي في اطار الجات، وانغلاق السوق اليابانية امام المنتجات الامريكية وفقدان امريكا الثقة في الاطار المتعدد الاطراف. كان ذلك دافعاً للتوجه الى تجمع اقليمي خاص بها، لتعزيز قدراتها التنافسية، وقامت بانشاء منطقة التجارة الحرة بين كندا وامريكا CUSTA عام 1989 وتوسيع نطاقها بالتفاوض حول اقامة منطقة التجارة الحرة لامريكا الشمالية (NAFTA) بانضمام المكسيك اليها عام 1994 واعلان الرئيس الامريكي بوش لمبادرته الخاصة بنصف الكرة الغربي في عام 1994 التي تضم كافة دول الامريكيتين ومما حفز امريكا نحو الاقليمية قيام تشكيلات مماثلة في شرق اسيا وغيرها من مناطق العالم منها تحول الاسيان من تنظيم اقليمي الى منطقة التجارة الحرة للاسيان. مقابل ذلك سعت امريكا لتاكيد هيمنتها على العالم واقترابها من اسيا من خلال التجمع الجديد (الابيك) لربط اسيا بالامريكتين عبر الباسيفيكي وتحديد علاقاتها بالشرق الاوسط من خلال تعزيز مفهوم الشرق اوسطية المنتظر ان تتمتع امريكا بمكانه متميزة في اطاره للهيمنة على الوطن العربي وطمس هويته القومية فضلاً الى مناقشتها منطقة التجارة الحرة عبر الاطلسي مع اوربا من خلال (اجندة) عبر الاطلسي والتي تتضمن كافة جوانب العلاقات مع الاتحاد الاوربي[1].

سادساً: قيام العديد من التجمعات شبه الاقليمية الاسيوية والافريقية وفي امريكا اللاتينية بتفعيل دورها وتطوير اطارها وصولاً الى منطقة التجارة الحرة بين اعضائها او الاتحاد الكمركي او السوق المشتركة[2]. ويبقى السؤال مثاراً ؟ ما هو اثر هذه الترتيبات على العولمة ؟ وهل سيؤدي هذا الكم الهائل من الترتيبات الاقتصادية في العالم ظهور حالة من التنافس بين تحرير التجارة في

---

[1] **اسامة المجدوب، العولمة والاقليمية مستقبل العالم العربي في التجارة الدولية، مصدر سابق، ص50-52.**

[2] **المصدر السابق نفسه، ص50-52.**

اطار اتفاقية الجات وفقاً لاحكامها وتحريرها في اطار هذه الترتيبات الاقليمية الجديدة بالشكل الذي يؤدي الى الحاق الضرر في اتفاقية الجات ؟

تباينت اراء العديد من الاقتصادين حول دور التجمعات الاقليمية والتكتلات الاقتصادية واثرها على العولمة وعلى العموم فقد تبلورت بتحديد اثرين لهما طابع متناقض على النمو الاقتصادي.

الاثر الاول توليدي – خلق التجارة[1]: في هذه الحالة يحكم على التكتل بالنجاح – لانه يتيح استخدام اكفأ للموارد المتاحة لاطراف التكامل وزيادة الرفاهية للدول الاعضاء.

الاثر الثاني / تحويلي – تحويل التجارة [2]: الذي يؤدي بصورة عكسية الى تقليل الرفاهية للدول الاعضاء مع بقاء العوامل الاخرى كما هي ويضر بالتجارة طبعاً وبالاتحادات الكمركية ومناطق التجارة الحرة وتتوقف الاثار الفعلية للتجمعات والتكتلات الاقليمية الى حد بعيد، على المرونة النسبية لعناصر الانتاج، وعلى البعد الزمني للتكامل الاقتصادي لان المرونة طويلة المدى تختلف عن المرونة قصيرة المدى فتحقيق قدر كبير من الكفاءة يحتاج لوقت اكبر مما يتطلب دراسة البعد الزمني واثارة السلبية والاجابية للتعرف على تلك الاثار[3].

وقد اعطت اتفاقيات جولة اورغواي 1993 دفعة قوية امام التحرير متعدد الاطراف لتجارة السلع والخدمات من جهة وبين ترتيبات التكامل الاقتصادي في الاطار الاقليمي من جهة

---

(1) خلق التجارة Trade Creation يعني اتجاه التجارة من المنطقة ذات التكاليف العالية الى منطقة ذات تكاليف انتاج واطئة نتيجة اعادة توزيع واستخدام الموارد الاقتصادية لطريقة كفوؤة لان التكتل يمكن المنتجين الاكثر كفاءة ان يوسعوا انتاجهم ويزيدوا من مبيعاتهم على حساب المنتجين الاقل كفاءة في الدول الاخرى المشتركة في التكتل وسيزداد العرض امام طلب المستهلكين وبسعر اقل مما كان عليه الحال قبل الدخول في التكامل فاثر خلق التجارة نافع ويزيد من رفاهية الدولتين عموماً.

(2) تحويل التجارة Trade Diversion تعني تحويل التجارة من المنتج الاقل كلفة في بلد غير مشترك في التكامل الى المنتج الاعلى كلفة في البلد العضو في التكامل الاقتصادي وهذا التحويل سيكون لصالح المنتج الاقل تكلفة والاقل كفاءة ويعتقد "فاينر" ان اثر تحويل التجارة يؤدي الى تقليل من الرفاهية الاقتصادية للدول الاعضاء مع بقاء العوامل الاخرى كما هي. وفاينر من الاقتصاديين الذين اختلفوا حول اهمية التكتلات الاقتصادية للبلدان المتقدمة والنامية حيث راى ومعه الاقتصاديين "لبسي وميد" بان التكامل بين بدلين او اكثر يقود الى نوعين من الاثرين الذين اشرنا اليهما.

- هيفاء عبدالرحمن التكريتي- السوق العربية المشتركة واستراتيجية التنمية العربية، رسالة ماجستير، كلية الادارة والاقتصاد، جامعة بغداد ، 1984.

(3) د. احمد مجدلاني واخرون، انعكاسات العولمة السياسية والشفافية على الوطن العربي تحرير اسحاق الفرحان، مصدر سابق، ص191.

ثانية[1] وقد شهدت المراحل المتاخرة من مفاوضات اوروغواي وفي اطار الاعداد للاتفاقيات الخاصة بمنظمة التجارة العالمية العديد من الترتيبات التجارية والاقليمية الجديدة وتوسيع القائم منها فعلاً اذ تطورت صيغة التكامل الاوربي ووصلت لمرحلة الاتحاد ووقعت اتفاقية ماستريخت بشأن العملة الموحدة كما قامت مناطق تجارية مثل (النافتا) و (الميركوسور) و (الابيك) و(الاسيان) وتتقاطع جميع الاتفاقيات المنشأة لها على قضية تحرير التجارة في المنتجات الزراعية، والخدمات، والاستثمار وكذلك البيئة والصحة وحقوق العمال، وتعزيز التعاون التكنولوجي والعالمي والتكامل المالي والنقدي وحماية حقوق الملكية الفكرية.

واتخذت تكتلات اقليمية عديدة. مفهوم التوجه الاقليمي المفتوح حتى اصبحت بعض هذه التكتلات الاقليمية بمثابة دوائر متداخلة، بحيث يكون العضو الواحد، منتمياً لاكثر من تكتل او تجمع اقليمي وينطبق هذا على العديد من دول جنوب شرق اسيا والمحيط الهادي[2].

وقد اثارت ابعاد هذا التوسع المتزايد في الترتيبات الاقليمية وتشابك علاقتها بمنظمة التجارة العالمية جدلاً واسعاً بين العديد من الاراء حول طبيعة هذه العلاقة ومستقبلها وانتهت الى رايين اساسيين:

الرأي الاول - أبدى اهتماماً بالاثار السلبية للتجمعات الاقليمية على التجارة الدولية اكثر من اهتمامه باسباب قيام هذه التكتلات ومدى انعكاس اثر هذه التكتلات ايجابياً على الاقتصاد الدولي، عبر تحفيز التجارة او الحاق ضرر بها من خلال وضع الحوافز امامها او تحويلها عن بقية اجزاء العالم، بالرغم من صعوبة قياس انعكاسات التكتلات فيما يتعلق بخلق التجارة او تحويلها[3]. ويرى ان التكتلات الاقليمية ستؤدي في النهاية الى تفتيت النظام التجاري الدولي متعدد الاطراف من خلال تبادل المزايا والافضليات في اطار التكتل، وفرض سياسات حمائية تجاه الاطراف خارج اطاره سواء كانت دولاً منفردة او تكتلات اخرى[4].

الرأي الثاني – اذ يعتقد اصحاب هذا الرأي بان التجمعات الاقليمية ستؤدي الى زيادة المنافع الناجمة من تحرير التجارة عالمياً، وتقلص من اثارها السلبية على دول ذات امكانيات انتاجية متقاربة من خلال زيادة التجارة فيما بينها وانها ستمهد الطريق لمواجهة المنافسة القائمة

---

[1] اسامة المجدوب، العولمة والاقليمية مستقبل العالم العربي في التجارة الدولية، مصدر سابق، ص185.

[2] د. احمد مجدلاني واخرون -انعكاسات العولمة السياسية والثقافية على الوطن العربي، تحرير اسحاق الفرحان، المصدر السابق، ص192.

[3] المصدر السابق نفسه، ص193.

[4] اسامة المجدوب، العولمة والاقليمية – مصدر سابق، ص188.

على الصعيد الدولي او ستساعدها على الانتقال تدريجياً عبر فترات زمنية اطول للانتقال بتكاليف اقل مما لو انتقلت مباشرة من نظام الحماية الانتاجية الى نظام تحرير التجارة[1]. وينتهي اصحاب هذا الرأي ان هذه التكتلات ستسهم في النهاية الى تعزيز النظام التجاري الدولي وتحريره، من خلال تطبيق مبدأ الدولة الاولى بالرعاية بين هذه التكتلات وتعميم الافضليات الممنوحة لاعضاء التكتل على سائر اعضاء منظمة التجارة العالمية[2].

من خلال ما تقدم نستنتج ان التناقض بين الرأين يكشف لنا ابعاد هذه المخاوف من الاضرار التي ستلحق بمنظمة التجارة العالمية من التكتلات الاقتصادية والاقليمية القائمة. واذا ما تابعنا تقارير منظمة التجارة العالمية يمكن ان نستنتج من خلالها ابعاد هذه المخاوف من حالة التنافس القائمة من التكتلات الاقتصادية والاقليمية.

لقد اسفرت هذه المخاوف من خلال ما اتخذته منظمة التجارة العالمية:

1- موافقتها على تشكيل لجنة في اطار المنظمة لدراسة اثار الترتيبات التكاملية الاقتصادية الاقليمية باشكالها المختلفة على مستقبل منظمة التجارة العالمية والوقوف على مدى توافق احكام هذه الترتيبات الاقليمية مع الاحكام الاساسية لاتفاقية الجات. (المادة 24 من الاتفاقية ومذكرتها التفسيرية، في اطار الوثيقة الختامية لجولة اورغواي).

2- دعوة مدير عام منظمة التجارة العالمية بتبني المقترح الذي نادت به الاطراف المشاركة دول من اوربا واسيا وامريكا اللاتينية وعدد من المنظمات الدولية في المؤتمر التجاري الدولي الذي عقد في مدينة بربسين الاسترالية ويدعو الاقتراح اعضاء منظمة التجارة العالمية للالتزام بخلق منطقة تجارة حرة عالمية (Global Free Trade Area) وازالة كافة العوائق الحدودية للتجارة بحلول عام 2020 اسوة بما تم الاتفاق عليه في اطار (ابيك) الذي يسيطر على 50% من تجارة العالم[3].

3- ويرى تقرير لمنظمة التجارة العالمية (ليس هناك أي دلائل او مؤشرات توحي بان تنامي الاقليمية بشكل خطراً على التجارة متعددة الاطراف وان التكامل الاقليمي ومنظمة التجارة العالمية يكملان بعضهما البعض، وليس بديلين في العمل من اجل تحرير التجارة)[4].

---

(1) احمد مجدلاني واخرون، انعكاسات العولمة السياسية والثقافية على الوطن العربي تحرير اسحاق الفرحان، مصدر سابق، ص193.

(2) اسامة المجدوب، العولمة والاقليمية، مستقبل العالم العربي في التجارة الدولية -مصدر سابق، ص188.

(3) المصدر السابق نفسه، ص189-190.

(4) احمد مجدلاني واخرون، انعكاسات العولمة السياسية والثقافية على الوطن العربي تحرير اسحاق الفرحان، مصدر سابق، ص194.

من خلال ما تقدم يتضح لنا ان التجمعات والتكتلات الاقليمية لا ترمي لعرقلة مسيرة العولمة التي تقودها منظمة التجارة العالمية بل لتعزيز قدرة هذه التكتلات الاقليمية لمواجهة الاثار السلبية للعولمة والاستفادة من اثارها الايجابية في تحرير التجارة اضافة الى الاستفادة من ما توفره هذه التكتلات من مزايا تفضيلية متبادلة بين الدول الاعضاء والتي من الصعوبة الحصول عليها في اطار التبادل التجاري الدولي المفتوح كما ان التكتلات تسعى الى نفس اهداف منظمة التجارة العالمية كما يلاحظ ان هذه الترتيبات متعددة ومتداخلة حيث يمكن للدولة الواحدة وحسب ما تفرضه عليها مصالحها الاقتصادية والتجارية والسياسية ان تكون عضواً في اكثر من واحد من هذه التجمعات الاقليمية يبقى المهم هو قدرتها على تحديد التكتل الاساسي بالنسبة لها والذي تضمن في اطاره الاستفادة من امكانيات التطور التي ستحدث تحولاً في اقتصادها وصولاً لتحقيق التقدم والرفاه يبقى المهم هو في تجنب التضارب في المصالح ما بين هذه الترتيبات الاقليمية وتحقيق التعاون وتبادل المنافع الاقتصادية.

ان اهداف هذه التكتلات والتجمعات الاقليمية تلتقي في الاتي:

1- تعزيز السياسات الوطنية لزيادة القدرة التنافسية على مستوى التجارة الدولية.

2- اعتبار الاستثمار القوة الدافعة للتجارة وتنميتها وتوسيعها اضافة الى المجالات الاخرى، وتطوير القدرات والامكانيات لايجاد البيئة الملائمة لجذب الاستثمار الاجنبي المباشر وغير المباشر.

3- تبني استراتيجيات تصديرية لفتح اسواق جديدة.

4- توفير الدعم للمؤسسات لتسهيل دخولها في اسواق التكامل سواء عبر الاستثمارات المباشرة وغير المباشرة.

5- زيادة امكانيات مواجهة مكافحة الاغراق والتدابير الوقائية[1].

6- تحرير التجارة بين الدول الاعضاء سواء من خلال اتفاقيات مناطق التجارة الحرة والاتحادات الكمركية او الاسواق المشتركة باتجاه التكامل الاقتصادي حيث يعد ذلك الهدف الاساس لخططها وبرامجها المستقبلية.

7- استغلال المزايا النسبية للدول بشكل متكامل وتعويض اوجه النقص والقصور في اطار اقليمي قبل التوجه الى مصادر خارج الاقليم مما يكسب الاقليم قوة اضافية سواء في اطار

[1] احمد مجدلاني واخرون، انعكاسات العولمة السياسية والثقافية على الوطن العربي تحرير اسحاق الفرحان، مصدر سابق، ص194- 195.

تفاوضي على الصعيد الدولي او في منظور العملية التجارية المباشرة والقدرة على التأثير في توجهات السوق العالمي.

8- انشاء علاقات تكاملية بمستويات تحرير مختلفة مع دول اخرى خارج اطار التكتل وعدم اقتصار ذلك على اعضاءه[1].

واستناداً لما تقدم يتضح لنا ان التكامل في اطار التكتلات الاقتصادية والتجمعات الاقليمية لم يعد مقتصراً على الاهداف الاقتصادية حسب بل اصبح متعدداً في جوانبه واتجاهاته حيث شمل ابعاداً سياسية وثقافية واجتماعية ايضاً.

وفي سياق الاستنتاج النهائي عن علاقة التكتلات الاقتصادية والتجمعات الاقليمية في العولمة واعتماداً على ما تحقق في الدول الرأسمالية المتقدمة من تقدم في الثورة المعلوماتية الثالثة المتسارعة واثر ذلك على قدرتها البشرية في تصعيد وتيرة الانتاج في كل المجالات والميزة النسبية التي تحضى بها سلعها المصنعة جراء ذلك فان السباق والتنافس في هذا القرن سيتركز على مجموعة من الصناعات مثل (الفضاء والطيران والاتصالات) وعليه سيكون التفوق النسبي لدى بعض الدول في امتلاك التكنولوجيا عن بعضها الاخر وسيدفعها ذلك لاتخاذ اجراءات حمائية لهذه الصناعات التكنولوجية المتقدمة متجاوزة دورها السابق والتزاماتها لتحرير التجارة الدولية.

المطلب الثاني

نماذج التكتلات الاقتصادية

والتجمعات الاقليمية والعولمة

ان المنطلق الاساسي من التكتلات الاقتصادية والتجمعات الاقليمية والترتيبات الاقتصادية والتجمعات الاقليمية يتمثل في تحقيق هدفين:

الاول اقتصادي: الاستفادة من عوائد الكفاءة الناجمة عن ازالة العوائق المفروضة على الانشطة الاقتصادية القائمة، فالتغير الذي سيلحق بالهياكل الصناعية القائمة في هذه الدول والمتسمة بالاستقرار ولمدة طويلة والتي هي سمة رئيسية لهيكل الاقتصاد الرأسمالي. فالديناميكية الناجحة عن التغير كرد فعل للتكتل ستحقق اثاراً ايجابية واضحة على اداء الاقتصاد بشكل عام تكسبه مزيد من الفاعلية وسيؤدي ذلك الى زيادة الناتج والادخار ونمواً الاقتصادي. وهو امر ايجابي

---

[1] اسامة المجدوب، العولمة والاقليمية مستقبل الوطن العربي في التجارة الدولية، مصدر سابق، ص192-193.

واختيار مناسب للمستقبل بالنسبة للدول الصناعية [1] فضلاً على معالجة الازمات والمشاكل الاقتصادية التي تواجهها بين الحين والاخر. وتوسيع اسواقها بهدف الحصول على المواد الاولية او بيع منتجاتها بعد ان تزايدت نتيجة التطورات المتلاحقة في المجالات العلمية والتقنية وتكوين علاقات اقتصادية على اساس التكامل الاقتصادي والمنافع المتبادلة وزيادة نسب التبادل التجاري مع العالم الخارجي[2].

ويعتبر عامل الزمن عنصراً مهماً لقياس نجاح التكتل وفشله ويؤثر تأثيراً كبيراً في اهداف ونتائج التكامل وجدوى حدوثه من عدمه فالمناطق المتكاملة منذ عشرين عاماً تختلف عن المرشحة اليوم او بعد عشر سنوات في المستقبل والنتائج التي تتحقق تختلف عبر الفترات الزمنية ممثلاً تجربة الاتحاد الاوربي فقد كان تحديد الاهداف والوصول اليها في البداية امراً صعباً للوصول الى التوافق والاندماج لتباين الظروف السائدة من الدول المشاركة مما ادى الى تفاوت الفترات الزمنية المقررة للالتزام بالاهداف[3].

الثاني سياسي: لضمان مواقع تساوميه اقوى مما كانت عليه نتيجة التغيرات والتحولات الهيكلية التي طرأت على صعيد الاقتصاد الدولي وما نجم عنها من تعاظم المنافسة بين الدول الصناعية نفسها بمعنى ان رغبة الدول الصناعية في اقامة التكتلات الاقتصادية تحكمها المصلحة الهادفة الى تعميق مواقع التأثير والهيمنة التي تمارسها مما يجعل جوهر منطلقها لانشاء هذه التكتلات هجومياً لتعظيم منافعها[4].

اذن ان دور التكتلات الاقتصادية العالمية هو تجسيد الابعاد الاقتصادية للعولمة لتحقيق عولمة الانتاج والرأسمال الانتاجي وقوى الانتاج الرأسمالية ونشرها في كل مكان مناسب وملائم خارج مجتمعات المركز الاصلي ودولة. أي رسملة العالم على مستوى العمق بعد ان كانت رسملته على مستوى سطح النمط[5].فالتكتلات الاقتصادية العالمية في النظام الرأسمالي هي الاداة لتأكيد فلسفة العولمة من اجل ان يكون هذا القرن اقتصادياً بالدرجة الاساس.

---

(1) اسامة المجدوب، العولمة والاقليمية مستقبل العالم العربي في التجارة الدولية، مصدر سابق، ص54.

(2) السيد ياسين - في مفهوم العولمة - العرب والعولمة، مصدر سابق، ص28، 32.

(3) اسامة المجدوب، العولمة والاقليمية مستقبل العالم العربي في التجارة الدولية، مصدر سابق، ص54-55.

(4) د. باسل البستاني، نحو استراتيجية عربية لمواجهة التكتلات الاقتصادية الدولية، افاق عربية، دار الشؤون الثقافية، بغداد، العدد 8 السنة الخامسة عشر، آب/1990، ص17.

(5) السيد ياسين - في مفهوم العولمة، العرب والعولمة، مصدر سابق، ص28.

ان الهدف من اقامة التجمعات الاقليمية الاقتصادية المفتوحة التي عمت في عقد التسعينات مثل الابيك - والنافتا ثم الاتحاد الاوربي ضمن اطار خطته في ضم دول اخرى من خارج اوربا حسب نهجه الاخير بحيث يكون العضو الواحد منتمياً لاكثر من تكتل لتطبيق العولمة وتأكيد نهجها في ازالة خصوصيات الدول واعتبار ان القومية والتباين في النظم لا يعيق من اقامة التكتلات بهدف خلق فضاء اقليمي تذوب فيه كل مقومات الدول وسيادتها على اوطانها وهذا ما تسعى له الرأسمالية لطمس خصوصيات الشعوب منها الشعب العربي والاقليم العربي في التمهيد لاقامة مشروع الشرق اوسطي والمتوسطي ولمصلحة امريكا وكيانها الصهيوني.

1- نماذج التكتلات الاقتصادية والتجمعات الاقليمية الاوربية والامريكية:

أولاً- الاتحاد الاوربي:

تعتبر التجربة الاوربية النموذج الامثل امام كل التجمعات الاقليمية والعالمية ومن اهم واقوى التكتلات الاقليمية في هذا القرن لانها شقت طريقها بخطى ثابتة ونجاحها في تحقيق وحدة اوربا سياسياً واقتصادياً ونقدياً في اطار الاتحاد الاوربي" وقد اعطى هذا النجاح التجربة الاوربية ثقلاً - سياسياً متزايداً باعتبار ان التحقق يشكل حجر الزاوية في تحقيق مكاسب ستراتيجية في المسار المستقبلي للاقتصاد العالمي. واهميته البالغة وتأثيره الكبير على النظام العالمي من حيث امكانية ظهور قطب جديد في العلاقات الدولية بعد الهيمنة والتفرد الامريكي[*] ونقدياً نجاحه في تطبيق عملة اوربية موحدة هو (اليورو) وستكتسب المرحلة القادمة اهمية استثنائية كونها المؤشر الذي يمكن بواسطته قياس درجة نجاح اتفاقية الوحدة النقدية الاوربية وسيعتمد هذا النجاح على قدرة ونجاح البنك المركزي الاوربي في تعميم سياسة نقدية اوربية تضمن تحقيق اهداف اتفاقية الوحدة النقدية الاوربية وضمان استقرار الاسعار في اوربا بشكل دائم[1].

ان قيام الاتحاد الاوربي من قبل المجموعة الاوربية جاء تتويجاً لجهود مستمرة ومكثفة وملزمة بين الدول الاعضاء ولفترة طويلة من الزمن تصل الى (42) عاماً من توقيع الدول المؤسسة للسوق الاوربية المشتركة في اتفاقية روما 1957 على اقامة المجموعة الاقتصادية

---

[*] **تشير الدراسات المتخصصة الى ان الخطوات المتسارعة للاندماج الاوربي هي في حقيقتها جزء لا يتجزء من عملية الاندماج في النظام الراسمالي العالمي ككل مما يصعب على اوربا ان تنسلخ منه او تستقل عنه.**

- د. علي عبد الهادي الدليمي، التجربة الاوربية في التكامل الاقتصادي والدروس المستفادة للتكامل الاقتصادي العربي، مجلة الحكمة، بغداد، العدد 11 السنة الثانية 1999، ص102.

[1] **د. حميد الجميلي، الاتحاد الاقتصادي والنقدي الاوربي / الابعاد والانعكاسات عربياً، مجلة الحكمة، بغداد العدد 11 السنة الثانية 1999، ص80.**

الاوربية ونجاح دول السوق في الانتقال لمرحلة جديدة مـن مراحـل التكتـل الاقتصادي وهو (الاتحاد الاوربي) الـذي تمت الموافقة على قيامة في اجتماع المجلس الاوربي في كانون الاول / ديسمبر 1999 بموجب معاهدة (مايسـتريخت) في كانـون الاول/ ديسمبر 1992 والتي تم التوقيع عليها في شباط / فبراير 1992 واصبحت سارية المفعـول ابتـداءً مـن تشرين الثاني / نوفمبر 1993 [1].

والاتحاد الاوربي هو النتيجة المتراكمة لمسيرة التكامل الاقتصادي الاوربي التي انطلقت من تلك البداية المتواضعة التي ساهمت تطويره واغناءه – البداية الاولى من اتحاد البنلوكس – اتحاد كمركي تكون من هولندا وبلجيكا ولوكسمبورك في عام 1943 وبـدأ خطواتـه العمليـة في 5 أيلول 1944 نفذ عام 1948 بعد تصديق البرلمانات الـثلاث عليـه [2]. ويعتبر الاتحـاد اول تجربة للوحدة الاقتصادية الاوربية، للنجاح الذي حققه بتحرير اكثر من نصف تجارة الاتحاد الداخلية من الرسوم الكمركيـة فما تحقق كان مؤثراً الى الحد الذي شجع للاقتداء به [*]. وحافزاً لان يلتحق بتجميع اكبر مما جعـل دولـة ان تتبنى "الاتحـاد الاوربي للفحم والصلب"[3]. الذي دعت له فرنسا عام 1950 لجمع موارد انتاج الفحم والصلب ووضعه في منظمة مفتوحـة لـدول اوربا ولزيادة التعاون فيما بينها. حيث كونت فرنسا هيئة مشتركة فرنسية المانية – للاشراف على انتاج وتسـويق الحديد والصلب والفحم – تحولت فيما بعد الى معاهدة رسمية (بـاريس عـام 1951) ضمت سـت دول اوربيـة لتنشـئ الجمعية الاوربية او (الاتحاد الاوربي للفحم والصلب) دخلـت الاتفاقيـة حيـز التنفيـذ في 23 تمـوز 1952 لتحقـق الانـدماج الاقتصادي ثم تبنت الهيئة المشرفة على

---

[1] كريم النشا شيبي وبيتزالوم – الانعكاسات الاقتصادية الكلية لليورو على اقتصاديات الـدول العربيـة، اثر اليـورو وعـلى اقتصـادات الدول العربية، تحرير فارس ثابت بن جرادي، صندوق النقد العربي، 2000، ص39.

[2] للمزيد راجع هيفاء عبد الرحمن التكريتي – السوق العربية المشتركة واستراتيجية التنمية العربية رسالة ماجستير، مصـدر سـابق، ص43.

[*] فقد قام الاقتصادي ورجل الاعمال الفرنسي جان مونيه بعرض فكرة الجمعية الاقتصادية الاوربية او السوق الاوربيـة المشـتركة عـلى وزير خارجية فرنسا (روبرت شامون) وبتوحيد موارد الحديد والصلب والفحم في كل من فرنسا والمانيا كخطـوة لتحسـين اقتصـاد البلدين وتقريب وجهات النظر السياسية منطلقاً من عدم وجود فوارق بين المعدنين الفحم والحديد الفرنسيـ والمـاني – فعـروق المعادن المدفونة تحت سطح الارض لا تعرف الحدود السياسية.

- د. علي عبد الهادي الدليمي، التجربة الاوربية في التكامـل الاقتصـادي والـدروس المسـتفادة للتكامـل الاقتصـادي العـربي – المصـدر السابق، ص100.

[3] الدول الست – ضمت فرنسا- المانيا الغربية – ايطاليا – بلجيكا – وهولندا ولوكسمبورك.

الجمعية مشروعاً تمهيدياً لمعاهدة تتضمن نظام السوق الاوربية المشتركة عام 1953 بهدف تحقيق المزيد من التكتل لتشمل قطاعات اقتصادية اخرى وصولاً للوحدة السياسية بعيدة المدى الهدف تنسيق السياسة الاقتصادية للدول الاعضاء - قرارات الاتحاد الاوربي للفحم والصلب كانت لها قوة الالزام اضافة الى الصلاحيات الادارية والمالية اللازمة ودون الرجوع الى الحكومات الوطنية بهدف اقامة السوق المشتركة لمادتي الفحم والصلب [1] ويعتبر الاتحاد الاوربي للفحم والصلب من اول الاتحادات والنجاح الذي حققته كان عاملاً مهماً لرفع دولة لمتابعة اللقاءات لتوسيع نطاق المنظمة ليشمل دولاً اخرى في الاتحاد يتطور الى وحدة اقليمية تم التوقيع وبموجب معاهدة روما في 25 اذار 1957 من قبل الدول الست على اتفاقيتين - الاولى تتعلق في انشاء الجماعة الاقتصادية الاوربية للطاقة النووية لنشر الاستخدام السلمي لطاقة النووية الثانية خاصة في انشاء الجماعة الاقتصادية الاوربية التي تم تطبيقها في 1958/1/1 وقد تضمنت الاتفاقية الاهداف والوسائل اللازمة لتنفيذها والتي سعت الى اقامة سوق اوربية مشتركة خالية من الحواجز والرسوم الكمركية التجارية تتحرك فيها السلع والخدمات والعمالة وراس المال عبر الحدود بين الدول الاعضاء بكل حرية وخالية من اية عوائق ودعوة الدول الاعضاء بتحقيق المزيد من التعاون والتكامل الاقتصادي وتطبيق السياسات الموحدة والالتزام بالمراحل الزمنية المحددة لازالة الحواجز امام تجارتها وضمان التنسيق الاقتصادي بين دول المجموعة وتحقيق التوازن في التوسع وتحقيق الاستقرار ورفع مستوى المعيشة واقامة علاقات وثيقة بين الدول الاعضاء. الى غيرها من الاهداف التي نصت عليها المعاهدة وصولاً لتحقيق السوق الاوربية المشتركة. لقد عملت الدول الاعضاء على تنفيذ نصوص المعاهدة ودمجت هذه الدول في منظمة واحدة عرفت بالجماعة الاوربية (European Community) رفضت المملكة المتحدة الانضمام الى الجماعة الاوربية عام 1958 بدعوى عدم التفريط بسيادتها وسيطرتها الكاملة على مقدراتها وكانت ترى ان هذا المنطق لا يتقاطع ودورها في حلف شمال الاطلسي- لاعتقادها في بادئ الامر عدم نجاح المجموعة الاوربية لتوقعيها نشوب خلاف بين المانيا الغربية وفرنسا حول احكام اتفاقية روما مما يعرقل تنفذ المعاهدة [2]. ولعرقلة اتجاه المجموعة الاوربية واعلان غضبها الرسمي المشترك عليها ففي 1959/11/20 قررت الدول السبع التي لم تنظم للسوق الاوربية المشتركة (الدانمارك، النروج، النمسا، البرتغال، السويد، سويسرا، اضافة الى المملكة المتحدة)

---

[1] هيفاء عبد الرحمن التكريتي - السوق العربية المشتركة واستراتيجية التنمية العربية، مصدر سابق، ص43-46.

[2] المصدر السابق نفسه، ص46-50.

الاعضاء في منظمة التعاون الاقتصادي الاوربي [1] تكوين منطقة للتجارة الحرة [2]. غير ان انكلترا انفصلت عن منظمة التعاون الاقتصادي الاوربي بانضمامها الى المجموعة الاوربية المشتركة بعد ان ادركت ان بقائها خارج المجموعة الاوربية المشتركة يعرضها لمخاطر العزلة الاقتصادية تقدمت ومعها كل من الدانمارك وايرلندا عام 1961 ثم النرويج عام 1962 للانضمام الى المجموعة الاوربية وقد تم تجميد طلبات الانضمام الاربع من قبل المجموعة الاوربية وعاودت ثانية تقديم ذات الطلبات عام 1967 ورفض الطلب من مثل المجموعة للمرة الثانية واستمر الوضع الى ان تم التوصل لانهاء ناجح المفاوضات الانضمام عام 1973 – حيث انضمت انكلترا ومعها ايرلندا والدانمارك وبانضمام الدول الثلاث الى الجماعة الاوربية يعتبر اولى مراحل التوسع في الانضمام الاوربي.

لم يقتصر توسع المجموعة الاوربية المشتركة على نطاق العضوية بانضمام العديد من الدول بل تجاوزها لتطبيق احكام معاهدة روما التي تناولت انشاء السوق الاوربية المشتركة على عدة مراحل تبدأ في تشكيل اتحاد كمركي تليها اجراءات لتحرير عناصر الانتاج وسياسات مشتركة لتحرير المنافسة وخلق الظروف المناسبة لازدهار الصناعات الاوربية وازالة كافة الرسوم الكمركية بين الدول الاعضاء خلال 12 عام كفترة انتقالية غير ان المتحقق تم خلال عشرة اعوام ونصف تقريباً – حيث استكملت منطقة التجارة الحرة في عام 1964 كما استكملت المنطقة الكمركية الموحدة في احد عشر ـ سنة من عمر السوق في تموز 1968 حيث تم الغاء كافة الرسوم والحواجز داخل المجموعة ووضعت تعريفه كمركية موحدة تجاه العالم الخارجي [3]. وبذلك تشكلت المنطقة الكمركية الاوربية الموحدة وتسارعت خطوات الجماعة الاوربية لتحقيق الانجازات سواء من حيث انشاء المجلس الاوربي ومجلس الوزراء والهيئة الاوربية ومحكمة العدل الاوربية والبرلمان الاوربي واللجنة الاقتصادية والاجتماعية حيث انيطت المهام لكل وحدة

---

[1] راجع حول عمل منظمة التعاون الاقتصادي الاوربي، هيفاء عبد الرحمن التكريتي – السوق العربية المشتركة واستراتيجية التنمية العربية، مصدر سابق، ص44.

[2] راجع ذلك هيفاء عبد الرحمن التكريتي– السوق العربية المشتركة واستراتيجية التنمية العربية، مصدر سابق، ص53.

- كذلك المنظمة العربية للتنمية الصناعية بالتعاون مع د. محمد محموم الامام – التنسيق والتكامل الاقتصادي في تجارب مقارنة ج1، دراسات خلفية بحث مقدم الى مؤتمر التنمية الصناعية السابع للدول العربية، تونس، تشرين الاول 1989، ص81.

[3] هيفاء عبد الرحمن التكريتي – السوق العربية المشتركة واستراتيجية التنمية العربية، ص79.

من هذه التشكيلات للاسراع في تنفيذ الخطوات المطلوبة للسوق الاوربية[1]. كما انضم للجماعة الاوربية اعضاء جدد[2]. اذن ان النجاح الذي حققته المجموعة الاوربية ومساهمتها في توسيع العضوية وبالشروط التي تضعها يعـود الى ترسيـخ وتماسـك هياكلها التنظيمية وتنافسها الامر الذي ساعد على طرح وانضاج الافكار المتعلقة بتطوير العمـل وتجـاوز المعوقـات وصولاً لتحقيق الوحدة.

ومن خلال مراحل التطور التي طرأت على النظام الاوربي هو ادراك القيـادات الاوربيـة جـراء الظـروف الاقتصـادية التي سادت في الثمانينات اهمية ايجاد قوة دفع جديدة للنظام الاوربي واستثمار مكاسب التكامـل وتبلـور افكـارهم بشـكل واضح في اذار 1985 ليضعوا في قمة اولوياتهم هدفاً نحو وحدتها السياسية والوصول الى سـوق اوربيـة ووضعوا برنامجـاً لتحقيق ذلك نهاية عام 1992. وقد عبروا عن ارادتهم السياسية ورغبتهم الجادة في تحقيق التكامل عندما اقروا عـام 1986 "الاتفاق الاوربي الموحد" عدلوا بموجبه المعاهدات الاساسية لتعزيز دور السوق الموحد في اطار قانوني بتوافق مع الهـدف ويزيل القيود المفروضة على حرية حركة التجارة في السلع وتنقل الاشخاص وازالة القيود الفنيـة عـلى التجـارة والتعاقـدات العامة ورؤوس الاموال والقيود المالية مثل الضرائب. ولم تمضي سنوات عـلى السـعي والرغبـة مـن قبـل الحكومـات لتحقيـق الهدف فقد الاتفاق على انجاز الاهداف المتفق عليها نهاية عام 1992 اذ اكتملـت السـوق الاوربيـة الموحـدة ودخـل النظـام الاوربي في حالة الاندماج التام بعد التوقيع على معاهدة (ماستريخيت) لانشاء الاتحاد الاوربي في 7 شباط 1992 مـن قبـل 15 دولة[*]. ودخلت حيز التنفيذ في الاول من كانون

---

[1] راجع للمزيد هيفاء عبد الرحمن التكريتي – السوق العربية المشتركة واستراتيجية التنمية العربية، ص53-54.
اليونان في 1981/1/1 ثم اسبانيا والبرتغال في 1986/1/1 وقبرص ومالطا وتركيا وسويسرا عـام 1994 والنمسا والسـويد وفنلنـدا في شباط / فبراير 1995 اضافة الى موافقة البرلمان في 13 كانون الاول / ديسمبر 1995 بتطور النظام من الجماعة الاوربية الى الاتحـاد الاوربي لتسع نطاقة ليصل الى خمسة عشر دولة كما وافق البرلمان في 13 كانون الاول/ ديسمبر 1995 على اقامة اتحاد كمركي مـع تركيا لتصبح جزءاً من الاتحاد الاوربي والسوق الاوربية المشتركة اعتباراً من 1996/1/1.
[2]UNESCWA; Analyticol Review of Development and Issues in External Trade and Payment stituation of cauntries of western A SLA 1997. P.11-12.
[*] النمسا، بلجيكا، فنلندا، فرنسا، المانيا، ايرلندا، ايطاليا، لوكسمبورك، هولندا، البرتغال، اسبانيا، انكلترا، الدانمارك، السويد، اليونان.
- د. حميد الجميلي، الاتحاد الاقتصادي النقدي الاوربي – الابعاد والانعكاسات عربياً، مجلة الحكمة، بيت الحكمة العدد 11 السنة الثانية 1999، ص83.

الثاني 1993[1]. وبذلك اصبحت اوربا ساحة اقتصادية موحدة حيث تحققت الحريات الاربع حرية انتقال والخدمات ورؤوس الاموال والاشخاص – وازالة العوائق المادية والفنية والضريبية التي وقفت عائقاً امام تحقيق الحريات الاربع المشار اليها كما ان انشاء السوق الاوربية لم يخلق الحواجز بين الدول الاعضاء والعالم الخارجي بل شمل تحطيم الحواجز الموجودة داخل المجموعة واستبدال اثني عشر نظاماً قانونياً ومالياً وتجارياً وضريبياً بقانون واحد واصبحت اوربا سوقاً واحد. وقد ادركت دول المجموعة ان وجود سوق اوربية ووحدة لايمكن ان يشكل خطوة حقيقية في غياب وجود وحدة نقدية تستند الى بنك مركزي وعملة موحدة وجاء التكامل النقدي كنتيجة منطقية لمسيرة التكامل وكرست الفترة من 1992/1/1 ولغاية 1998/12/31 لدراسة واتخاذ الاجراءات المتعلقة بتوحيد العملة وحسب بنود اتفاقية ماستريخيت حيث تم تطبيق الوحدة النقدية اليورو في 1999/1/1 والاعلان عن تأسيس البنك المركزي الاوربي ومقره فرانكفورت لتولي ادارة السياسة النقدية للاتحاد الاوربي واعتباراً من 1999/1/1 والدول المشاركة في العملة الجديدة اليورو وعددها (11) عشرة دولة [2]. واستبعدت اليونان من العضوية لعدم استيفاء الشروط الاقتصادية والنقدية المطلوب توفرها في الدولة العضو وفضلت بريطانيا والدانمارك والسويد – الترتيب لحين النظر كل سنتين في طلبات الانضمام الجديدة. وقد تم الاتفاق ان يصبح اليورو عملة قابلة للدفع والتداول كعملة دولية في عام 2002 حسب المخطط له [3]. وبالاضافة الى احكام العملة الموحدة التي تضمنتها معاهدة ماستريخيت فقد اضيف بندين الى المعاهدة – هما السياسة الخارجية والامنية والعدالة [4]. ومن خلال النظر الى الجدول (رقم 7) تتوضح لنا الصورة في اطار المحدد فقد بلغ سكان الاتحاد الاوربي (364) مليون نسمة عام 1997 ليحتل الترتيب الثالث بعد الصين والهند. ومتفوقاً على امريكا التي يبلغ مجموع سكانها (268) مليون نسمة في حين يبلغ الناتج القومي للاتحاد الاوربي في عام 1997 (8529 مليار دولار) حيث احتل المرتبة الاولى بين دول العالم ومتفوقاً على امريكا التي يبلغ ناتجها القومي لنفس العام 690 مليار دولار اما نصيب الفرد من الناتج القومي الاجمالي في الاتحاد الاوربي. فقد بلغ (23406) دولار مقابل (28740) دولار في امريكا[5].

---

[1] UNESCWA; The Impact of the signle Europen Market l bid p.3

[2] الدول هي (النمسا، فنلندا، فرنسا، المانيا، ايرلندا، ايطاليا، لوكسمبورك، هولندا، البرتغال، اسبانيا).

[3] د. حميد الجميلي – الاتحاد الاقتصادي والنقدي الاوربي، الابعاد والانعكاسات عربياً، مصدر سابق، ص84-91.

[4] اسامة المجدوب، العولمة والاقليمية مستقبل العالم العربي في التجارة الدولية، مصدر سابق، ص61-62.

[5] احمد عبد الرحمن لطيف الجبوري – مستقبل العلاقات الاقتصادية العربية في ظل المتغيرات الاقتصادية الدولية المعاصرة – مصدر سابق، ص172.

جدول رقم (7)

يبين الناتج القومي الاجمالي لبلدان الاتحاد الاوربي ونصيب الفرد منه عام 1997

الدولة	مليار GNP$	%	عدد السكان	%	نصيب الفرد من الدخل $
اسبانيا	570	6.7	9	3.0	14510
المانيا	2320	27.2	82	22.5	28260
ايرلندا	66	0.8	4	1.1	18280
ايطاليا	1155	13.5	57	15.6	20120
البرتغال	104	1.2	10	2.7	10450
بلجيكا	268	3.1	10	2.7	26420
الدنمارك	171	2.0	5	1.4	32500
السويد	232	2.7	9	2.5	26220
فرنسا	1528	17.9	59	16.2	26050
فنلندا	124	1.5	5	1.4	24080
لوكسمبورك	18	0.2	0.4	0.1	45330
المملكة المتحدة	1220	14.3	59	16.2	20710
النمسا	226	2.6	8	2.2	37980
هولندا	403	4.7	16	4.4	25820
اليونان	126	1.5	11	3.0	12010
المجموع	8529	100	364.4	100	38740

المصدر: احمد عبد الرحمن لطيف الجبوري - رسالة ماجستير - كلية الادارة والاقتصاد - جامعة بغداد 2001، ص172. بالاعتماد على المصدر - البنك الدولي: تقرير عن التنمية في العالم 1999/1998 الترجمة العربية - مركز الاهرام للترجمة والنشر، القاهرة.

عوامل نجاح تجربة التكامل الاقتصادي الاوربية:

لقد تمكنت اوربا بالرغم من تعدد الامم والشعوب فيها وتباين اللغات واللهجات والاديان والطوائف والتاريخ والعادات والتقاليد المختلفة والمتناقضة ودول كبيرة واخرى صغيرة بحدودها الجغرافية واشكال حكمها وخياراتها الاقليمية والدولية وتوجهاتها الاقتصادية بين الليبرالية والاشتراكية بين اليمين المحافظ واليسار المعتدل من ان تحقق الوحدة الاقتصادية السياسية والنقدية وازء هذا التباين فالسؤال الذي يثار. كيف تمكنت اوربا من تحقيق الوحدة رغم كل

التباينات ؟ وجعلت من تجربتها نموذجاً فريداً بين تجارب الاندماج الاقليمي والفضل في ذلك يعود الى[1]:

1- ان بناء أي مشروع حضاري لا يحقق الا من خلال وحدة العمل ووحدة الموقف السياسي ومن خلال وحدة الارادة السياسية الركيزة الاساسية نحو وحدة الهدف فما حققته اوربا من انجاز على مختلف الاصعدة يرجع الى:

أ- استقرار ومتانة اسس عملية الاندماج ذات البعد الاقتصادي الذي هدف منه بالاساس الانعاش الاقتصادي والاستقرار الاجتماعي والسياسي والتي مثلت اساس بذور التعاون السياسي الذي شهد مراحل متقدمة ومتطورة على مستوى اتفاقية الفحم والصلب والمجموعة الاقتصادية وفيما بعد الاتحاد الاوربي القائم على مؤسسات تمثيلية مستندة على الارث الديمقراطي الغربي.

ب- ادراك قادة دول اوربا بان الخطوة الاولى من ارساء اسس الاندماج الاقتصادي هو بتشيد الجهاز الانتاجي – الاساسي – في البنى الارتكازية فاقامه شبكة مواصلات متطورة برية وبحرية وجوية وسلكية والاسلكية وربط دولها بشبكة متكاملة من الطاقة الكهربائية بشكل لم تشهده اية منطقة اخرى وقد مهد ذلك حرية التنقل بين الدول.

جـ- تغذية الشعور القومي الاوربي لدى الشعوب الاوربية والغاء التناقضات بينهم وجعل اية خطوة سياسية واقتصادية قائمة على المشاركة الشعبية الفاعلة في التجربة واحترام الارادة الشعبية وتحولها الى البرلمان الاوربي واعتماد الاقتراع المباشر في اتخاذ القرارات وقد شكل ذلك القاعدة الاساسية في توطيد وتماسك مؤسسات الاتحاد وهيكليته.

2- ارتكزت فكرة الاندماج على مهمة جوهرية وخلق القناعات حولها ومفادها لابد لاوربا ان تستعيد مكانتها الدولية وقدرتها على التأثير في مسارات الاحداث الدولية ولا يتحقق ذلك الا من خلال تحسين امكانياتها الاقتصادية ومن خلال عمل اوربي جماعي قائم على ارادة سياسية واحدة وهدف واحد وايجاد مؤسسات متماسكة لاصدار القرار الاوربي الموحد.

3- وجود محكمة عدل لحسم الخلافات بين الدول ومؤسساتها اعتماداً على وثيقة اساسية هي معاهدة الجماعة التي اعدت بدقة مركزة وبالتفصيل، واحترام القرارات الصادرة عن المحكمة من قبل كل الاطراف المشاركة.

---

[1] د. ناظم عبد الواحد جاسور، الوحدة الاوربية والوحدة العربية – الواقع والتوقعات – مجلة الحكمة، العدد 13 السنة الثالثة، بيت الحكمة، بغداد، 2000، ص21-66.

- د. حميد الجميلي – الاتحاد الاقتصادي والنقدي الاوربي- الابعاد والانعكاسات عربياً، مصدر سابق، ص81-97.

4- وجود مجلس وزاري يضم ممثلي الدول الاعضاء وفي كافة التخصصات كـأعلى سـلطة لاتخـاذ القرارات في الاتحـاد واقرار مختلف التشريعات والتناوب في رئاسة المجلس.

5- اعتماد صيغة التصويت عند اتخاذ القرارات بتوزيع عدد الاصوات بمـا يتناسـب والحجـم السـكاني والاقتصـادي والسـياسي لكل دولة والاجماع الالزامي في المسائل المهمة.

وبدون شك فالنجاحات التي حققتها المجموعة الاوربية على مستوى التجارة العالمية وتحقيق معدلات انتاج عاليـة وتطور تكنولوجي متقدم ساهمت في توسيع عضوية السـوق وبالشـروط التـي تضعها كـما ان تماسك هياكلها التنظيمية وتناسق مجمل مؤسساتها وتجاوز المعوقات كلها عوامل ساهمت في التوجه نحو وحدتها السياسية والاقتصادية والنقدية.

ثانياً - منطقة التجارة الحرة لامريكا اللاتينية الشمالية "نافتا NAFTA" [(*)]

"North American Free Trade Area"

تم انشاء هذه المنطقة من "الولايات المتحدة الامريكية وكندا والمكسيك" بموجب عقد اتفاقية بينها في 12 اغسطس / آب 1991 وبدأ سريانها في اول يناير/ 1994 بعد ان اجازها الكونكرس الامـريكي في 1993/11/17 [(1)] وتقضي الاتفاقيـة عـلى ازالة الحواجز الكمركية، ومعظم القيود الكمية، وغير الكمركية المفروضة على حركة انتقال السـلع والخدمات وراس المـال، وتحرير سياسات الاستثمار من السلع والخدمات، وازلة المكون المحلي ومتطلبات اداء التصدير وموازنة التجارة، والالتزام بتقوية وتعزيز وحماية حقوق الملكية الفكرية، وفتح اسواق المشتريات الحكومية، والالتزام بتطبيق قوانين المنافسة والوصول لاجراءات تفصيلية لتسوية المنازعات فيما بينها.

الى جانب ذلك هناك اتفاقيات تكميلية تم التوصل اليها تتناول معايير العمل ذات الصـلة بالتجارة وحمايـة البيئـة وهي:

[(*)] لقد قاد الترتيب الثنائي (التعاون) في تجارة السيارات وقطع الغيار بين الولايات المتحدة الامريكية وكندا عام 1965 الى اتفاقهما عام 1987 على ان حجم التجارة الثنائي قد تجاوز الترتيبات القائمة بينهما والتفاوض حول منطقة التجارة الحرة الامريكية الكندية التي نفذت عام 1989 اما فيما يخص المكسيك فقد بدأت بالاصلاح الاقتصادي منـذ انضمامها الى الجـات عـام 1986 وقد مهد ذلـك السبيل للدول الثلاث للدخول في مفاوضات حول منطقة التجارة الحرة "نافتا" في آب 1991.
- اسامة المجدوب، العولمة والاقليمية مستقبل العالم العربي في التجارة الدولية، مصدر سابق، ص73.
[(1)] وقد اعلن عن قيام اكبر منطقة للتجارة الحرة في العالم بحجم اقتصاد يقـارب (7) ترليـون دولار وسـوف يصـل عـدد منتجيـه ومستهلكيه الى 360 مليون نسمة.

- اتفاقية التعاون في سوق العمل – تقضي الى التزام كل طرف بتطبيق قوانينه للعمالة من خلال الاجراءات الحكومية المناسبة.

- اتفاقية حماية البيئة – تهدف الى تنفيذ القوانين الوطنية للبيئة وتحقيق مستوى مرتفع للحماية كالتزام دولي لاعضاء النافتا[1].

اما التطبيق العملي لتنفيذ الاتفاقية فقد اتبعت نافتا اساليب عدة لازالة الحواجز والقيود الكمية من قبل الدول الاعضاء لتوسيع تدفقات السلع والاستثمار والخدمات بصورة تدريجية بين المشاركين وعقد الاتفاقيات المستقلة بشأن الزراعة اضافة الى عدم زيادة القيود التجارية تجاه العالم. بهدف تشكيل سوق موحدة واسعة النطاق وخلال 15 سنة من بدء سريان الاتفاقية في عام 1994[2].

ان الهدف الاساسي من انشاء هذه المنطقة يكمن في الاتي:

- رغبة الادارة الامريكية في انشائها هو للضغط على منافسيها التجاريين (اوربا واليابان) قبول مقترحاتها الخاصة بتحرير تجارة الخدمات والمنتجات الزراعية في اطار مفاوضات الجات (جولة اوروغواي) التي كانت في بدايتها وتردد المجموعة الاوربية في قبولها من ناحية، وقلق امريكا من مشروع اوربا عام 1992 او اوربا الموحدة، بالرغم من تأييدها له عام 1958، وخشيتها من انحراف المشروع نحو الاتجاه الحمائي من ناحية ثانية مما دفها للاسراع بعقد اتفاق التجارة الحرة مع كندا الذي بدات مفاوضاته عام 1984 والتوقيع عليه في كانون الاول 1988 كجزء من الرد والمواجهة الرسمية للمشروع.

اذن ان الاجراءات الامريكية كانت ذات طابع دفاعي وهجومي في ان واحد. دفاعي – ضد المشروع الاوربي الذي اتجه نحو الحمائية اضافة للدفاع ضد الخطر القادم من تجمعات وتكتلات الشرق الجديدة وهجومي – للضغط الى الشركاء التجاريين – اليابان واوربا ايضاً.

- اما بالنسبة الى كندا فقد كانت تنظر بقلق الى الاجراءات الامريكية الحمائية ضد صادراتها التي كانت السوق الامريكية تستوعب 80% منها فقد وجدت فرصتها في الانضمام الى هذه المنطقة

---

(1) اسامة المجدوب، العولمة والاقليمية مستقبل العالم العربي في التجارة الدولية، مصدر سابق، ص73-75.

(2) راجع للمزيد، اسامة المجدوب، العولمة والاقليمية مستقبل العالم العربي في التجارة الدولية، مصدر سابق، ص74.

- محي الدين عبد الله الطائي، المتغيرات الاقتصادية الدولية وانعكاساتها على اقتصادات منطقة الشرق الاوسط، رسالة دكتوراه، مصدر سابق، ص92.

لتخفيف العوائق الحمائية المتصاعدة داخل امريكا ضد صداراتها خاصة استخدام قوانين مكافحة الانحراف والرسوم الكمركية لاعتماد اقتصادها على الموارد الطبيعية والتصدير للسوق الامريكي الذي يزيد عشرة امثال حجم السوق الكندي. وهي الشريك التجاري الرئيس لكندا، فضلاً على اعتمادها للدخول للمنطقة كوسيلة للتغلب على العوائق الهيكلية امام نمو الاقتصاد الكندي فامريكا هي الشريك التجاري الرئيس لكندا[1]. ففي عام 1991 بلغت الصادرات الكندية للسوق الامريكية 75% مقابل استيرادها 20% من السوق الامريكي[2].

- لقد كان اجتذاب المكسيك الى منطقة التجارة الحرة نافتا. هو لاعتبارها كجسر للتحرك في امريكا الجنوبية بهدف تكثيف الضغط على شركائها التجاريين بشكل خاص. والقبول بالمقترحات الخاصة فيما يتعلق بتحرير التجارة في الخدمات والمنتجات الزراعية.

القطاعات التي تمثلها الاتفاقية هي – قطاع الزراعة – السيارات – الخدمات المصرفية – المنسوجات والملابس، النقل البري، حماية البيئة قوانين العمل.

ثالثاً - منطقة التجارة الحرة لاسيا والباسفيك – ابيك (APEC)

Asia – Pacifice Economic Cooperation

أ- **الدوافع والنشأة**[3]: لاضعاف اوربا كلها فقد قامت امريكا بتقوية التكتلات الاقتصادية الاخرى، وتوجهت لتقوية منظمة التعاون الاقتصادي لدول اسيا والمحيط الهادي (الابيك) التي

---

[1] محمد السيد سعيد – الكتل التجارية وانعكاساتها على الوطن العربي، بحث في ندوة الوطن العربي والمتغيرات الدولية، القاهرة معهد البحوث والدراسات العربية 1991، ص330-331.

[2] IMF; Direction of Trade statistics year book 1992, p.123 , 402.

[3] في تشرين الثاني / نوفمبر 1989 دعت استراليا لانشاء تكتل تجاري اقتصادي في شرق اسيا وغرب الباسفيك "والجماعة الاقتصادية لاسيا – الباسفيك – ابيك" وبناءاً على الدعوة، اجتمع وزراء الاقتصاد لبحث الاقتراح، له سكرتارية دائمة، استمرت فكرة البحث والتطوير – واقترح وزير الخارجية الامريكي – توسيع وظائف التجمع المقترح وشمولة قطاع الموارد الطبيعية وقضايا الثقافة والاتصالات، وبدعوة امريكية وفي مدينة سياتل الامريكية عقد اجتماع قمة لجماعة ابيك، وقد صدر عن اجتماع قمة سياتل اعلاناً بتشجيع مشاركة وانضمام اعضاء جدد، وازالة العوائق والقيود امام التجارة والاستثمار لتوسيع حجم التبادل التجاري بين الاعضاء والعالم الخارجي والاساس العملي والاتجاه المستقبلي لعمل المنظمة يقف عند حدود منطقة التجارة الحرة دون تطويره الى وحدة اقتصادية وعدم اختلافه عن النافتا ورابطة اسيان ويتحدد مساره بالجوانب التجارية بين امريكا واليابان.

تضمن اعلان "سول" الصادر عن الاجتماع الوزاري الثالث 1991، اهدافاً تشمل ادامة النمو والتنمية في المنطقة لصالح الشعوب والمساهمة في النمو الاقتصادي والتنمية على مستوى العالم وتعزيز مكاسب اقتصاد المنطقة الايجابية للاقتصاد العالمي الناتج عن تزايد الاعتماد الاقتصادي المتبادل===

تضم (18 ثمانية عشرة دولة) تتوزع على ثلاث قارات وهي امريكا، كندا، المكسيك 1991، استراليا، نيوزلندا، الصين 1991، اليابان، هونك كونك، غينيا الجديدة 1993، تايوان 1991، برنادي، ماليزيا، اندنوسيا، سنغافورة، الفلبين، كوريا الجنوبية وتايوان وشيلي.

"الابيك" هو من اكبر التكتلات التجارية الاقتصادية. اذ يضم اكبر ثلاث اقتصادات في العالم (امريكا، الصين، اليابان) اضافة الى كونها تضم تكتلين كبيرين هما (منطقة التجارة الحرة لامريكا الشمالية "النافتا" و رابطة دول جنوب شرق اسيا "اسيان").

- تمثل الابيك منطقة اسيا والباسفيك حوالي 50% من سكان العالم اذ تستحوذ اقتصاديات دول تجمع "ابيك" – القائمة على التجارة على اكبر تجمع للادخار واكثر التكنولوجيا تقدماً واسرع الاسواق نمواً، وامتلاكها تقريباً على (54%) من الناتج المحلي الاجمالي العالمي. واكثر من 50% من التجارة في السلع و 37% من تجارة الخدمات وسوقاً يصل مستهلكية الى (2) مليار نسمة.

ومن وجهة نظر امريكا فان نتائج قمة سياتل 1993 التي التقى فيها قادة 14 دولة متقدمة ونامية تنفيذاً لتوصيات (اعلان سول) لمناقشة قضايا منطقهم التجارية والاقتصادية وصياغة تصور اقتصادي لتحقيق اهداف اعلان سول ما هي الا مبادرات ومحاولات ايجابية لبلورة رؤية لمستقبل ابيك والتي من ابرزها:

1- الدعوة الى الانهاء الناجح لجولة اوروغواي لمفاوضات التجارة في اطار الكات وهذه المحاولات لا يمكن ان تقدم خطوات عملية لتحقيق الاهداف المطلوبة مالم يتم ترجمتها

=== (تشجيع تدفق السلع والخدمات وراس المال والتكنولوجيا وتنمية وتقوية النظام التجاري المفتوح متعدد الاطراف لصالح اسيا والباسفيك وكل الاقتصادات الاخرى وخفض القيود التجارية على السلع والخدمات بين الاعضاء تتوافق مع احكام منظمة التجارة العالمية والكات دون الحاق الضرر بالاقتصاديات الاخرى واهمية مشاركة القطاع الخاص في ديناميكية اقتصاديات ابيك وتعزيز هذا الدور وتطبيق مبادئ السوق الحر. وتعظيم مكاسب التعاون الاقليمي وتحقيق اهداف التجارة الحرة المفتوحة والاستثمار في المنطقة).

ويعد نجاح سياتل، الذي جاءت به امريكا، امتداد لاتفاقية التجارة العالمية واتفاقية النافتا، محدداً صورة مستقبل ابيك، واعتبارها منطقة تجارة حرة تساهم بفتح وتوسيع اسواق دول ابيك امام السلع الامريكية وتحريك صناعتها من الداخل وتوفير فرص عمل جديدة لقوة العمل الامريكية وزيادة ضغط امريكا على شركائها التجاريين المجموعة الاوربية لانهاء جولة اوروغواي والقبول بمقترحاتها المطروحة والتلويح بإمكانية خلق وتوسيع الاسواق كمنافذ لتصريف السلع الامريكية.

- اسامة المجدوب، العولمة والاقليمية مستقبل العالم العربي في التجارة الدولية، مصدر سابق، ص85-88.

برنامج عمل يحدد اتجاهات مستقبل المنطقة اقتصادياً وفق منطق امريكا المشتركة مع اليابان. فسارعت بوضح برنامج يحدد مستقبل العمل بصياغة نوايا طرحته في 15 نوفمبر/ تشرين الثاني 1994 في مدينة بوجور / اندنوسيا - لتحويل تلك النوايا الى برنامج عمل فعلي في انشاء تكتل تجاري (منطقة تجارة حرة بين الدول الاعضاء - تستكمل اجراءاتها قبل عام 2010 للدول المتقدمة وعام 2020 لدول الجنوب الاعضاء في التجمع وفقاً لاجراءات وترتيبات تتوافق مع احكام منظمة التجارة العالمية ومقررات اعلان بوجور.

2- قيادة امريكا للابيك ترمي ضمن محاولاتها لاضعاف اوربا وفرض هيمنتها وزعامتها على المنطقة الاسيوية ولاي تكتل شرق اسيوي محتمل القيام به ويعود باهميته الاقتصادية والاستراتيجية لمنطقة شرق اسيا واعادة التوازن للاقتصاد العالمي فضلاً عن تجهيز دور الصين واليابان.

3- تحييد دور اليابان من استقطاب الدول حديثة التصنيع حولها، لتشكيل تكتل اسيوي يمكن ان يكون القطب الثالث والمهم في تشكيل العلاقات الاقتصادية الدولية الجديدة، لما تشكله اليابان من قوة اقتصادية وتكنولوجية عملاقة في اسيا الباسفيكية ولها الاولوية في صناعة التكنولوجيا المتقدمة والقدرة الاستيعابية الاستثمارية، تأتي بعدها دول حديثة التصنيع[*] التي قطعت شوطاً طويلاً في تطوير صناعتها القائمة على تكثيف المهارات الفنية وراس المال. بعد تخلي اليابان عنها واتجاهها نحو التخصص في انتاج وتصدير السلع الصناعية ذات التكنولوجيا المتقدمة والذي لم تصله دول الاسيان، وتخليها عن الصناعة الكثيفة العمل لدول اسيان نتيجة لارتفاع كلفة العمل فيها بحيث اصبحت الدول الاولى والمورد الرئيس للانسجة في السوق الامريكية.

مما يعني ان هذا الترابط والتقسيم الذي شهدته السوق الاسيوية نفسها، هو شكل اخر من التكامل غير المعلن، لتخلي اليابان عن السلع المتطورة التي كانت تنتجها الى دول جنوب شرق اسيا واستيعابها للسلع والمنتجات المصنعة من دول اسيا الباسفيكية، في ذات الوقت بدأت الدول حديثة التصنيع تسمح للمزيد من صادرات جنوب اسيا بالدخول الى اسواقها[1].

4- احتمال قيام تكتل اسيوي بين اليابان ودول الجوار لها (حديثة التصنيع والاسيان) سيشكل كتلة دولية كبيرة في السياسة الاقتصادية والدولية وسيؤدي هذا الى تحول مركز الثقل الاقتصادي

---

[*] وهي (هونك كونك، كوريا الجنوبية، سنغافورة، تايوان، اسامة المجدوب، العولمة والاقليمية مستقبل العالم العربي، مصدر سابق، ص86.

[1] د. حميد الجميلي، الاقتصاد الياباني القوة الصناعية والتكنولوجيا الصاعدة، افاق عربية، دار الشؤون الثقافية - وزارة الثقافة والاعلام - بغداد، ايار لسنة 1993، ص78.

من اوربا وامريكا الى منطقة اسيا الباسفيكية خلال (15 سنة) المقبلة وسيحتكر هذا التكتل ثلث الانتاج العالمي أي بحلول نهاية هذا العقد (2010) ونصفه عام 2040 مقارنة بالربح حالياً.

هذه الترتيبات لم تكن بعيدة عن ادراك امريكا في اهمية انشاء مثل هذا التكتل الذي سيؤدي الى اعادة التوازن للاقتصاد العالمي وتحجيم هيمنتها على مقدرات الاقتصاد العالمي ينجم عنه تغيير مواقع الجاذبية الاقتصادية من شمال امريكا واوربا الى جنوب شرق اسيا الباسفيكية ودفعها هذا لاختراقه وقيادة التكتل والوجود فيه بفاعلية مؤثرة من خلال تجمع ابيك مستفيدة من المزايا الاقتصادية التي تحضى بها دول المنطقة والمتمثلة في:

- النمو السريع لاقتصادات المنطقة في السنوات الاخيرة.

- التطورات السريعة في هيكل الصناعة والتجارة.

- تحقيق معدلات عالية للصادرات الصناعية وتبني سياسات لدعمها.

- التغيرات الهيكلية في اقتصادات هذه الدول ترتب عليها اندفاع سريع في نمو التصنيع.

- تكامل الصناعة في دول اسيا الباسفيكية من خلال ترابط القوة الاقتصادية اليابانية والقدرة الابداعية للدول حديثة التصنيع والاسيان.

5- تضمن اعلان النوايا (سياتل) برنامج وتوجهات الابيك المستقبلية قائم على اسس من المشاركة العادلة في الموارد المتاحة للاقليم وتقاسم المسؤولية والاحترام المتبادل والمشاركة بالاهتمامات والمنافع من اجل تقوية النظام المفتوح المتعدد الاطراف للتجارة الذي اقرته جولة اورغواي من خلال تحرير التجارة والاستثمار وتكثيف التعاون بين دول الابيك.

- الاسراع بتنفيذ التزامات جولة اوروغواي بغية انجاح وتعميق نتائجها بتشكيل منظمة التجارة العالمية والمشاركة الفاعلة فيها.

6- تبني ابيك هدفاً طويل الامد على صعيد العلاقات الداخلية يقضي بتحرير التجارة والاستثمار في عموم الاقليم من خلال تخفيف القيود المختلفة على كل التدفقات التجارية والاستثمارية بحلول عام 2020 اخذ بنظر الاعتبار قدرة الدول الاعضاء على تحقيق الهدف حسب القدرات المتاحة لكل دولة لكي يصبح الاقليم بمثابة منطقة تجارة حرة واستثمار حر[1]. ووضع جدول زمني لتحرير التجارة بحلول عام 2010 للدول المتقدمة و2020 للدول النامية وقد لجأ الى هذا الاسلوب المرن الذي لم يكن له سابق في تحقيق هذا الهدف بتفاوت فترات التنفيذ ووفقاً

---

[1] اسامة المجدوب –العولمة والاقليمية، مستقبل العالم العربي في التجارة الدولية، مصدر سابق، ص87-88.

لاجراءات وترتيبات تتوافق مع احكام منظمة التجارة العالمية ومقررات اعلان بوجود لعام 1994 (بانشاء منطقة تجاه حرة) وتحويل الاعلان الى برنامج تنفيذي في صورة خطة عمل اوساكا 1995. والتي تم البدء بتنفيذها في اول يناير 1997[1] تعزيزها بخطة عمل مانيلا التي تم اقرارها عام 1996[2] والمتضمنة خطط عمل فردية وجماعية تطور الانشطة المشتركة لكافة اقتصاديات ابيك لتحقيق اهداف اعلان بوجور.

ب- تقييم محفل ابيك:

يعد تجمع ابيك من اكبر التجمعات الاقليمية ديناميكية ومرونة في آن واحد، فهو ترجمة فعلية لمفهوم الاقليمية المفتوحة، وعدم حصر المزايا التي يمنحها لاعضائه فقط، بل يمتد ليشمل غير الاعضاء ايضاً. ووضع اهداف محددة، وبتوقيتات زمنية متفق عليها لتحرير التجارة بحلول عام 2010 للدول المتقدمة و2020 للدول النامية من اعضاءه، ووفقاً لاجراءات وترتيبات تتوافق واحكام منظمة التجارة العالمية، ومقررات اعلان بوجود لعام 1994، وخطة عمل لوسكا 1995، وخطة عمل مانيلا 1996، والبدء بتنفيذ الخطة وفق البرنامج عام 1997.

امتازت اتفاقيات ابيك بالصفة غير الملزمة، تقوم على القبول المتبادل في اطار ابيك، حيث يقوم الاعضاء بموجبها بتحديد سرعة التحرير ومداه. فالضغوط التي تفرضها الابيك اقل مقارنة بمنظمة التجارة العالمية لتجاوز المناخ التفاوضي والتصادمي كما هو الحال في منطقة التجارة العالمية، التي تتسم اتفاقياتها بصفة الالزام، كما تشجع الابيك بالافصاح عن الالتزامات والنوايا لما له من منفعة مشتركة للاعضاء تقوم على مبدأ الشفافية يعارض اعضاء ابيك فكرة اكسابه مزيداً من الصيغة المؤسسية، لما تعنيه من بيروقراطية اكبر وتؤدي الى تغيير الشخصية المتميزة للتجمع.

---

[1] للبدء في تنفيذ برنامج عمل ابيك فقد اتفق الزعماء في اجتماعهم الرابع المنعقد في فانكوفر في كندا 1997 انشاء مجلس ابيك لتقديم المشورة حول برامج عمل ابيك ضم في عضويته ثلاث ممثلين لقطاع الاعمال بالنظر للاهمية المتزايدة التي يكتسبها نشاط الاعمال كاداة للتنمية الاقتصادية كما تم تشكيل 8 لجان (لجنة التنمية التجارة، لجنة التجارة والاستثمار، لجنة العلم والتكنولوجيا الصناعية ولجنة تنمية الموارد البشرية ولجنة التعاون في الطاقة ولجنة الاتصالات تتولى الاشراف على مختلف اوجه التعاون في اطار الابيك.
- اسامة المجدوب، العولمة والاقليمية، مستقبل العالم العربي في التجارة الدولية، مصدر سابق، ص90-91.
[2] المصدر السابق نفسه، ص89.

ومن اهم عناصر قوة ابيك، اعترافه بدور قطاع الاعمال في خلق الثراء وليس الحكومة، وضرورات استمرار مشاركة القطاع الخاص لخلق حالة التجانس والانسجام بين صانعي السياسة وقطاع رجال الاعمال وقد تجسد ذلك في تشكيل المجلس الاستشاري الدائم للاعمال الذي يضم ثلاثة رجال اعمال من كل دولة عضو في الابيك. ولهلا اثر كبير في سياسة ابيك فضلاً على مجلس التعاون الاقتصادي الباسفيكي. وهو منظمة اقليمية ثلاثية الابعاد تضم ممثلي الحكومة والاكاديميا ورجال الاعمال وتتمتع بصفة مراقب في ابيك والمجلي الاقتصادي لحوض الباسفيك وهو منظمة خالصة من القطاع الخاص تعكس في تمثيلها عضوية ابيك وتروج للتعاون الاقتصادي الاقليمي من خلال مبادئ حرية التجارة والسوق.

بالرغم من التصورات الايجابية لمستقبل ابيك فهناك جوانب سلبية ستواجه ابيك، ومن المتوقع ان تواجه مفاوضات تحرير التجارة في الخدمات اصعب التحديات التي ستواجه ابيك في عامي 2010 و2020 لوجود توتر بين الجانبين الدول المتقدمة ودول الجنوب في التجمع، كما يتوقع وجود خلاف في القضايا الحساسة مثل قدرة دول الجنوب على المنافسة خاصة في الاتصالات والخدمات المالية[1].

رغبة الدولتين القويتين فيه (اليابان والصين) في انشاء تكتل اسيوي بعيداً عن اشراف امريكا، ودوافع ذلك اتفاق النافتا الذي يمثل قوة دفع نحو قيام تكتل خاص بهما والذي ينمو حالياً ببطء غير ان معالمها الرئيسية يتزايد وضوحها تدريجياً. بالرغم من ان كل من الصين واليابان لم تنشئ تجمعاً اقليماً رسمياً بعد، غير انهما يرتبطان بروابط اقتصادية قوية بمجموعة دول شرق اسيا، فاليابان تحتل مركز المجموعة وتحيط بها الدول الاربع حديثة التصنيع وهي كوريا الجنوبية، تايوان، هونك كونك، سنغافورة ودول رابطة جنوب شرق اسيا او الاسيان، (ASEAN) اندنوسيا، ماليزيا، تايلند، الفلبين، وللصين روابط بدول شرق اسيا التي غالبية سكانها من اصل صيني وهي هونك كونك، تايوان، سنغافورة. ويطلق على تحالفها (التكتل التجاري للصين الكبرى) ولاعضاء التكتلين مصالح اقتصادية مشتركة في توسيع علاقاتها التجارية والاقليمية والتنسيق فيما بينها لاكتساب ثقل تجاري ومالي امام التجمعات الاقليمية الكبرى [2]. ومن الجدير ذكره فالصين لم تعتبر شريكاً اقتصادياً وتجارياً رئيسياً في الاقتصاد العالمي كما هو الحال حالياً حيث كانت تعامل سابقاً على انها مجرد سوق استهلاكية لاكثر من

---

[1] اسامة المجدوب، العولمة والاقليمية، مستقبل العالم العربي في التجارة الدولية، مصدر سابق، ص92-93.

[2] صندوق النقد العربي، التكتلات الاقتصادية الدولية، معالمها، دورها، مستقبلها، ابو ظبي 1993، ص16.

مليار نسمة، في حين ان الاقتصاد الصيني يعد الثالث بين الاقتصادات العالمية من حيث تكافؤ القوة الشرائية بعد امريكا واليابان، والنظرة اليه كمنافس رئيس للتكتلات الاقتصادية الكبرى في العالم في حال تحقق تكتل الصين الكبرى[1].

خلاصة ما تقدم، فالابيك تكتل يضم مجموعة كبيرة من الدول ذات مستويات متفاوتة متقدمة وحديثة التصنيع ونامية، وذات مستويات مختلفة في الدخل ايضاً. ويعد من اكبر التكتلات الاقليمية في العالم مقارنة بالاتحاد الاوربي والنافتا فضلاً عن اختلاف اهدافه عن التكتلين، مما يعني ان تقسيم وتجزئة التجارة الدولية بين مجموعة التكتلات التجارية الاقليمية الكبرى (النافتا، المجموعة الاوربية، الابيك) ستترك اثاراً كبيرة على النظام التجاري العالمي والمراكز الاقتصادية للدول المتقدمة ودول الجنوب. وان تكثيف التحرك الامريكي نحو امريكا الوسطى والجنوبية وعبر المحيط الهادي نحو شرق اسيا وجنوبها الشرقي يمثل توسعاً لقاعدة الانطلاق الاقتصادية والسياسية لامريكا من جهة وابراز ابعاد الرد الامريكي على التميز الاوربي والتشدد الامريكي، للتمسك بالزعامة الاقتصادية الدولية.

رابعاً- مبادرة نصف الكرة الغربي (منطقة التجارة الحرة للامريكيين)[2]:

مع تزايد اهمية التكتلات شبه الاقليمية لم تكتف امريكا بتشكيل الابيك فقد سعت لانشاء فضاء اقتصادي كبير يجمع بين الامريكتين باقامة (منطقة تجارة حرة) والبناء على الترتيبات القائمة والثنائية او شبه الاقليمية ويأتي هذا الفضاء لتوسيع وتعميق التكامل الاقتصادي على صعيد نصف الكرة الغربي، فقد اتفقت 34 دولة لاتينبة مع امريكا وكندا في ديسمبر 1994 بانشاء منطقة تجارة حرة للامريكتين (FTAA) بحلول عام 2005 والتزام الدول المشاركة بقواعد النظام المتعدد الاطراف في اطار منظمة التجارة العالمية، وان تكون الاتفاقية متوازنة وشاملة وتحرير وتكامل الاسواق المالية، والاستثمار وحماية حقوق الملكية الفكرية والمشتريات الحكومية وسياسات المنافسة، والتعاون في مجالات الطاقة والعلم والتكنولوجيا والبنية الاساسية.

---

(1) نبيل شبيب، موقع اتفاقيتي نافتا وابيك في حرب المواقع التجارية، قضايا دولية، العدد 205، 1993، ص23.

(2) تتكون منظومة الفضاء الاقتصادي للامريكيتين من منطقة التجارة الحرة لامريكا الشمالية (كندا، المكسيك، امريكا) (النافتا) مضاف اليها دول امريكا الجنوبية لتشكل منطقة التجارة الحرة لامريكا الشمالية والجنوبية المسماة (الناسافتا).

- د. حميد الجميلي – استشراف مستقبل الاقتصاد العربي في ظل المتغيرات الدولية، بيت الحكمة، سلسلة المائدة الحرة، تموز 1997، ص39.

أ- ابعاد المبادرة نصف الكرة الغربي:

- تمثل المبادرة تصوراً طموحاً لحالة تكاملية فريدة من نوعها لضمها عدد كبير من الدول، تقوم في الاساس على فكرة البناء على الترتيبات دون الاقليمية القائمة والتي تحقق درجات متباينة من التكامل الاقتصادي والتجاري وبما يسهل في مرحلة لاحقه عملية اندماج هذه التكتلات في تكتل واحد وكبير لنصف الكرة الغربي.

- في المدى البعيد تتجاوز المبادرة مجرد نطاق تحرر التجارة بين الاعضاء الى اعادة هيكلة القاعدة الانتاجية وتحقيق درجة متقدمة من التكامل للامريكتين لانشطة الاعمال والانتاج والبحث العلمي والتطور التكنولوجي وتنمية الموارد البشرية[1].

الفلسفة التي تقوم عليها المبادرة ديناميكي تصاعدي (قبول اعضاء جدد من خلال التوسع التدريجي لعضوية التكتلات الاقليمية القائمة بالفعل) وانشاء روابط اكثر تقارباً بين هذه التكتلات، بعد ان حققت التجارة المشتركة في تجمع الاندين والسوق الكاريبي Caricam وسوق امريكا الوسطى CACM درجات متقدمة في تحرير التجارة فيما بين اعضائها او بين التكتلات الثلاثة مما سهل على التجمعات الاقليمية تطبيق تعريفات خارجية مشتركة بتراوح معدلها بين الصفر الى 20%.

لقد نجم عن التطورات الطارئة على صعيد التكتلات شبه الاقليمية في الامريكيتين في عام 1995 تم التشكيل الفعلي لاتحاد كمركي للميركوسور بين الارجنتين والبرازيل واورغواي وبورغواي، ووضع تعريفته الموحدة موضع التنفيذ على 80% من السلع، وتحرير 85% من تجارة التجمع وسيتم المتبقي عام 2006، اضافة الى بداية مفاوضات العضوية بين نافتا وشيلي حيث ستدخل معظم صادراتها الى امريكا وكندا حرة تحت معاملة الدولة الاولى بالرعاية.

ستؤدي منطقة التجارة الحرة للامريكتين عن تحويل 2.8% من الصادرات الى امريكا. بحلول عام 2002 وستعاني دول شرق اسيا من تحويل التجارة بنسبة 2.6% وجنوب اسيا بنسبة 2.8% وشرق اوربا بنسبة 3.5%.

وسيحقق الاستثمار الاجنبي في امريكا اللاتينية حوالي 60 بليون دولار وستلحق الخسائر باطراف اخرى تقدر حوالي 20 بليون دولار من الاستثمار وحوالي 30 بليون دولار من الصادرات ذات الصلة.

---

[1] اسامة المجدوب، العولمة والاقليمية، مستقبل الوطن العربي في التجارة الدولية، مصدر سابق، ص77-78.

وتشير التقديرات من المحتمل قيام روابط بين المشروعين لكون اعضاء نافتا وشيلي هم اعضاء في الابيك وايضاً اعضاء مرتقبين في منطقة التجارة الحرة للامريكتين [1].

خلاصة ما تقدم ان تكوين هذا الفضاء الاقتصادي القاري سيشكل مراكزاً تجارياً مفتوحاً للحواجز والحدود الاقتصادية بالنسبة للاعضاء في المحفل، ومغلقة تجاه الغير وتراجع بين المراكز.

ب- دوافع مبادرة نصف الكرة الغربي (الناسافتا) ويأتي تشكيل هذا الفضاء الاقتصادي انطلاقاً من:

1- توجه امريكا لاعادة هندسة شواطئ المحيط الهادي، فتشكيل فضاء الناسافتا من (منطقة التجارة الحرة لامريكا الشمالية / النافتا ومنطقة التجارة الحرة لامريكا الجنوبية) يمكن امريكا من التوغل نحو امريكا الجنوبية مما يعني تشكيل البعد الجنوبي للنافتا المتمثل بانضمام البرازيل، فنزويلا، الارجنتين، شيلي، بنما، كوستاريكا. ويهدف هذا الفضاء الى تشكيل سوق امريكية قارية موحدة. وستشكل هذه السوق المنفذ الاخر لامريكا في حالة عزلها عن اوربا وقاعدة انطلاق جديدة لطريق التجارة الدولية لايمر بغرب اوربا بل يمتد عبر الشمال مروراً ببنما وروسيا وصولاً الى اليابان والصين.

فهو اذن رداً على توجه اوربا بتشكيل الفضاء الاوربي المتكون من دول الاتحاد الاوربي.... ودول رابطة التجارة الحرة الاوربية - افتا -التي تضم النمسا – فلندا، ايسلندا، النروج، السويد، سويسرا..) كما ويأتي رداً على اليابان بتشكيل الفضاء الاقتصادي الاسيوي المتكون من اليابان ودول جنوب شرق اسيا[2]. في حالة نشوب حرب اقتصادية بين الفضائين ويرتبط هذا الفضاء بالفضاء الاقليمي. الفضاء الاقتصادي الشرق اوسطي عن طريق مركز اقليمي هو (اسرائيل) [3].

2- نماذج التكتلات الاقتصادية في دول الجنوب:

قامت تكتلات اقتصادية في دول الجنوب في مرحلة ما قبل التسعينات واهم ما يمكن رصده بهذا الخصوص محدودية نتائجها بشكل عام مقارنة بالمتحقق منها في الدول المتقدمة مثلاً

---

(1) اسامة المجدوب، العولمة والاقليمية، مستقبل الوطن العربي في التجارة الدولية، مصدر سابق، ص79-80.

(2) د. حميد الجميلي، اليات الهيمنة والاحتكار الجديدة: الاستراتيجيات والاهداف في اجل عالم عادل وتقدم دائم، مصدر سابق، ص117.

(3) د. حميد الجميلي، استشراف مستقبل الاقتصاد العربي في ظل المتغيرات الدولية، مصدر سابق،ص40.

تجربة السوق الاوربية المشتركة. لان دوافع محاولة انشائها وقفت على الطرف النقيض لدوافع الاتجاهات القائمة في الدول المتقدمة. فجوهر محاولة دول الجنوب في تشكيل التكتلات الاقتصادية (دفاعي) من اجل الابقاء على وجودها، فهامشية وضعها في الاقتصاد الدولي وخبرتها التنموية التي افرزتها تجربتها منذ نهاية الحرب العالمية الثانية فرض عليها مؤشرات واضحة في اختيار توجيهاتها التنموية[1]. والتي يمكن حصر اهم معالمها في الاتي:

في الغالب لم تحقق المنافع بذات القدر من الفاعلية الاقتصادية الناجمة عن التكامل. فعوائد الكفاءة لم تمثل هدفها في عملية التكامل الاقتصادي لان اهداف نماذج التكامل في دول الجنوب هيكلية اذ انطلقت من التأكيد على حل مشكلة قلة الانتاج والبحث عن تحقيق المنافع من خلال هيكل انتاجي اكثر كفاءة وتحفيز وتاثر النمو الاقتصادي واكتساب الخبرات وتوحيد جهود البحث والتطوير وتقليص نقاط الاختناق التي تعاني منها لاعادة هياكلها الانتاجية وحصولها على فرص اكبر للنفاذ الى اسواق الدول الكبرى الاعضاء في التكتل وتحسين قدرتها ومركزها التفاوضي مع الاعضاء فيما يتعلق بالمفاوضات التجارية المتعددة الاطراف وزيادة قوتها التساومية على الصعيدين الاقتصادي والسياسي لمواجهة التكتلات الاقتصادية العالمية وتحسين شروط التبادل التجاري الدولي فيما بينها والدول المتقدمة وبما يساعد على خلق نوع من الثبات النسبي في اسعار صادراتها ومن ثم حصولها على موارد مالية ثابتة لتمويل التنمية الاقتصادية منها وتنمية صناعات جديدة من خلال التنسيق عبر الحدود[2].

اذن فالتكامل بالنسبة لدول الجنوب ذات طابع شمولي مختلف الجوانب بما يمكنها من تحسين وضعها التجاري الدولي لها ويرفع من مستوى نقدمها. كما اعتمدت التكتلات في دول الجنوب على نفس الاسس التي اعتمدت عليها التكتلات الاقتصادية في الدول المتقدمة حيث تلعب قوانين السوق التلقائية دوراً اساسياً في الاقتصادات المتقدمة وبفرضها نظام تقسيم العمل الدولي وعدم قدرتها على الصمود في مواجهة احكام التعامل في العلاقات الاقتصادية الدولية فالمحاولات شملت جوانب عديدة وتحول التكامل بينها من شكل اقليمي الى تكامل اكبر مع الدول الرأسمالية.

- لم تحقق الجهود الدولية المتعددة والمتعاقبة نتائجها لتخصص عقود للتنمية الدولية والرامية الى ضرورة وضع قواعد لاعادة توزيع الثروة والدخول باتجاه انماط اكثر عدالة بل أن المتحقق منها كان النقيض في الممارسة التطبيقية اذ انحسرت المعونة الدولية الموجهة لدول الجنوب وتعمقت حواجز الحماية ضد صادراتها ولم تجد مصدراً يحول جهدها التنموي غير الاقتراض

---

[1] د. باسل البستاني – نمو ستراتيجية عربية لمواجهة التكتلات الاقتصادية الدولية، مصدر سابق،ص17.

[2] د. عبد الواحد العفوري – العولمة والجات الفرص والتحديات، مصدر سابق، ص227-228.

الخارجي فوقعت ضحية مصيدة المديونية الخارجية بالرغم من أن الاقتراض الخارجي فيها لم يكن الغالب لتمويل جهود تنموية.

- تعمقت اخفاقات التنمية القطرية لمحدودية امكاناتها الذاتية والبشرية والنوعية والموارد المادية والمالية فمعظمها يعاني من صعوبات من نفس النوع. نهيا كلها الاقتصادية الانتاجية اتسمت بالضعف لم يساعدها على تقليص الهوة بينها وبين الدول المتقدمة[1].

- تركيز التكتلات التي قامت في دول الجنوب على زيادة حجم المبادلات بالرغم من أن معظمها يعاني من ضعف الانتاجية بسبب عدم نمو القوى الاقتصادية بشكل كاف فاستمرت علاقاتها بالضعف كما أن الاجراءات الخاصة بالتنسيق الاقتصادي والمشاريع الهادفة لتطوير الانتاج لم تكن كافية.

- عدم الجدية في تطبيق القرارات ومعظم بنود الاتفاقيات الخاصة بالتكتل وغياب سلطة ما فوق الوطنية لحسم الخلافات بين الأعضاء وحسم تنفيذ ما يتخذ من قرارات الى عدم تنفيذ النظام الذي وضعه التكتل بخصوص الصناعات التكاملية مما عطل قاعدة التوزيع المتكافئ واتباع سياسات تميزية تتقاطع والنظام الاقليمي.

عدم وضوح الطرق والاساليب واختلاف مستويات التطور والامكانيات وتبدل السياسات وتفاوت بنية التنظيم الاقتصادي اضافة الى تباين الظروف الموضوعية (التاريخية والاقتصادية) التي تحيط دول الجنوب عنها في الدول المتقدمة مما جعل هذا الاسلوب مغايراً لواقعها وعرضها الى عدم احراز النتائج الايجابية ثم فشلها.

الاسلوب الذي اعتمدته دول الجنوب والقائم على تحرير التجارة، فالتحرير لم يشمل كل السلع وقد قاد الى تراجع تجارتها الى مستويات تقارب تلك التي بدأتها فضلاً على عدم شمولية الجوانب المتعلقة بالتكامل - خاصة التنسيق في السياسات الاقتصادية والمالية وتحرير انتقال الايدي العاملة رغم الحاجة الملحة لذلك واهتمام المجموعات ببعض مجالات البنية الارتكازية واتسم التنفيذ بالبطء[2].

كل هذه المعطيات كان لها الاثر السلبي على تجربة التكتلات الاقتصادية في دول الجنوب. الا أن تكرار محاولات التكتل الاقتصادي بين دول الجنوب انما يعبر عن شعور الاخفاق الذي اكتنف مسيرتها المليئة بالمعاناة. وانها حينما تسعى للتكتل انما تسعى للتشبث بنموذج تنموي

---

[1] د. باسل البستاني - نحو استراتيجية عربية لمواجهة التكتلات الاقتصادية مصدر سابق، ص17-18.

[2] هيفاء عبد الرحمن التكريتي - السوق العربية المشتركة واستراتيجية التنمية العربية، مصدر سابق، ص78-79.

قد يساعدها للخروج من مأزق تنميتها والقدرة على مواجهة المتغيرات والاثار السلبية التي ستحلق بهم جراء تطبيق اتفاقيات منظمة التجارة العالمية.

أولاً: نماذج التكتلات الاقتصادية والتجمعات الاقليمية في امريكا اللاتينية

أ- منطقة التجارة الحرة لدول امريكا اللاتينية لافتا LAFTA:

أنشئت منطقة التجارة الحرة لامريكا اللاتينية، بموجب اتفاقية منتفيديو في 8 شباط 1960، بعد توقيعها من قبل سبع دول[1]، اصبحت قائمة منذ عام 1961 وتقتصر عضويتها على البرازيل، الارجنتين والاورغواي والبروغواي. بهدف تحرير التجارة على اساس قوائم سلعية وحسب نسب يتفق عليها سنوياً. بالتفاوض، حتى عام 1972 يتم في نهايتها اقامة منطقة التجارة الحرة بين الدول الأعضاء، مع تنسيق الانظمة التجارية لخلق سوق اقليمية واسعة، وتيسير التجارة والتعاون الثنائي للدول الأعضاء، وتنفيذ سياسة وطنية لاحلال الواردات وحماية الصناعات الناشئة، وعقد اتفاقيات التكامل الصناعي بين دول المنطقة للتنسيق بين خطط محددة للتنمية الصناعية، وقد شكلت اتفاقيات التكامل الالية البارزة للمنطقة واعتمدتها كاداة لتنظيم الانتاج الصناعي بين الدول المندمجة بما ينسجم مع مقتضيات تقسيم العمل وصولاً لافضل تخصيص داخل المنطقة يسمح بتسريع استبدال المستوردات بمنتجات محلية [2] وقد دعمت امريكا هذا الاتجاه لربط اقتصاديات هذه البلدان باقتصادها بالذات، وكون هذه الاتفاقيات غير مرتبطة ببرنامج شامل على مستوى المنطقة واعتمادها على القطاع الخاص والمصالح الاجنبية التي عملت على انشاء صناعات غير متكاملة وغير متجانسة لندرة رؤوس الاموال الوطنية والفرص المتاحة لرؤوس الاموال الاجنبية للدخول بحرية، مما شجعها للعمل بحرية اكبر خاصة امريكا، كما أن المنظمة لم تقرر وضع تعريفه كمركية موحدة تجاه العالم الخارجي، وهي بهذا تختلف عن باقي التجمعات التكاملية، وقاد ذلك لمراجعات مستمرة عام 1967 صدر اعلان (بونتاديل استي) واقراره مبدأ اقامة تجمعات اقليمية داخلية تستهدف اقامة سوق مشتركة. تضم كلا من امريكا الوسطى وامريكا اللاتينية بحلول عام 1985 وبالرغم من ذلك ظلت الجماعة قاصرة على منطقة تجارة حرة لكنها غير مستكملة، عام 1969 عقد (برتوكول كاركاس) بتمديد استكمال منطقة

---

[1] الدول الموقعة على الاتفاقية هي (الارجنتين، البرازيل، شيلي، بروغواي، بيرو، المكسيك، اوروغواي) وانضمت كولومبيا والاكوادور عام 1961 وفنزويلا وكوبا اليها لعدم انسجام النظام الاقتصادي في كوبا والدول المنظمة في المنطقة.

- هيفاء عبد الرحمن التكريتي، السوق العربية المشتركة واستراتيجية التنمية العربية،مصدر سابق،ص66.

[2] صندوق النقد العربي، التكتلات الاقتصادية الدولية، معالمها، ودورها مستقبلها،ابو ظبي،1993،ص34.

التجارة الحرة من عام 1973 الى عام 1980 عجزت المنظمة عن تحقيق تقدم ملموس حيث ظلت الرابطة تسير على النهج السابق[1]. واتفق عام 1980 الى انشاء منظمة بديلة هي (رابطة تكامل امريكا اللاتينية) اكدت المعاهدة الجديدة التي بدأ العمل بها عام 1981 على توسيع نطاق التعاون بين دول الرابطة وتنمية تجارتها الخارجية وحسن توجيهها والتخصص في الانتاج وتقوية المركز الدولي للرابطة وتحديد جدول زمني لتحقيق مراحل معينة للتكامل. وتصنيف الدول الأعضاء الى ثلاث مجاميع، الدول الاكثر تقدماً والدول المتوسطة، والدول الاقل تقدماً اضافة الى الفروق التمييزية في التعريفة بين المجموعات الثلاث والدعوة لعقد اتفاقيات تخصص ثنائية ومتعددة الاطراف واتخذت برنامج عمل (برنامج عمل كويتو) غرضه استعادة مستويات تبادلها التجاري وتوفير ما يلزم من تمويل والعمل على تكييف اجهزتها الانتاجية للتغيرات التي تحدث في الدول الصناعية المتقدمة بحيث تزيد من تكامل قطاعاتها الانتاجية[2]. بالرغم من أن المجموعة تعتبر من اكبر التجمعات في دول الجنوب من حيث السكان ومتوسط دخل الفرد هو اعلى متوسط للدخل بين تجمعات دول الجنوب باستثناء دول مجلس التعاون الخليجي فقد كان نجاح المنظمة محدوداً وتركزت النتائج في الاتي:

حققت الدولة الاكبر حجماً والاكثر تقدماً (البرازيل، الارجنتين، المكسيك) نتائج ايجابية في التبادل التجاري. او على صعيد تمركز الصناعات الجديدة نتيجة تخفيض التعريفه، اضافة الى حصولها على النسب الاكبر من الاتفاقيات التكاملية الصناعية فقد كانت للارجنتين والبرازيل والمكسيك حوالي 14 اتفاقية عام 1974 مقابل اتفاقيتين لكل من كولومبيا وبيرو. وبوليفيا اتفاقية واحدة في حين لم تحصل الاكوادور على شيء منها.

وقد لعبت الشركات المتعددة الجنسية دوراً مؤثراً في الهيمنة على المفاوضات القطاعية لقدرتها على بلوغ التخصص من خلال تحرير التجارة عن طريق فروعها العاملة والاكثر تطوراً[3].

---

[1] هيفاء عبد الرحمن التكريتي، السوق العربية المشتركة واستراتيجية التنمية العربية، مصدر سابق، ص67.

[2] Guillermo maldonado, Latin Americaand Integration CEPAL Review No. 17. December 1985. P.66.

[3] هيفاء عبد الرحمن التكريتي، السوق العربية المشتركة واستراتيجية التنمية العربية، مصدر سابق، ص69.

يتضح مما تقدم أن منطقة التجارة الحرة لدول امريكا اللاتينية ولدت ميته وقد اقيمت لاعاقة التكامل الاقتصادي وان ما حدث من توسع في التبادل التجاري الاقليمي كانت وراءه عوامل اخرى غير تحرير التجارة واتفاقات التكامل الصناعي.

ب-مجموعة الاندين(*):

قاد التباين بين الدول الأعضاء في منظمة اللافتا وصعوبة التوفيق بينها وعدم وضوح الاستراتيجية الخاصة بالتكامل مجموعة الدول الاقل نمواً الى اقامة تكتل باسم مجموعة الاندين عام 1969 بهدف تنمية اقتصادياتها الاقليمية والحد من التفاوت القائم بين دول المجموعة يمكنها من المنافسة الدولية[1]. بانشاء اتحاد كمركي ذي تعريفه خارجية مشتركة وازالة الحواجز التجارية، وتحقيق التجانس Harmonize بين السياسات الاقتصادية والاجتماعية وتبني برنامج مشترك، ولتوفير اكبر قدر من المرونة لتحقيق الاهداف تم تعديل الاتفاقية بموجب بروتوكول "كيتو" بالتخلي عن الاطر الزمنية المتفق عليها لتحرير التجارة وتطبيق التعريفه المشتركة بالاضافة الى اجراءات الوقاية Safeguard والحصص الكمركية، وللمباشرة في العملية التكاملية تم احياء مجموعة الاندين عام 1989. بوضع الخطوط العامة لتحقيق اتفاقية التجارة الحرة والتعريفة المشتركة عام 1991 واقر انشاء منطقة التجارة الحرة في كولومبيا بكارتاهينا عام 1992 حددت التعريفة المشتركة باربع مستويات من 5-20% واقيمت تدريجياً منطقة تجارة حرة في عام 1995[2]. بين كولومبيا وفنزويلا والاكوادور وبوليفيا وقد تم تطبيقها من قبلهم واحتفظت بوليفيا بجداول تعريفاتها المحلية مقابل خضوع بيرو لترتيبات انتقالية حتى عام 1996 اذ تنظم تجارتها الخارجية باتفاقيات ثنائية على أن تطبق التعريفة الكمركية المشتركة بشكل تدريجي. واقرت لجنة كارتاهينا - آلية وضع السياسات للتكتل.

وتعد تجربة التكامل الاقتصادي لمجموعة الاندين من المحاولات التكاملية الناجحة والمتميزة - لاستخدام التكامل وسيلة لتحقيق التنمية مما جعل التجربة متميزة هي اعتماداها الخفض التدريجي التلقائي للرسوم الكمركية واقامة منطقة تجارة حرة فضلاً على اتساع السياسات الاقتصادية والاجتماعية بين الدول الأعضاء فالجديد الذي توصلت اليه المجموعة هو الوعي بان

(*) وقعت على اتفاقية كارتاهينا اربع دول هي بوليفيا، كولومبيا، بيرو، وشيلي والاكوادور ثم انضمت فنزويلا عام 1973 وانسحبت شيلي عام 1976.

(1) هيفاء عبد الرحمن التكريتي، السوق العربية المشتركة واستراتيجية التنمية العربية، مصدر سابق، ص69.

(2) اسامة المحدوب، العولمة والاقليمية، مصدر سابق، ص81-82.

التكامل ما هو الا وسيلة للتنمية في المشروعات الصناعية والزراعية وبنى اساسية وثقافية وبدون بناء القوى الانتاجية بناء صلباً - فلا - يرجى من التجارة خيراً كثير بخفض تعريفاتها او الغائها فتحقيق التنمية يقترن ببناء القوى الانتاجية لانتاج السلع التي يتم فيها التبادل بين الدول. وقد استفادت من التجارب التكاملية التي اخفقت في دول الجنوب لاعتمادها على المدخل التجاري في تحقيق التكامل فكان اتجاه المجموعة هو باتخاذ المشروعات المشتركة والبرامج القطاعية للتنمية الصناعية منطلقاً اساسياً من اسسها اضافة على استعانتها بالاجراءات التقليدية الاخرى، كجزء من استراتيجية التنمية.

ويمكن الاستفادة من تجربة الاندين في الوطن العربي فاقتصادات الاندين لها خصائص تقربها من الاقتصاديات العربية فهي اقتصادات يقوم فيها النشاط الخاص بدور كبير في الحياة الاقتصادية رغم وجود قطاع عام كبير او صغير كما هو الحال في الوطن العربي وتتمثل مجموعة الاندين في احجامها وتعداد سكانها كثيراً من الدول العربية فاذا استثنينا مصر - حيث تمثل فنزويلا من الدول النفطية - وكولومبيا من الدول الزراعية والصناعية تقابلها في الاقطار العربية العراق وسورية والاردن وتونس والمغرب والجزائر وتمثل الاكوادور وبوليفيا الدول الاقل نمو - كما هو الحال في الصومال والسودان وجيبوتي وموريتانيا واليمن [1].

ومن اهم سمات مجموعة الاندين، أن نظامها المؤسسي - مستقل استقلالاً كبيراً يضم عاملين من ذوي الكفاءة العالية، وقد مكنتهم الاستقلالية والكفاءة من اتخاذ قرارات واجراءات وانجاز اعمال في مجال المشروعات المشتركة، والبرمجة القطاعية وترشيد الصناعة وتطوير الزراعة وحجم الترتيبات التجارية كل ذلك جعل الاعمال تبرز على الساحة الاندية بشكل واضح وبفترة قصيرة.

ولما كانت التنمية هي الهدف، فقد توصل المشرفون على التجربة، ادخال مختلف المشروعات التكاملية في خطتهم، فهناك مشروعات البنى الاساسية والمشروعات التكاملية التي تتخصص فيها الدول المختلفة كنصيبها في برنامج التنمية الصناعية فضلاً على تنفيذ المشروعات المشتركة المتعددة بين الدول سواء كانت عامة او خاصة او مشتركة من هذا يمكن اعتبار تجربة الاندين من التجارب الثرية [2].

خلاصة ما تقدم يتضح لنا أن أي تجربة تنطلق من اقامة من مشروعات مشتركة، عامة او خاصة وتوزيعها بين الدول الأعضاء عي الاساس في نجاح أي تجربة تكاملية اضافة الى توفر

---

[1] د. خليل حسن خليل - التجارب العالمية الناجمة للتكامل - الجماعة الاوربية ومجموعة الاندين، اليات التكامل الاقتصادي، معهد البحوث والدراسات العربية، 1993، ص320-323.

[2] المصدر السابق نفسه، ص325.

العوامل الاخرى بمجموعة الادنين متقاربة جغرافياً وضمن اقليم واحد وغيرها فضلاً على الرغبة الجدية في تنفيذ القرارات الصادرة لتحقيق تنمية الدول.

جـ- السوق الجنوبي ميركوسور MERCOUSUR:

أنشئت بموجب معاهدة اسونيسون ASUNCION في 26 مارس/اذار 1991 تم توقيعها من قبل الارجنتين والبرازيل واروغواي وبروغواي تضمنت عدة اتفاقيات، ابرزها اتفاقيات تهدف الى ازالة جميع الحواجز الكمركية وغير الكمركية وتحرير عوامل الانتاج ضمن برنامج مدته 4 سنوات يتم فيها تحرير التجارة والالتزام بتطبيق تعريفة كمركية بين الدول عام 1995[1]. سبق هذه المعاهدة اتفاق تكاملي بين الارجنتين والبرازيل عام 1986 لتوسيع التبادل التجاري قطاعي بين البلدين ثم معاهدة التكامل الجنوبي عام 1989 واتفاق بوينس ايريس عام 1990 وقد شكلت هذه الاتفاقيات الاساس العملي للوصول الى حالة الاتحاد الكمركي عام 1994 وقعت وثيقة في البرازيل لتطبيق التعريفة الكمركية المشتركة CET يتم تطبيقها اعتباراً من عام 1995 بنسبة 95% من السلع المستوردة من الدول الاخرى وتتراوح التعريفة المشتركة من صفر-20% يسمح بموجبها لكل دولة الاستثناءات التي يتم الغاؤها تدريجياً وتلقائياً وصولاً الى التعريفة المشتركة عام 2001 وبموجب الاتفاقية تخفض التعريفات المحلية بنسبة 14% عام 2001 للبرازيل والارجنتين وعام 2006 لبروغواي واورغواي للسلع الرأسمالية والى 16% عام 2006 للجميع وبالنسبة للسلع المعلومات. وقد تم تكوين عدة اجهزة للمتابعة والاشراف يضم مجلس السوق المشترك كجهاز لصنع السياسات للميركوس ويتكون من وزراء الخارجية والاقتصاد للدول الاربع ومجموعة السوق المشترك - هي الهيئة التنفيذية لمتابعة تنفيذ الاتفاقية اضافة الى السكرتارية في "مونتدفيديو" ومفوضية تجارية وجهاز لتسوية المنازعات مقرها "اسونسيون"[2].

د- السوق المشتركة لامريكا الوسطى CACM:

قامت بوادر السوق عام 1958 بموجب معاهدة بين خمس دول في امريكا الوسطى[*] كمحاولة للتعاون تكون البداية للانطلاق باتجاه التكامل الاقتصادي، واتخذت حكومات الدول الخمس قراراً وضحت فيه اهتمامها بتنمية الانتاج الزراعي والصناعي، والبدء بتنسيق الخطط للتنمية، وانشاء مؤسسات تضم كافة الدول او بعضها، لتحقيق تقدم تكاملي لاقتصادياتها وتكوين سوق واسعة لتبادل منتوجاتها.

---

[1] صندوق النقد العربي، التكتلات الاقتصادية الدولية، معالمها، دورها مستقبلها، مصدر سابق، ص34.

[2] اسامة المحدوب - العولمة والاقليمية، مستقبل الوطن العربي والتجارة الدولية، مصدر سابق، ص80-81.

[*] الدول هي، السلفادور، كوستاريكا - هندوراس، نيكاراغوا، غواتيمالا.

تضمنت المعاهدة - اقامة اتحاد كمركي بين الدول الأعضاء خلال عشر سنوات، تلغى فيه الحواجز الكمركية والضرائب امام التجارة الخارجية بين الأعضاء، والاتفاق على سياسة كمركية مشتركة تجاه العالم الخارجي، ونظاماً للصناعات التكاملية منحت بموجبه الصناعات حرية الدخول الى جميع بلدان السوق، اضافة الى بعض الاعفاءات الضريبية وحماية كمركية مرتفعة ضد المنتجات الاجنبية من خارج السوق شرط أن تسد الطاقة الانتاجية لهذه الصناعات 50% كحد ادنى من الطلب المحلي. ومنعت المعاهدة اقامة صناعة مماثلة لها ومعترف بها كصناعات تكاملية ولمدة عشر سنوات، امام المشروعات المتاحة خارج نطاق الاتفاق وتنتج سلعاً مماثلة فلا تمنح لها المزايا الا بعد مرور عشر سنوات من قيامها اذ يتم اعفائها من الضرائب الكمركية وبنسبة 10% سنوياً[1].

اثار نظام الصناعات التكاملية معارضة الولايات المتحدة الامريكية لخشيتها من أن يشكل النظام حاجزاً امام بضائعها واستثماراتها السوق الجديدة وبتأثير الضغوط التي مارستها، اعلنت السلفادور وغواتيمالا وهندوراس في 1960/2/14 التوقيع على معاهدة جديدة تتضمن سوقاً مشتركة تختلف عن معاهدة 1958 في جوانب عديدة واغفالها نظام الصناعات المتكاملة اعتبرت كوستاريكا رغبة الدول الثلاث في الاستقلال بالسوق ونتيجة لردود الفعل اعلنت في 1960/2/16 عزمها عن انشاء كتلة تضم نيكاراغوا التي وافقت عليها، في اواخر عام 1960 اعيدت المفاوضات بين الدول الخمس وتم الاتفاق على معاهدة جديدة (ماناجوا) التي يمكن اعتبارها حلاً وسطاً بين المعاهدتين - المعاهدة الجديدة حددت مرحلة انتقالية لخمس سنوات، والتحرير الفوري للتجارة في 95% من السبع والاتفاق على سياسة كمركية مشتركة تجاه العالم الخارجي واعتماد تعريفة كمركية واحدة. دخلت حيز التنفيذ عام 1961 لاربع دول اذ انضمت اليها كوستاريكا عام 1962.

ولادارة جهود التكامل الاقليمي - انشئت سكرتارية دائمة للتكامل التي عملت مع بنك امريكا للتكامل الاقليمي BCIE حققت السوق نتائج سريعة كأنجح واكثر برامج التكامل الاقليمي تقدماً في امريكا اللاتينية في الستينات لنجاحها في تكوين اتحاد مركزي وتوحيد سياساتها الكمركية[2].

---

(1) هيفاء عبد الرحمن التكريتي ، السوق العربية المشتركة واستراتيجية التنمية العربية، مصدر سابق، ص69.

(2) اسامة المجدوب، العولمةوالاقليمية،مخستقبل الوطن العربي والتجارة الدولية،مصدر سابق،ص82-83.

- راجع هيفاء عبد الرحمن التكريتي، السوق العربية المشتركة واستراتيجية التنمية العربية، مصدر سابق، ص70.

وفي السبعينات فقد تأثرت المنطقة بالخلافات التي نشبت اواخر الستينات الامر الذي ادى الى انخفاض التبادل البيني من 25% عام 1970 الى اقل من 10% ولم يحصل تغير جوهري في البنى الاقتصادية للدول الأعضاء خاصة الصناعية حيث لم ينفذ النظام الذي وضعته المعاهدة بصدد الصناعات التكاملية لغياب التنسيق في سياسات بلدان السوق في مجال استثمارات الصناعات وعدم الدقة في تحديد الصناعات التكاملية وقيام المنازعات لاختيار هذه الصناعات اضافة الى الصعوبات والمشاكل الخاصة بموازين المدفوعات للدول وتعرضها للعجز المالي كما أن الاختلاف في النظم السياسية وتناقض المصالح بينها - اخذت بالاتساع وتهدد عمل السوق بانسحاب هندوراس من السوق اثر اشتباك مسلح مع السلفادور تموز 1969 بعد مباراة كرة القدم. دفعها ذلك لغلق حدودها في وجه شركائها عام 1972 انعكس على ضآلة النتائج التي احرزتها باستثناء نجاحها في اعداد برنامج زمني لانشاء شبكة طرق رئيسية في امريكا الوسطى[1] وظل السوق مستمراً على الورق فقط لمدة عقدين من الزمن.

في تموز 1990 وفي القمة الرئاسية في كواتيمالا تم اعادة احياء الاتفاقية حيث دعت الخطة الاقتصادية لامريكا الوسطى PAECA لاحياء التكامل الاقتصادي الاقليمي. اعادت هندوراس عضويتها عام 1992 وشكلت مع هندوراس والسلفادور تكتلاً عرف باسم المثلث الشمالي. حيث تم انشاء منطقة تجارة حرة في عام 1993 انضمت اليها نيكاراغوا وقد وقعت الدول الاربع بروتوكولاً بمثابة برنامج عمل لتأكيد معاهدة ماناجوا.. بهدف انشاء اتحاد اقتصادي ثم السوق المشتركة مع بنما لتمثل نظاماً تكاملياً لامريكا الوسطى SICA[2].

هـ- السوق الكاريبي كاريكوم:

عام 1967 انشئت كاتفاقية محدودة للتجارة الحرة اعقبها انشاء السوق الكاريبي بتوقيع بابادوس وجويانا وجامايكا وترينداد وتاباجوا بموجب معاهدة تشاجواراماس في عام 1973. وفي عام 1989 اقر رؤوساء الحكومات مجموعة من الاجراءات الهادفة الى تنشيط وتعزيز التكامل الاقتصادي والسياسي بهدف تطبيق تعريفة مشتركة مرحلية على غالبية السلع بدءاً من عام 1989 وفي يناير 1995 وقع مع شيلي لاجراء الدراسات المبدئية لتحليل الجوانب المختلفة لاتفاقية تجارة حرة.

---

(1) **هيفاء عبد الرحمن التكريتي، السوق العربية المشتركة واستراتيجية التنمية العربية، مصدر سابق، ص72.**

(2) **اسامة المجدوب، العولمة والاقليمية، مستقبل الوطن العربي والتجارة الدولية، مصدر سابق، ص83.**

ثانياً - نماذج التكتلات والتجمعات الاقليمية في آسيا:

أ- رابطة دول جنوب شرق آسيا (آسيان) ASEAN:

تأسست عام 1967 في تايلاند - بانكوك كنوع من الحلف السياسي لمواجهة التوسع الشيوعي في المنطقة، ضمت إندونيسيا، ماليزيا، سنغافورة، تايلاند، الفلبين وانضمت اليها بروناي 1984 وفيتنام 1995[*].

اهداف الرابطة، تحقيق النمو والتقدم الاجتماعي والثقافي، والتعاون المشترك وتحقيق السلام والاستقرار في المنطقة من خلال التنسيق السياسي والتعاون الاقتصادي والاجتماعي وحل الخلافات داخل الرابطة[1] لم تضع برنامجاً تكاملياً محدداً بل اهتمت بتعزيز التعاون مع الخارج بما في ذلك الجماعة الاوربية، الصين واستراليا، وتنظم مع اليابان منبراً لمناقشة القضايا المشتركة في مجالات الاستثمار والتجارة ونقل التكنولوجيا ومساعدات التنمية من خلال اجتماعاتها السنوية كما تشهد تطورات ايجابية في نشاطها، واتخذت اجراءات محددة لتنسيق سياساتها التجارية وعلاقاتها الاقتصادية فيما بينها من جهة وبينها والعالم الخارجي من جهة اخرى من خلال توسيع تجارتها البينية اولاً والخارجية ثانياً. ورفع المستوى المعاشي للسكان وتحسين قدرات النقل والاتصال فيما بينها ثالثاً، خاصة بعد انتهاء الحرب الباردة وتفكك الاتحاد السوفيتي وتحوله الى دولة مستقلة، وانتشار مناخ دولي جديد قائم على القطب الواحد والتوجه نحو التكتلات الاقليمية والدولية وقلق دول الرابطة من الاجراءات الحمائية المتزايدة في اوربا وامريكا نحو صادرات دول جنوب شرق اسيا مما ادى الى خفض نمو صادراتها ما بين (10-15%) في الثمانينات مقابل (25-37%) في السبعينات وارتفاع معدلات نموها ما بين 5-8% عن معدلات النمو العالمي البالغة 3.7% عام 1994[2] مما قاد دول الرابطة تشكيل منطقة تجارة حرة فيما بينها 1992 دخلت حيز التنفيذ عام 1993 بعد التقدم الذي حققه اعضائها سمح لها تحمل اعباء التكامل اقتسام منافعه واولى خطواتها خفض معدلات التعريفة الكمركية بمقدار 5% على 15 نوع من السلع[3] وبهدف تطوير عمل الرابطة وتنسيق مواقفها لمواجهة

---

[*] من المتوقع أن اصبح اعضاء الرابطة عشرة بحلول عام 1997 بعد انضمام كمبوديا ولاووس ومارينمار وبورما.

[1] صهيب جاسم، كتلة اقتصادية لشرق اسيا - قضايا دولية العدد 346 في 19 أب 1996، ص21.

ASEAN, Septretaiat ASEAN Document serries Jakart. 1986. pp.25-26.

[2] التقرير الاقتصادي العربي الموحد 1995، ص193.

[3] احمد محمد فرج، الاسيان والابيك، خيارات الاقليمية والعالمية في شرق اسيا، السياسة الدولية، القاهرة، العدد 116، نيسان/ ابريل 1994، ص142.

المجموعة الاقتصادية الاوربية ومنظمة النافتا فقد عقدت رابطة دول اسيان للفترة من 20-25 تموز 1996 منتدى اسيان الاقليمي الثالث في جاكارتا / اندنوسيا ضم وزراء خارجية دول اسيان السبع مع دول شركاء الحوار كمبوديا ولاووس وبورما لمناقشة التعاون الاقتصادي لمنطقة شرق اسيا. والدخول في حوار مشترك مع الصين واليابان وكوريا الجنوبية في المؤتمر الـذي عقد 1997 والمؤتمر الذي تلاه عام 1998 لتنسيق المواقف مع هذه الدول لما تشكله من قوة سياسية واقتصادية وعسكرية متطورة ذات ثقل سياسي واقتصادي مؤثر في المجتمع الدولي [1].

ثالثاً- نماذج التكتلات الاقتصادية والتجمعات الاقليمية في افريقيا:

في النصف الثاني من القرن العشرين - اعقاب الاستقلال السياسي، تم خلال مؤتمري القمة للدول الافريقية المستقلة الاول 1958 والثاني 1960 مناقشة المشكلات الاقتصادية التي تواجهها واجمعت الاراء بـان حالـة التفتيت التـي تعانـي منها اسواق الدول الافريقية تشكل عائقاً رئيسياً امام تنوع الانشطة الاقتصادية وان تسعـى الـدول المستقلة فيما بينها لتحقيق التعاون الاقتصادي وكان هناك بديلان لتنفيذ ستراتيجية التكامل الاقتصادي في افريقيا.

الاول مدخل اقليمي افريقي متكامل يشمل دمج القارة في نطاق ترتيبات اقتصادية قارية.

الثاني مدخل اقليمي ضيق على اساس اطار شبه اقليمي لخلق كتلة افريقية بمرور الوقت. وقـد تـم تفضيـل هـذا الاتجاه وبموجبه اقترحت اللجنة الاقتصادية لافريقيا التابعة للامم المتحـدة (ECA) تقسيم القارة الى شبه اقاليم، شرق وجنوب - ووسط، وغرب وشمال وتم اقرار اقتراح اللجنة في قمة منظمة الوحدة الافريقية [2].

اقيمت تكتلات اقتصادية اقليمية ضيقة غير أن معظمها تعرض للانحسار نتيجة المشكلات الاقتصادية التي تعانـي منها (تباين مستويات النمو في الدخل والاستثمار وتدهور في تجارتها الخارجية، وتفاقم في المديونيـة الخارجيـة. ومـن بـين النماذج التي قامت ولم تحقق نجاحها فما حدث للاتحاد الكمركي والاقتصادي لوسط افريقيا الذي استمر من 1966-1981 اذ بقي الاتحاد عاجزاً عن تحقيق زيادة مهمة في معدلات التبادل التجاري.

[1] صهيب جاسم، كتلة اقتصادية لشرق اسيا، مصدر سابق، ص20.
[2] اسامة المجدوب، العولمة والاقليمية، مستقبل الاقتصاد العربي في التجارة الدولية، مصدر سابق، ص249-250.

اما النموذج الثاني للتكامل والممثل في جماعة شرق افريقيا التي تأسست عام 1967[1] وظلت سوقاً مشتركة فقد ادى تقسيمها الى ثلاث اقطار متفاوتة في نظمها السياسية الى انهيار المؤسسات الاقليمية وانفراد عقد الوحدة النقدية القائمة وتداعي الخدمات المشتركة[2].

أ- السوق الافريقية المشتركة COMESA [3]:

في 5 نوفمبر / تشرين الثاني 1993 شهدت العاصمة الاوغندية / كمبالا انعقاد القمة الحادية عشر للدول الافريقية والتوقيع على اتفاقية تشكيل (السوق الافريقية المشتركة "COMESA") من قبل 24 دولة. في ضوء القرار الذي اصدرته القمة بتحويل منظمة منطقة التجارة التفضيلية الى سوق مشتركة لدول شرق وجنوب افريقيا.

وقد تم التصديق على الاتفاقية من قبل 16 دولة[*] في لينجواي/ بملاوي في 8 كانون الاول / ديسمبر 1994 لتدخل حيز التطبيق بعد استكمال التصديق عليها.. وبذلك اضيف كيان جديد الى الكيانات الاقتصادية التي شهد العالم ميلادها في عقد التسعينات.

التوقيع على الاتفاقية جاء تطوراً طبيعياً وامتداد لما عرف بمنظمة منطقة التجارة التفضيلية لدول شرق وجنوب افريقيا PTA التي تم انشاؤها في لوساكا 1978 والتوقيع عليها في 31 ديسمبر / كانون الاول 1981 كخطوة اولى نحو خلق السوق المشتركة لشرق وجنوب افريقيا وقد ضمت الاتفاقية 14 بروتوكولاً شملت كافة جوانب وانماط التعاون بين الدول المشاركة بالتعاون مع اللجنة الاوربية والبنك الدولي للانشاء والتعمير وصندوق النقد الدولي وبنك التنمية الافريقي، كما انشئ في 6 نوفمبر 1985 وبموجب احكام الاتفاقية بنك PTA بمثابة الجناح

---

(1) هيفاء عبد الرحمن التكريتي - السوق العربية المشتركة واستراتيجية التنمية العربية، مصدر سابق، ص73-75.

(2) د. رسول راضي حربي - العولمة والمستقبل العربي، مصدر سابق، ص125.

(3) اسامة المجدوب، العولمة والاقليمية، مستقبل الاقتصاد العربي في التجارة الدولية، مصدر سابق، ص250-257.

- عصام محمد محمد، السوق الافريقية المشتركة، قضايا دولية، العدد 205، 1993، ص25.

- مصطفى سلامة حسين، الجماعة الاقتصادية الافريقية، دراسة قانونية، السياسة الدولية، مركز الدراسات السياسية والاستراتيجية في دار الاهرام، القاهرة، العدد 113 تموز 1993، ص28.

- محي الدين حسين عبد الله الطائي، المتغيرات الاقتصادية الدولية وانعكاساتها على اقتصادات منطقة الشرق الاوسط، رسالة دكتوراه،مصدر سابق، ص99.

(*) الدول هي (ارتيريا، اثيوبيا، كينيا، ليسوتو، مدغشقر، مالاوي، موريسيوش، موزمبيق، ناميبيا، راوندا، السودان، سواريلاند، تنزانيا، اوغندا، زامبيا، زمباوي.

المالي لبرنامج التكامل الاقتصادي وقد دعت الاتفاقية الى تحقيق النمو الذاتي واقامة تحالفات اقتصادية اقليمية بين الدول في البداية ثم التحول الى شكل السوق الافريقية المشتركة الكاملة COMESA.

وتبنت الاتفاقية الية للنمو التدريجي والتحول الى سوق مشتركة وعدة مبادئ واهداف في اطار خطة تمتد الى عشرـ سنوات بهدف تنمية الانشطة الاقتصادية بين دول المنظمة في مجالات التجارة والكمارك والاستثمار والصناعة والزراعة والنقل والمواصلات والموارد الطبيعية والشؤون النقدية وتعزيز العلاقات والتعاون لتقوية علاقات السوق بالعالم واتخاذ مواقف مشتركة في المحافل الدولية والمساهمة وتحقيق الجماعة الاقتصادية لافريقيا وذلك للوصول الى الغاء الحواجز الكمركية بين الدول الأعضاء تماماً بحلول عام 2000.

وتحقيقاً لالغاء الحواجز الكمركية، فقد سعت 5 دول هي (جزر القمر، ارتيريا، السودان، اوغندا وزيمبابوي) بخفض رسومها الكمركية عام 1996 بنسبة 80%، في حين خفضت كل من (كينيا ومالاوي ومريشيوس وتنزانيا) 70%، اما بقية الدول فقد خفضت 60-70%. ويكشف هذا عن العديد من المشاكل التي تواجه الاتفاقية، وحول النجاح والاخفاق الذي ستحققه الاتفاقية فهناك وجهة نظر المناصرون المتفائلون الذين يعتقدون أن السنوات العشر القادمة كفيلة بتحقيق تحسن مستمر للاقتصادات الافريقية، وان الاتفاقية ستجعل اعضائها سوقاً واحدة تتاح فيها حرية الحركة للافراد والسلع، ويتم فيها رفع القيود الكمركية وغيرها، مما يؤدي الى اقبال واسع للمشترين، وانهاء المنافسة غير المتكافئة بين السلع المنتجة في هذه الدول، اما وجهة النظر غير المتفائلة فيعتقد المراقبون للاتفاقية، أن الامال المعقودة على الاتفاقية مبالغ فيها بسبب العديد من العوامل والتي من ابرزها - الاوضاع السياسية التي تعيشها الدول الافريقية والمتسمة بعدم الاستقرار السياسي، وتعدد اشكال نظم الحكم في دولها، والنزاعات القبلية الداخلية، والتي تجعل من استقرارا انظمة الحكم لفترات طويلة امر مستبعد. وما ينجم عن ذلك من تغيير في علاقات واتفاقيات الدول المعنية بالدول الاخرى، اما العامل الحيوي الاخر، والذي يشكك في نجاح الاتفاقية، فهو الاوضاع الاقتصادية المتردية التي تعيشها معظم الدول الافريقية، وتخلف هياكلها الانتاجية واسواقها النقدية والمالية.

المطلب الثالث

الفضاءات الاقتصادية وخلق سلطات فوق القومية

1- المقصود والمصطلح:

يعني الفضاء - الفراغ او الخلاء. ويقصد به الارض او الفراغ والذي يتجاوز الغلاف الغازي المحيط بالكرة الارضية.

اما مصطلح الفضاء - فان المفهوم يتعدى ذلك اذ يعبر عن المكان الذي يتم في داخله استغلال الثروات القومية وامتدادها في اطار بنى وانظمة معينة[1].

ويعرف الفضاء الاقتصادي " الفضاء المحسوس مادياً وبشرياً كواقع فني وتجاري ونقدي وسياسي متموضع".

عند استغلال الانسان للثروات تبرز مجموعة من المشكلات تتعلق بالانتاج والتوزيع وتكييفها للبعد الجغرافي او البشري. وهذه المشكلات الناجمة عن استغلال الانسان للثروات وتتخصص نظريات الفضاء الاقتصادي بتفسيرها وتقديم الحلول لمعالجتها[2].

قبل الخمسينات فان النظرية الاقتصادية كانت متجردة من عنصري الفضاء والزمان فالاعتقاد الذي كان سائداً هو أن الاليات الاقتصادية تعمل في محيط مطاوع خال من العقبات والصعوبات، وكان الفضاء يسبح فيه النشاط الاقتصادي بحرية من هذا المنطلق نادت النظرية الكلاسيكية بالحرية الاقتصادية للتبادل الداخلي والخارجي معاً. والالية الاقتصادية - لا يؤثر عليها الفضاء بعقباته كالحماية وندرة عوامل الانتاج في اقليم معين او تسهيلاته كإزالة الحدود او وفرة عوامل الانتاج في الاقليم.

وان تيار التبادل الداخلي يسير كما في الخارج، وتقسيم العمل الدولي هو امتداد للتقسيم الداخلي ومن وجهة نظر اتباع المدرسة لا توجد مصلحة لاي دولة من اعاقة التقسيم الدولي للعمل. هذه التصورات لم تعمل عملها وان الفضاء الاقتصادي غير سائل - أي أن النشاط الاقتصادي يجد نفسه امام صلابة المحيط الجيو اقتصادي مما تقتضي دراسة الشروط والعناصر والتي استند اليها اتساع الفضاء الاقتصادي او تضييقه.

---

[1] محي ناصر اللبان، الوحدة العربية في منظور تعاليم الفضاء الاقتصادي، مجلة الوحدة الاقتصادية العربية، الامانة العامة لمجلس الوحدة الاقتصادية العربية - القاهرة، العدد 11 لسنة 1994، ص20.

[2] المصدر السابق نفسه، ص21.

بعد الخمسينات من القرن العشرين. ادخل عنصر الفضاء في التحليل الاقتصادي ليعبر عن واقع ملموس وحاجة ملحة لغرض ترجمة دور المحيط الجيو اقتصادي والتجاري والفني والسياسي في تحديد مستوى ونوعية النشاط الاقتصادي سواء في الداخل او الخارج. وبذلك يضاف بعد جديد في دراسة الظواهر الاقتصادية وتنمية المجتمعات وفي ضوء ذلك يلاحظ التفاوت الاقليمي في الدخول داخل البلد الواحد وفي النشاط الزراعي او الصناعي.

ويلاحظ خارج البلد الواحد انقسام العالم الى دول ذات تقنية محدودة او دول ذات تقنية متقدمة.

قبل انتشار نظريات الفضاء الاقتصادي عملت اليات على تطوير وتوسيع محاور واقطاب الجذب الانتاجي والاقتصادي نمت على اثرها مراكز صناعية تحت تأثير مجموعة من المحفزات والعناصر المواتية وقد اصبحت هذه الاقطاب بارزة وهيمنت بتجارتها وصناعتها على الاقاليم المجاورة بعد توسيع هذه الاقطاب والاقاليم بانشطتها الاقتصادية مما دفعها لاعادة النظر ببناها الاقتصادية والمطالبة بتوزيع انشطتها على الاقاليم الاخرى القريبة لازالة التفاوت بينها وبرزت نظرية الفضاء الاقتصادي الحديثة لعلاج الاثار السيئة لاقطاب الجذب ومعالجة صعوبات الاندماج الاقتصادي وتوسيع التبادل التجاري..

أن نظرية الفضاء الاقتصادي التي تزدهر حالياً في فرنسا[1]. تؤكد ارتباط الفضاء بثلاث عناصر هي:

1- الفضاء هو تجانس

2- الفضاء خطة

3- الفضاء استقطاب.

فالفضاء المتجانس: هو الفضاء المتصل بحيث يمتلك جزء من اجزائه المكونة ميزات وامكانيات متشابهة، فمثلاً يمكن تصنيف اقاليم معينة على انها متجانسة. وتتميز عن الاقاليم الاخرى (باعتبار معايير القوة الشرائية ودرجة التصنيع) وقد يتحقق التجانس استناداً الى معالم اخرى فالوطن العربي مثلاً به من التجانس (المقومات الاساسية التي تربط اجزاء الوطن العربي). (اللغة - الثقافة والحضارة، التاريخ والمصير المشترك) ما تفتقر اليه مناطق اخرى من العالم مثلاً اوربا التي سعت لتحقيق الاتحاد الاوربي بعد 42 عاماً من عام 1957 معاهدة روما ولغاية كانون الثاني / يناير 1999.

---

[1] **محي ناصر اللبان، الوحدة العربية في منظور تعايم الفضاء الاقتصادي، مصدر سابق، ص24.**

اما عن الفضاء خطة: فيشير الى فضاء متجاور وخضوع اجزائه لقرار واحد. كما تخضع فروع المشروع للمقر الرئيس والفضاء يشكل برنامجاً ولا ينفذ البرنامج الا داخل الحدود السياسية لقطر معين، وفي داخل هذه الحدود فقط يكون للقرار الفضائي او البرنامج صفة الالزام والاجبار.

اما عن الفضاء استقطاب: اذا كان اجزاؤه مكملة لبعضها البعض بالرغم من تباينها واذا دخلت مع بعضها البعض ومع الاقطاب المهيمنة بمبادلات تفوق المبادلات مع الاقاليم الاخرى. وهذا العنصر- يأتي ببعد جديد ومهم للفضاء - لان حيوية هذا لم تعد تتوقف على التجانس والاتصال والتحاور حسب، بل على مستوى المبادلات. وقد اعطت النظرية الحديثة لهذا العنصر اولوية على العنصرين السابقين. (التجانس والخطة) خاصة في نموذج اوربا الموحدة بالنظر لضعف التجانس وتعذر القرار الموحد فيها.

وقد كانت اوربا رائدة في ايجاد مفهوم الفضاء الاقتصادي واستخدامه كتبرير للهيمنة الاوربية على العالم ومنحها سنداً اقتصادياً حيث اقامت تيارات تبادلية هائلة مع بعضها البعض من ناحية ومع العالم عموماً من ناحية ثانية لقد بررت النظرية الكلاسيكية الاستعمار الاستيطاني فالنظرية الكلاسيكية الجديدة (النيو كلاسيك) دمجت دراسة الفضاء في الياتها، وتبرير الاستعمار الاقتصادي والهيمنة واعتبار دول الجنوب فضاءاً مكملاً وضرورياً لنشاط اوربا الاقتصادي.

أن الاهتمام بموضوع الفضاءات الاقتصادية واعادة هندستها يأتي في اطار (موجة التكتلات الاقتصادية) التي تقود الدول المتقدمة في المنظومة الرأسمالية والمتمثلة في الاسراع في انشاء التكتلات الاقتصادية الكبيرة، بعد أن اصبح واضحاً ومن خلال متابعة التطورات التي يشهدها الاقتصاد العالمي والتي توضح أن الاقتصاد في العقود القادمة ستتم ادارته ادارة مركزية وبصيغة (المركزية الاقتصادية) متعددة الاقطاب يسيطر فيها كل قطب على فضاء او مجال اقتصادي محدد أن اجراء العديد من الفضاءات الاقتصادية الاقليمية التي يشهد العالم خطوات حثيثة بتشكيل فضاءات تابعة لاحد الفضاءات الاقتصادية القارية. بهدف تنظيم العلاقة المستقبلية فيما بينها بما يمكن تلك الاقطاب من احكام سيطرتها المركزية على مقدرات الاقتصاد العالمي[1]. ويأتي تشكيل الفضاءات الاقليمية ضمن برنامج الحاق اقتصادات الجنوب بالفضاءات الاقتصادية الاقليمية والحاق الفضاءات الاقتصادية الاقليمية بالفضاءات القارية وسيؤدي ذلك الى تعميق اندماج الجنوب بالاقتصاد العالمي اندماجاً تبعياً، وبما يسهل ادارة اقتصاد الجنوب ادارة اقتصادية مركزية.

---

[1] د. حميد الجميلي، هندسة الفضاءات الاقتصادية، دراسة في الابعاد الجيو اقتصادية، مجلة شؤون سياسية، مركز الجمهورية للدراسات الدولية، العدد 3 السنة الاولى 1994، ص123.

وستكون الفضاءات الاقتصادية الاقليمية بمثابة فضاءات اقتصادية طرفية متكاملة اقليمياً فيما بين الاطراف المكونة لها (تكامل اقليمي داخلي) أي متكاملة افقياً فيما بينها، ومتكاملة عمودياً او رأسياً مع احد الفضاءات الاقتصادية العملاقة.

أن تعزيز نهج الاقليمية الرامية لاقامة المجالات او الفضاءات الاقتصادية الاقليمية يعتبر شرطاً ضرورياً لالحاق هـذه الفضاءات بالفضاءات الاقتصادية العملاقة وانشاء او تشكيل هذه الفضاءات يـأتي تحت ذرائـع وحجج ومشاريع التكامـل الاقليمي ومن خلال هذه الفضاءات تتكشف اليات الالحاق[1].

أن تشكيل الفضاءات الاقليمية سيمكن الرأسمالية المتقدمة باعتبارها نواة للفضاءات الاقتصادية العملاقة من بسط هيمنتها على مقدرات الاقتصاد الاقليمي سواء كانت اليات الهيمنة عـن طريق الاسـتثمار الاجنبـي او عـن طريق الشركات عابرة القوميات ام عن طريق المؤسسات المالية او عن طريق تدويل التجارة والانتاج وانماط التصنيع والتكنولوجيا.

كما أن عملية الحاق الفضاءات الاقليمية بالفضاءات الاقتصادية القارية سيسرع من عملية تحويل القطاع العام الى القطاع الخاص. وما يصاحبها من تآكل السلطة الوطنية والازالة المتسرعة لكل القيـود والعوائـق التـي تقـف بوجـه الشركات عابرة القوميات والاستثمار الاجنبي ويعد تحويل القطاع العام الى القطاع الخاص شرطاً مـن شروط الالحـاق وخضوع نمـط الانتاج لشروط المركزية الاقتصادية.

والفضاءات الاقتصادية الاقليمية المسيطر عليها هي:

الهيمنة الامريكية على الفضاء الاقتصادي الشرق اوسطي.

الهيمنة الامريكية على النافتا والناسافتا.

الهيمنة الاوربية على الفضاء المتوسطي.

الهيمنة الامريكية الجديدة على جنوب شرق آسيا.

الهيمنة الامريكية على آسيا الوسطى.

الهيمنة الامريكية على الابيك.

الهيمنة الامريكية على الفضاءات في امريكا اللاتينية[2].

---

[1] د. حميد الجميلي، اليات الهيمنة والاحتكار الجديدة، الاستراتيجيات والاهداف في من اجل عالم عادل وتقدم دائـم، مصدر سـابق، ص114.

[2] د. حميد الجميلي، اليات الهيمنة والاحتكار الجديدة، الاستراتيجيات والاهداف في من اجل عالم عادل وتقدم دائـم، مصدر سـابق، ص115.

والضرورة التي يفرضها التوسع الرأسمالي العالمي هو ربط عالم الجنوب بفضاءات اقليمية مما يعني سلب بلدان الجنوب مقومات سلطة اتخاذ القرار الاقتصادي منها واذابة خصائصها الوطنية في المحيط العالمي لصالح الاقتصاد المعولم. وبروز النظام الانتاجي المعولم القائم على خصائص العولمة المتجاوز للخصائص الوطنية والذي يلبي متطلبات التوسع الرأسمالي.

وتحاول امريكا بهذا الاسلوب تحقيق اهدافها في الهيمنة على دول الجنوب بعد أن تحقق مبدأ الانتقال التدريجي من مرحلة الاقتصاد الدولي الذي تتكون قاعدته من اقتصادات متنافسة ومنغلقة على الذات الى الاقتصاد الذي تصبح قمته تمثل دول الشمال وقاعدته اقتصادات دول الجنوب. وغاية امريكا هو السيطرة على تقسيم العمل العالمي الجديد والسيطرة المعولمة على موارد الجنوب وانماط تصنيعية وتكنولوجية.

وبخصوص قضية التكتلات الصاعدة فامريكا تحاول الابقاء على السوق الاوربية المشتركة وتدفع بالاندماج عن طريق السوق وحدها لان مثل هذا الاندماج يطور التناقضات اكثر مما عليها. فضلاً على اضعاف اوربا من خلال تقوية التكتلات الاخرى. اذ توجهت امريكا بتقوية منظمة التعاون الاقتصادي لدول اسيا والمحيط الهادي (الابيك) اضافة الى تشكيل فضاء اقتصادي عملاق يجمع الامريكيتين ويأتي تشكيل امريكا لهذا الفضاء في اطار سياستها لاعادة هندسة شواطئ المحيط الهادي والخطوة الاولى لتشكيل فضاء الناسافتا الذي يضم النافتا (منطقة التجارة الحرة لامريكا الشمالية، وامريكا الجنوبية) أي تكتل النافتا مع بعدها الجنوبي اضافة الى الرد على توجه اوربا بتشكيل الفضاء الاوربي المتكون من الاتحاد الاوربي ودول رابطة التجارة الحرة الاوربية (افتا - التي تضم النمسا، فنلندا، ايسلندا، النرويج، السويد، سويسرا). والرد على اليابان بتشكيل الفضاء الاقتصادي الاسيوي المتكون من (اليابان ودول جنوب شرق آسيا) [1].

أن ابرز الية لجأت اليها الاقتصادات المتقدمة في سعيها لاعادة هندسة الفضاءات الاقتصادية. اضافة الى الاليات التقليدية التي تعمل على ترسيخ التبعية - الترويح - لنهج تحويل القطاع العام الى القطاع الخاص (الخصخصة) في اقتصادات الجنوب والتي بدأت في عقد الثمانينات واخذت مداها الواسع في التسعينات هي بمثابة التحضير المؤسسي اللازم لعولمة الوحدات الانتاجية في هذه الاقتصادات لتسهل عملية اقامة الفضاءات الاقتصادية التابعة وادارتها ادارة مركزية في ظل الاطار الجديد للتكتلات الاقتصادية والاقليمية والاسلوب الجديد لتقسيم

---

[1] **د. حميد الجميلي - آليات الهيمنة والاحتكار الجديدة: الاستراتيجيات والاهداف في من اجل عالم عادل وتقدم دائم، مصدر سابق، ص 116-117.**

العمل الدولي في ظل هذه الموجة وعليه فان جوهر عملية الهيمنة على اقتصادات الجنوب يتم تحت مختلف الذرائع كإعادة هيكلية الاقتصاد والاصلاح الاقتصادي ويتمثل ذلك في:

الزام الجنوب بتبني نماذج التنمية الرأسمالية والبحث عن تنمية خارج بيئته والاخذ بالتكيف مع البيئة الاقتصادية الدولية تكيفاً سلبياً. العمل بموجب اليات السوق الحرة في ادارة وتخصيص الموارد والدعوة لتخلي الدولة عن قيادتها للانشطة الاقتصادية وتعميق اندماجها في السوق العالمية من خلال الدور البارز الذي تلعبه مؤسسات بريتون وودز (صندوق النقد الدولي والبنك الدولي والمنظمة العالمية للتجارة - الجات).

والدور المتزايد الذي تقوم به الشركات عابرة القوميات وضمن نطاق (هندسة التفكيك واعادة التركيب) - الهندسة الجيو اقتصادية - ظهر ما يسمى بالبعد الجنوبي للدول العظمى وهذا البعد يمثل فضاءات اقتصادية للمجموعات القارية الكبرى وهي شكل من اشكال العودة الى مدرسة او نظرية ميونيخ الجيوبوليتيكية[1][*]. التي تقوم على مفاهيم توسعية فالدولة "كائن حي" لا تحتاج الى منطقة بقاء فقط تعيش عليها بل انها تحتاج لمد نفوذها الاقتصادي والسياسي. وقد توصلت مدرسة ميونيخ الجيوبوليتيكية[*] الى فكرة (ازدواجية القارات) واحدة في الشمال والاخرى في الجنوب ليكونا معاً كتلة اقليمية قارية ويتم خلالها تقسيم العمل الدولي تقدم القارة الشمالية المصنوعات في حين تقدم الجنوبية الخامات اللازمة لانتاج المصنوعات المطلوبة والاسواق اللازمة لاستهلاكها واقترحت مدرسة ميونيخ الحديثة نظاماً للسيطرة على العالم في شكل اربعة اقاليم قارية كبرى هي[2].

1- اقليم امريكا الكبرى بزعامة امريكا يضم دول الامريكيتين (الشمالية والجنوبية).

---

[1] راجع د. حميد الجميلس - هندسة الفضاءات الاقتصادية، دراسة الابعاد الجيو اقتصادية، مصدر سابق ص127.

[*] عندما تتآخم القوى الكبرى في ثلث الكرة الشمالي فمن الصعوبة والمدمر لها التمدد والتوسع والهيمنة بشكل عرضي نظراً لتتاخمها وعدم وجود مناطق فراغ بينها يسمح بالتمدد والبديهي في هذه الحالة والحتمي - مد هذه القوى هيمنتها وتوسعها باتجاه آخر وهذه الاقطاب لا شمال لها سوى ثلوج المحيط المنجمد الشمالي فلم يبق الا الجنوب الممتد فوق ثلث الكرة الجنوبي للسعي باتجاهه وفق ما يسمى (قانون طفح القوة وتمدد الهيمنة.

- محي الدين حسين عبد الله الطائي، المتغيرات الاقتصادية الدولية وانعكاساتها على اقتصادات منطقة الشرق الاوسط، رسالة دكتوراه، مصدر سابق، ص104.

[*] اسس مدرسة ميونيخ الحديثة - (كارل هاوسهوفر) استاذ الجغرافية والتاريخ العسكري وقد نشأت المدرسة فيما بين الحربين العالمية الاولى والثانية.

[2] محمد رياض، الجغرافيا السياسية والجيوبولتيكا، دار النهضة العربية، بيروت 1979، ص29.

2- اقليم (اورو - افريقيا) ويضم دول اوربا (باستثناء الاتحاد السوفيتي) وافريقيا والـوطن العربي وتركيا وبزعامـة الالمانيـه والايطالية المشتركة.

3- اقليم روسيا الكبرى - بزعامة روسيا - ويضم معظم دول الاتحاد السوفيتي وايران وافغانستان والهند والباكستان.

4- اقليم اسيا الشرقية الكبرى - تضم اليابان وبزعامتها كما تضم شرق سيبيريا والصين وجنوب شرق آسيا وبورمـا وإندونيسيا واستراليا ومعظم المحيط الهادي. وترة مدرسة ميونيخ ضرورة وجود مناطق فاصلة بين هـذه الاقاليم لمنع صراع القـوى الكبرى لينعم العالم وفق هذا التقسيم بالتوازن الدولي المؤدي الى السلام.

يتضح مما تقدم بان عالم اليوم متحركاً او راغباً بالعودة الى نظام مدرسة ميونيخ نتيجة مجموعة من العوامـل التـي بدأت آثارها واضحة فالهيمنة والسيطرة على العالم ظاهرة قديمة غير أن الجديد فيها اتخاذها شكل اقاليم طولية رأسية شبه متوازية اذ تنفرد في السيطرة على كل اقليم قوى كبرى واحدة وان ظل هنـاك تـداخل عـرضي بـين القـوى الكبرى في مناطق النفوذ الحيوية.

2- دوافع تشكيل اقاليم السيطرة الجديدة (حكومة فوق القوميات)

أولاً- امبريالية المنظومة القيمية للنظام العالمي:

فالامبريالية كانت دومـاً نظامـاً كونيـاً لم تقتصر على الدول او الاقاليم المفردة. ومـا كانـت لتوجـد دون صـيغ واليـات ملائمة[1] وجوهر الرأسمالية ونظامها العالمي القديم والحالي هو الامبريالية والتوسع والمجال الحيوي اللازم لكل دولـة حسـب امتداد مصالحها الحيوية ولو عبر بحار ممتدة وقارات متباعدة بالاستناد الى قـدرتها وفرض ارادتها علـى الغير واتفاقهـا مـع غيرها من الدول الكبرى على مبدأ مقايضة المصالح وتقسيم مناطق النفوذ وسيادة نظام عالمي للتبادل غير المتكافئ والتحكم في العالم ومقدراته في ظل العولمة ومحاولة امركة العالم وقيام عالم صنع في امريكا على شكلها ومثالها.

ثانياً - تغير النسق العالمي من نسق ثنائي القطبية بين الاتحاد السوفيتي وامريكا الى نسق, متعدد الاقطاب تتوزع فيه مراكز القوة بين امريكا والجماعة الاوربية بزعامة فرنسا والمانيا واليابان.

فقد شهد العالم خلال عقود الحرب الباردة صراعاً تنافسياً بين قوتين الاتحاد السوفيتي وامريكا كان من نتائج هـذه الحرب استقطاب عالمي واسع وتداخلت فيه اقاليم ومناطق. اذ

---

[1] مايكل تانزر وآخرون - من الاقتصاد القومي.. الى الاقتصاد الكوني: دور الشركات المتعددة الجنسيات - مصدر سابق، ص123.

سيطرت الكتلتين على قارات العالم كافة وانقسمت اوربا الى قسمين شرقي وغربي، وقد امتد الاستقطاب الى آسيا حيث حاول الاتحاد السوفيتي مد مناطق سيطرته الى مواقع البترول وقد شهدت افريقيا استقطاباً تشابكت فيه مناطق النفوذ والسيطرة على المعادن والثروات الطبيعية والولاءات السياسية وامتد النفوذ السوفيتي الى امريكا الجنوبية في كوبا. وعلى مقربة من الساحل الشرقي لامريكا. في حين كان الغرب يقيم قطاعاً اعتراضياً ضمن سياسة احتواء الخطر الشيوعي.

انتهت الحرب الباردة بانهيار التجربة الاشتراكية في الاتحاد السوفيتي وانحسم النفوذ الروسي في انحاء العالم مقابل تصاعد الدور العالمي للقوى الكبرى مثل المانيا واليابان. وبدأ العالم بالتحرك فعلياً باتجاه نسق متعدد الاقطاب والعودة الى النسق الي ساد خلال فترة ما بين الحربين العالميتين واقطاب النسق العالمي الجديد هم نفس اقطاب نسق ما بين الحربين اضافة الى الصين. وبديهي أن تسعى كل قوة من هذه القوى الكبرى الى استعادة اقاليم سيطرتها القديمة ولكن بأساليب مختلفة عما سبق[1].

تستحوذ القوى الكبرى الواقعة في ثلث الكرة الارضية الشمالي من اقصى الغرب الى اقصى الشرق - امريكا والاتحاد الاوربي وروسيا واليابان والصين على الثروة والتكنولوجيا وتستأثر هذه الاقطاب على 80% من الانتاج العالمي مقابل تقاسم دول الثلثين المتبقيين من العالم الـ 20% المتبقية من الانتاج، فهناك فائض انتاجي في الشمال مقابل فقر في الجنوب مثلاً فان الانتاج السنوي امريكا يعادل الانتاج السنوي لكل دول قارة امريكا الجنوبية بـ 6 مرات ويعادل النتاج المجموعة الاوربية ما تنتجه القارة المقابلة لها - افريقيا - 15 مرة اما انتاج اليابان فيعادل انتاج كل دول جنوب شرق آسيا 3 مرات[2].

وفي مجال التكنولوجيا - فيتركز انتاجها في الثلث الشمالي - فمثلاً لا يوجد في دول الجنوب كلها سوى 5% من مجموع اجهزة الكومبيوتر الموجودة في العالم. والاهم من كل ذلك أن الثورة العلمية والتكنولوجية في عالم اليوم قواعدها في دول الشمال. كما تتحكم هذه الاقطاب الخمسة في صناعة السلاح عالمياً وتمتلك حوالي 50 الف رأساً نووياً. أي 98% من اصل 57 الف رأس نووياً في العالم مما يعني سيطرتها على الصعيد العسكري.

---

[1] **توفيق غانم - اقاليم السيطرة الطولية والقطاعات الاعتراضية - قضايا دولية. معهد الدراسات السياسية، اسلام اباد - العدد 209 السنة الرابعة 1994، ص4-5.**

[2] **UN. World Economic Survey , 1992, p>21.**

وهكذا بحكم القوة العسكرية والاقتصادية تهيمن اقطاب الشمال على عالم الجنوب مما يعني تبعية واستغلال عميق من الشمال لدول الجنوب بدءاً من التجارة وانتهاءً بالتقانة وبهذا فقد ادت العوامل المشار اليها الى ظهور بوادر مبكرة لحرية الاقطاب الرئيسية باتجاه تشكيل السيطرة والتي اتخذت شكل التكتلات الاقتصادية التي تم تناولها.

3- الاثار المستقبلية للتكتلات الاقتصادية في الاقتصاد العربي:

يلاحظ من ظاهرة التكتلات الاقتصادية الاقليمية التي اقيمت تمحورها حول دولة ذات قوة اقتصادية وباعتماد مداخل تجاوزت حرية المبادلات التجارية الى سياسات الاستثمار وانتقال الافراد، كما اتسمت باحجامها الكبيرة، ومن الجدير ذكره فان هذا التوجه نحو التكتلات الاقليمية سيقلص من اهمية ودور الدولة القومية في العلاقات الاقتصادية مقابل تعزيز مكان ومفهوم الدول الاقليمية كمكون اساسي في النسق العالمي الجديد وهذا ينسجم مع التطورات الحاصلة في اطار الجات بالاتجاه نحو عولمة التجارة الحرة.

أن المستفيد الاول من التجارب التكاملية التي انتهجت اسلوب التكامل الرأسمالي هي الدول الكبرى في المنطقة على حساب الدول الاقل.

- ومما لاشك فيه فللتجمعات الاقتصادية اثرين متقاطعين وهما:

الاثر الاول: يتمثل في ازالة العوائق والقيود الداخلية بين الدول الأعضاء في التجمع وتسهيل عمليات انسياب السلع وحركة رؤوس الاموال والاشخاص.

الاثر الثاني: فيتمثل في الدور الحمائي الذي تؤديه هذه التكتلات تجاه التكتلات الاخرى.

وعليه فان هذه التكتلات كالمجموعة الاوربية ومنطقة التجارة الحرة لامريكا الشمالية ستؤدي الى احتمال زيادة الصعوبات امام الاقطار العربية وان هذه التجمعات سترفض التعامل مع الاقطار العربية كمجموعة. فالتجزئة والتخلف الظاهرتين البارزتين التي يعاني منها الاقتصاد العربي تمثل وضعاً نموذجياً لتلك التجمعات حيث ستحدد تعاملها مع اقطار عربية معينة وستبقى الجماعة الاوربية تركز على العلاقات الثنائية مع الاقطار العربية وهذا ما هو قائم حالياً من خلال الاتفاقيات الثنائية للشراكة الاوربية العربية. فتبعثر او تجزئة القوة العربية وغياب الحد الادنى من التنسيق والتكامل العربي وضمان تدفق النفط الى امريكا واوربا سيحد من قيام التجمعات الاقليمية المهمة لتطوير علاقاتها مع الاقطار العربية بشكل جماعي [1].

_____

[1] د. تقي عبد سالم العاني، الاثر الاقتصادي للمتغيرات الدولية الراهنة على الاقطار العربية، مصدر سابق، ص26.

يقول د. ريتشارد هيجورت - أن الاقلمة مظهر دال على العولمة بلاشك وهي تتشابك مع العولمة. وان العولمة قوة هيكلية اقوى من الاقلمة[1]. ولا يمكن فهم واحدة في غياب الاخرى.

وعليه فان المتغيرات المتلاحقة التي ادت الى نشوء نظام جديد يتسم بالعولمة والاعتماد المتبادل في مراحل الانتاج المختلفة. بتعاظم دور التكتلات الاقتصادية الاقليمية. اكدت بان الاندماج في الاقتصاد العالم يفترض الاندماج في اطار تكتل حتى يكون الاندماج ايجابي وفاعل فالبلدان العربية تتأثر بالتكتلات القريبة منها في مقدمتها الاتحاد الاوربي لتحقيق تعاون وشراكة عادلة وذات نتائج ايجابية ومثمرة فما يتحتم على البلدان العربية انجاز التكتل الاقتصادي العربي بصورة ملموسة وقريبة.

العولمة جاءت في ظل تزايد النزعة بين دول العالم للتكتل وتحديات السلام في المنطقة ومواصلة الحوار العربي الاوربي في اطار الشراكة المتوسطية فما ينجم عنها من تبعات سلبية على اقتصاديات البلدان العربية مالم تواجه في اطار تنسيق فعال وتكامل مخطط ما بين البلدان العربية فان الضرورة الحتمية تقضي الى اقامة تكتل اقتصادي عربي كشرط للبقاء في عالم تهمش فيه الشعوب الفقيرة والدول الصغيرة فالمكان في عالم اليوم هو للتكتلات الاقتصادية المؤثرة والفاعلة.

---

[1] راجع د.ريشارد هيجوت، اتجاهان جديدان في السياسة العالمية مركز الامارات للدراسات والبحوث الاستراتيجية - سلسلة محاضرات الامارات (25)، ط1، ابو ظبي - دولة الامارات العربية المتحدة، 1998 ، ص35.

الفصل الخامس

أثر العولمة على مستقبل الاقتصاد العربي

مقدمة:

الهدف من البحث بيان التحديات الاقتصادية التي تواجه الاقتصاد العربي بعد ان اشرنا في الفصول السابقة التغيرات التي يشهدها العالم في مجال ثورة الاتصالات والتكنولوجيا المتقدمة والاثار التي ستترتب عن اليات العولمة الاقتصادية واشتداد المنافسة العالمية على الاسعار والمنتجات تضع الاقطار العربية في خضم هذه التحولات التي تصب في تيار العولمة ولا تجعلها بعيدة عن تأثيراتها السلبية. واذا ما اخذنا بنظر الاعتبار الانخفاض المتواصل في اسعار النفط وآثاره في دفع عملية التنمية ليس في الاقطار العربية المنتجة للنفط فقد بل في بقية الاقطار الاخرى. لقد اتسم الاقتصاد العربي بعدد من المؤشرات السلبية التي يعكسها واقع الاقتصادات العربية والناجمة عن آثار العولمة والتي ستتفاقم اثر تطبيق اتفاقيات منظمة التجارة العالمية وهذا ما يدعونا لدراستها في هذا الفصل حسب متطلبات البحث وعبر المباحث التالية.

1- **المبحث الاول** – اثر العولمة على الواقع الاقتصادي العربي.

2- **المبحث الثاني**– اثر العولمة على الواقع الزراعي العربي.

3- **المبحث الثالث**– اثر العولمة على الواقع الصناعي العربي.

4- **المبحث الرابع** - اثر العولمة على التبادل التجاري العربي.

5- **المبحث الخامس** - اثر العولمة على التوظف والبطالة في الوطن العربي.

ومن ثم بيان الخلاصة والاستنتاجات والتوصيات.

المبحث الاول

اثر العولمة في الواقع الاقتصادي العربي

تمثل العولمة التي يشهدها العالم تحدياً خارجياً وخطيراً على الاقتصاد العربي فما تهدف اليه العولمة هو تصفية انماط الانتاج غير الرأسمالية وتصفية شروطها لصالح سيادة نمط الانتاج الرأسمالي وتحديد شروطه فضلاً عن فرض شروط اقتصادية وسياسية للتنمية الوطنية في الدول العربية والاندماج في الاقتصاد العالمي وتكريس التباين بين الدول العربية المصدرة للنفط والدول العربية غير النفطية فتقلبات الاسعار العالمية للنفط يخفض من الموارد المالية للدول النفطية مقابل ارتفاع اسعار السلع الرأسمالية من الالات وقطع تبديل ستلقي اعباء عالية على الاستيراد ويؤدي هذا الى احداث خلل في موازين المدفوعات الامر الذي سينعكس سلباً على الواقع الاقتصادي العربي ... يتناول المبحث:

واقع الاقتصاد العربي، ومعدل النمو الحقيقي للناتج المحلي الاجمالي ومتوسط نصيب الفرد من الناتج المحلي الاجمالي. وتطور الاسعار ومعدلات التضخم.

1- **واقع الاقتصاد العربي:** تذبذب النمو الاقتصادي العام للاقطار العربية بالاسعار الجارية عام 2000 بلغ الناتج المحلي الاجمالي بالاسعار الجارية للدول العربية حوالي 700.3 مليار دولار مقارنة بحوالي 629.5 مليار دولار عام 1999 وحوالي 587 مليار دولار عام 1998 وحوالي 607.1 مليار دولار عام 1997 أي انه نما بمعدل 11.2% عام 2000 مقابل 7.3% عام 1999 في حين كان منخفضاً فيه عام 1998 مقارنة بعام 1997 وهذا ما يؤكده الجدول رقم (8).

الجدول رقم (8)

الناتج المحلي الاجمالي للدول العربية (بالاسعار الجارية) للسنوات 1995-2000

البيان / السنة	الناتج المحلي الاجمالي مليار دولار	معدل النمو السنوي%	معدل النمو السنوي%
1990	477.4	4.7	
1995	535.6	2.3	2.3% المتوسط السنوي لمعدل النمو للفترة من 1990-1995
1996	585.2	9.3	
1997	607.1	3.7	
1998	586.5	3.4-	
1999	629.5	7.3	
2000	700.3	11.2	

المصدر: من الملحق رقم (2).

ان الدوافع الرئيسة وراء هذا التذبذب ترجع الى:

1- تذبذب اسعار النفط، فقد ارتفع سعر برميل النفط عام 2000 خلال التسعة الاشهر الاولى منه الى 27.3 دولار في المتوسط. واستمر ارتفاعه خلال شهري تشرين الاول والثاني. حيث تجاوز 30 دولار وانخفض في شهر كانون الاول 2000 ليصل في الاسبوع الاخير من السنة الى 22.5 دولار مقابل 17.32 دولار للبرميل في المتوسط عام 1999 و 11.84 دولار للبرميل في المتوسط عام 1998.

2- تحسن نمو الناتج المحلي في دول الخليج العربي وتونس والجزائر والسودان وسورية والعراق وليبيا ومصر واليمن الى حوالي 92% من الناتج الاجمالي للدول العربية عام 2000 وقد كان للنمو العام في ناتج هذه الدول اثر كبير في النمو العام للناتج الاجمالي للدول العربية مجتمعة وفي ذات الوقت عوض عن تذبذب اسعار النفط في ذلك العام.

3- ويعزى تحسن اوضاع الموازنات الداخلية والخارجية في الدول العربية مصر، المغرب، تونس، اليمن، الجزائر الى برامج الاصلاح والتصحيح الهيكلي.

4- واذا ما اخذنا الدول العربية بشكل منفرد فتشير التقديرات خلال عام 2000 الى ارتفاع معدل النمو بالاسعار الجارية في اربعة عشر دولة في كل من الدول - قطر - عمان - الكويت - الامارات - البحرين - اليمن - السعودية - الجزائر - السودان- مصر- سوريا- جيبوتي - الاردن وموريتانيا.

حيث حققت هذه الدول معدل نمو بلغ 15.3% في المتوسط مقارنة بمعدل نمو بلغ 9.1 في عام 1999 وشكل الناتج المحلي لهذه المجموعة حوالي 73.1% من مجمل الناتج الاجمالي للدول العربية لعام 2000.

في حين انخفض معدل النمو في كل من ليبيا والعراق ولبنان فقد بلغ معدل النمو المتوسط في هذه الدول حوالي 4.1% مقارنة بمعدل نمو بلغ 5.5 عام 1999. ويشكل الناتج المحلي لهذه الدول من مجمل الناتج المحلي للدول العربية 19.4% خلال عام 2000.

اما الاقطار العربية التي سجلت معدل نمو سالب فهي تونس والمغرب. فقد بلغ نحو 4.7% مقارنة بمعدل نمو سالب ايضاً في المتوسط نحو 1.4% عام 1999 ويشكل الناتج المحلي الاجمالي لذين القطرين نحو 7.5% من مجموع الناتج الاجمالي للاقطار العربية خلال عام 2000 [1].

والملحق رقم (2) يبين الناتج المحلي الاجمالي للدول العربية للفترة من 1990 – 1995.

2- معدل النمو الحقيقي للناتج المحلي الاجمالي بالاسعار الثابتة:

تشير التقديرات الى تذبذب معدل نمو الناتج المحلي الاجمالي بالاسعار الثابتة وبالعملات الصعبة فقد ارتفع عام 2000 مقابل عام 1999 في جميع الاقطار العربية باستثناء تونس التي انخفض معدل نموها نحو 1.2% في عام 2000 حيث وصل معدل نموها بالاسعار الثابتة عام 2000 حوالي 5% مقابل 6.2% عام 1999 ويرجع السبب للصعوبات التي واجهت قطاع الزراعة بسبب نقص الامطار والاثر السلبي للجفاف على النشاط الاقتصادي والجدول التالي يبين النمو الحقيقي للناتج المحلي الاجمالي.

[1] مجلس الوحدة الاقتصادية، الامانة العامة، التقرير السنوي للامين العام المقدم الى الدورة العادية 74 للمجلس، القاهرة، كانون الاول / 2001، ص 71-72.

جدول رقم (9)

معدل نمو الناتج المحلي الاجمالي للاقطار العربية للفترة

من 1998 – 2000 بالاسعار الجارية

الدول / السنة	1998	1999	2000
الاردن	2.9	3.1	3.1
الامارات	4.1	3.8	5.2
البحرين	4.8	4.0	5.2
تونس	4.8	6.2	5.0
الجزائر	5.1	3.3	3.8
جيبوتي	0.8	1.3	1.5
السعودية	1.7	0.8	4.1
السودان	6.0	6.0	8.3
سورية	7.6	1.8-	2.5
العراق	-	-	-
عمان	2.7	1.0	4.6
قطر	13.3	-	-
الكويت	2.0	-	-
لبنان	3.0	1.0	-
ليبيا	3.0	2.2	6.5
مصر	5.7	6.1	6.5
المغرب	6.8	0.7	0.3
موريتانيا	3.5	4.1	5.0
اليمن	4.9	3.7	5.1

المصدر – من الملحق رقم (2). التقرير الاقتصادي العربي الموحد تموز/يوليو، 2001، ص 260.

3- متوسط نصيب الفرد من الناتج المحلي الاجمالي:

وتهدف العولمة الى ان التزايد السريع في سكان الوطن العربي يجب ان يظل هذا الحجم الكبير من السكان يعمل وينتج في ظل شروط رأسمالية كلاسيكية او شبه كلاسيكية فقد تفاوت متوسط نصيب الفرد من الناتج المحلي الاجمالي بين الدول العربية تفاوتاً كبيراً فقد تراوح عام 2000 بين اقل من 500 دولار للفرد في العام حيث بلغ في موريتانيا (373 دولار) والسودان (413 دولار) والى اكثر من 1700 دولار للفرد في نفس العام حيث بلغ في قطر (27424 دولار) والامارات (21273 دولار) والكويت (17251 دولار).

وترجع اسباب انخفاض متوسط دخل الفرد في الوطن العربي ليس الى انخفاض معدلات نمو الناتج المحلي الاجمالي – وانما الى تقلبات مصادر الدخل في الدول العربية وارتفاع معدل النمو السكاني وينعكس اثر ذلك على زيادة الحاجة لخلق فرص لتحجيم البطالة التي يخلقها ضعف النمو وزيادة السكان فضلاً عن اثار ذلك في الضغط على الخدمات الاجتماعية حيث تتراجع هذه الخدمات في ظل العولمة والتي كانت تضمن للفرد حقاً في دخل ما بمعزل عن اعتبارات السوق[1].

4- تطور الاسعار ومعدلات التضخم: من الجدول رقم (10) يتضح الاتي:

اتجهت معدلات التضخم في غالبية الدول العربية نحو الانخفاض للفترة من عام 1995 لغاية عام 2000 بدرجات متفاوتة فيما بينها ويرجع ذلك الى استمرار معظم الدول العربية الى تطبيق سياسات الاصلاح الاقتصادي المالي التي استهدفت المحافظة على استقرار الاسعار والسيطرة على الضغوط التضخمية الداخلية والخارجية.

فقد انخفضت معدلات التضخم في كل من دولة الامارات والسعودية والسودان وسوريا وسلطنة عمان وقطر والكويت ولبنان ومصر والمغرب وموريتانيا واليمن – وزادت بنسبة قليلة في كل من البحرين وتونس وجيبوتي وليبيا.

---

[1] مجلس الوحدة الاقتصادية، الامانة العامة، تقرير المدير العام للمجلس للدورة العادية 74، مصدر سابق، ص75-76.

جدول رقم (10)

معدل التضخم في الدول العربية خلال السنوات 1995، 1999، 2000

الدول / السنة	1995	1999	2000
الاردن	2.4	0.5	0.7
الامارات	2.7	2.1	1.3
البحرين	2.7	1.3	2.0
تونس	6.3	2.7	4.1
الجزائر	29.7	2.7	0.3
جيبوتي	4.8	2.0	2.4
السعودية	4.8	1.3-	0.7-
السودان	68.4	16.0	10.0
سورية	8.0	3.2-	0.6
العراق	-	-	-
عمان	- 1.1	0.5	0.8-
قطر	3.0	2.1	0.1-
الكويت	2.7	3.0	1.7
لبنان	4.2	1.0	00
ليبيا	5.3	2.7	3.0
مصر	18.6	3.1	2.7
المغرب	6.2	0.7	0.6
موريتانيا	6.6	4.1	3.2
اليمن	62.5	9.2	8.0
الصومال	-	-	-
فلسطين	-	-	-

المصدر: التقرير الاقتصادي العربي الموحد - تموز / يوليو 2001، ص19.

المبحث الثاني

اثر العولمة في القطاع الزراعي

للزراعة اهميتها في امن واستقرار الشعوب لما توفره من الغذاء والمواد الاولية للصناعة وقد سعت الدول على تطوير زراعتها باعتماد مختلف اساليب الدعم المباشر وغير المباشر من اجل توفير الغذاء وتصدير المنتجات التي لها ميزة نسبية مقارنة بالدول الاخرى سواء كانت هذه الميزة ناجمة عن الظروف المناخية وطبيعة التربة او التقدم التقني.

ان الظروف الجديدة تدعو الى تحرير التجارة من القيود الكمركية وغير الكمركية وازالة الدعم عن الصادرات بالنسبة للسلع الزراعية بشكل تدريجي وستتأثر الزراعة العربية سلباً نتيجة لما تدعو اليه اتفاقية منظمة التجارة العالمية من زيادة في اسعار المنتجات المستوردة وتطبيق فرص دخول المنتجات الزراعية العربية في الاسواق الخارجية من امور اكدت عليها الاتفاقية. والتي تم استعراضها في الفصل الرابع المبحث الثاني من الدراسة.. وسنحاول في هذا المبحث مناقشة واقع القطاع الزراعي في الاقطار العربية واثر العولمة على هذا القطاع من خلال:

1- الناتج الزراعي العربي.

2- نصيب الفرد من الناتج الزراعي في الوطن العربي.

3- المساحة المزروعة وحصة الفرد منها.

4- الميزان التجاري للسلع الزراعية في الوطن العربي.

5- الامن المائي في الوطن العربي.

6- الانتاج الزراعي والفجوة الغذائية.

7- المشاكل الناجمة عن الفجوة الغذائية.

8- الاثار المستقبلية على القطاع الزراعي.

واقع القطاع الزراعي في الاقطار العربية:

يلعب القطاع الزراعي دوراً اساسياً في تحقيق التنمية الاقتصادية والاجتماعية في العديد من الاقطار العربية حيث تشجع الزراعة على النمو الاقتصادي والاجتماعي لما يتسم به هذا القطاع من استيعاب كبير للايدي العاملة وتوفير فرص العمل لنسبة من سكان الريف وقد بلغت خلال عام 1999 حوالي 30 مليون فرصة عمل اضافة الى زيادة العاملين في الانشطة الانتاجية والخدمية المرتبطة بهذا القطاع. وتحقيق زيادة مستمرة في مستوى المعيشة وعلى نطاق واسع من

السكان وتوفير المنتجات الغذائية وخفض اسعارها وتحسين مستوى التغذية وزيادة المدخلات الوسيطة للعديد من الصناعات التحويلية وتوفير النقد الاجنبي من خلال مساهمته في توفير السلع التصديرية[1] ورؤوس الاموال لتنمية القطاعات الاخرى وهذا يدعم برامج التنمية شرط زيادة الانتاجية. وتمثل عمليات الاصلاح الزراعي احد المتغيرات المؤسسية التي يمكن ان تؤدي دوراً مهماً لانها يمكن ان تزيد من الانتاجية الزراعية وتعزز التفاعل مع القطاعات الاخرى الى جانب ذلك - الاثر الايجابي للانجاز التعليمي في المناطق الريفية حيث تساهم في زيادة الانتاجية وتنمية القطاع الزراعي[2].

1- الناتج الزراعي العربي. من الجدول رقم (11) يتضح لنا الاتي:

بلغت قيمة الناتج الزراعي 80.3 مليار دولار عام 2000 مقابل انخفاض نسبة قدرها 0.7% عن عام 1999 حيث بلغت قيمة الناتج الزراعي 81.0 مليار دولار ويعتبر هذا المعدل اقل وبنسبة 3.3% سنوياً في عقد التسعينات ويرجع السبب في هذا التراجع الى عدم ملائمة الظروف المناخية وقلة الامطار مع الجفاف الذي اصاب بعض الاقطار العربية خلال عام 2000 مثل الجزائر، المغرب، تونس اما نسبة الانتاج الزراعي الى الناتج المحلي الاجمالي فقد بلغت 11.5% عام 2000 مقابل 12.9% عام 1999 ومعدل 13.8% عام 1998 وقد سجلت هذه النسبة الاعلى خلال عقد التسعينات. أي ان النسبة في تراجع مستمر.

وتتفاوت اهمية القطاع الزراعي في الهيكل الاقتصادي بين الاقطار العربية اذ ان نسبة مساهمة القطاع الزراعي في الناتج المحلي الاجمالي تختلف بدرجة كبيرة من قطر عربي الى آخر. ويمثل السودان المرتبة الاولى حيث بلغت نسبة مساهمة القطاع الزراعي في الناتج المحلي الاجمالي 34.2% ويحتل العراق المرتبة الثانية 32.1% ثم سوريا 27.0% فموريتانيا 19.5% ثم مصر 15.7% واليمن 15.3% والمغرب 12.3%ثم تونس 12.1% وتنخفض النسبة بشكل كبير في اقطار مجلس التعاون لدول الخليج العربي لمحدودية امكانياتها في الزراعة[3].

لقد طرأت على الناتج الزراعي للاقطار العربية تطورات في عام 1999 مقارنة بعام 1998 فقد سجل زيادة في بعض الاقطار العربية منها في مصر وتونس وسورية والعراق

---

(1) صندوق النقد العربي وآخرون، التقرير الاقتصادي العربي الموحد ـ تموز 2000 وتموز 2001، ص33، ص35.

(2) مجلس الوحدة الاقتصادية، الامانة العامة، التقرير السنوي للامين العام مقدم الى الدورة العادية الرابعة والسبعين للمجلس، مصدر سابق، ص18، ص78.

(3) صندوق النقد العربي، التقرير الاقتصادي العربي الموحد للسنوات 1997 و2000 و 2001، ص28، ص35، ص36.

والسعودية ولبنان تراوحت بين 1.2% في العراق و 8.5% في تونس ودوافع هذا التحسن في الناتج ناجم عن زيادة الرقعة الزراعية واستخدام التقانة المتقدمة والى السياسات الزراعية التي طبقتها بعض الاقطار في اطار تحرير اسعار السلع وتخفيض الدعم الحكومي لتوجيه الانتاج الزراعي واعطاء تسهيلات للقطاع الخاص مقابل انخفاض الانتاج الزراعي في عدد آخر من الاقطار العربية مثل المغرب، الجزائر، ليبيا، الاردن، واليمن وموريتانيا بنسب تتراوح بين 11.9% في موريتانيا و31.8% في المغرب ويعود هذا التراجع الى الاحوال المناخية والجفاف غير المناسب اضافة الى التعديلات التي ادخلت على سياسات الدعم في هذا القطاع.

جدول رقم (11)

الناتج الزراعي العربي للفترة من 1990، 1995-2000 مليار دولار

2000	1999	1998	1997	1996	1995	1990	البيـان
700.3	629.5	586.0	604.4	583.5	531.2	477.4	الناتج المحلي الاجمالي
80.3	81.0	80.3	76.2	75.2	69.1	53.2	الناتج الزراعي
11.5	12.9	13.8	12.6	12.9	13.0	11.1	نسبة الناتج الزراعي الى الناتج المحلي الاجمالي

المصدر: من سنة 1990 – 1997 صندوق النقد العربي التقرير الاقتصادي العربي الموحد لسنة 1999، ص28.

من سنة 1998 – 2000 صندوق النقد العربي التقرير الاقتصادي العربي الموحد لسنة 2000، ص35.

النسبة الى الناتج المحلي بسعر السوق (الاسعار الجارية).

2- نصيب الفرد من الناتج الزراعي في الوطن العربي:

بلغ معدل نصيب الفرد من الناتج الزراعي في الاقطار العربية مجتمعة عام 2000 (287 دولار) مقابل (296 دولار) عام 1999 و (303 دولار) عام 1998 – وقد تفاوت نصيب الفرد من الناتج الزراعي في الاقطار العربية ففي عام 2000 بلغ حوالي (386 دولار) في اقطار مجلس التعاون لدول الخليج العربي. و (303 دولار) في الاقطار العربية ذات الموارد الزراعية الجيدة (مصر، المغرب، تونس، الجزائر، سورية، العراق، السودان) ذات الكثافة العالية و (177 دولار) في الاقطار الاخرى (الاردن، لبنان، ليبيا، اليمن، جيبوتي، موريتانيا) ويعود ارتفاع نصيب الفرد في اقطار مجلس التعاون العربي الى انخفاض عدد السكان في هذه الاقطار[1] مقابل الدول العربية الاخرى.

---

[1] التقرير الاقتصادي العربي الموحد ولسنة 2001، ص 34 و ص36.

ويوضح الملحق رقم (3) الناتج الزراعي ونصيب الفرد منه في الاقطار العربية للسنوات 1998 – 2000 مقارنة بسنة 1999.

3- المساحة المزروعة وحصة الفرد منها:

تبلغ المساحة الكلية للوطن العربي 1402 مليون هكتار (14.2 مليون كم2) وتقدر مساحة الاراضي القابلة للزراعة فيها عام 1998، 197 مليون هكتار بنسبة 14.1% من المساحة الكلية. ومساحة الاراضي المزروعة هـي (71) مليون هكتار. 36% من الاراضي القابلة للزراعة وتشكل الاراضي المطرية المزروعة بالمحاصيل الموسمية نسبة 90% اما البـاقي فيـزرع ديمـاً، ونسبة الزراعة الموسمية وفيما يخص المساحة المخصصة للزراعة الموسمية فالجزء الاكبر من الزراعة المطرية وبنسبة 54% في حين ان الزراعة المروية فتبلغ 18% والباقي البالغ 28% فيمثل مساحة الاراضي المتروكة (البـور) حيـث يـتم تركهـا امـا لعـدم كفاية مياه الري او الامطار او لاستعادة قدرتها على الانتاجية.

وبتركيز 85% من مساحة الاراضي المستخدمة في الزراعة المطرية في الاقطار العربية التاليـة (السودان، المغرب، الجزائر، سورية) في حين ان (81%) مـن مسـاحة الاراضي المسـتخدمة في الزراعـة المرويـة فتشـمل كـل مـن (مصـر، العراق، السودان، السعودية، المغرب، سوريا).

فالاراضي المستخدمة في الزراعة المروية تساهم بالجزء الاكبر من الانتاج الزراعي اذ تبلـغ قيمـة انتاجهـا 70% مـن اجمالي قيمة الانتاج النباتي حيث يتم استخدام اساليب ومدخلات الانتاج الزراعي الاكثر تطوراً في الزراعة.

اما الزراعة المطرية فما زالت تستخدم في معظمهـا اسـاليب تقليديـة ضـعيفة تقاناتهـا وفقـيرة نسـبياً في مرافقهـا وخدماتها وغير قادرة على جذب الاستثمارات اللازمة للتطوير والنشاط البحثي.

وبالمقارنة مع سعة السكان وحصة الفرد من الاراضي المزروعة فان حصة الفرد الواحـد تبلـغ 0.3 هكتـار في عمـوم الوطن العربي لعام 1998 وتتباين هذه الحصة بين 0.039 و 0.09 و 0.010 هكتار في الامارات والبحرين وقطر عـلى التـوالي مقابل 0.32 و 0.85 و 0.40 هكتار في كل من العراق ومصر والمغرب على التوالي [1].

وعموماً فان حصة الفرد العربي مـن الاراضي المزروعـة ليسـت الاقـل في العـالم فهنـاك العديـد مـن دول الجنـوب والشمال التي تكون فيها حصة الفرد من الاراضي المزروعة اقل بكثير

---

[1] صندوق النقد العربي، التقرير الاقتصادي العربي الموحد 1999، ص28-29.

من نصيب الفرد في الوطن العربي. غير ان العبرة ليست في المساحة بل في نوعية الاراضي وكفاءة استخدامها وتقنيات الانتاج المستخدمة فيها.

4- الميزان التجاري للسلع الزراعية في الوطن العربي:

بلغت قيمة صادرات السلع الزراعية العربية الى 5802 مليون دولار عام 1997 في حين بلغت قيمة الاستيرادات (25.118) مليون دولار في نفس العام أي ان العجز التجاري الزراعي الاجمالي في الوطن العربي بلغ 19.316 مليون دولار باستثناء السودان وسورية والصومال الذي حققوا فائضاً في الميزان التجاري الزراعي فقد بلغت قيمة صادراتها على التوالي 556 و 1037 و 76 في حين بلغت استيراداتها (337) و (732) و (54) مليون دولار على التوالي. مما يعني ان سورية حققت فائضاً بقيمة (305) تليها السودان (296) والصومال (22) مليون دولار عام 1997 وبالمقابل فان غالبية الاقطار العربية تعاني من عجز في موازينها التجارية الزراعية. وتشكل استيرادات دول مجلس التعاون الخليجي حوالي 39.3% من مجمل استيرادات الاقطار العربية من السلع الزراعية وتشكل صادراتها نسبة 29.9% من مجموع الصادرات من السلع الزراعية وقد احتلت دولة الامارات العربية المتحدة المرتبة الاولى في قيمة صادراتها من السلع الزراعية (882) مليون دولار بالرغم من ضيق مساحتها مقارنة بدول مجلس التعاون الخليجي. وقد احتلت المركز الثاني بعد الصومال في قيمة صادراتها. وفي جانب الاستيرادات فقد بلغت 2285 مليون دولار حيث احتلت المرتبة الثالثة بعد السعودية والجزائر التي بلغت قيمة استيراداتهما وعلى التوالي 4907 و 2758 مليون دولار لعام 1997. ان حجم استيراد السلع الزراعية في دولة الامارات العربية المتحدة ذات الكثافة السكانية القليلة يعد كبيراً ولا يمكن تبرير ذلك الا اذا افترضنا بان هناك اعادة تصدير للسلع الزراعية المستوردة ومن ثم فان قيمة صادراتها من السلع الزراعية لا تعكس قدرتها على الانتاج المحلي بالرغم من تقدمها على اقطار المغرب العربي، حيث احتلت المرتبة الثانية بعد سوريا في حين احتلت دولة المغرب المركز الثالث.. حيث بلغت قيمة صادراتها 832 مليون دولار عام 1997 لقد شكلت نسبة صادرات دول المغرب العربي عموماً نسبة (28%).

وفيما يتعلق بالميزان التجاري الغذائي فقد بلغت قيمة استيراد وكمية المواد الغذائية الرئيسية في الوطن العربي لعام 1997 (18223) مليون دولار اما قيمة صادراتها فقد بلغت (5802) مليون دولار أي ان العجز بلغ (12421) مليون دولار وتشكل دول مجلس التعاون الخليجي نسبة (39.3%) من العجز الكلي في الميزان التجاري الغذائي في الوطن العربي مقابل (25.5%) من العجز الكلي لدول المغرب العربي[1].

[1] **صندوق النقد العربي، التقرير الاقتصادي العربي الموحد، 1999، ص32.**

من خلال ما تقدم فان الوطن العربي يشكل اكبر منطقة عجز غذائي واصبحت ظاهرة الفجوة الغذائية الناجمة عن العجز الغذائي من ابرز التحديات الاقتصادية في الوطن العربي خاصة اذا ما اخذنا بنظر الاعتبار ارتفاع معدل نمو السكان في الوطن العربي والذي بدوره سيؤدي الى زيادة الطلب على المواد الغذائية نتيجة لقصور الانتاج الزراعي العربي.

ان استمرار تصاعد تكاليف استيرادات المواد الغذائية لمواجهة العجز الغذائي سيؤدي الى نتائج اقتصادية خطيرة اذا لم تتخذ الاجراءات الفورية لتغيير الاتجاهات الحالية وذلك عن طريق اتباع ستراتيجية تحد من تزايد هذا التحدي والعمل على وضع حد لهذا التصاعد المستمر في الطلب على المواد الغذائية مع الاستمرار بالعمل على تأمين متطلبات الغذاء الاساسية للسكان. والاجراء المهم في هذه الاستراتيجية هو ما مطلوب اتخاذه من ناحية زيادة الانتاجية والانتاج في الزراعة وبذل الجهود المكثفة للتوسع الزراعي رأسياً وافقياً وحسب متطلبات التكامل الاقتصادي الزراعي العربي.. ولابد من اختيار السياسات والبرامج التي تمهد الطريق لتحقيق تنمية زراعية في رفع مستوى الانتاج والانتاجية اذن ان تجاوز الفجوة الغذائية يعتبر في مقدمة التحديات التي تواجه الاقطار العربية في ظل الزيادة المطردة في الطلب على الاغذية الناتجة عن الزيادة في معدلات النمو السكاني وعجز الطاقات الانتاجية الزراعية لغالبية الاقطار العربية في مواجهة الاحتياجات الاستهلاكية للمواطن العربي.

اذن ان الاختلال الحاد في التوازن الاقتصادي الزراعي والموجود بين انتاج المواد الغذائية واستهلاكها. ادى الى تفاقم الفجوة الغذائية واللجوء الى العالم الخارجي لسد النقص في سلع الغذاء وعموماً يمكن القول ان الوطن العربي يعتبر من اكثر مناطق العالم عجزاً في امداد الغذاء وان الاثار المستقبلية للعولمة نتيجة تحرير التجارة الزراعية ستؤدي الى تكبيد الاقطار العربية خسائر كبيرة في صورة نقص حصتها من النقد الاجنبي نتيجة لارتفاع اسعار السلع الزراعية التي تستوردها.

5- الامن المائي في الوطن العربي:

تقع غالبية اقطار الوطن العربي في المناطق الجافة او شبه الجافة مما يعني انه سيعاني من ضغوط شديدة على موارده المائية المتاحة. حيث يمثل الوطن العربي 10% من مساحة العالم و 5% من مجموع سكانه ويحصل على (0.5%) من موارد العالم المائية المتجددة ومتوسط نصيب الفرد من المياه المتجددة هي الاقل من المعدلات في العالم ومن المعوقات التي تعترض تحقيق الامن القومي ومن ثم الامن الغذائي العربي. اضافة الى محدودية الموارد المائية العربية التي تعيق التنمية. فالمأزق المائي الذي يواجه الوطن العربي تمليه المحددات الجغرافية

والجيولوجية تجعل اكثر من 50% من موارده المائية العربية تنبع من بلاد غير عربية مما سيؤدي في المستقبل الى المزيد من الصراعات والنزاعات حيث سعت تركيا الدولة المنبع لنهري دجلة والفرات، واثيوبيا بالنسبة لنهر النيل الى اقامة سدود عديدة تخزن فيها المياه وتتحكم في تصريفها للسيطرة على ما تدعي بانه من نصيبها او حصتها في المياه، معتمدة الى ذرائع وحجج لا يمكن قبولها في القانون الدولي.

وعند تنفيذ دول الجوار كل مخططاتها المائية فسيؤدي ذلك الى خفض حصة سوريا والعراق من مياه الفرات بنسبة 40% و75% على التوالي وانخفاض تدفق مياه النيل الى دلتا مصر بنسبة 20% عندها سوف لا تتمكن الاقطار العربية المعنية من تحقيق خططها لتحسين وتوسيع مساحة الاراضي المروية وزيادة الانتاج الزراعي وتحسين نسبة الاكتفاء الذاتي من المواد الغذائية ولما تشكله الموارد المائية من عنصر حاسم ومهم في التنمية الزراعية وتحقيق الامن الغذائي العربي. وعليه فان تثبيت الحقوق العربية المشروعة في المياه المشتركة بينها وبين الدول المجاورة وفق القوانين الدولية التي تضمن حقوقاً للدول المتشاطئة ودول المنبع ودول المجرى ودول المصب وللتغلب على شحة المياه فانه ينبغي ترشيد استهلاك المياه وادخال اساليب الري الحديثة في الزراعة العربية التي تقلل من استهلاك المياه وتقليل الفاقد منها.

فالتحديات الاقتصادية والسياسية في مجال الامن المائي مازالت قائمة وتخشى توسعها في ضوء التطورات والمتغيرات الدولية والاقليمية، مما قد يجعل صعوبة مواجهتها قطرياً فلابد من تنسيق الجهود والسياسات العربية الزراعية واعادة النظر فيها لتحقيق تطلعات الامة بتوفير امنها القومي المائي.

وتعزيز القدرات الذاتية وتعظيمها علمياًوتقانياً ولا يمكن تحقيق ذلك بصورة كاملة الا بالعمل العربي المشترك القادر على تبني استراتيجية تنمية عربية موحدة لتحقيق الامن المائي العربي ويمكن اعتماد الانشطة التالية:

أ- تنمية موارد المياه السطحية والجوفية وحمايتها من التلوث والحفاظ على التوازن المائي البيئي. فالتدهور البيئي للموارد المائية يعد من الاسباب الرئيسية للعجز المائي.

ب- التوسع في استخدام المياه غير التقليدية في الزراعة ورفع كفاءة استخدام مياه الري وتقليل الفاقد منها، وتحديث مؤسسات ادارة صيانة شبكات الري والصرف واعتماد الثقافة التطبيقية التي تقف استخدام المياه في الزراعة مثل اساليب الري بالرش او التنقيط.

ج- تخطيط استثمار الموارد المائية بشكل متكامل والاخذ في الاعتبارات البيئية والاقتصادية والاجتماعية القائمة على مبدأ الاستدامة في عمليات التخطيط والاخذ بنظر الاعتبار تحقيق

الاكتفاء الذاتي بالغذاء والتأكيد على الربط بين الامن المائي والامن الغذائي باعتبارها الوسيلة الفاعلة في تحقيق التنمية المستدامة واعداد السياسات والاستراتيجيات لدعم هذا الربط والمنظور الشامل المتكامل معه..

الحفاظ على الحقوق العربية المكتسبة في مياه الانهار المشتركة مع دول المنبع والجوار وتعبئة الجهود والطاقات العربية في الدفاع عن القضايا المتعلقة بالمياه في المحافل الاقليمية والدولية بالاستناد الى الاتفاقيات والقوانين والاعراف الدولية التي تنظم الاستفادة من المواد المائية المشتركة..

ستزداد مع الزمن اهمية الامن المائي العربي وخطورته مما يستدعي اتخاذ اجراءات عاجلة لرفع كفاءة العمل العربي المشترك وفعاليات التنسيق والتعاون ما بين المنظمات العربية (اعضاء لجنة الامن المائي العربي) وما بين الدول العربية لتنفيذ ستراتيجية تحقيق الامن المائي العربي[1].

6- الانتاج الزراعي والفجوة الغذائية:

تشير التقديرات بارتفاع الانتاج الزراعي لعام 2000 في الوطن العربي بنسبة 3.2% لزيادة المساحة المحصولية بنسبة 7.5% اذ زاد انتاج الحبوب حوالي 11.4% نتيجة لزيادة المساحة بحوالي 9.5% ومن بين مجموع الحبوب زسادة انتاج القمح عام 2000 بنسبة 9.7% نتيجة لزيادة المساحة حوالي 5.8%. كما زاد انتاج الشعير عام 2000 بنسبة 18% بالرغم من انخفاض المساحة المحصولية بنسبة 6%.

كما زاد انتاج الرز والذرة الشامية والذرة الرفيعة بنسبة 36% وزاد انتاج محاصيل الدرنات منها البطاطا بحوالي 10% لزيادة مساحة المحاصيل بنسبة 1.5% وزاد انتاج البقوليات بحولي 9.4%.

اما محاصيل البذور الزيتية والالياف وقصب السكر. فقد زاد انتاجها بسبب التحسن في انتاجية هذه المحاصيل وزيادة المساحة المخصصة لها.

في حين انخفض انتاج الخضروات بنسبة حوالي 5% عن عام 1999 بالرغم من زيادة المساحة المحصولية بنسبة 3%. وقد بلغت قيمة الفجوة الغذائية.

جدول رقم (12) يبين نسبة التغير في الانتاج الزراعي خلال عامي 1999-2000.

---

[1] عبدالصاحب العلوان، قضايا التكامل الاقتصادي العربي والامن الغذائي: التطورات والتحديات وآفاق المستقبل، المستقبل العربي، 267 مايس 2001، ص.

جدول (12)

يبين نسبة التغير في الانتاج الزراعي خلال عامي 1999-2000

السلعة	الانتاج	المساحة المحصولية	الغلة	السلعة	الانتاج	المساحة المحصولية	الغلة
الحبوب	11.4	9.5	1.7	الخضار	5.1-	2.8	7.7-
القمح	9.7	5.8	3.7	الفواكه	8.2	غير متوفر	غير متوفر
الدرنات	9.7	1.5	8.1	الالياف	11.2	5.2	5.2
البقوليات	9.4	2.9-	12.7	المحاصيل السكرية	2.8-	5.3-	2.6
البذور الزيتية	7.2	1.6	5.5	-	-	-	-

المصدر: التقرير الاقتصادي العربي الموحد، تموز 2001، ص 42.

لعام 1999 لأهم السلع الغذائية بقيمة (1200 مليار دولار) وبانخفاض 11.5% مقارنة بعام 1998 - مما يعني أن الفجوة الغذائية اتصفت بالتذبذب - من عام لآخر نتيجة التغير في الانتاج النباتي والحيواني وزيادة حجم الاستهلاك وتقلبات الاسعار العالمية للسلع الغذائية وقد مثلت الحبوب المكون الاكبر للفجوة لان نسبة الاكتفاء الذاتي منها تبلغ 50% فقط والباقي لابد من استيراده لتغطية العجز كما تبلغ نسبة الاكتفاء الذاتي من الالبان حوالي 72.5% واللحوم 84.3% والسكر 34% والزيوت 81.3% [1]. مما يعني أن نسبة العجز في تزايد النزعة الاستهلاكية والتي ستقترن مع زيادة النمو في السكان.. وستتفاقم الفجوة الغذائية ما لم يتم تجاوز هذه الفجوة، وعليه فان الضرورة تقتضي الاتي:

- اتباع سياسة انمائية في الاقطار العربية وتشجيع زيادة الانتاج لتحقيق الامن الغذائي واقصى درجة من الاكتفاء الذاتي وزيادة العائد من الصادرات الزراعية وادماج المرأة في الزراعة، وزيادة استغلال الموارد المتاحة بكل الوسائل.
- استغلال المزيد من الاراضي الصالحة واستصلاح الاراضي غير الصالحة بهدف زيادة الانتاج الزراعي وزيادة الاستثمارات الموجهة لاستغلال الموارد المتاحة.
- تطوير وتحسين معدلات الانتاج الزراعي باعتباره احد المحاور المهمة التي يتطلب التركيز عليها للحد من الاختلال المتنامي من النمو العالي للسكان من ناحية واحتياجاتهم الغذائية

[1] **التقرير الاقتصادي العربي الموحد - لسنة 2001، ص48.**

المتزايدة من ناحية ثانية ويتمثل السبيل الى تحقيق الاعتماد على التقدم العلمي لتطوير الاساليب الزراعية المتبعة في انتاج المحاصيل من اجل تطوير كفاءة استغلال المساحات المتوفرة وتوسيعها وتحسين استخدام البذور والتقاوي المحسنة واختيار التركيب المحصولي والدورة الزراعية بصورة اكثر ملائمة والتوسع في المكننة الزراعية وتبني اساليب الري الحديثة بما في ذلك الري التكميلي والاستفادة من المياه بالاضافة الى تطوير الاصول الوراثية باستخدام التقانة الحيوية والهندسة الوراثية والتقانة الكيمياوية.

- الاستفادة من تجارب وممارسات جهود الدول التي بذلتها لتنمية وتطوير الانتاجية الزراعية باستخدام الاساليب العلمية المتطورة، هي العامل الحاسم لتحويل الوطن العربي من حالة الندرة والاستيراد الى حالة الوفرة والتصدير وتجاوز الفجوة الغذائية.

7- المشاكل الناجمة عن الفجوة الغذائية:

تعد قضية تأمين المياه اللازمة لاستدامة التنمية الزراعية في الوطن العربي بما يوفر احتياجات السكان من الغذاء من ابرز التحديات التي تواجه الزراعة العربية، لان الموارد المائية المتاحة لا تسمح بمواكبة الطلب المتنامي على تلك الاحتياجات ويبين هذا الارتباط الوثيق مقدار العلاقة بين الامن المائي والغذائي ومن الصعوبة مضاعفة مستويات انتاج الغذاء في الاقطار العربية وتحسين اوضاع الامن الغذائي فيها بعيداً عن التصدي لازمة المياه ورفع كفاءة استخدامها من الزراعة. مما يتطلب اتخاذ خطوات فاعلة على مختلف الاصعدة المؤسسية والتشريعية لوضع سياسات وبرامج ناجحة للموارد المائية لتوفير ما يلزم منها ليساعد على زيادة الانتاج الزراعي كماً ونوعاً في المدى الطويل.

- ضعف المستوى الفني للعمالة الزراعية.. والهجرة الى المدن او الدول الاخرى ... لضعف الاجور وقلة الخدمات الاساسية في الريف مما يسبب خللاً في عرض العمالة الزراعية والطلب عليها ويؤثر ذلك على كلفة الانتاج.
- ضعف امكانات التسويق ونقص الخدمات التسويقية منها نقص وسائل تصنيف وتعبئة ونقل وتخزين المنتجات الزراعية. احد اهم مشاكل القطاع الزراعي.
- قلة استخدام الاسمدة الكيمياوية والمبيدات الحشرية والفطرية والبذور المحسنة والجرارات والآلات الزراعية اضافة الى غياب الارشاد الفني للمزارعين.
- انخفاض معدل استخدام الآلات الزراعية وضعف صيانتها مقارنة مع باقي دول العالم.
- قصور امكانات البحث والتطوير في مجال تطبيق التقانات الحيوية في الزراعة وعدم مساهمتها في حل مشاكل الانتاج. ورفع نوعية الحاصلات الزراعية النباتية والحيوانية واحتياجها الى

مستويات مرتفعة من الموارد المحلية والخبرات والتجهيزات الفنية وخضوع الكثير من البحوث الهامة وتطبيقاتها لسيطرة الشركات العالمية والمتعدية الجنسيات مما يزيد من تكلفة امكانية الحصول على التقانات وتطبيقاتها في الاقطار العربية لاغراض الزراعة حيث تخضع لقوانين حماية الملكية الفكرية، وعدم التنسيق والترابط بين مراكز البحوث العربية وانشطتها وضآلة مساهمة القطاع الخاص في هذه الابحاث ونقص الكوادر المؤهلة للقيام بالابحاث عموماً والتطبيقية خاصة وقلة الموارد المخصصة للابحاث من الحكومات وضعف التجهيزات العلمية والفنية والمختبرات المتخصصة وعدم توفر البيئة العلمية والمهنية التي تحافظ على العلماء والباحثين في هذا المجال[1].

8- الاثار المستقبلية في القطاع الزراعي[2]:

أولاً: في اطار برامج الاصلاح الاقتصادي التي تم تطبيقها، واتخاذ عدد من الاقطار العربية منها - المغرب - تونس - مصر - الاردن - سورية - السودان - الجزائر - اليمن - موريتانيا - خطوات واسعة في مجال الاصلاح الهيكلي الزراعي بهدف ازالة التشوهات والمعوقات التي كانت تتحكم في نشاط القطاع وتحسين الحوافز فيه من اجل دفع انتاجية وتحسين المستوى المعيشي للعاملين فيه. وبصورة عامة فقد ركزت هذه الجهود على تحرير اسعار السلع الزراعية وتقليل دور الدولة في الانتاج والتسويق الزراعي - واعطاء المزيد من الفرص للقطاع الخاص بتحويل المؤسسات الحكومية الزراعية الى القطاع الخاص.

وقد استهدفت برامج الاصلاح تقليل أو ازالة الدعم الموجه للسلع الاستهلاكية وتحرير استيرادها وتخفيض ضريبة الانتاج والتوسع في حجم التمويل الزراعي والتنويع في انتاج المحاصيل الغذائية ودعم الخدمات الزراعية.

وقد تم تحويل اجزاء متنامية من الزراعة من النشاط التقليدي ضعيف الانتاجية الى نشاط منتج ومتفاعل مع الاسواق العالمية على اسس تجارية وفق قوانين الميزة النسبية فضلاً عن مساهمة الاقطار في تغيير الاطر المؤسسية وفي وضع القوانين والتشريعات المناسبة لتشجيع الاستثمار وتطوير البنية الزراعية وانشاء السدود وتحسين الطرق الريفية وزيادة الطلب على الخدمات الارشادية والائتمانية وعلى اساس تحقيق جوانب ايجابية من برامج الاصلاح - غير أن ما نتج عنها في العديد من الحالات اثار سلبية على القطاع الزراعي - وعلى صغار المزارعين بصورة خاصة من اهمها رفع اسعار الطاقة المحلية واسعار خدمات النقل والمواصلات ورفع

---

[1] التقرير الاقتصادي العربي الموحد 2001 - ص49-51.

[2] التقرير الاقتصادي الموحد لعام 1999، ص44.

تكلفة مستلزمات الانتاج المستوردة المختلفة كالتقاوي والاسمدة والمبيدات والجرارات وللتخفيف من هذه الاثار. فقد انشأت عدد من الاقطار العربية برامج وصناديق اجتماعية لتوفير التمويل ودعم صغار المزارعين لتوفير فرص العمل المنتج في هذا القطاع وتحت ذريعة أن مثل هذه الاثار لم تكن متوقعة خلال الفترة الانتقالية التي يتم فيها الانتقال من نظم تتصف بالقيود وسوء تخصيص الموارد الى اخرى ترتكز على التحرر من القيود بهدف ازالة التشوهات وفسح المجال امام مبادرات القطاع الخاص وفق الية السوق من اجل الوصول الى المنافع المطلوبة من هذه البرامج على صعيد النمو المستدام وتحسين مستوى المعيشة. فانه يتعين مواصلة الجهود من اجل ترسيخ النتائج المتحققة وتعميقها والانتقال الى مراحل اعلى من الاصلاحات لتساهم في اطلاق الطاقات الكامنة في الاقتصاد وقطاعاته المختلفة اذن يتضح لنا أن الفشل هو حليف هذه البرامج التصحيحية في معظم الحالات والتقرير الوارد من جانب المتحمسين لعمليات التصحيح من احتمالات الاخطاء في التشخيص خلال الفترة الانتقالية، أن مثل هذه التبريرات مرفوضة لمعالجة الحالات الخاصة، وقد تكون هذه النظرة صحيحة في المدى القصير، ولكن فيما بعد فان الدول المتقدمة من جراء المنافسة الحادة ستلجأ الى تقليص تكاليف الانتاج لكسب الاسواق في صالحها عندها سيكون الخاسر الاول هو المجموعة العربية ودول الجنوب.

المبحث الثالث

أثر العولمة في القطاع الصناعي العربي

مقدمة:

بعد الحرب العالمية الثانية حصلت الاقطار العربية على استقلالها واولت اهمية كبيرة للقطاع الصناعي باعتباره القاعدة الاساسية لتحقيق التنمية واعتمدت في سياستها اتجاهين. الاول - اقامة صناعة بديلة عن الاستيراد - تطوير الصناعة التحويلية - الثاني تطويرها في نفس الوقت صناعتها الاستخراجية. وقد ادت هذه السياسة الى تحول اقتصادياتها من شبه الاكتفاء الذاتي الى الاعتماد الكامل والمطلق على المصادر الاجنبية ولم تؤد الى زيادة الصادرات من الصناعة التحويلية بل استمر اعتمادها على الصناعة الاستخراجية نجم عن ذلك أن يتصف القطاع الصناعي في الاقطار العربية بتذبذب واضح ونتيجة ذلك ورثت الاقتصادات العربية مجموعة من السلبيات التي ادت الى صدمات متتالية اذ ظل الارتباط بالسوق الرأسمالي شديداً للحد الذي قوضت فيه منجزاتها المتحققة في عقدي الستينات والسبعينات الذي سمي (بالعقد الضائع للتنمية) استمر الاعتماد على الصناعة الاستخراجية مقابل تراجع الصناعات التحويلية وقد

انعكس ذلك على تراجع مساهمة القطاع الصناعي في الناتج المحلي ومع تذبذب وتراجع اسعار النفط فقد تراجعت الصناعة الاستخراجية. يتناول المبحث اثر العولمة على هذا القطاع عبر الاتي:

1- تطور القطاع الصناعي من خلال:

أولاً- مساهمة القطاع الصناعي في الناتج المحلي.

ثانياً- العمالة والانتاجية في القطاع الصناعي العربي.

ثالثاً- التوزيع النسبي لمساهمة القطاع الصناعي العربي.

2- واقع قطاع النفط العربي اقتصادياً وسياسياً والعولمة.

3- المقترحات والتوصيات لاستثمار النفط العربي ولمواجهة التحديات.

4- الاثار المستقبلية للعولمة على القطاع الصناعي العربي.

5- مقترحات وتوصيات للقطاع الصناعي العربي.

1- تطور القطاع الصناعي العربي:

عندما نضع القطاع الصناعي امام تيار العولمة لابد أن نبحث عن تفسير واقعة واوضاعه في ضوء العوامل الممهدة للعولمة.

كان من اولى الخطوات التي اعتمدتها الاقطار العربية عند شروعها للتنمية بعد استقلالها السياسي في عقدي الخمسينات والستينات هي مرحلة التجربة والخطأ، وبدرجات متباينة لتحقيق نهوض اقتصادي سريع ومتكامل لتعزيز استقلالها الوطني وتلبية الحاجات الاساسية لمواطنيها – وبدأت بعمليات انمائية لتحرير الاقتصاديات الوطنية بتأميم المؤسسات الانتاجية والمالية للسيطرة عليها واستثمار مواردها لخدمة التنمية كما حصل وبشكل متباين في كل من مصر- وسوريا والعراق والجزائر تبعتها اقطار اخرى ومن بين ما افرزته تلك المرحلة.

1- اعطاء الاولوية للتصنيع باعتباره القاعدة الاساسية لتحقيق التنمية المستقلة واعتمدت سياستها باقامة صناعات (بديلة عن الاستيراد) في ذات الوقت طورت صناعتها الاستخراجية باعتماد الموارد الطبيعية والبشرية – لتغطية حاجة السوق المحلية باحلال الانتاج المحلي من السلع الاستهلاكية المصنعة بقصد توفير العملات الاجنبية وتخفيف العجز في موازين مدفوعاتها وتصدير الفائض من السلع المصنعة الى الخارج. وقد وفرت الحكومات في الاقطار العربية مظلة من الحماية الكمركية ضد المنافسة الاجنبية وقد تمكنت بعض الاقطار من قطع اشواط ملموسة في ميدان ترميم بعض التشويهات التي خلفتها عهود السيطرة وتحقيق نهوض وتقدم

في مجال التصنيع لا يمكن أن يستهان بها. خاصة في مصر والعراق والجزائر والمغرب وسوريا ادى هذا النمط من التصنيع قيام مجموعة من السلع الاستهلاكية المعمرة (ثلاجات - غسالات - اجهزة مذياع وتلفاز وتجميع السيارات) وسرعان ما اصطدم هذا النوع من التصنيع بعدد من المعوقات ادت الى نتائج عكسية منها:

- لم تشكل هذه الصناعات في الداخل هيكلاً صناعياً متكاملاً لانها كانت صناعات هامشية لاعتمادها على استيراد السلع نصف المصنعة والمواد الاولية من الخارج والاقتراض لاقامة مشاريع صناعية. فتراكمت الديون وعجزت الصناعات التي اقيمت عن توفير العملات لتوفير مستلزمات الانتاج المستورد الضروري لتشغيلها بسبب سوء استخدام الموارد وتضخم الاسعار وتفاقم العجز في موازين المدفوعات، كما عجزت عن مواجهة صعوبات التصدير للخارج وللاقطار العربية المجاورة لضيق السوق المحلية ولارتفاع قيمة تكاليف انتاجها - ولقيام صناعات مشابهة ومنافسة لها في اقطار عربية اخرى الى جانب المنافسة في السوق الدولية لم تود الى نمو تلقائي في بنية الاقتصاد الوطني وحكمت على نفسها بالضعف لعدم قيامها على اسس اقتصادية سليمة على المدى البعيد - اذ لعب هذا النوع من التصنيع دور تكميلياً لصناعة كبيرة في الخارج[1].

وقد كان من نتائج تطبيق هذا النمط من التصنيع - اختلالات هيكلية وتشوه في الصناعات التحويلية وفقدان الارتباطات الداخلية الامامية والخلفية الضرورية لتحقيق عملية التكامل الداخلي وهبوط في نسبة المشتغلين في الصناعة وعدم استغلال الطاقات الانتاجية بشكل متكامل. كما لم تحقق تلك السياسة تغيراً ستراتيجياً في مساهمة الصناعة في تحقيق تنمية متكاملة فالمعارف التكنولوجية ظلت محدودة ولم تساهم في تطوير بقية القطاعات الاقتصادية وتطوير التركيب الهيكلي للاقتصادات القطرية. فتطوير هذا النمط يتطلب التعاون والتنسيق بين خطط وبرامج التنمية الصناعية في ضوء القائم فيها حالياً أو المزمع اقامته وتوفير الضمانات الكافية للسوق. لم تحقق تلك السياسة تغيراً ستراتيجياً في مساهمة الصناعة في الدخل القومي اذ ظلت مساهمة الصناعة التحويلية بنسبة 10% حتى عام 1972 وبشكل خاص في الدول النفطية مقابل ارتفاع الصناعة الاستخراجية الى 75% [2]. ويعزى ذلك الى أن الفشل في التحول من صناعة احلال الواردات الى التصنيع من اجل التصدير، وقد ادى هذا الاتجاه الى الانهماك بانشاء مشاريع كبيرة اكثرها ذات منتوجات متماثلة خصوصاً الصناعات النفطية وتكررت هذه الصناعات في الاقطار

---

[1] د.آمال شلاش - العولمة والمستقبل العربي - مصدر سابق، ص189-190.

[2] المصدر نفسه، ص189-190.

النفطية بحكم طبيعة توجهاتها التصديرية لقد كرس هذا النوع من الصناعة التبعية للخارج لاعتماد المشروعات المقامة على الشركات في ادارة وتنظيم وتسويق المنتجات وقد ادى ذلك الى التنافس بين صادراتها في الاسواق الخارجية وزيادة ارتباطها بشكل فردي مع الشركات ومراكز القوى المسيطرة على السوق العالمية اضافة الى المنافسة الحادة التي تعرضت لها تلك المنتجات في السوق العالمية وافتقارها الى مظلة الحماية مما عرضها الى المزيد من الخسائر الناجمة عن التقلبات الدورية واستغلالها من قبل الجهات الاجنبية لتمويلها بالمستلزمات الصناعية خاصة في الاقطار غير النفطية التي عانت من مشكلات انشاء وتشغيل الوحدات الانتاجية لمحدودية القدرة الاستيعابية أن استمرار عمليات تنويع الانتاج الوطني في هذا الاتجاه جعل الاقتصادات القطرية ذات هياكل ناقصة تشوبها التغيرات عاجزة عن ايجاد سلسلة مترابطة من الصناعات للبضائع الانتاجية والوسيطة بعد أن وقفت عدة عوامل اساسية في تطوير قيام مثل هذه الصناعات والتي حدت من قدرتها الانتاجية والمتمثلة في ندرة رأس المال المستثمر وما تعانيه الاقطار العربية غير النفطية من عجز في موازين مدفوعاتها واعتمادها على العالم الخارجي في استيراد رأس المال الثابت والقصور في المعرفة الفنية وضيف السوق المحلية والقيود الخارجية للتنمية الصناعية في الوطن العربي والمتمثلة في اثر العلاقات الدولية على الاقتصاد العربي وقد ادى الانهماك بهذا الاتجاه الى الاهمال النسبي لبقية فروع الانتاج ذات الاهمية الكبيرة كالزراعة الغذائية والثروات الحيوانية واصبحت مشكلات العجز الغذائي تواجه الاقطار العربية وبشكل متزايد عمقت اعتمادها على الخارج حتى اصبحت مشكلة الامن الغذائي عنصراً ضاغطاً على حرية التصرف الاقتصادي لمعظم الاقطار العربية حتى بات اعتبار تطوير فروع الانتاج الغذائي مهمة صعبة ومعقدة وذات مستلزمات عديدة تتجاوز الامكانيات التنفيذية والتمويلية للقطر الواحد كما اغلقت التنميات القطرية الاهتمام باقامة شبكات كافية من الركائز الهيكلية اللازمة لقيام اواصر وقنوات مادية لتبادل المنتوجات بين الاقطار العربية. فما زالت المسافات الجغرافية فاصلة بين الاقتصادات العربية لافتقارها الى اساطيل وطنية ملائمة للتبادل التجاري بينها وبقيت المسافات الاقتصادية الفاصلة بين الاقتصادات العربية تنطوي على تكاليف باهضة مقارنة الى التكاليف بين أي قطر عربي والدول المتقدمة.

وكان من نتائج ذلك تأرجح التنمية العربية بين التوجه الفعلي للاقتصاد للخارج وانفتاح تجاري وانكشاف مالي وستراتيجية تنمية هدفها استغلال سوق محلي متوجهة الى الداخل، تحكمية فاشلة من الاستفادة حتى من الفرص التي تقدمها الاسواق العربية لبعضها وليس السوق العالمي، ونتيجة لذلك ورثت الاقتصادات العربية مجموعة من السلبيات التي ادت الى صدمات متتالية منذ مسيرتها التنموية في ظل الارتباط بالسوق الرأسمالية شديدة للحد الذي قوضت فيه منجزاتها

المتحققة في عقدي الستينات والسبعينات الذي سمي "بالعقد الضائع للتنمية". وهدر الامكانيات ولم يتمكن الاقتصاد العربي من التكيف السريع وكان بذلك اضعف من دول نامية اخرى في دول الجنوب في شرقي آسيا وامريكا اللاتينية، ومع التحديات الداخلية تراجعت اهمية النفط وموارده ومواجهة التهديدات المختلفة على امنه القومي والتحديات الخارجية المتمثلة في تباطؤ النمو في الانتاج العالمي والطلب العالمي، هبوط اسعار السلع الاساسية وارتفاع الحماية التجارية، تقلبات اسعار الصرف وارتفاع اسعار الفائدة الحقيقية وغيرها[1].

لقد ادت الاستراتيجية التنموية التي اعتمدتها الاقطار العربية (بديلة عن الاستيراد) و(التصنيع لغرض التصدير) الى تحول الوطن العربي من شبة الاكتفاء الذاتي الى الاعتماد الكامل والمطلق على المصادر الاجنبية ولم تؤد الى زيادة الصادرات من الصناعات التحويلية بل استمر اعتمادها على الصناعات الاستخراجية خاصة النفط وقد نجم هذا الاعتماد المطلق الى أن يتصف القطاع الصناعي في الدول العربية بتذبذب واضح ويعود ذلك الى سببين الاول. هيمنة الصناعات الاستراتيجية عليه والمرتكزة على النشاط الاستخراجي للنفط والغاز. بدرجة رئيسية مع عدد محدود من الخامات المعدنية وغير المعدنية التي يوجه ناتجها شبه الكلي الى الخارج مما يجعل اداء هذه الصناعة عرضه للتقلبات في الاسعار والطلب العالميين على هذه السلع كما أن صناعة البتروكيمياويات ترتكز هي الأخرى على النفط والغاز وتشكل نحو 23% من القيمة المضافة للصناعة التحويلية مما يؤدي الى تأثير هذه الصناعات بدورها وبنسبة اقل من الصناعات الاستخراجية بالتقلبات في الاسعار والطلب العالميين على هاتين السلعتين.

اما الامر الثاني - فهو ضعف القاعدة الانتاجية وعدم تنوعها بصورة عامة فالصناعات التحويلية غير البيتروكيمياوية ما زالت ترتكز على انشطة صناعية خفيفة تشمل صناعات الغذاء والمنسوجات والملابس وبدرجة اقل الآلات ومعدات النقل اضافة الى صناعة متفرقة ويتم اقامة هذه الصناعات في اغلب الدول العربية في اطار منشآت صغيرة.

اولاً: مساهمة القطاع الصناعي في الناتج المحلي: من خلال الجدول (رقم 13) يتضح لنا:

أ- تراجع مساهمة القطاع الصناعي الاجمالي في الناتج المحلي الاجمالي من 36.3% عام 1985 لتصل الى 34% عام 1990 واستمرت في التراجع وعدم الاستقرار طيلة عقد التسعينات وفي عام 2000 فقد وصلت النسبة الى 36.4% وبنسبة زيادة قدرها 0.1% عن عام 1985 ويرجع السبب في هذا التراجع الملحوظ للانخفاض الكبير الذي شهده العالم في

---

[1] هيفاء عبد الرحمن، السوق العربية المشتركة واستراتيجية التنمية العربية، مصدر سابق، ص139-142.

اسعار النفط العالمية مما ادى الى انخفاض مساهمة النشاط الاستخراجي وقيمته المضافة في الناتج المحلي.

ب- تراجعت مساهمة الصناعة الاستخراجية في الناتج المحلي الاجمالي مـن 26.2% عـام 1985 لتصـل الى 23.6% عـام 1990 واستمرت في تراجعها الحاد لتصل الى 15.5% عام 1998 عادت لترتفع الى 18.9% عام 1999 مقابـل 25.6% عـام 2000 في حين أن هذه النسبة كانت اقل من عام 1985 بنسبة 0.4% نتيجة انخفاض الاسعار العالمية للنفط.

جدول رقم (13)

قيمة الناتج الصناعي بالاسعار الجارية خلال الفترة من 1985 ولغاية 2000

مليار دولار

اجمالي القطاع الصناعي			الصناعة التحويلية			الصناعة الاستخراجية			البيان
المساهمة من الناتج المحلي الاجمالي (%)	معدل النمو السنوي (%)	القيمة المضافة	المساهمة من الناتج المحلي الاجمالي (%)	معدل النمو السنوي (%)	القيمة المضافة	المساهمة من الناتج المحلي الاجمالي (%)	معدل النمو السنوي (%)	القيمة المضافة	السنة
36.3	-	132.5	9.2	-	34.5	26.1	-	98.0	1985
34.0	-	158.3	10.3	-	48.1	23.6	-	110.2	1990
32.1	-	156.1	10.3	-	50.3	21.8	-	105.8	1992
30.0	6.6-	145.8	10.1	2.8-	48.9	19.9	8.4-	96.9	1993
29.6	0.8	147.0	10.7	9.2	53.4	18.8	3.4-	93.6	1994
30.2	11.0	160.5	10.8	8.4	57.0	19.3	12.6	103.0	1995
32.3	17.0	181.0	10.6	7.1	62.3	21.7	22.6	127.0	1996
32.2	3.8	196.2	10.9	6.2	66.4	21.4	3.4	120.0	1997
27.0	19.2-	158.6	11.6	2.6	67.9	15.5	3.2	90.7	1998
30.3	20.1	190.5	11.3	5.0	71.3	18.9	31.4	119.2	1999
36.4	33.8	254.1	10.8	6.0	75.6	25.6	50.4	179.3	2000

فيما يتعلق بعام 1991 لم يظهر التقرير الاقتصادي العربي الموحد ما تحقق في هذا القطاع النسبة الى الناتج المحلي الاجمالي بسعر السوق.

المصدر: التقرير الاقتصادي العربي الموحد لعام 1998، 1999، 2000 ص 43، ص46، ص59.

ج- اما الصناعة التحويلية فقد بلغت نسبة مساهمتها في الناتج المحلي الاجمالي خلال عام 2000 نحو 10.8% مقارنـة بنسبة 11.3% لعام 1999 وبنسبة 11.6% عام 1998 و 10.9% عام

1997 وعلى الرغم من أن هذه الصناعات استمرت قيمتها المضافة بالنمو الاجمالي منذ عام 1994 الا أن مسار نموها اعتراه الكثيرة من التذبذب.

كما يوضح الجدول قيمة الناتج الصناعي العربي خلال الفترة من 1985 الى عام 2000 بالاسعار الجارية ويتركز نشاط الصناعة التحويلية على صناعة البتروكيمياويات والصناعات الغذائية وصناعة المنسوجات والملابس والمعدات وآلات النقل.

ثانياً: العمالة والانتاجية في القطاع الصناعي العربي: من الجدول (رقم 14) يتضح لنا الاتي:

أ- اتسم القطاع الصناعي بتدني معدل نمو العمالة الصناعية فقد قدرت قوة العمالة في قطاع الصناعة عام 2000 نحو 16.3 مليون عامل في كافة النشاطات الصناعية مقارنة مع 18 مليون عامل عام 1999 و 17.9 مليون عامل عام 1998 و 17.6 مليون عامل عام 1997 مما يعني تدني معدل العمالة الصناعية بشكل عام وقد تكررت هذه الظاهرة خلال السنوات الماضية وترجع اسباب ذلك الى الاهتمام باقامة الصناعات ذات الكثافة الرأسمالية بدلاً من الكثافة العمالية. اضافة الى تراجع توسيع القطاع العام وتحويل جزء كبير منه الى القطاع الخاص وانخفاض مستوى التوظف فيه دون أن يقابل ذلك توسع ملائم غي الاستثمارات والمشاريع الصناعية الخاصة واقامة صناعات حديثة التي تستخدم عماله قليلة.

ب- تحسن نصيب الفرد من الناتج الصناعي العربي كما تحسنت انتاجية العامل الصناعي العربي من عام الى اخر خلال الاعوام الثلاثة الاخيرة حيث بلغ نصيب الفرد من الناتج الصناعي العربي من الصناعة الاستخراجية والصناعة التحويلية معاً في عام 2000 نحو 911 دولار مقارنة بنحو 697 دولار عام 1999 و 594 دولار عام 1998.

ج- كما بلغت قيمة انتاجية العامل العربي في عام 2000 نحو 15636 دولار مقارنة بنحو 11907 دولار عام 1999 و 9000 دولار عام 1998 و 729 دولار عام 1997 مقابل 714 دولار عام 1996.

د- وبلغ نصيب العامل في الصناعة الاستخراجية 506 دولار عام 1997 مقابل 490 دولار عام 1996 عادت لتنخفض خلال السنوات 1998 و 1999 و2000 الى 340 و 436 و 461 دولار على التوالي وتعتبر حصة الفرد في الصناعة الاستخراجية ضعف حصة الفرد في الصناعة التحويلية التي بلغت نحو 252 دولار عام 1997 مقارنة بنحو 243 دولار عام 1996 مقابل ارتفاعها في الاعوام الثلاثة الاخيرة من 254 دولار الى 261 دولار الى 270 دولار وعلى التوالي 1998 و 1999 و 2000.

جدول رقم (14)

يبين نصيب الفرد من الصناعة الاستخراجية والصناعة التحويلية

البيان / السنة	نصيب الفرد			قيمة انتاجية العامل العربي
	الصناعة الاستخراجية	الصناعة التحويلية	المجموع	
1985	535	192	727	
1995	423	240	663	
1996	490	251	741	
1997	506	260	767	
1998	340	254	594	9000
1999	436	261	697	11907
2000	461	270	911	15636

المصدر: التقرير الاقتصادي العربي الموحد لعام 1999 للسنوات من 1995 لغاية 1998، ص48 وللسنوات من 1998 - 2000 - التقرير الاقتصادي العربي الموحد لعام 2000، ص61.

ثالثاً: التوزيع النسبي لمساهمة القطاع الصناعي العربي:

أ- بالنسبة للصناعة الاستخراجية[1]:

لقد قدرت القيمة المضافة للصناعة الاستخراجية خلال عام 2000 نحو 179.3 مليار دولار بما يعادل 25.6% من الناتج المحلي الاجمالي بزيادة مقدارها نحو 60.1 مليار دولار عما بلغته في عام 1999 ويعود سبب ذلك الى زيادة الكمية المنتجة من النفط وارتفاع اسعاره في السوق العالمية خلال عام 2000.

ب- بالنسبة للصناعة التحويلية[2]:

لقد استمر نشاط الصناعة التحويلية بالنمو خلال عام 2000 لتسجل ارتفاع بلغ 60% مقارنة بمعدل نمو 5.0% في عام 1999 وقد ادى النمو المتحقق خلال السنتين الاخيرتين الى

---

(1) **وتشمل الصناعة الاستخراجية - النفط الخام والغاز الطبيعي واستخراج وتجهيز الخامات المعدنية مثل الحديد الخام والنحاس والزنك وغير المعدنية مثل صخر الفوسفات والبوتاس.**

(2) **وتشمل الصناعات التحويلية، الصناعات الهيدروكربونية (صناعة تكرير النفط والبتروكيمياويات وصناعة الغاز) وصناعة الاسمدة وصناعة الخشب ومنتجاته وصناعة الاسمنت ومواد البناء والصناعات المعدنية والصناعات الهندسية وصناعة الادوية وصناعة المنسوجات والملابس وصناعة الاغذية والصناعات الكيمياوية.**

- التقرير الاقتصادي العربي الموحد لعام 1999، ص90.

القيمة المضافة للصناعة التحويلية من 71.3 مليار دولار عام 1999 لتبلغ 75.6 مليار دولار لعام 2000 الا أن مساهمتها في الناتج المحلي الاجمالي انخفضت من 11.3% الى 10.8% بسبب الزيادة الناجمة في العوائد النفطية وتأثير ذلك على زيادة المساهمة النسبية للصناعة الاستخراجية في الناتج المحلي الاجمالي ويعزى هذا النمو في الصناعات التحويلية الى العنف في عائدات الصناعة التحويلية.

والملحق رقم (4) يبين القيمة المضافة للقطاع الصناعي ونسبة مساهمته في الناتج المحلي الاجمالي في الدول العربية خلال عام 2000 بالاسعار الجارية.

2- واقع قطاع النفط العربي اقتصادياً وسياسياً والعولمة:

أن نعمة البترول التي حبا الله عز وجل بها وطننا العربي يتم قطف حقولها الغنية من قبل شركات البترول العالمية الرئيسية حتى اليوم. أي حقول منطقة الخليج العربي والحقول في الجزء الغربي من الوطن العربي - وثمة حقيقة مرة لابد من بيانها في هذا المقام تقول بان العديد من صناع القرار في عالم الشمال يعتقدون بان نعمة البترول تملك وفرة لاحد لها.

فالنفط مصدر قوة وتاثير في العالم له ثقل اساس في النشاط الاقتصادي باعتباره سلعة اقتصادية، ومادة للصناعات المختلفة مشتقاته متعددة واستخداماته واهميته الاقتصادية والسياسية تتزايد مع الوقت باعتباره مادة ستراتيجية وحيوية في المستقبل المنظور. يتحول الى طاقة محركة للعملية الاقتصادية. وافضل مصادر الطاقة من الناحية الاقتصادية والفنية والبيئية تتنافس عليه دول العالم في مقدمتها امريكا والدول الصناعية للسيطرة على موارده للحيلولة دون تهديد مصالحها.

لقد من الله على الوطن العربي بمستودع نفطي عملاق - يعد الاول الرئيس والوحيد في العالم. ويمتاز هذا الخزين - المستودع - بمواصفات اقتصادية تختلف عن نفط العالم من حيث غزارة الانتاج وانخفاض الكلفة وجودة نوعيته وقابل للزيادة مستقبلاً مقابل اتجاه معظم احتياطات النفط في العالم الى النضوب فاحتياطيات الوطن العربي من النفط بلغت نهاية عام 1999 نحو (645.066 مليار برميل) تشكل نسبة (63%) من الاحتياطي العالمي وبهذا يحتل الصدارة لا ينافسه أي احتياطي في أي منطقة في العالم. اضافه الى ما يمتلك من احتياطي ضخم من الغاز الطبيعي والذي يقدر بنحو (150.2 ترليون م3) تمثل نحو 22% من الاحتياطي العالمي لعام 1999 كما يمتلك مصادر من الطاقة المتجددة والتي يتركز الاهتمام بها حالياً على استعمالها باعتبارها اكثر ملائمة للبيئة في الاستعمالات المنزلية وهي الطاقة الشمسية وطاقة الرياح وطاقة الحرارة الجوفية والطاقة الكهربائية التي ما زالت يعترض سبيل تطورها الحاجة الى الاستثمارات

وتغطي الطاقة الكهرومائية نحو 2.07 من اجمالي استهلاك الطاقة في الدول العربية لم تتمكن الاقطار العربية أن تحقق تطوراً في زيادة قدرتها لتوليد الكهرباء من المساقط المائية خلال الفترة 1995-1999 ويتركز هذا الاستعمال في عدد قليل من الاقطار العربية [1].

ولاعتماد الوطن العربي على البترول كمصدر مهم للموارد فقد تفاقم الصراع ما بين مصدري البترول العربي والمستهلكين في عالم الشمال على صعيدي الاسواق البترولية وصناعات التقنية البترولية العالمية من جهة اخرى، ومنذ عقد السبعينات ارسى العالم الصناعي اليه امداد انظمته من الطاقة على البترول العربي من خلال شركات البترول الدولية. لقد ضخت صناعة البترول العربي وبشكل رخيص حتى عقد الستينات عندما بدأ التخفيف من هذا العب مع نهوض عزم منظمة البلدان المصدرة للبترول (اوبك OPEC) 1962 ومن ثم منظمة الاقطار العربية المصدرة للبترول اوابك OAPEC وبشكل محدد بعد تحقيق وقف تصدير البترول في حرب 6 تشرين عام 1973 والبدء في اليه تصحيح اسعار البترول وطرح عقيدة عقلنه استهلاك البترول [2]. وقد ادى تصحيح اسعار البترول الى فائض مالي ضخم في عدد من الاقطار القليلة السكان وناقصة الطاقة الاستيعابية لرأس المال. في حين استفادت اقطار عربية من البترول بوسائل اخرى (عائدات العاملين) وانه من الممكن تحقيق تنمية سريعة من خلال الارتباط المتسارع مع امريكا والغرب عموماً وشركاتهم متعددة الجنسيات للحصول على التكنولوجيا الغربية المتقدمة وتجاوز فترة التأخير في فترة زمنية قصيرة ونمت العلاقات التجارية والمالية في الوطن العربي والاركان الثلاث الرئيسية للتحالف الغربي الصناعي – امريكا- اوربا – اليابان[3].

ومنذ عام 1973 فقد شهدت السوق النفطية عدد من التطورات اذا اخذت اسعار النفط بالانخفاض رغم الطلب العالمي عليه.

أولاً - الاوبك والضغوط لتهميش دورها: مع تزايد دور النفط اشتدت المنافسة بين الدول الصناعية عليه ومنذ أن تأسست منظمة الدول المصدرة للنفط "الاوبك 1960" لصيانة المصالح الاقتصادية للدول المنتجة الاعضاء فيها وما حققته من نجاحات رغم تصدي الدول المستهلكة النفط – وفي مقدمتهم امريكا لتخريب هذه المنظمة من الداخل لتحقيق هدفها بتقليص قوة الاوبك

---

(1) التقرير الاقتصادي العربي الموحد لعام 2000، ص87.

(2) عدنان مصطفى – حول مصادر الطاقة العربية، المستقبل العربي العدد 246 آب/اغسطس 1999، ص58-59.

(3) د. عبد المنعم سعيد – العلاقات الامريكية العربية الماضي – الحاضر، المستقبل العربي – العدد 118 كانون الاول / ديسمبر 1988، ص91.

في رسم سياسة الانتاج والتسعير وتحولت تدريجياً سوق النفط العالمية من سوق تتحكم فيها الدول المنتجة الى سوق تتحكم فيها الدول المستهلكة وهذا التحول في سوق النفط العالمية اخذ يهدد الامن الاقتصادي العربي عموماً والامن النفطي العربي بشكل خاص [1].

واخذت الضغوط على منظمة الاوبك مسارها التصاعدي منذ عام 1973 بعد التصحيح الاول للاسعار اذ شنت الدول الصناعية المستهلكة حملة اعلامية ظالمة ضد اقطار الاوبك. واتهام المنظمة بالابتزاز وتخريب الاقتصاد العالمي. وانتقل تأثير الحملة الى داخل الاوبك اذ جعلت الاعتقاد السائد بان مهمة التنمية في اقطار العالم يرتطم بطريق مسدود – وكان الاوبك هي صاحبة الذنب لما اصاب الاقتصاد العالمي من الازمة اقتصادية العالمية وقد انعكس ذلك سلباً على السياسات الاقتصادية بشكل عام والنفطية خاصة ومن جوانب الحملة ضد الاوبك. فقد عملت البلدان الصناعية على تأسيس وكالة الطاقة الدولية (IEA) من الدول استراليا – النمسا – بلجيكا – ايرلندا – المانيا – الدانمارك – اليونان – كندا – ايطاليا – اليابان – لوكسمبورك – هولندا – النرويج – نيوزلندا – اسبانيا السويد – سويسرا – تركيا – بريطانيا – وامريكا.

وقد ركزت الوكالة من خلال ادواتها الشركات الدولية الكسيطرة على اسطول النقل والتوزيع والتصفية النفطية من أن عدم تقديم مساعدات الاقتصادية لدول الجنوب وانتظام تجهيز النفط لهذه الدول يعود بالدرجة الاساس الى منظمة الاوبك لتكريس مفهوم أن الاوبك هي مصدر كل المشاكل الاقتصادية في العالم لموضع منظمة الاوبك في موقف يجعل من استغلال الامكانات النفطية من اجل التنمية في بلدان المنظمة وكانه يتقاطع والمصالح المشروعة لبقية دول العالم في التنمية وتهديدها للامن العالمي. لقد استهدف سياسة وكالة الطاقة الدولية تحقيق الانهيار الكامل لمنظمة الاوبك وتحقيق هبوط سريع في اسعار المنتجين [2].

وانطلاقاً من المفهوم الغربي الذي روجت له اجهزة الاعلام المتقدمة في الدول الرأسمالية وجعلت من النفط سلعة ستراتيجية في غاية الاهمية ولايمكن التصرف بها بحرية من قبل منتجيها بدون تهديد الامن العالمي [3].

---

[1] د. حميد الجميلي، تعقيب في ندوة بيت الحكمة حول تذبذب اسعار النفط لمصلحة من النفط والتأمر – الحكمة – العدد (7) السنة الثانية اذار، 1999 ص35.

[2] د. رسول راضي حربي – العولمة والمستقبل العربي – مصدر سابق، ص108.

[3] صباح صالح البدري – عقد سياسات الطاقة تحليل السياسات في البلدان المستوردة للنفط سلسلة المائة كتاب – ترجمة – دار الشؤون الثقافية – بغداد، 1989، ص61-65.

ومن الضغوط التي مارستها الوكالة الدولية للطاقة ضمن سياستها البعيدة المدى فقد حددت مبادئ لتقيـد الطلـب على النفط تم اقرارها عام 1977 في اجتماع وزاري للدول الاعضاء في الوكالة ومن ابرز تلك السياسات[1]:

أولاً- تنويع مصادر استيرادات النفط لتقليل الاعتماد على المجهزين الحاليين ولتشجيع استيراد انواع الوقود الأخرى.

ثانياً- تقليص استيراد النفط من خلال المحافظة والتوسع في مصادر العرض واحلال البدائل.

ثالثاً- ضم شركات النفط الكبرى والمستقلة في لجنة استشارية بغية الاستفادة من امكانياتها الفنية والادارية الكبيرة وخبرتهـا الطويلة في التعامل مع المنتجين.

رابعاً- السماح لمستوى اسعار الطاقة المحلية بما يكفي لتشجيع المحافظة على الطاقة وتطوير امـدادات الطاقة والاسراع في احلال بدائل النفط في توليد الكهرباء والطاقة النووية بشكل خاص واستخراج الغاز من الفحم وتعزيـز دور الفحـم في التجارة.

خامساً- أن تعمل شركات النفط الكبرى بكل الوسائل لكي تصبح شركات طاقة لها القدرة التقنية العالمية والامكانيات المادية وتوزيع مصادر الطاقة البديلة لنفط الاوبك والتركيز على البحث والتطوير من خلال بذل المزيد مـن الجهود الوطنيـة لتحقيق ذلك.

سادساً- اتخاذ اجراءات لضمان امتلاك البلد المستهلك للموارد المالية وخلق جـو مجنـد للاسـتثمار في تطوير مصادر الطاقة واعطاء الاولوية للتنقيب.

سابعاً- التعاون بين الدول المستهلكة لحماية نفسها قدر الامكان من تأثير الانقطاعات الفجائية للامدادات وارتفاعات الاسعار وايجاد برامج بديلة يتم اللجوء اليها في حالة عدم انجاز هدف المحافظة واهداف العرض الكامل.

ثامناً- التعاون الملائم مع الدول غير الاعضاء والمنظمات الدولية وتقليل التعارض بين الاهتمام بالبيئة وحاجات الطاقة.

وان انشاء وتشجيع السوق الفورية وتطويرها حسب الاتجاهات المرغوبة ووفقاً للمعلومـات النفطيـة الـدقيق.ة مكن وكالة الطاقة الدولية من تحقيق هدفها النهائي بتحويل سوق النفط من سوق احتكارية كـان المنتج الـرئيس فيهـا هـو الاوبك يتولى بشكل اساس تحديد الاسعار الى سوق حرة

---

[1] اسامة عبد الرحمن – النفط واحتمالات المستقبل بين الشرق النفطي والفقر المدقع، المستقبل العربي، العـدد 259، ايلـول/ سبتمبر 2000، ص6-8..

- د. رسول راضي حربي – العولمة والمستقبل العربي، مصدر سابق، ص108-109.

للعرض والطلب واصبح للمستهلك فيها دور قيادي في تحديد الاسعار والتحكم بحجم الطلب والعرض والمنافسة بين المنتجين التي نجمت عن الانخفاض الكمي في الطلب [1] وقد ترتب عن ذلك أن السعر الرسمي لنفط الاوبك اصبح منذ نهاية عام 1981 يسمى وراء السعر الفوري الذي تحدده البورصات العالمية بعد أن كانت الاوبك ترفض الاسس التي تقوم عليها سياسة التسعير عام 1982 واصبح من عام 1982 اتخاذ الاسعار الفورية مؤشراً رئيسياً لتحديد الاسعار الرسمية للنفط العربي (نفط الاشارة) بعد عام 1979 وحتى نهاية كانون الثاني عام 1986 مقارنة مع الاسعار الفورية [2] واستطاعت وكالة الطاقة الدولية (IEA) من أن تحقيق هدفها في تقليص الطلب على نفط الاوبك من (282) ملياراً في سنة 1981 الى (147) ملياراً في سنة 1985 ومن سعر (35.1) دولار للبرميل الواحد الى (27) دولار في سنة 1982 ثم الى اقل من (9) دولارات في سنة 1986 ثم ارتفع في سنة 1986 الى نحو 16 دولار للبرميل الواحد صعوداً ونزولاً ونتيجة لهبوط اسعار النفط فقد عملت (IEA) على تكوين مخزون نفطي للطوارئ لدى كل بلد من اعضائها بما يعادل تعويض 90 يوماً من الواردات النفطية الخاصة بكل بلد[3].

اذن أن ما حققته وكالة الطاقة الدولية يؤكد أن انخفاض الاسعار الفورية بعد عام 1982 كان عملية مخططة من قبلها وهي علاقة غير متناسبة بين الطلب على النفط وبين السعر الفوري خلال الفترة من 1981-1986 واستهلاك الدول الغربية من النفط كان منخفضاً وكذلك استيراداتها وهذا ما تؤكده الارقام حقائق الطلب العالمي الفعلي على النفط للفترة من 1995-2000 يعكسها الملحق رقم (5). وكما يلي:

1- يعد النمو الاقتصادي في العالم احد المحددات – الاساسية للطلب العالمي على النفط فقد ارتفع الطلب العالمي على النفط من (70.0) مليون برميل يومياً لعام 1995 الى (75.6) خلال عام 2000 وهو اعلى مستوى له في السنوات الخمس الاخيرة. ولم تقف الاسعار التي شهدها نفس العام والتي يوضحها الملحق رقم (7) في الملحق والتي وصل معدل السنوي لسعر البرميل 27.6 دولار حائلاً دون ارتفاع الطلب العالمي على النفط.

2- تصاعد الطلب على النفط من قبل دول منظمة التعاون الاقتصادي والتنمية (OECD) عام 2000 الى 47.8 برميل في اليوم مقابل 41.0 ملبون برميل في اليوم عام 1995 كانت حصة

---

(1) **التقرير الاقتصادي العربي الموحد لعام 2000، ص90-91.**

(2) **اسامة عبد الرحمن – النفط واحتمالات المستقبل بين الترف اللفظي والفقر المدقع، مصدر سابق، ص8-12.**

(3) **د. رسول راضي حربي – العولمة والمستقبل العربي- مصدر سابق، ص109.**

الولايات المتحدة منه 24.1 لعام 2000 مقابل 19.7 مليون برميل في اليوم لعام 1995 وكذلك الحال لاوربا فقد ارتفع الطلب من 14.6 لعام 1995 الى 15.1 مليون برميل في اليوم اما دول المحيط الهادي فقد وصل الى 8.6 عام 2000 مقابل 6.7 مليون برميل لعام 1995 مما يعني أن الدول الصناعية اصبحت اكثر قدرة على الاستجابة للتطورات في اسعار النفط دون احداث اثار خطيرة على اقتصادياتها بل أن الزيادة في مستويات الاسعار للنفط اصبحت تحقق مكاسب لا يستهان بها لجميع اطراف العلاقة النفطية رغم الجهود التي تبذلها (وكالة الطاقة الدولية (Energy International Agnecs (EIA) واستغلالها الانخفاض الحاد في اسعار النفط خلال عام 1998 لكي تكرس الدعوة للابقاء على اسعار النفط عند مستواها المتدني حتى عام 2005 من خلال الدراسة التي اصدرتها في تشرين الاول/ اكتوبر 1998 مؤسسة "PEL" (Petroleum Economics Limited)[1].

والمتوقع فان الطلب على النفط عالمياً في تزايد مستمر كما يبينها الجدول (رقم 15) حيث سيكون معدل التغير للاعوام 11.1% و 10.3% و 10.8% و 8.3% وعلى التوالي 2005، 2010، 2015، 2020. اما نسبة الزيادة فستكون بنسبة 45.6% للفترة من 2020 مقابل عام 2000.

جدول رقم (15)

الطلب العالمي المتوقع على النفط للفترة من 2000-2020 / مليون برميل يومياً

السنة	2000	2005	2010[4]	2015	2020[5]	نسبية الزيادة 45.6% للفترة من عام 2000 لغاية 2020
الطلب	75.6	84	93.5	101.8	110.1	
التغير %		11.1	10.3	10.8	10.2	

الجدول من اعداد الباحثة فيما يتعلق بنسب التغير والزيادة.

1- المصدر: شمخي حويط فرج - السوق النفطية الاساسيات والاسعار، الحكمة، بيت الحكمة، بغداد، السنة 4، العدد 18 لعام 2001، ص59.

2- المصدر: د. حسين عبد اللـه، مستقبل النفط العربي - مصدر سابق.

---

[1] د. حسين عبد اللـه، مستقبل النفط العربي مركز دراسات الوحدة العربية، ط1، بيروت، تشرين الثاني / اكتوبر 2000، ص115.

اما فيما يتعلق بتوقعات نمو الطاقة الانتاجية للنفط لغاية 2020 فيعكس حقائقها الملحق (6) حيث:

ستزداد نسبة انتاج دول الاوبك من 40% و 46% و 47% و 50% وعلى التوالي للسـنوات 1997 و 2010 و 1015 و 2020 مما يعني أن الدول الاعضاء في الاوبك سيزداد انتاجها مقابل بقيـة دول العالم حيث سـيتناقص انتـاج امريكـا واوربـا وسيزداد الانتاج نسبياً في الاتحاد الاسوفيتي السابق وشرق اوربا. في حين سيكون مجموع انتاج دول الاوبك لعام 2020 حوالي 56 مليون برميل يومياً. وسيزداد انتاج النفط في الدول السـت في الاوبـك (السعودية، العراق، الامارات العربية، والكويت وايران وفنزويلا) بنسبة كبيرة حيث سيكون المجموع الكلي للدول السـت الرئيسية في عـام 2020، 47.3 مليـون برميـل يوميـاً مقابـل 39.7 مليون برميل لعام 2015 و 34.1 مليون برميل لعام 2010 وسيمثل نصيبها من انتاج العـالم 36%، 38% و 42% لنفس الفترة في حين سيكون مجموع انتاج غير الاعضاء في الاوبك لعـام 2020، 56.3 مليـون برميـل وسيحتل انتـاج الاقطار العربية الاربع الرئيسية في الاوبك المرتبة الاولى حيث سيصل انتاجها الى 36 مليـون برميـل يوميـاً في عـام 2020 مقابـل 24.5 مليون برميل لعام 2010 مما يعني أن النفط العربي سيبقى يحتل موقع الصدارة. وسـيلعب دوراً فـاعلاً ومهمـا في الاقتصـاد العالمي خلال هذا القرن ومقرراً للسياسة الدولية وما تزايد اعتماد دول العالم على نفط دول الخليج في السـعودية والعـراق والامارات العربية والكويت ما هو الا تأكيد باستبعاد اكتشاف مكامن النفط الجديدة كتلك التي اكتشـفت في الاسـكا وبحـر الشمال والمكسـيك والاتحاد السـوفيتي السـابق، ومنذ أن اظهرت الدراسـات، أن اطروحات الطاقـة البديلـة خـارج نطـاق الاستغناء عن النفط كمصدر رئيس للطاقة. وهذا ما يدفع الادارة الامريكية في العمل للهيمنة على العالم من خـلال هيمنتهـا على النفط العربي وبشتى الوسائل وما دوافع تواجد الجيوش والاساطيل في الخليج العربي وشن العدوان على العراق واختلاق مختلف الذرائع الا وسيلة لفرض سياسة امريكا للهيمنة على النفط في الخليج العربي عمومـاً رغم هيمنتهـا عـلى نفـط الـدول الخليجية باستثناء العراق.

وسيظل الاحتياطي النفطي في العراق اعلى من السعودية بنسبة 25%. أن التقديرات المتعلقـة بـالعرض والطلـب العالمي على النفط جرى التنبؤ بها في ضوء المتوفر من المعلومات المشار اليها في وقتنا الراهن. ويبقى موضوع مـادة الـنفط من الموضوعات التي تتأثر بالمتغيرات التي قد تحدث ولهذا فان الباحثة ترى بان هذه التقديرات قابلة للتعديلات في ضوء ما يستجد من عوامل مؤثرة في الطلب وسيكون للعوامل السياسية تأثيراً كبيراً في الطلب عـلى الـنفط وان احـلال بـدائل الطاقة عن النفط في ظل التطورات الاقتصادية الحالية كما اشرنا ليست مؤكدة وتبقى منافستها للنفط محدودة في مجال الاستخدام خلال هذا العقد أو الذي يليه وان المنطقة العربية

ستبقى منطقة للصراع ومرشحة لظهور تطورات سياسية بامكانها أن تؤثر في هذه التقديرات فوقوع عدوان على العراق سيعطل امداد النفط وانتاجه وينطبق الحال وقوع متغيرات سياسية في بعض الاقطار المنتجة للنفط وتصحيح السياسات المستقبلية. اذن من المناسب أن تأخذ في الاعتبار التطورات المستقبلية اذ ستؤثر هذه التطورات الاقتصادية والسياسية والاجتماعية في عوامل النمو الاقتصادي والاتجاهات السياسية للدول المنتجة والمستهلكة. في ذات الوقت.

لقد ادت الزيادات المتواصلة في الانتاج خلال عام 2000 الى زيادة المخزونات النفطية فقد وصل مستوى المخزون النفطي العالمي نهاية عام 2000 الى 2565 مليون برميل يغطي مدة 54 يوماً مقارنة بمخزون عام 1999 الذي بلغ 2482 مليون برميل ويغطي مدة 51 يوماً [1].

ومن المتوقع أن يشهد استهلاك الغاز الطبيعي نمواً متزايداً في الدول العربية والعالم مستقبلاً نظراً لوجود امكانية متنامية في استخدامه بالاضافة الى ملائمة الغاز الطبيعي للمتطلبات البيئية وارتفاع كفاءة استعماله في توليد الطاقة الكهربائية. حيث يشكل احتياطي الغاز الطبيعي في الاوابك بالنسبة للعالم 21.5% في حين أن نسبة احتياطي الدول العربية للعالم 22.4%. اما احتياطي الاوبك للعالم من الغاز الطبيعي فتشكل بنسبة 43.4% [2].

لقد انعكس ارتفاع اسعار النفط خلال عام 2000 ايجابياً على عائدات الدول العربية واقتصاداتها حيث بلغت قيمة الصادرات النفطية خلال عام 2000 حوالي (180) مليار دولار مقارنة مبلغ (118) مليار دولار لعام 1999 أي بزيادة قدرها 62 مليار دولار وبنسبة 34.4% وتعتبر هذه الزيادة في العائدات البترولية من اعلى المستويات التي شهدتها الاقتصادات العربية ومنذ عام 1982، كما يوضحها الجدول رقم 16 .

جدول رقم (16)

يبين عوائد الصادرات النفطية في الدول العربية (للفترة 1990، 1995 – 2000)

مليون دولار

السنة	1990	1995	1996	1997	1998	1999	2000
اجمالي الدول العربية	103.050	100.629	116.454	118.261	82.050	118.014	179.905
الدول الاعضاء في الاوابك [3]	97.383	94.479	108.654	110.041	76.770	109.709	167.005

---

[1] التقرير الاقتصادي العربي الموحد – لعام 2001، ص89.

[2] راجع التقرير الاقتصادي العربي الموحد لعام 2000، ص313.

[3] مجلس الوحدة الاقتصادية، الامانة العامة، التقرير السنوي للامين العام المقدم الى الدورة العادية الرابعة والسبعين للمجلس، مصدر سابق، ص90.

بالرغم من عدم وصول سعر البرميل الواحد لعام 2000 للسعر الذي كان عليه 36 دولار للبرميل عـام 1980 والـذي يجب أن يكون عند هذا المستوى. لقد بلغت الخسائر التي تكبدتها الـدول العربيـة (929) مليار دولار للفتـرة مـن 1986- 1998 حيث وصلت الاسعار الى اقل مما كانت عليه عام 1974 وقد توزعت الخسائر بصورة غير متساوية لتفاوت الصادرات النفطية في وقت كانت الاقطار العربية بحاجة لتلك المـوارد لتوظيفهـا لاغـراض التنميـة دون أن يصـار الى تحويلهـا بشكـل تخفيض غير مبرر. في حين بلغت الديون الخارجية للدول العربية مجتمعه 250 مليـار دولار والفوائـد علـى الديـون (خدمـة الدين) اكثر من 16 مليار سنوياً[1].

لقد شهد عقد الثمانينات عدداً من التطورات في سوق النفط ومنـذ عـام 1983 بـدأ الطلـب ينخفـض علـى النـفط بشكل حاد نتيجة توسع الدول الصناعية في استهلاك الفحم ومصادر الطاقة وخاصة الطاقة النووية، كـما أن مصـادر النـفط خارج الاوبك بدأت في التوسع السريع في انتاجها وخاصة في بحر الشمال وكان لهـذا النـفط الجديـد دوران اساسيان الاول – ازاحة نفط اوبك من السوق برميل مقابل برميل والثاني مزاحمتها في المحافظة علـى نظـام الاسعار مـن خلال بيعـه بشكـل تنافسي يضمن تصريف الانتاج خارج اوبك بالكامل رغم بلوغ الاسعار الى اقصى حد لها عام 1982 (34 دولار للبرميل ويعـزى هـذا الارتفاع الى الخـوف الـذي اصاب السـوق جـراء الحـرب العراقيـة الايرانيـة – ومحاولـة المستهلكيـن تعزيـز مخـزونهـم لاستخدامه في اضعاف الاسعار لاحقاً.

ومنذ عام 1982 بدأت الاوبك وللمـرة الاولى استخدام الحصـص لتوزيـع الانتاج حفاظاً علـى الاسعار مـع اجـراء تخفيضات متتالية في سعر النفط في محاولة لعكس الطلب على النفط. وبالرغم من انخفاض سعر النـفط عـام 1985 الى 28 دولار/ للبرميل. غير أن الاوبك خفضت انتاجها في ذلك العام الى 15 مليـون برميل / باليـوم بعـد أن كـان 31 مليـون برميل في اليوم عام 1980 تجاه هذه الظاهرة وللانقسام الحاد بين اعضاء الاوبك – انهار نظام الاسعار بالكامل نهايـة عـام 1985 اثـر تبني المنظمة ما سمي (بسياسة حصة السوق العادلة)[2] في حينه وقيام الدول الصناعية باستنزاف خزينها تفاديـاً لانخفـاض الاسعار وبالرغم من محافظة المنظمة على السعر العالي للنفط مقارنه الى عوامل السـوق السائدة غير انهـا فقدت الكثير من عوائدها حيث بلغت (130) مليار دولار عام 1985. وان الدوافع التي دعت المنظمة في تخليها في الدفاع عن

---

[1] د. سعدون حمادي، النفط والتأمر. الحكمة، بيت الحكمة، بغداد، العدد 7 السنة 2 اذار / مارس 1999، ص12.

[2] سعد اللـه الفتحي منظمة اوبك الدور والافاق – الحكمة – بيت الحكمة، بغداد العدد 18 السنة 4، 2001، ص67.

الاسعار رغم أن حصة السوق مهمة غير أن الطريقة التي اتبعت كانت قائمة على تصورات خاطئة في الاساس وذلك:

- عدم تأثر الانتاج خارج الاوبك كثيراً بل ظل في تزايد مستمر رغم تباطؤ نموه احياناً.

- التحول نحو مصادر الطاقة الأخرى لم يتم وبقيت المصادر تنافس النفط واسعارها المكافئة اقل بفعل التقدم التقني وانخفاض كلف الاستخراج باستثناء الطاقة النووية التي لها مشاكلها الخاصة.

نمو الطلب على النفط بالرغم من أن انعكاس اتجاهه قد بقي متواضعاً[1] وبرزت قضية انخفاض اسعار النفط والقوة الشرائية للبرميل ابتداءاً من عام 1986 ولغاية عام 1998 حيث ظلت الاسعار اقل مما كانت عليه الاسعار عام 1974 بالرغم من أن المحافظة على القوة الشرائية للبرميل مبدأ عادل وحتى الشركات الامتيازية اضطرت للاعتراف بعدالة حق الدول المنتجة في الحفاظ على القوة الشرائية للبرميل ودفعت تعويضات عن ذلك بزيادة الاسعار التي كانت تحددها [2]. لقد استمر انتاج الاوبك خلال الفترة 1986-1998 بما لا يقل عن 13 مليون برميل وبقي نظام الحصص قائماً الذي اصبح الاتفاق حوله صعباً جداً خاصة في بداية الفترة ولم تتمكن من وضع نظام ثابت للتوصل الى الحصص الا في عام 1990 والذي لم يتم تطبيقه نتيجة العدوان على العراق. وشهدت الفترة تجاوزات كثيرة على حصص الانتاج ولم تتمكن المنظمة من معالجة مسألة الزيادة في الانتاج لم تحترم قرارات المنظمة بخصوص مستوى الاسعار في نهاية عام 1986 تبنت المنظمة هدفاً سعرياً يعادل 18 دولار / للبرميل ورفعت السعر الى 21 برميل عام 1990 عندما شعرت بخطورة تدهور الاسعار حددت حصة لكل دولة. وبقيت عوائدها متدنية ومنذ بداية طيلة الفترة بسبب التضخم وتغير اسعار صرف العملة واصبح انعدام التضامن داخل المنظمة صفه مميزة. من خلال التنافس الشديد بين اعضائها وعدم وجود أي تنسيق بين السياسات النفطية. فالذي يقود حالة عدم الالتزام بنظام الحصص هما السعودية والكويت تحت مختلف الذرائع الواهية لتنفيذ مخطط الدول الرأسمالية المتقدمة بتفكيك المنظمة والحاق الخسائر بالدول النفطية منها العراق. لتنفيذ الاتفاقية السرية التي عقدت بين السعودية والادارة الامريكية المتعلقة بالنفط وقد تضمنت الاتفاقية مسألتين – تتعلق الاولى بالاسعار حيث نصت على أن حكومة الملكة العربية السعودية تسعى لتأمين السوق العالمية خاصة الامريكية بحاجتها من الامدادات النفطية اطلقت عليها تسمية مقبولة مما يعني اسعار متدنية واستثمار الادارة الامريكية

---

[1] سعد الله الفتحي، منظمة اوبك الدور والافاق، مصدر سابق، ص67-68.

[2] د. سعدون حمادي، النفط والتآمر – مصدر سابق، ص14.

عائدات السعودية في سندات الخزينة الامريكية غير القابلة للتداول وعدم قدرة السعودية بيعها في السوق وتحويلها الى نقد بل يجب أن تنتظر لحين انتهاء مدة تلك السندات وفي العادة فهي مدة طويلة وارقام العائدات كبيرة جداً وتتبع الكويت ذات السياسة. والاتفاق ذو طبيعة سياسية وجزء من التحالف السياسي بين الحكومتين لقاء الدعم السياسي والحماية الامنية التي توفرها امريكا تقوم السعودية باغراق السوق النفطية بفائض الانتاج فتنخفض الاسعار وبهذه الطريقة تتمكن امريكا من تأمين استيراداتها من النفط وباسعار مخفضة بما يحقق تمويل ميزان مدفوعاتها ويخفض من كلف الانتاج لصناعاتها المعتمدة على النفط فضلاً عن تمويل جزء من الدين الداخلي الامريكي وباستثمار العوائد في سندات الخزينة الامريكية وخفض كلف انتاجها المحلي العالي الكلفة مع احتفاضها باحتياطها من النفط للمستقبل بالاستعاضة لنفط مستورد ورخيص فبدلاً من أن ترفع السعودية الاسعار للمستوى العادل الذي يحافظ على القوة الشرائية للبرميل عن طريق التزامها والكويت بتحديد الانتاج تقوم بالعكس فتزيد الانتاج وتستنزف ثروتها الناضبة لخدمة التحالف السياسي والامني مع امريكا[1].

أن اهم ما نتج عن هذه السياسة هو اسقاط سلاح هام من ايدي الامة العربية في مواجهة الصهيونية. فضلاً عن هبوط سعر النفط الى ادناه اذ وصل مطلع عام 1999 الى 9.69 دولار للبرميل. عندها قامت الضحية فكانت مقالة السيد الرئيس صدام حسين في جريدة الجمهورية - بغداد في 1999/1/23 عن اسباب تذبذب في اسعار النفط ومسؤولية السعودية والكويت عنه[2]. وطرحت وزارة النفط في بغداد مقترحاً بتخفيض الانتاج وتجاوبت معها اغلبية الدول المنتجة فلم يكن امام السعودية غير الرضوخ.

وفي 1999/3/23 قررت الاوبك في اجتماع فينا خفض الانتاج وبدأت معه اسعار النفط في التحسن. وفي تلك الفترة كانت المفاوضات قائمة بين الجانب الفلسطيني والعدو الصهيوني - واحتلت القدس مكاناً مركزياً في تلك المفاوضات وعندما حان موعد اعادة النظر بسقف الانتاج حسب قرار الاوبك ففي اذار 2000 اعلنت السعودية.وبصورة منفردة قيامها بزيادة انتاجها بمقدار نصف مليون برميل دون أي مسوغ رغم عدم حاجتها للموارد ولا هو قرار الاوبك واخذ السعوديون يتحدثون عن موازنة الطلب مما يعني الابقار على الفائض وتدني الاسعار ، هذا الاجراء سيؤدي الى سحب السيادة النفطية من الاوبك عموماً والدول العربية النفطية خاصة واستخدام الورقة النفطية لاضعاف الاوبك والدول العربية النفطية وتقوية الكيان الصهيوني

---

[1] د. سعدون حمادي، النفط والتآمر، مصدر سابق، ص17.

[2] صدام حسين، تذبذب اسعار النفط لمصلحة من، جريدة الجمهورية ليوم 1991/1/23.

واقتصادة وتلبية لمصالح الدول الرأسمالية وامريكا خاصة[1]. ونتيجة لزيادة انتاج السعودية انخفض سعر النفط في نيسان الى 22.9 دولار للبرميل الواحد بعد أن كان في اذار 26.7 دولار عام 1999. وليس غريباً علينا تحالف السعودية مع امريكا ومصالحها ضد الامة وثرواتها وهكذا تسلب ثروات الامة مواردها واستناداً لما تقدم سيظل الوطن العربي بؤرة للصراع بسبب النفط وسيجبر دول العالم بالسعي الى الاقطار العربية للحصول على النفط تحقيقاً لمصالحها في توفير الطاقة الضرورية لاستمرارية البقاء وبناء التطور الحضاري لشعوبها، كما أن ما جاء يؤكد لن يكون لعوامل العرض والطلب تأثيرات تذكر في السياسة الانتاجية للنفط العربي وان تأثير العامل السياسي يفوق تأثير كل العوامل الأخرى مما يعني أن السياسة الانتاجية للنفط العربي في الوقت الحالي يحركها العامل السياسي في المرتبة الاولى.

استمرت اسعار النفط في الارتفاع وزادت الدول النفطية انتاجها خلال عام 2000 اربع مرات لتحقيق الاستقرار في السوق النفطية وبلغ اجمالي حجم الزيادة 3.7 مليون برميل في اليوم ليصل انتاج الاوبك الى 26.7 مليون برميل في اليوم في نهاية عام 2000 مقابل 22.97 مليون برميل في اليوم قبل اقرار الزيادة في نيسان / ابريل 2000.

لقد تبنت دول الاوبك اليه جديدة لتحقيق سعر مستهدف لسلة خاماتها (25) دولار للبرميل.

وتستند الالية على المتابعة المستمرة للامدادات بحيث يتم تخفيض الانتاج بمقدار 500 الف برميل في اليوم في حالة انخفاض الاسعار الى اقل من 22 دولار مدة 10 ايام عمل متتالية وزيادة الانتاج بمقدار 500 الف برميل في حالة ارتفاع الاسعار الى ما يزيد عن 28 دولار للبرميل لمدة 10 يوم عمل وانعكس انضباط الدول النفطية والتزامها بالحصص المحددة بصورة ايجابية على استقرار الاسعار والسوق النفطية[2].

ونتيجة لاتباع هذه السياسة ولارتفاع معدلات النمو في الاقتصاد العالمي. فقد ارتفعت اسعار النفط خلال عام 2000 حيث وصل سعر سلة خامات اوبك عام 2000 الى 27.6 للبرميل مقارنة بنحو 17.5 دولار للبرميل في عام 1999 وذلك رغم انخفاض السعر في كانون الاول / ديسمبر 2000 الى 24.1 دولار بعد أن وصل ارتفاعه خلال شهر تشرين الثاني، نوفمبر 2000

---

[1] اعلان السعودية بزيادة سقف الانتاج استجابة لطلب امريكا حيث قام وزير الطاقة الامريكي ريتشاردسون للفترة من 24-26 شباط بزيارة دول الخليج عنهم على زيادة انتاج النفط.

- د. سعدون حمادي – النفط كسلاح سياسي، المصدر السابق، ص28.

[2] مجلس الوحدة الاقتصادية، الامانة العامة – التقرير السنوي للامين العام المتقدم الى الدورة العادية 74 للمجلس، مصدر سابق، ص86.

الى 31.2 للبرميل ويوضح الملحق رقم (7) تطور قيمة السعر الفوري لسلة خامات اوبك خلال عام 2000.

يتضح لنا أن سعر النفط ليس هدفاً بحد ذاته بل احد العوامل المحددة لعوائد الدول الاعضاء والسياسة السعرية يجب أن تقرن ببرنامج لادارة الانتاج. فتحسن الاسعار للنفط في عامي 1999-2000 ووصول انتاج منظمة الاوبك جداً يسهل تقاسمه بين اعضائها ويمنحها الفرصة لوضع ستراتيجية طويلة الامد تقوم على حساب دقيق لاحتمالات مستقبل سوق النفط. ويمكن أن تكون نقطة الانطلاق في بناء هذه الستراتيجية هي تحديد النطاق السعري بين 22-28 دولار للبرميل. ووضع اليه للمحافظة على مسار الانتاج. وان يتم وضع الخطوط العامة للستراتيجية النفطية للاوبك [1] لمواجهة ما تهدف الية الليبرالية الجديدة في ستراتيجتها الهادفة الى اعادة هيكلة السوق النفطية العالمية واخضاع النفط لالية فصل الخلافات التجارية في اطار منظمة التجارة العالمية واحلال منظمة التجارة العالمية محل الاوبك كمنتدى يساعد على استقرار اسواق النفط والتعامل مع النفط كمنتج مثل غيرة من المنتجات[2]. وقد تم استبعاد قطاع النفط من اتفاقية الجات تحقيقاً لمصالح الدول الراسمالية الصناعية وبغض النظر عن التأثيرات السلبية على الدول المنتجة لهذه المادة (الخام) خاصة الاقطار العربية ودول الجنوب بالرغم مما تشكله صادرات الدول النفطية من الخام والبتروكيمياوية من اهمية كبيرة في صادراتها وقد تجاهلت الجات هذه الصناعة لخشيتها من أن يؤدي ادراج هذه الصناعة في الاتفاقية فتح مجالات واسعة لنمو هذه الصادرات وتطوير صناعة البترول بدلاً من استمرار خضوعها للاجراءات الحمائية من قبل الدول الصناعية ولان الدول المنتجة للبترول من غير الدول الصناعية المتقدمة تتمتع بافضلية كبيرة في مجال انتاج النفط والبتروكيمياويات وانضمام تلك الصناعة للجات يعني تدعيم وتطوير اقتصاديات تلك الدول المنتجة لها [3]. خلاصة ما تقدم يمكن الوصول الى الاستنتاجات التالية:

1- سيظل النفط العربي مصدراً رئيسياً للطاقة في العالم لميزاته المتوفرة فيه والتي لا تتوفر في أي مصدر من مصادر الطاقة الأخرى - اضافة الى ما تعانيه عمليات تطوير بدائل الطاقة من صعوبات لتحل محل النفط.

---

[1] راجع للمزيد د. عماد عبد اللطيف سالم - الاوبك والسوق النفطية متطلبات الاقتصاد ودوافع السياسة - الحكمة، العدد 18 السنة 2000، ص30-31.

[2] د. عماد عبد اللطيف سالم - الاوبك والسوق النفطية متطلبات الاقتصاد ودوافع السياسة، مصدر سابق، ص19.

[3] منظمة العمل العربية - مكتب العمل العربي - الاتفاقية العامة للتعريفات الكمركية والتجارة (الجات) وانعكاساتها على مستقبل الاقتصادات العربية بوجه عام ومسائل العمل العربي بوجه خاص، مصدر سابق، ص35-36.

2- توقعات الطلب المستقبلية على النفط العربي تعكس اهميته الستراتيجية للعالم بشكل عام والدول الصناعية الغربية في مقدمتها امريكا خاصة لا عتمادها الكبير على النفط المستورد من خارج اراضيها ويبقى الوطن العربي المصدر الاساس لسد هذه الحاجة من خلال الامكانيات النفطية الضخمة التي تختزنها الارض العربية من هذه المادة الحيوية فما يمتلكه الوطن العربي من نسب عالية من الاحتياطات النفطية المؤكدة والبالغة 63% من الاحتياطي العالمي واحتمالات تصاعد اتجاه النسبة في السنوات القادمة للاكتشاف المتوقعة في اقطار الوطن العربي عموماً وبشكل خاص الدول الاربع الرئيسية في الاوبك (السعودية، العراق، الامارات، الكويت) مقابل تراجع الاحتياطات النفطية في دول العالم ماعدا استثناءات قليلة ممثلة في دول منظمة الاوبك وبعض دول امريكا اللاتينية (فنزويلا) لذا سيظل الصراع قائماً بشأن النفط العربي مستمراً فيما بين الدول الصناعية لارتباطه بتطورها الاقتصادي ورفاه شعوبها والعامل المهم لضمان تفوقها في المنظومة الرأسمالية وسيظل الوطن العربي محوراً اساسياً في الاستراتيجية الدولية لما يمتلكه من امكانات ضخمة في الاحتياطي مقابل انخفاض في الاستهلاك المحلي وعليه لما كان الوطن العربي كوحدة اقتصادية يمكن أن يستفيد من هذه الميزة الاقتصادية الاستثنائية الى اقصى مدى ممكن لتحقيق التنمية الاقتصادية وتعزيز دور الامة في تحقيق مصالحها وانتزاع حقوقها المغتصبة واستخدامه كسلاح فعال وحاسم في السياسة الدولية باعتباره سلاح اقتصادي مؤثر وبامكان تحقيق نجاحات مؤثرة للامة اذا ما وحد جهودها وسياستها.

3- أن الاستهلاك العالمي للنفط يمكن أن تخفض المدة الزمنية لنفاذ الاحتياطيات العالمية ويعتبر ذلك تحدياً حقيقياً للعرب لاعتمادهم على النفط كمصدر للدخل ومما يزيد من الحرج دخول المتغيرات الدولية الى ساحة النفط وتحكمها باوضاعة من بينها:

أ- عدم ارتباط سعر البرميل للنفط بالعرض والطلب بل أن الدول المستهلكة الاجنبية هي التي تتحكم به وفقاً لمؤشرات برنت وبورصة لندن كمركز راسمالي يفرض السعر على المنتج العربي.

ب- الشروط غير العادلة التي يفرضها ميثاق الطاقة الاوربي على المنتجين (ضريبة الكربون والدور المحدود لمنظمة اوبك والاوابك العربية في اتخاذ اجراءات المواجهة).

ج- التوسع الشديد في سياسة المخزون الاستراتيجي بهدف ضبط الاسعار والتحكم بها وحجب احتكار التكنولوجيا المتقدمة في مجالات انتاج النفط والبحث والتنقيب عنه والحد من قدرة مصافي التكرير على المنافسة.

د- هيكلة السوق النفطية من قبل الاحتكارات الدولية لتستقر على قاعدتي المضاربة الاجلة والمقايضة المتبادلة غير الملائمة لاقتصادات الدول النفطية العربية وتطويق الخطط التسويقية للدول العربية ونفاذها الى اسواق جديدة.

ويزداد حجم هذه المتغيرات في ظل غياب ستراتيجية عربية نفطية منسقة تتعامل بكفاءة مع المتغيرات والتحديات مما يتطلب اتخاذ اجراءات حاسمة لمواجهتها[1].

4- أن الوضع القائم على النزعة القطرية التي يعيشها الوطن العربي والسياسات المتبعة في التعامل مع هذه المادة الحيوية انتاجاً وتسعيراً يفوق الاستفادة من النفط كمادة حيوية يتمتع بها الوطن العربي حيث:

- ما زالت الصناعة النفطية وحيدة الجانب تقوم على انتاج النفط فقط مما يؤشر الى ضعف هذه الصناعة وضرورة تطويرها لتشمل صناعات اخرى تتعلق بالنفط.

- تغلب تأثير العامل السياسي على السياسة الانتاجية للنفط العربي مقابل غياب عوامل العرض والطلب في التأثير على هذه السياسة فضلاً على اثر الضغوط الخارجية في التأثير على السياسة الانتاجية والتي تعكس تبعية النظم السياسية العربية للمصالح الغربية وتغليبها على السيادة الوطنية والمساهمة في تخريب منظمة الدول المصدرة للنفط (الاوبك) لتحقيق اهداف الرأسمالية الغربية.

5- سيزداد الطلب المستقبلي على النفط العربي المستمر في الزيادة احتياطياً وسيحتكر الوطن العربي السوق العالمي للنفط الامر الذي سينعكس ايجابياً على مستوى ارتفاع سعر البرميل للنفط اذا ما احسن التعامل وفق سياسة عربية موحدة تضمن حقوق السيادة الوطنية وحقوق الموارد والثروات الوطنية القومية.

ما سبق يتطلب وضع التدابير التي ينبغي على الدول العربية ومنظمة الاوبك اتخاذها.

3- المقترحات والتوصيات لاستثمار النفط العربي لمواجهة التحديات

لضمان مستقبل افضل للامة باستثمار النفط العربي نقترح التوصيات التالية:

اولاً- ينبغي على الدول العربية المنتجة للنفط ومنظمة الاوبك العمل في الحفاظ على التوازن بين العرض والطلب وان لا يزيد العرض عن حاجة السوق.

---

[1] **د. نزار العاني – مجلة النفط والتعاون العربي – الامانة العامة لمنظمة الاقطار العربية المصدرة للبترول، مصدر سابق، ص181-183.**

ولعل هذا يوضح ضرورة التماسك بين الدول المكونة لعضوية الاوبك والسـعي لخفـض الانتـاج وعـدم التنـافس في مجال الزيادة.

ثانياً- انضمام بعض الدول النفطية في الاوبك سوف يمكنها من تشـكيل جبهـة ضغط للعمـل علـى تعـديل الاتفاقيـة وادراج صناعة البترول ضمن التعديلات المقبلة للجات.

ثالثاً- تحديث المصافي والدخول الى صناعة تسييل الغاز لتزايد الطلب على هذه السلعة.

رابعاً- أن تتخذ الدول العربية بالتنسيق مع منظمة الاوبك ودول الجنوب المنتجة للـنفط الى اعتمـاد سياسـة نفطيـة تحقـق اسعاراً تناسب استيراداتها من السلع الغربية.

خامساً- اهمية قيام الحكومات العربية على تأميم نفطها وتحقيـق اسـتقلالها الاقتصـادي واسـترداد حقوقهـا المغتصبـة مـن الشركات الاحتكارية.

سادساً- استخدام النفط سلاحاً في تحقيق مصالح الاقطار العربية واتخاذ سياسة موحدة في مجال النفط تأخذ بنظـر الاعتبـار المصالح الوطنية والقومية في المرتبة الاولى في التعامل مع الدول التي تتبنى القضايا المصيرية للامة ومنعه عن الـدول التي لا تناصر قضايا الامة والمعادية لها.

سابعاً- الوقوف بوجه المخططات الرامية الى اجبار المنتجين على بيع الاحتياطي المخزون.

ثامناً- أن تسعى الـدول العربيـة الى توحيد جهودهـا والتنسيق مـع دول الاوبـك ودول الجنـوب الاخـرى لتحديـد السقـف الانتاجي لهذه المادة بما يتلاءم وحاجة السوق لضمان سعر مجز وعدم هدر هذه المادة بلا مبرر.

تاسعاً- اعتماد قرارات قمة عمان في مجال الطاقة العربية والتي تضمنتها ستراتيجية العمـل الاقتصـادي العربي الموحـد وكمـا يلي:

أ- دعم السياسات العربية المشتركة في حقل الطاقة.

ب- وضع برامج لاستخدام الطاقة في الاقطار العربية المختلفة في اطـار التنميـة القوميـة بقصـد ترشـيد اسـتخدامها لتمكين الاقطار العربية من تنفيذ خططها القطرية.

ج- تطوير القدرات العربية في التنقيب عن النفط والغاز الطبيعي والبحث عن مصادر بدائل مختلفة للطاقة وعلى الاخص الطاقة الشمسية.

د- تكثيف عمليات تكرير ونقل وتوزيع النفط والغاز الطبيعي في الوطن العربي مـع وضـع بـرامج لتحقيـق تكامـل الصناعة النفطية.

عاشراً- مواجهة مشاريع وخطط الكيات الصهيوني للتحكم بمسارات البترول.

الحادي عشر- وضع الخطط للتعامل مع الجيل الثالث من الطاقة بعد جيل "الفحم" وجيل "النفط" والمعتمد على التطور في انتاج خلايا الوقود.

الثاني عشر- توفير الارادة والوعي والكفاءة في ادارة قطاع النفط والغاز لمواجهة التحديات التي تواجه هذا القطاع.

4- الآثار المستقبلية للعولمة في القطاع الصناعي العربي:

تمثل التحديات التي تواجه تنمية النشاط الصناعي المدخل الاساس للمعوقات التي تواجه عملية التنمية الاقتصادية نفسها، وبالتالي تفعيل دور الصناعة في النشاط الاقتصادي، اذ بقيت جهود التعاون الصناعي العربي حتى الوقت الحالي محددة التأثير والمستوى وقاصرة عن اداء مهامها في مجال التكامل ومحصورة في اطار مبادئ عامة لموضوعات التنسيق المشترك في مجالات صناعية ذات ابعاد دولية مثل المواصفات القياسية والترويج لبعض المشروعات ذات المنافع الاقليمية المشتركة وعلى الرغم من تحديدنا للمعوقات المباشرة غير انه من المناسب حصر اهم هذه المعوقات التي ما زالت تحد من عملية التصنيع في الدول نفسها او في الوطن العربي بشكل عام وفي مقدمة هذه المعوقات.

أولاً- غياب البنية المؤسسية والاستراتيجية الملائمة في الصناعة نفسها والمغالات في التوطين القطري الكامل بمفهوم قانوني ضيق للمشروعات الصناعية مما يصعب المشاركة العربية فيها مع كل ما تحمله من خبرة تقنية وفرص التسويق.

وعليه فان تكوين التكامل الاقتصادي يعد ضرورة حتمية لتطوير الجانب المؤسسي- العربي واعتماد المنطلقات والاهداف التي حددتها ستراتيجية العمل الاقتصادي العربي المشترك وما اقرته من تنفيذ مفردات الخطة الخمسية.

ثانياً- محدودية السواق الوطنية لكل قطر عربي بمفرده وعدم قدرته حتى الان على ايجاد سوق اقليمية واسعة للمنتجات الصناعية العربية تتجاوز حواجز انسياب السلع وقد تكون خطوة السوق العربية المشتركة التي اعلن عن بدء تطبيقها في 2001/1/1 وسيلة لتحرير العوائق الكمركية والادارية امام السلع الصناعية بين الأقطار العربية عند انضمامها اليها.

ثالثاً- وتعد مشكلة قلة التمويل المتاح للبحث والتطوير والتدريب الصناعي من اهم الصعوبات التي ما زالت تواجه القطاع الصناعي العربي. فالانفاق الحكومي على البحث والتطوير منخفضاً كما أن نظام الضرائب والحوافز المطبق على الشركات الصناعية لا يعطي مبرر لتلك الشركات للانفاق على التطوير والتدريب بقدر كاف يسهم في تحقيق اداء القطاع.

رابعاً- التكتلات التجارية الدولية في الاسواق الرئيسة في ظل تحرير التجارة وقيام منظمة التجارة العالمية. فستفرض هذه التكتلات والاتفاقيات منافسة شديدة امام الصناعة العربية قد يحرمها من اسواقها وفرص توسعها ما لم تتمكن من توفير شروط المنافسة المفتوحة لها مما يتوجب التصدي لمعالجة جوانب القصور. في مؤسسات العمل العربي المشترك.. وتفعيلها لخدمة العمل الاقتصادي العربي المشترك..

خامساً- ما يشهده العالم من تغيرات في مجال ثورة الاتصالات والتكنولوجيا وتحرير التجارة واشتداد المنافسة العالمية على الاسعار والمنتجات يضع الأقطار العربية في خضم هذه التحولات التي تصب في تيار العولمة ولا يجعلها بعيدة عن تأثيراتها واذ ما اخذنا في الاعتبار الانخفاض المتواصل في اسعار النفط وآثاره في دفع عمليات التنمية ليس في الدول المنتجة وانما على بقية اقطاره الاخرى والتزايد السكاني المتواصل نجد الصورة اكثر حراجة اذ لم تتم الاستفادة من المهلة التي حددتها منظمة التجارة العالمية لدول الجنوب ومنها الأقطار العربية الاعضاء فيها لتعديل تشريعاتها قبل عام 2005 حيث أن المزايا التفضيلية التي تحصل عليها هذه البلدان نتيجة الاتفاقيات الثنائية والمزايا التفضيلية المتصلة بالاعفاءات الكمركية، ونظام الحصص او قيود الكمية سوف تنتهي مع نهاية هذه المدة وعليه سنوجز معالجة اثار العولمة على القطاع الصناعي.

سادساً- أن تأثيرات العولمة في القطاع الصناعي اكثر وضوحاً من غيرها من القطاعات ذلك لان سرعة تطور تقانة الاتصالات وتقدم التقانات الانتاجية الحديثة قد غيرت من عناصر الميزة النسبية التقليدية للمنتجات الصناعية فلم يعد توفر المواد الخام والايدي العاملة اكثر من كونه مجرد مدخلات للعملية الانتاجية. اذ اصبحت الثقانة الانتاجية واساليب توزيعها بين عدة اجزاء ومصانع، وبين عدة دول من مناطق العالم سبباً في تقليل الميزة النسبية لكثير من منتجات دول الجنوب، مما يستوجب على الأقطار العربية أن تعمل على توفير البيئة المؤسسية والتشريعية والبنية التحتية المناسبة للمحافظة على بقاء صناعاتها القائمة وتوطين صناعات جديدة فيها.

ستتأثر الصناعة العربية بنتائج تطبيق اتفاقية جولة اورغواي بطريقة مباشرة او غير مباشرة ويعود التأثير غير المباشر للاتفاقية على الصناعة العربية في الفترة الانتقالية قبل سريان الاتفاقية الخاصة بتأسيس منظمة التجارة العالمية وتشمل النتائج عدة اتفاقيات اضافية تغطي صناعة المنسوجات والالبسة اضافة الى الجوانب الادارية المتصلة بشهادات المنشأ والصناعات الناشئة والاعانات والامن القومي.

كما تعالج الامتيازات والالتزامات المعدلة التي تؤثر في تجارة السلع. وبالنظر الى جدول الافضليات التجارية التي تستفيد منها الأقطار العربية قبل اختتام جولة اوروغواي (كما في الملحق رقم 8) (نظام الافضليات التجارية) نجد أن نسبة السلع المستفيدة من نظام الافضليات من الصادرات لدول الاتحاد الاوربي لبعض الأقطار العربية المختارة. تونس 73 سلعة، لبنان 25 سلعة، ليبيا 38 سلعة، مصر 38 سلعة، المغرب 61 سلعة. ومع اليابان - فأن هذه الدول تحظى من نظام الافضليات. كما يلي: تونس 8 سلع، لبنان 1 سلعة، ليبيا 3 سلعة، مصر 4 سلع، المغرب 28 سلعة، وليبيا صفر، ومصر 6 سلعة، والمغرب 2 سلعة.

وفيما يتعلق بنسبة تغطية القيود غير الكمركية على تجارة السلع في مراحلة ما قبل نفاذ الاتفاقيات فنجد انها تصل الى 7.8% بالنسبة لجميع السلع ماعدا النفط والمنتجات الكيمياوية 7% ولجميع السلعة المصنعة، 3.4%. اما التأثيرات المباشرة فانها سوف تنعكس على التخفيضات الكمركية المطبقة على المنتجات والنشاطات الصناعية العامة وكذلك الالغاء التدريجي للقيود غير الكمركية المطبقة على المنسوجات والالبسة.

اما فيما يتعلق بالمنتجات الصناعية العامة فقد هدفت الاتفاقية الى اجراء تخفيضات كبيرة في التعريفة الكمركية المفروضة على المواد الاولية الداخلة في الصناعة بنسب قد تصل الى 70% من التعريفه المطبقة حالياً اما السلع نصف المصنعة فتتراوح ما بين 32%-47% في حين أن التخفيضات في التعريفة الكمركية على السلع الاساسية تتراوح ما بين 25-43% بالنسبة لجميع الصادرات الصناعية.

تم البدء بتطبيق التخفيضات الكبيرة التي تتراوح ما بين 47% و 69% على قطاعات كانت الرسوم الكمركية عليها منخفضة مثل الاخشاب والمفروشات، والمعادن والمعدات غير الكهربائية. والمنتجات المعدنية. والمعدات الكهربائية والكهربائيات اما التخفيضات المحدودة نسبياً فتتراوح ما بين 18% و 25% كذلك بدأ بتحرير السلع من القيود غير الكمركية الموجودة قبل سريان اتفاقية جولة اوروغواي وذلك حوالي 23% - 30% لكافة السلع.

ومن الاثار التي انعكست على الأقطار العربية لتطبيق هذه الاتفاقيات زيادة فرص التوسع بتصدير المنتجات نصف المصنعة والنهائية، مما يعني خلق فرص عمل جديدة وتقلل بنفس الوقت من الاعتماد المكثف على تصدير المنتجات الاولية التقليدية التي تواجه اساساً انخفاضاً في معدلات التبادل الدولي، وتذبذب في الاسعار وفيما يتعلق باتفاقية المنسوجات والالبسة - التي نصت الاتفاقية على الاعفاء النهائي للقيود غير الكمركية المفروضة على هذه المنتجات خلال فترة عشر سنوات 1995-2005 - فسيتم الاعفاء التدريجي للقيود حسب ما نصت عليه الاتفاقية

في ترتيبات الالياف المتعددة الاطراف وعلى اربع مراحل على أن لا تقل القيود التي توقع ازالتها عن 16% وذلك حال دخول الاتفاقية مرحلة التطبيق وقبول الدول المعنية عضواً فيها، اما المراحل الثلاث الاخرى فيبدأ العمل بها في نهاية السنة الرابعة او العاشرة على التوالي، كما سبق أن تم توضيحها في الفصل الرابع. فمن المتوقع أن يـؤدي الغـاء ترتيبات الالياف متعددة الاطراف واستبدالها بمعدلات التعريفة الكمركية المتفق عليها الى زيادة واردات امريكا من المنسوجات حـوالي 20% والالبسـة 36% كما سيؤدي الالغاء الى زيادة صادرات الأقطار العربية من المنسوجات حوالي 82% ومن الالبسة حـوالي 93% الى دول منظمة التنمية والتعاون الاقتصادي. ومن الاثار المتوقعة على الاقتصاديات العربية تفرض عليها أن تعـزز مـن فـرص الـترابط بين القطاعات المختلفة الزراعة والخدمات والصناعة على مستوى الاقتصاد القومي نتيجة حرية التفاعل مع الاسواق العالمية غير أن حدوث هذا الاثر الايجابي مرتبط بمدى قدرة الأقطار العربية عـلى تعزيـز طاقتهـا الانتاجيـة وقدرة صادراتها عـلى منافسة الصادرات من الدول الاخرى[1].

ما زال النفط كسلعة غير خاضعة لقواعد منظمة التجارة العالمية، الا أن السياسات التي تتبعهـا الاوبـك في التحكم بكمية الصادرات النفطية لغرض التحكم في اسعار النفط تؤثر سلباً على الدول الصناعية المستوردة للنفط حسب ادعائهـا واعتبار ذلك ممارسة احتكارية في تجارة النفط العالمية ممـا يعني أن صفة الاحتكار التي تسبب اضراراً للـدول الصناعية ستخولها بالمطالبة الى معالجة هذا الامر في مجلس منظمة التجارة العالمية. حتى الان لا تتأثر صناعة النفط ومشتقاته بقواعد واجراءات منظمة التجارة العالمية وفي المستقبل سوف تجد الدول المستوردة للنفط ومشتقاته والمتضرره من سياسات التحكم الاحتكاري لمنظمة الاوبك مخرجاً ضاغطاً من اجل احداث تغيير جذري في هـذه الممارسـات قـد تـنعكس سلباً عـلى الدول المنتجة لهذه السلعة والتي يشكل مخزونها من النفط نسبة عاليـة مـن مخزون النـفط العالمي الموجـود في الوطـن العربي.

كما ستنطبق على النفط قواعد عدم جواز التسعير المزدوج للموارد الطبيعية العالمية لكونه يشكل قيوداً كمية عـلى التجارة. لأن الدول النفطية العربية المنتجة للنفط ومشتقاته تمارس سياسة التسعير المـزدوج (سعر محلي وسعر للتصـدير) وستتعرض الدول النفطية الى مطالبة من الدول الأعضاء في منظمة التجارة العالمية الى الحد من هذه الاجـراءات لكون ذلـك يشكل اعاقه رسمية للصناعات المحلية وهي محظورة حسب قواعد المنظمة وسينعكس ذلك سلباً على الصناعات النفطية.

[1] د. احمد مجدلاني واخرون، انعكاسات العولمة السياسية والثقافية على الوطن العربي، تحرير اسحاق الفرحان - مصدر سابق، ص205-209.

اقتراحات وتوصيات للقطاع الصناعي العربي:

أن الاستراتيجية التي اقرتها قمة عمان 1980 تعد الاستراتيجية المثلى للانطلاق في تحقيق التنمية المستقلة نعتقد من المناسب أن يتم العمل بموجبها فما تضمنته في مجال التصنيع هو الاتي:

أ- العمل قدر الامكان على تصنيع المواد الاولية قبل تصديرها.

ب- وضع برامج لصناعات جديدة تخدم الصناعات الاخرى وتقوم على اساس التكامل الصناعي بين االاقطار العربية وتؤمن تحقيق الاولويات الاخرى لاستراتيجية العمل العربي المشترك او على الاخص الصناعات البتروكيمياوية والزراعية والادوية والبناء والحربية.

ج- وضع برامج تضمن لكل قطر عربي حداً ادنى من البناء الصناعي يكون اساساً لجهود صناعية عربية مشتركة.

د- وضع برامج تضمن لكل قطر عربي حداً ادنى من البناء الصناعي يكون اساساً لجهود صناعية عربية مشتركة.

هـ- وضع برامج لصناعات تهدف الى ازالة الاختناقات في تطوير الصناعات العربية القائمة وتقليل تبعيتها للخارج.

و- الاسهام في توفير الاستقلال التكنولوجي العربي عن طريق جعل حلقات التكنولوجيا للبناء الصناعي متكاملة داخل الوطن العربي.

ز- وضع برامج للمشروعات العربية المشتركة على اساس توطينها في الاماكن التي تحقق اكبر قدر من الروابط الامامية والخلفية على نحو يرفع من معدلات التنمية القطرية.

ح- تنسيق برامج التصنيع مع برامج تطوير التكنولوجيا وتطوير القوى البشرية عموماً والقوى العاملة خصوصاً.

ط- وضع برامج تهدف الى تأمين المواد الاولية المناسبة للصناعات العربية وتأمين اسواقها داخل السوق العربية وخارجها.

اضافة الى ما تقدم فان الباحثة تضيف المقترحات التالية والتي لم تشر لها استراتيجية العمل الاقتصادي العربي المشترك.

1- تجسيد المصالح العربية الجماعية من خلال تعزيز فعاليات القطاع الخاص والمنظمات الجماعية الحكومية وغير الحكومية للقيام بدورها الفاعل في دعم التنمية العربية المشتركة.

2- المشاركة الفاعلة للشعب العربي ومنظماته في اداء ادوارها الطبيعية في التنمية.

المبحث الرابع

أثر العولمة في التبادل التجاري

مقدمة:

لقد ادى الارتباط بالنظام الاقتصادي العالمي عبر المدخل التقليدي –التبادل التجاري- الى تراجع اتجاهـات التنميـة القومية وتعزيز اتجاهات التنمية القطرية الى التجزئة والتنافس بين المشروعات القطرية بدلاً من تكاملها. وقد انعكس ذلـك على العلاقات الاقتصادية العربية العنصر الاساس للتعاون والتكامل الاقتصادي. وقد اتسمت هذه العلاقات بمحدودية تأثيرها كما ونوعاً. فيما يتعلق بمجمل التجارة العالمية مما يظهر ضعف اثر الاتفاقيات الجماعية في التجارة الخارجية وزيادة الاهمية النسبية للاتفاقيات الثنائية. وقد ظل النفط يلعب دوراً اساسياً في هيكل التجارة العربية الاجمالية.

ووصلت نسبة الصادرات العربية الاجمالية التي غالبيتهـا مـن النفط والسـلع الاوليـة الى 4% مـما يعكـس ضـعف مساهمة الاقتصاد العربي في تدفقات التجارة العالمية بمكوناتها الحديثة وفي اطار هذا الاتجاه يناقش المبحث الاتي:

واقع وتطور العلاقات الاقتصادية في التجارة الخارجية:

1- تطور قيمة التجارة العربية الاجمالية.

2- اتجاهات التجارة الخارجية العربية.

3- قيمة ونمو التجارة العربية البينية.

4- الصعوبات القائمة امام نمو التجارة العربية.

5- اثار تحرير الخارجية على الأقطار العربية.

6- مقترحات لتنمية التجارة العربية.

واقع العلاقات الاقتصادية
في التجارة الخارجية وتطورها

مقدمة:

اتسمت العلاقات الاقتصادية العربية بعدم الاستقرار ومحدودية التأثير كماً ونوعاً على اداء التجارة العربية مقارنة بأداء التجارة العالمية وازالة التشابك القائم على التبعية للعالم الخارجي وعدم القدرة على ازالة وحدة التناقضات من اهداف التنمية القطرية واهداف التنمية العربية المشتركة من ناحية وبين الاهداف القصيرة المدى في خطط وبرامج التنمية العربية من ناحية ثانية والتأكيد على منهج التنمية العربية الشاملة على اساس تعديل المسارات القطرية بما يضمن بناء القاعدة الاقتصادية كسياج واق للامن الاقتصادي العربي للمواجهة الاقتصادية في العلاقات الدولية غير المتكافئة والتحسين النسبي في الموقف التفاوضي للتحرك الحر للسلع والخدمات ورؤوس الاموال ومعالجة الثغرات وما تعانيه الاقطار العربية من ضعف القاعدة الانتاجية واعتمادها على المواد الاولية المتنافسة منها (النفط) غير القادرة السوق العربية على استيعابها وانخفاض درجة التنوع والاسعار بالنسبة للنفط فمن الصعوبة أن تنمو التجارة بين الاقطار العربية التي تعتمد على تصدير المواد الاولية واستيراد الادوات ومستلزمات الانتاج من خارج الوطن العربي. من ذلك ندرك هامشية مساهمة الاقتصاد العربي في تدفقات التجارة العالمية ومقارنتها بالتجارة الدولية بمكوناتها الحديثة، يركز المبحث على ابراز تطور قيمة التجارة الخارجية العربية كنموذج للعلاقات الاقتصادية العربية ومقارنة بالتجارة العالمية واتجاهات التجارة العربية وارتباطاتها.

1- تطور قيمة التجارة العربية الاجمالية:

للنشاط التجاري اهمية كبيرة في تنمية الاقتصاد العربي. فقد استمر التحسن في التجارة الخارجية للأقطار العربية مجموعة خلال عام 2000 بسبب الارتفاع الواضح لاسعار النفط في السوق العالمية.

أولاً: الصادرات العربية: يوضح الملحق رقم (11) اجمالي التجارة العربية للفترة 1995-2000 الآتي:

- بلغت تقديرات التجارة العربية الاجمالية في جانب الصادرات نحو 243.2 مليار دولار لعام 2000 مقابل 170 مليار دولار في عام 1999 وتشكل نسبة الزيادة في الصادرات العربية حوالي 43.1% لعام 2000 وعلى صعيد اداء الصادرات العربية حسب الأقطار فرادى نلاحظ.

- زيادة قيمة صادرات الأقطار التي يشكل النفط الخام السلعة الرئيسية حيث سجلت اعلى زيادة في قيمة صادرات السودان بنسبة 131.6% نتيجة البدء في تصدير النفط الخام واعتباراً من آب / اغسطس 1999 يليها العراق بنسبة 85.4% ثم ليبيا بنسبة 68.5% فاليمن بنسبة 65.2% والكويت بنسبة 59.4% والجزائر بنسبة 56.9% والسعودية بنسبة 55.6% وسلطنة عمان بنسبة 53.2%.

- اما عن نسب نمو الصادرات العربية الاجمالية ومساهمتها في اجمالي الصادرات العالمية فالجدول رقم (17) يوضح الاتي:

- اتسمت نسب نمو الصادرات العربية الاجمالية بعدم الاستقرار، فقد تراجعت خلال الفترة من 20.2 عام 1990 الى 3.0 % عام 1997 وتصاعدت الى 28.8% عام 1998 مقابل تراجعها الى 17.7% عام 1999 وارتفعت الى 30.0% عام 2000 ولما كانت الصادرات النفطية تحتل المرتبة الاولى فقد كان لارتفاع وانخفاض اسعار النفط الاثر الكبير في هذا النمو.

وعلى صعيد اداء دابر الصادرات العربية الاجمالية الى اجمالي الصادرات العالمية نلاحظ تراجعها طيلة عقد التسعينات من 3.9% عام 1990 الى 2.9% عام 2000 وتعود اسباب عدم استقرار الصادرات العربية وانخفاض نسب مساهمتها في اجمالي الصادرات العالمية الى الاتي:

- العقبات الموضوعية المتمثلة في أن الاقطار العربية اخذة في النمو وتعاني من ضعف القاعدة الانتاجية واعتمادها على المواد الاولية المتنافسة التي تتألف اساساً من منتجات غير قادرة السوق العربية على استيعابها.

- انخفاض درجة التنوع في الجهاز الانتاجي القائم فضلاً عن اغفالها المراحل التنموية التي مرت بها والنظرة المستقبلية للتطور الاقتصادي.

- سجلت كل من (تونس والمغرب) انخفاضاً في قيمة صادراتها بنسبة (-0.6% و 1.8%) على التوالي عام 2000 جراء الانخفاض الحاد في قيمة الدينار التونسي والدرهم المغربي مقابل الدولار الامريكي. بالرغم من ارتفاع قيمة الصادرات التونسية بالدينار التونسي بنسبة 15% وقيمة الصادرات المغربية بالدرهم المغربي بنسبة 7% عام 2000.

جدول رقم (17)

نسب نمو الصادرات الاجمالية العربية ومساهمتها في اجمالي الصادرات العالمية

للفترة 1989 - 2000

نمو الصادرات العالمية	اجمالي الصادرات في العالم [2] (بليون دولار)	نسبة الصادرات العربية الاجمالية الى اجمالي صادرات العالم% [4]	النسب المئوية لنمو الصادرات العربية [3]	اجمالي الصادرات العربية [1] (مليار دولار)	السنوات
-	2.909.3	3.8	-	110.936	1989
12.6	3.329.8	3.9	20.2	139.080	1990
3.4	3.448.7	3.4	6.1	130.990	1991
6.4	3.687.0	3.7	5.4	138.541	1992
1.0	3.720.7	3.3	10.2-	125.716	1993
12.3	4.246.8	3.0	1.6	127.856	1994
16.2	5.068.2	2.8	11.1	143.927	1995
4.1	5.285.2	3.1	14.1	167.498	1996
2.6	5.600.1	3.1	3.0	172.731	1997
2.1	5.483.3	2.4	28.8-	134.035	1998
2.8	5.643.8	2.8	17.7	162.873	1999
8.6	6.180.0	2.9	30.0	243.2	2000

الجدول من اعداد الباحثة.

(1) المصدر - صندوق النقد العربي، التقرير الاقتصادي العربي الموحد.

الاعداد، لسنة 1996، ص321.

لسنة 1998، ص287. لسنة 1999، ص291. لسنة 2000، ص 341. لسنة 2001، ص346.

(2) INTERNATIONAL MONETORY FUND, [IMF]; 1989-1993. Pp.22.

INTERNATIONAL MONETORY FUND, [IMF]; 1994-2000. Pp.2.

ثانياً: الواردات العربية الاجمالية: من الملحق رقم (11) نلاحظ ما يلي:

ارتفعت قيمة الواردات العربية الاجمالية لتبلغ 154.9 مليار دولار في عام 2000 مقابل 144.4 مليار دولار في عام 1999 وتبلغ نسبة الزيادة في الواردات العربية حوالي 7.3% لعام 2000 وفيما يتعلق باداء الواردات العربية حسب الدول يتضح لنا:

- نمو معدل الواردات في كل من موريتانيا والمغرب لعام 2000 حيث ارتفعت بشكل واضح بنسبة 18.6% و 14.5% على التوالي لانخفاض الاوفية الموريتانية والدرهم المغربي مقابل الدولار الامريكي فضلاً على الزيادة الكبيرة في استيراد النفط الخام للبلدين.
- ارتفاع قيمة واردات العراق بنسبة 44.9% عام 2000 بسبب الزيادة في تصدير النفط مقابل الغذاء المسموح به في اطار مذكرة التفاهم - برنامج الامم المتحدة.
- سجلت في كل من قطر والبحرين والاردن واليمن زيادة واضحة في قيمة الواردات بلغت 36.9% و 24.1% و 22.1% و 15.7% وعلى التوالي وسبب ذلك الزيادة في قيمة الصادرات النفطية التي انعكست بشكل ايجابي على زيادة قيمة الواردات في هذه الدول.
- سجلت الاردن زيادة واضحة في قيمة الواردات وصلت نسيتها 22% ويرجع هذا الى ارتفاع وارداتها للنفط الخام والتخفيضات الكمركية التي تطبقها الاردن على الاستيراد من الدول العربية في اطار البرنامج التنفيذي لاقامة منطقة التجارة الحرة العربية الكبرى اضافة الى بدء الاردن تنفيذ اتفاقية الشراكة مع الاتحاد الاوربي وما ينجم عنها من تخفيضات كمركية امام استيراد البضائع من دول الاتحاد الاوربي.

وفيما يتعلق بنمو الواردات الاجمالية ومساهمتها في اجمالي الواردات العالمية كما في الجدول رقم (18) فيتبين لنا الاتي:

- تراجعت نسب نمو الواردات العربية من 19.9% عام 1990 مقابل 11.1% عام 1995 وارتفعت الى 18.3% عام 1996 ثم الى 1.4% و 28.3 و 18.0% و 30% للاعوام 1996 و1997 و1998 و1999 و2000 وعدم الاستقرار في الاستيرادات يعود الى ارتباط ذلك بالصادرات العربية فكلما ارتفعت الصادرات الاجمالية ارتفعت نسب نمو الواردات العربية.
- شكلت نسبة الواردات العربية الاجمالية الى اجمالي الواردات العالمية بنسبة 31% عام 1989 مقابل 32.5% عام 1993 وانخفضت الى 28.3% و 25.4% و25.8% و 24.5% و 26.8% و 24.9 و 23.8% للاعوام 1994 و1995 و1996 و 1997 و1998 و1999 و2000 على التوالي. واذا ما تمت مقارنة نسب الواردات العربية الاجمالية في التجارة العالمية مع نسبة الصادرات العربية الاجمالية في التجارة العالمية نجد أن نسبة الاستيرادات العربية هي اعلى من نسب الصادرات العربية الاجمالية في التجارة العالمية.

خلاصة ما تقدم فمن الصعوبة تصور نمو المبادلات بين الاقطار العربية التي تقوم على تصدير المواد الاولية الصناعية مقابل اعتمادها على ما تستورده من ادوات ومستلزمات انتاجها من خارج الوطن العربي اضافة الى ما تعانيه السوق العربية من ضيق مما يعني اهمية اقامة المشروعات لتنشيط الاقتصاد العربي وتنمية وخلق سوق عربية واسعة او تعزيز التخصص وانتقال رؤوس الاموال العربية وتوظيفها لزيادة الترابط بين الاقطار العربية وارتفاع المستوى المعاشي وزيادة القوة التساومية للاقتصاد العربي في السوق العالمية لحماية الاقتصاد القومي من مخاطر العولمة وتمكين الانتاج العربي من المنافسة في السوق العالمية وتحقيق التراكم فرؤوس الاموال العربية.

جدول رقم (18)

نسب نمو الواردات الاجمالية العربية ومساهمتها في اجمالي الواردات العالمية

للفترة من 1989 - 2000

نمو الواردات العالمية	اجمالي الواردات في العالم (2) (بليون دولار)	نسبة الواردات العربية الاجمالية الى اجمالي واردات العالم%(4)	النسب المئوية لنمو الواردات العربية(3)	اجمالي الواردات العربية(1) (مليار دولار)	السنوات
-	3001.3	31.0	-	95.551	1989
5.5	3.436.4	30.0	19.9	103.2	1990
3.9	3.570.8	30.4	8.0	108.3	1991
7.2	3.846.1	32.2	2.5	124.1	1992
4.1	3.793.5	32.5	4.5	123.3	1993
9.2	4.316.7	28.3	1.6	122.4	1994
9.2	5.134.3	25.4	11.1	130.893	1995
9.6	5.376.5	25.8	18.3	138.935	1996
2.4	5.698.9	24.5	1.4	139.886	1997
1.1	5.635.9	26.0	28.30	151.442	1998
2.7	5.793.6	24.9	18.0	144.442	1999
8.8	6.482.0	23.8	30.0	154.937	2000

الجدول من اعداد الباحثة

(1) الواردات العربية الاجمالية لعام 1989 المصدر - التقرير الاقتصادي العربي الموحد لعام 1995، ص289.

-الواردات العربية الاجمالية لعام 1990-1994 المصدر-التقرير الاقتصادي العربي الموحد لعام1997، ص117.

-الواردات العربية الاجمالية لعام 1995-2000 المصدر-التقرير الاقتصادي العربي الموحد لعام 2001، ص.345

2- الواردات الاجمالية للعالم - المصدر:

(2) INTERNATIONAL MONETORY FUND, [IMF], 1989-1993. P.2.

INTERNATIONAL MONETORY FUND, [IMF], 1994-2000. P.2.

2- اتجاهات التجارة الخارجية العربية:

من اجل التعرف على اتجاهات التجارة الخارجية للوطن العربي مع العالم يبين لنا الجدول رقم (19) الذي يمثل اتجاه حجم الصادرات والواردات العربية الاجمالية للسنوات 1993-2000. كما يوضح حصة كل مجموعة من الدول كنسبة مئوية من اجمالي الصادرات والواردات وكما يلي:

اولاً: شكلت الصادرات والواردات العربية الاجمالية نسبة متواضعة مقارنة بصادرات وواردات الوطن العربي من والى العالم الخارجي بشكل عام مما يعني أن التجارة العربية مع العالم هي اكثر ارتباطاً واهمية منها بين الاقطار العربية ذاتها. فقد وصلت الصادرات عام 2000 الى 7.3% اما الواردات فقد وصلت الى 10.1%.

ثانياً: شكلت الدول الصناعية الاسواق الرئيسية للاقطار العربية اذ استوعبت اسواقها 55.1% من الصادرات العربية الخارجية كما تعتبر المصدر الرئيس لواردات الاقطار العربية حيث شكلت اكثر من ثلثي الواردات العربية 60.6% لعام 1999. في حين بلغت صادرات الاقطار العربية لدول الجنوب (دول جنوب شرق آسيا وبقية دول العالم) 35.7% مقابل 30.9% للواردات لعام 1999.

ثالثاً: وعلى مستوى المجموعات الاقتصادية فقد تميز الاتحاد الاوربي بأهمية كبيرة عن المجموعات الاخرى حيث احتل المرتبة الاولى بين الشركاء التجاريين سواء على مستوى الصادرات او مستوى الواردات، حيث استوعبت السوق الاوربية من الصادرات العربية نسبة 28.2% و 28% و 16.2% و 24.8% و 27.1% و 27.9% للاعوام 1993، 1995، 1996، 1997، 1999، 2000 على التوالي وان 39.4 و 43 و 41.2% و 40% و 40.8% و 42.1% من الواردات العربية الاجمالية خلال نفس الفترة مصدرها الاتحاد الاوربي. وبالرغم من عدم استقرار نسب الزيادة وتراجعها في بعض الاعوام غير أن الصادرات والواردات للدول العربية مع الاتحاد الاوربي احتلت المرتبة الاولى. وهذا دليل واضح على قوة ارتباطات العلاقات التجارية العربية مع الاتحاد الاوربي بمعنى أن اوربا تمثل ثقلاً اقتصادياً بالنسبة للعرب كما تمثل شريكاً اقتصادياً مهماً لا يمكن الاستغناء عنه الان او في المستقبل. وتجدر الاشارة الى أن الاتحاد الاوربي قد دعم مركزه التجاري مع الاقطار العربية بتوقيع كل من تونس سنة 1995، والمغرب سنة 1996 [1] وفلسطين والاردن لاقامة منطقة التجارة الحرة معه اضافة الى مصر ـ وبقية الدول العربية. ومن المؤمل أن تؤدي هذه الاتفاقيات الى زيادة الصادرات نحو السوق الاوربية الا أن

---

[1] صندوق النقد العربي، التقرير الاقتصادي العربي الموحد لسنة 1996، ص123.

ضعف مرونة هياكل الانتاج العربية قد يؤثر في قدرة الاقطار العربية على الاستفادة في الاجل القصير من اقامة هذه المناطق الحرة مع السوق الاوربية[1].

رابعاً: اما امريكا فقد ارتفعت صادرات الاقطار العربية اليها من 8.9% عام 1996 الى 9.3% عام 1997 والى 9.9% عام 1998 مقابل زيادتها عام 1999 الى 10.2% و 10.7% عام 2000 وبالمقابل فقد ازدادت استيرادات الاقطار العربية من الولايات المتحدة الامريكية من 12% عام 1995 الى13% عامي 1996، 1997 وتراجعها عام 1998 في حين عادت بالارتفاع الى 13.7% عام 1999 والى 14.4% عام 2000 من الاستيرادات العربية.

خامساً: بالنسبة الى اليابان فقد تصاعدت اهميتها النسبية في الصادرات العربية الاجمالية من 17.8% عام 1995 الى 18.1% عام 1997 والى 18.0% و 18.4% و 18.6% للاعوام 1998، 1999 و 2000 على التوالي وبالمقابل فقد تراجعت استيرادات الاقطار العربية منها من 9.1 % إلى 7.5% و 6.2% و 6.9% و 7.8% و 8.9% للاعوام 1993 و 1994، 1995، 1996 و 1997 و 1998 و 1999 على التوالي وفي عام 2000 زادت النسبة لتصل الى 9.2%.

سادساً: كذلك الحال بالنسبة لدول جنوب شرق آسيا فقد حسنت هذه المجموعة من نصيبها في الصادرات العربية الاجمالية من 9.6% عام 1995 الى 10.9% عام 1996 ثم الى 11.7% عام 1997 مقابل تراجعها عامي 1998 الى 10.8% وارتفاعها الى 12.0 و 12.7% لعامي 1999 و 2000. أن التحسين في نصيب هذه المجموعات الدولية في الصادرات العربية الاجمالية قد تم على حساب بقية دول العالم كذلك زادت الاستيرادات من 4.7 عام 1994 الى 5.5% عام 1995 عادت فزادت من 5.9% عام 1997 الى 6.0% عام 1999 ثم الى 6.3% عام 2000.

أن دوافع انخفاض نسب الصادرات العربية يرجع الى انخفاض اسعار النفط العالمية الامر الذي نتج عنه انخفاض عام 1997[2].

أن ارتفاع نسبة الصادرات العربية الى اوربا وباقي دول العالم لا يؤشر في حقيقته انطباعاً حول تميز العرب وتمتعهم بميزة نسبية بالنسبة الى قوتهم اقتصادياً. اذ يحتل قطاع الاستخراج اهمية استثنائية حيث يشكل النفط اهم سلعة في الصادرات العربية وتعتمد الاقتصاديات العربية قطرياً بالدرجة الاساس على سلعة واحدة. وتوصف بالتالي بانها اقتصاديات احادية الجانب والجدول رقم (20) يبين الهيكل السلعي للتجارة الخارجية العربية ومنه يتضح لنا أن النفط

---

[1] **صندوق النقد العربي، التقرير الاقتصادي العربي الموحد لسنة 1998، ص119.**

[2] **المصدر السابق نفسه، لسنة 1996، ص111.**

قد استحوذ على اكبر نسبة من السلع المصدرة. فقد وصلت نسبته خلال الاعوام 1995، 1996، 1997، 1998. (56.1% و 61.8% و 61.7% و 50.5%) على التوالي.. ويلاحظ اثر هبوط اسعاره في انخفاض نسبته عام 1998.

جدول رقم (19)

اتجاهات التجارة الخارجية العربية للفترة من 1993 - 2000

السنوات	الصادرات %								الواردات %							
المجموعة	1993	1994	1995	1996	1997	1998	1999	2000	1993	1994	1995	1996	1997	1998	1999	2000
الدول العربية	8.0	8.4	9.1	8.3	8.8	9.9	8.3	7.3	9.2	9.3	8.3	9.0	9.1	8.6	9.4	10.1
الولايات المتحدة الامريكية	10.1	9.5	9.7	8.9	9.3	9.9	10.2	10.7	13.5	11.4	12.0	13.0	13.0	12.8	13.7	14.4
اليابان	16.4	16.3	17.8	17.6	18.1	18.0	18.4	18.6	9.1	7.5	6.0	6.2	6.9	7.8	8.9	9.2
الاتحاد الاوربي	28.2	26.2	28.0	29.2	24.8	25.6	27.1	27.9	39.4	37.3	43.0	41.2	40.7	38.5	40.8	42.1
دول جنوب شرق آسيا(*)	7.0	7.1	9.6	10.9	11.7	10.8	12.0	12.7	5.0	4.7	5.5	5.4	5.9	5.6	6.0	6.3
باقي دول العالم	37.3	39.6	25.8	28.1	27.3	25.8	24.1	22.8	28.8	34.5	25.22	25.2	24.4	26.7	21.1	17.9
الاجمالي	100.0	100.0	100.0	100.0	100.0	100.0	100.0	100.0	100.0	100.0	100.0	100.0	100.0	100.0	100.0	100.0

***تضم كل من كوريا الجنوبية - سنغافورة - تايلاند - اندنوسيا - ماليزيا.**

الجدول : اعداد الباحثة

المصدر لسنة 1993 صندوق النقد العربي التقرير الاقتصادي العربي الموحد لسنة 1997 ، ص120-121.

لسنة 1994 صندوق النقد العربي التقرير الاقتصادي العربي الموحد لسنة 1998 ، ص118-119.

لسنة 1995 صندوق النقد العربي التقرير الاقتصادي العربي الموحد لسنة 1999 ، ص115.

لسنوات 1996-2000 صندوق النقد العربي التقرير الاقتصادي العربي الموحد لسنة 2001 ، ص171.

جدول رقم (20)

الهيكل السلعي للتجارة الخارجية العربية (نسب مئوية)

المجموعات السلعية	الصادرات العربية الاجمالية				الواردات العربية الاجمالية			
	1995	1996	1997	1998	1995	1996	1997	1998
الاغذية والمشروبات	6.7	6.3	5.8	8.2	16.7	17.3	15.9	16.2
المواد الخام	5.1	4.0	4.4	6.0	8.3	7.3	7.1	7.1
الوقود المعدني	56.1	61.8	61.7	50.5	7.9	9.0	8.7	8.5
المواد الكيمياوية	7.0	6.1	5.9	7.8	9.9	9.8	10.0	9.7
الالات ومعدات النقل	4.0	3.7	4.4	6.2	27.8	28.4	29.5	29.7
المصنوعات	20.1	17.2	16.9	20.3	28.6	27.4	27.7	27.9
سلع غير مصنعة	0.9	0.9	0.8	1.0	0.7	0.8	1.0	0.9
	100	100	100	100	100	100	100	100

المصدر: التقرير الاقتصادي العربي الموحد لسنة 1999، ص116.

كما يوضح الجدول أن نسبة الواردات من حيث الحجم هي اكبر من الصادرات للسلع ذاتها. باستثناء النفط مما يؤشر الاثار السلبية التي يعكسها هذا الاختلال على الميزان التجاري ثم ميزان المدفوعات للاقطار العربية.

3- التجارة العربية البينية:

أولاً- قيمة التجارة العربية البينية ونموها: من الملحق رقم (12) والجدول (21) الذي يوضح قيمة ونمو التجارة العربية البينية للفترة 1989-2000،

أ- فقد بلغت قيمة التجارة العربية البينية (صادرات بينية + واردات بينية) حوالي 33.5 مليار دولار مقابل 27.7 مليار و 24.2 مليار و 22.7 مليار و 20.9 مليار دولار للاعوام 1999، 1995، 1990، 1989 على التوالي. وقد بلغت نسبة الزيادة 20.9% للفترة من 1999 –2000.

ب- وقد ارتفعت قيمة الصادرات العربية البينية من 14.1 مليار دولار عام 1999 الى 17.9 مليار دولار عام 2000 أي بزيادة نسبتها 27.8% في حين بلغت نسبة الزيادة 36.6% مقابل عام 1995.

جـ- وفيما يتعلق بتطور التجارة البينية على مستوى الدول العربية فرادى عام 2000 فقد سجلت اعلى زيادة سنوية في قيمة الصادرات البينية الاقطار التالية (السعودية (43.5%) والجزائر (39.7%) واليمن (28%) والعراق (22.8%) وقطر (22.4%) ومصر (19%) وسلطنة عمان (17.5%) والكويت (15.3%) والامارات (14.7%) وليبيا (14%).

د- وسجلت كل من تونس والمغرب معدلات زيادة في قيمة صادراتها البينية بمقدار 10% تقريباً في حين انخفضت الصادرات البينية لكل من البحرين (14.1%) والسودان (4.1%) وسوريه (2.3%) وموريتانيا (9.5%).

هـ- اما فيما يتعلق بالواردات البينية فقد بلغت (15.6) مليار دولار عام 2000 مقابل (13.9%) مليار دولار عام 1999 أي بزيادة نسبتها (14.6%) وعلى صعيد الدولة العربية فرادي ففي عام 2000 فقد سجلت اعلى معدلات في الزيادة كل من الجزائر (61.3%) ومصر (42.8%) والعراق (40.1%) ولبنان (37.6%) والاردن (35.8%) وتونس (33.4%) وسوريه (28.2%) واليمن (19.6%).

و- وسجلت كل من موريتانيا والسعودية والبحرين وعمان وليبيا والسودان وقطر والمغرب زيادة في الواردات البينية بمعدل يقل عن 10% في حين سجلت الكويت – وهي القطر الوحيد – تراجعاً في الواردات البينية بلغت بنسبة 4% عام 2000.

ثانياً- اما التوزيع الجغرافي للتجارة العربية البينية في جانب الصادرات العربية البينية لكل قطر عربي ومساهمته في اجمالي الصادرات العربية البينية فالجدول رقم (22) يبين لنا الاتي:

أ- تركز التجارة العربية البينية في عدد محدود من الاقطار العربية فأكثر من 63% من الصادرات العربية البينية تسيطر عليها اربعة اقطار هي (السعودية 40.5% تليها الامارات 12.1% والاردن 9.9% وعمان 7% في عام 2000 وفي عام 1999 احتلت السعودية المرتبة الاولى تليها الامارات 15.2% وعمان 7% وسوريه 5.11% ومصرـ 5.3% ومقابل عام 1989 فقد كان العراق يحتل المرتبة الرابعة حيث كانت نسبة مساهمته 8% تراجعت لتصل الى 2.7% عام 2000 مقابل 3% لعام 1999 جراء فرض الحصار الاقتصادي عليه منذ 1990/8/6 لكنه التزم في اعطاء الاولوية للاقطار العربية في هذا الجانب من التجارة العربية البينية.

ب- كما يلاحظ حصول تغير نسبي في تطور نسب صادرات الأقطار العربية بالرغم من محدوديتها فقد ارتفعت نسبة التعامل التجاري بين الاقطار العربية مثل الاردن وسوريه واليمن. فقد تصاعدت في الاردن من 3.4% عام 1989 الى 4.3 % عام 1995 والى 9 9% عام 2000 اما سوريا فقد ارتفعت صادراتها من 4.1 عام 1989 الى 5.6% عام 1990 تراجعت الى 2% عام 1995 وعادت في التصاعد من 4.3% عام 1997 الى 5.9% عام 1998 و 5.5 عام 1998 و 5.11 عام 1999.

ثالثاً- وفيما يتعلق بالتوزيع الجغرافي على صعيد الاستيرادات فيلاحظ كما جاء في الجدول رقم (23) فقد:

أ- احتلت السعودية مركز الصادرة حيث بلغت نسبة مساهمتها 15.2% عام 2000، تليها في المرتبة الثانية الامارات وعمان 11% واحتلت مصر المرتبة الثانية حيث تصاعدت نسب استيرادها من الأقطار العربية من 1.9% عام 1989 الى 4% عام 1995 والى 7.5% و 9.2% لعامي 1999 و 2000 على التوالي. كما تصاعدت استيرادات اليمن من الأقطار العربية من 5.3% عام 1989 الى 5.5% عام 1999. و 6% عام 2000 اضافة الى تصاعد استيرادات لبنان لتصل في اقصاها الى 7.5% عام 1996 مقابل 3.6% عام 1989 تراجعت اعتباراً من عام 1997 الى 5.4% والى 4.7% عام 1998 والى 4% عام 1999 وتصاعدها الى 4.9% عام 2000.

ب- اما بالنسبة للعراق فقد كانت استيراداته من الاقطار العربية تحتل المرتبة الاولى ففي عام 1989 كانت النسبة 15.3% في حين كانت السعودية تحتل المرتبة الثانية وتراجعت استيرادات العراق جراء الحصار المفروض لتصل عام 1994 الى 0.5% عادت لترتفع عام 1995 بسبب توقيع مذكرة التفاهم بين العراق والامم المتحدة لتصل الى 2.1% عام 2000 مقابل 2% عام 1999. ولمزيد من المعلومات راجع الجدول في الملحق. رقم (12).

جدول رقم (21) قيمة ونمو التجارة العربية البينية للفترة 1989 -2000.

القيمة مليار

البيان / السنة	1989	1990	1991	1992	1993	1994	1995	1996	1997	1998	1999	2000
التجارة العربية البينية	20.980	22.732	22.129	24.277	23.484	24.243	24.227	27.132.2	28.672.5	27.282.3	27.700.2	33.598.2
الصادرات العربية البينية (فوب)	12.143	13.973	13.370	13.680	13.449	13.655	13.184.7	14.694.7	15.683.1	13.651.1	14.069.0	17.965.5
الواردات العربية البينية (سيف)	8.837	8.759	8.759	10.597	10.035	10.588	11.042.3	12.438.2	12.989.4	13.631.2	13.631.2	15.632.7

معدل التغير السنوي %

البيان / السنة	1989	1990	1991	1992	1993	1994	1995	1996	1997	1998	1999	2000
التجارة العربية البينية	-	8.3	2.6	9.7-	3.2	3.2	0.06	12.0	5.0	5.7-	3.2	20.9
الصادرات العربية البينية (فوب)								11.4	6.7	11.7-	1.6	27.0
الواردات العربية البينية (سيف)								12.6	2.9	1.5	4.9	14.6

الجدول من اعداد الباحثة

(1)الصادرات والواردات البينية العربية لعام 1989 ، التقرير الاقتصادي العربي الموحد لعام 1995 ، ص 290.

- الصادرات والواردات البينية العربية للاعوام 90-94 ، التقرير الاقتصادي العربي الموحد لعام 1996 ، ص324.

- الصادرات والواردات البينية العربية للاعوام 1995-2000 ، التقرير الاقتصادي العربي الموحد لعام 2001 ، ص 346.

جدول رقم (22) : الصادرات البينية لكل قطر عربي ونسب مساهمتها الى اجمالي الصادرات العربية البينية (النسبة المئوية)

الاقطار العربية	1989	1990	1991	1992	1993	1994	1995	1996	1997	1998	1999	2000
الاردن	3.4	2.8	1.9	2.4	3.2	3.6	4.3	4.5	4.5	4.5	4.2	9.9
الامارات	10.3	9.4	17.2	17.0	12.6	13.1	12.0	10.6	11.2	11.6	15.2	12.1
البحرين	3.1	2.7	2.1	2.3	2.8	2.7	2.6	2.7	3.8	3.7	3.7	2.1
تونس	2.5	2.6	2.8	3.0	2.6	2.6	3.3	2.5	2.4	2.6	3	2.4
الجزائر	1.4	2.0	1.5	1.5	1.6	1.8	1.6	1.3	3.0	1.6	2	2.0
جيبوتي	-	-	-	-	-	-	-	-	-	-	-	-
السعودية	25.2	34.0	35.0	30.0	29.1	28.9	33.3	35.6	37.2	41.7	35.3	40.5
السودان	1.0	0.7	0.4	2.0	2.1	1.4	1.1	1.4	1.1	11.6	2	1.3
سورية	4.1	5.6	6.0	5.6	5.9	5.9	2.0	4.3	5.9	5.5	5.11	3.9
الصومال	0.5	0.4	0.3	0.5	0.5	0.6	0.7	0.6	0.7	0.9	1.1	1.0
العراق	8.0	5.1	1.8	3.0	3.4	3.1	2.7	2.7	2.9	0.8	3.0	2.7
عمان	24.2	20.0	17.0	18.3	19.8	19.0	17.5	7.5	5.6	7.5	7.0	7.0
قطر	2.0	1.8	1.7	2.0	2.1	2.3	2.0	1.3	5.8	2.7	2.1	2.1
الكويت	6.4	3.3	0.9	0.1	2.3	2.3	2.1	2.1	2.3	2.7	3	2.0
لبنان	2.1	1.7	2.0	2.3	1.9	2.1	3.5	3.8	1.8	2.3	2	2.0
ليبيا	0.9	2.9	2.9	3.0	2.7	3.5	3.8	4.5	5.7	3.1	3.2	1.3
مصر	2.0	1.9	3.2	4.0	3.1	3.8	3.2	2.9	2.8	3	5.3	3.1
المغرب	2.1	2.7	3.5	2.5	2.6	2.4	2.5	1.7	2.8	2.1	2	1.7
موريتانيا	-	0.1	0.01	0.01	0.01	0.02	0.006	0.7	0.2	0.03	0.04	0.04
اليمن	0.7	0.5	0.03	0.04	0.05	0.07	0.06	0.8	0.9	1.1	1.21	1.1
	100	100	100	100	100	100	100	100	100	100	100	100

الجدول . اعد من قبل الباحثة

المصدر- التقدير الاقتصادي العربي الموحد لعام 1996 ص، ص1997،330229 ص 287-289 ، 1998 ص 288، 1999ص291-292، 2000ص 292، 2001 ص346.

جدول رقم (23)

الواردات البينية لكل قطر عربي ونسب مساهمته الى اجمالي الواردات العربية البينية للسنوات من 1989-2000

(نسبة مئوية)

الاقطار العربية	1989	1990	1991	1992	1993	1994	1995	1996	1997	1998	1999	2000
الاردن	7.1	7.5	5.7	6.4	7.1	7.1	7.8	8.6	7.8	5.8	6.0	7.0
الامارات	9.4	10.8	15.8	14.2	14.7	14.0	12.5	11.4	11	12.1	12.1	11.0
البحرين	2.4	2.5	3.2	2.7	3.0	3.2	3.3	2.9	2.9	2.9	2.8	2.8
تونس	4.2	5.1	3.4	3.8	2.9	3.4	4.4	4.7	3.9	3.2	3.7	4.2
الجزائر	2.3	2.2	2.2	2.2	2.2	3.0	3.0	2.0	2.9	2.0	1.3	2.0
جيبوتي	-	-	-	-	-	-	-	-	-	-	-	-
السعودية	13.4	12.8	13.7	13.2	14.9	13.5	14.8	15.1	14.0	15.3	16.1	15.2
السودان	2.1	4.0	3.8	3.4	2.9	3.3	2.8	2.1	3.1	4.0	2.5	2.3
سورية	1.4	1.6	1.5	1.8	2.3	2.4	3.4	3.3	2.7	2.3	2.3	2.6
الصومال	0.5	0.2	0.1	0.09	0.1	0.3	0.2	0.2	0.3	0.4	0.4	0.4
العراق	15.3	10.4	1.7	1.0	0.7	0.5	2.7	1.2	1.9	1.3	2.0	2.1
عمان	7.9	8.3	10.8	11.3	11.1	12.4	11.3	10.4	11.8	12.9	11.2	11.0
قطر	1.9	2.3	2.6	2.7	3.3	3.0	2.9	3.7	3.2	3.8	4.8	4.1
الكويت	10.1	5.6	4.9	8.5	7.8	7.6	8.7	8.4	8.4	8.2	7.4	6.2
لبنان	3.6	5.0	5.4	5.4	5.3	5.3	5.3	7.5	5.4	4.7	4.0	4.9
ليبيا	2.2	3.3	5.0	5.9	5.2	5.4	3.8	3.5	4.3	3.9	3.3	3.0
مصر	1.9	2.2	3.0	2.4	2.3	2.6	4.0	4.1	5.4	6.9	7.5	9.2
المغرب	8.8	11.7	9.6	9.4	7.1	7.2	6.9	6.7	6.9	5.1	6.9	5.8
موريتانيا	0.2	0.2	0.4	0.4	0.5	0.4	0.2	0.2	0.2	0.2	0.2	0.2
اليمن	5.3	4.2	7.1	5.2	6.6	5.4	2.0	3.3	3.9	5.0	5.5	6.0
	100	100	100	100	100	100	100	100	100	100	100	100

رابعاً- مساهمة التجارة البينية في اجمالي التجارة العربية والتجارة العالمية:

بلغت نسبة مساهمة التجارة العربية البينية في اجمالي التجارة العربية في المتوسط خلال عام 2000 (8.8%) وهي اقل من حصة عام 1999 بـ (8.8%) ودوافع ذلك يعود الى الزيادة الكبيرة التي طرأت في قيمة الصادرات الاجمالية وبمعدل اعلى من الزيادة في قيمة الصادرات العربية البينية والجدول رقم (24) التالي يبين نسبة مساهمة التجارة البينية في التجارة العربية الاجملية والتجارة العالمية للفترة من 1989-2000 وكما يلي:

أ- تراجع الاهمية النسبية للتجارة العربية في التجارة العالمية من 3.5% عام 1989 الى 3.1 عام 1993 واستقرارها خلال الاعوام من 1995-2000 عند المعدل السنوي 2.5% مما يعني أن اداء التجارة العربية ما يزال اقل من اداء التجارة العالمية حيث نمت التجارة العالمية بمعدل 7.5% عام 1997 في حين بقيت الاهمية النسبية للتجارة العربية عند نسبة 2.4%.

ب- أن تراجع الاهمية النسبية للتجارة العربية في التجارة العالمية يرجع الى عاملين:

العامل الاول - تراجع اهمية المواد الاولية المعدنية في التجارة العالمية حيث أن النسبة العظمى من الصادرات العربية هي من المواد الاولية والمعدنية وينعكس هذا بشكل مباشر على تراجع اهمية التجارة العربية مقارنة مع التجارة العالمية.

العامل الثاني - التصاعد المستمر في اهمية صادرات سلع الصناعات الجديدة من اجهزة ومعدات الاتصالات والمعلومات وتجهيزات المكاتب. اذ شهدت هذه الصناعات نمو واضحاً في السنوات الاخيرة وادت الى نمو التجارة العالمية في حين تفتقر الدول العربية الى هذه الصناعات مما يتطلب منها أن تركز اهتمامها. للاستفادة من السوق العالمية بالتوجه نحو اقامة مثل هذه الصناعات والاستفادة من النمو المتصاعد لتجارة منتجاتها في السوق العالمية[1].

---

[1] **التقرير الاقتصادي العربي الموحد لعام 1999.**

جدول رقم (24) : قيمة ونمو التجارة العربية البينية للسنوات من 1989-2000

الاقطار العربية	1989	1990	1991	1992	1993	1994	1995	1996	1997	1998	1999	2000
نسبة الصادرات العربية البينية الى الصادرات العربية الاجمالية %	10.9	9.5	10.4	10.1	10.4	10.3	8.6	8.3	8.7	9.7	8.0	7.3
نسبة الواردات العربية البينية الى الواردات العربية الاجمالية %	9.2	8.4	8.2	8.5	8.1	8.6	8.4	9	9.1	8.6	9.4	10.1
نسبة الصادرات البينية الى الصادرات العالمية	4.0	4.1	3.8	3.7	3.6	3.2	2.6	2.7	2.8	2.4	2.4	2.9
نسبة الواردات البينية الى الواردات العالمية	3.1	3.0	3.4	3.2	3.25	2.83	2.54	2.58	2.45	2.68	2.49	2.38
قيمة التجارة العالمية بليون دولار	59.103	6.766.2	7.019.5	7.533.1	7.514.3	8.563.5	10.202.5	10.661.7	11.299.0	11.119.2	11.437.4	12.662.0
قيمة التجارة العالمية لبينية الى التجارة العالمية %	3.5	3.3	3.1	3.2	3.1	2.8	2.3	2.6	2.4	2.4	2.4	2.6

الجدول من اعداد الباحثة

المصدر - ارقام الصادرات والواردات العربية البينية استناداً الى ما ورد في الجدول رقم (21)

ارقام الصادرات والواردات العالمية استناداً الى ما ورد في الجدول رقم (17 و 18).

4- الصعوبات القائمة امام نمو التجارة العربية:

هناك مجموعة من الصعوبات الهيكلية والاجرائية الداخلية والخارجية [1] التي تعيق تنمية التجارة العربية وقد بينتها الدراسات التي قامت بها الامانة العامة لجامعة الدول العربية ومؤسسات العمل الاقتصادي العربي المشترك وكما يلي:

اولاً- الرسوم الكمركية والكمية وتعقد الاجراءات اللازمة لتخليص البضائع من المنافذ الكمركية، وتعدد الجهات المسؤولة عن تخليص السلع المستوردة. كل ذلك يقف عائقاً امام سهولة حركة السلع بين الدول العربية ودوافع ذلك يرجع الى ما تشكله الرسوم الكمركية والضرائب من ايرادات مهمة لدخل الدول. وقد تكون هذه الصيغة مناسبة على صعيد التجارة الخارجية غير انها مضرة على الصعيد العربي.

ثانياً- ضعف الاستثمارات العربية وتوجهها نحو القطاعات غير المنتجة للسلع القابلة للتجارة بين الاقطار العربية - مثل قطاع العقارات والسياحة، وتوظيف البعض منها في مجال الانتاج للسوق المحلية أو على شكل ايداعات في بنوك وشركات محلية ومثل هذه التوظيفات قد تساهم في تحقيق انتعاش للسوق المحلية غير انها لا تشجع على المبادلات التجارية بين الدول العربية.

ثالثاً- ضعف الهيكل الانتاجي للسلع العربية القابلة للتجارة واعتماده على انتاج السلع الاساسية وتركز الصادرات في ثلاث سلع في معظم الدول العربية (المعدنية - الزراعية - المنسوجات - الملابس) مما يعني عدم قدرة السوق العربية لاستيعابها لتماثلها وعادة ما تكون اسواقها الرئيسية في الدول الصناعية التي تفرض قيوداً حمائية على تلك السلع اضافة الى الخلل الهيكلي في عدم القدرة على توفير السلع الرأسمالية للاستثمارات العربية مما يجعلها تعتمد على المصادر الخارجية في الدول الصناعية المتقدمة لتلبية متطلبات العملية الاستثمارية.

رابعاً- ارتفاع تكاليف النقل التي تقف عائقاً امام نقل السلع بصورة مباشرة أو غير مباشرة على كافة المبادلات التجارية، وعدم قدرة اصحاب النقل البري التسويق بعيداً عن مقرهم نتيجة لفرض القيود الكمركية التي تفرضها بعض الدول مما يزيد من احتمال عودة الشاحنات البرية فارغة.

---

[1] التقرير الاقتصادي العربي الموحد، لعام 1997، ص 115.

- راجع ايضاً، د.سعيد عبدالخالق (نحو صياغة اكثر ملائمة للعلاقات التجارية العربية، مجلة شؤون عربية، القاهرة، العدد 90 لسنة 1997، ص 137.

خامساً- حاجة الكثير من الدول العربية للعملات الاجنبية لتمويل التنمية الاقتصادية فيها وحاجتها الاستيرادية مما يدفعها لتفضيل التصدير الى الدول التي تملك وسائل دفع بالعملات الاجنبية على غيرها من الدول أو لاعتمادها على اسلوب المفاضلة المقايضة بالسلع..

سادساً- ارتفاع معدلات البطالة لدى بعض الدول العربية - لوجود التشريعات القطرية المتباينة التي تنطوي على اعاقة تحقيق حرية انتقال الاشخاص والاقامة والعمل والاستخدام بين الدول العربية بالرغم من اصدار مجلس الوحدة الاقتصادية قرارات تنظيم حرية انتقال الاشخاص والعمل والاستخدام [1].

سابعاً- افتقار الواقع العربي الى البيانات الخاصة باستثمار رؤوس الاموال ضمن اطار الدول العربية وحاجته الى اتفاقية شاملة وموحدة تنظم عملية انتقال رؤوس الاموال العربية واستثمارها في الوطن العربي، على الرغم من اعلان الدول العربية الموافقة عليها في قمة عمان 1980 ولم تصدق عليها غير الاردن، العراق، اليمن، السعودية والبحرين وتونس. مما يتطلب تفعيل هذه الاتفاقية والعمل بموجبها وتجاوز القيود والاجراءات الادارية التي تعيق تنفيذ القوانين المنظمة للاستثمار ووجود التباين في تشريعات الاقطار العربية في مجال تحويل رؤوس الاموال وممارسة النشاط الاقتصادي بين الاقطار العربية وعدم توفر الضمانات الكافية لتجاوز المخاطر غير التجارية التي تتعرض لها الاستثمارات في الوطن العربي.

ثامناً- ضعف تمويل التجارة الخارجية والقدرة الائتمانية للدول العربية وارتفاع تكلفة العمليات الائتمانية وقد بدأ صندوق النقد العربي للعمل ببرنامج تمويل التجارة العربية منذ بداية التسعينات برأسمال قدره 500 مليون دولار.

ويفتقر البرنامج لفروع في مختلف الاقطار العربية لكي يتعامل مباشرة مع المصدرين والمستوردين - حيث ما زال تكامل البرنامج يتم من خلال البنوك والمؤسسات المالية القائمة في الاقطار العربية والتي تسميها وكالات وطنية وهي مصارف تجارية عربية تتولى السلطات النقدية في كل دولة عربية بتسميتها لدى البرنامج. ويتضمن البرنامج ايضاً الى جانب التمويل. توفر المعلومات للمصدرين والمستوردين العرب حول فرص التجارة والانظمة والاجراءات التجارية التي يتم التعامل بها في مختلف الاسواق العربية وما زال هذا الجانب يفتقر الى توفير المعلومات والبيانات المتعلقة بالتجارة وفرص الاستيراد والتصدير في الاسواق الوطنية ويشكل هذا بطبيعة

---

[1] هيفاء عبدالرحمن التكريتي، السوق العربية المشتركة واستراتيجية التنمية العربية، مصدر سابق، ص 283.

الحال عائقاً امام تنفيذ البرنامج والشبكة المتعلقة به لتقديم المعلومات التجارية الفورية التي تساعد على اتخاذ القرارات لاستغلال فرص التجارة في الاسواق العربية واتاحة الفرصة للمصدرين العرب من الوصول للاسواق العربية[1].

اما الصعوبات الاقتصادية الخارجية لنمو التجارة العربية البينية فترتبط هذه الصعوبات بالسياسات التجارية للدول الصناعية المتقدمة والتطورات في النظام الاقتصادي الدولي والتي لها اثارها الخطيرة على التجارة العربية البينية من ابرزها.

اولاً- حاجة الدول العربية لاستيراد التكنولوجيا حيث تشكل واردات السلع الرأسمالية ما يزيد على ثلث واردات الدول العربية الاجمالية والتي يتم استيرادها من الدول الصناعية المتقدمة مما يؤثر سلباً في حجم التجارة العربية البينية.

ثانياً- اتفاقيات التعاون الاقتصادي المالي والفني الثنائية التي تعقدها الدول العربية مع الدول الصناعية المتقدمة والتي ينجم عنها – اعفاءات وامتيازات كمركية تؤدي الى التجارة مع اسواق هذه الدول على حساب التجارة العربية البينية اضافة الى ربط الائتمان والتسهيلات المالية المقدمة لبعض الدول العربية بشروط استيراد من الدول المانحة مما يعطى الاولوية في الاستيراد من الدول الصناعية المتقدمة وعلى حساب الدول العربية.

ثالثاً- سيطرة الشركات متعددة الجنسيات على تجارة السلع الاساسية دولياً وان حوالي 90% من الصادرات العربية هي من السلع الاساسية التي تخضع لسيطرة تلك الشركات مما يجعل معظم التجارة العربية تتجه الى البلد الام لتلك الشركات وعلى حساب التجارة العربية البينية فضلاً عما تتبعه تلك الشركات من سياسات الاغراق في الاسواق العربية والتي تؤثر سلباً على منافسة السلع العربية وتهديد الصناعات العربية التي تنتج سلعاً مماثلة [2].

رابعاً- القيود الحمائية المفروضة (رسوم كمركية – قيود كمية – سياسات دعم) التي تمارسها الدول الصناعية لصادراتها الى الدول العربية مما يحد من القدرة التنافسية للسلع العربية داخل السوق العربية.

خامساً- المزايا التفضلية للصادرات العربية مع دول المجموعة الاوربية والمهددة بالزوال وفقاً لاحكام الجات[3].

---

[1] **برنامج تمويل التجارة العربية، نبذة تعريفية عن شبكة معلومات التجارة العربية، تقارير ونشرات – الامارات العربية المتحدة – ابو ظبي، 1998.**

[2] **التقرير الاقتصادي العربي الموحد لسنة 1997، ص 115.**

[3] **منظمة العمل العربية، مكتب العمل العربي، انعكاسات اتفاقية الجات على القطعات الاقتصادية في الدول العربية، مصدر سابق، ص 229.**

5- مقترحات لتنمية التجارة العربية:

لما كانت نسبة التجارة العربية ضئيلة في التجارة العالمية ولتجاوز ذلك ينبغي تفعيل تنمية التجارة الخارجية للدول العربية من خلال المتطلبات التالية:

1- تنويع القاعدة الانتاجية وتحسين جودة السلع العربية والاهتمام بوسائل الترويج عنها لتنشيط عرض السلع العربية والطلب عليها.

2- ازالة المعوقات التي تحول دون دخول سلع في السوق العربية وتوسيع الاسواق العربية القائمة وايجاد اسواق جديدة من خلال الاتفاقيات الثنائية مع دول العالم..

3- تنشيط الاستثمارات في الدول العربية واقامة مشاريع استثمارية فيما بينها. وسيؤدي ذلك الى نتائج ايجابية فعملية تحرير التجارة سيؤدي الى خلق حركة اقتصادية[1].

4- تحرير انتقال السلع العربية بازالة الحواجز الكمركية وغير الكمركية دفعة واحدة فتقليص واختصار اجراءات التصدير والقيود المفروضة عليه يعد عنصراً جوهرياً لتنمية التجارة العربية بالرغم من أن عدد من الدول العربية قد حرر تجارته مع بعض الدول العربية في اطار من الاتفاقيات الثنائية والاقليمية (اقامة مناطق للتجارة الحرة) فرفع القيود سيؤدي الالغاء الكثير من الاجراءات وتشجيع الاستثمارات وحركة عناصر الانتاج واضافة خدمات جديدة مصاحبة للتجارة كالنقل والتأمين والمعلومات والشحن وستخلق فرص استثمارية لمشروعات جديدة[2].

5- تشكيل لجنة عربية للتصدير لبحث سبل زيادة الصادرات والسلع على مختلف الصعوبات التي تواجه التصدير.

6- تشجيع الصادرات ذات الميزة التنافسية مثل صناعة المنسوجات والملابس الجاهزة والمنتجات الزراعية والصناعات الغذائية.

7- دعم وتعزيز دور القطاع الخاص للقيام بالتصدير وتكثيف تعاونه ومشاركته الفاعلة في المشاريع الانتاجية والخدمية والغاء التميز بينه وبن القطاع العام.

---

[1] د. فالح عبدالكريم الشيخلي، دور برنامج تمويل التجارة العربية البينية في تنمية القطاع التجاري العربي - ندوة التجارة والتنمية في الوطن العربي - عمان / الاردن، حزيران 1998، ص 3.

[2] معتصم سليمان - نحو ستراتيجية عربية لتنمية التجارة العربية البينية، شؤون عربية، العدد 79 ايلول / سبتمبر 1994 ص 154-157.

8- توفير وسائل النقل المناسبة والرخيصة وخاصة الشحن الجوي من خلال استثمار الاموال العربية وبما يوفر اساطيل نقل عربية مخصصة لاستثمارها في هذا الجانب.

9- تقديم الدعم للانتاج المحلي للتصدير باعتماد وسائل غير مباشرة مثل الدعم من خلال اسعار الطاقة والفوائد المصرفية وتنسيق السياسات الانتاجية لاغراض التصدير والسياسة التسويقية وان يتم الانتاج وفقاً لاحتياجات ومواصفات ومقاييس واذواق الاسواق الخارجية.

10- انشاء مركز عربي للمعلومات وتغذيته لتوفير بيانات عن كل الصناعات والسلع في الاقطار العربية لتحديد العرض والطلب عليها مما يساعد على تنسيق التجارة البينية بين الاقطار العربية واعتبار ذلك ضرورة سياسية واقتصادية، وايضاً بكل ما ورد في اتفاقية الجات لاعمال التنسيق والمتابعة.

11- انشاء مصرف عربي للتصدير والاستيراد لتمويل التجارة بين الاقطار العربية[1]. مما يساعد على تذليل الصعوبات الاقتصادية التي تعاني اذ يمكن أن تحقق التجارة البينية نوعاً من الانتعاش. وتقليل ما يمكن من الرسوم والفوائد التي سيتحملها المستهلك العربي. ومراعاة تحديث الاساليب المصرفية لتنفيذ العمليات التجارية[2].

12- تأمين الاتصال المنظم والفعال بين الأقطار والاسواق العربية لتقديم السلع العربية ذات الجودة المتوافقة مع المواصفات والمقاييس للاسواق العربية (كالاهتمام بتغليف السلع والاعلام عنها واقامة المعارض للسلع العربية وتأمين الاتصال المنظم

بين المنتجين والمصدرين والمستوردين لتبادل الخبرات والمعلومات)، وتوفير جهاز للتنسيق المستمر بينهم وتسهيل ابرام التعاقدات[3].

13- أن يكون لبرنامج تمويل التجارة العربية البينية في تنمية القطاع التجاري العربي دوراً بارزاً وواضحاً باعتباره منظمة عربية اقليمية لها اهدافها على الصعيد القومي ومنح الوكالات العربية (المصارف) خطوط ائتمانية لتخفيف اثار الحصار المفروض على العراق واقطار اخرى – خاصة وان العراق يسهم ومنذ بداية تأسيس البرنامج من خلال مصرف

---

[1] د.احمد مجدلاني وآخرون – انعكاسات العولمة السياسية والثقافية على الوطن العربي، تحرير اسحاق الفرحان، مصدر سابق، ص215-217.

[2] راجع المزيد – د.فالح عبدالكريم الشيخلي، دور برنامج تمويل التجارة العربية البينية في تنمية القطاع التجاري العربي – دراسات اقتصادية – بيت الحكمة، العدد الثاني – السنة الاولى – صيف 1999، ص41.

[3] معتصم سليمان، نمو ستراتيجية عربية لتنمية التجارة العربية، مصدر سابق، ص57.

الرشيد والرافدين كوكالتين وطنيتين للبرنامج في العراق ولم يتح البرنامج فرصة لمنح الوكالتين خط ائتمان، وان يأخذ البرنامج دوراً اكبر في مجال تنمية القدرات والطاقات البشرية للعاملين في مجال التجارة العربية ومجالات التمويل المختلفة ورفع ادائه الوظيفي ليكون اداة تنفيذ ومتابعة لتنمية التجارة البينية[1].

أن تحقيق تنمية عربية للتجارة البينية يتطلب توفر ارادة سياسية عربية فالتكامل الاقتصادي عملية اقتصادية وسياسية وتوفير الدعم السياسي لتحقيق تنمية عربية للتجارة يمثل الخطوة الاساسية والاولى لتحقيق الوحدة الاقتصادية في عصر تسوده التكتلات الاقتصادية فتحقيق هذه الوحدة سيعزز ذلك ويمنح الوطن العربي موقعاً على الخريطة الدولية والقيام بذلك يعد ضرورة امنية وسياسية واقتصادية للحفاظ على الخصوصية والذات العربية لمواجهة اثار ومخاطر العولمة مستقبلاً.

أن تحقيق التكامل الاقتصادي يقتضي الاستفادة من الاطر المؤسسية والتشريعية للعمل الاقتصادي العربي المشترك والتي تشمل كل (المنظمات العربية المتخصصة. والاتحادات العربية النوعية كاتحاد المستثمرين والمصدرين والمستوردين والناقلين العرب والمؤسسات التمويلية العربية المشتركة والقطرية). وكل هذه المؤسسات تعني في مجالات التجارة العربية البينية كما أن قدرة الأقطار العربية على اعادة تفعيل هو المؤسسات والارتقاء بدورها وتأمين وتوفير سبل ادائها على اسس جديدة سوف ينعكس من غير شك على تعزيز التكامل الاقتصادي العربي. حيث أن الهدف الاساس من انشاء هذه المؤسسات هو لتوثيق الصلات بين الأقطار العربية وتنسيق خططها وسياستها. كما يتعين اتخاذ الاجراءات العملية الواضحة مع المجالات التي طرحتها اتفاقية تحرير التجارة الدولية ضمن اطار خطة عملية موضوعية ومدروسة.

آثار تحرير التجارة الخارجية في الأقطار العربية

لبيان اثر تحرير التجارة الخارجية [2] على الاقطار العربية فلابد من الاشارة الى أن عدد الاقطار العربية المتعاقدة مع منظمة التجارة العالمية يبلغ (11) قطراً ومركز هذه الأقطار ضعيف على الصعيدين التجاري والسياسي. وسيبقى تأثيرها ضعيفاً ذلك لان المفاوضات التجارية كانت وما زالت تتم بين الدول الرأسمالية المتقدمة ومسألة تحرير التجارة العالمية التي ركزت عليها

---

[1] **د. فالح عبدالكريم الشيخلي، دور برنامج تمويل التجارة العربية البينية في تنمية القطاع التجاري العربي - مصدر سابق، ص54.**

[2] **د.تقي عبد سالم العاني، الاثر الاقتصادي للمتغيرات الدولية الراهنة على الاقطار العربية، مصدر سابق، ص25.**

جولة اوروغواي أمر يهم الدول الصناعية وشركاتها المتعدية القوميات فأن الأقطار العربية لن تستفيد كثيراً من تحرير التجارة بل ستتكبد خسائر كبيرة نتيجة هذه الاتفاقية فقائمة الاستيراد من الغذاء سوف ترتفع نتيجة الارتفاع المتوقع بسبب الغاء الدعم او تخفيضه وان الفجوة الغذائية العربية ستزداد بنسبة 25% سنوياً نتيجة لزيادة اسعار الغذاء المستورد وارتفاع قيمته سنوياً سنوياً فالاقطار العربية تستورد ما قيمته 21 مليار دولار سنوياً من السلع الزراعية وستواجه البلدان العربية منافسة في المنتجات الصناعية حيث تمثل المواد الخام نسبة كبيرة من الصادرات العربية، وتسعى الدول المتقدمة الى ابتكار بدائل جديدة للمواد الخام التي تحصل عليها من الأقطار العربية مما سيضعف من مركزها التنافسي، وسيؤثر تحرير التجارة على صادراتها من المنسوجات والملابس، اذ سبق وان حصلت بعض الاقطار العربية على نصيب من صادرات هذه السلع من اسواق الدول الصناعية، خاصة امريكا والاتحاد الاوربي بموجب اتفاقية خاصة بهذه السلع ومن ثم فان تحرير التجارة الخارجية بموجب اتفاقية (الجات) سيحرم الاقطار العربية من الامتيازات التي كانت قد حصلت عليها.

فقد نصت اتفاقية جولة اورغواي على توسيع نطاق السلع الصناعية المشمولة بالاعفاء الكمركي وان الغاء الحواجز الكمركية سيجعل من الصعوبة على كثير من الصناعات الوطنية العربية أن تنافس المنتجين الاكفاء والاغنى في الدول الصناعية المتقدمة مما سيؤدي الى فتح الاسواق امام السلع الكهربائية والالكترونية مثلاً الى حرمان الاقطار العربية التي لا توجد فيها هذه الصناعات من فرصة اقامتها والى تدمير الصناعات الناشئة حديثاً في عدد من الأقطار نتيجة المنافسة الخارجية الحادة.

خلاصة ما تقدم. لا يمكن أن نقلل من الاثار والمخاطر السلبية التي ستواجه الاقتصادات العربية بعد تحرير التجارة عالمياً سواء انضمت الاقطار العربية ام لم تنظم الى منظمة التجارة العالمية. اذ أن الاقتصادات العربية مازالت مشوهة وصادراتها من السلع باستثناء النفط لا تتجاوز 3% من اجمالي الصادرات السلعية العالمية. كما أن الاقطار العربية من الدول المستوردة للغذاء. ولكي تتمكن من مواجهة الاثار السلبية فالضرورة تقتضي أن تعيد اهتمامها بالمزايا النسبية الاقتصادية والتجارية التي تتمتع بها في اطار الاقتصاد العالمي. وان تعمل على تكثيف استثمار تلك المزايا، وتزيد من انتاجية رأس المال بشكل عام واجراء تغيرات جذرية في اتخاذ القرار الاقتصادي وتخصيص الموارد للاستفادة من المزايا النسبية التي تتمتع بها الاقطار العربية كما أن الخيار الوحيد للتعامل مع منظمة التجارة العالمية. والاستفادة من المادة 24 من اتفاقية الجات التي اجازت قيام اتحاد كمركي او منطقة تجارة حرة تعطي من خلالها تمييزاً للدول الأعضاء في التكتل دون غيرها مما يعني ان التكتل التجاري العربي او التكامل الاقتصادي العربي سيمكن

الاقطار العربية من انشاء قوة اقتصادية بينها وبين مساوئ تحرير التجارة دون أن يمنعها من الاستفادة من ميزات هذا التحرير.

أن التحديات التي تطرحها منظمة التجارة العالمية تمثل فرصة للاقطار العربية يمكن استثمارها، فالسياسات الوقائية التي ينبغي لهذه الاقطار اتخاذها للتعامل مع الجوانب الزراعية والصناعية والخدمية لاتفاقية الجات تكاد تكون نفسها السياسات التي عليها أن تتخذها لكي تتمكن من تحقيق تنمية فعلية في الوطن العربي. وفي مقدمتها ازالة القيود الكمركية والكمية والمعوقات الاخرى بين الاسواق العربية لتسهيل انتقال السلع والخدمات وتطوير آليات تمويل وفتح منافذ التسويق للمنتجات العربية وبالشكل الذي يزيد من نسبة التجارة العربية البينية وان تعمل الاقطار العربية على احياء وتطوير المشروعات العربية المشتركة خاصة تلك المشروعات التي ستعود فائدتها على كل الاقتصاد العربي[1].

المبحث الخامس
أثر العولمة على التوظف والبطالة

من التحديات التي تواجه الاقتصاد العربي والناجمة عن أثار العولمة هو زيادة البطالة في سن العمل في غالبية الاقطار العربية حيث لم تسلم منها حتى الاقطار النفطية الخليجية التي تعتبر من الاقطار المستقبلية للعمالة الوافدة والتي تتسم بقلة الكثافة السكانية ووفرة الموارد المالية لبرامج التشغيل، كما شملت البطالة خريجي الجامعات والمعاهد العليا وبشكل متزايد مع مرور الزمن ونسبة كبيرة منها تتركز في المناطق الحضرية، كما ان معظم الاقتصادات النفطية اصبحت تواجه مشكلة اخرى تتمثل في ايجاد فرص العمل المستمر لاعداد متزايدة من المواطنين المنظمين الى القوى العاملة في حين تزايدت نسبة البطالة في الدول العربية غير النفطية التي هي اساساً كانت تعاني من هذه المشكلة منذ مدة طويلة غير ان المشكلة تفاقمت ومما ساهم في حدتها في غالبية الاقطار العربية بسبب اجراءات الاصلاح الاقتصادي وسياسات التثبيت والتصحيح الاقتصادي. حيث ترتب عنها الاستغناء عن خدمات نسبة كبيرة من الايدي العاملة التي كانت تحصل على فرص الاستخدام في المشاريع العامة فقدتها بعد بيعها للقطاع الخاص، وتقلص نشاط المؤسسات الانتاجية بشكل عام ومن المحتمل ان يزداد معدل البطالة مع بدء العمل باتفاقية الجات نتيجة تدني معدل نمو الانتاج العربي مقارنة بالانتاج العالمي ومن المتوقع تفاقم مشكلة البطالة في الامد القصير والمتوسط خلال المرحلة الانتقالية المتاحة لدول الجنوب لتكيف اوضاعها

---

[1] د.تقي عبد سالم العاني - الاثر الاقتصادي للمتغيرات الدولية الراهنة على الاقطار العربية، مصدر سابق، ص25.

الاقتصادية للتعامل مع المتغيرات الجديدة (5-10 سنوات) وسيناقش المبحث الواقع العربي ومن ثم اثر العولمة على زيادة حجم البطالة من خلال:

1- واقع التوظف في الوطن العربي.

2- التوزيع القطاعي للقوى العاملة.

3- اثر العولمة على التوظف وزيادة معدل البطالة.

1- واقع التوظف في الوطن العربي:

عند مقارنة الهيكل السكاني للوطن العربي مع واقع التوظف تظهر حقيقة بارزة تتمثل بوجود اختلال في تركيب وتوزيع الموارد البشرية حيث تعاني بعض الاقطار العربية من زيادة عرض العمل مقارنة بالطلب عليه وبشكل يفوق احتياجاتها ولم يقتصر الاختلال بين حجم العرض الكلي للعمالة والطلب الكلي عليها، حسب امتداد هذا الاختلال الى عرض بعض التخصصات والطلب عليها على المستوى القطري[1]. وبالمقابل فان بعض الاقطار العربية تعاني من نقص نسبي في مواردها البشرية مع زيادة في عرض عناصر الانتاج الاخرى (الارض او راس المال) ولم يتمكن العرض المتوفر من الايدي العاملة في كل قطر من هذه الاقطار من تلبية احتياجاته التنموية كافة وبالشكل الذي يحتاجه[2].

امر بديهي مع هذا الواقع ان تبقى الموارد الطبيعية للاقطار العربية المجموعة الثانية (دول الخليج العربي) معطلة وغير مستثمرة استثماراً مناسباً في حين تعاني المجموعة الاولى من الاقطار العربية من البطالة مما سيترتيب عن ذلك اثار سلبية اقتصادية واجتماعية وسياسية والاقطار العربية النفطية خاصة اقطار الخليج العربي، هي التي تعاني من العجز في العمالة، في حين تشكل بقية الاقطار العربية فائضاً في العاملة بكثافتها السكانية العالمية وذات الموارد المادية المحدودة.

فمع دخول بعض الاقطار العربية مرحلة الطفرة النفطية، تمت مواردها المالية وتراكمت فزادت معدلات الانفاق الحكومي الجاري والاستثماري ادى ذلك الى زيادة الطلب على الايدي العاملة لتوسيع شبكات البنية الاساسية، واتسع نطاق التشييد والعمران واقامة المشروعات الانتاجية والخدمية الحديثة. لوم يكن تحقيق ذلك ممكناً دون الاستعانة بالعمالة الوافدة بالنظر لضعف القاعدة البشرية الوطنية في الدول النفطية. ونتيجة لذلك فقد تزايدت معدلات نمو قوة

---

[1] نجيب عيسى، قضايا التشغيل والتنمية البشرية في البلدان العربية، سلسلة دراسات التنمية البشرية (8)، الامم المتحدة، نيويورك، 1997، ص19.

[2] د. ابراهيم سعد الدين ود.محمود عبد الفضيل، انتقال العمالة العربية، المشاكل - الاثار السياسية، مركز دراسات الوحدة العربية، ط3، بيروت، 1991 ص27.

العمل الوافدة بشكل كبير فاق العرض المحلي من الايدي العاملة الوطنية وهذا ما يشير اليه الجدول الآتي.

جدول رقم (25)

الايدي العاملة العربية في دول مجلس التعاون الخليجي للفترة من 1980-1995

نسبة الايدي العاملة الوطنية الى اجمالي الايدي العاملة %	الايدي العاملة الوطنية بالالاف	اجمالي الايدي العاملة بالالاف	السنوات
40.6	1927.2	4749.6	1980
33.9	2107.2	6212.2	1985
38.7	3654.1	9426.3	1990
44.6	542.3	12134.4	1995
	1.8%	5.5%	نسبة النمو

المصدر: مجلس التعاون لدول الخليج العربية، الامانة العامة النشرة الاقتصادية، العدد 3، لسنة 1998 رقم (34)، ص79.

ونستنتج من الجدول الاتجاهات التالية:

1- تراجع نسبة الايدي العاملة الوطنية الى اجمالي الايدي العاملة من 40.6% عام 1980 الى 33.9% عام 1985 ثم اخذت في الارتفاع عام 1990 لتصل الى 38.7% وازدادت النسبة عام 1995 لتصل الى 44.6%.

2- بلغ معدل نمو الايدي العاملة الوافدة اعلى من معدل نمو العمالة الوطنية.

3- الزيادة المتحققة من عام 1990-1995 هو نتيجة لما تواجهه دول الخليج من عجز في الميزانيات العامة وزيادة الضغوط المحلية لتوظيف العمالة الوطنية كما تواجه دول عربية اخرى زيادة سكانية هائلة مما يشكل طلباً متزايد على العمل في هذه البلدان[1].

ومن خلال النظرة الموضوعية لحركة العمالة العربية تتضح بعض المؤشرات وكما يلي:

1- تدفق معظم العمالة من الاقطار العربية ذات الكثافة السكانية العالية، لقلة فرص العمل وانخفاض الاجور الى الاقطار العربية النفطية (المستقبل للعمالة) لتوفر فرص العمل والارتفاع النسبي للاجور. بالرغم من محدودية تلك العمالة عند مقارنتها مع العمالة الاجنبية العاملة في دول الخليج العربي.

---

[1] شملان يوسف العيسى، تأثير ازمة الخليج في العمالة العربية، المستقبل العربي، العدد 254، نيسان / ابريل 2000، ص42.

2- ان حركة العمالة العربية عابرة وغير مستقرة لاعتماد دول الخليج سياسة سكانية غير معلنه، اذ ان قوانين الجنسية والاقامة تحول دون تحقيق هجرة سكانية واسعة ودائمة. كما عمدت الاقطار الخليجية الى فصل الوافدين اليها عن النسيج الاجتماعي والاقتصادي وخشيتها من ان تذوب مجتمعاتها في خصم العمالة الوافدة ومحاولتها لايجاد تركيبة سكانية متوازن وهذا يتناقض مع العمل القومي المشترك والبعد الامني القومي والتصور المستقبلي وعلاقة ذلك بالمحيط الخليجي والمحيط العربي والموقف من قضايا التكامل والتعاون العربي خاصة في ظل الاتجاهات المعاصرة للتكتل في الدول المتقدمة.

3- خضوع حركة العمالة العربية الوافدة يقود وضوابط عديدة (تأشير دخول تصريح اقامة)، اذن بالعمل. مما يعني وجود صعوبات متعددة للحيلولة دون قيام سوق عربية موحدة للعمل[1].

4- لقد ادت التطورات الاقتصادية الجديدة في العالم قبل التسعينات وخلالها الى اتجاه عدد من الاقطار العربية لإتخاذ خطوات واجراءات وتطبيق سياسات الاصلاح الاقتصادي من اصلاحات مالية ونقدية واصلاح هياكل الانتاج والخدمات وتقليص دور الدولة في السيطرة على الاقتصاد وتشجيع القطاع الخاص. فضلاً على اتخاذ الاقطار العربية خطوات عملية في مجال سياسة تحرير التجارة من خفض الكمارك وحرية التبادل التجاري وازالة القيود ومعالجة مشاكل العجز في الموازنة العامة والميزان التجاري وميزان المدفوعات وخفض نسبة التضخم الى وجود طاقة تشغيل عالية وغير مستخدمة والانخفاض في الطلب على العمالة[2].

5- كما تواجه بعض اقطار الوطن العربي خصوصاً الخليجية منها عجزاً في الميزانيات العامة[3]. لخفض اسعار النفط جراء الضغط الخارجي اضافة الى زيادة الضغوط المحلية

---

(1) د. ابراهيم سعد الدين و د. محمود عبد الفضيل، انتقال العمالة العربية، مصدر سابق، ص81-109.

(2) مكتب العمل العربي، قسم الدراسات، مستقبل هجرة العمالة العربية الى دول الجماعة الاوربية، مجلة العمل العربية، العدد 63 كانون الثاني / يناير - اذار / مارس 1996، ص54.

(3) ان اسباب العجز في الميزانيات العامة للدول الخليجية - هو لتحملها تكاليف العدوان المستمر على العراق من قبل الولايات المتحدة الامريكية حيث بلغت التكاليف حسب تقرير اعدته اذاعة صوت امريكا في نيسان 1992 حوالي 61 مليار دولار لم تتحمل امريكا منها سوى 7 مليارات مما يعني ان معظم الرقم تحملته الدول الخليجية لقد اصبح معروفاً تغطيتها لكل نفقات وجود القوات العسكرية المتحالفة وجزء كبير من نفقات العمليات العسكرية المستمرة على العراق اضافة الى القروض او المنح والمساعدات التي قدمتها للعديد من الدول الاجنبية والعربية خلال المدة ما بعد 2 آب 1990 لخلق جو عالمي عربي مناسب اضافة الى شراء دول الخليج الاسلحة من امريكا وبريطانيا وخزنها في السعودية والكويت تحت ذرائع واهية. كل تلك النفقات حولت هذه الدول من دول فائض الى دول عجز.

بتوظيف العمالة الوطنية فالواقع الجديد في السعودية والكويت وغيرها من دول الخليج العربية يتمثل في الزيادات الكبيرة من الخريجين من ذوي المؤهلات العالية والمتوسطة بين الجنسية والراغبين في العمل. وظهور بطالة لاول مرة بين العمالة الوطنية خلال السنوات الماضية[1]. وقد ادى ذلك الى انخفاض الطلب على العمالة الواحدة الى دول الخليج العربي وتضررت قيمة ذلك العمالة العربية عموماً.

2- التوزيع القطاعي للقوى العاملة العربية:

لقد تراجع عدد العاملين في قطاعي الصناعة والزراعة لصالح قطاع الخدمات اذ يقدر اجمالي القوى العاملة نحو 98 مليون مشتغل وبنسبة 35.9% من مجموع السكان في الوطن العربي لعام 1999 حيث تراجعت نسبة العاملين في قطاعي الصناعة والزراعة من 42% و 26% عام 1985 الى 36 و 20% عام 1998.

كما يلاحظ الاختلاف في نسبة العاملين في قطاع الخدمات على مستوى الاقطار العربية حيث استأثر هذا القطاع بنسبة اكبر من قطاعي الزراعة والصناعة. والجدول التالي يبين لنا ذلك

جدول رقم (26)

يبين توزيع القوى العاملة على القطاعات الاقتصادية / في الوطن العربي %

نسبة العاملين في قطاع الخدمات الى قوة العمل	نسبة العاملين في قطاع الصناعة الى قوة العمل%	نسبة العاملين من قطاع الزراعة الى قوة العمل %	نسبة القوى العاملة السكان	مجموع القوى العاملة مليون	مجموع السكان مليون نسمة	السنوات
32.3	25.8	41.9	30.8	59	190928	1985
44.9	20.4	34.7	34.8	76	252.8	1995
44.4	20.0	35.6	35.9	97	269961	1998

الجدول – اعداد الباحثة

المصدر: التقرير الاقتصادي العربي الموحد لعام 1995، 1997، 1998، 1999 .

كما يتضح لنا. بالرغم من ان حجم القوى العاملة يتجه في الارتفاع النسبي الطفيف. وان نسبة العاملين في قطاع الزراعة من اجمالي القوى العاملة قد انخفض بنسبة 7.2% خلال الفترة

---

[1] مكتب العمل العربي، قسم الدراسات، مستقبل هجرة العمالة العربية الى دول الجماعة الاوربية، مصدر سابق، ص56.

-594-

من 1985-1995 على الرغم من ارتفاع عدد السكان في الوطن العربي في الفئة العمرية اقل من 15 سنة واتساع الشريحة الوسطى من الهرم السكاني الفئة العمرية من 15-65 سنة فضلاً عن زيادة مشاركة المرأة في العمل والاطفال ايضاً.

وخلال الفترة من 1995 – 1998 فقد تصاعدت نسبة العاملين في القطاع الزراعي ويعود السبب في ذلك مساهمة المرأة في العمل بهذا القطاع وبمشاركة الاطفال مقابل ذلك تراجعت نسبة العاملين في القطاع الصناعي من 25.8% عام 1985 الى 20.4% عام 1995 والى 20% خلال عام 1998 في حين ان قطاع الخدمات احتل المرتبة الاولى في اشتغال العاملين فيه ليكون القطاع الزراعي في المرتبة الثانية والقطاع الصناعي في المرتبة الثالثة.

ويتوقع ان يستمر الانخفاض في القطاع الزراعي بسبب ادخال التقنية الحديثة في هذا القطاع والهجرة من الريف الى المدينة ويؤثر هذا في هيكل القوة العاملة العربية وقد تم التحول لصالح قطاع الخدمات حيث استأثر هذا القطاع على الحجم الاكبر من القوى العاملة فقد سجل نمواً ملحوظاً خلال عقد من الزمن وقد يشهد استقرار في المستقبل. في حين سيشهد قطاع الصناعة قدراً من الاستقرار مع ميل للانخفاض نتيجة سياسات الاصلاح الاقتصادي الحالية في عدد من الدول العربية[1]. وتعتبر نسبة مشاركة المرأة العربية في النشاط الاقتصادي من ابرز مواطن الضعف في تركيبة القوى العاملة العربية. والجدول التالي يوضح ذلك:

جدول رقم (27)

نسبة مساهمة النساء في قوة العمل من 15 سنة فاكثر الى مجموع القوى العاملة

القطر / السنة	الاردن	الامارات	البحرين	تونس	الجزائر	جيبوتي	السعودية	السودان	سورية	الصومال	العراق	عمان	فلسطين	قطر	الكويت	لبنان	ليبيا	مصر	المغرب	موريتانيا	اليمن
1980	14.7	5.1	-	28.9	21.4	-	7.6	26.9	23.5	-	17.3	6.2	-	-	13.1	23.6	18.6	26.5	23.5	45	32.5
1998	23.3	14.1	-	31.2	26.4	-	14.8	29.0	26.5	-	19	15.7	-	-	31.2	29.0	22.1	29.7	34.7	43.8	28

الجدول من اعداد الباحثة.

المصدر التقرير الاقتصادي الموحد للاعوام 1995، 1996، 1997، 1998، 1999.

---

[1] صندوق النقد العربي – التقرير الاقتصادي العربي الموحد لعام 1996، ص23. صندوق النقد العربي، التقرير الاقتصادي العربي الموحد لعام 1999، ص25.

3- اثر العولمة على التوظف وزيادة البطالة:

من الاثار السلبية الناجمة عن العولمة هو تزايد معدلات البطالة بين السكان وبجميع اشكالها وانواعها لان التحول في شكل ملكية وسائل الانتاج لصالح الملكية الخاصة، لان الطلب على قوة العمل سيكون اقل بكثير من عرض العمل في سن العمل في غالبية الاقطار العربية حيث ستشمل حتى الاقطار الخليجية التي تتسم بقلة الكثافة السكانية ووفرة الموارد المالية اللازمة لبرامج التشغيل ومما زاد من حدة المشكلة هو استمرار وجودها لفترة طويلة حيث تعاني من مشكلات هذه الظاهرة عدد من الاقطار العربية حتى اصبحت من المشاكل المزمنة مع ارتفاع معدلاتها وزيادة نسبتها مع الزمن اضافة الى ظهورها في عدد من الاقطار التي لم تعان منها بمستويات منخفضة نسبياً وقد طالت هذه الظاهرة في السنوات العشرة الاخيرة ومنذ ظهور (العولمة) خريجي الجامعات والمعاهد العليا وبشكل متزايد [1].

ويصعب تحديد حجم البطالة في الاقطار العربية لعدم توفر البيانات والمعلومات الكافية حولها والجهود اللازمة لحلها، فالمتوفر هو بيانات قليلة من مصادر دولية واقليمية حيث اشارت التقارير الصادرة عنها الى ارتفاع معدلات البطالة في عدد من الاقطار العربية الى حوالي 20% في كل من الاردن الجزائر واليمن وتقل 5% في الاقطار الخليجية.

واسباب زيادة البطالة في الاقطار العربية ناجم عن:

1- في جانب العرض، النمو المتزايد للسكان في الاقطار العربية مما يترتب عنها زيادة في اعداد الداخلين الى سوق العمل، ودخول المرأة الى سوق العمل، وزيادة الهجرة من الريف الى المدينة وتحت ضغط محدودية الخدمات في الريف مقارنة بالمتوفر منها في المدن، وضعف نظام التعليم الجامعي وعدم توافقه مع احتياجات سوق العمل، وضعف التأهيل المهني.

2- اما في جانب الطلب، فاسباب تفاقم مشكلة البطالة يعود الى هبوط معدلات النمو في الاقتصادات العربية وعدم تمكنها من خلق فرص العمل التي تتلائم مع جانب العرض اضافة الى السياسات الاستثمارية في بعض الأقطار العربية وتركيزها على الاستثمارات الكثيفة في راس المال التي لا تحتاج الى اعداد كبيرة من الايدي العاملة [1].

كما ان معظم الاقتصادات النفطية قد لا تواجه مشكلات في ارتفاع كبير في معدل نسبة البطالة الا انها تواجه تحدي كبير يتمثل في ايجاد فرص العمل المستمر لاعداد متزايدة من المواطنين المنظمين الى القوى العاملة.

ومن خلال النظر الى هيكل الاقتصاديات العربية نجد ان نسبة كبيرة من البطالة تتركز في المناطق الحضرية ذلك لان نسبة السكان في المناطق الحضرية تبلغ اكثر من 60% في الاقطار العربية [2].

---

[1] صندوق النقد العربي التقرير الاقتصادي العربي الموحد لعام 1999، ص24.

وتمثل البطالة احدى التحديات الرئيسية في الأقطار العربية، بما فيها الاقطار الخليجية، غير ان معدل البطالة في الوطن العربي يزيد عن 20% من اجمالي القوى العاملة حيث تبلغ في مصر ـ 8% وفي سورية ولبنان 9% وفي الاردن 15% والمغرب 18% ويتجاوز عن 20% في كل من الجزائر وفلسطين واليمن [3]. لعام 1999 مقابل ذلك فقد كان معدل البطالة عام 1992 في الجزائر 18.6 والاردن 15% واليمن 12% وفي السودان 16.5% ومصر ـ 9.2% والمغرب 16% وفي تونس 16.2 وبلغ مجموع عدد العاطلين عن العمل في هذه الدول عام 1992 حوالي (7) مليون عاطل ولا يشمل هذا العدد البطالة المقنعة. ورغم ان استمرار ارتفاع هذه المعدلات يعود في الاساس للاختلالات الهيكلية في اقتصادات هذه الدول ومحدودية قدرتها على خلق فرص عمل جديدة واتباع برامج الاصلاح الاقتصادي وما يرتبط بها من سياسات لتحرير الاقتصاد.

ومما ساهم في تزايد حدة البطالة في غالبية الاقطار العربية هو ما افضت اليه اجراءات (الاصلاح الاقتصادي) وسياسات التثبيت التي التزمت بها في اطار برامج التصحيح الاقتصادي. والتي اكتسبت زخماً كبيراً في زيادة اعداد للأقطار العربية اذ ترتب عن هذه الاجراءات الاستغناء عن خدمات نسبة كبيرة من الايدي العاملة التي كانت تحصل على فرص الاستخدام في المشاريع العامة فقدتها بعد بيع هذه المشاريع الى القطاع الخاص او بعد شطبها او تقليص نشاطاتها واحجامها، كذلك فان تقليص التحولات والدعم الحكومي في هذه المؤسسات وخفض الحماية التي كانت تتمتع بها نتيجة بلورة تحرير التجارة الخارجية ادت الى اغلاق البعض منها وبالتالي فقدان بعض العاملين فيها لوظائفهم وتقلص نشاطات المؤسسات الانتاجية بشكل عام [4]

---

[1] المصدر السابق نفسه، ص23.

[2] باتريشيا الونسو جامو، محمد العريان واخرون (الاصلاح الاقتصادي والنمو العمالة والقطاع الاجتماعي في الاقتصادات العربية) ندوة عقدت في كانون الثاني 1996 - ابو ظبي، تحرير طاهر كنعان، ص27.

[3] صندوق النقد العربي - التقرير الاقتصادي العربي الموحد لعام 2000، ص28-30.

[4] المصدر السابق نفسه، لعام 1999، ص24.

كما لم تشهد الدول العربية التحسن المنشود على صعيد النمو الاقتصادي او على صعيد الرفاهية الاجتماعية كل ذلك ادى الى تزايد البطالة.

ومن المحتمل زيادة معدل البطالة في العديد من الدول العربية مع بدء العمل باتفاقية (الجات) نتيجة تدني معدل نمو الانتاج العربي على مستوى العالم حيث تصل نسبة الانتاج الزراعي 1.5% والصناعي 0.5% من الانتاج العالمي. ومن المتوقع ان تتفاقم مشكلة البطالة في الامد القصير وربما المتوسط خلال المرحلة الانتقالية المتاحة لدول الجنوب لتكيف اوضاعها الاقتصادية للتعامل مع المتغيرات الجديدة (5-10 سنوات). اما الوضع في المستقبل فيتوقف على مدى مرونة واستجابة الدول العربية لمتطلبات التطوير ومدى تكتلها وتكاملها واندماجها معاً لمنع تفاقم تلك المشكلات ومدى قدرة الدول العربية على تخطي العديد من الصعوبات:

1- قلة حجم القوى العاملة مقارنة بزيادة حجم السكان.

2- تبني بعض الدول العربية لبرامج الاصلاح الاقتصادي.

3- اختلال التركيبة السكانية وارتفاع نسبة الاعمال وتدني الانتاجية.

4-تيارات الهجرة العربية المرتدة من الدول العربية والاوربية كانعكاس للوحدة الاوربية والاوضاع العربية، لتنامي السلوك العدائي ضد العمالة العربية في اوربا وصدور القوانين المقيدة للحصول على الجنسية حيث بلغ مجموع المهاجرين العرب الى اوربا نحو مليون وربع المليون عامل ضمن مجموع المهاجرين في حدود 3 مليون عربي.

5- ارتفاع نسبة العمالة الاجنبية الى اجمالي عدد السكان في عدد من الدول العربية.

6- تراجع فرص التنقل بين الدول العربية [1].والجدول رقم (28) يبين حجم القوى العاملة 1990 - 2000 والمتوقعة لغاية 2010.

اضافة الى ما تقدم فان الاقتصادات العربية ما زالت معرضة للتأثر سلباً بالتقلبات في الاوضاع الاقتصادية الدولية بسبب محدودية القاعدة الانتاجية وعدم تنوعها ويقود هذا الى النظرة في اوضاع الاستثمارات الاجمالية في الاقطار العربية حيث يمكن ملاحظة امرين رئيسيين في ذلك ان الزيادة التي كان مؤملاً حدوثها في الاستثمارات الخاصة على خلفية الاصلاحات التي نفذت لم تتحقق بالشكل المطلوب حتى الان - اما الجانب الاخر فهو مردودية الاستثمارات الاجمالية لم تكن متناسبة مع حجمها في بعض الدول العربية[2].

---

[1] منظمة العمل العربية، مكتب العمل العربية، انعكاسات اتفاقية الجات على القطاعات الاقتصادية في الدول العربية - مصدر سابق، ص302-303.

[2] صندوق النقد العربي، التقرير الاقتصادي العربي الموحد لعام 1999، ص25.

اذن ان الحل لتجاوز مشكلة البطالة على المدى المتوسط والطويل في بعض الدول العربيـة يتوقـف عـلى النجـاح في تحقيق معدلات نمو مرتفعة ومستمرة وتنويع القاعدة الانتاجية.

جدول رقم (28)

حجم القوى العاملة من 1990 - 2000 وحجم القوى العاملة المتوقعة لغاية عام 2010

السنة / القطر	1990	1995	2000	2005	2010
تونس	2645	3061	3524	2987	4579
الجزائر	5522	6779	8257	10022	12090
السودان	8633	10178	12043	14251	16810
الصومال	2204	2463	2807	3215	3694
فلسطين	527	621	731	845	974
مصر	16261	18665	21472	24452	27412
المغرب	7843	9202	10771	12565	14522
اليمن	2797	3386	4133	5091	6340
المجموع الجزئي	46532	54355	62739	74428	86421
العراق	5119	6254	7641	9263	11095
الاردن	749	645	1161	1423	1757
لبنان	901	1046	1192	1355	1536
موريتانيا	680	793	936	1114	1334
سورية	2101	3799	4622	5621	6847
جيبوتي	223	257	295	341	397
المجموع الجزئي	10773	13094	15847	19117	22966
الامارات	946	1040	1124	1183	1215
البحرين	218	257	296	328	373
السعودية	3471	4220	5121	6182	7443
عمان	390	449	526	622	738
قطر	209	237	262	293	318
الكويت	789	914	1030	1165	1296
ليبيا	1190	1419	1681	1992	2264
المجمع الجزئي	7213	8536	10040	11775	13747
المجموع الكلي	64518	75985	89626	105330	123134

المصدر: اسقاطات القوى العاملة العربية 1980 / 2010.

منظمة العمل العربية مكتب العمل العربي، انعكاسات اتفاقية الجات على القطاعات الاقتصادية في الدول العربية، ص204.

الخاتمة

غالباً ما يشار الى ان الدراسات المستقبلية لا تسمح بوضع خاتمة لها. فالخاتمة تشير الى نقط نهاية معينة في حين ان دراستنا تشير الى نهايات مفتوحة مقترنة بالمستقبل وهذا الامر يثير الارتباك. ان بيان الاثار المستقبلية لاليات العولمة الاقتصادية في الاقتصاد العربي وتحليل تلك الاثار لبيان مدى تأثيرها ودورها مما يعني ان الدراسة تنصرف الى دراسة تلك الاليات ووصفها والتعرف على دورها.

انطلاقاً من مشكلة البحث لاثبات برهان الفرضية والمشكلة تنبع من حالة اليقين بخصوص استمرار وانفراد اليات العولمة الاقتصادية في انها اتخذت طابع المحرك القوي باتجاه العولمة وارتبط تلك الاليات بالعولمة بهدف تسريعها. فهل سنستمر هذه الاليات الى ما لانهاية. ام ان هناك متغيرات ستفعل فعلها لانهيار تلك الاليات التي اقترنت بالعولمة.

برغم ان المستقبل هو امتداد للماضي والحاضر فأن الدراسة وتبعاً لمضامين فصولها يمكن ان تؤشر التالي من الاستنتاجات والتوصيات:

أولاً: الاستنتاجات:

1- لم يكن ممكناً التوصل الى تعريف واف للعولمة الا بعد معرفة ما يحيط العولمة بالدراسة واتضحت لنا تفصيلاتها – بابعادها وافاقها. وسماتها وطبقاً لهذا يمكن ان نضع التعريف الشامل لها حسب ما توصلنا اليه "العولمة مرحلة من مراحل الرأسمالية غايتها فرض مبادئ وقواعد ومفاهيم النظام الرأسمالي وتعميم النموذج الامريكي للهيمنة على العالم وفق الشروط التي تحددها اممية راس المال وسيطرتها على مقدرات العالم".

2- تبين لنا من خلال الدراسة ان مصطلح العولمة لا يمت بصله الى اللغة العربية، ولم يكن له وجود في القواميس الانكليزية ايضاً، غير ان المروجين لها نشروه عام 1991 واعتباره من الكلمات الجديدة، وهذا امر بديهي فالقائم على التغير يصفه حسب رؤيته، وعلى الرغم من ان المعنى اللغوي يشير الى اكساء الشيء طابع العالمية، وجعل نطاقه عالمياً، فان دلالته ليست بهذه البراءة مما يعني ان مصطلح العولمة فيه من المراوغة. وهذا ما دفع البعض الى تجنب تعريفه.

3- اتضح لنا ان العولمة قديمة قدم التاريخ الرأسمالي غير ان ظهورها بصيغتها الجديدة تمثل مرحلة جديدة من مراحل تطور الرأسمالية ليصبح فيها الاقتصاد الدولي اكثر تكاملاً واندماجاً

وانها ظهرت مع انهيار الاتحاد السوفيتي وظهور التكنولوجيا وتقنية الاتصالات المتطورة لتتسيد امريكا على العالم.

4- توصلت الدراسة بان هناك اجماع على ان العولمة هي الهيمنة، وان الرأسمالية كنمط انتاج تتغير ملامحها واساليبها في الاستغلال عبر الزمن، والعولمة صيغة من صيغ الهيمنة، والنطاق الدولي بتعاقب ولا يتشابه والعولمة عملية احتوائية شاملة لبلدان الجنوب في النظام الاقتصادي والسياسي الدولي، قواعده غير متوازنة في توزيع المنافع الهدف السياسي للنظام الرأسمالي الامريكي، هو الغاء النسيج الحضاري والاجتماعي للشعوب. وان اهم سمة للنظام الرأسمالي العالمي الراهن هو ما يسمى بالعولمة المالية، وان الدولة الرأسمالية المهيمنة في النظام الرأسمالي تقوم بالعمل على تأمين سلامة نظامها، ثم توسعه عبر تحقيق حرية التجارة الخارجية، وحرية انتقال الرساميل.

5- اصبح واضحاً – ان مفهوم العولمة مفهوم مركب، يشمل ابعاد اقتصادية وسياسية وثقافية واجتماعية، وصفة التركيب تلك لا تنبع فقط من تعدد الابعاد التي يشير اليها المفهوم وانما من استخدامه ايضاً للتعبير عن كل التغيرات التي تحدث في هذه الابعاد المختلفة والاثار الناجمة عنها. فالعولمة ليست مجرد عملية احادية الاتجاه، بل هي في جوهرها تعبير عن ديناميكية معقدة.

6- توصلت الدراسة الى ان العولمة تشير في جوهرها وحقيقة امرها الى امركة العالم، او ان الامركة هي الاسم الحركي للعولمة، فالعولمة تساوي الامركة، لانها التي تقود ما يسمى بالنظام العالمي الجديد في حين اشار اخرون انها تشير الى الاهمية المتزايدة للسوق العالمي لاضفاء الطابع الايديولوجي على المفهوم طابع ايديولوجي، عند وصفها بانها تجسيد لواقع ايديولوجي ثقافي معين أي انتصار قيم السوق والليبرالية السياسية (السوق + الديمقراطية).

7- توصلت الدراسة الى ان نظام العولمة يقوم على التجارة والشركات حيث تشكل الشركات العابرة القوميات العنصر الاساس في مفهوم العولمة وتراجع عام لدور الدولة وانحسار نفوذها وتخليها عن مكانها شيئاً فشيئاً لمؤسسات تتعاظم قوتها يوماً بعد يوم هي الشركات.

8- بينت الدراسة ان العولمة في الرأسمالية حالة متكررة ومتجددة الاشكال خلال مراحل تطورها وهذا الواقع ليس بعيداً عن واقع الرأسمالية التي تشهد بين الحين والاخر تطورات تزيد النظام تداخلاً وتشابكاً وما ان تظهر تناقضات النظام تحاول الرأسمالية فك ذلك الاشتباك لتستمر.

9- اصبح واضحاً ان الافكار النيوكلاسيكية هي مصدر الليبرالية الجديدة، ومنذ البداية فقد نقلت الرأسمالية اسلوب انتاجها الى خارج حدودها، وكانت تسعى دائماً لادماج العالم في سوق

عالمية واحدة، وظل القانون الاساس الذي يحكمها هو قانون التطور غير المتكافئ في الخارج. فالليبرالية الجديدة المهيمنة على العالم، والمطلوب من العالم اجمع تطبيق فكرها بعد سيادتها عليه اثر انهيار التجربة الاشتراكية في الاتحاد السوفيتي، فالليبرالية الجديدة تستخدم كل الوسائل لتعميم فكرها على العالم.

10- لقد بات مؤكداً ان العولمة جاءت تلبية لحاجة النظام الرأسمالي للتخلص من ازمته الحادة والمستديمة (التضخم الركودي)، وتلبية لحاجة النظام الرأسمالي لفرض سيطرته على كل العالم، وقد استغلت الرأسمالية الفرصة السانحة لفرض القطبية الاحادية بعد تفكك وانهيار القطب السوفيتي، ومنع بروز اقطاب منافسة لها. واستئناف توسعها السريع في الانتاج والتراكم الرأسمالي.

11- واصبح واضحاً ان المواقف التي عبرت عنها التيارات الفكرية الاقتصادية للخروج من ازمة التضخم الركودي، هي تعبير عن ايمانهم بالرأسمالية كنظام امثل يفضل على غيره من النظم، ومحور الخلاف بينهم ينحصر في الوسائل التي تعتقدونها مناسبة لانقاذ الرأسمالية. فكل التيارات تشكل روافد تلتقي من الجوهر مهما احتدث خلافاتهم في ايديولوجية واحدة هي ايديولوجية الفكر الليبرالي.

12- توصلت الدراسة الى ان الثورة العلمية والتقنية هي القوة الرئيسية التي اسست العولمة، وان التحول الجوهري الذي حققته الثورة العلمية والتقنية في الدول الرأسمالية، وفر لها المجال الواسع للتحكم في النشاط الاقتصادي بما يؤدي الى تبديل هيكل التقسيم الدولي للعمل واعادة تصنيف الانظمة الاقتصادية والاجتماعية على وفق مقاييس يضعها المشترطون. وانها المسؤولة عن كل المخاطر الامنية والثقافية والسياسية التي تواجه الامم والشعوب الرامية من اجل تحريرها وتحقيق نموها وسيطرتها على مصيرها واللحاق بعصر العلم والتكنولوجيا. وان التطور العلمي والتكنولوجي الذي حدث هو في حقيقته نتاج موضوعي للتطورات التاريخية التي مرت بها البشرية وهي ملك لها وليس لفئه معينة وبالرغم من استخدامها للترويج للعولمة من قبل الرأسمالية بمفاهيم الدول المتقدمة وليس بما يتطلع اليه الناس في الجنوب وانها ستنقلب خطراً على الرأسمالية في كشف الحقائق العدوانية تجاه الشعوب، وستمهد لاقامة تحالفات سياسية للقوى الرافضة للعولمة ومنعها من الانتشار.

13- اكدت الدراسة ان العولمة الجديدة قسرية ومتوحشة ايضاً، وانها امتداد للعولمة القسرية الاولى بمرحلتيها التي برزت المرحلة الاولى مع نشأة وتطور الرأسمالية منذ القرن السادس حتى اواخر القرن الثامن عشر والمرحلة الثانية من اواخر القرن الثامن عشر الى مطلع عام

1914، وما يميز بين العولمة الاولى القسرية والعولمة الجديدة المتوحشة حيث قامت الاولى على وجود لدولة والمؤسسات السياسية التي تتدخل لصالح ضبط السوق وانشاء نظام معولم على الطريقة البريطانية - اذ هيمنت بريطانيا على 85% من سطح الكرة الارضية وما تدعو اليه العولمة الجديدة هو تدمير الحدود الوطنية وتدمير الدولة والمؤسسات الضابطة باتجاه هيمنة رأسمالية السوق الكونية وتكوين حكومة عالمية من موقع المركز الاعلى للعولمة أي من موقع امريكا - كمحور للعالم - وبقائها في موقع القطبية الاحادية لفرض هيمنتها على كوكب الارض بقوة السلاح حيناً وبقوة السوق حيناً اخر. والاستمرار في سيادة النفوذ لاطول مدة ممكنه من غير شراكه حتى حلفاؤها ومنع ظهور نظام دولي متعدد الاقطاب والبقاء على الهرم الذي تقف في قمته، والاشتراط على العالم بتبني شعارات العولمة لضبط العالم وفق الطريقة الامريكية - امركة العالم - قانونها فرض العدوان والحصارات على العالم تجسدياً لمقولة - الرئيس الامريكي الاسبق فرانكلين روزفلت اذ قال في اعقاب انتهاء الحرب العالمية الثانية " ان قدرنا هو امركة العالم، تكلموا بهدوء، واحملوا عصا غليظة، عندئذ يمكن ان تتوغلوا بعيداً" - فحقائق الوضع الدولي واتجاهاته تؤشران ان امريكا ماضية في سياسة الهيمنة على موارد الجنوب واعادة ترتيبه على الخارطة الاقتصادية العالمية حسب طريقتها - والعولمة وفق المفهوم الامريكي كما يروج لها ليست اقتصادية بل ان المنطلق الاساس فيها هو المصلحة القومية الامريكية والتي تم تحديدها من قبل لجنة المصالح القومية الامريكية التي تم تشكيلها عام 1996 بخمس مصالح اولها - ردع أي هجوم على امريكا باسلحة الدمار الشامل والحيلولة دون ظهور قوى معادية لامريكا وثانيها - القروض والمساعدات الاقتصادية، وفرض العقوبات الاقتصادية كوسيلة مباشرة لتفردها لتعميم مبادئها واهدافها السياسية والاقتصادية على الجميع. وفي حال مخالفة ذلك ستتعرض الى عقوبات فردية من طرف واحد من امريكا او باستخدام قوتها التصويتية وضغوطها الاقتصادية والسياسية للتأثير على المؤسسات والمنظمات العالمية التي تهيمن عليها كالامم المتحدة وصندوق النقد الدولي والبنك الدولي ومنظمة التجارة العالمية كما هو الحال في فرض العقوبات الاقتصادية والسياسية على العراق وليبيا والسودان وفرض العدوان على العراق ويوغسلافيا والسيطرة على الاسواق العالمية وان يكون اسواق العالم مفتوحة لامريكا للسيطرة عليها وضمان بقاء تلك الاسواق تابعة في توجيهاتها للمنظومة الرأسمالية.

14- وتوقعت الدراسة نهاية للعولمة والامركة التي بدأت تتاكل مع مرور الوقت - فالحرص على مركز التفوق الكوني يتطلب ثمناً وسيؤدي ذلك الى انهيارها كما انهارت

الامبراطوريات الكبرى عبر التاريخ - فكل قوة تستمر في النمو ما دامت قدرتها الاقتصادية اكبر من قوتها العسكرية والعكس منها فالتراجع سيكون من نصيبها. وما سيؤدي الى انهيار امريكا هو اثر العوامل الداخلية والخارجية. فتتمثل العوامل الداخلية في ارتفاع مديونيتها وعجز ميزانها التجاري، فقد وصل العجز فيها الى (160) مليار دولار عام 1985، وتراكم الديون الاجنبية التي وصلت الى (100000) مليار لنفس السنة، وتدني مستوى الادخار المحلي الذي يترتب عليه عجز في الاستثمار في البنية التحتية والتنمية. والعجز في اتخاذ القرارات المناسبة للمستقبل، واستمرار الفوارق الاجتماعية كالعنصرية التي ترهق المجتمع الامريكي. اضافة الى اثر العوامل الخارجية في الحد من هذه القدرة حيث تتزايد استثمارات اليابان فيها واستنزافها موارد التنمية الامريكية ودور الصين ومضاعفتها لحجم صادراتها الى امريكا. وتنامي قدرة الصين العسكرية وتخصصها موارد مالية لبناء تلك القوة واتخاذ فرنسا ذات الاتجاه ومحاولة المانيا واليابان لتحقيق التناسب بين قوتها الاقتصادية والعسكرية. وليس بعيداً ان تفرض روسيا نفسها مستقبلاً، والموقف الرافض من فرنسا ودول الاتحاد الاوربي لمحاولة امريكا بفرض ثقافتها عليهم والتحكم في اقتصادهم وتدخل امريكا العسكري في العالم والذي لم يحسم لصالحها بل الغلبة لفرنسا والمانيا التي لم تظهر كثيراً على السطح. ويبقى النفط واحد من الاسباب الرئيسية التي خاضت وتخوض من اجلها امريكا الحروب من العالم. لقلة ومحدودية المصادر الطبيعية فيها خاصة النفط الذي يصل الى ما تمتلكه الى اقل من 5% من احتياطي النفط مقابل استهلاكها 30% من النفط المنتج في العالم ولتجنب ذلك ابتدعت وما زالت تجسيداً لمقولة كيسنجر "على الدول المتقدمة ايجاد نظام قسري معقد للحفاظ على النفط على كوكبنا وبسعر التكلفة اذا ما رغبت في البقاء. هذا التناقض الواضح بين تصاعد القوة العسكرية وهبوط القدرات الاقتصادية لامريكا اخذ في التزايد مما سيترتب عنه مخاطر حقيقية تتحدى هيمنة القطبية الاحادية والعولمة بصنعتها الامريكية.

15- اصبح واضحاً من خلال الدراسة بان العولمة هي واحدة من مشاريع الرأسمالية المعاصرة لادارة ازمة التضخم الركودي، واحدى متطلبات التطور الرأسمالي لتوفير مجالات الاستثمار واستيعاب الفوائض بما يمكن الرأسمالية من تجديد نفسها والتغلب على تناقضاتها والتكيف مع ازمتها واعادة صياغة علاقات الهيمنة على الجنوب. وقد انعكس مضمون العولمة في ادارة الازمة في السياسة الليبرالية التي ترتكز على الحرية المطلقة لحركة انتقال رؤوس الاموال عبر الحدود ودون اية قيود وتبني كل ما هو في مصلحة راس المال وهيمنة الاحتكارات الرأسمالية العابرة للقوميات وانبثقت السياسات التي تضمنها خطاب العولمة

بالاعتماد على اليتين داخلية وخارجية، داخلياً – الدعوة في التحول عن الكينزية معتمدة في ذلك على ايديولوجية الليبرالية الجديدة، وتولت الحكومات في البلدان الصناعية تنفيذ تلك السياسات – اما الالية الخارجية فقد استخدمت لهذا الغرض مؤسسات بريتون وودز ومنظمة التجارة العالمية – لاعادة احتواء دول الجنوب من جديد فقد تولى صندوق النقد الدولي والبنك الدولي مهمة اجبارها على اتباع برامج التثبيت الاقتصادي والتكيف الهيكلي تنفيذاً لمطلب العولمة وعلى حساب التنمية في دول الجنوب كان من نتائجها بروز مشكلة المديونية وتفاقمها وزيادة البطالة في كل مكان وانخفاض عوائد العمل. وتفاقم التبعية التكنولوجية والغذائية لبلدان عديدة. وتفكك نظم انتاجية في العديد من البلدان وتدهور النظم الصحية والتعليمية، واستمرار عب تضخم الديون الخارجية.

16- وتوصلت الدراسة الى ان جوهر العولمة الاقتصادية لا يكمن في مظهرها بقدر ما يكمن في مضمونها اذ تمثل العولمة الاقتصادية مشروعاً سياسياً لليبرالية الجديدة التي ترتكز على قوانين السوق والحرية المطلقة في انتقال البضائع والاموال والاشخاص والمعلومات عبر الحدود دون اية قيود الى جانب تعويم اسعار الصرف وازالة القيود عن النظام المصرفي وانهاء تدخل الدولة في الشؤون الاقتصادية وتصفية القطاع العام واحتياجات التكتلات التجارية، وقرارات المؤسسات المالية والشركات عابرة القوميات المعولمة التي تدير عملياتها الاستثمارية والانتاجية كقوة مستقلة بعيدة عن تدخل الدولة واندماج الاسواق في حقول التجارة والاستثمارات المباشر مما يؤدي الى تقسيم عمل دولي، واختراق الحدود القومية وتفكك هياكل الانتاج الوطنية واحلال هيكل انتاجي عالمي ومن ابرز نتائجها.

أ- ابقاء دول الجنوب بعيدة عن المشاركة في اتخاذ القرار الاقتصادي وخاضعة لشروط الشركات عابرة القوميات.

ب- تعميق الاندماج في السوق العالمي ضمن اطار الرأسمالية المعولمة التي لا تقيدها حدود او ضوابط.

ج- ظهور امبريالية اقتصادية واحدة تتحكم بادارة الاقتصاد العالمي عبر اليات العولمة الجديدة وتقليص القرارات الاقتصادية الوطنية وانتقال مقومات السيادة الوطنية الى مؤسسات العولمة الاقتصادية وغياب السيادة الوطنية عن اتجاه التنمية وفقدان سيطرتها الوطنية على مواردها وخضوعها لمنطق التوسع الرأسمالي.

د- تفكك هياكل الانتاج الوطنيه واحلال هيكل انتاجي رأسمالي معولم محله وتكريس التخلف في دول الجنوب. دفاعاً عن ايديولوجية مصالح الرأسمالية الرامية لابقاء دول

الشمال متحكمة بالتطور الاقتصادي وعلى حساب دول الجنوب واحكام السيطرة على دول الجنوب بتقسيمه وتوجيه ثرواته وامكاناته لخدمة المرحلة الاقتصادية الجديدة للرأسمالية وتعظيم امكانات الانتاج والتسويق والارباح لتحقيق رفاهية المراكز الرأسمالية وعلى حساب افقار الجنوب ومنعه من بناء وحدته الوطنية وتهديمه وابقاء التوسع الامبريالي للمركز افقياً وعمودياً.

والعولمة ليست ظاهرة اقتصادية حسب بل تتضمن كل ابعاد الحياة وتتداخل بعضها مع البعض الاخر من هنا جاء التلازم بين العولمة والعولمة الاقتصادية فمحاذير العولمة الاقتصادية تكمن في انها وتحمل فكرة استبداد القوي الذي يسخر ارادة الشعوب الضعيفة لصالحه وسيطرة المهيمن على الاقتصاد العالمي بالقوة العسكرية حيناً واقتصادية السوق حيناً آخر والادارة السياسية على شعوب العالم. وتكمن فكرة العولمة الثقافية الاذابة التي يقوى عليها من يمتلك ادوات الاتصال والتحكم بالمعلومات وانتاجها وتدفقها دون مراعاة لثقافات الشعوب وحاجاتها وخصوصياتها وامكاناتها لخلق مكون ثقافي عالمي فهي تغريب الانسان وعزله عن قيمه ومبادئه ارضه ووطنه وجعله انساناً مستهلكاً غير منتج وطنه الفضاء وثقافة الصورة، هي مفتاح النظام الثقافي للعولمة وخطابها لما يمتلكه من مقومات التأثير الفعال وتحطيم الحاجز اللغوي. والسلطة والهيمنة على الادراك - ونظام الثقافة الجديد يضخ ملايين الصور يومياً بواسطة الامبراطوريا الاعلامية الواسعة التي تنشر ثقافة السوق والاستهلاك (مسلسلات وافلام وصناعة ازياء وعطور وعنف وجريمة وثراء سريع) يستقبلها المتلقين من البشر في الكون لمحاكات هذا النمط. بالسيطرة على الوعي والادراك الهدف النهائي لاخضاع النفوس وتعطيل فاعلية العقل وتكيف المنطق وقولبة السلوك لسيادة الثقافة الامريكية على العالم.

والعولمة غير منفصلة عن الاعلام الذي يعمم خصائص ومزايا العولمة وغزوها الفكري الذي يرمي لنشر المنظور الفكري لليبرالية وتغيب المنظور الفكري المناقض له فركائز العولمة - الاعلام ووسائل الاتصال الحديثة في عملية اذابة الثقافات والخصوصيات لسيادة ثقافة واحدة لاستعمار العقول والنفوس. واعلام العولمة ينشر ثقافة جديدة تجعل من قبول الافكار السياسية والاقتصادية للعولمة مسألة مقبولة وممكنة.

17- ساهمت الاجراءات التي اعتمدتها الرأسمالية المعاصرة لتحرير حركة رؤوس الاموال من القيود المفروضة عليها والثروة المعلوماتية دوراً في جعل الاسواق المالية اكثر ترابطاً واقدر على ايجاد فرص الاستثمار وقد احدث هذا التطور رواجاً كبيراً في مجال الاستثمارات المالية. وتهيأة الفرص امام حركة رؤوس الاموال للانتقال بين الاسواق وفقاً لمعدلات الفائدة - فانتشرت المضاربة المالية في اسواق الاسهم والسندات والعملات

فصارت المضاربة نشاطاً اساسياً وتعد الازمة التي تعرضت لها بلدان جنوب شرق اسيا نموذجاً لمظاهر ونتائج العولمة والاقتصادات المفتوحة على العالم الخارجي والاسواق الحرة في مجال تأثير عولمة راس المال وحركة الاستثمارات غير المباشرة وظاهرة المضاربات على الاوراق المالية والبورصات، في دول جنوب شرق آسيا كما دفعت موجات المضاربة لتفاقم ازمة المديونية في المكسيك، اضافة الى بروز الازمة السوفيتية الناجحة عن التحول من الاشتراكية الى الرأسمالية والاسراع بالتحول الى نظام حرية السوق وتحرير حركة الرساميل. فالازمات التي مرت بها دول العالم هي واحدة من نتائج العولمة.

وقد اثبتت الدراسة بان ما جرى في دول جنوب شرق اسيا والمكسيك وفي روسيا الاتحادية بعد تفكك الاتحاد السوفيتي وانهياره ان الفرص والامكانات التي اوجدتها سياسة الليبرالية الجديدة امام فوائض راس المال ما تزال محدودة وان فرص الاستثمار المحدودة هذه اتجهت بصورة خاصة الى اعمال البورصة والمضاربات وشراء مؤسسات القطاع العام في اطار تحويل ملكية القطاع العام الى الخاص وبما يعزز هيمنة الشركات لادارة النظام الكوني بتعميق التفاوت بين دول الجنوب واشاعة الفوضى وعدم الاستقرار الاقتصادي والسياسي.

18- اكدت الدراسة أن الترتيبان الشرق اوسطي والمتوسطي - غربيان يمثلان واحداً من اليات العولمة المهمة - ويعملان مجتمعين ومتلازمين لتحقيق الهدف الرئيس للعولمة في الوطن العربي بتكريس التجزئة وشق وحدة الصف العربي - مشرقه عن مغربه - واستحالة تحقيق التكامل الاقتصادي العربي ووحدته الاقتصادية - وضع الترتيبان وينفذا حالياً كبدائل للتكامل الاقتصادي العربي بعد ان اصبح تحقيق الوحدة الاقتصادية والسياسية في الوطن العربي بعيداً في المدى القريب لضعف الارادة السياسية والخلافات القائمة بين النظم العربية وقبولهم بالحلول والبدائل الجاهزة واعتمادهم على السياسات القطرية والترتيب المتوسطي لم يأت ليحل محل الترتيب الاوسطي من اجل تحقيق السلام في منطقة الشرق الاوسط انما جاء لتدعيمه رغم ان الهدف المعلن للمشروع هو الشراكة الذي يشير الى عدم التمييز في التعامل بين اوربا والدول المتوسطية، وان وجهة نظر الاتحاد الاوربي لا تختلف عن ايه دولة في تعامل الاتحاد الاوربي معها.

19- لقد اثبتت الدراسة ان الهدف النهائي من عملية تحويل ملكية القطاع العام إلى القطاع الخاص التي حدثت في العديد من دول العالم لتحقيق الهدف المعلن منها لحل مشكلات الاقتصادات المحلية للدول المدينة وتخليصها من عوائق وصعوبات القطاع العام غير الكفوء الذي كبلها لفترة طويلة من الزمن. فقد اتضح ان حقيقة التثبيت الاقتصادي والتكييف الهيكلي التي قادها صندوق النقد الدولي والبنك الدولي كانت مغايرة غايتها تحقيق هدف ابعد من ذلك

هو لتكييف اقتصاد الجنوب مع الاقتصاد العالمي واعادة تقسيم العمل الدولي وتكريس الاعتماد المتزايد وليس الاعتماد المتبادل وجعل تلك الاقتصادات جزءاً مهماً من العملية المتسارعة لعولمة تراكم راس في ظل حماية الشركات عابرة القوميات والقوى الرأسمالية الاخرى. ودمج الاقتصاد المحلي لدول الجنوب في السوق الرأسمالي العالمي والهدف الاساس لبرامج التكيف لصندوق النقد والبنك الدولي على دول الجنوب خاصة المدنية منها هو اخضاع تلك الدول استراتيجياً وتنموياً لسياسات الشركات عابرة القوميات، واضعاف دور الحكومات في تنظيم الحياة الاقتصادية في دول الجنوب، وتصفية المشروعات التي ترمز للارادة المستقلة في التنمية من هنا تظهر اهمية التخلص من القطاع العام لتتمكن الشركات عابرة القوميات من تحقيق اعراضها لكي لا يتدخل احداً في نشاطاتها في الخارج والداخل والحصول على مواقع انتاجية باقل الكلف.

20- لقد اكدت مؤشرات الدراسة تعاظم دور الشركات عابرة القوميات واتساعها وان الاقتصاد العالمي ستتم ادارته من قبل عدد محدود من الشركات العملاقة، وستوفر كل اسباب الحماية لهذه الشركات من قبل المنظومة الرأسمالية التي وفرت للمنظمات الدولية (صندوق النقد الدولي والبنك الدولي ومنظمة التجارة العالمية والوكالات المتخصصة) لتكون منفصلة عن الامم بشكلها الحالي ولن يبقى في هذه الحال وجود للحدود الاقتصادية والحواجز الكمركية وتهميش اقتصادات مجتمعات دول الجنوب ومحاصرتها من خلال سيطرة هذه الشركات وتعاظم دورها وسيتم انتقال سلطة القرار الاقتصادي العالمي الى الشركات وانحسار الدور الكبير في سيادة الدولة واتاحة الفرص امام الاستثمارات الاجنبية والاحتكارات التي ستكون العنصر الرئيس في المسرح الاقتصادي العالمي لعولمة العالم والعنصر الاساس في مفهوم العولمة.

21- بينت الدراسة ان زيادة التكتلات الاقتصادية والتجمعات الاقليمية التي وصل عددها من 1990 الى نهاية عام 1995 (108) تكتل، وقد لعبت الدول الصناعية دوراً محورياً في هذا المسعى. وبروزها في هذا الزخم يؤكد قوة الدوافع التي قادت الى قيامها فالتجمعات لا ترمي لعرقلة مسيرة العولمة التي تقودها منظمة التجارة العالمية بل لتعزيزها فالتكتلات الاقتصادية والتجمعات الاقليمية مظهر دال على العولمة وتتشابك معها، هي بمثابة التخضير المؤسسي اللازم لتسهيل عملية اقامة الفضاءات الاقتصادية الاقليمية والتي يشهد العالم خطوات حثيثه بتشكيل فضاءات تابعة لاحد الفضاءات الاقتصادية القاربة لتنظيم العلاقة المستقبلية فيما بينها بما يمكن الاقطاب من احكام سيطرتها المركزية على العالم. ويأتي تشكيل هذه الفضاءات ضمن برنامج الحاق اقتصادات الجنوب بالفضاءات الاقتصادية الاقليمية والحاق الفضاءات

الاقتصادية الاقليمية بالفضاءات القاربة لتعميق اندماج الجنوب بالاقتصاد العالمي اندماجاً تبعياً وتسهيل ادارته ادارة اقتصادية مركزية لتكون الفضاءات الاقتصادية الاقليمية بمثابة فضاءات طرفيه متكاملة اقليمياً فيما بين الاطراف المكونة لها افقياً فيما بينها ومتكاملة عمودياً مع احد الفضاءات العملاقة، فتشكيل الفضاءات سيمكن الرأسمالية المتقدمة من بسط هيمنتها على مقدرات الاقتصاد العالمي.

وتحاول امريكا بهذا الاسلوب تحقيق اهدافها في الهيمنة على دول الجنوب بعد ان تحقق مبدأ الانتقال التدريجي من مرحلة الاقتصاد الدولي الذي تتكون قاعدته من اقتصادات متنافسة ومنغلقة على الذات الى الاقتصاد الذي اصبح عالمياً، بدمج القارات لتكون واحدة في الشمال واخرى في الجنوب ليكونا معاً اقليمية قارية ليتم خلالها تقسيم العمل الدولي تقدم القارة الشمالية المصنوعات في حين تقدم القارة الجنوبية الخامات اللازمة لانتاج المصنوعات والاسواق اللازمة لاستهلاكها ونظام السيطرة على العالم يتم في شكل اربع اقاليم قارية كبرى تقودها حكومة اقتصادية بأشراف وادارة امريكا والاقاليم المزمع اقامتها هي:

أ- أقليم امريكا الكبرى – بزعامة امريكا يضم دول الامريكتين (الشمالية والجنوبية).

ب- اقليم (اورو + افريقيا) يضم دول اوربا باستثناء دول الاتحاد السوفيتي سابقاً وافريقيا والوطن العربي وتركيا – وبزعامة المانيا وايطاليا – وبشكل مشترك.

جـ- اقليم روسيا الكبرى – بزعامة روسيا الاتحادية – يضم دول الاتحاد السوفيتي سابقاً وايران وافغانستان والهند وباكستان.

د- اقليم اسيا الشرقية الكبرى – يضم اليابان وبزعامتها ويضم شرق سيبريا والصين وجنوب شرق اسيا وبورما واندنوسيا واستراليا ومعظم المحيط الهادي.

22- توصلت الدراسة ان اتفاقية منظمة التجارة العالمية تضمنت مبادئ جردت الدول من الحق في اقامة علاقات ثنائية بينها وبين دولة اخرى كما نصت عليه في:

1-شرط الدولة الاولى بالرعاية.

2- شرط المعاملة الوطنية.

في حين ينبغي على منظمة التجارة العالمية حتى تكون مقبولة من جميع الدول ان تتوافق في اتجاهاتها مع ما هو متعارف عليه دولياً في العلاقات الاقتصادية.

تضمنت الاتفاقية مبادئ قاسية ومجحفة بحق دول الجنوب منها الدول العربية حيث عاملت كل الدول رغم تفاوتها الاقتصادي بمنطق واحد. واذا ما اريد ان يصبح النشاط التجاري اكثر عدلاً وانصافاً لجميع الاطراف فمن المستحسن ان توضع هذه الادوات في ايدي من يحتاجونها.

23- وفيما يتعلق باتفاقية حماية حقوق الملكية الفكرية فقد بينت الدراسة بانها وسيلة ابتزاز مباشرة وغير مباشرة وتهديد بكل انواعه ووقوع الدول العربية تحت رحمة الدول الصناعية المتقدمة وشركاتها المحتكرة للتقنية المستخدمة في كل القطاعات الاقتصادية في حين ينبغي ان تتمتع دول الجنوب ومنها الدول العربية بدرجة من الحرية التي تتيح لها تطبيق هذا النوع من الحماية الذي يلائم اوضاعها وان تتخذ التدابير اللازمة للتخفيف من الاثار الاحتكارية المستهدفة لهذه الحماية. كما ان خلق سوق للملكية الفكرية عالمياً سيؤدي الى زيادة التدفقات من عوائد الملكية الفكرية الى الدول المتقدمة وعلى حساب دول الجنوب ومنها الدول العربية.

24- توصلت الدراسة الى أن العولمة التي يشهدها العالم تمثل تحدياً خطيراً في الاقتصاد العربي لاثارها السلبية على الاقتصاد العربي. فقد شهد الناتج المحلي الاجمالي تراجعاً نحو الانخفاض نتيجة لتقلبات مصادر الداخل من القطاعات المساهمة بشكل عام. فقد ادت سياسات التكييف والتحرير على اساس الكفاءة والربحية الانتاجية والكلفة في جعل هذه المعايير هي الاساس في تقرير نجاح هذا القطاع وذلك كما لم يلعب النفط في تطوير اداء الاقتصاد العربي وجعله قوة اقتصادية بل العكس فقد تكرس التفاوت الاقتصادي بين الدول العربية وانعكس ذلك على متوسط نصيب الفرد من الناتج المحلي الاجمالي حيث تفاوت بشكل كبير عام 2000 ليتراوح بين اقل من 500 دولار للفرد في عدد من الدول والى اكثر من 1700 دولار في عدد من الدول النفطية.

25- اشارت الدراسة الى الكثير من نواحي القصور في معظم العناصر والاسس التي تشكل عماد القطاع الزراعي. لهذا فقد بدى الواقع الزراعي في وضع حرج اذ تراجعت مساهمة القطاع الزراعي العربي في الناتج المحلي الاجمالي من 13.8% و 12.9% و 11.5% للاعوام 1998 و 1999 و 2000 على التوالي وبلغ معدل نصيب الفرد من الناتج الزراعي في الدول العربية مجتمعة الى (296 و 303 و 287 دولار) للاعوام 1998 و 1999 و 2000 على التوالي وتفاوت نصيب الفرد في الدول النفطية ذات الكثافة السكانية القليلة مقابل الدول العربية غير النفطية ذات الكثافة السكانية العالية. فبلغ في المجموعة الاولى الى 303 دولار وفي المجموعة الثانية 117 دولار عام 2000. ومما زاد من تفاقم الواقع الزراعي العربي بالاضافة الى تلك العوامل، سياسة التكييف والتحرير. ونتيجة لذلك فقد.

شكل الوطن العربي اكبر منطقة عجز غذائي من ابرز التحديات الاقتصادية، وستزداد الفجوة اذا ما اخذنا بنظر الاعتبار تزايد الطلب على الغذاء لارتفاع معدل نمو السكان. كما أن ارتفاع تكاليف استيراد المواد الغذائية لمواجهة العجز الغذائي ستؤدي الى نتائج اقتصادية خطيرة ما لم تتخذ الاجراءات الفورية لتغيير الاتجاهات الحالية سواء باتباع استراتيجية تحد من تزايد هذا التحدي والعمل على وضع حد للتصاعد المستمر في طلب المواد الغذائية. وقد ادى تفاقم الفجوة الغذائية اللجوء الى العالم الخارجي لسد النقص من سلع الغذاء الذي مثلت الحبوب المكون الاول للفجوة لان نسبة الاكتفاء الذاتي منها تبلغ 50% مما يعني أن نسبة العجز في تزايد مستمر وان الاثار المستقبلية للعولمة نتيجة تحرير التجارة الزراعية، ستؤدي الى رفع اسعار السلع الغذائية بنسبة لا تقل عن 15% وسيؤدي ذلك الى الحاق الخسائر الكبيرة للاقطار العربية في صورة نقص حصتها من النقد الاجنبي لارتفاع اسعار السلع التي تستوردها وستتحمل الاقطار العربية تبعات ذلك بسبب اعتماد معظم الدول العربية على المصادر الخارجية في تأمين احتياجاتها الغذائية مما يشكل تهديداً حقيقياً للامن الغذائي العربي.

26- تراجعت نسبة مساهمة القطاع الصناعي في الناتج المحلي الاجمالي من 36.3% عام 1985 الى 34% عام 1990 واستمرت في التراجع طيلة عقد التسعينات مقابل وصولها الى 36.4% عام 2000 بزيادة قدرها 1% عن عام 1985 بسبب انخفاض اسعار النفط عالمياً. وانعكس ذلك على تراجع نسبة مساهمة الصناعة الاستخراجية في الناتج المحلي من 26.2% عام 1985 الى 23.6% عام 1990 واستمرت في التراجع طيلة عقد التسعينات ومقابل ارتفاع اسعار النفط عام 2000 فقد زادت نسبة مساهمة الصناعة الاستخراجية في القطاع الصناعي الى 25.6% عام 2000، وقد كانت وان الزيادة اقل مما كانت عليه عام 1985 وبنسبة 0.4% كما تراجعت الصناعة التحويلية في نسبة مساهمتها في القطاع الصناعي واتسم مسار نموها بعدم الاستقرار وتراجع نصيب العامل في الصناعة الاستخراجية من 506 دولار عام 1997 الى 4611 دولار عام 2000 وتعتبر حصة الفرد في الصناعة الاستخراجية اعلى منه في الصناعة التحويلية.

ومما ساهم في اعاقة عملية التصنيع في الوطن العربي هو محدودية الاسواق الوطنية لكل دولة عربية وعدم قدرتها على ايجاد سوق اقليمية واسعة للمنتجات الصناعية تتجاوز حدود انسياب السلع. اضافة الى قلة التمويل المتاح للبحث والتطوير و التدريب الصناعي وارتفاع نظام الضرائب والحوافز المطبق على الشركات الصناعية، والذي لم يعطيها المبرر للانفاق على التطوير والتدريب بما يسهم في تفعيل اداء القطاع الصناعي فضلاً عن غياب البنية المؤسسية

والاستراتيجية الملائمة في الصناعة، والمغالات في التوطن القطري بمفهوم قانوني ضيق للمشروعات الصناعية كل ذلك جعل اداء القطاع الصناعي العربي محدوداً.

وتأثيرات العولمة في القطاع الصناعي هي الاكثر وضوحاً من غيرها من القطاعات فتطور تقانة الاتصالات وتقدم التقانات الانتاجية قد غيرت من عناصر الميزة النسبية التقليدية للمنتوجات الصناعية فمواد الخام والايدي العاملة لم تعد سوى مدخلات للعملية الانتاجية مما ادى الى انخفاض الميزة النسبية لكثير من منتجات الوطن العربي لكثير من المنتجات دول الجنوب. وستتأثر الصناعة العربية بنتائج تطبيق اتفاقية الجات بصورة مباشرة او غير مباشرة وتشمل النتائج عدة اتفاقيات اضافية تغطي صناعة الانسجة والالبسة والجوانب الادارية المتعلقة بشهادة المنشأ والصناعات الناشئة والاعانات. وما زال النفط كسلعة غير خاضعة لقواعد منظمة التجارة العالمية وفي المستقبل فمن المتوقع ان الدول المستوردة للنفط ومشتقاته حيث ستدعي أن سياسات التحكم الاحتكاري لمنظمة الاوبك تستوجب مخرجاً ضاغطاً لاحداث تغيير جذري في تلك الممارسات ستنعكس تلك السياسات سلباً على الدول المنتجة للنفط والتي يشكل مخزونها من النفط نسب عالية.

27- يمتلك الوطن العربي 63% من احتياطي النفط العالمي و 22% من احتياطي الغاز في العالم مما يؤكد أن الوطن العربي سيظل مصدراً رئيسياً للطاقة في العالم وتعكس توقعات الطلب المستقبلية على النفط اهميته الاستراتيجية مقابل تراجع الاحتياطيات في العالم ما عدا استثناءات قليلة ممثلة في دول منظمة الاوبك (ايران) وبعض دول امريكا اللاتينية (فنزويلا). وسيظل الصراع قائماً ومستمراً بشأن النفط بين الدول الصناعية (امريكا) لارتباطه بتطورها الاقتصادي ولضمان تفوقها في المنظومة الرأسمالية. وبامكان الوطن العربي (كوحدة اقتصادية) الاستفادة من هذه الميزة الاستثنائية الى اقصى مدى ممكن لتحقيق التنمية الاقتصادية وتعزيز دور الامة ومصالحها وانتزاع حقوقها المغتصبة واستخدامه كسلاح فعال وحاسم في السياسة الدولية باعتباره سلاح اقتصادي مؤثر وتحقيق نجاحات مؤثرة للامة اذا وحدت الدول العربية جهودها وسياستها.

28- بينت الدراسة أن التجارة العربية مع العالم هي الاكثر ارتباطاً واهمية منها بين الاقطار العربية ذاتها. اذ وصلت الصادرات عام 2000 الى 7.3% اما الواردات فيما بينها فقد بلغت الى 10.1% وشكلت الدول الصناعية الاسواق الرئيسية للاقطار العربية اذ استوعبت اسواقها 55.1% من الصادرات العربية الخارجية. كما تعتبر المصدر الرئيس لواردات الاقطار العربية ما يزال اداء التجارة العربية اقل من اداء التجارة العالمية. حيث نمت التجارة العالمية بمعدل 7.5% عام 1997 في حين ظلت الاهمية النسبية للتجارة العربية عند

نسبة 2.4% بسبب تراجع الاهمية النسبية للمواد الاولية المعدنية في التجارة العالمية، فالنسبة العظمى من الصادرات العربية هي من المواد الاولية والمعدنية وتصاعد التجارة العالمية يعود الى الصناعات الجديدة من تقنيات الاتصالات والمعلومات فقد نمت هذه الصناعات وبشكل كبير، كما تقف عوامل كثيرة في تنمية التجارة العربية. اما التحديات التي تطرحها آليات العولمة منظمة التجارة العالمية فقد تمثل فرصة للاقطار العربية يمكن ان تستثمرها في السياسات الوقائية التي ينبغي على الاقطار العربية اتخاذها للتعامل مع الجوانب الزراعية والصناعية والخدمية لاتفاقية الجات وتكاد تكون نفس السياسات التي عليها أن تتخذها لتتمكن من تحقيق تنمية فعلية في الوطن العربي وبالشكل الذي يزيد من نسبة التجارة العربية البينية وتطوير المشروعات العربية المشتركة التي ستعود بفائدتها على الاقتصاد العربي.

29- توصلت الدراسة بان من الاثار السلبية الناجمة عن العولمة هو تزايد معدلات البطالة بين السكان وبجميع اشكالها وقد شملت لظاهرة الاقطار الخليجية التي لم تعان منها اذ برزت الظاهرة مع بدء العولمة وطيلة عقد التسعينات وقد طالت الظاهرة خريجي الجامعات والمعاهد العليا. واصبحت من المشاكل المزمنة في الدول العربية غير النفطية ومما ساهم في تزايد حدة البطالة هو ما افضت اليه اجراءات تحويل القطاع العام الى القطاع الخاص اذ ترتب عن هذه الاجراءات الاستغناء عن خدمات نسب كبيرة من الايدي العاملة التي كانت تحصل على فرص الاستخدام في المشاريع العامة والتي فقدتها بعد بيع هذه المشاريع الى القطاع الخاص او بعبد شطبها او تقليصها اضافة الى خفض الحماية التي كانت تتمتع بها وفقدان العاملين فيها لوظائفهم لتقليص نشاط المؤسسات الانتاجية كما أن الاقطار العربية ما زالت معرضة للتأثر سلباً بالتقلبات في الاوضاع الاقتصادية الدولية لمحدودية قاعدتها الانتاجية وعدم تنوعها كما لم تتحقق الزيادة التي كان من المؤمل حدوثها في الاستثمارات الخاصة على خلفية الاصلاحات التي نفذت لم تتحقق بالشكل المطلوب، اما الجانب الاخر. فهو مردودية الاستثمارات الاجمالية لم تتناسب مع حجمها في بعض الاقطار العربية ومن المتوقع زيادة البطالة مع البدء بتطبيق اتفاقية الجات وتفاقمها في الامد المتوسط والطويل وخلال الفترة المتاحة لدول الجنوب لتكيف اوضاعها الاقتصادية للتعامل مع المتغيرات الجديدة 5-10 سنوات، كما أن الوضع في المستقبل يتوقف على مدى مرونة واستجابة الدول العربية لمتطلبات التطوير ومدى تكاملها وتكتلها واندماجها لمنع تفاقم تلك المشكلة وقدرتها على تخطيها.

30- لقد قيدت اتفاقية الجات مجموعة من التحديات المختلفة حيث حددت سلطة الدول في التحفظ على الاحكام غير الملائمة لها، مما يتطلب موقفاً عربياً موحداً من الدول الأعضاء في منظمة التجارة العالمية يستغل الثغرات في نصوص الاتفاقية للدفاع عن المصالح العربية وكل التحديات المتعلقة بآليات العولمة وآثارها السلبية على مستقبل الاقتصاد العربي قابلة لكسر والتحجيم حين تتوفر الارادة السياسية لتحقيق التكامل الاقتصادي العربي لتجاوز حالات الاخفاق والخدمات في العلاقات العربية.

واذا كانت العولمة تحطم الحواجز بين الامم فالوطن العربي لا يطالب بان تكون نوافذه مغلقة بل يؤمن بان النوافذ المفتوحة تتيح للامم ان تتفاعل مع الحضارات المختلفة لتجديد ثقافاتها واغنائها وهذا ما فعلته الثقافة العربية الاسلامية كما يؤمن الوطن العربي بان هذا العصر قد حقق التشابك بين العالم اتصالياً عبر الاقمار الصناعية التي توفر للانسان انواع الاتصال المختلفة من محطات فضائية وقنوات هاتفية وشبكات الانترنيت وهذا التشابك ليس بامكان المرء ان يتجاهله فقد اصبحت امكانية الاتصال الدولي والتفاعل بين الشعوب امراً واقعياً الا ان ما تهدف اليه العولمة هو تغيير المجتمعات – غير ان ما نؤمن به هو الحفاظ على خصوصيتنا القومية والوطنية فرصة النمو والاغتناء لا الاذابة.

التوصيات

ان الخيار الحاسم امام الاقطار العربية لمواجهة تحديات العولمة، بكل ابعادها وآلياتها الاقتصادية والترتيبات البديلة عن التعاون والتكامل الاقتصادي العربي (الاوسطي والسوق الشرق اوسطية والمتوسطي)، وما سيطرأ من عوامل خارجية ضاغطة سياسياً واقتصادياً، تقتضي تحديد منطلقات العمل الجديدة، القائمة على اسس وركائز قوية. والانطلاق من الاساس على ان الوطن العربي له من المقومات الموضوعية وحدة مصيرية قومية عميقة وتاريخ مشترك ولغة واحدة وليس مشروعاً اقتصادياً فالضرورة الحتمية تقتضي:

1- **تحقيق التكامل الاقتصادي العربي**، ليكون حافزاً لمرحلة جديدة من العمل الجاد القائم على اسس موضوعية، وتجاوز حالات الاخفاق التي مر بها العمل العربي المشترك بالرغم من تعدد مؤسساته وحسن قراراتها. غير ان ما تمخض عنها، ضآلة في المنجزات رافقتها سلبيات مهدت للاخرين ذريعة لطرح البديل، وبالتالي فان معالجة اهم تلك الثغرات يمكن ان يعد مدخلاً في تفعيل التكامل الاقتصادي العربي، بهدف تحقيقه وتنمية الاقتصاد العربي وايجاد شبكة من الروابط التكاملية لمواجهة الضغوط التي يتعرض لها الوطن العربي واحتلال مكانة لها اهميتها بين التكتلات الاقتصادية والتجمعات الاقليمية وخلق نوع من انواع توازن القوى بين الاطراف المشاركة لما يوفر التكامل من قدرة على تحقيق:

- نطاق استراتيجي واسع يتيح للاقطار العربية امكانية واسعة من حرية الحركة والقدرة على المناورة اقليمياً ودولياً كقوة اقتصادية بدلاً من تكريس السياسات القطرية الضيقة وتحقيق الانطلاقة السليمة لسيرة العمل الاقتصادي المشترك وصولاً لتحقيق الوحدة الاقتصادية.

- مواجهة التحديات التي تفرضها المتغيرات الاقتصادية والاقليمية والدولية المتلاحقة وآثارها المباشرة وغير المباشرة على مصالح الامة العربية حاضراً ومستقبلاً.

- خلق تقسيم عمل عربي قائم على المزايا النسبية على اساس اعادة تخصيص الموارد والتنافس (توزيع القدرات البشرية - الثروة المعدنية، الموارد المالية، الموقع، تكنيك الانتاج وحجم السوق. وسيترتب عن هذا التقسيم آثار ايجابية ← زيادة كفاءة عناصر الانتاج وفقاً لمبادئ الوفرة والندرة ويعزز من فرص تحقيق التنمية المستقلة قومياً وزيادة القدرة التنافسية للمنتجات العربية محلياً وعربياً وعالمياً. وجذب الاستثمارات العربية والاجنبية للتوظف في الاستثمارات الانتاجية (السعلية والخدمية) الموجهة للتصدير ومنع أي تنافس قد ينتج من العمل في حقول اقتصادية انتاجية متماثلة، ودمج الاسواق في سوق عربية مشتركة.

- ازالة التفاوت الاقتصادي بين الاقطار العربية من خلال اعداد ضوابط للتوزيع المتوازن للمكاسب وقواعد خاصة ملائمة ومرنة لتضييق وازالة فجوات النمو بما يمكن الاقطار العربية الاقل نمواً من مواجهة صعوبات التنمية والاستفادة من ثمار التكامل والمشاركة المتكافئة والفاعلة في التنمية.

- بناء القاعدة الاقتصادية اللازمة لتحقيق الامن الاقتصادي والقومي العربي، وتعميق التشابك بين الاقتصادات العربية وازالة التشابك القائم على التبعية للعالم الخارجي.

2- تأمين المشاركة الفعالة للشعب العربي في صنع القرار العربي وذلك من خلال:

أولاً- مشاركة القيادات الحزبية والبرلمانات والمنظمات غير الحكومية (الاتحادات المهنية والجمعيات والنقابات) وضرورة وجود جهاز للتمثيل الشعبي ضمن اطار جامعة الدول العربية بما يؤمن المشاركة الفعالة للشعب العربي في اتخاذ القرارات واكساب الجامعة العربية قاعدة جماهيرية عريضة تدعم نشاطها وتسانده مثل الاتحاد البرلماني العربي والاستمرار في اعتماد هذا المدخل كأحد الاساليب لبلوغ هدف الوحدة العربية من خلال المنظمات الجماهيرية في الاقطار العربية التي ترتبط بوشائج اعمق بكثير من شعوب اوربا التي نجحت في تأسيس نظام الجمعية البرلمانية الاوربية التي تتبع المجلس الاوربي منذ عام 1949 والتي كان لها الدور الفعال في اتخاذ القرارات الحكومية، واحد الاسباب المهمة في نجاح المجموعة الاوربية في تجربتها حيث تحالفت الديمقراطية مع خطوات المجموعة وتوافقت معها وهاهي اوربا تتقدم نحو عصر ما بعد الامة، وهذا الامر ينعكس على تفعيل مؤسسات العمل العربي المشترك عند المشاركة الشعبية في صنع القرارات العربية سواء في مسيرة التكامل الاقتصادي العربي وفي تفعيل السوق العربية المشتركة. ومساهمتها في بلورة السياسة واتخاذ القرارات المتعلقة بالعمل الاقتصادي العربي المشترك والاستفادة من تعبئة كل الامكانات الرسمية والخاصة لصالح نجاح التكامل الاقتصادي وقيامه بدوره الطبيعي في الساحة الاقتصادية العربية وازالة كل المعوقات التي تواجهه.

ثانياً- أن الاهتمام بالمشاركة الشعبية ورفع وتيرة البناء الديمقراطي سيؤدي الى تجسيد المصالح العربية من خلال تعزيز فعاليات وامكانات القطاع العربي الخاص والمنظمات الجماعية الحكومية وغير الحكومية للقيام بدورها الطبيعي في دعم التنمية العربية المشتركة ومسيرة التكامل الاقتصادي والتنسيق الفاعل بين وظائف الاجهزة العاملة في هذا المجال واعادة توزيع وتغعيل الادوار التي تقوم بها.

ثالثاً- انشاء هيئة متابعة عربية ذات شخصية مستقلة وصلاحيات ملزمة مهمتها المطالبة بتقديم تفسير عن اسباب تأخر تنفيذ العديد من القرارات والاتفاقيات وتأخر الأعضاء في التوقيع على الاتفاقيات والايفاء بالتزاماتهم ومن المناسب أن تكون الهيئة مكونة من ممثلي الهيئات

البرلمانية والمفكرين والمهتمين بالقضايا القومية وقيادات الحركات السياسية والمنظمات والنقابات على أن تكون مفوضه لصلاحيات تعكس ارادة الجماهير العربية وامالها واستمرارها بمتابعة قضية التكامل الاقتصادي العربي.

رابعاً- اعتماد مبدأ المشاركة الشعبية (الاستفتاء الشعبي) في اقرار الاتفاقيات وخطوات التكامل لضمان مشاركة الرأي العام، ولتحصين الاتفاقيات لتصبح اكثر ضماناً فيما لو تغيرت الظروف السياسية.

خامساً- أن ترصين التعاون والتكامل الاقتصادي يتطلب الاهتمام بالرأي العام وتفعيل الوعي الرسمي المشترك لمواجهة مصادر التهديد للوحدة العربية والامن القومي العربي، حيث أن وجود وعي مشترك سيؤدي على تنسق الجهود الكاملة في اطار عربي موحد لدعم التكامل العربي وحث الحكومات العربية على الاسراع باتجاه تحقيق الوحدة الاقتصادية.

3- مشروع التجمع المؤسسي الاقليمي البديل الملائم لمواجهة العولمة:

يعد مشروع التجمع المؤسسي البديل الملائم لمواجهة تحديات العولمة:

اولاً- حدد المشروع دوافع منطلقة حيث اكد على المخاطر المحدقة للعولمة الثقافية وآثارها على النسيج الاجتماعي والاستقرار السياسي وسيادة الافكار والنزاعات الطائفية وتفويض الوجود الوطني لدول الجنوب ومصادرة ثرواته. وتصاعد دور حلف الاطلسي واتساعه ليشمل عموم اوربا. ومساندة امريكا في فرض هيمنتها على الوطن العربي من خلال المشروع الشرق اوسطي وتعميم ظاهرة العولمة بأبعادها ... لتهديد السيادة القومية والخصوصية والثقافية والحضارية وقد كان لدول الجنوب الجزء الاكبر من دول الشرق النصيب الكبير في محاولات الهيمنة والامركة فساد التراجع في معظم دول العالم.

ثانياً- ما يهدف اليه مشروع التجمع المؤسسي هو:

أ- تشكيل عالم في القرن الحادي والعشرين يقوم على اسس العدالة والديمقراطية لمواجهة الانفلات الامريكي.

ب- يسهم في تقدم الحضارة الانسانية.

ج- له القدرة على حماية مصالح اطرافه ويكون اطار للتعاون في المجالات التي يمكن الاتفاق حولها.

د- ليس موجهاً ضد احد بل يهدف الى حماية دوله من خطر التهديد والمحاولات لتفويض سيادتها وامنها الوطني ونهب ثرواتها.

هـ- بتأسس التجمع بين الراغبين من دول العالم مبتدءً بالشرق (آسيا) وما يتصل بها وذو انظمة ومواثيق متفق عليها لاقامة تعاون جدي في الميادين الاقتصادية والسياسية والعسكرية والامني بينها لحفظ التوازن وتحقيق السلام.

و- ينظر للامة العربية بانها امة واحدة من حق أي من دولها الانتماء الى هذا التجمع ابتداءاً بغض النظر عن موقعهم الجغرافي سواء في آسيا او افريقيا.

ز- ان التعاون الايجابي بين الاعضاء هو الاساس الذي يبنى عليه لتحقيق ما هو ايجابي وطيب لصالح الجميع ولصالح الامن الدولي والاقليمي ... ومنفتح امام من ينظم اليه وفق اسسه وشروطه.

ثالثاً- ميثاق التجمع المؤسسي وآلية العمل المقترحة:

أكد على الاعتماد المتبادل واعطى ارجحية للعامل الاقتصادي الذي يمكن ان يجعل من التعاون الاقتصادي نقطة البدء التي ينبغي التأسيس عليها لتطوير التعاون في المجالات الاخرى ما بين الدول الراغبة في الانضمام لهذا التجمع.

أ- ففي الجانب الاقتصادي فقد اكد الميثاق على:

- تشجيع انفتاح الاقطار العربية على اسيا وتطوير التعاون الاقتصادي التجاري واعطاء الافضلية لدول التجمع الاقتصادية. وانشاء سوق مشتركة لدول التجمع له القدرة على استيعاب اقتصادات الدول الاطراف ويكون مؤهلاً للتعامل مع التكتلات الاقتصادية القائمة على الصعيد الدولي. واعتماد سياسات اقتصادية تنسجم مع اهداف التجمع وتسعى لتخفيف الاثار الخطيرة للعولمة ومحاولة الهيمنة على مقدرات العالم وثرواته.

ب- وفي الجانب السياسي فقد ركز الميثاق على:

التجسيد العملي باحترام سيادة الدول الاطراف وعدم التدخل في شؤونها الداخلية أو الاضرار بمصالحها ووحدة اراضيها، ومراعاة عدم الانضمام لاية تحالفات سياسية من شانها الاضرار بمصالح التجمع أو احد اعضائه. والاتفاق على أن المصالح المشتركة هي المعيار الحقيقي للتعامل بين اعضاء التجمع. واعتماد رؤية مشتركة تتفق مع اهداف التجمع ومصالح دولة حول القضايا الدولية الرئيسية. واحترام المواثيق الدولية واعتماد اليه فاعلة ومتفق عليها لفض النزاعات بين اعضاء التجمع فيما بينهم أو مع الاخرين.

جـ- اما في الجانب العسكري والامني فقد حرص الميثاق على:

رفض اقامة أي شكل من اشكال القواعد العسكرية الاجنبية ومنح أي شكل من التسهيلات في اراضي اية دولة عضو في التجمع، والامتناع عن التهديد بالعدوان أو تنفيذ اعمال عدائيه ضد اية دولة عضو في التجمع أو خارجه.

رابعاً- مزايا التجمع المؤسسي:

أ- جاء اختيار القارة الاسيوية لاهميتها الستراتيجية والاقتصادية للعالم كله ولاحتوائها على دول رافضة لمنطق الهيمنة الامريكية وطروحات العولمة الجديدة وسيادة القطب المنفرد والذي يتحكم على مقدرات الكون وفق مصالحة، والانطلاق من حقيقة أن الدول الاسيوية واقعة تحت تأثيرات عملية لاعادة علاقات اطرافه الجغرافية فيما بينها من جهة وبينها وبين امريكا من جهة اخرى. وان اجزاء مهمة من القارة الاسيوية تتحمل نخبها الحاكمة مسؤولية رفاه شعوبها وتقدمها والمحافظة على تراثها الثقافي والحضاري. ووجود تقارب حضاري وتاريخي واقتصادي وثقافي مع الوطن العربي تعتبر اساس الربط الموضوعي المتكافئ الذي يوفر الارضية الرصينة للمصالح المتبادلة.

في اسيا دول مؤهلة كي تقوم بدور الرائد بين دول التجمع المقترح فالخط - الصيني - العربي - الروسي - الهندي يمكن أن يمتلك مقومات القوة والقدرة والتاثير على الاستقطاب والاسهام في افشال العولمة والهيمنة والامركة واعادة التوازن للنظام الدولي.

ب- من ابرز ما يتسم به التجمع المؤسسي هو تنوع الاواصر التي تجمع الاعضاء ولا يتقدم عامل واحد ليكون سبباً كافياً فالاواصر مركبة ومتعددة وهي حصيلة لتفاعل العوامل السياسية والامنية والاقتصادية والثقافية والحضارية، فعملية تبادل الاراء والمواقف وتنسيق الادوار تمثل استجابة حقيقة لتلك الاواصر.

ج- ومن المزايا التي يقدمها التجمع لاعضائه هي:

يؤمن الدعم والتاييد لمواقف اطرافه امام التحديات والخصوم التي تتعارض مصالحها مع اطراف التجمع. كما أن التجمع المؤسسي يعزز الموقف التفاوضي لاعضائه. اضافة الى أن ما يميز التجمع هو استناد قاعدته على شعوبه واهمية منطقته الجغرافية.

الملاحـــق

ملحق رقم (1)

يبين اسماء الدول الأعضاء في منظمة التجارة العالمية وتاريخ انضمامها منذ تأسيسها عام 1995 ولغاية 2002/5/12

ت	اسم الدول	تاريخ انضمامها	ت	اسم الدولة	تاريخ انضمامها
1.	افريقيا الوسطى	31 مايس/1995	40.	النيجر	13 كانون الاول/1995
2.	البانيا	8 أيلول /2000	41.	الهند	1 كانون الثاني /1995
3.	انتيجوا وباربودا	1 كانون الثاني /1995	42.	الولايات المتحدة	1 كانون الثاني /1995
4.	اورغواي	1 كانون الثاني /1995	43.	اليابان	1 كانون الثاني /1995
5.	اوغندا	1 كانون الثاني /1995	44.	اليونان	1 كانون الثاني /1995
6.	ايطاليا	1 كانون الثاني /1995	45.	اذجولا	1 كانون الثاني /1995
7.	استراليا	1 كانون الثاني /1995	46.	انغولا	22 تشرين الثاني/ 1996
8.	استونيا	13 تشرين الثاني/1999	47.	اندنوسيا	23 تشرين الثاني / 1996
9.	اسرائيل	21 نيسان 1995/	48.	ايرلندا	1 كانون الثاني /1995
10.	اسبانيا	1 كانون الثاني 1995	49.	ايسلندا	1 كانون الثاني /1995
11.	الاتحاد الاوربي	1 كانون الثاني /1995	50.	باراغواي	1 كانون الثاني /1995
12.	الارجنتين	1 كانون الثاني /1995	51.	باكستان	1 كانون الثاني /1995
13.	الاردن	11 نيسان /2000	52.	برناوي دار السلام	1 كانون الثاني /1995
14.	الصين الشعبية	11 تشرين الثاني/2001	53.	بلجيكا	1 كانون الثاني /1995
15.	الاكوادور	21 كانون الثاني/1996	54.	بلغاريا	1 كانون الاول /1995
16.	الامارات العربية المتحدة	10 نيسان/1996	55.	بليز	1 كانون الثاني /1995
17.	الباربادوس	1 كانون الثاني /1995	56.	بنكلاديش	1 كانون الثاني /1995
18.	البحرين	1 كانون الثاني /1995	57.	بنما	6 كانون الاول/ 1997
19.	البرازيل	1 كانون الثاني /1995	58.	بنين	22 شباط /1996
20.	البرتغال	1 كانون الثاني /1995	59.	بوتسوانا	31 مايس /1995
21.	التشيك	1 كانون الثاني /1995	60.	بوركينا فاسو	3 حزيران /1995
22.	الغابون	1 كانون الثاني /1995	61.	بوروندي	23 تموز / 1995
23.	الدانمارك	1 كانون الثاني /1995	62.	بولندا	1 كانون الثاني /1995
24.	الدومنيكان	9 آذار/1995	63.	بوليفيا	12 ايلول/1995
25.	السلفادور	7 نيسان /1995	64.	بيرو	1 كانون الثاني /1995
26.	السنغال	1 كانون الثاني /1995	65.	تايلاند	1 كانون الثاني /1995
27.	السويد	1 كانون الثاني /1995	66.	تايوان	11 تشرين الثاني/2001
28.	الفلبين	1 كانون الثاني /1995	67.	تركيا	26 آذار/1995
29	الكاميرون	13 كانون الثاني/1995	68.	تريندا وتوباجو	1 آذار/1995
30.	الكونغو	27 آذار/1997	69.	تشاد	19 تشرين الاول/1996
31.	الكونغو الديمقراطية	1 كانون الثاني /1997	70.	تشيلي	1 كانون الثاني /1995
32.	الكويت	1 كانون الثاني /1995	71.	تنزانيا	1 كانون الاول /1995
33.	المالديف	31 مايس/1995	72.	توغو	31 مايس/1995
34.	المانيا	1 كانون الثاني /1995	73.	تونس	29 آذار/1995
35.	المغرب	1 كانون الثاني /1995	74.	جامبيا	23 تشرين الاول/1996
36.	المكسيك	1 كانون الثاني /1995	75.	جامايكا	9 آذار/1995
37.	المملكة المتحدة	1 كانون الثاني /1995	76.	جرينادا	22 شباط/1996
38.	النرويج	1 كانون الثاني /1995	77.	جزر السامون	26 تموز/1996
39.	النمسا	1 كانون الثاني /1995	78.	جمهورية السلوفاك	1 كانون الثاني /1995

79.	جمهورية فرغيزيا	10 شباط /1999	112.	كندا	1 كانون الثاني /1995
80.	جمهورية كوريا	1 كانون الثاني /1995	113.	كوبا	20 نيسان/1995
ت	**اسم الدول**	**تاريخ انضمامها**	**ت**	**اسم الدولة**	**تاريخ انضمامها**
81.	جنوب افريقيا	1 كانون الثاني /1995	114.	كوت ديفوار	1 كانون الثاني /1995
82.	غواتيمالا	21 تموز /1995	115.	كوستاريكا	1 كانون الثاني /1995
83.	جورجيا	14 حزيران/2000	116.	كولومبيا	30 نيسان/1995
84.	جوبانا	1 كانون الثاني /1995	117.	كينيا	1 كانون الثاني /1995
85.	جيبوتي	31 مايس / 1995	118.	لاتفيا	10 شباط/1996
86.	دومينكا	1 كانون الثاني /1995	119.	لكسمبورك	1 كانون الثاني /1995
87.	راوندا	22 مايس / 1996	120.	ليتوانيا	31 مايس/2001
88.	رومانيا	1 كانون الثاني /1995	121.	لينحتشتابن	1 أيلول/1995
89.	زامبيا	1 كانون الثاني /1995	122.	ليسوتو	31 مايس /1995
90.	زمبابوي	5 آذار /1995	123.	ماكاو- الصين	1 كانون الثاني /1995
91.	سانت فنسنت وغرينادين	1 كانون الثاني /1995	124.	مالاوي	31 مايس/1995
92.	سانت كيتس ونيفيس	21 شباط /1996	125.	مالطا	1 كانون الثاني /1995
93.	سانتا لوتشيا	1 كانون الثاني /1995	126.	مالي	31 مايس/1995
94.	سريلانكا	1 كانون الثاني /1995	127.	ماليزيا	1 كانون الثاني /1995
95.	سلطنة عمان	9 تشرين الثاني/2000	128.	مدغشقر	17 تشرين الثاني/1995
96.	سلوفينيا	30 تموز / 1995	129.	مصر	30 حزيران/1995
97.	سنغافوره	1 كانون الثاني /1995	130.	منغوليا	29 كانون الثاني/1997
98.	سوازيلاند	1 كانون الثاني /1995	131.	موريتانيا	31 مايس/1995
99.	سورينام	1 كانون الثاني /1995	132.	موريشيوس	1 كانون الثاني /1995
100.	سويسرا	1 تموز /1995	133.	موزمبيق	21 آب/1995
101.	سيراليون	23 تموز /1995	134.	مولدوفا	8 مايس/2001
102.	غات	1 كانون الثاني /1995	135.	ميانمار	1 كانون الثاني /1995
103.	غينيا	25 تشرين الاول/1995	136.	ناميبيا	1 كانون الثاني /1995
104.	غينيا بيساو	31 مايس /1995	137.	نيجيريا	1 كانون الثاني /1995
105.	فرنسا	1 كانون الثاني /1995	138.	نيكارغوا	3 أيلول /1995
106.	فنزويلا	1 كانون الثاني /1995	139.	نيوزلندا	1 كانون الثاني /1995
107.	فنلندا	1 كانون الثاني /1995	140.	نيوغينيا باباو	9 حزيران / 1996
108.	فيجى	14 كانون الثاني /1996	141.	هايتي	30 كانون الثاني/1996
109.	قبرص	30 تموز/1995	142.	هندوراس	1 كانون الثاني /1995
110.	قطر	13 كانون الثاني/1996	143.	هولندا المملكة وجزيرة الانتيل	1 كانون الثاني /1995
111.	كرواتيا	30 تشرين الثاني/2000	144.	هونك كونغ-الصين	1 كانون الثاني /1995

المصدر: موقع على الانترنيت مركز منظمة التجارة العالمية في 2002/5/12 .

Source: http/www/WTO.org

تابع للملحق رقم (1)

المراقبون في منظمة التجارة العالمية لغاية 2002/5/12

التسلسل	اسم الدولة	التسلسل	اسم الدولة
.1	الجزائر	.18	مالدوفيا
.2	اندورا	.19	النيبال
.3	ارمينيا	.20	روسيا الاتحادية
.4	اذربيجان	.21	ساموا
.5	البهاما	.22	ساوتوم البرنسيب
.6	روسيا البيضاء	.23	السعودية
.7	بوتان	.24	سيشل
.8	البوسنة والهرسك	.25	السودان
.9	كمبوديا	.26	تايبي
.10	الرأس الاخضر	.27	تونكا
.11	اثيوبيا	.28	اوكرانيا
.12	جمهورية مقدونيا	.29	اربكستان
.13	يوغسلافيا	.30	فاتواتو
.14	الفاتيكان	.31	فيتنام
.15	كازاخستان	.32	يوغسلافيا الاتحادية
.16	لاوس	.33	اليمن
.17	لبنان		

ملحق رقم (2)

الناتج المحلي الاجمالي للدول العربية بالاسعار الجارية 1990 ، 1995-2000

مليون دولار

السنوات / الدول	1990	1995	1996	1997	1998	1999	2000
مجموع الدول العربية	477.404	535.581	585.188	607.062	586.502	629.458	700.284
الاردن	4.020	6.723	7.028	7.324	7.963	8.073	8.340
الامارات	33.653	43.807	47.974	51.189	48.500	54.961	66.117
البحرين	4.529	5.849	6.102	6.349	6.184	6.631	7.832
تونس	12.581	18.050	19.562	18.933	20.053	19.913	19.435
الجزائر	61.902	41.240	46.830	47.850	47.358	48.073	53.801
جيبوتي	424	491	485	500	513	526	549
السعودية	104.671	127.811	141.322	146.446	128.492	142.862	164.983
السودان	22.412	9.550	8.288	10.638	12.575	11.564	12.836
سورية	13.896	16.617	17.592	166.613	16.043	16.820	17.920
العراق	74.933	78.055	78.064	78.156	79.53	81.916	83.544
عمان	11.685	13.803	15.378	15.837	14.861	15.506	21.773
قطر	7.360	8.138	9.059	11.228	10.255	12.197	16.454
الكويت	18.293	26.554	31.068	29.895	25.401	29.816	21.780
لبنان	2.811	11.122	12.997	14.835	16.168	6.491	16.491
ليبيا	32.809	29.393	22.442	23.508	27.773	31.826	35.600
مصر	35.489	60.159	68.644	75.632	82.710	88.964	96.407
المغرب	25.826	23.042	22.639	44.415	35.667	35.002	32.903
موريتانيا	1.021	1.056	1.081	1.070	980	955	986
اليمن	9.087	5.111	5.744	6.875	6.251	7.272	8.532

المصدر: التقرير الاقتصادي العربي الموحد - تموز / يوليو 2001 ، ص260.

ملحق رقم (6)

توقعات نمو الطاقة الانتاجية للنفط لغاية 1997- 2020

مليون برميل / يومياً

الدول الست الرئيسية في الاوبك 1- الدول العربية	1997	2010	2015	2020
السعودية	9.09	14.1	16.2	20.0
العراق	1.18	3.8	4.7	5.9
الامارات العربية	2.48	3.4	4.2	4.9
الكويت	2.12	3.2	4.3	5.2
مجموع الدول العربية الاربع الرئيسية في الاوبك	14.87	24.5	29.4	36.0
غير العربية الرئيسية في الاوبك	1997	2010	2015	2020
ايران	3.75	4.5	4.9	5.5
فنزولا	3.44	5.1	5.4	5.8
المجموع للدول الرئيسية غير العربية في الاوبك	7.19	9.6	10.3	11.3
المجموع الكلي للدول الست الرئيسية الاوبك	22.06	34.1	39.7	47.3
نصيب الدول الست من انتاج العالم %	30	36	38	42
باقي اعضاء الاوبك	7.3	9.2	9.0	8.6
مجموع الاوبك	29.36	43.3	48.7	55.9
نسبة الاوبك من الانتاج العالمي	40	46.0	47	50

2-الدول غير الاعضاء في الاوبك	1997	2010	2015	2020
الولايات المتحدة الامريكية	9.46	9.0	8.9	8.7
اوربا الغربية	7.03	7.0	6.4	5.9
الاتحاد السوفيتي سابقاً وشرق اوربا	7.42	10.1	12.1	13.1
باقي العالم	20.39	25.6	27.4	28.6
مجموع غير الاعضاء في الاوبك	44.30	51.7	54.8	56.3
اجمالي العالم	73.65	95.0	103.5	112.2

المصدر: د. حسين عبد الـلـه ، مستقبل النفط العربي ، مركز دراسات الوحدة العربية ، ط1 ، بيروت ، تشرين الثاني / نوفمبر 2000 ، ص297.

ملحق رقم (4)

القيمة المضافة للقطاع الصناعي ونسب مساهمته في الناتج المحلي الاجمالي في الدول العربية بالاسعار الجارية لعام 2000

مليون دولار

البيان / الدول	الصناعات الاستخراجية		الصناعات التحويلية		اجمالي القطاع الصناعي	
	القيمة المضافة مليون دولار	المساهمة في الناتج المحلي الاجمالي %	القيمة المضافة مليون دولار	المساهمة في الناتج المحلي الاجمالي %	القيمة المضافة مليون دولار	المساهمة في الناتج المحلي الاجمالي %
مجموع الدول العربية	179.297	25.6	75.580	10.8	524.877	36.4
الاردن	239	3.9	1122	13.5	1.361	16.4
الامارات	22.506	34.0	77855	11.9	30.361	45.9
البحرين	1.693	21.6	994	11.5	2.597	33.1
تونس	717	3.7	3557	18.3	4.274	22.0
الجزائر	21.935	40.8	3896	7.2	25.831	48.0
جيبوتي	1	0.2	13	2.4	14	2.16
السعودية	66.136	40.1	151184	9.2	81.320	49.3
السودان	3.7	2.4	1164	9.1	1.471	11.5
سورية	2.730	15.3	1821	10.2	4.557	25.5
الصومال	-	-	-	-	-	-
العراق	5.470	6.5	66287	7.5	11.775	14.0
عمان	9.752	49.3	1035	5.2	1.787	54.5
فلسطين	-	-	-	-	-	-
قطر	9.602	58.4	998	5.8	1.550	64.2
الكويت	18.199	48.2	35994	10.6	12.193	58.8
لبنان	-	-	10478	9.1	10.498	90.1
ليبيا	10.188	28.6	2006	5.8	12.248	34.5
مصر	6.095	6.3	170619	18.2	22.734	24.6
المغرب	695	2.1	5891	17.9	6.586	30.0
موريتانيا	139	14.1	75	7.6	214	21.7
اليمن	2.887	33.8	637	7.5	2.524	41.3

المصدر التقرير الاقتصادي العربي الموحد لعام 2001 ، ص287.

ملحق رقم (7)

تطور السعر الفوري لسلة خامات الاوبك حلال عام 2000

دولار / برميل

الشهر	السعر	الشهر	السعر
كانون الثاني	24.6	تموز	27.9
شباط	26.8	آب	29.1
اذار	26.7	ايلول	31.5
نيسان	22.9	تشرين الاول	30.4
مايس	26.9	تشرين الثاني	31.2
حزيران	29.1	كانون الاول	24.1
المعدل السنوي	27.6		

المصدر: مجلس الوحدة الاقتصادية ، الامانة العامة - التقرير السنوي للامين العام المقدم الى الدورة الرابعة والسبعين - كانون الاول /2001 - القاهرة ، ص87.

ملحق رقم (5)

الطلب العالمي على النفط خلال الفترة 1995-2000

مليون برميل / اليوم

2000	1999	1998	1997	1996	1995	السنة / الدول
3.5	3.4	3.5	3.3	3.2	3.1	الدول العربية
3.0	2.9	3.0	-	-	-	الاقطار العربية في الاوابك
0.5	0.5	0.5	-	-	-	الدول العربية الأخرى
47.8	47.6	46.9	42.5	41.9	41.0	منظمة التعاون الاقتصادي والتنمية
24.1	23.8	23.2	20.8	20.3	19.7	امريكا الشمالية
15.1	15.1	15.3	15.0	14.9	14.6	اوربا
8.6	8.7	8.4	6.7	6.7	6.7	المحيط الهادي
18.7	18.6	18.1	26.1	24.8	23.5	الدول النامية
11.6	11.4	11.1	13.1	12.2	11.3	اسيا
2.3	2.4	2.4	3.2	3.2	3.2	افريقيا
4.8	4.8	4.6	6.4	6.2	5.9	امريكا الجنوبية
4.8	4.3	4.2	3.4	3.2	3.1	الصين
3.5	4.0	4.1	4.3	4.4	4.8	الاتحاد السوفيتي السابق
0.8	0.8	0.8	0.8	0.8	0.7	اوربا الشرقية
75.6	75.3	74.1	73.7	71.9	70.0	العالم

المصدر – التقرير الاقتصادي العربي الموحد لعام 2000 للاعوام 1995-1997 ، ص304.

التقرير الاقتصادي العربي الموحد لعام 2001 للاعوام 1998-2000 ، ص88.

ملحق رقم (8) نظام الافضليات التجارية

		الاتحاد الاوربي			اليابان		الولايات المتحدة		الدول العربية الاقل نمواً [2]
الدولة	مزايا نظام الافضليات العامة	مزايا مجموعة الدول الافريقية والكاريبية والمحيط الهادي	مزايا مجموعة المغرب والمشرق	نسبة السلع المستفيدة من نظام الافضليات من الصادرات [1]	مزايا نظام الافضليات العامة	نسبة السلع المستفيدة من نظام الافضليات من الصادرات	مزايا نظام الافضليات العامة	نسبة السلع المستفيدة من نظام الافضليات من الصادرات()	
الاردن	×			5	×	2	×	-	
الامارات	×		×	8	×	35	-	4	
تونس	×		×	2	×	8	-	7	
البحرين	×		×	73	×	-	×	1	
الجزائر	×			70	×	2	-	19	
السعودية	×			21	×	19	-	21	
السودان	×	×		24	×	7	×	3	×
الصومال	×	×	×	32	×	1	×	1	×
العراق	×			31	×	52	-	15	
عمان	×			11	×	17	-	4	
قطر	×			7	×	1	-	1	
الكويت	×		×	25	×	1	-	6	
لبنان	×			20	×		-	6	
ليبيا	×			83	×	3	×	-	
مصر	×			38	×	4	×	6	
المغرب	×			61	×	28	-	2	
موريتانيا	×		×	45	×		×	1	
اليمن	×			42	×	15	-	11	

(1) متوسط الصادرات من الدول العربية الى الدول والمجموعات المستوردة 1986-1990.

(2) وضع الدول الاقل نمو تمنحه الجهات المستوردة

المصدر : د. أحمد مجدلاني وآخرون ، انعكاسات العولمة السياسية والثقافية على الوطن العربي - تحرير اسحق الفرحان ط1، عمان مركز دراسات الشرق الاوسط - الاردن 201 ، ص، الشرق ، ص 226 نقلاً - ندوة اثار اتفاقية الجات على الدول العربية - نتائج جولة اورغواي 19955 بواشاروبو وآخرون.

ملحق رقم (2)

نمو الناتج المحلي الاجمالي للاقتصاد العربي 1990 ، 1995-2000

مليون دولار

السنوات / الدول	1990	1995	1996	1997	1998	1999	2000
مجموع الدول العربية	477.404	535.581	585.188	607.062	586.502	629.458	700.284
الاردن	6.733	6.028	7.028	7.324	7.963	8.073	8.340
الامارات	33.653	42.807	47.974	51.189	48.500	54.961	66.117
البحرين	4.529	5.849	6.102	6.349	6.184	6.621	7.832
تونس	12.581	18.050	19.562	18.933	30.053	19.913	19.435
الجزائر	61.902	41.240	46.830	47.850	47.358	48.073	53.801
جيبوتي	424	491	485	500	513	526	549
السعودية	104.671	127.811	141.322	146.446	128.492	142.862	164.983
السودان	22.412	9.550	8.288	10.638	12.575	11.564	12.836
سورية	13.896	16.617	17.592	16.613	16.043	16.820	17.920
العراق	74.933	78.055	78.064	78.856	79.530	81.916	83.544
عمان	11.685	13.803	15.278	15.837	14.086	15.605	19.773
قطر	7.360	8.138	9.059	11.298	10.255	12.197	16.454
الكويت	18.293	26.554	31.068	29.865	25.401	29.401	27.780
لبنان	2.811	11.122	12.997	12.997	14.865	16.168	16.491
ليبيا	32.809	29.393	32.442	32.508	27.773	31.826	35.600
مصر	35.489	60.159	67.634	75.634	82.710	88.964	96.407
المغرب	25.826	33.042	36.639	36.639	44.415	35.667	32.903
موريتانيا	1.021	1.056	1.081	1.070	980	955	986
اليمن	9.087	5.111	5.744	6.875	6.251	7.272	8.532

المصدر: التقرير الاقتصادي العربي الموحد - تموز / يوليو 2001 ، ص260.

المصـــادر

اولاً – القرآن الكريم.

ثانياً – الكتب العربية والمترجمة.

1. د.ابراهيم العيسوي، الجات واخواتها النظام الجديد للتجارة العالمية ومستقبل التجارة العربية، مركز دراسات الوحدة العربيـة، ط3، بيروت، 2001.

2. اسامة المجدوب، العولمة والاقليمية، مستقبل الوطن العربي في التجارة الدولية، الدار المصرية اللبنانية، ط1، القاهرة، 1999.

3. اسامة المجدوب، الجات ومصر والبلدان العربية من هافانا الى مراكش، الدار المصرية اللبنانية، ط1، القاهرة، 1996.

4. احمد مجدلاني واخرون، انعكاسات العولمة السياسية والثقافية على الوطن العربي، تحرير اسحاق الفرحان، مركز دراسات الشرق الاوسط، سلسلة ندوات 33، ط1، عمان، 2001.

5. ادريانو بينايون، العولمة نقيض التنمية، ترجمة جعفر علي حسين السوداني، مراجعة د.عماد عبد اللطيف سالم، بيت الحكمة، بغداد 2002.

6. ادوارد سعيد، الثقافة والامبريالية، ترجمة كمال ابو ديب، دار الاداب، بيروت 1997

7. احمد حسن برعي – الثورة الصناعية وآثارها الاجتماعية والقانونية، دار الفكر العربي، القاهرة، ب.ت

8. د.ابراهيم سعد الدين ود. محمود عبد الفضيل، انتقال العمالة العربية المشاكل والآثار السياسية، مركز دراسات الوحدة العربية، ط3، بيروت،1993.

9. د.باسل البستاني، المديونية الخارجية لدول منطقة الاسكوا، اللجنة الاقتصادية والاجتماعية لغرب آسيا والامم المتحدة، عمان 1993.

10. د.باسل البستاني، تمويل التنمية البشرية في الوطن العربي، سلسلة دراسات التنمية البشرية، الامم المتحدة، نيويورك 1996.

11. برهان محمد نوري – آفاق التطورات الدولية المعاصرة – العولمة وتحرير التجارة – بيت الحكمة، بغداد 1999.

12. د.برهان غليون و د.سمير امين – ثقافة العولمة ام عولمة الثقافة، دار الفكر، دمشق 1999.

13. بول هيرست وجراهام تومبسون – مساءلة العولمة: الاقتصاد الدولي وامكانات التحكم، ترجمة ابراهيم فتحي، المجلس الاعلى للثقافة والفنون والاداب، الكويت 1999.

14. بول أ. باران – الاقتصاد السياسي للتنمية، ترجمة احمد فؤاد بلميع، دار الكاتب العربي للطباعة والنشر، القاهرة، د. ت.

15. توماس ل. فريدمان، السيارة ليكساس وشجرة الزيتون محاولة لفهم العولمة. ترجمة ليلى زيدان – مراجعة فايزة الحكيم، الدار الدولية للنشر، ط1، القاهرة 2000.

16. د.حسن حنفي وصادق جلال العظم، حوارات لقرن جديد- ما العولمة، دار الفكر، ط1، دمشق 1999.

17. د.حسن حنفي – العولمة بين الحقيقة والوهم، ما العولمة، ط1، دار الفكر، دمشق 1999.

18. حسن قطامش – عولمة ام امركة، مكتبة الطيب، القاهرة 1996.

19. حسين ابو النمل، الاقتصاد الاسرائيلي، مركز دراسات الوحدة العربية، بيروت، ط1، 1998.

20. د.حسين عبدالله – مستقبل النفط العربي، مركز دراسات الوحدة العربية بيروت، ط1، تشرين الاول / نوفمبر 2000.

21. ج اكلي، الاقتصاد الكلي النظرية والسياسات ترجمة د. عطية مهدي سليمان، ج2، مراجعة د. عبد المنعم السيد علي - الجامعة المستنصرية، بغداد 1980.

22. ج اكلي، الاقتصاد الكلي، ترجمة د. عطية مهدي سليمان، ج1، مطابع جامعة الموصل 1980.

23. جاك ادا، عولمة الاقتصاد من التشكل الى المشكلات، ترجمة وتعليق د. مطانيوس حبيب، دار طلاس - دمشق 1997.

24. د.جلال امين، العولمة والتنمية البشرية من حملة نابليون الى جولة اورغواي 1798-1998 مركز دراسات الوحدة العربية - بيروت ط1، سبتمبر 1999.

25. د.جورج حجار، العولمة والثورة شعبي سيحكم، ميسان للنشر، ط1، بيروت،كانون الثاني / يناير 2000.

26. جوان روبنسون وجون انيوبل، مقدمة في علم الاقتصاد الحديث ترجمة - فاضل عباس مهدي، دار الطليعة، ط2، بيروت 1980.

27. جيرالدبوكسبرغر وهارالدكليمنتا، الكذبات العشر للعولمة بدائل دكتاتورية السوق - ترجمة عدنان سليمان، سلسلة دار الرضا، ط1، دمشق 1999.

28. د.رسول راضي، النظم الاقتصادية، دار الحكمة، بغداد 1991.

29. د.رسلان خضور و د.سمير ابراهيم، مستقبل العولمة، قضايا راهنة، المركز العربي للدراسات الاستراتيجية، قضايا راهنة، دمشق 1999.

30. د.رمزي زكي، التاريخ النقدي للتخلف دراسة في اثر نظام النقد الدولي على التكوين التاريخي للتخلف بدول العالم الثالث، سلسلة عالم المعرفة (118) المجلس الوطني للثقافة والفنون والاداب، الكويت اكتوبر / تشرين الاول 1987.

31. د.رمزي زكي، الصراع الفكري والاجتماعي حول عجز الموازنة العامة في العالم الثالث، دار سينا للنشر - القاهرة 1985.

32. د.رمزي زكي، الليبرالية المتوحشة - ملاحظات حول التوجهات للرأسمالية المعاصرة - ط1، دار المستقبل العربي، القاهرة 1993.

33. د.رمزي زكي، الازمة الاقتصادية العالمية الراهنة مساهمة نحو فهم افضل، كاظمة للنشر والترجمة والتوزيع. ط1 الكويت 1985.

34. د. رمزي زكي، فكر الازمة - دراسة في ازمة علم الاقتصاد الرأسمالي والفكر التنموي العربي، مكتبة مدبولي، ط1، آب / اغسطس 1987.
35. د.رمزي زكي، التضخم المستورد - دراسة في اثر التضخم بالبلاد الرأسمالية على الدول العربية، جامعة الدول العربية، الامانة العامة للشؤون الاقتصادية - دار المستقبل العربي - القاهرة 1986.
36. د.رمزي زكي، الليبرالية المستبدة - دراسة في الاثار الاجتماعية والسياسية لبرامج التكييف في الدول النامية - دار سينا للنشر، ط1، القاهرة 1993.
37. د.رمزي زكي، مشكلة التضخم في مصر اسبابها ونتائجها مع برنامج مقترح لمكافحة الغلاء - الهيئة المصرية العامة للكتاب - ط1 القاهرة 1980.
38. د.رمزي زكي، بحوث في ديون مصر الخارجية - مكتبة مدبولي، ط1، القاهرة 1985.
39. د.رمزي زكي، الاقتصاد العربي تحت الحصار - دراسات في الازمة الاقتصادية العالمية وتأثيرها في الاقتصاد العربي مع اشارة خاصة على الدائنية والمديونية العربية، مركز دراسات الوحدة العربية، ط1، بيروت 1989.
40. د.رمزي زكي، اهمية راس المال وشروطه وتوسع الرأسمالية في الاطراف، قضايا فكرية الفكر العربي على مشارف القرن الحادي والعشرين - مكتبة مدبولي، ط1، حزيران / يونيو 1995.
41. د.رمزي زكي، ازمة الديون الخارجية رؤية من العالم الثالث، دار المستقبل العربي، القاهرة 1987.
42. ريتشارد هيجورت - العولمة والاقلمة اتجاهان جديدان في السياسات العالمية - سلسلة محاضرات، مركز الامارات للدراسات والبحوث الاستراتيجية، ط1 1998.
43. رونالد روبرتسون، العولمة: النظرية الاجتماعية والثقافية الكونية، ترجمة احمد محمود ومنور امين، مراجعة وتقديم محمد حافظ دياب، المجلس الوطني للثقافة والفنون والاداب، الكويت 1998.
44. زبيغينو بريجنسكي، بين عصرين: امريكا والعصر التكتروني، ترجمة محجوب عمر - دار الطليعة، بيروت 1980.
45. زبيغينو بريجنسكي، الفوضى، الاضطراب العالمي عند مشارف القرن الحادي والعشرين، ترجمة مالك فاضل، الاهلية للنشر والتوزيع، نيويورك، 1998
46. د.سامي خليل، مبادئ الاقتصاد الكلي، مؤسسة الصباح، الكويت 1980.
47. د.سمير امين - التطور اللامتكافئ، ترجمة برهان غليون - دار الطليعة، ط4، بيروت 1985.
48. د.سمير امين - في مواجهة ازمة عصرنا، دار سينا للنشر، ط1، القاهرة 1997.
49. د.سيار الجميل، العولمة والمستقبل استراتيجية تفكير من اجل العرب والمسلمين في القرن الحادي والعشرين، الاهلية، ط1، عمان / الاردن 2000.
50. صقر احمد صقر - النظرية الاقتصادية الكلية، ط2، وكالة المطبوعات الكويت 1983.
51. صاموئيل هنتجتون - صدام الحضارات اعادة صنع النظام العالمي ترجمة طلعت الشايب، كتاب سطور، 1998.

52. د.عمر صقر - العولمة وقضايا اقتصادية معاصرة، الدار الجامعية للطبع والنشر والتوزيع، ط1، القاهرة 2001/200.

53. عبد الحي يحيى زلوم - نذر العولمة - هل بوسع العالم أن يقول لا للرأسمالية المعلوماتية، ط1 مركز الكتب الاردني - عمان / 1999.

54. عبدالرحمن زكي ابراهيم، مذكرات في التطور الاقتصادي - دار الجامعات المصرية - الاسكندرية – د. ت.

55. عبدالرحمن يسري احمد - تطور الفكر الاقتصادي، دار الجامعات المصرية، ط2، الاسكندرية - شباط / فبراير 1987.

56. عبدالكريم محمود غرابة - مقدمة تاريخ العرب الحديث (1500-1918م) دمشق 1960.

57. د.عبدالمنعم السيد علي - اقتصاديات النقود والمصارف في النظم الرأسمالية والاشتراكية للاقطار النامية مع اشارة خاصة للعراق، ج1، جامعة المستنصرية بغداد 1984.

58. د.عبدالمنعم السيد علي - مدخل في علم الاقتصاد مبادئ الاقتصاد الكلي، ج2، مطبعة جامعة الموصل - الموصل 1984.

59. عبدالناصر نزال العبادي، منظمة التجارة العالمية واقتصاديات الدول النامية، ط1، دار صفاء للنشر والتوزيع، عمان / الاردن 1999.

60. عدنان عباس علي، تاريخ الفكر الاقتصادي، ج1 مطبعة عصام، بغداد 1979.

61. د.علي حرب، حديث النهايات، فتوحات العولمة ومأزق الهوية، المركز الثقافي العربي، الدار البيضاء، ط1 2000.

62. عبدالله عثمان التوم وعبدالرؤوف محمد ادم، العولمة دراسة تحليلية نقدية، دار الوراق، ط1، لندن 1999.

63. علاء كامل - الجات ونهب الجنوب، مركز المحروسة، ط2، القاهرة،كانون الثاني 1996.

64. د.عبدالواحد العفوري، العولمة والجات والتحديات والفرص، مكتبة مدبولي، ط1، القاهرة 2000.

65. د.عبدالكريم كامل ابو هات، النظم الاقتصادية المقارنة، جامعة الموصل 1988.

66. د.فؤاد مرسي، الرأسمالية تجدد نفسها، سلسلة عالم المعرفة (147)، المجلس الوطني للثقافة الفنون والاداب، الكويت، آذار/مارس 1990.

67. فرنسيس فوكوياما، نهاية التاريخ، ترجمة وتعليق. د.حسين الشيخ، دار العلوم العربيةة، ط1، بيروت 1993.

68. فرناندو فاجنزوليد، الشركات غير الوطنية والاعتماد الجماعي على الذات كإستراتيجية بديلة للتنمية - ترجمة فؤاد بليع، القاهرة 1985.

69. ليستر ثرو، مستقبل الرأسمالية - ترجمة فالح عبدالقادر حلمي، المراجعة العلمية محمود خالد المسافر، بيت الحكمة، شركة السرمد للطباعة، ط1، بغداد 2000.

70. عاطف عبدالله القبرصي، التنمية البشرية المستدامة في ظل العولمة، التحدي العربي، اللجنة الاقتصادية والاجتماعية لغرب اسيا الاسكوا، رقم 10 الامم المتحدة -نيويورك 2000.

71. د.منير الحمش، العولمة ليست الخيار الوحيد، الاهالي للطباعة والنشر والتوزيع، ط1، دمشق 1998.

72. د.محسن احمد الخضيري، العولمة مقدمة في فكر واقتصاد وادارة عصر اللا دولة، مجموعة النيل العربية، ط1، القاهرة 2000.

73. ميشيل شوسودوفسكي، عولمة الفقر تأثير اصلاحات صندوق النقد والبنك الدوليين، ترجمة علي حسين السوداني، مراجعة محمود خالد المسافر و د.عماد عبداللطيف، بيت الحكمة، بغداد 2001.

74. د.محمد طاقة، العولمة الاقتصادية، السطور، ط1، بغداد 1978.

75. مايكل ايدجمان، الاقتصاد الكلي النظرية والسياسة، ترجمة محمد ابراهيم منصور، دار المريخ 1990.

76. د.محسن كاظم، تاريخ الفكر الاقتصادي ابتداء "بنشأته وانتهاء " بالماركسية، ذات السلاسل، ط1، الكويت 1989.

77. د.محمد السيد سعيد، الشركات عابرة القوميات ومستقبل الظاهرة القومية، عالم المعرفة، المجلس الوطني للثقافة والفنون والاداب، الكويت 1986.

78. محمد رياض، الجغرافيا السياسية والجيوبوليتكا، دار النهضة، ط1، بيروت 1979.

79. د.محمد عبدالعزيز عجمية - التطور الاقتصادي في اوربا والوطن العربي، دار النهضة العربية، بيروت 1980.

80. محمد صبحي الاتربي - مدخل الى دراسة الشركات الاحتكارية المتعددة الجنسيات اصدارات النفط والتنمية، ط1، بغداد 1978.

81. مايكل تانزر وآخرون - من الاقتصاد القومي الى الاقتصاد الكوني دور الشركات المتعددة الجنسيات، ترجمة عفيف الرزاز، مؤسسة الابحاث العربية، ط1، 1981.

82. محمد الافندي – العلاقات الاقتصادية الدولية، مكتبة التاج 1995.

83. د.محمد عابد الجابري – قضايا في الفكر المعاصر – العولمة – صراع الحضارات – العودة الى الاخلاق – التسامح – الديمقراطية ونظام القيم – الفلسفة المدنية – مركز دراسات الوحدة العربية – ط1، بيروت حزيران / يونيو 1997.

84. د.مطانيوس حبيب، بعض مسائل الاقتصاد اللاسياسي، العولمة وتداعياتها في الوطن العربي، دار الرضا للنشر، ط1، بيروت ايلول / 1997.

85. نيلسون ارو وجودي سوزا، انهيار اليبرالية الجديدة، ترجمة جعفر على حسين السوداني، بيت الحكمة – سلسلة الكتاب المترجم، بغداد 1999.

86. نبيل حشاد – الجات وانعاكاساتها على اقتصاديات الدول العربية – سلسلة رسائل، البنك الصناعي 42 الكويت 1994.

87. هانس بيتر مارتين وهارالد شومان، فخ العولمة. الاعتداء على الديمقراطية والرفاهية؛ ترجمة د.عدنان عباس علي، مراجعة وتقديم د. رمزي زكي، المجلس الوطني للثقافة والفنون والاداب / الكويت، سلسلة عالم المعرفة 238، تشرين الاول / اكتوبر 1998.

88. هربرت أشيلر، المتلاعبون بالعقول، ترجمة عبدالسلام رضوان – سلسلة عالم المعرفة 343، المجلس الوطني للثقافة والفنون والآداب – ط2، الكويت 1999.

ثالثاً - الندوات:

- مركز دراسات الوحدة العربية، العرب والعولمة، بحوث ومناقشات الندوة الفكرية، ط1، بيروت، حزيران / يونيو 1998.

- مركـــــز دراســـــــات الوحـــــــدة العربيـــــة – الصـــــندوق العـــــربي للانمـــــاء الاقتصــــادي والاجتمـــــاعي القطاع العام والقطاع الخاص في الوطن العربي، بحوث ومناقشات الندوة الفكرية، ط1، بيروت، كانون الاول / ديسمبر 1990.

- مركز دراسات الوحدة العربية، التحديات الشرق اوسطية الجديدة والوطن العربي – بحوث ومناقشات الندوة الفكرية، ط1، بيروت، آذار / مايس 1994.

- مركز دراسات الوحدة العربية، المركز الوطني للدراسات والتحاليل الخاصة بالتخطيط في الجزائر – الاصلاحات الاقتصادية وسياسات الخصخصة في البلدان العربية بحوث ومناقشات الندوة الفكرية، ط1، بيروت، شباط / فبراير 1999.

- مركز البحوث العربية والجمعية العربية لعلم الاجتماع، العولمة: والتحولات المجتمعية في الوطن العربي، ندوة مهداة الى سمير امين، تحرير د.عبدالباسط عبدالمعطي، مكتبة مدبولي، ط1، القاهرة 1999.

- الجمعية العربية للبحوث الاقتصادية، الوطن العربي ومشروعات التكامل البديلة، اعمال المؤتمر الثالث عشر ـ 1997، ط1، مركز دراسات الوحدة العربية – بيروت 1997.

- جامعة فيلادليفيا – كلية الاداب والفنون، العولمة والهوية، اوراق المؤتمر العلمي الرابع لكلية الاداب والفنون – الثقافة العربية بين العولمة والخصخصة 4-6 أيار / مايو 1998 تحرير ومراجعة صالح ابو أصبع وعز الدين المناصرة ومحمد عبيدالله – منشورات جامعة فيلادليفيا، ط1، عمان / الاردن / 1999.

- مركز دراسات الوحدة العربية ودار الخليج للصحافة والطباعة والنشر، الوطن العربي بين قرنين. دروس من القرن العشرين وافكار للقرن الحادي والعشرين،بحوث ومناقشات الندوة الفكرية التي نظمتها وحدة الدراسات بدار الخليج للصحافة والطباعة والنشر – ط1، بيروت تشرين الثاني / نوفمبر 2000.

- صندوق النقد العربي ومعهد السياسات الاقتصادية، دور الحكومات في ظل الانفتاح الاقتصادي، تحرير د. علي توفيق الصادق و د.وليد عدنان الكردي – سلسلة بحوث ومناقشات حلقات العمل – العدد 60 من 2 الى 5 أيار / مايو، دمشق 2000.

- مركز دراسات الشرق الاوسط بالتعاون مع قسم العلوم السياسية في جامعة اليرموك، انعكاسات العولمة السياسية والثقافية على الوطن العربي، تحرير اسحاق الفرحان، سلسلة ندوات 33 – مركز دراسات الشرق الاوسط – ط1، عمان / الاردن 2001.

- وزارة الثقافة والاعلام – دائرة الشؤون الثقافية، النظام الدولي الجديد – آراء ومواقف – تحرير د. باسل البستاني؛ بحوث الندوة الفكرية التي عقدتها لجنة التأليف والنشر والترجمة بالتعاون مع مجلة آفاق عربية – بعنوان "النظام الدولي الجديد ومخاضاته في 1991/12/17، ط1، دائرة الشؤون الثقافية العامة، بغداد 1992.

- بيت الحكمة، ندوة العولمة والمستقبل العربي، سلسلة المائدة الحرة (37)، بغداد 1999.

- بيت الحكمة – حلقة نقاشية – التطورات الدولية المعاصرة وانعكاساتها على الوطن العربي، سلسلة المائدة الحرة 9، بغداد، شباط 1997.

- بيت الحكمة، من اجل عالم عادل وتقدم دائم، سلسلة المائدة الحرة (50) بحوث ومناقشات الندوة الفكرية السياسية الدولية. بغداد 7-5 آذار 2000.

- بيت الحكمة، حلقة نقاشية – سلسلة المائدة الحرة 2، بحوث ومناقشات استشراف ومستقبل الاقتصاد العربي في ظل المتغيرات الدولية، بغداد 1997.

- بيت الحكمة، ندوة - العولمة واثرها في الاقتصاد العربي – بحوث ومناقشات الندوة الفكرية والسياسية 14-15 نيسان / بغداد 2002.

- صندوق النقد العربي – المؤتمر المصرفي لدول مجلس التعاون الخليجي حول، العمل المصرفي الخليجي في ظل المنافسة والاسواق العالمية المتغيرة – قوانين منظمة التجارة العالمية في مجال الخدمات المالية وتأثيراتها المحتملة على القطاع المصرفي الخليجي، الدوحة – دولة قطر 24-25 أكتوبر، تشرين الاول 1998.

- صندوق النقد العربي – اتفاقية الجات وانعكاساتها على اقتصاديات دول مجلس التعاون الخليجي – محاضرة للدكتور جاسم المناعي. نادي الخريجين البحرين، تشرين الاول / اكتوبر 1997.

رابعاً - الوثائق والتقارير والدراسات:

- جمعية الاقتصاديين العراقيين – بحوث المؤتمر العلمي الثالث 14-15 نيسان / 1999 بغداد- مجلة الاقتصادي – عدد خاص 1999.

- اتحاد الاقتصاديين العرب – بحوث المؤتمر العلمي الثالث عشر المغرب – جديدة 2000.

- جامعة الدول العربية – الامانة العامة – الصندوق العربي للانماء الاقتصادي والاجتماعي – صندوق النقد العربي – التقرير الاقتصادي العربي الموحد للسنوات 1995، 1996، 1997، 1998، 1999، 2000، 2001.

- مجلس الوحدة الاقتصادية – الامانة العامة – التقرير السنوي للامين العام – مقدم للـدورة الاعتياديـة 74 للمجلـس، القاهرة كـانون الاول / 2001.

- منظمة العمل العربية – مكتب العمل العربي– الاسس النظرية للتجارة الدولية والتكامل العربي، 1996.

- منظمة العمل العربية – مكتب العمل العربي، الاتفاقية العامة للتعريفات الكمركية والتجارة – الجـات – وانعكاسـاتها عـلى مسـتقبل الاقتصادات العربية بوجه عام ومسائل العمل بوجه خاص، القاهرة 1995.

- صندوق النقد العربي – الدول العربية. مؤشرات اقتصادية، 1996.

- صندوق النقد العربي – تقرير آفاق الاقتصاد العالمي – العولمة، الفرص التحديات، مقدم الى صندوق النقد الدولي، واشنطن 1997.

- صندوق النقد العربي – التكتلات الاقتصادية الدولية، معالمها، جذورها، مستقبلها، ابو ظبي 1993.

- صندوق النقد العربي، ندوة اثر اليورو على اقتصادات الدول العربية – تحرير فارس ثابت بن جرادي 2000.

- جامعة الدول العربية – ندوة اتجاهات عولمة الاقتصاد واثرها على المؤسسات والشركات العربية – القاهرة 1996.

- جامعة الدول العربية – الدائرة العربية للتربية والثقافة والعلوم معهد البحوث والدراسات العربية – ندوة الـوطن العـربي والمتغـيرات الدولية 1991.

- المنظمة العربية للتنمية الزراعية – خطة عمل السياسات الزراعية حول الامن الغذائي العربي في ظل محددات المـوارد المائيـة والتجـارة الدولية – القاهرة 4-10 مايس 1996.

- المنظمة العربية للتنمية الزراعية – تقرير عام 1997.

- المنظمة العربية للتنمية الزراعية – آثار تحرير التجارة الدولية في اطار منظمة التجارة العالمية على الزراعة العربية 1998.

- الامم المتحدة – اللجنة الاقتصادية والاجتماعية لغرب آسيا / الاسكوا تقييم برامج الخصخصة في منطقة الاسكوا، عمان 1999.

- الامم المتحدة – اللجنة الاقتصادية والاجتماعية لغرب آسيا / الاسكوا / عمان سلسلة دراسات التنمية البشرية رقـم 10 الامـم المتحـدة، نيويورك 2000.

- مركز الدراسات السياسية والاستراتيجية للاهرام– التقرير الاستراتيجي العربي 1993، القاهرة 1994.

- الامم المتحدة – الاونكتاد الثامن – تقرير تحليلي مقدم من امانة الاونكتاد الى المؤتمر – مؤتمر الامم المتحـدة للتجـارة والتنميـة. الامـم المتحدة – نيويورك – 1992.

- مؤتمر الامم المتحدة للتجارة والتنمية – الامم المتحدة 1996 – تقريـر الامـين العـام للاونكتـاد – والمقـدم للـدورة التاسعة للمـؤتمر – نيويورك.

خامساً - الدوريات:

- المستقبل العربي العدد (138) كانون الاول/ ديسمبر 1988 مركز دراسات الوحدة العربية / بيروت.
- المستقبل العربي العدد (146) آب/ اغسطس 1989 مركز دراسات الوحدة العربية / بيروت.
- المستقبل العربي العدد (155) مايس / 1990 مركز دراسات الوحدة العربية / بيروت.
- المستقبل العربي العدد (158) آب/ 1990 مركز دراسات الوحدة العربية / بيروت.
- المستقبل العربي العدد (171) آب/ 1991 مركز دراسات الوحدة العربية / بيروت.
- المستقبل العربي العدد (176) كانون الثاني/ 1992 مركز دراسات الوحدة العربية / بيروت.
- المستقبل العربي العدد (182) مايس/ 1993 مركز دراسات الوحدة العربية / بيروت.
- المستقبل العربي العدد (187) تشرين الاول / اكتوبر 1993 مركز دراسات الوحدة العربية / بيروت.
- المستقبل العربي العدد (192) شباط / فبراير 1995 مركز دراسات الوحدة العربية / بيروت.
- المستقبل العربي العدد (193) أذار / مارس 1995 مركز دراسات الوحدة العربية / بيروت.
- المستقبل العربي العدد (201) تشرين الثاني / نوفمبر 1995 مركز دراسات الوحدة العربية / بيروت.
- المستقبل العربي العدد (210) آب / اغسطس 1996 مركز دراسات الوحدة العربية / بيروت.
- المستقبل العربي العدد (215) كانون الثاني / يناير 1997 مركز دراسات الوحدة العربية / بيروت.
- المستقبل العربي العدد (221) تموز / يوليو 1997 مركز دراسات الوحدة العربية / بيروت.
- المستقبل العربي العدد (222) آب / اغسطس 1997 مركز دراسات الوحدة العربية / بيروت.
- المستقبل العربي العدد (226) كانون الاول / ديسمبر 1997 مركز دراسات الوحدة العربية / بيروت.
- المستقبل العربي العدد (228) شباط/ 1998 مركز دراسات الوحدة العربية / بيروت.
- المستقبل العربي العدد (229) أذار / 1998 مركز دراسات الوحدة العربية / بيروت.
- المستقبل العربي العدد (230) نيسان / 1998 مركز دراسات الوحدة العربية / بيروت.
- المستقبل العربي العدد (238) كانون الاول/ 1998 مركز دراسات الوحدة العربية / بيروت.
- المستقبل العربي العدد (240) شباط/ 1999 مركز دراسات الوحدة العربية / بيروت.
- المستقبل العربي العدد (241) اذار/ 1999 مركز دراسات الوحدة العربية / بيروت.
- المستقبل العربي العدد (244) حزيران/ 1999 مركز دراسات الوحدة العربية / بيروت.
- المستقبل العربي العدد (246) آب/ 1999 مركز دراسات الوحدة العربية / بيروت.
- المستقبل العربي العدد (247) ايلول/ 1999 مركز دراسات الوحدة العربية / بيروت.
- المستقبل العربي العدد (254) نيسان/ 2000 مركز دراسات الوحدة العربية / بيروت.
- المستقبل العربي العدد (259) نيسان/ 2000 مركز دراسات الوحدة العربية / بيروت.
- المستقبل العربي العدد (260) تشرين الاول/ 2000 مركز دراسات الوحدة العربية / بيروت.
- المستقبل العربي العدد (263) كانون الثاني/ 2001 مركز دراسات الوحدة العربية / بيروت.
- المستقبل العربي العدد (267) مايس/ 2001 مركز دراسات الوحدة العربية / بيروت.

- الفكر السياسي العددان الرابع والخامس – شتاء 1998 – 1999م صادرة عن اتحاد الكتاب العرب في دمشق.

- عالم الفكر – المجلد 28 العدد اكتوبر – ديسمبر 1999 صادرة عن المجلس الوطني للثقافة والفنون والاداب / الكويت.

- مجلة النفط والتعاون الاقتصادي – المجلد الرابع والعشرين العدد 86 لسنة 1998 صادرة عن الامانة العامة لمنظمة الاقطار العربية المصدرة للبترول / اوابك.

- مجلة العربي العدد 482 كانون الثاني 1999 الكويت.

- مجلة الوفاق العربي العدد 6 كانون الاول / ديسمبر 1999، تونس.

- مجلة الوحدة الاقتصادية العربية – الامانة العامة العدد 6 لسنة 1987 القاهرة.

- مجلة الوحدة الاقتصادية العربية – الامانة العامة العدد 11 لسنة 1994 القاهرة.

- مجلة شؤون عربية 79 ايلول / سبتمبر 1994 تصدر عن الامانة العامة للاتحاد العام لغرف التجارة والصناعة والزراعة للبلاد العربية / القاهرة.

- مجلة شؤون عربية 80 كانون الاول 1994.

- مجلة شؤون عربية العدد (90) 1997.

- مجلة السياسة الدولية العدد 116 ابريل / نيسان 1994.

- مجلة الموقف الثقافي العدد 7 السنة الاولى 1997

- مجلة الفكر المعاصر العدد 17 كانون الاول 1981 وكانون الثاني 1982.

- مجلة بحوث اقتصادية عربية العدد 7 السنة 1997.

- مجلة العمل العربية العدد 63 كانون الثاني / يناير واذار / مارس 1996 صادرة عن منظمة العمل العربية – مكتب العمل العربي – قسم الدراسات – القاهرة.

- مجلة العمال العرب العدد 346 ايلول 1997.

- مجلة الرسالة – العدد 9 السنة الثانية – مايس 1997 – المركز العربي للدراسات الاستراتيجية.

- مجلة مركز الدراسات الدولية - العدد 10 السنة الاولى آب 1999 كلية العلوم السياسية –جامعة بغداد.

- مجلة مسارات العدد 3 حزيران 1998 بيت الحكمة، بغداد.

- مجلة الحكمة العدد 7 اذار 1999 السنة 2، بيت الحكمة، بغداد.

- مجلة الحكمة العدد 8 نيسان 1999 السنة 2،بيت الحكمة، بغداد.

- مجلة الحكمة العدد 9 ايار 1999 السنة 2، بيت الحكمة، بغداد.

- مجلة الحكمة العدد 10 حزيران 1999 السنة 2، بيت الحكمة، بغداد.

- مجلة الحكمة العدد 11 تموز 1999 السنة 2، بيت الحكمة، بغداد.

- مجلة الحكمة العدد 14 2000 السنة الثالثة، بيت الحكمة، بغداد.

- مجلة الحكمة العدد 15 2000 السنة الثالثة، بيت الحكمة، بغداد.

- مجلة الحكمة العدد 16 2000 السنة الثالثة، بيت الحكمة، بغداد.

- مجلة الحكمة العدد 18 2001 السنة الرابعة، بيت الحكمة، بغداد.

- مجلة دراسات اقتصادية العدد 2 السنة الاولى 1999 بيت الحكمة، بغداد.

- مجلة دراسات اقتصادية العدد 1 السنة الثانية 2000 بيت الحكمة، بغداد.

- آفاق عربية نيسان 1989 السنة الرابعة عشر دائرة الشؤون الثقافية. وزارة الثقافة والاعلام – بغداد.

- آفاق عربية آب 1990 السنة الخامسة عشر دائرة الشؤون الثقافية. وزارة الثقافة والاعلام – بغداد.

- آفاق عربية أيار 1993 السنة الثامنة عشر دائرة الشؤون الثقافية. وزارة الثقافة والاعلام – بغداد.

- آفاق عربية مايس / حزيران 1996 السنة الحادية والعشرين دائرة الشؤون الثقافية. وزارة الثقافة والاعلام – بغداد.

- آفاق عربية ايلول / تشرين الاول 1996 السنة الحادية والعشرين دائرة الشؤون الثقافية. وزارة الثقافة والاعلام – بغداد.

- آفاق عربية ايلول / تشرين الاول 1997 السنة الثانية والعشرين دائرة الشؤون الثقافية. وزارة الثقافة والاعلام – بغداد.

- مجلة دراسات عربية العدد 10 السنة 1979 القاهرة.

- مجلة شؤون سياسية – مركز الجمهورية للدراسات الدولية العدد 3 السنة الاولى 1994 بغداد.

- مجلة كلية بغداد للعلوم الاقتصادية – العدد الاول نيسان 2000 صادرة عن كلية العلوم الاقتصادية – الجامعة المستنصرية – بغداد.

- الجمعية العربية للبحوث الاقتصادية العدد 17 نيسان 1999، القاهرة.

- الجمعية العربية للبحوث الاقتصادية نشرة الرباط نيسان 1999، القاهرة.

- مجلة الثوابت العدد 2، يوليو – سبتمبر 1993 صنعاء – اليمن.

- مجلة الثوابت العدد 10 يوليو – سبتمبر 1997 صنعاء – اليمن.

- قضايا دولية العدد 205 السنة 1993 القاهرة.

- قضايا دولية العدد 346 لسنة 1999 القاهرة.

- مجلة مصر المعاصرة – العدد 455 – 456 لسنة 1999 – الجمعية المصرية للاقتصاد السياسي والاحصاء والتشريع.

سادساً - الرسائل الجامعية

- احمد عبد الرحمن لطيف الجبوري – مستقبل العلاقات العربية في ظل المتغيرات الدولية المعاصرة، رسالة ماجستير كلية الادارة والاقتصاد، جامعة بغداد، 2001.

- حسن لطيف كاظم الزبيدي - العولمة ومستقبل الدور الاقتصادي للدولة في العالم الثالث، رسالة ماجستير، كلية الادارة والاقتصاد، جامعة الكوفة لعام 2000.

- عدي صدام حسين، عالم ما بعد الحرب الباردة، دراسة مستقبلية، رسالة دكتوراه، فلسفة في العلوم السياسية، كلية العلوم السياسية، جامعة بغداد 1998.

- علي حسين رشيد العبيدي – السيولة ودور صندوق النقد الدولي في دعمها – رسالة ماجستير، كلية الادارة والاقتصاد، جامعة بغداد 1988.

- طالب عبد صالح، دور الدولة الاقتصادي مع التركيز على التجربة المصرية (1952-1994) رسالة دكتوراه، غير منشورة – كلية الادارة والاقتصاد – جامعة بغداد 1998.

- محب الدين حسين عبد الله الطائي – المتغيرات الاقتصادية الدولية وانعكاساتها على اقتصاد منطقة الشرق الاوسط – رسالة دكتوراه غير منشورة، كلية الادارة والاقتصاد، جامعة بغداد، 1996.

- محمود خالد المسافر – العولمة الاقتصادية الابعاد والانعكاسات على بلدان الجنوب – رسالة دكتوراه، منشورة، كلية الادارة والاقتصاد، جامعة بغداد، 2001.

- هناء عبد الغفار السامرائي – التخصص والتنمية الاقتصادية تجارب عالمية مع اشارة خاصة الى تجربة العراق، رسالة ماجستير، غير منشورة، كلية الادارة والاقتصاد – جامعة بغداد، 1994.

- هيفاء عبد الرحمن التكريتي – السوق العربية المشتركة واستراتيجية التنمية الاقتصادية، رسالة ماجستير، كلية الادارة والاقتصاد، جامعة بغداد، 1984.

سابعاً. المصادر الاجنبية:

- Ronald Robertson Globlalization-London Sage-1992.

- Bjarn Hott, the new Regionalism security and Development Regional integration and multilateral cooperation in the Global Economy Formen Dabt and Development, London 1998.

- M. SAKBANI, Regonalization and Globalization in. Cooperation south UNDP No. 1. 1998.

- R. Moconnoll Comphell Economics principles problems and policies, 8th ed. New York, McGrow Hill book company Inc. 1983, PP.358-359.

- Roger Miller, Economic today the Macro view 3ed New York Wsper and Row publisher 1979, P. 289.

- Rustam La Kaka Technical entrepreneurs ship under condition of Global change cited in ESCWA – FES- ERF: Industrial strategies and polices N.Y 1996. P.436.

- James Emeade stagflation wage Fixing, Vol.1. London Gorge Allen and Unwin publishers Ltd. 1983, PP. 2-5.

- J.M. Reberts History of the world P.112.

- Barry P. Boswirth and Robertz Lawrnce "America in the world economy" Economic impact No.3 1989, P.37.

- Kotz and weir, Revolution from above: the Demise of soviet system chaps 9-10.

- David Mondel, "Actually Existing privatization: An interview with Yurimare nich. 11 Monthly Review March 1992, P. 22

- International, MONFTARY FUND (IMF) 2000 Malcom waters, Globalization London, Reotledge 1995, P. 66.

- Ingomar Hauchler and Paul Kennedy 1994, "Global trands" New York continuum, P.201-271.

- Undp 1999 Human development Report Oxford University Press New York, P.31.

- United Nation, 2000 A/ss/1-2, Sep. 2000.

- Wofgang H. Reinicke, "Global Public Policy" Foreign Affairs Vol. 76- No., 1997, P.130.

- United Nation Development program 1999; Human Development Report University Press New York P.26.

- Karla Borm: Issues of post-privatisation Corporate Governance published by the organization for economic Cooperation and Development (OECD) wwwOced.org sag / ccnm / programs / tomsk / corporate.

- htm lawrence w.Reed: The privatization Revolution www.mack.org/speehes privaize htm.

- world Bank, Adjustment in Africa Oxford University Press Washington 1994 P.9.

- John Allen, Crossing Borders: Foot loose Multinationals in John Alien and Chris Hnummetted Ashrinking world 1995 PP. 53-62.

- UN. World Economic 1992, P.21.

- http www angelfire.com/ar2/edwin/61/ j-abdalla/ mondialisation/mond2/ com3. htm 12/5/2002 P.2.

- Organization de mondiate: http www angelfire. Com /ar2 /edwin 16/j-abdalla /mondialisation/ mond2/ com3. htm 12/5/2002, P.2.

- John Sloman & Mark Sutclift , Economics for Business prentice Hall Europe 1998. P.402.

- Evans and J. Walsh. The EIU (Economic Intelligence Unit) Guid to the new GATT. London: EIU. 1994 P.2.

- GATT. The result of the Urguay round of Multilateral Trade/ Negotiation the legal Texts Geneva: GTT secretariat 1994 PP55-85.

- Unctad, Trade Development. 1994 NewYork Geneva UN. 1994 P.168.

- Bel Calssa. The Theory of economic integration London George Allen 1961.

- Timborgen Jan. international Economic integrate Elsevier publishing 1965.

- Unesewa Analytical Review of Development and issues in External Trade and payment stituation of cantries of western

Also 1997 P.11-12.

- Guillermo maldonado, Latin American integration CEPAL Review No. 17 December 1985 P.22.

- INTERNATIONAL MONETORY FUND (IMF). 1995-2000. P.2.

- INTERNATIONAL MONETORY FUND 1989-1993. P.2.

Printed in the United States
By Bookmasters